常德年鉴

CHANG DE NIAN JIAN

2007

常 德 市 人 民 政 府 主 办

常德市人民政府地方志办公室编

方志出版社

图书在版编目(CIP)数据

常德年鉴. 2007 / 常德市人民政府地方志办公室编.
北京：方志出版社，2008. 9
ISBN 978-7-80238-357-9

Ⅰ. 常… Ⅱ. 常… Ⅲ. 常德市-2007-年鉴 Ⅳ. Z526.43

中国版本图书馆 CIP 数据核字(2008)第 134526 号

常德年鉴(2007)

编　　者：常德市人民政府地方志办公室
责任编辑：李　沛

出 版 者：方 志 出 版 社
(北京市建国门内大街 5 号中国社会科学院科研大楼 12 层)
邮编　100732
网址　http: //www.fzph.org
发　　行：方志出版社出版发行部
(010) 85195814
经　　销：新华书店总店北京发行所
法律顾问：北京市大禹律师事务所
印　　制：湖南省越来越好印务有限公司　☎(0731) 2322222

开　　本：889×1194　1 / 16
印　　张：32.5
字　　数：1201千
版　　次：2008 年 9 月第 1 版　2008 年 9 月第 1 次印刷
印　　数：0001-1500 册

ISBN 978-7-80238-357-9 / K·85　定价：200.00 元

编辑说明

一、《常德年鉴（2007）》是常德市人民政府主办、常德市人民政府地方志办公室主编的综合性年鉴。

二、本年鉴全面、系统、真实地记载2007年常德市政治、经济、武装、科技、文化、社会发展等方面的情况。

三、《常德年鉴（2007）》人物栏目中，收录的人物有“全国五一劳动奖章获得者”、“两院院士”、“湖南省十大新闻人物”等。

四、按照“分级负责、归口管理”的原则，本年鉴初稿由各单位安排专人撰写，经单位领导签字盖章后，由《常德年鉴》编辑部编辑；凡涉及常德市经济和社会发展全局的数据，均以市统计局提供的资料为依据；常德市及市直单位领导班子名录由中共常德市委组织部提供，中央、省属及直管单位的领导班子名录由各相关单位提供，区、县（市）领导班子名单由各区、县（市）委提供。年鉴稿件最后由市委、市政府领导及年鉴正副主编定稿。

五、资政论坛文章和副处级以上领导干部省级以上报刊发表文章由各单位报送。

六、本年鉴的编辑出版，得到全市各级各部门和驻市各单位的大力支持，在此谨向这些部门和单位表示感谢，并希望继续得到各方面的关心和支持。

编　者

2008 年 7 月

《常德年鉴（2007）》编纂委员会

名誉主任委员： 武吉海

主 任 委 员： 卿渐伟

顾　　　　问： 莫道宏　刘春林

副主任委员： 曹儒国　刘本之　胡宗清　陈文浩　刘　明　李　平　欧运崇　覃清香　彭安沙　刘剑英　宋冬春　吴友云　张元英　陈国华

委　　　　员： 沈习淼　涂碧波　郑建国　贺丽君　周代惠　张恒洲　敖建斌　韦绍斌　洪振海　李湘震　殷宗德　张友德　周运来　黎建平　郭道义　胡作武　卢武福　杜九洲　俞鸿钧　周华辉　梅亚利　葛　锐　皮丕忠　魏胜权

《常德年鉴（2007）》编辑人员

主　　　　编： 陈文浩

副　主　　编： 沈习淼　涂碧波

执 行 主 编： 陈国华

编辑部主任： 俞鸿钧

副　主　　任： 周华辉　梅亚利　葛锐

总　　　　纂： 齐绍正

总　　　　校： 皮丕忠

编　　　　辑（按姓氏笔画为序）：

王　静　史秋珍　刘　飞　刘寿国　李　莉　李大年　张福初　周　波　娄建英　蒋丽华　骆家明　翦　甜

封 面 设 计： 时　杰

特载

专文

大事纪略

大事记

概况

中国共产党常德市委员会

常德市人民代表大会常务委员会

常德市人民政府

中国人民政治协商会议常德市委员会

纪检·监察

民主党派·工商联·群众团体

武 装

检察·审判

公安·司法

交通·邮政·电信

旅 游

城市建设与管理

工　　业

农业·水利

贸 易

金 融

财政·税务·国有资产监管

经济执法与监督

科技·防震减灾·知识产权

教　　育

文化·新闻·卫生·体育

社会·生活

区县（市）·管理区 开发区·度假区

人 物

地 方 文 献

资 政 论 坛

附　录

彩照目录

补白：消失的旧街巷

索　引

CONTECTS

常德市第五届人民代表大会

市人大常委会主任会议成员。从左至右：彭启云、石成林、文承保、张元英、刘本之、张启祥、杨先平、肖燕芳

2007年12月28日至2008年1月3日,常德市第五届人民代表大会第一次会议在常德市工人文化宫隆重举行。出席本次大会的市人大代表473人。会议听取和审议了常德市第四届人民代表大会常务委员会工作报告、政府工作报告、2007年国民经济和社会发展计划执行情况与2008年国民经济和社会发展计划（草案）的报告、2007年预算执行情况和2008年全市及市级预算（草案）的报告。出席会议的代表对以上报告分别进行了讨论，并作出了相关决议。本次大会选举产生了第五届人大常委会主任、副主任、秘书长。刘本之当选为五届常德市人大常委会主任，张元英、张启祥、文承保、杨先平、石成林、肖燕芳当选为市人大常委会副主任。同时，大会还选举产生了新一届市人民政府市长、副市长、市中级人民法院院长、市人民检察院检察长以及66名出席省十一届人民代表大会的代表，通过了五届人大专门委员会主任委员，副主任委员、委员名单。

常德市人民政府五届二次全体会议

在2007年12月28日至2008年1月3日召开的常德市第五届人民代表大会第一次会议上，卿渐伟当选为常德市人民政府市长，陈文浩、宋冬春、万成贞、李爱国、徐万发、徐超文、朱晓平当选为常德市人民政府副市长。2008年7月10日，常德市人民政府在芷园宾馆召开五届二次全体会议。

中国人民政治协商会议
常德市第五届委员会

政协常德市第五届委员会主席会议成员。
从左至右：朱传宏、陈位明、杨新辉、彭明建、张新民、刘春林、胡子达、燕中炎、陈伟俊、傅绍平、廖友道

中国人民政治协商会议常德市第五届委员会第一次会议于2007年12月27日至2008年1月1日在常德市举行。

会议协商选举产生了政协常德市第五届委员会主席、副主席、秘书长和常务委员。刘春林当选为政协常德市第五届委员会主席，张新民、彭明建、燕中炎、杨新辉、陈伟俊、陈位明、傅绍平、朱传宏当选为副主席，廖友道当选为秘书长。

会议协商产生新一届政协委员。五届市政协委员中，中共委员155名，占40%；非中共委员231名，占60%；四届市政协委员继任的130名，占33.8%，新任委员256名，占66.2%；委员平均年龄为43.4岁，其中年龄最大的62岁，最小的24岁；具有大专以上学历的352名，占91.2%，比上届提高8.1个百分点；女委员占25.7%，比上届提高5.7个百分点；少数民族委员占9.6%，比上届提高1个百分点。

会议听取并赞同卿渐伟同志所作的政府工作报告，赞同市中级人民法院工作报告、市人民检察院工作报告及其他报告。会议协商了市中级人民法院、市人民检察院的人事安排。会议批准了刘春林主席代表政协常德市第四届委员会常务委员会所作的工作报告和张新民副主席所作的提案工作情况的报告。

湖南省第四届农民运动会

① 农运会开幕式
② 武吉海检查农运会筹备工作
③ 农运会动员大会
④总冠名签约仪式
⑤ 农运会新闻发布会现场
⑥ 常德代表团运动健儿紧张备战
⑦ 比赛现场

湖南省第四届农民运动会于2007年9月17日~23日在常德市举行。本届农民运动会由省农村办、省农业厅、省体育局、省农民体协主办，常德市人民政府承办。办会主题是："魅力新常德，人文新农运，和谐新农村"。全省14个市州代表团包括教练员、运动员共1300多人参赛参会，加上前来观摩运动会的领导、嘉宾等，规模达2000人，开幕式规模达到2.1万人。

4

5

本届农民运动会比赛项目分为田径、游泳、象棋、钓鱼、龙舟、乒乓球、健身秧歌、舞龙舞狮、男女混合篮球等十大项69个小项，是前三届湖南省农民运动会竞赛项目的总数。经过七天的紧张角逐，常德代表团以23枚金牌、25枚银牌、9枚铜牌，团体总分690分的总成绩夺得金牌和团体总分第一名，并获得了体育道德风尚奖和优秀组织奖。

（朱益祥）

6

7

城市绿腰带——

本版照片由陈旭昶提供

城市中的湖——

陈旭昶 摄

柳 叶 湖

陈旭昶 摄

军分区司令员彭安沙（左）、政治委员孙振华（右）带头参加植树活动

军分区党委十二届六次全体（扩大）会议

常德军分区

全市新任职专武干部在军分区教导队集训　热血男儿应征入伍报效祖国

和谐之声歌咏晚会上军分区全体官兵齐声高唱“咱当兵的人”

市基层人武部正规化建设现场会

汉寿县民兵反恐维稳演习场景

常德市中级人民法院

最高人民法院副院长熊选国视察市中级人民法院审判法庭建设

市长卿渐伟等领导视察指导法院工作

市中级人民法院审判法庭建设开工奠基仪式

谢肇荣院长视察桃花源法庭建设工地

全市法院司法调解现场经验交流会在桃源召开

司法警察在紧张集训

德山开发区

省委书记张春贤、市委书记武吉海视察德山开发区

湖南科力远动力电池项目签约

四通八达的道路

泰格林纸项目奠基

市委书记武吉海、市长卿渐伟等市领导视察恒安生活用纸建设工地

在市委经济工作会议上的讲话

武 吉 海

同志们：

这次市委经济工作会议的主要任务是，贯彻落实党的十七大和中央、省委经济工作会议精神，总结2007年的经济工作，部署2008年的经济工作。前不久，市委召开贯彻党的十七大精神谋划2008年工作务虚会和市委常委会，对贯彻落实十七大和中央、省委经济工作会议精神，推动2008年经济社会发展工作进行了认真研究。渐伟同志等会要具体部署今年的经济工作，明天还要作总结讲话。下面，根据市委常委研究的意见，我先讲三个问题。

市委书记武吉海在市委经济工作会议上讲话

一、以党的十七大精神为动力，进一步解放思想，增强加快发展的紧迫感

2008年是全面贯彻落实党的十七大精神的第一年，是加快建设工业强市、文化名城、和谐常德的关键一年。全市上下要进一步用十七大精神解放思想，团结鼓劲，全力推动加快发展。

过去一年我市经济社会发展形势很好，很鼓舞人心

去年以来，我们坚持以科学发展观为指导，全面贯彻中央、省委关于经济社会发展的部署，特别是党的十七大以来，迅速兴起学习贯彻十七大精神热潮，全市经济社会发展呈现出良好态势。2007年完成地区生产总值860亿元，增长14%；地方财政一般预算收入38亿元，增长25.1%；城镇居民人均可支配收入和农民人均纯收入分别增长18%、11%；节能减排和单位GDP能耗达到预期目标。各项社会事业也得到较快发展，人民群众得到实惠较多。

我们确定2007年为园区建设年，推进新型工业化取得了新进展。去年全市完成工业园区基础设施建设投入6.7亿元，比上年增长52.1%；新开工投资2000万元以上工业项目93个，其中亿元项目27个；引进内资188.2亿元，外资1.9亿美元，分别增长60.5%、25.6%。全市规模工业企业发展到643户，净增109户，其中亿元企业达到58户，净增11户，规模工业增加值达到250.8亿元，增长21.1%。通过上门拜访国家、省有关部门和大公司、大集团，积极参加“深洽会”、“中博会”、“珠洽会”、“湘商会”等招商活动，认真落实优化经济环境和变通服务工业发展的政策措施，促成了投资70亿元的泰格林纸、投资8亿元的芙蓉王扩改生产线、投资10亿元的经编产业园、投资14亿元的金天钛业、投资10亿元的恒安三期、投资7.5亿元的云锦工业园、投资12亿元的海螺水泥等一批重大工业项目开工建设，常德电厂前期工作取得新的进展。桃源创元、鼎城灌溪、安乡、津市、澧县等工业园来势很好。

我们确定2007年为新农村建设示范年，新农村建设抓点带面取得了新进展。突出产业发展和农民增收，大力推进通村公路、安全饮水、户用沼气三大工程和10大示范片、

200个示范村、364个示范点建设，全市完成新农村建设投资14亿元。现代农业加快发展，新增农产品品牌87个，新增规模龙头企业40家，新增比较规范的农民专业合作组织40家。村庄整治和基础建设扎实推进，完成808个村的村庄建整规划编制，新解决23.1万农村人口的安全饮水问题，硬化通乡通村公路2495公里，新建沼气池20489口。农村社会事业和基层基础工作不断加强，新建和改建乡镇卫生院29所、村级卫生室200个、乡镇敬老院24所，在武陵区、石门县、澧县开展乡村低限运转试点，市县投资1000多万元重点帮助25个乡镇政府改善办公条件。

我们确定2007年为改进作风年，干部思想作风建设和优化经济环境取得了新进展。围绕建设团结、实干、廉洁的领导班子，坚持把加强领导干部思想作风建设与加强基层党风廉政建设结合起来，把整治查纠问题与建立长效机制结合起来，把改进机关作风与优化经济环境结合起来，先后开展了“围绕‘三最’搞调研，排忧解难促发展”活动，举办了全市乡镇（街道）党委书记培训班暨农村基层党风廉政建设工作会议，对部分市直单位的机关作风、优化经济环境工作进行了民主评议和公开测评，查处了一批违法违纪和损害经济环境的典型案件，推动全市上下形成了团结顺气抓发展、抓落实的良好氛围。特别是注重加强对市、县、乡人大、政府及市、县政协换届执行纪律情况的巡视工作，确保了换届风清气正和换届任务的圆满完成。

重视研究发展中的新情况、新问题，把握指导科学发展的主动权

回过头看，2007年我市发展纵比取得了骄人的成绩，但横比还存在较大的差距。2008年的发展面临着新的挑战和新的要求。

要积极研究如何跟进国家宏观调控政策的变化。中央经济工作会议明确提出，在确保经济持续稳定较快增长的同时，把防止经济增长由偏快转为过热、防止价格由结构性上涨演变为明显通货膨涨作为今年宏观调控的首要任务，将已经实施10年的稳健和适度从紧的货币政策改为从紧的货币政策，国家将严控信贷投放、严控用地指标、严格节能减排。就信贷投放来说，我市去年底存贷差已近180亿元。全市5837户工业企业中，与几大家银行有信贷关系的只有500多家，后段中小企业融资难有可能更为突出。按省政府下达的节能减排目标，我市二氧化硫和化学需氧量以2005年为基准年，到2010年要分别削减10.1%和17.24%，新上项目实行先报减量再批增量，形势也是严峻的。我市已征存量用地不多，现在新上大的项目，用地指标太紧。我们理解，调控的目的不是抑制发展，而是为了发展得更好更健康。根据经济增长主要因素变动趋势分析，构成新一轮世界经济和中国经济高速增长的基本因素没有大的变化，今年国内外大环境仍然有利我们加快发展。我们要积极跟进国家宏观调控政策，努力实现紧中求进的发展目标。

要积极研究如何融入长株潭城市群“两型社会”综合配套改革试验区建设。国家批准设立长株潭城市群“两型社会”建设综合配套改革试验区，是实施区域发展的重大战略举措，是长株潭加快发展的重大机遇，也是带动常德乃至全省加快发展的良好机遇。省委省政府明确提出，要以长株潭试验区建设带动“3+5”城市群建设，带动全省新型城市化建设和区域经济协调发展。随着试验区和“3+5”城市群建设的启动实施，国家和省里将出台一些突破性举措。常德作为“3+5”城市群建设的范畴，要认真研究如何从产业布局、要素配置、基础建设、体制机制等方面主动接受长株潭辐射，更好地承接产业转移和国内大公司大集团产业链条延伸，防止应对失措可能出现的要素配置边缘化，使常德在新一轮区域发展中不落人后。

要积极研究如何加快县域经济的发展。发展县域经济是加快常德发展的重要依托，是统筹城乡发展、建设新农村的重要途径。目前，我市经济总量不大，一个重要原因是县域经济发展不快。从工业增加值来看，2007年9个区县（市）实现规模工业增加值75.92亿元，不到全市规模工业增加值的三分之一，只有常德烟厂的一半。从财政一般预算收入来看，2007年9个区县（市）完成不足20亿元，只占全市的52.1%。而长沙县财政一般预算收入去年达到13.2亿。加快常德发展，必须把加快县域经济发展摆在重要位置，认真研究促进县域经济发展的政策措施，努力建设一批经济强县。

树立危机感、紧迫感、责任感，把主要精力集中到加快发展上。

树立不进则退的危机感，紧紧咬住工业发展不放松。去年，我市三次产业结构比为22.7∶43.6∶33.7，一产业所占比重高于全国、全省平均水平12个和6个百分点。我市GDP总量虽排全省第三，但城镇以上固定资产投资和工业销售收入在全省居中下水平，发展后劲严重不足。从近期看，我市经济发展要坚持一靠工业拉动，二靠投资拉动不动摇。特别是工业发展事关提升常德经济社会可持续发展的核心竞争力，必须坚持埋头苦干5到8年不转向。

树立奋勇争先的紧迫感，大力弘扬创新创业精神。创新创业是一个永恒的主题。常德作为地处中部的欠发达地区，官本位的思想观念烙印较深，新旧体制转换面临的问题较多，小富即安、小成即满的思想较重。由于小日子比较好过，狠抓发展、大胆创新创业的压力和动力不足。现在发展有如逆水行舟，不进则退，慢进也是退。全市上下都要大力增强居安思危意识，大力克服安于享乐、安于现状的思想观念，时刻保持积极向上、永不满足的进取状态。要在鼓励创新创业上进一步解放思想，形成鼓励党政领导、部门同志与企业家交朋友，支持企业家在常德创新创业的良好氛围。要大力破除求全责备的思想，形成鼓励成功、宽容失败的社会舆论，从制度安排上为市场经济主体放心放手发展提供保障。要理直气壮地鼓励改革开拓，大胆保护勇担责任、积极干事的同志。

树立参与主流竞争的责任感，加快转变经济发展方式。

在当今社会里，科学发展已成为时代主流。结合常德实际贯彻落实科学发展观，一是要按照好字优先、好中求快的要求，把着力点放在提高常德新一轮工业发展和城市发展的核心竞争力上；二是推进新型工业化要注意对接国家的产业政策，选上符合国家产业政策的项目，叫停污染项目，积极贯彻国家节能减排方针；三是在工业园区建设中要坚持集约节约用地，清理和不搞空转项目；四是推进城镇化要注意贯彻统筹城乡发展，建设生态宜居城市的理念；五是在新农村建设中要注意严格保护水源，治理农村垃圾和面源污染，严格控制投肥养珍珠和投肥养鱼，逐步退出淡水养殖珍珠产业；六是在各项工作中要坚持以人为本，着力改善民生，依靠人民群众建设工业强市、文化名城、和谐常德，使发展成果更好地惠及全体人民。

二、深入贯彻落实科学发展观，促进经济又好又快发展

最近召开的市五届人大一次会议，对全市后五年的经济社会发展作了全面部署，并按照高于全省经济发展平均水平的预测安排了今年的发展指标。根据中央和省委经济工作会议的要求，我市2008年经济工作要突出五个重点：

1.积极融入长株潭城市群“两型社会”综合配套改革试验区建设，加快推进新型工业化。

积极搞好发展规划和措施的对接，主动融入长株潭一体化进程。在长株潭一体化中，长沙发展最快，支撑长沙快速发展的一是工业园区扩容和总部经济带动。二是城市基础设施扩容和房地产带动。三是服务业火爆。现在长沙市贷款投放总量已占全省总量的47%，生产要素集聚在试点启动后还会加快。我们要主动研究生产要素流动走势和长株潭城市群发展规划，编制好常德对接长株潭的空间规划布局，按照错位发展的要求制定产业发展规划，打造承接产业转移的平台。要主动争取总部设在长沙的大公司大集团的生产基地落户常德，主动做好产业集群发展的配角。要深入研究长株潭城市群的发展战略，抓紧制定对接措施，努力缩小在市场准入、招商引资、人才流动、技术开发、信息共享等方面的政策落差。要以长株潭的制度建设为参照，认真清理现行经济发展的政策规定，创造务实高效的服务环境。积极争取省里对我市基础设施建设的优先安排，重大招商引资项目的优先布局。充分利用长株潭的辐射带动作用，着力构建常德现代产业体系、物流体系和市场体系，推动我市在交通、信息、物流、文化、教育、科技等领域与长株潭的全方位对接。发改委要牵头做好有关对接工作。

继续主攻工业园区，大力推进项目建设。市委市政府确定今年为“项目建设年”。全市上下要集中力量抓好一批重大项目的引进和开工。一是全力抓好在建项目，促成在建项目早投产早受益。去年7月25日全市工业园区建设流动现场会参观的工业项目，要明确专人搞好跟踪服务，在确保工程质量的前提下，加快工程进度，使其按期投产见效。对看准了的在谈项目，要进一步盯紧，力争早日开工。二是继续抓好园区规划修编，加快争取园区升格。按照扩大园区容量，留足工业发展用地，将城镇扩容和工业园区配套结合起来的要求，做好园区规划和土地利用规划的修编，德山开发区和条件成熟的区县（市）工业园年内完成修编评审。根据园区发展扩容提质的需要，设立专业、特色园区，促进产业集群产业板块企业的集聚。德山开发区与武陵开发区捆绑申报国家级开发区工作要抓紧，力争“十一五”期内申报通过。抓紧向省衔接，力争创元、津市、安乡工业园今明两年升格为省级开发区。三是整合招商引资方式，推动全民招商向企业招商、专业招商转变。紧紧扣住省内拟作产业集群发展的大公司、大集团，为中烟工业公司常德烟厂、创元铝业、中联重科、湘投控股、泰格林纸、力元新材在常德加大投入做大产业搞好配套服务。抓紧引进已有合作意向的三一重工、有色控股等强势企业进入常德。抓住央企重组扩张机遇，进一步加大对华电集团、中广核、通用集团、中国建材等大型央企的项目服务和洽谈引进。积极承接珠三角电子、制鞋、制衣等产业转移，加大对恒安集团、海螺集团等国内知名企业的招商引进及已落地项目的服务工作，加快培育形成我市机械制造、铝材加工、电力、林纸、棉麻、纺织、食品加工等优势产业和产业集群，推动我市有资源优势的劳动密集型产业和矿产品、农副产品加工业的集聚发展。把招商引资与搞活现有企业，抓好现有企业技术改造，培育规模企业和亿元企业结合起来，进一步推动企业的技术创新和产品创

德山恒安纸业全景　　陈旭昶　摄

牌。围绕核心企业做好配套项目的挖掘发布，鼓励本地民资创办配套协作项目，鼓励龙头企业将在外的配套业务引回常德。今年工业技术改造投入要比上年增长30%，新增规模企业要达到100户以上。注重发展生产服务业，为新引进企业培训熟练技工，配套工业园区的公共交通和生活服务设施。德山开发区要在招引重大项目，发展产业集群，建立专业园区，配套生产服务上取得实效。每个区县（市）工业园要新上5个以上重点项目，尽快形成有项目支撑的新区框架。

进一步突破经济发展瓶颈。工业用地紧张、中小企业融资困难、节能减排压力加大是我市目前发展工业的几个主要瓶颈，必须大力突破。一是加大向上争取用地指标力度，用地量大的重点项目要千方百计挤进省里重点工程笼子。同时要注重节约集约用地，依法清理闲置土地，确保重点工程和重大项目建设用地。二是加强银企合作，认真研究资本市场，积极培育上市公司。解决中小企业融资难题，要从企业加强诚信建设、政府加大引导推介、金融机构加大融资服务等多方面去缓解。对金融机构今年贷款净投放工业企业增幅大的，政府要给予奖励。抓紧推动中小企业担保公司的重组，放大担保效应。对基本具备上市条件的企业，要组织专门班子，集中攻关，力争年内取得突破。金健米业、洞庭水殖扩股融资工作要抓紧运作，已进入上市辅导期的凯斯、云锦等企业要加快上市工作进度。企业债券门槛在降低，有条件的企业要积极探索发行企业债券，开辟新的融资渠道。三是加大淘汰落后产能和关闭污染严重小企业的力度，把淘汰关闭落后生产能力的计划和实施方案落实到企业和具体项目上。抓好苎麻、水泥、纺织印染行业污染专项整治行动，进一步强化企业治污责任制和执法监督。加快治污工程项目建设进度，推进德山污水处理厂等项目建设。抓紧规划和逐步建设县城污水处理厂。严把项目环保审批关，控制污染新增量。

2. 加大统筹城乡发展力度，扎实推进新农村建设。

明年的新农村建设要按照进一步推进连片示范，进一步扩大农民受益，进一步推动机制创新的要求，重点抓好产业发展、村庄整治、安全饮水、农民培训、基层基础五个方面的工作，逐年增加对新农村建设的投入。

一是围绕产业发展做好指导服务工作，进一步促进农民增收。围绕发展现代农业，大力抓好农田水利设施建设，提高防洪保安能力，强化基础设施支撑。不断增加农业科研和技术推广投入，抓好良种繁育、精深加工和贮运技术研发，加强农村基层农业技术服务体系建设，深入实施农业科技入户工程，大力建设农产品优势产业带和规模安全养殖小区，实现村有主导产业、户有致富门路的目标。坚持用新型工业化带动农业产业化的发展思路，积极培育龙头企业，扶持发展示范性农民专业合作组织，推动农产品的加工和营销。引导乡村依托自身优势，发展循环农业、生态农业和休闲观光农业。整合农业、劳动、教育、科技、扶贫、移民等部门的培训力量，采取长短结合的培训方式，多渠道加强农民技能培训，扩大劳务输出规模，提高农民素质和转岗就业本领，更好地促进农民增收。

二是突出村庄整治，进一步扩大示范效应。根据目前农村的发展水平和政府的财力状况，今年我市新农村建设要继续走连片示范的路子。在去年抓200个市级示范村的基础上，今年市县两级共同抓好400个左右的示范村，加上每个乡镇办好一个示范点，争取在“十一五”期间使示范村扩大到1000个左右，村庄整治面占到行政村的20%左右，通过连片示范带动全市面上的新农村建设。要坚持镇村同治。现在示范村整治得比较好，村容村貌改观较大，但有些乡镇集镇所在地乱搭乱建和乱倒垃圾问题突出。今年在村庄整治中要坚持镇村同步整治，实施一条线、一个片、一个乡镇系统整治，做到整治一块，巩固一块。要立足长远谋划农村的未来发展，编制好新农村建设村庄整治规划，继续加大安全饮水、通村道路和乡村断头路硬化、农村户用沼气等基础设施建设，今年新解决通村公路硬化1500公里以上，新解决25万农村人口饮水困难，新建2万口沼气池。继续加大农村宜居住宅、“三清三改”引导力度，努力建设生态宜居农村。

三是加强基层民主管理，进一步推动机制创新。充分发挥农民群众在新农村建设中的主体作用，积极推进村务公开，不断加强基层民主管理，推动新农村建设机制创新。建立健全调动社会力量和广大农民参与新农村建设的激励机制。通过实施“以奖代补”引导政策、开展机关企事业单位结对帮扶、评选新农村建设功臣等措施，进一步调动各个方面支持参与新农村建设的积极性。建立健全村庄整治、垃圾处理的长效机制。今年市里将安排村庄整治专项资金，推动这项工作的深入开展。区县（市）也要加大这方面的投入，建设、环保、农业、农村能源等相关部门要加强技术支持，加快推广农村污水、垃圾处理、秸杆利用等先进适用技术，逐步使垃圾处理难的问题得到较好解决。建立健全公共基础设施的管理维护机制。已经硬化的通村公路、安全饮水、户用沼气、农村现代远程教育、图书室等设施，都要建立完善管理维护和运行机制，使各项设施能正常使用，长久发挥作用。计划生育是新农村建设的重要内容，要抓好政策接轨，打牢基础工作，推动创先争模。

乡镇党委政府在新农村建设中肩负组织实施的重要责任。要充分发挥乡镇党委在指导发展、服务群众、维护稳定中的核心作用。要坚持依靠村级组织、依靠农民群众、广泛动员社会力量参与新农村建设的方向。在推进过程中要从实际出发，坚持办点示范，不要增加乡村债务，不要增加农民负担。

3. 抓紧拉开新一轮城市扩容提质骨架，大力推进新型城镇化

抓紧搞好城市规划修编。党的十七大后，市委市政府对推动城区扩容提质作了专题研究，确定了加快市城区发展的基本思路。要加强对城市未来发展空间和布局的战略研究，抓紧修编常德城市总体规划，完成新一轮土地规划修编的报批，尽快拉开城市西移北拓的骨架，推动城市向外围发展。各区县

（市）都要认真研究实施县城和重点建制镇扩容提质规划，加快城镇基础设施建设和人居环境改善，提高全市城镇化水平。

启动一批事关全局的重点工程。常德城市新一轮扩容的主战场摆在德山开发区和柳叶湖旅游度假区。按照2008年全面启动扩容工程，3~5年搞出形象的要求，规划、建设、国土、财政等部门要从政策、资金和项目布局上，对两区的建设和发展进行认真研究，加大倾斜力度。要积极实施依托重点工程带动城市扩容的发展方略，抓紧实施德山南区东区扩容、柳叶湖退田还湖、体育生态园等重点工程，加快引进大连海昌和国际影视城等旅游项目，尽快启动沅水三桥、城市高速环线、芙蓉文化中心、桃花源机场改造等重点建设项目，拉开新一轮城市扩容骨架。继续搞好江北城区的道路和市政设施配套完善，加大对江南城区市政建设的支持，进一步改善城区的人居环境。要尽力争取常荆、常邵、常岳高速开工建设，抓紧实施国省干道的路桥改造和旅游公路建设，提高交通投入在全社会固定资产投资中的比重。要适应国家严管工程质量的要求，改进交通、市政等重点项目的前期工作，确保不拖后腿。要引导建设模范房地产小区，提高城镇房地产开发水平。

抓紧整合城市融资平台。在新一轮城市发展过程中，要整合现有优质城市资源，实行城市开发建设企业化管理、市场化运作，逐步实现政府直接融资向市场融资转变。要坚持政府控制土地一级市场，促进城市土地资源增值，吸引资本投入。着力引进BOT、TOT、BT等投资方式，拓展城市融资渠道。力争今年市城区投入城市基础设施建设10亿元以上。

按《中华人民共和国城乡规划法》的规定大力推动依法拆违，深入开展文明创建。严格抓好规划管理，加强举报监督，认真组织好群众自拆和依法强拆，确保城市拆违任务顺利完成。要以创建国家文明城市为目标，进一步巩固城市创建成果。

4. 突出发展县域经济，大力提升县域经济竞争力

着力培育县域经济新的增长点。当前，县域经济既面临着传统优势弱化、竞争压力加大的严峻挑战，又面临着发挥比较优势、参与产业重组、拓展发展空间的新的机遇。区县（市）要找准自己的比较优势，举全县之力突破主导产业，打好工业发展的翻身仗。

着力建设特色产业园。区县（市）工业园这两年来得快的还是依托现有企业现有资源招商引资，而引导建设专业园区或特色产业园是一个方向。鼎城灌溪工业园是以中联重科塔吊等工程机械主导产品为龙头的专业园区，吸引了附近20多户企业为之配套。桃源创元工业园围绕铝材加工配套文章也很大。石门、澧县、津市的建材、盐化工配套发展潜力不小。区县（市）下步要围绕建设特色产业园改进招商引资，全力引进几个发展前景看好的产业项目，逐步培育区域性支柱产业。

着力培育中小企业。中小企业是县域经济的主体。要积极组织以中小企业对接配套为主要内容的专题招商活动，引导中小企业加入省内外大公司、大集团的分工协作体系，广泛拓展配套市场。加强对优质项目、前沿项目的开发，加大技术改造投入，促进中小企业提质扩能增效。引导企业加强与高校和科研院所的对接，及时开发新产品，引进新设备，采用新工艺，增强产品的市场引领能力。要进一步优化中小企业的创业发展环境，推广从党政机关选派外协副厂长帮助疏理外部环境的做法。

充分调动区县（市）抓发展的主动性、创造性。现在区县（市）面临的矛盾和问题比较多，发展和维稳的压力都很大。很多事需要果断决策，突出重点，一抓到底。区县（市）的同志要增强责任意识，鼓足信心，争创一流。现在发展工业不仅看开会，看讲话，关键是看结果，看成效。一个区县（市）一年上不了几个重点项目，班子和干部群众的神提不起来，发展打不开局面，过几年回过头看，群众会骂我们错失良机。目前市县换届已顺利结束，区县（市）委要坚持主要领导集中精力狠抓工业发展、狠抓园区建设不动摇，坚持常务副区县（市）长兼任园区第一书记和一名常委专抓园区建设的格局不改变，切实担负起加快推进新型工业化的重任。

市委市政府将加大对县域经济重大项目的布局整合和产业引导，市直各部门要全力支持县域经济发展，认真落实各项优惠政策，进一步提高为区县（市）上报核准项目服务的效率，共同促进县域经济又好又快发展。

5. 重视改善民生，积极推进和谐社会建设

坚持把发展经济、扩大就业摆在首位。就业是民生之本。要坚持发展经济与促进就业互动，大力发展劳动密集型产业、服务业和各类中小企业，发展有利于扩大就业的新行业、新产业，鼓励、支持、引导非公有制经济发展，尽可能多地增加就业岗位。要认真落实促进就业和再就业的各项优惠政策，健全就业服务体系，开展就业援助，努力使人民群众安居乐业。

围绕保障和改善民生兴办实事。坚持从群众最关心的热点问题抓起，从群众最希望办的事情做起，坚持每年为人民群众办好一批实事。要把建立健全社会保障体系，推进城镇基本医疗保险试点，普及农村新型合作医疗，做好农村五保户供养，加强廉租房建设，提高城乡低保补助标准，完善因基本生活必需品价格上涨对低收入群众的补助办法等群众要求迫切的事，作为今年改善民生的重点抓好。加大公共财政投入力度，突出建设教育强市，加快发展文化、科技、卫生、体育等各项社会事业，促进文化名城建设。

加强社会管理，化解社会矛盾，维护大局稳定。要顺应中央提出贯彻落实科学发展观、坚持以人为本执政理念的历史变化，努力改进社会管理办法，调整工作思路和方法，促进社会和谐稳定。坚持依法行政，提高用民主法制的办法加强社会管理的能力和水平。严格落实维稳责任制和责任追究制。对一年内一个单位因责任制不落实引发重大群体性事件和三次以上越级非正常集访的单位，一把手要停职专抓稳定。建立健全矛盾纠纷调处体系，实行领导干部主动下访听

取意见，及时排查化解矛盾。强化“一中心五网络”综治专业防控体系建设，提高基层防控能力。突出整治非正常上访，加强对集访和劝返工作的研究，抓好对集访人员反映问题的后续跟踪处理。加强对安全生产隐患的摸排分析，抓紧处置整改，严防重特大事故发生。

三、狠抓领导班子思想作风建设，推动工作在基层落实

狠抓换届后领导班子的思想作风建设。换届后，县乡两级负责干部要静下心来狠抓发展，扎扎实实为老百姓干事。新一届班子从一开始就要从严要求，带正风气。

一是抓好理论学习，坚定建设中国特色社会主义的信念。各级领导干部要自觉养成勤奋学习的习惯，努力跟上时代步伐。当前，要突出抓好十七大精神的学习贯彻，坚持用十七大精神武装头脑，指导实践，推动工作。各级领导干部要带头学习，为广大党员干部作出表率。要通过深入学习，掌握中国特色社会主义理论体系，坚定不移地推进中国特色社会主义事业。要把中央精神与本地实际结合起来，创造性地开展工作，进一步推动思想解放和观念更新。二是要坚持民主集中制，不断提高科学、民主、依法决策水平。加强领导班子建设，必须坚持重大决策实行民主集中制，尽量减少决策失误。要进一步完善党的领导制度和工作制度，坚持集体领导和个人分工负责相结合，充分调动分管领导的工作积极性，倡导各级负责干部大胆负责，勇于任事，雷厉风行地抓好已定工作的落实。切实加强几大家班子的协调配合，形成统筹分工抓重大项目重大工作的合力。春节前，市县两级党委领导班子要围绕干部选用和廉洁自律召开一次换届后的高标准的民主生活会。三是坚持正确的用人导向，努力建设团结干事的班子。要适应扩大干部选用民主的改革取向，积极引导各级干部埋头干事、艰苦创业。要坚持按德才、按实绩、按程序选用干部，对投机钻营的干部要从严教育。领导干部不要陷入亲亲疏疏的“小圈子”。要坚持团结顺气鼓劲的工作取向，提高化解班子矛盾的驾驭能力。搞好班子团结要坚持公道正派的原则，大力弘扬正气，不搞无原则的一团和气。党政一把手要培养宽阔胸怀，容纳不同意见。班子成员要提倡相互尊重，互相补台。主要领导要定期找班子成员和下属骨干谈心听取意见，加强思想交流和沟通，把干部的气理顺，把班子和干部的心思引导到干事创业上。

继续加强基层基础工作。

当前，基层工作面临的矛盾很多，基层干部承受的压力很大。要认真贯彻落实省委省政府加强“三基”的要求，坚持重视基层，服务基层，加强基层。从实践来看，夯实基层基础，既需要上级的支持，更需要自身的努力。石门县在加强基层基础工作方面进行了有益探索，取得了较好成效，经验值得各地借鉴。

一是认真落实市县领导下基层调研，听取意见制度。区县（市）主要领导一年下基层下农村不少于60天，乡镇党委书记每个月下村不少于7天，平常要坚持驻乡工作，不搞“走读”。从今年开始，市里每年组织两次大的机关干部下基层活动，一次在年底，一次在春耕时节，主要任务是调查研究，访贫问苦，指导发展，提供服务，化解矛盾。要通过建立干部下基层的长效机制，进一步改进干部作风，推进为基层为群众兴办实事，促进工作落实，改善党群干群关系。

二是抓好基层组织建设。要围绕推动发展、服务群众、凝聚人心、促进和谐，加强基层党组织资源整合，增强基层党组织对辖区各类组织和各项事务的领导力、执行力。深化党员队伍先进性建设，集中开展以学党章、用党章为主题的党性教育活动，加强对乡村干部的技能培训，增强农村基层党组织和党员干部领导发展的本领。加大基层干部选拔使用力度，继续推行从机关单位向农村党组织选派第一书记，从乡镇选派党员干部到各级机关跟班学习制度，抓好从优秀村干部中考录公务员工作。加快培养发展能带头致富和带领群众致富的年轻党员，抓紧改善基层班子和党员结构。建立城乡党的基层组织互帮互助机制。

三是为乡村两级创造好的工作环境。加快推进农村综合配套改革，加大对乡村两级转移支付力度，逐步解决乡村运转困难。区县（市）要通过两年努力，实现村平转移支付4万元的低限目标。积极落实乡村消赤减债的政策措施，力争用三年左右时间基本化解“普九”债务。支持乡村基层改善办公生活条件，继续补助支持25个乡镇机关的改造，帮助新建和整修一批村部。鼓励条件许可的区县（市）摸索建立村干部报酬补贴、养老保险和任职时间长的离任村主干生活补贴制度。

坚定不移地抓好党风廉政建设。

一是党政领导干部要带头讲党性、重品行、作表率，带头严守廉政规则，坚持不插手工程承包，不收受红包礼金，不搞权钱交易。要从思想上树立廉政才有从政安全，廉政才能树立从政威信的观念，以身作则地带好班子，带好队伍。

二是要加强教育和预防，主动接受监督。要着力推进惩治和预防腐败体系建设，突出从源头上治理和预防腐败。坚持将反腐倡廉教育纳入干部教育培训的重要内容，加大正面典型宣传力度，深入开展反面典型警示教育。要加强对权力的制约监督。制定出台对处级党政正职管理监督实施办法，进一步规范单位主职的决策权、审批权、用人权，切实解决少数领导干部中存在的独断专行、盲目决策、铺张浪费、以权谋私和用人不正之风等问题。重点加强财政专项资金监督管理、建设工程招投标、经营性土地使用权出让、产权交易和政府采购制度改革。

三是要积极支持纪检监察机关查办案件，认真落实党风廉政建设责任制。要从严教育管理干部，发现不良违纪苗头要及时负责地给干部打招呼。要严肃查处干部违法违纪案件，发挥查办案件的警示作用。要按照“一岗双责”的要求落实党风廉政建设责任制，切实负起反腐倡廉责任，努力营造风清气正的发展环境，使人民群众看到希望。

第四届人民代表大会常务委员会工作报告

——2007年12月29日在常德市第五届人民代表大会第一次会议上

莫道宏

各位代表：

我受市第四届人大常委会的委托，向大会报告工作，请予审议。

五年工作回顾

市四届人大常委会任期的五年，是全市人民在市委的领导下，高举中国特色社会主义伟大旗帜，以邓小平理论和“三个代表”重要思想为指导，深入贯彻落实科学发展观，全市改革开放和全面建设小康社会取得重大进展的五年；是各级人大及其常委会认真贯彻落实中共中央〔2005〕9号文件精神，坚持和完善人民代表大会制度，全市人大工作和政治文明建设稳步推进的五年；是全面贯彻实施监督法，切实加强对政府、法院、检察院的工作监督和法律监督，并取得明显成效的五年。五年来，市人大常委会紧紧围绕全市工作大局，认真履行宪法和法律赋予的职责，共举行常委会会议48次，主任会议30次，听取和审议行政、审判和检察机关的专项工作报告95个，对80部法律法规的实施情况进行了执法检查，发出审议意见书34份，作出决议、决定76项，任免国家机关工作人员411人，各项工作取得了新的进展，为建设“工业强市、文化名城、和谐常德”作出了积极贡献。

市人大常委会主任莫道宏作工作报告

一、深入贯彻落实科学发展观，依法行使重大事项决定权

2004年，市人大常委会制定《常德市人大常委会讨论、决定重大事项的规定》，使人大常委会行使重大事项决定权进一步规范化、制度化。

围绕经济和社会发展重大事项行使决定权。国民经济和社会发展第十一个五年规划，是贯彻落实科学发展观，全面建设小康社会的重要规划，常委会开展调查研究，听取情况汇报，提出意见建议，使十一五规划更加完善，并在四届四次代表大会上得到顺利通过。五年来，常委会对全市全面建设小康社会规划纲要、旅游产业发展规划、柳叶湖旅游度假区和德山经济开发区总体规划修编、城市总体规划布局调整、建设生态市、与国外有关城市缔结友好城市等重大事项，认真进行审议，作出决议、决定20项。每年4月，听取市政府上年度财政决算报告、审计报告和专门委员会审查报告，审查、批准财政决算。每年10月，听取和审议市政府关于国民经济和社会发展计划、财政预算执行情况报告，依法批准调整方案。2004年，常委会从实现区域经济社会与人口、资源、环境协调发展出发，作出《关于进一步加强环境保护，建设生态市的决议》，确定了建设生态市的长远发展目标。市政府根据决议要求，出台《关于加强生态市建设的意见》，制定《常德市生态市建设规划》，加快了生态市建设步伐。对柳叶湖旅游度假区总体规划进行环境影响评价，是环境影响评价法颁布实施以后，在全国城市总体规划编制过程中，实施环境影响评价第一例。2005年，常委会对城建项目计划安排作出审议意见后，市政府狠抓落实，及时出台《关于进一步加强理顺城建工程项目和资金管理的意见》，要求重大城建项目“市政府没有研究，专家没有审查，不得向市人大常委会汇报；市人大常委会没有审查批准，不得进入招标程序，市财政局不得拨付工程款”，规范了重大城建项目和资金管理的审批、运行程序。

围绕人民群众关注的热点难点问题行使决定权。开展对农产品质量安全管理、农业投入品监管、司法鉴定、社区劳动保障、社保资金、住房公积金管理、新农村建设、农村中小学“两免一补”、城区住房保障体系建设、穿紫河综合治理、违法建筑物的拆除、扶贫工程、再就业工程、城市防洪圈建设、春节期间限制燃放烟花爆竹等人民群众关心的热点难点问题进行审议，提出意见和建议。农产品质量安全关系人民群众的切身利益，常委会作出《关于加强农产品质量安全管理的决议》，督促市政府加强农产品从产地到餐桌的全程监管，确保农产品质量安全。针对司法鉴定层次渠道繁多，司法机关存在自侦自鉴、自诉自鉴、自审自鉴等问题，常委会作出《关于规范管理面向社会服务的司法鉴定工作的决定》，较好地理顺了司法鉴定管理体制。

围绕法制宣传和司法队伍建设行使决定权。2006年，常委会听取和审议市政府关于在全市深入开展法制宣传教育和依法治理工作专项工作报告，批准在全市公民中组织实施法制宣传教育第五个五年规划，作出《关于进一步加强法制宣传教育的决议》。同时，常委会作出《关于授予“模范法官”称号的决定》和《关于授予“模范检察官”称号的决定》，推动了司法队伍争先创优活动的深入开展。

二、认真贯彻实施监督法，切实加强工作监督和法律监督

加强经济工作监督。认真听取和审议专项工作报告。五年来，常委会紧扣经济建设中心，听取和审议市政府关于建设社会主义新农村的专项工作报告，开展专题调查、视察和检查，提出审议意见，督促市政府落实支农惠农政策，加大农村基础设施建设投入力度。听取和审议市政府关于优化经济发展环境、招商引资、工业园区建设等有关工业经济发展的专项工作报告，召开全市经济形势分析专题会议，了解全市经济运行情况，提出意见和建议。市政府按照审议意见要求，优化经济发展环境，加强工作调度，加快园区建设和项目引进，全市工业经济呈现较好的发展势头。听取和审议市政府关于民营工业发展情况的专项工作报告，提出审议意见，市政府进一步理顺管理体制，拓宽融资渠道，落实扶持政策，全市民营经济得到长足发展。常委会和主任会议还围绕城乡统筹发展、国有企业改制、国有资产管理、招商引资、重点工程、林业发展和三资企业发展等工作进行视察和调研，对经济工作中存在的一些突出问题，向市政府提出意见和建议，促进了全市经济又好又快发展。

深化预决算审查监督。2004年出台《常德市人大常委会预算审查监督办法》，2006年成立预算工作委员会，加大部门预算审查监督力度。部门预算审查监督的单位，由2003年的11个增加到22个；部门预算审查的程序，在闭会期间审查的基础上，增加了代表大会期间审查。在审查批准市级财政决算时，审查到项目、到科目。充分发挥审计监督作用。常委会作出《关于加强对市级财政预算执行情况审计监督的决定》，定期听取审计报告，推行审计报告公示制度，将审查出来的问题交政府整改。

加强计划执行情况的监督。常委会根据全市国民经济和社会发展规划，定期视察全市重点工程建设等建设项目，建议市政府加快重点工程建设，引进高新科技产业，促进了全市经济运行质量的提高。

加强对法律法规实施情况的监督。五年来，市人大常委会采取统一部署，区县（市）互相配合、上下联动的方式，对义务教育法、农业法、劳动法、人民警察法、刑事诉讼法、民事诉讼法、环境保护法、安全生产法、传染病防治法、动物防疫法、非税收入管理条例等80多部法律法规，进行执法检查。2003年开展传染病防治法执法检查，有力地支持和推动了全市抗击非典斗争；开展义务教育法执法检查，解决了全市中小学20万㎡的D级危房改造等问题；开展电力法执法检查，使岗市变电站周边的建设环境等问题得到较好的解决。2004年开展农业法及相关法律法规执法检查，促进了全市农业投入的增加和较好地解决了失地农民的补偿问题。2005年开展劳动法律法规执法检查，较好地解决了全市劳动和社会

楠竹山污水处理站　　陈旭昶　摄

保障信息化建设等问题；开展人民警察法、刑事诉讼法和治安管理处罚条例的执法检查，督促有关部门组织开展打击“两抢一盗”和整治涉黑、涉恶、涉毒的专项活动，促进了全市社会治安的好转。2006年开展环保法律法规执法检查，向市政府交办4大类27个问题，促进了一批环境污染问题的解决；开展安全生产法律法规执法检查，向市政府提出了加大安全生产隐患专项整治力度等五个方面的建议，使安乡县黄山头旅游缆车等一批重大安全隐患得到整治。开展规范性文件备案审查工作，切实加强法律监督。

市人大常委会还配合全国人大开展农村土地承包法、物权法、农民权益保护法等法律的执法检查和立法调研，配合省人大开展大气污染防治法、城市规划法、法官法、人口与计划

生育法、道路交通安全法、血吸虫病防治条例等20多部法律法规的执法检查和立法调研。开展动物防疫法执法检查后，全市建立健全动物防疫体系，在全省起到了表率作用。

加强司法监督。本届以来，市人大常委会连续听取和审议市中级法院和市检察院案件质量评选活动专项工作报告。2004年7月，听取和审议市中级法院民事审判工作和市检察院办理自侦案件的专项工作报告。2005年，听取和审议市中级人民法院关于判决执行情况报告。2007年，听取和审议市检察院关于反贪污、反渎职、反侵权犯罪工作的专项工作报告。常委会还分别听取全市基层法院建设，人民陪审员、人民监督员制度实施情况和开展“打黑除恶”专项斗争等专项工作报告，对有关工作进行视察、调查。对日常受理的人民群众涉法涉诉信访案件，认真接待，依法处理，督促司法机关完善内部监督机制，启动司法工作程序，支持和保障司法机关依法、独立、公正地行使权力，开展工作。

加强民生问题的监督。围绕市政府“十件实事”办理、失地农民社会保障、农村改水改厕、禽流感防治、食品药品安全、防震减灾、廉租房建设、文明城市创建、城乡居民最低生活保障、县乡公路和城区小街小巷建设、园林绿化、社区建设、柑桔病虫害防治等工作，常委会和有关专门委员会开展调查、视察和检查，听取和审议政府专项工作报告，提出意见建议，督促政府为民办实事、办好事，较好地履行了保护人民群众根本利益的职责。

加强信访工作和对申诉控告案件的督办处理。坚持主任信访接待日制度，认真抓好对弱势人员上访、群体上访、重大问题个案上访的处理。五年来，共受理人民群众来信来访11835件，其中受理人民群众申诉控告案件1721件，交办案件86件，绝大部分已办理回复，得到改判和部分改判35件，保护了当事人合法权益。全市人大信访工作得到了全国人大、省人大的充分肯定，全国人大于2003年在常德召开全国人大信访工作经验交流会，在黑龙江、贵州等地召开的全国人大信访工作会议上，推介了常德的经验。

开展环保世纪行、农产品质量安全行和农民健康行活动。常委会把环保世纪行、农产品质量安全行和农民健康行活动，作为改善民生的实际行动来抓。环保世纪行坚持一年围绕一个主题、抓住一个重点、突出一个难点，为我市创建“国家环保模范城市”、“国际花园城市”、“国家卫生城市”作出了积极贡献。农产品质量安全行坚持抓标准化生产、抓“三品”认证、抓检验检测体系建设，全市农产品质量安全水平明显提升，年年评为全省先进单位。农民健康行活动的深入开展，促进了全市农村公共卫生和基本医疗服务体系建设，促进了新型农村合作医疗体制的全面启动。“三行”活动取得的成效，得到了人民群众的肯定。

三、依法行使任免权，加强对国家机关工作人员的监督

常委会始终坚持党管干部和依法任免干部相结合的原则，认真行使人事任免权。五年来，市人大常委会共依法任免国家机关工作人员411人，其中决定任命市政府组成人员51人，决定和补充任命市人大常委会工作机构、市人大有关专门委员会负责人26人，任命法院、检察院组成人员259人，免去职务50人，接受和批准辞职25人，从组织上保证了国家机关工作的顺利开展。在行使人事任免权的过程中，注重坚持任前调查、任前公示、法律考试等任免程序，做到知人善任，反映民意。在换届任免时，实行随届任免，组织被任命人员集体向国旗、国徽宣誓，颁发任命书。在任命后，采取述职评议和工作评议等方式，对履职情况进行考核和评价。2003年，市人大常委会决定对政府副市长、政府工作部门负责人、法院、检察院主要负责人进行全面的述职评议。几年来，共对市政府3名副市长、25名政府工作部门负责人和4名市中级法院副院长、3名市检察院副检察长进行了述职评议，增强了国家机关工作人员的法治观念和公仆意识。监督法颁布实施后，组织专项工作评议，对国家机关工作人员的工作业绩和存在问题实施监督，把人事监督寓于工作监督中，增强了监督工作的针对性和实效性。

四、加强和改进代表工作，充分发挥代表作用

2005年，中共中央转发了《中共全国人大常委会党组关于进一步发挥全国人大代表作用，加强全国人大常委会制度建设的若干意见》中发〔2005〕9号文件。常委会按照文件精神，进一步加强和改进代表工作，代表作用得到了较好发挥。

代表知情知政渠道进一步拓宽。坚持和完善常委会主任会议成员和专职委员分工联系代表制度。常委会领导深入基层走访代表，通报上情，了解下情。坚持为代表订阅刊物，寄送资料，让代表及时了解人大工作以及全市经济社会发展情况。邀请代表列席常委会，参加政情通报会，使代表尽可能地了解政情政务，激发代表当家作主的民主热情。

代表议案和建议办理力度进一步加大。制定《关于常德市人民代表大会代表建议、批评和意见办理工作规定》，进一步规范和完善代表议案、建议的提出、交办、办理和督办工作程序。五年来，共办理和督办市四届人代会期间代表提出的议案、建议1100多件，每年的办结率均达到100%，满意率在98%以上，解决率也逐年提高。对代表在闭会期间提出的300多件建议，及时转交政府、法院、检察院和有关部门研究处理。市四届人大四次会议上，临澧县代表团余先柏等18名代表提出《关于加强农业投入品监管的议案》后，有关专门委员会深入开展调查研究，对议案进行认真审议。常委会听取有关专门委员会审议结果报告和市政府专项工作报告后，作出《关于进一步加强农业投入品监管的决议》。市政府认真贯彻决议精神，组织专门班子进行调查研究，出台《关于加强农业投入品管理的办法》，使全市农业投入品监管工作步入规范化的轨道。

代表作用得到进一步发挥。认真贯彻中共中央〔2005〕9号文件和省、市委人大工作会议精神，逐步建立和完善了代表活动的组织和保障机制。深入开展“人民选我当代表，我当代表为人民”为主题的争先创优活动，评选一批省、市

优秀代表和代表活动小组，调动了各级人大代表在全市经济建设、政治建设、文化建设和社会建设中的积极性。各个代表小组围绕常委会工作要点，制定代表活动规划，选择代表活动主题，组织代表参与视察、调查和执法检查，做到一年突出一个重点，一年解决一、二个有影响的问题。2005年，组织驻常的全国人大代表、部分省、市人大代表视察常张高速公路建设情况，向省政府提出了斗姆湖枢纽互通的建议案，引起了省政府领导的高度重视，使这一问题得到了圆满解决。

五、加强自身建设，提高履职水平

充分发挥专门委员会的作用。五年来，各专门委员会在常委会的领导下，根据代表大会确定的任务和常委会工作部署，按照各自的工作职责，大胆开展工作，依法行使职权。每年年底，各专门委员会在调查研究的基础上，提出下一年度常委会听取专题工作报告和开展执法检查的项目建议。常委会在听取专题汇报和开展执法检查前，各专门委员会开展调查研究，及时提供调查报告。常委会作出决议决定后，专门委员会进行跟踪监督，确保决议决定落到实处。各专门委员会还与政府职能部门、法院、检察院以及区县（市）人大常委会专门办事机构建立联系制度，使专门委员会工作进一步规范化、制度化。

加强常委会机关自身建设。在思想建设方面，坚持以中国特色社会主义理论体系武装头脑，深入贯彻落实科学发展观，认真开展保持共产党员先进性教育，使常委会党组、各委室班子及机关的凝聚力、战斗力进一步增强。在制度建设方面，先后制定了信访工作制度、代表培训制度等十几项制度，机关工作进一步规范化。在组织建设方面，建立健全办事机构，充实工作人员，增添了机关活力，提高了工作效率。在市委重视和领导下，加强了干部的交流和选拔。在作风建设方面，坚持深入基层调查研究，密切联系人民群众，反映民情、集中民智、体现民意。常委会主任会议成员自觉服从市委工作大局，按照市委整体分工，积极参与重点工程、城市创建、建整扶贫、防汛抗旱、库区移民、新农村建设和双联等中心工作，积极为全市经济建设服务。

加强人大制度宣传和理论研究工作。狠抓人大制度宣传，《常德日报》开辟民主法制专版，常德电视台举办人大工作专题节目，办好《人大工作》刊物，使全市人大制度宣传工作呈现出网络健全、阵地巩固、制度规范、效果明显的新局面。以纪念人民代表大会制度建立50周年为契机，组织专门力量编撰《常德人大工作巡礼》，召开纪念人民代表大会制度建立50周年暨基层代表工作座谈会，开展多种形式的纪念宣传活动，使人民代表大会制度更加深入人心。开展理论研讨，活跃理论研究气氛，涌现了一批理论研究者，有不少作品获省以上奖，有些还在实践中得到应用，转化成实践成果。

加强对县乡人大工作的指导。适时召开区县（市）人大常委会主任座谈会、委室对口联系会，探讨新时期开展人大工作的新途径。邀请区县（市）人大常委会负责人列席常委会会议，做到相互交流、相互促进。指导县乡人大的换届选举。2007年全市504万选民以饱满的政治热情参加换届选举，按期选出乡镇人大代表1.2万名，区县（市）人大代表2700多名，市五届人大代表473名，新当选的市、县人大代表，年龄结构、知识结构较上届有较大改善。

各位代表，市四届人大常委会取得的每一项成绩，都是在市委的正确领导下，常委会组成人员、各专门委员会和广大代表共同努力的结果，是市政府、法院、检察院和各区县（市）人大密切配合的结果，是全市人民积极支持的结果。在此，我谨代表市四届人大常委会，对所有关心和支持人大工作的同志和各界人士，表示衷心的感谢！

在充分肯定成绩的同时，我们也清醒地看到，对照宪法和法律的规定，对照全面建设小康社会的要求，对照党和人民的期望，常委会工作还存在不少差距。主要是：行使重大事项决定权的力度有待进一步加大；监督法的宣传和实施力度有待进一步加大；发挥代表作用和为代表服务工作有待进一步完善；常委会工作有待进一步加强。这些都需要在今后的实践中，采取积极措施，认真加以解决。

五年工作体会

五年来，常委会工作在实践中探索，在探索中发展，积累了一些经验和体会。

*必须坚持党的领导。*五年来，市人大常委会始终把坚持党的领导、人民当家作主和依法治国有机地统一于发展社会主义民主政治的实践中，统一于建设社会主义政治文明的全过程。因此，在任何时候都不能动摇党对国家事务的领导地位，任何时候都不能忘记支持和保证人民当家作主，任何时候都不能忘记实施依法治国的基本方略。常委会在工作部署上，围绕市委提出的建设“工业强市、文化名城、和谐常德”的目标，确定工作思路，做到部署同步，工作合拍。在审议和决定重大事项过程中，自觉服从和服务经济建设中心，从法律上和制度上保证市委重大决策和意图的实现。在行使人事任免权时，通过法定程序，使党的主张成为国家意志，使党组织推荐的人选成为国家机关的工作人员，并对他们进行监督。在自觉接受党的领导方面，每年人大常委会工作要点都报市委批转。2006年，市委召开全市人大工作会议，作出了关于进一步加强人大工作的决定，有力地推动了全市人大工作的开展。

*必须坚持用科学发展观总揽人大工作全局。*五年来，常委会紧紧把握科学发展观的第一要义，扭住经济建设这个中心，认真听取工作汇报，审议决定全市发展重大事项，始终把发展作为人大常委会依法履行职责的第一要务。突出以人为本，开展调查研究，体察民情，了解民意，重视改善民生，始终把实现好、维护好、发展好最广大人民的根本利益作为人大工作的出发点和落脚点。按照全面协调可持续发展的要求，着力解决全市人口、资源、环境方面存在的突出问

题，促进资源节约型、环境友好型社会的建设。充分发挥人大信访的窗口作用和代表联系群众的纽带作用，广泛听取各方面的意见和建议，正确反映和兼顾不同方面群众的利益，调动一切积极因素，引领全市人民朝着共同富裕的方向稳步前进。

*必须切实加强工作监督和法律监督。*本届以来，特别是监督法颁布实施以后，常委会切实加大了工作监督和法律监督力度。在监督重点上，加大对重大经济决策实施和经济建设重大项目的监督力度。在监督方式上，不断完善监督机制，改进监督方法，突出监督重点，提高监督实效，综合运用各种监督手段，促进政府、法院、检察院依法行政和公正司法，为全市经济发展创造一个良好的法治环境。在监督的过程中，正确处理好人大与政府、法院、检察院的关系，做到在监督中体现支持，在支持中强化监督，确保法律法规的有效实施，维护了宪法和法律的权威，提高了依法履职的水平。

*必须不断完善人大常委会工作机制。*充分发挥人大代表作用，深入开展以"人民选我当代表，我当代表为人民"为主题的活动，为代表拓宽工作渠道，创造履职条件。充分发挥专门委员会作用，组织各专门委员会围绕人大及其常委会的议题开展调查研究，为常委会科学决策当好参谋和助手。建立上下联动机制，组织区县（市）人大常委会和市直部门单位，开展执法检查、视察和调查，为市人大加强与各区县（市）人大的联系、与各部门的联系搭建平台。加强常委会自身建设，提高常委会组成人员以及机关干部的履职水平，调动机关干部的积极性，使人大机关始终充满生机和活力。

今后五年工作建议

今后的五年，新一届人大常委会应当全面贯彻落实党的十七大精神，高举中国特色社会主义伟大旗帜，以邓小平理论和"三个代表"重要思想为指导，深入贯彻落实科学发展观，围绕市委提出的奋斗目标，大力发展社会主义民主政治，大力加强政治文明建设，全面履行宪法和法律赋予的各项职权。

*认真贯彻党的十七大精神，坚定不移地发展社会主义民主政治。*坚定不移地发展社会主义民主政治，是中国特色社会主义事业总体布局的重要组成部分，是党的十七大作出的一项战略部署。社会主义愈发展，民主也愈发展。各级人大及其常委会要认真学习贯彻党的十七大精神。加大人民代表大会制度的宣传力度，增强全社会的宪法观念和人民代表大会制度意识，增强对国家权力机关重要作用的认识。要在宪法和法律指导下，健全民主制度，丰富民主形式，拓宽民主渠道，扩大公民有序政治参与，保证人民依法实行民主选举、民主决策、民主管理、民主监督，保障人民的知情权、参与权、表达权、监督权。要坚持和完善人民代表大会制度，推进社会主义民主政治制度化、规范化、程序化。要积极推进依法治市，加强法律监督，优化发展环境，为全市经济和社会发展提供强有力的法律保障，为全面建设小康社会创建良好的法治环境。

*认真贯彻实施监督法，依法行使法律赋予的各项职权。*各级人大及其常委会要把贯彻实施监督法作为工作的重中之重来抓。要认真学习监督法，深入领会监督法的精神实质。要把监督工作的重点放在关系改革发展稳定大局和人民群众切身利益、社会普遍关注、影响社会和谐的突出问题上。抓住经济社会发展中带根本性、长远性、全局性的重大事项和事关人民群众根本利益的重大问题，作出决议、决定。跟踪督查决议、决定的落实情况，保证决议、决定得到切实遵守和执行。要严格遵守党管干部原则，始终坚持党委意图、人民选择和依法任免的有机统一，进一步完善人事任免制度，依法行使好人事任免权，努力提高组织保证能力。

*认真做好代表工作，充分发挥代表作用。*加强代表培训，提高人大代表管理国家社会事务、管理经济文化事业的意识和水平。进一步拓宽代表知情知政渠道。加强和完善代表议案和建议办理工作，尊重和保障代表的民主权利，纠正和查处侵犯代表合法权益、妨碍代表执行职务的行为，为代表依法履行职责创造良好环境。进一步建立健全代表活动的组织、激励和保障机制，加强和规范代表闭会期间的活动，密切代表与人民群众的联系，增强代表活动的实效。

*认真抓好自身建设，不断提高常委会工作水平。*人大常委会要认真学习党的十七大精神，切实加强自身的思想建设、组织建设和作风建设。健全工作制度，改善工作条件，不断提高依法履行职责的能力和水平。抓好人大机关干部的培养、使用和交流。要密切与区县（市）人大的联系，加强指导，搞好服务，整体提升常委会工作水平。

各位代表，让我们在市委的领导下，全面贯彻落实党的十七大精神，高举中国特色社会主义伟大旗帜，以邓小平理论和"三个代表"重要思想为指导，深入贯彻落实科学发展观，切实履行宪法法律赋予的各项职权，团结一心，开拓奋进，为建设富裕文明和谐常德而努力奋斗！

政府工作报告

——2007年12月28日在常德市第五届人民代表大会第一次会议上

卿渐伟

各位代表：

现在，我代表市人民政府，向大会作政府工作报告，请予审议，并请各位政协委员和其他列席人员提出意见。

一、过去五年工作回顾

过去的五年，是不平凡的五年。在中共常德市委的领导下，全市人民奋力抢抓机遇，积极应对挑战，推进科学发展，开创了经济社会发展的新局面。

过去的五年，是经济实力大幅提升的五年。全市经济持续较快增长，经济总量明显扩张，财政收入显著增加，经济结构不断优化。地区生产总值由2002年的418亿元，增加到2007年的860亿元（预计数，下同），年均增长12.2%，比前一个五年快2.8个百分点；财政一般预算收入由16亿元，增加到38亿元，年均增长18.9%；三次产业结构由27.2∶39.1∶33.7调整为22.7∶43.6∶33.7。

市长卿渐伟作政府工作报告

工业步入了快速发展的新阶段。大力开发建设了德山和各县（市区）工业园，引进新上了创元铝业、重庆啤酒等一批重大项目，发展壮大了烟草、机电、铝材等一批优势产业，培育形成了芙蓉王、心相印、金健等一批驰名商标和名牌产品。2007年，全市工业增加值达到330亿元，年均增长16.9%，比经济总量的增速高4.7个百分点；全市规模工业企业户数达到643家，比2002年增加238家，工业经济效益综合指数连续五年位居全省第一；烟草产业成为全市第一个年销售收入近两百亿的产业。

农业焕发了新的生机和活力。全面落实惠农政策，取消农业税和农业特产税，发放粮食直补等各种补贴，全市农民直接受益28.7亿元。大力调整农业结构，稳定粮食生产，扩大高效田土，发展规模养殖，培育特色产品，实施退耕还林，提高了农业综合生产能力。积极推进农业产业化进程，全市发展规模以上农产品加工企业241家，发展各种农民专业协会501个，带动农户30多万户。移民安置和救灾扶贫工作进一步加强。这五年，是农民负担下降幅度最大、农民群众得到实惠最多的时期。

服务业形成了新的发展亮点。旅游大市建设有效推进，来常团队游客和境外游客大幅增加。一批专业市场的辐射力和影响力扩大。房地产、汽车、休闲娱乐等消费迅速拓展。商贸、物流、餐饮、通信、金融保险及中介服务等行业日趋活跃。全市社会消费品零售总额由142.5亿元增加到278亿元，年均增长13.9%。

过去的五年，是改革开放深入推进的五年。国有企业产权制度改革全面完成。农村综合改革逐步深化。市县乡机构改革、行政审批制度改革、财政管理体制改革和干部人事制度改革进一步推进，政府职能加快转变。投资、金融和教育、文化、卫生、科技等领域的改革取得新的进展。市场体系进一步健全，非公有制经济快速发展。

大力发展开放型经济，招商引资取得重大成效，外贸出口较快增长，对外交流与合作进一步扩大。累计到位外资5.7亿美元，年均增长20%；引进内资334.3亿元，年均增长25%。引进新上投资过千万元的工业项目440个。自营出口年均增长20%。

过去的五年，是城乡面貌快速变化的五年。累计完成全社会固定资产投资844亿元，是前一个五年的2倍。

市城区提质扩容取得明显成效，集聚和辐射功能进一步增强。高起点编制和实施一批城市规划，新建扩建柳叶大道、常德大道等30多条城市主次干道，整治500多处小街小巷，新增370万平方米城市公共绿地，旧城改造任务基本完成，人居环境大为改善，城市创建和城市管理水平得到新的提高，创建国家环保模范城市通过验收。市城区建成区面积由47平方公里扩大到66平方公里，人口由48万增加到66万。各县（市）加强城镇规划，加大城建投入，组织城镇创建，县城和小城镇发展水平有了新的提高。城镇社区建设和管理服务进一步加强。全市城镇化率达到36%，比2002年提高6.7

个百分点。

社会主义新农村建设迈出有力步伐，农村基础条件有了较大改善。近两年，全市累计投入新农村建设资金14亿元，新建通乡水泥路188.5公里、通村水泥路4300公里，新建沼气池4万个，解决了43.9万农村人口的安全饮水问题。在新农村建设中，各级集中力量加强示范片、示范点建设，加强基层组织和文明乡风建设，创造了产业优先、连片示范的工作经验。

交通、能源、水利、通讯等重点工程投入扩大，基础设施承载能力进一步提高。五年累计完成重点建设投资282亿元。常张高速、湘北干线和临岗、澧东、新张、常桃等公路，毛家岔、大湖口等大桥建成通车。完成洞庭湖二期治理、平垸行洪移民建镇等重大水利工程，初步建成江北城区防洪圈，大大缓解了水患威胁，夺取了抗洪救灾的新胜利。城乡电网改造、石门电厂二期、长常天然气管线等工程全面竣工。建设开通了电信宽带传输网，配套提升了移动、联通、铁通等通讯网络。常吉高速、汉寿沅水大桥、夹夹大桥、皂市水利枢纽等重点工程建设加快推进。

过去的五年，是社会事业全面进步的五年。努力抓好就业再就业工作，落实各项优惠政策，加强职业技能培训，援助零就业家庭和“4050”人员等困难群体，开展统筹城乡就业试点，五年全市新增城镇就业30.1万人。

社会保障体系建设步伐加快，养老、医疗、失业、工伤、生育保险覆盖面不断扩大，2007年启动了城镇居民基本医疗保险试点，各种保险参保由74.7万人次增加到153.5万人次，年支付社会保险金从8.3亿元增加到21.2亿元。12.2万人纳入城镇低保，五年发放低保资金5.1亿元。从2005年开始，7.2万人纳入农村低保，共发放农村低保资金4300万元。2004年以来，全市投入7200多万元，改扩建乡镇敬老院108所，5600多名五保老人得到集中供养。社会救助、优抚安置力度进一步加大。

落实教育优先发展的各项措施，“普九”成果得到巩固，高中阶段教育快速发展，高等教育规模扩张，民办教育发展加快。在全国率先设立助教日，在全省率先取消市直公办高中择校费，2007年全部免除了农村义务教育阶段学杂费。投入近3亿元，改造农村中小学危房74.1万平方米。2007年初中毕业生升入高中阶段学生比例达到88.5%，比2002年提高19.9个百分点。五年新增高等院校2所，新增各类民办教育机构323个。

公共卫生体系和基本医疗服务不断健全。累计投入1.3亿元，重点建设了9个疾控中心、8个传染病隔离区，恢复改造了218所乡镇卫生院。抗击非典取得重大胜利，重特大传染病、地方病、职业病得到有效控制。全面推行新型农村合作医疗，参合人数达到366万，农民群众累计得到医疗补助2.3亿元。在全国率先实施食品药品放心工程，较好地保障了人民群众饮食和用药安全。

加大政府科技投入，推动科技创新，五年获得国家和省级科技进步奖34项，实施市级以上科技项目780项，高新技术企业由14家发展到49家。推进文化名城建设，加强精神文明工作，举办了三届中国常德诗人节，文化精品创作取得成效，群众文化生活进一步丰富。重视竞技体育和全民健身运动，成功承办了省第四届农民运动会。在全国率先实行农村计划生育家庭奖励扶助制度，人口和计划生育工作得到加强。严格保护耕地，加强环境保护和污染防治，生态环境进一步改善。统计、物价、外事侨务较好地履行了职能，人民防空、国防教育和民兵预备役工作水平提高，广播电视、新闻出版、知识产权、民族宗教、对台、气象、地震、档案、地方志、老龄、残联等各项工作都取得了新的进步，工会、共青团、妇联在经济社会发展中发挥了积极作用。

过去的五年，是人民生活显著改善的五年。城乡居民收入较大增加，家庭财产普遍增多，衣食住行用水平不断提高，享有的公共服务明显增强。全市城镇居民人均可支配收入由7459元增加到12600元，年均增长11.1%；农民人均纯收入由2341元增加到3939元，年均增长11%；城乡居民储蓄存款余额由207.1亿元增加到388.6亿元，年均增长13.2%。

连续五年，市政府每年都公开承诺为群众办十件实事，市县两级财政累计投入办实事的资金10.7亿元，重点解决了一批人民群众最关心、最直接、最现实的利益问题，广大群众特别是困难群众反映强烈的看病难、上学难、出行难、住房难等问题，得到很大程度的缓解。

过去的五年，是民主法制切实加强的五年。坚持依法行政，认真贯彻执行人民代表大会及其常委会的决议决定，接受人大监督，接受人民政协及民主党派、工商联、无党派人士的民主监督。五年办理人大代表议案、建议1266件，办理政协委员提案1541件。开展普法教育，增强了全社会法治意识。加强基层民主建设，推进村民居民自治，增强基层民主活力。努力建设服务型政府，完善议事决策制度，建立市县政务中心，办好政府门户网站，开通市长热线，实行市长接待日制度，提高了政府服务效能。实施《中华人民共和国公务员法》，加强公务员队伍教育与管理，强化行政监察和审计监督，纠正部门和行业不正之风，加大廉政建设和反腐败力度，处理了一批违纪违法人员。

全面加强社会治安综合治理，完善治安防控体系，依法严厉打击各种违法犯罪活动，常德进入了全国最安全城市行列。进一步加强和改进信访工作，全面落实各项政策，强化各级工作责任，妥善处理信访突出问题和群体性事件，社会大局保持和谐稳定。建立起安全生产监督管理队伍，重点行业、重点部位的监管工作得到加强，安全生产形势总体平稳。

2007年是本届政府任期的最后一年。我们坚持高标准、严要求，瞄准既定目标不松劲，狠抓工作落实不懈怠，较好地完成了市四届人大五次会议确定的各项目标任务。全市生产总值比上年增长14%，工业增加值增长19%，全社会固定资产投资增长25.3%，地方财政一般预算收入增长25.1%，城镇居民人均可支配收入增长18%，农民人均纯收入增长11%，单位GDP能耗下降4%，二氧化硫、化学需氧量排放分别下降2.3%和5.3%，居民消费价格指数控制在全省平均涨幅之下。一年来，政府的工作主要是坚持抓重点、抓具体、抓落实。抓重点，就是集中主要力量，突破重点工作。全市上下紧紧扭住推进新型工业化，建设社会主义新农村，重民生、办实事、促和谐、保稳定这些重点开展工作。在工业发展上，把加强园区建设、引进战略投资者、新上重大工业项目、促进现有企业改造扩张作为重中之重。市几大家主要负责人带队，多次赴北京、上海、广州、深圳和长沙，拜访国家、省有关部门和大企业大财团，各级各部门精心组织"深洽会"，积极参加"中博会"、"珠洽会"、"湘商会"，加快了引商入常的步伐，促成了常德电厂、常德烟厂芙蓉王生产线、恒安三期、中联重科、海螺水泥、泰格林纸、金天钛业等一批重大投资项目在常德落户。"园区建设年"活动收到明显成效。新农村建设的通村公路、安全饮水、沼气池三大工程和十大示范片、200个示范村建设顺利推进。市十件实事全面完成，各项事业都实现了新的发展。抓具体，就是把握技术层面和操作环节，解决具体问题。对园区建设、企业技改等，多次召集相关部门现场研究、现场解决、现场交办。为了化解征地拆迁的矛盾，在广泛调查研究的基础上，出台了征地房屋拆迁安置补偿办法，推行了公寓楼安置，开展了城市拆违专项行动。为了帮助企业解决融资难的问题，在长沙召开了金融工作汇报会，举办了银企融资洽谈会。为了促进节能减排，采取积极有力措施，完成了造纸企业关停治污任务，促进造纸行业做大做强。抓落实，就是对看准了的事情、看准了的项目，锲而不舍、坚持不懈地抓到位。对重点工作有布置、有督导、有检查，对重点项目明确责任、定出时间表，加强调度，盯住不放，促使各项工作取得实际效果。

各位代表！过去五年的发展成就来之不易。这些成绩的取得，是上级组织关心支持的结果，是市委正确领导和人大、政协支持监督的结果，是全市人民群众团结拼搏的结果。在此，我代表市人民政府，向各位人大代表、政协委员，向各民主党派、各人民团体和社会各界人士，向驻常人民解放军、武警消防官兵和公安政法干警，向全市人民，表示衷心的感谢！向所有关心、支持常德发展的同志们、朋友们，致以崇高的敬意！

回顾过去五年，在看到成绩的同时，我们也清醒认识到，我们的工作与人民群众的期待还有不少差距，发展中还存在不少困难和问题，突出的是：工业经济总量不大，有支撑作用的重大项目不多，建设工业强市任务艰巨；农业稳定发展和农民持续增收难度较大；县域经济实力较弱，县乡财政运转比较困难，乡村债务难以消化；社会保障水平还不高，就业再就业矛盾仍然突出，控制物价上涨压力较大，部分低收入群众生活比较困难，社会事业发展与人民群众的需求还有差距；一些地方和行业社会治安、安全生产、社会稳定的问题比较突出；政府及部门工作中还存在办事效率不高、服务质量不优的问题，一些地方和单位还存在铺张浪费、消极腐败现象。对此，我们必须增强忧患意识，始终居安思危，高度重视和及时化解前进道路上的各种困难和问题。

二、今后五年政府工作的总体要求和奋斗目标

我们正站在一个新的历史起点上。今后五年，是全面建设小康社会的关键时期，是建设工业强市、文化名城、和谐常德的攻坚阶段。根据新的形势和任务，政府工作的总体要求是：**全面贯彻党的十七大精神，高举中国特色社会主义伟大旗帜，以邓小平理论和"三个代表"重要思想为指导，深入贯彻落实科学发展观，继续坚持解放思想和改革开放，加快推进新型工业化、新农村建设和新型城镇化，更加重视改善民生和促进社会进步，为建设富裕文明和谐常德，夺取全面建设小康社会新胜利而奋斗。**

把握这一总体要求，必须坚持以下原则：

——*必须坚持又好又快*。又好又快是科学发展的本质要求。我们追求又好又快发展，质量和效益至关重要。目前，我市的三次产业结构总体上只相当于国家上个世纪九十年代初期的水平，正处在工业化前期向中期迈进的阶段。我们要赶上全国平均发展水平，缩小和先进地区的差距，必须从常德的实际出发，把加快转变发展方式和充分发挥工业带动、投资拉动作用有机结合起来，依靠科技创新，走跨越式发展之路。要把提高工业发展和城市发展的核心竞争力摆在第一位，把大办新型工业、扩大有效投入作为重中之重，把上大项目、上好项目作为突破口，努力实现在提质中求速度、在竞争中争位置，确保发展速度和质量高于全省平均水平。

——*必须坚持改革开放*。我们必须把改革创新精神贯彻到政府工作的各个环节，毫不动摇地坚持改革开放。通过改革开放，促进思想观念的大解放、体制机制的大转换、发展空间的大拓展和创业环境的大改善。在全市上下营造集中力量抓发展的浓厚氛围，形成干部放手干事、群众放胆致富、客商放心投资的生动局面。

——*必须坚持以人为本*。政府的一切工作都是为了造福人民。在加快经济发展的基础上，我们要拿出更多的精力和财力，投入到增加城乡居民收入、扩大社会保障、解决困难群众基本生活、提高人的素质、维护社会安全稳定等工作中去，大力推进基本公共服务均等化，注重基本公共服务向农村、贫困落后地区和困难群体倾斜，让发展成果由人民群众共享，努力使全市人民学有所教、劳有所得、病有所医、老有所养、住有所居。

——*必须坚持生态文明*。生态文明既关系到发展，更关系到生存。要按照建设资源节约型、环境友好型社会的要求，在经济发展过程中，努力形成节约能源资源和保护生态环境的产业结构、增长方式和消费模式，在全社会牢固树立生态文明理念，发展循环经济，推行清洁生产，倡导绿色消

费，守住保护耕地、改善生态、节能减排、保障民生“四条底线”，大力促进生态市建设。

——*必须坚持统筹协调*。正确认识和妥善处理发展中的重大关系，统筹好城市和农村发展、市本级和县（市区）发展、经济和社会发展、社会各阶层的发展。在统筹协调工作中，注重突破发展瓶颈，加强薄弱环节，帮助困难群体，促进共同发展，实现共同富裕。

按照上述总体要求和原则，今后五年要努力实现六大目标，完成十大建设。

六大目标是：

——*经济更加发展*。到2012年，地区生产总值达到1600亿元，年均增长12%，人均GDP比原定目标提前三年超过3000美元。财政一般预算收入达到70亿元，年均增长13%。五年累计完成全社会固定资产投资2000亿元，是上个五年的2倍以上。

——*工业更加壮大*。推进新型工业化、建设工业强市取得阶段性成果，到2012年，全市工业增加值达到720亿元以上，年均增长17%以上，工业增加值占GDP的比重达到45%，比2007年提高6.6个百分点。做大做强园区，努力将德山开发区建成为国家级开发区，每个县（市区）建成一个产业特色鲜明的省级开发区，使园区经济成为工业的主要支撑、发展的重要引擎。做大做强产业，建设百亿工程，芙蓉王技改新增销售收入100亿元以上，创元铝业、泰格林纸和中联重科工程机械项目销售收入力争分别达到100亿元；扩张重点产业，促进纺织、食品、电力、建材、盐化工、医药等产业规模不断壮大。做大做强企业，五年内新增规模企业500家以上，形成一批核心竞争力强的标志性工业企业。做大做强品牌，推进企业自主创新，加强工业品牌建设，新增3个以上国家驰名商标和名牌产品。

——*农村更加兴旺*。社会主义新农村建设大见成效。农村经济明显发展，特色农业、标准农业、市场农业和农产品加工业快速发展，龙头企业和农民专业合作组织进一步壮大，农业现代化和产业化水平不断提高，农业增效、农民增收的长效机制进一步健全。基础条件明显改善，通过5年努力，实现85%以上的行政村通水泥路和柏油路，基本解决农村人口安全饮水问题，建设比较完备的农田水利基础设施，村庄整治、宜居农村建设和农村清洁工程得到全面推进。文明程度明显提高，农村基层组织建设和民主管理得到加强，加快培育有文化、懂技术、会经营的新型农民，进一步形成文明健康的乡村风尚。

——*城市更加繁荣*。以建设生态宜居城市为目标，对接全省“3+5”城市群发展战略，把城市建设和发展提高到一个新的水平。扩大空间容量，以常长、常张、常吉、常邵、常荆、常岳6条高速公路贯通为契机，形成100公里城市高速环线。在环线内，统筹规划一江两岸、一城四区的发展，重点建设德山工业片区、柳叶湖旅游休闲片区和城西文化会展片区。到2012年，市城区建成区面积达到80平方公里以上，人口达到80万。完善配套功能，建成比较完备的城市路网、给排水、供电供气、公共交通、垃圾和污水处理系统，形成比较规范的城市管理和社区服务体系。提升文化品位，加强文化名城建设，挖掘城市文化底蕴，培育城市文化特色，提高市民文明素质。增强产业支撑，大力发展二三产业，以产业集聚带动人口集中，以产业发展繁荣城市经济。县城和小城镇协调发展，城镇体系不断健全，全市城镇化率达到43%。

——*生活更加宽裕*。城乡居民收入持续增加，家庭财产普遍增多，人居环境明显改善，文化生活更加丰富，贫困人口基本生活得到保障，人民群众幸福指数提高。到2012年，城镇居民人均可支配收入达到2万元，年均增长10%以上；农

穿紫河　　陈旭昶　摄

民人均纯收入达到5800元，年均增长8%以上。

——社会更加和谐。社会事业全面进步，基本实现建设教育强市的目标，社会就业更加充分，覆盖城乡居民的社会保障体系日益完善，人人享有基本医疗服务，低生育水平得到巩固，公共文化服务体系基本建立，公民素质提高，精神文明建设进一步加强。社会管理逐步完善，民主法制不断健全，依法行政水平提高，社会诚信体系基本确立，社会治安秩序良好，社会大局保持稳定，人民群众安居乐业。人与自然和谐发展，生态市建设取得明显成效，自然资源得到有效保护和利用，节能减排完成国家和省约束性目标，努力创造绿水青山、白云蓝天的生产生活环境，让人民群众吃上放心食品、喝上干净水、呼吸上新鲜空气。

十大建设是：

今后五年，多方筹措建设资金500亿元以上，完成十大具有支撑作用的基础性、产业性、公共性建设工程：**①建设常荆、常邵、常岳高速公路常德段。②建设国省道干线路网改造工程。③建设常德沅江西大桥。④建设常德电厂。⑤扩建60万大箱芙蓉王生产线。⑥建设泰格林纸30万吨溶解浆和30万吨粘胶纤维项目。⑦建设创元铝业三期工程。⑧建设中联重科工程机械产业园。⑨建设包括体育生态园在内的柳叶湖旅游休闲度假区。⑩建设芙蓉文化中心等文化名城标志性项目。**

各位代表，今后五年常德的发展任务艰巨，前途光明，只要我们万众一心，埋头苦干，就一定能够取得更加辉煌的成就。

三、2008年工作安排

2008年，是全面贯彻党的十七大精神的第一年，是新一届政府的开局之年，也是改革开放30周年和常德撤地建市20周年，做好这一年的工作意义十分重大。按照中央和省委经济工作会议精神，做好2008年的工作，我们要坚持好字优先、好中求快、稳中求进、紧中求活。全年经济社会发展的主要预期目标和约束性指标是：地区生产总值增长12%以上，全社会固定资产投资增长25%以上，财政一般预算收入增长13%以上，城镇居民人均可支配收入增长10%以上，农民人均纯收入增长8%以上，城镇登记失业率控制在4.5%以内，居民消费价格涨幅控制在5%以内，单位GDP能耗下降4%，主要污染物排放总量减少2%以上，人口自然增长率控制在6.6‰以内。

（一）推进新型工业化

建设工业园区。加快规划修编，按照工业新城、城市新区的定位，制定园区规模扩张、土地利用、产业发展、市政配套、要素聚集等具体规划，拓展发展空间。加大建设投入，集中力量做大做强德山开发区和各县（市区）工业园，通过政府引导、市场运作，构建开发融资平台，搞活土地等资产经营，加快基础设施和物流、金融、餐饮、休闲等配套服务设施建设，提高园区综合承载能力。转变开发方式，营造产业特色，致力发展产业性园区，德山开发区规划建设好力元新材产业园、经编产业园、东莞工业园、中小企业园等专业园区，每个县（市区）侧重1~2个产业集中招商发展，形成特色板块，实现园区差异化发展。年内德山开发区基础设施投入再增加30%，各县（市区）工业园基础设施投入也要相应增加。

加强项目引进。全面开展“项目建设年”活动。搞好项目开发，围绕发挥资源优势、对接产业转移、扩张现有企业，开发一批有吸引力的重点项目。加强向国家、省有关部门的汇报联系，力争在引进国有大型企业集团上实现突破；加强与大企业大财团的沟通衔接，力争在引进战略投资者上实现突破；加强粤港、江浙等地区的定点招商，力争在重点地区招商上实现突破。转变招商方式，在坚持领导招商尤其是一把手带头招商的同时，逐步实现由全民招商向专业招商为主转变。下大力解决瓶颈制约，积极对接国家产业政策，着力解决好项目引进和建设过程中的土地供应、信贷投放、环境准入等关键性问题，促进项目顺利落地和开工建设。全年市本级引进新上投资过亿元的项目10个以上，每个县（市区）引进新上5个以上的重大项目，全市引进内资180亿元，实际利用外资2亿美元。实现芙蓉王扩改、恒安三期、云锦产业园等项目建成投产，加快常德电厂、泰格林纸、金天钛业、创元铝业三期、中联重科、常德烟机扩改、海螺水泥、中材牛力水泥等项目建设进度，抓紧核电等重大项目前期工作。

培育产业集群。进一步壮大龙头企业，围绕优势产业引进重大项目，支持现有骨干企业技改扩张，全年技改投入增长40%以上。促进产业配套发展，支持中小企业围绕龙头企业协作配套，鼓励核心企业把市外配套业务向本地转移，促进产业链上下延伸。大力发展高新技术产业，促进工业产业升级和结构优化。全年规模工业增加值增长20%，规模企业新增100户以上。

壮大非公有制经济。毫不动摇地鼓励、支持、引导非公有制经济发展。在财政支持、信贷投放、物权保护和政务服务等方面，实现各类经济主体同等对待，鼓励更多的民间资本进入工业领域，充分发挥非公有制经济在建设工业强市中的重大作用。加强对国企改制重组后的民营企业后续服务工作，帮助他们解决生产经营中的困难和问题。切实提高非公有制经济人士的社会政治地位，高度重视企业家队伍建设，对纳税大户给予奖励，对优秀企业家大力表彰。

转变发展方式。实行严格的节能减排问责制，确保节能减排任务的完成。强化企业社会责任，大力发展循环经济，鼓励企业节约资源、降低能耗和保护环境，加大造纸、麻纺、水泥等重点行业整合力度，促进产业健康发展。推动企业自主创新，鼓励企业争创名品名牌，提高核心竞争力。加快用现代信息技术改造传统产业，提高企业生产经营管理的信息化水平。鼓励企业引进高层次管理和技术人才，组织企业与职业院校开展对接，有针对性培养产业工人。

优化经济环境。各级各部门都要心系工业、心系企业、心系投资者，以优质的服务为推进新型工业化保驾护航。清理和规范行政审批事项，推动单位内部行政审批相对集中，对新上工业项目实行全程代理、并联审批。规范行政执法行为，减少涉企检查收费，加强对中介机构和行业协会的管理，严格执行优化环境的各项制度，强化行政效能监察。对严重影响经济发展环境的人和事，坚决查处，绝不姑息；对已经出台的工业发展、招商引资各项优惠和奖励政策，坚决兑现，绝不含糊。

（二）推进社会主义新农村建设

大力发展现代农业。以增加农民收入为中心，稳定发展粮棉油、猪渔禽等传统产业，争取国家大型商品粮基地、百万亩棉花和油料基地项目落户常德，发展一批畜禽安全养殖小区；积极发展高效农业，搞好丘岗山地开发，扩大柑橘、茶叶、油茶等特色产业生产规模，发展烟叶、蔬菜、葡萄等高效经济作物，抓好特种水产养殖。推行农业标准化生产，加快发展无公害农产品、绿色食品和有机食品。提高农业机械应用水平，加强农业科技推广体系建设和动植物疫病防控工作。推进农业产业化经营，大力发展农产品加工和流通，新培育农产品加工规模企业40家，新组建农民专业合作组织100个以上。加快发展劳务经济，增加农民劳务收入。

加强农村基础建设。坚持尽力而为、量力而行，进一步加大各级财政对农村公共建设的投入，发挥好农民群众建设新农村的主体作用，引导更多的社会资金投向农村。市本级将安排新农村建设专项资金1.18亿元，比2007年增加3500万元，重点搞好农村公路、安全饮水和农村能源建设，高度重视工程质量，切实加强管理维护。组织好农田水利基本建设，推进农业保险，促进抗灾夺丰收。用好国家1.02亿元湖区农民负担综合改革转移支付资金，加强堤防维护，搞好排渍排涝和农民直接受益的小型水利建设。扎实抓好新农村十大示范片建设工作，实行动态管理，扩大示范规模。注重保护饮用水源，治理农村垃圾和面源污染，规范投肥养鱼，控制珍珠养殖，建设宜居农村。

继续深化农村改革。进一步抓好农村综合改革，完善各项配套措施。支持国有农林场改革，实施集体林权制度改革。稳定和完善土地承包关系，引导土地依法自愿有偿流转。全面落实惠农政策，取消共同生产费，进一步减轻农民负担。重视移民工作，加强扶贫帮困。开展农村社区建设试点，组织好第七次村民委员会换届选举。

着力培育文明乡风。实施农民培训“阳光工程”和科技入户工程，全市培训农民10万人次以上，促进农民群众思想道德素质和文化科技素质提高。积极开展小康生态文明村镇创建活动，加强农村文化阵地建设，培育文明健康的乡村风尚。

（三）推进城镇扩容提质

加快城市发展。按照建设生态宜居城市的要求，推进中心城区新一轮扩容提质。加强规划引导，编制好常德市空间战略规划，启动城市总体规划修编，编制城郊卫星镇发展规划，增加城市用地规模，拓展城市发展空间。拉开城市骨架，以新区开发为重点，尽快拉开城市发展的大框架，2008年全面启动，力争3~5年内出现大的变化。在德山，配套建设一批道路、管线、绿化等基础设施，尽快形成以新型工业化为支撑的城市新区；在柳叶湖，引进大企业、大财团建设旅游项目和其他公共服务项目，实施退田还湖工程，加快体育生态园、环湖大道建设，尽快形成以旅游休闲产业为支撑的城市新区；在城市西区，启动芙蓉文化中心建设，带动综合开发，尽快形成以文化、会展为支撑的城市新区。围绕拉通城市高速环线，加强城市路网建设，重点建设西线“一桥两路”，力争年内开工建设沅江西大桥、金丹路和机场路，打通城西快速通道，带动江南城区发展；建设东线“一桥三路”，加快紫缘桥、三闾路、紫缘中路、洞庭东路建设，打通城市东大门。继续建设好穿紫河风光带。完善城市管理，建立健全市容市貌长效管理机制，巩固城市创建成果，争创全国文明城市，提升城市品位。完成城区拆违工作任务。搞活城市经营，抓紧整合城市建设融资平台，用好用活土地等城市资产，保障城市发展的资金需求。

强化社区服务。坚持立足基层，重心下移，进一步加强城镇社区工作。帮助社区解决办公用房、工作经费、人员待遇等具体问题。完善社区功能，充分发挥社区在拓展就业再就业、落实困难群众生活保障、维护社会治安、抓好计划生育、组织文教卫体服务等方面的基础作用。

完善城镇体系。坚持市带县、县带镇、城镇带农村，促进中心城区与小城镇协调发展。进一步加强以县城为重点的次中心城市建设，提升县城综合承载能力。引导和支持重点镇、边贸镇的建设和发展，发挥好小城镇在城乡统筹中的积极作用。

（四）推进服务业加快发展

大力发展旅游业。高起点、高标准开发柳叶湖旅游项目，加强桃花源、花岩溪、壶瓶山、夹山、西洞庭湿地等风景区的建设，依托林伯渠、帅孟奇、丁玲等名人故居和纪念馆发展红色旅游，搞好城头山、汤家岗等历史文化遗迹的旅游开发。加大旅游营销推广力度，加强与张家界等周边地区的旅游区域合作，拓展国内远程市场和境外市场。改善旅游发展环境，加强旅游交通建设，完善旅游配套设施，开发地方旅游商品，努力把旅游业培育成为富民强市的支柱产业。

提高金融服务水平。着眼于解决地方发展的资金瓶颈，重视和加强金融服务工作。适应国家实施从紧货币政策的形势，进一步加强政银、银企联系，引导和奖励金融机构向政府推荐的优质项目增加信贷投放。引进股份制银行设立分支机构，活跃金融市场。组建资本金过亿元的市属投资担保公司，增强融资担保能力，帮助中小企业解决融资难的问题。加强社会信用体系建设，创建金融安全区。抓紧抓好企业上市工作，支持和帮助符合条件的企业上市直接融资，支持现有上市公司增资扩股。

搞活商贸流通。依托交通枢纽地位，积极发展现代物流业，壮大流通龙头企业，发展现代商贸，培育常德商业品牌，努力把常德打造成湘西北的“商都”。加强农村消费品、农副产品和农业生产资料的流通工作，开辟农村市场，扩大农村消费。努力扩大外贸出口，增加有效进口，提高经济外向度。搞好市场监管，规范市场秩序，抓好城镇农贸市场改造升级，抓紧食品放心工程。积极发展各类中介服务。

（五）推进基础设施建设

全年安排重点建设项目70个，总投资100亿元。交通建设方面，年内实现常吉高速建成通车，争取常荆、常邵、常岳高速开工建设，争取樟木桥——鼎城界牌、津市渡口——汉寿良荆界、安乡紫金渡——澧县小渡口、张公庙——津市等国省道干线公路，以及桃花源——花岩溪、石门——桃源盘塘、石门——壶瓶山等旅游公路开工建设，加快汉寿沅水大桥、涔水大桥等续建工程，继续抓好农村公路渡口改造和农村客运站建设。加快桃花源机场扩建、石门火车北站升级改造、澧水合口大桥、黔张常铁路等重大基础建设项目的前期工作。水利建设方面，抓紧城市防洪圈建设，加快大中型泵站和大中型灌区配套改造，实施大中型灌排区渠道畅通工程，加大堤垸建设和病险水库整治力度，搞好沅水、澧水河道疏浚。电力建设方面，抓好电网建设改造，推进新农村电气化建设。

（六）推进以改善民生为重点的社会建设

加快建设教育强市。推进各类教育协调发展，着力改善农村办学条件。优化教育结构，促进义务教育均衡发展，巩固高中阶段教育成果，加快发展职业教育，支持高等教育发展，积极申办常德高等师范学校，促进民办教育和特殊教育发展。加强教师队伍建设，提升办学质量和水平。坚持教育公益性质，促进教育公平，全面实施城乡免费义务教育，搞好帮困助学，确保所有困难家庭学生都能上得起学。

扩大劳动就业。鼓励劳动创业，落实税收减免、社保补贴和公益性岗位补贴等扶持政策，以创业带动就业，使更多劳动者成为创业者。统筹城乡就业，加快建设城乡统一的就业管理、就业服务、职业培训、劳动维权、社会保险体系。完善就业援助，重点帮助零就业家庭、“4050”人员等就业困难群体实现就业再就业。积极做好高校毕业生就业工作。依法维护劳动者权益，促进劳动关系和谐。规范收入分配，提高城乡居民收入水平。

健全社会保障体系。进一步扩大城镇基本养老、基本医疗和失业、工伤、生育保险覆盖面，重点做好个体私营、外资企业和机关事业单位临时聘用人员的参保工作，全年新增各类保险参保24万人次以上。积极推进城镇居民基本医疗保险试点。进一步加强社保资金的征缴和管理。逐步提高企业离退休人员基本养老金标准和城乡低保补助标准。重视和加强失地少地农民的社会保障工作。做好农村五保供养工作。落实“三无人员”的救助办法。完善住房保障体系，加快廉租房建设，改进和规范经济适用房制度，着力解决城镇低收入家庭的住房困难。加强物价监测和市场监管，继续完善和落实因基本生活必需品价格上涨对低收入群众的补助办法。认真抓好优抚安置工作，发展社会福利事业。

加强医疗卫生服务。着力建设覆盖城乡居民的基本医疗卫生服务体系，为群众提供安全、有效、方便、价廉的医疗卫生服务。加强以乡镇卫生院为重点的农村卫生服务网络建设，提高农村卫生服务能力，普及新型农村合作医疗。加强城镇社区卫生服务，抓好社区卫生服务中心和服务站建设。完善重大疾病防控体系，提高突发性公共卫生事件的应急处置能力。坚持公共医疗卫生的公益性质，加强医德医风建设，提高医疗服务质量。

促进文化繁荣。建设社会主义核心价值体系，弘扬“德行天下、和谐奋进”的常德精神，提高发展的软实力。重视城乡公共文化设施建设，启动一批文化名城建设标志性工程。推进文化创新，增强文化发展活力，促进文化事业和文化产业出精品、出人才、出效益，发展常德丝弦、常德诗墙等具有鲜明常德特色的文化项目。加强公民教育和青少年思想道德教育，丰富城乡群众文化生活，培育文明风尚。重视文物和非物质文化遗产保护。推进广播电视、新闻出版事业发展。

发展各项社会事业。抓好科技工作，实施重大科技专项，推动科技成果转化。认真做好人口和计划生育工作，实行生育政策与全省并轨，稳定低生育水平。合理开发利用土地和矿产资源，搞好土地利用总体规划修编，严格保护耕地和基本农田，加强政府对土地一级市场和矿业权市场的垄断，积极争取用地指标，确保重点项目建设需要。开展全民国防教育，推进国防后备力量建设。加强体育竞技和全民健身工作。发展老龄事业。重视残疾人工作。组织好第二次全国经济普查。抓好外事侨务、知识产权、地方志、档案、民族宗教、对台、气象、人防、地震等工作，重视和支持工会、共青团、妇女儿童工作。

维护安全稳定。强化信访工作责任，完善各级领导信访接待日制度，畅通信访渠道。加大解决信访问题力度，对重大信访问题实行跟踪督办、限期办结。规范信访秩序，引导群众理性合法表达个人诉求。坚持安全发展，抓紧道路水上交通安全、煤矿和非煤矿山、烟花爆竹、危险化学品、特种设备、消防安全等重点领域的安全工作，有效遏制重特大安全事故。健全突发公共事件应急管理机制，提高应急处置能力。加强社会治安综合治理，抓好普法教育，完善社会治安防控体系，做好人民调解工作，深入开展平安常德创建活动，集中打击暴力恐怖、黑恶团体、黄赌毒和盗抢犯罪，进一步提高人民群众的安全感。

建设公共财政。树立和落实公共财政的理念。进一步规范税收收入和非税收入的征管，增强财政实力。进一步深化财政体制改革和预算管理制度改革，逐步建立公共财政的基本框架。进一步调整财政支出的结构和重点，加大政府对解决民生问题的资金投入，推进基本公共服务均等化。进一步加强财政资金特别是专项资金的使用和管理，推行资源整合，提高资金使用效益。

办好十件实事。①帮助3000名“4050”人员、残疾人和“零就业”家庭人员等就业困难群体实现就业再就业。②纳入城镇居民基本医疗保险人数达到60万。③纳入农村低保的人数扩大到10万，月均补助标准提高到35元。④建设乡镇敬老院20所，新增集中供养对象800人。⑤建设通乡通村水泥公路1500公里。⑥帮助25万农村人口解决饮水安全问题。⑦支持建设农村沼气池2万个。⑧免费为全市义务教育阶段新生配备符合国家标准的课桌椅。⑨建设廉租房5万平方米，解决1000户城镇低收入家庭的住房困难。⑩整治市县城区小街小巷150条。

（七）推进县域经济大发展

搞好分类指导。引导县（市区）立足自身特点和优势，做大做强县域经济。大力发展特色经济，各县（市区）都要依托本地资源条件和现有基础，发展资源型产业、农产品加工业和先进制造业，建设各具特色的产业集群，建设一批农产品优势产业带，培育县域经济龙头产业和龙头企业。大力发展城镇经济特别是县城经济，着力把县城做强，把小城镇搞活，加快农村人口转移就业，推进城乡一体化和城乡统筹发展。指导各个县（市区）根据各自的发展现状和潜力，确立新的更高的发展目标，力争在全省县域经济排名中位置前移，争取有更多的县（市区）进入全省先进行列。

加大支持力度。从政策、信息、资金、人才等各个方面支持县域经济。支持县（市区）工业园的建设，帮助解决发展规划、用地指标、融资平台建设等方面的问题；支持县（市区）重大项目的引进；帮助县（市区）的优势企业上市融资；帮助县（市区）引进急需的各类专业人才；积极争取扩大对县（市区）的财政转移支付；对发展县域经济取得突出成就的，给予表彰和奖励。

增强基层活力。县（市区）特别是乡村基层面临的各种矛盾十分集中，一些乡村历年累积的债务包袱十分沉重，基层干部的工作压力很大。对此，我们要多体谅、多信任、多关心、多支持。要深入开展机关干部下基层、解难题、送温暖的活动。积极落实乡村消赤减债的各项政策措施，按照全省统一部署，做好化解“普九”债务的工作。支持乡村基层改善工作条件，2008年继续支持25个乡镇机关的改造，帮助新建和整修一批村部，各级要共同保障好乡村组织正常运转，尽力为基层干部创造良好的工作和生活条件。

（八）推进政府自身改革和建设

加强学习，增强创造力。建设中国特色社会主义是一项全新的事业，需要我们不断探索、不断创造。要把加强学习作为搞好政府工作的基础和前提。认真学习和贯彻十七大精神，深刻理解、准确把握中国特色社会主义理论体系，领会科学发展观的实质和精髓，不断提高思想理论水平。要全面学习市场经济知识、法律法规知识、现代管理知识，提高驾驭经济全局的能力。要虚心学习先进地区的发展经验，善于加以借鉴，指导我们自己的发展。要切实改进学风，把学习和实践、学习和创新结合起来，深入分析新情况、新问题、新矛盾，致力研究新政策、新措施、新办法，增强工作的预见性，不断开创发展的新局面。

改进政风，增强执行力。政府的工作主要是执行、是落实。执行力是政府工作的生命力。讲执行力，就是讲积极服从。在政令面前不讲价钱，坚决执行，确保政令畅通。讲执行力，就是讲主观能动。在工作中充分发挥自身的主观能动性，积极主动地去克服各种困难，履行好应尽的职责。讲执行力，就是讲工作效果。我们要用改革发展的实际成果、各项工作任务的完成情况，来评价和检验各级各部门的工作，来评价和检验干部的能力和水平。广大政府工作人员务必始终保持奋发进取的精神状态，坚持忠于职守的职业道德，弘扬雷厉风行的工作作风，以过硬的执行力促进政府工作各项任务的落实。树立形象，增强公信力。按照建设服务型政府的要求，切实加强公务员队伍的建设和管理。努力树立守法的形象。坚持依法行政，按政策办事，自觉地在法律规范下开展活动，严格按照法定权限和程序行使权力、履行职责。自觉接受人大及其常委会的工作监督和法律监督，自觉接受政协的民主监督，认真办理人大代表建议和政协委员提案，虚心听取和采纳民主党派、工商联、无党派人士的意见。转变政府职能，推行政务公开，发展电子政务，完善各类办事公开制度，接受新闻舆论和社会公众监督，加强监察、审计等内部监督，提高政府工作透明度，让权力在阳光下运行。努力树立守信的形象。诚实守信是市场经济的核心价值，政府诚信是社会诚信的基础和表率。各级政府机关和政府工作人员都要树立和强化诚信意识，特别是对企业家和投资者的服务承诺，对人民群众办实事的承诺，都应该言必信、行必果，宁可把困难留给自己，也要把方便让给企业和群众。努力树立守纪的形象。政府工作人员特别是各级领导干部，一定要自觉遵守党纪政纪，把廉洁从政作为自己的政治生命，做到干干净净干事、堂堂正正做人、清清白白从政。守法、守信、守纪，既是我们树形象的基本要求，也是政府工作人员必须恪守的行为底线，我本人一定带头做到，请全市人民监督。

各位代表！做好明年和今后五年的工作，意义深远，责任重大，使命光荣。让我们在中共常德市委的领导下，团结拼搏，奋发图强，为谱写常德人民美好生活新篇章而努力奋斗！

中国人民政治协商会议常德市第四届委员会常务委员会工作报告

——在政协常德市第五届委员会第一次会议上

刘春林

各位委员：

我代表政协常德市第四届委员会常务委员会，向大会报告工作，请予审议。

一、践行协商式民主

2006年2月中共中央颁发的《关于加强人民政协工作的意见》（以下简称5号文件)，第一次明确提出协商式民主和投票选举民主是我国社会主义民主的两种重要形式。2007年，我们把践行协商式民主作为落实5号文件、推进人民政协事业的重要任务，紧紧围绕市委政府事涉经济社会发展全局的大事和老百姓关注的要事，全面履行政治协商、民主监督和参政议政职能，各项工作有序开展。

市政协主席刘春林作工作报告

1. 全会整体协商。政协全会是政协履行政治协商职能最集中、最全面的形式。为了提高四届五次全会的整体协商成效，从9月份开始，市政协组织各参加单位和各区县（市）政协，深入开展调查研究，广泛搜集情况，写出了70多篇有份量的发言材料。为让决策层和委员直接交流，全会除安排一个上午市级领导和市直单位负责人集中听取委员的协商发言外，还把全体委员分成四个大组，与市委政府17位领导和市直主要部门负责人面对面的协商了半天。全会后，我们注意转化落实协商成果，对有领导明确表态的委员发言，立即交办；对其他的重要发言，原则上都转为提案，交相关单位办理，使全会很好地发挥了整体协商的作用。广大政协委员围绕新型工业化、新农村建设、和谐社会建设及其他方面提出的许多合理化意见和建议，得到市委政府的重视与采纳。

2. 常委会议重点协商。我们先后选择工业园建设与发展、新农村建设、工业发展环境等方面课题，组织常委们深入调研，在充分掌握情况的前提下，通过常委会与市委政府负责同志进行重点协商。为了推进我市工业园的建设，5~6月，我们组织部分政协常委分成6个调查组，由驻会主席带队，对市县两级的所有工业园开展了一次全面调查。在随后召开的常委会议上，常委们积极发言，认为我市工业园的企业呈现出五个方面的特点和趋势：在行业分布上以地方传统行业为主开始向新兴行业发展；在结构规模上以劳动密集型企业和中小企业为主开始向资本密集、技术密集的大企业发展；在组织形式上以中小型多元投资主体的公司制企业为主开始向大型股份多元化的公司制企业发展；在产业区域布局上以小规模、分散化经营为主开始向特色产业集群和特色块状经济发展；在产品销售上以国内市场为主开始向国际市场发展。同时，针对部分园区急功近利、土地闲置与用地困难并存、资金困难、活力不足等问题，提出加强我市工业园区发展的五点建议：落实市、县的扶持政策，为工业园发展创造优良环境；突出园区招商，创新招商引资的理念；把工业园区建成金融安全区；积极推进行政型政府向服务型政府转变，为工业园发展增强活力；调整工业园绩效考核办法。政协常委会协商的意见引起市委政府的高度重视，加强了对工业园工作的领导，促进了工业园健康发展。

3. 主席会议现场协商。我们利用主席会议，选择重要课题现场协商。为支持城市建设，主席会议视察了紫缘路桥工程、经济适用房和廉租房建设工地、德山大道南延段等7个重点城建项目，与市政府分管领导及相关工作部门进行协商，提出在把德山开发区作为城市建设重中之重的同时，做好德山开发区节约用地、合理用地工作；在坚持提升城市形象的同时，做好关注民生、方便群众生活的工作；在增强城市综合功能的同时，做好城市投入产出的工作等建议。为把我市国有资产监管得更好，市政协主席会议视察相关单位的国有资产，听取相关监管部门的情况通报，提出了科学界定国有资产监管范围；建立健全国有资产经营预算制度、经营业绩考核体系、重大损失责任追究制度；行政事业单位的经营性资产要由国资委统一监管，按现代企业制度授权经营，其收益由财政统筹使用，公平分配；加强对国有资产经营者的重大投融资计划和发展规划的监管，防止盲目举债和无序发展；加强对国有资产产权交易的监管，防止国有资产流失等工作建议。为探索增加农民收入的有效办法，5月，市政协主席会议成员深入农村走访群众，视察农产品加工企业。主席们建议要通过积极发展农村专业合作组织、提升传统产业、拓展特色产业、鼓励打工经济、扶持农产品加工业等措施来促进农民增收。为促进商业步行城的建设与管理，驻会主席进行了专题视察和协商，提出建设一个秩序井然、方便快捷、安全靓丽、特色鲜明、管理民主的步行城的建议。为促进相关工作，市政协驻会主席还先后视察质量监督、城市防洪工程、城区劳动就业、重点工程建设、计生和金融等工作，并提出了建议。市委政府及相关部门对市政协主席会议提出的协商意见非常重视，积极采纳了其中的多项建议。

4. 常务委员专题协商。常务委员先后举行三次专题协商会，分别围绕义务教育经费保障新机制、提高高新技术对工业经济增长的贡献率、城市“蓝线”保护与治理等，与相关部门进行了协商。如围绕如何提高高新技术对我市工业经济增长的贡献率问题，市政协经科人资环委组织部分常委与市科技局进行协商，常委们认为我市高新技术对工业经济增长贡献率能达到23%，政府和科技部门付出了艰辛努力，但是与发展较快的地区相比，我市还存在着高新技术产业总体规模小、科技创新能力不强、产品技术含量不高等问题。常委们建议健全发展高新技术产业的保障体系；发挥政府引导作用，用活优惠激励政策；建立风险投资补偿机制，改善高新技术产业的融资条件；加强产学研合作，开辟人才和技术来源。

5. 专委会对口协商。政协各专门委员会围绕常德大剧院的规划、宗教活动场所建设、常德纺织工业园建设、行业协会收费情况、临江公园文化项目建设、城区居民大病救助、农村新能源开发、柳叶湖旅游开发、市直单位选派外协副厂长（经理）情况等专题作了调研，并与相关单位进行对口协商，提出了许多中肯的意见和建议。为促进柳叶湖旅游开发，港澳台侨外事委几次深入柳叶湖，从水路、陆路对“一日游”水上项目进行现场踏勘，就“一日游”线路建设、“一日游”水上项目配套设施建设及市委政府应给予的支持等三个方面，提出12条富有针对性和可操作性的建议，深得柳叶湖旅游度假区的认同。为帮助善德观的建设，法群民宗委多次到现场了解情况，并就道路不畅、水电价格偏高、交通不便等问题，积极与相关部门协商，寻求解决办法。在市委政府有关领导和相关部门的支持下，已落实改造进观道路的费用30万元，对道观的电、水实行了优价供应，在道观前设立了公交站。

6. 政协各组成单位内部协商。为体现团结民主，促进合作共事，增强政协组织的合力，我们组织参加政协的各民主党派、各界别和无党派人士代表进行多次内部协商，达到了沟通思想、增进了解、形成共识的目的。我们就进一步落实好中央5号文件进行内部协商。大家一致认为，5号文件是指导政协工作的长期纲领性文件，政协各组成单位要通过自身的积极行动，推进5号文件精神的深入贯彻。我们就大会发言进行内部协商。研究发言形式，讨论发言内容，明确发言要求，力促提升发言水平。我们就政协常委会工作报告和提案工作报告进行内部协商。大家畅所欲言，各抒己见，要求突出报告重点，完善报告内容，提高报告质量。我们就开好五届一次全会进行内部协商。讨论新一届政协界别设置、委员名额、全会议程日程和组织机构等事项，为开好全会奠定了基础。

二、过去五年主要工作回顾

政协常德市第四届委员会任期已经届满。过去的五年，是常德经济、社会发展大步前进的五年，是人民生活水平显著提高的五年，也是人民政协事业向前发展的五年。五年来，在中共常德市委的领导下，在市人民政府及市直各单位的支持下，市政协充分发挥自身优势，先后召开政协全会5次，常委会议26次，主席会议52次，提出各类提案1933件，立案1715件，编发社情民意200多期，组织专题调研75次，进行专题视察55次，形成调研报告116份，形成常委会、主席会议纪要及建议案45份，为促进我市经济社会发展发挥了重要作用，较好地履行了政协职能。

——五年来，政协民主协商生气勃勃。2004年9月，针对德山开发区建设存在的规划不合理、新开发的核心区面积仅为1平方公里、基础设施滞后、管理体制不顺、发展速度不快等问题，市政协常委会就进一步加快德山开发区建设，向市委政府提出了5条建议：把德山开发区建设作为推进常德工业化的重中之重予以支持；在枉水以北先控制50平方公里土地，作为常德工业用地开发；把可以下放的行政审批权下放给德山；加大招商引资力度，突出主要领导招商、产业对接招商、以商招商、诚信安商；在城建基础投入中优先德山开发区建设。市委书记、市长对政协的建议高度重视，经过一段时间准备，他们带市直部门60多人到德山现场办公，采纳了政协的建议，其中开发区的年度建设资金安排由3000万元上升到3个亿。2007年7~8月，市政协就近几年市委政府支持和鼓励发展工业的各项政策落实情况，组织机关办委和部分政协委员对32家工业企业进行调查。9月，市政协召开常委会，听取各办委的调查汇报。大家认为，我市在发展工业政策上存在6个方面的不足：政策制定不够完善；政策落实不够到位；政策执行不够规范；政策宣传不够全面；政策服务不够有力；政策导向不够清晰。常委会向市委政府建议：进一步补充、完善、细化支持和鼓励工业发展的各项优惠政策条款；建立责任制衡的刚性化执行机制；强化政策落实的监督机制；加大对优惠政策的宣传；制定鼓励发展工业的政策，要有利于提升传统产业、发展高新产业、激活投融资体制、完善政府工作机制、实现产业结构整体创新和地方经济可持续发展。这些建议，得到了市委政府的充分肯定。2006年3月，市政协常委会对我市工业科技成果转化利用工作进行协商，指出在我市科技工作获奖的同时，不要忽视工业科技中存在的传统产业比重大、现代工业基础弱，高新技术企业总量偏少、发展后劲乏力，企业科技成果转化利用困难等问题。建议抓住国家中长期科技发展规划纲要实施的机遇，研究制定我市工业科技成果的引进、消化、吸收、再创新的地方文件。市委政府采纳了政协的建议。2003年6月和2005年8月，市政协两次召开常委会协商民营经济，指出影响我市民营经济做强做大的企业自身问题和政府部门问题，提出优化民营经济发展环境的6点建议，帮助市委政府完善了发展民营经济的政策。2005年元月的政协常委会，针对常德烟厂体制可能发生的变化，提出未雨绸缪，做强做大地方工业的建议。针对常德地方经济硬实力较弱的情况，提出在城建的多项殊荣面前不要沾沾自喜，要充分发挥城市的品牌效应，做强做大地方经济硬实力的建议。2005年下半年，政协城建民主监督小组的委员通过对城建项目的监督，发现大部分项目资金避开审计，建议有关部门加大对城建项目预决算的审计，市委政府分管领导采纳政协委员的建议。2006年，市财政局、市审计局对城建资金进行年度审计，其中决算资金审减2.54亿元，预算资金审减2.45亿元。从此，常德的城建资金预决算进入了审计范围。武吉海书记在常德主持工作后，十分看重政协调研在决策中的作用，多次在政协上报的材料上作出明确批示。2007年6月，武书记在政协关于城市拆迁工作的调查报告上批示：“调查报告提出的建议很好，请文浩、运崇、超文、晓平同志阅研，建议政府专题研究一次改进办法。”2007年7月，武书记在政协关于全市工业园区发展调查材料上批示：“所提园区发展的建议很好，印发区县（市）委书记、县长参阅。”

——五年来，政协关注和谐乐此不疲。针对群众反映强烈的伪劣食品问题，我们开展“食品安全”状况的监督，促进了“放心食品工程”的实施。针对市民呼吁强烈的小街小巷灯不明、路难行的问题，2003年8月主席会议专题视察，督促有关部门采取措施，使小街小巷面貌迅速得到改观。针对“和谐常德”建设中存在的不和谐音符，我们组织32名政协常委和55名政协委员到130多个单位和场所进行实地调查，查找出8个方面36个问题，针对性地提出7个方面33条建议，引起市委政府的高度重视，市委保持共产党员先进性教育活动办公室将这些问题纳入整改范围，督促相关部门和单位进行了整改。上级有关部门对此给予充分肯定，全国政协主办的《人民政协报》在头版头条以“和谐社会的调音师”为题大篇幅予以报道。2006年7–8月，市政协各办委组织部分委员采取随机选点、入户调查的方法，对74名身份置换企业职工的生活现状进行深入了解，向市委政府反映了他们中一部分人社保医保中断、下岗安置费花完、再就业难、住房困难、对未来生活忧心忡忡等情况。提出落实就业扶持政策、生活保障政策、经济适用房廉租房政策、教育资助政策、医疗保险政策和关怀政策等建议，为市委政府进一步解决这部分人的困难提供了依据。2006年4月，主席会议视察城区居民住房，在充分肯定居民住房环境空前改善的同时，指出城区经济适用房的购买者很少是低收入家庭，入住廉租房的居民只占符合入住条件的7.9%。建议我市在建设“国际花园城市”、“世界最佳人居城市”的工程中，充分考虑让住房困难户有栖身之所，实现“居者有其屋”的基本要求。市委书记、市长高度重视这一情况，亲往调查，三次召开专题会议，决定财政每年拿出3000万元并多方融资进行廉租房和经济适用房建设。目前，已有部分困难居民搬进了新居。这几年，我们还围绕培育公正公平的市场经济秩序，调查反映了营利性中介组织存在的问题，呼吁要进一步加强规范化管理；围绕公正司法，就市人民检察院、市中级人民法院处理超期羁押和积案问题提出了建议；围绕建设社区文化、保护历史文化等，提出了受到市委政府重视的协商意见。

——五年来，政协求真务实习以成风。我们把握政协实际，坚持虚功实做。每年大的调研活动至少进行十次以上，每次都由主席会议成员分头带队，深入基层，扎扎实实了解情况，认认真真分析问题。2003年以来，我们先后围绕工业、城建、社区、“三农”、教育、卫生、文化、科技、治安、司法、宗教、旅游等方面的内容进行了大量的调查研究工作。为搞好在推进新型工业化中把资源做成企业、把企业发展成产业的调研，我们组成常德市政协经济考察团，到发达地区学习；为做好常德纺织产业发展方向的调研，我们组织专门力量远赴山东、浙江考察，深入了解纺织产业集群的发展情况。我们调研形成的报告和建议案，大都内容详实，数据准确，剖析问题实事求是，所提建议力求可行。正是政协的工作求真务实，议政建言取得了较好的效果。我们提出的关于公共卫生体系建设的建议为市委政府所采纳。全市重点建设了9个疾控中心和9个乡镇中心卫生院，建成了紧急救援指挥中心，各地卫生设施大幅增加，为全面构建我市公共卫生体系奠定了坚实基础。《关于我市民营工业发展问题的调查报告》、《高度重视“安商”工作，切实巩固招商成果》中的一些建议，写入了市委政府的文件。市委政府还采纳政协的意见，在部分规模以上民营企业安排市直党政部门的同志任外协副厂长，帮助解决企业发展中的环境问题。政协对党外干部培养、使用、交流情况提出协商意见后，市委组织部、统战部就此专题研究，召开全市党外干部工作会议，并联合发文，对党外干部的选拔、任用以及政治经济待遇作出明确规定。

——五年来，政协特色工作丰富多彩。提案工作是人民政协一项全局性的工作，也是政协委员履行职能最直接、最有效的一种形式。这几年，市委政府对政协提案工作高度重视，提案工作不断深化，水平不断提高，质量不断上升。我们所立案的1715件提案，大都突出落实科学发展观、构建和谐社会等重大主题，充分表达了政协委员关注市情、情系发展的意愿，收到良好的经济和社会效益。了解和反映社情民意是人民政协履行职能的重要内容。这几年，政协委员自觉同各界群众保持密切联系，广泛、及时地反映社会的真实情况和老百姓的意见与要求，为市委政府把握形势、正确决策提供重要依据，并推动一些实际问题的解决。这几年，面对宗教事业的发展，市政协利用自己联系宗教团体和信教群众的有利条件，在维护宗教团体正当利益、保护宗教文化、反映信教群众呼声等方面做了些卓有成效的工作，积极引导宗教与社会主义社会相适应，努力促成信教群众与不信教群众、信仰不同群众的团结，帮助开创了“五教”同光、共致和谐的良好局面。这几年，政协文史工作本着“存真求实”的精神，坚持“亲历亲见亲闻”的原则，在常德史册上独树一帜。先后出版《为了共和国政权》、《常德土家族》、《沅澧旧事》等八辑近180万字的书刊，抢救了一批很有价值的历史资料，对正史做了非常必要的补充。政协委员还对常德市的历史遗存现状及保护情况多次进行调研、视察，并就文物古迹的修缮、保护和利用提出了真知灼见。这几年，政协联谊工作与时俱进。在联谊对象上加强与海外侨胞、同胞的联系，宣传党和国家“一国两制”的方针和对台工作的主张，为祖国的统一大业服务。在联谊行动上注重帮助海外侨胞、同胞向党和政府反映他们的要求，维护他们的合法权益，增进他们对祖国的认同。在联谊内容上注重利用“三胞”亲友和特区委员开展招商引资活动。在联谊方式上通过举行“三胞”亲友茶话会、联欢会、洽谈会，突出了以活动为载体促进联谊。

——*五年来，政协自身建设得到加强。*我们把加强专委会建设作为自身建设的基础。专委会较好地发挥了五个作用：一是在重要例会中的组织作用。每次政协的全会、常委会、主席会，凡有议题的专委会，都主动协调有关委员认真开展调研，积极准备会议协商发言材料，并及时沟通党委、政府及工作部门，保证例会的质量。二是在重要视察、调研中的牵头作用。市政协的视察、调研课题，主要由各专委会分工承担。专委会负责制定方案、安排委员、约请专家、联系党委政府及有关部门，为视察、调研创造有利条件。三是在征集提案、督办提案中的推动作用。为加强提案的针对性和有效性，每年专委会都提出一批提案建议内容，帮助委员选择紧扣中心、关注民生的议题，并把一些优秀提案列为重点提案进行督办。四是在反映社情民意中的桥梁作用。专委会直接联系着委员，委员直接联系着各自的群体，社情民意信息量大。各专委会都注意收集一些关于民生的问题，经过调查研究后形成社情民意专递材料，迅速向市委政府领导反映。五是在加强社会各界人士联谊中的纽带作用。专委会运用节日慰问、上门走访、交流工作、沟通思想、“四送下乡”、扶贫帮困等形式，广泛开展与委员联络感情的活动，增加了委员间的亲和力，增强了社会各界的凝聚力。我们把发挥好界别作用作为自身建设的条件。政协以全会为舞台，表达界别的声音，树立界别的形象，展现界别的风采，提高全会协商的水平；以专委会为依托，组织开展有界别特色的活动，增强界别的整体合力；以提案为手段，把委员个人智慧升华为本界别的集体意志，使提案内容更系统、更全面、更具有可操作性。我们把发挥委员作用作为自身建设的重点。为委员议政搭建平台。我们安排委员列席政协常委会、主席会，发表意见；选送委员出席党委、政府工作会、听证会，坦诚建言；邀请党政领导与委员面对面协商，以心交心。为委员视察创造条件。我们就常德政治、经济、文化和社会生活中的重要问题，组织过多次视察，每次都请部分委员参加。对委员自发进行的视察，政协机关都给予大力支持。为委员活动提供载体。我们组建过民主监督小组，组织过异地学习考察，建立委员活动小组机制，选派委员担当民主监督员，开展委员联谊活动。我们把加强对基层政协工作指导作为自身建设的责任。坚持区县（市）政协主席联席会制度，统一全市政协工作的指导思想，开展全市上下联动的政协调研和视察，交流政协工作的成功经验，探求在新形势下发挥政协组织作用的途径。在市委的领导下，实现了全市乡镇政协联络处定编、定级、定岗。我们把打造新型政协机关作为自身建设的保证。坚持机关学习制度。我们学习邓小平理论和“三个代表”重要思想，用科学发展观指导工作；学习经济知识，了解社会主义市场经济运行规律；学习现代科技及社会学，扩大视野；学习外地履职新经验，增强工作本领。坚持机关工作制度。机关形成了一系列规章制度，保证工作有序、有效地进行。对每年的政协工作细化到月，分解到周，安排到人，用每周一的主席办公会形式予以落实。坚持机关作风建设。让大家都始终保持昂扬向上的精神风貌，爱岗敬业，切实尽责。让大家都注意品格和形象，谦虚谨慎，平等待人。良好的机关作风，促成了政协工作有条不紊地开展。

——*五年来，党对政协的领导无所不在。*这五年，市委切实加强和改进对政协工作的领导，市政府积极支持政协履行职能，推动人民政协事业不断向前发展。市委把政协工作摆上议事日程，多次为政协工作发文。2005年9月，市委召开全市政协工作会议，以市委9号文件下发《关于推进政协工作的制度化、规范化、程序化建设的意见》，文件对政协三项职能的内容、程序、形式等作出详细规定，对各级党委政府重视支持政协工作提出明确要求。市委常委会多次听取政协工作汇报，研究政协工作。2006年，中央5号文件下发后，市委召开常委扩大会议进行专题学习，武书记亲自宣讲文件精神，并形成市委常委会议纪要，解决了政协工作中的七个具体问题。市委政府自2004年来，连续三年向市政协常委会通报全市政治经济社会运行情况。2007年9月，卿渐伟代市长向市政协主席会议通报了政情。市纪委每年向市政协常委会通报全市反腐倡廉工作情况。为加强对政协工作的具体指导，市委经常给政协交任务，主要领导参加政协的重要会议听取意见，对政协提案、建议案和社情民意及时作出处理。市委政府加强了政治协商，经常邀请政协委员参加政情通报会、行风评议会、听政议政会，支持政协委员参政议政、民主监督、调研视察。市委非常重视政协机关干部的培养、选拔和使用，加大政协机关干部的交流力度，为政协工作焕发活力提供组织保证。市政府领导多次到政协机关现场办公，解决了政协院落建设、常委会议室扩建、办公室改造、车辆更新等方面诸多具体问题。市委政府营造了支持政协工作的社会氛围，市直各单位主动参与政协活动，大力支持政协履职。宣传新闻部门加大对政协工作宣传的力度，市县党校、社会主义行政学院都把政协理论纳入教学内容。正是市委的高度重视，市政府的大力支持，我市政协事业的发展环境才得以不断优化，政协工作才得以不断向前迈进。

各位委员：第四届政协委员为常德发展，为老百姓福祉做了许多有益工作，为人民政协事业发展付出了许多汗水和心血。大家在议政建言中展现出的求真务实精神，在合作共事中建立的肝胆相照友谊，在民主政治建设中留下的正气凛然气势，都是常德政协事业的宝贵财富。五年的实践告诉我们，只有坚持党对政协工作的领导，才能保证政协事业不断发展；只有把发展作为政协工作的第一要务，才能不断增强政协工作的活力；只有坚持积极创新，才能不断提高政协工作的水平。在过去五年的工作中，我们还有一些事未做好，有些方面履行职能不够到位，主要有三个方面：切实推进政协“三化”建设的工作还有待进一步加强；政协工作成果的转化还有待进一步实践；加大民主监督力度以及实施民主监督的方式、方法还有待进一步探索。

三、今后五年工作建议

今后五年，是我市全面建设小康社会的重要发展期。新一届政协要在中共常德市委的领导下，认真贯彻中共十七大精神，按照科学发展观的要求，围绕中心、服务大局，切实履行政协职能，在社会主义民主政治建设的道路上发挥更大的作用。我们建议：

1. 为加快推进常德新型工业化服务。新型工业化是常德发展的基石。政协要围绕工业园区建设、工业项目开发引进、产业集群培育、发展方式转变等方面多做工作。

2. 为加快推进常德社会主义新农村建设服务。建设社会主义新农村，是我市建设和谐社会的重要内容。政协要围绕发展现代农业、加快农村基础设施建设、培育新型农民、保护生态环境、深化农村改革等方面多做工作。

3. 为加快推进常德城市化进程服务。城市化是工业化发展的必然趋势。政协要在统筹城乡协调发展、发展城市公用事业、提升城市建设管理水平、建设城市融资平台等方面多做工作。

4. 为加快推进以改善民生为重点的社会建设服务。民生工程是社会和谐的保障工程，是实现“使全体人民学有所教、劳有所得、病有所医、老有所养、住有所居”目标的根本性措施。政协要在推进教育强市、扩大劳动就业、建立健全社会保障体系、完善医疗卫生制度、维护社会安定和谐等方面多做工作。

5. 为发展和繁荣社会主义先进文化服务。坚持社会主义先进文化的前进方向，是提升全社会文明程度的保证。政协要在坚持核心价值体系、推进文化名城建设、开展文明创建、深化文化体制改革等方面多做工作。

2008年，是第五届政协的开局年。全体政协委员要按照推进新型工业化、推进社会主义新农村建设、推进城市化、推进民生工程、推进社会主义文化工程的总体安排，认认真真地履行政协职能，扎扎实实地做好政协工作。

要做好第五届政协工作，政协自身建设是关键。新一届政协要高度重视发挥民主党派和无党派人士的作用。深入探索民主党派和无党派人士在政协发挥作用的方法和途径，支持各民主党派和无党派人士在政协的各种会议上以本党派的名义发表意见和建议，充分尊重和保障他们履行职责的权利。注重体现政协的界别特点。充分调动各界别参政议政的积极性，不断为各界别开展活动提供更加完善的制度保证，使政协的界别活动更加经常、更加规范、更加有效。积极发挥专委会的基础作用。深入研究和探索专委会的工作机制，努力搞好各专委会之间、各专委会与各有关部门之间的协作配合，不断提高工作的针对性和实效性。注重突出委员的主体作用。组织政协委员搞好学习和培训，提高自身素质，履行委员职责，积极参加政协组织的活动。尊重和依法保护政协委员的各项民主权利，为其履行职责、发挥作用创造条件。发挥好基层政协履行协商式民主的积极性。市政协要按照《中华人民共和国政治协商会议章程》赋予的职责，指导基层政协抓好组织建设，开展政治协商、民主监督、参政议政等活动，为县域经济社会发展服好务。切实加强政协机关建设。进一步重视政协理论学习，加强机关制度建设，提高工作水平和效率。努力造就一支政治坚定、作风优良、学识丰富、业务熟练的高素质政协工作干部队伍。

各位委员，我们已站在新的历史起点上，新的伟大征程即将开启。我们一定要无愧于时代的召唤、人民的期待，牢牢把握团结和民主两大主题，全面贯彻落实中共十七大精神和中央5号文件精神，在中共常德市委的领导下，认真履行政协职能，为促进我市政协事业的发展，为加快建设富裕文明和谐的常德而努力奋斗！

李长春视察常德市 2007年5月12日上午，中央政治局常委李长春同志来到常德市，实地查看了武陵区芦荻山乡芦山村和鼎城区灌溪镇富贵坪村的图书室、卫生室、计划生育服务站、远程教学室，并将随同而来的中宣部副部长、广电总局局长王太华、文化部部长孙家正、新闻出版总署署长柳斌杰、中宣部副部长李从军、国家发改委副主任张茅、中办调研室局长赵奇一一介绍给大家认识。在两个村的图书室，李长春都要看书架上那一本本图书是哪些方面的内容，要问乡亲们最爱读什么类型的书。在村卫生室，李长春同村里的医生亲切交谈，询问行医的情况。李长春十分关心村级集体经济的发展壮大工作，他鼓励村干部脚踏实地，为农民致富当好带头人。他还非常关心农村“全国文化信息资源共享工程基层服务点”的建设，在富贵坪村他视察了该村的服务点，和电脑操作人员进行了亲切交谈。李长春还接受芦山村村民张四妹的邀请，参观了她家的厨房、客房和楼上的房间，并打开了电视机实地查看收视情况。看到农民幸福生活的景象，李长春很是高兴。李长春还参观了常德诗墙，并和市委、市人大、市政府、市政协、军分区的负责人合影。下午3时许，李长春驱车来到汉寿县聂家桥乡武峰村视察农村数字电影和中小学爱国主义教育影片放映试点工作。为了不惊扰正在村部礼堂观看数字电影的观众，李长春走进礼堂后，在中间过道上的一排空位上坐了下来，像一名普通观众一样，和村民一起静静地观看影片。高清晰的图像、逼真的立体声，李长春看到放映质量如此之好，满意地走出礼堂。在村部小操场，李长春站着听取了市、县、乡、村负责同志的汇报。他问县里的负责人，每个乡是否配备了一台放映机；问电影公司的同志，放一场电影要多少成本；问村干部这种政府买单，每月为每个村义务放映一场电影的方式群众喜不喜欢。随后，李长春又问电话放映机的重量。并当场交代王太华：“要组织技术力量革新，争取减轻到100公斤。”李长春平易近人，特有的亲和力给常德人民留下了美好的记忆。

下午3点15分许，李长春一行离开常德前往长沙。省领导张春贤、周强、李江、于来山、蒋建国、郭开朗，市领导武吉海、卿渐伟、曹儒国、刘明、覃清香、徐万发、王孝山陪同视察。

回良玉视察常德市防汛准备工作 5月25日，中共中央政治局委员、国务院副总理回良玉视察了常德市防汛准备工作。上午8时10分许，回良玉在省委书记、省人大常委会主任张春贤，省委副书记、省长周强，市委书记武吉海，市委副书记、代市长卿渐伟的陪同下，来到市江北防洪墙西大堤，认真听取了市水利局负责人关于江北城区防洪圈建设以及沅、澧两水防汛准备工作的情况汇报。回良玉对防洪大堤的建设给予高度评价，并且关切地询问：“防洪大堤投资的总共规划是多少？”“现在排放到长江的水共有多少？”上午9时20分许，回良玉一行到了汉寿县围堤湖蓄洪垸分洪闸，边听取有关负责人的汇报，边认真查看分洪闸的布局与设施状况。他充分肯定了常德市各级党委政府高度重视、认真抓好防汛准备工作所采取的各项措施，对市县两级党委政府提前做好蓄洪安全转移方案、分洪闸调度方案和分洪闸的调试等工作表示满意。

回良玉还十分关心蓄洪垸区农民的生产生活状况，动情地叮嘱干部要多帮助他们。随同回良玉视察的有水利部部长陈雷、武警部队副司令员梁洪、国务院副秘书长张勇、国家发改委副主任杜鹰、民政部副部长李立国、财政部副部长廖晓军、国土资源部副部长云小苏、水利部副部长鄂竟平、国研室副主任李炳坤、中国气象局副局长许小峰等。省委常委、省委秘书长于来山，副省长杨泰波，武警湖南总队总队长王小荣，市领导曹儒国、陈文浩、徐万发陪同视察。

武吉海当选中共中央候补委员 2007年10月21日上午，中国共产党第十七次全国代表大会举行选举，通过差额选举，选出了新一届党的中央委员会。作为湖南省63名党代表中的一名成员，中共常德市委书记武吉海被选为中共中央候补委员。中央候补委员一共只有167名。

常德市与澳大利亚伊普斯威奇市缔结为友好城市 伊普斯威奇市是澳大利亚昆士兰州第三大城市，总面积1.8万平方公里，总人口30多万。其优美的自然和人文景观，优良的高等教育和职业训练在澳洲备受称道，航空、采矿、肉类加工、铁路科技是伊普斯威奇市工业的基础。近年来，伊普斯威奇市在旅游业、文化产业的发展更是日新月异，是昆士兰州发展最迅速的区域之一。2006年11月6日，伊普斯威奇市市长保罗·比萨尔曾率团访问常德，与常德市签署了建立友好城市关系意向书。2007年5月由市委书记武吉海、副市长李爱国率领的常德市友好城市代表团在伊普斯威奇市参观了市政厅和大学城。5月14日中午，市委书记武吉海、副市长李爱国与伊普斯威奇市市长保罗·比萨尔、副市长维可特·艾德武在市政厅签署了缔结友好城市关系的协议书，签订了关于经济发展的框架协议。双方表示：通过缔造友好城市将进一步增进两市人民的友谊，今后两市将在平等互利、相互理解和信赖的基础上，共同推进经济、文化、教育、科技和旅游等领域的广泛交流与合作。

深圳“德商”回乡考察 8月13日、14日，深圳市常务商会的29名“常德籍商人”（简称“德商”）回到自己的家乡，进行为期两天的商务考察。他们先后考察了德山开发区、鼎城工业园、武陵开发区和安乡珊珀湖，参观了城区的市容市貌，纷纷赞扬家乡的经济建设、文明建设了不起。在13日下午召开的“深圳常德商会暨粤港企业家考察座谈会”上，市委常委、常务副市长陈文浩对常德经济状况、投资环境、招商引资政策的介绍，更加增添了“德商”们对参与家乡经济建设的信心。深圳市京东方智能显示技术股份有限公司董事长王桥立、深圳市博大晶深科技有限公司董事长彭信理、中国城乡网股份有限公司总经理唐对泉等8名投资人纷纷发言，畅谈自己的投资计划，副市长朱晓平就怎样支持他们实现投资计划等问题一一答复。市委书记武吉海，市委副书记、代市长卿渐伟与考察团成员一起共商投资大计，并在13日晚举行招待宴会，盛情款待考察团成员。市领导陈文浩、欧运崇、朱晓平、曹佳中陪同接待和考察。深圳常德商会会长、赴常德考察团团长罗祖明先生称这是一次“感恩之行、考察之行、投资之行”。

首届水资源可持续管理论坛暨欧盟亚洲环境支持常德项目国际研讨会 2007年5月14日在常德召开，共有来自欧盟和亚洲6个城市的21名政府官员及专家和中国近百名政府官员及专家就城市水资源问题进行为期3天的研讨。穿紫河全长17.3公里，曾经是城区的一条绕城水系，随着城区的扩大，城市人口的急剧增加，穿紫河成了城市污水和生活垃圾的排放池，整个水体变质发黑。更可怕的是穿紫河水直接排入沅江，对居民生活饮用水和洞庭湖水质也产生了影响。

2004年9月，常德市政府联合省建设厅作为中方申报单位，在德国籍常德人彭赤焰先生（污水处理、水资源管理专家）的指导帮助下，德国汉诺威市政府、荷兰乌特勒支市政府、汉诺威水协成为水资源管理项目的申报和合作成员。2005年12月，经过一年多的申报和审核，“以常德穿紫河为例——促进亚洲城市水资源可持续管理”项目在50个申报项目中脱颖而出，成为2005年度唯一通过欧盟审批的亚洲环境支持项目。这是欧盟与我国签署的第一个水资源保护合作项目，也是欧盟与湖南省签署的第一个环境保护项目。欧盟为常德项目提供50万欧元的援助资金。欧盟常德项目启动后，欧盟专家和常德专家在穿紫河流域开始进行数据采集。2006年底，中方项目官员及专家考察团一行赴德、荷接受了欧盟专家的培训。常德项目通过研讨，将出版论文集和常德项目手册，最后形成亚洲城市河流污染治理综合解决方案。

水资源可持续管理论坛暨欧盟亚洲环境支持常德项目第一次国际研讨会

招商引资重大项目落户常德 2007年6月18日，海螺水泥有限公司日产5000吨熟料水泥生产线主体工程开工奠基仪式在石门县新关镇举行。海螺水泥2007年被列为省重点建设项目，规划建设两条日产5000吨新型干法水泥熟料生产线、320万吨水泥粉磨系统、配建1.8万千瓦低温余热发电系统及10万吨石膏中转站，总投资概算12亿元。市领导武吉海、陈文浩、覃清香、刘剑英、朱晓平、曹佳中等出席奠基仪式。

2007年12月12日，湖南科力远高新技术有限公司与常德市政府签约，投资3亿元建设以生产动力电池为主要产品的新材料项目。公司首席科学家钟发平博士是常德桃源人，多

常德市（深圳）招商会

年来致力于新型储能材料和高性能绿色环保电池的研究、开发和生产。他研发的产品连续化带状泡沫镍系国家级重点新产品，被列入国家“863”重大攻关项目，产品的各项性能指标全面达到国际先进水平。公司主要经营镍氢、镍镉、铅酸电池，一次性碱性电池、新型电池材料。市领导武吉海、卿渐伟、陈文浩、覃清香、朱晓平出席签约仪式。

2007年12月30日，湖南湘投金天钛业科技有限公司高性能钛及钛合金项目在德山经济开发区举行开工典礼。规划用地700亩，项目规模10000吨/年钛及钛合金铸锭、7000吨/年钛加工材。高性能钛及钛合金加工材项目包括熔铸、锻造、板带、钛管、钛棒、钛盘条、残钛回收等生产线及相关生产配套的辅助工程等设施。项目分两期实施，其中一期占地400亩，投资总额近14亿元，建成10000吨/年钛及钛合金铸锭、3500吨/年钛加工材生产线。一期工程完成后，可实现年销售收入30亿元，利润总额3.9亿元。省委常委、副省长徐宪平，市领导武吉海、卿渐伟、莫道宏、刘本之、陈文浩、刘明、宋冬春、徐超文、朱晓平、曹佳中出席开工典礼。

中联重科是湖南省机械制造业的龙头企业。中联重科常德灌溪工业园成立于2004年5月，2006年完成产值14亿元，实现利税1.5亿元。2007年6月6日，投资近2亿元的技改扩建工程奠基仪式在灌溪工业园举行。此次技改工程实施的主要内容是在灌溪工业园形成中小吨位汽车起重机生产基地、工程机械覆盖件生产基地。市、区两级党委政府把中联重科常德灌溪工业园技改项目作为加速推进新型工业化的重点工程，是常德实现工业强市的又一亮点。市领导卿渐伟、莫道宏、刘春林、陈文浩、彭安沙及中联重科董事长詹纯新等出席奠基仪式。

首届十大企业家、十大魅力德商评选 2007年，常德市先后举行了“十佳企业家”、“十大魅力德商”的评选活动。常德市“十佳企业家”：

湖南中烟工业公司常德卷烟厂厂长 邹纲强
中国机械集团常德烟草机械有限责任公司总经理 周诗伟
湖南天鹰建设有限公司董事长 张维新
湖南金龙电机有限公司董事长 叶锦武
湖南常德纸业股份有限公司董事长 杨跃华
中联重工科技发展有限公司建筑起重机械分公司总经理黄群
湖南特种水泥有限公司董事长 徐合林
湖南明月水泥集团有限公司董事长 刘永山
湖南信诚液压有限公司董事长 张新权
湖南常德市超汉猪鬃厂厂长 成汉余

“影响常德·十大魅力德商”：

湖南重庆啤酒国人有限公司总经理 李开喜
湖南雪丽造纸有限公司董事长 刘湘松
湖南德成建设工程有限公司董事长 沈冬生
常德德达房地产开发有限公司董事长 舒德春
安乡金大地化工有限责任公司董事长 孙逢雪
湖南康普制药有限公司董事长 曾培安
湖南金龙电机股份有限公司董事长 叶锦武
湖南兴禹水利水电建设有限公司董事长 杨仁彦
常德精为天米业有限公司董事长 彭长秀
湖南常德牌水表制造有限公司董事长 李发银

一月

4日 市委市政府召开会议，通报德山经济开发区领导班子调整配备情况，副市长朱晓平兼任德山经济开发区工委书记，周国忠任湖南文理学院党委副书记，不再担任德山经济开发区工委书记职务。市领导陈君文、曹儒国、李平、朱晓平，市政府秘书长沈习淼出席会议。

6日 省委常委、常务副省长肖捷考察常德市部分工业企业和德山经济开发区，市领导武吉海、陈君文、陈文浩、刘明、宋冬春、徐超文、朱晓平等陪同考察。

8日 市委书记武吉海，市委常委、市委秘书长刘明赴鼎城区调研农民增收、消赤减债和农村基层组织建设等情况。

同日 市领导武吉海、陈君文、刘明、李爱国、叶培明视察市城区食品安全工作和节日市场。

9日~10日 市委经济工作会议在市城区召开。9日上午，在市工人文化宫召开大会。市委副书记曹儒国主持会议。市委书记武吉海，市委副书记、市长陈君文出席会议并作重要讲话。10日下午，继续在市工人文化宫召开大会。市委书记武吉海主持会议，副市长张元英作人口和计划生育工作报告，相关部门和单位向市委、市政府递交《人口和计划生育工作责任状》、《社会治安综合治理和维护稳定工作责任状》。会议表彰了一批工业园区建设、引进工业项目、优化经济环境、人口和计划生育、社会治安综合治理工作的先进单位和个人。市委副书记曹儒国作总结讲话。在家的全体市级领导出席会议。

10日 市人大常委会副主任何英满陪同省人大内司委主任委员陈刚、副主任委员罗得文一行在常德调研老年人权益保障法贯彻落实情况。

11日 市委常委议军会议在常德军分区召开。市委副书记、市长、市国防动员委员会主任陈君文主持会议。市委常委、军分区司令员彭安沙作报告。市委书记、军分区党委第一书记武吉海出席会议并讲话。市领导曹儒国、莫道宏、刘春林、胡宗清、刘明、覃清香、刘剑英、宋冬春、吴友云、孙振华、徐超文，军分区副司令员朱文良、参谋长刘晶柯、政治部主任谢朝武、后勤部长吴先军等出席会议。

13日 政协常德市四届五次会议在芷园宾馆开幕。市政协副主席胡子达主持会议。市政协主席刘春林作工作报告，市政协副主席张新民作提案工作报告。武吉海、陈君文、曹儒国、莫道宏、胡宗清、陈文浩、刘明、李平、欧运崇、覃清香、彭安沙、刘剑英、宋冬春、吴友云等在家的市级领导和部分老同志出席会议。17日，大会通过投票选举，增补彭明建为市政协副主席。同日，大会圆满完成各项预定议程后，在芷园宾馆胜利闭幕。

14日 常德市第四届人大常委会第四十次会议在市人大常委会议室召开，市人大常委会副主任张启祥主持会议，会议听取和审议了市人民政府关于常德市城区春节期间限制性燃放烟花爆竹方案的报告，并做出有关决定。市人大常委会主任莫道宏，副主任孙维忠、高勇、刘克云及常委会委员28名（2名因事因病请假）出席了会议。市人民政府副市长欧运崇、市中级人民法院院长谢肇荣、市人民检察院检察长杜辉才及市委办、市政府办、市城市办、市城管局以及市人大各专门委员会、常委会各工作机构负责人列席了会议。

15日 市四届人大五次会议在市工人文化宫开幕。出席本次会议的市人大代表474人，列席人员455人（其中包括382名市政协委员）。市人大常委会主任莫道宏主持会议。市委副书记、市长陈君文作政府工作报告。市领导武吉海、曹儒国、刘春林、胡宗清、陈文浩、刘明、李平、欧运崇、覃清香、彭安沙、刘剑英、宋冬春、吴友云等在家的市级领导和部分老同志出席会议。19日，大会通过投票选举，增补文承保、杨先平、石成林、万善志为市人大常委会副主任。同日，大会圆满完成各项预定议程后，在市工人文化宫胜利闭幕。

21日 市委、市政府向驻京常德老乡汇报工作会议在北京湘华大酒店举行。市领导武吉海、陈君文、莫道宏、刘春林、刘明、彭安沙、朱晓平与中纪委原常务副书记曹庆泽，全国人大农业与农村委员会副主任委员唐天标，少将邵华等400多名驻京常德老乡出席会议。22日至23日，武吉海、陈君文一行赴北京国家开发投资公司、中国通用技术集团、中国材料科工集团、中国华电集团、中国恒天集团及经纬纺织机构公司、中国烟草机械集团和中国兵器装备集团，拜会各大企业高层领导。24日，武吉海、陈君文一行赴上海德力西集团公司考察。同日晚，市委、市政府向在沪常德老乡汇报会在上海东方航空宾馆举行。武吉海、陈君文、莫道宏、刘春林、刘明、彭安沙、宋冬春等市领导和上海市政府原副市长裴先白、上海市考试院院长李瑞阳等150多名在沪常德老乡出席会议。25日，武吉海、陈君文一行赴江苏同禾药业有限公司考察。26日至27日，武吉海、陈君文一行先后拜访了香港贵联集团、香港新利创业有限公司、中国广东核电集团、深圳市中技实业（集团）有限公司、香港盈信集团和香港保威集团等企业。

常德在京老乡汇报会

25日 武警黑龙江森林总队大兴安岭支队71名官兵进驻常德市，进行为期3个月的驻勤。这是国家在北方和西南林区恢复组建武警森林部队以来首次派兵驻勤常德市。市领导徐万发出席接、送部队仪式。

同日 全市2006年度点村工作总结表彰暨2007年工作动员大会召开。市领导李平、徐万发出席会议。

26日 全市农村饮水安全工作现场会在澧县召开。市领导刘本之、吴友云、徐万发出席会议。

31日 市关心下一代工作委员会全体会议在市老干局召开。市关工委常务副主任李少甫作主题报告。市委副书记、市关工委主任曹儒国，市委常委、组织部长、市关工委副主任李平出席会议并讲话。

二月

2日 全市工会工作会议召开。市委常委、组织部长李平主持会议，市人大常委会副主任、市总工会主席刘克云作工作报告，市委副书记曹儒国出席会议并讲话，市政协副主席万成贞出席会议。

同日 市“双联”工作会议召开。副市长朱晓平主持会议，市人大常委会副主任、市总工会主席刘克云作工作报告，市委副书记曹儒国出席会议并讲话，市政协副主席万成贞出席会议。

3日 市委、市政府向在长常德老乡汇报工作会议在长沙芙蓉华天宾馆举行。市委书记武吉海出席会议并讲话。市委副书记、市长陈君文介绍常德经济社会发展情况。省领导蒋建国、郑治栋、颜永盛、文选德和市领导曹儒国、莫道宏、刘春林、陈文浩、刘明、李平、覃清香、彭安沙、宋冬春出席会议。

4日~5日 省委常委、省纪委书记许云昭赴常德市走访困难企业，慰问困难职工和农户。市领导武吉海、陈君文、曹儒国、刘剑英陪同慰问。5日下午，“调查研究解难题，深入基层送温暖”座谈会在芷园宾馆召开。许云昭发表重要讲话，武吉海主持座谈会，曹儒国作工作情况汇报，市领导陈君文、莫道宏、刘本之、刘春林、陈文浩、刘明、李平、彭安沙、刘剑英、宋冬春、吴友云出席会议。

6日 市委书记武吉海，市委常委、市委秘书长刘明赴武陵区慰问困难群众，并到洞庭水殖看望专家李祖军、杨品红。

同日 非公有制经济人士春节团拜会召开。市领导武吉海、陈君文、刘春林、吴友云、李明三、曹同生出席会议。

同日 市政协主席刘春林前往武陵区慰问省级劳动模范，秘书长马耀舫陪同慰问。

8日 市委书记武吉海，市委常委、市委秘书长刘明，市委常委、常德军分区司令员彭安沙赴安乡县慰问贫困农户。

同日，常德市首届十佳优秀企业和十佳优秀企业家表彰大会召开。市领导陈君文、曹儒国、陈文浩、宋冬春、文承保、朱晓平、彭明建等出席会议。

同日 全市各界代表人士迎春座谈会在芷园宾馆召开。市委常委吴友云主持会议。市领导曹儒国、莫道宏、刘春林、文承保、万成贞、丁时祺、徐国清、邓正春、曹同生出席座谈会。

同日晚，市委市政府主办，市委宣传部、市广电局承办的2007年“祝福春天”春节文艺晚会在市电视台演播厅举行。市领导武吉海、陈君文、曹儒国、莫道宏、刘春林、陈文浩、刘明、欧运崇、覃清香、彭安沙、吴友云、丁时祺、孙振华等出席并观看晚会。

9日　全市老干部春节团拜会在芷园宾馆举行。市委书记武吉海主持会议并讲话。市委副书记、市长陈君文通报2006年度全市“三个文明”建设情况和2007年主要工作思路。曹儒国、莫道宏、刘春林、刘明、李平、彭安沙等市领导出席会议。

同日　市人大常委会主任莫道宏主持召开一府两院联系会，会议研究了常德市第四届人民代表大会第五次会议至第五届人民代表大会第一次会议期间常务委员会工作要点（草案），市人大常委会副主任孙维忠、张启祥、高勇、刘克云、文承保、杨先平、石成林、万善志以及市人民政府市长陈君文，市人民检察院检察长杜辉才和市中级人民法院负责人参加了会议，市人大常委会专职委员和市人大办、市政府办相关负责人列席了会议。

10日　市纪委第三次全会暨全市反腐败工作会议在芷园宾馆召开。市委常委、常务副市长陈文浩主持会议。市委常委、市纪委书记刘剑英作工作报告。市委书记武吉海，市委副书记、市长陈君文出席会议并讲话。市领导莫道宏、刘本之、刘春林、刘明、李平、覃清香、彭安沙、张元英、徐万发、朱晓平、汤向荣出席会议。

同日　市委书记武吉海，市委常委、市委秘书长刘明，市人大常委会副主任、市总工会主席刘克云慰问省级劳模陈桂云和全国劳模高永香。

11日　国家工商总局党组书记、局长周伯华赴常德市慰问基层工商行政管理人员，考察农村食品安全工作。省政府副省长郭开朗，省工商局局长张汉良，市领导武吉海、陈君文、刘明、杨先平、李爱国、徐超文、叶培明等陪同考察。

同日　市领导曹儒国、莫道宏、刘春林、彭安沙、徐超文走访慰问驻常部队官兵。

12日　市政府召开第17次常务会议，传达省“两会”精神和周强省长视察常德讲话精神，审议《常德市行政过错责任追究暂行办法（草案）》、《常德市管线工程管理实施办法（草案）》、《常德市绿化赔偿费和绿化补偿费收缴管理暂行办法（草案）》、《常德市城区2006—2010年社区卫生服务机构设置规划（草案）》及《关于进一步加强动物防疫工作的通知（草案）》等规范性文件，研究部署当前工作。市长陈君文主持会议，市政府领导陈文浩、欧运崇、宋冬春、张元英、李爱国、徐万发、徐超文、朱晓平、杨光宏、叶培明、汤向荣以及市政府秘书长沈习淼出席或列席会议，市人大常委会副主任文承保、市政协副主席彭明建、常德军分区参谋长刘晶柯应邀参加会议。

同日　情系困难职工“爱心超市”捐助活动在武陵区北正街小学举行。市领导武吉海、陈君文、刘明、宋冬春、刘克云、丁时祺出席活动。

同日　市委副书记曹儒国、市人大常委会主任莫道宏、市政协主席刘春林走访慰问市人大、市政协机关离退休厅级老干部和市第一人民医院专家。

同日　市委书记武吉海，市委常委、宣传部长覃清香，市委常委吴友云赴临澧县安福镇慰问农村基层党员。

14日　湖南中烟工业公司常德卷烟厂现场办公会召开。湖南中烟工业公司总经理周昌贡，市领导武吉海、陈君文、曹儒国、莫道宏、刘春林、陈文浩、刘明、彭安沙、宋冬春、徐超文、李明三以及市政府秘书长沈习淼出席会议。

26日　市委书记武吉海，市委常委、市委秘书长刘明赴鼎城区富贵坪村考察农村改水工程、农产品加工企业。

同日　市委、市政府在市老干部活动中心召开现场办公会，专题研究全市老干部工作。市领导曹儒国、陈文浩、刘明、李平出席会议。

27日　市领导武吉海、陈文浩、刘明、宋冬春、朱晓平、杨光宏赴德山开发区视察工业企业和部分新上工业项目。

28日　全市宣传思想工作会议在芷园宾馆召开。市委副书记曹儒国主持会议。市委常委、宣传部长覃清香作工作报告。市委书记武吉海出席会议并讲话。市领导张元英、李金城、谢朝武出席会议。

同日　市长陈君文到澧县张公庙镇兔子口村考察调研。副市长徐万发，市政府秘书长沈习淼陪同考察。

同日　常德市第四届人大常委会第四十一次会议在市人大常委会议室召开。市人大常委会主任莫道宏主持会议。会议审议通过了常德市第四届人民代表大会第五次会议至第五届人民代表大会第一次会议期间常务委员会工作要点（草案）和常德市第四届人民代表大会常务委员会代表资格审查委员会关于有关代表资格的审查报告，会议还通过了有关人事任免事项，市人大常委会副主任孙维忠、张启祥、高勇、刘克云、文承保、杨先平、石成林、万善志及常委会委员33名（1名因病请假）出席会议，市委常委、市人民政府副市长陈文浩，市委常委、市委组织部部长李平，市委常委、市纪委书记刘剑英，市中级人民法院院长谢肇荣，市人民检察院检察长杜辉才及市委办、市政府办、市农办、市发改委、市经委、市财政局、市教育局、市劳动与社会保障局、市建设局、以及各区县（市）人大常委会负责人，市人大各专门委员会、常委会各工作机构负责人列席了会议。

三　月

1日　市委市政府召开全市农村工作会议，全面部署2007年的农业农村工作。市委书记武吉海出席会议并作重要讲话。市领导莫道宏、刘本之、刘春林、吴友云、高勇、文承保、石成林、徐万发、彭明建、魏立刚、王孝山等参加会议。

同日　驻常全国人大代表武吉海、陈君文、曾献兵、李瑞师、李开喜、杨绍军、向才银赴京参加十届全国人大五次会议。市领导曹儒国、莫道宏、陈文浩、孙维忠参加欢送仪式。

2日 市委市政府召开全市政法工作会议。市委书记武吉海出席会议并作重要讲话。市领导胡宗清、陈文浩、刘明、杨先平、李爱国、万成贞、谢朝武等参加会议。

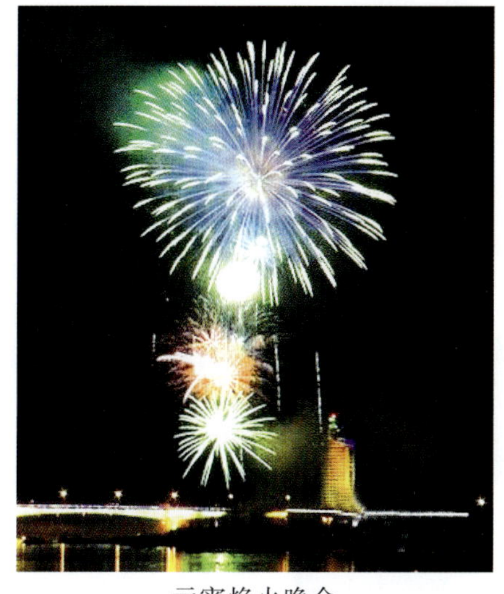

元宵焰火晚会

4日晚 由市委、市政府主办，市委宣传部、市文化局、浏阳金生花炮集团承办的2007年元宵焰火晚会在诗墙公园举行。市领导曹儒国、陈文浩、欧运祟等出席晚会。

5日 常德市召开农村饮水安全工作会议，调度全市20万农村人口饮水安全和“十大饮水安全示范片”工程建设任务。市领导吴友云、徐万发出席会议。

6日 2007年度市委党校春季主体培训班开学典礼举行。市委副书记曹儒国出席开学典礼并讲话。

主体班开学典礼

9日，市政协主席刘春林主持召开市政协四届第44次主席会议。上午的会议视察了市城区及德山工业园等7个城建项目，听取了市建设局关于城建项目建设管理的情况通报，进行了协商发言。市委常委、市政府副市长欧运祟应邀到会并讲话，市政协副主席们作了协商发言，刘春林主席对今后常德市城市项目建设发表了重要意见。下午的会议研究了2007年市政协主要活动安排和重点提案的督办，并通报了有关人事事项。副主席胡子达、万成贞、丁时祺、徐国清、张新民、邓正春、彭明建，秘书长马耀舫参加了会议。

12日 临澧县九里乡大山村发生烟花鞭炮爆炸事故，造成2层2间楼房倒塌，6人当场死亡，1人受伤。事故发生后，市领导武吉海、陈君文亲自指挥调度事故应急救援，市委常委、副市长宋冬春迅速赶赴事故现场，做好维稳和安抚工作。

13日 全市城市工作会议召开。市领导莫道宏、刘春林、陈文浩、欧运祟、张启祥、曹同生出席会议。

同日 市人大常委会主任莫道宏率驻会的常委会委员到中国人民银行常德市中心支行视察金融体制改革情况，听取了支行主要负责人关于全市金融工作的情况汇报。市人大常委会副主任孙维忠、张启祥、高勇、文承保、杨先平、万善志参加了视察。

18日 国家气象局党组成员、纪检组长孙先健一行到常德市考察气象工作。省气象局局长祝燕德、副市长张元英陪同考察。

20日 市委市政府就德山经济开发区的建设与发展召开现场办公会议。市领导武吉海、莫道宏、刘春林、陈文浩、刘明、宋冬春、朱晓平参加会议。

21日 市级学习中心组（扩大）在市工人文化宫举行第一季度集中学习。全国人大代表、市委书记武吉海传达胡锦涛总书记3月6日参加十届全国人大五次会议湖南代表团审议时的重要讲话精神和全国“两会”精神，听取省发改委副主任欧阳彪作推进新型工业化专题讲座。

22日 省政协主席胡彪率省政协秘书长李刚铤、省政协经科委主任刘学文等，到常德市就“推进新型工业化和民营经济发展环境”问题进行专题调研。胡主席一行先后深入到常德市创元铝业、常德卷烟厂进行实地考察，并与市经委、市科技局、市质监局、市工商局、德山开发区、市优化办主要负责人，云锦纺织、杰新纺织、洞庭水殖、常德卷烟厂、常德烟机公司、常纺机主要负责人进行了广泛深入的座谈。市委书记武吉海，市政协主席刘春林，市委常委、常务副市长陈文浩，市委常委、市委秘书长刘明，市委常委、副市长宋冬春，市政协副主席胡子达、万成贞、李明三、彭明建等分别陪同调研和参加座谈会。

2007年3月22日，省政协主席胡彪视察创元铝业

同日 常德经编纺织产业园奠基典礼在德山开发区举

行。省政府副省长贺同新，省政府经济顾问邹育文，省商务厅厅长毛叙保、总会计师吴宜彪，省环保局副局长谷文龙，市领导武吉海、陈文浩、彭明建等出席奠基仪式。

23日 全市金融工作联席会和全市金融工作会议分别召开。市委书记武吉海出席会议并讲话。市领导陈文浩、李爱国参加会议。

全市金融工作联席会议

24日~25日 民革中央常委、联络部部长郑建邦，在省政协副主席、民革省委主委刘晓，省政协常委、民革省委专职副主委肖芝泉的陪同下，赴石门县祭扫郑洞国将军墓，并举行扶贫助学捐赠仪式。市政协副主席李金城、民革省委常委邹克忠以及市委统战部、民革常德市委负责同志陪同参加上述活动。

25日 全市招商引资暨商务工作会议召开。市委书记武吉海出席会议并讲话，市领导陈文浩、文承保、彭明建参加会议。

同日 市委书记武吉海考察桃源县木塘垸乡农村饮水安全工程。市领导刘本之、吴友云陪同考察。

26日 全市2006年度总结表彰大会在市工人文化宫召开，市委市政府对全市各条战线的先进单位、先进个人进行了表彰奖励。市委书记武吉海出席会议并讲话。在家的市委、市人大常委会、市政府、市政协领导出席会议。

27日 市人大常委会主任莫道宏主持召开主任（扩大）会议，会议听取了市人民政府关于2007年常德环保世纪行、常德农产品质量安全行和常德农民健康行活动方案的报告，听取了市人民政府关于做好市城区被征地农民就业培训和社会保障工作的实施意见（征求意见稿）和关于市城市规划区集体土地上居民住房征地拆迁安置等实行公寓楼安置的暂行办法（征求意见稿）。市人大常委会副主任孙维忠、张启祥、高勇、刘克云、杨先平、万善志参加了会议，市人民政府副市长徐超文，市政府办、市农村办、市财政局、市农业局、市卫生局、市环保局、市畜牧水产局、市国土资源局、市劳动与社会保障局、市规划局、市蔬菜办、市疾控中心负责人以及市人大各专门委员会、常委会各工作机构负责人和常委会专职委员列席了会议。

同日 常德市“全民健身与奥运同行”活动启动仪式在市体育中心举行。市领导覃清香、张元英、邓正春、曹同生出席启动仪式。

28日~29日 中央文明委未成年人思想道德建设工作组组长李伟一行，到常德市考察精神文明创建工作。市领导武吉海、覃清香、张启祥、丁时祺参加汇报会和陪同考察。

29日 全国医疗器械质量监督抽验会在常德市召开。国家食品药品监督管理局市场监督司副巡视员卜长生，省食品药品监督管理局党组副书记、副局长李建飞，市委常委、副市长宋冬春出席会议。

同日 全市组织工作会议召开。市委书记武吉海，市委常委、市委组织部长李平出席会议并讲话。

同日 全市老干部工作暨关心下一代工作会议召开。市领导武吉海、刘明、李平、杨先平、张新民及老同志李少甫出席会议。

29~30日 省政协文教卫体委主任严尧卿一行到常德市调研“上学难、学费贵”问题，先后到湖南文理学院、常德职业技术学院召开了座谈会。市政协主席刘春林会见了调研组的同志。文教卫体委负责同志陪同调研。

四月

1日 省国土资源厅厅长陈三新到常德市，就基层国土所建设、年度土地利用管理、土地利用总体规划修编、耕地保护等方面工作考察调研。市领导武吉海、陈文浩、李平、徐超文、朱晓平、曹同生等陪同考察。

2日 常德市金融工作汇报会在长沙召开。省委常委、省政府副省长徐宪平，省金融证券办主任谢光球，市领导武吉海、莫道宏、刘春林、陈文浩、宋冬春、李爱国、朱晓平，市长助理、市政府秘书长沈习淼等出席会议。

同日 市人大常委会副主任张启祥主持召开常德环保世纪行总结表彰暨动员大会。常德环保世纪行组委会成员单位负责人、区县（市）人大常委会和人民政府相关负责人参加了会议。

3日 全市推进新型工业化工作暨工业园区调度会议召开。市委书记武吉海出席会议并讲话。在家的市级领导参加会议。

5日 市委书记武吉海考察桃源县工业园区建设、部分工业企业和新农村建设。市领导刘本之、宋冬春陪同考察。

6日 省委常委、副省长徐宪平率省直有关部门负责人到常德市检查造纸行业污染整治工作。市领导武吉海、陈文浩、欧运崇、宋冬春、张启祥等陪同考察。

7 日　国土资源部党组成员、国家土地副总督察甘藏春到常德市调研。省国土资源厅厅长陈三新，市领导陈文浩、徐超文、曹同生等陪同调研。

8 日　省委副书记、省长周强，副省长杨泰波，省军区副司令员黄明开到常德市检查防汛工作。周强省长一行先后检查了汉寿县围堤湖垸及分洪闸工程、沅水尾闾、澧水尾闾、安乡县淞滋河、虎渡河及安乡县城防洪工程。市领导武吉海、刘本之、陈文浩、彭安沙、徐万发等陪同考察。

8 日~9 日　市工商业联合会（总商会）第五次会员代表大会召开。省委统战部副部长、省工商联党组书记郭树人到会祝贺。市委书记武吉海出席会议并讲话。市领导刘春林、吴友云、李爱国参加会议。

11 日　市委书记武吉海听取全市新农村建设工作汇报，并对下阶段工作作出具体部署。市领导刘本之、陈文浩、刘明、李平、覃清香、高勇、徐万发、彭明建等参加会议。

同日　市政协主席刘春林主持召开市政协四届第 45 次主席会议。会议先后视察了欣运汽车总站、盐关铁水联运码头和财培宾馆等单位的国有资产管理情况，听取了市国资委关于常德市国有资产监管工作的情况介绍和市经济建设投资公司的情况介绍，进行了协商发言。会议还研究了对常德大剧院建设的建议意见，并在会后形成了市政协主席会议 2007 年第 1 号建议案《关于常德大剧院建设的建议》。市委常委、市政府副市长欧运崇应邀到会并讲话。市政协副主席胡子达、万成贞、丁时祺、徐国清、张新民、曹同生、彭明建以及秘书长马耀舫参加了会议。

12 日　市委书记武吉海到湖南华南光电（集团）有限公司、常德烟草机械有限公司、常德金鹏凹版印刷有限公司、湖南中烟工业公司常德卷烟厂考察企业技改项目并召开现场办公会议。市领导莫道宏、刘春林、陈文浩、刘明、宋冬春出席。

13 日　市农业产业化局挂牌成立。市委书记武吉海出席挂牌仪式并讲话。省乡镇企业局局长田家贵，市领导刘本之、刘明、高勇、徐万发、彭明建参加挂牌仪式。

13 日~14 日　省纪委、省监察厅在常德召开全省纪检监察信访举报工作会议。省委常委、省纪委书记许云昭，中纪委信访室纪检员、监察专员韦传江出席会议并讲话。市领导武吉海、刘剑英参加会议。

16 日　全市人口和计划生育工作会议召开。市委书记武吉海出席会议并讲话。市领导刘明、文承保、张元英、彭明建及老同志洪明祥参加会议。

16 日~18 日　省委副书记梅克保率省直有关部门负责人到常德市考察推进新型工业化工作。梅克保一行先后考察了湖南重庆国人啤酒有限公司、常德烟机、金鹏凹印、湖南中烟工业公司常德卷烟厂等亿元以上规模企业和创元工业园、鼎城灌溪工业园及德山开发区的部分企业。市领导刘本之、刘春林、胡宗清、刘明、覃清香、彭安沙、宋冬春、万善志、朱晓平陪同考察。

18 日　国家民政部社会福利与社会事务司司长张明亮一行到常德市，考察调研民政工作。省民政厅厅长余长明、副厅长张成桂，市委常委、副市长欧运崇陪同考察。

19 日　市委书记武吉海考察达门船舶、德力西电气、恒安纸业、常德纺机、云锦纺织、洞庭药业、三金制药、金健米业等企业技改现场，并召开现场办公会议。市领导莫道宏、刘春林、陈文浩、刘明、宋冬春、朱晓平等出席。

20 日　市委书记武吉海考察湖南洞庭水殖股份有限公司，并召开现场办公会议。市领导刘春林、陈文浩、刘明、宋冬春、高勇、徐万发、汤向荣、谢肇荣出席。

23 日　全市创学工作总结表彰大会暨第五届学习报告会召开。市委书记武吉海出席会议并讲话。市领导李平、覃清香、文承保、张元英、李金城参加会议。

创学表彰会

24 日~26 日　市人大常委会主任莫道宏、副主任高勇陪同省人大常委会副主任庞道沐一行到常就办理《关于进一步加大推进我省农业产业化力度的议案》进行调研和座谈。市委书记武吉海，市委巡视员、市人大常委会党组副书记刘本之，市委常委秘书长刘明，市人民政府副市长徐万发陪同。

26 日~27 日　常德市第四届人大常委会第四十二次会议在市人大常委会议室召开，市人大常委会主任莫道宏，副主任高勇、刘克云分别主持会议。会议听取了反洗钱法的辅导讲座，听取和审议了市人民政府关于市本级 2006 年财政决算（草案）的报告，市审计局关于市人民政府 2006 年市本级财政预算执行情况的审计报告，审查批准了市本级 2006 年财政决算；会议还听取和审议了市人民政府关于 2006 年市本级城建项目和城建资金计划执行情况及 2007 年市本级城建项目计划（草案）安排的情况报告、市人民政府关于贯彻实施《中华人民共和国防震减灾法》的情况报告和市人民政府关于《常德市城市总体规划局部调整》的情况报告，听取了市人民政府关于市本级经营性国有资产管理情况的报告和关于常德市与俄罗斯、澳大利亚、美国有关城市缔结友好城市的情况报告；会议还通过了有关人事任免事项。市人大常委会副主任孙维忠、张启祥、文承保、杨先平、石成林、万善志及常委会委员33名（1名因病请假）出席了会议。市委常委、市人民政府副市长欧运崇，市中级人民法院院长谢肇荣，市人民检察院检察长杜辉才及市委办、市政府办、市审计局、市人事局、市教育局、市规划局、市科技局、市财政局、市建设局、市民政局、市城市管理行政执法局、市国资委、市外侨办、市国税局、市地税局、市地震局以及各区县（市）人大常委会负责人，市人大各专门委员会、常委会各工作机构负责人列席会议，会议还邀请部分市人大代表列席。

26日~27日 省政协副主席龙国键率省政协“关于加速推进新型工业化进程若干问题”课题调研组一行14人到常德市调研。调研组一行先后深入到常烟机、常纺机、创元铝业、金健米业、洞庭水殖等企业现场考察、了解企业生产经营情况，并召开座谈会征求市发改委、市经委、市国资委、市商务局、市科技局、德山经济开发区、市优化办、市人民银行等单位负责人对湖南省加速推进新型工业化进程的建议。副市长张元英在座谈会上汇报了市政府推进新型工业化的情况。市政协主席刘春林，副主席胡子达、徐国清、彭明建参加座谈并陪同调研。

26日 全市防汛抗旱工作会议在澧县召开。市委书记武吉海出席会议并讲话。市领导刘本之、刘春林、刘明、彭安沙、徐万发等参加会议。

27日 市委市政府召开劳模座谈会。市委书记武吉海出席座谈会并讲话。市领导曹儒国、刘明、李平、宋冬春、刘克云、万成贞参加座谈会。

29日 市委书记武吉海，市委常委、市委宣传部长覃清香接受由《湖南日报》、湖南电台、湖南卫视、湖南经视、《香港文汇报》等媒体组成的新闻采访团采访，介绍洞庭湖区造纸企业污染整治专项行动实施情况。

五月

2日~3日 全国人大农业与农村委员会副主任唐天标考察柳叶湖、常德诗墙、步行街、常德火车站、常德汽车总站和常德卷烟厂。市委副书记曹儒国，市委常委、宣传部长覃清香陪同考察。

全国人大常委会农业与农村委员会副主任委员唐天标到常德考察（中）

3日~5日 中纪委委员、原海南省委副书记蔡长松在省政府副秘书长戴军勇，省委党史办主任陈克鑫，省委统战部副部长蔡建和，省文化厅副厅长周用金，怀化市委书记刘莲玉，株洲市政府代市长陈君文等陪同下到常德市考察。市领导武吉海、曹儒国、刘本之、欧运崇、张元英、彭明建、叶培明，湖南文理学院党委书记杨万柱，老同志钦时中、杨杰等出席欢迎仪式并分别陪同考察。

8日 市委书记武吉海调度全市防汛和安全饮水工作。武吉海要求做好防大汛准备，确保2007年完成全市20万人安全饮水工作任务。市领导刘本之、吴友云、徐万发参加调度会。

10日 市委书记武吉海主持召开市委常委会，研究部署工业发展等有关工作。市领导曹儒国、莫道宏、刘本之、刘春林、胡宗清、陈文浩、刘明、李平、欧运崇、覃清香、刘剑英、宋冬春、吴友云、张元英、李爱国、朱晓平参加会议。

同日 市委书记武吉海、代市长卿渐伟调度德山开发区重大项目，听取深圳招商会筹备及项目衔接情况汇报。市领导陈文浩、刘剑英、宋冬春、朱晓平、曹佳中、魏立刚参加调度会。

10日~11日 全市老科协工作现场经验交流会在汉寿县召开。省老科协会长朱东阳、市委副书记曹儒国、副市长徐超文出席会议并讲话。

11日 常德市召开为独生子女困难家庭献爱心动员大会。市委副书记曹儒国出席会议并讲话。市领导文承保、张元英、丁时祺出席动员会。

同日 中国气象局局长郑国光来常德市检查防汛气象工作。中国气象局办公室主任孙健、预测减灾司司长宋连春、国家气象中心主任矫海燕，省政府副省长杨泰波，省气象局局长祝燕德、副局长潘志祥，市领导刘本之、徐万发陪同检查。

国家气象局长郑国光到常德检查防汛气象工作

12日　中共中央政治局常委李长春到常德市考察。李长春在省委书记、省人大常委会主任张春贤，省委副书记、省长周强，市委书记武吉海，市委副书记、代市长卿渐伟的陪同下，先后到武陵区芦荻山乡芦山村、鼎城区灌溪镇富贵坪村、常德诗墙、汉寿县聂家桥乡武峰村考察农村文化工作、新农村建设工作、农村数字电影和中小学爱国主义教育影片放映试点工作。随同李长春考察的有中宣部副部长、广电总局局长王太华，文化部部长孙家正，新闻出版总署署长柳斌杰，中宣部副部长李从军，国家发改委副主任张茅，中办调研室局长赵奇，省领导李江、于来山、蒋建国、郭开朗，市领导曹儒国、刘明、覃清香、徐万发、王孝山陪同考察。

13日~23日　市委副书记、代市长卿渐伟先后到石门、临澧、桃源、武陵、鼎城、汉寿、津市、澧县和安乡九个区县（市），就推进新型工业化、建设社会主义新农村、防汛保安等工作考察调研。常务副市长陈文浩、市长助理、市政府秘书长沈习森等陪同调研。

14日　市委书记武吉海、副市长李爱国与澳大利亚昆士兰州伊普斯威奇市市长保罗·比萨尔、副市长维可特·艾德武在伊普斯威奇市市政厅签署缔结友好城市关系协议书，签订关于经济发展的框架协议。中国驻澳大利亚布里斯班领事馆总领事任共平出席晚宴。

同日　首届水资源可持续管理论坛暨欧盟亚洲环境支持常德项目第一次国际研讨会在常德市召开。来自欧盟和亚洲6个国家的21名政府官员、专家以及我国近百名政府官员、专家就水资源问题进行研讨。湖南省建设厅总工程师唐道明，市委常委、副市长欧运崇出席会议。

16日~17日　市政协召开四届第46次主席会议。会议先后视察了武陵区芦山村、关天坪村、常德湘芙蓉食品有限公司，鼎城区富贵村、毛栗岗村，临澧县同心村，澧县兔子口村、护国村、新联村、澧县油脂加工厂。听取了市新农村建设办关于常德市新农村建设工作和促进农民持续增收的情况介绍、市政协农业工作组关于常德市农民增收情况的调查汇报，听取了鼎城区中河口乡发展榨菜产业、政协委员向远德发展珍珠产业、金健米业发展农产品加工的情况。会议由市政协主席刘春林主持。市政府副市长徐万发、曹佳中应邀到会并讲话。市政协副主席胡子达、丁时祺、张新民、李金城、李明三、邓正春、彭明建，秘书长马耀舫参加会议。

18日~19日　全省爱国宗教团体现场经验交流会暨“宗教工作与构建和谐社会”研讨会在常德市召开。省委常委、省委统战部长李微微出席会议并讲话。市领导卿渐伟、曹儒国、刘春林、陈文浩、吴友云、文承保、张元英分别参加欢迎仪式、陪同考察和出席会议。

20日~21日　全国政协经济委员会副主任段应碧率“粮食基地建设与粮食安全”专题调研组一行11人到常德市考察粮食基地建设情况。调研组一行视察了鼎城区许家桥乡、丁家港乡粮食基地，听取了市政府副市长徐万发关于常德市粮食基地建设情况的汇报，参观了常德诗墙。市委副书记、代市长卿渐伟，市委副书记曹儒国，市政协主席刘春林，副主席万成贞、张新民、李金城、邓正春、彭明建，秘书长马耀舫参加了座谈、宴请并陪同调研。

20日　由中国青少年发展基金会、中央电视台经济频道、共青团湖南省委、湖南电视台、湖南省青少年发展基金会联合举办的“希望工程全面升级全面启动”公益活动在澧县澧南镇宝洁希望小学举行。团中央书记处书记尔肯·吐拉洪，省委常委、副省长徐宪平，市领导卿渐伟、陈文浩、魏立刚，市长助理、市政府秘书长沈习森出席启动仪式。

21日　市政府召开第18次常务会议，研究推进新型工业化、落实省8件实事和市10件实事、创建科技强警示范城市、落实《国务院办公厅关于推进种子管理体制改革加强市场监管的意见》工作。代市长卿渐伟主持会议，市政府领导陈文浩、欧运崇、张元英、徐万发、徐超文、曹佳中、杨光宏、汤向荣以及市长助理、市政府秘书长沈习森出席或列席会议，市人大常委会副主任杨先平、市政协副主席张新民、常德军分区副司令员朱文良应邀参加会议。

24日~25日　中共中央政治局委员、国务院副总理回良玉来常考察防汛准备工作。回良玉在省委书记、省人大常委会主任张春贤，省委副书记、省长周强，市委书记武吉海，市委副书记、代市长卿渐伟的陪同下，考察了市江北防洪圈西大堤、汉寿县围堤湖蓄洪垸分洪闸。随同回良玉考察的有水利部部长陈雷、武警部队副司令员梁洪、国务院副秘书长张勇、国家发展改革委副主任杜鹰、民政部副部长李立国、财政部副部长廖晓军、国土资源部副部长云小苏、水利部副部长鄂竟平、国研室副主任李炳坤、中国气象局副局长许小峰等。省委常委、省委秘书长于来山，副省长杨泰波，武警湖南总队总队长王小荣，市领导曹儒国、陈文浩、徐万发陪同考察。

25日　中国地震局局长陈建民到常德市调研防震减灾工作。副省长甘霖，省地震局局长全德辉，副市长徐超文陪同调研。

28日　在中国共产党湖南省代表会议上，市委书记武吉海、澧县农康园艺公司经理王先荣当选为党的十七大代表。

29日　市人口和计划生育委员会、市计划生育协会举办以“生育关怀，亲情相伴”为主题的救助独生子女贫困家庭电视募捐晚会。市领导武吉海、卿渐伟、曹儒国、覃清香、彭安沙、文承保、张元英、彭明建出席晚会并捐款。

30日　市领导武吉海、卿渐伟、莫道宏、刘春林、陈文浩、覃清香、吴友云、朱晓平、曹佳中一行在深圳参观考察深圳市京东方智能显示技术股份有限公司、深圳市光伏能源科技有限公司、深圳市新飞通技术有限公司，并希望这几家企业到常德投资兴业。

同日　市人大常委会副主任孙维忠主持召开主任（扩

大）会议，会议听取了市建设局关于优先发展常德市城市公共交通情况的报告。市人大常委会副主任高勇、刘克云、杨先平、石成林、万善志参加了会议；市人民政府副市长欧运崇，市人大各专门委员会、常委会各工作机构负责人和常委会专职委员以及市政府办、市建设局、市财政局、市城管局、市公用事业局、市交警支队的主要负责人列席了会议。

31 日　市领导武吉海、卿渐伟、莫道宏、刘春林、陈文浩、覃清香、吴友云、朱晓平、曹佳中等市领导在深圳分别与中冶南方工程技术公司、中国康超集团、深圳盛世中融投资发展有限公司、精实资本（香港）有限公司、深圳兴嘉科技有限公司、深圳市京东方智能显示技术股份有限公司、富深圳合力顺电子有限公司、香港保威集团、广东德润纺织有限公司、香港源宏集团实业发展有限公司、彰帝鞋业有限公司、富士电梯（亚洲）有限公司、韩国SK集团、加拿大皇家国际金融有限公司等多家重要客商进行了坦诚的会谈。

六　月

1 日　深圳市湖南常德商会正式成立。市领导武吉海、卿渐伟、莫道宏、刘春林、陈文浩、吴友云、朱晓平、曹佳中，省政府驻深圳办事处主任廖克勤，深圳湖南商会会长黄道旺等到会祝贺。

4 日~5 日　省科技厅党组书记、厅长王柯敏到常德市考察。市领导武吉海、卿渐伟、陈文浩、徐超文陪同考察。

4 日　市委书记武吉海主持召开市委常委扩大会议，学习贯彻省党代表会议精神，部署山洪地质灾害防御工作和防汛工作。在家的市委常委，市人大常委会主任、副主任，市政府副市长，市政协主席、副主席，市委市政府巡视员、副巡视员参加会议。

4 日~7 日　市人大常委会副主任万善志陪同省人大财经委主任委员孙振华及执法检查组一行对常德市贯彻实施《湖南省非税收入管理条例》进行执法检查。

5 日　全市县乡两级人大换届选举工作会议召开。市委书记武吉海到会并做重要讲话。市委副书记曹儒国主持会议。市领导莫道宏、陈文浩、李平、孙维忠、张启祥、高勇、刘克云、文承保、杨先平、石成林、万善志、王孝山、杜辉才参加会议。

同日　市纪委第四次全会在市委常委会议室召开。市委书记武吉海，市委常委、市纪委书记刘剑英出席会议并讲话。

同日　市委书记武吉海，市委副书记、代市长卿渐伟率市直有关部门负责人到德山开发区调度重点项目并进行现场办公。市领导陈文浩、朱晓平、杨光宏、汤向荣参加会议。

6 日　中联重科常德灌溪工业园技改扩建工程奠基仪式在鼎城区灌溪镇举行，市领导卿渐伟、莫道宏、刘春林、陈文浩、彭安沙及中联重科董事长詹纯新等出席奠基仪式。

6 日~7 日　省委副书记梅克保、副省长甘霖率省直有关部门负责人，先后深入常德市沅澧两水的重点堤垸和水库检查防汛准备工作，并听取了市委、市政府关于防汛准备工作情况汇报。市领导武吉海、卿渐伟、曹儒国、莫道宏、刘春林、陈文浩、彭安沙、徐万发、吴生元参加陪同。

8 日　中共中央委员、全国人大常委会委员、全国人大环资委副主任委员宋照肃，全国人大环资委委员、中国核工业集团公司总经理李定凡一行到常德市调研节能减排工作。省人大常委会副主任王四连，省人大常委会委员、省人大环资委主任委员孙在田，市领导曹儒国、莫道宏、欧运崇、张启祥等陪同调研。

8 日~12 日　第四届泛珠三角区域经贸合作洽谈会（简称“珠洽会”）在长沙举行。市委、市政府组成了以市委书记武吉海为顾问，市委副书记、代市长卿渐伟为团长的常德经贸代表团。“珠洽会”期间，市领导武吉海、卿渐伟、陈文浩、朱晓平等和相关市直部门负责人还分别参加了泛珠商会合作暨产业承接大会、湖南广东商会成立大会、第四届泛珠三角区域经贸合作洽谈会重点项目推介会。

10 日~12 日　市委市政府举办“江浙企业家常德行”活动。180 多名江浙企业家到常德市考察并听取常德市的市情推介。市领导武吉海、卿渐伟、刘春林、陈文浩、万善志、曹佳中等出席市情推介会。

11 日　常德市首次山洪地质灾害防御演练在石门县皂市镇白鹤观村举行。市领导武吉海、卿渐伟、刘剑英、高勇、徐万发及各区县（市）长，市水利、国土、气象部门负责人，各山洪地质灾害易发区重点防御乡镇责任人现场观摩。

12 日　全市旅游产业发展工作会议召开。市委书记武吉海，市委副书记、代市长卿渐伟，省旅游局党组副书记、副局长刘之明出席会议并讲话。市领导曹儒国、莫道宏、胡宗清、陈文浩、李平、欧运崇、覃清香、刘剑英、宋冬春、吴友云、李爱国出席会议。

13 日　全市建设教育强市动员大会召开。省教育厅厅长张放平，市委书记武吉海，市委副书记、代市长卿渐伟分别发表讲话。副市长张元英就建设教育强市工作进行全面部署。市领导曹儒国、莫道宏、刘春林、胡宗清、陈文浩、李平、欧运崇、覃清香、宋冬春、吴友云出席会议。

14 日~16 日　市级学习中心组举行第二季度集中学习，主要内容是学习科学发展观、构建社会主义和谐社会、弘扬社会主义核心价值观的理论知识；传达学习《中共中央纪委关于严格禁止利用职务上的便利谋取不正当利益的若干规定》。市委书记武吉海强调，要更加注重社会发展和公共服务，更加注重关注弱势群体；要认真学习贯彻落实中纪委八项禁令，加强督促检查，促进党员干部廉洁自律。

17 日　全市丘岗开发流动现场会召开。市领导武吉海、石成林、徐万发出席会议。

18 日　海螺水泥有限公司日产 5000 吨熟料水泥生产线

在建的海螺水泥厂房

主体工程开工奠基仪式在石门县新关镇举行。市领导武吉海、陈文浩、覃清香、刘剑英、朱晓平、曹佳中等出席奠基仪式。

18日~19日　市人大常委会副主任杨先平同志陪同省人大常委会委员、内司委主任委员陈刚一行到常德就《湖南省职工代表大会条例》（草案）进行立法调研。

19日~20日　全市人武部基层建设暨区县（市）国防动员委员会主任述职会议召开。市领导武吉海、卿渐伟、彭安沙、孙振华、徐超文、朱文良出席会议并讲话。

20日　省委常委、省纪委书记许云昭到常德市调研推进新型工业化工作，并对泰格林纸常德林浆纸一体化项目的前期准备工作进行了重点调研。市领导武吉海、卿渐伟、曹儒国、陈文浩、刘剑英、朱晓平、魏立刚陪同考察并参加汇报会。省政府经济顾问陈德铨，省发改委党组成员、纪检组长张银桥，省纪委副主任杨晓晋，省林业厅厅长葛汉栋，省环保局局长蒋益民随同许云昭调研。

同日　市委书记武吉海率相关部门负责人到武陵经济技术开发区召开现场办公会，研究武陵开发区与德山开发区实行"捆绑"申报国家级开发区、创新发展模式的问题。市领导卿渐伟、陈文浩、宋冬春、朱晓平、王孝山等出席会议。

同日　省直新闻媒体《湖南日报》、《潇湘晨报》、《三湘都市报》、《湖南经济报》、湖南卫视、湖南经视、湖南人民广播电台、红网等组成的"常德文明城市创建采访团"抵常。市领导曹儒国、欧运崇、覃清香出席市委市政府举行的汇报会。

同日　市政协召开四届二十四次常委会议。就常德市工业园建设与发展问题进行专题协商。会议听取了德山开发区关于德山工业园建设与发展的情况介绍，听取了汉寿县、澧县政协关于各自工业园建设与发展的调查情况汇报以及市政协6个专门委员会关于全市各区县（市）工业园建设与发展的调查报告，进行了分组讨论。市委常委、市政府副市长宋冬春应邀到会并讲话。市政协主席刘春林在总结讲话中对常德市工业园建设与发展所取得的成绩进行了高度概括，并就如何更好更快地发展工业园提出了建议。会议由副主席彭明建主持。副主席胡子达、万成贞、丁时祺、徐国清、张新民、李金城、李明三、邓正春、曹同生，秘书长马耀舫出席会议。

20日~21日　农业部党组书记、部长孙政才一行到常德市考察农业工作。20日，省委省政府在常举行了座谈会，省委书记、省人大常委会主任张春贤，省委副书记、省长周强、省委常委、省委秘书长于来山，副省长杨泰波出席座谈会。21日，孙政才、杨泰波一行到德山开发区阳光乳业股份有限公司、鼎城区许家桥乡、桃源县四喜养殖公司视察农产品加工企业、农业生产和畜牧养殖。市领导武吉海、卿渐伟、曹儒国、陈文浩、徐万发陪同考察。

21日~23日　市领导武吉海、胡宗清、刘剑英到汉寿县考察。先后深入广源麻业有限公司、鑫源纺织印染有限公司、周文庙乡陈军堤村珍珠加工一条街、洲口镇和罐头嘴镇珍珠养殖基地、龙阳镇珍珠市场及洞庭木业有限责任公司、县特种水产研究所、正在建设中的五里桥农产品批发大市场，洲口镇、罐头嘴镇机关，罐头嘴镇张家汊村、龙池实验中学实地考察，还参观了帅孟奇生平事迹展。

24日　国家人口计生委副主任江帆在省人口计生委主任李万郴陪同下到常德市临澧县考察，并听取了常德市和临澧县计生人口工作的情况汇报。市委副书记曹儒国陪同考察。

25日~27日　市领导武吉海、曹儒国、宋冬春、李爱国率市直有关部门负责人深入桃源县部分养殖场、养殖专业户和旅游景区、景点，围绕发展养殖产业和旅游业进行实地考察。

27日　市领导武吉海、卿渐伟、曹佳中、彭明建听取中国证监会湖南证监局副局长邹一萍，深圳证券交易所培训中心主任孔翔博士，财富证券副总经理王国海博士关于中小企业上市融资专题知识讲座。

同日　市领导卿渐伟、曹儒国、欧运崇、宋冬春、高勇、李爱国、曹佳中、彭明建等出席第三届银企融资洽谈会。

27日~28日，省粮食局局长吴奇修来常德市调研粮食深加工和产业化经营情况。市政府副市长徐超文等陪同调研。

28日　市领导武吉海、卿渐伟、曹儒国、陈文浩、宋冬春、朱晓平出席湖南云锦集团德天纺织有限公司奠基仪式。

同日　常德市第四届人大常委会第四十四次会议在市人大常委会议室召开。市人大常委会主任莫道宏、副主任文承保分别主持了会议。会议进行了义务教育法讲座，听取和审议了市人民政府关于全市工业园区建设情况的报告和关于开展农村中小学"两免一补"工作的情况报告，听取了市人民政府关于市城区廉租住房建设管理情况的报告，会议还通过了有关人事任免事项，市人大常委会副主任孙维忠、张启祥、高勇、刘克云、杨先平、石成林及常委会委员29名（5名因事因病请假）出席了会议，市人民政府副市长张元英、徐超文，市中级人民法院院长谢肇荣，市人民检察院的负责同志及市委办、市政府办、市发改委、市经委、市财政局、市教育局、市国土局、市建设局、市规划局、市房管局、市商务局、市国税局、市地税局、市住房公积金管理中心、市德山开发区管委会以及各区县（市）人大常委会负责人，市人大各专门委员会、常委会各工作机构负责人列席了会议，市人大代表张琴、尹治才、沈国华应邀列席了会议。

29 日 市领导武吉海、曹儒国、张元英深入到鼎城区、临澧县和澧县的部分学校，考察农村教育工作。

30 日 市委市政府召开德山开发区项目推进调度会。市领导武吉海、卿渐伟、曹儒国、陈文浩、刘剑英、宋冬春、朱晓平分别就德山项目推进工作提出要求。

七 月

2 日 由中央宣传部、中央政法委、司法部、中国法学会联合组织的大型系列法制宣传活动——“百名法学家百场报告会”在市工人文化宫举行。市委书记武吉海，市委副书记、代市长卿渐伟和和全体市领导与 800 多名市直副处级以上行政事业单位领导班子成员、市直重点行政执法部门中层骨干参加报告会。市委副书记曹儒国主持报告会，中国法学会副会长、北京大学法学院院长朱苏力介绍活动基本情况，北京大学法学院教授、博士生导师姜明安作题为《依法行政，建设法治政府》的报告。

同日 市委书记武吉海主持召开市委常委会议，传达学习胡锦涛总书记在中央党校省部级干部进修班上的重要讲话精神。市委副书记曹儒国传达省委关于认真学习贯彻胡锦涛总书记重要讲话精神的通知，市委常委、市委宣传部长覃清香宣读胡锦涛在中央党校发表的重要讲话内容。

3 日 省政府党组成员刘力伟调研常德市造纸企业复产情况，省环保局副巡视员、省环境监测总队总队长谢立，市委常委、副市长宋冬春等陪同调研。

同日 市委市政府召开柳叶湖开发建设专题办公会议。市委书记武吉海要求，抓住当前有利时机，加快柳叶湖保护开发。市领导卿渐伟、曹儒国、莫道宏、刘春林、陈文浩、欧运崇、刘剑英、吴友云、李爱国、徐超文、杨光宏出席会议。

4 日 市领导武吉海、卿渐伟、曹儒国、莫道宏、刘春林、陈文浩、文承保、张元英、李金城率市直有关部门负责人考察常德职业技术学院和湖南文理学院两所高校。

同日 市领导武吉海、卿渐伟、曹儒国、莫道宏、刘春林、陈文浩、文承保、张元英、李金城与全市民办教育界代表座谈。

5 日 省委书记、省人大常委会主任张春贤，省委常委、省委秘书长于来山考察桃源县农业和新农村建设。张春贤一行先后到湘鲁万福有限责任公司、华裕家禽育种有限公司、袁家巷村早稻收割现场、马鬃岭镇新农村建设示范片考察，并听取市委市政府和桃源县委县政府工作汇报。省委副秘书长张文雄、省委政法委副书记王晓琴、省交通厅厅长欧阳斌、省委政研室副巡视员张伟达、省发改委副主任易鹏飞、省财政厅副厅长石建辉、省水库移民开发管理局副局长谢超英、省扶贫办主任张英维，市领导武吉海、卿渐伟、曹儒国、徐万发陪同考察。

同日 市政协召开四届第 47 次主席会议，专题视察、协商市政协四届五次会议部分重点提案的办理情况。与会人员先后视察了红旗路社区百姓卫生服务站、庆丰社区卫生服务站、常德市玉洁食品有限公司、南湖郡、梦里水乡、紫菱花园、夏家垱、柳荷鑫苑、朝阳路农贸市场、家润多超市育才路店食品销售专柜等提案办理现场，听取了市政协副主席胡子达、李金城、彭明建分别对《加强城市“蓝线”保护，构建生态和谐城区》、《进一步做好城市社区卫生服务工作》、《做好我市食品安全工作》3 件重点提案办理情况的点评以及市工商局的情况介绍。市政协主席刘春林主持会议并对如何进一步办理落实好这 3 份关乎民生问题的提案作了强调。副主席万成贞、丁时祺、徐国清、张新民、李明三、曹同生，秘书长马耀舫参加会议。

6 日~7 日 省人大常委会副主任唐之享到常德市就贯彻落实《中华人民共和国红十字会法》进行执法调研。市领导武吉海、卿渐伟、莫道宏、文承保陪同调研。

7 日 市委书记武吉海考察武陵区基层基础工作。市领导欧运崇、王孝山陪同考察。

9 日 市领导武吉海、卿渐伟、曹儒国、李平、高勇、曹同生出席常德市第五批援藏干部欢送仪式。

10 日~11 日 湖南常德核电项目预评审会在常德召开，市领导武吉海、卿渐伟、曹儒国、刘春林、陈文浩、彭安沙、徐超文、魏立刚参加评审会。

10 日 市委副书记、代市长卿渐伟考察湖南中烟公司常德卷烟厂、常德达门船舶有限公司等部分城区企业，市领导宋冬春、曹佳中，市长助理、市政府秘书长沈习淼等陪同考察。

11 日 市委副书记、代市长卿渐伟深入城区各大市场，调研商务工作，市领导朱晓平、曹佳中等陪同调研。

12 日 市政府四届五次全体会议召开，市委书记武吉海作重要讲话，市委副书记、代市长卿渐伟作工作报告。市领导陈文浩、欧运崇、宋冬春、李爱国、徐万发、徐超文、朱晓平、曹佳中，市长助理、市政府秘书长沈习淼出席会议，市委常委、常德军分区司令员彭安沙，市人大常委会副主任孙维忠，市政协副主席彭明建应邀参加会议。

10 日~12 日 市委书记武吉海深入澧县工厂、农村调研，就推进新型工业化、新农村建设、加强基层基础工作提出具体要求。市领导莫道宏、徐万发陪同考察。

12 日 市领导曹儒国、李平出席市委党校第 12 期中青班结业暨优秀大学生培训班开学典礼。

13 日~14 日 市委书记武吉海在津市市考察调研，要求集中精力抓经济发展，进一步加强基层基础工作和思想作风建设。市委常委、市委组织部长李平陪同考察。

16日　市委、市政府在市工人文化宫召开政情通报会，向市城区副处级以上离退休老干部通报全市上半年经济社会发展情况，市领导武吉海、曹儒国、陈文浩、刘明、李平等参加通报会。

同日　市第一中医院通过湖南省中医医院评审委员会专家组综合评审，成为常德市第一个三级甲等中医医院。市领导曹儒国、陈文浩、刘明、文承保、李金城参加相关活动。

常德市第一中医院

18日~19日　市委书记武吉海在市委常委、市委秘书长刘明陪同下，考察鼎城区新农村建设、思想作风建设和推进新型工业化工作。

19日~20日　全市安全生产监管监察系统局长座谈会在常德市召开，副市长李爱国出席座谈会并致欢迎辞。

20日　铁道部经济规划研究院原院长刘宝润带领专家组来常，为黔张常铁路规划研究开展现场踏勘、调研及资料收集工作，副市长徐超文会见了专家组一行。

21日~22日　湖南有色金属控股集团有限公司董事长何仁春在株洲市委副书记、代市长陈君文的陪同下，到常德市进行合作洽谈。市委书记武吉海，市委副书记、代市长卿渐伟会见了何仁春一行，市领导曹儒国、陈文浩、李平、宋冬春、朱晓平等陪同考察。

22日~23日　省"3+5"城市群建设与产业一体化发展对策研究课题组一行13人来常德市调研，市领导武吉海、卿渐伟、曹儒国、莫道宏、刘春林等陪同调研，刘明、欧运崇、吴友云、文承保、丁时祺、邓正春等参加了调研座谈。

23日~26日　省委统战部常务副部长彭军良到常德市调研。市领导武吉海、刘春林、吴友云、文承保、万成贞、李明三分别陪同调研。

25日　省委副书记梅克保到常德市指导常德市的防汛工作。市领导武吉海、卿渐伟、刘本之、陈文浩、刘明、高勇、徐万发、汤向荣、朱文良陪同。

同日　市委书记武吉海，市委副书记、代市长卿渐伟紧急召开防汛会商会，要求各地统一指挥，沉着应战，克服麻痹大意思想，严防低水位出险。市领导曹儒国、刘本之、陈文浩、刘明、高勇、徐万发等出席会商会。

同日　市委书记武吉海沿沅水流域检查桃源县漳江垸、木塘垸，鼎城区善卷垸、三合垸，汉寿县沧港镇菱北电排、围堤湖垸分洪闸、新兴嘴大堤险工险段指导防汛工作。市委副书记曹儒国，市委常委、市委秘书长刘明陪同检查。

26日　省委副书记梅克保在市领导武吉海、卿渐伟、陈文浩、刘明、宋冬春的陪同下，沿沅水、澧水大堤检查防汛工作。

26日晚至27日　市委书记武吉海先后深入沅水流域的武陵区丹洲垸大堤，鼎城区石门桥镇邱家石旮排水闸、乌塘岗村大堤险段和伍家嘴村管涌抢险现场，汉寿县新兴乡鲁家河村大堤，武陵区芦荻山乡祠堂寺村堤段等沅水和澧水大堤检查防汛工作。

28日　市领导武吉海、卿渐伟、刘明、徐万发一行乘船考察沅澧洪道。

30日~31日　香港特别行政区十届全国人大代表视察团一行20余人到常德市，先后视察金健米业公司、德山开发区、鼎城区灌溪镇新农村建设示范片、桃花源景区、湖南文理学院和常德诗墙。省人大常委会副主任颜永盛，市领导武吉海、卿渐伟、曹儒国、莫道宏、刘明、孙维忠陪同视察。

31日　市领导武吉海、卿渐伟、刘春林、陈文浩、刘明、彭安沙、杨先平、徐超文一行走访慰问驻常部队，向官兵们致以节日的问候。

同日　市委召开庆祝建军80周年军队转业干部座谈会。15名来自市直各条战线的离退休、在职和自主择业军队转业干部代表参加座谈会。市领导武吉海、刘春林、陈文浩、刘明、李平、彭安沙、杨先平等出席。

同日　全市农村党员干部现代远程教育工作会议召开。市领导曹儒国、张元英出席会议。

八　月

1日　市委书记武吉海到武陵区、德山开发区开展拆迁信访问题专题调研。市领导陈文浩、欧运崇、朱晓平、王孝山陪同调研。

同日　市委书记武吉海主持召开市委常委扩大会议。会议决定，用一年时间集中抓好依法拆除市城区规划范围内违法建筑专项整治行动。

同日　由常德军分区政治部、市党史联络组和市委党史办联合编辑，海南出版社出版的《军旅岁月》首发式举行。市领导曹儒国、刘明、覃清香、彭安沙、孙振华、杨先平、

《军旅岁月》首发式

张新民、张恒洲，老同志王大元、熊奇生、韩林安、覃正彦、李少甫、吕定元、龚玉昆、王春阳出席。

同日　市人大常委会主任莫道宏主持召开主任会议，会议听取了市人民政府关于贯彻实施《物业管理条例》情况的报告和关于加强农村文化建设情况的报告以及市中级人民法院关于全市法院开展司法调解工作的报告，市人大常委会副主任孙维忠、张启祥、高勇、刘克云、文承保、杨先平、石成林参加了会议。市人民政府副市长曹佳中，市中级人民法院院长谢肇荣、市人民检察院检察长杜辉才以及市政府办、市农村办、市财政局、市农业局、市文化局、市房管局、市新闻出版局和市人大各专门委员会、常委会各工作机构的负责人、常委会专职委员列席了会议。

2日　市领导武吉海、卿渐伟、曹儒国、莫道宏、刘春林、陈文浩、刘明、李平、宋冬春等出席市直部门优化经济环境工作汇报会。市委常委、市纪委书记刘剑英主持会议。

3日~4日　市委书记武吉海深入安乡县考察经济社会发展情况和干部思想作风建设，对安乡县下半年工作提出要求。市领导彭安沙、宋冬春陪同考察。

6日　市委书记武吉海，市委副书记、代市长卿渐伟主持召开市直部分工业企业调度会，先后考察了金鹏凹印、常德卷烟厂、武陵酒业、德山酒业，听取了金健米业、常纺机、恒安纸业、云锦纺织、力元新材等企业情况汇报，对企业的发展提出具体要求。市领导刘明、宋冬春、徐超文、朱晓平、李明三参加调度会。

7日　市领导武吉海、卿渐伟、刘明、王孝山就关注民生工作在市城区开展专题调研。

8日　市领导武吉海、卿渐伟、刘明参加澧县银企合作工作汇报会。

9日~10日　全省包装装潢印刷产业发展研讨会在常德市召开，省新闻出版局副局长尹飞舟出席并讲话，副市长张元英参加会议并致欢迎词。

10日　市委书记武吉海赴鼎城、桃源调研新型农村合作医疗工作。市领导刘明、张元英陪同调研。

11日　省委常委、常务副省长肖捷来常德市考察2007年的早稻收购工作，市领导武吉海、卿渐伟、李爱国等陪同考察。

12日　第十三届全国葡萄学术研讨会暨湖南省第二届葡萄节在澧县启幕，省政府原副省长杨汇泉，省政协原副主席陈彰嘉，省政府副秘书长戴军勇，市领导武吉海、卿渐伟、刘明、徐万发，中国农学会葡萄分会会长修德仁以及来自全国各地的300多名葡萄专家与客商参加了开幕式和游园活动。

红地球葡萄

张公庙葡萄示范园

13日　全市领导干部作风建设座谈会召开。会议回顾总结了去年以来全市抓作风建设的情况，研究部署后段作风建设工作。市委常委、市纪委书记刘剑英作主题报告。市领导武吉海、卿渐伟、曹儒国、刘本之、刘春林、胡宗清、陈文浩、刘明、李平、覃清香、彭安沙、宋冬春、吴友云、张元英、李爱国、徐万发、徐超文、王孝山等出席会议。

13日~14日　深圳市常德商会29位“德商”回乡进行为期两天的商务考察。市领导武吉海、卿渐伟、陈文浩、欧运崇、朱晓平、曹佳中陪同考察。

14日~15日　全省房地产和住房保障工作座谈会在常德市召开，省建设厅副厅长张建新、纪检组长王文华出席座谈会，市委常委、副市长欧运崇致欢迎词。

15日　市委书记武吉海，市委副书记、代市长卿渐伟实地检查部署市城区依法拆违工作，市领导莫道宏、刘春林、胡宗清、欧运崇、刘剑英、王孝山、汤向荣等陪同检查。

16日　省国土资源厅厅长陈三新来常德市调研，市领导武吉海、卿渐伟、陈文浩、朱晓平、杨光宏等陪同调研。

16日~17日　省人大常委会副主任戚和平、秘书长刘永寿，省人大内司委主任委员陈刚，省人大财经委主任委员孙振华，省人大常委会副秘书长梁尔源一行到常德市调研人大工作，调研组一行考察了洞庭水殖白鹤山基地和金鹏凹印，并在德华宾馆二会议室进行了座谈。市委书记武吉海，市委副书记、市人民政府代市长卿渐伟，市委副书记曹儒国，市人大常委会主任莫道宏，市委常委、市委组织部部长李平，市人大常委会副主任孙维忠、张启祥、高勇、刘克云、杨先平、石成林陪同调研。

17日 市委常委召开专题会议，听取市安监局负责人关于全市安全生产工作的汇报，对加强安全生产进行专题研究，对当前安全生产工作提出要求。

同日 全省科技活动周表彰大会在常德市召开，省科技厅总工程师姜郁文出席，副市长徐超文参加会议并致欢迎词。

18日 来自全国47家企业的220多名代表参加国家级龙头企业"常德行"活动暨项目签约仪式，与常德市签约项目21个，总投资达13.6亿元。省人大常委会副主任庞道沐，省农办主任陈吉芳，省农业厅厅长程海波，农业部乡镇企业局副局长张步江，省农业厅副厅长、省乡镇企业局局长田家贵，市领导武吉海、卿渐伟、莫道宏、刘本之、刘春林、陈文浩、高勇、徐万发、彭明建、魏立刚等出席签约仪式。

19日~21日 全省人大系统接待工作会议在常德市德华宾馆召开，省人大常委会秘书长刘永寿、副秘书长梁肇洪以及全省十四个市州人大分管接待工作的负责同志参加了会议。市人大常委会主任莫道宏、副主任刘克云以及在家的副秘书长参加了会议。

20日~25日 市委书记武吉海率常德市党政代表团考察浙江省衢州市、金华市新农村建设，福建省泉州市、厦门市工业园区建设。市领导莫道宏、刘本之、刘春林、刘明及各区县（市）委书记，市直有关部门负责人参加学习考察。

22日~24日 市人大常委会副主任高勇陪同省人大常委会副主任庞道沐带领的执法检查组一行在常德市开展《中华人民共和国农产品质量安全法》执法检查，市人民政府副市长徐万发报告了常德市贯彻执行《中华人民共和国农产品质量安全法》的有关情况。

28日~29日 常德市第四届人大常委会第四十五次会议在市人大常委会议室召开，市人大常委会副主任孙维忠、杨先平、石成林分别主持了会议。会议听取了法律知识讲座，听取和审议了市人民政府关于常德市劳动和社会保障工作情况的报告、关于贯彻实施《湖南省非税收入管理条例》情况的报告、关于常德市社会主义新农村建设情况的报告、关于开展拆除市城市规划区违法建筑专项行动的报告和市人民检察院关于全市反贪污贿赂犯罪和反渎职侵权犯罪工作情况的报告，听取了市人大财经委关于常德市贯彻实施《湖南省非税收入管理条例》执法检查的情况报告和关于常德市2007年上半年经济形势分析报告，审议通过了常德市第四届人民代表大会常务委员会关于常德市第五届人民代表大会代表名额分配和选举问题的决定（草案）、常德市人民代表大会常务委员会关于接受万善志辞去湖南省第十届人民代表大会代表职务的决定（草案）和常德市第四届人民代表大会常务委员会代表资格审查委员会关于万善志代表资格的审查报告，市人大常委会主任莫道宏、副主任张启祥、高勇、刘克云、文承保及常委会委员31名（3名因事因病请假）出席了会议。市人民政府副市长欧运崇、张元英，市中级人民法院院长谢肇荣，市人民检察院检察长杜辉才及市委办、市政府办、市农村办、市新农村办、市发改委、市经委、市监察局、市公安局、市财政局、市国土局、市劳动和社会保障局、市建设局、市交通局、市水利局、市农业局、市卫生局、市规划局、市城管执法局、市统计局、市非税收入管理局、人民银行常德市中心支行以及各区县（市）人大常委会负责人，市人大各专门委员会、常委会各工作机构负责人列席了会议，会议还邀请了部分市人大代表列席。

30日 市人民对外友好协会第二届理事大会召开。市领导曹儒国、李金城、李明三，省政协原副主席、省对外友协名誉会长游碧竹，省外侨办纪检组长郝去吾，省对外友协副会长庞力平，湖南文理学院党委书记杨万柱出席会议。

31日 市委召开新农村建设领导小组会议，会议听取了前段新农村建设进展情况，确定了下段工作重点，并对明年的工作进行谋划。市领导武吉海、刘本之、李平、吴友云、高勇、徐万发、彭明建参加会议。

九 月

1日~2日 市委书记武吉海赴临澧、石门考察经济社会发展情况。市委常委、市委秘书长刘明，市委副巡视员吴生元陪同考察。

2日 全市烟草生产座谈会在石门县召开。市领导武吉海、刘明、文承保、徐万发、吴生元参加座谈会。

3日 全市换届工作会议召开。市领导武吉海、刘本之、胡宗清、李平、刘剑英、孙维忠、胡子达出席会议。

5日 市委、市政府召开全市新农村建设流动现场会暨座谈会，市委书记武吉海要求，新农村建设要重点抓好产业发展、村庄整治、安全饮水、农民培训、基层基础工作，要进一步推进连片示范，巩固发展新农村建设长效机制。市领导刘本之、吴友云、高勇、徐万发、彭明建、王孝山参加会议。

6日 在我国第23个教师节和常德市第6个助教日来到之际，常德市隆重集会，表彰国家、省、市优秀教师，16家单位和企业现场捐资助学157万元。市委书记武吉海发表重要讲话，市领导莫道宏、张元英、李金城、张恒洲参加会议。

同日 省劳动和社会保障厅厅长赵湘平到常德市督查城镇居民基本医疗保险试点准备工作。市领导武吉海、陈文浩、刘明参加汇报会。

6日~8日 省政协副主席阳宝华率省政协人口资源环境委员会部分专家委员一行12人到常德市开展"盐业资源保护与利用"调研。调研组一行深入到津市湘澧盐矿盐井矿区和生产厂区进行了实地考察调研，听取了湘澧盐矿的情况汇报。市委书记武吉海、市委副书记曹儒国、市委常委、市政府副市长宋冬春接待了调研组一行，市政协副主席彭明建全程陪同。

7日 常德市与无锡市在常签订友好城市协议书。市委书记武吉海与江苏省委常委、无锡市委书记杨卫泽出席签字仪式并讲话。市领导卿渐伟、莫道宏、刘明、张元英、曹佳中、张新民出席签字仪式。

7日~8日 国家民政部副部长姜力考察常德市民政工作，副省长杨泰波，省民政厅厅长余长明，市领导陈文浩、杨先平、徐超文、王孝山陪同考察。

民政部副部长姜力（女）在九里同心社区政务公开栏前听取该社区负责人汇报

7日~9日 湖南省海外联谊会第四届理事会会长会议在常召开。省委副书记、省长周强，省委常委、省委统战部部长李微微，省委统战部副部长蔡建和，市领导武吉海、卿渐伟、莫道宏、陈文浩、吴友云、文承保、朱晓平、李明三、魏立刚出席会议。

8日 省委副书记、省长周强在常会见以江苏省委常委、无锡市委书记杨卫泽为团长的无锡市党政代表团一行。市领导武吉海、卿渐伟、陈文浩、刘明、曹佳中参加会见。

8日~9日 省委副书记、省长周强到常德市考察湖南创元铝业有限公司、桃源县马鬃岭镇新农村建设示范点和桃花源风景区。市领导武吉海、卿渐伟、陈文浩陪同考察。

2007年9月9日,湖南省省委副书记、省长周强考察常德

10日 全省秋冬种农业生产工作会议在常德市召开。省委常委、省委秘书长于来山，副省长杨泰波到会并讲话。省政府副秘书长戴军勇、省农办主任陈吉芳、省农业厅厅长程海波、市委书记武吉海、副市长徐万发参加会议。

同日 国家工商总局副局长刘凡视察常德市商品质量监管和食品安全工作，省政府党组成员刘力伟，省工商局副局长刘尧臣、李沐，副市长徐超文陪同视察。

同日 湖南省第四届农民运动会赛前动员大会召开，市领导卿渐伟、刘本之、陈文浩、覃清香、高勇、张元英、彭明建、魏立刚出席动员会。

12日 市城区依法拆除违法建筑工作动员大会召开，市领导武吉海、卿渐伟、刘本之、刘春林、胡宗清、陈文浩、刘明、欧运崇、覃清香、刘剑英、宋冬春、徐超文、王孝山等出席会议。

同日 市委副书记、代市长卿渐伟考察江北及德山防洪圈，市领导刘本之、徐万发、王孝山，市长助理、市政府秘书长沈习淼陪同考察。

13日 中组部干部一局副局长刘晔华一行，在省委常委、省委组织部长黄建国陪同下，到常德市调研从优秀村干部中考试录用乡镇公务员试点工作。市领导武吉海、卿渐伟、李平参加调研座谈会。

14日 市政协召开四届第49次主席会议，讨论政协换届工作和其他有关事项。会议听取了副主席胡子达关于全市政协换届工作筹备情况的通报，审议了政协常德市第四届委员会常务委员会关于政协常德市第五届委员会的界别构成、委员名额的决定（草案），审议了有关人事任免事项和其他事项。市委副书记、市政府代市长卿渐伟应邀到会通报政府工作情况。主席刘春林主持会议并讲话。副主席万成贞、丁时祺、徐国清、张新民、李金城、李明三、邓正春、彭明建，秘书长马耀舫参加会议。

同日 全省首次民兵反恐演习在常德市汉寿县举行，省军区副参谋长许向东、政治部副主任卢吉祥，市领导卿渐伟、彭安沙、孙振华、徐超文、朱文良、刘晶柯、张恒洲等观摩演习汇报。

16日 市委、市政府举行省第四届农运会常德市代表团誓师动员大会。市领导武吉海、刘本之、张元英、彭明建、魏立刚出席大会。

同日 市委书记武吉海到市体育中心和湖南文理学院运动场，检查省农运会开幕式和部分项目的准备工作。市领导刘本之、覃清香、徐万发、彭明建、魏立刚，湖南文理学院党委书记杨万柱、院长黎大志陪同检查。

17日 常德市“首届城市公共交通周及无车日活动”启动，市领导卿渐伟、欧运崇、张启祥、李金城参加启动仪式。

17日~18日 省政府党组成员、省财政厅厅长李友志，副厅长石建辉率队考察常德市西湖、西洞庭、安乡县的税费改革和财政工作，调研常德市纸厂的治污情况。市领导武吉海、卿渐伟、陈文浩，市长助理、市政府秘书长沈习森陪同调研。

18日 市委副书记、代市长卿渐伟视察省第四届农民运动会筹备情况，市领导李爱国、徐万发，市长助理、市政府秘书长沈习森等陪同视察。

同日 市政协召开四届二十五次常委会议。上午会议的议题是就市委、市政府近年来支持和鼓励发展工业各项政策的落实情况进行协商。会议听取了市优化办的情况介绍和市政协各办委对32家工业企业的调查情况汇报，进行了协商发言。市委常委、市纪委书记刘剑英应邀到会并讲话。市政协主席刘春林在总结讲话中对落实工业各项政策所取得的成绩给予了充分肯定。上午的会议由副主席徐国清主持。下午会议的内容为部署政协换届工作。会议听取了副主席胡子达关于全市政协换届工作筹备情况的通报，审议通过了政协常德市第四届委员会常务委员会关于政协常德市第五届委员会的界别构成、委员名额的决定及有关人事任免事项。刘春林主席就如何进一步做好政协换届工作作了强调。下午的会议由副主席万成贞主持。副主席丁时祺、张新民、李明三、邓正春、曹同生，秘书长马耀舫参加了会议。

18日~19日 省第七次市州关工委主任会议在常召开。原省政协主席、省关工委名誉主任刘夫生，原省人大常委会副主任、省关工委主任沈瑞庭，原省人大常委会副主任、省关工委副主任高锦屏，市领导武吉海、卿渐伟、曹儒国、莫道宏、刘春林、刘明、李平，老同志李少甫、王春阳、龚玉昆等分别参加会议、陪同参观。

湖南省第七次市州关工委主任会议

19日 由省农办、省农业厅、省体育局、省农民体协主办，常德市人民政府承办的“白沙杯”湖南省第四届农民运动会开幕。省政府副省长、省第四届农运会组委会主任杨泰波致开幕词。省委常委、省纪委书记许云昭宣布开幕。省政府副秘书长戴军勇主持开幕式。市委副书记、代市长卿渐伟致欢迎词。省市领导刘夫生、庞道沐、阳宝华、沈瑞庭、卓康宁、杨汇泉、陈彰嘉、詹顺初、陈德铨、武吉海、刘道龙、陈吉芳等在主席台就座。

20日 省人口计生委副主任詹鸣到常德市检查工作，市委副书记曹儒国、副市长张元英陪同检查。

23日 “白沙杯”湖南省第四届农运会闭幕。副省长杨泰波致闭幕词。市领导卿渐伟、莫道宏、刘本之、刘春林、刘明、张元英、徐万发、彭明建、魏立刚出席闭幕式。

同日 市委书记武吉海检查西洞庭管理区安全生产工作，并就全市安全生产工作提出要求。市领导刘明、宋冬春、吴友云陪同检查。

24日 市委书记武吉海检查鼎城区、桃源县秋冬种农业生产情况。市领导刘本之、徐万发、邓正春陪同考察。

同日 市人大常委会主任莫道宏主持召开主任会议，会议听取了市人民政府关于贯彻实施《中华人民共和国公务员法》情况的报告。市人大常委会副主任孙维忠、张启祥、高勇、文承保、杨先平参加了会议。市人民政府副市长宋冬春及市政府办、市人事局的负责人，市人大各专门委员会、常委会各工作机构负责人、常委会专职委员列席了会议。

同日 全国政协委员、著名社会活动家和慈善家、市政协委员侯希贵先生因病医治无效于下午3点在长沙去世，享年61岁。市与桃源县成立侯希贵先生治丧委员会，市政协主席刘春林担任治丧委员会主任，副主席胡子达、秘书长马耀舫、桃源县政协主席熊文龙担任副主任。

25日~27日 市级学习中心组开展第三季度集中学习，省委宣传部副巡视员赵应云博士作题为“学习党的创新理论，迎接党的十七大召开”专题讲座，省教育厅厅长张放平就教育体制改革进行专题辅导讲座。市委书记武吉海作学习小结，市级学习中心组全体成员参加学习。

25日 中国少年先锋队常德市第四次代表大会召开。市委副书记曹儒国到会祝贺并讲话，团省委副书记张值恒，市领导杨先平、张元英、万成贞、张恒洲出席大会。

26日 市委、市政府在长沙召开常德市市情推介会暨项目签约仪式。省人大常委会副主任庞道沐，市领导武吉海、卿渐伟、陈文浩、朱晓平、曹佳中出席。

27日 全市计划生育村（居）民自治工作会议在临澧县召开。市委副书记曹儒国出席会议并讲话。副市长张元英、老同志洪明祥参加会议。

28日~29日 市政协主席刘春林，副主席胡子达、万成贞、李明三，秘书长马耀舫赴桃源参加全国政协委员、著名社会活动家和慈善家、市政协委员侯希贵先生的遗体告别仪式和葬礼。刘春林主席致悼词。

十 月

8日 市委书记武吉海考察临澧、澧县秋冬农作物生产。市领导刘明、徐万发、邓正春陪同考察。

9日　市委书记武吉海，市委副书记、代市长卿渐伟带领市直相关部门负责人前往德山开发区调研，要求加快项目推进速度，搞好德山开发区规划修编。市领导刘春林、陈文浩、刘明、欧运祟、朱晓平陪同调研。

9日~10日　建设银行湖南省分行行长龚蜀雄、副行长陈二尧率团到常德市考察，市领导卿渐伟、刘春林、陈文浩、宋冬春、张启祥出席座谈会，副市长朱晓平陪同考察。

9日~10日　市委书记武吉海赴西洞庭、西湖管理区考察经济社会发展情况，要求振奋精神，集中精力抓发展。市领导刘明、徐万发陪同考察。

11日　市委书记武吉海考察正在建设中的“芙蓉王”技改工程，要求全力创造条件，加快“芙蓉王”技改项目建设。市委常委、市委秘书长刘明陪同考察。

同日　常德市两名中共十七大代表武吉海、王先荣启程赴京参加中国共产党第十七次全国代表大会。市领导卿渐伟、曹儒国、刘本之、刘春林、胡宗清、陈文浩、刘明、李平、欧运祟、覃清香、彭安沙、刘剑英、吴友云、张元英、徐万发、朱晓平参加欢送仪式。

15日~16日　国家民政部党组成员、纪检组长刘光和率全国村务公开督查组来常德市视察调研，省政府副秘书长戴军勇，市领导曹儒国、欧运祟、徐超文等陪同视察。

15日~19日　市委副书记、代市长卿渐伟深入各区县(市)，考察调研各地推进新型工业化、关注民生、为民办实事情况以及秋冬种、秋冬修情况。市政协副主席、市农业局总农艺师邓正春，市长助理、市政府秘书长沈习淼等陪同调研。

16日~17日　国家食品药品监督管理局副局长张敬礼率国务院药品整治组到常德市督查，省食品药品监督管理局局长张光荣陪同督查，市委常委、常务副市长陈文浩参加情况汇报会。

17日　省政府党组成员刘力伟到常德市督查产品质量和食品安全专项整治工作，省质量技术监督局局长刘爱才、副局长陈立新，市领导陈文浩、叶培明陪同督查。

18日　省建筑市场源头治腐座谈会在常德市召开，省建设厅副厅长袁湘江、纪检组长王文华，市领导欧运祟、彭明建出席座谈会。

20日~21日　中纪委驻国土资源部纪检组监察局副局长苏振林一行到常德市调研，市委常委、副市长欧运祟陪同调研。

21日　中国共产党第十七次全国代表大会选举产生了新一届中央委员会和中央纪律检查委员会，中共十七大代表、常德市委书记武吉海当选为中共第十七届中央委员会候补委员。

22日　市政协召开四届第50次主席会议，听取市直9家承办单位关于2007年市政府“十件实事”落实情况的通报。市政协主席刘春林主持会议并对政府及相关部门办理“十件实事”所取得的成绩给予了充分肯定。副主席胡子达、万成贞、丁时祺、徐国清、张新民、李金城、李明三出席会议并对“十件实事”的落实情况进行了评议。

24日~25日　常德市第四届人大常委会第四十六次会议在市人大常委会议室召开，市人大常委会主任莫道宏、副主任孙维忠分别主持了会议，会议听取和审议了关于市人民政府与创业（中国）投资发展集团有限公司进行投融资合作的报告，市人民政府关于2007年1~9月全市国民经济和社会发展计划执行情况及部分计划调整意见的报告和关于2007年1~9月全市财政预算执行情况和2007年市本级财政预算调整意见的报告，听取了市人民政府关于贯彻实施《常德生态市建设规划》情况的报告和关于贯彻实施《中华人民共和国农产品质量安全法》的报告，会议还听取了农产品质量安全法讲座，市人大常委会副主任张启祥、刘克云、文承保、杨先平、石成林及常委会委员27名（6名因事因病请假）出席了会议。市人民政府副市长陈文浩、张元英，市中级人民法院院长谢肇荣，市人民检察院检察长杜辉才及市委办、市政府办、市发改委、市财政局、市农业局、市环保局、市畜牧水产局、市蔬菜办、市食品安全办、市质监局、市工商局、市国税局、市地税局以及各区县（市）人大常委会负责人，市人大各专门委员会、常委会各工作机构负责人列席了会议，会议还邀请了部分市人大代表列席。

24日~25日　市领导武吉海、卿渐伟、刘明、朱晓平、曹佳中一行前往河北省唐山市，考察工业、城建等经济社会发展情况，并就两市的互补合作进行了深入洽谈。河北省委常委、唐山市委书记赵勇，唐山市市长张国栋会见并陪同考察。

26日　市委书记武吉海主持召开市委常委会，学习传达党的十七大精神。市领导卿渐伟、曹儒国、莫道宏、刘本之、刘春林、胡宗清、陈文浩、刘明、李平、彭安沙、刘剑英、吴友云参加会议。

29日　全市学习贯彻中共十七大精神报告会在市工人文化宫举行。市委书记武吉海要求，全市上下要迅速掀起学习、宣传、贯彻中共十七大精神的热潮，各级各部门要坚持以科学发展观为指导，着力推动常德市经济社会又好又快发展。市委副书记、代市长卿渐伟主持报告会。在家的市级领导，各区县（市）、管理区党政主要负责人，市直及中央省驻常各单位部分班子成员和部分老同志代表参加会议。

30日　市委书记武吉海主持市级学习中心组第四季度集中学习，学习讨论中共十七大精神，专题探讨城市化与城市规划问题。市级学习中心组全体成员参加。

十一　月

1日　10月30日至11月1日，全市农村基层党风廉政建设工作会议暨乡镇（街道）党委书记培训班在市委党校举行。市委书记武吉海讲话，市委常委、市纪委书记刘剑英作

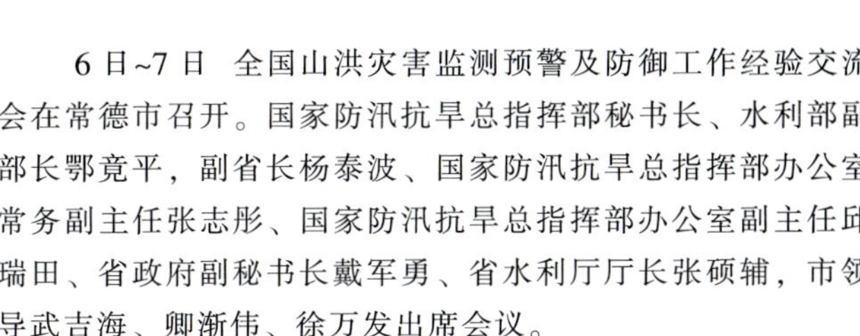

乡镇（街道）党委书记认真学习领会会议精神

动员报告，市领导卿渐伟、曹儒国、胡宗清、刘明、李平、覃清香、吴友云、徐万发、胡子达出席。

同日 10月31日至11月1日，全省产品质量和食品安全专项整治工作现场会在常德市召开。省政府党组成员刘力伟、省质监局局长刘爱才、省食品药品监督局局长张光荣、省农业厅厅长程海波、省政府办公厅副主任刘岳辉，市领导武吉海、卿渐伟、李爱国及来自全省各市、州政府及相关部门负责人出席会议。

2日~3日 市委书记武吉海赴武陵区、鼎城区调研新农村建设和工业园区建设，并就贯彻落实中共十七大精神和做好区县（市）换届工作提出要求。市委常委、市委秘书长刘明陪同调研。

5日 区县（市）换届工作座谈会召开。市委书记武吉海出席并讲话。市领导卿渐伟、曹儒国、莫道宏、刘本之、刘春林、李平、吴友云、孙维忠、胡子达参加会议。

同日 市委书记武吉海赴汉寿县太子庙工业园调研，并就贯彻中共十七大精神和做好区县（市）换届工作提出要求。市委常委、市委政法委书记胡宗清陪同调研。

6日 副省长杨泰波在省政府副秘书长戴军勇、市委书记武吉海、副市长徐万发陪同下，考察常德市新农村建设，对常德市发展特色产业、促进农民致富，建设宜居村庄、改善村容村貌给予充分肯定。

同日 紫缘桥建设工程举行开工仪式，市领导曹儒国、欧运崇、张启祥、李金城，市政府原助理巡视员唐必清出席开工仪式。

同日 市领导武吉海、曹儒国、朱晓平率市直有关部门负责人考察德山开发区项目建设情况。

同日 全市新的社会阶层人士统战工作联席会议第一次全体会议召开。市委副书记曹儒国出席并讲话，市委常委、市委统战部长吴友云主持会议。

6日~7日 全国山洪灾害监测预警及防御工作经验交流会在常德市召开。国家防汛抗旱总指挥部秘书长、水利部副部长鄂竟平，副省长杨泰波、国家防汛抗旱总指挥部办公室常务副主任张志彤、国家防汛抗旱总指挥部办公室副主任邱瑞田、省政府副秘书长戴军勇、省水利厅厅长张硕辅，市领导武吉海、卿渐伟、徐万发出席会议。

8日 常德核电科普展开幕。省委督办专员王孝忠、省发改委纪检组长张银桥，市领导武吉海、曹儒国、陈文浩、徐超文、魏立刚，中国广东核电集团公司安全总监濮继龙，中国工程院院士徐大懋等领导与嘉宾出席开幕式。

9日 省政府召开泰格林纸常德项目工程推进调度会。省政府经济顾问陈德铨主持会议，泰格林纸集团董事长王祥，市领导武吉海、卿渐伟、陈文浩、朱晓平、魏立刚出席。

10日 湘西北首届住宅产业博览会在常德城区水星楼商业广场举行。省人大常委会副主任庞道沐、省政府经济顾问陈德铨、省政府副秘书长戴军勇，市领导武吉海、曹儒国、莫道宏、陈文浩、刘明、欧运崇、覃清香、张启祥、李金城出席开幕式。

12日~13日 市政府第20次常务会议召开，分析经济形势，安排后段经济工作。市领导武吉海、卿渐伟、陈文浩、欧运崇、宋冬春、张元英、李爱国、徐万发、徐超文、朱晓平、曹佳中，市长助理、市政府秘书长沈习淼出席会议，市人大常委会副主任石成林、常德军分区副司令员朱文良等应邀参加会议。

13日~14日 中部地区城镇居民基本医疗保险试点工作会在常德市召开。国家劳动和社会保障部社保中心副主任吴光主持会议，省劳动和社会保障厅厅长赵湘平讲话，市领导卿渐伟、曹儒国、宋冬春出席会议。

14日 市委、市政府召开全市重点工业企业负责人座谈会。市领导武吉海、卿渐伟、曹儒国、宋冬春、朱晓平出席会议。

紫缘桥开工典礼现场

16 日　全市企业技术创新交流会召开。省科技厅厅长王柯敏到会讲话。市领导武吉海、卿渐伟、宋冬春、徐超文、文承保、曹同生参加会议。

同日　市政协召开四届第 51 次主席会议。与会人员围绕学习中共十七大精神，在新世纪新形势下如何做好政协工作畅谈了学习体会。会议还讨论了市政协四届常委会工作报告（草案）和提案工作报告（草案），研究了市政协五届一次会议议程（草案）、日程（草案）。主席刘春林主持会议并讲话。副主席胡子达、万成贞、丁时祺、徐国清、张新民、邓正春、彭明建，秘书长马耀舫参加会议。

同日　开发银行湖南省分行行长梅家祥，副行长袁建良、梁庆凯率团到常德市考察，市领导卿渐伟、欧运崇、李爱国出席座谈会并陪同考察。

20 日　市规委会第二次年度会议召开，市领导卿渐伟、陈文浩、欧运崇、张启祥、李金城出席会议并讲话。

21 日　商务部全国猪肉质量安全专项整治行动湖南现场会常德检查组到常德市检查，市领导李爱国、叶培明陪同检查。

22 日　民政部部长李学举，省委书记、省人大常委会主任张春贤看望慰问常德市阳光孤儿院的孤儿，民政部副部长窦玉沛，民政部基层政权建设司司长詹成付，副省长杨泰波，省政府副秘书长戴军勇，省民政厅副厅长唐白玉，市领导武吉海、卿渐伟、曹儒国、刘明、徐超文等陪同。

民政部部长李学举一行在省委书记张春贤、常德市委书记武吉海等陪同下视察常德市社会福利工作

21 日~23 日　全市新农村建设流动现场会召开，市领导武吉海、卿渐伟、莫道宏、刘本之、刘春林、李平、吴友云、高勇、徐万发、彭明建、王孝山等出席会议。

22 日　全省政务公开联席会议在常德市召开，省政府副秘书长石华清，省政务公开办副主任蒋新建，市领导朱晓平、曹佳中出席会议并讲话。

24 日　教育部专家组来常德市评估湖南同德职业学院人才培养工作水平，省教育厅副厅长王健，市领导卿渐伟、曹儒国、张元英，市民办教育协会会长钦时中等出席汇报会。

同日　市委召开优化经济发展环境专题调研座谈会。市领导武吉海、刘剑英、刘明参加会议。

26 日　市人大常委会主任莫道宏主持召开主任会议，会议听取了市人民政府关于贯彻实施《湖南省爱国卫生条例》的情况报告。市人大常委会副主任孙维忠、高勇、刘克云、文承保、杨先平、石成林参加了会议；市人民政府副市长张元英及市政府办、市委编委办、市财政局、市卫生局、市城管局、市城市办、市爱卫办、市卫生监督局、市疾控中心负责人，市人大各专门委员会、常委会工作机构负责人以及常委会专职委员列席了会议。

27 日　常德市第四届人大常委会第四十七次会议在市人大常委会议室召开，市人大常委会主任莫道宏主持了会议。会议审议通过了常德市人民代表大会常务委员会关于召开常德市第五届人民代表大会第一次会议的决定（草案）和常德市第四届人民代表大会常务委员会代表资格审查委员会关于常德市第五届人民代表大会代表资格的审查报告，审议了市人大常委会工作报告（初稿），会议还通过了有关人事任免事项。市人大常委会副主任孙维忠、张启祥、高勇、刘克云、文承保、杨先平、石成林及常委会委员 28 名（5 名因事因病请假）出席了会议。市人民政府副市长李爱国，市中级人民法院院长谢肇荣，市人民检察院检察长杜辉才及市委办，市委组织部，市政府办负责人，市人大各专门委员会，常委会各工作机构负责人列席了会议。

29 日　“情系建军路——元勋子女红色老区行”革命精神宣讲团参观柳叶湖、中国常德诗墙及常德城市建设。市领导武吉海、卿渐伟、覃清香、彭安沙、贺小坤陪同和会见宣讲团。

30 日　中共常德市委五届五次全会会议举行。市委书记武吉海发表重要讲话。市委副书记曹儒国主持会议。市委常委、市委秘书长刘明宣读《中共常德市委关于认真学习贯彻党的十七大精神，加快建设富强文明和谐常德的意见（草案）》。市委副书记、代市长卿渐伟作关于《中共常德市委关于认真学习贯彻党的十七大精神，加快建设富强文明和谐常德的意见（草案）》的说明。会议表决通过了《中共常德市委关于认真学习贯彻党的十七大精神，加快建设富强文明和谐常德的意见》的决议。市委委员、市委候补委员出席会议，市纪委委员、不是市委委员、市委候补委员和市纪委委员的党员市级领导列席会议。

同日　市委书记武吉海考察常德沅水西大桥选址和常德桃花源机场扩建工程前期准备工作。市领导张启祥、李爱国陪同考察。

十二 月

3日　省政协副主席、民革省委主委刘晓，民革省委专职副主委刘清君等一行到常德市调研。市领导武吉海、曹儒国、刘春林、李平、吴友云陪同调研。

同日　国家开发银行湖南省分行与市政府开发性金融合作座谈会召开，拉开了常德市第四期项目申贷序幕。国家开发银行湖南省分行副行长梁庆凯，市领导张启祥、徐超文出席座谈会。

3日~7日　11家中央媒体采访常德文明城市创建。省委常委、省委宣传部部长蒋建国到常德市看望采访团全体成员。市委书记武吉海、代市长卿渐伟接受采访团专访，市领导曹儒国、刘春林、刘明、覃清香、文承保、李金城参加采访团在常期间的相关活动。

4日　市委书记武吉海、市委副书记曹儒国深入武陵区的街道、社区，专题调研人口和计划生育工作。

5日　2007年度民主评议市直机关作风暨优化经济发展环境公开测评会议召开。市委副书记曹儒国主持会议。市领导武吉海、卿渐伟、刘本之、刘春林、李平、彭安沙、刘剑英、宋冬春、孙维忠、张元英、杜辉才出席会议。

5日~6日　省委常委、省委政法委书记、省公安厅厅长李江在市领导武吉海、卿渐伟、胡宗清陪同下，对常德市政法工作进行调研。

5日~7日　省委常委、省委宣传部部长蒋建国到常德市桃源、临澧、澧县、石门、津市等地调研宣传思想工作。市委常委、市委宣传部长覃清香陪同调研。

6日　第七届丁玲文学奖颁奖大会在常德市举行。64部文学作品获奖。省人大常委会副主任庞道沐，省文联副主席江学恭，市领导武吉海、曹儒国、彭孟芝、刘春林、吴友云、张元英，老同志王春阳、钦时中、王大元、韩林安、蒯定勋、刘士六、姚珍友、郑景阳出席颁奖活动。

7日　市政协召开四届第52次主席会议。会议审议了市政协第五届委员会拟任委员名单（草案）、市政协五届一次会议议程、日程（草案）、关于召开五届一次会议的决定（草案）、五届一次会议主席团成员、常务主席、常务主席召集人、秘书长、副秘书长名单（草案）、五届一次会议提案审查委员会主任、副主任、委员名单（草案）、五届一次会议分组办法、各组召集人名单（草案）、秘书处工作机构及各组负责人名单（草案），协商了有关人事任免事项，审议通过了胡子达同志在市政协五届一次会议预备会上关于筹备工作的讲话（草案）和四届二十六次常委会议日程（草案）。主席刘春林主持会议并着重对市政协主席会议5年来所做的主要工作进行了讲评。副主席胡子达、徐国清、张新民、李金城、李明三、邓正春、曹同生、彭明建，秘书长马耀舫参加会议。

8日　醴陵市与桃源县缔结友好市县签约仪式在桃源举行。株洲市委书记肖雅瑜，市委副书记、代市长陈君文，市领导武吉海、卿渐伟、曹儒国、刘本之、刘春林、刘明参加签约活动。

桃源县县长龚德汉（左）与醴陵市长冯建湘（右）代表双方签约

10日　全市农口系统各单位主要负责人举行座谈会，交流学习贯彻中共十七大精神经验，总结2007年工作，谋划明年新农村建设工作。市委书记武吉海出席会议并作重要讲话。市领导刘本之、徐万发、彭明建出席会议。

同日　国家工商总局直销监管局副局长郜展一行到常德市检查产品质量和食品安全专项整治工作，对常德市给予了充分肯定。省工商局党组书记、局长张汉良，副局长李沐，市领导徐超文、叶培明陪同检查。

11日，全省基本农田保护示范区建设工作会议在常德市召开，省国土资源厅副厅长颜学毛，副市长徐超文出席会议。

同日　市委书记武吉海主持召开市委贯彻中共十七大精神谋划明年工作务虚会。市委常委、市人大常委会主任、市政协主席、市政府副市长结合各自分管或联系的工作进行讨论发言。全体市级领导出席会议。

12日　湖南科力远高新技术有限公司与市政府签约，投资3亿元建设以生产动力电池为主要产品的新材料项目。市领导武吉海、卿渐伟、陈文浩、覃清香、朱晓平出席签约仪式。

同日　市政协召开四届二十六次常委会议。上午的会议由副主席胡子达主持。会议审议通过了市政协第四届委员会常务委员会工作报告（草案）和市政协第四届委员会常务委员会关于四届一次会议以来提案工作情况的报告（草案），听取了市政协各专门委员会的工作汇报，副主席张新民辅导学习了中共十七大精神。下午的会议由副主席万成贞主持。市委常委、市委统战部部长吴友云作了市政协第五届委员会委员安排说明。会议还分组酝酿了市政协第五届委员会委员名单，协商决定了市政协第五届委员会委员，审议通过了召开市政协第五届委员会第一次会议的决定（草案），审议了市政协第五届委员会第一次会议议程（草案）、日程（草案），协商决定了有关人事任免事项。主席刘春林出席会议并讲话。副主席丁时祺、徐国清、李金城、李明三、邓正春、曹同生、彭明建，秘书长马耀舫参加会议。

13日 全市机关干部下基层宣讲十七大精神送温暖活动启动仪式举行。市领导武吉海、卿渐伟、曹儒国、莫道宏、刘春林、刘明、李平、彭安沙出席会议。

同日 市委书记武吉海，市委常委、市委秘书长刘明到鼎城区灌溪镇中心村宣讲十七大精神，并与市委办工作人员一道参加义务植树劳动。

14日 三一重工股份有限公司董事长梁稳根一行到常德市考察。市领导武吉海、卿渐伟、朱晓平陪同考察。

17日—18日 省监察厅副厅级纪检监察专员李智带领省8件实事检查组来常德市检查办实事工作，市领导卿渐伟、曹儒国、陈文浩、刘剑英、宋冬春，市长助理、市政府秘书长沈习淼陪同检查。

18日 湖南三升光电产业园项目主体工程开工，湖南三升光电有限公司董事长王桥立，市领导卿渐伟、曹儒国、刘明、朱晓平、曹佳中等出席开工仪式。

同日 常德市第四届人大常委会第四十八次会议在市人大常委会议室召开，市人大常委会主任莫道宏主持了会议，会议听取了市人民政府、市中级人民法院关于办理市四届人大五次会议代表建议情况的报告，听取了市人民政府关于贯彻执行本年度市人大常委会决议、决定和办理常委会审议意见情况的报告和市人民检察院关于贯彻《市人大常委会关于进一步加强反贪污贿赂犯罪和反渎职侵权犯罪工作的审议意见》的情况报告，听取和审议了常德市第五届人民代表大会第一次会议筹备工作的情况报告，审议了常德市第五届人民代表大会议程（草案）、日程（草案）。审议通过了常德市第五届人民代表大会第一次会议主席团等有关名单（草案），审议了常德市第五届人民代表大会第一次会议选举办法（草案）和关于设立本次会议计划财政预算审查委员会、议案审查委员会的决定（草案）以及有关人员名单（草案），会议还通过了有关人事任免事项，市人大常委会副主任孙维忠、张启祥、高勇、刘克云、文承保、杨先平、石成林及常委会委员31名（2名因事因病请假）出席了会议，市人民政府副市长陈文浩，市中级人民法院院长谢肇荣，市人民检察院检察长杜辉才及市委办、市政府办负责人，市人大各专门委员会、常委会各工作机构负责人列席了会议。

同日 2007年度“常德市私营企业100强”暨“影响常德·十大魅力德商”颁奖典礼举行。市领导卿渐伟、曹儒国、刘春林、彭安沙、张启祥、徐超文，省工商局副局长寇勇为获奖者颁奖。

19日 市委副书记曹儒国前往桃源县枫树维回乡苏家堆村宣讲十七大精神，并和农民群众一道清垃圾、扫路障。

24日 市委召开换届人事安排协商会。市委副书记曹儒国出席会议并讲话。市领导李平、吴友云、万成贞、丁时祺、徐国清、李明三、邓正春，各民主党派市委主委、市工商联主要负责人及无党派代表人士参加会议。

25日 市委书记武吉海主持召开市委常委会，学习传达省委经济工作会议精神，研究部署常德市2008年经济工作。

26日 湖南泰格林纸集团常德项目在德山新港区举行开工奠基仪式。省委常委、省纪委书记许云昭，省政府经济顾问陈德铨，市领导武吉海、卿渐伟、曹儒国、刘本之、刘春林、陈文浩、刘明、刘剑英、朱晓平、魏立刚出席奠基仪式。

27日至2008年1月1日 市政协五届一次会议大会开幕。会议听取了大会常务主席刘春林代表常委会所作的《政协常德市第四届委员会常务委员会工作报告》和常务主席张新民受常委会委托所作的《政协常德市第四届委员会常务委员会关于四届一次会议以来提案工作情况的报告》，进行了大会协商发言。市委、市人大、市政府的领导，市政协一、二、三届主席和部分四届副主席以及有关部门的主要负责同志参加了大会。参加市政协五届一次会议的委员到市工人文化宫列席常德市第五届人民代表大会第一次会议。分组讨论市政府工作报告及其他报告。讨论市政协第四届委员会常务委员会工作报告和提案工作报告。新当选的255名政协委员进行政协知识培训。会议审议了政协常德市第五届委员会第一次会议关于四届常务委员会工作报告的决议（草案）、政协常德市第五届委员会第一次会议关于四届常务委员会提案工作情况报告的决议（草

常德市私营企业100强获奖者合影

案）、政协常德市第五届委员会第一次会议政治决议（草案），审议通过了政协常德市第五届委员会第一次会议提案审查情况报告。听取了市委常委、市委组织部部长李平关于市政协五届一次会议人事安排和市人民政府市长、副市长、市中级人民法院院长、市人民检察院检察长候选人协商名单的说明，听取了市委常委、市委统战部部长吴友云关于市政协第五届委员会常务委员候选人协商名单的说明，审议了市政协五届一次会议选举办法（草案）。通过无记名投票、等额选举的方式，选举刘春林为主席，张新民、彭明建、燕中炎、杨新辉、陈伟俊、陈位明、傅绍平、朱传宏为副主席，廖友道为秘书长，丁为胜等76名委员为常务委员。

28日至2008年1月3日 常德市第五届人民代表大会第一次会议在市工人文化宫隆重召开，出席本次会议的市人大代表473人，会议邀请市直正处级行政机关、具有行政管理职能的事业单位和群团组织主要负责同志以及部分离退休老同志列席。

会议听取和审查了常德市第四届人民代表大会常务委员会工作报告、政府工作报告、2007年国民经济和社会发展计划执行情况与2008年国民经济和社会发展计划草案的报告、2007年预算执行情况和2008年全市及市级预算草案的报告、市中级人民法院工作报告、市人民检察院工作报告，并分别对以上报告做出了相关决议。本次大会选举产生了市第五届人大常委会主任、副主任、秘书长、委员，市人民政府市长、副市长，市中级人民法院院长，市人民检察院检察长。刘本之当选为五届人大常委会主任，卿渐伟当选为市人民政府市长，张元英、张启祥、文承保、杨先平、石成林、肖燕芳当选为市人大常委会副主任，陈文浩、宋冬春、万成贞、李爱国、徐万发、徐超文、朱晓平当选为市人民政府副市长。同时，还选举产生了66名出席省十一届人民代表大会的代表，通过了常德市第五届人民代表大会各专门委员会主任委员、副主任委员、委员名单。

本次会议共收到代表提出的议案56件，建议、批评和意见159件。经本次大会议案审查委员会研究，并提请大会主席团审议，决定将议案全部转作建议，交由有关部门办理。

30日 湖南湘投金天钛业科技有限公司高性能钛及钛合金项目在德山经济开发区举行开工典礼。省委常委、副省长徐宪平，市领导武吉海、卿渐伟、莫道宏、刘本之、陈文浩、刘明、宋冬春、徐超文、朱晓平、曹佳中出席开工典礼。

消失的旧街巷

大河街

河街在常德市区算得上是一条历史悠久的街道。以下南门为界，西段的街道狭窄，房屋低矮，而称名小河街，而东段至三官殿码头一段，恰恰相反是街宽屋大，故名大河街。街的走向是东西向、麻条石路面。

大河街长约一千多米，靠河共有七座码头，顺水而下，第一个是下南门码头，再次是小码头、木码头、驿码头、仁智桥、姜码头、三官殿码头。只有下南门码头直进“临沅门”（即下南门）直达十字街城内的繁华中心，三官殿码头可由打铁街（现沅水大桥下西侧）直达东门城门口的“一铺街”。其他各码头均不能通达城内。

上世纪三十年代初中期，千米大河街的商家店铺，共有商业、手工业41种行业、150多家店铺，云集近200户的富商、巨贾，被称之为“银子街”。

大河街是常德建城的第一条街，具有二千多年的历史，承载了丰富的文化积淀，在继往开来的历史事件中，推进了社会的变革和生产力的发展。同时也衍生出许多令人深切留念的风情轶事。

（“消失的旧街巷”摘自《话说常德街巷》）

概　况

地　理

【位置·面积】 常德市东据西洞庭湖，与益阳市的南县、沅江县湖汉交错；西倚湘西山地，与蜿蜒在张家界市桑植县、永定区及怀化地区沅陵县的武陵山脉、雪峰山脉相承；北枕鄂西山地和江汉平原，与湖北鄂西土家族自治州鹤峰县、宜昌地区五峰县的山地以及荆州市松滋县、公安县、石首县的平原相连；南抵资水流域，乌云界山脉是常德市与益阳市资阳区、桃江县、安化县之间的分水岭。常德市最北端在石门县壶瓶山镇桐木山村。最南端在桃源县西安镇薛家冲村，最西端在国营东山峰农场，最东端在汉寿县百禄桥乡烟包山园艺场。市境东西极宽179.35公里，南北极长190.80公里。

全市辖六县二区一市；二个管理区；一个经济开发区；一个旅游度假区。土地总面积18.190平方公里，占全省土地总面积8.6%。

人　口

【概况】 年末户籍总人口为611.99万人，其中非农业人口144.03万人。全市男性人口313.61万人，增长0.56%；女性人口298.38万人，增长0.84%。0~18岁人口98.18万人，下降5.1%；18~35岁人口154.75万人，下降1.8%；35~60岁人口262.18万人，增长3.3%；60岁以上人口96.88万人，增长4.4%。人口自然增长率为3.3‰，比上年上升0.7个千分点。全年净增人口4.19万人。

行政区划

【行政区划变更】 澧县：根据湖南省民政厅湘民行发〔2007〕3号，同意撤销澧南乡设立澧南镇。

津市市：根据湖南省民政厅湘民行发〔2007〕20号，同意撤销灵泉乡设立灵泉镇。

表 1　　行政区划表

区县（市）	乡镇合计	其中 乡	其中 民族乡	其中 镇	街道办事处	村民委员会	社区居民委员会
武陵区	7	6		1	5	68	69
鼎城区	33	10	1	22		561	74
安乡县	20	12		8		256	36
汉寿县	29	13	1	15		498	46
澧　县	32	17		15		427	50
临澧县	17	9		8		314	25
桃源县	40	20	2	18		822	55
石门县	19	8		11		676	42
津市市	7	2		5	4	81	37
德山开发区	1			1	1	10	22
柳叶湖旅游度假区							3
西湖管理区	1			1		25	2
西洞庭管理区	1			1		7	3
合　计	207	97	4	106	10	3745	464

环境质量

【水环境质量】 按《地表水环境质量标准》GB3838-2002中III类标准评价。

【沅水环境质量】 除总磷外，其他监测项目均达标。总磷年均值为0.109毫克/升，超标率为8.3%，达标率为91.7%。

【澧水环境质量】除粪大肠菌群超标外，其他监测项目都达标。粪大肠菌群年均值为3623个/升，超标率为15.7%，达标率为84.3%。

【城区空气环境质量】按《环境空气环境质量标准》GB3095-96中二级标准评价。

二氧化硫年均值0.055毫克/升，超标率为2.1%，达标率为97.9%；二氧化氮年均值0.030毫克/升，未超过国家二级标准；可吸入颗粒物年均值0.090毫克/升，超标率为17.4%，达标率为82.6%。

【城区噪声环境质量】按《城市区域噪声标准》GB3096-93评价。城区区域噪声环境质量等效声级51.8分贝。其中超过55分贝的网格50个，占网格总数(279)个的17.9%。城区道路交通噪声环境质等效声级68.5分贝。其中超过70分贝的路长27.71公里，占总路长(89.93公里)的30.8%。(常德市环境监测站)

气候特征

【概况】2007年常德市年平均降水量1128.1mm，较常年偏少202.4mm，属正常，但降水时间分布不均，表现为春秋少，冬、夏接近常年，夏季部分地区降水集中、强度较大，出现了轻度洪涝，秋季降水持续偏少，部分区、县于9月25日至10月底出现了为期37天的秋旱；年平均气温17.9℃，较常年同期偏高1.2℃，与2006年基本持平，同属异常偏高年份，均处在中华人民共和国成立以来最高水平，但春季冷暖变化大，3月末到4月初出现了强冷空气大风强降温天气过程，而5月全市气温创建国以来新高。全年日照偏少近一成。年内雷雨大风、冰雹、雷暴以及局地短时暴雨洪涝等强对流天气频繁出现，给全市工农业生产造成了不同程度的灾害，但与往年比属偏轻年份。总体来说，全年温光水汽配置利大于弊,有利于工农业生产，根据气候对国民经济影响评价，2007年度属于正常偏好年景。(魏桃林)

【气候特点】全年偏暖，其中冬春暖，夏秋平；入夏提前近一月，冬春秋短，夏季长（见表1），四季分明的气候特征变得越来越不明显；春、秋季冷空气活动频繁，气温变幅大，短时雷雨大风、冰雹、雷暴等强对流天气频现。降水偏少秋旱至，日照南北偏少中部平。严寒期无，暑热期短，无倒春寒，无“五月低温”，农业丰收。(魏桃林)

【气温】本年度全市年平均气温17.9℃，较常年同期偏高1.2℃，属异常偏高年份，与2006年基本持平，维持在建国以来最高水平，也是自1997年以来连续11年年平均气温高于30年平均值的年份之一。(见图1)

其地域分布为17.6℃（临澧、桃源）~18.4℃（常德城区），较历年偏高1.0℃（石门、桃源）~1.5℃（常德城区、安乡），且有中部与东部较西部偏高尤甚的特点。按照气温等级评定标准，全市各地气温均属异常偏高（见表2）。

其时间分布特点表现为月月偏高，其中2月、5月上升明显，5月上中旬全市便先后提前进入了夏季，随后的6~8月气温上升的步伐放缓。

年内无严寒期，但全年出现了两段日平均气温低于5℃的寒冷期，分别

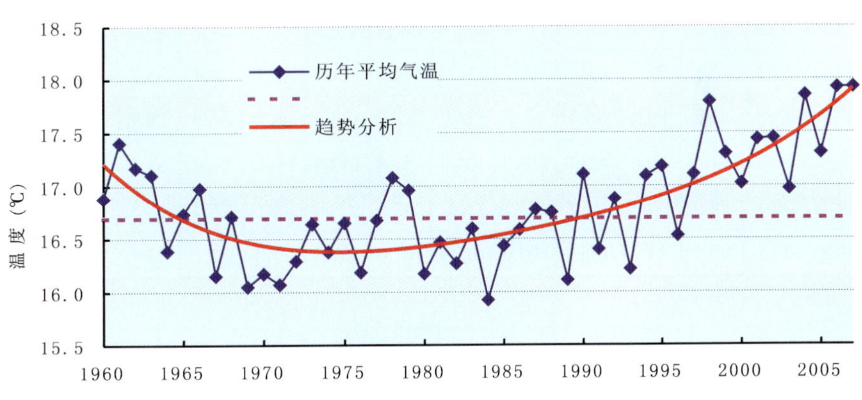

图 1 2007 年常德市年平均气温及趋势分析

表 2　　2007 年气温年型判定表　　单位：℃

	常德	澧县	石门	临澧	安乡	汉寿	桃源
07 年平均气温	18.4	18.0	17.7	17.6	18.2	18.0	17.6
06 年平均气温	18.3	17.9	17.7	17.6	18.2	18.0	17.8
与 06 年比较	0.1	0.1	0.0	0.0	0.0	0.0	-0.2
历年	16.9	16.6	16.7	16.4	16.7	16.7	16.6
与历年比较	1.5	1.4	1.0	1.2	1.5	1.3	1.0
M 值	3.0	3.5	2.5	3.0	3.0	3.3	2.0
评定结果	异常偏高	异常偏高	异常偏高	异常偏高	异常偏高	异常偏高	异常偏高

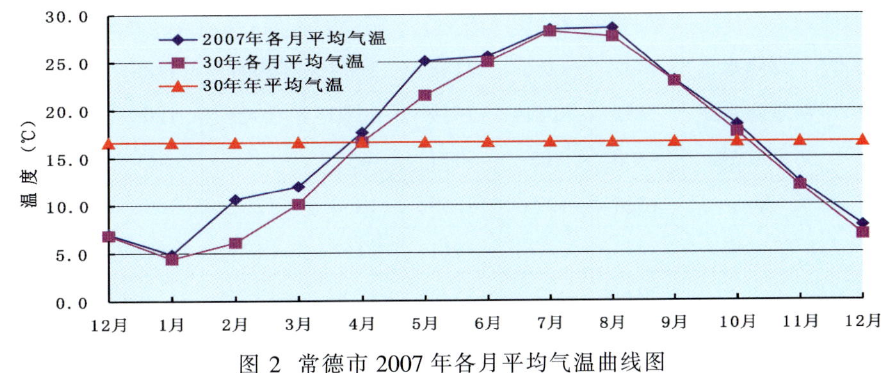

图 2 常德市 2007 年各月平均气温曲线图

表 3　常德市 2007 年各站逐月平均气温　(单位：℃)

	1 月	2 月	3 月	4 月	5 月	6 月	7 月	8 月	9 月	10 月	11 月	12 月	全年
常德	5.1	11.2	12.4	18.1	25.7	26.0	29.2	29.3	23.6	18.9	13.0	8.3	18.4
澧县	4.9	10.6	12.2	18.1	25.2	25.9	28.3	28.6	23.3	18.5	12.5	7.8	18.0
石门	5.2	10.6	12.0	17.5	24.7	25.1	27.5	28.2	22.9	18.2	12.4	7.8	17.7
临澧	4.5	10.1	11.7	17.4	24.8	25.6	28.1	28.5	23.1	18.3	11.9	7.6	17.6
安乡	4.9	11.0	12.2	17.9	25.3	26.1	28.6	28.8	23.5	18.9	13.1	7.9	18.2
汉寿	4.9	11.0	12.2	17.7	25.4	25.5	29.1	28.7	22.9	18.4	12.2	7.9	18.0
桃源	4.8	10.5	11.7	17.4	25.0	25.3	28.5	28.2	22.5	18.1	12.0	7.9	17.6

表 4　常德市 2007 年各站逐月降水量　(单位：mm)

	1 月	2 月	3 月	4 月	5 月	6 月	7 月	8 月	9 月	10 月	11 月	12 月	全年
常德	78.7	85.4	79.9	104.9	112.1	174.9	138.2	106.6	76.5	25.2	25.0	44.2	1051.6
澧县	63.9	79.6	66.4	151.1	115.8	117.4	292.9	152.8	43.7	24.7	40.0	38	1186.3
石门	57.3	93.8	58.7	154.0	64.0	114.8	343.6	116.7	49.3	28.4	35.2	31.7	1147.5
临澧	73.6	81.5	79.4	86.9	52.6	125.3	298.6	158.5	46.9	33.3	29.1	33	1098.7
安乡	77.3	91.6	89.6	123.0	158.8	104.8	151.8	147.9	50.1	21.8	34.4	43	1094.1
汉寿	99.1	88.9	110.3	97.9	144.2	98.1	233.8	103.0	109.9	25.9	25.3	46	1182.4
桃源	79.1	99.5	86.1	105.4	107.0	135.9	167.0	167.6	77.6	37.1	23.0	51	1136.3

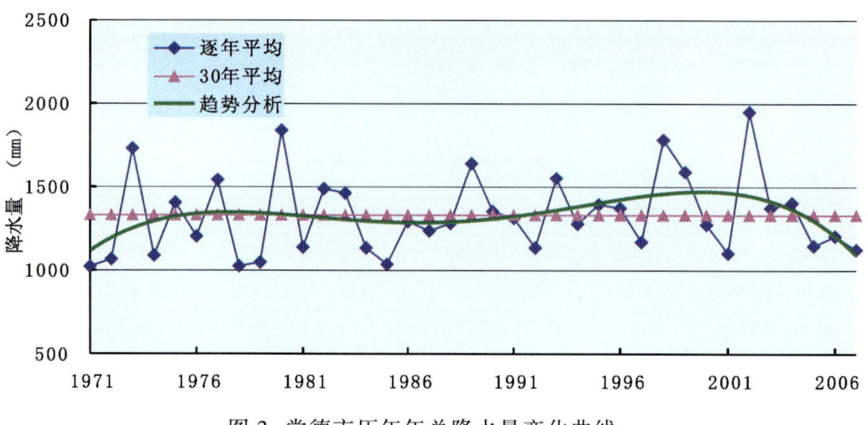

图 3　常德市历年年总降水量变化曲线

表 5　2007 年降水年型判定表　单位：mm

	常　德	澧　县	石　门	临　澧	安　乡	汉　寿	桃　源
2007 年总降水量	1052	1186	1148	1099	1094	1183	1136
2006 年总降水量	1352	1081	1319	1150	1049	1208	1291
与 06 年比较	−300	105	−171	−51	45	−25	−155
历　年	1324	1273	1359	1260	1267	1398	1433
与历年比较	−272	−87	−211	−161	−173	−215	−297
距　平 %	−20.5%	−6.8%	−15.6%	−12.8%	−13.7%	−15.4%	−20.7%
评定结果	正　常	正　常	正　常	正　常	正　常	正　常	正　常

出现在2006年12月30日至2007年1月4日共6天，1月12~18日7天，在上述时段内高寒山区出现了轻冰冻天气。由于冷空气过境，天空放晴辐射逆温，1月24日临澧站出现了全年的极端最低气温−1.8℃。

稳定通过8℃初日：澧县、石门和安乡三地较常年偏早，均在3月8日，常德城区在3月16日（接近常年），而临澧、汉寿和桃源在3月19日（略迟于常年）。

稳定通过11℃初日：临澧在3月22日，其他各站均在3月20日，较历年同期偏早7~9天。

全市2007年各站逐月平均气温（见表3）

全市极端最高气温为38.3℃（澧县，8月7日）。高温日数17~30天，与常年同期相比，西部的石门、桃源偏少1~2天，其它各地偏多5天（汉寿）~12天（安乡），与06年比较，偏少3~8天。就常德城区而言，今年出现了3段连续5天或以上日最高气温≥35℃的高温过程，分别出现在7月2日~8日、7月28日~8月2日以及8月5日~10日。　(魏桃林)

【降水量】年度全市年平均总降水量为1128.1mm，较历年偏少202.4mm，虽与2006年同属正常年份，但较之偏少79.1mm。

全市各地年总降水量在1052mm（常德城区）~1186mm（澧县）之间，与历史同期比偏少87~297mm，全市降水距平百分率在−20.7%（桃源）~−6.8%（澧县）间，按照降水等级划分标准，均属正常范畴（见表4、表5）。

分析全市年平均总降水量变化趋势发现：自20世纪90年代后，常德市进入丰水期，到2002年达到极值，但自2003年后年总降水量呈现出明显回落的趋势，近3年来全市年总降水量均低于气候值（见图3）。

从2007年全市各月降水分布来看，仅1月、2月、7月和8月降水量多于历年平均值，12月基本与历年平均值持平，除此之外，其他各月均明显偏少（见图4），这种春、秋少，冬、夏接近常年的分布趋势导致了常德市2007年年总降水

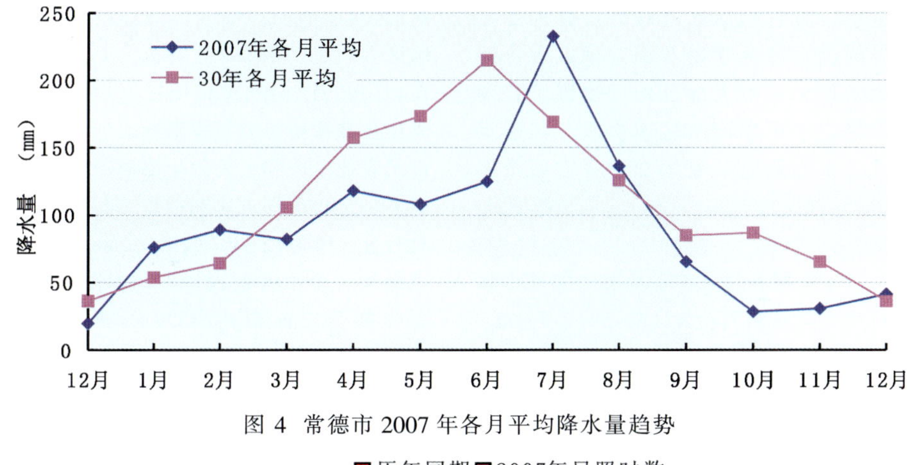

图 4 常德市 2007 年各月平均降水量趋势

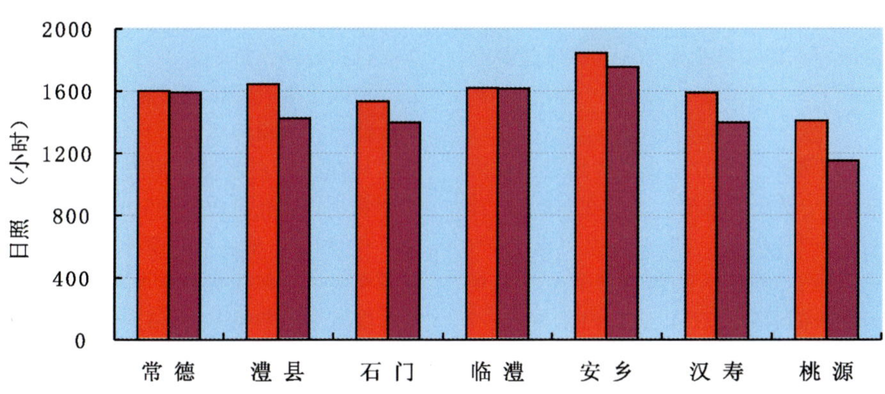

图 5 2007 年各地日照时数与历年同期比较

表 6 2007 年各县（市）全年及各季日照分布 （单位：小时）

		常德	澧县	石门	临澧	安乡	汉寿	桃源
冬季	实况 S	312	269	271	290	294	289	238
	历史同期	258	267	254	260	307	260	220
	S/	1.21	1.01	1.06	1.12	0.96	1.11	1.08
	判定	偏多	正常	偏多	偏多	正常	偏多	偏多
春季	实况 S	435	383	378	438	442	418	362
	历史同期	347	374	336	365	411	349	300
	S/	1.25	1.02	1.12	1.20	1.08	1.20	1.21
	判定	偏多	正常	偏多	偏多	偏多	偏多	偏多
夏季	实况 S	513	424	457	501	580	460	435
	历史同期	587	595	556	586	661	578	527
	S/	0.87	0.71	0.82	0.85	0.88	0.80	0.83
	判定	偏少	偏少	偏少	偏少	偏少	偏少	偏少
秋季	实况 S	382	396	349	429	465	289	178
	历史同期	409	411	389	410	467	404	364
	S/	0.93	0.96	0.90	1.04	1.00	0.71	0.49
	判定	偏少	正常	偏少	正常	正常	偏少	偏少
全年	实况 S	1592	1427	1399	1618	1756	1399	1152
	历史同期	1602	1646	1536	1621	1846	1591	1411
	S/	0.99	0.87	0.91	1.00	0.95	0.88	0.82
	判定	正常	偏少	偏少	正常	正常	偏少	偏少

（魏桃林）

量比历年同期略偏少局面的形成。

（魏桃林）

【日照】全市年总日照时数在1152（桃源）~1756小时（安乡）之间，与历史同期相比，临澧基本持平，其它各地偏少11（常德城区）~260小时（桃源），如图5。

按照日照多寡划分标准：常德城区、临澧和安乡属正常，其他各地均偏少。（见表6）。与2006年比，安乡基本持平，其他各地偏少53小时（常德城区）~276小时（桃源）。

主要气候事件

【概况】2006年12月开始到2月全市气温节节攀升，天气见好，属暖冬气候。1月16日全市迎来了2007年的唯一一场大雪，澧县等地积雪厚度达9cm。进入春季，气温持续走高，3月30日各地日最高气温均刷新历史极值，5月全市气温也创建国以来新高，但冷空气频繁南下导致气温变化幅度大，3月末到4月初出现了强冷空气强降温天气过程，春季冰雹、强雷暴、暴雨等强对流天气频发，造成了一定的人员伤亡和经济损失。夏季高温热害两度席卷常德市，全市自西向东高温热害等级逐渐升高，西部的石门、桃源无热害，中部轻，而东部安乡为重度热害，强对流天气频繁发生，局地暴雨、山洪成灾，短时雷雨大风、冰雹、雷暴危害大。秋季降水持续偏少，导致常德市出现秋旱等。

2007年对常德市造成较大影响的主要气候事件有暖冬瑞雪降、强冷空气来袭，暖春背景下气温变幅大、夏季高温热害、局地暴雨、短时洪涝、短时雷雨大风、冰雹、雷电灾害、局地轻度夏秋干旱以及大雾等。（魏桃林）

【强冷空气降温】春季和秋季是冷空气活动比较频繁的季节，冷空气降温对人体健康影响尤为明显。3月底到4月初常德市受北方强等冷空气影响，气温急剧下降，3月30日~4月3日，市城区平均气温下降幅度达17.1℃，在暖春背景下的这次强冷空气过程导致常德市各大医院人满为患，尤其以呼吸道疾病和心脑血管疾病患者居多。金秋10月，全市就有3次比较明显的冷空气降温过程，分别出现在7~9日，11~14日以及27~30日。其中以月末冷空气强度最强，降温幅度最大，市区过程日最高气温降幅达11.8℃，日平均气温降幅达11.5℃。面对突如其来的气温骤降，市民中感冒人数明显增加，根据常德市第一人民医院呼吸道内科的工作人员介绍，仅10月28日一天前去就诊的感冒人数就比27日增加了几倍。 (魏桃林)

【强降水】8月21日~25日，受9号台风“圣帕”减弱后的低气压影响，常德市出现了大范围的强降水，常德城区（8月23日，61.4mm）、桃源（8月23日，64.5mm）和澧县（8月24日，59.6mm）三个站点出现暴雨，强降水导致常德市鼎城区发生了小型山体滑坡等山洪地质灾害，但其大大缓解了我市前期的高温天气和旱情，对增加水库蓄水以及水利发电大为有利。 (魏桃林)

【干旱】2007年汛期4~9月全市平均总降水量783.1mm，较历年同期偏少139.1mm，但与2006年相比，偏多23.6mm。夏季（6~8月），全市平均总降水量和历年同期基本持平，比06年要多74.0mm。夏季仅西北部部分地区出现了轻度干旱，其中以澧县较为明显。据初步统计，截至7月底，澧县有14个乡28个村民小组共0.27万人受灾，农作物受旱面积达6970.2公顷，其中早稻633.3公顷，中稻2673.3公顷，晚稻286.7公顷，成灾面积1247.3公顷，420头大牲畜发生饮水困难。水源干涸1352处，溪河断流12条，机电井出水不足85眼，水利工程蓄水降至1.95亿立方米，共造成直接经济损失约100万元。

秋季降水持续偏少，根据湖南省地方气象标准，除南部桃源、汉寿外，全市其它各地9月25日至10月31日出现了持续37天的秋旱。11月降水持续偏少，仅在16~18日出现了一次降水天气过程，其它时间天气晴好。降水不足导致沅、澧两水以及洞庭湖区水位持续走低，全市大部分地区出现了轻度干旱。干旱少雨给城市供水、河流水质、水力发电、航运交通等方面带来了严峻挑战。 (魏桃林)

【冰雹】进入5月以来，常德市强对流天气频频发生,4日夜~5日、7日夜~8日、8日夜~9日、11日夜~12日多次出现强雷电、暴雨等强对流天气。其中4日夜~5日澧水流域普降暴雨，石门、临澧的部分乡镇还降了冰雹，冰雹直径达30~40毫米。局地冰雹、雷雨大风给石门部分乡镇工农业生产、人民生命财产造成了严重损失。 (魏桃林)

【暴雨】2007年全市共出现19站次暴雨，3站次大暴雨。集中在4~8月，其中尤以7月居多，7月全市共出现了8站次暴雨，1站次大暴雨，占了全年总暴雨次数的41%。7月以前以内渍为主，7月下旬中前期，则以外洪为主。

5月23日傍晚到24日上午，受地面弱冷空气和中低层切变的共同影响，全市出现了一次强降水过程，并伴有强雷暴、大风等强对流天气。23日08时至24日08时24小时间，全市除石门和临澧外，其它5站均达到暴雨标准，其中安乡、汉寿两站出现了大暴雨，安乡县城城关镇24小时降雨量为136.1mm，强降水中心在下渔口镇过程降水多达240mm。由于降雨强度大，造成部分民房受浸、倒塌，通讯、输电线路中断，部分农田受淹受浸，农作物受损据初步统计，仅安乡县就有6520公顷棉花、653.3公顷水稻以及100多公顷其他农作物受渍，266.7公顷鱼池窜塘。由于安乡地势较低，县城和多处乡镇被淹。安宏乡有7个村庄泡在水中，三岔河镇全镇有80%受渍。据统计，至24日下午17时，该县农作物受灾面积达1.54万公顷，灾害造成直接经济损失严重。 (魏桃林)

【大风】2007年全市气象站点只观测到了5站次大风或雷雨大风，另有5次发生在站外。空间上分析，临澧4次，桃源2次，石门、安乡、澧县以及市鼎城区各1次。从时间上来看，主要集中在4月和7月（各3次）、8月（2次）。大风往往和雷雨、冰雹等不期而遇，给全市工农业生产和人民的生命财产安全造成了一定程度的灾害和损失。4月12日3时31分，风速17.3米/秒,风向ENE。受大风影响，全市90万人口不同程度受灾，农作物受灾面积达54377公顷，其中20733公顷绝收，共倒塌房屋332间，造成直接经济损失4058万元，其中农业经济损失达2850万元。其中，常德市城区，受灾总面积就达6800公顷，其中油菜倒伏5667公顷，苗圃及其它大棚经济作物1133公顷，折断大小树木10万株以上，摧毁供电、通讯线路近10千米，变压器15台，倒塌房屋107户115间，损坏房屋1679间，直接经济损失1051万元，其中农业直接经济损失达510万元。5月11日夜~12日，澧县、临澧还出现了7~8级雷雨大风，在此期间全市大部分地方降水较历年同期偏多1~2倍。 (魏桃林)

【雷电灾害】2007年全市各地雷暴日数不等，其中西北部及南部汉寿雷暴日数较常年偏多，其它各地均偏少，雷暴主要集中在春季4月和夏季7~8月，雷暴强度也较往年偏强（2007年“5.23”强雷暴等）。据不完全统计，全市因雷暴死亡3人，伤8人，造成的直接经济损失近400万元。 (魏桃林)

【大雾】2007年全市共出现10~29d大雾天气，时间分布上以秋、冬居多，空间分布则呈现出西南多东北少的趋势。大雾不仅影响城市空气质量，而且出现大雾天气时，能见度相对较低，给人们的出行和车辆行驶带来了很多不便，尤其对高速公路上行驶的车辆以及机场航班的正常运行带来了严重的影响。如2007年12月7~8日，全市大部分地区出现了能见度不足500米的大雾天气，大雾持续时间比较长。7日上午7时29分，大雾弥漫，市城区能见度只有200米左右，319国道市城区路段，3辆运煤车发生追尾事故，导致两司机受伤。 (魏桃林)

【高温】2007年夏季高温日数17~28天，虽比2006年偏少，但与常年同期相比，要略偏多。就常德城区而言，于7月2日~8日、7月28日~8月2日以及8月5日~10日出现了3段连续5天或以上日最高气温≥35℃的高温天气。

7月份≥37℃以上的高温达5天。分别是7月4日，7月7日，7月8日，7月20日，7月29日。其中，7月7日常德城区最高气温达37.6°C,7月30日汉寿县最高气温达37°C,7月31日澧县最高气温达37.4°C。

8月份≥37℃以上的高温达6天。分别是8月1日，8月2日，8月6日，8月7日，8月8日，8月30日。其中8月6日常德城区最高气温达37.9°C，汉寿县、桃源县最高气温达37.8°C。8月7日澧县最高气温攀升到38.3°C。（魏桃林）

【强对流天气】临澧县遭受强对流天气袭击。7月27日凌晨，临澧县部分乡镇遭受强对流天气、雷电、狂风夹杂冰雹灾害袭击。在新合公路旁许多树木被狂风吹断，大片农作物被吹倒，民房损毁严重；据初步统计，此次灾害共造成全县五个乡镇共35个村受灾，受灾人口达3.5万，损毁房屋8810间，其中全倒户269户541间，1人死亡，36人受伤，其中重伤8人。农作物受损0.2万多公顷，电力、通讯设施损坏严重，部分道路中断，灾害共造成直接经济损失5400多万元。灾情发生后，临澧县高度重视，迅速组织工作人员深入实地查看灾情，走访慰问受灾群众。（魏桃林）

【龙卷风】7月27日凌晨零点10分左右，常德市石门县、临澧县10多个乡镇遭受强对流天气、雷电、狂风夹杂冰雹灾害袭击，灾害造成直接经济损失达1.7亿多元。

此次龙卷风袭击平均风速达26米/秒，局部达到10级狂风标准，冰雹最大直径达4~6厘米。凌晨6点多，在石门一些受灾乡村还没来得及溶化的如鸡蛋般大小的冰雹仍随处可见。

据统计，此次灾害导致石门县夹山镇、二都乡、易家渡镇、楚江镇、子良乡、秀坪园艺场、石门经济开发区、夹山管理处以及蒙泉镇和临澧县新安、合口、杉板、官亭、九里等乡镇100多个村受灾，通讯、电力、广播电视信号中断，受灾人口达28.5万多人，农作物受损1.87万多公顷，绝收0.43万公顷。损毁房屋13175间，其中倒房户656户1361间，其中重伤8人，36人受伤，上千人无家可归。林木毁损333.33多公顷，直径达2尺的树木也连根拔起。18家工业企业的工房、设备等受到严重破坏，被迫停产。

此次雷雨大风冰雹灾害天气，常德市气象台利用雷达密切进行了跟踪监视，及时作出了预计未来两小时，石门、临澧县局有一次强降水，并伴有大风雷暴的预警，并通过手机短信向各级领导和有关部门发布了雷雨大风警报，特别提出要加强大风和雷电等灾害的防范。灾情发生后，常德市气象局立即派人赶赴灾区，协助当地政府组织抗灾救灾工作，调查灾情，慰问群众，组织开展生产自救。（魏桃林）

【“圣帕”影响】8月21日到23日，受9号台风“圣帕”减弱后的低气压影响，全市普降中到大雨，局部暴雨，沅、澧两水过程总雨量分别达到261.9mm和287.0mm，22日08时至23日08时全市有3个气象站点出现了暴雨。据中小尺度站网资料统计分析，全市共有12个站出现了大暴雨，37个站出现了暴雨。另外，临澧观测站于21日16时出现了6级大风。市气象台对9号台风的影响提出了建议和防御对策，并进行了优质气象服务。（魏桃林）

气候与经济

【气候与农业】2007年，全市年平均气温偏高，光照正常略多，为1589.6小时；降水偏少。各级界限温度初日提前，终日推后，有利农作物生长发育，生长期延长，使其能较多的利用热、光资源进行光合作用积累营养物质。春播期间无“倒春寒”,分蘖期无“五月低温”，抽穗扬花期无“六月连阴雨”。汛期无洪涝（个别县除外）渍害。有秋旱，但影响不明显。可谓风调雨顺，是典型的丰产气候年型，2007年全市农业生产大丰收。

但异常气候事件对农作物有一定影响。一是暴雨渍害。5月23~24日全市普降暴雨、大雨一次。此次降水过程对滨湖地区早稻造成短时渍害，由于排水及时，影响较小。对西瓜、棉苗影响较大，严重地段导致腐病，甚至绝收。7月8~13日、22~27日降水过程，有的县（区）双季早稻未及时收割入库，以致霉变；部分池塘串塘，成鱼损失50%；棉花地段因积水时间过长，导致倒伏死杆；澧水流域遭冰雹、大风、暴雨强对流天气袭击，各种农作物受害，两次降水过程，全市农业损失近2亿元，直接经济损失2.7亿元。二是三段高温期（7月2~8日、7月28~8月2日、8月5~10日）。7月上旬正值双季早稻结实期，乳熟至成熟仅6天完成，比历年缩短4天；灌浆速度（克/千粒、日）比历年加快。千粒重略有降低，影响产量。由此可见，高温逼熟十分明显。再者营养物质转化过快，影响米质。7月28~8月2日正处于双季晚稻分蘖期，返青后仅4天开始分蘖，至盛期仅10天，比历年同期缩短3~4天。8月5~10日，正处于中稻抽穗扬花与授粉，受高温影响，发育速度快，空瘪粒率增加，是造成中稻平产年景的关键所在。三是圣帕台风与虫害。8月21~25日，台风影响期间，气温28℃，并伴有5~6级北风，病虫发展迅速。一季稻和双季稻田普遍发生虫害，程度偏重。主要有纹枯病、稻飞虱、稻纵卷叶螟。棉花有棉铃虫、棉虫螨、斜纹娥等，大量发生。导致的原因：一是台风期间气温适宜，田间湿度较大；二是台风致病虫迁徒所致；再者田间蔽光较严重。

2007年全市种植业总产值可达132亿元，增11亿元，增长9%；种植业农民人均增收237元。水稻播种面积775.7万亩，增0.5万公顷，单产6300公斤/公顷，增120公斤/公顷，总产325.6万吨，增9万吨。双季稻播种面积增加，一季稻播种面积缩减，但均增产增效。（魏桃林）

【气候与双季早稻】2007年早稻全

生育期间温高、光足、降水少。前期气象条件适宜，后期略有影响，但无大中型气象灾害危害，其丰产性能表现为群体有效茎多，结实率高，空瘪率少。全市早稻耕作面积17.77万公顷，早稻单产为356.0公斤，总产95.75万吨，较上年增44107.5吨，喜获丰收。与近五年比属丰产年景。 (魏桃林)

【气候与中稻（一季晚稻）】4月下旬播种，5月中下旬移栽，6月初分蘖，中下旬进入分蘖盛期，7月底到8月上旬末期进入幼穗分化和孕穗期，9月初成熟收割，生育期生长发育正常偏好，苗势好，营养生长期所需光、温、水等气象要素皆能得到满足，生殖生长期未遇低温冷害以及火南风天气过程，植株生长健壮，整个生育期可谓风调雨顺。中稻14.166万公顷，单产7245公斤/公顷，总产102.7万吨。 (魏桃林)

【气候与双季晚稻】2007年晚稻全生育期的气候条件适宜，营养生长期由于移栽期提前（比历年早5天），且8月上旬气温高，光照时数充足，发育速度快，生殖生长期天气晴朗，微风，未遇低温冷害，田间无缺水现象，有利扬花授粉与灌浆结实。9月初和月末常德市遭受两次大幅度降温天气过程，对农作物的生长和发育造成了不同程度的影响。9月1~3日，受高空低槽和地面冷空气共同影响，全市自北向南出现了强降温、弱降水的天气过程，市区日平均气温过程最大降幅达8.9℃，日最高气温最大降幅达13.0℃。由于此时双季晚稻正处抽穗期至灌浆初期，一季中稻处灌浆盛期，这不仅导致晚稻抽穗灌浆速度缓慢，且优质花比例下降，剧烈的降温还造成水稻等生长旺盛的作物生理不适应，从而加重了病虫害。由于加强了田间管理和病虫害防治，与近五年平均值比较，仍属丰产年景。晚稻19.74万公顷。晚稻单产为456.3公斤，总产127.7万吨。 (魏桃林)

【气候与油菜】2007年三熟制油菜生育期比去年多16天，比历年少3天；≥0℃以上活动积温3084.4℃，比历年多310℃；日照时数870.0小时，比历年同期多15%左右；降水量620mm，略少于历年；花期无低温冷害天气。总体而言；利多弊少。

冬季气温偏暖，降水前少后多，日照偏多，无明显严寒冰冻天气，对油菜的安全越冬较为有利。暖冬天气使油菜的生长期提前了7~10天。12月和1月的气温和光照都接近平均值，降水前少后多，有利于油菜的生长发育和安全越冬。其中12月无冻害发生，1月16日出现了一次大范围降雪天气，但积雪持续时间不长，不仅没有对油菜造成冻害，而且还在一定程度上抑制了病虫害的发生。2月份气温回升明显，油菜2月下旬就进入初花期，这段时间内全市多阴雨天气，光照不足，对油菜生长造成了一定影响。

油菜3月6日进入盛花期，比历年提前近半个月。4月2日，进入荚果壮籽期。从播种到4月初，油菜大于0℃活动积温2440℃，比历年同期多335℃，有利于油菜生长。4月气温略偏高，降水略偏少，日照偏多，无低温和倒春寒，油菜处籽粒充实期，前期天气条件对油菜晚期壮籽增重有利，4月下旬绿熟，但下旬阴雨少照对籽粒发育有一定影响。全市油菜5月初成熟收割，收割期间天气晴好，无霉烂变质现象，属平偏丰年景。

全市油菜收获面积22.8万公顷，增0.313万公顷，单产1687.5公斤/公顷，历年为1575公斤/公顷，与2006年比增6公斤/公顷，总产量38.5万吨，增0.7万吨。同时由于收购价格创历年新高，油菜实现产值13.8亿元，同比增加4.8亿元。 (魏桃林)

【气候与棉花】棉花是喜温、好光旱地作物。2007年棉花全生育期（4~10月）内光、温、湿等各项气象要素配合较好，积温偏多于历年和2006年同期，光照比历年同期偏少一成，降水偏少近两成。夏季高温日数比去年少，对棉花的正常生长发育影响不大。全市2007年棉花3月下旬至4月上旬播种，11月上旬拔杆，全生育期210天左右，≥0℃活动积温5500℃，比去年和历年多，降水量760mm，正常略多，日照时数1200小时，比历年略多。全生育期无五月低温、花蕾期无洪涝渍害、吐絮收割无秋风秋雨天，但后期阴天多，晴天少，对正常裂铃吐絮有些影响。9月上旬的低温阴雨天气使棉花早期的优质低位铃裂铃缓慢，且优质花比例下降。9月中旬光温充足，对处于裂铃中后期的棉花裂铃十分有利，增加了优质棉的比例。10月上旬和中旬后期的晴好天气对棉花吐絮、采摘十分有利，到下旬阴雨天气较多，但此时余桃较少，对棉花的采收影响不大。全年棉花生育期间气象条件属偏好气候年型，纤维品质良好。

全市种棉9.61万公顷，增1.067万公顷，增幅达12.5%。籽棉单产3750公斤/公顷，减111公斤/公顷，总产36万吨，增3万吨。棉花市场延续了2006年的好形势，籽棉收购均价每公斤5.4元左右。棉花产值19.4亿元，比2006年增收2.6亿元。 (魏桃林)

【气候与柑橘】常德市是柑橘大市，柑橘产业已经成为常德市农民新的增收点。2007年遇柑橘“小年”，气候条件对柑橘生产总体来说利弊相当。冬季气候偏暖，严寒期无，有利于橘树的安全越冬，但同时越冬的害虫基数也有增加趋势。降水12月偏少，利于柑橘园间管理。1、2月降水偏多，则有利于柑橘树对肥料的吸收。3月气温异常偏高，日照和降水均偏少，有利于苗木的生长。3月底到4月初，全市出现了一次强冷空气过程，此时柑橘处于开花初期，在一定程度上对柑橘产生了不利影响。4月下旬遇阴雨天，5月上旬遇干热天，这对柑橘的保花座果产生了不利影响。进入夏季，气温正常略偏高，降水与历年基本持平，但比2006年多，光照偏少，柑橘的生长发育基本正常。2007年柑橘病虫害发生面积大，达到了39.17万公顷次，实际损失7.53万吨，经济损失达7526.4万元，是06年的3.7倍。总的来讲，全年气候条件对柑橘而言属于平年。全市柑橘种植8.14万公顷，增0.6万公顷，挂果面积5.67万公顷，单产1.01万公斤/公顷，减0.12万公斤/公顷，总产量达76.8万吨，减8.4万吨。按每公斤均价1元计算，柑橘产值约7.7亿元，减1.2亿元。（魏桃林）

【气候与茶叶】春季冷暖变化大，3月末到4月初出现了强冷空气大风强降温天气过程，而5月全市气温创建国以来新高，无倒春寒和5月低温，生产气候条件对茶叶属平年。2007年茶园面积增加，茶叶产量下降，但质量和效益明显提高。全市茶园1.36万公顷，增0.147万公顷，产量1.05万吨，减0.44万吨。（魏桃林）

水　文

【雨情】澧水流域各站年降水量在783.5mm~2290.7mm之间，年平均降水量为1494.2mm，较多年平均降水量1415mm偏多5.6%，属正常降水年份。

统计数字显示：流域上游年降水总量大于下游；且随地域和下垫面变化，流域内分布不均匀。但相对而言呈现1个高值区和1个低值区。高值区是以八大公山、五道水、龙潭坪站为代表的澧水上游高值区，年平均降水量为2144.2mm。低值区：是以江家坡、石门、吴家厂为代表的澧水中游低值区，年降水量仅为1000.2mm。

年降水量在年内分配亦不均匀，降雨主要集中在4~9月。4~9月流域平均降水占年降水总量1151.8mm的77.1%。最大月降水量值随地域不同而不同，除道水敖山站最大月降水量发生在5月份外，其他50个站均发生在7月份，五道水站7月份月降水量达725.5mm，为流域之最；最小月降水量发生在11至12月，溪口站11月份月降水量仅13.5mm。

沅江五强溪下游区域，年降水量在1140.5mm~1764.8mm之间，年平均降水量为1300.8mm，与历年平均值1509mm相比偏少13.8%。年降水量在地域上的分布呈现1个高值区和1个低值区。从降水要素来看，南岸的年平均降水量多于北岸，南岸1534.4mm比北岸1238.7mm年平均降水量多295.7mm。以黄土塆、茶庵铺站为代表的沅江南岸高值区，年平均降水量为1679.4mm。低值区发生在沅江北岸的小陬溪、常德、桃源站一带，年降水量为1164.7mm。

其降水特点为：降水量偏少，主雨区相对集中，降水年内分配不均。降雨主要集中在4~9月。4~9月流域平均降水总量907.1mm占全年总降水量1300.6mm的69.7%。最大月降水量发生在6月~8月。流域最大月降水发生在二坊坪站，7月份最大月降水量达370.0mm。最小月降水量发生在11月，王家湾站11月份月降水量仅12.0mm。（苏宏荣）

【水情】2007年澧水流域水情形势是降水相对集中，年最高水位均出现在7月份，除溇水、道水两条支流未出现大的洪水外，其他各站均出现了较大的洪水，其中。淋溪河站因江垭水库的调洪影响，年最高水位达235.76m，为建站以来的第二河高洪水位，且持续时间长达1个月以上；长潭河站7月23日，受江垭水库以下局部区域强降水影响，长潭河电站施工围堰被毁，长潭河站出现了98.98m的年最高水位；石门、津市两站，年最高水位分别为59.11m、42.35m，分别超警戒水位。另外，由于水利工程的影响，双枫潭、所市、皂市站出现了建站以来的最低水位，其中皂市站因皂市水库下闸蓄水，出现了断流。

沅江水系也均发生了较大的洪水过程。五强溪站，7月23日出现了建站以来的第一河高洪水位，洪峰水位高达62.41m。桃源、常德站，年最高水位分别达44.58m、39.79m，均超过警戒水位。（苏宏荣）

常德市2007年国民经济和社会发展统计公报

2007年，市委、市政府带领全市人民，坚持以科学发展观统领经济社会发展全局，牢牢把握新型工业化建设和新农村建设两条主线，全市各项事业得到了稳定协调发展，较好地实现了全市国民经济和社会发展的预期目标，为实现“十一五”规划目标打下了良好基础。

综　合

经济在上升通道运行。初步核算，全市地区生产总值864.1亿元，比上年增长14.6%，速度较上年加快2.5个百分点，为建市以来最快发展速度。其中，第一产业完成增加值208.3亿元，增长6.4%，对GDP增长的贡献率为10.9%；第二产业完成增加值364.5亿元，增长16.9%，对GDP增长的贡献率为47.4%；第三产业完成增加值291.3亿元，增长17.8%,对GDP增长的贡献率为41.7%。人均GDP达到15901元（按常住人口计算）,增长14.4%。三次产业结构由上年的24.5：41.9：33.6调整为24.1：42.2：33.7。

财政收支快速增长。全市完成财政总收入53.1亿元，比上年增长21.8%。地方财政一般预算收入38.1亿元，增长25.3%；其中税收收入24.4亿元，增长22.7%。全年各项财政支出85.7亿元，增长38.6%，其中重点支出项目为社会保障支出18.4亿元，增长26.2%，教育支出16.6亿元，增长40.1%，农林水事务支出8.4亿元，增长75.6%，科学技术支出0.5亿元，增长57.1%，医疗卫生支出4.4亿元，增长65.5%。

新农村建设迈出有力步伐。全市启动了十大示范片、200个示范村、364个乡镇示范点的新农村建设，全年投入新农村建设资金8.9亿元，比上年增长9%。新建通乡通村水泥路2150公里，已通水泥路的行政村达到802个。新建沼气池1.98万个，新解决了24万农村人口的安全饮水问题。全市已完成县域村庄布局规划10个，村庄整建规划编制808个。新建或改建乡镇卫生院28座和村级卫生室500个，改厕4.1万所；农村合作医疗覆盖率达到80.7%，参合人数366万人，发放农村医保资金1.1亿元，惠及17万农民。免除了48万农村义务教育阶段学生学杂费共8572万元。新建和改建乡镇敬老院24所，新建村级“五保之家”30个，发放农村低保金1848万元。全年共送戏下乡773场，新建乡镇文化站20个，农民书屋80个。

省“八件实事”指标全面达标。建成县到乡镇公路149公里、建成乡镇到村水泥（沥青）路2391.3公里、解决农村饮水不安全人数23.96万人、新建（筹集）城镇廉租住房3.175万平方米、城镇零就业家庭就业援助1146户、新增城镇就业人员6.1万人、新增企业基本养老保险参保人数3.4万人、标准化乡村农家店建设697家、新建扩建乡镇敬老院24所、减少农村广播电视盲区人数67882人、设市城市污水处理率71.53%、新建农村沼气池20489口、夹夹大桥建成通车、新增通电话自然村145个、农村“乡乡能上网”信息化工程完成225个乡镇、政策范围内农村义务教育阶段学生学杂费免除率达100%、新建改造乡镇卫生院9所、推进新型农村合作医疗制度的县（市、区）8个、设市城市生活垃圾无害化处理率100%、城市“低保”资金按规定标准拨付到位率100%、农村最低生活保障资金按规定发放到位率100%、农村部分计划生育家庭奖励扶助金发放到位率100%、部分独生子女死亡伤残家庭扶助金发放到位率100%、符合条件的再生育夫妇实行出生缺陷干预到位率100%。

就业规模继续扩大。2007年全市城镇新增就业人员6.1万人，下岗职工再就业人数3.9万人,年末城镇登记失业率4.0%。

市场价格持续走高。2007年，全市市场价格持续走高，居民消费价格指数和商品零售价格指数均超过3%的警戒线，分别上涨5.5%、3.9%。各种消费品价格总指数106.5%，拉动价格快速上涨的主要因素是与人民生活关系最为密切的食品类、居住类价格的上涨，两类价格指数分别为113.6%、106.1%；而烟酒及用品类、家庭设备用品及维修服务类、医疗保健及个人用品类、交通和通讯类物价与2006年基本持平，其价格指数分别为102.2%、100.2%、100.7%、100.3%；仅衣着类和娱乐文化教育用品类物价略有下降，其指数分别为99.9%、98.1%。工业品出厂价格指数为106.1%。

当前国民经济和社会发展中存在的主要问题有：国民经济结构性矛盾仍然突出，产业结构调整难度较大；大的投资项目不多，特别是重大工业项目衔接不紧，经济增长后劲不足；节能降耗压力大；县域经济发展不快。

农 业

种植业面积有所增加。全市粮食种植面积598.2千公顷，比上年增长1.1%;其中优质稻种植面积277千公顷，增长1.7%。棉花种植面积75千公顷，增长21.6%。糖料种植面积3.5千公顷，增长1.7%。油料种植面积240.6千公顷，下降0.5%。蔬菜种植面积85.3千公顷，增长3.6%。

农业生产平稳增长。全市第一产业增加值208.3亿元，比上年增长6.4%。粮食总产量356.5万吨，增长3.6%。油料产量43.1万吨，增长4.9%。棉花产量12.7万吨，增长25.1%。

表7

2007年主要农产品产量及其增长速度

单位：万吨

产品名称	产量	比上年增长%
粮食	356.5	3.6
油料	43.1	4.9
棉花	12.7	25.1
糖料	16.1	3.7
茶叶	1.1	7.6
水果	76.1	9.4
蔬菜	187.1	5.1

全市出栏肉猪584.8万头，比上年增长3.5%。出栏牛16万头，增长3.1%。出栏羊269万头，增长1.4%。肉类产量64万吨，增长3.6%。牛奶产量0.9万吨，增长3%。水产品产量37万吨，增长6.9%。

工业和建筑业

新型工业化顺利推进。2007年，全市完成工业增加值320.7亿元，比上年增长18.1%。工业对GDP的贡献率达到44.4 %。规模以上工业企业完成增加值250.3亿元，增长20.9%，增幅比上年提高2.3个百分点。骨干企业群体进一步壮大，规模以上工业企业数增加到643家，净增109户。优势产业增长加快，烟草、机电、纺织、食品、铝材、建材等支柱产业继续发挥支撑作用，均保持30%以上增幅。亿元板块规模进一步扩大，年销售收入过亿元的企业户数由上年47户增加到57户。园区工业加速发展，园区规模企业发展到244家，净增77家。轻工业完成增加值为187亿元，增长21.5%；重工业完成增加值63.3亿元，增长20.4%。

工业企业经济效益继续提高。规模以上工业企业经济效益综合指数为330.9%，比上年提高34.8个百分点，继续位居全省首位。规模以上工业企业产销率为98.4%，比上年降低1.4个百分点；实现利税总额171.2亿元，增长24.7%；实现利润55.4亿元，增长37.2%；工业亏损企业亏损额1.5亿元，增长114.1%。

表8　　主要工业产品产量

产品名称	计量单位	绝对额	比上年增长
原煤	万吨	88.5	11.4
发电量	亿度	66.8	-8.4
水泥	万吨	513.5	4.3
纱	万吨	10.3	32.5
布	亿米	2.3	5.5
白酒、啤酒	万升	12487	18.2
卷烟	万箱	102	-3.2
机制纸及纸板	万吨	19.8	-21.1
氮磷钾化肥	万吨	28.2	-24.3
汽车	万辆	0.9	7.1
铝	万吨	16.5	65.4

建筑业生产形势趋好。2007年全市全社会建筑业完成增加值43.8亿元，比上年增长8.4%。全市房屋建筑施工面积达998.8万平方米，增长14.7%，房屋建筑竣工面积达505.9万平方米，增长2.0%。商品房竣工面积300万平方米，增长15.3%。

环境保护与安全生产

环境保护成效明显。2007年市城区空气质量达到二级标准。城市生活垃圾无害化处理率达100%；城市污水集中处理率67.75%。建成烟尘控制区29个；建成烟尘控制区面积161.3平方公里。建成环境噪声达标区10个；建成环境噪声达标区面积118.9平方公里。已批准国家级生态示范区2个，国家级自然保护区2个，省级自然保护区3个，市级自然保护区2个，自然保护区面积达1.8万公顷。

节能减排稳步推进。全市13家“百家节能行动”企业（省属），2家“千家节能行动”企业（国家属）均完成能源审计和节能规划，并按措施进行了认真整改，取得明显效果。高耗能、高污染行业得到有效控制，全市强制关停了69家小纸厂、8家水泥厂和1家小火电机组。全市单位GDP能耗降低4.4%，规模工业万元增加值能耗1.53吨标准煤，比上年降低10.8%。二氧化硫、化学需氧量排放分别下降2.3%和5.3%，工业企业主要污染物排放总量比上年削减67.65%，其中二氧化硫排放总量削减49.13%，COD排放总量削减59.24%，砷排放总量削减94.59%。工业企业主要污染物排放达标率88.9%，工业项目环保“三同时”执行合格率100%，工业企业固体废物综合利用率73.6%。

安全生产形势好转。全年共发生事故1085起，死亡292人，伤1023人，直接经济损失 1886.2万元，直接经济损失上升41.8%，事故起数、死亡人数、受伤人数分别下降5.24%、15.85%、20.39%。亿元GDP生产安全事故死亡人数为0.34人，下降29.17%；工矿商贸企业就业人员10万人生产安全事故死亡人数3.224人，下降8.36%；煤矿百万吨死亡人数为11人。全年共发生道路交通事故759起，造成237人死亡，955人受伤，直接财产损失204.9万元；道路交通万车死亡人数为5.8人。

固定资产投资

固定资产投资快速增长。2007年全市全社会固定资产投资（不含跨区）231.9亿元，比上年增长30.4%。其中城镇固定资产投资182.9亿元，增长32.6%。投资按经济类型分，国有经济固定资产投资68.71亿元，增长14.2%；非国有经济固定资产投资112.6亿元，增长44.1%。

投资结构进一步优化。第一产业完成投资4.1亿元，比上年增长113%；第二产业完成投资89.8亿元，增长48.7%，其中工业技术改造投资53亿元，增长109%；第三产业完成投资85亿元，增长12.1%。投资结构进一步优化为2.3:50.2:47.5。

基础建设重点突出。全市基础设施投资61.5亿元，增长13.9%。其中水利投资19.4亿元，增长77.5%；通讯投资6.9亿元，增长24.5%；教育投资2.6亿元，增长4.8%；能源投资21.2亿元，增长0.8%；四项合计投资50亿元，增长25.3%，占全部基础设施投资的81.3%。

房产开发持续升温。全市房地产开发投资39.9亿元，比上年增长24%。商品房销售面积215.3万平方米，增长25.9%；其中期房销售面积122.75万平米，增长40.9%；现房销售面积92.57万平方米，增长10.2%。商品房销售额36.1亿元，增长13.3%，其中住宅销售额30.9亿元，增长66.7%。

国内贸易

消费品市场日趋活跃。2007年全市社会消费品零售总额达279.3亿元，比上年增长18.4%。其中城市实现社会消费品零售额101.6亿元，增长19%；县及县以下实现社会消费品零售总额177.7亿元，增长18.1%。按行业分：批发零售贸易业为237.3亿元，增长18.1%；餐饮业为35.5亿元，增长20.4%；其他行业为6.5亿元，增长20%。限额以上批发零售贸易企业零售额31亿元，增长23.9%；限额以上连锁企业零售额23.2亿元，增长30.2%。

对外经济贸易和旅游

招商引资保持快速增长。2007年全市实际引进内外资总额202.5亿元，比上年增长53.4%；其中引进市外境内资金188.3亿元，增长58%。引进内资项目584个（含续建项目），增加93个。全市实际引进内资达1000万元以上的大型项目有409个，增加148个。全市实际到资在1亿元以上的项目有32个，增加16个。全年外资到位1.9亿美元，增长25.6%；全年新批三资企业29家，其中外商独资企业16家，占新批项目总数的55.2%。全市合同外资额为2.27亿美元，其中外商独资企业合同外资1.8亿美元，占全市合同外资总额的55.2%。今年新批的外商投资项目全部集中在第二、三产业，其中第二产业合同外资额1.45亿美元，占全市合同外资总额的64%；第三产业合同外资0.82美元，占36%。新批外商投资项目合同外资在500万美元以上的有16个，比上年增长14.3%，合同外资额2.07亿元，占全市合同外资总额的91%。

对外贸易活跃。2007年常德市对外贸易总额1.86亿美元，比上年增长26.5%。出口额1.04亿美元，增长1.9%；进口额0.83亿美元，增长81.7%。三资企业仍占据进口主导地位，全年进口7885万美元，占全市进口总额的95.2%。2007年常德市新获外贸经营权的企业25家，截至2007年常德市获外贸经营权的内资企业已达135家，已经开展外贸业务的72家（含外资企业）。年出口上百万美元的重点企业22家，出口总额9362万美元，占全市出口的九成，发挥了全市出口的骨干作用。

旅游业发展迅速。全年接待海内外旅游者864.7万人次，比上年增长45.5%。其中国内旅游者853.6万人次，增长47.4%；入境旅游者11.1万人次，增长45.4%。全年实现旅游总收入32.5亿元，增长33.1%。国内旅游收入41.9亿元，增长33.7%；入境旅游外汇收入1650万美元，增长18.7%。

交通和邮电

运输邮电仓储业保持稳定增长。全年完成运输邮电仓储业增加值42.3亿元，比上年增长11.0%。

公路及水路客运量1.47亿人，比上年增长0.3%，客运周转量60.54亿人公里，增长1.4%，货运量7638万吨，增长10.2%，货运周转量87.31亿吨公里，增长14.1%。公路线路年末里程达17033公里，其中高速公路为133.3公里。

年末民用汽车保有量7.25万辆，比上年增长17.2%；本年新注册汽车1.1万辆，增长34.9%；其中私人汽车保有量3.94万辆，增长27.7%。年末轿车保有量2.56万辆，增长21.4%；本年新注册轿车0.56万辆，增长39.6%；其中私人轿车保有量1.7万辆，增长43.8%。

全年完成邮电业务总量22.04亿元，

增长11.0%；其中邮政业务总量为2.01亿元，增长13.5%；电信业务总量为20.03亿元，增长10.8%。年末局用交换机总容量为358.16万门，增长33.9%。年末固定电话用户数达95.3万户，其中城市电话用户24.3万户，乡村电话用户71万户。年末移动电话用户125.3万户。年末国际互联网用户13.5万户，增长14.7%。

银行、保险和证券

银行业运行平稳。金融机构存款稳步增长，本外币年末各项存款余额为509.27亿元，比年初增长9.5%，其中企业年末存款余额为71.59亿元，增长3.1%；城乡居民储蓄存款386亿元，增长8.7%。金融机构本外币年末各项贷款余额为308.3亿元，比年初增长15.1%，其中本外币短期贷款为202.1亿元，增长9.0%；本外币中长期贷款为104.35亿元，增长29.7%。个人住房贷款15.37亿元，比年初增长41.9%；个人消费信贷18.36亿元，增长18.7%。

保险事业发展迅猛。新增保险公司3家，总数达17家，其中寿险公司8家、产险公司8家、保险代理公司1家。全市保费收入18.17亿元，增长50.1%。赔付额5.8亿元，增长64.1%。

年末有上市公司2家，股票市价总值72.92亿元。

教育和科学技术

教育事业全面发展。年末普通高等学校4所，招生0.93万人，增长25.6%，在校学生2.58万人,增长18.0%，毕业学生0.54万人，增长7.2%；中等职业学校77所，招生3.34万人，增长17.6%，在校学生8.82万人，增长14.2%，毕业学生2.35万人，增长18.1%；普通高中60所，招生3.85万人，下降6.3%，在校学生11.6万人，下降4.3%，毕业学生3.67万人，下降18.6%；初中学校253所，招生6.39万人，增长0.5%，在校学生19.45万人，下降4.2%，毕业学生7.07万人，增长17.3%，中学在校学生辍学率为1.18%，下降0.84%，中学适龄人口入学率99.98%；普通小学920所，招生4.64万人，增长5.0%，在校学生29.63万人，下降3.7%，毕业学生6.23万人，下降0.7%，小学适龄儿童入学率99.76%；特殊教育学校3所，招生78人，增长56%，在校学生494人，增长41%；幼儿园在校生6.85万人，增长0.4%。

综合技术得到进一步发展。全市拥有产品检测实验室10个，法定计量技术机构19个，强制检定计量器具3.8万台(件)，完成产品认证的企业29个。地震台站30个。天气雷达观测站点1个。卫星云图接收站点7个。

科技研究开发有较大进展。全年高新技术产品总产值达126.1亿元，比上年增长128.5%，高新技术产品增加值36.4亿元，增长102.4%。年末专利申请达410件，增长2.2%，授权专利达263件，增长51.2%，签订技术合同79件，技术合同成交金额2.2亿元。

文化卫生和体育

文化广电事业稳步发展。年末全市拥有艺术表演团体9个，群众艺术馆、文化馆（文化中心）10个，公共图书馆9个，博物馆5个，纪念馆1个,广播电台9座，广播综合人口覆盖率达到98.97%；电视台11座，电视综合覆盖率达到94.8%，拥有有线电视用户60.17万户，增长3.5%。档案馆12个，已开放各类档案11万卷（件）。

医疗卫生保健事业不断提高。全市拥有疾病预防控制中心（防疫站）13个，卫生技术人员765人。卫生监督检验机构13个，拥有卫生技术人员84人。

体育事业健康发展。体育基础设施得到发展，现有体育场67个，占地面积588.4万平方米；体育馆10座，游泳池19个。开展全面健身158项次，参加全面健身运动人数172万人。

人口、人民生活及社会保障

人口自然增长率有所回升。年末户籍总人口为611.99万人，其中非农业人口144.03万人。全市男性人口313.61万人，增长0.56%；女性人口298.38万人，增长0.84%。0—18岁人口98.18万人，下降5.1%；18—35岁人口154.75万人，下降1.8%；35—60岁人口262.18万人，增长3.3%；60岁以上人口96.88万人，增长4.4%。人口自然增长率为3.3‰，比上年上升0.7个千分点。全年净增人口4.19万人。

城乡居民生活水平不断提高。城镇居民人均可支配收入12453元，比上年增长16.4%。城镇居民人均消费性支出8971元，增长16.6%。城市居民家庭恩格尔系数35.8%。农村居民人均纯收入3966元，增长11.8%。农村居民人均生活消费总支出3789元，增长10.2%。农村居民家庭恩格尔系数46.9%。

社会保障工作成效明显。全年参加基本养老保险61.69万人，比上年增长5.3%，其中职工有41.71万人，增长5.5%，离退休人员19.98万人，增长5.3%。参加失业保险人数25.5万人，增长1.0%。参加医疗保险人数43.6万人，增长9.2%，其中职工有27.7万人，增长8.9%，退休人员有15.9万人，增长9.6%，企业参加基本养老保险的离退休人员有15.51万人，增长6.4%，领取失业保险金人数下降到0.21万人。

社会福利事业继续发展。全市拥有各类收养性社会福利单位床位7635张，收养人员达7635人。得到政府最低生活保障的城镇居民达12.5万人，农村居民达7.69万人。拥有城镇各类社区服务设施2164个,其中综合性社区服务中心81个。发行福利彩票1.83亿元，筹措福利资金1825万元。发放救灾救济款2000万元。

注:1. 本公报数据为初步统计数。

2. 地区生产总值、各产业增加值绝对数按现价计算，增长速度按可比价计算。

市直副处以上单位领导名单

市 委

书 记 武吉海

副书记、市人民政府代市长、党组书记 卿渐伟

副书记、市委党校第一校长 曹儒国

常委、政法委书记 胡宗清

常委、市人民政府副市长、党组副书记、德山开发区工委第一书记 陈文浩

常委、秘书长、市委办主任、
　市直机关工委书记　刘　明
常委、组织部部长　李　平
常委、市人民政府副市长、
　党组成员　欧运崇
常委、宣传部部长　覃清香
常委、军分区司令员　彭安沙
常委、市纪委书记　刘剑英
常委、市人民政府副市长、
　党组成员　宋冬春
常委、统战部部长　吴友云
巡视员、市人大常委会
　党组副书记　刘本之
副巡视员、市委政法委副书记　吴生元
副巡视员　魏立刚
副巡视员、武陵区委书记　王孝山

市人大常委会

主任、党组书记　莫道宏
党组副书记、市委巡视员　刘本之
副主任、党组副书记　孙维忠
副主任、党组成员　张启祥　高　勇
　刘克云（市总工会主席）
副主任、党组成员　文承保　杨先平
　石成林

市人民政府

代市长、党组书记、市委副书记
　卿渐伟
副市长、党组副书记、市委常委、
　德山开发区工委第一书记　陈文浩
副市长、党组成员、市委常委　欧运崇
　宋冬春
副市长、党组成员　张元英　李爱国
　徐万发　徐超文
副市长、党组成员、
　德山开发区工委书记　朱晓平
副市长、党组成员　曹佳中
副巡视员　叶培明
副巡视员、市公安局局长、
　党委书记　汤向荣

市政协

主席、党组书记　刘春林
副主席、党组副书记　胡子达
副主席、民进市委主委（兼）　万成贞
副主席（兼）、武陵区政府调研员　丁时祺
副主席（兼）、市教育局调研员　徐国清
副主席、党组成员　张新民　李金城
副主席(兼)、常德卷烟厂副厂长　李明三
副主席(兼)、市农业局总农艺师　邓正春
副主席(兼)、市国土资源局副局长
　曹同生
副主席、党组成员　彭明建

市人民检察院

检察长　杜辉才

市中级人民法院

院　长　谢肇荣

常德职业技术学院

党委书记　李大平
院长、党委副书记　杨文明

市委党校

校　长　曾祥永

市纪委

书记、市委常委　刘剑英
副书记、市监察局局长、
　市政府党组成员　敖建斌
副书记　黄继长　李正才
常委、正处级纪检监察员　彭光福
常委、市监察局副局长　游志雄　胡以军
常　委　曹　慧　文春初
市监察局副局长　熊连初
监督检查室主任　唐成模
执法监察室主任　邢化明
纪检监察一室主任　汤　杰
纪检监察二室主任　龚丹诚
综合研究室主任　唐俊武
行政效能监察室主任　陈　剑
纠风室主任　于　萍
干部室主任　李曜宏
党风廉政建设室主任　黄明中
宣传教育室主任　邢　路
正处级纪检监察员　张纪冬　杨承斌
　周则强　黄　淇
副处级纪检监察员　唐友元　丁剑平

市　委

副秘书长、市委办调研员、
　澧县县委副书记（挂职）　涂碧波
副秘书长　肖朝进
副秘书长、市委办调研员　梁洪峰
副秘书长　郑建国
副秘书长、市接待处主任　何广辉
副秘书长、市委办调研员　谭弘发
副秘书长　莫汉桃　郑春阶　张礼斌
　华学健（援藏）
副秘书长、柳叶湖度假区
　工委书记、管委会主任　陈本祥
副秘书长、市委政研室主任　洪振海
副秘书长、市农村办主任、
　党组书记　贺丽君

市委办

副处级纪检员　刘李波
副主任　马业文　陈集群　刘湘宁
工会主席　姚进芝
市保密局局长　贾再安
机关党委副书记　许世林
市保密局副局长　李慧伶
调研员　毛先金　俞长林　祁圣贵
副调研员　张人普　詹子宏　唐直秋
　胡岩城　肖代锡
机要处主任（高配为副处级）　周　胜
督查室主任（高配为副处级）　周清华
值班室主任（高配为副处级）　马永忠
副调研员　颜学祥

市委市政府接待处

主任、市委副秘书长　何广辉
副主任　周　斌　周训银
副处级纪检员　黄银花
调研员　贺星平　曾国安

市档案局

局　长　杜九洲
副局长　夏国祥　彭晋芳
副处级纪检员　廖明辉
调研员　王先桃
副调研员　徐元清　张建国

市委党史办

主　任　陈国华
副主任　俞鸿钧　周华辉
副处级纪检员　梅亚利
调研员　魏胜权　皮丕忠
副调研员　娄建英

芷园宾馆

总经理　张孔跃

市委组织部

部长、市委常委　李　平
副部长　韦绍斌　李娥皇
副部长、市人事局局长、
　党组书记　曾再农
副部长　熊继定
副处级纪检员　姚敦科
工会主席　邹如龙

副处级组织员 董明辉 邹亚平 庞 波

市委远教中心

主 任 董建华

市委老干局

副局长 范贤宏 苏国才 石 林
副处级纪检员 张夢芬
副调研员 谌松柏 周和生

市委编委办

副主任 李新东 陈蔼然 文会军
副处级纪检员 定明霞
调研员 罗英碧 肖英明
副调研员 曾毅文 朱正权

市直机关工委

书记、市委常委、秘书长、
市委办主任 刘 明
副书记 戴奇林
委 员 陆振岩 易建设
调研员 向才梅 刘存根
副调研员 杨云芳 肖吉平

市总工会

主席、市人大常委会副主任、
党组成员 刘克云
党组书记、副主席 雷志汉
副主席、党组成员 刘志成 陈寿林
戴正玉 熊夏明
纪检组组长、党组成员 程灵敏
调研员 张禹华
副调研员 胡玲玲 刘德泽

团市委

书记、党组书记 王学武
副书记、纪检组组长、党组成员 余 俞
副书记、党组成员 刘 琼 朱正华

市妇联

主席、党组书记 龚美爱
副主席、党组成员 沈明莉 刘 珍
纪检组长、党组成员 谢春玲
副调研员 唐立新 张海卿 (援藏)

市委党校

第一校长、市委副书记 曹儒国
校 长 曾祥永
副校长 康 平 车世忠
副校长、工会主席 黄德泉
教育长 万传明
纪检组长 曹桂清
调研员 蔡大胜
顾问 (正处级) 杨政国
办公室主任 赵林桦
人事处处长 肖曼丽
科教处处长 刘政湖
法学教研室主任 黄 冀
管理教研室主任 张建军
函授教学处处长 王关鑫
图书馆馆长 常 英
后勤处处长 杜权华

市委宣传部

部长、市委常委 覃清香
副部长 李湘震
副部长、市文化局局长、
党组书记 诸戈文
副部长 张志平
副部长、副处级纪检员 郭碧勋
市文明办副主任 王子平
市新闻办副主任 徐礼美
副调研员 宁毅刚 刘 军

市委讲师团

副主任 刘桂平 周 军
调研员 陈文斌
副调研员 姜 倩

市社科联

副主席 孙大芬

市文化局

局长、党组书记、
市委宣传部副部长 诸戈文
副局长、党组副书记 尹跃明
副局长、党组成员 曾秋甫
副局长 陈怀福
市纪委派驻纪检组长、
党组成员 叶富荣
副局长、党组成员 伍作春 凌 茹
联合工会主席、党组成员 唐鸿君
调研员 彭泽春
副调研员 周志华 李桂舫

市文物处

主 任 任民政
党支部书记 成 健
副调研员 郑庆蒙

市电影公司

党总支部书记 蒋 勇

市新闻出版局

局长、党组书记 万常明
副局长、党组成员 夏 斌
张士强(1999.06正团)
纪检组长、党组成员 郑学泉

市文联

主席、民盟市委副主委 (兼) 王军杰
党组书记 胡振宇
副主席、党组成员 陶少鸿 杨亚杰
纪检组长、党组成员 殷习清
副调研员 叶建华

市广电局

局长、党委书记 王承英
总编辑、副局长、党委副书记 鲁光伟
副局长、党委副书记 周大曙
副局长、党委委员 罗腊珍
副局长、副总编辑、党委委员 伍长庆
副局长、党委委员 祝建华
副总编辑、党委委员 彭文斌 陈仕洪
总工程师 王惠戎
调研员 游述南 (1984.10正团)
王林章 王荣柏 张人辉
徐佳桂 刘湘民
副调研员 吴长武 易家兴 曾雪艳
范阳生 周慧华

常德电视调频台

台 长 姚旭宇
党支部书记 于志发

市体育局

局长、党组书记 燕为志
副局长、党组副书记 彭运球
副局长、党组成员 颜淑良(1996.04正团)
曾益秀 蒋祖玉
郭震宇
纪检组组长、党组成员 丁 斌
副调研员 刘泉礼

常德日报社

社长、党委书记 谢承益
总编辑、党委副书记 汪肯堂
副总编辑、党委委员 黄修林 刘雅玲
纪委书记、党委委员 覃建军
工会主席、党委委员 张丽华
顾问 (正处级) 孙在平 周 奇
陈渝生
顾问 (副处级) 文务实

市委政法委

书记、市委常委 胡宗清
副书记 殷宗德
副书记、市委副巡视员 吴生元
副书记 彭德树 (2001.07副师)

副书记、市综治办主任 姚景平
副书记 万革新
副书记（兼）、市委610办主任 饶南丙
政治处主任 朱绍松
副处级纪检员 彭智明
市综治办副主任 祁圣平 程志刚
执法监督室主任（高配为副处级） 伍 宏
调研员 卢子成 鲁清阶 王建国

市人民检察院

副检察长、党组副书记 杨建波
副检察长、党组成员 熊文辉
副检察长、党组成员、正处级检察员 胡新建
副检察长、党组成员 周奔红
副检察长、农工民主党市委副主委（兼） 郑朝兵
党组成员、正处级检察员、市纪委派驻纪检组长 许建国
政治部主任、党组成员 张治民
工会主席、党组成员 高云祥
党组成员、反贪局局长（高配为副处级） 卜学宏
党组成员、渎侦局局长（高配为副处级） 欧阳志恒
白洋堤检察院检察长（高配为副处级） 汪建保
检察委员会专职委员 郭建国
正处级检察员 陈彰福 杨长巨 赵春先 覃事育 彭建国 熊忠民
副处级检察员 尹述革 周国权 危兆海 钟吾山 宋英杰 劳新国 杨其芳 冯献民 雷光松 熊湘涛 郭道华 曾祥国

市中级人民法院

党组书记 陈海波
党组副书记、正处级审判员 胡金林
副院长、党组成员、正处级审判员 彭世理 赵世富
副院长 张业梅
党组成员、市纪委派驻纪检组长 李爱群
工会主席、党组成员 黄天伏
执行局局长（高配为副处级） 文小平
司法警察支队支队长（高配为副处级） 黄志坚
审判委员会专职委员、正处级审判员 朱小林
正处级审判员 樊明程 王岱新 王 玮
副处级审判员 徐维海 马朝彬 文望生 宋雨前 陈位安 王远和 熊继品 贾先来 魏云良 王同胜 糜玉枝 姚敦贵 李新珍 樊希旦

市公安局

局长、党委书记、市政府副巡视员 汤向荣
副局长、党委副书记、正处级侦察员 焦贵年
副局长、党委副书记 李培桂(2003.12副师)
副局长、党委委员、市交警支队长、党委书记 廖建华
副局长、党委委员、正处级侦察员 贾建华
副局长、党委委员 彭 进
副局长、党委委员、刑警支队长（高配为副处级） 王汉桃
工会主席、党委委员、正处级侦察员 郝诗康（1996.04正团）
纪委书记、党委委员 冉黎明
政治部主任、党委委员 彭晓林
刑警支队政委（高配为副处级） 杨弟秋
治安支队支队长（高配为副处级） 蒋中秋
治安支队政委（高配为副处级） 易建国
警卫处主任（高配为副处级） 易惠权
武陵分局局长（高配为副处级） 邹建平
武陵分局政委（高配为副处级） 金义平
德山分局局长（高配为副处级） 陈华胜
德山分局政委（高配为副处级） 叶湘沅
柳叶湖分局局长（高配为副处级） 文 敏
柳叶湖分局政委（高配为副处级） 彭孝宽
西湖分局局长（高配为副处级） 樊启斌
西湖分局政委（高配为副处级） 杨瑞东
西洞庭分局局长（高配为副处级） 刘 林
西洞庭分局政委（高配为副处级） 周国政
正处级侦察员 鲁全生 阎北云 徐树林 孙树生 施贤国 张树明
调研员 鄢梅初 张一迅
副处级侦察员 陈军华 杜慎进 杨成业 杨万松 许顺兴 刘林舫 卞兆平 金泽国 江来寅 易发质 罗移星 蒋新贵 姜宏建 黄爱平 曾广法 吴希勇 廖学斌 李晓明 徐达海
副调研员 刘阳春
副处级侦察员 戴承杭 刘元春 朱传明 喻明泽 杨昌国 许开辉 刘关月 尹友明 戴海洲 王汝国 袁国清 徐绍红

市交警支队

支队长、党委书记、市公安局副局长、党委委员 廖建华
政 委 鲍虹宇
正处级侦察员 陈书生
副处级侦察员 钟兴来 李赋初 石菊友 谢满清 蒯定国 王德忠 张泽坤 陈学洪 万成安 陈松柏 陈国书 刘代兵 周正国 马岳军 粟绍喜 邓拥华 林玉祥 刘荣斌 黄启焕

市巡警支队

支队长、党委书记、正处级侦察员 徐祥顺（1988.07正团）
政 委 尚显波
正处级侦察员 鲁继华 杨启国
副处级侦察员 蒋吉华 唐明清 吴谷桃

市司法局

局长、党组书记、武陵监狱第一政委（兼） 周利党
副局长、党组副书记 王明集
副局长、党组成员 高守勤
副局长、民盟市委主委（兼） 傅绍平
副局长、党组成员 黄冰毅
副局长 肖先谋（1995.05正团） 刘长城
党组成员、市纪委派驻纪检组长 陈 辉

政治部主任、党组成员 樊景华
联合工会主席、党组成员 何英杰
调研员 高乐毅 邓纯
副调研员 陈建国 曹琮伟

武陵监狱

第一政委（兼）、市司法局局长、党组书记 周利党
监狱长、党委书记 张程发
副监狱长、党委副书记 刘锦秀
副监狱长、党委委员 周日华 唐光明（1998.03正团） 伍国纲
纪委书记、党委委员 彭亦农（1996.03正团）
工会主席、党委委员 张立军
政治处主任、党委委员 谭洪
副监狱长、党委委员 符政荣
调研员 刘桂秀 李宽伟
副调研员 张胜 曾日凡

市劳教所

所长、党委书记 刘国高（1993.01正团）
政委、党委副书记 胡云武
副所长、党委副书记 邱彬如
副所长、党委委员 邵建林 余少尧 张文进 聂仁贵
纪委书记、党委委员 管治云
工会主席、党委委员 潘国平
政治处主任、党委委员 皮明文
调研员 丁忠庭
副调研员 姚勇

市民政局

局长、党组书记、市民间组织管理局局长 卜功元
副局长、党组副书记 李巨开 殷宗仁
副局长、党组成员 戴平 周晓平
党组成员、市纪委派驻纪检组长 唐建军（1998.01正团）
党组成员、市民间组织管理局副局长 李云峰
工会主席、党组成员 彭志莉
市老龄委办主任（高配为副处级） 陈怀祥
调研员 李继华 罗平之
副调研员 黄生忠（1996.04正团） 蔡荣华

市社会救助处

主任 余普阳
党支部书记 沈绪国

市殡葬管理处

主任 高建平
党支部书记 张燕
副调研员 陈大忠

市康复医院

院长、党总支部书记 李南璋

市社会福利院

院长 王冠华
党支部书记 王琍

市委统战部

部长、市委常委 吴友云
副部长 郑维改
副部长、市台办主任 刘涤尘
副部长、市工商联党组书记、副会长 钟春枝
副部长 龙泽巨
副处级纪检员 鲁晓凤
工会主席 燕晖
调研员 杨庆武
副调研员 聂国权 廖国华

市工商联

会长 陈伟俊
党组书记、副会长、市委统战部副部长 钟春枝
党组副书记 鄢家敏
副会长、党组成员 谈远灯
副会长 杜鹏
纪检组长、党组成员 张祥生
副调研员 宋祖军 文政国

市台办

主任、市委统战部副部长 刘涤尘
副主任 李思群
副调研员 庞廷禹

民革市委

主委（兼）、市审计局总会计师 陈位明
副主委（兼）、武陵区政协副主席（兼）、区侨办主任 李日春
副主委（兼）、德山开发区管委会副主任、总经济师 邹吉茂
副主委 陈立平

民盟市委

主委（兼）、市司法局副局长 傅绍平
副主委（兼）、市文联主席 王军杰
副主委（兼）、湖南文理学院成教学院高级试验师 李国富
副主委、办公室主任 邓红

民进市委

主委（兼）、市政协副主席 万成贞
副主委（兼）、湖南文理学院政史系主任、教授 曹卫平
副主委(兼)、常德工业学校副校长 张力
副主委 杨芳

民建市委

主委（兼）、市发改委副主任 杨新辉
副主委（兼）、市规划局一分局局长 姜政
副主委 曾盈

农工民主党市委

主委(兼)、市第一中医院副院长 肖燕芳
副主委(兼)、市检察院副检察长 郑朝兵
副主委（兼）、市四医院副院长 张建国
副主委、办公室主任 杨健全

九三学社市委

主委（兼）、湖南文理学院化学系副主任、高级实验师 朱传宏
副主委（兼）、金芙蓉铝箔公司总经理 肖江华
副主委（兼）、市水利局副局长 冉滨辰
副主委 罗功大

市委政研室

主任、市委副秘书长 洪振海
副主任 刘敏华 宋云凤 鲁祖安
副调研员 屈锦林 何仕林

市农村办

主任、党组书记、市委副秘书长 贺丽君
副主任、党组副书记 汪淑凡 李柏艳 郑志鹏
副主任（兼）、市移民局局长、党组书记 吴金槐
副主任、党组成员 戴国华 刘仕英
市纪委派驻纪检组长、党组成员 林毅
联合工会主席、党组成员 曾长安
调研员 李运南
副调研员 谢昭元 刘晓春
市农村能源办主任（高配为副处级） 周训促

市水利局

局长、党组书记 周栋民
副局长、党组副书记 陈安生 陈克银

副局长、党组成员　姜政安　戴世雄　张锡桥　姜守维
副局长、九三学社市委副主委（兼）　冉滨辰
副局长、党组成员　刘青山(1996.04正团)
党组成员、市纪委派驻纪检组长　易焕群
总工程师　张文昕
调研员　杨明松
副调研员　匡朗初　阙志华　余高甲

市防汛办

主　任　李传军

市江北城防处

主　任　刘云久
党支部书记　周新政

市农业局

局长、党组书记　黄云新
副局长、党组成员　谢真新　罗卫华　彭庆兰
党组成员、市纪委派驻纪检组长　周辉明
总农艺师、市政协副主席（兼）　邓正春
副局长、党组成员　杨　昶
调研员　王泽斌
副调研员　杨精融　万宏进　汤厚松　易宗云

市林业局

局长、党组书记　肖正汉
副局长、党组成员　蔡宪枝(1993.04正团)　张耀忠　颜劲草　周艳初　詹学明
党组成员、市纪委派驻纪检组长　李世龙
副局长、党组成员　罗邦宏(2000.03正团)
联合工会主席、党组成员　唐良平
总工程师　喻传明
森林公安分局局长（高配为副处级）　李春林
森林公安分局政委（高配为副处级）　马云中
调研员　刘福勘　詹松柏
副调研员　夏松林　周长生

市农机化局

局长、党组书记　陈　磊
副局长、党组副书记　郭南方
副局长、党组成员　杨志刚　沈国安
工会主席、党组成员　尹宗杰

纪检组长、党组成员　袁　湘
调研员　卢新华　张　腾　肖文彬　毛先清
副调研员　曾宏忠

市畜牧水产局

局长、党组书记　刘经平
副局长、党组副书记　陈白校
副局长、党组成员　邹如辉（1998.03正团）　陈兆祥　高用忠
总工程师　张安福
调研员　余运秋
副调研员　杨子超　戴国宏　唐德明

市供销社

理事会主任、党组书记　张孔荣
监事会主任、党组副书记　钟建国
理事会副主任、党组成员　章宏金（1998.04正团）　向文华　伍先开　孙圣斌
纪检组组长、党组成员　唐丽华
工会主席、党组成员　王斌武
调研员　胡传忠　丁爱吾　王启林
副调研员　朱南滨　张晓明　欧阳明

市移民开发局

局长、党组书记、市农村办副主任（兼）　吴金槐
副局长、党组成员　朱　敏　易继军　刘少华　吴宏志
纪检组长、党组成员　陈　默
调研员　宁国焕
副调研员　郝金海

市经管局

局　长　张业湘
党支部书记　宋英明
副调研员　蔡铁军

市乡镇企业局

局　长　袁天鹏
党支部书记　封德军
副调研员　屠泽平

市农民教育办公室

主任、党支部书记　盛雄雄
顾问（正处级）　屠泽运

市农科所

所长、党委副书记　符建法

副所长　童宗祥　杨年春　杨　鸿
纪委书记　葛丁纲
工会主席　朱明玉
顾问（正处级）　吴云利　雷光英　夏延来

市政府

市长助理、秘书长、党组成员、市政府办主任、党组书记　沈习淼
副秘书长、市政府办党组副书记、调研员、津市市委副书记（挂职）　周代惠
副秘书长　陈智慧
副秘书长、市政府办党组成员　甘志敏
副秘书长　张运华　罗忠义
副秘书长、市政务中心主任、党组书记　熊国建
副秘书长、机关党委书记　马麦秋
副秘书长、市信访局局长、党组副书记　邱兵泉
副秘书长、市国安局局长、党组书记　张东风
副秘书长、市政府办调研员　罗上林
副秘书长、市城市办主任、党组书记　张国政
副秘书长　曾志德　李长春

市政府办

副主任、党组成员、调研员　蔡　新
联合工会主席、党组成员　郭儒刚
副主任、党组成员　张跃华
党组成员、市纪委派驻纪检组长　华清明
副主任、党组成员　向才焰
党组成员、督查室主任（高配为副处级）　吴新涛
调研员　田晓川　车世炎　张家安　周国斌　孙大忠　周文清　刘德贵　郝界洲　杨新民
副调研员　覃正新　杨建华

市政府

机关党委副书记　陈显球

市财政局

局长、党组书记　卢武福
副局长、党组副书记、市住房公积金中心党组书记（兼）　刘慎松
副局长、党组副书记　娄远军

副局长、党组成员 廖华春 余运俊
王克文 (1997.10正团)
党组成员、市纪委派驻
纪检组长 郝介球
工会主席、党组成员 梅 宏
副局长 郑维菊
总会计师 陈绪华
调研员 吴国荣 (1985.01正团) 胡嫦娥
副调研员 李爱华

市农业综合开发办

主任、党组书记 罗贻林
副主任、党组成员 彭中好
谈保义 (1997.04正团)
周兴国 李艳红
纪检组组长、党组成员 蒋宗灼
调研员 甘 霖 杨石旭

契税耕地占用税征收管理局

局长、党支部书记 詹 平

市非税收入管理局

调研员 黄显祥

市住房公积金中心

党组书记 (兼)、市财政局
副局长、党组副书记 刘慎松
主任、党组副书记 赵安才
副主任、党组成员 尹洪桂 何名福
朱为民
纪检组组长、党组成员 陈昌宏
总会计师 胡秋兰
副调研员 杜登玖

市财政支付局

局长、党支部书记 赵湘仿

常德财校

校长、党委副书记 李 华
党委书记 皮德秀
副校长 戴立权 李 志
纪委书记 唐建国
工会主席 邹明慧
顾问 (正处级) 熊昌本 唐友福

市人事局

局长、党组书记、
市委组织部副部长 曾再农
副局长、党组副书记 张柏枝
副局长、党组成员 王 鳌
刘德建 (2000.03正团)
副局长、党组成员、
市纪委派驻纪检组长 吴爱平
工会主席、党组成员 夏吉军
市军转办主任 (高配为副处级) 刘岳武
调研员 丁喜珍 郑云香
副调研员 孟银洲 肖汉友 张用保

市人才交流中心

主 任 潘汉清
党支部书记 徐秋安

市审计局

局长、党组书记 吴让晓
副局长、党组副书记 陈友康
副局长、党组成员 李新辉 刘光华
副局长、总审计师、党组成员 李 卫
副局长、党组成员 谷素君(2002.03正团)
工会主席、党组成员 陈秋林
总会计师、民革市委主委 (兼) 陈位明
党组成员、市纪委派驻
纪检组长 王金华
经济责任审计室主任
(高配为副处级) 苏以政
调研员 周喜全 郭亿春 (1990.09正团)
副调研员 王维国

市安监局

局长、党组书记 张 平
副局长、党组副书记 王宏斌
副局长、党组成员 胡天保
吴修烟 (1993.03正团)
饶南国 (1998.03正团)
副局长、党组成员、常德欣运
集团股份有限公司总经理 陈明哲
党组成员、市纪委派驻
纪检组长 熊 伟
工会主席、党组成员 李建光
副局长 陈宏元
调研员 王 光 谢世华 刘信复
副调研员 卓如清

市城管执法局

局长、党组书记 杨 易
副局长、党组副书记 张 军
副局长、党组成员 胡万联 龙旭光
熊泽义 (2001.03正团)
龚霞波
市纪委派驻纪检组长、
党组成员 沈英鹏
联合工会主席、党组成员
刘开桂 (1996.04正团)
副局长、党组成员 蒋劲松
调研员 彭培南 曾长清 何顺成
朱茂章
副调研员 钟儒来 金立新 席先武

市环卫处

主 任 赵德波
党委书记 李德智
副调研员 王仲威

常德火车站广场管理处

主 任 牟利民
党支部书记 刘振华

市信访局

局长、党组副书记、
市政府副秘书长 邱兵泉
党组书记、副局长 封建新
副局长、党组成员 王宏平(1997.08正团)
夏德华 李绍霞
纪检组长、党组成员 张 峰
副局长、党组成员、
市政府驻北京联络处副主任 刘图强
调研员 朱文君
副调研员 潘泽弟

市旅游局

局长、党组书记 赵 星
副局长、党组副书记 唐智勇
副局长、党组成员 易孝毅 伍彩霞
纪检组长、党组成员 赵 钰
副调研员 王 艺 黄海萍

市人防办

主任、党组书记 唐汇元
副主任、党组成员 张恒星(1996.03正团)
鲍学诚 李建军
纪检组长、党组成员 蔡建球
调研员 吴泽灼 傅元洪
王用喜 (1987.11正团)
刘国清 (1993.05正团)

市法制办

主任、党组书记 于汉卿
副主任、党组成员 向际云 张智慧
纪检组长、党组成员 范贤才
副调研员 贺中辛

市政务中心

主任、党组书记、
市政府副秘书长 熊国建
副主任、党组副书记 夏立权
副主任、党组成员 杨军武 黄福全
纪检组长、党组成员 李 红

副调研员　李培庸

市城市办

主任、党组书记、市政府副秘书长　张国政
副主任、党组副书记　刘奇志
副主任、党组成员　文定红　于乾好
副调研员　丁爱芝

市食品安全办

主任、党组副书记　贺圣国
党组书记、副主任　汪学林
副主任、党组成员　李　森　邓朝晖
调研员　钟儒敏
副调研员　王建国　杨耀恒

市蔬菜办

主　任　代忠清
党总支部书记　朱建湘
副调研员　李德武
党支部书记　曾国赋
调研员　徐联梅
副调研员　郭立新

市无线电管理处

主　任　张志刚
党支部书记　郭佑成

市信息化办

主　任　舒兆兰
党支部书记　王淑华
副调研员　魏宗德

市民族宗教局

局长、党支部书记　黄功宽

市政府驻北京联络处

主　任　易耀平
副主任、市信访局副局长、党组成员　刘图强

市政府驻上海联络处

主　任　吴泽波
副主任　董文书
调研员　文明清

市发改委

主任、党组书记　周运来
副主任、党组副书记　吴德新
副主任、党组成员　董奇泉(1999.06副师)　魏　明　陈运国　任绪义　杨　青
联合工会主席、党组成员　梁明华
副主任、民建市委主委（兼）　杨新辉
总经济师　肖永建
党组成员、市纪委派驻纪检组长　雷　林
调研员　沈文锋　王华轩　左宜斌
副调研员　陈夏林　雷　霞

市经济技术协作办公室

主任（高配为副处级）　郑利红

市重点办

主　任　鄢海范

市经委

主任、党组书记　张友德
副主任、党组副书记　胡颖锋　谭卿平
副主任、党组成员　李桂香　张长顺
党组成员、市纪委派驻纪检组长　夏　智
联合工会主席、党组成员　张炼钢
党组成员、市经委退管中心主任文中南
党组成员　向才协
总经济师　罗少波
调研员　丁寅洲　孙新民　彭振军　王国权　袁先栋
副调研员　刘春林

市煤管局（副处级机构）

局　长　张伟建
党总支部书记　黄晓时
副局长　章宏炮　滕智猷　陈义佳　谭春荣
副调研员　杨永红

市经委退管中心

主任、市经委党组成员　文中南
党支部书记　陈富前

市教育局

局长、党委书记　黎建平
副局长、党委副书记　郑大金
副局长　李旺国
副局长、党委委员　庹朝君
纪委书记、党委委员　王海清（1998.03正团）
工会主席、党委委员　夏桃清(1999.03正团)
副局长、党委委员、招考办主任（高配为副处级）　施爱国
调研员、市政协副主席（兼）　徐国清
正处级督学　游进初　胡德长　金旺喜　郑正良
副处级督学　周政涛　黄大祥　钟吉红　熊柏隆

常德师范学校

校长、党委副书记　郭立纯
党委书记　唐爱国
党委副书记、纪委书记　朱立春
副校长、工会主席　田　中
副校长　杨瑞桥　骆绍华
顾问（正处级）　陈顺德　向才登
顾问（副处级）　张联民

桃源师范学校

校长、党委副书记　刘钦林
党委书记　谢儒初
副校长　王有志
纪委书记　姜协武
工会主席　刘宗华
顾问（正处级）　刘一强
顾问（副处级）　康建纯

常德广播电视大学

校长、党委副书记　陈玉山
党委书记　粟登武
副校长　袁圣柏　郭作杰　邓文纲
纪委书记、工会主席　游百春

常德工业学校

校长、党委副书记　夏　一
副校长、党委副书记　文福之
副校长　夏学斌　文定忠　胡元祖
副校长、民进市委副主委（兼）　张　力
纪委书记　钟质纯
工会主席　陈本校
顾问（正处级）　卓伯泉

市一中

校　长　李中英
党委书记　唐会荣

市二中

校长、党委书记　唐洪波

市六中

校　长　万方泉
党委书记　赵淑君

市七中

校长、党委书记　刘国军

市科技局

局长、党组书记　胡作武
副局长、党组副书记　唐西新
副局长、党组成员　陈建中　罗宗红
党组成员、市纪委派驻纪检组长　陈　芳

工会主席、党组成员

肖继国（2000.03正团）

副局长、党组成员 张 音

总工程师 薛建华

副调研员 郭佑波 唐志敏

市知识产权局

局 长 肖忠嫦

党支部书记 曾 辉

市地震局

局 长 刘德宽

党支部书记 刘于春

副调研员 徐炳炎

市劳动社保局

局长、党组书记 罗宏全

副局长、党组副书记 沈 跃

副局长、党组成员 罗尚杰

刘政华（1994.07正团）

陈术明

副局长、工会主席、党组成员 向君承

党组成员、市纪委派驻

纪检组长 彭德辉

调研员 涂贤怀 朱正德

副调研员 金章福 游楚君

市劳动监察支队支队长

（高配为副处级） 徐光春

市就业处

主 任 罗平波

党支部书记 王 强

副调研员 张小东 邹汉春

市机关事业单位社保处

主 任 唐金平

调研员 邓平元

市社保处主任 付奉义

党支部书记 黄自灼

副调研员 赵晓波

市医保处

主 任 谭广军

党支部书记 夏建国

副调研员 陈光耀

市工伤保险处

主 任 毛泽陆

党支部书记 丁敬国

市建设局

局长、党组书记 郭道义

副局长、党组副书记 赵国平

副局长、党组成员 黄金陵 邓保平

黄小明 杨稚平

党组成员、市纪委派驻

纪检组长 胡宪中（1995.06正团）

联合工会主席、党组成员 商叔华

总工程师 吕正跃

调研员 李先达（1990.03正团） 刘谷良

周双保 朱世龙 赵凤英

副调研员 朱 丹 刘凡荣

市公用事业局

局 长 郭学怀

党组书记 张会苏

副调研员 易焕彩

市园林局

局 长 张圣友

党组书记 赵善平

副调研员 张建平

市诗墙管理处

主 任 余双德

党支部书记 黄飞华

副调研员 符乐农

市市政建设总公司

总经理 颜学金

党支部书记 陈红文

市建筑勘测设计院

院 长 陈佩荣

市规划建筑设计院

院 长 康存前

党支部书记 汤巨龙

市交通局

局 长 马承斌

党组书记 车德斌

副局长、党组副书记 陈柏枝 覃 力

副局长、党组成员、市公路局

局长、 党委书记 牟明德

副局长、党组成员 郑德贵 李祥万

副局长、党组成员、

市运管处主任 谢朝君

党组成员、市纪委派驻

纪检组长 李梅清（1995.04正团）

总会计师 何克明

总工程师 肖 异

党组成员 姜湘霞

调研员 田其乐 罗湘成

曾昭贵 李建国

副调研员 黄 浩 杨丽华

市运管处

主任、市交通局副局长、党组成员

谢朝君

党委书记 周乃钧（1995.02正团）

副调研员 黄 劲

市征稽处

处 长 刘湘山

党委书记 刘桂海

副调研员 梁 辉

市港航处

主 任 夏进钰

党委书记 鲁周扬（1996.04正团）

副调研员 简必政

市地方海事局

局 长 曾珊山

党委书记 罗海宇

市商务局

局长、党组书记、市招商局局长 滕明友

副局长、党组副书记 郑治文

副局长、党组成员 谭晓文 白鸿谋

党组成员、市招商局副局长 涂贤春

党组成员、市纪委派驻

纪检组长 金三葵

总经济师 徐晓明

调研员 杨时来 朱国模 张家典

谢友田 钟云鹏 雷文乔

副调研员 蔡国华 胡晓明 管楚运

李锡奖

市酒管办

主 任 石 林

党支部书记 刘昌年

调研员 李常一

副调研员 刘凯建

市商务局退管中心

党支部书记 易发力

副调研员 王继虎

市市场服务中心

主 任 严利民

党总支部书记 罗华仪

顾问（正处级） 张树华

副调研员 陈章强

市卫生局

局长、党委书记 郑家火

副局长、党委副书记 刘庆达

副局长、党委委员 周德生(1997.12正团)

副局长、党委委员、爱卫办主任

蒋 琼

副局长、党委委员　符中智　陈仕平
彭元军 (2003.03正团)
纪委书记、党委委员　石瑞来
工会主席、党委委员　易建平
调研员　张湘林　刘云霞
罗先樵　皮　辉
副调研员　李基顺

市卫生监督所

所　长　成春初
党支部书记　傅宏伟
副调研员　王兴立

市第一人民医院

院长、党委副书记、德山分院院长
魏尚典
党委书记　屈晶华
副院长　邓利民　向绪林　潘道波
钟发平　陈能志
总会计师　刘靖祥
纪委书记　刘　艳
调研员　皮作清 (1989.11正团)　计绍云

市一医院德山分院

院长、市一医院院长、
党委副书记　魏尚典
党委书记　卢赐清

市第一中医院

院长、党委书记　邵先舫
副院长、党委副书记　刘开明
副院长　柳树果　刘志军
副院长、农工民主党
市委主委 (兼)　肖燕芳
副院长 (挂职)　熊　辉
纪委书记　周吉祥
工会主席　李银和
调研员　樊方桂

市疾控中心

主　任　彭　进
党总支部书记　袁家新

市人口计生委

主任、党组书记　张卫星
副主任、党组副书记、市计生
协会副会长 (高配为正处级)　车向　东
副主任、党组成员　李培兰　张锦祥
曹学美 (2002.03正团)
朱超珍　张业新
工会主席、党组成员　彭治纲
市计生协会秘书长
(高配为副处级)　覃祖运
调研员　刘兴国　汪国志
陈顺明　肖耀明
副调研员　廖建华

市规划局

局长、党组书记　李迪伟
副局长、党组成员　李友明
党组成员、市纪委派驻
纪检组长　何亦兵 (1993.02正团)
副局长　张　彬
副局长、党组成员　汪国平
诸扬欢 (2000.12正团)
副局长、总工程师、党组成员　胡少华
工会主席、党组成员　黄仁贵
调研员　刘启仪
副调研员　刘建武　谭丽平

市环保局

局长、党组副书记　王吉亚
党组书记　佘洪涛
副局长、党组副书记　陈建国
副局长、党组成员　卜忠华　丁指南
副局长　马　慧
党组成员、市纪委派驻
纪检组长　杨家珍
工会主席、党组成员
张明军 (1998.04正团)
总工程师　魏利权
调研员　杨彩星

市统计局

局长、党组书记　唐子钧
副局长、党组副书记　覃正元
副局长、党组成员　龙建国　彭志刚
党组成员、市纪委派驻纪检组长
樊中华
工会主席、党组成员　易建军
总统计师　揭正亚
副调研员　涂卫军

市粮食局

局长、党组书记　张　阳
副局长、党组成员　刘新民　陈法利
杨万里 (1998.10正团)　张益民
党组成员、市纪委派驻
纪检组长　柴同勤
调研员　王　见　覃事忠　陈正华
副调研员　连季斋　孟林涛

市物价局

局长、党组书记　袁云波
副局长、党组副书记　龚榔林
副局长、党组成员　刘邦原(1996.04正团)
朱建武　陈谋建
常新群(1998.12正团)
党组成员、市纪委派驻
纪检组长　赵怡德
调研员　印甫生　翟振彪 (1986.08正团)
岳伏春　谭国荣　李父军
副调研员　李印华　陈大波

市外侨办

主任、党组书记　陈　华
副主任、党组副书记、
市侨联主席　陈丽君
副主任、党组成员
何汉元 (1990.01正团)
副主任、党组成员　陈玉芳
党组成员、市纪委派驻
纪检组长　袁　宏
调研员　陶孝忠

市侨联

主席、市外侨办副主任、
党组副书记　陈丽君

市国资委

主任、党组书记　赵先桃
副主任、党组副书记　任克勤　罗先贵
副主任、党组成员　黎星兵　鄢炳成
陈建军
党组成员、市纪委派驻
纪检组长　周德富
总经济师　胡庭清
调研员　张志英
副调研员　王国军

市城建投资开发公司

董事长　毛跃进

市经建投资公司

经　理　曾建坤
党支部书记　何英望

市公路局

局长、党委书记、市交通局
副局长、党组成员　牟明德
党委副书记　倪湘涛
副局长、党委委员　焦绍云　曲　斌
谢剑平
纪委书记、党委委员
金宏中 (1998.03正团)
工会主席、党委委员　肖剑春
总工程师　王常清

总会计师　苏国孝
调研员　刘清华　梁长安
副调研员　邓振松　邓俊杰　任朝晖　史美华

市房管局

局长、党组副书记　关建锋
党组书记、副局长　雷志钦
副局长、党组副书记　徐芳明
副局长、党组成员　廖爱民　伍作栋
纪检组长、党组成员　曾建新
调研员　黎体纯
副调研员　陈　勇

市科协

主席、党组副书记　谈应来
副主席、纪检组长、党组成员　胡新华
调研员　蔡建国　周庆元
副调研员　吴德新

市残联

执行理事会理事长、党组书记　涂传勇
执行理事会副理事长、党组成员　刘家秀　潘嗣安　辛长明　曾召盛
纪检组长　周凤华
副调研员　王显武

市贸促会

会长、党组书记　黎运龙
副会长、党组成员　邓明彪　陈贵恒
调研员　刘志卫
副调研员　罗跃群

市人大常委会

秘书长、办公室主任、市人大常委会党组成员　彭启云
副秘书长、办公室副主任、市人大常委会委员　李继杰
副秘书长、办公室副主任(正处级)　刘德军
办公室副主任　杨立安
机关党委书记　商淑雯
副处级纪检员、机关党委副书记　彭海涛
市人大常委会委员　李友元　王志华　赵理群
调研员　陈　猷　聂其龙　赵娜莲　刘朝云　鲁秉群　贺启德　杨明清

副调研员　张伯敏

市人大常委会联工委

主任、市人大常委会委员　蔡常林
副主任、市人大常委会委员　吴　为
副主任　郭伟勋

市人大常委会研究室

主任、市人大常委会委员　罗先友
副主任　徐郁平
调研员　严维贡

市人大内司委

主任委员、市人大常委会委员　万　利
副主任委员　杨为明
委　员　陈坚毅　董高群

市人大财经委

主任委员、市人大常委会委员　李向东
副主任委员　伍中福
委　员　吴慧敏

市人大常委会预算工委

主任、市人大常委会委员　肖世轩
副主任　程方山

市人大教科文卫委

主任委员、市人大常委会委员　赵正乐
副主任委员　唐孟元

市人大农业委

主任委员、市人大常委会委员　张启俊
副主任委员　贺立新

市人大城环委

主任委员、市人大常委会委员　兰枝云
副主任委员、市人大常委会委员　杨耀金
委员　龚玉文

市政协

党组成员、秘书长、办公室主任　廖友道
党组成员　马耀舫
副秘书长、办公室副主任、机关党委书记　覃道舫
副秘书长（兼）、市监察局副局长　熊连初

市政协办公室

副主任　杨　帆
副处级纪检员、机关党委副书记　何志祥
调研员　郑国民（1987.03正团）　罗杏芝　江时玉　喻志明　李新荣　邱渭波　钟昌福
副调研员　李保初　易梅初　邹冬英

市政协提案委

主　任　丁为胜
副主任　张　林

市政协经科人资环委

主　任　袁翠兰
副主任　莫宏光　宋立明

市政协文教卫体委

主　任　邢　祁
副主任　于忠荣

市政协法群民宗委

主　任　朱　明
副主任　鞠　林

市政协文史学习委

主　任　李清彪
副主任　皮立华

市政协港澳台侨外事委

主　任　王曙明
副主任　严海清

市政协研究室

副主任　龙全友　邓慈陵

中央、省属驻常单位领导名单

银监分局

党委书记、局长　陈　斌
副局长　聂先明
副局长、纪委书记　肖兴曙
监管副调研员　黄志刚

中国人民银行常德市中心支行

行长、党委书记　余德中
副行长　刘新华　吕北回
工会主席　陈义友
纪委书记　李章林
副行长　向际忠

中国农业银行常德市分行

行长、党委书记　孙　权
副行长　彭锦波　周星辉
纪委书记　谢国庆

中国农业发展银行常德市分行

行长、党委书记　梁　刚
副行长　汪明炎　郑秋武

中国银行股份有限公司常德分行

行长、党委书记　杨　颢
副行长　周妙亮　鄢彩霞　易展鸿

中国工商银行股份有限公司常德分行

行长、党委书记　匡一先
副行长　陈爱群　张先军　刘忠敏
纪委书记　万立民

中国建设银行股份有限公司常德分行

行长、党委书记　孟小平
副行长、党委副书记　谭巩固
副行长、风险主管　徐宗渊
副行长　赵　兵　李绍球
副行长、纪委书记、工会主任　施新华

中国人民财产保险股份有限公司常德分公司

总经理　杨　军
副总经理　段立新　戴绪清　朱爱佳　宋维君　黄建清

中国人民人寿保险股份有限公司常德分公司

总经理　杨运国
副总经理　周诗华　覃事勇　张　政
副总经助理　彭献荣

中国太平洋财产保险股份有限公司常德分公司

总经理　罗耀平
副总经理　蒋德志　王兴华

中国太平洋人寿保险股份有限公司常德分公司

总经理　潘　峰
副总经理　何昌红
总经理助理　张志云

中国平安财产保险股份有限公司常德分公司

总经理　颜克文
副总经理　郑一钊

中国平安人寿保险股份有限公司常德分公司

总经理　肖恩军

烟草机械有限责任公司

总经理、党委书记　周诗伟
副总经理　秦继玉
工会主席、纪委书记　华建忠
总会计师　熊伟国
副总经理　郭宏斌　杨新安

湖南中烟工业公司常德卷烟厂

厂长、党委书记　邹纲强
副厂长　李明三　刘存效
党委副书记　曾兆亚
纪委书记　杜　晖
工会主席　向晓芳
副厂长　李平华

湖南省常德军分区

司令员　彭安沙
政　委　孙振华
副司令员　贺小坤
参谋长　覃国喜
政治部主任　张恒洲
后勤部部长　吴先军

湖南陆军预备役步兵师第二团

团　长　薛乐基
政治委员　魏新刚
副团长　龚　越
参谋长　薛旭生
政治处主任　陈爱民
后勤和装备处处长　杨泽军

武警湖南省总队常德支队

支队长　吴飞鹏
政　委　刘德清
副支队长　孙荣来　陶　冶
副政委　史前进　黄新民
参谋长　曹　雄
政治处主任　郑晓营
后勤处长　罗建明

武警湖南省消防总队常德支队

支队长　文湘辉
政　委　唐满贵
副支队长　陈　辉　刘胜利
参谋长　陈学林
政治处主任　曾德明
后勤处处长　李铁民
防火监督处处长　漆　勇

德山监狱

监狱长、党委书记　向建春
政委、党委副书记　张依然
副监狱长　罗先明　周　勇
纪委书记　裘冰可
工会主席　彭立春
政治处主任　谢华章

津市监狱

监狱长、党委书记　李峥嵘
政委、党委副书记　周建明
副监狱长　陈石江　张志杰　谭传新
纪委书记　谢朝军
工会主席　候祖强
党委成员　谭保林

气象局

局　长　张东之
副局长　刘道明　郭　庆
纪检组长　陈建明
调研员　陈仁和
副调研员　魏桃林

水文水资源勘测局

局　长　叶文平
副局长　范道强

湖南省棉花科学研究所

所　长　杨芳荃
副书记　龚伦玖
副所长　肖立一　李景龙
总农艺师　李育强

国家统计局常德调查队

队　长　刘炳友
副队长　陈客然　王运建
助理调研员　杨惠明

电业局

局　长　李　英
党组书记　钟建秋
党组副书记、纪委书记　肖碧霖
副局长　张亚林　李　军　刘文春
工会主席　张　俊
总会计师　段小平
总工程师　罗成明

电信分公司

总经理、党委书记　刘文兵
副总经理　廖国成　彭济德
副总经理、工会主席、纪检书记　莫敏鹰
副总经理　蔡炳坤　裴　杰

移动常德通信分公司

总经理　李　湘
党组书记　戴开树
副总经理　钟广英　周　新
总经理助理　李定平

联通常德分公司

总经理　吴宇凡

副总经理 陈小敏 濮方捷
工会主席 文会中

邮政局

局长、党委书记 王爱平
副局长、工会主席 赵燕翎
副局长 汤文美 肖和平
党委委员 陈明君

质量技术监督局

局长、党组书记 谈法明
副局长、工会主席 陈 智
副局长 吴学诗 李红兵 贺加友
纪检组长 云经亚

食品药品监督管理局

局长、党组书记 刘维高
副局长、党组副书记 朱文斌
副局长 李世凡 曹晓春
纪检组长 童政清
副局长 贾祖平

盐务管理局

总经理 徐瑞华
党委书记 李智诚
副总经理 苏倪华 赵建军
工会主席、纪检组长 文江海

烟草专卖局

局长、经理 吴明俭
副经理 谷吉祥 宁尚辉
副局长 刘策轮
纪检组长 刘存建

工商局

局长、党组书记 胡祖国
副局长、党组副书记 张志雄
副局长 晏丰儒 余自贵 潘忠良
纪检组长 徐巨波

国家税务局

局长、党组书记 傅森河
副局长、党组副书记 李丽华
副局长 彭兴桂 李建伟
纪检组长 施建华
总经济师 李森岩
总会计师 冯泽强

地方税务局

局长、党组书记 龙晓清
副局长 王立林 王作栋 蒋孝民 姚建军 陈云丽
总经济师 朱显文
总会计师 田光辉

常德海关

关长、党组书记 段青云
副关长、海关缉私分局局长 易启桂
海关缉私分局政委 张联盟
副关长 李 哲
副调研员 龚积刚 皮文银

常德海关缉私分局

局 长 易启桂
政 委 张联盟
副调研员 周则灵

出入境检验检疫局

局长、党组书记 李庚英
副局长 盛友良
纪检组长 彭万新

新华书店

总经理 康立光
总支书记 李邦国
副总经理 蔡 云 曾海成

电视调频转播台

台 长 姚旭宇
党支部书记 于志发
副台长 李维汉 徐延明
主任工程师 明良谋
纪检监察员 肖 航

湖南文理学院

党委书记 曹光荣
党委副书记、院长 黎大志
党委副书记 石子球 周国忠
副院长 魏 饴 李 敏 姚春梅 李达轩 张大顺
纪委书记 龚作奇
工会主席 李克明
副院级督导 刘梦初

中国共产党常德市委员会

【概述】2007年，市委坚持以科学发展观为指导，认真贯彻落实中共十七大精神，扎实推进工业强市、文化名城、和谐常德建设，全市经济社会保持了又好又快发展的良好态势。全市完成地区生产总值864.1亿元，增长14.6%，增速为建市以来最高水平；完成地方财政一般预算收入38.1亿元，增长25.3%，绝对额居全省第二位；城镇居民人均可支配收入达到12453元，增长16.4%；农民人均纯收入达到3966元，增长11.8%。

大力推进新型工业化建设。市委把推进新型工业化作为加快发展进程的第一方略，着力使各方工作力量向工业摆布、各项优惠政策向工业倾斜、各种要素资源向工业聚集，工业发展呈现出良好势头。全年实现工业增加值320.7亿元，比上年增长18.1%；其中规模以上工业企业完成增加值250.3亿元，增长20.9%；实现利税171.2亿元，增长24.7%；工业经济效益指数达到330.9%，连续第7年保持全省第一位。一是加强园区建设。市委市政府确定2007年为全市“工业园区建设年”，10个工业园区全年共新上基础设施建设项目89个，完成投资6.71亿元，增长52.1%，其中财政投入3.3亿元。10个工业园区规模企业发展到243户，比2006年净增75户。全年完成总产值182.54亿元，占全市规模工业总产值的32%，增长44.1%，超过全市增速13.9个百分点，园区集中度达到37.2%，同比提高2.5个百分点。狠抓项目引进。继续把引进工业项目作为发展工业的主要举措，坚持各级明确任务,层层强化责任，广泛开展招商引资。全年实际引进内外资总额202.5亿元，增长53.4%，其中外资到位1.9亿美元，增长25.6%。全年新上投资2000万元以上的工业项目105个，累计完成投资54.3亿元，其中本年完成投资47.7亿元；完成工业技改投资53亿元，增长65.6%。致力扶优扶强。大力培育烟草、铝材、医药、机电等优势产业，积极支持湖南中烟公司常德卷烟厂、创元铝业、中联重科等重点企业做大做强。健全了产业集群协调机制，下发了《关于建立常德市十大产业集群联系责任制度的通知》，成立了10个产业集群工作协调小组，明确了牵头领导、责任领导和责任部门的主要职责。全市十大产业集群规模企业发展到462户，比2006年净增87户，完成总产值513.4亿元，增长28.9%，占全市规模工业总产值的90%。加大对中小企业的扶持培育力度，积极帮助解决融资、用地、信息发布、人员培训等实际问题，有力促进了企业快速成长。年内全市规模工业企业达到643户，净增109户，是近10年来净增户数最多的一年。其中“亿元企业”由47户增加到57户。优化发展环境。市委市政府先后出台了《优化经济环境十项制度》、《规范涉企行政执法检查与收费七项制度》等优化环境政策。为使环境更优化，服务更到位，市里组建了中小企业服务中心，为企业提供信息、技术、法律等全方位的服务。在2006年的基础上，又选派了15名市直单位机关干部到企业担任外协副厂长（副经理），实打实地帮助企业协调外部环境，解决实际问题，使企业发展环境得到了明显改善。通过举办银企洽谈会、银企联谊会、金融产品推介会，共帮助企业签订融资合同350个，合同贷款额82亿元。

大力推进社会主义新农村建设。按照从点到面、分步实施的原则，积极推进新农村建设。全市完成新农村建设投入9.5亿元，比上年增加1亿元。

坚持抓点带面，扩大示范效应。全市重点抓了10大示范片、200个示范村、364个示范点建设，市委常委对十大示范片实行了包片负责，市五大家领导都明确了点村。示范片扩展到18个乡镇、64个村，分别比上年增加6个乡镇、31个村，示范效应得到进一步显现。

发展农业生产，增加农民收入。稳定发展粮棉油、猪渔禽等传统产业，粮食收获面积达到59.67万公顷，比上年增加0.467万公顷，总产355万吨，增加9万吨，粮食综合生产能力达到历史最好水平。棉花播面9.6万公顷，比上年增加16万亩，总产1.4亿公斤，增加0.1亿公斤，优质率达到85%。油菜收获面积达到21.4万公顷，总产38万吨，优质率达到97%。蔬菜播面0.867

万公顷，总产150万吨，与去年基本持平。新开发丘岗山地1.57万公顷，其中新扩柑橘0.7万公顷、茶叶0.2万公顷。在市场强势价格拉动下，养殖业全面恢复性增长，特别是规模养殖发展迅猛。全市生猪出栏535万头，增3万头；肉牛出栏22万头，基本持平；肉羊出栏280万只，增10万只；家禽出笼12000万羽，增500万羽；水产品产量35万吨，增1.5万吨；禽蛋产量36万吨，增2万吨。新发展规模养殖户538户、养殖场138个、养殖小区3个，规模养殖已占到养殖总量的40%以上。

扩大农产品加工，推进农业产业化经营。优势产业快速扩张，全市新增“万元田土”0.333万公顷、“五千元水面”0.2万公顷、“五万元庭院”3万个。龙头企业不断做强，全市新增规模龙头企业40家，总数达到241家，其中新增省级龙头企业6家，农产品加工总产值达到135亿元，同比增长35%。农业品牌越来越响，“三品”农业认证达到397个，新增108个。新增农产品品牌87个，总数达到385个，其中中国名牌1个、湖南省名牌18个、中国驰名商标1个、湖南省著名商标23个、国家原产地保护产品1个。

加快基础设施建设步伐，改善生产生活条件。编制村庄整建规划765个；新建通村水泥路2361公里；新解决23万多农村人口的饮水安全问题；新建沼气池2万个，其中大型沼气池4个、户用草料池2100个；建设宜居住宅124户；新建或改建乡镇卫生院29座、村级卫生室200个，农村合作医疗覆盖率达到80.7%；新建和改建乡镇敬老院24所、村级“五保之家”30个；新建乡镇文化站20个、农民书屋80个；帮助25个乡镇改善了办公条件，新建或改造村部394个。

大力推进城镇化建设。围绕建设宜居城市和生态市的目标，狠抓城市扩容提质，全市城市化率达到36%，比上年提高1.5个百分点。完善城市功能。市本级投入1300多万元，完成了62项社区配套和街巷整治工程，解决一批老旧小区“脏、乱、差”问题。完成穿紫河变压器厂段绿化带、柏园桥节点、三间桥节点等10多个绿化重点工程，新增绿地32万平方米。完成江南城区地下排水设施配套、江北城区杆线入地、城区排水机埠改造等配套工程。加强城市管理。进一步完善“政府主导、部门主创、相关部门配合、社会全面参与”的创建工作长效机制，发挥社区基础功能，巩固城市创建成果，顺利通过全国交通管理模范城市和国家卫生城市复检。加大废气、废水和噪音污染的治理力度，在全省第一个通过创建国家环保模范城市的考核验收。坚持以创建生态市为远期目标，大力推进生态示范区、生态示范镇建设，城镇绿化花化水平不断提升。按照《中华人民共和国城乡规划法》的规定大力推动依法拆违，组织群众自拆3.03万平方米、依法强拆3.97万平方米。开发城市新区。坚持城市建设向园区倾斜，市本级把新增城市人口、新扩城市新区、新增GDP总量的大头摆在德山开发区，城建资金、建设用地等要素重点向德山开发区倾斜，确定2007年和今后几年德山开发区和每个区县（市）工业园区年基础设施建设投入分别达到3亿元以上、3000万元以上。2007年在德山开发区建成了乾明路、龙潭路、青山街等8条道路，启动了德山污水处理厂建设工程。启动了柳叶湖旅游度假区区划调整、规划修编、引进战略投资者等工作。

大力推进和谐常德建设。发展社会事业。大力加强文化名城建设和精神文明建设，启动了一批文化建设重点项目，成功承办了省第四届农运会。坚持教育优先战略，在全省率先作出了《关于建设教育强市的决定》，全面实施了农村义务教育经费投入保障机制改革，为63.3万名学生免除了杂费、课本费和补助生活费，合计金额6710多万元。加强公共卫生体系建设，新建和改建乡镇卫生院29所、村级卫生室200个，新型农村合作医疗参合人数达到365.8万人，参合率80.7%。切实关注民生。坚持每年为群众办10件实事，实行就业优先，完善社会保障，救助弱势群体，加强廉租房建设，着力解决了一些人民群众最关心、最直接、最现实的利益问题。维护社会稳定。严格落实维稳责任制和责任追究制，坚持从落实政策、化解矛盾、解决问题入手维护社会稳定，严厉打击各种违法犯罪行为，突出整治非正常上访，进一步加强安全生产管理，社会大局保持稳定。四是发展民主政治。坚持和完善人民代表大会制度和政治协商制度，支持人大、政协组织履行职能、发挥作用，促进了决策的民主化、科学化。坚持依法行政，推进了依法治市进程。

大力推进党的建设。加强政治思想建设。精心策划组织了中共十七大精神系列主题学习宣传教育活动，出台了《关于认真学习贯彻中共十七大精神，加快建设富裕文明和谐常德的意见》，根据十七大精神，结合常德实际，对进一步解放思想抓发展，加快推进新型工业化、新农村建设、新型城镇化等进行了研究部署。深入学习贯彻中共十七大精神,用党的最新理论武装干部头脑。加强领导班子和基层组织建设。完成了市县乡人大、政府和市县政协的换届，落实换届纪律要求，圆满实现了上级的人事意图。实行财政向基层倾斜，帮助乡村消赤减债，确保了乡村基层组织低限运转。深入推进“三级联创”活动，加强街道社区党建、新经济组织和新社会组织党建工作，进一步扩大了党的工作和组织覆盖面。加强干部作风建设。确定2007年为“改进作风年”，深入开展“围绕‘三最’搞调研，排忧解难促发展”、机关干部下基层宣讲十七大精神送温暖、民主评议机关干部作风等活动，促进了干部作风进一步转变和党群干群关系进一步改善。四是加强反腐倡廉建设。注重通过加强廉政教育、规范决策机制预防和控制腐败，支持纪检监察机关依法依纪查办了一批腐败案件。狠抓优化经济环境工作，对一些违法违纪和损害经济环境的典型案件进行了严肃查处。（杨　松）

【市委五届四次全会】 4月6日，市委五届四次全会在市委机关1号楼二楼大会议室召开。会议对有关人事工作

进行投票表决。市委委员、市委候补委员出席会议。（杨　松）

【市委五届五次全会】11月30日，市委五届五次全会在芷园会堂召开。全会的主要任务是传达学习党的十七大和省委九届三次全会精神，讨论通过《中共常德市委关于学习贯彻党的十七大精神，加快建设富裕文明和谐常德的意见》。

出席会议的有：市委委员、市委候补委员。列席会议的有：市纪委委员，不是市委委员、市委候补委员和市纪委委员的党员市级领导。

市委常委、市委秘书长刘明同志宣读了《中共常德市委关于学习贯彻党的十七大精神，加快建设富裕文明和谐常德的意见（草案）》（以下简称《意见》）。市委副书记、市人民政府市长卿渐伟作了关于《中共常德市委关于学习贯彻党的十七大精神，加快建设富裕文明和谐常德的意见（草案）》的说明。会议经过酝酿、讨论，表决通过了《中共常德市委关于学习贯彻党的十七大精神，加快建设富裕文明和谐常德的意见》的决议。

经大会表决通过的《意见》，对贯彻落实十七大精神进行了再动员、再部署，对建设富裕文明和谐常德进行了再规划、再落实，对干部群众思想进行了再统一、再鼓劲，对改革发展举措进行了再明确、再强化。从十方面部署了加快富裕文明和谐常德建设进程的各项任务。一是认真学习领会党的十七大精神；二是进一步解放思想抓发展；三是加快推进新型工业化；四是加快推进社会主义新农村建设；五是加快推进城市化进程；六是加快推进以改善民生为重点的社会建设；七是推进社会主义民生政治建设；八是发展和繁荣文化事业；九是不断优化经济发展环境；十是以改革创新精神加强党的建设。

市委书记武吉海同志就全市如何认真学习领会党的十七大精神，进一步解决思想、加快推进新型工业化、城市化和新农村建设，大力优化经济发展环境，着力改善民生，繁荣文化事业，强化思想作风建设等工作进行了全面部署。（杨　松）

【市委经济工作会议】2008年1月10日~11日，在市工人文化宫召开经济工作会议。会议的主要任务是，贯彻落实党的十七大和中央、省委经济工作会议精神，总结2007年的经济工作，部署2008年的经济工作。

全体市级领导、各区县（市）委书记、区县（市）长，区县（市）委办公室主任、分管工业园区的常委，德山开发区、柳叶湖旅游度假区和西湖、西洞庭管理区党政主要负责人；各乡镇、街道办事处党委书记，西湖、西洞庭管理区各办事处党委书记，贺家山原种场分场党总支书记；市委副秘书长，市人大常委会、市政府、市政协秘书长、副秘书长，市纪委副书记，市直和中央、省驻常副处级以上行政事业单位主要负责人；年销售收入亿元以上企业主要负责人参加会议。

市委副书记、市人民政府市长卿渐伟就2007年的经济情况和2008年经济工作的具体安排发表了讲话。全市完成生产总值860亿元（预计数，下同）增长14%，为建市以来最高水平，增速比2006年提高了1.9个百分点；规模工业实现利税186亿元，增长35.6%，工业经济效益综合指数达到353.8%，继续居全省第一位；完成财政一般预算收入38亿元，增长25.1%，绝对额居全省第二位；城镇居民人均可支配收入12600元，增长18%。农民人均纯收入3939元，增长11%；新增城镇就业5.2万人；新增各类社会保险参保14万人次。会上，市委书记武吉海做了重要讲话。（杨　松）

办公室工作

【概况】2007年，市委办公室紧围绕“省内争先进、市内创品牌”和“创优、创新、创满意”的目标任务，大力开展优质服务竞赛活动，充分发挥参谋部和后勤部的作用。2007年，市委办共获得荣誉称号24项。在全市年终考评中，市委办被评为全市量化目标管理红旗单位，思想工作、组织工作、“双联工作”、普法工作、档案工作、机关工会工作、老年体育工作、市直党委学习中心组、党教片播放工作、报刊发行工作先进单位，档案工作年检年审优秀单位，2003~2007年度全市保密系统先进集体、内保工作红旗单位，保密通联工作先进单位。在全市“我热爱我的工作岗位”演讲比赛中获个人二、三等奖，“移动杯”网球公开赛中获个人一、二等奖。此外，市委办领导班子被评为学习型领导班子、“五好班子”。（杨　松）

【调查研究】围绕推进工业园区建设和项目引进、推进新农村建设、加强思想作风建设、维护社会稳定等市委决策和工作重点，开展了一系列调查研究活动，坚持一个月一个课题、一季度一次大型调研活动。先后协助市委领导完成了各类会议（培训）领导讲话稿50篇40多万字，全年，编发市委内刊《工作交流》11期，《内参专报》7期，撰稿组稿水平进一步提高；先后有20多篇调研文稿被省级以上报刊采用刊发；向省委办公厅上报综合材料67篇，其中单篇采用3篇，综合采用5篇，被有关处室登记使用28篇，投稿数量、质量和命中率均有新的提高。（杨　松）

【信息报送】围绕中央、省委的工作部署和全市工作大局，除突出抓好紧急信息的及时上报和重点关注影响社会和谐的民生问题外，还积极做好了正面信息的采集上报工作。通过在中共中央办公厅和国务院办公厅（以下简称“两办”）的调研信息中精选新典型、新做法、新经验，与市直主要情况综合部门合作等方法获得了一大批反映常德新举措、新经验、新变化的高质量调研信息。全年累计向省委办公厅上报正面信息和调研材料190多篇，其中26篇进入省委领导视野，较好地发挥了上报信息汇报工作、推介经验、扩大影响的作用；向省委办公厅上报各类信息4100多条，比去年同期增长24%，其中被省办信息处采用390多条，累计得分

3068，比去年同期增长26.7%；编印《每日要情》164期，刊发各类信息1000篇左右；处理各类紧急信息71件，其中市委领导批示32件，未出现紧急信息迟报、漏报和瞒报现象。（杨 松）

【督查工作】全年共单独组织决策督查活动25次，参与市委有关领导带队的全市性督查活动6次、专题督查43次，对1~17期市委常委会议纪要、1~19期市委办公会议纪要以及1~2期市委例会纪要的落实情况以及十七大精神学习贯彻落实情况进行了专门督办，并就落实情况编发《督查通报》43期，其中第4期得到了市委武吉海书记的专门批示；共承办市委主要领导批示件168件，组织市委有关部门办结人大代表议案1件、市政协委员提案44件。（杨 松）

【办文办会】针对公文处理工作中出现的新情况、新问题，进一步创新，制定了《关于进一步加强市委、市委办公室公文发布的规定》，确定了公文发布“四原则”，进一步确保了公文审核规范有序、严谨到位。全年共制发各类公文195件，办理来文来电300多件，分发传递机要文件、资料和领导批示100多万份，整理立卷归档文书档案10000多件，清退中央和省级秘密文件15930份。先后参与筹办全省性会议1次，承办全市性会议28次，市委常委会议26次，办公会议22次，党务工作列会2次；圆满完成各项接待任务132批次，先后接待了李长春、回良玉、张春贤、周强、孙政才、梅克保等中央、省部级领导和香港全国人大代表团、高雄市地方基层30名里长代表团、中央党校中青班调研组、无锡市党政代表团、省委办公厅优质服务竞赛活动检查组等客人。

（杨 松）

【机要保密】共译传办理明码电报1521份，密码电报758份，送领导签批1000余人次，未出现任何差错。按照《湖南省密码工作规范化建设标准》的要求，累计投入资金近100万元，添置了一系列硬件设施，实现了规范化建设的全面达标。整合技术力量，全面启动了电子政务内网建设。认真开展保密宣传教育工作，向《保密工作》和《湖南保密工作》上报各类保密稿件100多篇，完成“保密法制论坛”征文3篇、“保密宣传画”征画2幅。主动与教育部门和相关职能部门衔接，确保了常德市2006年中、高考期间全市1000余个考室配备了手机信号干扰器，大大改善了考场环境。积极参与了全国各类考试的保密监管工作；认真开展了全市保密执法检查，共出动180余人，动用车辆30余台，检查废旧书刊收购站点243家，电子政务网站和私人网站350个。

（杨 松）

【后勤保障】根据市委常委和办公室领导的需求，进一步完善了领导办公室、机关食堂的配置，采取公开招标的形式确定了机关食堂经营者，对食堂实行全程监控，为干部职工提供了物美价廉的自助餐。全年机关院内新植树木500多株，地面拼凑色块，栽种灌木4000多平方米，极大地改善了机关的生态环境。为规范驾驶员的安全行为，确保其人生安全，对现任驾驶员制定出台了3条禁令，有效地促进了驾驶员遵守交通法规、严守操作规程的自觉性，实现了全队安全行驶72万多公里无责任事故的好成绩。积极组织引导老干部开展有益于身心健康、喜闻乐见的文体活动，把老干部工作提高到了一个新的水平。依法科学理财，保证机关各报账单位的正常运转。加强机关安全保卫工作，实现了全年无重特大刑事案件，无重大责任事故的目标。接待群众上访30多批次，其中100人以上的2次，没有发生一起因为接访不力而造成的矛盾激化事件。（杨 松）

【中心工作】进一步加强了富贵坪村的基础设施建设，完成全村2577人的安全饮水工程；高标准建好36.27公顷土地整理项目；硬化通组道路5.5公里；完成了有线电视通户工程，全村有514户开通了有线电视。进一步加强了产业建设，稳定了优质稻种植面积；扩大了劳务输出，在稳定现有劳务输出的基础上，又帮助输出劳动力60多人；建成了3.33公顷大棚和露地相结合的蔬菜示范基地，仅上半年就创收近3万元；通过反租倒包，养殖小龙虾6.67公顷，甲鱼0.67公顷，形成了集中连片的养殖示范基地；花生加工户增加到近100户，全年加工花生900万公斤，利润500多万元。据初步统计，2007年全村人平实现增收600元以上。进一步加强了乡风文明建设村容村貌整治、基层组织等建设，取得了较好的效果。

（杨 松）

组织工作

【概况】2007年，市委组织部认真贯彻全国、全省组织部长会议精神，全面落实市委重大战略举措，努力服务全市经济社会发展中心，高质量完成领导班子换届，高标准加强领导班子和干部队伍、人才队伍建设，高水平推进党的基层组织和党员队伍建设，高要求抓好组织部门自身建设，各项工作取得较好成绩。2007年，市委组织部被评为全市目标管理红旗单位、全市综治委成员先进单位、全市档案工作先进单位、全市保密工作先进单位。（王 君）

【换届工作】从年初开始，市委组织部就把做好人大、政府、政协换届作为全年工作的重中之重，坚持服务发展、推进改革的工作取向，全面动员，精心部署，高质量地完成了换届工作。换届工作中，突出把握了四个方面：一是坚持认真落实换届政策要求。在2007年班子换届中，区县（市）人大、政府、政协班子精简24人，提拔重用35岁以下的年轻干部8人，顺利实现了精简职数、优化结构、规范任职年龄的目标任务；乡镇人大、政府换届，84%的乡镇配备了30岁以下的年轻干部，88%的乡镇配备了女干部，47%的乡镇配备了非中共党员干部。换届工作中，围绕落实换届要求，市委组织部在工作方式方法上进行了一系列创新，如做好领导班子换届预测和调研、提前制订班子配备原则、妥善安排退出班子的同志等，有效地促进了换届工作的顺利实施。二是坚持按照科学发展的要求考察干部、配备班子。在换届考察中，积极推行体现科学发展观和正确政绩观要求的综合考核评价办法，深入总结党委换届干部考察工作经验，不断创新干部考察方法，为市委选人用人提供了充分、可靠的依据。在班子配备中，积极选任发展实绩突出、经济工作能力较强、群众公认的干部。通过换届，班子结构得到了进一步优化，战斗力得到了进一步增强，群众是满意的，市委是满意的。三是坚持把和谐理念贯穿换届工作始终。注重做好深入细致的思想政治工作，注重广泛征求意见确定人事安排方案，使人事安排方案得到各方面认同，选举产生的市县两级各套领导班子100%实现了省委、市委人事安排意图。可以说，2007年人大、政府、政协的换届，不仅实现了人事上的新老交替，还换齐了人心，换出了干劲。四是坚持营造风清气正的换届环境。通过反复强调换届人事纪律、加大对干部问题信访的调查处理力度、认真听取职能部门意见、深入调查了解民意反应、严格干部任期经济责任审计，从严防止了干部“带病提拔”、“带病上岗”，从严防止了换届中的各种不正之风，有效维护了风清气正的换届环境。（王　君）

【领导班子和干部队伍建设】以思想作风建设为龙头，以制度建设为关键，以提高执政本领为目标，致力于解决长期性、根本性、普遍性问题，着力建设朝气蓬勃、奋发有为的领导班子和干部人才队伍，收到了明显的成效。具体来讲，做到了“五个强化”：一是强化了思想作风建设。继续开展“双争”活动，呈现了新亮点，创造了新成效。在县处级领导干部中开展了建设和谐社会献计献策活动，近150名县处级干部参加了活动，形成了一批高质量的调研成果。参与组织对2006年集中整顿以来的作风建设状况进行“回头看”，于8月中旬召开了全市领导干部作风建设座谈会。完善了领导干部谈话提醒制度，对信访较多但未达到明显违纪程度的干部，部领导对11名处级干部进行了谈话提醒，做到了防微杜渐。二是强化执政本领建设。加强理论武装。在市、县两级党校主体班开设专题课进行中国特色社会主义理论教育，在各级党委（党组）学习中心组进行重点学习。落实干部大规模培训。结合不同类型干部的需求建立了干部能力培训模块，全年市委党校主体班共培训县处级干部203人、科级干部160人、中青年后备干部120人。省以上送训58人次。拓展干部教育培训渠道，采取安排挂职锻炼、选送出国培训、组织专题培训、地校联合培训等形式，满足不同干部的培训需求，增强了培训实效。2007年共选派42名县处级干部到上级机关、发达地区和基层挂职和交流任职。创新干部竞争力培训。全市参加提升竞争力培训的处、科级干部分别达150、1110人。三是强化后备力量建设。制订了“1+11”年轻干部培养选拔方案，建立了全市年轻干部信息库。面向全国重点高校，选拔了包括2名博士生在内的17名优秀应届大学本科和研究生毕业生到常德市工作。这部分干部到各单位后，积极进取，踏实工作，表现了较高的综合素质和较大的培养潜力，社会反响很好。加强后备干部培养管理，对县处级后备干部队伍进行了调整补充，调整补充后的县处级后备干部队伍共655人，平均年龄38.1岁，本科以上学历的占87%，女干部占18%。面向全市行政事业单位、国有及国有控股企业、“两新”（新的经济组织、新的社会组织）组织选拔了103名优秀党政战略年轻人才，由市委组织部直接掌握。四是强化选任机制建设。健全干部选拔任用程序，提请市委制订了《区县（市）党政正职选拔任用工作程序》、《市管县（处）级干部选拔任用工作程序》，草拟了初始提名、民主推荐、干部考察和集体讨论决定等四个具体操作办法，两程序、四办法对干部选拔任用工作起到了较好的规范、约束作用。规范初始提名工作，把民主推荐作为初始提名的主要方式，坚持会议投票推荐和领导干部个别谈话推荐两种方式一起使用，互相印证；对领导干部和单位党组织提名、但群众推荐认同度不够的一些同志没有列入考察对象。确立干部酝酿“路线图”，对党政“一把手”和重要岗位领导干部进行充分酝酿，广泛征求意见。高质量地完成了中组部部门综合考核评价试点工作，对部门考核工作进行了有益的探索。实施干部选任有关事项报告制度，全年共受理12个单位24名干部的任用有关事项报告。全年共调整异动市管干部8批690人次，其中提拔正处级50人，提拔副处级191人，同职级重用59人。加大干部交流力度，在2007年的干部调整中，提拔交流62人，平职交流37人，新提拔进班子的干部95%以上实行了异单位任职。注重推进竞争性选拔干部方式，公选了一名团市委副书记、1名副区县（市）长提名人选、1名市直单位党外副职，组织20多名干部参加了省管干部的公选。加强了对科级干部任用方面的管理，出台了《常德市科级干部破格提拔实施办法》。五是强化干部宏观管理。完成了市、县、乡机关实施《中华人民共和国公务员法》工作。全市登记公务员17212人，暂缓登记1171人。严格了身份外干部调任公务员工作。以第二轮聘任为契机，对市管33家不具有行政管理职能的事业单位领导班子进行了调查了解，比较全面地掌握了这些班子建设的基本情况；对9家事业单位进行了聘任期满的换届考察。对所有市直县处级机关事业单位和区县（市）有关领导班子进行了年度考核。圆满地完成了第五批援藏干部的选派、军转团职干部安置及县处级干部工资改革套改审批工作。对提高干部待遇的途径进行了调研和探索。在抓好干部信息档案的管理与利用的同时，完成了《干部档案管理系统》的建设，对1000多名市管在职处级干部档案目录信息进行了录入，有效地提高了档案信息化管理的程度。加强了科级干部信息化管理和公务员队伍信息化系统建设工作。积极探索从基层和生产一线选拔优秀干部充实各级党政机关的方法和途径，2007年面向村干部招

录了8名乡镇公务员。（王　君）

【党的基层组织和党员队伍建设】着眼于保持和发展先进性、扩大和夯实覆盖面、增强和发挥战斗力，全面加强基层基础工作，有效推进了党员队伍建设和党的基层组织建设创新。一是围绕巩固成果、保证长效，实施农村流动党员“智力回流”工程。着眼落实保持党员先进性建设长效机制，实施了“我为党旗添光彩、情系家乡作贡献”为主题的“智力回流”工程，引导农村流动党员通过提供信息、传送技术、帮扶资金、联系项目、宣传产品等途径，参与和支持家乡新农村建设。2007年，全市共有1.6万多名党员参加活动，从外地引进项目150余个，投资超过1亿元。这一活动的开展，为加强流动党员教育管理探索了一条好路子，引起中央组织部、省委组织部的高度关注，成为常德市基层党建工作的又一品牌。二是围绕强化基层、夯实基础，抓好农村基层组织建设。开展了“双争创五好、共建新农村”活动。以“三级联创”为龙头，引导全市农村党员干部和基层党组织争做“双带型”党员、“双强型”干部、争创“五好”领导班子，为党员干部发挥先锋模范作用提供了平台，为新农村建设提供了组织保证。全市涌现“双强型”干部950名、“双带型”党员5600多名、“五好”村党组织320多个。推进了村级组织活动场所建设。全市在高质量完成597个项目村村级活动场所建设的基础上，采取财政以奖代投、发动社会捐资、引导村民自愿投资投劳等办法，启动了非项目村村级活动场所建设，全市新建非项目村村级活动场所244个。创新了党组织设置模式。适应农业产业化发展的需要，积极推广把党组织建在产业链上和行业协会上的经验，在各类农村产业协会中新设立党支部120多个。四是扶助生活困难党员。不断完善扶助生活困难党员办法，拓宽扶助资金筹集渠道，发挥扶助资金使用效益，2007年以来，全市共募集资金200多万元，扶助党员18573人。五是加强基层干部队伍建设。加强村支部书记培训，组织18名支部书记参加了省委组织部在山东南山村举办的培训班。从市、县、乡机关选派700多名干部到村担任“第一支部书记”。三是围绕覆盖扩面、作用提质，创新城市社区和“两新”组织党建工作。在社区党建方面，延伸了社区党建工作网络，全市新建小区党支部252个，楼宇党小组1230个；开展社区党员志愿者服务活动，全市组织了12000多名党员志愿者开展义务服务。在“两新”组织党建方面，开展了“非公有制企业党建宣传月”活动，营造了非公有制企业党建工作的浓厚氛围；继续选派15名干部到民营企业担任外协副厂长（副经理），帮助协调发展环境，开展企业党建工作；加大了党组织组建力度，全市6070家非公有制企业，其中规模以上企业443家，符合组建条件的349家全部建立了党组织，全面实现了规模以上非公有制企业党组织组建“消空”目标。四是围绕立足学用、提升效能，拓展农村远程教育。充分发挥农村远程教育的作用，以服务社会主义新农村建设为中心，积极探索创新农村远程教育的方式办法，开发了“常德市远教业务管理系统”，开发并推广了“电子村务管理软件”，将远教操作员队伍纳入了城乡统筹培训。不断规范“教、学、管、用”工作中的关键环节，把远教学用工作作为重点，使远程教育逐步深入农民的新生活，并取得了较好的成效。全国远教办、省委远程办转发了常德市做好学用结合，充分发挥远教功能的经验。（王　君）

【人才队伍建设】着力于抓整体谋划、协调指导以及政策出台，整体推进人才工作。根据市“十一五”人才发展规划，研究确定了全年工作规划，提出了3个方面17项工作重点，把17项工作重点分解各个领导小组成员单位。出台了《常德市“十百千”人才工程培养实施办法》等政策性文件，草拟了《常德市人才工作创新奖励办法》和《关于规范专家疗养休假的意见》。重点抓了六个方面的工作：一是开展了科技特派员试点工作。选择石门县作为科技特派员试点县，从市直和石门县选派了40名科技特派员。加强了科技特派员的管理考核，充分发挥了科技特派员的作用，实现科技特派员与农民、企业的“共赢”。二是开展了跨省市互派挂职干部工作。根据省里的安排，从江苏省引进了一名干部到市政府任副市长，从浙江省引进了九名干部到区县（市）任副区县（市）长。为加强对挂职干部的管理和服务，出台了《关于加强浙江省来常挂职干部培养管理工作的意见》，落实了挂职干部的有关待遇，召开了座谈会，加强了与挂职干部的联系。同时，从常德市选派4名干部到浙江省挂职锻炼。三是加大了各类人才的引进力度。坚持在本市每月召开三次人才招聘会，举办了市第三届民营企业暨新型工业化人才交流会，组织了部分企事业单位赴成都、长沙招聘人才，取得了一定的成效。据初步统计，不含公务员招考，全年市本级共引进硕士研究生以上人员38人，其中博士4人，大学本科学历的155人。四是强化了人才培训工作。采取集中辅导、学习考察、课题研讨等多种形式，依托党校、高校、技能培训基地等平台，加大了对各类人才培训力度。特别是由市财政出资选送了8名首批市“十百千”人才工程一、二层次人选到国内高校和科研院所培训，社会反响比较好。五是开展了专家沙龙活动。在全市卫生、农业畜牧、文化系统组织开展了三场专家沙龙活动，为各行业专家提供了相互学习、相互交流、相互促进的平台。这一活动的开展，得到了专家们的广泛好评。六是开展了全市职业技能大赛。联合组织、劳动、财政、工会、教育、科技等部门举办了全市职业技能大赛。从预赛到决赛，历时三个多月。评选了一批“常德市技术能手”和“常德市职业技能竞赛标兵”，对所有获奖选手按程序申报或晋升了国家职业资格等级。（王　君）

【中央党建工作领导小组领导到常德调研】2007年12月，中央党建工作领导小组秘书组副局长田培炎一行，在省委组织部有关领导陪同下，来常德市

对“从基层选拔优秀年轻干部充实到各级党政机关，从各级党政机关选派优秀年轻干部到基层挂职、任职工作”进行专题调研。

市委副书记曹儒国在芷园宾馆主持召开座谈会。来自市直有关单位和部门负责人、区县（市）及乡镇优秀年轻领导干部代表10余人参加座谈。

【组工队伍建设】牢牢把握公道正派这根组织部门和组织工作的生命线，紧紧围绕“创先争优”活动这个有效载体，认真落实李平部长提出的提高业务素质和行为素质的要求，使自身建设得到了明显提升。一是推进思想作风建设。坚持政治学习。认真组织学习宣传中共十七大精神，市县两级组织部门都组织了专题学习和深入讨论。通过学习宣传中共十七大精神，切实统一了思想，明确了方向，增强了力量。积极营造清新向上的学习风气，部机关每月组织一次集中政治学习，引导干部把握形势、纯化思想、提升能力，部机关干部始终保持了一种团结和谐、积极进取的精神风貌。坚持基层锻炼。部机关两次组织干部到联系点访贫问苦，参加劳动，增强了干部的民本思想和艰苦奋斗意识。按市“双联”办要求，2007年继续开展与常德七一机械有限责任公司的“双联”工作，组织开展特困家庭上门慰问送温暖活动，“七一”前后开展了送党课上门等活动，市委组织部“双联”工作得到省市“双联”办充分肯定。坚持谈心谈话。部长与部务会成员、各科室负责人，部领导与分管科室的干部，科室负责人与干部经常进行座谈，沟通思想、交流感情，部机关形成了一种既有严肃紧张，又有生动活泼的政治局面。坚持认真接待来信来访。既不回避矛盾和问题，扎扎实实地解决实际困难，又认真做好解释和宣传工作。全年共接待来信来访1000多人次，参与市委市政府接待企业领导干部集体上访对话6次，为维护全市大局稳定做出了贡献。二是推进制度程序建设。按照明晰职能、规范程序、有利监督的原则，进一步明确和规范了部务会分工和各科室职能。从一年的运行来看，责任更加明晰了，体制更加顺畅了，运行更加有序了。健全决策和工作程序。编制了组织工作流程图，对部机关68项主要业务工作制定了具体的工作流程，使各项工作的决策、执行有了非常明确的操作路线和规范。着力推进组织工作的民主和公开，完善了部务会议事规则和决策程序，通过部办公会、部务会等途径，切实实行公开议事、民主决策，保证了议事和决策的科学性、准确性。三是推进“创先争优”活动。一年来，把“创先争优”活动作为促进组织工作和组织部门建设的重要载体，从部领导到每一名普通干部，形成了人人都是“创先争优”主体，人人都有“创先争优”任务的局面。继续对区县（市）委组织部实行了百分制量化目标考核，按照“创先争优”的要求改进考核内容和方式，增强了“创先争优”活动的实践性、操作性，增强了全市党委组织部门扎实工作、努力创新的责任感和自觉性。一年来，常德市组织工作以“创先争优”为载体、为动力，各项工作都取得了明显成效，很多工作在全省甚至全国都产生了影响，市委对组织部门工作也给予了充分肯定、高度评价。

（王　君）

宣传工作

【概况】2007年，紧紧围绕“工业强市、文化名城、和谐常德”建设这个目标，始终贯穿迎接中共十七大、宣传中共十七大、贯彻中共十七大这条主线，全市宣传思想工作取得重大进展，保持良好态势。总的来看，导向正确，调控有力，重点突出，亮点频现。文明城市集中宣传在全国全省产生重大影响，“以德立市、以文塑人”的创建经验得到中央领导的充分肯定；农村精神文明建设创造全省经验，并得到省委宣传部的肯定和表彰；在中央电视台、《人民日报》等中央、省主流媒体上稿取得历史性突破；省第四届农运会开幕式文艺演出等一批重大文化体育活动，在社会上产生良好反响；舆情信息调研工作连续6年在全省保持领先地位。常德市宣传思想工作在全省宣传系统目标管理考核中名列第一。

中共十七大精神学习宣传。广泛运用报告宣讲、媒体宣传、文艺演出等多种形式，策划组织系列学习宣传教育活动。开展集中学习和培训活动。市县中心组和市直单位邀请省里的理论专家、

全市宣传思想工作会议

十七大代表、甚至全国有名的学者，开展专题辅导讲座，组织多次集中学习。全市统一组织"万名党员网上谈"活动，举办大型理论骨干培训班。各级党校把十七大精神纳入日常教学培训内容，开展专题辅导培训。组织大规模宣讲辅导。层层组建宣讲队伍，深入机关、学校、农村、社区，开展面对面的理论宣讲，提供菜单式的理论宣讲服务，宣讲了5600多场。开展声势浩大的战役报道。以学习宣传贯彻十七大精神为主题，以新型工业化、新农村建设、城市建设、关注民生、促进和谐为主要内容，认真组织新闻宣传，形成了强大的舆论声势。组织形式多样的主题宣传活动。全市举办庆祝十七大"和谐之声"歌咏晚会、"我为常德城市发展献一策"等主题活动。各级各单位广泛开展文艺宣传，精心编排宣传十七大精神的文艺节目，举办了260多场文艺演出活动。社科部门出版十七大精神专辑，各区县（市）组织的文艺轻骑队和文艺宣传小分队，形式新颖，深受群众欢迎。

创建学习型城市工作。巩固创新学习品牌活动。在组织开展全民学习周、专题学习报告会、优秀学子报告会、"每月读一本好书、听一堂讲座"等品牌学习活动的基础上，推出"名家讲坛"，邀请余秋雨、徐大懋、洪昭光等国内知名专家学者来常德开展学术讲座，充分发挥名家效应，进一步激发干部群众的学习热情。突出强化业务技能学习。广泛开展"业务技能学习年"活动，市直各单位举办各类业务技能学习培训、操作比武活动200多场。进一步完善创学工作运行模式。市县两级中心组建立和完善"五个一"学习模式（围绕一个专题、确定一人主讲、组织一场讨论、开展一次调研、形成一批成果），推行先学习、后议事、再决策的程序。认真组织"学分制"考核，开展全员政治理论考试，以考促学的干部理论学习机制得到坚持和完善。

舆论宣传。文明城市集中宣传在全国全省产生重大影响。在全省集中宣传的基础上，中宣部、中央文明办，组织新华社、《人民日报》、中央电视台等11家中央主要媒体，组成中央新闻采访团，集中10天时间，对常德市文明城市创建进行了深入采访，在中央主要新闻媒体的重要版面和时段，集中推出关于常德市经济社会发展成就的系列重头报道。这次宣传报道规格之高、规模之大、反响之好，开创了常德市新闻宣传报道的历史先河。加大新闻上稿力度。调动各种积极因素，整合各方资源和力量，主攻大报大台，全市新闻上稿取得了历史性突破。据统计，全年在中央级主流媒体上稿500多条，在省级主流媒体上稿2600多条，推出市阳光孤儿院院长杨绍军、援藏干部谭弘发、津市乡村医生鲁礼荣等一批有影响的先进典型。组织开展首届"感动常德十大人物"评选活动。加强对外宣传工作。组织开展深圳常德大型招商会、第四届9+2"珠洽会"、"浙商常德行"、"湘商大会"等重大经贸活动的对外宣传。制定出台《突发公共事件新闻发布预案》，妥善应对突发事件，加强新闻发布的规范化、经常化、制度化建设。

文化建设。文化名城建设扎实推进。全面实施新华大厦、笔架城、临江公园、河洑地堡战壕等11个项目建设，编辑出版《常德文物荟萃》、《常德丝弦音乐研究》、《孟姜女传说》等系列丛书，加快常德国际文化影视中心、常德大剧院、人民文化影视城、群众艺术馆等重点文化项目的筹建进程。加强文艺精品生产，文艺创作成果丰硕。拍摄电影《女儿船》，全市发表各类文学作品2000多件，出版专著20多部。小戏《嘻爹嘻事》、常德丝弦《俏姨妈相亲》、湘北大鼓《乡女征婚》，参加第八届中国艺术节，均获大奖。举办焰火晚会等节庆文化活动，营造喜庆祥和的节日氛围。组织举办首届沅水流域鼓王擂台赛、常德丝弦大家唱等传统曲艺展演活动，充分展示常德市传统文化的艺术魅力。省第四届农运会取得圆满成功，开幕式文艺演出《魅力桃花源》，获得良好社会反响。体育部门组织的"全民健身与奥运同行"系列活动，主题突出富有创意。基层文化设施建设不断夯实。全市统一组织建设20个示范乡镇文化站。市新闻出版局积极向上争取资金，在全省率先实施"农家书屋"建设，建成200多个具有一定规模的"农家书屋"。市广电局完成近18万座地卫设施的转星调整工作，实施5.1万户有线电视整体平移。文化体制改革稳步推进。常德汉剧院实行体制改革。石门县综合改革试点工作圆满完成。市广电局、常德日报社等单位强化内部管理，优化经营机制，进一步激发了发展活力。文化市场管理得到加强。

精神文明创建。大力推进农村精神文明建设。召开全市新农村精神文明建设经验交流会，在全市20个乡镇50个村启动新一轮文明村镇创建示范工程。临澧开展的"文明创建进农家"活动，石门开展的"支书读报"活动，桃源开展的"十大公仆、十大孝星"评选活动，促进了农村精神文明建设。深入开展群众性精神文明创建活动。以争创全国文明城市工作先进市为目标，深入开展文明社区、文明窗口、文明街道、文明家庭等基础性创建活动。地税、国税、移动、电业、公交等30多个行业和窗口，开展优质服务竞赛活动，文明创建的"细胞工程"不断强化。切实加强未成年人思想道德建设。积极探索构建"学校、家庭、社会"三位一体的思想道德建设网络，进一步完善中小学校德育工作社会评价体系。全市中小学组织开展"道德名言经典诵读"、"爱心体验行动"、"孝心教育"等德育主题实践活动，有影响有成效。

宣传文化队伍建设。开展"思想作风建设年"活动，有针对性地加强思想作风整训。加强干部教育培训，组织举办全市乡镇宣传委员培训班、理论骨干培训班、新闻从业人员培训班、网络从业人员培训班等系列教育培训活动，培训1600多人次。开展"三创四争"（创学习型机关、创和谐型机关、创节约型机关，在单位争先进、在全省争贡献、在全国争地位、在境外争影响）竞赛活动，强化争先创优意识，提高宣传干部的整体素质和水平。（刘文典　曾　燚）

【文明城市集中宣传】2007年6

月、12 月，省级 8 家主要媒体和中央 11 家主要媒体（人民日报、新华社、光明日报、经济日报、中央广播电台、中央电视台、科技日报、工人日报、中国青年报、中国妇女报、法制日报）分别以“诗意常德”、“德行天下铸市魂”为主题，集中推出了常德市文明城市创建工作的主要做法和先进经验，共推出长篇报道 42 篇，《人民日报》、《湖南日报》均在头版头条刊发了长篇通讯，中央电视台《焦点访谈》、中央电台《新闻纵横》、湖南电台播发了专题节目，中央电视台《新闻联播》、湖南卫视《新闻联播》连续两天播出，新华社播了通稿，其他媒体均在重要版面推出了上下两篇长篇报道，引起强烈社会反响，极大提高了常德市的知名度和美誉度。中央政治局委员、中宣部长刘云山，省委常委、宣传部长蒋建国对常德集中宣传报道情况作了批示。（贵学军）

【2007年度“双十新闻”评选】经过基层推荐、网络和短信投票、专家评审等多个环节，2007 年度常德市十大新闻人物、十大新闻事件评选揭晓，并于 2008 年 1 月 26 日在常德卷烟厂俱乐部隆重举行了揭晓盛典。2007 年度“双十新闻”评选由市委宣传部、市新闻学会主办，常德日报社承办。常德市十大新闻人物、十大新闻事件，浓缩了常德经济社会发展的历程，记录了沅澧大地日新月异的足迹，具有重大意义。

2007 年度十大新闻事件为：文明城市创建工作经验走向全国；省第四届农民运动会盛况空前；安乡惊现 6000 多年前人类头盖骨；环洞庭湖区的 71 家造纸厂顺利关停；国家重点工程皂市水库下闸蓄水；市城区春节期间烟花鞭炮“禁改限”；“私营企业 100 强”暨“影响常德十大魅力德商”评选表彰活动影响深远；中联重科灌溪工业园扩建工程奠基；24 万农村人口饮上清洁水；CCTV“春暖 2007”希望工程在澧县启动。

2007 年度十大新闻人物为：交通安全的“守护神”、市交警直属二大队干警沈国初，慈善使者、临澧县民政局副局长祝安顺，残疾人的“好大姐”、桃源县漳江镇残联理事长郝素云，十七大代表、澧县小渡口镇农民王先荣，扎根乡村四十年的津市新洲镇杉堰村“赤脚医生”鲁礼荣，抚孤育才奉献社会的道德楷模、市阳光孤儿院院长杨绍军，水文事业的执著守望者、石门县所街乡水文站站长胡雪霜，快乐男声、市七中学生王栎鑫，让一座城市感动的“好的哥”赵健，不畏邪恶的“硬汉”、桃源县公安局干警郭宏建。（李秋林）

【“新闻四上”】2007 年，市委宣传部采取有力措施，以上大报大台、上要闻、上典型、上头条这“四上”为重点，加大新闻上稿力度，取得了显著成效。设立宣传常德贡献奖，每年由市财政拨出 15 万元专款，对宣传常德作出突出贡献的有关人员进行奖励。对各区县（市）和市直新闻单位实施“新闻四上”目标管理考核，充分调动各方面积极性。主动向上报送新闻线索，定期邀请上级新闻媒体记者来常采访。围绕市委市政府的中心工作和重大部署，认真策划，精心选题，撰写新闻通稿，积极向上投稿。全年新闻“四上”取得重大进展，据统计，全年在中央级主流媒体上稿 500 多条，在省级主流媒体上稿 2600 多条。其中，《人民日报》头版头条 2 条，中央电视台《新闻联播》7 条、《焦点访谈》3 条，《经济日报》与《光明日报》头版头条各 2 条，《湖南日报》头版头条 21 条，湖南电视台要闻 52 条。在中央与省级媒体推出了援藏干部谭弘发、津市新洲镇“赤脚医生”鲁礼荣、市阳光孤儿院院长杨绍军等一批先进典型。（李秋林）

【舆情信息调研工作】2007 年，常德宣传思想战线围绕大局，关注大事，把握大势，大力开展舆情信息调研工作，为服务大局、服务决策发挥了重要作用。建立健全全员信息制度，上稿奖励制度，定期碰头制度，联合攻关制度，进一步完善信息调研工作网络，加大信息调研上稿力度，取得了优异成绩。全年被中宣部采用信息调研稿件 117 篇，其中单篇采用 5 篇。在省委宣传部上稿 27 篇，信息调研上稿连续 6 年在全省领先。2007 年全省舆情信息调研工作会议在常德召开，常德市委宣传部办公室主任刘文典在会上作了《加强机制制度建设，强化调查研究工作》的经验发言。信息调研稿件质量明显提高，中共常德市委常委、宣传部长覃清香撰写的调研文章《关于新农村精神文明建设的调查与思考》被中宣部评为全国十大调研优稿和全省调研优稿。全年有 1 篇信息调研稿得到中央领导批示，5 篇信息调研稿得到省委领导批示。（曾 燚）

【对外宣传】2007 年，常德市对外宣传工作围绕对外树形象、争影响这个基本目标，在搭建新平台、开辟新渠道、拓展新领域上进行了有益尝试。利用中博会、深圳招商会、珠洽会、浙商常德行、湘商大会等经贸活动平台，组织对外宣传，树立常德良好形象，扩大常德正面影响力。坚持管理和发展并重，用好用活互联网这一具有巨大潜力的对外宣传平台。常德市 300 多家网站全年发布正面宣传常德信息 20 万条以上，成为常德市对外宣传的重要渠道。加强互联网站工作人员的培训，举办全市互联网站工作人员培训班 2 期，培训人员 300 人次。注重建设健康、诚信、文明的网络文化，删除违规有害信息 2861 条，查处违规网吧 76 家。妥善应对突发事件，完善和出台了《常德市突发公共事件新闻发布预案》。高标准开展新闻发布，全年共举办各类新闻发布会 48 场，使新闻发布成为对外信息发布的权威途径。精心制作、多渠道发送外宣制品，制作画册《中国湖南·常德》、《桃花源里的城市——常德》和光盘《投资热土、福地常德》等外宣制品 5 大类共 30000 套册。（傅冠权）

【首届感动常德十大人物评选】为了充分发挥先进典型的示范、引导、教育作用，大力弘扬“德行天下、和谐奋进”的常德精神，进一步凝聚人心，激发活力，振奋精神，市委宣传部举办了常德市首届感动常德十大人物评选活动。

此次评选活动从 2007 年 5 月开始启动，历时半年多，经过基层推荐，组织考察，社会各界投票推选，2008 年 1 月 21 日，常德市首届感动常德十大人物揭晓。陈建教、龙金香、杨国英、吴和枝、郭宏建、杨绍军、姜化、王先荣、鲁礼荣、沈克泉等 10 人被评为感动常德十大人物。文非、李政球、胡雪霜、田工、朱登其、李伊良、刘幸、周学元、傅绍荣、澧县黄氏兄弟（黄大富、黄大华、黄大林、黄大勇、黄大志）荣获提名奖。汉寿县委宣传部、澧县县委宣传部、常德市经委获得组织工作奖。（魏 云）

【省第四届农民运动会开幕式文艺演出】彩灯耀眼，焰火满天，歌舞欢庆。2007 年 9 月 19 日晚，在常德市体育中心激情上演了一场以“魅力桃花源”为主题的大型文艺晚会，正式拉开湖南省第四届农运会的序幕。

晚会上，1800 人的庞大演员阵容，为现场 2 万多名观众奉献了“花世界”、“水精灵”、“火凤凰”、“金土地”四个乐章的精彩歌舞表演。晚会融时代特征和常德特色为一体，营造出了一种“隆重、热烈、乡土、喜庆”的氛围。吴碧霞、韩红、原生态阿佳组合等明星到场献演，晚会由瞿颖、汪涵主持。

开幕式文艺演出以常德地方乡村风貌为背景，以乡村生活为元素，充分运用具有常德特色的艺术形式，以声势宏大的入场仪式和 400 平米的电子视屏，超大功率的灯光音响组合，1800 多人的演出阵容、国内当红明星加盟以及耀眼眩目的舞台焰火等现代高科技手段，充分彰显了“魅力新常德、人文新农运、和谐新农村”的办会主题，反映常德人民在新的历史时期开拓奋进的精神风貌，展现常德市广大人民群众建设社会主义新农村的壮丽画卷。（魏 云）

【“和谐之声”歌咏晚会】为了庆祝中共十七大胜利召开，2007 年 10 月 29 日,由市委、市政府主办，市委宣传部、市直机关工委、市文化局承办，在市体育馆隆重举行了庆祝党的十七大“和谐之声”歌咏晚会。市直 30 个单位 3000 多名干部职工参加。

“和谐之声”歌咏晚会

来自市委、市人大、市政府、市政协、驻常部队以及市经委、交通、卫生、教育、金融等系统的干部职工，组成了 18 个方阵，各参赛代表队演唱了《爱我中华》、《我的祖国》、《当兵的人》、《山丹丹花开红艳艳》、《团结就是力量》等经典歌曲。整个晚会在《没有共产党就没有新中国》的歌声中落下帷幕。

此次晚会突出了欢庆十七大这一主题，展示了广大机关干部热情豪迈、和谐奋进的精神风貌，同时，也体现了较高的艺术水准。市发改委、湖南文理学院、常德卷烟厂等 3 个代表队荣获特等奖，市劳动和社会保障局、市委市人大、市政府市政协、市财政局、市经委、德山开发区、市建设局、市委政法委等 8 个代表队荣获金奖，常德师范、市教育局、驻常部队、常德职业技术学院、市交通局、市卫生局、市农办、市金融系统等 8 个代表队荣获银奖。（魏 云）

【李长春考察常德市农村公共文化服务体系建设】2007 年 5 月 12 日，中共中央政治局常委李长春在王太华、孙家正、柳斌杰、李从军、张茅等中央部委领导，省委书记张春贤，省委副书记、代省长周强，省领导李江、于来山、蒋建国、郭开朗，市委书记武吉海，市委副书记、代市长卿渐伟，市领导曹儒国、刘明、覃清香、王孝山的陪同下，深入常德市武陵区芦荻山乡芦山村、鼎城区灌溪镇富贵村、汉寿县聂家桥乡武峰村等地，考察了农村公共文化服务体系建设情况。

李长春来到武陵区芦荻山乡芦山村，考察了图书室等公共文化设施的建设情况，详细询问了农民的文化需求。这天下午，李长春又来到汉寿县聂家桥乡武峰村考察农村电影数字化放映专项试点情况。李长春走进放映院，现场观看数字电影。随后，他走出放映室，与基层放映员交谈。李长春指出，农村电影放映一定要改革，要市场化运作。政府应该负责公益电影放映。公益放映之外，应该有自主的、市场化的放映经营。他叮嘱陪同的同志，建设公共文化服务体系是关系民生的一件大事，要把它作为一件大事来抓。

李长春在考察时强调，要把公共文化服务体系建设纳入经济社会发展规划，坚持公益性、均等性、便利性的原则，以政府为主导、以财政投入为保障、以城乡区域均衡发展为基本要求、以满足人民群众基本文化需求为主要目标，鼓励社会力量积极参与，加强公共文化基础设施和服务网络建设，提高公共文化产品供给能力，保障广大人民群众看电视听广播、读书看报、公共文化鉴赏、参与大众文化活动等基本文化权益。李长春在考察活动中，对常德市农村公共文化服务体系建设给予了充分肯定。（魏 云）

【名家讲坛】2007 年，在进一步巩固专题学习报告会、优秀学子报告会等品牌创学活动的同时，市委宣传部设计推出了名家讲坛活动。名家讲坛就是定期不定期地邀请国内知名的专家学者来常德举办专题讲座，充分发挥名家效应，进一步增强创学工作的吸引力，调动广大市民的学习热情。2007 年 6 月 29 日，著名艺术理论家、中国文化史学者、散文作家余秋雨来常德作学术报告，他畅谈自己对文化的认识和理解，比较中西方文化的差异，深刻剖析中国文化的优劣面。全市一千多名听众现场感受了这场精彩的学术讲座。另外，还邀请了被媒体称为“中国第一养生大师”的洪昭光教授来常作健康辅导讲座，邀请了著名核电专家、中国工程院院士徐大懋作关于“核电与中国能源”的报告，深受广大干部群众欢迎。（杨　渺）

统战工作

【概况】2007年，全市统战工作在省委统战部的精心指导和市委的正确领导下，坚持以科学发展观为指导，认真贯彻落实全国全省统战部长会议精神，坚持“围绕中心、服务大局、凝聚人心、争先创优”的工作思路，通过开展“四创一争”活动，全市统一战线工作有位有为，各项工作呈现出新的气象。全市统战信息工作被评为全省统战系统先进单位，市委统战部“双联”工作被评为全省先进单位。中共津市市委统战部、中共石门县委统战部被评为全省统战工作先进单位。市委统战部副部长、市工商联党组书记钟春枝，鼎城区委常委、统战部长田大春，临澧县委统战部副部长周晓然被评为全省统战工作先进个人。（邹昭新）

【建立完善统战工作机制】建立完善了统战工作领导机制。各级党委把统战工作摆在重要位置，纳入了党委议事规则，坚持每年至少听取1至2次统战工作汇报。2007年有3次市委常委会议、2次党务工作例会、3次市长办公会议研究统战工作，解决统战工作中的重大问题；建立新社会阶层人士工作联席会议制度，市县两级在新的社会阶层代表人士比较集中的社区开展试点工作；健全党外人士培养选拔任用工作机制，建立组织部与统战部联席会议制度；完善政府部门与民主党派、工商联对口联系制度，走访各对口联系部门，规范对口联系的主要内容，制订对口联系工作计划，促进对口联系工作的规范化、制度化和程序化。（邹昭新）

【党外干部工作】圆满完成换届工作任务。指导工商联顺利完成市级组织换届。配合有关方面认真做好各级人大、政府、政协换届中的党外人士安排工作。各级党外政协委员都基本达到了规定比例（60%）。按要求配齐了市县两级党外人大常委会副主任、党外政府副市长和副区县（市）长、党外政协副主席。加大党外干部的培养选拔力度。市委组织部、市委统战部召开联席会议，专题研究党外干部培养选拔工作。党外干部安排有新进展，有2名党外干部到市政府工作部门任职，有2名党外干部交流到市政府工作部门任职，有1名党外干部到市政府工作部门任正职，实现了在政府工作部门配备正职新突破。（邹昭新）

【民主党派工作】推动各民主党派、工商联和无党派人士围绕建设“工业强市、文化名城、和谐常德”发展战略和2007市政府年要落实的10件实事积极开展建言献策。各民主党派市委、市工商联和无党派人士围绕“3+5”城市群建设等全市经济社会发展中的重要问题，深入调研，形成31篇调研报告，提出122条意见和建议。各民主党派市委在2007年“两会”期间的发言，书记、市长作出明确批示。积极协助各民主党派开展“政治交接学习教育”活动，协助各民主党派加强领导班子建设，定期开展与各民主党派领导班子成员、党外代表人士的定期走访谈心活动。在民主党派机关推行量化目标考核，经与各民主党派协商，将民主党派机关工作纳入全市的目标管理考核，推动了民主党派各项工作的开展。（邹昭新）

【新的社会阶层人士统战工作】一是全面摸底，掌握情况。采取座谈、走访、问卷、统计等方式，掌握了新的经济组织、新的社会组织及其从业人员的基本情况，建立了新的社会阶层代表人士名册和信息库。二是明确范围，突出重点。以社团为纽带，社区为依托，在新的社会阶层人士比较集中的社区开展试点工作，制定下发了《关于开展新的社会阶层人士统战工作的通知》和《新的社会阶层人士统战工作试点实施方案》。三是多方联动，搞好评价。市委出台了《关于建立常德市新的社会阶层人士统战工作联系会议制度的通知》，召开了第一次新的社会阶层人士统战工作联席会议，建立了新的社会阶层代表人士评价体系，完成了党外人大代表、政协委员的综合评价工作，通过综合评价全市共取消47名拟作党外人大代表、政协委员资格。（邹昭新）

【“万企联村、共同发展”活动】为了充分发挥统一战线优势，服务社会主义新农村建设，根据中央统战部和省委统战部的统一部署，在全市民营企业和非公有制经济人士中开展“万企联村、共同发展”活动。为确保活动顺利开展，制定了工作规划，狠抓宣传活动，加强部门联动，确保工作落实。组织民营企业通过项目带村、产业联村、智力扶村、捐赠帮村，推动村企优势互补、城乡共同发展。全市2600多名非公有制经济人士踊跃参加，187家企业参与村企对接，村企对接项目296个，新建产业带动项目60个，总投入2亿多元，带动农村种养户10多万户。全省“万企联村、共同发展”活动现场经验交流会在常德市召开，推介了常德市的经验。（邹昭新）

【成功承办海联理事三湘（常德）行活动】9月上旬，湖南省海外联谊会理事三湘（常德）行在常德市举行。省长周强，省委常委、统战部长李微微出席。来自美国、法国、日本、意大利4个国家以及中国香港、澳门、台湾地区的129名工商、金融、科技、文化、教育界的企业家代表及省内常务理事、港澳及省新闻媒体记者共260多人参加了此次活动。通过项目推介、现场考察、项目洽谈，在珍珠加工、旅游资源开发、机械加工、林纸加工、道路建设等方面达成投资意向15个。香港中国数码集团有限公司为常德市捐款200万元，兴建50所农村卫生室。（邹昭新）

【商会工作】在全市开展“德商”文化现象大讨论和“常德市私营企业100强暨影响常德十大魅力德商”评选

活动。建立了昆明、深圳、惠州常德商会。积极参与政府组织的重大招商活动，组织30多家民营企业参加“深洽会”、“珠洽会”，签约项目15个。2007年，全市统战系统接受香港中国数码集团、省光彩事业促进会、李兆基温暖工程、香港慈辉（佛教）基金会、深圳常德商会等各种捐赠扶贫资金800多万元，兴建了一批乡村卫生室、学校、农田水利建设、人畜饮水工程以及其他扶贫项目，培训农民工近万人。（邹昭新）

【民族宗教工作】 市委、市政府出台了《关于进一步加强民族工作加快少数民族和民族地区经济社会发展的意见》，从上级有关部门争取民族地区发展项目12个，到位资金122万元，市财政配套47万元用于民族地区经济社会发展。认真学习、宣传和贯彻《宗教事务条例》，大力加强宗教团体自身建设。成立了常德市道教协会，召开了首届代表大会，李嘉志道长当选道教协会会长。召开了市天主教爱国会第五届代表大会，彭楚忠神父当选市天主教爱国会主任。加大了市直宗教团体基础设施建设力度。2007年5月，全省爱国宗教团体建设现场经验交流会在常德市召开，会上推广了常德经验。妥善处理民族宗教领域的敏感问题和突发事件，制定了《常德市涉及民族宗教方面群体性事件应急预案》，认真做好应对教皇牧函工作，维护了民族宗教领域的团结与稳定。

【对台及海外联络工作】 积极组织人员赴台考察交流，加强两地经贸互动；邀请台湾旅游考察团到常德市考察旅游资源，共商两岸旅游发展前景。5月，邀请台湾高雄市基层30名里长到常德市参访，加深了常台两地交流合作。利用《开放的常德》网络平台加强对台宣传。市台办的对台宣传和调研工作被中台办评为先进单位。在港澳台理事中开展推荐一名港澳台朋友、引进一个好项目、提出一条好建议、开展一次扶贫帮困的“四个一”活动，取得了初步成效。认真照顾同盟者利益，积极帮助定居台胞、黄埔同学会、归侨侨眷等解决实际问题，更好地团结凝聚了广大统一战线成员。（邹昭新）

【开展“亲和力工程”】 在全市统战系统开展了亲切带来和谐、亲和力产生凝聚力的“亲和力工程”活动。组织落实市委常委与党外代表人士交朋友制度，部领导与10名党外代表人士结对交友，建立交友台帐。采取经常走访、慰问、传统节日邮寄贺卡等方式，增强凝聚力。以共同调研的方式，协助各民主党派确定调研课题，共同深入调研，提高民主党派成员建言献策水平。以换届为契机，为党外干部参政议政搭建大舞台。开展信息直通车服务，定期向党外人士通报经济社会发展情况，畅通了民主监督渠道。各项活动的开展，在全市引起强烈反响。在全市统战部门和统战系统各单位开展“创学习型、服务型、创新型、和谐型机关，为构建和谐常德争做贡献”的主题活动，进一步加强了统战系统自身建设。（邹昭新）

政法工作

【概况】 2007年度，全市政法工作在各级党委政府的正确领导下，紧紧围绕推进平安建设，构建社会主义和谐社会的主题，以化解社会矛盾为主线，以治安防控为重点，以司法公正为核心，集中加强了综治维稳、管理防控、打击犯罪、执法公信、队伍建设等工作，社会大局持续稳定，预防控罪效能明显提升，执法办案质量明显提高，公众满意度明显改善。全国城市竞争力研究会首次举行全国最安全城市测评，在全国661个城市中常德市排26位。全年政法干警违纪案件同比下降40.5%，对政法队伍和政法干警的投诉下降12.7%，全市干警社会主义法治理念考试合格率达到100%。（裴国富）

【维护稳定】 以促进社会和谐为宗旨，以加强社会矛盾纠纷化解为手段，以建立动态平衡、有序发展格局为目标，健全了维稳工作机制。强化了矛盾纠纷排查调处化解制度，完善了“三调联动”工作体系，创新了矛盾纠纷调处方式。进一步强化了党政主职抓稳定的意识，层层建立了维稳工作领导责任制、目标管理考核制、责任追究制和“一票否决制”，全年没有发生群体性事件和重大集体越级上访，没有发生特大恶性交通事故和重大火灾事故，没有发生危害国家安全

湖南省委常委、省委政法委书记、省公安厅厅长李江到常德市调研政法工作

的事件及其他重大涉稳问题。

（裴国富）

【综合治理】以“一中心五网络”工作体系为载体，以加强基层综治工作为重点，以健全组织、整合力量、充实队伍、加强保障为思路，通过“平安常德”建设，完善目标管理和考核奖惩责任制，加大经费投入力度，加强社会管理、全员普法、矛盾排查、系统防控、联动联调、重口管理、社区矫正和包保创安等工作，全面加强综治体系建设，社会防控效果明显。全年刑事案件总量、八类恶性案件、命案、交通事故下降明显。在全省社会治安公众安全感测评中，常德市位列第二。（裴国富）

【严打整治】正确贯彻并落实宽严相济刑事政策，以严厉打击严重危害国家安全、社会治安和人民群众生命财产犯罪，提升人民群众安全感为目标，先后组织了“清零行动”、“蓝天行动”、“两治两查”专项行动、禁毒专项行动、反贪“亮剑”行动，社会效果明显。全年“两抢”案件分别下降了18.3%和13.4%，禁毒工作列全省第一名。

（裴国富）

政策研究工作

【概况】2007年，市委政研室坚持以科学发展观为指导，围绕中心，服务大局，开拓创新，团结奋进，较好地完成各项工作任务。全年共完成重点调研课题15个，起草各类重要文稿20多篇(其中市委、政府文件4个)，编发《常德通讯》12期、《政研内参》12期，为市委、市政府科学决策提供了有效服务，为推进工业强市、文化名城、和谐常德建设做出一定贡献。（张建光）

【决策调研】2007年市委政研室紧紧抓住事关全局的重大问题进行思路性研究，抓住社会关注的热点难点问题进行对策性研究，抓住前瞻性的问题进行理论性研究，抓住重大典型进行导向性研究，先后共完成15个重点课题。如环洞庭湖城市群形象定位研究、中部崛起若干政策研究、工业园区提质升格调查研究、常德旅游形象定位调查研究、农村合作组织个案研究、常德建设区域物流中心调查研究、规模以上民营企业党建研究、“3+5”城市群与常德发展研究、常德市乡村财政状况调查研究、武陵区等三县确保乡村低限运转情况研究、建设教育强市调查研究、和谐社会的实践取向研究、社会组织发展与社会管理创新研究等。通过课题调研形成的决策咨询研究成果比较多，而且质量和采纳率均比往年有较大突破。仅调研报告得到市委、政府主要领导的肯定并作出重要批示的达8次。其中工业园区提质升格的调查报告、常德市乡村财政状况调查报告均得到武吉海书记、卿渐伟市长批示。以课题研究为基础，全年共起草市委、政府文件4个，即《贯彻落实<中共湖南省委湖南省人民政府关于增强自主创新能力建设创新型湖南的决定>的实施意见》、《关于推进和谐常德建设的若干意见》、《关于建设教育强市的决定》、《学习贯彻党的十七大精神加快建设富裕文明和谐常德的意见》。通过调研，形成了一批有份量的理论文章，有些文章在省以上报刊公开发表，如《关于农民主体地位的思考》刊《湖南日报》，《论和谐社会的实践取向》刊《湖南行政学院学报》，《依靠专业合作组织加快养殖业发展》刊《湖南工作》；部分文章获得市以上奖励，如《环洞庭湖城市群形象定位研究》在“泛珠三角区域合作与发展”征文活动中获二等奖、《论社会组织发展与社会管理创新》在全市“坚持科学发展，推进一化三基”和构建和谐常德征文中获二等奖。（张建光）

【《常德通讯》】2007年，《常德通讯》始终秉承“贯彻市委决策，交流工作经验，展示城乡风貌，荟萃真知灼见”的办刊宗旨，在办刊形式、栏目设置、图片报导等方面进行了积极探索，使刊物整体水平上了一个新台阶。全年共出版发行12期，刊发稿件300多篇，110余万字，彩版40版。刊物以准确的定位、灵活的办刊的风格、精美的印刷质量，赢得了广大读者的赞誉，受到各级领导的好评。（张建光）

市直机关党的工作

【概况】思想教育工作。一是抓十七大报告宣讲。举办市直机关学习贯彻十七大精神报告会，工委派出领导先后到7个单位宣讲十七大报告。180多个单位党组织按市委要求派出领导到联系点村进行了宣讲。二是抓身边的典型教育。组织了庆七一先进事迹报告会，推介了市劳动局等5个先进基层党组织和沈国初等7名优秀共产党员的先进事迹。组织近4000名机关党员干部观看了电影《公仆》。

基层党组织建设。抓好换届，配齐配强机关党务干部。指导15个机关党组织按要求搞好换届，通过调整配齐配强党务干部80名。抓好培训，保证新党员发展质量。举办一期培训班，743名入党积极分子参加了培训。认真落实党员发展工作的审查制、票决制、公示制和责任追究制，全年工委直管单位发展新党员573名，其中工委审查561名，直接考察审批发展12名。抓好帮困，为困难党员送温暖。为生活困难党员捐款15万多元，春节、七一前夕，慰问生活困难党员300人，送去慰问金7万元。下拨慰问金3万元，慰问受冰冻灾害影响较严重的党员。

作风建设和党风廉政建设。深入开展廉政文化进机关活动。组织了廉政文化进机关优秀方案评选活动，召开了市直机关廉政文化进机关工作经验交流会，市地税局等10个先进单位介绍了经验。举办廉政文化进机关活动成果展示，市国安局等30多个单位选送了书画、摄影作品和廉政文化建设成果，查处违纪案件。立案查处违纪案2件，协审案件9件，11名违纪人员受到党纪或政纪处分。

和谐机关建设。组织竞赛，促进创学活动深入开展。举办市直机关

"与法治同行"法律知识竞赛。市公安局、市规划局、市畜牧水产局、市司法局、市人事局等单位认真组织了初赛。市财政局等43个单位参加了六个赛区的复赛。组织2007创学经验交流会暨市直机关"与法治同行"法律知识竞赛决赛，6个片组的第一名参加了决赛。培养典型，大力推介创学工作经验。选编了18个创学先进单位的经验材料发到市直机关；利用"常德机关党建"网站，大力推介各单位创学经验。积极参与全省第四届农运会会务、"无车日"活动宣传、农民负担监管督查等中心工作。

目标管理考核工作。突出"工业强市、文化名城、和谐常德"发展战略，围绕推进新型工业化、新农村建设、关注民生、维护稳定、党的建设等工作重点设置考核指标。把落实省、市各项实事、年度重点工程建设、主要经济和社会发展指标等作为重要考核内容，有力地推动了各项工作。市委办等18个单位被市委市政府授予2007年度目标管理红旗单位，市委宣传部等38个单位被市委市政府授予2007年度目标管理先进单位。　　（童成立）

机构编制工作

【概况】2007年，常德市机构编制工作在市委、市政府领导和省编办指导下，通过加大职能整合，合理配置执政资源，稳步推进乡镇机构改革，加强机构编制部门自身建设，充分发挥机构编制部门控制、把关、协调与监督职能，为全市经济社会有效、健康发展提供了体制保障。

2007年，市编办提出"服务兴办"理念，在工作中坚持以推动本地经济和社会发展作为机构编制工作的出发点和落脚点，自觉服务大局。

调整和理顺园区管理体制。市编办紧紧围绕市委市政府大力发展工业园区，促进经济发展的思路，就德山开发区体制机制和社会事务的管理等问题进行了3次调研协商，提出了意见和方案。同时对部分区县（市）工业园区的管理体制、运行机制、机构设置、职能定位等问题进行重点调研回访，解决了临澧、石门、汉寿、鼎城等4个经济开发区副处级机构级别问题，得到了省编办的充分肯定。

加强县乡政府社会管理和公共服务职能。2007年市编办在各区县（市）建立健全新型农村合作医疗机构，统一机构名称、级别和管理模式，并对其组建半年后的效能进行了跟踪调研。与此相配套，还对乡镇卫生院的现状和编制核定工作组织了调研，提出了建立农村公共卫生体系的具体意见。配合国家在常德市开展的全国统筹城乡就业试点，对劳动和社会保障部门职能进行了适当调整，增职能不增机构。配合新农村建设需要，建立健全了区县（市）村镇规划管理机构和县乡公路管理机构等。针对常德市森林公园多、湿地多、自然保护区面积较大的情况，批复设立了安乡黄山头、桃源乌云界、津市嘉山等有关森林公园和湿地保持等机构，形成了比较完整的生态保护体系。

加强体制改革和机构调整工作。一是进一步深化和完善乡镇机构改革。市编办配合农村综合改革，在做好试点工作基础上，通过多次深入县乡与县里分管领导、乡镇党委书记和村支部书记座谈和调研，就深化和完善全市乡镇机构改革拿出了具体的方案，提出乡镇站所由各县结合本地实际在不超过限额的情况下自行设置等具体意见。二是开展县级城管部门管理体制改革调研。为提升县级城市管理水平、减少行政执法层次、规范行政执法行为，11月下旬，市城管执法局、市编办召开全市城管执法局长座谈会，对城市管理领域存在的管理体制和编制方面的问题进行了深入探讨，对存在的一些问题提出了具体解决方案，明确了市级城市管理部门对县级城市管理部门协调指导职能。三是指导各区县（市）相继完成水管体制改革，理顺了涉水行政管理职能，促进了水资源的合理开发利用。四是调整市县乡三级公安机构，加强基层公安队伍建设，调整了审判、检察机关的部分内设机构。

各区县（市）在体制改革和机构调整上也迈出了新步伐。澧县编办在充分调研的基础上出台《关于进一步推进全县事业单位改革的意见》，并在部分单位实施。津市市理顺了津市市人民医院的管理体制，解决了市人民医院的人员编制遗留问题。

加强监管，实现重审批向重监管转变。加强了机构编制监督检查。完善相关制度，出台《常德市"12310"举报电话受理工作暂行规定》。及时查处监督举报问题。围绕桃源县审计局超配领导职数、澧县澧阳镇经管站人员吃"空饷"等举报事项，市编办深入单位调查，对桃源县审计局领导职数超配等反映属实的问题在市委编委全会上做了专题汇报，得到领导的重视，会后以编委文件形式向桃源县下发了整改意见书，提出了责令县委、县政府拿出消化职数措施的意见，并对工作落实情况进行定期督导，提升了该县主要领导的机构编制纪律意识。开展定期督查，以落实编制实名制为契机开展了全市行政事业单位人员的清理核对，并重点对县直机关的人员编制管理情况开展了专项督查。

注重调控，实现具体操作向宏观调控转变。市编办坚持从事务型操作的超脱上下工夫，在创新管活上做文章。坚持按政策规定、按规章制度控制机构和编制的随意性增长。重点做好"管活"这篇文章。积极运用机构编制这个杠杆，根据事业发展需要主动进行政府机构的设置和编制的配置，例如在加强社会保障事业发展上向编委会提出具有超前性、前瞻性的建议，为其增人加编，变被动为主动，在有些单位要求增加人员编制时，坚持盘活存量，坚持优先从其他人员编制富余单位划转。

当好参谋，积极为政府排忧解难。2007年度，市编办在处理历史遗留的难点问题上积极为政府当好参谋，排忧解难，得到了市委和政府主要领导的高度评价。在桥南金鳞市场整体清场出让问题上，提出了对市场有关人员不收进事业单位、进行市场化安置的思路，减轻了市直行政事业单位的安置压力。在处理原市酿酒工业公司13人联名上访过程中，注重历史、依据文件，提出了对其机构性质认定为企业的意见，防止了企业改制走回头路。

把住龙头，在政策性人员安置工作上发挥主导作用。在贯彻执行国家安置政策的前提下，与有关部门共同研究，提出了民营企业接收政策性人员实行税费减免和政府补偿的方法。提前介入，介入档案审核，掌握第一手资料，甄别真假，减少不正之风的发生，部分化解市直安置压力。在安置计划的拟定中，将事业发展、单位实际需要和军转干部能力特长统筹考虑，保证安置方案的科学性。2007年，对《常德机构编制信息网》进行了改版，增设了机构导航等栏目，将市直所有行政事业单位的最新机构信息在网上予以公布，在社会上取得了良好反响，网站被评为2007年度常德政府门户10大优秀子网站。完善统计公报。2007年，市编办制定了机构编制统计数据公报制度，市直机构编制统计数据做到了每月公报一次，全市机构编制统计数据基本上做到了每季度公报一次，为领导决策和职能科室掌握全面情况提供了参考和依据。

（杨晓庆）

【事业单位登记管理】采取有效措施提高登记质量。采取以会代训的方式组织区县登记局长就登记工作、登记质量、登记档案进行了集中辅导。通过下发文件、利用媒体刊登公告与宣传等形式，提高单位年检意识。改变工作方式，变坐等上门为集中主动上门服务。坚持行政执法。对逾期未办理年检的事业单位法人依法启动行政执法程序,下发了限期办理年检通知。加强对区县（市）登记工作的指导。

加强事业单位法人证书的使用监管。为提高证书的使用效用，形成用证、验证的氛围，市编办从加强协调、完善机制、强化监督入手，把抓事业单位法人证书使用制度的贯彻落实作为事业单位登记管理工作的突破口、切入点。召开了十六部门协调会，进一步明确部门职责，并在年底对使用制度的责任单位进行了检查。

档案管理上了新台阶。完善档案查借阅制度，对借阅事业单位登记档案的权限、程序、时限等都作出了明确规定。加强了档案建设。市编办严格根据国家出台的《事业单位登记管理档案管理办法要求》，对所有登记档案进行了全面彻底的整理。通过整理，每份档案都达到了“目录清楚、专柜保存、摆放有序、查找方便”的要求，全市的登记档案做到了规范统一，其中市直、武陵、汉寿、安乡等地的登记档案室达到了省一级档案室的标准。

协会工作有新突破。2007年，市编办以事业单位法人协会为平台，积极开展各项活动，加大了事业单位法定代表人之间的交流和对外交往，扩大了登记工作的影响。2月初在慈利江垭温泉召开事业单位法人协会交流研讨会，研究和部署了2007年至2008年两年协会的主要工作及活动安排，审查协会的经费收支情况。5月和8月组织两次法人代表外出考察学习，促进了协会成员单位之间的业务交流。事业单位登记管理协会被市民间组织登记管理局评为全市先进民间组织，并在全市通报表彰。（杨晓庆）

【贯彻落实机构编制政策法规】2007年度，市编办以《国务院地方各级人民政府机构设置和编制管理条例》（以下简称《条例》）、《中央编办、监察部机构编制监督检查暂行规定》和《中办、国办关于进一步加强机构编制管理的通知》的颁布为契机，在全市深入开展了机构编制政策法规的学习宣传教育活动。一是点面结合，加大宣传力度。4月份，市编办将三个文件法规汇辑成册，分送市县级两级党政领导和市县编制部门，鼎城、安乡等多数区县（市）编办又将这些文件法规翻印后分别发给科局和乡镇党政一把手。临澧县等编办还充分利用新闻媒体、广播电视进行广泛宣传，扩大了宣传覆盖面。二是深入研讨，集中学习。4月中旬，市编办组织全市机构编制部门负责人进行了集中学习。市委书记武吉海、市委副书记曹儒国等领导高度重视，《条例》等文件法规的学习被列为了市委中心学习组三季度学习内容。石门、汉寿等区县中心学习组也全文组织了学习研讨，有的区县还将《条例》列入了党校培训班的学习内容。鼎城区编办为增强各级领导的机构编制意识，还特别聘请了省编办周文处长为区委中心学习组讲课。三是结合贯彻实施，市县两级纷纷为以往的机构编制管理文件打“补丁”，进一步修改和完善了本地的机构编制管理工作规程，出台了相关文件。四是对基层学习情况组织了督查。年中、年底，市编办对区县（市）学习贯彻《条例》等文件法规的情况进行了督查，发出了专门的督查情况通报。

各区县（市）以贯彻落实《条例》为契机，进一步规范了机构编制管理。安乡县出台了《机关后勤人员管理暂行办法》、《关于加强全县行政事业单位工资发放管理的通知》等文件，做到了用制度管事。津市市结合公务员登记，对全市县直行政和事业单位的机构和编制重新进行了核定，通过调整使全市大部分超编情况得到解决；澧县、安乡等地坚持机构编制归口和集中管理，建立健全了监督检查制度。（杨晓庆）

党史工作

【概况】2007年，全市各级党史部门按照中办发〔2006〕23号文件和湘办发〔2006〕29号文件和全省党史研究室主任会议要求，围绕市委、市政府中心工作，服务大局，开拓创新，党史工作取得了新成绩。

重点抓好党史正本二卷的编写工作。2007年，继续以党史正本二卷的编写作为党史工作的重点。在2006年查阅资料的基础上，多次召开写作研讨会，截止11月底，市本级党史正本二卷初稿撰写工作已全面完成，形成约30万字征求意见稿。加大对区县（市）党史正本二卷编写的督促指导。采取电话督导与会议研讨相结合的方式，全年共电话督导12次，召开研讨会2次，截止2007年底，鼎城区党史正本二卷已公开出版，武陵区党史正本二卷已拿出初稿，其他区县（市）资料查阅搜集阶段已近尾声，部分进入撰写阶段。

认真进行党史资料征集工作。全市开展社会主义时期“农业产业化”专题资料征集工作，完成9个区县（市）“农业产业化”专题综述和相关专题的回忆文章28篇；征集了2006年全市党史大事记。汉寿县党史办基本完成《根在汉寿》第二辑的资料征集工作。桃源县党史办利用征集的党史资料为本县申报革命老区和打造红色旅游景点服务方面做出了成功的范例。

完成省党史研究室交办的“抗损”调研工作。根据湘史发〔2007〕6号文件指示精神，成立抗战时期常德市人口伤亡和财产损失课题调研小组，发动并组织全市各区县（市）对日军在常德境内所制造的战争罪行进行深入广泛地调研，截至2007年底，市本级和区县（市）均已完成“抗损调研报告”、“人口伤亡和财产损失统计”、“重点专题”、“历史资料”和“大事记”的调研工作。与此同时，常德市委党史办申报的影视作品《常德细菌战纪实》（和湖南文理学院联合摄制）获中共十六大以来全国党史部门优秀成果二等奖，成为此奖项全国唯一获此殊荣的地级市成果。

扩大党史宣传教育影响。为纪念建军80周年，征编出版《军旅岁月》一书，并举行《军旅岁月》首发式暨建军80周年纪念会议。开展党史宣讲进课堂活动。拟定党史宣传教育进课堂活动方案，成立党史宣讲小组，经市委主要领导同意后，组织宣讲组深入学校、机关宣讲党史，反响很好。以刊物、网络为载体，扩大党史宣传影响。全年共订阅《湘潮》745份，在《武陵古今》开设“历史天空”栏目，在“常德史志网”开设“常德人物”栏目。澧县党史办对本县葡萄大王王先荣当选为中共十七大代表进行专题报道，并发布在新华网上，扩大了常德的知名度。

积极开展党史联络工作。围绕党史专题资料征集工作，发动和组织老同志撰写回忆文章，全年共收到“农业产业化”专题回忆文章28篇。为省委党史研究室《建国后洞庭湖的治理与建设》专题上报回忆文章34篇，为《湖南农业合作化运动》专题上报回忆文章4篇。围绕新农村建设，开展专题摄影活动，举办新农村建设摄影展。组织市党史联络组部分成员到东北三省考察，撰写考察报告，得到市委领导的充分肯定和高度评价。安乡、澧县党史办等也组织本县联络组老同志外出考察，开阔了眼界，受到了启发。（李莉）

【全市新农村建设摄影展成功举办】为迎接中共十七大胜利召开，展现常德市新农村建设的巨大变化和取得的丰硕成果，中共常德市党史联络组和中共常德市委党史办联合组织全市党史联络组成员中的摄影爱好者，深入到各区县（市）新农村，开展专题摄影活动，用摄影作品反映常德市新农村建设伟大成就，向党的十七大胜利召开献礼。为搞好图片征集工作，市党史联络组和市委党史办于8月23日召开各区县（市）委党史办主任和党史联络组组长会议，进行布置，同时成立由党史联络组、市老摄影家协会、市党史办组成的作品评审小组。市、县两级党史联络组共提供作品近千幅。通过评审小组专家认真筛选，评选出152幅作品，经过认真剪裁、冲洗放大、制作、分栏、排版等工序，共制作展牌82块。9月23日，“常德市新农村建设摄影巡回展”在常德市城区商业步行街首展。市委常委、市委秘书长刘明，市委常委、市委宣传部长覃清香，市人大常委会副主任杨先平，市政府副市长徐万发，市政协副主席张新民以及市党史联络组成员和市民一道观看了展出。随后，又分别在市委、市人大、市政府、市政协机关大院以及各区县（市）巡回展览，观展人数近万名，社会反响很好。（李莉）

【党史联络组资政建言引起市委领导高度重视】2008年1月8日，中共常德市委《内参》（专报）第一期刊发由常德市党史联络组和中共常德市委党史办联合撰写的题为《城市社区党建工作的成功实践——哈尔滨市道里区以基层党建促和谐社区建设的考察报告》，这在常德市尚属首次。

为充分发挥党史联络组老同志作用，积极开展资政建言，服务现实。2007年10月中旬，常德市党史联络组和市委党史办部分同志前往黑龙江省哈尔滨市，就党史工作与和谐社区建设学习考察了道里区，回来后，通过认真地总结提炼，形成一篇考察报告，报市委领导阅示。报告提出的“深化对社区的认识、强化社区基层组织建设、优化社区环境软硬件建设”的建议，得到市委书记武吉海的高度重视，他在报告上批示：“考察报告提出的构建我市和谐社区的意见很好，在《内参》刊发，供有关领导同志研阅”。批示对提升常德市党史及党史联络工作地位，推进常德市党史及党史联络工作建设将起到积极作用。（李莉）

【《军旅岁月》首发式隆重举行】2007年是中国人民解放军建军80周年，为纪念这一重大节日，集中反映常德籍解放军官兵的军旅生活和战斗精神风貌，彰显常德儿女报国情操和弘扬爱国主义精神，根据市委领导指示，由市党史联络组、市委党史办与常德军分区政治部联合征编出版了《军旅岁月》一书，该书由海南人民出版社公开出版，并于8月1日在市委机关隆重举行了纪念建军80周年暨《军旅岁月》首发式。市委、市人大、市政府、市政协、常德军分区的有关领导，市党史联络组的老同志、市直有关单位、作者代表、新闻界人士共100多人参加了首发式。会后，常德市委党史办将书邮寄给了各位作者，受到他们的好评，密切了军民关系。（李莉）

【《中国共产党津市历史》第一卷出版发行】《中国共产党津市历史》（第一卷）的编纂出版，是在中共津市市委的高度重视和具体领导下进行的。2001年3月，市委书记宋冬春主持召开市委常委会议，专题研究党史工作，决定成立《中国共产党津市历史》编纂委员会、审查委员会，由津市市委党史办负责《中国共产党津市历史》的编纂。2002年制定《中国共产党津市历史》（第一卷）篇目，广泛征求意见，三易其稿，形成《中国共产党津市历史》（第一卷）篇目送审稿，呈中共常德市委党史办审查、批准。随后，进行全书的编写，于2005年10月完成《中国共产党津市历史》（第一卷）评审稿，分送市委常委审查。2007年10月，市委主持召开评审会，听取市委党史联络组、常德市党史办和各区县党史办的评审意见和建议。会后，市委党史办对书稿进行全面、认真的修改，完善，报常德市委党史办验收。经中共津市市委审批，《中国共产党津市历史》（第一卷）于2007年12月出版发行。全书共分5篇15章46节，前置前言，后列附录，约13万字。全书以史实为依据，详细记载了党领导津市人民进行新民主主义革命的历史，完整、准确、生动地反映中共津市地方组织的战斗历程，客观地总结了历史的经验和教训，是一本生动的地方党史普及读本。

（向满华）

市政府征求老干部对《政府工作报告》意见座谈会

老干部工作

【概况】2007年，市委老干部局在市委、市政府的正确领导下，认真贯彻落实全国及全省老干部工作会议精神，不断加大工作力度，认真落实年初制定的工作目标并创造性地开展工作，各项工作取得了明显成效。

在市领导的带动下全市上下形成了尊老敬老的良好社会氛围。元旦、春节期间，市委书记武吉海、市长卿渐伟登门走访慰问正厅级老干部，市领导带队分成18个慰问组上门慰问了260多名厅级离退休老干部及遗孀。在市领导的带动和影响下，全市各级在职领导干部通过上门走访和召开团拜会、座谈会、联欢会等多种形式对9000多名离退休干部和遗孀进行了走访慰问，投入资金300多万元，全市上下尊老敬老蔚然成风，使广大老干部深切感受到了党和政府的温暖。2007年先后两次召开老干部工作现场办公会议，在市委、市政府领导的亲切关怀和大力支持下，相继出台了一些爱老助老的具体措施，为全市老干部工作的顺利开展解决了不少实际问题：增发一个月基本养老金作为离退休干部的生活补贴，提高了老干部的体检费和老干部特需经费标准；优先为离休干部下岗子女提供再就业岗位；增加了老年社团的工作经费和“四大家”老干部活动经费，为市委老干部局购置一台面包车用于老干部活动；以市委、市政府的名义对老干部工作先进单位和先进个人进行了表彰；同意将市老年大学升格为副处级事业单位，由市财政拨款1000多万元修建市老年大学教学楼。（丁俊辉）

【老干部政治待遇】通过坚持在职领导联系老干部、重大活动请老干部参加、重大决策听取老干部意见、开展定期政治学习报告会、半年情况通报、阅文、组织参观工农业生产、年节慰问、住院看望、生日祝寿、去世吊唁等行之有效的老干部思想政治工作制度，老干部政治待遇得到有效落实。2007年，围绕老干部关注的构建社会主义和谐社会理论、国家海洋发展战略、党的四代领导集体的执政理念、老年疾病防治、全市工业发展情况、中共十七大精神等主题组织了6场老干部集中学习专题报告会，举行了2次情况通报会。市委老干部局还先后组织部分老干部到鼎城区灌溪镇、临澧县九里乡的新农村建设示范点进行参观视察，让老干部感受到了常德市社会主义新农村建设所取得的新成就。（丁俊辉）

老干部金秋艺术团文艺表演

【老干部生活待遇】2007年，本着离休干部“生活待遇略为从优”的原则，在不断健全完善“三个机制”的基础上，积极创造条件，让老干部充分享受经济社会发展的成果。一是老干部津补贴的规范与在职干部同步落实。二是为市直离退休人员增发一个月基本离退休金作为地方生活补贴。三是实现了老干部的相关费用标准与社会经济发展水平同步提高。为确保对老干部的服务质量随社会生活水平同步提高，经市政府批准，增加了老干部特需经费，提高了老干部住院探望、生日祝福、去世吊唁、年节慰问等经费的标准。另外，还增加了“四大家”老干活动经费和老干部体检项目。（丁俊辉）

【组织老干部发挥作用、开展活动】在市关工委的指导下，全市各地的思想道德教育宣讲团、法制教育宣讲团和家庭教育讲师团深入到全市各中、小学校开展巡回宣讲340多场次，受教育青少年达5万多人次，深受社会好评。市、县两级关工委配合文明委，组织近600名“五老”关协会员参加了148个社会评价督导组，在全市开展中小学德育社会评价工作，共为学校德育工作提合理化建议190多条，深受学校欢迎。为迎接全省第七次市州关工委主任会议在常德市召开，市关工委紧锣密鼓地筹备编辑一本画册、制作一部电视专题片、举办一台关心下一代专题晚会、参观一批工作现场、推介一批先进典型的“五个一”活动，受到了省关工委领导和兄弟市州与会代表的一致好评。市老科协去年以科技兴常和工业项目开发为重点开展工作，开发的新材料、环保应用技术等3个高科技项目已纳入全市工业项目库对外招商，先后承办召开了全省老科协会长首届联谊会议和全市老科协工作现场经验交流会，有力地推动了全市老科协工作。广大老干部在各老年社团的带动下开展了系列活动，精神养老作用明显。市金秋艺术团全年组织送文化下乡、京剧进校园、步行街展演等大型演出5场，观众达1万多人次，该团还组织50多名团员赴岳阳交流演出；市老年书画诗词协会举办庆祝建军80周年、迎十七大两次书画专题展，组织理事会成员赴洛阳、西安、延安等地参观采风，并将创作的诗词编印成册；市老年摄影家协会组织25名厅级老干部赴澧县采访新农村建设，举办了《武陵飞霞》出版首发式，并成功举办了郑景阳个人摄影作品展；市维护老干部权益协会全年共接待老干部来访100多人次；市老年体协先后举办了市“四大家”厅级老干部迎春趣味体育运动会、全市老年门球冠军赛、全市乡镇老年门球赛等大型比赛，承办了全省老年人太极拳比赛。市老年大学共开设18个专业、34个班，学员达1300多人次，经市委常委会研究，同意将市老年大学升格为副处级事业单位，由市财政拨款1千多万元新建市老年大学教学楼。

（丁俊辉）

接待工作

【抓优质服务竞赛活动，提升职能工作水平】2007年,市委市政府接待处按照省委办公厅的统一部署，在全市接待系统继续坚持开展优质服务竞赛活动，牢牢把握“创新”这一主题，围绕“新、特”作文章。在接待活动中，坚持实行科学筹划、人性安排、规范操作、个性服务。为常德的接待工作打开了“思路新、观念新、模式新、服务新”的“四新”局面，总结了“把握自己特点、了解客人特需、展示地方特色、体现服务特别”的“四特”经验，并在2007年省委接待办主办的《接待工作》杂志上刊发，成为全省接待系统的品牌。在省政府办公厅召开的全省公务接待工作会议上被特邀做了典型发言。接待处也获得了2007年度全省优质服务竞赛活动二等奖。

优质服务竞赛活动促进了常德接待工作的发展，到常德考察指导工作、投资、经商、观光旅游的各级领导、社会各界人士、海内外朋友逐年递增。2007年接待处共接待各类宾客1200多批次，16500多人次。其中，省部级以上重宾140多批次，近3000人次，包括一级警卫任务接待中央政治局常委李长春；二级警卫任务（加强）接待中央政治局委员、国务院副总理回良玉；两次三级警卫任务接待原全国政协副主席毛致用。多次接待到常德考察工作的党中央、国务院、全国人大、全国政协、中央有关部、办、委的领导和几大军区首长；还有本省各大家领导，特别是张春贤书记、周强省长年内到常德检查指导工作达5次之多。（张明星）

【抓基础设施建设，改善区、县（市）接待条件】接待处以优质服务竞赛活动为契机，督导各区、县（市）党委、政府加强对接待工作的领导，在狠抓基层接待工作规范化服务的同时，加强了基础设施建设，使区、县（市）接待条件明显改善。

一是接待机构全部健全。全市九个区、县（市）都建立健全了接待办事机构，有几个区、县（市）还成立了以常务副县长为组长的接待工作领导小组，为搞好接待工作提供了必要的组织和经济保障。二是办公条件大为改观。九个区、县（市）接待处（办）都有专门的办公场所和接待用车、办公用品等，电脑、传真机、空调一应俱全。桃源县接待处去年在全市率先购置了一辆80万元的考斯特中巴车用于接待。三是基地建设形势很好。全市除临澧的宾馆在装修外，其他各区、县（市）都有了星级宾馆，而且都上了一定的档次。

（张明星）

【抓自身队伍建设，提高人员整体素质】接待处干部职工坚持在实践中学习，不断总结经验。首先是对完成每一项大型和重要接待任务及时进行讲评，分析和总结教训。并根据多年的工作经验，对礼节、礼仪等迎宾知识进行了汇编。而且还和市委党校联合进行了3次“公务接待礼仪知识”培训，500多名处级领导和科级干部参加听课，使他们加深了对接待工作的认识。对社会各界理解、支持和帮助接待工作具有深远的意义。市委党校还把公务接待礼仪知识作为每期党校学员必学科目，由接待处负责专题讲座。其次是学习和借鉴同行单位的先进经验，随时改进工作。第三是坚持边工作边学习，做到人人学习和了解常德的经济、政治、文化和社会发展情况，懂得常德的历史，熟悉常德的名胜古迹、人文景观和地方特色。根据接待工作的需要，还要求年轻的接待人员学习导游和讲解知识，这样，在必要的情况下，能够自己承担导游和讲解员的责任。此外，接待处还和市旅游局、市烹饪协会等部门联合组织接待宾馆开展了前台服务、客房整理、餐饮美食等多种单项竞技活动，又以华天酒店集团组织开展的“技术大比武”活动为主体，推动全市接待系统开展各种形式的学习、培训、比武和竞赛，接待队伍的业务素质有了明显的提高，接待的效果更加令人满意。（张明星）

党校工作

【概况】2007 年，常德市委党校在市委、市政府的正确领导下，以科学发展观为指导，认真贯彻落实中央《干部教育培训工作条例》，积极宣传中共十七大精神，充分发挥党校在干部培训工作中的主渠道、主阵地作用，创新工作方法，强化内部管理，较好地完成了年初制定的工作目标和工作任务，党校函授工作被评为全省函授工作“先进单位”（郭　俊）

【大力宣传中共十七大精神】中共十七大召开后，学校高度重视，通过制定详细学习方案、营造学习氛围、精心组织活动，迅速掀起了学习中共十七大精神的高潮。一是营造学习、宣传中共十七大精神氛围。中共十七大召开之际，学校就组织在校学员与全体教职工认真收看，并立即派教师到中央党校和省委党校学习，领会精神实质。通过校园网、常德党建网和常德政府网加大学习、宣传的力度。二是迅速调整主体班的教学安排。中共十七大召开之后，紧跟形势变化，及时更新、调整教学专题，重新开设了 12 个新专题，教学专题更新率达到了 50%以上，并确定今后一段时间教学、科研工作的重点就是宣讲、研究、贯彻中共十七大精神。三是外派教师宣讲中共十七大精神。学习中共十七大精神是市内各部门、各单位一项很重要的任务，学校根据这个情况，派出教学骨干，参加市委宣讲团进行宣讲。四是深入农村宣讲中共十七大精神。为让基层党员干部群众深刻领会中共十七大精神，真正做到入脑入心，学校充分发挥自身优势，把课堂搬到乡村。围绕中共十七大重大意义和主题、科学发展观、全面建设小康社会奋斗目标的新要求和主要任务、全面推进社会主义经济建设、政治建设、文化建设、社会建设及党的建设等方面，结合新农村建设，采取集体讲授和专家教授个别辅导等形式，与党员干部群众进行面对面、点对点的互动式交流。（郭　俊）

【全面完成各项培训任务】早在年初开学之际，校委就制定了以科学发展观为指导、以培训工作为中心，一切工作围绕学员来设计，来开展，促进各项工作全面发展的工作思路，围绕这一工作思路和工作目标，2007 年，党校在主体班培训，部门班培训，函授学历教育和开拓社会办学领域，都有新的进展，成绩显著。一是主体班、部门班和社会办班规模扩大。根据市委干教领导小组的安排，全年共办主体班 12 期，培训干部 599 人次，其中县干班、科干班各 4 期，中青年干部培训班 2 期，乡镇党委书记班、优秀大学毕业生班各 1 期；举办部门班 12 期，培训 2228 人次；社会办班共 20 期，培训 2600 人次。培训规模较 2006 年有比较大的提升，较好地发挥了党校作为干部培训主渠道、主阵地的职能作用。二是继续坚持不懈地抓好函授招生工作。2007 年的函授招生工作和以往比较，难度更大，但是同志们为了完成学校下达的任务，克服重重困难，较好地完成了招生计划。全市共招收新生 1000 人，其中市直 250 多人。三是努力开拓社会办学新领域。2007 年，引进培训处围绕学校确定的工作目标和工作任务，进行了卓有成效的工作，先后引进了企业高端拓展培训项目和青少年体能培训项目，与三强拓展培训学校、常德市阳光青少年体能培训中心签订了合作协议。一年来，引进外单位固定资产投资约 30 万。不仅开拓了党校社会办学的新领域，而且还丰富了党校的培训方式，为今后开拓社会办学积累了新经验，真正做到了双赢、多赢。（郭　俊）

【努力提升培训质量和水平】在教学上，一是在教学内容上继续坚持党校姓“党”的办学方向。进一步完善了“理论武装、能力培养、问题研究、市情市策、党性锻炼”五位一体的教学新体系，重点突出马克思主义中国化最新成果教学，保证马克思主义中国化最新成果进课堂、进教材、进学员头脑。二是坚持理论联系实际的学风。大力推进案例式、研讨式等新的教学方法，较好的调动了“教”和“学”两方面的积极性，促进了“教”“学”相长，增强了教学的针对性、实效性。三是教学质量稳步上升。在 2007 年全省党校系统教学比赛中，常德市党校系统推荐 2 人参赛，分获一、二等奖，充分展现了狠抓教学质量的成果。四是严格学员管理。2007 年教务处新编辑了《学员手册》，做到主体班学员人手一册，入学之初认真组织学习，办班过程中严格按照《学员手册》的要求执行，收效显著。从调训来看，2007 年开始对中青年干部进行点名调训，对科级干部按各单位的职数比例调训，全年 12 期主体班次，计划调训 618 人，实际到训 599 人，到训率达到了 97%，有的班次到训率达到了 100%。从日常管理来看，教务处督促班主任坚决执行《学员手册》，2007 年下半年开始对每个学员每天考勤造表在教室张贴公布，对学员震动较大，学员到课率比较理想，2007 年主体班的平均到课率能达到 90%以上，大部分班次很多时候达到了 95%。五是充分利用广泛的社会智力资源。先后聘请 20 多位市级领导、30 多位部门领导和高校专家教授来校授课，每轮主体班各开展外请报告 10 多次，受到了学员的好评。

在科研上，一是进一步完善了科研工作管理制度。先后修订了《科研工作管理条例》、《科研奖励办法》。要求教员上讲台必须带科研成果，做到“教学出题目，科研做文章”，教学科研相互促进，相互提高。二是创新了科研办法。要求教员由以往的个人独立科研向团队集体攻关转变，明确了马克思主义基础理论、经济、法律、管理等学科带头人，效果良好。2007年常德市委党校在省级以上公开刊物发表研究论文16篇，完成省委党校社科课题3项，市级成果2项。三是突出抓好科研为党委政府决策服务。2007年以来，常德市委党校有6位教师带着市委提出的“三新一基”，即新型工业化、新农村建设、新型旅游产业、基层组织建设，配合有关部门调查研究，形成的研究成果获得好评。

在图书资料服务上，一是加大了图书、资料、网络等信息载体投入。2007年，党校图书馆共订阅报刊资料184种，新购图书1000多册，开通了中国知网期刊全文数据库，中国优秀硕士学位论文全文数据库，中国博士学位论文全文数据库，极大的方便了教员和学员获取新知识新信息的渠道，也有力地促进教学质量的提高。二是做好图书资料的整理、上架及维护工作。2007年整理图书资料编目、归类200种，装订、上架书刊1000多册，方便了工作人员和学员的阅读。积极催还图书馆外借图书资料，保证图书资料的合理流通，举办“全民读书周”，向全校师生推荐新到的书籍。 （郭　俊）

【深化人事制度改革】一是加强领导班子建设。2007年在市委的重视下，调整了领导班子，领导班子更富有活力、结构更合理。二是加强干部思想作风建设。2007年2月，校内中层骨干举办了为期一周的作风建设培训班，培训班期间校委领导亲自上党课，讲党章，进行信仰教育、宗旨教育、学习《党政领导干部选拔任用工作条例》、《中国共产党纪律处分条例》以及中央有关党员领导干部廉洁自律的文件精神，组织中层骨干到武陵监狱进行警示教育，不断增强政治敏锐性和政治坚定性，强化责任意识，勉励他们为党的干部教育事业多做贡献。三是在2006年底中层骨干竞争上岗的基础上，其他人员实行全员竞争上岗。2007年3月份，进行了一般工作人员的双向选择，实行竞争上岗，择优聘用。通过竞争，激发了工作人员的工作热情，优化了岗位结构，提高了工作的效能。 （郭　俊）

【县级党校评估复查】在2006年落实临澧、澧县、鼎城三所县级党校中专体制的基础上，2007年6月由市委组织部、市编办、市委党校三家联合组成的县级党校中专体制评估小组对申报的3所县级党校进行实地考察评估。经过市干教领导小组研究，同意石门、桃源两所县级党校通过中专体制评估复查，并将评估情况上报省里有关部门。

（郭　俊）

常德市人民代表大会常务委员会

【概述】 2007年是第四届人大工作的最后一年。五年来，市人大常委会紧紧围绕全市工作大局，认真履行宪法和法律赋予的职责，共举行常委会会议48次，主任会议30次，听取和审议行政、审判和检察机关的专项工作报告95个，对80部法律法规的实施情况进行了执法检查，发出审议意见书34份，作出决议、决定76项，任免国家机关工作人员411人，各项工作取得了新的进展，为建设“工业强市、文化名城、和谐常德”作出了积极贡献。

科学决策，审议决定重大事项。一是围绕经济和社会发展重大事项行使决定权。常德市国民经济和社会发展第十一个五年规划，是贯彻落实科学发展观，全面建设小康社会的重要规划，常委会开展调查研究，听取情况汇报，提出意见建议，使“十一五”规划更加完善，并在四届人大四次会议上顺利通过。五年来，市人大常委会对全市全面建设小康社会规划纲要、旅游产业发展规划、柳叶湖旅游度假区和德山经济开发区总体规划修编、城市总体规划布局调整、建设生态市、与国外缔结友好城市等重大事项，认真进行审议，作出决议、决定20项。每年4月，听取市政府上年度财政决算报告、审计报告和专门委员会审查报告，审查、批准财政决算。每年10月，听取和审议市政府关于国民经济和社会发展计划、财政预算执行情况报告，依法批准调整方案。2004年，常委会从实现区域经济社会与人口、资源、环境协调发展出发，作出《关于进一步加强环境保护，建设生态市的决议》，确定了建设生态市的长远发展目标。市政府根据决议要求，出台《关于加强生态市建设的意见》，制定《常德市生态市建设规划》，加快了生态市建设步伐。对柳叶湖旅游度假区总体规划进行环境影响评价，是环境影响评价法颁布实施以后，在全国城市总体规划编制过程中，实施环境影响评价第一例。2005年，常委会对城建项目计划安排作出审议意见后，市政府狠抓落实，及时出台《关于进一步加强理顺城建工程项目和资金管理的意见》，要求重大城建项目“市政府没有研究，专家没有审查，不得向市人大常委会汇报；市人大常委会没有审查批准，不得进入招标程序，市财政局不得拨付工程款”，规范了重大城建项目和资金管理的审批、运行程序。二是围绕人民群众关注的热点难点问题行使决定权。开展对农产品质量安全管理、农业投入品监管、司法鉴定、社区劳动保障、社保资金、住房公积金管理、新农村建设、农村中小学“两免一补”、城区住房保障体系建设、穿紫河综合治理、违法建筑物的拆除、扶贫工程、再就业工程、城市防洪圈建设、春节期间限制燃放烟花爆竹等人民群众关心的热点难点问题进行审议，提出意见和建议。农产品质量安全关系人民群众的切身利益，常委会作出《关于加强农产品质量安全管理的决议》，督促市政府加强农产品从产地到餐桌的全程监管，确保农产品质量安全。针对司法鉴定层次渠道繁多，司法机关存在自侦自鉴、自诉自鉴、自审自鉴等问题，常委会作出《关于规范管理面向社会服务的司法鉴定工作的决定》，较好地理顺了司法鉴定管理体制。三是围绕法制宣传和司法队伍建设行使决定权。2006年，常委会听取和审议市政府关于在全市深入开展法制宣传教育和依法治理工作专项工作报告，批准在全市公民中组织实施法制宣传教育第五个五年规划，作出《关于进一步加强法制宣传教育的决议》。同时，常委会作出《关于授予“模范法官”称号的决定》和《关于授予“模范检察官”称号的决定》，推动了司法队伍争先创优活动的深入开展。

注重实效，全面加强监督工作。一是加强经济工作监督。认真听取和审议专项工作报告。五年来，常委会紧扣经济建设中心，听取和审议市政府关于建设社会主义新农村的专项工作报告，开展专题调查、视察和检查，提出审议意见，督促市政府落实支农惠农政策，加大农村基础设施建设投入力度。听取和审议市政府关于优化经济发展环境、招商引资、工业园区建设等有关工业经济发展的专项工作报告，召开全市经济形势分析专题会议，了解全市经济运行情况，提出意见和建议。市政府按照审议意见要求，优化经济发展环境，加强工作调度，加快园区建设和项目引进，全市工业经济呈现较好的发展势头。听取和审议市政府关于民营工业发展情况的专项工作报告，提出审议意见，市政府进一步理顺管理体制，拓宽融资渠道，落实扶持政策，全市民营经济得到长足发展。常委会和主任会议还围绕城乡统筹发展、国有企业改制、国有资产管理、招商引资、重点工程、林业发展和三资企业发展等工作进行视察和调研，对经济工作中存在的一些突出问题，向市政府提出意见和建议，促进了全市经济又好又快发展。深化预决算审查监督。2004年出台《常德市人大常委会预算审查监督办法》，2006年成立预算工作委员会，加大部门预算审查监督力度。部门预算审查监督的单位，由2003年的11个增加到22个；部门预算审查的程序，在闭会期间审查的基础上，增加了代表大会期间审查。在审查批准市级财政决算时，审查到项目、到科目。充分发挥审计监督作用。常委会作出《关于加强对市级财政预算执行情况审计监督的决定》，定期听取审计报告，推行审计报告公示制度，将审查出来的问题交政府整改。加强计划执行情况的监督。常委会根据全市国民经济和社会发展规划，定期视察全市重点工程建设等建设项目，建议市政府加快重点工程建设，引进高新科技产业，促进了全市经济运行质量的提高。二是加强对法律法规实施情况的监督。五年来，市人大常委会采取统一部署，区县（市）互相配合、上下联动的方式，对义务教育法、农业法、劳动法、人民警察法、刑事诉讼法、民事诉讼法、环境保护法、安全生产法、传染病防治法、动物防疫法、非税收入管理条例等80多部法律法规，进行执法检查。2003年开展传染病防治法执法检查，有力地支持和推动了全市抗击非典斗争；开展义务教育法执法检查，解决了全市中小学20万㎡的D级危房改造等问题；开展电力法执法检查，使岗市变电站周边的建设环境等问题得到较好的解决。2004年开展农业法及相关法律法规执法检查，促进了全市农业投入的增加和较好地解决了失地农民的补偿问题。2005年开展劳动法律法规执法检查，较好地解决了全市劳动和社会保障信息化建设等问题；开展人民警察法、刑事诉讼法和治安管理处罚条例的执法检查，督促有关部门组织开展打击“两抢一盗”和整治涉黑、涉恶、涉毒的专项活动，促进了全市社会治安的好转。2006年开展环保法律法规执法检查，向市政府交办4大类27个问题，促进了一批环境污染问题的解决；开展安全生产法律法规执法检查，向市政府提出了加大安全生产隐患专项整治力度等五个方面的建议，使安乡县黄山头旅游缆车等一批重大安全隐患得到整治。市人大常委会还配合全国人大开展农村土地承包法、物权法、农民权益保护法等法律的执法检查和立法调研，配合省人大开展大气污染防治法、城市规划法、法官法、人口与计划生育法、道路交通安全法、血吸虫病防治条例等20多部法律法规的执法检查和立法调研。开展动物防疫法执法检查后，全市建立健全动物防疫体系，在全省起到了表率作用。三是加强司法监督。本届以来，市人大常委会连续听取和审议市中级法院和市检察院案件质量评选活动专项工作报告。2004年7月，听取和审议市中级法院民事审判工作和市检察院办理自侦案件的专项工作报告。2005年，听取和审议市中级人民法院关于判决执行情况报告。2007年，听取和审议市检察院关于反贪污、反渎职、反侵权犯罪工作的专项工作报告。常委会还分别听取全市基层法院建设，人民陪审员、人民监督员制度实施情况和开展“打黑除恶”专项斗争等专项工作报告，对有关工作进行视察、调查。对日常受理的人民群众涉法涉诉信访案件，认真接待，依法办理，督促司法机关完善内部监督机制，启动司法工作程序，支持和保障司法机关依法、独立、公正地行使权力，开展工作。四是加强民生问题的监督。围绕市政府“十件实事”办理、失地农民社会保障、农村改水改厕、禽流感防治、食品药品安全、防震减灾、廉租房建设、文明城市创建、城乡居民最低生活保障、县乡公路和城区小街小巷建设、园林绿化、社区建设、柑橘病虫害防治等工作，常委会和有关专门委员会开展调查、视察和检查，听取和审议政府专项工作报告，提出意见建议，督促政府为民办实事、办好事，较好地履行了人大及其常委会的职权。加强信访工作和对申诉控告案件的督办处理。坚持主任

人大代表举手表决

信访接待日制度，认真抓好对弱势人员上访、群体上访、重大问题个案上访的处理。五年来，共受理人民群众来信来访11835件，其中受理人民群众申诉控告案件1721件，交办案件86件，绝大部分已办理回复，得到改判和部分改判35件，保护了当事人合法权益。全市人大信访工作得到了全国人大、省人大的充分肯定，全国人大于2003年在常德召开全国人大信访工作经验交流会，在黑龙江、贵州等地召开的全国人大信访工作会议上，推介了常德的经验。开展环保世纪行、农产品质量安全行和农民健康行活动。常委会把环保世纪行、农产品质量安全行和农民健康行活动，作为改善民生的实际行动来抓。环保世纪行坚持一年围绕一个主题、抓住一个重点、突出一个难点，为全市创建“国家环保模范城市”、“国际花园城市”、“国家卫生城市”作出了积极贡献。农产品质量安全行坚持抓标准化生产、抓“三品”认证、抓检验检测体系建设，全市农产品质量安全水平明显提升，年年评为全省先进单位。农民健康行活动的深入开展，促进了全市农村公共卫生和基本医疗服务体系建设，促进了新型农村合作医疗体制的全面启动。“三行”活动取得的成效，得到了人民群众的肯定。

坚持党管干部，依法行使任免权。五年来，市人大常委会共依法任免国家机关工作人员411人，其中决定任命市政府组成人员51人，决定和补充任命市人大常委会工作机构、市人大有关专门委员会负责人26人，任命法院、检察院组成人员259人，免去职务50人，接受和批准辞职25人，从组织上保证了国家机关工作的顺利开展。在行使人事任免权的过程中，注重坚持任前调查、任前公示、法律考试等任免程序，做到知人善任，反映民意。在换届任免时，实行随届任免，组织被任命人员集体向国旗、国徽宣誓，颁发任命书。在任命后，采取述职评议和工作评议等方式，对履职情况进行考核和评价。2003年，市人大常委会决定对政府副市长、政府工作部门负责人、法院、检察院主要负责人进行全面的述职评议。几年来，共对市政府3名副市长、25名政府工作部门负责人和4名市中级法院副院长、3名市检察院副检察长进行了述职评议，增强了国家机关工作人员的法治观念和公仆意识。监督法颁布实施后，组织专项工作评议，对国家机关工作人员的工作业绩和存在问题实施监督，把人事监督寓于工作监督中，增强了监督工作的针对性和实效性。

加强和改进代表工作，充分发挥代表作用。一是代表知情知政渠道进一步拓宽。坚持和完善常委会主任会议成员和专职委员分工联系代表制度。常委会领导深入基层走访代表，通报上情，了解下情。坚持为代表订阅刊物，寄送资料，让代表及时了解人大工作以及全市经济社会发展情况。邀请代表列席常委会，参加政情通报会，使代表尽可能全面地了解政情政务，激发代表当家作主、参政议政的民主热情。二是代表议案和建议办理力度进一步加大。制定《关于常德市人民代表大会代表建议、批评和意见办理工作规定》，进一步规范和完善代表议案、建议的提出、交办、办理和督办工作程序。五年来，共办理和督办市四届人代会期间代表提出的议案、建议1100多件，每年的办结率均达到100%，满意率在98%以上，解决率也逐年提高。对代表在闭会期间提出的300多件建议，及时转交政府、法院、检察院和有关部门研究处理。市四届人大四次会议上，临澧县代表团余先柏等18名代表提出《关于加强农业投入品监管的议案》后，有关专门委员会深入开展调查研究，对议案进行认真审议。常委会听取有关专门委员会审议结果报告和市政府专项工作报告后，作出《关于进一步加强农业投入品监管的决议》。市政府根据决议精神，组织专门班子进行调查研究，出台《关于加强农业投入品管理的办法》，使全市农业投入品监管工作进一步规范，农产品质量安全问题得到进一步保障。三是代表作用得到进一步发挥。认真贯彻中共中央（2005）9号文件和省、市委人大工作会议精神，逐步建立和完善了代表活动的组织和保障机制。深入开展“人民选我当代表，我当代表为人民”为主题的争先创优活动，评选一批省、市优秀代表和代表活动小组，调动了各级人大代表在全市经济建设、政治建设、文化建设和社会建设中的积极性。各个代表小组围绕本地区经济发展的重点和人民群众关心、关注的热点、难点问题，制定代表活动规划，选择代表活动主题，组织代表参与视察、调查和执法检查，做到一年突出一个重点，一年解决一、二个有影响的问题。2005年，组织驻常的全国人大代表、部分省、市人大代表视察常张高速公路建设情况，向省政府提出了斗姆湖枢纽互通的建议案，引起了省政府领导的高度重视，使这一问题得到了圆满解决。（单琴慧）

【第四届人民代表大会第五次会议】1月14日至19日，常德市第四届人民代表大会第五次会议在市工人文化宫隆重召开，出席本次会议的市人大代表474人，列席人员455人（其中包括382名市政协委员），会议还邀请了部分离退休老同志列席开（闭）幕式。

会议听取和审查了市人大常委会主任莫道宏关于市人大常委会工作的报告，市人民政府市长陈君文关于市人民政府工作的报告；审议了市发展和改革委员会主任周运来关于常德市2006年国民经济和社会发展计划执行情况与2007年国民经济、社会发展计划草案的报告，市财政局局长万善志关于常德市2006年预算执行情况和2007年全市及市级预算草案的报告；会议还听取和审查了市中级人民法院院长谢肇荣关于市中级人民法院工作的报告，市人民检察院检察长杜辉才关于市人民检察院工作的报告，并分别对以上报告作出了决议。经过补选，文承保、杨先平（回族）、石成林、万善志四位同志当选为常德市第四届人大常委会副主任。会议还表彰了先进市人大代表小组和代表活动积极分子。本次会议共收到代表提出的议案35件，代表建议107件，经市人大各专门委员会研究，并提请大会主席团审议，决定将议案全部转作建议，并在大会闭会期间，交由有关部门办理，市人大有关专门委员会对办理落实情况进行审议后，向市人大常委会提出报告，并报代表大会备案。 （单琴慧）

【市人大常委会会议】2007年，常德市第四届人大常委会共召开9次会议（即第40次至第48次会议）：

1月14日，常德市第四届人大常委会第四十次会议在市人大常委会议室召开。市人大常委会副主任张启祥主持了会议。会议听取和审议了市人民政府关于常德市城区春节期间限制性燃放烟花爆竹方案的报告，并做出了有关决定。市人大常委会主任莫道宏，副主任孙维忠、高勇、刘克云及常委会委员28名（2名因事因病请假）出席了会议。市人民政府副市长欧运崇、市中级人民法院院长谢肇荣、市人民检察院检察长杜辉才及市委办、市政府办、市城市办、市城管局以及市人大各专门委员会、常委会各工作机构负责人列席了会议。

2月28日，常德市第四届人大常委会第四十一次会议在市人大常委会议室召开。市人大常委会主任莫道宏主持了会议。会议审议通过了常德市第四届人民代表大会第五次会议至第五届人民代表大会第一次会议期间常务委员会工作要点（草案）和常德市第四届人民代表大会常务委员会代表资格审查委员会关于有关代表资格的审查报告，会议还通过了有关人事任免事项，市人大常委会副主任孙维忠、张启祥、高勇、刘克云、文承保、杨先平、石成林、万善志及常委会委员33名（1名因病请假）出席了会议，市委常委、市人民政府副市长陈文浩，市委常委、市委组织部部长李平，市委常委、市纪委书记刘剑英，市中级人民法院院长谢肇荣，市人民检察院检察长杜辉才及市委办、市政府办、市农办、市发改委、市经委、市财政局、市教育局、市劳动与社会保障局、市建设局、以及各区县（市）人大常委会负责人，市人大各专门委员会、常委会各工作机构负责人列席了会议。

4月26日至27日，常德市第四届人大常委会第四十二次会议和第四十三次会议在市人大常委会议室召开。市人大常委会主任莫道宏，副主任高勇、刘克云分别主持了会议。会议听取了反洗钱法的辅导讲座，听取和审议了市人民政府关于市本级2006年财政决算（草案）的报告，市审计局关于市人民政府2006年市本级财政预算执行情况的审计报告，审查批准了市本级2006年财政决算；会议还听取和审议了市人民政府关于2006年市本级城建项目和城建资金计划执行情况及2007年市本级城建项目计划（草案）安排的情况报告、市人民政府关于贯彻实施《中华人民共和国防震减灾法》的情况报告和市人民政府关于《常德市城市总体规划局部调整》的情况报告，听取了市人民政府关于市本级经营性国有资产管理情况的报告和关于常德市与俄罗斯、澳大利亚、美国有关城市缔结友好城市的情况报告；会议还通过了有关人事任免事项。市人大常委会副主任孙维忠、张启祥、文承保、杨先平、石成林、万善志及常委会委员33名（1名因病请假）出席了会议。市委常委、市人民政府副市长欧运崇，市中级人民法院院长谢肇荣，市人民检察院检察长杜辉才及市委办、市政府办、市审计局、市人事局、市教育局、市规划局、市科技局、市财政局、市建设局、市民政局、市城管局、市国资委、市外侨办、市国税局、市地税局、市地震局以及各区县（市）人大常委会负责人，市人大各专门委员会、常委会各工作机构负责人列席了会议，会议还邀请了部分市人大代表列席。

6月28日，常德市第四届人大常委会第四十四次会议在市人大常委会议室召开。市人大常委会主任莫道宏、副主任文承保分别主持了会议。会议进行了义务教育法讲座，听取和审议了市人民政府关于全市工业园区建设情况的报告和关于开展农村中小学“两免一补”工作的情况报告，听取了市人民政府关于市城区廉租住房建设管理情况的报告，会议还通过了有关人事任免事项，市人大常委会副主任孙维忠、张启祥、高勇、刘克云、杨先平、石成林及常委会委员29名（5名因事因病请假）出席了会议，市人民政府副市长张元英、徐超文，市中级人民法院院长谢肇荣，市人民检察院的负责同志及市委办、市政府办、市发改委、市经委、市财政局、市教育局、市国土局、市建设局、市规划局、市房管局、市商务局、市国税局、市地税局、市住房公积金管理中心、市德山开发区管委会以及各区县（市）人大常委会负责人，市人大各专门委员会、常委会各工作机构负责人列席了会议，会议还邀请部分市人大代表列席了会议。

8月28日~29日，常德市第四届人大常委会第四十五次会议在市人大常委会议室召开。市人大常委会副主任孙维忠、杨先平、石成林分别主持了会议。会议听取了法律知识讲座，听取和审议了市人民政府关于常德市劳动和社会保障工作情况的报告、关于贯彻实施《湖南省非税收入管理条例》情况的报告、关于常德市社会主义新农村建设情况的报告、关于开展拆除市城市规划区违法建筑专项行动的报告和市人民检察院关于全市反贪污贿赂犯罪和反渎职侵权犯罪工作情况的报告，听取了市人大财经委关于常德市贯彻实施《湖南省非税收入管理条例》执法检查的情况报告和关于常德市2007年上半年经济形势分析报告，审议通过了常德市第四届人民代表大会常务委员会关于常德市第五届人民代表大会代表名额分配和选举问题的决定（草案）、常德市人民代表大会常务委员会关于接受万善志辞去湖南省第十届人民代表大会代表职务的决定（草案）和常德市第四届人民代表大会常务委员会代表资格审查委员会关于万善志代表资格的审查报告，市人大常委会主任莫道宏、副主任张启祥、高勇、刘克云、文承保及常委会委员31名（3名因事因病请假）出席了会议。市人民政府副市长欧运崇、张元英，市中级人民法院院长谢肇荣，市人民检察院检察长杜辉才及市委办、市政府办、市农村办、市新农村办、市发改委、市经委、市监察局、市公安局、市财政局、市国土局、市劳动和社会保障局、市建设局、市交通局、市水利局、市农业局、市卫生局、市规划局、市城管执法局、市统计局、市非税收入管理局、人民银行常德市中心支行以及各区县（市）人大常委会负责人，市人大各专门委员会、常委会各工作机构负责人列席了会议，会议还邀请了部分市人大代表列席。

10月24日~25日，常德市第四届人大常委会第四十六次会议在市人大常委会议室召开。市人大常委会主任莫道宏、副主任孙维忠分别主持了会议。会议听取和审议了关于市人民政府与创业（中国）投资发展集团有限公司进行投融资合作的报告，市人民政府关于2007年1~9月全市国民经济和社会发展计划执行情况及部分计划调整意见的报告和关于2007年1~9月全市财政预算执行情况和2007年市本级财政预算调整意见的报告，听取了市人民政府关于贯彻实施《常德生态市建设规划》情况的报告和关于贯彻实施《中华人民共和国农产品质量安全法》的报告，会议还听取了农产品质量安全法讲座，市人大常委会副主任张启祥、刘克云、文承保、杨先平、石成林及常委会委员27名（6名因事因病请假）出席了会议。市人民政府副市长陈文浩、张元英，市中级人民法院院长谢肇荣，市人民检察院检察长杜辉才及市委办、市政府办、市发改委、市财政局、市农业局、市环保局、市畜牧水产局、市蔬菜办、市食品安全办、市质监局、市工商局、市国税局、市地税局以及各区县（市）人大常委会负责人，市人大各专门委员会、常委会各工作机构负责人列席了会议，会议还邀请了部分市人大代表列席。

11月27日，常德市第四届人大常委会第四十七次会议在市人大常委会议室召开。市人大常委会主任莫道宏主持了会议。会议审议通过了常德市人民代表大会常务委员会关于召开常德市第五届人民代表大会第一次会议的决定（草案）和常德市第四届人民代表大会常务委员会代表资格审查委员会关于常德市第五届人民代表大会代表资格的审查报告，审议了市人大常委会工作报告（初稿），会议还通过了有关人事任免事项。市人大常委会副主任孙维忠、张启祥、高勇、刘克云、文承保、杨先平、石成林及常委会委员28名（5名因事因病请假）出席了会议。市人民政府副市长李爱国，市中级人民法院院长谢肇荣，市人民检察院检察长杜辉才及市委办，市委组织部，市政府办负责人，市人大各专门委员会，常委会各工作机构负责人列席了会议。

12月18日，常德市第四届人大常委会第四十八次会议在市人大常委会议室召开，市人大常委会主任莫道宏主持了会议，会议听取了市人民政府、市中级人民法院关于办理市四届人大五次会议代表建议情况的报告，听取了市人民政府关于贯彻执行本年度市人大常委会决议、决定和办理常委会审议意见情况的报告和市人民检察院关于贯彻《市人大常委会关于进一步加强反贪污贿赂犯罪和反渎职侵权犯罪工作的审议意见》的情况报告，听取和审议了常德市第五届人民代表大会第一次会议筹备工作的情况报告，审议了常德市第五届人民代表大会议程（草案）、日程（草案）。审议通过了常德市第五届人民代表大会第一次会议主席团等有关名单（草案），审议了常德市第五届人民代表大会第一次会议选举办法（草案）和关于设立本次会议计划财政预算审查委员会、议案审查委员会的决定（草案）以及有关人员名单（草案），会议还通过了有关人事任免事项，市人大常委会副主任孙维忠、张启祥、高勇、刘克云、文承保、杨先平、石成林及常委会委员31名（2名因事因病请假）出席了会议，市人民政府副市长陈文浩，市中级人民法院院长谢肇荣，市人民检察院检察长杜辉才及市委办、市政府办负责人，市人大各专门委员会、常委会各工作机构负责人列席了会议。（单琴慧）

【主任会议】 2007年，常德市第四届人大常委会共召开8次主任会议：

1月11日，市人大常委会主任莫道宏主持召开主任（扩大）会议。会议听取了市人民政府关于市城区2007年春节烟花爆竹燃放"禁改限"实施方案的报告。市人大常委会副主任孙维忠、高勇参加了会议。市人大各专门委员会、常委会各工作机构负责人，常委会专职委员及市政府办、市城市办、市城管局负责人列席了会议。

2月8日，市人大常委会主任莫道宏主持召开主任（扩大）会议，会议讨论了常德市第四届人民代表大会第五次会议至第五届人民代表大会第一次会议期间常务委员会的工作要点（草案），市人大常委会副主任孙维忠、张启祥、刘克云、文承保、杨先平、石成林参加了会议，市人大常委会专职委员及市人大办相关负责同志列席了会议。

3月27日，市人大常委会主任莫道宏主持召开主任（扩大）会议，会议听取了市人民政府关于2007年常德环保世纪行、常德农产品质量安全行和常德农民健康行活动方案的报告，听取了市人民政府关于做好市城区被征地农民就业培训和社会保障工作的实施意见（征求意见稿）和关于市城市规划区集体土地上居民住房征地拆迁安置等实行公寓楼安置的暂行办法（征求意见稿）。市人大常委会副主任孙维忠、张启祥、高勇、刘克云、杨先平、万善志参加了会议，市人民政府副市长徐超文，市政府办、市农村办、市财政局、市农业局、市卫生局、市环保局、市畜牧水产局、市国土资源局、市劳动与社会保障局、市规划局、市蔬菜办、市疾控中心负责人以及市人大各专门委员会、常委会各工作机构负责人和常委会专职委员列席了会议。

5月30日，市人大常委会副主任孙维忠主持召开主任（扩大）会议，会议听取了市建设局关于优先发展全市城市公共交通情况的报告。市人大常委会副主任高勇、刘克云、杨先平、石成林、万善志参加了会议；市人民政府副市长欧运崇，市人大各专门委员会、常委会各工作机构负责人和常委会专职委员以及市政府办、市建设局、市财政局、市城管局、市公用事业局、市交警支队的主要负责人列席了会议。

8月1日，市人大常委会主任莫道宏主持召开主任会议，会议听取了市人民政府关于贯彻实施《物业管理条例》情况的报告和关于加强农村文化建设情况的报告以及市中级人民法院关于全市法院开展司法调解工作的报告，市人大常委会副主任孙维忠、张启祥、高勇、刘克云、文承保、杨先平、石成林参加了会议。市人民政府副市长曹佳中，市中级人民法院院长谢肇荣、市人民检察院检察长杜辉才以及市政府办、市农村办、市财政局、市农业局、市文化局、市房管局、市新闻出版局和市人大各专门委员会、常委会各工作机构的负责人、常委会专职委员列席了会议。

9月24日，市人大常委会主任莫道宏主持召开主任会议，会议听取了市人民政府关于贯彻实施《中华人民共和国公务员法》情况的报告。市人大常委会副主任孙维忠、张启祥、高勇、文承保、杨先平参加了会议。市人民政府副市长宋冬春及市政府办、市人事局的负责人，市人大各专门委员会、常委会各工作机构负责人、常委会专职委员列席了会议。

11月26日，市人大常委会主任莫道宏主持召开主任会议，会议听取了市人民政府关于贯彻实施《湖南省爱国卫生条例》的情况报告。市人大常委会副主任孙维忠、高勇、刘克云、文承保、杨先平、石成林参加了会议；市人民政府副市长张元英及市政府办、市委编委办、市财政局、市卫生局、市城管局、市城市办、市卫生监督所、市疾控中心、市爱卫办的负责人，市人大各专门委员会、常委会工作机构负责人以及常委会专职委员列席了会议。

12月18日，市人大常委会主任莫道宏主持召开主任会议，会议听取了市人民政府关于2008年市本级部门预算(草案)的情况报告。市人大常委会副主任孙维忠、张启祥、高勇、刘克云、文承保、杨先平、石成林参加了会议；市人大各专门委员会、常委会各工作机构负责人，常委会专职委员以及市财政局主要负责人列席会议。

(单琴慧)

【执法检查】环保执法检查，是省、市、县三级人大常委会联动的重大活动。4月3日至6日，市人大常委会副主任张启祥陪同省环保世纪行联合督查组及三湘环保世纪行新闻采访团对全市造纸行业整治工作情况进行督查和新闻采访。市委常委、市人民政府副市长欧运崇和市直有关部门负责人参加陪同。4月19日至20日，市人大常委会副主任文承保率市人大教科文卫委员会相关负责人赴桃源、临澧、石门、澧县就《防震减灾法》的贯彻落实情况开展执法检查。市科技局、市地震局负责人陪同进行了检查。5月10日，市人大常委会副主任万善志陪同《湖南省非税收入管理条例》执法检查组的同志一道检查了常德市贯彻实施《湖南省非税收入管理条例》的情况，并听取了市财政局、市物价局、市地税局、市国资委、市交通局、市教育局的负责人的汇报。6月4日至7日，市人大常委会副主任万善志陪同省人大财经委主任委员孙振华及执法检查组一行对常德市贯彻实施《湖南省非税收入管理条例》进行执法检查。8月21日至23日，市人大常委会副主任文承保带队对武陵区、鼎城区、汉寿县开展农民健康行活动的情况进行了工作抽查。检查组听取了区县组委会及其成员单位有关情况的汇报，并实地察看了当地农村卫生与农民健康工作的先进典型。8月22日至24日，市人大常委会副主任高勇陪同省人大常委会副主任庞道沐带领的执法检查组一行在常德市开展《中华人民共和国农产品质量安全法》执法检查，市人民政府副市长徐万发报告了常德市贯彻执行《中华人民共和国农产品质量安全法》的有关情况。9月12日，市人大常委会副主任文承保带队到市规划局、市建设局开展《中华人民共和国档案法》执法检查。

(单琴慧)

【视察】3月13日，市人大常委会主任莫道宏率驻会的常委会委员到中国人民银行常德市中心支行视察金融体制改革情况，听取了支行主要负责人关于全市金融工作的情况汇报。市人大常委会副主任孙维忠、张启祥、高勇、文承保、杨先平、万善志参加了视察。

8月7日，市人大常委会副主任杨先平和市人大内司委同志们一道，视察了桃源县枫树乡袁家巷村的新农村建设情况，并就村级民主管理、调解等工作提出了意见和建议。

9月4日，市人大常委会副主任杨先平和市人大内司委全体人员一道视察市劳教所和武陵监狱，听取了市劳教所、武陵监狱负责人的工作汇报，并就经费保障、干警待遇问题进行了调研。

9月19日，市人大常委会主任莫道宏率驻会的常委会委员视察了金天钛业、常德电厂、石门海螺水泥、皂市水库和常德卷烟厂“芙蓉王”生产线扩建项目等重点工程，并听取了市发改委主要负责人关于全市重点建设情况汇报。市人大常委会副主任孙维忠、高勇、杨先平、石成林参加了视察，市政府办和市发改委负责人陪同视察。

9月24日，市人大常委会主任莫道宏率驻会的常委会委员视察中国电信常德分公司，并听取了公司主要负责人《实施战略转型，建设“信息常德”》的工作情况汇报，着重了解了“平安常德”信息化服务建设情况。市人大常委会副主任孙维忠、张启祥、文承保、杨先平参加了视察。

12月17日，市人大常委会主任莫道宏率全体常委员会委员视察柳叶湖并听取了常德柳叶湖旅游度假区管理委员会关于引进大连海昌集团的情况汇报，市人大常委会副主任孙维忠、张启祥、高勇、刘克云、文承保、杨先平、石成林参加了视察，市人民政府副市长欧运崇以及市城市办、市发改委、市财政局、市环保局、市国土局、市规划局、市建设局、市旅游局负责人陪同视察。

(单琴慧)

常德市人民政府

【市政府常务会议】2月12日，市政府召开第17次常务会议，传达省“两会”精神和周强省长视察常德讲话精神，审议《常德市行政过错责任追究暂行办法（草案)》、《常德市管线工程管理实施办法（草案)》、《常德市绿化赔偿费和绿化补偿费收缴管理暂行办法(草案)》、《常德市城区2006—2010年社区卫生服务机构设置规划（草案)》及《关于进一步加强动物防疫工作的通知(草案)》等规范性文件，研究部署当前工作。市长陈君文主持会议，市政府领导陈文浩、欧运崇、宋冬春、张元英、李爱国、徐万发、徐超文、朱晓平、杨光宏、叶培明、汤向荣以及市政府秘书长沈习森出席或列席会议，市人大常委会副主任文承保、市政协副主席彭明建、常德军分区参谋长刘晶柯应邀参加会议。

5月21日，市政府召开第18次常务会议，研究推进新型工业化、落实省8件实事和市10件实事、创建科技强警示范城市、落实《国务院办公厅关于推进种子管理体制改革加强市场监管的意见》等工作。代市长卿渐伟主持会议，市政府领导陈文浩、欧运崇、张元英、徐万发、徐超文、曹佳中、杨光宏、汤向荣以及市长助理、市政府秘书长沈习森出席或列席会议，市人大常委会副主任杨先平、市政协副主席张新民、常德军分区副司令员朱文良应邀参加会议。

9月24日，市政府召开第19次常务会议，研究当前有关工作，听取市发改委关于湘商大会筹备和申办工作的情况汇报，市规划局关于花山大道选址工作的情况汇报，市农村综合改革办关于减轻湖区农民负担综合改革工作的情况汇报，市信访局关于近期重要信访事项的情况汇报，审议了《常德市医疗废物集中处置暂行办法(讨论稿)》。代市长卿渐伟主持会议，市政府领导陈文浩、欧运崇、宋冬春、张元英、李爱国、徐万发、徐超文、朱晓平、杨光宏、叶培明以及市长助理、市政府秘书长沈习森出席或列席会议。

（朱文红）

【市政府四届五次全体会议】7月12日，市政府四届五次全体会议在芷园会堂召开，市委书记武吉海到会作重要讲话，代市长卿渐伟作工作报告，市委常委、常务副市长陈文浩作总结讲话。会议分析了上半年经济形势，安排部署了下半年经济工作，要求全市各级各部门集中精力发展工业、加强“三农”、搞活三产、加快建设、促进和谐，同时要求提高效能、狠抓落实，全面完成或超额完成全年工作的各项目标任务，以优异成绩迎接党的十七大胜利召开。

（朱文红）

办公室工作

【概况】2007年，市政府办及直管单位干部职工紧紧围绕市委、市政府的中心工作，按照办党组确定的“政务服务达到新水平、后勤管理迈上新台阶、队伍建设树立新形象”的总体要求，开拓奋进，务实创新，圆满地完成了各项工作任务，各个方面都取得了新的进步。

参政设谋。全年共起草各类文稿300余篇，约130多万字，领导报告、调研文章、综合材料都推出了一批精品，领导比较满意，基层和群众比较认可。调查研究坚持突出中心、关注基层、紧扣热点，围绕对接“3+5”城市群建设这个重点，共组织开展了城市建设、村民理事会、农村安全饮水、水泥产业发展问题等调研活动18次，大部分调研成果直接进入了领导决策。政务信息在抓好日常信息报送的同时，突出为本级服务，将《政务要情》改版为《每日要情》，工作日每天一期，为市政府领导和办领导了解情况、指导工作、科学决策提供了大量及时、有价值的信息，被市政府领导多次批示。

督查协调。在督查督办上，始终突出工作重点，围绕落实省八件、市十件实事开展督查，对办实事过程中遇到的各种矛盾和问题及时协调、及时处理，保证了工程进度和质量，确保了办实事任务的全面达标。围绕落实市政府决策部署开展督查，重点对市政府工作报告部署的工作，对市政府全会、市政府常务会、市长办公会和市政府专题会议议定的工作和具体事项进行跟踪督办，确保了政府决策的落实，确保了政令畅通。围绕落实领导批示件开展督查，重点办理了省、市主要领导关于市十一中科教楼建设、石板滩镇煤矿污染、桃源城管执法大队行政不作为等问题的21件批示，办理由“省长信箱”交办的群众来信22件。围绕落实中心任务开展督查，全年牵头组织专项督查17次，重点督办了工业项目建设、打击非法传销、建安劳保基金征收等工作，促进了市委、市政府各项中心工作的有效开展。在热线受理上，全年受理市民来电20多万个，下发市长热线办交办件190件、市长信箱交办件1250件，群众和企业反映的水电气、噪音污染、教育收费、公路三乱等热点问题得到了及时处理。在应急管理上，组建应急管理机构，完成应急预案编制，开展应急知识宣传，加强重大突发事件的应急处置，像桃源县发生的“10·1”特大交通事故，应急办在第一时间掌握突发事件信息，并迅速将情况报告给市领导、反馈给桃源县，为开展紧急救援赢得了宝贵时间，为处理善后工作争得了主动。在综合协调上，加强联络工作，参与组织人大、政协重要会议和代表、委员的视察活动，体现了较高的组织协调水平。全年共承办建议、提案523件，按时办结率100%，满意或基本满意率100%。加强协调工作，牵头组织湘商大会、全市餐饮行业“三名一星”评选活动、“两基”达标国检团检查验收、省第四届农民运动会等活动，协调处理了市巡警支队过渡办公用房、改制企业军转干部信访问题等多个问题，得到了领导的认可与肯定。

后勤服务。对市政府机关卫生、绿化管理进行公开招标，迈出了市政府机关后勤管理社会化改革的第一步。由经房物业公司中标托管后，卫生保洁和绿化管养都提高到了一个新的水平。投入240多万元，对机关两院生活锅炉进行改造，对机关办公楼漏水问题进行维修，从硬件上提高了后勤保障水平。进一步健全网络，充实力量，加强巡查，共签定安全稳定责任状403份，实现了人防、物防、技防的有机结合，确保了政府机关安全稳定。

中心工作。在引进新上工业项目方面，与德山开发区共同引进的电子显示屏项目，总投资3亿元，已于2007年12月8日开工建设，预计2008年7月一期工程可建成投产。在农村建整扶贫工作方面，全年争取到位各类扶持资金260万元，与兔子口村支两委一道，着力落实培育特色产业、加强基础建设、为民办实事等工作，得到了市政府领导的充分肯定和基层干部群众的好评，兔子口村被评为全省小康建设示范村。在“双联”工作方面，针对联系企业赤峰煤矿的实际，先后组织开展走访慰问和捐资助学活动，帮助解决了一些职工生活和子女就学方面的困难。

直管单位工作。信访工作，严格落实领导接待日制度和领导责任追究制度，进一步畅通信访渠道，加大对信访问题的处理、非正常访的整治以及信访案件的督查督办力度，全市信访总量得到有效控制，一些矛盾纠纷得到及时有效化解，合理信访诉求解决率和信访群众满意率明显提高。政务中心工作，围绕创新机制、推动行政审批提速增效这个重点，重新清理规范项目报建程序，落实“承诺告知、一审一核、超时默许”制度，推行网上审批工作，优化项目代理服务，全年累计办理各类事项14.5万件，按期办结率达99.9%。加强政务公开，基本完成了政务公开目录编制工作，抓紧“公用事业、社会保障、基层服务、重点领域”四条阳光带建设，政务公开示范工作得到省政府高度评价。城市办的工作，围绕巩固城市创建成果、提升城市品牌效应下功夫，加强城市创建的日常组织调度、小城镇发展工作的指导、重大城市工作的协调，强力推进市城区依法拆违工作，城市建设、管理水平进一步提高。法制工作，以贯彻落实《全面推进依法行政实施纲要》为契机，加强规范性文件的审核把关和审查备案，深入推行行政执法责任制，认真做好行政复议和法制服务工作，为促进政府工作法制化发挥了积极作用。无线电管理工作，加强无线电干扰排查、无线电台站数据清理登记和无线电管理基础设施建设，为维护常德市空中电波秩序、促进社会稳定做出了积极贡献。信息化工作，坚持以推行电子政务为重点，加强政府网站建设，开展“嘉宾访谈”活动，狠抓信息产业发展，实现了政府网站上台阶、电子政务上水平、社会各领域信息化全面推进的目标。食品安全工作，以构建城乡食品安全体系、确保全市不发生重大群体性食品中毒事件为目标，进一步健全食品安全监管网络，完善检验检测体系，建立监管部门联系会议制度，开展生猪定点屠宰与猪肉质量安全、农村食品安全、学校食品安全等方面的专项整治，有效维护了人民群众的饮食安全。民族宗教工作，认真贯彻党的民族宗教方针，依法管理宗教事务，加大民族地区项目申报争取力度，落实慈善扶贫资金110万元，妥善处理一批涉及民族宗教领域的热点、难点问题及突发事件，促进了民族地区的稳定发展。

效能建设。2007年是市委、市政府确定的“作风建设年”。办党组结合办公室实际，把机关效能建设作为转变机关作风的突破口，着重抓了两个方面：一方面，围绕提高效能，狠抓制度建设。办党组研究出台了《关于加强机关效能建设的几项制度》，组织开展“加强机关效能建设大讨论”，进一步统一了加强效能建设的认识，明确了开展效能建设的重点与要求。秘书科起草并以办公室名义下发《关于进一步加强公文办理工作有关问题的通知》，对进一步加强公文办理工作提出具体要求，在实际工作中，坚持按照程序，认真审核，严格把关，公文办理的质量和效率都有明显提高。值班室进一步修订完善值守应急服务、领导活动服务、来宾接待服务、会务组织服务规范，严格按制度规范办事，认真做好值班接待、会务组织、领导活动安排等各项工作，整体服务水平进一步提升。政工科坚持从基础工作抓起，重新录入包括归口单位在内的全部干部职工的人事信息资料，建立本办和直管单位人事任免台帐，对历年来形成的组织人事工作资料进行了整理归档；认真落实“逢进必考”的规定，坚持公开、公正、公平地选调工作人员；加强对临时聘用人员的管理，完成了临时聘用人员参保补保工作。财务科修订下发了《关于加强机关财务管理的几项规定》，加强日常会计核算，对报帐实行“一票五审制”，特别是对设备采购、会议经费、接待经费、车辆交通费等费用实行严格管理，有效降低了运行成本。联络科下发《关于进一步加强建议提案办理工作的通知》，市长热线办健全电话值班、首问负责、责任追究等制度，保卫科健全门卫值班、车辆停放、夜间巡查、暂住人口管理等制度，促进了工作规范，提高了工作效能。另一方面，围绕提高效能，狠抓队伍建设。坚持“三会一课”制度，加强党员教育管理，组织全办党员到韶山瞻仰了毛主席故居，并在主席铜像前集体重温入党誓词，完成了办总支和各支部换届工作。精心组织中心组学习和干部职工政治理论学习，采取专家辅导、中心发言、收看电教片等多种形式，认真学习党的十七大精神等政治理论。

（朱文红）

发展和改革工作

【概况】2007 年，在市委、市政府的正确领导下，全市上下紧扣发展主题，大力推进工业强市，着力加强项目建设，努力促进社会和谐，国民经济继续朝着又好又快的方向稳健运行。实现地区生产总值 864.1 亿元，增长 14.6%，其中第一产业增长 6.4%，第二产业增长 16.9%，第三产业增长 17.8%；完成全社会固定资产投资 231.9 亿元，增长 30.4%；实现一般预算收入 38.1 亿元，增长 25.3%；实现社会消费品零售总额 279.3 亿元，增长 18.4%；城镇居民人均可支配收入和农民人均纯收入分别达到 12453 元和 3966 元，分别增长 16.4%和 11.8%。取得这样可喜的结局，发展和改革工作做出了积极贡献。

引进战略投资者取得新成果。2007 年，常德市加大了引进战略投资者工作力度，出台了《关于加快引进工业战略投资者的指导意见》，编印了《常德市引进战略投资者指导目录》，在市领导的带动下加强了与战略投资者的联系和沟通，取得了良好效果。继创元铝业、中联重科、恒安纸业、海螺水泥等重大项目落户常德之后，又有湘投控股、香港贵联集团、中材科工集团等战略投资者进入常德，并与香港盈信集团、经纬纺机、香港保威集团、中国通用技术集团等一批战略投资者达成投资意向，与三一重工、湖南有色控股、富士电梯等一批战略投资者正在洽谈项目。

重大项目前期工作取得新进展。加大项目开发力度，开发并发布重大项目 75 个，编印了《2007 年常德市投资指南》，为推动项目引进打下了坚实基础。开展了机电产业集群建设专题研究，策划并发布了一系列机电产业项目。加强了项目基础工作，一批重大项目前期工作大步推进。常德电厂完成核准前的全部准备工作，具备了开工条件；金天钛业主体工程开工建设；柳叶湖体育产业生态园建设顺利启动；常德核电站进入初可研阶段。

争取资金实现新突破。争取上级投资达到 31.6 亿元，其中国省投资 23.84 亿元、省统贷统还 6.83 亿元、国外贷款 9296 万元。全市到位第四次金融合作农业开发银行贷款 6.16 亿元，其中市本级 2.5 亿元，县（区、市）3.66 亿元，同时启动了第五次金融合作，一批项目进入农业开发银行贷款计划。成功参与和组织了常德（深圳）招商会、江浙企业家常德行、第二届中博会、第四届珠洽会、湘商大会等招商活动，实际到位外资 1.9 亿美元，增长 26%，实际到位市外境内资金 188.28 亿元，增长 60.7%。

重点建设创造新成就。年内安排的 74 个重点建设项目完成年度投资 87.35 亿元，占年度计划的 102.8%。创元铝业 21 万吨电解铝项目建成投产，常德烟厂“芙蓉王”生产线扩建主体工程基本完成，常德移动村村通工程超额完成计划，安乡夹夹大桥成功合拢，常德桥南汽车客货运总站正式启用，恒安纸业扩建、海螺水泥、云锦纺织、经编产业园、常吉高速公路、汉寿沅水大桥、皂市水库等重点工程进展顺利。

综合协调开创新局面。开展了党政机关办公楼清理整顿，出台了《关于严格控制党政机关办公楼等楼堂馆所建设的若干规定》，规范了全市党政机关办公楼审批，政府投资管理日益规范。加强招投标事前核准，开展招投标执法检查，招投标市场更加规范，应招标项目招标率、应公开招标项目公开招标率均达 100%。各项改革顺利推进，统筹城乡就业、城镇居民医疗保险、社区卫生服务、农村综合配套改革取得良好进展。强化第三产业协调指导，出台《常德市关于进一步加快行业协会发展的指导意见》，第三产业增速跃居全省第二。进一步加强对口支援工作，出台了《常德市第五轮（2007—2009）对口支援工作安排意见》，落实对口支援项目建设资金 395 万元。（邵可星　杨　丽）

重点工程建设

【概况】2007 年，在市委市政府的正确领导下，全市重点建设工作仍然保持较好的发展势头，投资规模继续增大，项目结构不断优化，建设环境大为改善。全市 74 个重点建设项目完成年度投资 87.35 亿元，占年计划的 102.8%，比上年增加 20.33 亿元，增长 30.3%，各项指标均创历史新高。

工业项目超常发展。全市 24 个重点工业项目共完成投资 41.3 亿元，占重点建设投资的 47.3%。创元铝业 21 万吨电解铝项目建成投产，自备电厂基本建成；中联重科落户鼎城灌溪工业园；湖南中烟常德卷烟厂 40 万大箱“芙蓉王”生产线扩改主体工程基本完成；恒安纸业三期扩改完成投资 4.3 亿元，比原计划增加一倍；常德电厂土建工程进展迅速；海螺水泥、金天钛业、云锦纺织、经编产业园等一大批工业项目开工建设，为推进新型工业化增添了后劲。

基础建设有力推进。常吉高速公路建设已转入路面施工；安乡夹夹大桥11月2日成功合拢，年底交工验收；汉寿沅水大桥主桥年底成功合拢；皂市水库完成大坝浇筑、关闸蓄水；主电网110千伏变电站新建6个、扩建3个、新建线路33公里，完成工程量的92%；城市电网改造220千伏变电站1座、各类线路49公里，完成工程量的120%。通过一系列重大项目的建设，全市城乡基础设施条件得到大大改善。

民生建设成效突出。全年完成通乡公路投资5.99亿元，建设里程2495公里，超计划995公里；解决农村安全饮水人口23.9万人，是省下达目标的2倍；新建农村沼气池2.05万口，完成投资6860万元；农网及农配网通过省验收，农网改造基本完成；电信建成乡、村接入点分别为210个和433个，行政村电话覆盖率达到100%；移动村村通工程新建基站389个，新增用户75万户，农村通讯网络覆盖和服务质量明显提高。

前期项目取得突破。泰格林纸项目前期工作有序推进，常德港德山新港区正式奠基；常德核电项目完成厂址评审，全面启动可研和初可研工作；体育生态园全面完成征地拆迁安置；桃花源机场总体规划由民航中南局组织进行了评审；黔张常、安张常铁路初步列入了国家铁路网中长期规划；大型商品粮基地、燃料乙醇、常德沅水三桥、安乡大杨树大桥、大连海昌集团柳叶湖旅游开发等项目前期工作正在积极推进。前期项目的新进展，为重点建设可持续发展提供了保证。

建设管理不断加强。2006年，全市各级各部门高度重视重点建设工作，严格落实目标管理责任，先后建立了定期研究制度、督办函制度、落实情况通报制度，促进了重点建设的顺利实施。市委书记武吉海、市长卿渐伟、常务副市长陈文浩、市政府巡视员杨光宏等领导多次亲临工地解决问题；人大代表、政协委员经常为重点建设建言献策；有关区县市、市直有关部门加强工作配合和优质服务，先后解决了创元铝业供电、运输、阻工，金鹏凹版印刷项目提前腾地，中联重科给水排污，天然气烟厂专用线沿线征地纠纷、体育生态园土地权属等问题，维护了建设环境；有关业主单位加强项目协调和监督管理，确保了建设资金、质量和生产安全。

（陶兴平　罗　荣）

招商引资

【概况】2007年，全市各级各部门把商引资作为建设工业强市的首选战略，不断加大招商引资工作力度，着力改进招商方式，努力改善投资环境，重点加强项目推进，招商引资工作取得了新的突破。主要指标完成良好。2007年，全市实际引进内外资总额202.54亿元，同比增长53.4%，其中，引进市外境内资金188.27亿元，同比增长58%；引进省外境内资金126.1亿元，同比增长101%；实际到位外资1.9亿美元，同比增长25%。引进内外资总额全省排位第三，增幅全省排位第四，是历年来的最好成绩。石门县、汉寿县、安乡县、德山开发区位列全市内联引资前四强；临澧县、桃源县、鼎城区、澧县位列全市外资到位前四强。引进重大项目和战略投资者有所突破。2007年，各级坚持一手抓项目引进，一手抓项目推进的方针，着力对接产业转移、着力引进重大项目和战略投资者，全市签约千万元以上项目237个，其中亿元以上项目达39个，10亿元以上项目2个，5亿元以上项目8个。并有123个项目开工建设，79个项目竣工投产。德山开发区去年引进项目30个，其中亿元以上项目12个；开工项目21个，其中亿元项目9个。中国华电集团、泰格林纸、金天钛业、恒安三期、三升光电等一批知名企业和重大项目落户德山，将对常德工业格局调整和规模扩张发挥重大作用。桃源县紧紧抓住创元铝业，不断扩大投资领域和规模，“十一五”末铝业将成为常德第二个百亿产业。中联重科投资鼎城灌溪工业园、收购湖南车轿项目的实施，有效促进常德机械制造业的提升。安徽海螺集团、中国中材集团、中国建材集团和冀东水泥分别落户石门、桃源、鼎城和临澧，将使常德水泥行业登上新的台阶。在引进重大项目的同时，也没有放弃中小项目的引进。去年，武陵区引进中小项目119个，形成了三个工业园区，为产业链招商打下了坚实的基础。2007年常德市被评为全省外资到位工作先进单位，常德市商务局

招商引资汇报会

被商务部评为全国商务系统先进单位，临澧县、桃源县、鼎城区、澧县被评为全市利用外资先进单位；德山开发区、石门县、汉寿县、安乡县被评为全市内联引资工作先进单位。（戴振超）

附：全市外来投资十强工业企业

湖南创元铝业有限公司

湖南华电石门发电有限公司

湖南三江电力有限责任公司

湖南恒安纸业有限公司

常德金鹏印务有限公司

湖南重庆啤酒国人有限公司

澧县新澧化工有限责任公司

中联重科起重分公司

湖南盈成油脂有限公司

湖南中泰特种装备有限公司

统计工作

【概况】2007年，市统计局在市委、市政府的正确领导和省局的指导下，紧跟市委、市政府中心工作，上下齐心协力、负重奋进，着力以现代市场经济理念建造优良的机制和队伍，出产优质高效的统计产品，全力打造新型政府统计工作，取得了较好的工作成绩。

扎实做好省“八件实事”数据评估认定工作。为认真履行省“八件实事”、市“十件实事”的数据评估认定工作，积极配合市八事办开展相关工作。在实际工作中，严格实行月调度、月通报、月督查，使省“八件实事”、市“十件实事”评估认定工作做到规范、有序，常德市省“八件实事”完成情况均获得省级认可。此项工作在省局评比中获得第一名，并受到省政府表彰。

狠抓能源统计、新型工业化考核以及实施区域统计等工作。按照国家和省局统计制度改革的总体思路和各级党委政府宏观管理和考核的需要，逐步建立和完善既能满足上级统计部门需要又能服务于地方政府的统计方法制度，如工业园区统计制度、能源统计制度、文化产业统计制度、区域经济考核指标体系、非公有制经济监测考核、新型工业化考核等。尤其是把能源统计和新型工业化考核作为业务工作的重头戏来抓，注重抓统计基础，抓业务培训，促进了企业、部门统计工作的规范化，使业务工作逐步走入正轨。在实施区域统计方面，在市领导的高度重视和支持下，经过与武陵区统计局的多次衔接，拿出了业务移交方案，安排了实施区域统计时间表。

大力开展统计分析和统计服务工作。全年共编发《决策参考》40期，统计分析资料已成为指导地方经济决策的重要依据；及时发布统计信息，《统计年鉴》、《统计资料月报卡》、《数据常德》等统计资料继续得到充实和完善；经常为企业经营及社会公众提供统计服务，为党委政府中心工作搞好服务，如参与市委、市政府对区县（市）工作目标考核，参与组织部门对区县（市）领导班子换届时的实绩分析、综合评价分析、民意调查等。

加强统计法制宣传，严格履行政府统计职能。坚持依法治统理念，狠抓统计法制宣传，在全市范围内广泛张贴《统计法律法规宣传挂图》，并围绕提高统计数据质量开展统计执法工作。全年共检查单位25家，立案查处16家，对问题较严重的单位进行了立案查处，对问题较轻微的单位则要求加强整改，统计执法做到宽严有度，较好地履行了政府统计部门职能。

干部队伍建设和机关规范化管理方面成效显著。为提高统计队伍干部素质，非常注重对干部队伍文化素质、专业知识的培养，鼓励干部职工参加各种形式的专业知识再教育以及岗位知识培训和统计职称培训。全年有21人参加了统计再教育培训，有2人取得统计师职称，现有干部队伍素质得到全面提升。在机关规范化管理方面，积极探索，大胆创新，在2006年出台的以1800分制量化目标考核为核心内容的三大规范化管理体系的基础上，又制定了统计分析和网络信息责任目标管理办法，通过采取激励措施，有效地促进了统计服务工作上档次、上水平。全年有一批高质量的统计分析报告频频进入领导视野，《节能降耗　任重道远——对常德市2006年能源现状的思考》等6篇文章被武吉海书记、卿渐伟市长等市领导批示。

2007年，常德市统计局“八件实事”数据评估认定工作受到省政府表彰，再次被市委、市政府授予“市直目标管理先进单位”，还获得全省统计系统先进单位、全市农村基层组织建设点村工作先进单位、全市“双联”工作先进单位等荣誉。（徐明华）

【第二次全国农业普查】2007年是第二次全国农业普查的关键一年。全市农业普查工作在市、县、乡三级农业普查机构的共同努力下，在全市2万多名调查员的辛勤工作下，严格按照国务院和省农普办农业普查方案紧锣密鼓开展工作，相继完成了普查方案的制定、普查经费筹措、普查动员、业务培训、普查宣传、地址编码、现场登记、普查表录入和审核等阶段性工作，各项工作进度均走在全省前列。在国家进行的农普事后质量抽查中，数据质量获得国家检查组的高度评价。年底，农业普查数据已上报省局，正在进行数据审核评估。

（徐明华）

【统计管理体制改革】从2005年《国务院办公厅关于印发国家统计局直属调查队管理体制改革方案的通知》（国办发〔2005〕14号）文件下发起，从上至下的统计管理体制改革工作开始启动。2006年下半年至2007年6月份，常德市的统计管理体制改革工作在省统计局、省调查总队的指导和市委、市政府的领导下，在原常德市城调队、常德市企调队的基础上组建了国家统计局常德调查队，如期完成了人事任免、人员分流和业务交接等工作。尤其是在市委、市政府的关心和大力支持下，解决了电子站人员编制经费等体制不顺造成的历史遗留问题。（徐明华）

价格工作

【概况】2007年，全市价格总水

平出现快速上涨，民生价格矛盾比较突出，市县价格部门紧紧围绕省、市工作部署和要求，积极采取有效措施，扎实履行监管职责，抓调控、稳物价，强监管、优环境，重检查、树威信，各项工作稳步推进，为全市经济社会发展做出了应有贡献。价格综合、行政执法、办理实事、成本调查、价格认证等工作被评为全省先进，并获得全市目标管理先进单位的殊荣。

（龚玉峰）

【居民消费价格总水平上涨】2007年，受国际市场价格大幅上涨和国内经济增长偏快影响，常德价格总水平与全省、全国一样，出现较大幅度上涨，全市居民消费价格指数同比上涨5.48%，低于全省平均涨幅0.12个百分点。价格具体变动有五个方面的特点，一是粮食价格温和上涨。早、晚稻收购均价分别达到每百斤78元、86元，同比上涨11.43%、15.44%。早、晚籼米价格每斤分别为1.3元、1.4元，同比上涨8.33%、16.67%。二是食用油价格逐步走高。受国际、国内油料减产影响，食用油价格出现较大幅度上涨。本地油菜籽收购价格每斤涨至2元，散装菜油零售价格为6.00元/斤左右。三是鲜肉价格逐步攀升。土杂猪、良种猪收购价格每百斤分别涨至800元、840元，同比上涨82.2%、86%。仔猪价格也大幅度上涨，每斤达到20元左右，同比涨幅接近翻番。鲜肉价格从每斤9元左右逐步涨至13元左右。四是液化气价格涨多跌少。特别是2007年11月1日国家上调成品油价格后，液化气出厂价格最高一度涨至7200元/吨。民用生活用气在67~92元/瓶的区间内来回涨跌。生活用煤价格保持相对稳定，上涨幅度不大，每百斤价格为44元左右。分析价格上涨原因，一是食品价格涨幅较大，食品类价格涨幅达10.9%，推动价格总水平上涨3.8个百分点，占整个价格涨幅的近80%；二是市场自发性价格上涨较多，由市场调节的价格上涨推动价格总水平上涨，占涨价部分的96%，属于政府定价的价格上涨，占涨价部分不到4%；三是价格翘尾因素影响程度较深，约占70%；四是国际、国内市场价格整体上涨，加上工资政策调整、劳动力价格提高带动了价格总水平上涨。

（龚玉峰）

【市场价格监管成效明显】面对市场价格上涨态势，全市价格部门把控物价、保稳定放在各项工作的首要位置,充分运用职能手段，采取多项工作措施，千方百计控制物价过快、过多上涨。一是积极争取工作主动。市局多次向市委、市人大、市政府、市政协领导汇报市场价格形势和工作情况，市委、市政府给予了高度重视，市委常委会、市政府常务会听取汇报，市政府成立了价格工作协调小组，下文明确了加强价格监管和调控工作措施。卿渐伟市长2次对加强市场价格监管和调控工作作出重要批示，李爱国副市长多次主持召开专题会议研究部署价格工作。市局还先后两次召开全市价格工作会议，专题分析价格形势，研究落实监管措施。二是进一步加强价格监测分析。全市建立健全420多个价格监测网点，重点对农资以及粮油肉菜等居民生活必需品价格分别实行日报、周报和旬报制度，及时把握市场价格走势，为领导决策提供了参谋服务。三是严格价费审核把关。通过开展行政事业性收费和服务价格年审年检工作，注销《行政事业收费许可证》10个，注销《服务价格登记证》23个，减轻企业和群众负担近500万元。2007年，市本级没有出台一项价费上调文件，特别是报经市政府同意,暂缓出台城市生活垃圾处理收费和提高城市生活污水处理收费标准,把价格上涨的政策性因素控制在最低范围内。四是认真组织开展市场巡查。先后查处市网吧协会联合提价、百江、华油液化气公司自行涨价、荷花堰加油站高价销售柴油、甘露寺个体菜贩串通垄断价格等一批价格违法典型案件。2007年以来，全市价格部门共接到群众咨询、举报电话5300余个，立案查处330多件，清退多收价款21万多元。五是大力帮扶社会弱势群体。经市政府同意，先后三次安排价格调节基金等相关财政资金330多万元对市城区2.6万名城镇低保对象给予物价补贴。全市累计安排价格调节基金用于城镇低收入群众生活补贴530多万元，有效缓解了低保户生活压力。

（龚玉峰）

【突出民生价格监管】一是对碳铵价格出台了控制源头价格、管住零售价格的办法，有效化解了碳铵价格上涨矛盾，价格水平控制在全省平均水平以下。二是降低1080种8254个规格的药品价格，平均降幅16%，全年减轻群众用药负担1800万元左右。三是医疗服务价格总水平下降20%以上，全市每年减轻患者就医负担4000万元。四是对民用液化气价格，顶住上游出厂价格大幅上涨压力，加强与经营企业协商沟通，坚持综合算帐、保本经营、让利群众原则，减缓价格上涨势头，零售价格涨幅比出厂价格涨幅低21.5个百分点，每瓶液化气平均控制价格上涨至少在3元以上，仅城区居民减少用气负担180万元左右。五是全面落实义务教育“一费制”和农村义务教育免除杂费政策，全市小学生和初中生平均年减负190元和260元。六是由市政府督查室牵头，市监察局、市物价局、市民政局联合开展全市价费优惠政策专题督查，使城镇低保户每月每户免收4吨水、8度电、4立方煤气、2立方天燃气、5.5元有线电视收视费以及教育、医疗相关收费减免等扶持弱势群体的价费优惠政策得到较好落实，全市估算减少低收入群体相关支出1500多万元。此外，春运票价不上浮、规范幼儿园收费行为等都基本落实到位。在全省考核中，市局被评为落实“十件价格实事”优胜单位。

（龚玉峰）

【价费服务企业行活动】一是建立联系服务制度。先后与德山开发区的常德纺织机械有限公司、湖南恒安纸业有限公司、阳光乳业股份有限公司、通威集团常德分公司等10家企业建立定点服务联系制度，向企业发送《价费服务企业行》定点服务联系卡，并承诺6大服务内容,包括及时向企业传递价费政策信息、接受企业价费政策和疑惑问题咨询、帮助企业协调解决建设工程和生产经营中的价费矛盾、定期征求企业意见和要求、认真受理企业价费问题投诉举报、开展涉企价费监督检查等方面。二是帮助解决企业实际问题。通过全面清理企业税外费负担，广泛深入调研，形成了规范涉企收费专题调研报告，得到省局和市政府领导高度重视，省局先后调整降低了质检、环保等多个项目收费标准。同时,在走访湖南恒安纸业有限公司时，帮助企业协调减免人防工程维护费、降低管输天燃气初装费，为该公司节省费用开支近200万元，被评为全市10大涉企优质服务典型事例之一。积极向省局汇报，争取电价政策支持，为湖南常德祥盛轧钢有限责任公司每年减轻电费支出200多万元。三是热心服务，以情招商。在物价部门主动为企业提供全程、优质服务的努力下，市物价局新引进常德丰德纺织有限公司落户德山开发区经编产业园，投资规模2500万元。

（龚玉峰）

【涉农价费监管力度加大】一是全面推进农村价格监管网络体系建设。继续巩固和完善乡、村涉农价费公示、宣传阵地，基本实现了农民群众价格咨询有人解答、价格投诉有人受理、价格权益有人维护。二是切实优化农村价格环境。安乡大力开展价格诚信单位评选活动，采取社会测评方式，组织人大、政协、社区代表对价格诚信参评单位统一进行测评打分，营造浓厚的活动氛围，树立了物价部门权威。武陵强化“12358”电话、网络举报平台建设，实现了多渠道、全天候举报受理和快速反应。鼎城严格规范农村合作医疗服务收费行为，由区政府领导挂帅，集中开展医疗收费专项检查，把合作医疗药品价格纳入集中招标管理。石门、津市、临澧等地突出抓好农村义务教育以及粮食、农资等价格监管，进一步减轻了农民生产生活负担。三是严格开展涉农收费专项检查。全市开展了国土资源收费、农村中小学教育收费、农村医疗收费等专项检查，共查处涉农价格违法案件109件，查处违法所得金额580.76万元，实施经济制裁金额165.82万元。其中，责令清退金额128.8万元，上缴财政金额37.02万元，有效规范了涉农收费行为，维护了广大农民群众合法权益。

（龚玉峰）

【基础基层工作】一是强化执法管理，规范执法行为。建立健全价费集体审批制度和价格执法案件审理委员会制度，对重大价格违法案件处理和涉及群众切身利益的价费调整措施，严格按程序集体审议，做到决策透明，执行有力，监督到位。全面清理价格行政执法依据，严格落实行政执法责任制度。按照全省统一部署，首次开展物价系统价格行政执法监察，有效规范了价格行政执法行为。市局及汉寿、石门等地被省局评为价格执法先进单位。二是加强价格服务，拓展工作领域。积极开展农产品成本调查和价格成本监审工作，圆满完成了国家、省下达的各项农产品成本调查任务，市成本调查队共核减企业不合理定价成本1786万元。价格“双认定”工作有序开展，市认证中心共办理认证业务977件，案值金额3317万元。三是加强工作指导，服务基层建设。以会代训举办了全市物价系统价格、收费、成本、认证等专题业务培训，统一政策标准，完善执法程序，提高工作质量。帮助基层解决工作实际困难和问题，通过多方做工作，市物价检查所所长高配，并统一将区县（市）物价检查所行政级别升格。（龚玉峰）

民政工作

【概况】2007年，在市委、市政府和市政法委的正确领导下，全市民政工作取得了较好成效，特别是农村社区建设实验工作在全国产生了一定的影响。国家民政部部长李学举，副部长姜力、窦玉沛视察了常德市临澧县、澧县的农村社区建设工作，对常德市农村社区建设试点工作给予了肯定。11月，民政部在常德市举办了全国农村社区建设实验工作讲习班，临澧县、新安镇、九里乡同心村在会上作了典型发言，与会代表参观了临澧县、澧县的农村社区建设工作成果。市民政局被省民政厅评为“全省城乡社会救助体系建设先进单位”、“全省城市低保工作先进单位”、“全省农村低保工作先进单位”、“全省城乡大病医疗救助工作先进单位”、“全省‘五保之家’建设工程一等奖”（全省排位第一名）、“全省民政政务信息工作先进单位”、“全省民政信访工作先进单位”、“全省基层政权与社区建设通讯报道工作先进单位”，被市推荐为“全省2006~2007年为民办‘八件实事’工作先进单位”，被市委、市政府评为“市直单位优化经济环境公开测评（分组）第一名”、“市直目标管理红旗单位”、“全市文明单位”、“市先进维稳成员单位”、“全市新农村建设先进单位”、“全市第三产业目标管理先进单位”、“全市机关干部下基层宣讲十七大精神送温暖先进单位”。

（彭先友 郭 欣）

【李学举、张春贤视察常德市社会福利院和阳光孤儿院】11月22日，国家民政部部长李学举、副部长窦玉沛等在湖南省委书记、省人大常委会主任张春贤，省政府副省长杨泰波等的陪同下视察了常德市社会福利院和阳光孤儿院，看望了孤寡老人和儿童，对常德市社会福利工作给予充分肯定，同时勉励常德市进一步发扬成绩、创造经验，努力办好“阳光工程”。并分别送上了10万元慰问金。

李学举部长来到常德市社会福利院儿童部的婴儿室，详细询问了入住容纳人数儿童生活情况等，陪同人员一一作了回答。在老年部，李部长参观了卧室、食堂，并与福利院孤寡老人亲切交谈,询问了老人们生活的情况，当得知老人们生活愉快、晚年幸福，李学举和张春贤都流露出欣慰地笑容。

随后李学举一行来到阳光孤儿院时，200名孤儿热烈鼓掌。在会议室，孤儿于春红、于春蕾两兄妹幸福依偎

2007年11月22日，民政部部长李学举，省委书记张春贤在市委书记武吉海的陪同下视察常德市社会福利院

在李学举、张春贤两位和蔼可亲的爷爷身边，陪着一起观看阳光孤儿院的电视专题片。电视画面上，再现了民政部、省委省政府、市委市政府和各级党委政府及部门支持“阳光事业”的历程，孤儿院里孩子们快乐无比的生活状况感动了各位领导。李学举动情地说：“坚持了这么多年，孩子们生活得这么好，老杨，干得不错！”张春贤说：“孩子们在这里生活、学习、成长发生了四个方面的变化。即：思想品德的变化，人生观念的变化，学习环境的变化，生活条件的变化。”接着，张春贤对一同前来的杨泰波和省民政厅厅长余长明说：“你们要多支持老杨，多支持阳光孤儿院。”民政部基层政权建设司司长詹成付，湖南省政府副秘书长戴军勇、省民政厅副厅长唐白玉一同看望了孩子们。常德市委副书记曹儒国，市委常委、市委秘书长刘明，副市长徐超文陪同看望。

（彭先友 郭 欣）

【全国农村社区建设讲习班在常德市举行】 11月21日至23日，国家民政部在常德举办了第三期全国农村社区建设实验工作讲习班。国家民政部部长李学举到会发表重要讲话。

中共十七大召开前后，来自全国农村社区建设实验县（市、区）的800余名领导和民政局负责人，以及省级民政部门负责农村社区建设的工作骨干，先后在江苏南京、四川宜宾、湖南常德参加了三期讲习班的学习。此次到常德市学习的314名学员涵盖了全国29个省、市、自治区。这是近年来国家民政部就某项业务工作，直接举办的较大规模的县级干部培训活动。

在讲习班授课期间，民政部部长李学举、民政部副部长窦玉沛，在省委书记、省人大常委会主任张春贤、副省长杨泰波、省政府副秘书长戴军勇、省民政厅厅长余长明、副厅长唐白玉及市领导武吉海、卿渐伟、曹儒国、刘明、徐超文等陪同下，对市福利院、市阳光孤儿院、临澧县九里乡同心社区、新安镇敬老院、澧县张公庙护国社区等地进行了视察。李学举认为，常德的农村社区建设实验工作特别符合中国农村实际，效果很好值得各地借鉴。

临澧县委和新安镇、九里乡同心社区的负责人在讲习班上作了经验介绍和典型发言，湖南省、浙江省、江苏南京市、四川宜宾市的民政部门负责人，以及南开大学、华中师范大学、中国青年政治学院、中国社科院、民政部管理干部学院的学者教授，各有侧重的向学员们讲授了相关课程。22日下午，全体学员还集体参观了临澧、澧县的农村社区建设成果。

（彭先友 郭 欣）

【民政部副部长姜力到常德市调研】 9月7日至8日，国家民政部副部长

2007年11月22日，全国农村社区讲习班在常德召开

姜力在副省长杨泰波、省民政厅厅长余长明以及市领导陈文浩、杨先平、王孝山等陪同下，对常德市民政工作进行了为期两天的视察调研。

姜力一行首先听取了副市长徐超文代表市政府所作的民政工作汇报，随后实地视察了市福利院、武陵区光明巷社区、体育东路社区，与当地的社区居委会干部进行了座谈。9月8日一早，又驱车来到全国农村社区建设试点单位——临澧县九里乡同心社区、新安镇古城社区和新安镇敬老院作了视察调研。在武陵区光明巷社区学生活动室内，姜力得知这是一个专门代为居民照看放学孩子的场所时，连声称赞，“社区就是要像这样，多开设一些直接贴近群众的服务项目，让群众有幸福感。”

在与市民政工作者座谈时，姜力说，地市一级如果能像常德这样重视部署、工作扎实，全国民政工作会有一个大的改进，民生工作就能得到有力的保障。在新的时期，民政工作必须发挥好三大作用，要切实保障困难群众的基本生活，在已初步做到“应保尽保”的动态保障的基础上，还要进一步完善保障制度，进一步拓宽保障的对象和范围；要切实完善社会福利设施，使之能够适应本地区经济社会的发展；要进一步抓好基层民主政治建设，让老百姓广泛参与到社会服务和社会管理中来。

（彭先友　郭　欣）

【全国村务公开工作督察组到常德市调研】10月15日至16日，由国家民政部党组成员、纪检组长刘光和任组长的全国村务公开民主管理工作督查组一行6人，在省政府副秘书长戴军勇、市领导曹儒国、欧运崇、徐超文等陪同下，对常德市武陵区、桃源县的此项工作进行了为期两天的视察调研。

在常期间，督查组成员认真听取了市政府以及桃源县政府对村务公开民主管理工作的情况汇报，并与相关工作的负责同志进行了座谈。随后，他们又深入到桃源县漳江镇宝洞堉村、武陵区丹洲乡夹街村、河洑镇南湖村，仔细查看了三村几年来在村务公开民主管理方面所作的工作。在丹洲乡夹街村，村支书钟克明手指全年财务收支明细，逐项向刘光和进行了讲解，一番交流后，刘光和满意地点着头，他建议：“村务公开不仅仅可以通过固定公开栏的形式让群众知晓，还可以用印发宣传单的办法，发放到农户家中。”结束行程前，刘光和感慨地说：“常德的工作确实做得很规范、很细致，如果全国各地都能像常德这样推进村务公开民主管理，那么这项工作一定可以上升到一个新的水平。”

（彭先友　郭　欣）

【社会救助】全市累计发放城市低保资金1.36亿元，其中争取上级转移支付资金1.0195亿元，比2006年净增1395万元；月均保障城市低保对象12.3万人，月人均救助水平92元，全市月人均补差水平超过了省政府“八件实事”规定的目标（84元）8元，超过了市政府“十件实事”规定的目标（90元）2元。为市城区120名低保户子女考取大中专院校后发放低保助学金30.3万元，区县（市）开展低保助学105万元；市教育部门对全市20多万低保户子女九年义务教育阶段实行了“两免一补”（免杂费、免课本费、适当补助寄宿生活费）政策，折合人民币逾280万元；水电部门为6.9万户城市低保户每月提供4吨水、8度电，折合人民币808万元；广电部门每月收取低保户有线收视费不超过11元，低保户减免收视费450万元；医疗卫生部门对低保户的挂号费、诊断费、普通床位费实行了不同程度的减免。全市累计发放农村低保资金2182万元，其中争取上级转移支付资金1215万元，比去年净增811万元；月均保障农村低保对象7.1万人，月人均救助水平达到30元。按省、市“八·十件实事”考核指标要求，计划投入建设资金1887万元，实际投资2110万元，改扩建乡镇敬老院24所、村级五保之家30个，新增集中供养五保对象1361人，占入住任务数的127.2%。在计划任务之外，改扩建14所乡镇敬老院。加强了农村敬老院管理工作。澧县张公庙敬老院、临澧县新安镇敬老院在全省敬老院院长培训班上作了典型发言。澧县人民政府下发的《澧县乡（镇）敬老院管理暂行办法》在全省推广。在全市全面启动了“三无”对象困难救助工作，2.78万名城乡“三无”对象得到了有效救助，其中有5697人纳入了农村五保救助，发放五保供养金333万元；有6337名农村“三无”对象纳入了农村低保，发放低保金157.7万元；5814名城市“三无”对象月人均救助提标20元，发放救助资金65.5万元；投入资金729.6万元，为1216户农村无住房的“三无”对象新建“爱心房”；建“五保之家”47所，入住374人；建敬老院37所，入住2240人；建廉租房601套，入住城市“三无”对象464人；对8091名“三无”对象给予了常见病救助，发放救助资金89万元；对764名“三无”对象给予了大病救助，发放救助金119.5万元；资助19381名“三无”对象参加新农合，支持资助金19.4万元；资助1240名城镇“三无”对象参加城镇居民医疗保险，支持资助金23.3万元；对3007名“三无”对象子女给予了教育救助，减免和发放救助金119.2万元；临澧、澧县、西洞庭等8个区县（市）和管理区建立丧葬基金34万元，解决“三无”对象丧葬难问题。全市对8297名患癌症、尿毒症等城乡大病医疗对象实施了有效救助，发放医疗救助金1202.99万元。积极抓好救灾救济工作，下拨救济资金2000万元，有效地解决了160万人（次）灾区群众的基本生活问题。全市发放五保供养资金3443.72万元，供养41742名农村五保户。全市依法救助流浪乞讨人员7316人次，主动劝导式救助工作成效显著。慈善救助和老区扶贫开发工作取得了新成效。

（彭先友　郭　欣）

【社区建设】全市以建和谐社区、过幸福生活为目标，推进了城市社区建设。市政府出台了《关于加强和改进社区服务推进和谐社区建设的意见》（常政发〔2007〕5号）。全市共投入建设资金2000万元，加强了社区办公服务设施建设。社区服务日益优化，如武陵区涌现了光明巷学生餐桌、红卫敬老院、西园党员义务服务岗、紫桥社区再就业服务等社区服务品牌项目。按照民政部、省民政厅的部署，在临澧县开展了农村社区建设试点工作，取得了初步成效。在试点工作中，注重把握六点：一是在思想认识上，统一到“四抓”上来。即抓农村社区建设就是抓新农村建设，抓发展稳定，抓小康社会建设，抓和谐社会建设。二是在社区模式上，确定“一村一社区”。就是以村的管辖范围来划定社区，开展农村社区建设实验。三是在工作目标上，概括为两句话。即“建和谐社区，过幸福生活”，就是以社区为平台，以社区建设为载体，改善村民群众的生产生活质量，提高村民群众的幸福指数。四是在运行机制上，实行上下联动。建立党政领导、民政主管、部门配合、乡镇负责、村支两委主办、村民群众参与的工作机制。五是在工作重点上，坚持“五个突出”。即突出基础建设、突出经济发展、突出村民服务、突出文明创建、突出村民自治。六是在工作方法上，实行“五个结合”：即与新农村建设相结合，整合农村社区资源；与农村建整工作相结合，完善社区服务设施；与社区组织建设相结合，强化了社区管理和公共服务功能；与农村精神文明建设相结合，营造良好的社区建设氛围；与“三清五改”活动相结合，彻底改变农村的旧容旧貌，社区人居环境得到改善，村民的生活质量逐步提高。全市大力深化村（居）民自治，依法实行民主选举、民主决策、民主管理、民主监督。不断推进村（居）务公开民主管理工作，较好地落实了村（居）民群众的知情权、决策权、参与权和监督权。（彭先友 郭 欣）

【民政基础建设】针对民政事业单位基础设施落后的现状，全市加强了民政事业单位基础设施改造工作。2007年，全市多方筹资5030万多元，用于民政基础设施建设，其中投资2360多万元，改扩建乡镇敬老院和村级五保之家68所；投资1560万元，新建福利院2所，维修改造3所；投资200万元，新建、改造殡仪馆3个，新添火化炉2台；投资420万元，新建救助站1所，维修改造1所；投资108万元，新建、改扩建光荣院3所，维修改造2所；投资55万元，维修改造军干所6所；投资327万元，新建了市军休服务大楼。

（彭先友 郭 欣）

【优抚安置】加大了优抚政策的落实力度，努力解决优抚对象生活困难，重点优抚对象生活水平有了较大提高，全市共发放抚恤补助费9000万元、义务兵优待金685万元、军休经费1000多万元。全市共接收退役士兵2826人，其中符合安置条件需给予政策性安置的948人。享受政策性安置的退役士兵中，安排工作单位的有406人，已上岗384人，安置上岗率94.58%。市直接收退役士兵201人，已基本落实到位。在抓好指令性安置的同时，坚持以自谋职业为突破口，推进城镇退役士兵安置改革。全市自谋职业的退役士兵528人，自谋职业率达到55.7%，发放自谋职业补助资金1015万元。全市城镇退役义务兵严明责任，认真做好复退士兵矛盾纠纷排查化解工作。集中力量抓好部分军队退役人员政策落实工作，全市有1.3万部分军队退役人员纳入了生活补助范围。（彭先友 郭 欣）

【社会福利】加大了福利彩票发行力度，努力扩大发行规模。全市共发行福利彩票1.82亿元，与上年相比净增4600万元，募集和向上争取福利资金1000多万元，支持福利项目建设。强化了社会福利事业单位管理，全市现有社会福利机构29家，共收养孤寡老人、残疾人、社会弃婴、孤儿1696人。老龄工作稳步开展，落实老年人优惠政策，维护老年人合法权益。

（彭先友 郭 欣）

【社会事务管理】加强民间组织的登记管理，全市民间组织有了长足发展。2007年底全市共有社会团体827个，民办非企业单位267个，其中市级社团282个，民办非企业152个；现有行业协会151个，发展农村专业经济协会359个，其中注册登记的农村专业经济协会205个、备案登记的154个。规范了婚姻登记和收养登记工作，登记合法率达100%。积极做好区划地名工作，完成了市城区地名设标工作。大力推行火化，全市强制火化区火化率达到67.8%。（彭先友 郭 欣）

【婚姻登记】全市按照“依法、便民、规范、高效、共享”的原则，进一步加强婚姻登记管理。深入开展婚姻登记规范化建设活动，对全市婚姻登记的机构、窗口、队伍、礼仪等婚姻登记行为进行了全面规范。健全了各项规章制度，各婚姻登记机关严格按照《条例》规定的程序和条件办理婚姻登记，严格查验身份证和户口簿，把好婚龄审核关，提高了婚姻登记率、婚姻登记合法率。全市共办理结婚登记44007对，离婚登记10383对，婚姻登记合法率达到100%。杜绝了各种搭车收费和变相收费，切实减轻了当事人负担。加强了网络建设，构建高速通道，实现登记信息共享。各婚姻登记处均按月向当地计划生育部门及时准确地通报结婚妇女名单，实现了信息共享，为计生部门掌握育龄人员动态提供了便利。全年对区县（市）民政部门和直属单位的参与婚姻登记和人口与计划生育综合治理的情况进行两次督查，平时则不定期地进行抽查，并将检查评比情况进行了通报，将检查结果纳入了年度民政工作考评。

（彭先友 郭 欣）

殡葬管理

【概况】2007年，全市共火化遗体4283具，比上年增长8.4%，办理丧事2314场次，销售墓穴1907座，全市基础设施建设总投入978万元，全年各项收入为3216万元。

2007年，全市殡葬系统以殡改为依托，大力加强基础设施建设，新购置殡仪车3台，新建殡仪馆1个，新增殡仪吊唁厅6个，新建火葬场1个，购置空调15台，美化了墓区环境，拓宽了墓区停车坪。殡改执法工作成效明显。安乡已率先将殡改工作推广到乡镇，为今后乡镇推行火葬积累了经验。

（魏登科）

【殡葬服务】2007年，全市各地通过提供人性化、亲情化、个性化服务，取得了较好的经济效益，市殡葬服务中心通过提供“五个服务”（昼夜服务、引导服务、重点服务、规范服务、公益性服务），经济效益实现了两位数增长，津市、安乡、汉寿、澧县、桃源等地多途径优化服务，经济效益均实现了两位数增长。2007年，全市殡葬部门本着“为民解困，为政府分忧”的宗旨，着力构建和谐殡葬建设，取得了良好的社会效益，全年为市城区低保户、特困户等弱势群体办理基本火化费减免20多万元，处理群众来电来信和电话举报案件508宗。（魏登科）

【殡葬管理】2007年，全市各地从整章建制入手，坚持用制度管人，用制度管事，使全市殡葬管理工作迈上了一个新的台阶。市殡葬服务中心与市火葬场、市殡仪馆、市万金公墓分别签订了《工作目标管理责任制》，极大地激发了干部职工的热情，充分挖掘了殡葬服务工作潜力。桃源采取层级管理和值班长负责制两项措施狠抓了殡葬管理。安乡建立个人岗位责任制和台帐式管理模式，防止了工作错乱。（魏登科）

【殡改宣传】2007年，全市加大了殡改宣传工作的力度，殡改政策日渐深入人心，多数群众执行殡葬政策已变成了自觉行动。2007年，市殡葬执法大队通过上门宣传，媒体宣传等形式宣传群众2200多人次，发放殡改政策、法规宣传单4500多份，编发《殡改动态》9期近7万字，全年全市共发放殡改政策宣传单近4万余份。全市以清明节为契机，重点做好对清明祭扫人员的宣传，确保清明祭扫文明安全有序。

（魏登科）

人事工作

【概况】2007年，常德人事工作紧紧围绕市委市政府确立的工作目标，坚持在大局下开展工作，与时俱进、开拓创新，在公务员队伍建设、人才资源开发和推进各项人事改革方面取得新的进展，服务和谐常德构建取得新的成效。

稳步实施《中华人民共和国公务员法》，公务员队伍建设取得新的成绩。继续抓好《中华人民共和国公务员法》的实施。完成了公务员登记工作。按照《中华人民共和国公务员法》的实施要求，全市已实行公务员登记的单位649个，已办理公务员登记手续人员19129人，暂缓登记1171人，不予登记14人。顺利开展了职务与级别的确认。对公务员职务名称和职数情况进行了清理和规范，对超职数配备的单位提出了2–3年内逐步消化的计划。稳步推进了参照管理单位的申报工作。其中市直32家处级单位已获省里正式批复，确定为第一批实行参照管理单位。认真开展相关配套法规的宣传学习工作。对国家出台的《行政机关公务员处分条例》、《人事争议处理规定》、《公务员考核规定（试行）》等《公务员法》的相关配套法规，结合实际，进行了广泛宣传，并在工作中逐步贯彻落实。认真开展公务员的日常管理。继续坚持了“凡进必考”。全市面向社会公开招考公务员职位152个，实际开考职位137个。共有2567人报名参加考试。招考工作的主要特点是：招考过程严格按程序和规定进行，坚持了“公开、公平、公正”原则，强化了监督措施，确保了招考工作的社会公信力；从村干部中考试录用了8名乡镇公务员，对加强农村基层政权建设起到了积极的促进作用。认真开展了选拔优秀毕业生到农村基层锻炼工作。通过考试，择优选拔58优秀大学生到乡镇工作。加强和改进了年度考核工作。按照科学发展观的要求，对区县（市）完成2006年度责任指标的情况进行了认真的考核评比，对先进单位市委、市政府给予了隆重表彰。按照单位考核与个人考核相结合的原则，对机关事业单位工作人员进行了认真的年度考核。进一步抓了公务员能力素质建设。以提高公务员公共管理能力和普及电子政务知识为重点，继续在公务员队伍中开展了MPA知识和电子信息化知识的普及培训，全市共培训近4000人次。以改进作风为重点，继续深化“做人民满意公务员活动”。组织开展了公务员下基层锻炼工作。对2006年公开招考的没有基层工作经验的10名人员，集中安排到安乡的10个乡镇进行为期半年的锻炼。

持续推进人才强市战略，人才开发与服务工作的水平有了新的提高。进一步营造了尊重人才的社会氛围。召开了专家春节团拜会。组织开展了专家休假疗养活动。5月和10月份分两批组织35名专家到外地休假考察。组织开展了“双十”优秀人才评选表彰活动（十名优秀农业技术推广服务人员、十名工业企业优秀专业技术人才）。切实加强了对人才的培养选拔。继续开展了对专业技术人员的继续教育培训。拟订了专业技术人员培训教育计划，对4000多名专业技术人员开展了公共知识与计算机等方面的继续教育培训。组织开展了专家沙龙活动。出台了《关于组织开展专家沙龙活动的实施意见》，先后在市卫生、农业、文化系统举办了三场专家沙龙活动，通过讲座、报告、座谈会等方式组织专家研讨相关行业的新观念、新技术和新方法，为人才相互学习交流提供了互动的平台。开展了优秀专业技术人才的评选和培养工作。向省里推荐了19名新世纪121人才工程人选，其中有9名人员入选；开展了第二批“十百千”人才工程人选选拔工作，共评选出“工程”人选233名，其中第一层次3名、第二层次30名、第三层次200名，并采取财政资助的形式，选派8名第一、二层次人选到国内一流大学、科研机构和知名企业进行了为期三个月以上的研修培训；多途径为新型工业化提供了人才服务。组织中联重科浦沅分公司、银阳纺织、湘澧盐矿等十多家企业参加了

"四川省2007年春季特大型人才交流会暨四川省第五届高级人才交流会"和泛长株潭"3+5"城市群人才洽谈会，帮助企业达成引进紧缺人才协议170多人次。充分利用湘西北人才市场平台，企业用人需要服务。举办了全市首届新型工业化人才和第三届民营企业人才招聘会，80家单位进场参加招聘，提供各类岗位4170余个，近5000名求职者进场应聘，交流成功率20%左右。尽力为新农村建设提供了人才保障。考试录用了118名各类人才到农村基层工作。启动大学生"三支一扶"实施计划。招募30名大学生到农村从事支教、支农、支医和扶贫工作。依托农村实用人才培训示范基地和农村远程教育平台，广泛对农村实用人才开展了实用技能、市场经济、现代农业科技知识的培训教育，全市人事部门与相关部门密切配合，共培训各类实用人才2万4千多人次。积极引进智力支持地方经济和社会发展。全年共申报各类经济技术项目14项，其中省级农业引进国外智力成果示范推广基地一项、国家经济技术项目三项、省级经济技术项目八项、"一村一品"智力项目二项，向上争取扶持资金20多万元。全面推进了人才资源的市场化配置。全年来共举办人才交流会39场次，进场招聘单位1933家（次），提供各类岗位2万余个，进场应聘的各类人才2万余人次。从9月开始，人才交流会由每月三次改为每周一次，人才市场更加活跃，为单位用人和人才流动提供了极大便利。进一步培育了网上人才市场。发展会员单位15家，为140家单位提供了网上招聘服务。进一步完善了人才流动的社会化服务体系。人事代理业务不断扩大，全年新增代理单位16家，新增代理人员1080人，代理人数达到7516人。

坚持机制创新，人事制度改革有了新的进展稳步推进了机关事业单位收入分配制度改革。完成了新一轮工资改革套改工作。全市共办理工资套改手续139102人，其中机关25615人，事业单位113487人。整个改革工作平稳有序。实施了津补贴改革。配合财政部门开展了规范津补贴工作，市直单位已按省里审批的标准于7月起实行打卡发放。区县（市）的发放标准已经审批，正逐步落实。与此同时，逐步推进了事业单位人事制度改革。积极探索事业单位岗位设置管理。认真开展了事业单位现有人员现状的调查摸底，选择2个县和3个市直单位，进行了岗位设置与管理的模拟实验，为改革的全面推行积累了有益的经验。全面推行事业单位人员公开招聘。认真执行国家人事部《事业单位公开招聘人员暂行规定》，按照公开、公平、公正的原则，一年来，全市共有274家事业单位1916个岗位面向社会实行了公开招聘，其中市直有53家共347个岗位。不断深化职称制度改革，出台《关于进一步做好专业技术职务任职资格评审工作的意见》，明确职称申报和评审的原则、条件、程序和纪律，始终将职称评审的各个环节置于社会的监督之下，根据群众监督意见和调查结果，按照政策规定取消了19人的参评资格和任职资格。全年共接受中级职称评审材料3689份，经过严格评审，有3400人获得任职资格，通过率为93%；上报省里高级职称评审材料1080份；全市共有12286名专业技术人员参评和报考专业技术职务任职资格，经过严格审查，有160人确定为不合格，占总数的1.3%。进一步推行专业技术职务聘任制度。下发《关于进一步做好我市事业单位专业技术职务聘任工作的通知》，对事业单位专业技术职务岗位职数情况进行了调查清理，建立了职数设置台帐，规定了聘任结构比例，规范了聘任程序。

落实工作责任，改善民生工作有新的成效。加强省市为民办实事的考核工作。加强了组织领导。市县两级及时调整充实领导小组，严格实行"一把手"负责制，调整充实考核办公室力量，形成了一级抓一级、层层抓落实的工作机制。健全了责任机制。及时将省市确定的目标任务分解落实到单位和区县（市），各责任单位制定了详细工作计划，将工作任务落实到月、到周、到项、到人，并制定了相应的责任追究办法。强化了督办检查。建立了进度月报制度，每月开展一次调度通报，开展了年中督查和年底综合考核。严格奖惩兑现。将考核指标纳入对区县（市）双文明考核内容，与对单位和公务员年度考核直接挂钩。由于措施得力，确保了为民办实事工作任务的圆满完成。扎实做好了企业军转干部的解困维稳工作。根据上级有关文件精神，对全市企业军转干部情况进行了调查研究，并有针对性地完善了企业军转干部管理、信息数据库建设、信息月报等制度。按照以人为本的原则，积极为企业军转干部排忧解难，积极帮助他们解决生活中的实际困难。全年共解决个案问题18人次，同时利用重大节日，开展对企业军转干部的走访慰问，让企业军转干部感受党和政府对他们的关怀。对企业军转干部反映的问题，按照坚持政策、热情接待、理性处理的原则进行认真对待。积极做好高校毕业生就业服务工作。尽力吸纳毕业生到机关事业单位工作。推行公务员招考、事业单位公开招聘时，在贯彻公开公平原则的前提下，尽可能多的为毕业生设置岗位。全年全市共招考1300多名毕业生到机关事业单位工作。充分发挥湘西北人才市场作用。加强了对毕业生需求信息的收集整理和发布工作，11月，举办了第五届高校毕业生就业服务周活动。认真开展了毕业生档案托管和户籍挂靠工作。

积极开拓进取，人事公共服务与管理上了新的台阶。加强了对人事工作的宣传调研，上报国家人事部和省人才研究会调研文章18篇，获一等奖一篇，三等奖6篇。被评为"全省人才理论研究工作先进单位"，连续四年获此殊荣。充分发挥人事宏观调控职能。编制了2007年度全市机关、事业单位人员使用计划，全市机关事业单位增加4947人，全年减员3622人，增长幅度为1.05%，控制在规定幅度内。严格执行国家工资福利和退休管理政策。完成了机关事业单位工作人员工资级别正常晋升的审批工作，办理退休审批652人次，办理死亡抚恤费审批139人次。顺利开展机关事业单位工人技师的评审工作。完成了军转接受和安置工作任务。共接受安置军转干部185人，其中计划安置军转干部174人、自主择业军转干部11人，随调家属58人，安置驻军干部随军家属9人。进一步做好了自主择业干部的管理服务工作。加强了对自主择业干部的择业指导，经常组织开展了慰问活动。进一步做好了人事考试工作。全年共组织各类人事考试41场次，参考人员11457人。通过加强考务管理、落实考务责任、规范考试流程、严肃考试纪律，维护了人事考试工作的公正性，增强了人事考试的公信力。加强了人事信息化建设。圆满完成了上级布置的人才资源统计和工资统计工作任务；加强了人事人才网站建设，及时更新网站内容，人事网站的服务功能不断增强，被市信息化办评为全市优秀子网站。完成了机关内部局域网建设，自主开发了内部办公系统，实现了内外网的隔离。（潘 平）

【首届新型工业化人才招聘会】 为服务全市工业化进程，4月28日，湘西北人才市场举办了全市首届新型工业化人才招聘会，来自全市的80家工业企业进场招聘，提供各类岗位4170个，吸引近5000名各类人才进场应聘，交流成功率15%以上。（潘 平）

【大学生“三支一扶”实施计划】 为改善农村人才结构，促进毕业生就业，根据省里的统一部署安排，市人事局启动了大学生“三支一扶”实施计划，从2007年到2010年，每年招募一定数量的大学毕业生到农村从事支教、支农、支医和扶贫工作。经过宣传发动、组织报名、考试考核、集中培训等程序，首批30名毕业生招募到位。（潘 平）

劳动保障工作

【就业再就业进展顺利】 2007年，全市各级进一步强化就业再就业工作一把手负责制、政府目标管理责任制，通过落实政策扶持就业、开发岗位扩大就业、实施援助帮助就业、加强引导转移就业等措施，就业再就业成效显著。全市城镇新增就业6.13万人，下岗失业人员实现再就业4.03万人，其中4050人员再就业1.07万人，援助城镇零就业家庭就业1146户；全市新增农村劳动力转移就业7.97万人，其中跨省转移就业5.03万人。狠抓就业政策的落实兑现。深入宣传“1+10”就业再就业优惠政策的基础上，严格按照规定用好用足政策，及时兑现了社保补贴、公益性岗位补贴、职业介绍补贴、职业培训补贴、小额担保贷款贴息等就业再就业补贴资金。强化就业服务。针对不同群体，开展了不同主题的专场招聘和就业援助行动，共介绍就业成功7.78万人。开展了再就业“万人援助行动”，针对就业困难人员，开展了“四送”专项援助活动，全年共帮助就业困难人员6000多人上岗就业。加强职业技能培训。对全市“十大培训品牌”在培训计划、补贴资金上实行了重点倾斜，全市共完成培训13.05万人。推进了统筹城乡就业试点。通过“用活动带动试点,用项目支撑试点，用服务促进试点,用制度保证试点”,统筹就业试点工作在全市推行。（马湘泰）

【保障体系建设扎实推进】 2007年底，全市企业养老保险参保人数达到28万人，新增参保3.42万人；城镇职工基本医疗保险参保人数达到43.3万人，医疗保险新增参保（含居民医保）15.4万人；生育保险参保人数达到23.7万人，新增参保1.91万人；失业保险参保人数达到25.5万人,新增参保1.91万人；工伤保险参保人数达到20.2万人，新增参保6万人；机关事业单位养老保险年末实际缴费人数12.65万人。全市共征缴社会保险费17.25亿元，其中，养老保险8.36亿元，医疗保险3亿元，生育保险2500万元，失业保险4642万元，工伤保险2200万元，机关事业单位养老保险4.95亿元。企业养老保险，实现了扩面续保超历史，基金征缴超历史,财政补贴资金超历史，劳保基金征收超历史，养老金待遇增幅超历史。医疗生育保险，积极推进了城镇居民医疗保险试点工作。城镇职工医保改革特殊病种管理办法，加强对两定点的管理，强化医疗审核、报账把关和住院跟踪管理。生育保险进一步加大了政策完善、扩面参保、优质服务的力度。失业保险，提高失业保险金的发放标准，全年基金征缴再创新高。工伤保险。深入实施农民工“平安计划”，完善工伤保险政策，理顺“老工伤”的管理服务。机关事业单位养老保险。全面开展离退休人员的生存认证工作，及时调整、核发了4万多名离退休人员养老金待遇。（马湘泰）

【劳动关系保持基本稳定】 全市各级劳动保障部门深入开展劳动保障法律法规宣传，积极开展劳动保障监察执法维权，加大劳动争议仲裁调解处理力度，积极稳妥地处理信访案件，有效的化解了社会矛盾，确保了劳动关系的和谐稳定。突出重点，加大监察执法和维权力度。有针对性地开展了四个方面的专项执法维权行动。其一是加强了对劳动力市场的管理。对民办职介机构进行了清理整顿，对非法黑职介进行了严厉打击。其二是开展了劳动用工管理专项执法检查。结合“劳动合同三年行动计划”的实施，各级劳动保障监察机构会同工会等部门，重点检查了用人单位履行劳动合同、支付工资、执行工时和休息休假制度等用工行为。其三是加强对工资支付的专项监察。重点对房地产开发、建筑企业执行农民工工资保障金制度的情况进行检查，共为农民工追讨工资800多万元。其四是加强对群众举报案件的监察力度。结合信访来访、行风热线和电话举报，对群众投诉举报案件进行了查处。突破难点，加大劳动争议仲裁调解处理力度。积极推行庭前调解制度，坚持阳光办案，对劳动争议案件依法、及时、公正进行处理，全市立案355件，整改到位310起，进入处罚程序45起，结案45起。化解焦点，积极处理各类信访案件。建立信访接待处理制度，全面深入地开展矛盾纠纷排查化解工作，对一些焦点问题进行了排查处理，促进社会和谐。抓住热点，深入开展劳动保障法律法规宣传。2007年，全市上下以《劳动合同法》、《就业促进法》和统筹城乡就业、城镇居民医保两项试点工作为重点，大张旗鼓的开展了劳动保障法律法规和政策宣传，通过媒体宣传、举办培训班、开展现场宣传活动等形式，形成了全方位、多层次的宣传局面。（马湘泰）

就业服务

【概况】 2007年，常德市就业服务工作，坚持以十七大精神为指导，紧紧围绕统筹城乡就业试点工作主题，以促进就业和再就业为目标，积极宣传贯彻《中华人民共和国就业促进法》和《中华人民共和国劳动合同法》，落实就业再就业政策。全市安置下岗失业人员就业3.85万人；新增农村劳动力转移就业8.66万人，其中跨省转移就业5.98万人。（刘　俊）

【统筹城乡就业试点】 2007年，统筹城乡就业试点工作稳步推进。首先出台实施办法，建立工作体系，召开试点会议，落实试点责任，组织试点培训，明确试点项目，出台配套文件，铺开试点工作。在成都召开的全国统筹城乡就业试点工作座谈会暨全国促进就业市长论坛上，常德市“用活动带动试点、用项目支撑试点、用服务促进试点、用制度保证试点”的试点工作经验得到国际劳工组织官员和劳动与社会保障部领导的充分肯定。其次，建立健全基层劳动保障服务机构，在全市所有乡镇建立劳动保障服务机构，统一确定为乡镇政府内设机构。在所有行政村设立劳动保障联络员，由现有村干部兼任，列入公益性岗位管理。第三，完善了政策体系，制定了推进试点工作的政策和办法，完成18个配套文件的起草。在全市部分区县组织开展人力资源和就业状况摸底调查和试点示范乡镇（街道）创建活动。（刘　俊）

【职业培训】 2007年全市职业培训工作突出在做强培训十大品牌，做实培训十大项目，做优培训实体。基本形成以劳动部门为主，本地大中专院校，高等职业技术学院、技工学校、民办职业培训机构共同参与的职业培训体系。一年来，全市培训各类人员130501人，其中培训下岗失业人员17623人，SIYB创业培训822人，农村劳动力转移培训46469人，劳动预备制培训14819人，企业职工培训51590人，通过培训实现就业率达85%。（刘　俊）

招聘现场

【就业服务】 继续深入宣传“1+10”（1是指国务院〔2005〕36号文件，10是指省发10个配套文件）就业再就业优惠政策，完善社区平台服务功能，加强了公益性岗位开发管理，制定了目标任务考核办法。2007年全市开发就业岗位18000余个，安置下岗失业人员15000余人，其中公益性岗位安置6930人，用于公益性岗位补贴747万元。积极协调小额贷款的发放，认真做好劳动密集性企业信贷支持贴息。全年为劳动密集型企业支持认定贷款额度1800万元。2007年全市职业介绍工作在服务方式上求新、服务质量上求优、服务成效上求实，着力创建职业介绍优质服务窗口，建立工作制度，强化管理措施，优化服务质量。市本级成功举办了“关注农村、情系农民”、“民营企业招聘周”、“人民大会堂工作人员”招聘、“大中专、技校毕业生就业服务周”、“推进统筹城乡就业、营造和谐就业环境”等五次大型招聘活动，提供就业岗位9355个，介绍成功就业4156人（次）。全市开展职业指导人数62663人，介绍下岗失业人员就业40290人，其中“4050”人员10697人。为192家企业托管档案56500份，受理档案查询11800多人次，复印档案资料14999份，协助办理退休手续323人。（刘　俊）

【失业保险】 明确扩面重点，加大保费征缴的力度，全年基金征缴再创新高。提高了失业保险金的发放标准。改进了服务方式，建立健全了内部监管机制，失业保险促进就业的作用明显增强。2007年，全市新增参保人数19056人，征缴失业保险基金4695万元，发放2910万元。（刘　俊）

机关事业单位养老保险

【概况】 2007年，常德市机关事业单位养老保险工作，通过强化目标责任、全面组织宣传、创新工作方法等措施，审时度势，攻坚克难，确保养老保险费均衡入库，确保基本养老金按时足额发放，确保改革成果继续得到了巩固。尽管全国没有出台统一政策，省内个别市出现停止个人缴纳养老保险费现象，但常德的事业却得到了持续发展，并正向和谐发展迈进。截至 2007 年 12 月底，全市已有参保单位 3403 家，参保人员 135468 人，完成省下达目标任务 112600 人的 120%，全年征缴养老保险费 52087 万元，完成省下达目标任务 30600 万元的 170%；全市现有离退休人员 44649 人，支付基本养老金 66168 万元，支付率 100%。全市养老保险基金滚存结余 14112 万元。其中市本级有参保单位 388 家，参保人数 20584 人，年征缴养老保险费 8333 万元，现有离退休人员 6937 人，支付基本养老金 11265 万元，滚存节余 4832 万元。

（余一民）

【调整养老金待遇】市县两级机关社保认真领会工改精神，积极采取应对措施，坚决落实政策待遇；市本级从 2006 年 7 月 1 日起，及时调整并补发了离退休人员工改后的养老金待遇，从 2007 年 1 月份开始，全面组织对离退休人员养老金待遇、补贴的核发工作；及时指导区县市机关社保将调整的养老金待遇从 2006 年 7 月 1 日起补发，春节前后全部核发到离退休人员手中，截至 3 月底，全市实现了离退休人员调整的养老金按政策足额发放到位。

（余一民）

【退休管理服务出现新亮点】安乡县机关社保扭住退管服务工作不放松，思路清晰、定位恰当、机构健全、内容丰富、形式多样，建立健全了退管经费等长效机制，开展了门球赛、太极拳比武、乒乓球热身赛，书法、摄影作品展等有益老年人身心健康娱乐体育活动，在 2006 年被评为湖南省劳动保障系统优质服务窗口的荣誉面前不停步，荣获 2007 年全国优质服务窗口称号。

（余一民）

【调研又有新的突破】2004 年 9 月在市直交通公路系统进行扩大征缴基数工作试点，弥补了基金收支缺口，减轻了财政压力，接续了 3301 名在职人员养老保险关系。两年多来，交通公路系统存在管理体制不顺、人员包袱沉重、市场竞争激烈、经费渠道单一、社会事务繁多等诸多困难。本着以人为本、服务于广大参保人员、为参保单位解决实际困难的基本原则，2007 年 3 月份，组织专门力量开展了专题调研，向市主管局和市政府领导汇报，3 月 25 日，市政府同意从 4 月 1 日起取消扩大征缴基数的试点工作。8~9 月，遵市政府领导指示，开展了事业单位养老保险调研；10 月份局领导带队赴上海、山东等地实地调研，取得了很大收获。（余一民）

外事侨务工作

【概况】2007 年，全市外事侨务系统以邓小平理论和“三个代表”重要思想为指导，深入学习中共十七大会议精神，全面贯彻科学发展观，认真落实中央外事工作会议精神，按照市委市政府年初确定的工作目标，开拓进取，扎实工作，为促进常德市对外开放和社会发展发挥了积极作用。

对外交往有新扩展。2007 年，常德市共派出经贸、招商、援外、文化、教育、城建、环保、财税、农业合作方面的团组 97 批 410 人次，促成了一批招商项目的成功引进，促进了常德市社会经济、新农村建设等多个领域更好更快的发展。4 月，联合市委组织部在全市范围内选拔 2007~2008 年度赴日研修生，并与日本东近江市互派 1 名研修生。5 月，市委书记武吉海、副市长李爱国率团访问澳大利亚伊普斯威奇市，访问期间，市外侨办、市旅游局等职能部门还举办了旅游推介会等系列交流活动，武吉海代表常德市与伊普斯威奇市签署了缔结友好城市协议书，市外侨办主任陈华随同出访。国际交流活跃日益频繁，先后有日本工商团、教育代表团、新西兰中国友好协会等国际友好代表团到常德市考察访问。9 月，成功召开常德市人民对外友好协会第二届理事大会，选举产生以陈华同志为会长的新一届领导班子，特邀海外理事 30 名，从机制上健全常德市民间外交的组织机构。在市对外友协指导下开展的细菌战诉讼案也取得了阶段性成果，迫使日本高等法院认定了日本军国主义政府在常德实施细菌战的罪行，9 月 13 日，在市工人文化宫举行了有社会各界参加的“纪念 9·18 暨侵华日军细菌战诉讼案报告会”，印发了揭露日本军国主义罪行及对日诉讼的《常德晚报》专刊，社会反响很好。

外事管理有新举措。6 月，市委办市政府办联合下发《关于进一步加强和规范常德市国家工作人员因公出国（境）管理的若干规定》。加大违规因公出国（境）的查处力度，全年查处两起出访人员滞留国外的违规事件，追回了滞留未归人员，对未按规定出访的人员和单位进行了严肃处理，暂停了有关单位的出访审批。在对国家工作人员因公出国（境）工作加强管理的同时，对出国开展招商引资、技术交流和参展培训等活动的经贸类团组，做到积极、高效服务，急事急办，特事特办，为其顺利出访排忧解难，保证经贸、科技等符合条件的团组和人员顺利出访。在涉外归口管理方面，加强与上级业务部门和使领馆的联络沟通，加大了本市涉外活动、来访及驻常德的外国人的申报管理，不定期地对在常德的外国专家、教师走访慰问，对在常的务工外国人及用工单位实施跟踪管理，健全了邀请外国人来常公务活动的申报制度。

侨务工作有新发展。以“聚侨心、促和谐”为主题开展侨务工作。一是开展“侨法宣传周”活动。5 月，利用新闻媒体、有关会议、印制资料、法制宣传等多种形式广泛宣传侨法，特别是借新修订的《湖南省归侨侨眷权益保护法实施办法》出台之机，在《常德日报》开辟专版宣传侨法及侨务工作。二是启动侨务扶贫资金。首批选取了 4 户贫困侨户作为扶助对象，资助每户 3000 元发展养殖业。三是开展“侨界携手奋进，

2007年5月15日，市委书记武吉海率团出访澳大利亚伊普斯维奇市，代表常德市与该市市长保罗·比萨尔签署了缔结友好城市协议书。

共建和谐社会”系列活动，关注侨界贫困对象，慰问归侨侨眷近60户，发放慰问金近6万元，物资40件，全年帮助解决侨务对象低保、子女升学、退休待遇、签证延期、华侨安葬等实际问题22件，受到群众好评。四是与市委宣传部、市文化局联办庆祝中国共产党建党86周年暨香港回归10周年“武陵欢歌”广场文艺演出，宣传“一国两制”的丰硕成果。五是组织侨界开展春节、中秋联谊活动和重阳节慰问老年贫困侨务对象活动，起到了凝集侨心的作用。

服务经济有新成绩。坚持外事侨务为中心工作服务，积极切入经济建设主战场。一是积极实施以发展教育医疗为重点的引资引智工作,先后从美国以及中国香港引进资金178万元救助了20名贫困优秀大学生，捐建了临澧杨箐苏希望小学，汉寿蒋家嘴、毛家滩、丰家铺中心学校，鼎城石门桥、港二口中学，桃源黄石中学等7所中小学校。二是引进美国欣欣教育基金会的资金和师资在常德师范为常德市及12个兄弟市培训英语教师94名。三是促成世界著名的美国马里兰大学医学院为常德市第一人民医院培训医护人员。四是在澳大利亚举办了旅游推介会等系列活动。五是高效快捷地为赴加蓬、柬埔寨、日本、埃塞俄比亚、英国等国家进行援外、学习、培训及商务活动的人员办理出国手续。同时，积极为常德市去国外务工人员提供咨询，主动与所在国的中间机构联系，确保外出务工人员的安全。六是直属企业改制工作接近尾声。华侨旅游侨汇公司改制已经完成，常侨实业总公司改制正在有序推进。（冯光武）

人口与计划生育工作

【概况】 2007年，人口计生工作继续保持稳步健康发展势头：全市共出生57123人，出生率9.41‰，政策内生育率95.13%，出生人口性别比108.38（女为100），避孕措施落实率89.88%，村（居）民自治合格率82.77%，一孩户领独生子女证率47.18%，流入人口管理到位率82.14%，流出人口管理到位率65.05%，社会抚养费征收到位率63.8%。在全省综合考评中，常德市连续第十八年保持了领先位置，临澧、澧县两个“国优”单位和武陵、鼎城、桃源、石门、津市、安乡、西湖等7个“省优”单位均成功保类，西洞庭管理区成功晋升为“省优”单位。在全省业务考评中，常德市再次名列第一，夺得“三连冠”。市人口计生委被评为全市目标管理红旗单位。（杨善军）

常德市救助独生子女贫困家庭电视募捐晚会

【中央、省委计生精神宣传贯彻到位】《中共中央国务院关于全面加强人口和计划生育工作统筹解决人口问题的决定》和湖南省委《关于建立健全人口

和计划生育工作长效机制统筹解决人口问题的决定》（以下简称《决定》）出台后，常德市采取层层培训学习、在媒体开办专栏、举办文艺活动等多种形式广泛宣传，让《决定》精神家喻户晓，全社会对人口计生工作的认识有了新的提高。常德市根据中央、省委《决定》精神，结合常德实际，先后提请召开多次会议讨论修改，出台了《中共常德市委常德市人民政府关于加强新时期人口和计划生育工作统筹解决人口问题的决定》，重点解决了对违法生育对象的惩处、计生家庭的优先优惠、计生队伍的待遇等实际问题。在9月下旬省里组织的党政领导负总责检查中，常德市《决定》获得了高度好评。10月，《湖南日报》整版总结推介了常德市经验。（杨善军）

【全面开展“生育关怀行动”】常德市重点开展了两大活动。一是围绕关怀计划生育困难家庭，开展募捐活动。市人口计生领导小组下发《关于开展“生育关怀行动”募捐活动的通知》，并于5月25日，在市电视台演播厅举办了一场“生育关怀、亲情牵手，救助独生子女贫困家庭”大型电视募捐晚会，共募集资金124.75万元，进入财政专户，专门用于救助计划生育特困家庭和“贫困母亲”。8月22日，从中拿出20万元，用于资助全市100名考上重点大学的农村贫困独生子女新生。2007年，已经斥资近100万元对“五关怀”对象进行救助，有效地缓解了计划生育家庭困难。二是围绕育龄群众生殖健康，开展“生殖健康村村行”活动。从5月开始，以计划生育流动服务车为载体，抽调专门医护人员，组建计划生育优质服务小组，常年深入乡村，向群众宣传计划生育法律法规、避孕节育、生殖保健等知识，为每个育龄群众进行生殖健康免费检查和生殖道疾病低偿治疗服务。至2007年底，已经投入310万元，7.2万名育龄群众得到免费查治服务，2.7万名生殖道疾病患者得到低偿或免费治疗。（杨善军）

【“两非”整治卓有成效】4~6月，全市继续集中开展“关爱女孩综合治理出生人口性别比偏高问题行动”，查处了9例典型“两非”（非医学需要鉴定胎儿性别和选择性别终止妊娠行为）案件、17例非典型案件，32名责任人受到了经济和行政处罚。同时，突出抓好长效管理制度的完善和落实，全市初步建起了“党政负责、部门配合、打防并举、标本兼治、综合治理”的长效工作机制。（杨善军）

关心留守儿童

【“两扶”工作有序运行】严格按照省里政策标准和程序，对17100名农村计划生育对象进行了奖励扶助，对1054名独生子女伤残死亡对象进行了救助，对79对符合再生育政策的夫妇进行了出生缺陷免费干预检测，受到了省政府“八事办”和广大群众的称赞。（杨善军）

【计划生育村（居）民自治稳步推进】市人口计生领导小组出台了《关于全面推进计划生育村（居）民自治的意见》，先后两次召开专门会议进行部署，充分发挥协会主力军作用，规范操作程序，加强办点示范，计划生育村（居）民自治合格率大幅提升，62个村居达到了模范标准，“两委抓导向，协会唱主角，村民搞自治，计生上水平”的格局正在形成。（杨善军）

【“一票否决”兑现有力】在年初的市委经济工作会议上，对工作基础较差、违法生育控制不力的鼎城区黄珠洲乡、安乡县安福乡、汉寿县大南湖乡、桃源县寺坪乡4个乡予以“一票否决”。7月份以来，全市对1990年以来出现违法生育的党员、干部和社会公众人物进行了清理，并依照有关规定进行了处理，并在各级人大政协换届选举中，对代表和委员的候选人严格实行计划生育把关。（杨善军）

政务服务工作

【概况】2007年，市政务中心认真落实全国、全省政务公开工作会议精神，以政府信息公开条例宣传贯彻为契机，以政务公开示范创建为重点，以政务服务体系建设为主线，扎扎实实开展工作，稳步推进政务服务。常德市被确定为全国和全省的政务公开示范点。市政务中心被评为全市目标管理红旗单位。全市政务公开和政务中心工作在国家、省多个层面进行推介。2007年政务中心四个平台建设取得了初步成效。市行政许可平台归集项目410个，年办件量达14.8万件。成功代办常德文峰职业技术学院和江北城防处两个项目。市资源配置平台现已将政府采购、土地招拍挂、建设工程等纳入中心统一操作，并拟定了市招投标统一平台的建设方案。全年举办各类招投标224场(次)，中标金额达13亿元。市效能监管平台已整合市优化办、行政效能监察室、市长热线等部门的监管职能，开通了网上咨询投诉渠道，全年处理群众投诉和网上咨询580多次。市社会服务平台已整合了10多个便民服务事项通过网络提供服务。同时继续创新审批提速机制，研究制定了“告知承诺、一审一核”等制度，对招标投标统一平台建设做了大量调研性工作。全面推进政务公开示范工作。把政务公开示范作为全面提升常德市政务公开水平的重要突破口。开展深入调研，提请市政府办下发了《常德市推进政务公开示范建设的通知》。组织开展了政务公开目录编制工作，96家单位作为首次目录编制单位。重点构筑和完善了“公用事业、社会保障、基层服务、重点领域”四条阳光带。组织召开示范工作现场会、区县(市)政务中心主任座谈会，调度政务公开示范工作和政务中心业务建设。会同市监察局、市政府督查室对区县(市)管理区和部分市直单位进行了政务公开的专项督查。迎接了国家和省政务公开办的检查调研。标准化管理呈现出可喜局面。按照国家质量管理体系和标准体系的要求，出台了《常德市人民政府政务服务中心服务规范》标准。从标准的角度汇集了以往政务中心的管理经验和管理制度，成为加强政务中心管理的规范文本。坚持窗口工作月讲评年考核制度，每月评选红旗窗口和先进窗口。先后三次对42个窗口单位、6个重点单位和13个委托窗口单位进行了督查。开展业务回访230多次。组织召开了窗口工作情况交流会。对区县(市)政务中心工作进行了考核。主动加强与市优化办的情况沟通与协作，重点对进驻部门行政效能和工作作风进行监督检查，会同市优化办集中督查2次。继续开展群众“一事一评议”活动，回收评议表2180份，群众满意率达99.9%。圆满完成了公务员招考、研究生考试、会计职称考试、医师资格考试以及市委组织部组织的优秀应届毕业生选拔考试、副处级领导面试、战略储备人才选拔等50多场次考试报名面试工作。加强对中心大楼的管理，出台了《政务中心大楼管理规定》，对窗口办公设备维护累计460多次，提供各类会议服务380多场（次），确保了政务服务工作有序运行。政务服务社会影响面越来越大。年初在《常德日报》上开辟了“创新政府管理、建设和谐政务”专栏，连续以方便办事、审批提速、项目代理、文明创建为主题开展了系列宣传报道。重点对投资项目报建流程进行宣传，制作了专题宣传片，在常德电视台开展了为期二个月的宣传活动。印制了5000册报建指南，免费向社会发放，投资业主十分欢迎。《市人民政府公报》《人大工作》刊物分别以“为了让群众享受到更好地服务”“努力提供群众满意的服务”为主题，对政务中心近年来的工作和成效进行综述报道。“常德政务公开工作在全国示范推广”为题在《常德日报》进行推介。提案办理在常德市“两会”上参展。政务中心机关队伍建设有了新的进步。配齐了中心领导班子，新增了中心信息科，窗口工作人员得到调整充实。组织开展了“十佳评选”、政务之春迎春联欢会等党团活动，多方面调动窗口队伍积极性。特别是市政府召开的第14次市长办公会，对政务公开和政务中心工作进行了专题研究，议定了机构升格、人员参照公务员管理及统一着装等问题，为队伍建设注入了新的活力。2007年市政务中心被授予市直目标管理“红旗单位”荣誉称号。（陈兴波）

【常德市被授予全国政务公开示范点】 2007年9月3日，在全国政务公开电视电话会议上，常德市被确定为全国政务公开示范点。常德市以公开示范为动力，狠抓政务公开信息化、制度化、规范化建设，提出了“组织系统化、程序规范化、载体多元化、责任明晰化、监督社会化”政务公开示范实施规范，促进了全市政务公开水平的整体提升。（陈兴波）

常德市被命名为全国政务公开示范点常德分会现场

【全国政务公开领导小组到常德市调研】 2007年12月4日，全国政务公开领导小组、国家预防腐败局办公室副局级纪检员韩平满、二处处长赵晖一行来常德调研政务公开工作，重点围绕“行政权利公开透明运行”进行调研。省纪委监察综合室主任胡海鹰，省政务公开办公室专职副主任、省政府办公厅政务公开工作处处长蒋新建，常德市纪委副书记、市监察局局长敖建斌，常德市人民政府副秘书长、市政务公开办副主任熊国建，市政务公开办副主任郝界洲等陪同调研。郝界洲汇报了常德市政务公开工作的主要特点及近年推行政务公开工作的一些体会。调研组对常德的做法给予高度评价。（陈兴波）

【全省首个政务服务规范标准出台】按照国家质量管理体系和标准体系的要求，市政务中心于2007年5月8日出台了《常德市人民政府政务服务中心服务规范》标准。这在湖南省地级市政务中心中尚属首家。该标准汇集了以往政务中心的管理经验和管理制度，成为加强政务中心建设与管理的规范文本。标准发布以后，市政务中心认真组织了学习和实施。（陈兴波）

【全省政务公开工作联席会议在常德召开】2007年11月22日，全省政务公开联席会议在常德召开。各市州政务中心主任和省示范点单位负责人进行了情况交流。省政府副秘书长石华清出席会议并讲话。常德市副市长朱晓平在会上致欢迎词，副市长曹佳中在会上讲话。常德市政府副秘书长、市政务中心主任熊国建汇报了常德政务公开和政务中心工作情况。（陈兴波）

【永州市党政代表团考察常德政务中心建设】2007年10月24日，永州市政府常务副市长唐松成率团考察常德政务中心建设。随团考察的有永州市政府副秘书长蔡自新、市纪委副书记、监察局长蒋玉清及区县（市）常务副区县（市）长、市县政务中心主任、市直有关单位负责人共44人。常德市委副书记曹儒国、市委常委、副市长欧运崇、市政府副秘书长、市政务中心主任熊国建陪同考察并参加了情况交流会。曹儒国指出，常德市政务中心经历五年艰辛探索，工作实在，成效明显。他指出，政务中心建设的核心是要转变政府职能；根本是要创新体制机制；关键是靠人靠科学管理。把握了这三条，政务中心才会办出实实在在的效果。欧运崇主持了情况交流会。熊国建介绍了常德市政务中心的工作。（陈兴波）

地方志工作

【《石门县志（1978—2002）》出版】2007年10月，石门县地方志编纂委员会编修的《石门县志（1978—2002）》由方志出版社出版。该志编修工作肇始于2001年，历时7年，征集资料2000余万字。志书共设24篇计99.5万字，收录彩色图片41版，随文历史照片74幅。完整客观地记述了中共十一届三中全会以来，石门县改革开放的历程，展示了中国共产党领导全县人民实现经济社会发展的全景。

《石门县志（1978—2002）》是国务院颁布实施《地方志工作条例》之后常德市出版的第一部县级综合志书，导入了《常德市地方志编纂工作细则》的相关质量标准。（周　波）

【《临澧年鉴（2006）》出版发行】2006年12月5日，召开全县《临澧年鉴（2006）》编纂工作动员大会，下发了临办〔2007〕49号文件，即中共临澧县委办公室临澧县人民政府办公室关于印发《〈临澧年鉴〉（2006）编纂工作方案》的通知，2007年3月15日，该书正式出版发行。全书共56万字，收集彩照109幅，设专文、大事记、综述、各部门年鉴、人物人才、重要文件、选录、附录等，装帧精美，内容丰富，是临澧的一部大型的综合性百科全书。（张文元）

【《武陵区志》、《汉寿县志》稿召开评审会】根据市委办、市政府办《关于做好县级志书续修工作的通知》的进度要求，2007年是全市县级续志的评审出版年。9月、12月《武陵区志》、《汉寿县志》稿评审会先后召开。省方志委党组书记、常务副主任刘献华、市委副巡视员、武陵区委书记王孝山出席了《武陵区志》稿评审会，会议收到评审书面发言材料13份5万余字。市方志办主任陈国华在会上主讲题为“第二轮志书编修中几个需要研究的共性问题”的修志理论课。《汉寿县志》稿评审会由汉寿县人民政府县长宋云文主持，省、市地方志工作专门机构、各区、县（市）史志办主任及有关县级领导、县直单位负责人参加会议，共收各类修改意见60多条。（周　波）

【省政府督察组督导常德市地方志工作】2007年5月17日，根据省政府办公厅湘政办明电〔2007〕46号“关于对学习贯彻《地方志工作条例》的情况进行督查的通知”部署，由省方志委副主任袁勇前为组长的省政府督查组一行4人，对常德市地方志工作进行了全面督查。

受市委常委、常务副市长陈文浩委托，市政府副秘书长李长春从“领导高度重视、建成了与常德实际相适应的工作机制；贯彻《地方志工作条例》得力，促进了地方志工作环境的进一步优化；致力品牌建设，形成“志鉴并举”的常德方志文化产业链条；开展读志用志，拓展了‘修用并重’的地方志文化张力”四个方面向督查组详细汇报了常德市学习贯彻《地方志工作条例》的情况及全市地方志工作态势。督查组充分肯定了常德市在续志编修、旧志整理、信息化建设和志鉴理论研究方面所取得的成绩。

5月18日，督查组一行参加了常德市“纪念《地方志工作条例》颁布一周年”系列活动。（周　波）

【隆重纪念《地方志工作条例》颁布一周年】5月18日，是国务院总理温家宝签署《地方志工作条例》颁布一周年的日子，常德市开展了隆重而热烈的纪念活动。

在当天的《常德日报》上，市委常委、常务副市长陈文浩发表题为“升华对《地方志工作条例》的认识，努力构建常德特色方志文化体系”的署名文章。

由市人民政府主办，市方志办承办，各区县（市）史志办参加的纪念活

常德市隆重纪念《地方志工作条例》颁布一周年

动为期一天，在人气最旺的商业步行城举行。活动分三大板块。一是方志工作展示，共制作宣传拱门1个，宣传盾牌15块，图文并茂地介绍了市方志办自1987年成立20年来的主要工作和活动。二是方志成果展览，共展出市、县两级方志出版物100余种。三是与共青团常德市委共同举行志书义卖，启动“地方志事业回馈社会”工程，所筹义款7000多元全部捐给希望工程。

活动期间，市方志办还向市民免费发放《常德市地方志工作简明手册》、《武陵古今》等资料近2000册。

现场参加纪念活动的领导有：省方志委副主任袁勇前、省方志委县市志指导处负责人、市委常委、常务副市长陈文浩、市委副秘书长涂碧波、郑建国和市档案局、市方志办、共青团常德市委等单位的负责人。（周　波）

【部门志续修工作启动】 2006年4月，市委、市政府两办下发《常德市2006—2010年史志工作规划》，对全市完成县级综合志书续修工作后，开展部门志续修提出了明确要求。2007年，市方志办遵照该规划正式启动全市部门志续修工作。并在列入规划的6部部门志中选择《常德市财政改革志》、《常德市国土资源志》、《常德市房地产改革志》等3部作为试点。8月，市国土局成立以局长钟华山为主任的编委会。26日，召开修志动员大会，标志着全市部门志续修工作进入实际操作阶段。9月，市财政局成立修志办公室，收集相关志书资料10多种，形成了修志工作规划、修志人员职责、修志工作进度安排等一系列文本，正在制订篇目。此外，根据市发展与改革委员会的修志意愿，市方志办对该委续志工作进行了函商指导。（周　波）

【《武陵古今》被评为全市优秀内部资料】 2007年，《武陵古今》共出刊4期，刊载各类文章95篇32万字，刊发各类图片105帧。《武陵古今》在上一年导入刊物标识后，着力栏目策划，刊用文章强调“首发独家”和“配图优先”原则，使刊物的史志特质日渐凸显，刊物品牌定位更加明确。刊物受众、固定稿源等指数均大幅提升。2月，被市新闻出版局评为“全市优秀内部资料”。（周　波）

【屈原学术研讨会】 2007年6月19日（农历五月初五），屈原学术研讨会在汉寿举行。中国屈原学会副会长兼秘书长方铭教授、中国屈原学会常务理事姚小鸥教授6月18日专程从北京来到汉寿，与陈书良、毛炳汉、黄露生、侯文汉等屈原研究专家学者及汉寿屈原研究爱好者，会聚一堂，共同缅怀伟大的爱国诗人屈原，并对“屈原故里汉寿说”进行学术研讨活动。

“屈原故里汉寿说”源于20世纪80年代。上世纪省考古研究所在汉寿发掘出“武王之童督”铭文青铜戈，据考证为屈原先祖屈瑕所有，调查发现汉寿境内存在近2000座楚墓，还出土了郢室畏户玺、连嚣之印、古铙等与屈原家族有关象征王室威仪的文物。屈原《离骚》、《九歌》中提到的“沧浪”、“辰阳”、“江潭”在汉寿均有考证。

2005年，汉寿成立了屈原学会对屈原故里汉寿说进行研究，已先后编印《屈原研究》内刊6期，共发行4000多册，现已有会员1500多名。2005年12月《人民日报·海外版》刊登了毛炳汉教授撰写的《屈原故里可能在汉寿》。两年来，汉寿屈原学会在市以上研究刊物发表论文47篇，极大地推动了“屈原故里汉寿说”的研究。（方移洪）

【鼎城区正式启动年鉴工作】 为了及时总结鼎城区三个文明建设的经验，适时为各级领导和部门提供决策参考资料和所需情报，进一步促进鼎城区经济社会协调发展，根据国务院《地方志工作条例》和省市地方志工作部门的部署，区委、区政府决定开始编纂《鼎城年鉴》，并于2007年11月14日，向区内各乡镇党委、人民政府、区属农林场、区直和驻区各单位、各人民团体下发了《关于编纂<鼎城年鉴>（2007）的通知》（常鼎办通〔2007〕47号文件），开始启动全区的年鉴工作。该文件内容包括编纂机构、编纂范围、编纂内容、工作要求。（鼎城区委党史办）

【石门县“读志用志”经验在全省交流】 2007年12月20日，湖南省“读志用志”经验交流会在怀化召开。石门县志办主任周训典（常德市区县仅一人）出席会议并作了题为“开发利用方志资源　服务经济社会建设”的典型发言。

20世纪90年代以来，石门县志办认真收集整理地方志资料，积极抢救保存旧志资料，精心编写出版地方志书籍。截至2007年，共征集各类地方志资料5000多万字，编写出版《石门县志（1840—1989）》、《石门年鉴（1990—1996）》、《石门名人录》（一、二辑）、《'98石门抗洪记》、《澧水丰碑》、《石门将校录》、《清同治石门县志校注》、《民国石门县志校注》、《石门县志（1978—2002）》等地方志书籍10部500多万字。指导编写出版《石门县教育志》、《石门县广播电视志》等专业志50余部1000多万字及《子良乡新道湾村志》、《罗坪乡寨垭村志》两部50万字。

丰富的地方志资料，在为领导决策、地方资政、经济建设和社会建设等方面发挥了其独特的作用。 （张吉全）

档案工作

【概况】 2007年，全市各级档案部门和档案工作者把握“服务与发展”主题，高举争先创优旗帜，忠实履行行政管理和保管利用两种职能，齐心协力，主动作为，务实进取，开拓创新，各项工作取得了明显成效。市档案局被国家人事部、国家档案局评为2004~2007年度全国档案系统先进集体，被省档案局评为全省档案工作先进单位，被市委市政府评为全市目标管理红旗单位，实现了“全市争红旗，全省争第一，全国争先进”的工作目标。市档案局机关被评为创建学习型机关。 （易先平）

【档案法制建设】 调整充实了档案行政执法工作领导小组，制订完善了档案行政执法的相关制度，完成了行政审批和行政许可项目的清理；在全省率先推行了档案执法听证制度的试点工作，市档案局和临澧县档案局分别设立了专门的档案执法听证室，在临澧县档案局召开了全市档案执法听证模拟现场会；全面推进档案系统行政执法责任制，坚持集中执法检查与经常性执法检查相结合，共对970个单位的档案馆（室）进行了执法检查，查处违法案件17起，违法行为92起。市档案局对问题比较突出的10个市直单位发出了《档案执法监督检查通知书》，回复率100%。全市档案行政执法工作被市政府评为先进。 （易先平）

【档案业务建设】 通过实行《归档文件整理规则》，案卷质量明显提高，年检年审工作水平明显提升；扎实推行规范化管理评估工作，全市晋升省特级的单位达到19家，晋升省一级的单位达到215家，晋升省二级的单位达到307家；认真组织贯彻国家档案局《机关文件材料归档范围和文书档案保管期限规定》，先后举办培训班10期，培训专兼职档案人员900多人次，近110家市直单位完成了《机关文件材料归档范围和文书档案保管期限表》的编制工作；突出抓了对改制企业的档案处置和民营企业档案工作，全年共整理处置改制企业档案12万多卷，联合市经委、市工商联召开了全市民营企业档案工作座谈会，转发了省里的相关文件，明确了试点单位；各级档案部门为新农村建设联系点筹资捐款近10万元，共建示范点村档案室100多个。对市属52家重点建设项目进行了档案登记管理，对11家竣工项目档案进行了专项验收；社区建档工作全面完成，建档率达100%以上，与市民政局联合下发了《关于〈婚姻登记档案管理办法〉实施过程中有关问题的具体规定》；联合市林业局开展了集体林权制度改革档案工作的调研；小城镇建设、信用体系建设、就业和社会保障、招商引资等档案工作都取得了新的进展。 （易先平）

【档案馆工作】 全市10家国家综合档案馆，现馆藏档案资料117万卷（册），有11件档案珍品被省档案局评为“镇馆之宝”，其中汉寿县档案馆的帅孟奇档案、武陵区档案馆的侵华日军常德细菌战档案被评为一等奖。市档案馆征集到反映常德历史、文化、城市变迁照片近4万张，整理入册2万张；武陵、鼎城、石门、澧县、津市、临澧等启动了1991—2000年档案移交接收工作；武陵区征集了湖南省“十大民族民间文化遗产”之一、国家首批非物质文化遗产名录的民间艺术形式“常德丝弦”的相关资料；石门县征集到《周氏》、《邱氏》、《陈氏》、《黄氏》等续修族谱24套等。各级档案馆还开展了名人档案库建设。10个国家综合档案馆全部建成了爱国主义教育基地，全部建立了已公开现行文件利用中心，共收集已公开现行文件10多万件，累计接待查阅者5000余人次，提供现行文件1.4万余件。2007年，市县两级档案馆共接待查阅2万多人次，调卷20多万卷（册）。市档案馆编写了《浩浩荡荡梦正圆》，澧县档案局组织编写了《澧人著述录》等编研材料。成立了档案安全管理领导小组，落实规章制度，明确安全责任，保证了档案的绝对安全。 （易先平）

【档案信息化建设】 武陵、鼎城、汉寿、桃源、澧县等区县（市）专门解决了档案信息化建设经费，建立了局域网，武陵、桃源等配备了专门的信息技术人员；9个区县（市）共配备电脑75台，打印机27台，扫描仪14台，摄（照）像机16台，刻录机9台，音像采集设备2套，建立目录数据库达100万余条，其中汉寿县档案馆目录数据库达40多万条，鼎城区档案信息网站访问量达10多万人次；市档案馆已建立目录、全文、声像三个数据库，其中目录数据63万条，全文数据16万页，照片数据1.3万张。10个国家综合档案馆均已建立和完善了档案网站，共上传各类信息达8952条。市档案局网站于2007年底进行了全面的改版，访问量达15万多人次。顺利开展了档案信息化评估，全市档案信息化建设水平明显提高。 （易先平）

【档案基础设施建设】 武陵区档案馆新馆已正式启用；临澧县档案馆建馆前期准备基本就绪，安乡、澧县、津市、鼎城等馆先后进行了维修改造和购置保管保护设备，9个区县（市）共注入资金400多万元。市城建档案馆对库房进行了全面维修；市房产档案馆投入资金400多万元，对库存档案全部进行了数字化，基本实现了计算机检索利用。市直机关单位档案室投入100多万元，添置各类保管保护设施200多件（台），密集架2000多立方米，当年归档文件目录全部进行了逻辑归档。 （易先平）

【档案宣传工作】 全年共有191篇（条）文章、信息、图片、新闻等在市以上的新闻媒体刊发，其中国家级22篇（条）。利用《中华人民共和国档案法》颁布20周年的契机，通过领导发表署名纪念文章、电视讲话、开展知识竞赛、宣传一条街等多种形式，在全社会营造了良好的氛围，扩大了档案工作的影响。在《中国档案报》以《党政领导齐抓共管 档案事业持续发展》为题宣传了常德市县两级党委政府重视档案工作事迹、以《高举争先创优旗帜 铸就一流工作业绩》为题宣传了常德档案工作争先创优的做法，推介了常德经验，取得了较好效果。《档案时空》征订突破2000份大关，《中国档案报》和《中国档案》杂志发行工作分别进入了全省前5名。

（易先平）

信访工作

【概况】2007年,全市信访工作以邓小平理论和“三个代表”重要思想为指导,全面落实科学发展观,认真贯彻落实党中央、国务院关于加强新时期信访工作的一系列重要决策和部署，全面落实各项工作责任目标，全市信访工作形势总体上平稳、信访量略有上升、局面在可控之中，一个“畅通、有序、务实、高效”的信访工作新秩序基本形成。

总量得到控制，秩序平稳。2007年，市县两级信访量34268（件）人次，比上年同期增长11.3%，其中集访1257批17938人次，批次和人次分别比2006年同期增长20.1%和11.9%，上访量低于2004年高峰年，总量基本得到控制。全市各级在信访工作中，坚持只在信访接待场所接待，只在规定的时间接待，集体上访只接待5人以下，非法、恶意的上访只处置不接访，在信访人中起了很好的导向作用，上访行为趋于理性合法，信访秩序进一步好转。

矛盾及时化解，大局稳定。2007年，全市矛盾纠纷排查化解工作成效显著，达到了“四有”，即有声势、有措施、有力度、有实效，切实做到排查全面、化解到位，预防有力，全市社会大局稳定。全年全市共排查出各类矛盾纠纷504件，其中市本级54件，市直部门和区县（市）172件，乡（街道）、村（社区）和企业278件，矛盾纠纷的排查发现率达到100%。截至2007年底，已处理504件，处理率100%，其中已化解464件，占92.1%，另有7.9%的矛盾正在化解，需在一定时期内继续做大量的思想工作和稳定工作，不会造成新的不稳定。

服务效能提升，社会认可。2007年，全市信访系统积极开发利用信访资源，服务效能显著提升，充分发挥了领导决策的参谋作用、联系群众的桥梁作用、维护稳定的助手作用和改革发展的促进作用。据统计，全年市县两级信访部门开展重大信访问题专题调查93次，呈报重大信访问题请求报告283份，提供各类信息和建议770条，协调处理重大矛盾纠纷380件，防范化解群体性事件苗头300多起。

（熊志军）

【信访维稳工作成绩突出】2007年，全市的信访事项主要集中在涉军、企业改制遗留问题、拆迁拆违和规划城管、移民及农村土地纠纷、事业单位改革、弱势群体申请救助、涉法涉诉等方面。2007年，市、县、乡各级处理信访问题的力度是空前的，真正做到了一把手负总责、亲自抓，真正形成了齐抓共管的大信访工作格局。一些老大难的信访问题，比如涉军问题、拆迁问题等，开始有所减缓。2007年，全市开展了对信访老户的专项治理活动，全面实施了对重点对象、重点群体牵头人物的包保稳控和教育转化，对重大活动、重要节日实行了专班赴省、进京接访。受理信访案件的立案率市本级达到了8%，到期结案率达到了100%，中央和省（含联席办）交办的信访事项结案率为100%。督查工作已形成了制度化、经常化，全年共进行了四次大的信访案件督查，落实效果较好。复查复核信访案件17件，已全部办结，办结率100%。

（熊志军）

法制工作

【文件规范与规范性文件】为切实保证规范性文件的合法性、科学性、严肃性，提高文件质量，市政府法制办着重突出了三个方面：一是严格把关。对规范性文件草案，依照中国政府入世承诺和现行法律、法规，按照法制统一原则，坚持依法审核，坚决杜绝自行设定行政许可、行政处罚、行政征收，防止地方保护、部门保护主义的倾向。审核中，继续推行“上门审查”，组织审核小组到起草单位与起草单位领导和起草人员坐下来集体会审，面对面交换意见、交流看法，有效提高了审核效率，加快了办文节奏。二是注重配套。密切配合政府工作，加强出台文件的系统性和系列化。市政府法制办加强与相关部门的联系，进一步修改完善了《常德市人民政府突发公共事件总体应急预案》，并相继审核出台了《常德市突发公共卫生事件应急预案》、《常德市安全生产事故灾难应急预案》等21个分预案，初步在全市建立了比较完备的应对突发公共事件的快速反应机制、保障机制和各种合作机制，有效提高了政府的处突能力。前段时间，常德市城区违法建设情况严重，严重影响到常德市城区和经济建设健康发展秩序，市人民政府决定采取有力措施，集中力量予以整治。市政府法制办根据领导指示，积极配合，投入精兵强将，加班加点，在较短的时间内审核出台了《常德市城市规划区内私人建设管理办法（试行）》、《常德市规划区内拆除违法建设暂行办法》等一系列相关规范性文件，推动了全市拆除违法建设的依法、有序、平稳进行。三是强调备案审查。进一步加强备案审查机构队伍建设，使市、县两级政府法制机构均做到了编制确定、人员确定、职责确定。在行政执法责任制考核中，将规范性文件备案审查工作纳入了考核体系，并加大了评分比重，有效提高了各级各部门对该项工作的重视程度。通过定期、不定期的检查与抽查，对工作有欠缺的及时发现、及时纠正，有效提高了规范性文件的报备率。目前，规范性文件备案审查工作网络已基本覆盖全市各级各部门，有件必备、有备必审、有错必纠得到了较好的执行。

（张　平）

【行政执法责任制】根据国务院、省政府提出的新要求，市政府法制办进一步集中精力，着重狠抓了行政执法责任制的深入推行，突出“四个到位”：一是保障到位。市县两级及全市各行政执法部门均成立了由行政一把手任组长的行政执法责任制工作领导小组。2007年根据情况变化，对领导小组成员、力量进行充实调整，进一步适应行政执法责任制工作需要，为深入推行行政执法责任工作提供了强有力的组织保障。各级各部门结合自身实际，有计划地制定、修订、健全了行政执法责任制一系列的配套办法。上半年，市政府法制办对《常德市行政执法责任制实施办法》进行了修订，为指导全市工作、建立长效机制奠定了基础保障。按照省政府法制办要求，结合“行政执法证”和“行政执法监督证”两证换发，1至10月，市、县两级政府法制机构精心组织、周密安排，对全市所有行政执法人员进行了一次全面的法制培训，共培训11983人，进一步提高了执法人员素质，为推进行政执法责任制提供了队伍保障。二是责任到位。在2006年行政执法依据梳理的基础上，2007年各执法单位根据梳理结果，将本单位的行政执法职能分解到科室（队）、到人。根据权力与责任挂钩原则，在分解执法职权后，各部门认真确立执法机构、执法人员的岗位执法责任。目前，通过执法职责的分解细化，全市行政执法机关行政执法人员均明确了各自的执法权限、执法标准、执法程序、职责范围和执法责任。三是考评到位。经过多年的实践总结，全市逐步建立了比较完善的行政执法责任制考核评议体系。2007年初，市政府法制办根据实际工作需要，确定了年度行政执法责任制考核项目，设定考核分值，制定了《2007年度行政执法责任制考核评分细则》，报市考核办后统一发文公布。年中和年末，市政府法制办分两次对市直79家行政执法单位行政执法责任制工作进行考核评议。考评结果向全市进行通报，好的表扬奖励，差的批评曝光，并按考核办法规定给予相应处罚。由于考评到位，既促使单位领导重视法制工作，又激发了各单位落实行政执法责任制的积极性、创造性，使行政执法责任制工作始终保持活力，形成良性循环。四是追究到位。认真开展行政执法过错责任追究，对有违法或不当行政行为的行政执法部门和行政执法人员，坚决追到底、究到位。市政府法制办设立了行政执法监督举报热线电话，并向社会公布，接到群众举报或来信来访，即着手展开调查。对在行政复议、执法检查、规范性文件备案审查过程中发现执法问题的，能当场处理的，当场予以纠正；需进一步调查核实的，调查后依法严肃处理。2007年，市政府法制办对车主反映市运管处稽查支队违规执法等3起群众举报进行了立案调查，对确有问题的2名行政执法人员吊销了行政执法证件。

（张　平）

【行政复议】把加强行政复议工作，增强通过行政复议解决行政争议的能力作为促进政府职能转变的重要内容，充分发挥其在解决行政争议、化解人民内部矛盾、维护社会稳定中的重要作用，力争把大部分行政争议化解在基层、化解在始发阶段、化解在行政系统内部，取得了较好的效果。一是妥善处理群体性行政争议，注重维稳大局。随着改革的深入，群体性行政争议较为突出，处理稍有不慎，就有可能引发社会动荡。为及时平息群体性行政争议，市政府法制办积极探索，不断创新机制。按照国务院《全面推行依法行政实施纲要》中提出的探索高效、便捷和成本低廉的防范、化解社会矛盾机制的要求，积极探索和尝试通过调解平息土地权属争议的新机制，并收到了良好的社会效果。2007年，运用调解手段成功调处了2起涉及到数百人的重大行政争议。对一些案情复杂、涉及人数众多、专业性较强的行政复议案件，市政府法制办借鉴法院审判制度，引入开庭审理方式。通过开庭审理，提高了行政复议程序的透明度，增强了当事人的参与度，加大了群众对行政复议结果的理解、满意度，做到了案结事了。二是切实关注弱势群体利益，突出以人为本。近年来，因工伤鉴定引起的行政争议呈快速增长的趋势。相对于企业，劳动者处于弱势地位，特别是当企业不服劳动保障部门的工伤鉴定申请行政复议时，复议期间劳动者的工伤待遇往往得不到落实，治伤费用也无着落。2007年在处理这类行政争议时，市政府法制办要求快审快结，从受理到作出决定不得超过15天，使工伤劳动者应享受的待遇尽早得到落实。三是维护公平正义，保护安定的社会秩序。在处理与行政执法有关的行政争议中，市政府法制办平等对待申请人与被申请人，一方面态度坚决地纠正违法、不当的具体行政行为，保护好公民、法人和其他组织的合法权益；另一方面，旗帜鲜明地支持行政机关依法、正当的执法工作，确保社会秩序安定。2007年市政府法制办办理的行政复议案件中，维持的占62.8%。对依法、正当的执法行为，即使面对压力，也要排除障碍和阻力，坚决予以支持。由于工作出色，3月份，在全省行政复议工作会上，常德市的经验在全省进行了推广。6月份，省政府法制办来常德市调研，在召开的行政复议座谈会上也再次充分肯定了常德市的做法。

（张　平）

【政府法制服务】正确处理经济纠纷。2005年常德市经过充分论证，引进了著名台商张连丰先生投资常德市德山污水处理厂，市政府与台湾清蓝企业股份有限公司签订了特许经营合同。项目总投资1.3亿元，特许经营期27年。2007年在建设过程中，清蓝公司台商内部两个股东之间发生纠纷，因牵涉台商问题，引起国台办、省台办的高度关注。台商要求市人民政府单方面终止合同，等合同终止后，再与其单独合作，另签协议。市人民政府要求市政府法制办迅速拿出意见。市政府法制办找出全部与纠纷有关的法律法规依据，认真研究后，向市政府建议，相关部门继续支持做好这个项目，保护好台商利益；政府依法不干预股东之间纠纷。股东之间的纠纷，宜由他们自己通过法律手段解决。市长办公会采纳了市政府法制办的建议，并由一名副市长带队，市政府法制办参与，两赴国台办，汇报了市人民政府的意见，得到国台办的肯定，也得到张连丰先生的理解。纠纷在国台办的协调下，正在进入司法程序解决。认真审查重大经济合同。为保证经济活动在法定的框架内进行，对各种途径进入常德市的招商引资项目，只要是要求与市人民政府签定协议的，市人民政府均要求市政府法制办予以审查。为把好合同审查关，市政府法制办指派通晓经济法的骨干，仔细研究，逐条推敲，严格把关。先后审查了创业中国投资发展集团有限公司涉及投资额20个亿及香港公司投资2.5亿建设体育生态园等重大招商引资合同近10份，既使投资者的利益得到保障，又使政府和群众的利益得到维护，两全齐美，皆大欢喜。市政府法制办还参与了大连海昌集团有限公司投资数十亿元在柳叶湖建设旅游休闲度假及景观社区一揽子引资谈判，提出了很多建设性意见，为将柳叶湖打造成常德市旅游城市品牌，建设成国际一流、国内领先的度假区作出了一定贡献。三是依法破除发展障碍。红卫社区消防整改中，有4户钉子户漫天要价，提出诸多不合理的要求，在达不到目的情况下一直拒绝搬迁，一方面留下了严重的安全隐患，另一方面也使整改项目迟迟不能上马。按照领导指示，市政府法制办认真研究了主要问题，找到了解决办法，提出了由国有直管公房经营公司向武陵区人民法院起诉，解除房屋租赁合同，由法院先予执行强制腾房方案。方案实施后，房屋被依法强制收回并拆除，使拖延了一年多的拆迁顺利拆迁完毕，保障了消防整改的顺利进行。在滨湖公园周边拆迁工作中，按照市政府法制办的建议及时解决了阻工问题，保证了开发项目的顺利实施。作为信访复查复核委员会成员单位，市政府法制办认真研究了信访复查复核案件10余件，对案件的处理出具了法律意见，使案件得到及时的解决，有效维护了社会大局的稳定，为经济建设提供了安全的秩序和良好的外部环境。（张　平）

民族宗教事务工作

【概况】常德市属散杂居少数民族地区，是全省民族工作任务较繁重的市州之一。全市少数民族人口47万，有33个少数民族，有一个少数民族人口过半的县（石门）、4个民族乡和32个回维民族村。常德也是一个多宗教地区，也是全省宗教工作重点市州之一，天主教、基督教、佛教、道教、伊斯兰教五教俱全。经政府批准开放的宗教活动场所462处，全市有6个市级宗教团体和27个县级宗教团体，有信教群众近50万人。2007年，全市民族宗教工作在市委、市政府的正确领导和上级主管部门的关心支持下，民族地区经济社会事业不断向前发展，宗教团体建设不断加强，民族宗教领域保持稳定，平等、团结、互助、和谐的民族关系正逐步建立，宗教事务的依法管理稳步推进。（吴卫春）

【制定出台加快少数民族地区经济社会发展的意见】依据中央和省委民族工作会议精神，为切实加强常德市民族工作，6月，市委常委会讨论通过《关于进一步加强民族工作加快少数民族和民族地区经济社会发展的意见》（讨论稿），以常发〔2007〕7号文件下发。文件涵盖了中央和省有关民族政策文件主要精神，从推进民族地区经济又好又快发展、落实专项发展资金、促进社会事业进步、加强少数民族干部培养，强化民族工作机构建设等几个方面制定了18条民族政策措施。从2007年起，市财政设立每年47万元的民族事业费，帮助民族地区加快发展。（吴卫春）

【全省爱国宗教团体建设现场经验交流会在常德市召开】5月18日~19日，全省爱国宗教团体建设现场经验交流会暨“宗教工作与构建和谐社会”研讨会在常德市德华宾馆隆重召开。省委常委、省委统战部长李微微出席现场经验交流会并作重要讲话，全省各市州宗教局主要负责人及省宗教局和省直相关单位领导100多人参加会议。（吴卫春）

【文艺汇演暨书画艺术展】6至9月，精心组织常德市宗教界200多人参加省五大宗教团体联合共同举办的以“五教同光·共致和谐”为主题的“湖南省宗教界首届文艺汇演暨书画艺术展”系列活动。2个文艺节目和12幅书画作品获奖。（吴卫春）

【香港慈辉基金会会长杨洪先生到常德扶贫助学】11月8日~12日杨洪先生一行20多人到常德市查看验收基金会2005~2007年度在常捐助的扶贫工程项目，并考察拟在常捐助的2008年度扶贫工程项目。基金会承诺2008年继续在常捐资100万元以上扶贫、今后3年继续捐资30万元扶助文理学院100名特困大学生完成学业，当场捐资50万元资助德山乾明寺的基础设施建设。（吴卫春）

信息化工作

【概况】2007年，市信息化办坚持以电子政务建设为重点，狠抓政府网站上台阶，电子政务上水平，社会各领域信息化全面推进，各项工作取得了好的成绩，先后被授予2007年度党务工作先进单位和创学工作先进单位等荣誉称号。

一是政府门户网站再上新台阶。抓新闻，打造强势网络媒体。加强了网站新闻采编队伍建设。举办业务培训、技能比武、外出采风、作品评选等专题活动，新闻采编人员业务水平明显提升。网站通讯员队伍发展壮大，拓宽了信息渠道。建立健全新闻采编发三审制，确保新闻宣传导向正确，并有效提升了网站管理水平。提高新闻发布时效。网站编辑人员坚持每天24小时轮流值班，上传发布的新闻稿件在第一时间内传到编辑后台，实现了当天新闻当天发。每天发布各类新闻信息300多条，全年累计发布新闻2.1万条。

抓互动，强化网站纽带作用。加强市民留言回复和处理。市民留言栏目全年共发布9600条主题帖，6.7万条跟帖，网上回复留言4900条。编发《市民留言摘录》25期，及时报送市委市政府主要领导。市民留言成为市领导了解社情民意的重要渠道。加强了嘉宾访谈栏目建设。全年共完成嘉宾访谈17期。7月13日下午，卿渐伟市长做客网站访谈室与网友进行互动，深受市民欢迎，社会反响强烈。市直15家单位的负责人也先后参与网上互动，回答或解决了市民一系列问题，受到一致好评。及时受理群众信访。处理市长信箱市民邮件1232件，及时送达有关部门处理回复。

抓升级，促进网站提质改造。硬件方面，完成机房改造，设置防雷系统，网站基础设施建设不断完善。软件方面，完成了网站发布系统和市民留言系统的升级改造，信息发布速度明显加快，市民留言功能不断增强。

抓宣传，全面扩大网站影响。通过各种媒体加强对网站的宣传，通过设置宣传广告，印制宣传环保水杯；与其它网站交换链接等措施，扩大政府网站的社会影响。自主策划并开展了优秀子网站评选、网上知识竞赛、奥运车模大赛、十大感动常德新闻人物评选等社会影响较大的活动；积极参加了省农运会、住博会等重大活动宣传报道活动。通过一系列措施，网站综合访问量2007年提高了60%以上，日访问量达20多万人次。

抓子网站，提升网站整体水平。出台《“中国常德”政府门户网站子网站绩效考核管理办法》，组织138家子网站单位开展优秀网站评选，大大激发了各单位网站建设热情，子网站建设和维护管理水平得到提高。

二是电子政务建设取得新成绩。全市电子政务建设稳步推进，各级财政对电子政务建设投入持续扩大。金保、金盾、金审等金字工程建设不断深入，电子政务内网、财税增收系统等重大信息化工程项目实现预期目标。市直单位2007年累计投入电子政务建设的资金达2035.17万元。

全年评审项目15个，累计报审金额3446.92万元，审减资金970万元，审减率达29%。全年共对23个招标项目、33份招标书进行了审查，统一调度管理的项目23个，推动项目监理制和项目验收制，信息化工程质量显著提高。

电子政务内网建设实现预期目标。4月，连接省、市、县三级的纵向骨干网连通；市直连接68个单位的横向工作网已经建成。财税一体化征收系统建设全面展开，第一期工程企业基础信息共享系统进展顺利；第二期工程房地产税收一体化征收系统完成招标。教育城域网基本建成，科技强警、城市监控系统通过验收，金保工程一期软件开发工作基本完成。

三是社会信息化继续不断推进。信息技术应用快速发展，各行各业对信息化的认识和应用水平明显提高，企业、农村等各领域信息化建设步伐加快。

企业信息化取得突破。中小企业信息化试点工作全面推开，安福气门、环球食品饮料和古洞春茶业等三家企业进入全省企业信息化试点，获得了省政府专项资金扶持。

农村信息化不断发展。全市行政村电话覆盖率达到100%。开通宽带上网的乡镇225个，乡（镇）宽带覆盖率达到100%，宽带网络覆盖行政村3029个，占全市行政村的72.9%。

信息技术教育培训保持良好发展态势。公务员计算机应用水平列入全市创学考核内容，全市60%以上的公务员参加了电子政务培训和考试，政府机关信息技术应用水平不断提升。全国计算机技术与软件专业技术资格（水平）考试（简称软考）和全国信息技术水平考试成绩喜人，为常德市培养和选拔信息化人才发挥了积极作用。

信息产业取得新进展。2007年，常德市统计调度的11家企业实现销售收入8.4亿元，比2006年增长12.17%；实现利润1900万元，同比增长11.83%；上交税金1600万元，同比增长12.91%。（熊 韬）

【《“中国常德”政府门户网站子网站绩效考核办法》出台】为进一步促进全市政务信息网上公开，加强政府门户网站子网站管理，强化政府网站功能，常德市政府出台了《“中国常德”政府门户网站子网站绩效考核办法》（以下简称《办法》）。《办法》规定，“中国常德”政府门户网站子网站考核工作采取自评与分组打分评比、网上网民投票、市信息化办平时抽查考核相结合的评审方式，对全市130多个子网站进行考核评分。《办法》对各子网站的组织管理、栏目设置、公开内容、网站质量、网站效应等作了具体考核规定。考核由市信息化办实施，最终结果将在“中国常德”政府门户网站公布。

（熊 韬）

【“金审工程”一期建设进展顺利】市审计局“金审工程”审计专网网络平台和相关的应用系统建设完成，一期机房及网络设备集成建设正式通过验收。“金审工程”是金字号工程12个重点业务系统之一，是国家电子政务重点工程。根据省审计厅统一部署，常德市“金审工程”一期建设重点是建设完成审计管理系统，部署现场审计实施软件等工作。系统完成后，将为常德市审计机关提供领导决策支持、公文流转办理等功能应用。（熊 韬）

【市国资委启动网上审批服务】市国资委高度重视信息化建设工作，积极利用信息技术提高办事效率，提前启动了网上审批工作。市国资委克服专业人员短缺、经费不足等困难，7月底启动了监管单位公司章程网上审批服务。该服务的启动比预定时间提前了近3个月，使监管单位足不出户就可以进行公司章程修改、变更的申报审批。这也是市国资委落实政务公开，转变工作作风，塑造国资形象又一重大举措。

（熊　韬）

【常德公安基层所队全面实现网络办公】 2006年，常德市公安局投入近1500万元用于基层建设，完成了“金盾”工程第一期建设任务。2007年是全国“三基一化”工程建设的第二年，常德市以提升效能为突破口，通过一年建设，使全市无房危房派出所建成率达到80%，完成派出所外观建筑标识统一和全国科技强警示范城市建设任务，实现警务信息共享，切实提高各项基础业务工作的科技含量和效率。

（熊　韬）

【“中国常德”政府门户网站成功抵御黑客攻击】 2007年5月初，“中国常德”政府门户网站受到不明黑客攻击，一度造成网络中断。经过技术人员排查，确定攻击为DDOS（分布式决绝服务攻击），攻击目标为门户网站托管的一台WINDOWS主机。在网监、电信等部门的配合下，门户网站技术人员与黑客智斗勇，经过若干次网络攻防成功阻止了攻击行为，并通过技术手段锁定了实施攻击行为人地址。5月17日，公安机关在澧县某网吧抓获正在实施攻击的嫌疑人。（熊　韬）

【重拳打击网络犯罪】 近三年来，常德市公安机关网监部门先后开展多次打击网络犯罪专项行动，严厉打击网上诈骗、赌博、盗窃和色情活动。利用网络侦查手段侦破各类刑、治案件280余起，其中侦办刑事案件23起，抓获25人，其中21人被判刑，3人被劳教，协助破获刑事案件257起，抓获犯罪嫌疑人271人，命案对象27人，协助外省抓获逃犯25人。为整肃网络环境，净化社会空气起到了积极作用。（熊　韬）

【通过信息技术加强房地产税收征管】 常德市政府针对房地产税收征管过程中出现的各种问题，下发了《常德市关于房地产税收一体化管理实施办法》。以信息技术为依托，通过部门配合、环节控制、项目跟踪、过错追究，实现房地产产业诸税种间有机衔接。房地产税收一体化管理涉及国土、房管、国税、地税、规划等多个部门。由于各部门业务系统相互独立，房产开发建设各个环节的信息比对和管理衔接一直是常德财税征管工作的薄弱环节。2007年，市政府成立了以常务副市长挂帅的房地产税收一体化管理领导小组，组织开发房地产税收管理一体化信息系统，建立部门信息交换计算机网络，实现税务机关与相关部门计算机网络联接。在税费缴纳方式上，由财政、税务机关和有关职能部门在政务窗口实行“一站式”联合办公，为纳税人提供优质高效服务。

（熊　韬）

安全生产工作

【概况】 2007年，全市安全生产工作在市委、市政府的正确领导下，深入开展安全生产工作“攻坚年”、“落实年”活动，安全生产状况总体上继续趋稳趋好，全市共发生各类事故1085起，死亡292人，伤1023人，直接经济损失1886.2万元,四项指数同比，除直接经济损失上升41.8%外，事故起数、死亡人数和受伤人数分别下降5.3%、15.9%和20.4%。安全生产目标管理考核被省政府评为2007年度安全生产先进市。

2007年，市委、市政府高度重视安全生产工作，多次专题听取安全生产工作汇报，多次召开安全生产专题会议，及时研究和部署安全生产工作、解决安全生产领域的重大问题。市委常委会就全市认真学习贯彻胡总书记、温总理重要批示，集中开展为期3个月的事故隐患整治进行专门部署；市政府召开全市安全生产工作紧急会议或专题会议，就开展重点行业与领域的安全生产专项整治行动作出一系列安排；市委副书记、市长卿渐伟两次率市安监、建设、交通、煤管、消防等部门负责人，深入在建项目工地、煤矿、液化气站和加油站、烟花爆竹生产企业等高危行业企业相对集中、安全问题较为突出的区县（市）和重点行业、企业进行安全检查。

2007年，全市按照“攻坚年”、“落实年”的总体要求狠抓了隐患排查与整治，开展了烟花爆竹、危险化学品、煤矿、非煤矿山、公复场所、道路与水上交通、特种设备等事故隐患排查整治专项行动。对全市30处危险路段，按照“先急后缓、分批治理”

市委书记武吉海指挥安全生产事故应急救援

的原则，限期整改到位。对4宗建设用地项目进行地质灾害危险性评估，对市本级发证的15家矿山进行了矿山地质环境影响评估，依法依规依程序办理了采矿登记手续，并对10家超深越界开采矿山的行为进行严厉打击，及时消除了地质安全隐患。督促整改违法行为和火灾隐患135处。对40多座桥梁，7处特种设备和地轨车非法载人等重大隐患进行了治理。

按照专项检查与综合检查相结合，特殊时期检查与日常检查相结合的工作思路，做到月月有专项检查、季季有综合检查。2007年全市共组织督查组87个（次）。特别是在省政府统一部署开展的“百、千、万”安全生产大检查大整改行动中，市政府派出的11个安全生产工作督查组，对各区县（市）和中央、省驻常企业进行了拉网式安全督查，共检查重点单位或部位200多个，查出并交办事故隐患300多处。

各级负有安全生产行政许可职能的部门，始终把安全生产行政许可作为防范各类事故的源头来抓，对行政许可项目的申办程序在常德日报上公示，有力地促进了安全生产许可的开展。2007年，全市343家非煤矿山企业、37家危险化学品生产企业、2013家危险化学品经营单位、101家烟花爆竹生产企业、2970家烟花爆竹经营单位、107家建筑施工单位取得了安全生产或经营许可证。

执法力度全面加大。2007年，全市上下严格执法，各部门之间密切配合，采取重点执法、专项执法和联合执法的形式，整体联动，一批安全生产违法行为得到及时查处，全市依法对发生的3起较大事故、20多起一般事故进行了查处，有36人次受到党纪政纪处分，8人被追究刑事责任，27家责任单位受到行政处罚。特别是《生产安全事故报告和调查处理条例》实施后，常德市加大了事故查处的力度，事故责任追究力度明显加大。

各级政府财政对安全生产投入逐年增加。2007年全市共安排事故隐患治理财政专项资金预算97.6万元;工伤保险政策逐步落实。在建筑、烟花爆竹、矿山等高危行业推行工伤保险制度，工伤保险征缴覆盖面日趋全面。2007年，全市征缴工伤保险费1800多万元，并按照有关规定和标准从工伤保险费中提取了安全宣传费用;安全风险抵押金管理规范。各地安监部门加大了对高危行业安全风险抵押金的征缴。到2007年，全市共有安全风险抵押金余额1300多万元，一律实行了专户存储、专账核算。

创建工作稳步推进。2007年，全市有武陵区护城、临澧县杉板、澧县洞市3个乡被评为省级安全生产示范乡镇，鼎城区石门桥等5个乡镇被市政府授予了市级安全生产示范乡镇。通过创建示范乡镇，基层安全生产责任得到落实，安全管理水平得到提升，各类事故明显下降。

安全文化深入人心。一方面扎实做好了安全生产月活动。在“安全生产月”活动期间，全市开展形式多样的活动，通过在党报开辟设置专版专栏、在电视台举办专题文艺晚会、播放专题新闻、在城区商业步行街开展安全生产宣传月咨询日活动、送安全文化下乡进村等活动，提升了广大市民的安全意识。另一方面坚持不懈的搞好了教育培训。全市举办各类安全知识培训班12期，培训1337人，其中主要负责人778人，管理人员357人，特种作业人员202人。（许　斌）

【安全生产事故】 2007年全市共发生各类事故1085起，死亡292人，伤1023人，直接经济损失1886.2万元,与2006年同期相比，除直接经济损失上升41.8%外，事故起数、死亡人数、受伤人数分别下降5.24%、15.85%和20.39%。

各类事故分布情况　工矿企业事故34起，死亡44人，伤9人，直接经济损失1255.8万元，与上年同期相比，事故起数持平，死亡人数、受伤人数分别下降4.35%和43.75%，直接经济损失上升44.33%。

其中，煤矿事故9起，死亡11人，直接经济损失186万元，与上年同期相比，两年均无人员受伤，死亡人数持平，事故起数和直接经济损失分别下降10%和3.63%。

金属与非金属矿事故7起，死亡7人，伤1人，直接经济损失77万元，与上年同期相比，事故起数持平，死亡人数、受伤人数和直接经济损失分别下降53.33%、66.67%和78.92%。

工商企业事故18起，死亡26人，伤8人，直接经济损失992.8万元，与上年同期相比，除受伤人数下降38.46%外，事故起数、死亡人数和直

企业员工参加安全生产月活动,学习安全生产知识

市长卿渐伟视察安全生产工作

接经济损失分别上升5.88%、30%和218.21%。其中:建筑业事故3起（其中包括石门皂市水库事故），死亡7人，直接经济损失192万元;危险化学品业事故1起，死亡3人，伤6人，直接经济损失332万元；烟花爆竹事故4起，死亡5人，伤1人，直接经济损失68.5万元。

消防火灾事故243起，死亡2人，伤3人，直接经济损失382.3万元，与上年同期相比，除死亡人数持平外，事故起数和直接经济损失分别上升76.09%和147.98%，受伤净增3人。

道路交通事故759起，死亡237人，伤955人，直接经济损失204.9万元，与上年同期相比，分别下降14.91%、15.36%、20.62%和28.9%。

水上交通事故1起，死亡2人，直接经济损失41万元，与上年同期相比，死亡人数和直接经济损失分别上升100%和301.96%。

农机事故48起，死亡7人，伤56人，直接经济损失2.2万元，与上年同期相比，事故起数、死亡人数、受伤人数和直接经济损失分别下降40%、61.11%、15.15%和70.48%。

重大和较大事故情况　2007年，全市发生重大事故1起，死亡12人，伤7人，直接经济损失32.5万元，与上年同期相比,绝对额上升100%；发生较大事故6起，死亡22人，伤10人，直接经济损失437万元，与上年同期相比，事故起数、死亡人数、受伤人数和直接经济损失分别下降33.33%、40.54%、75.61%和12.15%。其中：

道路交通重大事故1起，死亡12人，伤7人；

工商企业较大事故2起，死亡7人，伤6人，直接经济损失429万元，较上年同期相比，事故起数持平，死亡人数、受伤人数和直接经济损失分别上升16.67%、50%和382.02%。道路交通较大事故4起，死亡15人，伤4人，与上年同期相比，事故起数持平,死亡人数、受伤人数和直接经济损失分别下降6.25%、78.95%和92%。

安全生产目标管理指标控制情况　全市全年控制指标335人，实际死亡292人，占全年控制指标数的87.16%，比控制指标数少43人。

市直部门安全生产事故控制指标情况

市质监局：全年控制指标1人，未发生特种设备安全事故。

市交警支队:全年控制指标280人，道路交通事故死亡237人，占全年控制指标数的84.64%，比控制指标数少43人。

市农机局：全年控制指标12人，农业机械事故死亡7人，占全年控制指标数58.33%，比控制指标数少5人。

市安监局：全年控制指标29人，金属与非金属矿、危险化学品和烟花爆竹生产安全事故死亡26人，占全年控制指标数的89.66%，比控制指标数少3人。

市消防支队：全年控制指标2人，火灾事故死亡2人，与全年控制指标数持平。

市交通局：全年控制指标1人，水上交通事故死亡2人，超全年控制指标数1人。

市建设局：全年控制指标2人，发生建筑事故死亡2人，与全年控制指标数持平。

市煤管局：全年控制指标8人，煤矿安全事故死亡11人，超全年控制指标数3人。

区县（市）事故控制指标情况

澧县：全年控制指标42人，各类事故死亡30人，同比减少10人、下降25%;占全年控制指标的71.42%，比控制指标数少12人。

临澧县：全年控制指标36人，各类事故死亡26人，同比减少11人、下降29.73%；占全年控制指标的72.22%，比控制指标数少10人。

安乡县：全年控制指标25人，各类事故死亡16人，同比减少10人、下降38.46%;占全年控制指标的64%，比控制指标数少9人。

石门县：全年控制指标40人，各类事故死亡36人，同比减少7人、下降16.28%;占全年控制指标的90%，比控制指标数少8人（其中石门皂市水库事故死亡4人，不纳入指标考核)。

津市市：全年控制指标15人，各类事故死亡10人，同比减少9人、下降47.37%；占全年控制指标的66.67%，比控制指标数少5人。

鼎城区：全年控制指标58人，各类事故死亡53人，同比减少3人、下降5.36%；占全年控制指标的91.38%，比控制指标数少5人。

汉寿县：全年控制指标29人，各类事故死亡27人，同比减少4人、下降12.9%;占全年控制指标的93.1%，比

控制指标数少2人。

武陵区：全年控制指标2人，各类事故死亡2人，同比增加1人，上升100%；与全年控制指标数持平。

桃源县：全年控制指标39人，各类事故死亡41人，同比增加2人、上升5.13%。超全年控制指标数2人。

市直管煤矿及产煤县煤矿安全生产目标控制情况

全市共发生煤矿事故9起，死亡11人，占全年控制指标数的137.5%。其中，8起煤矿事故发生在石门县，一起煤矿事故（青峰煤矿）发生在市直。

（许　斌）

食品安全工作

【概况】2007年，全市上下按照深入落实科学发展观、建设社会主义和谐社会的要求，全面贯彻国务院和省、市食品安全工作有关精神，紧紧围绕落实市政府10件实事，以构建城乡食品安全体系、实现全市食品安全的长治久安为目标，以宣传贯彻国务院第503号令为契机,以开展产品质量和食品安全专项整治为重点,加强组织协调，狠抓基础工作，实施专项整治，推进信用建设，强化督导考核，取得了较好的工作成绩。全市定点屠宰生猪706260头，占年计划的107%;蔬菜农残抽样检测593838个，占年计划的116.4%，合格率为99.55%;全市没有发生一起群体性食品中毒事件，有效维护了广大人民群众的饮食安全,常德市被省政府评为2007年度全省实施食品放心工程先进单位。

强化组织领导，严格督导考核。市委、市政府始终把保障人民群众饮食安全作为执政为民的头等大事来抓，市政府连续4年将食品安全工作列入为民办的10件实事之一。市政府常务会议和市长办公会议先后4次研究食品安全工作，市政协主席会议先后2次听取食品安全工作情况汇报。市委书记武吉海、市长卿渐伟多次视察了食品安全工作，强调要进一步落实工作责任，完善生产、流通、消费等各个环节的监管体系，突出工作重点，确保食品安全。各区县（市）高度重视食品安全工作，桃源、安乡成立了县食品安全办，作为常设机构，专抓食品安全工作。石门、安乡、武陵、鼎城、西洞庭等区县（市）党政主要领导多次听取食品安全工作汇报，亲自参加重大食品安全检查活动。安乡、汉寿、临澧、津市、武陵、鼎城、澧县、石门等区县（市）分管领导积极组织食品安全联合执法，亲临一线指挥专项整治行动。市质监局、市卫生局、市工商局、市农业局、市畜牧水产局、市蔬菜办、市屠管办等部门领导靠前指挥，不畏困难，起到了很好的模范带头作用。市食品安全办全年组织全市范围食品安全督导检查10多次,安乡县对乡镇食品安全工作一月一评比、一月一排名。2007年，全市上下形成了食品安全工作领导带头抓，部门共同抓，社会配合抓,职责到位，考核严细的新局面。

副市长李爱国检查食品市场

强化基础建设，夯实工作平台。健全食品安全监管网络。在各级各部门充分履行食品安全监管职责的基础上，全市聘请了村（居）委员会食品安全信息员3809名，初步形成了覆盖全市范围的横向到边、纵向到底的食品安全监管网络。完善检验检测体系。到2007年底，全市在蔬菜基地、批发市场和农贸市场设立了58个蔬菜检测站，初步建立了市——区县（市）——乡镇三级蔬菜检测网络，畜牧部门在市城区和区县（市）定点屠宰场配备了瘦肉精检测设备，屠管部门配备了20多台肉品水份检测仪，工商部门配备了2台食品流动检测车和88个快速检测箱，质监部门在全市建立了8个以常规检验项目为主的县级质检所，卫生、农业部门也都建立了本系统的检测网络，初步形成了全市主要食品质量安全检验检测体系，为市场准入创造了条件。建立监管部门联系会议制度。市食品安全委员会出台了《市直食品安全监管单位联系会议制度》，坚持每季度召开1次联系会议，共同分析全市食品安全形势，通报食品安全情况,沟通各部门的监管信息，按环节管理要求移交案件，决定食品安全重大问题等。加强安全预警和应急处理机制建设。市政府制定印发了《常德市重大食品安全事故应急预案》，建立了常德市食品安全专家库，成立了市食品安全专家委员会，出台了《常德市食品安全专家委员会管理办法》。专家委员会主要履行建言献策、风险评估和参与应急处理三项职责。制定未来5年食品安全工作规划。在深入调查研究，广泛征求意见的基础上，制定了常德市未来5年食品安全工作规划，提出了5年后基本建立起食品安全保障体系的目标。

强化日常监管，创新工作方式。2007年，各监管部门严格履责，密切配合，基本实现了“从田间到餐桌”的全程监管。质监部门对食品生产企业实行强制抽检，全年抽检3000多批次。工商部门大力开展农村市场整顿年活动，推广农村“一会两站”建设，与市食品监测中心联合开展非蔬菜类食品监测，全年抽检样品1000多个。卫生部门建立了监管对象电子信息档案，实行动态监管，定期对宾馆、酒店、学校食堂等进行卫生质量抽检，向社会发布卫生监督质量报告。教育部门对食品安全工作实行一票否决制，全年没有发生一起食品安全责任事故。农业部门对武陵区芦山蔬菜基地等18个省级定点监测点进行了定期监测，积极开展“三品”认证工作，全市已获“三品”认证298个，其中无公害农产品112个，绿色食品134个，有机食品52个。蔬菜部门在基地推行“八个一”的标准化生产模式，即一本基地台账、一本农药施用手册、一个无公害蔬菜产销证、一个生物农药销售点、一名农药施用监督员、一批生物杀虫灯、一批塑料大棚、一个无公害检测室。畜牧部门出台了《万名科技特派员联系养殖企业（大户）办法》，先后开展了春季动物防疫、猪蓝耳病防控等动物防疫工作，每天进行生猪瘦肉精尿样检测，对100多头不合格生猪进行了无害化处理。商务部门认真落实《流通领域食品安全管理办法》，制定了五项制度规范文本，大力推进万村千乡市场工程，新建标准农家店697家。酒管部门加大市场稽查力度，立案查处36起，集中销毁了案值近65万元的假冒伪劣酒类产品。屠管部门狠抓定点屠宰场建设，市城区、桃源、安乡、汉寿、西湖、西洞庭均已建成机械化定点屠宰场。公安部门为食品安全工作保驾护航，查处了一批违法犯罪分子。同时，各地结合工作实际，创新监管方式，积累了一批成功的监管经验,临澧县率先在县城推行上市蔬菜加贴产品来源标识制度，桃源县形成了“五个一”的定点屠宰管理模式（即全县一个部门监管、一个屠宰模式、一个执法队伍、一个要求建厂、一个税费标准），安乡县实行农村自办宴席备案登记制度，汉寿县岩汪湖镇实行肉品产销挂钩。

常德市食品放心工程专项整治工作汇报会

强化专项整治，确保规范有序。一年来，先后开展了生猪定点屠宰与猪肉质量安全专项整治、农村食品安全专项整治、农产品质量安全专项整治、流通领域食品安全专项整治、学校（含幼儿园）及学校周边食品安全专项整治、餐饮消费安全专项整治、市城区豆制品市场专项整治、儿童食品保健食品等重点食品专项整治、建筑工地食堂专项整治、肉品冷库专项整治等一系列食品安全专项整治和联合执法行动，共出动各级各类执法人员近5万人次，收缴并销毁不合格食品3万多公斤，处罚违法违规食品生产经营行为2000多起。通过打击与规范相结合，促进了食品生产经营秩序的明显好转，进一步提高了全市食品安全水平。

强化信用建设，落实企业责任。2007年，常德市食品安全信用体系建设向纵深发展，圆满完成了国务院确定的试点工作任务。一是对食品生产获证企业、餐饮企业、学校食堂、超市、农贸市场等进行了量化分级，实施分类监管。二是将信用体系建设向区县（市）推广，开展了企业经营档案和信用档案建设。三是开展了试点企业信用等级综合评价工作。对首批68家试点企业进行了信用等级综合评价，经严格评审，桃源四喜养殖有限公司等28家企业被评定为首批信用评价合格企业，并在媒体上进行了公示。

强化宣传培训，提升安全意识。各级各部门高度重视食品安全宣传培训工作，2007年9月份，在全市范围内开展了以宣传贯彻《国务院关于加强食品等产品安全监督管理的特别规定》为重点的食品安全宣传月活动，共印发各类宣传资料近10万份，悬挂宣传横幅、盾牌近5000条（块），举办各类培训班150多期，培训执法监管人员、生产经营者、消费者5万多人次。一年来，中国食品报、湖南经济报、湖南食品联合会网站、常德日报、常德晚报、常德电视台等新闻媒体对食品安全工作进行了大量报道。通过加强宣传培训，全市食品安全监管队伍执法水平不断提升,食品生产经营者的责任意识不断加强,广大消费者的安全意识不断提高。

（江　胜）

煤炭管理工作

【概况】2007年,全市煤炭行业工业总产值预计完成23478万元，煤炭产量完成74.21万吨，其中市直煤矿完成36.7万吨，同比增加1.02万吨。杜绝了较大以上事故。省政府下达常德市整顿关闭煤矿8家，实际完成关闭煤矿9家。

确保整顿关闭不合格煤矿。按省政府要求，2007年常德市要整顿关闭煤矿8家。围绕这一中心任务，年初，市煤管局召开石门县、澧县煤矿监管部门和市直煤矿主要负责人专题会议，分解任务，落实责任，以市政府名义下发了煤矿整顿关闭工作意见，并进行经常性地指导、调度和督导，使整顿关闭工作受到了各级各部门的高度重视。8月下旬，全市煤矿整顿关闭方案正式出台并得到市政府同意和省政府的审批。9月下旬，全市煤矿关闭进入实施阶段。为攻克难关，确保关闭顺利进行，石门县政府多次召开全县煤矿业主会议，广泛宣传国家、省、市大政方针，做深入细致的思想工作，县政府主要领导挂帅，分管领导牵头，成立强有力的工作班子，抽调专门人员组成5个工作组，分矿包干，各负其责，炸封井筒时，分管副县长亲自到场指挥。县财政安排专项资金30万元，对主动申请在9月底前炸井封矿的2个煤矿按8万元/每矿进行奖励。澧县加强整顿关闭工作的现场督导，限期停产撤人。2007年底，全市整顿关闭煤矿9家，已全部炸封井筒、关闭到位，超额完成省政府下达的关闭任务。（办公室）

【狠抓专项整治】主要抓三件事，第一，狠抓隐患排查整治专项行动。2007年来，市煤管局把隐患的排查整改当作做好煤矿安全工作的一项紧迫任务来抓，做到了“四个落实”。一是在组织上落实。年初，市里成立了煤矿隐患排查整改领导小组和督察小组，制定了工作方案。特别是国务院和省政府关于在重点行业和领域开展安全生产隐患排查治理专项行动的通知下发后，不等不靠，坚决落实，市政府下发“通知”，市局下发“实施细则”，并将“通知”、“指导意见”和相关法律法规汇编成册，发放至基层单位，要求各级煤矿监管部门和煤矿企业突出“三个层面”、把握“四个环节”、搞好“六个结合”，确保隐患排查治理工作抓落实。二是在机制上落实。在全市煤矿系统建立了重大隐患和突发事件“日快报、月核查”工作机制。同时建立起专项整治工作制度，要求各级煤矿监管部门和各煤矿企业针对自身存在的突出问题，通过技术人员调研、聘请专家会商、层层报批备案等方式，制定出针对性的整治方案和整治计划，做到“一矿一个实施方案、一矿一个整治小组、一矿一个指导意见”，确保解决一批长期得不到解决、严重影响安全生产的重大问题。三是在检查上落实。市、县、乡三级煤矿安全监管机构加强对煤矿安全监管检查，突出抓了“两节”、“两会”、“五一”、“十一”和“十七大”期间等主要时期的隐患排查。2007年，市局共组织各类安全监管检查13次，共监管煤矿企业195矿次。四是在整改上落实。重点解决隐患整改不及时、不到位和标准不高、要求不严的问题，做到隐患整治有整改方案，有资金保障，有专人盯守，整改期内市县煤矿安全监管部门有专人调度。全市煤矿整改隐患1732条，其中重大隐患3条，第二，狠抓瓦斯集中整治。2007年是瓦斯集中整治的攻坚年。根据国家、省、市关于煤矿瓦斯治理攻坚战的有关要求和部署，市煤管局制定方案，狠抓落实。市直青峰煤矿、赤峰实业总公司围绕矿井深部通风和采区安全出口落实整改，青峰煤矿完成了二、三水平通风开拓工程580米，赤峰实业总公司完成了137、133采区专用通风巷掘进工程620米。市直3家国有煤矿安全监控系统装备率达到了100%。各乡镇煤矿也加大了“一通三防”专项整治力度，加快了安全监控系统装备步伐，2007年底已有17家煤矿安全监控系统已经安装到位，其他矿井的安全监控系统安装工程正在实施中，年底实现全市煤矿安全监控系统装备率达到100%的目标。第三，积极争取上级支持帮助企业和县监管部门解决安全和监管经费。牵头为市直三矿争取2008年国债项目资金751万元，分别为石门县、澧县煤炭监管部门争取监管经费15万元、5万元，关闭工作经费4万元、2万元。（办公室）

【执法监管】2007年来，市、县执法监察队伍先后组织了8次规模较大的执法活动，检查煤矿168矿次，现场检查288次，填写现场检查记录123份，下达整改指令352份，下达复查意见132份，依法对25家煤矿和其主要负责人实施了经济处罚，责令停产整顿16矿次，执法监察覆盖率达到63.2%。从监管执法重点看，首先是加大对事故多发矿井的执法监管。落实了事故矿井必须通报、必须责令停产整顿、必须缴纳安全保证金、矿长必须作出书面检查等硬性规定，建立了事故矿井一月一监管的监管制度。对全市事故矿井开展检查执法9矿次，巡回督导15天，责令停产整顿9矿次，其中停产2个月以上7矿次。其次是对非法生产矿井进行了打击。对证照过期组织生产的矿井，签封了绞车、实施了处罚、没收了非法所得。第三是对存在重大隐患继续生产的矿井实施了处罚。重点对技改矿井违法生产、停开主通风机等行为进行了严厉处罚。保持了煤矿安全生产的强大声势。第四是做好相关证照的管理。完成了煤炭生产许可证、煤炭经营资格证的年检，及时完成维简费上缴省局任务。第五是协助企业做好财务管理。及时办理煤炭企业补贴退库工作，配合国资部门对国有煤矿的国有资产进行清查，建立台帐，保证国有资产的有序流动；按时报送企业财务主要指标快报表、市经委快报、省局快报和省局统计月报；及时审报办理2008年度单位预算，解决了维简费不列入预算的问题。一季度组织力量完成了市直煤矿企业的年度财务决算和报表审计，保证了会计资料的真实完整，同时保证了国有资产的保值增值。（办公室）

金融证券工作

【创建金融安全区】2007年，全市继续深化金融安全区创建工作，着力建立创建长效机制，做到领导班子不散、创安队伍不撤、工作力度不减。通过创安，金融维权意识和社会信用意识明显增强，金融改革和发展推进有力，金融质量和效益明显提高，政银企互信沟通得到加强，形成了信用经济与实体经济并驾齐驱、金融资本与地方产业资本良性互动的局面。

加强宣传教育，依托多种有效形式，增强广大市民的信用意识。开展了面向机关、面向学校、面向企业、面向乡镇、面向社区的“五个面向”金融创安宣传，将信用知识培训纳入党校培训计划，组织专家、学者到湖南文理学院等高校开展征信知识讲座，在金融机构、社会街道悬挂宣传横幅和标语，制作宣传盾牌。在常德电视台开辟《金融园地》栏目，播放《打造诚信常德》电视专题片，在《常德晚报》推出《共建诚信常德》栏目，坚持常年宣传。

抓司法维权，依托法律强制力量，形成失信必罚的高压态势。市县两级建立银行法院联系会议制度，成立专门的金融案件审判小组，桃源、安乡、汉寿3个县成立了金融法庭，开展金融案件集中审判执行活动。2007年，各级法院依法行政，受理金融借贷纠纷案件54件，涉及金额8900万元；审结48件。对12名有执行能力赖账户的资产进行查封拍卖，涉及金额达180万元。全市累计清收国家公职人员拖欠金融机构贷款9467万元，清收率为83.9%。

开展信用农户、信用村、信用乡镇、信用社区和信用企业创建活动，制定和完善创建方案、考核评比办法，实行严格标准逐级授牌、动态管理。出台了《常德市金融生态（金融安全区）考核评价体系》，授予临澧县首个市级金融生态达标县。2007年，全市有83家企业被湖南省银行业协会评为“信贷诚信单位”，连续四年保持无一家企业列入省银行协会联合制裁“黑名单”记录。全市还评出29个信用乡镇，231个信用村，12个信用社区，62万个信用农户，156家信用企业。

排忧解难，依托协调联动机制，解决困扰金融的突出问题。针对农村“两会一部”遗留存款未兑付资金额度大、时间长、矛盾多的实际，抽调专人组织工作，加大组织协调监督力度，积极稳妥地开展工作，并把皂市水库移民“两会一部”遗留存款兑付工作纳入“三最”工作的重点。针对几个区县（市）历年粮食亏损挂账不彻底，影响市农发行业务发展的问题，市政府领导亲自召开专题会议予以妥善解决。针对商业银行撤并网点收回抵贷资产等形成的闲置房产用于出租、工商部门以银行超范围经营为由进行处罚的问题，市政府领导召开现场办公会，达成工商部门停止类似检查和处罚的共识。针对剩余的政策性不良金融资产处置问题，市金融证券办主动作为，据理力争，协调不良资产处置公司，与信达、华融资产管理公司分别签订了7亿元、23亿元的资产整体打包处置协议。市政府还建立了预防和打击非法集资联席会议制度，预防和打击非法集资犯罪活动。（沈怀中）

【培育上市企业资源】企业上市资源培育工作坚持“政府推动、多方参与、点面结合、市场孕育、突破重点”的原则，围绕“四个一批”（培训一批、改制一批、培育一批、辅导一批）基本思路，力争在“十一五”时期有2–3家企业上市融资。将培育上市企业资源工作纳入主要领导关注中、纳入地方经济战略中，纳入会议文件与领导讲话中。5月8日和5月10日，市政府和市委相继召开常务会议，专题研究企业上市工作。全面掌握上市资源是开展中小企业培育工作的基础，市金融证券办把调研企业、建立上市资源项目库作为培育工作的首要重点，以园区工业为重点，对全市规模以上企业进行调查摸底，将企业的财务状况、资本机构、行业地位、辅导状况、中介机构、发展愿景等信息列入常德市“十一五”期间上市企业资源库名录。

对运作阶段不同的企业实行分类指导，邀请省金融证券办领导对重点企业进行现场调研和走访，吸引保荐机构、律师会计师、创投机构到常德市开展服务。广源麻业、云锦纺织、凯斯机械、特种装备已经和券商签订了相关协议，进入辅导期，欣运集团、惠生肉业、中意糖果正在券商的指导下做股权结构的规范工作。（沈怀中）

【融洽银政银企关系】常德市属于典型的投资拉动型经济，从融资渠道看，银行贷款占比较高，为把宏观调控带来的影响降到最低点，市金融证券办出主意、当参谋，有多项建议被市委市政府采纳，推动“和谐共生、良性互动、双赢双活”新型政银企关系的建立。2007年末，全市完成生产总值860亿元，增长14%；各项存款余额509.27亿元，比年初增长40.04亿元，增长8.5%；各项贷款余额308.3亿元，比年初增长34.63亿元，增长12.65%。银行业在支持地方经济发展的同时，也实现了自身的健康发展，实现整体盈利2.7亿元，各金融机构各项业务排名在全省系统位次前移。

2007年4月2日，市委、市政府在长沙华天大酒店召开金融工作汇报会，向省级金融机构的负责人汇报了常德市经济和金融工作基本情况，成功实现了37个大型融资项目的对接。6月27日，市政府举办第三届银企融资洽谈会，共有350个项目达成协议，签订金额达到82亿。12月3日，市政府领导又集中拜访了省级银行业金融机构负责人。

农村信用社改革。市政府高度重视农村信用社的改革发展，把2007年作为“农村信用社服务年”：一是推动产权制度改革。全市9家联社全部挂牌开业。二是政府扶持政策落实到位。全市9家联社已到位央行票据贴补利息2330.97万元，保值储蓄贴补利息687万元，减免营业税1283万元。三是票据兑付积极推进。协调有关职能部门有重点、有步骤、有针对性开展补短攻关，9家联社108599万元央行票据已有5家成功兑付64391万元，兑付率为59%。四是创造外部经营环境。进一步加大清收力度，改善资产质量，武陵区、津市等区县还落实清理整顿农村合作基金过程中的有关承诺，改善农村信用社发展的外部环境，有效壮大农村信用社的整体实力。

信贷投放。一是政府推荐引导扩大投放：对全市规模工业企业、农业产业化龙头企业和其他中小企业进行全面摸底调查，按照信贷原则选择一批中小企业，建立了政府重点支持企业项目库推荐给银行，供银行挑选；二是政府奖金激励扩大投放：对2006年度扩大信贷投放支持地方经济发展的金融机构发放81万元进行奖励，同时为完善奖励制度，充分调动各金融机构扩大信贷投放的积极性，重新修订了2007年扩大信贷投放的奖励方案；三是财政贴息吸引信贷投放：通过对全市工业新兴支柱产业、农畜产品深加工、种养殖业项目的贷款给予财政贴息支持，发挥财政资金“四两拨千斤”的导向作用；四是健全网络拓展信贷渠道。督促、指导恢复汉寿工行；五是健全担保体系服务信贷投放：引导成立一家注册资金5000万的担保公司——湖南亿富担保公司，负责常德农欣融资担保有限公司的运作，促使其先后与银行建立合作关系办理36笔担保业务，按5∶1的比例放大融资8000多万元，取得了很好的经济效益和社会效益。（沈怀中）

【激活商业保险市场】2007年，引进合众人寿、中英人寿、人保寿险、寿保财险四家保险落户常德。2007年，保费收入达到19.33亿元，比上年增加18.68%。保险深度2.2%，同比提高0.4个百分点；保险密度284元/人，同比增加59元/人。

推进保险行业建立企业诚信考核机制，重点对违规返佣、误导宣传、承保理赔“两张脸”等群众反映强烈的问题进行查处和曝光。在抗冰救灾补损中，督导保险公司成立专门的抗灾补损保险理赔工作小组，做到查勘统一调度、理赔统一指挥、赔款及时到位。截至2008年2月20日，全市保险公司共接到各类因雪灾导致的报案6772件，预计赔付6373万元，已经支付赔款638万元，为减轻人民生命财产损失、保障生活正常运作作出了积极努力。

在全市开展棉花、水稻和能繁殖母猪保险，共落实水稻投保面积182.3万亩，棉花投保面积30.4万亩。7月初，全省农业保险经费补贴试点以来的第一笔赔款在安乡发放，中华联合保险公司对“5·23”特大暴雨受损的2706户一次性理赔45万元。（沈怀中）

消失的旧街巷

麻阳街

麻阳街位于城堤西段，在大西门码头与上南门码头（即现今的“渔父阁”与“武陵阁”）之间，以笔架城为中心，分为“上麻阳街”和“下麻阳街”两部分，总长约1.5公里，是城区街巷中惟一一条外乡移民聚居的小街。

麻阳街有独特的历史。一般来说，一个城市的街区的形成，从地理位置上看，多是市中心繁华地段的延伸；从功能区划上说，多因商业、手工业等兴旺而盛，并因之繁衍出一处处居民聚居区。而麻阳街则不同，麻阳街没有与市中心直接相连的街巷，它独立于城墙之外；麻阳街也非因商业、手工业兴而兴，整条街道内居住的百分之九十以上是麻阳籍船民及其后裔。

麻阳街的独特之处，除了它是一条移民街外，这条小街内人们从事的职业都与船运有关：男人除驾船外，大多为车木件（船上吊葫芦等用）的；打铁船钉、铁锚的；修船的。女人则多装卸货物、腌制咸菜出卖、或者游走河边上船缝补衣裳、或者翻过堤到郊外池塘下水捕捉螺丝蚌壳回家加工剜出螺丝蚌壳肉来卖。

中国人民政治协商会议常德市委员会

【概述】2007年是常德市政协换届年，在中共常德市委的正确领导下，常德市政协坚持按《中国人民政治协商会议章程》办事，坚持民主集中制，坚持必要的程序，经过大半年的精心筹备，五届一次全会顺利举行，换届圆满成功。

顺利选举出新一届政协领导班子。在年底召开的市政协五届一次全会上，刘春林当选为政协常德市第五届委员会主席，张新民、彭明建、燕中炎、杨新辉、陈伟俊、陈位明、傅绍平、朱传宏当选为副主席，廖友道当选为秘书长，丁为胜等76人当选为常务委员。

协商产生新一届政协委员。政协常德市第五届委员会设委员400名，第一次会议安排386名。五届市政协委员中，中共委员155名，占40%；非中共委员231名，占60%；四届市政协委员继任的130名，占33.8%，新任委员256名，占66.2%；委员平均年龄为43.4岁，其中年龄最大的62岁，最小的24岁；具有大专以上学历的352名，占91.2%，比上届提高8.1个百分点；女委员的比例占25.7%，比上届提高5.7个百分点；少数民族委员占9.6%，比上届提高1个百分点。

为保证第五届市政协委员既具有广泛的代表性，又具有较高的素质和较强的参政议政能力，对委员的协商产生，严格按程序进行，前后历经半年多时间。广泛征求意见。先后召开了由7个民主党派、市工商联负责人、17个界别代表参加的换届筹备工作座谈会，人大、政协换届工作座谈会和三次换届工作联系会，为扩大民主、确保委员的权利和义务，严格组织程序，搞好委员素质把关工作奠定基础。确定界别并分配名额。先后召开市政协主席会议和常委会议，审议和通过了政协五届委员会的界别设置和委员名额，并通过常德日报向社会发出通告。按照上级规定，结合常德市实际，将政协常德市第五届委员会分成中国共产党、中国国民党革命委员会、中国民主同盟、中国民主建国会、中国民主促进会、中国农工民主党、中国致公党、九三学社、工商业联合会、无党派民主人士、中国共产主义青年团、总工会、妇女联合会、科学技术协会、归国华侨联合会、文化艺术体育界、科学技术界、社会科学界、经济界、农业界、教育界、新闻出版界、医药卫生界、社会福利界、少数民族界、宗教界、特别邀请人士等27个党派、人民团体和界别，并确定了各界别名额。民主推荐。遵照政治坚定，遵纪守法，承认《中国人民政治协商会议章程》，愿意履行政协委员的权利和义务，先进性、代表性和参政议政能力较强，群众口碑好，文化程度较高等提名条件要求，按界别，分别由中共，各民主党派、工商联，有关人民团体和其他各界别采用民主的方式，推荐五届政协委员提名人选。委员考察。按照中共常德市委对市政协换届工作的要求，被提名人选由市政协、市委组织部、市委统战部联合考察。协商产生。考察结束后，市委统战部进行汇总，并请有关部门协商把关。对非公有制经济人士委员提名人选，由统战部牵头工商、税务、环保等18个部门进行综合评价；对党员和党政领导干部委员提名人选，由市委组织部听取纪检监察部门的意见；对委员提名人选中有违反计划生育、偷税漏税、违纪违法的人选，取消提名资格。然后征求市政协党组的意见，交中共常德市委常委会议研究。随后将考察对象情况提交四届政协第52次主席会、第26次常委会协商通过。（朱碧文）

【协商式民主践行有力】2006年2月中共中央颁发的《关于加强人民政协工作的意见》（以下简称5号文件），第一次明确提出协商式民主和投票选举民主是我国社会主义民主的两种重要形式。2007年，市政协把践行协商式民主作为落实2006年中共中央5号文件、推进人民政协事业的重要任务，紧紧围绕市委政府事涉经济社会发展全局的大事和老百姓关注的要事，全面履行政治协商、民主监督和参政议政职能，各项工作有序开展。

全会整体协商。政协全会是政协履行政治协商职能最集中、最全面的形式。为了提高四届五次全会的整体协商成效，从2006年9月份开始，市政协组织各参加单位和各区县（市）政协，深入开展调查研究，广泛搜集情况，写出了70多篇有份量的发言材料。为让决策层和委员直接交流，安排了全体会议进行协商发言。把全体委员分成四个大组，与市委政府领导和市直主要部门负责人面对面协商。全会后，市政协注意转化落实协商成果，对有领导明确表态的委员发言，立即交办；对其他的重要发言，原则上都转为提案，交相关单位办理，使全会很好地发挥了整体协商的作用。广大政协委员围绕新型工业化、新农村建设、和谐社会建设及其他方面提出的许多合理化意见和建议，得到市委政府的重视与采纳。

常委会议重点协商。市政协先后选择工业园建设与发展、新农村建设、工业发展环境等方面课题，组织常委们深入调研，在充分掌握情况的前提下，通过常委会与市委政府负责同志进行重点协商。为了推进常德市工业园的建设，5~6月，市政协组织部分政协常委分成6个调查组，由驻会主席带队，对市县两级的所有工业园开展了一次全面调查。在随后召开的常委会议上，常委们积极发言，认为常德市工业园的企业呈现出五个方面好的特点和趋势：在行业分布上以地方传统行业为主开始向新兴行业发展；在结构规模上以劳动密集型企业和中小企业为主开始向资本密集、技术密集的大企业发展；在组织形式上以中小型多元投资主体的公司制企业为主开始向大型股份多元化的公司制企业发展；在产业区域布局上以小规模、分散化经营为主开始向特色产业集群和特色块状经济发展；在产品销售上以国内市场为主开始向国际市场发展。同时针对部分园区急功近利、土地闲置与用地困难并存、资金困难、活力不足等问题，提出加强常德市工业园区发展的五点建议：落实市、县的扶持政策，为工业园发展创造优良环境；突出园区招商，创新招商引资的理念；把工业园区建成金融安全区；积极推进行政型政府向服务型政府转变，为工业园发展增强活力；调整工业园绩效考核办法。政协常委会协商的意见引起市委政府的高度重视，加强了对工业园工作的领导，促进了工业园健康发展。

主席会议现场协商。市政协利用主席会议，选择重要课题现场协商。为支持城市建设，主席会议视察了紫缘路桥工程、经济适用房和廉租房建设工地、德山大道南延段等7个重点城建项目，与市政府分管领导及相关工作部门进行协商，提出在把德山开发区作为城市建设重中之重的同时，做好德山开发区节约用地、合理用地工作；在坚持提升城市形象的同时，做好关注民生、方便群众生活的工作；在增强城市综合功能的同时，做好城市投入产出的工作等建议。为把常德市国有资产监管得更好，市政协主席会议视察相关单位的国有资产，听取相关监管部门的情况通报，提出在把德山开发区作为城市建设重中之重的同时，做好德山开发区节约用地、合理用地工作；在坚持提升城市形象的同时，做好关注民生、方便群众生活的工作；在增强城市综合功能的同时，做好城市投入产出的工作等建议。为探索增加农民收入的有效办法，5月市政协主席会议成员深入农村走访群众，视察农产品加工企业，建议要通过积极发展农村专业合作组织、提升传统产业、拓展特色产业、鼓励打工经济、扶持农产品加工业等措施来促进农民增收。为促进商业步行城的建设与管理，驻会主席进行了专题视察和协商，提出建设一个秩序井然、方便快捷、安全靓丽、特色鲜明、管理民主的步行城的建议。为促进相关工作，市政协驻会主席还先后视察质量监督、城市防洪工程、城区劳动就业、重点工程建设、计生和金融等工作，并提出了建议。市委政府及相关部门对市政协主席会议提出的协商意见非常重视，积极采纳了其中的多项建议。

常务委员专题协商。常务委员先后举行三次专题协商会，分别围绕义务教育经费保障新机制、提高高新技术对工业经济增长的贡献率、城市“蓝线”保护与治理等，与相关部门进行了协商。围绕如何提高高新技术对常德市工业经济增长的贡献率问题，市政协经科人资环委组织部分常委与市科技局进行协商，常委们认为常德市高新技术对工业经济增长贡献率能达到23%，政府和科技部门付出了艰辛努力，但是与发展较快的地区相比，常德市还存在着高新技术产业总体规模小、科技创新能力不强、产品技术含量不高等问题。常委们建议健全发展高新技术产业的保障体系；发挥政府引导作用，用活优惠激励政策；建立风险投资补偿机制，改善高新技术产业的融资条件；加强产学研合作，开辟人才和技术来源。

常德市五届人大一次会议、政协常德市五届一次会议新闻发布会

专委会对口协商。政协各专门委员会围绕常德大剧院的规划、宗教活动场所建设、常德纺织工业园建设、行业协会收费情况、临江公园文化项目建设、城区居民大病救助、农村新能源开发、柳叶湖旅游开发、市直单位选派外协副厂长（经理）情况等专题作了调研，并与相关单位进行对口协商，提出了许多中肯的意见和建议。为促进柳叶湖旅游开发，港澳台侨外事委几次深入柳叶湖，从水路、陆路对“一日游”水上项目进行现场踏勘，就“一日游”线

路建设、“一日游”水上项目配套设施建设及市委政府应给予的支持等三个方面，提出12条富有针对性和可操作性的建议，深得柳叶湖旅游度假区的认同。为帮助善德观的建设，法群民宗委多次到现场了解情况，并就道路不畅、水电价格偏高、交通不便等问题，积极与相关部门协商，寻求解决办法。在市委政府有关领导和相关部门的支持下，已落实改造进观道路的费用30万元，对道观的电、水实行了优价供应，在道观前设立了公交站。

政协各组成单位内部协商。为体现团结民主，促进合作共事，增强政协组织的合力，市政协组织参加政协的各民主党派、各界别和无党派人士代表进行多次内部协商，达到了沟通思想、增进了解、形成共识的目的。市政协就进一步落实好中央5号文件进行内部协商。大家一致认为，5号文件是指导政协工作的长期纲领性文件，政协各组成单位要通过自身的积极行动，推进5号文件精神的深入贯彻。市政协就大会发言进行内部协商。研究发言形式，讨论发言内容，明确发言要求，力促提升发言水平。市政协就政协常委会工作报告和提案工作报告进行内部协商。大家畅所欲言，各抒己见，要求突出报告重点，完善报告内容，提高报告质量。市政协就开好五届一次全会进行内部协商。讨论新一届政协界别设置、委员名额、全会议程日程和组织机构等事项，为开好全会奠定了基础。（朱碧文）

【提案办理卓有成效】市政协四届五次会议以来，提案委共征集提案375件，审查立案342件（含闭会期间31件，另33件转作委员来信处理）。其中，涉及经济建设方面的提案238件，科教文化卫生体育方面的提案65件，政法民族宗教统一战线和其他方面的提案39件。

实施四大举措抓提案交办督办工作，确保提案落到实处。一是组织提案交办。根据提案涉及内容，多次与市委办、市政府办协商，认真确定承办单位，及时将提案送达承办单位。对全会期间的提案，采取了分系统的办法进行交办，先后与市人大、市政府联合召开提案交办会，向市政府有关部门送交提案276件；1月20日，与市委办联合召开了党委系统提案交办会议，转交提案30件；到市人大办、市中级法院交办提案。二是开展提案督办。实行上门督办，提案交办一个月后，通过电话联系、上门走访等形式，对各承办单位的“五定”（定领导、定科室、定经办人、定时间、定质量）情况进行了普遍督查和指导。实行联合督办，3月21日到市政府召开市政府系统29个建议提案办理单位联系调度会，听取办理情况汇报，了解办理进度和困难；会同市政府办开展了为期一个月的提案督办活动。实行重点督办，从342件提案中精选出10件重点提案作为主席会议督办件，分别由10位副主席挂帅督办。通过主席会议视察并点评，7月5日市政协第47次主席会议专题视察重点提案办理情况，针对城市社区卫生服务、食品安全工作、城市“蓝线保护”等提案的办理作点评。实行跟踪督办，对于征求意见环节中发现的委员不满意的2件提案，加强提办双方沟通协商，承办单位接受委员建议，及时改进办理工作方法，提高服务质量，得到委员赞赏。三是搞好联络协调。市政协同各党派、团体、各专委会紧密配合，多方协调，听取承办单位情况通报，进一步加强沟通了解，提高了办案效率。如针对50号《关于兴建汉墓公园的提案》，在承办单位与提案人初步沟通未达成一致意见的情况下，市政协请政府办负责人、党派负责人、提案人代表、承办单位负责人、提案涉及及相关单位负责人坐一起，召开专题协调会，达到了提案人基本满意的效果。有的提案涉及社会热点问题，牵涉部门多，工作难度大，市政协多次与市政府办、人大联工委等联合开展提案督办活动，先后就8号、12号、22号、87号、226号提案走访市食品办、市经委、市卫生局、市公安局、市房管局等单位。就城市交通拥挤、停车难、中小学校门交通安全问题，与尹焕楣、张仕华、施跃龙等委员进行会商，征求办理意见，对有关单位进行具体指导，提办双方都很满意。四是抓好提案宣传。市政协与新闻媒体密切合作，积极做好提案宣传报道，主动提供素材，联系座谈采访，邀请他们参加督办活动。继续在《常德日报》开辟专栏，选登一批反映常德经济发展大局和事关老百姓切身利益的热点、难点问题的重点提案和提案回复。继续在常德市政府门户网站开设参政议政栏目，及时发布提案及回复情况。通过这些工作，扩大了社会影响，也使承办部门有了压力，政协委员更有动力，提案工作更具活力。

全市政协提案工作经验交流会在石门召开

截至2007年7月，所有提案全部办复完毕，回复率达100%，比上年提前一个多月办结。提案所提问题已解决和列入计划解决的285件，占提案总数的83.3%，因条件限制难以解决或留作参考的57件，占提案总数的16.7%。委员对提案办理工作的满意和基本满意率均比上年有所提高。（朱碧文）

纪检·监察

【优化经济发展环境】在市药监局等7家市直单位开展行政执法责任制试点工作，取得良好成效。着力抓好专项效能监察。全市共开展专项效能监察120项，纠正或督促整改影响行政效能行为67件，查处严重影响行政效能行为32件。对市本级重大工业项目加强督促检查。着力查办损害经济环境问题。市纪委、市监察局设立派驻德山开发区行政效能监察室，直接受理和协调开发区内“软环境”问题。组织“百企走访解难”和优化环境工作情况调研活动，对反映强烈的突出问题予以交办整改。组织优化环境公开测评工作，通报一批反面典型，起到较大震慑作用。市县共受理群众投诉724件，已办结711件，对21人给予纪律处分或组织处理。

（杨名军　鲁秉键）

【领导干部作风建设】市委、市政府高度重视，成立专门工作机构，印发《领导干部作风建设工作方案》。深入开展“围绕‘三最’搞调研，排忧解难促发展”活动，共发现问题233个，调查处理问题111个，交办有关问题81个，提出建议意见98条。市委对此进行专题研究，提出明确的整改要求。各级党组织召开以作风建设为主题的民主生活会。组织开展民主评议市直机关作风建设活动，有力推进了市直机关作风建设。市委出台《关于加强农村基层党风廉政建设的实施意见》，开展全市农村基层党风廉政建设调研活动，举行全市农村基层党风廉政建设工作会议暨乡镇（街道）党委书记培训班，专题部署农村基层党风廉政建设工作。（杨名军　鲁秉键）

思想作风座谈会现场

【查办违法违纪案件】全市各级纪检监察机关共受理群众来信来访1446件次，立案查处824件，给予党纪政纪处分1022人，立案查处县处级干部24人。市检察机关查办涉案贪污贿赂人员120人，立案侦查渎职侵权案45件。全市法院共审结贪污类案件16件，受贿案18件，行贿案1件，渎职案5件。另外，全市共查办商业贿赂案件218件，结案126件，给予纪律处分86人，司法处理34人。通过查办案件，为国家和集体挽回经济损失5500多万元。同时，通过调查核实，为一批干部澄清了是非，保护了广大党员干部干事创业的积极性。（杨名军　鲁秉键）

【解决损害群众利益的突出问题】对涉及民生的突出问题实施专项治理。开展对全面实施农村义务教育经费保障新机制情况和中小学收费集中督查，查处教育乱收费问题24起，涉及金额86万多元，处分处理19人。查处医疗价格违法案件56件，清退违纪金额310万元。查处涉农负担案（事）件109件，给予纪律处分和组织处理26人，减轻农民负担856万元。查处公路水上“三乱”问题30个，处理处分10人。

撤销评比达标表彰项目245个。开展全市查处土地违法违规案件和房地产市场专项行动，监督有关部门对长期闲置土地依法收回。加强环境保护工作监督，对全市挂牌督办的30家企业进行整改督办。查处6起较大和1起重大安全责任事故，追究责任人员20人，移送司法机关9人。播出“行风热线”75期，解答市民咨询433件，受理市民投诉212件，为群众解决实际问题180个。

（杨名军　鲁秉键）

【反腐倡廉教育和对领导干部的监督】 开展“勤政廉政、富民强省”主题教育活动。对200多名新任副处级干部和新进县处级领导班子成员进行集体廉政谈话教育培训。继续推进廉政文化“六进”活动。进一步加大对领导干部的监督力度，认真执行中央纪委《关于严格禁止利用职务上的便利谋取不正当利益的若干规定》，对违规行为进行了纠正。进一步健全完善领导干部配偶、子女从业情况申报登记和公示制度。组织对全市公务用车管理使用情况的监督检查。对党政机关组织职工新建商品房情况进行清查处理。开展对党政机关楼堂馆所建设项目清理检查。建立完善巡视工作制度，开展对市、县、乡人大、政府及市、县级政协换届纪律巡视，立案查处党员干部1名，对其他4名违反换届纪律的拟提拔对象提出暂缓提拔使用的建议，保证了全市换届工作风清气正。认真落实党风廉政建设责任制，对100名党员干部进行了责任追究。

（杨名军　鲁秉键）

反腐倡廉联席工作会议

【源头治腐】 继续深入推进行政审批制度改革，加强对《中华人民共和国行政许可法》执行情况和行政审批行为的监督检查。深化财政体制改革，进一步细化部门预算，强化部门预算约束，全面推行国库集中支付。组织开展财政专项资金清理规范工作，对1000万元以上专项资金进行重点监管。组织对市直机关单位规范津补贴发放情况的监督检查。进一步规范建设项目招标评标活动，创新招投标监管机制。政务、村务、厂务公开逐步规范，常德市被评为全国推进厂务公开民主管理工作先进单位，政务公开工作被列为全国示范点。（杨名军　鲁秉键）

【纪检监察机制创新】 推进纪委全委会运行机制改革，增加全委会次数，坚持重大问题全委会集体研究、集体决策，受到省委、省纪委的充分肯定和中纪委的高度关注。在石门县推行乡镇纪检监察干部分片派驻工作，有效发挥区域协同、资源共享优势，跨出了全市纪检体制内改革重大步伐。在市卫生系统推行纪检监察干部集中办公试点，收到良好效果。稳步推进派驻机构统一管理体制改革，首次实行市直单位监察室主任横向交流任职和纪检监察机关与派驻机构干部交流任职。制定出台《市直单位纪检监察组织负责人问责办法》，市直单位纪检监察组织的作用得到进一步发挥。（杨名军 鲁秉键）

中国国民党革命委员会常德市委员会

【概况】民革常德市委员会第五届市委会在民革湖南省委和中共常德市委的正确领导下，以自身建设为根本，以制度建设为保障，以建设高素质的参政党为目标，一年来各项工作出现了喜人局面。

民主党派在建设有中国特色社会主义事业中处于参政党地位，参政议政和民主监督是时代赋予民主党派的主要任务和基本职能。2007 年，坚持把发展作为履行职能的第一要务，围绕建设社会主义和谐社会的要求，围绕经济社会发展的重大问题和人民群众关心的热点问题，做好参政议政和民主监督工作。年初在市委五届四次会议上确定了发展草根组织，规范协会行为。关于对中共中央两个一号文件在常德市贯彻落实情况的调查等两个重点调研课题。并分别由正、副主委任调研组长，确保圆满完成 2007 年的调研工作。

在 2007 年“两会”上，民革共提交议案建议、提案 31 件，其中集体提案 2 件，其中有《关于建立以云锦集团为龙头的纺织工业园形成我市的产业集群核心区的提案》被市政协列为 4 号重点提案督办，并在七月主席会上作了评议。有 2 件提案被评为市政协优秀提案。特别是以民革牵头的联名提案《狠刹吃喝风、维护党校形象》的提案，得到市纪委、市委组织部的高度重视，提案办理单位还专程到党派机关广泛听取情况，随即并联合制订出《党校学员规章制度》，这一措施有效遏止了单位与学员、学员与学员之间相互吃请的不正之风，受到社会广泛好评。2007 年在市政协全会上，民革有三名委员分别代表民革市委、政协委办、政协小组相继在大会上作了发言。

发挥监督作用，履行参政党职责。一是积极完善政府职能部门与民主党派对口联系制度。为进一步将对口联系制度落到实处，民革主要班子成员 6 月份在与市民政局的对口联系工作座谈会上，与市民政局负责人就对口联系的新方式、新途径、新领域进行了深入的探讨。此次对口联系会议非常成功，双方积极探索出了六种新方式,一是对口联系双方单位指定领导分管，并确定相应了的科室和工作人员具体负责。二是对口联系双方每年召开一至两次联系会，双方领导轮流主持会议，确定议题、交流情况、建言献计、统一认识。三是对口政府部门召开的工作会议，研究重大政策、措施或制订法规、规章，邀请民主党派参加或专门召开座谈会，听取意见和建议。四是对口部门组织的在本市的视察、调研等活动，邀请民主党派负责人或专家参加，或每年选定一至二个课题开展联合调研。五是民主党派开展的涉及对口政府部门的活动，对口政府部门要积极支持、协助，热忱提供必要的服务。六是双方有关文件、资料，可互相抄送，交流信息。

充分发挥特约监督员的作用。民革有 6 位党员被市政府职能部门聘为特约监督员，他们积极参加聘请单位的重要会议，参与实地调研与现场办公。提出了许多富有建设性的意见和建议，受到聘请单位的一致好评。

促进祖国和平统一是民革工作的重点，充分发挥民革优势，积极开展祖统联谊特色工作。

正确把握中共中央对台方针政策。3 月，专职副主委陈立平在长沙参加了“民革全国祖统工作会议暨第四次台湾研究特邀撰稿人会议”。4 月，市委召开祖统工作会议。会上由专职副主委陈立平传达了民革中央和民革湖南省委祖统工作会议精神。10 月，中共十七大召开后市委组织了部分“三胞”亲属党员进行了座谈，他们说，胡锦涛总书记对台湾问题的讲话，既坚持了“一国两制”的根本原则，又对推动两岸直接“三通”，加强和扩大两岸民间交往展现了很大的灵活性，充分体现了党和政府解决台湾问题，完成祖国统一大业的信心和决心。

广泛开展党员横向联谊活动。一年来，市委会、广大民革党员通过支部与支部、总支与总支书画交流，电讯往来等各种形式，广泛开展联谊活动，使广大党员的组织生活更加丰富多彩，组织更具凝聚力和向心力。

围绕中心，服务大局。按照科学发展观的要求，围绕打造工业常德的宏伟目标积极为经济建设服务，稳步推进办学、扶贫、“送温暖、献爱心”等社会服务工作。

1月28日，陈位明主委、陈立平副主委率各支部主委亲切看望了民革资深老党员：宋琦璋、李达道、刘后详、胡武陵等，看望了民革贫困党员。2月3日，在民革春节团拜会上，市委开展了2007年的第一次“送温暖、献爱心”活动，由主委陈位明把5000元现金送到了德山邱家窝居委会的十位贫困居民的手中，让他们感到了社会大家庭的温暖。

3月24日，民革中央常委、民革中央联络部部长郑建邦来到常德石门祭拜爱国将领郑洞国先生，趁此机会，民革常德市委开展了第二次扶贫助学活动。由民革市委委员、七七七运输公司总经理于露为石门县一中贫困的十名优秀学生捐款一万余元。于露连续三年累计捐款达七万余元，这一善举得到了民革中央常委、民革中央联络部部长郑建邦及民革省委刘晓主委的高度赞赏。高考结束后，从石门传来喜讯：于露资助的十名贫困学生全部考上重点大学。

(覃建平)

中国民主同盟常德市委员会

【概况】 2007年，民盟市委根据《民盟常德市委2007年工作要点》，围绕建设经济强市、和谐常德的目标，把促进发展作为履行参政党职能的第一要务，以思想建设为核心，以组织建设为基础，以制度建设为保障，充分调动广大盟员的积极性、主动性和创造性，充分发挥各基层组织的辐射作用，大力加强自身建设，积极参政议政，实行民主监督，积极开展形式多样、主体鲜明的社会服务活动，增强了民盟的社会影响力，圆满实现了年初制定的目标。

坚持学习，始终把学习放在首位，全面贯彻落实民盟中央、民盟省委关于开展政治交接学习教育活动的精神。根据民盟中央、民盟省委的工作部署，民盟各级基层组织从2007年9月至2008年12月，用一年多的时间开展“以坚持走中国特色政治发展道路”为主题的政治交接学习教育活动。民盟常德市委成立了政治交接学习教育活动领导小组，并制定了《关于开展政治交接学习教育活动的实施方案》，对活动的指导思想、阶段目标、主要内容、步骤安排、措施保证等内容做了具体的部署安排。

加强基层组织建设，印发《中国民主同盟常德市委员会关于做好基层组织换届工作的意见》，指导基层组织换届。2007年是民盟基层组织的换届年，根据《盟章》和《民盟常德市委2007年工作要点》，盟市委结合全市民盟基层组织的实际情况，指导各基层组织严格按照组织程序民主选举，6月底全部顺利完成了换届。

认真组织盟员代表参加民盟省委第十二次代表大会。在此次代表大会上傅绍平主委、邓红专职副主委当选为民盟湖南省第十二届委员会委员。此外，傅绍平主委作为民盟常德市唯一代表参加了民盟中央第十次代表大会。

坚持“人才兴盟、人才强盟”的战略，本着“坚持标准、注重质量”的原则，按照《民盟常德市委2007年组织发展计划》，有计划有步骤地做好组织发展工作，为建设高素质的参政党奠定组织基础。今年全年共发展新盟员22名，这些同志在各自单位都是业务骨干，大多具有中高级职称。其中:女同志6名，少数民族1名；教育界13人(其中,高教1人,民办教育2人)，行政机关3人，经济界4人；具有中高级职称的13人。

2007年是人大、政协换届之年，民盟常德市委为了更好地推荐优秀盟员，严把“三关”，在盟员骨干中认真开展了摸底调查。通过摸底调查，民盟常德市委掌握了信息，建立了一支高素质的后备干部队伍。2007年盟市委共推荐3名特约监察员，其中邓红、胡国锋任国土局特约监察员；肖礼彬任国税局特约监察员。

统筹安排，分工协作，充分发挥各专委会的作用，开展“亲和力”活动，增强盟组织的感召力和凝聚力

深入调研，切实履行参政议政职能。通过深入基层调研，在掌握大量资料的基础上认真撰写调研报告，几易其稿，形成的《加强农村义务教育师资队伍建设　全面促进教育强市》一文已经作为民盟常德市委五届一次市政协大会发言材料在会上由傅绍平主委作了协商发言，并引起了中共市委副书记曹儒国的重视和高度关注，曹书记仔细阅读了协商发言材料后当即批示市教育局认真研究解决。在2007年元月份召开的市政协四届五次全会上，民盟市委共提交集体提案4件，个人提案44件。在市政协五届一次全会共提交集体提案5件，个人提案60件。

发挥优势，因地制宜地搞好社会服务。送医送药下乡。6月10日，盟市委和社会服务部、联合支部联系常德职业技术学院附属二医院和德山莲池医院的医务专家，组成医疗服务小分队义务送医送药下乡，为鼎城区长岭岗乡安家岗村及周边邻村1000多村民进行了诊治，并免费发放了2万多元的药品，受到当地村民的热烈欢迎。

结对助学。8月29日，盟市委联络直属支部赴桃源县八中捐助了三名贫困学生。此次共捐款6000元。

支援新农村建设。盟员戴云参加鼎城区政协新农村建设专题调研活动，并在鼎城区政协六届二十次常委会上做了农民增收问题的专题发言。盟员刘志英、陈友好撰写的《新农村建设中农民素质有待提高》的调研材料在《鼎城通讯》上发表。11月29日，民盟市委机关干部与市委统战系统40余人赴市委统战部建设新农村的点村--西洞庭白芷湖村支农，农民反响很好。

2007年，市民盟各基层组织和盟员在“内炼素质”的同时，加大了“外树形象”的力度。民盟鼎城区委组织盟员历时近一年编印《风雨同舟》一书和

《鼎城盟讯》简报，分送给社会各界人士，扩大了盟的知名度。

湖南文理学院副教授、盟员文会军同志获常德市2007年度科技进步一等奖，市一中特级教师、民盟市委老年委员会副主任汤登仲同志编剧、主演并单独进行视频制作的电视小品《如此创新》，获湖南省第三届中小学校校园电视节目大赛一等奖。市一中高级教师、一中支部主委吴玉山同志主编的《现代教育技术与化学实验创新能力培养》，获2007年湖南省“现代教育技术与中学化学教学创新”课题评审省级一等奖。（周振波）

中国民主建国会常德市委员会

【概况】2007年以来，民建常德市委坚持民建湖南省委和中共常德市委的领导，坚持以科学发展观为指导，认真学习全国“两会”精神、中共十七大精神以及民建中央九大精神，高举中国特色社会主义伟大旗帜，以邓小平理论和“三个代表”重要思想为指导，通过开展创建学习型、服务型、创新型、和谐型机关，紧紧围绕建设新世纪参政党的目标，团结广大会员，求真务实、开拓创新，积极履行参政党职能，各项工作都取得了较好成绩。

积极建言献策、做好民主监督工作。在市政协全会上，民建市委提交了《激活投融资源泉 加快新农村建设》等集体提案4份，委员个人提案22份。民建市委与各党派市委联合提交的集体提案《关于狠刹吃请风，维护党校形象》被评为优秀提案。民建常德市委的提案——《激活投融资源泉 加快新农村建设》，市委书记武吉海作了重要批示．被市政协列为1号重点提案。在由市政协副主席张新民重点督办提案过程中，市委常委、常务副市长陈文浩，副市长徐万发针对民建市委提出的建议，先后做出了重要指示并主持召开了提案办理会，并由市政府办、市新农村办、市财政局、市发改委等部门认真组织调查研究后采纳、实施。

搞好政治交接，推动自身建设。一是认真学习中共十七大精神。民建常德市委认真组织机关干部和成员收看了中共十七大开闭幕盛况，学习中共十七大报告，不仅把学习中共十七大精神作为当前和今后一个时期重要的政治任务，而且纳入正在开展的“政治交接学习教育活动”内容之中。二是全面启动政治交接学习教育活动。成立了学习教育活动领导小组。杨新辉主委任组长，曾盈、姜政副主委为副组长，下设学习教育活动办公室，秘书长王华任办公室主任。明确了以领导班子和骨干队伍为重点；把思想政治工作贯穿始终；坚持自我教育的优良传统；加强学习教育活动的领导。三是组织发展工作顺利进行。民建市委坚持“三个为主”的原则，注重质量、注意数量、突出重点，2007年发展新会员12名，平均年龄37.5岁，全部具有大专以上学历，综合素质较高，优化了会员整体结构。四是机关建设成绩显著。春节前夕，民建市委在市凯悦大酒店召开了2006年度社情民意工作表彰大会暨2007年新春团拜会。五是宣传（信息）工作名列前茅。民建市委以《民建中央网》、《民讯》、《湖南民建》、《常德政协》、《常德统一战线网》等为载体，上稿专题文章、信息上百篇，宣传本党派工作。全年在省委“社情民意”专刊上登载15篇，获得了省社情民意工作第二名，其中，曾盈副主委的多篇文章被《光明日报》、《中央民讯》、《红网》等登载，获得了省社情民意工作先进个人称号。

发挥优势，搞好社会服务工作。一是开展义务咨询活动。3月5日，民建常德市委组织机关干部、骨干会员、会办学校教师等在市步行街设立服务点，开展“学雷锋义务咨询”活动，免费发放资料300余份，服务群众上百人。二是开展尊老敬老、捐资助学活动。春节期间，为帮助和扶助会内的原工商业者老会员，民建市委为70岁以上的老会员赠送了大米、食用油等节日物资。重阳节前夕，民营二支部的企业家会员还为老年会员捐赠慰问品和慰问金3000元，使广大老会员感受到了组织的关心和温暖。9月中旬，民建常德市委会组织基层支部在育才实验学校开展了“爱心助学捐书”活动，为学校学生捐赠了助学款2000余元，会员闵德山为学校捐赠了自己花费10年心血创作的《毛泽东传》上下册共400余本，价值10000元。三是为社会力量办学做贡献。会办新蕾幼儿园进一步加强办园质量，提高办学水平，扩大了社会影响。会办育才学校教学质量逐年上升，由于培训成绩显著，2007年被市财政局定为“全市在职财会人员后续培训”基地。（王夏一）

【对口联系工作】为贯彻落实市委、市政府关于加强民主党派与市直部门开展对口联系工作的相关精神，民建常德市委积极探索与对口联系单位工作新思路，与对口联系单位市财政局、市经委、市建设局开展了联系与合作，推动对口联系工作规范化、制度化。民建市委年初就将对口联系工作纳入了2007年工作规划，并分别与对口联系单位取得了联系。对口单位也分别制定了与民建市委联系的具体工作计划。双方围绕建立工作责任制、进行互通情况、走访、互邀参加重大活动、互赠刊物、联合调研、共同培养人才等方面进行了协商与深入探讨，并且达成了共识。为充分发挥民建会员中经济界人才多、智力资源丰富的优势，民建市委积极推荐会员担任对口联系单位的特约人员，并通过开展座谈、征求意见和建议、调研等活动履行参政议政、民主监督的职能，加强与对口单位的联系，促进政府部门科学决策、民主决策。对口联系单位也积极聘请市民建会员担任各类特约人员。为切实贯彻“党委政府出题、党派调研”的思路，为搞好专题调研，提高政协大会发言材料质量，民建市委专程到市经委就联合开展调研征求意见，双方通过情况分析、协商座谈、集思广益，明确了调研的方向、确定了调研工作的主题，积极开展共同调研。在调研的过程中，得到了市经委和其他政府各部门的鼎立支持，通过走访相关职能部门，深入基层和部分企业了解情况，收集到很多有价值的信息，为确保调研工作的顺利完成打下了坚实的基础。

（王夏一）

【常德民建代表参加民建湖南省第七次代表大会】6月1日至3日，中国民主建国会湖南省第七次代表大会在长沙召开。大会选举产生了民建湖南省第七届委员会，通过了湖南省出席中国民主建国会第九次全国代表大会的代表名单。常德市共有12名民建代表参加了此次大会，按照中共常德市委、市委统战部的精神，12位代表统一认识，牢记嘱托，圆满完成了大会各项议程，为搞好这次政治交接，实现省委顺利换届行使了自己神圣的权利。其中，民建市委主委杨新辉当选为省委常委，副主委曾盈、姜政当选为省委委员。（王夏一）

【开展“机关干部、会员联系企业，企业联系、帮助村组”活动】为贯彻落实上级关于推进社会主义新农村建设、构建社会主义和谐社会、加强与促进干部作风建设的精神和要求，民建常德市委在全市开展了“机关干部、会员联系企业，企业联系、帮助村组”活动。市委会成立了领导小组，主委杨新辉任组长，副主委曾盈、姜政担任副组长，办公室设社会服务处，秘书长王华兼任办公室主任。从本会机关干部、骨干会员中选派了4名同志作为参加此次活动的责任人，并将名单上报到民建省委。市委专职副主委曾盈、秘书长王华分别联系了常德锦鑫纺织有限公司、常德八百里酒业有限公司，帮助企业疏通与相关职能部门的关系，力所能及地为企业排忧解难，热心为会员企业发展服务。会员罗亚海作为全市唯一一名到民营企业外协挂职的民主党派成员，为企业发展做大做强尽心尽力，不仅主持搭建了该企业进行技术创新与高校合作研发的平台，为企业维护稳定市场献策出力，还为企业主持申报省级高新技术企业并获通过。会员企业湖南益丰大药房连锁有限公司主动联系鼎城区黄土店竹巷口村，为该村捐款30万元用于村道硬化，支持新农村建设。企业家会员刘伟恒、贺胜忠、黄道山致富思源，不忘回报社会，分别为家乡捐款数万元修建乡村公路，投资兴办企业，带领群众共同致富，受到了群众的热烈欢迎和高度赞誉。

（王夏一）

中国民主促进会常德市委员会

【概况】2007年，中国民主促进会(简称民进)常德市委员会在民进省委和中共常德市委的正确领导下，在市委统战部的关心支持下，坚持以“三个代表”重要思想为指导，深入贯彻落实科学发展观，全面加强自身建设，认真履行参政党职能，尽力参与社会服务，为加快建设富裕文明和谐的新常德作出了积极贡献。

继承传统，政治交接学习教育活动初见成效。会市委按照会中央和会省委的统一部署，结合自身实际，召开了由全体在职会员参加的动员大会，扎实开展了以“坚持走中国特色政治道路”为主题的政治交接学习教育活动，通过集中学习、个别辅导、召开基层组织经验交流会等一系列活动把全体会员的思想统一到高举中国特色社会主义伟大旗帜上来，统一到坚持中国特色社会主义理论体系上来，统一到走中国特色社会主义政治发展道路上来，增强了广大会员坚持中国共产党领导的自觉性和坚定性。

突出重点，自身建设成效明显。2007年，会市委突出加强领导班子建设和后备干部队伍建设，努力提高会员的整体素质，会组织的凝聚力和战斗力得到加强。一是基层组织建设全面加强。会市委确定2007年为“基层组织建设年”，并首次对基层支部实施量化目标考核。2007年4月，会市委用了半个月的时间，深入到各基层支部进行座谈走访调研，全面了解基层组织建设取得的成绩、存在的突出问题，从抓基层干部队伍入手狠抓基层组织建设，成效明显。桃源支部被评为“红旗支部”，工农小学支部、乾明小学支部、育才小学支部、南坪支部被评为“先进支部”。二是组织发展稳步推进。根据基层组织建设的需要，2007年3月成立了武陵区总支部委员会。2007年，共发展会员10人，平均年龄36岁，全部为大专以上学历，其中教育界5人，政府机关界5人，界别构成进一步优化。三是政治安排和实职安排取得突破。会市委主委万成贞在市人大五届一次会议上成功当选为市政府副市长，副主委张力被提拔为市工业学校副校长，会员熊连初被推荐为市政协兼职副秘书长，会员刘亚兰调任桃源县教育局正科级副局长。截至2007年底，民进常德市委员会有省人大代表2人，市人大常委1人，市政协常委3人，市政协委员17人，区政协副主席1人，区（县）政协委员9人。到2007年底，民进常德市委员会副科级以上干部达到25人。四是机关建设成效明显。2007年会市委注重机关建设，加强了规范化、制度化、程序化建设，努力打造学习型、服务型、创新型机关，各项工作取得了长足进步，进入了市先进单位的行列。

围绕中心，参政议政成果丰硕。会市委牢固树立科学发展观，全面履行参政党职责，紧紧围绕“工业强市、文化名城、和谐常德”这一党政中心和人民群众最关心、最直接、最现实的问题选准课题，深入调研，建言立论，献计献策，为推动常德经济社会的全面发展作出了新贡献。会市委撰写的《关于我市食品安全的几点建议》被市政协评为“优秀调研文稿”，《狠刹党校吃喝风，维护党校形象》、《关于尽早改善市五中、七中出口通道安全的提案》被评为“优秀提案”，《关于做好我市食品安全工作的提案》被市政协列为“重点督办提案”。

发挥优势，社会服务再上台阶。会市委始终坚持把围绕中心、服务大局作为社会服务工作的出发点，以服务基层、群众受益为落脚点，发挥整体优势，突出服务特色，积极开展服务新农村建设、结对帮扶贫困学子、慰问患病教师等活动，涌现了张仕华、肖鹏举、郭辉等一大批热心社会公益事业的会员，为构建和谐常德作出了应有的贡献。

加强宣传信息，民进形象充分展示。2007年，会市委把宣传信息列入工作重点，加强对宣传信息工作的领导，健全了信息宣传工作队伍，加大了对信息员的培训力度，制定了相应的奖惩制度，取得了较好的效果。一年来，会市委被各类媒体采用信息稿件100篇，其中，中央级媒体35篇，专稿《林大娘和她的“女儿”们》被《团结报》采用，有力地扩大常德民进的社会影响，展示了常德民进会员的风采。

(张益源)

【政治交接学习教育活动动员大会】9月27日，民进常德市委政治交接学习教育活动动员大会在桃林宾馆空调会议室召开，全市在职会员参加了大会。主委万成贞作了《把握形势，统筹安排，扎实开展政治交接学习教育活动》的动员讲话，她要求全会上下要把思想集中到学习教育活动中来，端正态度，认真学习，深刻领会政治交接的内涵和精神实质，不断加强民进组织的自身建设，努力提高民进会员的综合素质，进一步增强接受中国共产党领导的自觉性和坚定性，进一步继承和发扬民进老一辈长期与中国共产党团结合作形成的政治信念、优良传统和高尚风范。会议号召民进各基层组织和广大会员紧密联系实际，立足本职工作，积极参政议政，为建设富裕文明和谐的新常德而奋斗。(张益源)

【基层组织经验交流暨骨干培训班】12月7日，民进市委召开“基层组织经验交流暨骨干培训班”，全体市委委员、支部主任及骨干会员参加了会议。市政协副主席张新民为与会人员授课，市委统战部纪检组长鲁晓凤出席会议并作重要讲话，八个支部负责人作了典型发言。这次会议是在学习贯彻中共十七大精神、掀起政治交接学习教育活动新高潮的背景下召开的。会议全面总结了民进基层组织近几年工作，交流了工作经验，探讨了加强基层组织建设的新思路、新方法，进一步推进了全市民进基层组织建设。(张益源)

中国农工民主党常德市委员会

【概况】2007年，农工党常德市委以科学发展观和中共十七大精神为指针，深入开展政治交接学习教育活动，紧密围绕全市的经济建设和社会发展，抓住重点，形成特色，充分发挥参政党的作用，各项工作都取得了喜人的成绩。

加强学习，勇于创新，思想政治工作稳步推进。一年来，市委严格遵循“既继承又发展，既务实又创新”的方针，紧扣时代主题，结合自身实际，认真研究新形势下思想建设工作的特点和规律，积极开辟新途径，探索新方法，拓展新领域。以学习带动研讨，以研讨促进学习。市委先后发出政治交接主题和中共十七大精神的学习、征文通知，收到10多篇理论文章。11月底，在省委召开的宣传工作理论研讨会上，市委提交的《传承优良传统　履行政治责任》和《进一步加强民主党派思想建设的几点思考》作为优秀理论文章进行了大会交流。

着力培养，适时推荐，组织建设工作卓有成效。一是严格发展程序，确保成员质量。有选择地吸纳了11名新党员，突出界别特色，医卫界占41%，大学以上学历占90%，有两名具有高级职称。二是加强后备干部队伍建设，大力培养后备干部。建立和完善“知识分子代表人物”和“后备干部队伍”名册，先后向市、区统战部推荐了5位党员担任副县长、市财政局副局长等职务。三是建设基层组织，激发群体活力。指导各支部建立了“月学习制度”、“党员走访制度”。

创新思路，积极调研，参政议政工作硕果累累。围绕民营医院建设与改革、食品价格上涨、新农村建设等热点、难点问题开展对策性调研，积极与对口联系单位开展对口调研。撰写调研报告数十篇，其中两篇被省委采用，列为省政协集体提案，另有一篇由肖燕芳主委带到农工党中央举办的全国中医药高峰论坛参与研讨。

量力而行，尽力而为，社会服务工作彰显特色。市委全年共组织参加了“送健康，促和谐，医疗服务进社区”、第十九届“国际科学与和平周”和全市统战系统“送医送药送温暖”三次大型义诊，累计派出医疗专家40余人次，免费发放体检卡110张和价值3万余元的药品，受惠群众1200余人。(陈　钰)

【政治交接学习教育活动】从6月下旬开始，市委在全市开展了以坚持走中国特色政治发展道路为主题的政治交接学习教育活动。学习教育活动分四个阶段，在2007至2008年内完成。8月份，市委圆满完成了动员摸底阶段工作，成立了由肖燕芳主委任组长的学习教育活动领导小组。9月28日，市委在党派机关市委召开了“政治交接学习教育活动”动员大会。全体市委委员、各支部主委、各级人大代表、政协委员和在各级政府部门担任实职的党员，以及近几年发展的新党员近100人参加了会议。会上，市委主委肖燕芳为大家作了专题动员报告。肖主委要求全体党员要增强接受中国共产党领导的自觉性和坚定性，进一步继承和发扬我党老一辈长期与中国共产党团结合作形成的政治信念、优良传统和高尚风范，要立足本职工作，积极履行参政党职能。会上，大家学习了农工党中央蒋正华主席关于国家经济形势的讲话、农工党发展历程和胡锦涛总书记6·25重要讲话精神。

为了明确学习内容，市委政治交接学习教育活动领导小组精心编印下发了《农工党常德市委政治交接学习教育活动学习资料汇编》，内容包括：胡锦涛总书记6月25日重要讲话、蒋正华主席关于国家经济形势的分析、民主党派的基本职能、中国特色社会主义民主政治发展道路、《中国农工民主党章程》总纲、市委政治交接学习教育活动总体方案等，为各支部指明了学习方向。

接下来，各总支、支部就紧锣密鼓地开展了学习教育阶段的工作。截至11月底，市委收到政治交接理论文章6篇。其中，《加强后备干部队伍建设是搞好政治交接的关键》一文被杨健全专职副主委带到省委政治交接学教活动研讨会上，作了大会发言。常德市委也因为在政治交接学习教育阶段性活动中取得了比较突出的成绩，受到省委的表彰。（陈　钰）

【“3+5”城市群·常德建设调研】从6月初开始，农工党市委启动了与农工党省委联合开展的题为《常德市在湖南省“3+5”城市群建设中的功能定位与产业一体化发展对策》的调查研究。7月上旬，在中共市委统战部的帮助下，市委向10多个政府部门及相关单位搜集了28份调研资料，为调研工作的开展准备了原始素材。22、23日，课题组领导、专家一行11人在常德市进行了为期两天的专题调研。中共市委、市政府、市政协领导先后出席了调研座谈会。会上，市委邀请了市直16个部门的主要负责人作了专题发言，详细介绍了常德的经济、社会发展情况和应对“3+5”城市群建设的思路、要求及建议。课题组专家经过调研，提出了个人的看法和建议，以文字的形式送交中共常德市委、市政府主要领导，得到市委书记武吉海和市委副书记、代市长卿渐伟的亲笔批示。10月底，市委完成了题为《常德市在“3+5”城市群建设中的发展定位对策》的调研报告。2007年12月27日召开市政协五届一次全会，专职副主委杨健全同志代表市委作了题为《常德市在省“3+5”城市群建设中的发展定位》的专题发言，当场引起轰动，得到与会全体政协委员的高度评价。市长卿渐伟认真听取发言后，在该发言材料上作出“特急”批示：“‘3+5’城市群建设是省委的重大战略决策，对常德市如何主动融入、对接，以抓住这一契机，促进常德的发展，请政府专题研究一次。”此次调研的许多建议和意见得到中共常德市委、市政府的高度重视和积极采纳，写进政府工作报告，被列为常德市2008年六大工作目标之一。农工民主党中央、湖南省委网站、《团结报》、《常德日报》等媒体争相报道。（陈　钰）

【智力帮扶定点乡镇卫生院】2007年，市委的社会服务工作突出了长期帮扶服务的特色。农工党的长期帮扶服务有三个点。一个点是市委两年多来的“医疗技术扶贫点”——鼎城区镇德桥卫生院，由市委派专家对该院进行医务人员培训、大型手术难题的排解，并且有专家定期坐诊。第二个点是长胜桥社区，由正健医院为该社区居民提供免费体检，并进行跟踪服务。第三个点是沅水局职工医院，由一中医院支部为主对其进行技术帮扶。对口帮扶医院、支持乡镇医院的发展，同时也是农工党服务新农村建设的两件实事。（陈　钰）

【成绩突出获殊荣】2007年，市委被农工党中央评为“为全面建设小康社会作贡献先进集体”。一医院总支成员黄绍华被国家卫生部评为“全国卫生系统先进工作者”，享受省部级劳模待遇。一医院总支成员注重自身业务素质的提高，2007年有3名党员晋升为科室主任：邓志明担任科教科科长，张承德任烧伤科副主任，黄昌林任麻醉科副主任，提高了农工党在一医院的地位。文教支部成员在各自的教学工作中都取得了良好的成绩，市七中有历史、政治、生物、物理、美术、音乐六个教研组长都是农工党员，在七中影响很大。赵轶斌老师撰写的《中学生物实验教学中学生创新能力的培养》一文获省教育系统论文一等奖；罗章老师在全省历史教学比武中获一等奖；崔明忠老师荣获“市级学科带头人”称号，享受市教育局发放的每月200元津贴。市三中邓碧老师被评为先进工作者，受到政府嘉奖。一中医院支部成员尽心做好本职工作，年内有王安丽、郑远方、张远华3人晋升副高职称。张远华、杜军同志在国家核心期刊发表学术论文2篇。年底有章光明、姚虹等6人获医院先进个人称号。安乡支部侯湘兰《关于加强新农村文化建设的几点思考》和直属支部周胜同志的《发展休闲观光农业，促进我市新农村建设》的调研报告，获省委嘉奖，列为省政协集体提案。侯湘兰的报告提交县政协后得到积极采纳，安乡县新农村文化基础设施建设资金已纳入县财政预算。安乡支部唐梦君同志将创办的新阳光大酒店不断做大做强，在全市餐饮行业“名店、名师、名菜和服务明星”技术比武中，新阳光囊括了该次大赛的四块金牌，成为安乡餐饮行业领头羊。武陵总支郑维民律师全年免费在常德广播电台交通频道“971新说法”栏目担任嘉宾主持，共主持节目20余期，并且经常接受市卫生局法监科、吉立房产公司、中房集团常德公司、金鹏凹印、市电信局等邀请，开展免费法律知识讲座，服务了社会，扩大了农工党的影响。（陈　钰）

九三学社
常德市委员会

【概况】2007年，九三学社常德市委在中共常德市委和九三学社湖南省委的领导下，在市委统战部的具体指导帮助下，团结广大社员，高举中国特色社会主义伟大旗帜，深入开展“坚持中国特色社会主义政治发展道路，搞好政治交接”学习教育活动，坚持在团结和谐中求发展，在工作活动中求创新，积极履行参政党职能，不断加强自身建设，各项工作取得了新的进展。

积极参政议政，当好参谋助手。按照九三学社中央“注重质量、强化特色”的要求，社市委班子建立健全了参政议政工作机制，成立了参政议政委员会、调整了参政议政的专家人才库，充分为各级人大代表、政协委员参政议政提供支持。提交提案35份，在数量和质量有了大幅提升，提案全部得到了回复，部分已被采纳。《关于加强常德市水域污染治理的建议》被市政协评为优秀调研文稿，经市政协提交省政协后，又被省政协列为了重点督办提案；《关于整合市城区水、电、燃气费“三费”收费网点的建议》提案由市政府办牵头，三家公用单位对整合“三费”达成了共识，相关收费试点正在进行中；《建议德山开发区修建标准厂房吸纳小额投资》的提案在4月4日的市长办公会上得到了采纳；关于《简化行政审批手续》的提案目前市优化办正在进一步的调研论证之中；《加快我市工业企业技术创新的建议》在市政协五届一次全会被作为了大会交流材料。积极配合社中央、社省委搞好调研。5月21日，市政协副主席、主委朱传宏陪同全国人大常委、九三学社中央副主席贺铿、洪绂曾等，考察了常德市的新农村建设农业资源与环境保护情况，形成了专门的调研报告。

抓骨干队伍聚人心。2007年，社市委特别注重走访社员所在单位领导，及时沟通情况；注意在组织活动及参政议政中继续做好后备干部的考察、培养和推荐工作。积极配合中共市委组织部、市委统战部，开展后备干部的推荐、考查工作，选送中青年社员到社省委和省社会主义学院学习，进一步提高他们的政治思想素质和参政议政能力。2007年九三学社常德市委抓住了市区两级人大、政协换届的有利时机，主动出击，推荐了一批政协委员、人大代表的建议人选，现在，市政协中有九三学社社员14名，其中常委5名；市人大有九三学社社员2名；考虑到以九三学社界别推荐名额有限，九三学社常德市委又把视野放宽到单位党委、人大和政协专门委员会的推荐上，有6名九三学社的优秀人才成为市人大代表、政协委员。为了更广泛地调动广大社员的积极性，增强支社的活力，九三学社常德市委先后对文理学院基层委员会、武陵支社、农业支社、工业支社、鼎城支社进行了届中调整。一批综合素质较高、年富力强的同志走上了支社的领导岗位。支社调整后，社市委又分别与支社班子成员座谈，交流支社工作经验和分析存在的问题，各支社纷纷精心安排活动，创新活动形式，提高活动的质量和实效。

抓制度建设促规范。按照社市委提出的“制度化、规范化、程序化”的要求，九三学社常德市委在突出自觉提高自身素质的基础上，加强制度建设，用制度约束、规范自身言行。在认真调研基础上，九三学社常德市委建立了《主委会议制度》，规定主委办公会每两个月召开一次，保证了班子成员能够有计划地安排工作；通过了主委、副主委、秘书长及专职干部职责，对各自工作的基本任务和工作程序做了明确限定，保证了有规可依，有章可循；完善了《主委班子成员联系各支社制度》，及时指导并帮助解决他们在开展调研、参政议政等方面遇到的问题。进一步完善了机关工作制度。从多方面入手，促进机关各项制度的规范化建设；建立了机关办公会制度，每月召开机关办公会2次，实行重大事情集体协商决定。制定了学习制度，健全了机关人员日常考核办法，完善了机关人员考核实施意见，对日常考核内容和年度考核要素、标准做了明确规定。机关工作以增强机关服务意识和凝聚意识为目的，从当好领导的参谋为出发点，认真安排好各项事务工作；年初开始，社市委安排在每位社员生日及时送去一束鲜花，让每位社员感受到作为九三社员的温暖。

融洽关系　营造环境。工作上积极争取上届老领导的支持。新市委班子成员多次到原主委邓正春副主席办公室汇报工作，重大工作主动听取他的意见；在政治上积极争取社员所在单位各级中共党组织的领导，社市委与中共市委统战部、武陵区委统战部、鼎城区委统战部之间加强联系。基层支部与单位党组织之间，做到多沟通、多交流，多协商，努力为基层组织开展活动创造良好的外部环境，得到了更多的支持。2007年上半年，社员陈佩荣被任命为常德市规划建筑设计院院长，常德市社员任单位正职方面有了突破；同时，九三学社常德市委还遴选了一批优秀的后备干部作为党外后备处级干部向市委统战部重点推荐。

知情有位　服务社会。截至2007年底，全市共有社员181人，大家怀着强烈的责任心、使命感，在工作中做出了一定的成绩。湖南文理学院基层委员会把服务寓于活动之中，先后组织教授服务新农村、组织关于隋炀帝学术研讨会等活动；农业支社利用自身优势，在服务新农村上大展拳脚，为规范常德市农资大市场业主经营行为，由支社骨干成员倡导成立了常德市农资协会，为维护农民利益迈出了重要一步；武陵区支社、鼎城支社强化了区级党派的整体意识，积极参与区委统战部组织的送科技下乡，在区政协大会上以党派名义建言献策，提交了一批有影响的调研文章；一医院支社在紧张的工作之余，还多次组织到社区送医送药、组织健康讲座。

在九三学社市委的精心组织下，各支社结合本支社特点广泛开展社会服务活动，努力发挥界别优势开展科技服务。6月16日，社市委组织了10多名专家到安乡县安康乡开展“建设社会主义新农村大型送科技下乡活动”，为当地农民免费发放棉花种植、水稻栽培、家禽疾病防治等农业资料1000多份，并现场由农业专家进行技术指导。6月底，邓正春副主席带领农业支社的社员与武陵区政协一道前往芦山乡，为当地农民送去了一场精心准备的农业技术服务。10月19日，九三学社市委组织市第一人民医院的8名主任医师、副主任医师到老年大学为老年人开展免费的健康体检。11月29日，九三学社市委组织湖南文理学院的部分农业专家教授到丹洲乡，为当地基层干部培训科学养殖、病虫防治知识。12月5日，九三学社市委组织武陵支社的部分医疗专家到紫桥社区，举办“红丝带进社区活动”，为社区居民送去一份健康。

按照九三学社中央、九三学社省委的部署，九三学社市委从2007年开始，计划一至两年时间,开展以坚持走中国特色社会主义政治发展道路为主题的“政治交接学习教育活动”。2007年8月10日，中共市委统战部就政治交接活动传达有关精神。15日社市委班子专程到社省委听取关于“政治交接学习教育活动”安排。20日，社市委召开主委会议专题研究“政治交接学习教育活动”问题，统一思想，主委会要求社市委领导班子、基层委员会及支社领导班子增强建设高素质参政党的责任意识，增强在广大成员中开展政治交接教育实践活动的重要性和必要性的共识。决定成立以朱传宏主委为组长，其他副主委为副组长，九三学社市委委员、各支社班子成员为组员的社市委政治交接中心学习组，并制定了严格的学习方案。10月22日，九三学社市委在凯利大酒店召开了政治交接学习教育动员大会，社省委主委张大方就政治交接学习教育作辅导报告，市委常委、统战部部长吴友云就多党合作发表了讲话. （龙 艳）

常德市工商业联合会

【概况】2007年，常德市工商联坚持以邓小平理论和“三个代表”重要思想为指导，以科学发展观统领工作全局，全面贯彻中发〔2006〕15号文件精神，紧紧围绕市委、市政府的中心工作，充分发挥桥梁、纽带和助手作用，各项工作承前启后，迈上了新的台阶。

班子建设。2007年4月8日~9日，市工商联第五次会员代表大会在常德芷园宾馆隆重召开，选举产生了新一届领导班子。通过这次换届，班子建设有了新气象。领导班子人数增多，领导力量增强。执委人数由上届的106人增加到138人，常委由67人增加到73人，兼职副会长由9人增加到23人。领导班子结构发生了变化，班子整体素质提高。新当选的138名执委中，大专以上文化的占64.5%，其中研究生以上的有10人；工业企业、农业企业的比例有所增加；除非公有制经济人士外，增加了民营科技企业创业人员和技术人员、自由职业者、中介组织从业人员等其他的社会新阶层人士。三是增选了商会班子，商会性质得到了充分体现。在这次换届中，分设了工商联、总商会领导班子，为工商联发挥商会功能创造了条件。四是给兼职副会长压担子，兼职副会长的作用得到了充分发挥。把工商联的工作分成参政议政、宣传教育、维权服务、经济联络、招商引资、组织建设、光彩事业、商会建设等几大块，根据兼职副会长企业性质实行工作分工，极大地调动了兼职副会长的积极性。

参政议政。一是做好非公代表人士的政治推荐工作。利用人大、政协换届的有利时机，积极与市人大、市政协联系，提名推荐了160多名非公人士担任市人大代表或市政协委员，同时配合市委统战部开展了新一届人大代表、政协委员的推荐考察工作。二是组织会员中的人大代表、政协委员撰写提（议）案58份。市工商联《关于努力推进建立常德异地商会》、《关于大力开展创市级品牌》、《关于大力扶持我市家具产业集群》等提案被列为市政协重点提案，市政府及相关职能部门就这些提案进行了大量的调研工作，并相继出台了《关于大力培育产业集群的意见》、《常德市名牌管理办法》等相关政策性文件。常委杨绍军在十届全国人大五次会议上的两个议案，《构建和谐社会要关注城乡弱势群体》、《农村低保要像城市低保一样，纳入财政转移支付，地方政府按比例相应地配备》所反映的情况，提出的建议，得到了大会的肯定和胡锦涛总书记的赞赏。三是开展专题调研。围绕“全市非公有制经济发展情况”、“常德工业产业情况”、“民营企业参与新农村建设的对策与思考”、“新的社会阶层人士健康成长”等专题开展调研，形成了《关于对非公有制经济人士健康成长的调查与思考》、《组织、引导、支持非公有制经济人士参与新农村建设——工商联如何应对新农村建设》、《着力引导产业集群，加快区域经济发展》等6篇调研文章。在此基础上，市工商联组织了《非公有制经济发展与工商联工作研究》的经验总结、调研文章征集评选活动，并将质量较高的22篇文章编辑成书，作为全市工商联调查研究、参政议政的成果。四是组织会员献计献策。市工商联先后组织150余名会员参加各类政企恳谈、部门座谈，以口头或书面形式向党委政府提出建设性意见30多条，组织100多名会员参与行风评议，提建议100多条。市长、市委书记两次参加政企座谈会，对工商联给予了高度评价。

宣传教育。市工商联认真贯彻“充分尊重、广泛联系、加强团结、热情帮助、积极引导”的方针，始终把做好非公有制经济人士思想政治工作放在首位。抓好对外宣传。通过自办网站、自办刊物进行宣传。通过自办的常德商务信息网、《工商信息》介绍会员企业30多个，推介工商联工作10次。通过平面媒体进行宣传。与常德晚报合作，对“常德市首届慈善年夜饭”活动进行了跟踪报道；与常德日报合作，在会员中开展了“德商文化现象大讨论”，开辟了“德商文化现象大讨论”专栏，专访了统战部领导、工商联会长、部分兼职副会长和会员，推出了“畅想德商品牌，促进常德发展”、“无德不成商”、“凝聚德商合力，创新常德经济”等言论文章。在《湘声报》、《湖南省工商联》、《工商大观》、《常德日报》、《常德晚报》等省、市报刊上稿30多篇。通过流动媒体进行宣传。与常德广播电台、常德电视台合作，采访报道工商联工作20多次。抓好知识讲座和培训。一方面，立足更新企业观念、增加企业自我保护意识和经营能力，与会员企业常德金友文化有限公司联合举办了《加强团队建设，增加执行力》培训班，与企业管理咨询中介组织合作，先后举办了《孙子兵法——谋略与创新》、《杠杆管理》、《慧眼识鹰》等知识讲座，参加会员共500多人次。另一方面，针对新进工商联领导班子的非公人士，与组织部联合举办了第二届优秀民营企业厂长经理培训班。为帮助会员深入理解中共十七大精神，编发学习资料300多份，召开常委、副会长座谈会并举办了有110名会员参加的《全市非公人士学习党的十七大精神报告会》。抓好表彰评比活动，树立先进典型。配合省联开展了“全省招工扶贫先进企业、先进个人”、“双爱双评”、“湖南省第二届优秀社会主义事业建设者”、“市十大纳税民营企业”、“市十佳民营企业”、“常德私营企业100强”暨“影响常德·十大魅力德商”等评比表彰活动。通过树立典型，增强会员争先创优意识。

商会服务。为促进非公有制经济健康快速发展，不断强化经济服务功能。加强信息服务。编辑《工商信息》八期，传达商会活动信息和政策信息20多条，通过常德商务网联接会员企业，为会员企业提供政策、经济、人才、技术等方面的信息100多条。对会员中的省人大代表、政协委员、省联执委、市联常执委100多人的信息进行了采集。加强人才服务。围绕民营企业的用工需求，做好各类人才的引进工作。与市委组织部、市人事局联合举办了第三届人才交流会，全市80家民营企业进场招聘，提供各类就业岗位4170余个，交流会当天就有1500多人达成了就业意向协议；与市劳动局、市总工会联合举办了“民企招聘周活动”，动员24家会员企业参加，共招聘436人，其中下岗职工、农民工占半数以上。与档案局配合，积极开展非公有制经济代表人士档案的收集、建立和管理工作，巩固和完善会员数据库。加强维权服务。充分发挥“民营经济投诉中心”、“法律维权中心”、“税务事务咨询中心”的作用，为会员解决生产、生活中的实际问题。会员企业惠生肉类食品有限公司在生产经营中，本地屠宰外地销售所交的屠宰费过高，销售成本增加，对企业发展影响很大，市工商联了解情况后，积极与武陵区政府联系，并向市委、政府主要领导汇报，市委书记亲自批示支持农业龙头企业发展，经与武陵区屠宰办协商，同意减免相关费用，大大降低了该公司的销售成本。加强融资服务。组织20多家会员企业参加常德市第三届银企融资洽谈会、协调会，主动向银行推介一批有发展前景、诚实守信的企业，积极促成企业与银行建立信贷关系、签订贷款合同资金2.3亿元，意向贷款5.86亿元。组织50多名会员参加总商会经济发展座谈会，探讨成立会员担保公司，解决会员企业融资困难的问题。与工商局、商务局等部门联合开展了“常德私营企业100强”暨“影响常德·十大魅力德商”的评选活动，积级组织有影响、有势力、形象好的会员企业参评；与质量技术监督局配合，做好云锦集团、杰新纺织集团申报中国驰名商标的考察工作。二是发挥商会优势，加强对外联络，促进招商引资工作。提高走出去的密度。主动到深圳、昆明等地开展经济联络，与当地工商联进行了广泛的接触与交流，探讨成立异地商会等事宜。与昆明市工商联（总商会）、深圳市工商联（总商会）积极联系，促成了昆明常德商会、深圳常德商会的成立。市县两级工商联还组织30多家会员企业参加深洽会和第四届“珠洽会”，共签订合同项目15个，引进投资16.3亿元，签订外贸出口合同4.6亿元。积极组织会员企业参加缅甸机械产品展销会、世界华商大会、澳门国际贸易展览会，组织会员到美国、加拿大以及广州、温州等地参观考察。增加请进来的热度。大力开展以商招商、以情招商活动，通过会员和企业界朋友牵线，邀请外地商会组织和企业到常德市考察投资。经会员刘义祥引荐，市工商联积极与广东威和电器有限公司接洽，并邀请该公司负责人到常德市考察，在德山经济开发区签订了总投资1亿元电器生产项目合作意向书。邀请中华慈善国际联合会到常德市考察，组织了20多名会员洽谈合作项目，邀请温州欧海区工商界投资考察团参观德山、武陵区工业园，组织常德籍外地客商参加“湖南首届湘商大会”，均取得一定效果。

组织建设。大力发展新会员，壮大会员队伍，2007年全市发展会员780名。在大力发展会员的基础上，注重调整会员结构，重点是着力发展企业会员，新发展的会员中90%是企业会员。与此同时注重发展商会基层组织。全年新发展乡镇（街道）分会2个，行业商（协）会11个。注重对行业协会等中介组织的指导。根据常联发〔2004〕13号文件，对行业协会的人、财、物的管理提出了进一步的具体要求。注重对会员活动进行组织引导。根据换届后的实际情况，市联把会员分成10个小组，以小组为单位开展活动，并对小组活动进行督导，派人参与、组织、协调。会员小组活动有声有色。

新农村建设。2007年以来，新农村建设的新成果主要体现在六大转变。一是从输血向造血功能转变。新农村建设已走出捐款捐物支持帮扶村的狭小思路，更多的会员通过项目建设带动帮扶村发展，220个村中属项目带动的有60个，占总数的27.2%，属产业带动的有30个，占13.6%。二是从单一的项目带动向综合推进转变。企业帮扶乡村，不再是最初的单一项目帮扶，而是多个项目齐动，既修路筑桥，又开办门店、兴办市场，创建加工厂，220个村，属综合推进的有180个，占81.8%。三是从单纯的劳务输出向就业培训转变。会员企业不仅招收帮扶村的农民工，而且进行岗前培训，培训农民工1000多人。四是从动员本地企业参与向招商引资支持新农村建设转变。加大招商引资支持新农村建设的力度，引进浙江老板在中河口镇投资办榨菜加工厂，引进湖南信息科技职业学院出资72.37万元支持津市小渡口镇修敬老院，帮助黄丝村硬化通村公路，修建村部，拉通广播，维修改造水利设施。五是从以单个企业为单位参与向整合资源以小组或行业商（协）会为单位参与转变。整合资源，以会员小组或行业商（协）会为单位，集中人力、财力共同帮助帮扶村进行项目建设。温州商会联合宝庆商会出资数万元，帮助西湖区新桥村整修沟渠，并发动会内农产品加工企业在新桥村建立原料种植基地。六是从单纯的做会员引导工作向做农民的思想政治工作转变。注重与乡镇委、政府联系，聘请乡镇副职担任工商联联络员，与村支两委一道做好帮扶村村民的思想政治工作，引导农民转变观念，发动农民依靠自己求发展。

自身建设。一是制定完善机关制度，促进工作规范化。市联制定、完善了《市工商联2007年工作目标及机关个人岗位责任制》、《常德市工商联工作联系制度》、《常德市工商联机关管理制度》等一系列规章制度，以此增强机关干部的责任意识，促进工商联机关工作的制度化、规范化。二是改进了工作作风，大兴调查研究之风，进一步端正服务态度，创新服务手段，提高服务质量，主动深入会员企业调查了解情况，帮助解决一些生产生活中的困难和问题，扎扎实实地为会员企业做好事、办实事。2007年共为会员办实事100多件。三是加强了机关干部思想政治工作，大力开展了“比学习讲团结、比干劲讲贡献、比作风讲实效”的活动，增强干部的责任感和使命感。四是以丰富多彩的活动促进机关干部队伍建设。组织机关干部参加“学习周”活动、创建点捐赠活动、“蒙牛城市之间”活动，通过丰富多彩的活动，充分调动了机关干部的积极性。（周 红）

【首届慈善年夜饭】 2007年2月10日，由市工商联和常德晚报联合举办的常德市首届年夜饭在共和大酒店热闹开席，300名困难群体代表济济一堂，与市领导覃清香、吴友云、张元英，以及市工商联领导和非公有制企业家们共享盛宴。

为精心筹备好这次慈善年夜饭活动，为弱势群体献一份爱心，同时推动广大非公有制经济人士参与扶贫帮困、捐资助教等慈善事业，使之增强自身的社会责任感，投身和谐常德建设。2月1日，市工商联召集各会员小组组长及联络员专门开了一个宣传发动会。会上，代表们纷纷表态：“慈善年夜饭我们一定操办好！”短短几天时间，就收到慈善捐款十多万元。

“弱势群体共聚欢，柳枝同唱谢慈仙，工商联报社献爱心，春报这里花更鲜。”接到企业家们分发的200元红包，吃着精美的饭菜，残疾低保户代表邓爱珍即兴写了首小诗表达她激动的心情。看到困难群体代表吃得这么香甜，企业家们非常开心，市工商联副会长张友富高兴地说：“我们做了该做的事，困难群体感受到了社会的关爱，这也是一名企业家的社会责任”。

作为党委联系非公有制经济人士的桥梁和政府管理非公有制经济的助手，市工商联一直带动会员，致力于慈善事业。近年来，每年开展2~3次扶贫点村送温暖活动，每年进行一次大型助学活动，多次向孤儿院献爱心、向灾区捐款。自2003年来，全市工商联会员参与慈善事业活动的有近15000人次，捐款5000余万元。（周 红）

【工商业联合会（总商会）第五次会员代表大会】 常德市工商业联合会（总商会）第五次会员代表大会于4月8日至9日在芷园宾馆隆重召开。省委统战部、省工商联、市委、市人大、市政府、市政协主要领导和222名会员代表以及30名特邀代表参加了会议。

大会审议通过了李明三代表第四届执行委员会所作的工作报告，选举产生陈伟俊为常德市工商业联合会（总商会）第五届执行委员会会长；选举产生钟春枝等20名社会各界人士为常德市工商业联合会第五届执行委员会副会长，丁德胜为秘书长；选举产生陈长新等6名非公有制经济代表人士为常德市总商会副会长；大会聘请罗祖亮为荣誉会长。圆满完成了各项议程。

市委书记武吉海参加了开幕式并作了重要讲话。省委统战部副部长、省工商联党组书记郭树人到会祝贺。会议由市委常委、统战部长吴友云主持。市人大常委会主任莫道宏、市政协主席刘春林出席会议，副市长李爱国在闭幕式上作了重要讲话。（周 红）

【“万企联村、共同发展”经验交流会】 2007年11月9日，由市委统战部、市工商联组织主办的常德市“万企联村、共同发展”活动现场经验交流会在西洞庭管委会召开。全市各区、县（市）委统战部长，工商联会长、党组书记以及非公经济人士代表共100余人参加了交流会。市委常委、统战部长吴友云，市政协副主席彭明建出席会议并讲话。

在参观了裕佳食品有限公司、汇美食品有限公司等四个新农村建设典型企业和新农村示范点西洞庭管理区白芷湖村后，市工商联会长陈伟俊代表市委统战部、市工商联作了“万企联村”工作报告，总结回顾了前一阶段新农村建设工作，对后阶段“万企联村”工作进行了部署。鼎城区工商联、石门县工商联、双佳农牧科技有限公司、澧县长庆房地产有限公司、汇美食品有限公司以及鼎城区中河口镇东北村等单位分别在大会上作了交流发言。

截至2007年底，全市共有2600多名非公经济人士参与了“万企联村、共同发展”活动，共建示范村11个，187家企业和220个村结对，村企结对项目296个，新建产业带动项目60多个，总投入2亿多元，带动农户发展种植养殖业10万多户，用于基础设施改善投入1500多万元，硬化乡村公路85公里，培训农民2万多人，安排就业15000人，资助贫困学生近2万名。（周 红）

常德市总工会

【广大职工为工业强市作贡献】 各级工会组织把大力开展技术创新和劳动竞赛活动作为贯彻落实科学发展观、推动地方经济又好又快发展的重要举措。2007年9月，举办了全市职工技能大赛。在决赛前，常德卷烟厂、常德纺机、常德烟机、华南光电集团、东信棉业、湖南车桥、湘澧盐矿等企业均组织了全员性的初赛和复赛，在全市上下掀起学技术、练本领、强素质的热潮。152名层层麟选出来的选手参加了车工、工具钳工、细纱挡车等5个工种的决赛，共有15人获得技师职业资格，5人被授予“常德市技术能手”荣誉称号，3人荣获“常德市职业技能竞赛标兵”称号；在新一轮“芙蓉杯”竞赛活动中，临澧安福气门厂成品检验组、常德富玺登集团金刚石选型班、湖南三金制药颗粒分装车间等获得省、市级“芙蓉标兵岗”光荣称号，培养、选树了30名“芙蓉百岗明星”；在全市启动“工人先锋号”创建工作，完成全国五一劳动奖状和奖章获得者的推荐、评选工作。各区县也广泛开展了为地方发展为企业发展作贡献活动。据统计，全市共有20多万职工参加了技术练兵、提合理化建议、劳动竞赛等活动，产生了巨大的经济效益和社会效益。（曾 波）

【大力宣传工人阶级】为宣传工人阶级在推动社会主义经济建设、政治建设、文化建设与和谐社会建设中作出的突出贡献，使劳动光荣、知识崇高、人才宝贵、创造伟大成为全社会的共识，市总工会继续加大对工人阶级的宣传力度，集中开展了工人阶级新闻宣传月活动。“五一”前后，全市各级工会悬挂标语、横幅、彩球、拱门等共计3057条（个），举办了“唱工人、颂劳模”系列文化活动，市总与市文化局联合举办了“向劳动者致敬”广场文艺活动。注重对劳模的宣传，市总和市委宣传部组织新闻采访团，在《常德日报》、常德电视台等媒体上开辟了“劳模在我身边”、“蓝领明星”、“企业在线”等专栏，在省级以上媒体发稿28篇，市级79篇，对全市劳模以及优秀职工、农民工和部分先进集体典型，进行了集中宣传报道。石门组织了“迎奥运”职工运动会，汉寿、鼎城、武陵、安乡等地以“让会徽更加灿烂”为主题，开展了一系列活动，桃源、澧县、津市、临澧等地也集中开展了展示企业成就、展现工人风采的主题宣传活动。（曾　波）

【组建规范的工会组织长效机制】7月，在澧县召开工会组建规范化建设经验交流会，充分发挥典型示范、辐射和带动作用，通过引导各地结合“创建模范职工之家”、“双爱双评”等工作来促进工会组建，巩固建会成果。全年新建工会组织763家，完成省总计划任务的100.4%；新发展会员72757人，完成计划的107.2%，其中发展农民工会员57285人，完成计划的108.5%。工会组织规范化建设完成了1668家，全市规范面达到80.1%。市总工会组建规范的成功探索得到省总工会的高度肯定，2007年被省总评为“组织工作”特等奖。（曾　波）

【为职工群众办实事】通过举办“爱心超市”，开展“送温暖”、“生活救助”等活动，多方筹集资金1548万元，为18140名困难职工（包括农民工946人）送去慰问金和大米、食用油等生活物资；与劳动局、工商联等部门共同实施“再就业援助”工程，全年共帮助2125名失业人员重返岗位；实施“金秋助学”行动，为638名困难职工子女筹集发放助学金58万元；为589名三级劳模发放困补资金198万元，组织6批次56名劳模赴北戴河、海南等地疗休养，为一批生活困难的劳模办理落实了医疗费报销、低收入补助、廉租房申请等实事；实施关爱女职工行动，继续做好女职工妇科普查和特殊疾病保险工作，仅“三八”期间，市总就为西湖、西洞庭和市直10家非公企业的困难女职工、女农民工、单亲困难女工赠送了2.7万元的“特殊疾病保险”。全年参加“特殊疾病保险”的女职工达37115人，同比增长29%。（曾　波）

【经审工作荣获全国先进称号】工会财务经审工作坚持“收、管、用、审”并举的原则，按照以审促收、以审促管、以审促廉的要求，加强对市本级工会经费收支情况和基层工会经费计提拨缴情况的审计。在此基础上，市总与地税部门召开税务稽查工会经费计提拨缴工作联席会议，就计拨上缴情况、追缴入库情况、未建会单位是否进行经费稽查等问题，进行协调和研究，并形成会议纪要下发到基层，同时，对全市经审干部进行规范化建设培训，下发《常德市工会经审工作规范化建设标准（试行）的通知》及《考核办法》等文件，有效指导了基层工作的开展。市总被评为全省经审工作规范化建设第一名。年底，市总经审会被评为全国先进集体。（曾　波）

共青团常德市委

【推进青少年思想政治工作】组织团员青年大范围开展政治理论学习。全市各级团组织广大团员青年认真学习了科学发展观、构建社会主义和谐社会等重要论述，认真学习了中共十七大报告、团的十五届六中全会、胡锦涛总书记6.25讲话、共青团中央书记处书记胡春华关于加强团干部作风建设的讲话精神，通过学习，使党的最新理论成果和重大工作部署深入团员青年心中，进一步打牢了广大团员青年团结奋斗的思想基础。紧扣发展主题开展实践教育活动。团市委在全市青少年中广泛开展“我与祖国共奋进、我与常德同成长”主题教育实践活动，充分利用清明节、三月“学雷锋活动月”等契机，在青少年中举行祭奠革命英烈活动，进行爱国主义教育；组织“五老”宣讲团、大学生宣讲团深入全市部分中小学校，开展了6场（次）近1.5万名青少年参加的革命传统精神、荣辱观、志愿服务等道德宣讲活动；利用多种形式在青少年中开展真情助困进万家，爱心奉献促和谐、“新世纪我能行”、“三下乡”等道德实践活动，大力弘扬“德行天下、和谐奋进”的常德精神，倡导健康、文明、科学的生活方式，不断提高广大青少年的文明素质和道德修养。（蔡　凯）

【志愿服务】团市委围绕构建“和谐常德”这一主题，大力开展了“倡导志愿服务、构建和谐常德”主题系列活动。在全市志愿者中开展了学雷锋志愿服务月、禁毒志愿服务、敬老志愿服务、“三清”志愿服务、保护母亲河、第四届农运会和湘西北房交会志愿服务等。5月25日，由共青团常德市委、市

团中央领导到石门调研座谈

志愿服务领导小组主办的“倡导志愿服务、构建和谐常德”系列活动在常德市一中百年讲堂正式启动。活动紧密围绕“倡导志愿服务、构建和谐常德”的主题，回顾常德市开展志愿服务活动以来的工作历程，总结常德市三年来志愿服务工作的经验和成就，并开展了志愿服务主题征文、演讲比赛、“十大志愿服务优秀集体、十大志愿服务明星”评选活动。此外，团市委还组织志愿者参加了“志愿中国·人文奥运”主题活动暨北京奥运会、残奥会赛会志愿者湖南招募行动系列活动和志愿服务西部计划活动。（蔡　凯）

【希望工程】 团市委成功筹备了“希望工程全面升级启动仪式”活动。5月20日，由中国青少年发展基金会、中央电视台经济频道、共青团湖南省委、湖南电视台、湖南省青少年发展基金会联合举办的“希望工程全面升级全面启动”公益活动在常德市澧县澧南镇宝洁希望小学隆重举行。团中央书记处书记尔肯江·吐拉洪、省委常委、副省长徐宪平、团省委书记李晖、少儿节目主持人董浩、著名歌星韩红以及奥运冠军刘璇等以希望工程志愿者的身份与希望小学的孩子们一起阅读课外图书，一起运动比赛，一起学唱希望小学校园歌曲。由来自北师大、北京传媒大学的两名“希望教师”放映的数字电影，让师生们大开眼界。以小平同志资助的受助生周标亮成长为教师的希望工程主题电影《希望》也在此次活动中首次播映。仪式上，中国青基会向希望小学捐赠了数字电影设备和体育设施用品，中央电视台经济频道将此次活动作为《春暖2007年》的重要组成部分进行了现场直播。此外，“芙蓉学子”助学、移动“富民惠农”助学行动进一步深化。2007年，团市委争取铜城实业向希望工程捐款50万元，联合市方志办等部门开展义卖等活动筹资6万元，全市近6000名贫困学生获得社会捐款。（蔡　凯）

澧县希望工程全面启动

【农村团建大调研】 2007年，团市委围绕农村基层团建情况开展了大量深入细致的调研活动。4~5月份，团市委机关干部与团省委干部一道下到鼎城、澧县的6个乡12个村，开展了为期半个月的“湖南农村留乡青年现状”调查。7月份，又与团中央和团省委的6名干部赴石门县进行为期一个月的农村基层团组织调研。12月份，团市委全体机关干部在4位书记的带领下分别深入到全市各区县（市）开展农村基层团建工作大调研。7月23日至24日，团中央书记处常务书记杨岳在团省委书记李晖、市委组织部长李平等人的陪同下，来到石门县就农村共青团工作进行了调研，并就农村团的基层组织建设发表了重要讲话。（蔡　凯）

【市第四次少代会】 9月25日，中国少年先锋队常德市第四次代表大会由团市委、市教育局和市少工委联合召开。来自全市的210名少先队员、少先队辅导员和少年儿童工作者代表参加大会。会议总结了过去五年时间常德市少先队工作的成绩和经验，对未来五年常德市少先队工作进行部署，并选举产生新一届少工委领导班子。大会表彰了市“十佳少先队员”：郭丹唯、洪盈盈、何宇珊、龙雨葳、陈思杏、潘蒨佳、辛可、冯琳月、陈星宇、谢刘艺旋；市“十佳少先队辅导员”：陈瑾、虞茜、熊辉华、易丽君、杨昌盛、马小菊、龚艳、胡琴、柏林、谢友爱；市“优秀少先队志愿辅导员”：祁圣友、杨启贵、胡名焕、刘习忠、邵华、陈彰钰、陈本松、向爱华；市“十佳支持少先队工作校长”：王宁、陈慧、杨亚、白春芳、游文钧、李光才、章业树、毛典华、唐云飞、张莉。少代会期间还开展了少先队心愿墙、联欢晚会等丰富多彩的活动。团省委副书记张值恒、市人大常委会副主任杨先平、市政府副市长张元英、市政协副主席万成贞、常德军分区政治部主任张恒洲等领导出席了大会。（蔡　凯）

少年先锋队常德市第四次代表大会

常德市妇女联合会

【中共十七大宣讲暖人心】 市妇联开展了内容丰富、形式多样、历时两个月的十七大精神宣讲活动。宣讲下基层。11月，在全市妇联系统中，开展了“妇联组织如何参与社会管理和公共服务”的大讨论，收到来自各个基层的理论文章67篇，市妇联主席龚美爱撰写的论文——《妇联组织如何参与社会管理和公共服务》，在中国妇女网、潇湘妇女网等网站发表。在覃清香、张元英、万成贞等市领导的带领下，常德女领导干部联谊会的全体成员在石门开展了“贯彻十七大，支援新农村建设”为主题的活动。12月7日，市妇联“十七大精神下基层宣讲活动”在安乡县安凝乡举行。自此，市妇联全体干部分为三

组，下到相关区县（市），开展宣讲中共十七大“六个一”活动，掀起了全市妇女学习、贯彻中共十七大精神的高潮。调研到基层。本着“把温暖送下去，把意见带上来”的原则，市妇联深入到各个联系点，采取走访、座谈、民意测验等多种方式，广泛征求妇女群众的意见，并重点对村妇代会主任待遇落实情况进行了深入调研。市“两会”期间，提交了《关于解决基层妇女干部待遇问题的建议》的议案，为市委、市政府决策提供了参考。温暖送基层。结合宣讲中共十七大精神，市妇联实施弱势群体救助、援助、温暖三大工程，尽心尽力为妇女儿童做好事、办实事。借助民营医院力量，先后筹集善款3万多元，对孙孝云等5名特困母亲实施了大病医疗救助。争取省妇联维权资金1万元，开展特困妇女儿童法律援助活动，办理援助案件20件，调解胜诉率达95.6%。12月9日，“贫困儿童援助活动启动仪式”在武陵区举行，来自全市的40名贫困儿童，接受了为他们捐助的3万元现金及书包、文具等学习用品。（徐玲英　杨立波）

【典型推介】为充分发挥典型的示范带动效应，市妇联大张旗鼓地对全市妇女先进典型进行了推介、表彰。“三八”期间，表彰了“优秀妇女工作者、巾帼创业明星、农村新女性、维权卫士、双合格家长”等“五十佳”妇女典型。2007年，全市有五好文明家庭、优秀母亲、再就业明星、三八红旗手等17个妇女先进集体（个人）获国家级表彰；38个妇女先进集体（个人）获省级表彰。鼎城区国税局局长向实、澧县妇女联合会主席胡长城、市格莱水产食品有限公司董事长肖群英等3名女性获全国“三八红旗手”荣誉称号。常德同德职业学院董事长齐淑兰、石门县所市水文站站长胡雪霜2名女性获全省“十佳杰出女性”荣誉称号。市妇联被市委、市政府评为“湖南省第四届农民运动会承办工作先进单位”、“综合治理先进单位”和“禁毒工作先进单位”，被省妇联评为“宣传工作先进单位”和“妇女儿童工作先进单位”，被全国妇联评为“三八红旗集体”。（徐玲英　杨立波）

【陈明秀家庭被评为第二届全国“绿色家庭”】2007年12月，陈明秀家庭被评为第二届全国“绿色家庭”。陈明秀夫妇是澧县宜万乡白莲村人。从2004年开始，他们凭着睿智的眼光和多年在外跑车积累的经验，看准特种猪养殖这一行业，投资30多万元，建起了宜万乡第一个大型特种猪养殖场，成为首届一指的富裕大户。他们谋求发展，心系环保事业。建起大沼气池1个、垃圾池10多个，在猪舍旁种果树1000多株，形成了一沼一果的生态养殖链；用沼气池密闭消化每天的猪粪便，将沼气免费输送给邻近的家庭使用，用沼气渣和废水栽培果树，变废为宝，净化了环境。他们热爱公益，为建设美好家园出力。在村里成立特种养殖协会并担任会长，带动全乡养殖户发家致富；出资8000多元为村里五保户和特困户安装了自来水，出资1.5万元修缮了村里街道的路灯，开办了义务村民图书馆。（徐玲英　杨立波）

“十佳”女性表彰大会

【陈昆、蒋娣家庭被评为全国“平安家庭”】2007年11月，陈昆、蒋娣家庭被评为全国“平安家庭”。陈昆、蒋娣家庭可谓政法之家，住在澧县澧阳镇。多年来，他们一家团结和谐、尊老爱幼、友爱相处，成为街坊四邻乃至澧县县城公认的“平安和谐第一家”。陈昆、蒋娣夫妇均是县法院工作人员。在单位，他们是业务骨干，被评为常德市“五星级政法干警”、澧县“十佳法官”；在家里，他们提倡男女平等，互帮互学，共同提高，全家齐动员，主动参与“平安家庭”创建活动。三年来，陈昆、蒋娣夫妻义务为邻居宣传法律、法规30多场次，化解家庭纠纷20多次，有3户家庭在他们的调解下和解。陈昆的父母是退休老干部，他们发挥余热，主动参与居委会的人民调解等工作，还为贫困学生捐款8000多元、捐献棉衣棉被30多件。蒋娣同志不光是好妻子、好母亲，对待公公、婆婆也象女儿一样尽心尽力，她关心老人冷暖，经常陪老人散步、聊天。（徐玲英　杨立波）

【城乡发展齐推进】积极引导农村妇女参与新农村建设。年初，下发了《关于组织广大妇女参与社会主义新农村建设的意见》。全市225个巾帼示范村开展了承诺签名活动，并自发捐助扶贫资金125万余元；各级妇联共组织专家、技术员1600多名，送科技下乡230余次，播放科普电影270多场，举办大型“优秀农村家长报告会”23场，受益群众达15万人；创办农村妇女活动中心、家庭服务站200多个，建立禁赌、禁毒、防艾等协会3000多个，成立村级以上妇女腰鼓队、文艺队740多个。引导城镇妇女岗位建功、岗位成才。武陵区地税局办税服务厅被评为国家级“巾帼文明岗”、市房地产产权管理处办证服务大厅等10个集体被评为省级“巾帼文明岗”、九芝堂大药房桃源连锁店等24个集体被评为市级“巾帼文明岗”；鼎城区质量技术监督局李碧芬等23名岗台负责人荣获市“巾帼建功先进个人”称号。全市各单位妇委会与“巾帼文明岗”、女企业家组成志愿者服务队伍325支，联系新农村点村110个，提供资金200多万元，与1400多个特困学生、母亲结成助学助困对子，有近100个机关事业单位在“春风送岗位”行动中提供就业岗位。各区县（市）妇联动员全市3000多名城镇下岗女职工，免费开展家政服务、电脑知识、服装加工等技能培训，帮助她们实现了再就业。市妇联先后3次组织岗台负责人、医务工作者和女企业家开展活动，救助特困学生、母亲180多人。

（徐玲英　杨立波）

市妇联主席龚美爱看望孤残儿童

【和谐创建延社区】市妇联以提高家庭成员文明素质、推进和谐社区和平安常德创建为目标，深入村居、社区，开展多种形式的宣传，推动创建活动由家庭向社区发展。3-8月，市妇联与武陵区妇联联合，在社区开展了“关爱社区妇女-与健康同行”、“蒙牛城市之间-与奥运同行”两大主题活动。两次活动有三个共同的亮点：一是时间长、辐射面广；二是照顾了“边缘”群体——社区妇女；三是巧妙的实现了企业、妇联与基层妇女三方共赢，真正把党的优抚政策落实到了基层，得到广泛认可和支持。“关爱社区妇女——与健康同行”活动历时5个月，遍及49个社区，耗资110万元，有7000多名社区妇女接受了包括内外科、妇科等12个项目的体检，96名手术适应症妇女接受了优惠康复治疗，5名特困妇女获得了大病医疗免费救助。“蒙牛城市之间——与奥运同行”活动历时9天，分别在芙蓉等6个社区举办了12场趣味健身、家庭才艺等展示活动。不仅娱乐性强、形式新颖，而且不需专业技能、任何人都可以参与，被誉为“百姓奥运”。9月份，市妇联成立了常德市首个妇女健康教育基地，并以此为平台，聘请妇科专家28名，深入到武陵、西洞庭等地30多个社区，开展义诊、咨询、健康知识讲座等活动42场（次），增强了社区妇女的保健意识。7月，常德市社区妇女工作在“湖南省社区妇女工作经验交流会”上推广，市妇联主席龚美爱作了《从“家”入手，做“和”文章，用妇女文化活动催生社区文化品牌》的典型发言。澧县宜万乡陈明秀家庭被授予全国第二届“绿色家庭”光荣称号、澧县法院陈萍家庭被推荐为全国“平安家庭”。

（徐玲英　杨立波）

【权益维护创佳绩】抓住换届契机举荐。在各级人大、政协换届前，提出了《关于在各级人大、政协换届中做好女干部配备和保证女代表、女委员比例工作的意见》。换届后，9个区县（市）的党政班子均配备了一名以上女干部；乡镇党政一把手女干部有26人；乡镇党政班子中配有女干部224人，比换届前增加了28人；人大代表、政协委员中的女性比例比换届前均有所增长。利用合法席位谏言。市妇联利用在人大、政协的合法席位，提出了近十个议案和提案，推动了一系列保护妇女权益的政策性文件出台。市妇女儿童活动中心纳入了常德市文化名城建设项目，落实了部分在副职岗位工作10年以上优秀妇女干部待遇。通过受理信访维权。各级妇联加强领导协调、预警分析、司法保护、维权服务、表彰激励等维权机制建设，重视发挥妇联系统四级信访网络的作用，认真督办典型案件，切实履行了“娘家人”职能，维护了受害妇女儿童合法权益。全市县以上妇联共受理来信、来访、来电咨询864件次，结案率99%。

（徐玲英　杨立波）

【文物征集】建立中国妇女儿童博物馆，向世界充分展示中国妇女儿童发展状况、地位和作用，是各级妇联的共同心愿，也是各级妇联的共同任务。市妇联以大局为先、上下联动、多方协调、以积极的心态，完成了省妇联下达的妇女儿童文物征集任务。捐赠了文物16件（套），包括绣花鞋帮、绣花枕块、绣花背巾、绣花风帽、绣花小孩帽、绣花涎搭子、绣花围套、绣花围兜、绿底白花女装、竹质针线圆盒、木质花卉纹梳妆盒等最能体现湖湘妇女儿童文化的传统文物。9月21日,在市委常委、组织部长李平和市人大常委会副主任杨先平的陪同下，全国人大常委、原全国妇联副主席、中国妇女儿童博物馆筹建工作顾问赵地等一行9人，视察了常德的文物征集工作，对市妇联和市博物馆的工作给予了充分的肯定。

（徐玲英　杨立波）

【全国三八红旗集体】常德市妇女联合会，总人数14人，其中女性人数12人，主席、党组书记为龚美爱同志。常德市妇女联合会曾获湖南省妇联系统先进集体、宣传思想工作先进单位、常德市“创学习型城市”先进单位等。近年来，常德市妇女联合会带领全市妇女在社会主义市场经济的大潮中，顽强拼搏，大胆实践，为建设和谐常德做出了重要贡献，实现了自身的新发展。

以科学发展观为指导，统筹协调，有力推进城乡妇女共同发展。搭建服务平台，帮助农村妇女增收致富。近3年内，市县两级共举办各类农村妇女实用技术培训班286期，发放农村妇女实用技术资料2.9万册，送文化、送技术下乡165次，培训农村妇女近3万人；市县两级共培育带“妇”字号科技示范基地8个，建起万亩基地3个。全市共培养“农村妇女科技致富带头人”600多人、“女龙头企业带头人”100多人。构筑发展平台，促进城镇妇女就业创业。近3年共举办“创造新岗位、创造新生活、创造新业绩”报告会14场次。举办“下岗失业妇女再就业技能培训班”六期，有3000多名下岗女工接受了培训。大力开展“万个家庭就业助困行动”，帮助2000多个零就业家庭实现了再就业。建立健全了9个区县（市）妇联家政服务网络，共接待就业服务咨询9000余人（次），为6000多个下岗失业女性找到了工作。拓展建功平台，激励广大妇女岗位成才。出台了《常德市“巾帼文明岗”创建活动管理实施办法》、《常德市“巾帼文明岗”验收细则及评分标准》。近3年共推荐评选国家级“文明示范岗”10个、省级19个、市级57个，共有14名同志受到全国妇联和省妇联表彰。

以推进和谐社会建设为目的，突出重点，大力加强家庭文化建设。开展家庭文明建设活动。开展“文明常德学习的家”万人签名活动，开展了“金婚”、“银婚”评选活动，“十星级文明家庭”、“五星级居民户”以及好母亲、好妻子、好婆媳、好妯娌、好姑嫂等评选活动。桃源县枫树维回乡苏家堆村被授予“全国美德在农家活动示范点”。以“炫彩生活”为主题的女子健身操电视大赛，连续三年举办“幸福家庭”才艺比赛。抓好家庭教育工作。3年内全市新建家长学校112所，目前全市各类家长学校已达413所，家庭教育讲师团10个，每年发放家庭教育资料近10万份，开展家庭教育讲座800多场，并建立了家庭教育网站。深化未成年人思想道德建设。出台《常德市小公民道德建设指导意见》，在全市范围内建起了9个小公民道德教育实践基地；先后开展了“我向国旗敬个礼”、“青年告别三室二厅”、“英雄伴我成长”等主题活动。建起了特困儿童信息库，发动社会各界为特困儿童捐资助学，市县两级3年内共救助了1930名贫困儿童。组织开展了“一家一”助孤活动，“儿童早期教养进万家亲子游艺活动”，大力实施“春蕾计划”，市县两级妇联组织5年内救助了4500多名贫困女童入学。

切实维护妇女权益，搞好服务，优化了妇女儿童发展环境。加大两个规划实施力度。女性就业达141.1万，占就业总量的46.19%，全市婴儿死亡率为8.2%，孕产妇住院分娩率达97.8%，全市小学女童入学率达99.93%，巩固率达99.76%。加大了女干部培养选拔力度。制定《常德市2003—2007年女干部培养选拔工作规划》，健全女干部跟踪管理、定期考察、部门联席会议等制度，分别建立了副处级以上女领导干部、女科级干部和30岁以下优秀年轻妇女人才、35岁以下正科实职妇女干部等不同的女干部群体人才库。3年内，省市县三级党校共调训中青年女干部350人，举办各类妇女干部培训班21期，培训女干部1215人。至年底，全市有全国、省、市三级女党代表79名，女人大代表83名，女政协委员75名，分别占全市各类代表总数的25.2%、17.5%和19.6%。依法维护妇女儿童权益。健全妇联牵头的“妇女信访维权、妇女儿童保护、女子法庭、法律援助及救助庇护”五大维权网络，市县两级新建起12个“110反家暴报警中心”、15个“反家暴司法鉴定中心”、21个“妇女法律援助工作站”、12个“维护妇女儿童权益合议庭”、35个“反家暴社区调解站”，健全了家庭暴力预警机制、防范机制，实现了维权源头参与与维权网络的“无缝覆盖”。

（徐玲英　杨立波）

常德市文学艺术界联合会

【概况】2007年市文联在市委、市政府的领导下，在市委宣传部具体指导下，团结组织全市广大文艺工作者以胡锦涛总书记在中国文联第八次、作协第七次全国代表大会上重要讲话为指导，全面树立和贯彻落实科学发展观，以建设先进文化，构建文化强市为目标，认真履行“联络、协调、服务”职能，积极带领广大文艺工作者投身“经济强市、文化名城、和谐常德”建设，努力为全市的改革和发展提供不竭的文艺支持。

2007年全市发表、出版各类文学作品近2000件（部），其中专著20多部：罗永常的长篇小说《间岛风云录》由北方文艺出版社出版、吴贤雕的散文集《我在吐鲁番避暑》由新疆人民出版社出版、李万军的散文集《走笔军旅》由中国戏剧出版社出版、钟建乐的散文集《生命的浪漫》由大众文艺出版社出版、刘绍英的长篇小说《河上的家族》由海南出版社出版、叶琰的文集《走近相思树》由济南出版社出版、龚飞林的长篇小说《爱金》由湖南人民出版社出版、汪大凯的长篇小说《尧舜剑》由北方文艺出版社出版等等。另外常德市还先后有陶少鸿、谈雅丽、刘双红、唐益红、杨拓夫、彭芳、阿满等多名作者的作品分别发表在《小说选刊》、《诗刊》、《人民文学》、《十月》、《青年文学》、《芳草》等全国知名文学刊物上。

在广东中山举行的、由中国书法家协会主办的、全国规格最高的、被业内人士称为“书法界的奥运会”的“全国第九届书法篆刻作品展”上，市书法作者郭宏忠和刘光远的行草作品入展，此举结束了常德市连续三届无人入展的尴尬局面；根据石门县青年作家唐汇驰的小说《派出所长》改编的电影《峰回迷转》7月在重庆江北地区开机，该片由峨嵋电影制片厂国家一级导演、享受国务院政府特殊津贴专家、重庆大学美视电影学院导演系主任毛玉勤执导。11月10日的《文艺报》以整版的篇幅刊登了评论市散文作家卢年初的散文作品的评论文章，这开了常德市作者被全国最高级别专业报刊整版评论的先河。在省第十四届摄影艺术展中，常德市共有21名作者的33幅作品入展，覃仕泉的国画作品《过年了》入选“齐白石国际文化艺术节大展”并获铜奖、张潮的国画《春晓》获“中国南京国际艺术博览会”优秀奖、邓玲雅获全省“新旋律钢琴大赛”一等奖、胡传经和韩钧创作的歌曲《鸟归林》获省“五个一工程奖”。

在努力提升《桃花源》和《丁玲研究》杂志的办刊质量的同时重新恢复了《企业文化》杂志，还新建《常德文艺网》，三刊一网各具特色，作用突出，使文联真正成为广大文艺工作者的“温馨和谐之家”。各区县市文联也加强了阵地建设，努力为文艺家提供笔耕的园地，武陵的《笔架城》、鼎城的《花岩溪》、津市的《兰草》、石门的《九澧》、汉寿的《沧浪》和《汉寿文艺报》、澧县的《墨池》、桃源的《桃源文艺》、临澧的《澧兰》、安乡的《书院洲》等。

举办“常德市农村现实题材文学作品征文大赛颁奖暨获奖作品集《乡情》首发式”；与同济大学共同举办“第十次国际丁玲学术研讨会”；举办了“第七届丁玲文学奖”颁奖大会。在肇庆举办了“广东·肇庆——湖南·常德书画交流展”。（洪　琼）

丁玲文学奖颁奖大会

【首届女画家美术作品展】3月8日，常德市首届女画家美术作品展在常德书画院开展，此次活动由常德市文化局、常德市文联、常德市妇联主办，由常德市书画院、常德市美术家协会承办。画展展出了黄华等16位本土青年女画家精心创作的一百多幅作品。这次画展为常德的女性在自己的节日里送上了一道特别的精神大餐，（洪　琼）

【广东·肇庆–湖南·常德书画交流展】市委宣传部、市文联与肇庆市委宣传部、肇庆市文联筹划的广东·肇庆–湖南·常德书画交流展于2007年5月28日在肇庆市书画院正式开展。市文联组织10多位书画家参加了此次交流展览活动，肇庆市委、市政府、市政协的有关领导和众多书画家们参加了此次交流展览活动。这次展览展出了两市精选的80余件书画精品，活动期间两地的书画家们以书会友、以画传情，相互切磋、相互学习，还组织了书画创作笔会，研讨了“湖湘文化”和“岭南山水”的各自特色。（洪　琼）

【农村现实题材文学作品征文大赛颁奖】6月28日上午常德市农村现实题材文学作品征文大赛颁奖暨《乡情》首发式在芷园宾馆隆重举行，湖南省作家协会党组书记、常务副主席龚政文，中共常德市委常委、宣传部部长覃清香，常德市政协副主席张新民等领导出席了此次会议，中国文联出版社社长李舒东给大会发来了热情洋溢的贺词。2006年4月市文联启动了“常德市农村现实题材文学创作征文大赛”活动，这项活动共收到小说、散文、诗歌、报告文学作品400多篇，经过评委们的认真评审共评出二等奖8名、三等奖13名、优秀奖50名，这次征文大赛的优秀作品已结集成《乡情——常德市农村现实题材文学作品大赛优秀作品集》由中国文联出版社出版发行。《湖南日报》对此次颁奖大会进行了报道。（洪　琼）

【第十次国际丁玲学术研讨会】第十次国际丁玲学术研讨会8月17~19日在上海同济大学举行。此次会议由同济大学、上海市作家协会、中国丁玲研究会主办，上海鲁迅纪念馆、上海市虹口区文化局、上海左联纪念馆协办。来自日本、韩国、新加坡等国家和中国香港地区的学者100余人出席了研讨会。与会学者围绕“丁玲与上海”这一中心议题，对丁玲早期创作和文学活动以及各个时期特别是复出文坛后的文学创作、文艺思想进行了深入的研讨。《人民日报》、《文艺报》、《文学报》和《中国作家网》对此次活动进行了重点报道，

引起了很大反响。（洪　琼）

【花岩溪文学创作笔会】8月29日至9月2日，常德市文联、常德市作家协会、鼎城区文联联合在鼎城区国家森林公园花岩溪举办“常德市2007年度文学创作笔会。”笔会邀请了《人民文学》、《青年文学》、《星火》、《芙蓉》等著名文学杂志的编辑来常进行文学讲座。来自各区县（市）的70多名作者参加了此次笔会。编辑与作者们进行了文学交流、探讨，并欣赏了花岩溪秀美的自然风光。（洪　琼）

【第七届丁玲文学奖颁奖大会】12月6日上午，第七届丁玲文学奖颁奖大会在芷园会堂隆重举行，来自常德市和黑龙江省的64名作者喜领获奖证书。

丁玲文学奖获奖作者合影

省人大常委会副主任庞道沐，省文联党组副书记、省文联副主席、秘书长江学恭，省作协党组书记龚政文，省作协副主席水运宪，市委副书记曹儒国，省人大常委会委员、市人大常委会原主任彭孟芝，市政协主席刘春林，市委常委、市委统战部部长吴友云，副市长张元英，丁玲文学创作促进会会长韩林安、副会长王春阳、郑景阳、刘士六、姚珍友等参加了会议。长篇小说《龙抬头》、《花枝乱颤》等11部作品获一等奖，长篇小说《鼠之刀》等20部作品获二等奖，散文集《真情底片》等25部作品获三等奖，报告文学集《旋律》等8部作品获优秀奖。

澧县文联获得组织工作奖。（洪　琼）

常德市社会科学界联合会

【概况】2007年，市社科联在市委、市政府的领导下，在省社科联和市委宣传部的直接领导下，坚持以邓小平理论、“三个代表”重要思想和科学发展观为指导，坚持立足常德、贴近常德、服务常德的工作思路，紧紧围绕市委、市政府建设“工业强市、文化名城、和谐常德”的工作目标，突出社科工作重点，扎实开展科普宣传、理论研讨、学术交流和学会管理等工作，各项工作取得了新的进展。2007年，市社科联被评为全省社科联系统先进单位。（周　高）

【学习宣传贯彻中共十七大精神】为了深入学习宣传贯彻中共十七大精神，用十七大精神统一全市社科工作者的思想和行动，努力推进社科事业和学会发展，开创社科工作的新局面，市社科联就全市社科界联系工作实际，全面、深入、准确、系统地学习领会和贯彻落实中共十七大精神提出了明确要求，并对组织落实学习贯彻十七大精神的各项工作做出了具体安排。一是举办花岩溪学习培训班，组织全市各学会、协会、研究会会长、秘书长及学会骨干集中学习培训。鉴于胡锦涛6月25日讲话为中共十七大胜利召开奠定了重要的政治、思想和理论基础，市社科联邀请了市委讲师团教授就胡锦涛6月25日讲话作辅导报告，以统一全市社科界的思想认识，为中共十七大召开营造了良好的氛围。二是为加强十七大精神的学习宣传，更加深刻地领会十七大精神实质，市社科联抽调1名干部参加了省委宣传部组织的十七大精神理论骨干培训。三是面向全市党政干部和社科理论工作者开展了“学习宣传贯彻十七大精神征文”活动，编辑出版了《常德论坛》十七大论文专辑。四是组织各学会围绕中共十七大开展了系列活动。如，市统计学会配合十七大宣传，推出《喜迎十七大，共创新辉煌》等介绍十六大以来全市经济社会发展成就的系列述评文章，在十七大胜利闭幕之际，以“喜庆十七大，展示新风貌”为主题举办趣味运动会。市图书馆学会大力倡导和推动图书馆延伸服务，让图书馆服务十七大精神学习宣传贯彻。一部分学会为深刻领会精神实质举办了报告会和讲座，邀请专家解读十七大报告，有的学会还开展了送十七大精神进社区、进农户活动。（周　高）

【社会科学普及宣传】按照全省社科普及宣传工作的统一部署，市社科联围绕“倡导和谐理念，构建和谐家园”这一主题，以更开拓的视野，更积极的姿态认真开展社科普及宣传与咨询服务，重点抓好了两大工作、开展了五大活动：一是集中开展4月社科普及宣传月活动。主要活动是：在常德日报开设专栏。在《常德日报》刊发“我为‘倡导和谐理念，构建和谐家园’进一言”征文启事，组织广大市民群众积极为建设和谐家园进言献策。从4月15日起先后在常德日报设专栏连续刊发15期近20篇文章。读者们从不同角度、不同层面反映了他们的和谐诉求和对建设和谐家园的美好期盼。活动结束后，市社科联还组织有关专家对征文进行评优，《讲礼让，促和谐》等一批文章分别获得一、二、三等奖和优秀奖，并受到表彰和奖励。摄制了专题宣传片。围绕构建和谐家园分别制作了《我心中的和谐家园》、《和谐家园交响曲》两期专题节目在常德电视台播出，反映了不同身份、不同层面市民的和谐之声，报道了市民建设和谐社会的生动实践，引导人们深入思考了影响社会和谐的主要矛盾和主要问题，探讨了怎样实现人与人、人与自然、人与社会的和谐，告诉了人们为构建和谐常德应该怎么做。节目很好地起到了倡导和谐理念、宣传和谐思想、促进和谐家园建设的作用。各社会科学类学会开展了科普宣传活动。一部分学会结合自身工作特点和行业特点，自选主题，围绕反假币、税收政策、金融、法律、档案知识等上街开展了现场咨询服务，免费向广大群众发放科普书籍近20000余册，宣传资料上万份，受到了广大群众的欢迎。如市税务学会以“依法诚信纳税，共建小康社会”为主题开展了声势浩大的税收知识宣传月活动，取得了积极的社会效应。市钱币学会深入乡镇开展反假币宣传，深受老百姓欢迎。《常德日报》和常德电视台还对部分学会的科普宣传活动给予了报道。举办主题征文活动。市社科联在全市面向市直和中央、省驻常各单位、各区县(市)副科以上领导干部，各大中专院校、党校、科研院所理论工作者，部分国有、民营企业负责人开展“知荣知耻·和谐发展”主题征文，重点联系组织了20多篇优秀理论文章上报省社科联，12篇优秀文章将作为省级立项课题的组成部分入选《社会科学普及文库——知荣知耻，和谐发展》公开出版。二是创新工作思路，把社科普及宣传和新农村建设结合起来，使社科普及向农村延伸、向农民拓展。市社科联深入到全市各区县（市）乡镇村（居）组调研，寻求科普宣传与新农村建设的结合点，坚持不懈地推进以“培育新农民、丰富新生活、倡导新风尚”为主要内容的社科普及宣传活动，送法律、政策下乡进村入户，向农民宣讲公民道德基本常识，组织指导开展了以改善环境为主要内容的文明村镇创建、以整治秩序为主要内容的百里文明走廊创建及以促进家庭和谐为主要内容的文明农户创建等系列群众性精神文明创建活动。这些活动将社科普及宣传和新农村建设紧密地结合起来，融社会科学知识于新农村建设之中，在农村倡导健康文明的生活方式，引导农民破陋习、树新风，相信科学，崇尚现代文明，不仅使社会科学真正深入人心走向大众，而且促进了农村精神文明建设，增强了新农村建设的动力。（周　高）

【湖南省社科普及宣传月专家巡回报告会】5月9日，市社科联承办了湖南省社科普及宣传月专家巡回报告会，邀请了湖南师范大学伦理学研究所副所长、博士生导师王泽应教授在高职院学术报告厅作题为“关于中华民族爱国主义的几个问题”的报告，受到了老师和学生的热烈欢迎。通过报告会，老师和学生们对中华民族爱国主义的优良传统有了进一步的了解，对爱国主义在新的历史时期的新发展有了更加深刻的认识，他们爱党、爱国、爱社会主义的热情也得到激发。（周　高）

【泛珠三角社科界9+2论坛代表团到常德市考察】5月18日，第五届“泛珠三角——社科界合作论坛”的九省区社科联负责人和港澳社科界代表一行20多人到常德市学习考察。市社科联在柳叶湖共和大酒店接待了代表团一行，并组织代表们参观了常德诗墙、柳叶湖及市容市貌。常德诗墙的良好创意让代表们赞叹不已，常德城市建设面貌、居住环境和取得显著成绩给代表们留下了深刻的印象。（周　高）

【理论研讨与学术交流】为进一步学习、宣传党的创新理论成果，充分发挥理论武装工作服务全市工作大局的重要作用，市社科联从4月开始联合市委宣传部、市发改委、市经委、市委讲师团开展了“坚持科学发展，推进一化三基”、“构建和谐常德”两个主题理论征文研讨活动。活动得到了各地各单位、各级领导干部和全市社科理论工作者的高度重视和热情参与，形成了一批优秀的理论调研成果。8月30日，市社科联通报表彰了从160多篇征文中评选出来的24篇优秀文章，并开展了研讨交流。市社科联还按照省社科联学会处的要求，组织各学会参加“学会发展相关问题研究”征文活动，6篇优秀文章被选送省社科联参加评奖，其中2篇获二等奖，2篇获三等奖。同时，还指导了学会学术活动。各学会把学术活动作为基本职能和主要工作，从各自实际出发，开展了形式多样、内容丰富的学术研讨活动。如市图书馆学会承办了洞庭湖区图书馆工作第七届年会，与会者分别围绕“社会阅读现状带给图书馆的反思”、“网络环境下公共图书馆信息服务的挑战与对策”、“论网络环境下图书馆服务发展的必然趋势”等问题进行了研讨交流。会议还特别邀请了省图书馆副馆长、省学会秘书长雷树德研究馆员作专题报告。据不完全统计，市社科联所属学会共完成各级课题100余项，在各级刊物上发表文章300余篇；举办理论研讨会20余次，交流论文近200多篇；举办学术报告会、学术讲座20余次，听众1000余人。（周　高）

常德市归国华侨联合会

【概况】2007年，常德市侨联在市委、市政府的领导下，在省侨联的指导下，坚持“以人为本，为侨服务”的侨务工作宗旨，充分履行职能，切实发挥优势，积极开展了多项活动，实现为侨服务与为经济建设服务的和谐统一。

加强联络沟通，服务经济建设和社会发展能力不断提高。加强与海外侨团侨领联系，努力引进工业项目。先后接待了由来自美国、加拿大、意大利、瑞典、日本和新加坡等7个国家和地区的侨资企业家组成的“海外华商西部行”考察团等海外企业家共计60余人次到常德市考察工业园区。为他们推介项目，介绍投资环境，取得良好效果。加强与中国香港特别行政区慈善机构以及海外慈善机构联系，大力引进公益项目。全年引进公益项目7个，总金额138万元。其中香港轩辕教育基金会捐资80万港币帮助建设汉寿县丰家铺乡领袖廿一中心学校、汉寿县蒋家嘴镇张正冯佩纪念中心学校、汉寿县毛家滩乡简汝群中心完小和鼎城区石门桥镇陈锦纯中学4所学校；香港惩教社教育基金会捐资52万港币援建桃源县黄石中学、鼎城区港二口中学。香港轩辕教育基金会捐资6万元扶助常德市20名贫困大学生。为进一步改善农村教育，建设社会主义新农村做出应有贡献。继续与美国欣欣教育基金会合作，成功举办第三期师资培训班。5月9日，美国欣欣教育基金会常德师资培训基地第三期培训班在美国欣欣教育基金会、省市外侨办、市侨联和常德师范学校的共同努力下，在常德师范学校如期举行了开班仪式。本次培训班共有来自内蒙古、黑龙江、湖南、贵州等12个省（区）的94名欣欣学校的英语教师在常接受为期2个月的免费培训。期间工作人员多次赴学校跟踪联络，及时掌握培训进展情况，处理突发事件，做好服务工作，得到广大师生的交口称赞和美国欣欣教育基金会的充分肯定。

开展系列活动，侨界携手共建和谐社会凝聚力不断增强。2007年是中国侨联确定的“聚侨心、促和谐活动年”。年初，市侨联三届四次全委会决定在侨联系统开展“侨界携手奋进，共建和谐社会”四大系列活动，目的在于响应中央建设社会主义和谐社会号召，关注侨界弱势群体，以凝聚侨心。一是“送温暖、暖侨心”活动深入人心。春节前夕看望慰问了约50户归侨侨眷，发放物资30件，慰问金近5万元。并召开全市归侨侨眷代表迎春座谈会。全市归侨侨眷、侨资企业代表，以及外事侨务、侨联工作者50多人欢聚一堂，喜迎新春、畅谈心声。同时，各区县（市）侨务部门也开展了形式多样的慰问活动。二是常德市侨务扶贫资金全面启动。在上级有关部门和常德市政府的大力支持下，常德市侨务扶贫资金专款到位并已经全面启动。经过多次的实地考察和深入研究，确定鼎城区花岩溪、临澧和武陵区的4户贫困侨户为第一批扶持对象，根据当地农家乐旅馆多、家禽需求量大的实际，为每户提供3000元的启动资金，帮助他们购置种鸡，修葺鸡舍，循环发展养鸡业。三是“迎中秋、庆国庆联谊会”气氛活跃。中秋、国庆前夕，市侨联与市外侨办、市政协港澳台侨外事委共同举办了“迎中秋、庆国庆联谊会”，邀请城区归侨及侨眷代表和侨资企业家共话友谊，共庆佳节，代表们还与专业演员共同表演了丰富多彩的节目，气氛十分活跃。市政协主席刘春林、副主席李金城亲自出席了联谊活动。四是“重阳侨界携手敬老扶困”活动效果突出。重阳节前，市侨联倡议侨界企业家开展“侨界携手敬老扶困”活动，市民康药号董事长康明、常德假日酒店董事长陈帮胜、市天丰农业技术服务公司法人代表郑文凯等侨界企业家及市侨联委员熊一、李宝瑞、陈华胜等积极响应，慷慨解囊，看望慰问了7户特困侨户，每户送去了500元慰问金及过冬棉被。市委常委、统战部长吴友云亲自出席慰问活动，并对侨界的这种做法给予了充分肯定。

建立来信来访登记制度。全年受理侨务来信来访10余件，件件有落实、事事有回音。其中为贫困侨户落实低保2件，办理侨务对象子女高考升学4件，为华人华侨办理驾照和签证延期2件，帮助处理归侨侨眷突发生活困难事件6件，美籍华人杨盛祖先生，到常德义务参加第三期美国欣欣教育基金会英语师资培训班活动期间，签证即将到期，在办理签证延期的时候遇到了困难，侨联工作人员多次往返市公安局，通过不懈的努力，杨先生顺利地拿到了新延期的签证。侨眷龚光美“文化大革命”期间受迫害，政策一直未落实。侨联领导积极奔走，落实了他的退休保障。四大活动的成功举办和侨务信访的落实，彰显了侨界的凝聚力，在社会上树立了良好形象。

积极参政议政，参与民主政治建设阵地不断拓宽。侨界市人大代表、政协委员积极参政议政，为常德市经济建设和社会发展献计献策。第四届市人大代表熊一认真履行代表职责，多次被评为优秀人大代表。2007年,市侨联被省侨联评为全省侨联系统参政议政工作先进单位。在新一届人大代表、政协委员换届选举之际，市侨联本着认真负责的态度，对侨界新一届人大代表、政协委员推荐人选进行了考察。并及时与市委组织部、统战部、市人大、市政协联系，汇报侨界情况，争取他们支持。市人大有2名侨界代表，市政协有5名侨联界委员。9个区县（市）共有4名区县（市）侨界人大代表、16名区县（市）侨界政协委员。此次推荐的候选人素质高、参政议政能力强，为今后侨界参与民主政治建设奠定了良好基础。

加大宣传力度，侨联工作社会影响不断扩大。通过党报党刊、网络、电视等各种媒体来宣传侨务方针、政策和法规，反映侨界动态，大力弘扬华侨华人热爱家乡、支持家乡经济建设的义举。全年，常德日报10次，常德晚报4次，市电视台8次跟踪报道侨务活动，《常德侨务扶贫资金全面启动》、《“海外华商西部行——湖南之旅”活动团来常经贸考察》、《2007年美国欣欣教育基金会英语教师培训班开学》、《常德市举办“武陵欢歌”广场文艺演出》等稿件被湖南红网、中国侨网、湖南省外侨办网站、国务院侨办网站、省市统战部网站、中华人民共和国商务部网站、新华商网、甘肃扶贫信息网、常德市外侨办网站、常德市政府门户网站、《湖南侨联》等广泛采用。其中《常德侨务扶贫资金全面启动》的报道一经见报，即有常德市人民政府信息办公室致电询问进展情况。湖南红网也有外地的网友在看到报道后留言说，希望看到更多宣传常德，介绍常德的报道，听到家乡的声音、了解常德的发展。市侨联配合保护法湖南省实施办法的修订实施，在《常德日报》开辟专版，宣传保护法，宣传侨务工作，介绍侨资企业，邀请市政府副市长李爱国就实施办法答记者问，使侨法的内容深入人心。市侨联主席陈丽君还在常德市和武陵区“三胞亲友座谈会”上宣讲实施办法，取得较好效果。与市委宣传部、市外侨办、市文化局共同主办了庆祝中国共产党建党86周年暨香港回归10周年“武陵欢歌”广场文艺演出，演出现场热闹非凡，广大市民争相观看，既提升了侨务部门影响，又极大的丰富了市民的文化生活。

完善侨务基础工作，侨务有效资源不断整合。市侨联以学习中共十七大精神为主要内容，不断加强侨务基础工作，整合侨务资源，提高侨联工作水平。着手建立健全“三库”。即“海外高级人才库”、“重要华商侨领库”和“侨资企业库”。这3个电子数据库的建立健全，使常德的海内外侨情资源得到及时充实和完善，为更好的开展侨联工作提供侨情资源保障。进一步加强组织建设。市侨联领导积极向市领导及市委组织部、统战部、编办汇报侨联工作，争取他们的理解与支持，以改变市侨联编制少、领导职数少及基层组织不健全的现状。2007年市委为市侨联增加编制1名。12月底，鼎城区委召开常委会专题研究外事侨务工作，一改过去鼎城区侨联无专职干部、无工作经费、无办公场地的局面，并顺利换届，解决了长达十年未换届的状况。 (王贤成)

常德市科学技术协会

【科普培训，提高农民素质】科普培训教材更加丰富。2007年，市科协又拍摄了《猪鬃的综合利用》、《走进农村专业技术协会》、《科技致富的领头雁》三部具有自主知识产权的科教片，交流引进农村实用技术、公众科普知识、职业技能培训光碟65片，市科协科普资源库声像资料达到800余小时，文字图片资料近300万字，为全市的科普培训提供了丰富的教材。市科协在此基础上边开发边利用，全年共制作下发VCD科教片3万余张，受到农民群众的普遍欢迎。科普培训队伍更加壮大。依托市、县两级学会的专家和农村专业技术协会、科技示范户中的乡土人才，网络了一支常年活跃在田间地头的培训队伍。至2007年底，市、县两级都建立了人员相对稳定，门类较为齐全的科普讲师团，绝大多数县（市）成立了科普教育中心，桃源县农函大近几年招生每年都在5000人以上，成为全国农函大的一面旗帜。科普培训形式更加多样。市科协建设的科普专业网站《常德科普网》逐渐成熟，录入了大量的科普声像、文字资料供基层群众查阅、学习。此外，还支持农民教育在线、农经网、远教网等大型网站丰富农村科普教育资源，形成了科普资源的共享。目前在全市已经基本形成了以农函大等传统培训模式为基础，以互联网站、电视、报纸多种现代媒体为重点的科普培训网络，较好地提升了农村科普的现代化水平。全年市县两级科协共举办农函大班216个，举办技术培训班、讲座438期，开展农村实用技术培训70余个项目，农村劳动力转移技能培训12236人，展出科技图片2800张，组织参观学习196场次，受训人员达30多万人次。 (李超美)

【科普示范初具规模 创建活动结硕果】通过开展省市科技示范户、先进农村科普示范基地、先进农村专业技术协会评选表彰和全国科普示范县创建达标活动，全面推动了常德市“十、百、千”科普示范工程的开展。一年来共培植发展农村科普示范基地19个，使全市科普示范基地发展到546个，总面积达0.867万公顷。其中，省级科普示范基地4个，市级35个，县级108个，乡级399个。全市广大农民通过科普示范基地的示范、辐射和推广，掌握了先进实用技术，受益群众已达800多万人，科技真正成为农民增收、农业增效的支撑。石门县、临澧县创建全国科普示范县通过验收命名，全市全国科普示范县达到3个，在全省位于前列。建成科普示范乡（镇）113个，新增36个，科普示范村818个，新增193个。全年新发展省级科技示范户28户，市级科技示范户100户，县级科技示范户815户。至年底，各级科协培育的8159个省、市、县科技示范户，在引进新品种、推广新技术、发展新产业和提高农民技术水平、增加农民收入等方面，发挥了巨大的科技示范和带动作用。石门县刘家坪无公害蔬菜科普示范基地以科普培训为着力点，大力推广无公害蔬菜种植，在该基地的带动下，目前全县蔬菜种植面积达0.613万公顷，蔬菜种植农户由2003年的2000户发展8500户，专业村57个，总产量1.8亿公斤，总产值1.3亿元，产品销售到3省12个地区。该基地2007年被中国科协、国家财政部评为全国先进科普示范基地，并给予20万元专项奖励发展资金。 (李超美)

【完善科普组织，提升产业意识】2007年，市科协围绕新农村建设和全市农业产业结构调整这个主题，在提高农村专业技术协会的产业意识和品牌意识上做文章，着力培植龙头企业，打造产业品牌，产业带动优势得到了进一步加强。截止到2007年12月，全市由民政局登记、科协主管的农村专业技术协会已经达到376家，占到农村合作组织的60%以上。初步形成一个由9个区县（市）科协、212个乡镇科协、376个农村专业技术协会、66个科技咨询服务机构组成的多专业、多功能、多层次、多类型，会员达13万余人的组织网络。一大批农技协已由初期的技术纽带型向技术经济联合型发展，有的实现了跨区域、跨行业、股份合作制经营，成为调整全市农村产业结构的新生力量和连接农户与市场的纽带，有力地促进了农村产业发展。澧县葡萄协会，成立四年多来，已经发展成了拥有会员465人，集普及、示范、培训于一体，具有农业产业化经济组织性质的高级协会组织，带动全县种植葡萄1000公顷。该协会2007年被中国科协、国家财政部评为全国先进农技协组织，并给予20万元专项奖励发展资金。协会会长王先荣同志还被光荣地选举为中共十七大代表。汉寿县的杨树协会、安乡县的水产营销协会、石门县的柑橘协会、临澧县的清水鸭协会等等，其产值均超过5000万元，带动了一大批相关协会的发展，进而推动了常德市农业产业化结构的优化升级。 (李超美)

【科技大餐受欢迎】有针对性的组

织送科技下乡活动，为农民群众排忧解难。全市科协系统全年共组织送科技下乡活动130场次，参加的工作人员1930人次，受益农民14万余人次，免费发放科技资料389种，共20万余份（册），发放农村实用技术光盘142种，共2万余片，解决农民技术难题100余项，赠送优良品种等实物价值20多万元，受到农村群众的普遍好评。（李超美）

【科技创新】一年来，全市各级科协围绕“工业强市”发展战略，服务于推进新型工业化，组织广大科技工作者深入开展“金桥工程”、“会厂协作”、“讲创新、比贡献”等创新活动，进一步调动了科技人员的积极性和创造性，取得了良好的经济社会效益。各企业科协在“讲、比”竞赛活动中大力开拓创新，积极沟通企业与大专院校、科研院所的联系与结合。一年来，共有7000多科协会员参加了“讲、比”竞赛，承担科技攻关、项目创新等课题658个，已完成326个，新增产值2.2亿元，新增利税5000万元，为推动企业的发展作出了重要贡献。（李超美）

【推进未成年人科学素质行动】2007年，市科协通过组织青少年参加内容丰富、形式多样的科技活动，培养他们对科学技术的兴趣和爱好，增强创新能力和实践能力，收效明显。青少年科普活动有声有色。发挥青少年科技教育协会的网络功能和科技场馆、青少年科普教育基地等阵地作用，开展了科普示范学校创建、科技活动节、主题班会（队会）、主题科普报告会、中学生科普生活知识竞赛等一系列科普教育活动和青少年科技创新大赛、环保科学考察、到科技场馆（科普教育基地）参观考察、科技夏令营等一系列科学实践活动380余场次，参与各类科普教育活动和科学实践活动的中小学生达10多万人次，取得了丰硕成果。常德市一中、常德芷兰实验学校、常德师范附属小学等学校举办了以科技创新活动为主要内容的科技活动节，其科技创新成果有科技实践活动中和研究性学习过程中产生的发明创造作品、技术创新成果、科学研究论文。优秀科技实践活动展览、少年儿童科学幻想绘画展览等也成为各学校的经常性活动。（李超美）

常德市残疾人联合会

【全国助残日】5月20日为全国法定的第十七个“全国助残日”。期间，市残联组织了一系列的助残活动，激发了广大民众对助残、扶残活动的参与热情。一是利用公共媒体向社会推出了刘民政等10名扶残、助残的先进典型，在社会上引起了强烈的反响。二是在市电视台演播大厅举办了《自强之歌》大型文艺汇演，用特殊文艺晚会感召社会、呼唤文明，受到了广大观众的好评。三是在市残联机关大楼前举行了隆重而热烈的辅助器具捐赠仪式，545件价值21万余元的辅助器具捐赠到了400多名残疾人及其亲属手中，为他们送去了党和政府的温暖。（白展新）

【残疾人康复】按照“2015年残疾人人人享有康复服务”的康复目标，一年来，全市残联系统坚持社会化的工作方式，整合社会资源，增加经费投入，开展了一系列的康复活动，取得了显著成效。全年共完成白内障手术4980例，其中免费865例；精神病防治6790人/次，其中免费送药1003人；肢体残疾人康复训练228人，智残儿童康复训练138人，免费安装假肢143例，社区康复工作收到了良好效果。10月，武陵区康复进社区工作，顺利通过中、省残联的检查验收，成为全国第二批社区康复工作示范区。市假肢装配站被评为“全国十佳假肢装配站”。（白展新）

【残疾人就业】2月25日，国务院以488号令公布了《残疾人就业条例》，并于5月1日起正式实施。市残联以此为契机，立足本职，统筹兼顾，扎实推进残疾人就业工作，全年共安置残疾人就业1166名，新扶持集中使用残疾人就业的用人单位3家，全市集中使用残疾人的用人单位达到了50家。全市有劳动能力的残疾人就业率达到76%，比上年增长十个百分点。（白展新）

【残疾人工作组织建设】按照中残联的要求和标准，到2007年底，全市各区县（市）均成立了残联，各区县（市）残联均成立了5个专门协会，配备了专门的办公场所和工作人员。211个乡（镇）、办事处均成立了残联组织，3900多个村、居委会成立了残协，配备了专（兼）职工作人员和专职委员会队伍。8月中旬，市残联在市委党校举办了全市残疾人工作者业务培训班学习，参加人员包括各区县（市）残联业务骨干、各乡、镇（街道）残联的理事长，共计300余人。培训班上，市残联聘请了省人大原农业委主任傅学俭、省残疾人副理事长杨建宏等知名专家授课。通过培训，提高了广大残疾人工作者的业务能力和工作水平，促进全市残疾人工作更加规范、有序开展。（白展新）

常德市贸促会

【招商引资】招商洽谈会的组织与参会。2007年市贸促会重点抓了“四会”即“中博会”、“深洽会”、“泛珠洽谈会”、“湘商大会”参会客商特别是重大工业项目签约客商、战略投资者的邀请组织工作。“中博会”期间，市贸促会积极挖掘客商资源，邀请了8名客商和战略投资者参会。“深洽会”共邀请到包括1家世界500强企业、3家国内500强企业负责人等共78名客商参会，促成市政府与香港盈信集团、粤港水务集团、香港保威集团达成了战略合作框架。“泛珠洽谈会”期间，邀请了8名粤港两地客商参会，成功促成市政府与香港盈信集团签署在德山兴建湘西北物流中心的合作协议，洽谈引进中冶

全市外贸促进恳谈会

南方集团收购常德纸业、香港保威集团开发德山东莞工业园、东莞常德商会投资兴建德山东莞中小企业园等项目。“湘商大会”期间，邀请了10多位常德籍商人到会洽谈。其中由市贸促会牵线引进的深圳博大晶深科技公司投资2亿元在德山开发区生产可视电话、无线卫星手机等高科技产品项目也在会上成功签约。积极开展自主招商。通过与香港保威集团合作，邀请了东莞54家转移意向企业负责人组成投资考察团参加了“深洽会”。6月中旬，香港保威集团董事长亲率东莞客商代表团一行16人到常德市德山开发区等地实地考察，进一步洽谈在常投资合作事项。做好投资企业的跟踪服务工作。积极帮助投资企业理顺好投资关系，创造良好投资环境，通过大量卓有成效的服务工作，成功引进了湖南博大科技项目，同时注册成立了常德卫通、神舟科技两个公司总投资达6亿元。此外，还与市重点办共同引进了由香港天利集团投资的常德体育生态园项目，总投资2.5亿元。（赵群莉）

【会展培训】日韩招商推介会。9月11–19日，市贸促会组织区县（市）分管领导和企业负责人并由市政府分管副市长带队，一行10人参加了分别在日韩两国举行的推介会。德山开发区、柳叶湖旅游度假区与多家日韩企业达成了合作意向，东鼎动力公司和宝龙汽车公司还同期参加了韩国国际汽车零配件展览，他们与多家合作伙伴洽谈了零配件出口配套合作事项。代表团一行参观考察了韩国最大的LED发光芯片制造企业EPV公司的芯片生产线。双方就在常德兴建LED路灯生产基地，推广在常德的光伏能源项目的合作意向进行了深入探讨。

香港中小企业国际市场推广日。市贸促会组织各区县市开发区负责人、相关企业老板，带着项目参加“2007香港中小企业国际推广日活动”，先后与荷兰驻港总领馆贸易主任、印度驻港领馆领事等沟通，并先后拜访了香港总商会等5家商协会，为临澧中泰特种设备公司在荷兰及欧洲寻找合作伙伴，为常德双豹粮机公司计划在南亚投资建厂进行了前期洽谈。

“常德国际服装节”。2007年，市贸促会在市体育中心先后举办了夏冬两季“常德国际服装节”。夏季服装节以苏杭丝绸时装为主题，展期17天，吸引了来自全国各地的200多家生产厂商参展，标准展位210个，展出面积达2900多平方米，成交额800多万元。冬季服装节于11月26日开幕，以羊绒、羽绒服装服饰为主。来自内蒙古、江苏、上海等20多个省、市、自治区的200多家生产厂商和国际品牌代理商参展，成交额近千万元。

培训讲座。一是由省人事厅人才交流中心高级顾问、国内著名管理专家、管理学硕士、教授胡翠艳女士主讲的《现代人力资源管理——如何选取、育、用、留人才》大型讲座。来自全市各行业的100名企业人力资源高管参加了讲座，并对此次讲座给予了较高的评价。二是由上海光大智业首席管理培训师、国内著名实战派管理专家张冰教授主讲的“高效执行与创新管理”大型讲座。通过这些讲座培训，开启了与会者的思维，帮助参训企业管理者从容应对企业发展过程中必须面临的人力资源管理和创新管理等问题。（赵群莉）

【对外联络】2007年，市贸促会共成功组织了7个经贸考察团组共86人次，分赴美加、日韩、英国及北欧和东南亚等地考察学习，积极地促进了常德市的对外经贸交流工作。（赵群莉）

【出证认证】2007年全年为企业办理一般原产地证260份，商业单据认证35份，代办使领馆认证12次，出证量比上年增长了20.4%，保证了企业出口能及时通关结汇，有效地促进了常德市企业的出口。（赵群莉）

其他协会

【市老科协教育分会】2007年，市老科协教育分会认真贯彻落实中央9号文件精神，围绕全市教育改革发展再做贡献取得了一定成绩。5月，中共常德市委组织部、中共常德市委老干部局、常德市人事局授予市老科协教育分会先进单位荣誉称号；省老科协授予分会全省自我保健科普工作先进单位荣誉称号；市教育局局长黎建平被市委评为“支持老科协工作的好领导”；副局长郑大金荣获全省“支持老科协工作的好领导”荣誉称号；会长陈昌清被评为全市有突出贡献的老科学技术工作者，以其优秀事迹为题材撰写的长篇通讯——“烛光如炬”编入市老科协成立20周年庆典的报告文学集——《壮心如虹》一书中。（朱华林）

军分区

【概况】 2007年，军分区部队在湖南省军区党委和常德市委、市政府的正确领导下，以邓小平理论和“三个代表”重要思想总揽工作全局，牢固树立和落实科学发展观，着眼履行新世纪新阶段我军历史使命，紧紧围绕军事斗争准备这个龙头，突出重点、科学筹划、加强领导、狠抓落实，圆满完成了各项任务。通过抓“迎接十七大”主题教育和学习贯彻中共十七大精神等大项专题教育活动，军分区机关和各人武部党委班子凝聚力、战斗力进一步增强；通过加强军事训练和国防后备力量建设，部队和民兵预备役人员履行使命能力进一步增强；通过狠抓从严治军和后勤建设与改革，部队正规化建设水平和后勤保障能力进一步提高。（刘国栋）

【党委班子建设】 分区党委“一班人”按照胡锦涛主席提出的“三个素质”、“四个本领”和“五种能力”的要求，坚持以《军队党委工作条例》为依据，以构建和谐班子和增强班子创造力、凝聚力、战斗力为目标，大力加强党委班子的思想、组织、作风、制度和能力建设。通过抓教育培训、抓组织调整、抓实践锻炼和传帮带，提高了党委班子整体建设水平。一年来，军分区、人武部两级党委积极开展向“党的创新理论实践者”方永刚学习活动，并采取党委中心组带机关带团级单位的形式，完成了以科学发展观为主要内容的四个专题中心组理论学习。通过学习胡锦涛主席关于在国防和军队建设中贯彻落实科学发展观的一系列重要论述，深刻把握了这一战略思想的科学内涵、精神实质和根本要求，牢固树立了科学发展、安全发展的理念，进一步提高了用科学发展观统揽和指导部队建设的能力。汉寿县人武部党委连续5年被省军区评为先进党委，并被广州军区评为全面建设先进旅团单位。此外，还选送了18名师团职干部参加广州、湖南两级军区理训班和省委党校学习，有效提高了师团两级党委班子和领导干部的综合素质。（刘国栋）

【政治教育和理论学习】 按照省军区统一部署，军分区部队着眼解决问题、焕发热情和推进工作，针对团以上领导干部、一般干部、战士职工和民兵预备役人员四个层面存在的13个问题，采取学习动员、集中辅导、参观学习、典型引导等方式方法，扎实开展了“迎接十七大”主题教育，进一步坚定了政治信念，强化了使命意识，激发了工作热情。澧县、安乡县人武部的教育经验分别被省军区教育简报转发，武陵区人武部“运用驻地资源，搞好主题教育”的做法在中央七台播发。分区的做法先后被中央七台和广州军区、省军区教育简报播发和刊登。中共“十七大”召开以后，分区部队学习贯彻中共十七大精神的热潮迅速兴起。分区党委把学习贯彻中共十七大精神作为首要政治任务来抓，迅速制定下发了《军分区部队学习贯彻十七大精神方案》和《军分区部队兴起学习贯彻十七大精神新高潮的指示》，采取组织宣讲辅导、编印学习手册、调阅学习笔记、展评心得体会、基本常识考核等方式方法，使中共十七大精神入脑入心，在武装头脑、指导实践、推动工作上取得了初步成效。（刘国栋）

【首长机关在职训练】 2007年是推进反“台独”应急作战准备工作落实的重要一年，军分区首长机关紧紧围绕广州战区赋予的反空袭作战、应急动员、反恐维稳和信息作战四大“使命任务”，强化首长机关在职训练，努力培养和提高首长机关高技术条件下局部战争的组织指挥能力。全年共完成4期在职训练，平均训练时间280小时，参训率96%。共完成了信息战理论、民兵兵役及动员工作法规、指挥自动化系统使用、手枪射击、体能等多个课目的训练，经考核，合格率100%，优良率75%。（刘国栋）

【民兵军事训练】军分区坚持以提高战斗力为目标，围绕“保数量、抓精训、打基础、重质量”的总体思路，圆满完成了年度民兵军事训练任务。全年共训民兵53期，总评成绩良好。4月份，组织了一期以军事理论、民兵预备役工作法规、工作业务、基本军事技能和政治教育为主要内容的专武干部集训，共训新任职和未参加过军事训练的专武干部70人，经考核合格率100%，优良率85%。同时，军分区选送的25名民兵军事训练尖子参加6月份全省民兵常驻应急分队比武，获得团体总分第2名的好成绩。选送的2批共18名专武部长在省军区集训考核中，获得了10个单项第一中的5个第一。9月份，在全省召开的民兵规范化训练现场会上，汉寿县民兵常驻应急分队演示的反恐维稳科目，受到与会代表一致好评。武陵区人武部被评为2007年度全省民兵预备役部队军事训练团级先进单位。（刘国栋）

【国防动员和后备力量建设】为贯彻广州军区和湖南省国动委会议精神，分区部队着眼所担负的应急作战动员任务，组织了以国民经济、科技信息等十大类为主要内容的国防动员信息数据核实，按要求拟制了各类动员预案。召开了区县（市）国动委主任述职会议和国动委成员会议。武陵区人武部获得了广州军区组织的军事动员业务考核湖南省第2名。澧县人武部政委熊新平、武陵区人武部政工科长高照林和石门县人武部干事黄绪坤获得湖南省个人成绩第2名。分区部队按照“统筹规划、科学编组、突出重点、注重质量”的原则，进一步深化民兵组织工作改革，及时调整了作战队伍、保障分队、应急分队等骨干力量的布局编组，完善了伪装防护、抢修抢救和电子战、网络战、心理战等作战分队。经整组，全市基层武装部基本实现“规模适当、布局合理、结构科学、重点突出、机制完善、法规健全”的民兵建设目标。7月份，军分区联合市委、市政府召开了全市人武部基层正规化建设现场观摩会议，采取“一会三点”的方式，刻划出了县（市、区）人武部、乡镇（街道）武装部和企事业单位武装部三个层面“怎么建、建什么”的样板，明确了地方各级党委、政府“管什么、怎么管”和人武部抓基层“抓什么、怎么抓”的问题，并制定下发了《关于进一步加强民兵预备役基层建设的意见》。（刘国栋）

【征兵工作】2007年征兵工作在省征兵办和市征兵领导小组的领导下，以《征兵工作条例》为依据，针对征兵工作中出现的新情况、新特点，切实加强组织领导，加大宣传发动力度，严把体检、政审和定兵关，认真协调征接关系，圆满完成上级下达的新兵征集任务。从9月25日市征兵工作开始，到12月16日最后一批新兵起运完毕，历时83天。（刘国栋）

【党管武装】各级党委政府继承和发扬党管武装优良传统，正确处理经济建设与国防建设的关系，始终把武装工作摆上党委的重要议事日程，做到依法管武装、用武装，党管武装制度得到有效落实。在市、县两级地方党委、政府的大力支持下，完成了市民兵武器装备仓库扩建，硬化了库区道路，新修建了篮球场。各区县（市）人武部完成了“部库合一”改造。汉寿县委、政府积极协调各职能部门，为人武部整体搬迁解决征地、拆迁、办证和工程建设经费等实际问题。全年，各区县（市）政府共为人武部和民兵预备役建设投入资金达600余万元。此外，全市共安置随军家属6名，安置转业干部15名，为军队干部解决了后顾之忧。（刘国栋）

【“参治参建”工作】军分区部队和广大民兵预备役人员参加支援社会主义新农村建设，积极为建设“和谐常德”作贡献。军分区重点在安乡县丰凝岗村抓好示范先行，先后协调有关单位筹措资金31万余元，帮助规范村部阵地建设，硬化通村公路，改造自来水工程，扶持部分农民发展特色产业，村民的生产生活条件得到明显改善。全区建立了10个新农村建设点村，组织协调资金70万元，帮助点村硬化公路20余公里，清理水渠200余公里，培养民兵致富典型80名，帮扶贫困户120名，资助特困学生50名。武陵区人武部部长熊岳辉在省军区民兵预备役政治工作会议上介绍了经验。（刘国栋）

湖南陆军预备役步兵师第二团

【概况】2007年，驻常德预备役团在预备役师党委和常德市委、市政府、军分区的正确领导下，在组建区（县）党委政府的大力支持与帮助下，以科学发展观为指导，紧紧围绕部队如期形成反“台独”应急防卫作战能力、促进团队全面建设又好又快发展，按照“两个重点、一个确保”的要求，振奋精神，开拓创新，狠抓落实，经全团官兵共同努力，较好地完成了年度各项工作任务，部队打赢能力有新提高、全面建设有新发展。团党委被省军区评为“先进团党委”。团被师评为“军事训练先进单位”，军政主官被师评为“一对好搭档”。（陈 锋）

【主题教育】团队按照上级统一部署深入开展了“赞颂新成就、履行新使命、迎接十七大”主题教育。4月份至5月份，在抓好理论辅导的同时，请军地专家解读党领导全国各族人民取得的巨大成就，组织官兵参观学习常德市交通指挥控制中心的先进管理模式，开展“我为祖国唱赞歌、我为党旗添光彩”为主题的读书演讲，进一步强化了官兵爱党、爱国的信念和爱军习武的意识。10至11月份，采取调查研究、收听收看新闻、开展专题学习、组织考核验收、主题实践等形式，广泛开展参加师歌咏、篮球比赛等“八个一”配合活动，严密组织官兵学习贯彻中共十七大精神，认真整改活动中查找出的问题，不断把官兵的思想和行动统一到中共十七大精神上，增强了官兵的政治意识、使命意识、军魂意识和责任意识。（陈 锋）

【军事训练】团队着眼新的任务和师训练安排，派员参加上级组织的战训法、参谋业务、心理战等12个专业的集训，参训现役、预任军官在5月份参加广州军区组织的战训练法集训中，考核成绩取得团体总分第一名，官兵的专业素质不断提高。团本级重点完成了舟桥分队骨干、“接口补差”训练等14项训练内容，初步探索了“接口补差”训练路子，培养了一批善教学、会组训、精管理、懂指挥的人才，巩固和提高了团队整体训练成果。（陈 锋）

【“湘预07-10”演习】10月份，参加师组织的“湘预07-10”实兵综合演习，对指挥所推演、反恐维稳和反袭扰等内容进行了演练，检验了团队整体训练成果，进一步提高了首长机关组织指挥作战的能力和分队应急机动作战的能力。（陈 锋）

【基层建设】一年来，团队按照“十有”、“八规范”要求，完成了11个营连部的升级改造，基层硬件建设水平得到较大提高。3至5月份，按照“编重于训”的原则，研究调整预任干部。调整后，预任军官和预编士兵的退伍军人比例和专业对口率、关键岗位人员专业对口率均达到了规定的比例。8月份，在师组织的点验中，三营机枪连、团直通信连到点率均达到95%以上，受到了师工作组的充分肯定。（陈 锋）

2007年10月“湘预07-10”演习中部队组织反恐维稳演练

武警支队

【概况】2007年，在武警总队党委和常德市委、市政府的正确领导下，支队全体官兵围绕迎接、保卫、贯彻中共十七大这条主线，牢固确立安全发展理念和争创先进支队“三连冠”目标，按照“务实、创新、正规、安全”的指导思想，精雕细刻干工作，求真务实抓落实，揭露矛盾谋发展，支队上下同心同德，和衷共济，真抓实干，科学争先，各项工作齐头并进，部队建设稳步上升。支队已经连续三年被总队评为“基层建设先进支队”。

以“四个一”标准为目标，党委（支部）班子核心作用突出。理论学习动真招。党委中心组带机关集中学习10次，8篇学习、经验材料被总队转发，9篇调研文章分别在《人民武警报》、各大媒体、部队网站发表。4月份就“干部不尽心”问题在总队进行了交流发言，9月份在总队组织的小散远直单位管理座谈会时进行探讨发言。把关定向能力强。全年召开16次常委会，党委议事没有出现议而不决或决而不行的现象，把握了部队建设方向。廉洁自律形象好。扎实开展“增强事业心责任感，有效履行职能使命”集中教育和“总队是我家，我为总队添光彩”风气教育，党委“一班人”不比资历比工作，不比待遇比奉献，团结一心干事业，身体力行作表率，2次召开常委民主生活会，3次召开党委全会报告工作，增强了党委团结自律意识。“三个能力”建设。选拔任用干部继续实行“逢提必训”、“逢提必考”，阳光操作，基本达到了“调整一人，盘活一方”的效果。通过组织书记业务培训，搞好班子考帮建，提高了各级干部、班子把方向、抓大事、带班子的能力和工作热情。

以红色文化建队育人为主线，官兵忠诚卫士品格坚强。不断扩展政治教育平台。加强常规教育和随机教育力度，开展“老三篇”主题知识竞赛、“我与老三篇”主题演讲、“书法、绘画、摄影、征文”竞赛、红色影片巡映等活动，全年4次考核背诵“老三篇”情况，逐一检查过关，支队在总队网“弘扬红色文化”论坛发帖39篇，征集书法、绘画、摄影作品200余件，红色歌曲演唱获总队组织奖，2名同志分获总队“我与老三篇”征文二、三等奖，1名同志在“老三篇”心得体会演讲中获总队第五名，1名机关干部在纪念毛泽东诞辰110周年书法大赛中获得金奖。健全思想工作机制。对“个别人”建立“环形管理”机制。广泛开展交心谈心活动。继续聘请常德龙马律师事务所主任为支队法律顾问，协助处理19名官兵家庭涉法问题，挽回直接经济损失近百万元。支队法律服务的经验被总队转发。初步形成文化育人体系。20个基层中队都开通了“饭堂广播”，部分基层单位创队刊，唱队歌。官兵学历层次明显提高，忠诚卫士品格更加凸显。

以贯彻中心工作会议精神为契机，

各项任务完成圆满。训练水平不断提升。新兵训练和年终军事考核名列总队第三，总队军事训练竞赛获得基层警官5000米跑、手枪一练习射击、"八一"自动步枪射击、400米障碍4个科目第一的好成绩，2名干部和1名战士被总队评为"训练标兵"，支队获得团体第四，创历史新高。部队管理日趋正规。严格落实支队军政主官负总责、党委成员包片、股（室）包队的安全工作责任制。狠抓末端落实，全年组织落实条令检查3次和抓落实情况突击检查1次，对"四类兵员"进行了认真清理，对12名"家门口"战士调离100公里以外服役。支队被武警总部评为"连续3年以上三无支队"。执勤能力明显提高。总队列名的9处执勤隐患已全部整改完毕，自我排查各类执勤"新旧软硬"隐患68处，提高了安全系数。加大专勤专训和"班班查"力度，支队领导带机关下基层突击查勤82次，促进了执勤工作的落实。2007年在确保固定目标万无一失的前提下，支队先后出动兵力2000余人次，担负各类临时勤务68批次，圆满完成了赴桃源抓捕龚茂亚等12名涉恶涉黑分子、火车站春运执勤、"两会"安全保卫、"5·11"中央政治局常委李长春一级警卫、"707"、"709"犯人押解等各项临时勤务。尤其在处置"9·4"持枪劫持人质事件中，参战官兵机智勇敢，不费一枪一弹制服歹徒，受到地方领导和总队首长的高度赞扬，分队处置各种情况能力明显增强。

落实科学发展观，部队建设水平整体提高。注重科学指导基层建设。通过每季度党委会、每月首长办公会、每周抓基层工作领导小组碰头会、每日交班会，规范工作指导秩序，整合抓基层力量，对抓基层工作做到有计划安排，有检查整改，有总结回顾，缩小纵横差距。全年组织党委机关下基层蹲点帮建10次72天，合并工作会议8项，减少与中心无关的活动7项，确保基层单位轻装上阵，百舸争流。注重部队全面协调发展。着眼解决"六不"问题，按照"科学发展观"的要求，抓两头促中间，对连续9年先进的武陵区中队固强补弱，对连续5年以上未进入先进的八中队、安乡县中队、警通中队帮扶赶队，对中间层次单位施压敦促，并组织全面工作检查评比3次，每次评出"夺红旗"和"亮黄牌"单位各6个，初步形成了旗帜树起来、标杆立起来、后进跟上来的良好局面。注重搞好基础工程建设。二中队营房新建主楼已经封顶，三中队设施配套全部完成，安乡县中队、汉寿县中队营房新建扩建已经完工。加强后勤建设，保中心、保生活、保基层力度进一步加大，提升了部队发展后劲和发展层次。 （肖 海）

【圆满完成"1·12"抓捕行动】 1月12日晚上9点至13日凌晨3点，常德市支队派出31名精兵强将，协助市公安干警，圆满完成了对桃源县一涉黑涉恶团伙14名重点对象的集中统一抓捕任务。整个抓捕行动中，武警参战官兵勇猛顽强，机智灵活，行动迅速，协助公安干警成功地抓捕了11名犯罪嫌疑人，受到市局领导高度评价。 （肖 海）

【圆满完成临时警卫勤务】 5月12日，中共中央政治局常委李长春来常视察。常德市支队根据总队命令，出动官兵，圆满完成了首长到常德视察的住地临时警卫任务。

5月24日下午，中共中央政治局委员、国务院副总理回良玉到常德视察工作。常德支队根据总队命令和市委、市政府指示，出动官兵，圆满完成了首长住地临时警卫任务。 （肖 海）

【完成调犯专列武装警戒和途中押解任务】 根据司法部统一部署，5月21日，从广东开出的"707"调犯专列（A634次）将在常德牛路滩站和常德火车站停靠。根据总队指示和省公安厅、省监狱管理局的统一部署，常德支队出动兵力、车辆，圆满完成了各停靠点犯人交接现场的外围武装警戒和600名犯人的途中押解任务。

根据司法部的统一部署，常德市津市、德山两大监狱从上海调入犯人300名。"709"调犯专列于5月28日6时40分到达岳阳火车站。为圆满完成犯人转移途中押解任务，确保押解途中安全，根据总队指示和省公安厅、省监狱管理局的统一部署，常德市支队于5月28日0时20分至5月28日12时30分，历时12个多小时，共出动兵力28人次，指挥车1台，圆满完成了汽车押解犯人任务。 （肖 海）

【武警战士只身勇斗六歹徒】 6月6日上午11时，勤务汽车中队战士姜敬文去火车站寄电影片后，乘9路公交车从火车站回支队，在车上，姜敬文一人勇斗六名偷窃孕妇白金项链的歹徒，为人民群众挽回了经济损失。《常德晚报》头版头条、常德电视台、《湖南日报》等媒体对姜敬文的英勇事迹做了深度报道。 （肖 海）

【处置"9·04"持枪劫持人质事件】 9月4日，支队派出14名精兵强将，协助市公安干警，成功处置了一起持枪劫持人质事件。处置战斗中，第一战斗小组由副支队长陶冶带领第九中队6名官兵，第二战斗小组由参谋长曹雄带领6名官兵进行行动。九中队战士李丹华临危受命，巧妙靠近窗户，对犯罪

武警处理"9·04"挟持人质事件

嫌疑人实施监控，并向市局领导详细汇报犯情，九中队中队长彭睿智带领战士谭冠军在破门而入那一刻，以迅雷不及掩耳之势控制住犯罪嫌疑人，为整个行动的圆满结束创造了有利条件。

（肖　海）

【抓捕脱逃犯人】 11月27日17时20分，随着最后一名在押脱逃犯杨芳乾的落网，历时10天的“11·18”搜捕追逃任务画上了一个圆满的句号。此次武陵监狱外劳犯脱逃，虽不属执勤中队责任，但是支队接到监狱协助追捕的请求后，抽调兵力，密切协同配合干警，全力以赴追捕逃犯，圆满完成追捕任务。

（肖　海）

消 防 支 队

【概况】 2007年，全市消防部队在省总队、市委、市政府以及公安机关的正确领导下，全面贯彻落实党的十七大精神，用科学发展观统领工作全局，以奋发有为的精神状态，以超常的工作强度，顽强拼搏，有力地推动了各项工作的全面发展，确保了全市火灾形势的基本平稳和队伍的安全稳定。2007年，支队的信访工作、消防宣传“五进”工作、少年儿童消防教育工作、火灾隐患整治工作被公安部评为先进单位；在全省年终综合考评中，支队名列全省第三名，支队的军事工作、政治工作、执法质量建设被评为全省先进支队；临澧大队被评为“全省消防部队学雷锋先进集体”、临澧中队被评为“全国公安消防部队基层建设先进单位”、“全省消防部队全面建设先进中队”；澧县大队被评为“全国公安消防部队执勤岗位练兵先进大队”、“全省消防部队全面建设先进大队”、“全省先进基层党组”；德山大队被评为“全省十佳青年文明号单位”，汉寿大队被评为“省级青年文明号单位”。文湘辉政委被评为“全国公安消防部队信访工作先进个人”、“全国公安消防部队火灾隐患整治工作先进个人”、“全省公安系统‘三基一化’工程建设先进个人。唐满贵支队长被省政府评为“消防工作先进个人”。彭汝攀同志被评为“全国公安消防部队优秀共产党员”、“湖南省优秀人民警察”、“全省十佳灭火救援尖兵”。全市有19个单位41次被省、市评为先进集体，24名同志荣记三等功，112名同志受嘉奖，86名同志评为先进个人。

（傅学军）

【推进消防工作社会化，改善社会消防安全环境】 党委政府重视消防力度加大。市委书记武吉海，市委副书记、代市长卿渐伟等领导多次检查消防工作，慰问消防部队。市政府常务副市长陈文浩、副市长李爱国多次对消防工作作出批示，先后主持召开5次会议专题研究部署消防工作。市委、政府还将加强消防安全工作作为一项重要内容和具体目标列入了《关于建设“工业强市、文化名城、和谐常德”的决定》之中，市政府下发了《关于切实做好当前消防安全的紧急通知》和《关于切实做好夏季防火的工作的紧急通知》等4个加强消防工作的专门文件，为推动常德消防事业发展和消防部队全面建设提供了政策保障。同时，召开全市消防工作会议，市政府与各区、县（市）政府和市直相关单位签订了2007年度消防工作目标责任状，把消防工作10项指标纳入各区县（市）政府和市直职能部门年度目标考核内容，严格绩效考核，实行“一票否决”，有效调动了各级政府的工作积极性。2007年，全市各级政府共召开消防工作专题会议22次，各区、县（市）防火安全委员会共发文17份，各级党委、人大、政府、政协和公安机关主要领导带队开展消防安全检查59次，全市1186家重点单位和72000多家社会单位全部纳入了消防安全监管视线。

火灾隐患排查整治力度加大。深入开展消防专项治理。2007年，先后部署开展了学校（幼儿园）及周边环境、建筑消防设施、三合一建筑、消防产品等消防专项治理活动。共组织各类检查组95个，出动检查人员1680人次，检查单位3420家，排查出各类火灾隐患1300处，责令立即改正1042处，责令限期改正258处，对14家消防产品经销门面和6家灭火器材维修企业进行了全面检查，查封、扣押了不合格产品。5月和8月上旬，市公安局、市教育局、市银监局与支队联合对市级重点中学、各金融机构营业网点进行了消防安全专项检查，有效改善了全市消防安全环境。集中开展“铁拳”整治行动。在国庆和中共十七大期间，市政府向整改难度大的单位和各区、县（市）人民政府共下发督办通知书25份，依法督促整改火灾隐患和违法行为2148处，查封单位57家，取缔13家。十七大保卫期间，各类火灾事故较去年同期明显下降，未发生一起重特大火灾事故。支队被总队评为“十七大消防安全保卫工作”先进单位。全力抓好火灾隐患整改。2007年以来，支队进一步加大火灾隐患整改力度，全市共组织行业、部门各类检查组976个，出动检查人员2529人次，检查单位5562家，排查出各类火灾隐患2861处，整改火灾隐患2538处，查封单位85家，罚款75万余元。支队和辖区大队先后督促整改、销案了常德市金叶宾馆、人民银行常德市中心支行和澧县风采超市等3处重大火灾隐患，并对红卫社区、常德纸业芦苇堆场两处重大火灾隐患由市政府实施挂牌督办，先后采取组织召开技术论证会和其他多种执法手段积极督促整改，有力推动了整改工作进程，2007年挂牌的2处重大火灾隐患已全部整改销案。

社会消防宣传教育力度加大。建立以各大新闻媒体为主的消防宣传网络，利用报刊和电台、电视台及互联网等媒体，刊播稿件200余篇、消防信息5万余条。在常德电视台新闻综合频道开设《消防面对面》栏目，2007年底已播出55期，社会影响强烈。尤其是7月26日的《人民公安报》、8月1日的《常德晚报》和11月9日的湖南《湘声报》分别整版报道了支队全面建设工作，使消防社会化宣传跃上新台阶。根据常德农村和居民火灾突出的特点，不断深化消防宣传“五进”工作，先后组织开展了“消防安全先进单位”评选活动，在农村、社区开展了“消防安全进家庭”活动，制作了消防宣传“五进”《平安是福》专题片，在全国消防宣传工作会议上，支队被公安部消防局评为消防宣传“五进”工作先进单位，桃源县漆河镇黄婆店村农村消防宣传工作也得到了国家消防工作检查组的充分肯定和高度评价。至2007年底，全市150个社区、67个学校、321个企业和207个乡镇建立了消防宣传阵地；11个消防站全部开放，累计接待社会群众6万人次，举办各类消防安全培训班26期，培训人员4000余人。结合常德公共娱乐场所多、火灾隐患多的特点，支队投资15万元，印制了20万份消防宣传警示标志牌，张贴在各公众聚集场所的电梯内、包房内和疏散走道等重要部位。同时，支队利用重大节假日和重要活动时期广泛开展消防宣传活动。“铁拳整治”期间，支队在常德电视台图文频道对“铁拳行动”每日进行公告，与常德电视台《消防面对面》栏目制作了“铁拳整治”集中行动专题片。11月8日，支队承办了声势浩大、气氛浓厚的全省“迎奥运·保平安”119消防宣传活动暨《消防大本营》VCD图书卡通片首发仪式，取得了圆满成功，社会反响强烈。

多种形式队伍建设力度加大。加强派出所消防队伍建设。6月下旬，市政府在安乡召开全市公安派出所消防监督管理推进会后，全市公安派出所都明确了1至2名派出所干警专门负责辖区三级消防监督管理工作。全市共有专职消防民警近300人。加强志愿消防站建设。按照上级《关于加强多种形式消防队伍建设意见》精神，全市各重点镇政府多渠道筹措资金，落实营房、场地，挑选队员，配备相应的消防车辆和执勤训练器材、装备。2007年先后有桃源漆河镇、鼎城蔡家岗镇、临澧新安镇和合口镇、澧县大堰垱镇、津市保河堤镇、汉寿蒋家嘴镇、安乡黄山头镇、石门壶瓶山镇组建了志愿消防站。加强合同制消防员和消防文职雇员的征召工作。支队以市公安局等四局一委名义联合下发了《关于征召合同制消防员和消防文职雇员的通知》，按照市长办公会议精神，确定用两年时间完成“十一五”期间征召的合同制消防员和消防文职雇员任务。至2007年底，已完成2007年征召87名合同制消防员和消防文职雇员任务。加强了农村义务消防组织建设。各地坚持“专门机关与群众相结合”的原则，结合消防“五进”工作，在150个社区、1180个重点单位和3753个行政村全部建立健全了义务消防组织，制定了消防工作制度，明确了工作职责。除现有的公安队外，全市建立志愿消防站8个，有消防车4台，队员64名；有企业专职消防队5个，消防车9台，队员69名；有群众义务消防队3903个，队员39000余名，形成了以公安消防队为龙头，以志愿消防队和企业专职消防队为骨干，以群众义务消防组织为补充的多种形式消防队伍联合作战的区域网络，有力地保障了全市经济发展和社会的稳定。　（傅学军）

【抓队伍建设，提高灭火救援实战能力】执勤基础工作不断规范。重点开展“六熟悉”和重大危险源调查活动，建立了《辖区消防地图》、《辖区水源手册》、《重点单位档案》、《社会消防力量档案》等一套高质量、服务实战的基础台帐资料，同时充分利用计算机等现代技术手段对其进行存储和动态管理，并不断更新完善灭火救援基础数据库。全年全市共修订灭火救援行动预案500余份，牢牢把握灭火救援的主动权。为把战法研究和战法讲解贯穿全年执勤工作始终，6月和9月，支队组织全市各大、中队军事主官和业务骨干近60人召开“5·23”安乡日银纸业火灾、“9·3”德海药房火车站店火灾战评总结暨战术研讨会。支队机关积极筹建全勤指挥部，由党委成员担任指挥长，支队副参谋长等4名同志担任副指挥长，警训科长等4名同志担任助理指挥长，担负支队级战备值班，各大、中队值班制度也得到了进一步落实和完善。

岗位练兵活动不断深化。支队先后3次召开党委会，7次召开办公会对执勤岗位练兵活动进行部署和安排，制定出台了《岗位练兵工作制度》，并设立15万元训练和考核奖金，重奖先进单位和个人。支队机关坚持每周星期二、四早上和星期五下午集中训练，每月测评、季度考核，并把考核作为考评干部的一项依据纳入管理，每人每天补助训练经费40元，每月补助320元，每月抽考5个项目，对考核合格者每个项目再补助50元进行奖励；基层各单位参照支队做法，也拿出了专门经费予以奖励，确保练兵活动的顺利进行。4月4日至5日，支队举办了全市消防部队预备期训练竞赛活动，来自全市部队10个基层大、中队共268名同志参加了5000米、3000米长跑、百米负重、400米接力等项目的竞赛，效果十分明显，无论是个人最好成绩还是全市部队整体水平较往年都有了很大的提高，整体达标率提高了二十多个百分点。11月8日至9日，支队开展了执勤岗位练兵大比武活动，全市10支代表队的100名比赛选手参加了8个项目的比赛，经过2天紧张激烈的角逐，澧县、津市、临澧分获团体总分前三名。

特勤队伍素质不断提高。一是优化特勤队伍建设。支队先后从全市10个大队抽调了13名素质过硬的士官骨干充实到支队的特勤队，挑选了20名思想政治觉悟高、组织观念强、业务能力强、身体素质好、文化知识水平高的官兵进行优化组合。并根据特勤装备的特点，实行定人、定车、定岗、定位，合理编制灭火、侦检、警戒、堵漏、照明、排烟、救生、洗消等十几个专业岗位，将岗位具体到人，并保持相对稳定，确保每名特勤官兵都能做到“一专多能”。同时，各大队都组建了特勤班。二是规范执勤备战管理。为确保执勤任务的落实，特勤队搬迁后，支队就武陵和特勤队执勤任务进行了调整，特勤队除担负特勤任务外，还担负着辖区内常规火灾的扑救任务。但总体上武陵和特勤队分工不分家，必要时，特勤队担负常规作战任务，武陵队也可以担负特勤抢险救援任务，以确保特勤队召之即来，来之能战，战之能胜，圆满完成各类执勤任务。三是开展特勤专业训练。支队紧紧围绕“特”字下功夫，突出专

消防战士处置车辆事故

业性，实行分训制。针对特勤器材精密昂贵、专业性强的特点，把特勤队分成检测侦毒、防化处置、破拆、登高、强攻灭火、专勤车操作等6个专业小组，每组3~5人，分管相应的器材，开展相应的训练，确保了特勤队伍的专业性。各中队特勤班根据所担负的任务，重点开展了特种装备训练和毒气、浓烟、高温、噪声、垮塌等环境下的适应性训练以及救人、灭火的战术、技能训练，确保了训练质量。四是狠抓抢险救援联动。在市政府的统一领导下，支队联合110、120、市政、自来水公司等社会单位，先后对市区百江液化气站、常德石化第九加油站、八百里大酒店、华都大酒店、家润多超市等易燃易爆、公众聚集场所进行综合灭火演练。（傅学军）

【火灾记略】2007年1月7日19时55分左右，安乡县三岔河镇新口村村民周国民因燃放烟花引燃曹治华家门面前堆放的烟花爆竹着火成灾。直接财产损失65000元。

2007年1月16日10点24分，常德柳叶路邮政新村5栋因电烤炉长时间使用而无人值守发生火灾，直接财产损失25000元。

2007年3月8日9时20分，桃源县寺坪乡青铜溪村张超国家发生火灾，火势蔓延烧毁张超进、张付初等三家房屋及全部家产。烧毁建筑面积140平方米，直接财产损失160557元。

2007年5月23日22时51分左右，安乡县大鲸港镇安乡日银纸业有限公司新芦苇坪因雷击引燃芦苇着火成灾，直接经济损失166175元。

2007年9月3日7时23分，常德市武陵区三星路德海药房火车站店因电气设备故障发生火灾，造成一人死亡、一人受伤，直接财产损失10000元。

2007年10月8日0时55分，桃源县陬市镇裕东纺织有限公司车间3号梳棉机磨檫产生火花，引燃周围棉花，造成火灾，直接财产损失95000元。

2007年10月09日11时07分，德山开发区桃林路乾明变电站，因电器设备故障引发火灾，造成1人受伤，直接财产损失800000元。

2007年10月22日04时48分，武陵区武陵阁常德航运大楼，因精神病，痴呆，弱智放火引发火灾，造成2人死亡，直接财产损失20000元。

2007年12月4日15时24分，鼎城区灌溪镇浦沅机械厂厂房发生火灾，火灾原因不明，直接财产损失265234元。

2007年12月5日13时24分，汉寿县湖南泰亿德纸业有限公司芦苇堆场发生火灾，过火面积2400平方米，火灾原因不明，直接财产损失560000元。

2007年12月20日11时30分左右，临澧县中泰特种装备责任有限公司后纺车间萃取工段工人在使用设备时，因机械摩擦引起燃油燃烧。烧毁燃油5吨左右及200平方米厂房顶棚，直接经济损失95000元。（傅学军）

人民防空

【概况】2007年来，常德市人民防空系统干部职工以科学发展观为指导，深入贯彻第五次全国人防会议精神，开拓进取，真抓实干，取得了一定的成果：按省人防办“三个一”的统一部署，市人人民防空办公室地面应急指挥中心已投入使用；按国家新的战术技术要求的地下指挥所建设也已完成；2007年，常德市人民防空办公室先后被评为国家人民防空办公室和省人民防空办公室“准军事化”机关建设先进单位，年底被评为省人民防空工程建设与管理先进单位，防空袭预案定工作被评为全省三等奖，支部建设、宣传教育等多项受到市相关部门的表彰。（傅　瑜）

【人民防空工程建设】常德市人防指挥所工程建设进展顺利，它由三部分组成：第一部分为市人防指挥通信大楼，该工程于2006年8月7日正式启用。第二部分为市人防地下指挥所，按新颁发的《人民防空工程战术技术要求》设计。第三部分为战时地下物资库和伪装房，正在进行前期准备工作。人民防空“结建”工程建设进一步规范化，坚持“以建为主、以收促建”的原则，做到应建尽建，应收尽收。2007年，共审查批准建设防空地下室6处。（傅　瑜）

【人民防空“两费”征收】在行政规费的减免上，严格把关，政府和相关领导从未有签字违规减免的现象。呈现出主动要求“结建”的良好势头。市人防办在积极支持的同时，严把工程审批和质量关，坚决做到规范设计、按规定送审，请省人防质检部门严格把关，全市结建工程的数量和质量得到了重大突破，省人防质检部门多次给予高度评价。截至11月底，2007年全市“结建”工程共审查批复11个项目。“两费”征收稳步增长，全年市本级完成人防政策性收费首次突破2000万元（工程维护费150多万元，易地建设费1900多万元）。随着安乡、临澧等县征费工作的开展，全市所有区县市均开展了政策性收费工作，收费总金额也首次突破500万元。全市区县市累计征收509.1万元，其中：石门64.6万、澧县80万、津市20万、鼎城区161万、桃源45万、汉寿78万元、临澧32.5万元、安乡28万元。（傅　瑜）

【通信警报建设】 2007年市人防办在报警设备上投入80多万元，共安装防空警报器16台、遥控终端18套，对已有的警报设施进行了维护保养。全面完成了区县（市）警报建设达标任务。在继2005年石门县、澧县、津市，2006年桃源县、鼎城区完成了防空警报建设达标后，2007年汉寿、安乡、临澧也完成警报建设达标任务，实现了覆盖率、统控率、鸣响率三个100%。2001年以来，防空警报试鸣日，市城区和达标县（市）防空警报音响覆盖率和鸣响率均达到100%。

指挥作战室建设于2007年11月份开工建设，现已交付使用，总投入350多万元。该工程严格按省办的统一规范要求施工建设，各种技术水平在全省处于领先位置。它由地面作战指挥室、控制室、计算信息处理室、网络室等要素构成。已实现与省军区及省人防办的指挥系统网络联接。（傅　瑜）

【人民防空宣传教育】 2007年，市人防办认真学习贯彻全省人民防空工作会议精神，采取多样形式、积极开展人民防空教育：一是宣传对象广。推进人防宣传进社区、进学校，在城区各个社区全部纳入人防宣传教育范围，组织试点学校师生进行了人防教育知识培训；二是宣传方式多。着眼不同对象，不同时机，采取人防知识咨询、图板展览、分发资料等看得见摸得着，集知识性、趣味性为一体的活泼形式，宣传效果有了很大的提高；三是宣传内容实。在宣传人防基本知识和人防法律法规同时，结合上级布置的应急行动方案，全面推进人口疏散方案入门到户，将疏散的有关信息统一上墙公布，使社区居民掌握基本的战时防护知识技能，熟悉紧急状态下的疏散隐藏位置。通过开展广泛深入的人民防空宣传，市民的防空意识和人防法制观念进一步增强。（傅　瑜）

消失的旧街巷

关庙街

常德旧城最有名的南北向街道，要数关庙街。即今天的朗州路南段——从青阳阁到下南门这一段街道。

那时的关庙街，地处常德旧城的中心地带。它南通城南最繁华的水运码头“下南门”，北接直抵“北门”的长巷子，是贯通全城南北的要道。街的南端，东领常德的政治中心：常德府署衙门；向西，则连接城内最热闹的小吃商业街“鸡鹅巷”，以及最有名的戏院“天声戏院”。这条街本身，其两边是各类商铺，一家接一家，林林总总；其街面，为花岗岩麻石条铺就，在常德多雨的季节，每经雨水洗涤，麻石条街面就泛着清光，洁净无比。

关庙街之所以名“关庙街”，是因为在明清时代，这条街上建有一座“关帝庙”，庙中祭祀三国时以忠义名世的武圣关羽。

检察·审判

检 察

【刑事检察】 全年共受理提请（移送）批捕各类刑事案件2184件3569人，同比下降5.9%和8.9%；经审查批准逮捕2934人，同比下降12.3%；提起公诉3532人，同比下降1.3%。2007年，全市检察机关克服案多人少的困难，不断改进和完善办案机制，提升办案效率，增强打击效果。按照高检院的要求，经编制部门同意，市院成立了公诉二科，加强办案力量。全市检察机关继续坚持对重特大刑事案件实行提前介入制度，与公安机关共同研究侦查取证。全年共提前介入侦查案件30余件，参加案件协调会20余次。共批捕杀人、强奸等严重暴力犯罪、黑恶势力犯罪892人，起诉1056人。杨文学等人特大走私、贩卖毒品案等一批影响恶劣的刑事案件均及时予以批捕起诉，有力打击了犯罪分子的嚣张气焰。在始终保持对严重刑事犯罪高压态势的同时，认真贯彻宽缓刑事政策，推行刑事和解。为促进社会和谐，年初，高检院出台了贯彻宽严相济刑政策的相关规定，省院围绕刑事和解制定了相关实施细则，全市检察机关深入学习领会有关文件精神。市院结合上级院有关文件，针对刑事和解政策制订了相关实施细则及操作规范，明确了对主观恶性小、犯罪情节轻的初犯、偶犯、轻伤害案件，双方当事人达成和解已执行到位，且被害人同意不再追究的案件，能不诉的不诉，确需起诉的，建议法院从宽处理。全年共办理刑事和解案件26件26人。针对过往在诉讼中存在的不愿监督、不敢监督的畏难情绪，全市检察机关从查找存在的问题着手，不断强化监督意识，明确监督重点，加大监督力度。刑事立案监督重点放在群众反响强烈、社会影响较大、危害严重的重特大刑事犯罪案件上，要求公安机关说明不立案理由7件。侦查监督重点放在防错防漏上，追捕侦查机关应提请批捕未提请的犯罪嫌疑人38人，追诉侦查机关应移送审查起诉未移送的被告人80人。刑事审判监督把重点放在判决明显不公，对经审查研究认为确有错误的刑事判决裁定提出抗诉10件，法院已审结10件，改判2件。（杨　博）

【控告申诉】 针对当前上访问题突出，严重影响社会和谐稳定的现状，在党委的统一协调指挥下，控告申诉部门突出抓好涉检上访这一工作重点，继续坚持检察长接待制度和首办责任制度，努力把问题解决在基层，减少社会不稳定因素。全年市县两级检察长接待群众来访137人次，受理群众来信516件。共受理刑事申诉案件15件，立案复查11件，结案11件，其中改变和部分改变原决定7件，维持原决定4件。受理刑事赔偿申诉14件，立案9件，其中决定赔偿9件，支付赔偿金额5.04万元。（杨　博）

【刑事技术检察】 检察技术部门按上级要求，调整和充实了检察队伍，新增技术人员3名，加大技术监督工作力度，共办理各类技术案件361件，其中检验鉴定案件54件，文证审查案件248件，出具检验鉴定文书359件。加快了科技强检步伐，市院投入30余万元改造了监控室，各区县（市）院配备便携式"两录"设备13台，提供视听技术协助50件，为侦查工作开展提供了有效的技术支持。2007年，市院技术科被评为全国检察技术工作先进集体。（杨　博）

【司法法警】 全年法警部门狠抓队伍教育培训，先后组织24名干警参加了省院的司法警察选训，坚持和完善了24小时值班和夜间巡查制度，依法派警、用警，积极为侦查办案服务。全市检察机关司法警察出警1560人次，其中市院175人次，基层院1385人次，同比上升8%和21%。（杨　博）

【反贪污贿赂】 全市反贪部门坚持把社会关注的行业和领域发生的案件、造成国有资产流失的案件作为工作的重点，集中力量突破了一批有影响的案件。全年共立案侦查贪贿案件77件106人，同比分别下降14.4%和16.5%，已侦结提起公诉37件54人，同比分别下

降35.1%和88.9%，法院已判决30件43人，同比分别下降47.4%和60.2%。（杨 博）

【反渎职侵权】反渎职侵权部门突出查办危害司法公正、不依法行政、破坏土地、森林资源和环境以及造成重大责任事故的失职渎职案。同进，注重开拓办案新领域，查办新罪名的犯罪。共立案侦查渎职侵权案件37件45人，其中重特大案件21人，占立数总数的56.8%，同比分别上升8.8%和下降2.2%，已侦结提起公诉28人，同比上升33.3%，法院已判决26人，同比上升23.8%。全市检察机关充分运用侦查一体化办案机制，市院加强了对基层院办案工作的指挥和协调，通过采取提办、督办、参办等形式，整合侦查资源，破除办案阻力。如市院反渎职犯罪侦查局在办理中央储备粮常德直属库窝串案时，从鼎城区院成建制地抽调了10名干警，组成审讯组、调查组、查帐组、综合组等四个办案小组，审讯、查帐、取证、追赃、追逃同时进行，为案件迅速有效突破奠定了基础。（杨 博）

【职务犯罪预防】全市检察机关结合查办职务犯罪案件加强个案预防，每查办一起案件，都坚持帮助发案单位查找、分析管理上的漏洞，提出检察建议，督促整改落实，防止案件再度发生，个案预防达到了100%。市院反渎局查处中央储备粮常德直属库窝案后，帮助案发单位在财务制度、工作规章等方面建立和完善管理制度，使企业的内外环境均有不同程度的改善。在开展个案预防的同时，深入分析发案单位所在行业、领域在体制、机制和制度上存在的共性问题，积极提出预防对策，把对职务犯罪由“点”的预防，扩展到“线”和“面”的预防。全市共确定了16个预防项目。桃源县检察院在查处了一系列涉林渎职犯罪案件后，对全县林业系统采取以案释法办培训班、针对林木砍伐许可制度不完善提检察建议进行整改等形式，有效预防了涉林犯罪的再度发生。（杨 博）

【监所检察】为加强对刑罚执行的监管，根据高检院的部署和安排，监所部门开展了核查纠正监外执行罪犯脱管、漏管专项行动，全市共向法院、监狱、公安发出纠正意见167次，纠正漏管罪犯258人，纠正脱管罪犯109人，收监4人，依法批捕监外执行又犯罪罪犯31人，起诉27人。（杨 博）

【民事行政检察】民事行政诉讼监督把重点放在判决裁定显失公正、涉案标的大的案件上，立案审查不服民事行凸透判决裁定的申诉86件，法院已审结处理59件，依法提出抗诉25件，提请省院抗诉14件，其中改判或撤销原判发回重审、调解结案32件。向法院提出个案再审检察建议8件，法院采纳检察建议改判3件。组织双方当事人协商达成执行和解案件12件；发出其他检察建议4份，被采纳取得监督效果的有3份；共受理公益诉讼案件线索5件，初查公益诉讼案件线索2件；共收到审判人员职务犯罪案件线索4件，初查审判人员职务犯罪案件线索2件。（杨 博）

法 院

【概况】2007年，市中级人民法院紧扣公正与效率工作主题，坚持公正、权威、高效司法，充分履行法定职责，为建设工业强市、文化名城、和谐常德提供了有力的司法保障。全市法院共审理各类案件12714件；执结各类案件2861件，执行标的额3.74亿元；办理减刑假释案件2451件。其中，市中级人民法院共审理各类一审案件172件，二审案件841件，再审案件164件；执结案件107件；办理减刑假释案件2451件。（王庆全 刘泽军）

【审判】刑事审判。全市法院坚持打击犯罪与保障人权相结合，维护社会大局稳定。审理刑事一、二审案件2335件，惩处罪犯3776人，其中判处10年以上有期徒刑、无期徒刑、死刑（含死缓）149人。精心组织，集中精干力量，审结了一批刑事大、要案。如市中院审理的被告人蒙世庆故意杀人案，李巨红、徐纯贵等8名被告人贩卖运输毒品案，李志义等12名被告人组织领导参加黑社会性质组织犯罪案等。组织2次死刑集中执行和3次集中宣判活动，震慑和打击了犯罪。依法打击利用邪教组织危害国家安全的犯罪，惩处罪犯14人。重点打击“两抢一盗”等多发性犯罪，审理案件922件，惩处罪犯1592人。严厉打击赌博犯罪，审理涉地下六合彩案件16件，惩处罪犯19人。严惩破坏市场经济秩序犯罪，审理非法经

市委组织部、市中级人民法院在面试录用法院工作人员

营、合同诈骗和生产、销售伪劣产品等经济犯罪案件40件。积极参与全市治理商业贿赂专项行动，审理商业贿赂案件7件。落实宽严相济的刑事政策，依法保障人权，缓和社会矛盾。坚持减刑假释案件审查听证和公示制度，保障服刑人员的合法权益。

民商事审判。全市法院以促进和谐社会建设，促进经济发展为目标，开展民商事审判工作，依法审结各类民商事案件9979件。为全市新型工业化建设提供司法服务，稳妥审理企业破产案件70件，依法保护债权人和职工利益。审理合同纠纷案件2514件，维护诚实守信的市场秩序。稳妥审理涉民营企业、涉外和涉港澳台案件，营造良好的投资环境。审理知识产权案件26件，促进企业创新发展。积极服务社会主义新农村建设，审理涉农案件78件，保护农民合法权益。审理婚姻家庭、相邻关系纠纷案件3860件，保护妇女儿童合法权益，维护家庭关系稳定和邻里关系和谐。稳妥审理集团诉讼案件，防止群体性事件发生。市中院在审理桥南市场失火财产损害赔偿纠纷案中，与地方党委政府共同做好维稳工作，维护了社会稳定。审理劳动争议纠纷、涉下岗职工生活保障纠纷等案件143件，保护劳资关系中弱势群体利益，维护企业正常生产经营秩序。

行政审判。坚持支持与监督并重的原则，依法保护行政相对人合法利益，共审结行政诉讼案件400件。审理国家赔偿案件6件。办理城市拆迁、税收征缴、环境治污等各类行政非诉执行案件741件，支持行政机关依法行政。积极探索行政协调机制，与行政机关加强协调、沟通，促进行政纠纷的实质性解决。在全市法院开展行政案件“质效双优竞赛”活动，市中院行政审判绩效在全省各中院排名第三位。

（王庆全　刘泽军）

【执行】 加大对执行不作为、乱作为的监督力度，共执结各类案件2861件。市中院推行执行局内部督办和换人执行制度，对当事人反映强烈或上级督办案件，要求承办人限期执结，不能执结的调整执行人员。临澧县法院推行“阳光执行”通报制度，增强执行工作透明度。全市法院加大执行和解力度，执行和解512件，和解执行率达53.5%。通过组织集中执行、公开兑现、曝光被执行人名单等方式，加大执行力度。充分利用“解决人民法院执行难联席会议制度”，巩固和完善党委领导、人大监督、政府参与、政协支持的执行工作长效机制，协调解决大案难案中的问题，执行难题得到一定程度缓解。

（王庆全　刘泽军）

【审判管理】 以案件质量评查和司法绩效评估为主要手段，加强审判管理，全市法院司法绩效取得了较好的成绩，案件优秀率达到95%以上。最高法院简报、人民法院报推介了常德市法院审判管理工作经验。提出“再鼓干劲，争创一流”的目标，务实进取创一流的氛围更加浓厚。各法院均成立了审判管理办公室，武陵法院将审管办设为正式内设机构。把业务熟、会管理的骨干调整到审管部门，充实力量。大幅精简绩效评价指标，调整考评指标权重，突出改判率、调解率、上诉率、申诉率等核心指标。市中院对各法院结案率、发回改判率等20项重点指标每季度进行通报排序和讲评分析。安乡法院狠抓办案周期管理，民商事案件平均审理期限已降至30天。案件质量评查从重程序向加强实体评查转变，对上级法院改判、发回重审和社会关注的案件重点评查。对发现的问题分析原因，通报到人，督促整改。市中院对二审、再审改判发回的案件，听取原审合议庭或基层法院的意见。针对全市法院对医患纠纷案件处理不一致的情况，进行调查研究，统一裁判尺度。对司法绩效和案件质量评查加强督导检查，进行季度讲评，组织法院间学习交流，提升全市法院的司法绩效水平。

（王庆全　刘泽军）

市中级人民法院刑事审判庭开庭审理案件

【司法调解】 将司法调解作为解决矛盾纠纷的首选方式，全市法院调解撤诉率达到56.94%，较上年上升了23.23%。市中院成立司法调解工作办公室，加强司法调解的业务指导和工作督导。加大调解率在司法绩效综合评价中的权重，定期通报。探索出了借力调解法、人民陪审员调解法、“判例”展示法等调解方法，组织召开全市调解经验交流会，总结、交流调解经验。开展评选“调解优胜审判庭”、“优秀人民法庭”、“调解能手”活动。积极推进司法调解与人民调解、行政调解的相互衔接配合，加强指导，发挥人民法庭、司法所、人民调解委员会“三位一体”基层网络的作用。澧县桃花滩法庭被最高法院、司法部授予“全国法院指导人民调解工作先进集体”称号。

（王庆全　刘泽军）

【司法为民】 严格落实“司法为民十五项措施”，为当事人的诉讼活动提供高效、便捷的司法服务。改善诉讼条件，告知当事人诉讼和执行风险，避免不必要的诉累。开展巡回办案，落实公开审判制度，推广适用简易程序和普通程序简易审，降低当事人诉讼成本。桃源法院在40个乡镇设置“审判执行工作联系站”，在4个重要乡镇设立巡回法庭；安乡、石门等法院设立速裁庭，及时调处纠纷，为当事人诉讼提供方便。对弱势群体实施司法救助，为未成年人、经济困难的刑事被告人免费指定辩护人，为经济确有困难的当事人依法减免诉讼费207.7万元。

（王庆全　刘泽军）

【涉诉信访】 对群体性纠纷实行诉前调解，引导当事人通过调解或其他方式解决纠纷。对申诉案件坚持宽进严出，严格再审案件的改判标准，依法纠错。共审理再审案件314件，依法改判79件。坚持工作日院领导值班接访制、案件质量终身负责制，完善承办人、庭室负责人、院领导和信访干部共同接访制度，推行判后释疑，形成处理涉诉信访长效机制。集中整治非正常访，实行联合接访，协调有关部门为上访户解决实际问题。对中央政法委、最高人民法院、省市政法委交办的52件重点涉诉信访案件进行复查，实行院领导包保处理。全市赴省进京上访数保持在较低水平，汉寿、临澧、津市法院实现了零进京上访。市中院、临澧和桃源法院被评为全省法院立案信访文明窗口单位。

（王庆全　刘泽军）

【基础建设】 积极争取支持，“两庭”建设取得了新进展。建成了石门壶瓶山法庭、桃源桃花源法庭、澧县垱市法庭等3个人民法庭，15个人民法庭正在筹建之中。市中院审判法庭已开工建设，武陵区法院审判法庭建设已选定新址。针对新的《诉讼费用交纳办法》实施后诉讼收费减少的情况，及时向领导和有关部门汇报，落实了经费最低保障标准。同时，争取中央办案专项补助1280万元，基本保障了审判执行工作正常开展。积极推进信息化建设，完成了全省法院三级专网建设，实现了全省、全市法院视频专网联网；全部建成了局域网，实现了审判流程网络管理，网上信息发布，提高了法院管理的智能化水平。石门、桃源法院推行人民法庭审判流程管理和电子签章工作。

（王庆全　刘泽军）

【司法警察】 狠抓警队建设，分两次组织全市38名法警参加了省院的业务培训，提高法警理论、作风和技能素质。组织新进警队的司法警察40余人进行为期10天的业务技能培训。做好警务保障，动用警力98次，出警507人次，押解人犯192人次。向基层法院调警106人次，出警535人。接受省院调警任务18次，出警157人次，为审判和执行工作提供了有力保障。

（王庆全　刘泽军）

【青少年犯罪预防】 市中院成立“女子刑事合议庭”，澧县、桃源等法院设立少年刑事法庭，积极审理妇女及未成年人犯罪案件。坚持教育为主，惩罚为辅的指导方针，做好教育、感化、挽救工作。对32件47人依法从轻或减轻处罚，与监狱、妇联、学校等单位和组织开展对失足青少年判后帮教，预防青少年犯罪工作受到了省委政法委领导的肯定。

（王庆全　刘泽军）

【审理徐纯贵、李巨红等八人贩毒案】 6月21日，市中级法院对徐纯贵、李巨红等八人贩毒案作出一审判决：以被告人徐纯贵、钟绍球犯贩卖、运输毒品罪，判处死刑，剥夺政治权利终身，并处没收个人全部财产；以被告人李巨红等6名被告人犯贩卖、运输毒品罪或贩卖毒品罪，分别被判处十五年有期徒刑至死刑，缓期二年执行等刑罚，法院审理查明，2005年9月至2006年3月间，被告人李巨红伙同被告人徐纯贵、钟绍球、张安才、周大战（已判刑）等人，从云南将毒品海洛因运至常德和珠海销售。被告人李巨红、徐纯贵为主贩卖、运输毒品海洛因作案8起，共贩卖、运输毒品海洛因3095.4克；其他被告人分别为主或参与运输、贩卖毒品海洛因作案7至2起，数量2157.5克至442.5克不等。法院认为，被告人李巨红等12名被告人违反国家毒品管理法规，以贩卖为目的，非法购买、销售或运输毒品海洛因，其行为已构成贩卖、运输毒品罪或贩卖毒品罪，数量巨大。法院据此依法作出上述判决。

（王庆全　刘泽军）

【马晓光被评为“全国优秀法官”】 2月7日，从最高人民法院传来最新消息，石门县人民法院壶瓶山法庭庭长马晓光被最高人民法院授予“全国优秀法官”称号。

壶瓶山法庭，距石门县城110公里，辖壶瓶山镇、南北镇、罗坪乡和东山峰农场，是全县管辖区域最大、环境最恶劣、最偏远的法庭。1994年，马晓光从中南政法学院毕业后，毅然放弃去大城市工作的机会，来到壶瓶山法庭，开始了他的法官生涯。为了方便群众诉讼，就地及时化解矛盾纠纷，马晓光与同事们商量，上门服务办案，于是他制作了“流动法庭”的横幅，“挑起”法庭走进山寨，到田间地头，门前床头就地开庭调处纠纷。近几年来，60%的案件都是通过巡回办案就地审结的。

近6年，他审理案件670件，无一例上访缠诉，无一例重审，无一例诉讼积案，无一例干警违法违纪，而调解率高达85%以上。

由于成绩突出，马晓光所在法庭先后多次被市中院评为“人民群众满意单位”；被市政法委授予“五星级政法单位”称号；2002年、2003年分获县、市级“青年文明号”。他本人连续五年受到县委、县政府嘉奖，被市政法委授予“五星级政法干警”称号。2005年10月，被常德市人大常委会等6家单位授予“模范法官”，并被市政府记二等功。2006年1月，被省高院评为“全省优秀法官”，4月，马晓光又被常德市委政法委评为全市“十杰法官”。

（王庆全　刘泽军）

公 安

【概况】 2007年，全市公安机关以中共十六届六中全会和中共十七大精神为指导，全面落实科学发展观，紧紧围绕构建工业强市、文化名城、和谐常德的总目标，牢牢把握最大限度地增强和谐因素，最大限度地减少不和谐因素的总要求，力量往基层使、工作往实里干，恪尽职守，拼搏进取，忠实履行了“三大职责”，确保了全市政治大局稳定、治安局势平稳、人民安居乐业。2007年，全市群众安全感测评位居全省第二，并在全国安全城市排行中位居第26位；全市公安工作的综合水平位居全省第三。始终把维护稳定作为首要职责，及时提供各类涉稳信息，为市委、市政府正确决策提供了可靠依据；加强预警机制建设，深入开展矛盾纠纷排查调处，制定并演练了处置涉军、处置围堵党政机关等8种群体性事件预案。深入开展“大接访”活动，及时受理来信来访769起，接待群众550人，办结率为98.11%，被省委政法委评为“全省处理涉法涉诉工作先进单位”（全省公安系统仅1个）。（舒春初）

【打击各类刑事犯罪】 全市公安机关牢固树立侦破打击的主业理念，坚持打防结合，以打开路、以打促防，主动打击，积极防范，注重提升打击惩治的数量和质量，有效遏制了刑事犯罪的高发势头。全市刑事立案下降16.2%，其中八类恶性案件下降11.3%，抢劫案件下降18.5%，抢夺案下降13.3%，入室盗窃和盗窃机动车案件分别下降23.8%、24.9%。在打黑除恶方面，严格落实公安局长、派出所长责任制，坚持“打早打小、露头就打”的方针，用足用好现行法律，采取“抓把柄”的方法反复羁押犯罪嫌疑人，灭其威风，丧其锐气，不搞长期经营，不刻意追求全案全清、不让其坐大成势，努力减小社会危害，降低办案成本，先后组织侦破了龚茂亚涉黑团伙案等21起涉黑涉恶团伙案。在命案侦破方面，常德市一直位居全省前列，全年共发生命案61起，组织侦破了包括澧县“2·1”杀人案、武陵“7·20”抢劫杀人案在内的命案56起，破案率为91.8%，呈现出了命案发案逐年下降、破案率逐年上升的良好态势。在打击“两抢一盗”等多发性犯罪方面，一是巡逻防控“压”，主要是开展巡警防暴队伍巡主街，派出所“一警带两员”巡大路，专职巡逻队伍巡小巷，保安经警巡楼栋，110处警队流动巡等五种巡逻防控；二是满员收戒“减”，针对“两抢一盗”案件有许多是吸毒人员所为的情况，严格落实了吸毒人员一律强制戒毒六个月的规定，强制戒毒1471名，同比增长19.6%，使强制戒毒所的日常关押量从以往的100人左右一下猛增到600人左右；三是小型出击“打”，全年共破获“两抢一盗”案件2800多起，尤其是组织侦破了胡跃峰团伙盗窃（汽车、摩托车）案、李本乾系列盗窃汽车案等106起重大系列盗抢案件，破获“两抢一盗”串案202起，名列全省第二。根据公安部关于打击“两抢一盗”多发性侵财犯罪平台发布的排名，常德排在全国市州公安局第12名，9个建制县均排在全国前200名。（舒春初）

【社会治安管理】 针对突出的治安问题，明确提出在常德“绝对不允许出现社会治安焦点、热点问题，绝对不允许民警因工作失误而引发群体性事件和处置不当激发群体性事件的矛盾，绝对不允许出现某一类引起群众普遍恐慌的案件”的总要求，强化日常管理，落实规范服务，突出整治重点，坚持标本兼治。一是继续深化行业管理工作。提高了行业管理信息化水平和等级化管理水平，加大了对行业场所的日常监督管理和从业人员业务培训，促进行业场所的自规自律，预防和减少违法犯罪。二是继续深化人口管理工作。以优质服务换发身份证170多万张，群众对办理工作投诉下降92%；开展了无户人员的补登补录、假户假证和重户重证的清理整顿；暂住人口和出租房屋管理得到加强，全市城区街道、县市城关镇均组建了

"暂住人口和出租房屋服务管理中心"，社区建立了服务站，各项管理服务工作正有序启动。出入境管理工作全面实行了一次见面、计算机受理、网上流转审批，方便了群众；推行按需申领护照工作，完善出境管理工作的三个关键信息系统，确保该管的管住、该放的放开。三是深入开展禁毒人民战争。禁毒工作全省排名第一。查破了包括部督 TW07010 专案在内的涉毒案件 1840 起（其中重特大案件 39 起），抓获各类涉毒人员 2214 名，同比分别增长 50%、20.5%；缴获传统毒品海洛因 6645.29 克，新型毒品甲基安非他明（俗称麻谷）12793 粒，新型毒品氯胺酮 155 克。四是深入开展禁赌专项整治。围绕人民群众反映较大的"转转麻将"和地下"六合彩"问题，2007 年共挂牌整治了11 个涉赌重点乡镇，查处了包括桥南"4·13"聚众赌博案及鼎城、桃源六合彩赌博案等在内的 1814 起赌博案件，抓获涉赌人员 4684 人。在查处赌博案件上，特别注重加大对涉赌案件行政拘留的执行力度，出台了拘留人员出入所规定：一旦决定拘留必须执行到位，符合法定条件提前出所的必须经局长批准，其他局领导无权审批。这一规定的出台，迅速扭转了赌博拘留人员进出所自由的散乱局面，确保了执法的严肃性，有力遏制了赌博之风蔓延的势头。五是认真组织开展治爆缉枪专项整治行动。共查处涉枪涉爆案 57 起，抓获违法犯罪嫌疑人 109 人，查获各类非法枪支 341 支、子弹 233 发、炸药 1044 公斤、雷管 5703 枚、黑火药 2747 公斤、导火索 620 米。对 181 个涉爆单位和 200 个民爆物品临时使用点进行了安全隐患排查，发现涉爆隐患 56 起，已整改到位 50 起。六是突出交通秩序、消防安全专项整治。先后组织开展了严重交通违法行为、禁鸣、酒后驾车、"五反"、农用车摩托车等专项整治行动，道路交通秩序明显好转，全市共发生交通事故 766 起，死亡 237 人，伤 965 人，直接经济损失 202 万元，同比分别下降 13.35%、13.5%、18.63%、34.7%。消防安全方面，2007 年省里挂牌的 14 处重大隐患已全部整改到位，新排查出的 33 处重大火灾隐患，已有 26 处全面落实了整改。

（舒春初）

【"三基"工程建设】 2007 年，全市公安机关警务保障取得重大突破，全市 10 个建制区县达到了省厅公用经费保障标准。科技强警取得跨跃发展，自 2006 年常德市向公安部、科技部成功申报全国第二批科技强警示范建设城市以来，共列科技强警建设项目 22 个，除基层科技小件、县级智能交通管理系统正在实施，DNA 实验室、消防现场指挥系统尚未实施之外，其余的 18 个建设项目已全部完成。特别是在城市报警与监控系统建设上，探索实施了由电信部门垫资建设，公安和政府其他职能部门租用的建设方案，并顺利完工。基本建设取得明显进步，市委政府"两办"就派出所建设专门发文，并专门派出督导组对无房所的建设开展了专项督导，全市无房派出所建设已超过省厅 80%的标准，外观标识建设已全部完成，基层单位警力、警种基层警力均达到 85%。

（舒春初）

【提升公安队伍正规化水平】 一是注重制度立警，以制管警。先后制定完善了 19 项管理制度，对每项制度都规定了处罚标准，明确了执行主体。二是实施绩效考评，推行精细管理。全市公安机关把已经实施的绩效考评、联带包创星级管理与省厅精细化管理要求有机对接，进一步健全考评组织体系、制度体系、督管体系、奖惩体系，制定下发了近 7 万字的《精细化管理考评实施办法》，初步形成了具有常德特色的精细化管理模式。全局坚持网上周清月结，每月评出一个流动红旗单位和五名排头警。通过精细化管理，全市公安机关取得了争先氛围日渐浓厚、违法违纪明显减少、机关管理日趋规范的明显效果。省厅已三次转发推介常德市抓精细化考评的成功作法。三是狠抓严格执法，确保执法为民。始终把执法质量作为公安工作生命线，实行执法审核、法律文书管理、涉案财物管理大统一，强化执法监督，构建大法制工作格局。四是积极推进警务体制改革。市编办已对市、县两级公安机关警务体制改革方案进行核定并下文批复，市局机关已由原来的 29 个二层单位合并为 18 个。市编办与市公安局联合发文明确了县（市、区）公安机构与编制问题，并将县（市、区）公安机关内设机构全部确定为副科级机构。

（舒春初）

交　警

【概况】 2007 年，全市各级公安交管部门在市委、市政府及上级主管部门的正确领导下，以"三个代表"重要思想为指导，以科学发展观为统领，以"一降两保"为工作目标，进一步深化"五化"事故防控体系，着力解决影响道路交通安全的突出问题，全面推进公安交通管理工作和交警队伍建设，为全市经济建设创造了安全、畅通、有序的道路交通环境。

交通安全形势进一步好转。2007 年，全市共发生事故 766 起，死亡 237 人，伤 965 人，直接经济损失 202 万元，较上年分别下降 13.35%、13.5%、18.63%、34.7%。全市交警部门通过进一步深化交通安全管理社会化、客运车辆户籍化、城市城镇管理科技化、重点路段实行专业化管理、交通管理信息查控网络化为内容的"五化"事故防控体系，大力推行社会化管理责任包保制，全面整合各职能部门力量，强化工作落实；利用西班牙政府软贷款 2000 万元及政府配套资金 600 万元建成区县市智能交通管理系统，实现市县两级联网运行；扎实开展了抓好一条路、四类车、五种严重交通违法行为的预防特大交通事故专项行动，有效地遏止了交通事故的发生。

队伍管理实现安静、安全、安宁目标。全市交警坚持政治建警、从严治警、素质强警，以精细化管理为手段，强化思想整治教育，狠抓各项制度落实，规范内部管理，队伍整体素质、战斗力有了明显提升。支队先后开展了集中培训、以案析理、演讲比赛、参加征文等多种形式的社会主义法治理念教育学习培训，全市交警队伍素质明显提高，民本理念进一步增强，民警执勤执法行为进一步规范，群众满意率大幅提升。认真推行精细化管理。制定《支队机关精细化管理实施办法》，确定了日清、周审、月评、年定的运行程序，坚持每月底由考核办牵头，组织各考核成员单位，对各部门工作情况进行全面的考核，逐月进行了通报。扎实开展大整顿活动。深入开展纪律作风、交通秩序、执勤执法、窗口形象大整顿，执法不规范、不文明，窗口形象不佳等系列问题得到了有效整改，取得了显著成效。

交管工作基层基础建设进一步夯实。2007年全省交警系统“三基一化”工程建设现场会在常德召开，全面推介常德交警工作经验，支队被省公安厅评为全省公安机关“三基一化”工程建设先进单位。全市交警从政策、经费、保障方面全方位地加强基层、倾斜基层、服务基层，全市共下沉警力54人，新增中队8个。同时，城区各大队解决了中队长、指导员职级高配的问题。多渠道筹措资金，按照实战需要，更新车辆，大量配备计算机，人均拥有计算机达0.6台。同时，先后举办各类培训班83个，共培训4015人次，大力提高了民警的素质水平。

车驾管窗口进一步亮化。以车管所等级评定为契机，规范业务办理，提高工作效率，全市有7个大队成功申报了车辆管理所，全年全市办理注册登记11217辆，办理新证申领业务21455本，增驾业务5735本。支队斥资800多万修建了建筑面积达3800多平方米的车驾管大厅，硬件设施达到全省地市级支队一流水平，开发启用了排队叫号系统、查询系统、信息公告系统等10大科技化辅助管理系统，减少了业务办理环节，缩短了群众办事时间，提高了工作效率。

道路交通秩序进一步优化。年初，支队主导城区交警路面勤务制度改革，对城区道路区实行等级管理，建立高峰守点、平峰期巡线，重点时段、部位重点管理的精细化管理模式和警力跟着车流走，警力跟着勤务走的弹性工作制度，提高了管理效率。先后开展了严重交通违法行为专项整治、校车专项整治、危险品运输车辆专项整治、打击“两抢一盗”专项行动、五反专项整治、全市警用车辆专项整治、市城区交通秩序重点地段整治、“禁鸣”等专项整治，共查处超速行驶18938起，客车超员3628起，酒后驾驶183起，疲劳驾驶1250起，违法超车1718起，不按规定车道行驶6179起。同时，从社会公开招聘了46名交通文明劝导员，协助交警疏导指挥交通，对各种不文明交通行为进行劝阻。同时，加强交通安全基础设施建设。全年共施划标线131000平方米，更新各类标牌4500块，新增的士停车泊位65个，机动车临时停车泊位700个。（李燕峰）

【城区交警勤务制度全面改革】为进一步提高常德市道路交通管理水平，提升交通警察形象，年初，交警支队结合市城区道路交通管理工作的具体实际，对市城区道路管理勤务制度进行改革。一是对路段实行等级管理。根据市城区道路交通流量及事故发生率情况，将道路分为事故预防重点路段、一级路段、二级路段以及三级路段四个等级进行管理。二是对路段实行责任管理。按照路段等级和中队管辖区域，实行大队领导包片，中队负责人包线，民警包段的“三包”责任制，明确分工和责任。同时，将不同等级路段的见警率、机动车遵章率、非机动车遵章率、行人遵章率、违章停车率、交叉路口阻塞率、机动车登记率、群众对交通管理工作满意率等“八率”及快速反应情况进行量化，明确量化标准。三是对路段实行精细化管理。建立高峰守点、平峰期巡线，重点时段、部位重点管理的精细化管理模式，采取警力跟着车流走，警力跟着勤务走的弹性工作制度，提高路面管理效率。（李燕峰）

【“三基一化”工程建设工作经验在全省推介】2月4日、5日，全省公安交警系统“三基一化”（抓基层、打基础、苦练基本功，规范化）工程建设现场会在常德召开，着重推介常德交警系统“三基一化”工程建设全面工作经验以及中队六大工作机制、车驾管理五规范五服务工作机制、苦练基本功“四二二”工作机制和精细化管理工作机制等四个单项工作经验。与会人员先后参观了常德石门交警大队、澧县交警大

顺应发展启动勤务改革

队、鼎城区交警大队、城区交警大队的“三基一化”工作现场。（李燕峰）

【建队二十周年庆典】4月24日，常德市公安局交警支队召开建队二十周年庆典大会。二十年里，交警部门始终坚持严格管理，队伍由弱小到强大。通过不断规范内部管理，强化纪律作风，外部形象得到优化。秉承艰苦创业精神，硬件设施由落后到先进。市县两级交警部门改善了办公环境，建成了全省一流的现代化考场，市县两级实行智能交通科技化管理，装备达到警种标准。不断创新工作，事故预防由被动到主动。20年来，支队始终把压事故、保畅通、保安全作为最高的目标追求，不断总结各种交通事故发生的规律，探求交通事故预防的有效途径，经过20年的不懈努力，形成了一套比较成熟的理论，逐步探索出了有效的事故防控措施，牢牢把握住了事故预防工作的主动权，为地域经济发展和社会稳定发挥了职能作用。（李燕峰）

进学校宣传

【新车驾管办证服务大厅落成启用】为适应道路交通管理工作需要，更好地服务经济和社会发展，2006年10月份开工建设现代化的车驾管办证服务大厅。历时六个月，3800平方米的大厅落成，于2007年5月8日举行揭牌启用仪式。

车驾管办证服务大厅主体建筑三层。按照方便群众，规范管理的工作理念，推行系列新的管理举措，建成电子排队叫号系统、电子信息查询系统、电子信息公告系统、相片合成系统、车辆驾驶人预录入系统、电子信息扫描系统、电子监控系统、语音广播系统、信息自助查询系统、服务质量评价系统等十大网络服务系统，通过这些系统有效地规范和促进车驾管业务工作，提升和树立公安交警良好形象；提高了办事效率，减少办事环节，缩短办事群众排队等候时间，给办事群众提供一个秩序好、时间短、服务优的工作环境；实行阳光作业，信息公开，增强工作的透明度，让群众享有高度知晓权、选择权，在增强工作服务意识的同时，促进业务水平提高。（李燕峰）

【交通安全宣传周】为贯彻公安部部署的“决战七十天，打好攻坚战”道路交通安全集中整治行动要求，进一步巩固交通管理模范城市创建成果，有力提高市民交通安全意识，9月4日，支队隆重举行“十万份温馨送市民，和谐的交通伴你行”交通安全宣传周活动。活动中，各地深入学校、车属单位、党政机关部门、沿街门面、主干道沿线村组、企业，对广大市民开展了无缝隙交通安全宣传。广大交通安全宣传参与者积极参加交通安全知识学习，并认真完成交通安全知识有奖竞答题。活动期间，全市共发放宣传单14万份，并从回收的49786份抽奖单中评出606个获奖名额。（李燕峰）

【省委常委、省政法委书记、公安厅厅长李江到支队视察】12月5日，省委常委、省政法委书记、公安厅厅长李江到常德视察交警工作。李江书记一行先后视察了支队智能化交通指挥中心和车驾管办证大厅。视察结束后，李江书记对常德交警工作予以了高度赞扬，对支队的车驾管工作予以了充分肯定。并勉励常德交警再接再厉，进一步规范执勤执法、强化服务理念、加强道路交通安全管理，营造良好的、和谐畅通的交通环境，切实保障老百姓的出行安全。（李燕峰）

【行政执法责任制试点工作测评第一名】2007年，常德支队把行政执法责任制试点工作开展作为交警公正执法、规范执法、高效执法的载体，坚定不移地真抓、实抓、常抓，在市直单位行政执法责任制试点工作测评通报大会上，常德支队从各市直单位中脱颖而出，获得行政执法责任制试点工作测评第一名。（李燕峰）

【全国优秀人民警察沈国初】5月25日，全国公安系统英雄模范和立功集体表彰大会在北京人民大会堂隆重召开。常德交警直属二大队基层交通民警沈国初作为全省4名英雄模范中的唯一交警代表出席了这次大会。在这次大会上沈国初受到党和国家领导人胡锦涛、温家宝、曾庆红、罗干的亲切会见。

沈国初进入交警系统19年以来，长期工作在基层第一线，始终坚持工作第一、爱党爱国、立场坚定、牢记全心全意为人民服务的宗旨，坚持立警为公、执法为民、爱岗敬业、无私奉献、积极为群众排忧解难，象老黄牛一样耕耘在交通管理战线上。以“十九年风风雨雨站立马路树丰碑、六千余日日夜夜心系民众铸警魂”的感人事实，在平凡的工作岗位上谱写了一曲交通警察的赞歌。先后7次立功，10余次获奖、收到人民群众表扬信30余封，锦旗10余面。出现了市民向来常暗访的公安部领导为他请功，湖南省社会投票评选“全省平安使者”，城区100多名的士司机停运为他拉选票，几十位市民在政府网站发贴向他致敬的动人场面。

（李燕峰）

巡　警

【概况】 110处警。担负武陵城区110报警处警任务。全年接警15786起，出动警力34102人次，处警15786次。先期处置各类刑事、治安案件106余起；处置治安事件纠纷12069起；协破刑事、治安案件28起；抓获各类违法犯罪嫌疑人240名，收缴各类管制刀具117把，仿64式手枪一支；消除治安隐患37起；受理群众求助2228起，救助受伤群众232人次，为群众排忧解难1245人次。无群众投诉110处警工作。

反恐处突。担负全市乃至湘西北反恐处突工作任务。先后41次接受并圆满完成了市委、市政府、市公安局交办的艰难险重实战命令任务，其中完成大型社会活动保卫和重要首长警卫任务9次，处置群体性事件16起，参与重大刑事抓捕战斗16次。1月21日，奉命调动21名特警前往桃源盘塘镇、鼎城蔡家岗镇抓捕以龚茂严为首的涉黑涉恶犯罪团伙，协同诸警种成功抓捕了龚茂亚等12名嫌犯。9月3日15时至9月4日8时，支队特警再创反恐处突频次纪录，在短短17个小时之内，接连三次领命出战，处置突发事件。

街面防控。担负武陵城区人民路、建设路、洞庭大道、武陵大道、朗州路等五条主干道街面巡逻防控任务。支队没有专职巡逻力量，特警兼担巡逻防控任务。为增大震慑力度，提高见警率，支队每天安排了30名以上特警进行9小时以上的武装巡逻。为增强巡逻作为，提高管事率，巡逻特警加大了街面巡逻盘查力度。全年累计盘查嫌疑人6896人次，盘查各种嫌疑车辆579辆，通过盘查和开展围追堵截，抓获各类违法犯罪嫌疑人73名。为挤压各种街面犯罪，提高打击率，支队加大了打击办案工作力度。年内，破刑事案件5起，刑拘4人，查处治安案件6起。通过广泛收集信息，并加以认真搜排、筛查，破获了吸毒人员刘某盗窃电动车案；通过调研警情，锁定目标，主动出击，成功抓捕了在常德市城区滨湖路、洞庭大道、武陵大道环紫桥小区沿线疯狂盗窃自行车、摩托车的犯罪嫌疑人彭某。

防暴队员进行射击训练

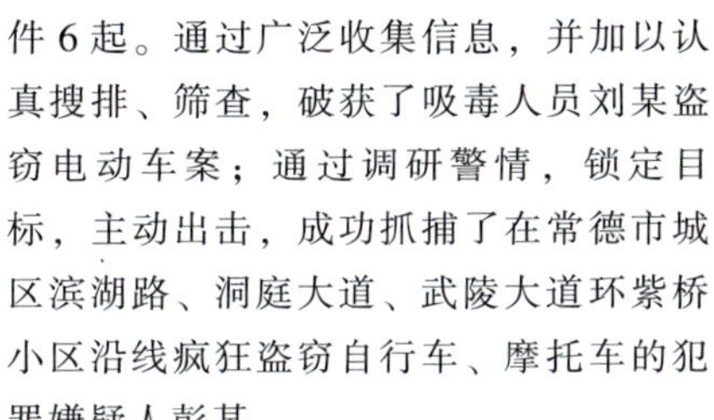

支队从1995年10月成立以来，一直没有一个能较好满足工作需要的办公场所。所用办公楼建于上世纪70年中后期，面积仅有600余平米，早在2001年就被鉴定为C级危房，近年来，险情加剧。市委、市政府领导对此高度重视，市委副书记、代市长卿渐伟、常务副市长陈文浩、副市长李爱国分别作出指示或批示，要求尽快解决支队办公场所问题。在市公安局和市财政局的关心、支持下，支队于11月12日，整体搬至城区校场街79号原消防支队办公楼内办公。支队花了40余万元打整室内，添置电脑和办公桌椅。支队办公用房得到改善，有了能召开全体干警大会的会议室，各科（室）队乃至大部分中队都配齐了电脑。　（潘文辉　周青甫）

【110处警大队卫冕“国优”荣誉】 110处警大队积极回应人民群众新期待，满足人民群众的新要求，紧紧围绕“两个最大限度”下功夫，不断完善动态处警工作机制，不断增强处置刑事、治安案（事）件的能力，不断提高调处、化解人民内部矛盾的水平，不断改进做群众工作的方法，出色完成了1.5万余次处警工作任务，牢牢地将民警违纪违法、群众合理投诉控制在零水平。在“全国青年文明号”的动态评比中，再次卫冕了前年团中央颁发的“全国青年文明号”。

【特警大队被评为“全省公安优秀基层单位”】 特警大队坚持政治建警、从严治警、执法为民，训练演练成绩突出，反恐防暴屡战屡胜，处突维稳令人满意，街面防控成效显著，为维护常德市社会稳定和治安平稳做出了较大贡献。　（潘文辉　周青甫）

司法行政

【概况】 2007年，全市司法行政工作实现了“四个防控、八个提高”的主要工作目标。“四个防控”一是防控罪犯脱逃和劳教人员逃跑；二是防控社区矫正对象脱管。石门县、武陵区、鼎城区、澧县、桃源县等区县（市）积极启动社区矫正工作，为实现“零脱管”、社区矫正对象无重新犯罪打下了良好基础；三是防控刑释解教人员重新违法犯罪。全市帮教安置刑释解教人员2356人，重新违法犯罪率被控制在2%以内；四是防控了矛盾纠纷激化。共防止矛盾纠纷激化375起，其中，防止因民间纠纷引起的群体性上访131起、群体性械斗106起、民事纠纷转刑事案件104起、自杀事件34起，实现了“四无”

(无因民间纠纷调处不力引起的群体性上访、群体性械斗、民转刑案件和自杀事件发生)。“八个提高”一是提高了教育改造质量。罪犯、劳教人员改好率达97%；二是提高了社区矫正质量。社区矫正对象改好率达97%；三是提高了监狱劳教经济效益。武陵监狱和市劳教所的年生产总值增长率达10%；四是提高了人民调解质量。全市共排查各类矛盾纠纷19675起，成功调处各类矛盾纠纷19286起，调解成功率达98%；五是提高了法律服务质量。全市法律服务机构共担任常年法律顾问1097家，办理各类刑事辩护和代理案件5865件，办理各类公证11390件，为当事人避免和挽回经济损失1.93亿余元，无因法律服务质量问题引起的当事人投诉；六是提高了法制宣传教育水平。市、县两级普法讲师团下乡宣讲法律96场次，受教育人员达25万余人，为公民送普法读本38万余册，公务员年度学法考试参考率达95%，及格率达80%，有10%的村跨入了“民主法治村”行列，有12%的社区跨入了“民主法治社区”行列；七是提高了法律援助办案质量。共办理法律援助案件1185件（其中刑事案件425件，民事案件743件，行政案件17件），无因法律援助质量问题引起的当事人投诉；八是提高了司法鉴定质量。共办理司法鉴定1423件，采信率达99%，无因司法鉴定质量问题引起的当事人投诉。

2007年3月，武陵监狱一监区被司法部评为全国监狱工作先进集体。常德市司法局被司法部评为2007年人民调解宣传工作先进单位。2008年1月24日，澧县澧阳镇朱家岗村被司法部、民政部授予第三批“全国民主法治示范村”荣誉称号。市司法局还被省委政法委、省综治委评为2003至2006年全省平安建设先进单位，被省依法治省办评为市州普法依法治理工作考核优秀单位，被省司法厅评为全省司法所建设先进单位。2007年4月，武陵监狱被省司法厅评为全省司法监狱劳教人民警察岗位练兵活动先进集体。2008年1月，市司法局荣获全省“司法行政大动员，化解矛盾促和谐”专项维稳活动组织奖。在省委政法委2007年7月开展的民调测评中，市司法局获全省第一名，是全省社会形象最好的政法单位。

（祁政　唐铭蓬）

【专项维稳】 2007年4月10日以来，根据省司法厅的统一部署，市司法局在全市扎实开展了“司法行政大动员，化解矛盾促和谐”专项维稳活动。市委书记武吉海，市长卿渐伟，市委常委、市委政法委书记胡宗清、副市长李爱国等市领导高度重视、大力支持这次专项维稳活动，在组织领导和经费等方面提供了坚强的保障。由于领导重视、部门支持、措施有力，第一阶段大排查和第二阶段大调处各项工作任务圆满完成，成效显著。据统计，2007年4月至12月，共化解各类矛盾纠纷14532起。排查调处影响监狱劳教场所安全稳定的重大矛盾纠纷53起，其中，武陵监狱成功调处38起，市劳教所成功调处15起。排查调处民间矛盾纠纷14479起，其中，排查调处重大群体性矛盾纠纷160起，调处党委、政府交办的矛盾纠纷42起，调处法庭移交的矛盾纠纷295起，调处公安派出所移交的矛盾纠纷373起，调处跨地区、跨部门、跨行业矛盾纠纷130起。全市法律服务机构共参与排查化解重大矛盾纠纷4194起。共排查治理了影响监所安全稳定的重点部位7个、重大矛盾纠纷频发的重点单位、重点部位422个。全市排查转化矛盾纠纷重点人员5127名，排查转化监所危险分子47名、顽固分子25名，排查转化社区矫正重点对象175名，排查转化长期不服从政府管理、经常无理取闹、借题发挥、寻衅滋事的重点人5名，排查转化刑释解教人员2467名。

（祁政　唐铭蓬）

【司法部工作组到常德检查调研】 2007年1月18日至19日，由司法部司法鉴定管理局孙业群处长、内蒙古司法厅徐贵中副厅长等人组成的司法部工作组，在省厅领导和法规处同志的陪同下，到常德市就司法行政机关管理司法鉴定、落实全国人大常委会《关于司法鉴定管理问题的决定》的情况进行了检查和专题调研。工作组先后到常德市司法鉴定中心、湖南鼎信司法鉴定中心和桃源县的两个司法鉴定所进行了实地考察，征询了基层司法机关和司法鉴定人对司法鉴定管理工作的意见和建议，听取了市司法局关于司法鉴定管理工作的情况汇报，对常德市司法行政机关管理司法鉴定取得的成绩给予了充分肯定。

（祁政　唐铭蓬）

【社区矫正试点】 根据《最高人民法院　最高人民检察院　公安部　司法部关于开展社区矫正试点工作的通知》、《司法行政机关社区矫正工作暂行办法》文件要求和全省司法行政工作会议精神，3月2日，全市司法行政工作会议决定，要在全市范围内迅速启动社区矫正试点工作，完善刑罚执行制度。积极借鉴第一批试点省、市、县的成功经验，确定试点范围，启动社区矫正试点工作，总结经验后及时在全市推行，依法对被判处管制的、宣告缓刑的、暂予监外执行的罪犯和依法被裁定假释的、被剥夺政治权利并在社会上服刑的罪犯进行矫正。市司法局会后对社区矫正工作作了专题部署，要求各级司法行政机关要加强与公安、检察、法院等相关部门的联系协调，相互配合、相互支持，保证社区矫正试点工作的顺利开展。要建立健全各项工作制度，切实解决工作机构、队伍和经费等问题，确保区矫正工作规范运行，防控社区矫正对象重新犯罪。

（祁政　唐铭蓬）

【省司法厅厅长夏国佳到常德督察】 4月19日下午，省司法厅厅长夏国佳、副巡视员文泽纯、办公室主任汤开清等领导在市委副巡视员、市委政法委副书记吴生元、市司法局局长周利党的陪同下来到三岔路司法所和河伏司法所督查专项维稳活动。省厅领导视察了司法所的办公用房和配套设施的建设情况、人民调解工作情况，并给予了高度赞扬。并指出：人民调解工作是维护社会稳定的第一道防线，

省司法厅厅长夏国佳到常德视察

是促进经济发展、构建和谐社会的重要力量，要把这项工作落到实处。夏厅长鼓励两位司法所所长：要争创优秀司法所，争当优秀司法所长。

（祁政　唐铭蓬）

【健全矛盾纠纷调处指挥系统】 2007年5月以来，根据省司法厅湘司发〔2007〕45号文件和市司法局常司发〔2007〕27号文件要求，常德市各级司法行政机关都相继建立健全了矛盾纠纷调处指挥系统。市司法局成立了矛盾纠纷调处指挥中心，下设监狱劳教矛盾纠纷调处指挥部和基层矛盾纠纷调处指挥部。各区县（市）、“四区”司法局（办）、武陵监狱和市劳教所成立了矛盾纠纷调处指挥中心，负责搞好辖区内各种矛盾纠纷的排查，及时掌握重大矛盾纠纷信息，指挥司法所、基层法律服务所、人民调解委员会及时调处矛盾纠纷；指挥律师事务所、公证处、法律援助中心和司法鉴定所（中心）参与化解矛盾纠纷；解答群众的法律咨询，普及法律知识；受理群众寻求法律服务的委托，及时组织指派为其提供法律服务；向当地党委、政府反映社情民意，为依法行政提供决策依据和信息服务；负责首席调解员的业务培训和业务指导等职责。

（祁政　唐铭蓬）

【禁毒宣传进社区】 为让社区居民远离毒品、遵纪守法，共创和谐无毒社区。8月14日，应常德市武陵区芙蓉社区的邀请，常德市劳教所法制宣传教育小组组织部分干警和劳教人员为社区居民，中、小学生和部分青少年作了一场别开生面的禁毒知识法制报告会。首先，市劳教所教育科负责人从毒品的概念和种类、毒品对个人、家庭及社会造成的危害、吸食毒品的主、客观原因、全民积极参与禁毒活动四个方面作了精彩宣讲；然后，劳教人员曾某和金某分别以“阳光总在风雨后”、“无法抹去的痛苦”为题现身说法，用自己的亲身经历告诫社区居民、学生和青少年，毒品千万不要尝试，一试就会一日吸毒终身戒毒。通过民警对有关吸毒违法犯罪案例的剖析和劳教人员吸毒亲身经历的真诚忏悔，深深震动了在场居民、学生和青少年，收到了良好的教育效果。

（祁政　唐铭蓬）

【2007年度常德市国家司法考试顺利完成】 9月15日~16日，2007年度常德市国家司法考试在市工业学校顺利进行，共有583名考生参加了考试，比2006年增加30人。市人大副主任杨先平视察了考场，并对考试的组织工作进行了充分肯定。

（祁政　唐铭蓬）

【市司法局荣获全省专项维稳活动组织奖】 2008年1月14日至15日，省司法厅在长沙召开了全省“司法行政大动员，化解矛盾促和谐”专项维稳活动阶段表彰大会。市司法局由于活动组织严谨、措施得力、成效显著，荣获组织奖，共有36人受到表彰。津市市司法局长卜茂贵、鼎城区司法局副局长向克雄、石门县司法局白云司法所长尹昌俊分别作为优秀司法局长、调解能手、优秀司法所长代表出席了表彰大会。

（祁政　唐铭蓬）

劳教所

【概况】 2007年，市劳教所在市委、市政府的正确领导下，认真学习和贯彻中共十七大精神，全面落实科学发展观，始终坚持“教育、感化、挽救”的劳教工作方针不动摇，围绕维稳这个大局，狠抓了民警队伍建设，强化了场所管理，并配合市委、市政府的中心工作，广泛开展了专项维稳活动，提出了全面构建和谐场所的目标。在维护常德社会政治稳定，确保经济建设顺利进行的大局中，续写了劳教人民警察的忠诚篇章，取得了可喜的成绩：劳教所被市委政法委评为全市政法系统队伍建设先进单位，所领导班子被市委评为“五好”班子，所党委书记、所长刘国高被市委评为“四型”领导干部。业务工作得到了省劳教局的充分认可，全年未发生一起“四防”事故，场所持续安全稳定，教育改造质量稳步提升，基础工作全面上了新的台阶，并获得了三个光荣称号：全省劳教系统目标管理考核先进单位；全省劳教系统纪检监察2007信息目标管理先进单位；全省司法行政系统抗冰救灾先进单位。

（曾宪政）

【专项维稳】 2007年4月份，市劳教所积极响应省司法厅关于开展“司法行政大动员、化解矛盾促和谐”专项严格、公正、文明执法的号召，召开了专题会议，高度统一了思想，并结合自身的实际，制订了具体工作方案，细化了任务目标，扎实在全所开展了专项维稳活动，并取得了显著的成效。在2007年7月全市司法行政系统召开了专项维稳活动经验交流会上，市劳教所作了典型发言，省局《湖南劳教》第22期简报上还转发了市劳教所三大队开展专项维稳活动的典型材料。

推行一线工作法，化解矛盾纠纷不过夜。市劳教所引导全所民警围绕“司法行政大动员、化解矛盾促和谐”带来的管理理念、管理标准、管理要求的新变化、大力推行“工作重点放在一线，工作中心围绕一线，一切工作服从一线，荣誉奖励倾向一线”的工作方法，深入一线抓矛盾纠纷排查调处工作，切实掌握管理和落实上存在矛盾纠纷的第一手资料，潜心分析原因，积极寻找对策，因人施教，策略交谈，把矛盾化解在一线，把问题解决在一线。市劳教所把深排细查作为此次活动的工作重点，以大队为单位，建立矛盾纠纷台帐，做到了不留死角。

实行“联带包教”，转化重点对象有章法。市劳教所对劳教人员的施教通过联带包干方式进行。该方式以劳动教养的有关法律、法规、制度为依据，按照省局“三种管理模式”的要求，结合各大队的实际，在坚持以人为本，提倡构建和谐场所的理念下，将民警队伍的“联带包创”延伸到劳教人员队伍中，在有劳教人员的单位试行开展“联带包教”活动，实行结对包教。由包教民警、包教劳教人员（改造积极分子、生产能手，以下简称师傅）、包教对象（被包教劳教人员，以下同）组成三位一体，通过包教民警对包教对象心与心的沟通细教，经过包教师傅现身说法和积极向上的引导，使包教对象，特别是新入所的学员尽快适应改造环境，安心服教，尽快熟悉和掌握生产技能，按时完成生产任务，目的就是尽可能避免学员因不适应感到有压力、因违纪违规而受到处罚，从而形成一种人性化的和谐氛围，使劳教人员的合法权益得到有效保障。截至12底，全所包教对象达150人次，且99%的劳教人员很快适应了大队的改造环境，熟练掌握了生产技能，包教转化成功率为98%，有42名学员通过包教成为改造积极分子或生产能手，有30名师傅，因包教成功得到了减期十天以上的教期奖励。

践行以人为本，预防矛盾纠纷重管理。在对待劳教人员的态度上，始终全面贯彻党的劳教工作方针，克服行权思想，在依法、文明管理的基础上，尊重劳教人员的人格，杜绝了打骂、体罚或变相体罚劳教人员的现象发生。由于市劳教所始终坚持以人为本，实行人性化管理，基本达到了依法、严格、科学、文明管理的境界。改造秩序井然，场所和谐稳定。（曾宪政）

【提升民警创业活力】大力推进场所的民主建设。拓宽了民警的知情和参与决策的渠道，实行所务公开，及时向民警通报所里的大事、要事，按时公布所里的生产经营情况，家由大家当；积极探讨民主决策、民主管理、民主监督的有效形式，真正体现了民警的主人翁意识。其次，改革人事制度，增强用人的透明度。全面贯彻“尊重人才、尊重知识、尊重劳动、尊重创造”的方针。形成了人人能干事、人人想干事、人人干成事的浓厚氛围。按照德才兼备、群众信任的原则，公平、公开、公正地选拔任用干部，形成了一套完整的用人机制，为民警搭建了一个公平竞争、施展才华的平台。2007年，市劳教所两名年轻民警，因工作业绩突出，有重大设计发明而获得破格提拔。再次，深化劳教场所改革，积极推进创办特色劳教工作的理论创新、科学创新、体制创新，不断提高了自己创新的能力。2007年，市劳教所有40多位民警在国家、省、市报刊上发表的论文达50多篇。市劳教所三大队，作为所外试工的开放式管理大队，不仅实现了两年“四无”的目标，形成了自己的特色，而且在管教上探索出了一条新路，真正实现了人性化管理。截至2007年底，劳教人员成功率达90%以上，已安置解教劳教人员就业达20人次，且跟踪反馈情况良好。（曾宪政）

【市劳教所建成禁毒教育基地】11月13日，由市劳教所和武陵区政府、区禁毒委联合创办的禁毒基地正式挂牌成立。这是继2006年3月和2007年9月该所被常德市依法治市领导小组办公室和省未成年保护委员会授予“市青少年法制教育基地”、“第五批湖南省青少年法治教育示范基地”后，正式挂牌建成禁毒教育基地。基地展厅面积达400余平方米，展示的禁毒宣传教育资料、图片涵盖了禁毒政策、禁毒形势、毒品知识、禁毒警示、禁毒法制等，种类齐全，内容丰富。它的建成，将极大地推动全市禁毒工作。（祁政　唐铭蓬）

津市监狱

【概况】2007年，津市监狱在省厅局的正确领导下，坚持以确保监管安全、生产安全和队伍稳定为前提，开拓创新，扎实工作，各项工作取得明显成效：监管秩序持续稳定，保持“四无”，刑罚执行进一步规范，教育改造、劳动改造创新发展，安全生产完成目标任务，被省局评为“管教工作优胜单位”。监狱经济快速健康发展，警察职工综合素质和整体工作水平明显提升，全年无警察职工受到立案查处，被省司法厅评为“执法质量先进单位”。（樊　雷）

【监管安全综合保障能力稳步提升】全面落实监管安全首位责任制和责任追究制,适时修订《目标管理考核办法》，完善了监管安全责任体系。进一步完善接见审查和违禁物品检查制度,严格执行外劳罪犯审批和外协人员出入监制度，编印下发《狱政管理工作手册》，严格落实《警察进入监管场所规定》，健全了监管安全制度体系，警察执法行为进一步规范。投资221.6

万元维护和建设监管设施，建立健全了监控系统、无线快速报警网络、罪犯接见管理系统、监内移动电话屏蔽系统，物防技防效能有所提高。深入开展打黑除恶专项斗争，正确运用严管禁闭、适用破坏监管秩序罪等行政、法律手段，打击监内违法犯罪行为，监内始终保持高压态势。积极开展罪犯行为养成教育和勤杂犯专项整顿活动，罪犯的身份、行为养成和劳动意识全面加强。加强与武警的联动联防机制，强化演练，应急处置能力得到提高。（樊　雷）

【优化罪犯改造环境】规范罪犯劳动考核，推行罪犯劳动报酬制。规范罪犯劳动改造积极分子审批程序，开展劳动改造竞赛活动。借鉴外省经验，尝试推行罪犯劳动报酬制度，促进了罪犯劳动改造积极性和生产效率的提高，监内罪犯违规率进一步下降，生产效率较大提高，得到罪犯和犯属的普遍认同，取得良好社会效益，得到省局充分肯定和推广。规范现场管理，加强监企协调，强化劳动保护和安全生产。以“6S”管理为标准强化劳动现场管理，定期召开协调会议，加强罪犯劳动保护，加强督查，杜绝了严重超时超体力劳动。全面推行安全责任目标管理，建立梯级责任网络、生产群安网络，强化安全技术培训教育，严把生产项目准入审批关，加强交通监管，确保了整体安全目标实现。（樊　雷）

【提升队伍综合素质和职业能力】重点开展“巩固法治理念，改进作风，增强素质，树立形象”主题教育活动和学习贯彻中共十七大精神活动，集中培训10期996人次，送外培训57人次；按省局要求组织900名警察进行公共管理核心知识考试，及格率达99.9%；坚持经常化、制度化开展政治业务知识学习、岗位技能和体能训练，将岗位练兵融贯到日常工作、学习、生活中，警察履职能力不断提高。加强廉政建设和执法执纪源头工作，举办2期新警察培训班，5期分监区长及副科以上实职领导培训班，把法治理念教育融入队伍执法执纪全过程和思想作风建设中，切实筑牢依法文明执法防线；采取结对子帮促的办法，对执法执纪存在不足的重点单位、个人进行重点帮促，明确专人对口帮促，整体转变明显。深入开展“廉政文化年”活动，狠抓廉政制度建设，完善监事制度，规范公司经营行为，强化对现场的日常、随机督查，推行罪犯因伤就诊查询、出监前谈话、执法联络卡、罪犯大额消费追踪查询等行之有效的制度。（樊　雷）

【保障职工基本权益】监狱党委、公司广泛听取职工心声，加大上岗再就业力度，建立了职工再就业培训中心和内部用人市场，所有新增岗位都通过公开选聘，职业技能培训有序开展。职工工资调整及时到位，筹措资金500万元，工人住房公积金、住房补贴等各项待遇得到落实，职工待遇稳步提升。建立健全《工人管理暂行规定》、《班组长目标责任考核办法》，加强职工班组建设，推行民主管理，形成了公司、分公司、班组三级管理网络，工人就业观念和工作态度有了显著改变，主人翁责任感和工作积极性明显提高，职工管理基本实现了制度化、规范化，职工队伍保持稳定。（樊　雷）

武陵监狱

【概况】2007年，武陵监狱党委认真践行邓小平理论和“三个代表”重要思想，切实贯彻上级党委指示精神，坚持用科学发展观指导实践，带领全狱警察为维护监管安全稳定和实现监狱持续发展，锐意创新、大胆探索、艰苦创业、努力拼搏，基本实现了年度工作目标，较好地完成了上级交给的各项任务。有多项工作得到上级肯定，共获得19项荣誉或表彰，主要有：岗位练兵活动获得全省司法行政系统先进集体，刑罚执行工作、监区文化建设、百日安全生产竞赛活动获全省先进或优胜单位，政务管理、办公室工作、政工人事工作获全市先进单位。一监区被评为全国监狱工作先进集体。（罗志云）

【一监区被评为全国监狱系统先进集体】武陵监狱一监区在该狱党委的领导下，监区支部以邓小平理论和“三个代表”重要思想为指导，坚决贯彻执行党和国家的监狱工作方针政策，坚持社会主义法治理念，紧紧围绕监狱工作目

队列训练

标，团结一心、艰苦奋斗、善谋实干、开拓进取，队伍建设、监管改造及生产经营等各项工作取得可喜成绩，为维护监管改造秩序的稳定作出了贡献。2007年3月被司法部授予“全国监狱系统先进集体”荣誉称号。（梁冬平）

【警察思想作风建设】3月28日上午，武陵监狱警察思想作风建设活动动员会召开。此次在全体警察中集中开展思想作风建设活动，是贯彻落实胡锦涛总书记在中纪委七次全会上的重要讲话精神、倡导八个方面良好风气的需要，是县处级领导班子和领导干部思想作风建设的延伸和扩展，是继续深化社会主义法治理念教育、巩固岗位练兵成果的重要举措。活动分七个阶段，历时两个月，所有班子成员、中层骨干与一般干警之间均相互结对、包人整改、互相监督，做到上下互动。通过狠抓警察队伍思想作风、工作作风、生活作风和学习作风，进一步解决队伍中存在的纪律不强、作风散漫、形象欠佳、奉献意识不浓、集体荣誉感淡薄、组织领导能力弱化等问题，着力引导警察养成艰苦奋斗、扎实工作、甘于奉献的良好风气；增强警察狱兴我荣、狱衰我耻的集体荣誉感；提高警察积极探索、把握规律、发现问题、解决问题的能力，努力打造一支作风优良、纪律严谨、素质过硬、团结奋发的警察队伍。（梁冬平）

【新录用警察集训】为了提高近年来新录用警察的综合素质，根据《中华人民共和国公务员法》关于公务员初任培训的要求和司法部《关于2006—2010年监狱劳教人民警察队伍建设规划纲要》，8月29日，武陵监狱开始对2000年以来新录用公务员和近两年分配的军转干部进行集中教育培训活动。活动为期一个月，采取集中授课、座谈讨论、自学研讨等形式进行。培训的内容包括社会主义法治理念教育、职业常识教育、业务技能培训、警体训练四个部分。社会主义法治理念教育培训主要以《社会主义法治理念教育读本》为基本教材，要求学员紧密联系自身思想和执法工作实际，撰写剖析报告，查摆问题和不足，制定整改措施。职业常识教育内容为《中华人民共和国警察法》、《中华人民共和国公务员法》及警察职业道德规范、警容风纪、队列训练、体能训练、射击训练等，采取封闭式训练，由武警教官授课和考核，要求新警掌握队列动作与指挥、擒敌技术、警械枪支使用等技能。（梁冬平）

【监区文化体育月】为进一步加强监区文化建设，努力营造和谐健康的改造氛围，充分调动罪犯改造积极性，武陵监狱将4月份定为文化体育活动月，开展了丰富多样的文体活动。制定了具体的活动方案，做到了四个结合：结合创建部级现代化文明监狱工作，全力打造和谐发展的新型监狱；结合“五大系统工程”的实施，营造监管执法的和谐环境；结合罪犯个人改造质量评估，提高广大服刑人员自觉改造的积极性；结合“树立改造目标，争取早日新生”活动，营造有利于服刑人员改造的精神环境和文化氛围。活动项目有球类、田径类、棋类、文化艺术类、拔河等五类十三项。举办了庆“五一”书画工艺品展览，共展出作品178幅，其中书法作品类117幅，有毛笔书法、硬笔书法，行书、楷书、隶书、草书、篆书（篆额、篆刻）等7个品种；美术作品类52幅，有水彩画、写意画、钢笔画、铅笔画，写生、素描、版画等6个品种；工艺作品类9幅，有剪纸、折纸、泥塑等3个品种。所展作品质量品位较高，思想性艺术性较强，贴近服刑人员改造生活，反映了服刑人员对美的追求，表达了服刑人员对新生的向往。全狱服刑人员，做到了人人有项目，个个有赛事，参与率达百分之百。

（聂松林　莫秀忠）

【中层骨干缺位竞争】12月底，武陵监狱组织中层骨干缺位竞争上岗，经过资格审查、民主推荐、竞职演讲、组织考察、任前公示、党委审批，并经市司法局、市委政法委审核同意，17名同志分别走上了正、副科级领导岗位。在全狱形成了有为者有位的良好导向，有力的调动了警察队伍的工作积极性，为进一步加大中层骨干管理力度提供了良好契机。（梁冬平）

【改扩建规划工作全面启动】7月10日，市万金障退田还湖工作协调小组办公室召开了有市国土资源局、市规划局、市环保局、市旅游局、市司法局、武陵监狱、柳叶湖管委会等有关单位负责人参加的协调会议，就武陵监狱改扩建规划工作达成一致意见。主要内容分为三个方面：一是统一了认识。明确了指导思想。与会人员一致认为：武陵监狱改扩建规划工作，要以万金障退田还湖工作为契机，从监狱实现更人性化管理，更科学安排警戒设置、综合治理生态环境、建设开放式监狱且具有旅游特色的要求出发，真正把武陵监狱建设成为各项管理功能完备的现代化文明监狱。二是联系实际，明确了规划目标。武陵监狱改扩建规划工作，要始终坚持从实际出发的原则。规模控制在约定的人数之内，监狱改扩建建设期应与万金障退田还湖同步，即2007年至2010年4年。（祁政　唐铭蓬）

德山监狱

【概况】2007年，德山监狱在省厅局的正确领导下，紧紧围绕年度工作目标，以迎接中共十七大为动力，依托改扩建工作的推进，强化管理，落实责任，各项工作取得了新的成绩和进步：体制改革向纵深推进，监企运行更加规范，互利共赢、协调发展的局面基本形成。管教工作再创新业绩，监管秩序持续稳定，监管安全连续10年实现“四无”，安全长效防范机制进一步完善，管理力度和深度进一步加大，改造质量有了显著提高。监狱经济发展较快，运行质量和效益同步增长，安全生产实现“零事故”。规划建设任务基本完成，全年完成工程投资2000余万元，监狱工作、生活环境有了明显改观。信息化建设步入快速发展轨道，信息化观念深入人心，一个以计算机网络为基础平台，集安防设施数字信息系统、应急指挥系统、管教信息系统、办公自动化及公文交换系统等为一体的数字化监狱已基本形成。队伍建设取得新进步，以主题教育活动为契机，强化警察的教育与管理，警察的公正文明执法观念得到进一步增强，队伍的凝聚力、战斗力、创造力得到充分体现。和谐、稳定的发展氛围在德山监狱逐步形成。

（王　丽）

【监管安全实现十年“四无”】监狱以确保两个安全为首任，以严格公正文明执法为主线，充分发挥七个管教科室控制、防范、法治、转化、保障、规范等职能，创新管理，严格制度，落实责任，实现了管教工作的持续稳定和改造质量的稳步提高。进一步推进6S安全监管工作法，强化精细化管理理念，建立健全6S管理制度、标准和考核细则，6S管理的安全责任体系进一步明确和细化；强化安全首位意识，狠抓监管制度落实，加大对重点单位、重点时段的安全督查和对重点问题、重大隐患的整治力度，推行监管安全黄牌警告和特别监管区制度，有力地促进了监管安全；积极推进信息化建设，加大硬件设备投入，成功开发了罪犯点烟器，门禁、监控系统进一步完善，监狱信息化建设走在了全省监狱系统前列；加强“三课”教育、个别教育和心理健康教育，不断丰富教育改造内容，拓宽教育改造渠道，争取了常德市图书馆在监狱开设分馆，成立了“罪犯爱心希望基金会”；完善刑罚执行体系，狠抓整章建制和基础管理，规范办案程序，办案质量进一步提高，全年共办理减刑、假释986件；加强狱务公开，认真受理罪犯申诉、检举、控告材料，切实做到了件件有处理，事事有回复，维护了监狱良好的执法形象。截至2007年6月20日，监管安全已连续10年实现“四无”。（王　丽）

【规划建设基本完成】在省厅局的高度重视和支持下，德山监狱认真组织协调，严格控制工程质量、项目投资和施工进度，全力确保质量和安全，各项规划建设已基本完成。几年来，监狱苦练“内功”，不等不靠，开源节流，通过科学谈判、精打细算，各项工程的合同造价分别比预算造价下浮了12%~30%不等，并严格控制管理费的支出，累计节约资金800余万元。至2007年底，相对独立而又有机关联的监管改造、行政办公、工业生产、职工生活和武警营房五大功能区已初步形成。通过近五年的规划建设，监狱狱政警戒设施有了较大的改观，监管安全防范能力明显增强，基本实现了“监狱布局深层次调整”的战略构想，提高了监狱整体管理水平和可持续发展能力。

2007年4月，配套设施齐全、功能完备、庄重威严的监管指挥中心胜利竣工并投入运行，成为监狱乃至德山开发区的一大亮点。监管指挥中心是德山监狱布局调整改扩建工程中的一个重要项目，大楼高八层，建筑高度31米，总建筑面积9730平方米，总投资2100万元。目前，共有24个科室近200人在指挥中心大楼内办公。监狱以指挥中心搬迁为契机，提出了“高标准，严要求，开创监狱工作新局面”的工作要求，对监管指挥中心实施全方位的6S定置管理，监狱管理水平有了明显提高。（王　丽）

【首届监管理论研讨笔会】为活跃理论调研氛围，进一步加强和推动新形势下的监狱理论调研工作，2007年10月24日，德山监狱学会结合庆祝监管安全十周年活动，举行了首届监管改造理论研讨专题笔会。监狱领导、各单位主要负责人以及论文作者和部分热爱理论研究工作的警察共50余人参加了笔会。

2007年，德山监狱学会紧紧围绕监狱工作实际，坚持理论与实践相结合，认真探索新形势下监狱工作的热点、难点和重点问题，围绕耳目建设、预防罪犯自杀以及刑罚执行等课题，开展了三次理论调研活动，共收到来自各单位推荐的论文40余篇，评选出优秀论文8篇。（王　丽）

交　通

【概况】2007年，全市交通系统认真贯彻落实科学发展观，团结拼搏，锐意进取，交通事业保持了持续健康发展的好势头。

交通基础设施建设加快推进。2007年，全市完成交通固定资产投资10亿元，比上年度增长17%。其中，干线公路改造完成2.37亿元，农村公路建设完成5.45亿元，客运站场和港口码头建设完成1.31亿元，投入公路航道养护和大中修资金7700万元。交通重点工程建设进展顺利。常德至吉首高速公路路基工程已全部完成，S302夹夹大桥建成并通过了竣工验收，S205汉寿沅水大桥主桥下部构造已经全部完成；津市至紫金渡、桃花源至花岩溪、石门至盘塘等一批经济干线、旅游公路、防汛通道改造项目相继启动。农村公路建设超额完成目标任务。全市建成县通乡水泥路88.5公里，占“市10件实事”目标任务的111%；建成通村水泥路2152公里，占“市10件实事”目标任务的152%，解决了5个乡镇、479个行政村通水泥路的问题。

交通行业管理不断加强。公路运输市场按照“监管、调控、引导”六字方针，积极开展客运企业质量信誉考核，客运经营准入和退出机制不断完善，运输市场秩序不断改善；调整班线布局，更新淘汰了130多台“老旧病险”客运车辆，整合了10多条长途客运班线，提升了旅客运输的服务能力和水平。投资1亿多元的常德物流中心全面启动。围绕常德铁水联运港、津市港等一批重点港口码头，规范经营，引进运力，开辟货源，较好地发挥了常德水运资源优势，水上货物运输量比去年增长17%。

交通建设市场管理以农村公路建设质量监管为重点，大力推行从设计、招标、施工、验收等全过程、全环节的监督；积极推行社会监督，聘请农村的老干部、老党员或村民代表监督工程质量；建立项目“质量责任卡”，设置“责任公示牌”，公开监督电话，确保了农村公路工程质量。

加强公路航道管理养护，保障了畅通，全市国省干线公路和县乡公路年均好路率有新的提升。不断加强超限超载运输治理，全年共查处超限超载车辆5万多台次，卸载货物35万吨。

全面开展公路桥梁安全隐患排查治理，整体推行了船舶防碰撞、驾驶员培训、车船修造等领域专项整治活动，全面落实承运人责任保险，确保了全市交通安全生产形势稳定。

交通规费征收稳步增长。推进交通规费征管工作规范化建设，严把征费计量关、减免和征缴协议审批关以及车辆异动报废关。全面推行养路费和车辆通行费行政执法，依法查扣违规车辆1300多台，追缴欠费347万元，优化了征收环境，增加了规费收入。全年累计完成各类交通规费3.13亿元，完成车辆通行费8700万元，征费总额位居全省前列，为常德市更多地争取交通建设资金创造了条件。

交通服务水平和保障能力明显提高。2007年，全市建成农村客运站33个，新开通农村客运班线64条。乡镇通客班车率达到100%，行政村通客班车率有了明显提高，方便了农民群众出行，促进了农村经济发展。

落实了公路客运附加费征收优惠政策，开辟了鲜活农副产品流通“绿色通道”，减免通行费300多万元，争取农村客运车辆燃油补贴资金800多万元。

保障春运、节假日、黄金周旅客和重要物资运输。全年累计完成客运量14.7亿人、货运量76.4亿吨，分别比去年增长2.4%和10.2%。

党风廉政建设和交通行业文明建设效果显著。坚持廉洁办交通，源头预防和治理交通基础设施建设领域的惩腐力度不断加大，职工思想道德建设和行业文明建设不断加强，交通行业的文明程度和队伍素质有新的提高。　（段　斌）

【农村公路建设超额完成年度目标】2007年是实施“十一五”规划和新农村建设的第二年。全市共完成县到乡镇公路 104.4 公里，为省 8 件实事目标任务的 149%，完成通村水泥路 2391 公里、新增通畅行政村 645 个、通畅率达到 59%，分别为省 8 件实事目标任务的 154%、134%、118%。完成通达工程 348.3 公里，示范片通组到户水泥路已全面完成,各项建设指标均超额完成省下达的目标任务。（陈国英）

【安乡夹夹大桥竣工通车】2007 年 12 月，安乡夹夹大桥建成通车。该工程是省、市重点工程，也是洞庭湖区桥梁畅通工程之一，位于夹夹渡口上游，两岸防洪堤间距 860 米，主航道靠近安乡岸，是连接安乡至澧县的唯一桥梁。起于澧县岸，跨淞滋河，止于安乡县岸，与省道 S302 线相接。桥长 1737 米，主桥长 891 米，引桥长 846 米，桥宽 10 米，荷载等级为汽-20 挂-100，通航等级Ⅶ（3）级。工程总投资 1.2 亿元，2005 年 9 月动工，建设工期 2 年。（陈国英）

公路管理

【概况】2007 年，市公路管理局在资金运转极度紧张的情况下，负重奋进，圆满完成了年初确定的各项工作任务，为地方经济社会的和谐发展作出了应有的贡献。其中，全市年平好路率 81.6%，年末好路率 84.5%，分别超省定目标 1.1 和 2.0 个百分点；完成大中修工程 50.67 公里，其中水泥砼路面 41.06 公里，油路 9.61 公里，工程质量合格率 100%，完成洞庭湖畅通桥梁工程投资 1.7 亿元；征收车辆通行费 5562 元，超省计划 17.83 个百分点，荣获全省通行费用征收目标管理二等奖；治理超限运输车辆 53200 台次，要求卸载货物 35 万吨，特别是 2006 年“8·13”集中整治以来，基本控制了车货总重 55 吨以上车辆在常德境内的通行。（刘　霞）

【S302夹夹淞水大桥顺利通过交工验收】夹夹淞水大桥工程是经省发改委批准的洞庭湖区公路桥梁畅通工程。大桥桥梁全长 1703.94 米，桥宽 10 米，接线全长 1839.83 米。全线按二级公路标准建设，设计速度 80 公里/小时，路基宽 12 米，路面宽 9 米，工程投资 1.2142 亿元，由省公路局委托市公路局负责项目的建设和管理。2004 年 3 月，组建常德市夹夹淞水大桥建设有限责任公司。公司采用合理低价依法组织设计、施工、监理招标。省交通勘察设计所、省金衢交通咨询监理有限公司、省路桥建设集团总公司、云南云桥建设股份有限公司。娄底路桥建设有限公司先后中标。分别从事项目设计、监理和施工。2005 年 9 月开工，2007 年 12 月底顺利通过了省交通厅、省交通质监站的检查，整个项目从开工到完成，实现了特大桥建设未发生人员伤亡和质量事故真正意义上的安全生产。（刘　霞）

道路运输管理

【概况】2007 年，常德市道路运输管理再上台阶，农村客运网络化建设稳步推进。

客运行业管理。通过认真组织开展客运企业质量信誉考核和客运车辆计分工作，逐步完善了长效管理机制。大力整治客运市场秩序，在城区成立了丹阳路客运市场整治领导小组，抽调直属所、鼎城运管所部分执法人员专门负责对丹阳路站内及周边客运市场秩序实施监督管理。积极协调化解客运市场矛盾，市运管处领导亲自组织开展“围绕‘三最’搞调研，排忧解难促发展”活动，先后 5 次带队深入到石门、临澧、澧县、桃源、津市、安乡等基层运管所进行运输市场行业专题调研，现场解决运输市场的矛盾，对 10 起客运矛盾提前介入，将其化解在萌芽状态；对 4 起客运矛盾及时向市政府汇报，并进行了果断处置。

货运行业管理。组织召开城区江南、江北货运经理及驾驶员代表座谈会，探讨了货运、物流发展有关问题和计重收费对货运市场的影响及对策等；组织相关人员到无锡学习考察物流市场，并着手筹建物流中心。

站场管理和建设。落实驻站管理，明确管理职责，从源头加强安全监管和客运秩序管理。进一步严格站级和服务质量的考核评定工作，提高了站场服务水平。加快站场建设步伐，柳叶湖汽车站立项已通过省交通厅、省运管局组织的专家评审，并争取省厅投资 800 万元。

维修行业管理。积极做好各维修企业年度考核工作，规范经营行为；组织开展常德“仁达杯”汽车维修钣金、涂漆技能竞赛活动，在汽车维修行业掀起了学习业务、钻研技术的热潮。此次活动中评选出的 15 名选手参加全国“奔腾杯”（湖南赛区）暨全省“交通杯”汽车维修钣金、涂漆技能竞赛取得较好成绩，市运管处获优秀组织奖。

驾培行业管理。成立晨拓培训中心，规范全市营运驾驶员从业资格培训工作；严厉打击挂靠经营和异地培训，取缔了桃源飞鹰驾校在漆河设立的培训点和职院驾校在黄土店设立的培训点，督促桃源县运管处解决了欣运桃源驾校超范围经营的问题，对政德、东风、新武陵、金冠等驾校异地培训的问题依法进行了处罚；加强培训质量监管，凡是学员进入科目三考试前，驾校必须凭培训日志经驾培科审核通过后，交警支队受理报名考试；稳定培训价格，市运管处组织各驾校到宁乡学习了他们统一报名的经验，目前澧县、汉寿、石门的驾校按照宁乡模式结合当地情况，实行了联合报名招生，效果较好。

安全监督管理。落实承运人责任险制度，全市客运车辆、危货车辆承运人责任险投保率达 100%；继续推行安装 GPS 卫星定位系统，全市已安装 670 台；积极组织开展安全生产月活动；吸取桃源“10·1”重大道路交通事故的教训，对全市所有站场、运输企业进行了安全隐患排查，共排查整改安全隐患 182 条；逐步完善安全监管长效机制，建立了安全例会制度和安全事故月报制度，编制了道路运输企业安全范本，使企业安全管理工作有章可循。

农村客运网络化建设。2007 年，全市新建农村客运站 33 个，开通农村客运班线 64 条。全市农村客运班线达 438 条，农村客运车辆达 2264 辆 35328 个座位，乡镇通车率由 94.7%上升到 100%，行政村通车率由 58.8%上升到 80%，极大地方便了广大农民乘车，也有力地推动了农业产业化进程和农村经济的发展。为加强农村客运发展，市运管处认真落实农村客运油价补贴政策，确保 800 多万元的油价补贴款公平、公正发放到位。各区、县（市）因地制宜发展农村客运。石门县开辟了蒙泉镇、夹山镇环乡农村客运班线，将太平镇农村客运站修成集商贸、住宿、停车于一体的综合性客运站，大大提升了该镇的服务功能和影响力，给该镇带来了更多的人流、物流和信息流。汉寿县在文蔚乡开通了环乡农村客运网络，全乡 15 个村，现已村村通了客班车。临澧县开通了马家村至临澧县城客运班车，并在班车两侧喷上“发展农村客运，服务老百姓”的标语，让老百姓真真切切体会到了发展农村客运给他们带来的好处。该村 1400 多村民以前去趟县城，要走 7 公里路到四新岗镇，再搭乘到临澧县城的客运班车，往往要花上二个多小时，现在 40 分钟便可到达县城。周边王家坪、青林、丰台、牯牛天桥等地的 5000 多村民，也可乘坐这趟车方便出行。（赵　芬）

城区公共客运

【概况】2007 年,客运管理工作在市委、市政府的高度重视和上级主管部门的正确领导及相关部门的大力支持下,按照“夯实基础、创新管理、和谐奋进”的既定目标,扎实工作，铸造了新的辉煌,实现了管理上的新跨越。2007 年，先后被建设部评选为“全国建设系统先进集体”，被省文明委评为全省“文明示范窗口单位”，连续三年被市城管局评为“先进单位”。机构正式升格为副处级。

2007 年 5 月启动常德市公交规划编制工作。这项工作得到了规划、交警、建设等 8 家相关职能部门的配合支持,于 2007 年 9 月顺利通过评审。从此，结束了常德市公交线路无序随意调整的历史，标志着常德市公交客运管理已步入规范化轨道。

公交线网覆盖面积进一步扩大。至 2007 年底，常德市城区公交运营线路已达 36 条，运营线路总长度近 400 公里，日均接送乘客近 30 万人次，运营线网密度超过 3 公里/平方公里，拥有公交车 500 余台，万人拥有公交车辆由 1999 年的 8.5 标台增至现在的 11 标台，达到了公安部、建设部《城市道路交通评价指标体系》中要求的 A 类标准,充分满足了市民乘车需求。

行业管理进一步规范。在公交行业,市公共客运管理处坚持“国有主导、多方参与、规模经营、有序竞争”的公交行业改革思路，采取政府指导、市场运作的方式,在产权明晰的基础上,引导社会资金参与企业改革和重组，优化企业资本结构，整合公交市场资源。从而解决了长期以来企业与企业之间存在的线路矛盾和营运纠纷。出租汽车企业也由原来的 25 家整合为现在的 21 家，经营结构由原来的个体 (844-280) 经营占主导地位变为现在的以公司 (266-830) 经营为主，增强了防范风险能力。

公共交通基础设施进一步完善,公交服务设施渐趋现代化。目前，常德市城区拥有 3 个公交场站,已完成 9 个公交场站的规划选址，规划 2015 年前全部完成建设,公交总站 2100 万元的建设工程项目于 2006 年上半年启动,计划于 2008 年竣工交付使用;另合理布局和完成了 71 个港湾式公交车停靠站、379 个公交站点、218 座公交候车亭、243 组站台乘客座位、1239 块站牌的升级改造,逐步打破了制约公交发展的瓶颈，为城市客运行业拓展了新的发展空间。2007 年完成城市客运量 18950 万人次,其中公交车行业 10950 万人次,出租汽车行业 8000 万人次;完成公交车周转量 54000 万人公里,完成出租汽车载客里程 11830 万车公里 (总行驶里程 18200 万车公里) ;比上年分别增长 5.3%、6%及 2.3%。

为了提升服务品牌，在市政府的支持下，对城区 90%公交车推行了 IC 卡智能收费系统、部分车辆安装了电子监控系统、中英文电脑卫星定位报站系统（GPS)，这些现代化服务设施不仅极大地提高了广大市民出行方便与舒适度，而且提升了城市文化品位和形象，中英双语报站系统在湖南省还是首次推行。

管理及服务水平跻身全国一流。常德市公交车服务合格率、发车整点率，出租车整洁合格率、计价器合格率、乘客表扬率等项指标，在全省同行业均处于领先水平。

【行政执法责任制试点】2007 年，为贯彻落实市委、市政府“依法治市”方略，加强和改善行政执法，推动市城区公共客运行业健康发展，市公共客运管理处坚持以科学发展观为指导,以建设“和谐客管、法制客管、科技客管”为目标，做了大量行之有效的工作。

界定了工作人员的职责权限。按照“谁主管、谁负责”的原则，层层签订责任状，各司其职，权责挂钩。

完善了行政公开制度、行政程序制度、效能监察制度、绩效考核制度、责任追究制度及内部管理制度等六项制度；为落实这些制度，加强了日常工作的督导，实行日查月核季评并予通报。对督察中发现的问题严格按《过错责任追究办法》层层问责，定时兑现奖惩。

完善了绩效评估体系、过错责任追究体系及行政执法社会监督体系等三个监管体系。经实施,使行政执法工作有质的飞跃，队伍形象明显提升。

【“窗口”建设迈上新台阶】2007 年，在着重出租汽车行业从业人员培训教育的前提下，还开展了“爱心晚报”“爱心送考”、“星级服务”、各种“友谊赛”及“的士之歌”等活动。拉近了运管处与从业者的距离，特别是2007年12月28日成功举办的常德市首届优秀驾驶员评选颁奖晚会，有50多名的哥的姐参加了演出，晚会16个节目有12个节目是出租车行业文明经营、诚实守信、救死扶伤行为的真实写照，在行业乃至整个社会产生了强烈反响,其中，《红绸带的故事》被定为常德市2008春节晚会调演节目。通过这些活动的开展，提高了从业人员的素质，提升了行业形象，“窗口”文明建设又跃上了新的台阶。

2007年，常德市公共客运行业司乘人员做好人好事505件。其中：拾金不昧238件，救死扶伤34件，见义勇为13件，助人为乐220件,受到社会各界的好评。

在市委、市政府提出的创建新一轮“四个城市”工作中，市公共客运管理处克服了人力不足，经费困难，任务繁重，管理难度大，装备落后等诸多困难，把主要精力用于城市创建工作，出色地完成了市委、市政府交给的每一次创建任务。为净化市场环境，市公共客运管理处建立长效管理机制，全年组织了近十次大的集中整治行动，共查扣非法营运“黑的”71台次，非法营运“两摩”786台次，纠违434台次,非法营运及违章率较2006年相比分别下降了14%、15%。有效遏制了城区非法营运及违章经营的势头，净化了城区公共客运市场，保障了经营者合法权益。

在迎中央记者团、省农运会、省卫生检查和开展“公交周”及“无车日”活动等工作中，市公共客运管理处均周密部署、精心安排，将工作任务层层分解落实，确保了活动的顺利进行，得到了政府及主管部门赞扬。

【提案议案办理满意率达100%】为提高行业服务水平，树立良好形象。2007年，市公共客运管理处通过媒体积极主动的对各项关系民生的政策、信息及时告知市民，减少市民对行业管理工作上的不理解、政策上的不知晓、行为上的不谅解，并及时关注网站和市长热线的留言，在最短时间予以关注解答。如及时化解公交车矛盾、及时告知出租汽车行业政策等。加大对群众反映强烈问题的查处力度，且做到事事有接待、有记载、有回音。2007年，共接投诉电话76个，接待来访人数百余人，信访件57件（其中：人大代表建议、政协委员提案24件）；共反映问题133个，处理133个（其中较大的公交线路矛盾5起），处理率100%。满意或基本满意率达100%。

【宣传及重大活动完成出色】为加强行业管理，塑造管理部门良好形象，市公共客运管理处加大了宣传工作力度，与常德日报、电台、电视台开辟“城市客运管理”宣传专栏，在各级媒体发表宣传城市客运管理工作的文章100多篇，录制完成了资料片1部；央视《新闻联播》对常德市拾金不昧的夏明涛的优秀事迹进行了挖掘式报道，中央电视台、湖南卫视和常德电视台联手对常德市赵健抢救小孩的事迹以“红飘带”为题进行了深度报道，“红飘带”做为一种常德精神被广为传颂。此外,2007年9月《常德日报》以“锻造一流客管队伍”、“奏响城市客管的乐章”、“望远登高”为题分三次全面系统的报道了市公共客运管理处所取得的成绩。（刘杰华　周　莎）

【爱心“红飘带”活动】2007年3月20日早晨，张家界市慈利县三官寺乡的村民唐海波一岁半儿子唐源的3根右手指被摩托车的链条绞断，鲜血直流，夫妻二人立即抱着孩子赶往常德求医。由于伤势严重，常德市第一人民医院的医生建议将唐源送往长沙。唐海波夫妇拦了一辆出租车，的士司机赵建二话没说让他们上车。一路风驰电掣赶到了长沙，赵建由于不熟悉长沙的交通，又帮唐海波夫妻俩找了一辆长沙本地的出租车，把小唐源送到了湖南省中医药研究院附属医院。唐海波夫妇要付给赵建出租车费，赵建执意不肯收钱，夫妇俩只好趁他拦车时，将500元钱放在车座上。

回到常德后，赵建在常德人民广播电台的商务频道《小文说事》节目中说起了这事。就这样，小唐源的遭遇被电波迅速传开。当晚9点10分，一名姓严的“的哥”走进直播间，第一个为小唐源捐款50元。很快，当晚就有155辆的士司机自发前往为小唐源捐款，当晚捐款达3700多元。以后，自发的爱心捐款在整个常德市继续，又有100多辆的士司机陆续驶往设在市广播电视局的募捐点，为小唐源献上自己的一份爱心。

3月21日，常德人民广播电台商务频道举行了“红飘带在飞扬”大型爱心传递活动，通过电波在常德市掀起了一股“让爱心延续、让美德传承”的热潮。常德市的众多“的哥”“的姐”们和过路市民参加了献爱心活动。常德市募捐近2万元现金，分两批送到小唐源和他的父母手中。经过两次手术，小唐源的两个手指成功接上存活。此间，全市出租车司机开展“爱心红飘带”活动，在自己的车上系上红飘带，绝大多数出租车和许多私家车都系上了爱心红飘带，这一活动在市民中引起了强烈的反响，很多人都说：“红飘带在飞扬绝不是几个人的事，而是整个常德的事”。通过“红飘带在飞扬”这一活动的展开，整个常德市沉浸在一种浓厚的“爱心在延续，爱心在传递”的氛围中；通过传递，广大市民又一次被爱心深深地震撼和感动。央视一台新闻频道3月22日对此事进行了报道。同时，湖南经济电视台的《都市一时间》栏目和《直播都市》栏目都对小唐源的事情进行了跟踪报道。（周　莎）

交通规费征稽

【概况】2007年，全市交通规费征收再创历史新记录，共征收汽车养路费、货运附加费、客运附加费“三费”2.27 亿元，同比增长 12.86%，增收 2582.67 万元，超年计划 12.73%。在征费管理上，一是加强了政策法规与单位形象宣传，维护良好的征费环境。全年共广播电视宣传 16 次，悬挂横幅标语 118 条，张贴通告 1300 份，散发宣传资料 2 万份；在国家《交通征稽》杂志、常德日报等媒体上发表通讯及调研文章 20 余篇，全方位、多视角宣传交通征稽系统的职责职能、工作状况和执法执纪风貌。二是严把征收管理“四关”，积极推进征收管理“四化”。严把征费计量关，全年按规定上调“大吨小标”车辆征费计量 5200 多吨位，涉及车型 3000 余种；严把车辆异动关，完成车辆异动手续 1735 台次，2021 吨，741 座；严把特殊车辆减免征审核关，对历年来申报的减免征车辆进行了认真清理，及时完善了各类报批手续；严把协议征缴关，对符合条件的 11542 台车辆实行了协议征缴，涉及吨位 42386 吨，座位 64478 座。三是加大了执法执纪力度，充分发挥稽查促收效能。全年共上路稽查 1715 天次、11987 人次，查扣各种违章欠费车辆 1321 台，追缴规费 347 万元；对长期拖欠规费车辆下达催缴通知书 2827 封，利用报刊、电视电台催缴 1500 台次；对 300 余台长期拖欠规费的车辆实施了行政处罚 30 多万元；认真开展了车辆外挂专项治理活动，遣返外挂车辆 11 台，涉及吨位 122 吨，全市平均动态漏征率为 4.78%，较 2006 年下浮了 0.67 个百分点。 (傅炎初)

民　航

【概况】2007 年来，常德桃花源机场分公司在湖南省机场管理集团有限公司的统一领导和全体员工的共同努力下，紧紧围绕“安全、服务、效益”这个中心，以努力开辟航线航班为重点，逐步完善和加强各项配套设施的维护与管理，带领员工团结奋斗、艰苦创业、积极进取、与时俱进，保证了全年安全形势总体平稳，实现了运输生产快速增长，圆满地完成了全年各项工作任务。

坚持“安全第一、预防为主、综合治理”的指导方针，认真执行安全生产责任制，将其作为安全生产的中心环节来抓，使广大员工明确责、权、利关系，要求上下统一思想，少喊口号，重在落实。

把安全工作做为年终目标考核的重要内容，将安全责任落实到班组和个人，将安全指标层层分解量化，人人把关落实，全体员工齐抓共管，严防死守，把安全隐患消灭于萌芽状态。

加强安全管理体系（SMS）建设，2007 年建立了以安字号行文，规范和强化了安全指令的实施力度。根据公司班子成员的分工调整了安委会成员，确定了二级机构的主管安全责任人；成立了应急管理工作领导小组、鸟害防治领导小组、专机保障领导小组、安全审计工作领导小组；制定了《飞行区进入工作程序》、《飞行控制区证件管理制度》、《禁止吸烟规定》、《检查整改工作程序和要求》等；编写了《公共卫生事件应急预案》；修订了《安全质量信息管理制度》。以专项整治促各项工作的完善与落实，制定了《专项整治工作方案》，进行危险品知识考试、完善证件理制度、加强道口管理，在中门新建了岗亭。

积极推行 QC 安全小组活动，派员参加了相关知识高级研讨班，新设立了安检 QC 活动小组。2007 年分公司“桃花 QC 小组”被集团公司评为先进 QC 小组。

加强日常安全检查，建立监督体系，制定了监督检查工作计划，严格执行有航班时公司一号值班领导巡视及部门领导签字制度，形成公司、部门与基层班组共同检查的安全网络。

安检站全年共检查旅客 77461 人次，检查货邮行 161760 件，监护校飞飞机、过夜航班 3 架次，查获假证及冒名顶替或不合格证件 93 人次、危害航空安全的易燃易爆物品 111 件、仿真枪 16 支、管制刀具 132 把、随身携带利器 170 余件、催泪瓦斯 27 瓶、电击器 18 支，实现违禁物品查获率 100%，处理率 100%，未发生一起生产安全差错，确保空防安全万无一失。

在稳定航班航线的基础上，将常德–广州航班增加到每天一班、常德–深圳航班增加到每周三班、上海–常德–昆明航班增加至每周三班。并在 2007 年 12 月 1 日开通了由华夏航空执飞的常德——重庆航班。

常德桃花源机场在湖南省机场管理集团有限公司和常德市委、市政府的关心和支持下，航班航线逐渐增多，运输生产呈现快速增长的趋势，造成了停机坪机位不够、候机楼拥挤等等现象，为满足机场航空安全和发展需要，提升服务质量，分公司及时提出方案，请示集团公司批复后，启动了常德机场总体规划工作。2007 年完成了常德机场总体规划方案。常德市政府有关职能部门和集团公司对方案分别进行了评审，提出了有关修改意见，中南民航设计院完成了常德桃花源机场总体规划修改意见，此意见将送湖南省政府相关职能部门评审和送民航中南地区管理局评审。

铁　路

【概况】常德火车站于 1998 年开站，位于湖南省常德市区北郊，中心里程石长线 78K+975 米处，是石长线发送旅客、行包、运营收入最多的客运站，现开行旅客列车 18 趟，旅客列车的运行方向主要是广州、上海、四川等省市。现日均发送旅客 2000 余人，到达旅客 3000 余人，发送行包 170 余件，到达行包 500 余件。

车站站房及站前广场建设规模大、标准高、风格独特，是常德市形象工程之一。中部高为 42.6m 的不锈钢主体楼，建筑面积达 11998 平方米；四个候车室，分楼上楼下两层：一楼为一（日常用）、二候车室（音乐茶座）、二楼为三、四候车室（春运期间或有特殊任务时启用）一次可同时容纳

5000人候车，站房主楼分票厅、行包房、候车大厅四大部分；两个站台，天桥、地道各一座，站前广场以交通功能为主兼有休闲娱乐功能，包括人行、天桥、停车场、下沉式露天舞台；中心广场（设彩色音乐喷泉）。环境设计将绿色、水面、广场、雕塑小品与建筑景观融为一体，再现了欧式广场的典雅、浪漫，整个广场是中西结合的成功典范，总面积达78800平方米。

2007年度，常德站在公司和车务段的正确领导和关怀下，全站干部职工上下一心、团结协作，内强素质，外塑形象；坚持“以人为本、旅客至上”的服务理念，改善设备设施，逐步提高客运服务质量努力为旅客和货主提供最优质的服务。一年来，常德站在公司、车务段的统一部署和安排下，确保了行车、旅客、行包到发安全，进一步拓展了客运市场。2007年全年共接发列车34396趟，重点列车9趟，共计完成运输进款9265万元，本线收入4512万元，发送旅客78.9万人，发送行包5.2万件，到达行包17.9万件，同比2006年分别递增14%、19%、9%、-6%、17%。

（车站办公室）

表9　2007年生产任务完成情况一览表

发送旅客（人）	到达旅客（人）	发送行包（件）
789953	631410	52551
到达行包（件）	运输总进款（万元）	本线收入（万元）
178800	9265	4512

港航管理

【年审核查】全市13家水运企业（7家普货运输企业、6家危险品运输企业）通过审核。全市共核查营运船舶496艘，119273吨，其中：危险品船舶62艘，20856吨，普货船舶13艘，5430吨；个体运输船舶421艘，92987吨。全市共13家水路运输服务企业，符合有关规定、具备经营资质条件，通过了省航务局的清理和复查，由其授号，重新核发了水路运输服务许可证，其中常德港四家。

（李　华）

【换发港口经营证照】为加强港口行政管理，保持港口资质的连续性，维护港口安全、建设和经营秩序，根据省局《关于开展2007年度全省港口资质证照的换发工作的通知》精神，结合常德市实际，市港航处对港口资质证照换证工作及时进行了周密布置，2007年全市共核发港口经营许可证61家、岸线使用证84家，危货作业认可证2家，其中，处直属所核发港口经营许可证43家、岸线使用证47家。

（李　华）

【港口项目】常德火力发电厂项目的引排水工程、泰格林纸的专用码头工程，常德市港口建设规划（含常德港规划），常德港港章报批等工作进展顺利，部分项目已开工建设。（李　华）

【规费征收创新高】2007年省航务局下达常德市征收计划360万元，其中运管费160万元，货港费200万元。全年累计征收573.78万元，比2006年增长20.84万元，其中，运管费227.58万元，完成年计划160万元的142.24%，货港费346.2万元，完成年计划200万元的173.1%。常德港实际完成187.276万元，占年计划180万元的104%。（李　华）

【春运和“黄金周”水上运输工作安全有序】为认真做好2007年春节和黄金周运输工作，成立了领导小组和办公室，坚持24小时上下通信畅通，及时上报数据。40天的春运期，全市水运共运送旅客1.71万人次，黄金周共运送旅客0.22万人次，未发生一起水上客运安全事故，确保了常德市水上春运和黄金周运输工作“优质、快捷、安全、有序”总体目标的实现。

（李　华）

邮　政

【概况】常德市邮政局下辖鼎城、澧县、桃源、安乡、石门、临澧、汉寿、津市8个区县（市）局。2007年全市邮政共有从业人员2483人，其中正式在岗1317人，短期工1044人，聘用工122人。离退休职工813人。市局现有正式在岗职工451人，临时工181人，退养人员33人，停薪留职人员20人，退休职工205人。设置机关科室9个、支撑科室8个、生产科室10个。全市有汽车邮路46条，邮路总长度1.2万公里，设有邮政网点206处，其中农村支局所159个。

2007年，在市委、市政府和省公司党组的正确领导下，全市邮政紧紧围绕年初的部署和要求，始终坚持抓落实不动摇，抓发展不放松，以时不我待的意识，立说立行的态度，敢打必胜的斗志，各项工作取得了实实在在的成效，圆满完成了省局下达的各项工作任务。企业先后获得了第八届湖南省职工职业道德建设“十佳单位”，省邮政创建“爱心邮路市局”先进单位，全省量收系统“三确保”竞赛一等奖等荣誉。“四新一硬常德投递模式”在全省推广，企业财务管理成为全省的先进典型。全年全市邮政完成业务收入16886.87万元，完成年计划的105.36%，同比增长13.35%，超收入859万元，高于常德市的GDP水平。与工资相关费用增长9%，职工享受到企业发展成果。（张纯嘉）

【业务结构调整取得新成效】邮务类业务发展速度明显加快。函件业务以开展“函件业务百团大战”活动为契机，提出“借地、借企、借游、借会”策略，唱响“政府搭台、邮政唱戏”主旋律，大手笔策划“三大主题活动”。

首开全国先河举办了常德首届贺卡文化节，开发了湖南三金制药有限公司在内的140多家企、事业单位、私营企业主，签约金额达 257.57 万元，全年完成贺卡收入 664.7 万元；全省率先成功召开了常德市中小企业“邮企联动、助企腾飞”直复营销推广会，累计开发中小企业数据库商函项目 37 个，实现业务收入 170.53 万元；成功举办了“倡导志愿服务、构建和谐常德”征文比赛活动和“构建和谐消费环境，推进帐单消费”座谈会，相继开发出电力、水费、交警、新华人寿、泰康人寿、地税等行业账单，实现了账单和数据库商函业务的超常规发展，全年全市完成邮务类收入 3122.81 万元，完成年计划的 96.09%，同比增长 18.84%。

报刊发行部署实施“3343”战略，出台投递员收订激励办法，开展“收订状元”评选活动和大客户集团订阅市场营销，完成大收订进机流转额 3058.77 万元，流转额绝对值排名全省第三位，完成大收订计划的 113.37%；在全国“麦肯锡”69 个重点城市中排名第三位，在全省三个重点城市中排名第一位。

全市开发了《桃源一中校庆纪念册》、《与您同行》、《中国常德》、《葡萄节》、《澧县农村信用社》等一系列自制邮品，完成集邮业务收入 264.5 万元，完成年计划的 101.8%。全市邮票个性化服务业务完成 7100 万版；定向邮品完成 96.2 万元，完成省公司计划的 978%，列全省第二位。

速递物流类业务竞争能力不断增强。强化“一体化”物流运行管理，建好“三农服务站”1520 个，全面推行“预订到农户、配送到家门、服务到田头”货物配送方式；开展春节、端午节、中秋“思乡月”营销竞赛，抢抓节日经济，取得了较快的发展，完成农资分销收入 484.4 万元，完成年计划的 115.33%。

金融类业务收益水平大幅提升。坚持狠抓邮储发展不动摇，大力发展电费代缴和固网支付等中间业务，分别开展邮储竞赛、绿卡“60 万户工程”等多项特色竞赛活动，全年完成金融类业务收入 12055 万元，完成年计划的 105.38%。完成中间业务收入 1300 万元，完成年计划的 130%。

狠抓代理保险业务发展，通过采取加强基础管理、优化险种结构、加强业务发展分析、落实营销策划等措施，确保了代理保险业务持续、健康、规模发展。全年累计实现规模保费 1.36 亿元，完成业务收入 326 万元，完成年计划的 203.8%，超计划进度 166.05 个百分点。

代办信息实现稳步增长。代办信息专业通过狠抓渠道建设，给合作伙伴信心，大大提高创收能力，全年实现收入 304.9 万元。新增有效绿卡短信用户 54615 户，完成年计划的 186%；汇兑短信业务全年累计占比 62%，全省排名第三。

企业多种经营潮起扬帆。通过落实邮政科技大楼二、三楼和下南门原办公楼招租、汽修厂转包、投资购买邮政高层住宅一、二、三层商务楼，实现了公司效益最大化和资产稳步增长，实现利润 191.3 万元，实现股金分红 26.62 万元，分红比例达到 25%。

（张纯嘉）

【营销体系创新】 2007 年市局把推进“构建营销体系、建设营销团队”，加快经营方式的根本转变作为常德邮政新一轮发展的唯一正路、生路、出路和“一把手工程”。

营销模式构建到位。市县两级都设立了大客户服务策划部，专管客户经理和营销团队营销体系建设和项目策划。

客户经理成长计划实施到位。出台了《常德市邮政局客户经理绩效考评办法》，对客户经理实施五级晋升制；全局晋级产生 11 名首席客户经理、1 名资深客户经理、2 名高级客户经理、4 名中级客户经理。

项目战略支撑到位。加强了项目开发的推进力度，建立健全了营销项目管理制度，明确了营销项目开发、管理流程，全年安排了 8 万元的大客户维护费用。全市发展大客户 209 户。

（张纯嘉）

【打造投递新军】 2007 年，市局站在企业生存和可持续发展的战略高度，按照“上午到下午投、你说几楼就几楼、址到哪投到哪”的服务目标，加大了城市与县城投递网建设力度，在澧县局召开了“全市县级营投平台建设暨服务工作推进会”，积极打造了一支“四新一硬”投递新军（即体制新、机制新、精神面貌新、流程新、敢打硬仗），分别得到了集团公司李国华副总经理和省公司李雄总经理的高度肯定，称常德市邮政局的投递网建设走在了全国的前列。（张纯嘉）

【经营管理与基础管理】 出台《全市农村邮政工作指导意见》、《常德邮政创一流工作激励考核办法》、《2007 年全市邮政营销体系建设实施办法》、《常德邮政工效考核办法》、《2007 年常德邮政客户经理绩效管理考核办法》等 40 多个适应市场发展的战略决策和“基本法”。制订《常德市邮政局管理人员绩效考核办法》，调整管理人员考评方式，由年底考评调整为一月一评、年底综合汇总，确保企业各项工作管理有目标、评议有数据；管理人员聘任一律采用“公开招聘、党委研究”的模式，对企业用工、劳动报酬发放均实行市县一体化。

强化岗位履职情况监督，深入分支机构和生产现场明查暗访，做好对各类邮件时限、规格、资费和异常情况的日常检查；制定了《常德市邮政通信服务质量管理考核细则》等一系列管理制度和考核办法；强化了合同管理，合同的审查率、重大合同会签率、上报率均达到了 100%。

储汇、稽查部门按照“三加强，两杜绝，一确保”工作目标，全年全市盗窃金库、抢劫运钞车和储蓄网点案件实现了“零发案率”。

审计部门以任期经济责任审计、财务收支审计、固定资产投资审计为重点，共完成审计项目 38 个，工程审计送审金额 647.29 万元，审减金额 162.10 万元，审减率为 25.04%。

坚持内控外防两手抓，从加强人

本管理、强化制度落实、完善安防设施入手，构筑了“人防、物防、技防”三位一体的安全防范保障体系，确保了邮政资金、安全生产、邮件通信安全和企业内部稳定。

机要通信以其成立50周年为契机，开展“创三优机要室”活动，连续实现机要通信质量全红，被省公司授予“通信质量全红奖”先进集体，圆满地完成党和国家交给邮政的机要通信任务。 （张纯嘉）

【核心能力建设取得新成果】按省公司要求出台了《全市农村邮政工作意见》，给予了县局大量的倾斜政策；加强了对县局的管理，建立了专业与支局的联系机制，开展了业务扫盲行动；组织了全市支局长赴五强溪基地进行了为期两天拓展训练，强化了支局长素质。

先后筹措建设资金3000多万元，规划建设了常德邮政通信指挥中心等重大基础建设项目。已建成的新办公大楼成本低、规模高，共有九层，建筑面积达18000平方米，有办公室90多间，使用面积达5500多平方米。

以邮储网点的改造带动邮政营业网点的改造，在2006年投入230万元的基础上，2007年共投资35万元，改造了13个邮储点和营业点，进一步提升了邮政窗口服务形象；投入50多万元，更新了2部邮运车辆，增加了70多台投递摩托车，全市邮运车辆达到19辆，进一步提升了后台支撑能力；新购置了ATM24台、电脑100多台、终端77台、打印机30多台等各类营业办公设备，不断改善营业工作条件，提高服务能力。

投入24万元在全市建成了135个邮政社区缴费一站通，为客户提供了缴移动、联通、电信话费、电费等一站式服务；投入12万元新建了36个移动专用店；加快全市分销配送渠道和村级“邮政‘三农服务站’”建设，全市建成年销售额达10万元的网点8个，80万元的骨干网点5个，构建了农资配送新网。

完成了常德邮政中心机房搬迁工程、全市电子汇兑系统大集中工作与储蓄系统大集中工程、储蓄前置系统全省集中工程、ATM上线升级工程和网点网络改造等工程。 （张纯嘉）

【和谐企业建设】与市商务局、市政务中心联合下发了《关于共同推进农村流通网络建设的通知》和《关于规范邮政信报箱群建设中有关行政审批工作的通知》。全年争取减免土地使用税、报建费、路桥费等各项地方税费51万多元。

应秦皇岛邮政局的邀请，2007年8月13日对秦皇岛局进行了为期3天的友好访问，双方签订了《常德市邮政局和秦皇岛市邮政局建立友好局关系协议书》，就加强多方面的交流与合作达成一致意见，开辟了市邮政局与外省市局联姻的先河。

制订下发了《常德市邮政企业职代会实施办法》，明确了局务公开的具体内容和操作程序；实施了《常德市邮政局集体合同》、《常德市邮政女职工特殊权益保护专项集体合同》，千方百计为职工谋福利，每月为市局职工发放了购物消费卡和中餐票，为市局100%的劳务工购买了保险。

成立帮扶中心，使“送温暖”工作制度化、日常化。帮扶中心共筹集基金85295元，资助困难职工8人，慰问职工245人，探视慰问生病职工11人，先后送出慰问金6.7万元，借出帮扶基金1.95万元；全面启动农村邮政支局“三小”建设达标活动，投入28万元在全市建成19个“三小”支局。

激励职工的“创先意识”。开展创建湖南省职工职业道德建设“十佳单位”活动，成立了创建领导小组，下发了《常德邮政职业道德规范手册》，并予政策支持保证。狠抓爱心邮路创建活动，全市涌现了全国邮政优秀支局长皮红梅、全省“爱心信使标兵”钟子进和姜全友等一大批创建“爱心邮路市局”先进集体和个人。涌现出了“感动常德”十大人物姜化等地方先进个人。

加强了新闻宣传。全年共组编《常德邮政》报21期，编发新闻信息近2000多条，编发《调研与决策》9期，在《中国邮政报》上稿50多篇,在《三湘邮报》上稿592篇，在《湖南邮政信息》上稿58条,策划推出了一大批精品和有影响力的作品,新闻信息宣传工作排全省第一位。 （张纯嘉）

【邮政通信指挥大楼落成】2007年4月26日，常德邮政通信指挥中心大楼落成投入使用。大楼共有九层，建筑面积达18000平方米，有办公室90多间，使用面积达5500多平方米。设备一流，舒适的办公桌椅，崭新的电脑，功能齐备的可视电话会议室、实用的大小会议室、活动室，方便的自动饮水机、中央空调等，气派具有现代气息；常德邮政基本形成了办公中心、邮区中心、营业中心三个中心的格局。 （张纯嘉）

【首届贺卡文化节】2007年11月16日~17日，2007年常德市首届贺卡文化节隆重举行。此次贺卡文化节由市委宣传部、市邮政局联合主办，市经委、市工商局、市文化局、市文联、市旅游局、市广电局、常德日报社、中国联通公司常德分公司等8家单位协办。市委副书记曹儒国，市委常委、宣传部部长覃清香，市委常委、副市长宋冬春、市人大常委会副主任石成林、市政协副主席丁时祺、省邮政公司总经理李雄、副总经理阎洪生等领导及常德市的重点中小企业客户、主要广告公司、贺卡厂商等200多个单位、1000多人参加了此次贺卡文化节。 （张纯嘉）

【小额质押贷款】2007年2月28日、3月1日，常德市邮政局分别在鼎城、澧县两局召开“邮政储蓄定期存单小额质押贷款业务”新闻发布会，正式拉开了邮政储蓄经营贷款业务的帷幕，结束了邮政储蓄“只存不贷”的历史。 （张纯嘉）

电 信

【概况】2007年常德分公司以品牌统领三大业务发展，深化渠道建设，实施精确经营，树立创新意识。通过固本计划稳定语音市场，产品重构牵引宽带业务，创新机制突破增值业务和转型业务，经营目标基本实现：全年完成业务收入6亿多元（国际口径），累计发展主线用户3万户，宽带用户4万户，小灵通用户5万户，CRM/SPS系统如期上线，企业综合实力进一步提升。

产品体系持续优化。2007年，常德分公司紧盯主线、宽带、超级无绳等重点产品，对产品线进行有效梳理，对主要营销策略进行了清理、归并，产品体系不断优化。清理固定电话营销政策，在城区主要实行预存话费免工料费装机，在农村大力推行固本计划，保证了基本面的稳定。实施宽带决战，重构宽带产品线。通过引入带宽、限时、服务和应用等元素，改变了以往统一带宽、单一价格的接入模式。优化小灵通产品线，推出了畅聊灵通、超级无绳、高质通三个子品牌，通过畅聊灵通降低入网门槛，吸引集团用户入网。

2007年，常德分公司以“我的e家”为统领，积极发展中高端家庭客户，不断填充产品内容，家庭客户价值稳步提升。以“商务领航”为抓手，拓展政企客户信息化应用，初步树立了“商务领航”品牌影响力。为突出品牌经营，将资源配置向品牌客户倾斜，调整了代办费政策，降低单产品代办费，提高品牌客户代办费，通过政策导向加大品牌客户的发展力度。结合产品结构重构，不断优化套餐体系，加大宣传力度，提高了用户的接受度。通过目标管理考核、组织两大客户品牌劳动竞赛和全员营销竞赛等手段，突出品牌经营的导向，营造品牌经营的氛围，引导企业关注的重点向品牌客户转移。

通过加强重点项目的管控，战略及转型业务取得了突破。全年实现17个重大项目的商机转化，新增收入905万元。系统集成取得突破。全年签约了教育城域网系统集成项目，电子政务纵向网整体服务协议、电子政务应用框架协议、市房地产税收一体化管理系统。全球眼业务稳步增长，2007年，共签约平安常德、数字城管等10家单位，发展全球眼300多个。酒店完美联盟快速发展，全年签约完美联盟酒店100多家，在全省名列前茅。创新机制，本地项目运作有了新进展。2007年实行了增值业务项目经理制，本着“小业务大市场”的经营思路，发展了声讯、彩铃、短信等增值业务，本地项目运作有了起色，全年实现本地项目收入100万元。

加强基础维护和机线整治工作，宽带网络维护质量全面提升，DSLAM端口达标率达96.5%，异常掉线率仅为1.39%。从网络质量和客户端服务两方面支撑“我的e家”品牌落地。持续开展无线市话、无线农话的网络优化工作，DT/CQT网络测试评估全面达标，无线农话网络质量位列全集团前列。

2007年项目立项952项，立项金额1.6亿元，累计完成投资1.5亿元，村通工程如期完成，及时开展杆线搬迁及入地工程，网络资源配置更趋合理，为业务发展和转型提供了能力保障。

前后端联动机制基本建立，业务开通能力明显提升，资源清查圆满完成。通过合理调剂现有资源，投资效益明显提高，2007年共进行资源调度23次，节省投资成本近600万元。设备吻合率从92%提高到99.9%，线路吻合率从38%提高到95%以上，主干准确率由84%上升到96%，配线准确率由33%上升到82%。

按照“三项服务承诺”的工作要求，整合了企业资源，建立了市话详单比对分析制度、规划建设免费提供市话详单体系；实施错时服务、不断优化预约安装服务流程；全面规范短信、声讯增值业务受理流程、完善监督机制，杜绝收费类新业务反向开通；10000号话务员素质整体提升；“诚信服务、放心消费”活动氛围基本形成。

MBOSS项目成功上线。完成了网络资源、用户资料、营销套餐、业务流程、周边系统接口的清理，数据质量大大高于上线准入标准。集中计费系统和CRM/SPS系统按计划顺利上线，为生产经营提供了有力的业务支撑。

2007年财务管理坚持定向投放，动态配置、精确管控成本费用。全年进行了57次成本资源的动态配置，支撑公司正常运营，公司的“成本预算动态管控体系”荣获了集团公司管理创新三等奖。分公司将营收资金管理前移到支局、模块点，每月对营收资金进行稽核，做到颗粒归仓，按时完成了省公司资金上缴任务。

管控部门在2007年的工作中，履行了职责，提高了水平，围绕企业生产经营做出了一定的成绩。企业党建和思想政治工作扎实推进，2007年公司领导班子被评为集团公司四好领导班子。人力资源管理不断深化，市场一线人员配备逐步加强。安全生产进一步强化，保密意识持续增强，“三电一铁”专项行动效果较好，电缆盗窃案件得到遏制。内控体系建设引向深入，新办公自动化系统上线推广。学习型班组创建活动有声有色，文体活动形式多样，送温暖活动帮困解难，后勤保障基本到位，尤其在企业发展艰难的形势下，公司想方设法保证了员工工资福利总体水平略有上升。企业文明创建有了新进步，新增了两个双文明单位。（廖化国）

【如期完成“村通工程”】为落实全省八件实事，中国电信常德分公司近两年共投资5000多万元，建成农村电话交换模块、宽带接入点631个，村级宽带网络覆盖面达到43.42%。开通了常德农村信息化网站平台，提供农产品供求信息、乡镇企业风采、农村新闻、农业科技、特色乡村、致富信息等信息服务，结合网站平台建立了“农家乐”

声讯服务台，用户可以拨打118971，根据语音提示选择听取农业养殖信息、种植信息、致富新点子等节目。至2007年底，全市4155个村基本实现了光缆到村、电缆到组，实现“村村通电话、乡乡通宽带”的目标，该分公司“村通工程”已通过省“八事办”验收并获好评。 （廖化国）

移动通信

【概况】2007年，常德移动通信分公司立足于“移动信息专家”定位，深入挖掘信息服务市场潜力，紧扣地方经济发展脉搏，认真把握“发展”和“创新”两个重点，深入践行“发展飞轮”理论，加快优化和整合公司资源配置，着力解决发展中存在的瓶颈问题，强化主导地位，增强核心竞争力，在面临较大发展压力的形势下，各项工作在全省都名列前茅，主要经济指标均实现了新的跨越。全年网上净增通话用户28万多户；期末通话用户规模达133万多户；累计实现运营收入近10亿多元，较2006去年有大幅度提高。

2007年，常德移动通信分公司坚持“加快发展，扩大规模，提升能力，创新管理”十六字方针，不断推动各项工作再上新台阶。一是重点抓好分季营销，加大渠道建设力度，充分利用规模优势，加大服务与宣传力度，强化了市场掌控能力，确保市场主导地位不变。二是牢固树立“网络质量是通信运营企业生命线”的理念，通过深入开展“卓越管理、卓越网络、卓越服务、卓越队伍”建设，确保了各项网络质量指标达到了省公司优秀标准，客户对满意度处全省的领先水平。三是注重实效，细化管理，注重执行氛围的培育，强化信息反馈机制，加大督办力度，采取有效措施，切实有效提高企业管理执行能力，推动全市移动精细化管理工作的不断深入。四是推进和谐企业建设，各级工会开展形式多样的文体活动、送温暖活动和工会主席联系日活动，新增一个全国模范职工小家；积极承担社会责任，全面完成“村通工程”建设任务，实现了常德市4000多个行政村的移动信号无缝覆盖，覆盖率达93%，

圆满完成桃花源桃花节、省第四届农运会等重大会议、重大节日、重要活动的通信服务保障工作，以实际行动践行中国移动企业价值观和社会责任观.2007年，公司荣获消费者信的过单位、全国用户满意电信服务明星企业、园林绿化工作先进单位、全国模范职工小家、消费者权益保护工作先进单位等荣誉称号。 （卜建军）

联　通

【概况】到2007年底，公司向社会提供的基础电信业务有：CDMA133/153、GSM130/131/132移动电话、193长途电话、IP数据电话、165互联网、无线上网等，是当前国内唯一同时经营以上电信业务的综合电信运营商。

截至2007年底，公司下设13个生产、职能部室和10个县级分公司；拥有固定资产6.93亿元，建成移动基站607个，交换容量达46.7万门；铺（架）设传输干线2376公里，各项网络运行指标在全省名列前茅。联通人的不懈努力由此赢得了42万移动在网用户的信任与支持。在荣誉建设方面，公司荣获了“两对照”活动、内控建设三等奖，运行维护先进集体，工程建设先进单位，CDMA业务经营管理先进单位，以及新势力秋季校园营销大会战G网业务发展优胜奖和远程协作奖，公司工会荣获省工会先进集体，运行维护部荣获了“2007年全国通信行业优秀质量管理小组”荣誉称号，鼎城分公司还当选为先进县级分公司，公司总经理吴宇凡当选为市人大代表。

（王　宁）

【概述】2007年，常德市旅游工作在市委、市政府的强力主导下，紧紧围绕建设旅游大市的战略目标，积极开发整合旅游资源，大力拓展国内外客源市场，着力延伸旅游产业链，推动了旅游产业的快速发展。全年共接待国内游客853.6万人次，同比增长47.6%，其中接待旅游团队游客18.7万人，同比增长了65.5%，接待境外游客7.08万人次，同比增长83.4%；实现旅游综合收入41.94亿元，同比增长34.5%，旅游创汇1646万美元，同比增长18.4%。

6月12日，市委、市政府在常德华天大酒店召开了全市旅游产业发展工作会议，全体市委常委参加会议，代市长卿渐伟作工作报告，市委书记武吉海作重要讲话，重点区县委书记、市直单位负责人作表态发言，省旅游局党组副书记、副局长刘之明出席会议并发表了重要讲话。会上印发了《中共常德市委常德市人民政府关于促进旅游产业发展的决定》（常发〔2007〕9号）。（俞　萌）

【旅游产业发展领导小组成立】2007年5月市政府成立了由市长卿渐伟任组长、分管副市长李爱国任副组长、市直30多个相关单位主要负责人为成员的旅游产业发展领导小组。同时，建立旅游联系会议制度，定期召开旅游产业发展领导小组成员会，研究解决旅游产业发展的重大问题。（俞　萌）

【旅游工作纳入区、县（市）目标管理考核】2007年，市委首次将旅游产业发展纳入了各区县（市）双文明建设考核体系，并制订了具体的考核指标，重点考核区县（市）加强对旅游工作的重视和支持、旅游产品建设、市场开发等方面的工作，在考核总分中占2分。旅游工作纳入区、县（市）目标管理考核有助于提高全市共建旅游大市的积极性，形成良好的产业发展氛围。（俞　萌）

【发放旅游促销奖金】在2006年版旅游促销奖励暂行办法的基础上，2007年市政府根据旅游市场的变化对该办法进行了修订完善，除了降低奖励门槛、提高奖励标准、扩大奖励范围外，还新增加了非常具有吸引力的市场开拓奖励，全年累计发放旅游促销奖金达到114万元以上，极大地调动了旅行社为常德送团的积极性，有效拉动了常德旅游地接市场的发展。（俞　萌）

【花岩溪国家森林公园收回旅游经营权】2006年12月，鼎城区政府依法解除了花岩溪旅游经营权的转让协议，正式宣告收回花岩溪景区的旅游经营权。花岩溪旅游经营权自2004年由深圳小太阳公司买断经营权后，由于经营管理不善，使花岩溪旅游停滞不前，日渐萧条。收回经营权后，花岩溪管理处大力重塑景区旅游形象、提升旅游品质，使景区迅速走出低谷，旅游经济开始复苏。2007年，景区入园人数达81750人，旅游相关收入达1635000元，各项指标比前几年有了明显提高。（俞　萌）

【全国导游人员资格考试考点落户常德】2007年，全国导游人员资格考试考点首次落户常德。全市参加全国导游人员资格考试的参考人员达到了600多人，合格人员达到了200多人，占到了总人数的36%。（俞　萌）

中国常德诗墙

【笔架城景点改造】笔架城位于中国常德诗墙武陵阁与渔父阁之间的石柜之上，五垛并立，中垛最高，状如笔架。笔架城南临沅江，与东南方的德山文峰塔（又名孤峰塔）遥遥相望，构成常德城一道独特的风景，象征着文运昌盛，人文蔚起。2007年，按照常德市委、市政府打造文化名城的战略部署，常德诗墙管理处对笔架城景

改建后的笔架城

点进行全方位改造，用清代古城墙砖代替水泥砖修复笔架，修旧如旧；新建了笔架城牌坊，门额由霍松林题写；改建了观景台，观景台花岗岩栏杆，采用沅水纤夫、崔婆井、常德擂茶等反映本土民俗风情题材的图案；完成了笔架城平台绿化，栽植香樟、紫薇、五针松、赤楠等树木及盆景；场内安装大型“魁星点斗”铸铜雕像一座。

笔架城整体设计突出教育主题，倡导勤奋努力，立志求学的精神。自东汉以来人们就认为，天上的魁星是对古代文学中二十八宿之一“奎星”的俗称，主管人间的文章与文运，魁星点斗，独占鳌头，成为历代读书人心中的企盼，也必将激励学子刻苦攻读、立志成才，报效社会。

（李碧勇　刘　华）

【完成诗墙续建第七篇章】 2007年，诗墙由渔父阁向西延伸新开第七篇章——《时代风采》。本篇章嵌诗（含题词）50首，定名《时代风采》，目的是为反映中国改革开放以来的重大成果，追踪采摭中华民族伟大复兴历史进程，紧扣科学发展观这一宗旨。有朱镕基总理在任时的诗作《重返湘西有感并怀洞庭湖》；国家发改委主任马凯《九八抗洪组诗》；国家原外交部部长李肇星《青春中国——海外归来回眸》等。《时代风采》篇还刻嵌了十多位名人名家题赠诗墙的词和诗，其中，有余光中的“诗国长城”，有刘征的“一壁千秋”，有刘人寿的“三绝诗书画，一墙天地人”，有李锐、孙铁青、高洪波、林从龙、熊东遨、蔡多文、袁第锐等等的题词及诗作。这些题词和诗作，共同反映了一个主题，就是建设有中国特色的社会主义的先进文化。

（李碧勇　刘　华）

【“常德石简”正式向全国推介】 中国常德诗墙管理处工艺美术师蒯凝刚先生发明的工艺品“轻质增强型石简”（专利号ZL2005201116548），继在首届湖南工艺美术精品大奖赛上荣获“新产品奖”，并刊载在《湖南工艺美术精品画册》，同时正式定名为“常德石简”之后，国家知识产权局主办的《中国发明与专利》杂志2007年第4期第89面整页又作了重点推介；5月份，中国第一个简牍专业网站——中华简牍艺术网（www.jianbook.com）正式开通，至此，常德又多了一张文化名片——常德石简。

（李碧勇　刘　华）

简牍艺术上了诗墙（右下）

城市建设与管理

城乡建设

【概况】根据市委、市政府的战略思维，把园区建设放在城市建设的首位，2007 年市本级完成投入 3 亿元，完成了乾明路、龙潭路、青山街、崇德西路、德山大道南段、桃林东路、善卷南路、有德西路等道路工程。德山污水处理厂、东沿路、龙梅路等城市基础设施工程也在有序进行。

继续解决了小街小巷的“路、水、电”问题和老旧小区的“脏、乱、差”问题，市本级投入了 1300 多万元，解决了一大批市民反映的热点难点问题，完成了 62 项社区配套和街巷整治，各区县（市）完成了小街小巷整治 110 条。

解决了江南城区地下排水设施配套、江北杆线入地和机埠改造。武陵区工业园区污水治理、永安硪机埠改造、玉霞路排水管涵等重点难点工程全面启动。建设项目的管理进一步规范有序。把城市建设的前期准备放到重要位置，完成和启动了金丹路、机场路、常德大道、沅水西大桥、江北城区地下管网改造等一批重点工程的前期准备工作。

加大生态城市建设投入，完成了常张高速公路连接线、穿紫河风光带堤岸、孤峰公园玉霞路入口、江南外滩公园、德山马踏飞燕绿岛、收费站至二桥绿化带、二桥和德山大桥桥头绿地等绿化工程建设；完成了穿紫河变压器厂段绿化带、柏园桥节点、三闾桥节点等 10 多个绿化重点工程；参加了中国厦门园博会，举办了屈原公园大型菊展活动。

湘西北首届住宅产业博览会

充分发挥公用企业的主导作用，着重抓了公用企业的改革和管理。市公交总公司为了优化资源，提升服务，2007 年收购了两条社会客运线路，扩大了市场竞争力。市城区除了 3 条线路以外，其他所有线路均为公交总公司所有，市场份额达 94.5%。市政建设总公司充分发挥企业在沥青混凝土施工技术、设备方面的优势，积极向外拓展业务，2007 年实现了外拓产值 1000 多万元。市自来水公司狠抓企业内部管理出效益，狠抓了产销降差工作力度，并取得了阶段性成果。通过德山水厂的试点，产销差由去年的 38%降低到 26%。公司所属沃特公司狠抓规范管理，通过质量、环境、安全三大体系的认证和施工资质升级，业务范围进一步扩大，2007 年建安产值达到了 2500 万元。（佘建球）

【建筑业发展有序】行业发展速度进一步加快。坚持“一手抓管理、一手抓发展”，有效地促进全市建筑业保持了良好的发展势头。2007 年，全市建筑总产值达72亿元，增加值21亿元，其中对外开拓产值8.5亿元，实现利税4.5亿元，利润2亿元，建筑业从业人员8.5万人，出省劳务人员9500人。市城区完成房地产开发投资额22.5亿元，施工房屋面积达到200万平方米，分别同比增长20.9%和14.6%。建筑勘察设计行业通过提高设计服务质量、引进人才，市场适应能力显著提高。

建筑市场发展进一步规范。加强了建筑业管理和建筑市场质量安全整治，严格施工许可和竣工验收备案管理，实施外来企业登记制度，加大对房地产开发项目建设资本金的监控，明确市直建设工程项目临时施工许可程序，解决桩基础施工的无序状况。以凤凰大桥坍塌事故为教训，进一步规范了建设、设计、监理、质监、安监、控测等各方责任主体行为，加大了对质量安全工作的整治，出台了12项规范性文件。同时，加大建筑市场执法力度，重点打击了不办施工许可证而施工的行为。

行业监管力度进一步加大。对房地产开发企业资质进行了专项检查，严格了监理工程师、建造师的换证申报；强化了工程招投标的过程监督和评标专家管理，对本市监理、造价、招标代理中介组织机构和从业人员实行动态监管，对外来监理、检测、招标代理等中介机构实行了登记制度；工程造价管理以推行工程量清单计价工作为重点，大力开展了新的《计价办法》和消耗量的宣传贯彻工作。开展了劳务分包企业调研工作（包括对施工管理费、利润、养老保险金、农民工工资标准）。强化工程造价监管，严格实行施工合同审查和竣工结算备案制，维护了承发包双方的合法权益，有效防止了“两个拖欠”；建设技能培训共举办专业技术人员继续教育培训班3期，第一批在建项目农民工学校已由省厅正式授牌开办。

质量安全管理进一步加强。共受理工程报监62个，实现意外伤害保险投保率100%。狠抓了起重设备的管理，加强了钢管脚手架及模板支撑系统安全管理和现场操作人员的安全教育，全面推行了建工意外险制度，建筑市场流动人口计划生育管理全面达标；对不办质监手续、不办施工许可证，随意变更原设计，增加层高层数，未经验收合格及备案擅自投入使用等方面存在的问题进行了重点整治；改革了工程质量现场监督监察方式，建立了现场管理集体监督模式，出台了一系列程序性和规范性的文件，一些建筑质量通病和管理难题在逐步解决。

（佘建球）

【建筑节能】采取坚决措施，“休克整顿、联动促进”。对已作节能设计而没有进行节能施工的停办各种手续，不予备案；促进新开工的建筑按节能标准严格施工。2007年，新建建筑工程已全部按节能标准执行；在建工程项目，原来没有实施节能的，大部分进行了整改，尚未整改的暂不备案。有效地推动了建筑节能工作的全面实施。

（佘建球）

【城乡统筹发展】在2006年“送图下乡”的基础上，市建设局2007年对新农村宜居示范片的建设工作进行了专题部署，并对各区县（市）示范片建设的工作情况进行了全面指导和督导。共完成宜居住宅119户，面积达2.75万平方米，总投资1177万元。各区县（市）编制了新农村核心示范片的近期规划，加强了乡镇建设管理站的建设，进一步规范了乡镇建设的规划管理。按照新形势新任务要求，各区县（市）积极探索了促进建设管理的新模式，桃源县在各乡镇派驻建管员，临澧县由财政补贴在乡镇设建管站，武陵区拟在乡镇办事处设规划建管站。（佘建球）

城乡规划

【概况】2007年，市规划局有序推进规划编制，完成了常德市城市空间发展战略规划编制及审查、城市总体规划局部调整，组织编制了江北公园详细规划、江南排水规划及市政管线规划、江北公园规划、河洑森林公园规划、万金障退田还湖规划、住宅建设规划、沅江风光带（德山段）控规等10多个专项规划，进一步调整、完善了白马湖乌龙港环境综合治理工程（原市行政文化中心）的规划编制，成为城市新区拓展的动力源和文化名城建设的重头戏，加强了对村庄布局规划和村庄整治建设规划工作的指导与督导，各区、县（市）已完成县域村庄布局规划的编制及审查工作，808个村村庄整治建设规划编制计划已完成了765个，占全年任务的95%；从严规范规划审批，重点狠抓了近几年各项规划管理规定的落实，对所有建设项目严格按规定审批管理，按程序核发“一书两证”，认真落实批前公示、批后公告、竣工复核的项目审批流程，广泛听取市民意见和建议，2007年完成较大型行政审批项目公示26件；大力加强监察执法，2007年，共立案查处违反和改变审批内容的违法建设136宗，违法建筑面积4万多平方米，分别做出了整改、拆除、罚款的处理，其中拆除违法建筑50多处，建筑面积1万多平方米。（张可贵）

【市规划局荣获全国先进】2007年，市规划局在市委、市政府的正确领导和省建设厅的指导下，坚持以科学发展观统筹城乡规划，积极服务于工业和经济发展，大力加强生态宜居城市建设和社会主义新农村建设，取得了较好的成绩,被市委、市政府再次授予“文明标兵单位”，被国家建设部评为“全国建设系统文明单位”。（张可贵）

【规划管理体系初步形成】继2006年底澧县、桃源县、安乡县组建规划局后，2007年汉寿县、津市市也成立了规划局。至2007年底，除临澧县、石门县正在筹建外，全市其他区、县（市）以及西湖、西洞庭都成立了规划管理机构，全市上下一体、协调运行的规划管理体系逐步形成。（张可贵）

【举办全国规划管理会议】 2007年5月13~18日，中国城市规划协会规划管理专业委员会规划管理技术专业组第十一次会议在常德召开。参加会议的有常德、马鞍山、湛江、大同、包头、泉州、武汉、张家界等15个城市规划局领导和规划管理专家40多人。会上，常德市委常委、副市长欧运崇致欢迎辞，中国城市规划协会副会长任致远、省建设厅副厅长肖常锡到会并作了重要讲话，市规划局局长李迪伟对常德市的历史、环境、规划和建设等情况作了介绍，与会人员观看了市规划局制作的常德宣传片，参观了城市规划展厅和市容市貌。（张可贵）

【考察岳潭株益四城市】 2007年7月上旬，为做好常德市城市空间发展战略研究和新一轮城市总体规划的修编工作，市规划局局长李迪伟带队，组织局里相关人员，前往岳阳、湘潭、株州、益阳四个城市，对其城市规划执行情况和城市的建设和发展进行了学习考察，撰写了《关于常德市城市空间发展战略的思考》，文章全面分析了常德市城市建设发展特别是空间发展存在的问题，提出了常备市城市空间发展战略的思路及发展建议，引起了市领导的高度重视。（张可贵）

【与德国合作编制常德市水资源规划】 2007年10月，市规划局经市政府批准，与德国汉诺威水协签订了市水资源利用与保护规划编制的合作项目，主要是对市区120平方公里及其周边640平方公里区域的气候和地质水文现状进行考察分析，在常德建立生态流域管理系统。这是湖南省首个与欧盟合作的水资源规划合作项目。前期工作进展顺利，德国汉诺威水协专家一行10人到常德市开展了持续两周的调研。（张可贵）

【行政执法试点工作被评为合格】 2007年，市规划局作为全市行政执法责任制7个试点单位之一，按照工作要求，认真制定了试点工作方案，全面推行目标管理、行政问责、政务公开、规划公示等制度，行政执法试点工作被评为合格单位。（张可贵）

【庆祝《中华人民共和国城乡规划法》颁布实施】 2007年10月28日，《中华人民共和国城乡规划法》由第十届全国人民代表大会常务委员会第三十次会议审议通过，于2008年1月1日起施行。为做好《中华人民共和国城乡规划法》的宣传贯彻工作，12月26日，市规划局组织市、县两级规划部门的同志参加了全国《中华人民共和国城乡规划法》宣传贯彻工作电视电话会议，12月29日，组织了以市步行街为主阵地的集中宣传活动，12月30日，市规划局局长李迪伟作了答常德日报社记者问，2008年1月1日，常德市委常委、副市长欧运崇发表了宣传贯彻《中华人民共和国城乡规划法》电视讲话。（张可贵）

城市管理与创建

【概况】 2007年，常德市城管执法局在市委、市政府的正确领导下，深入落实科学发展观，以“和谐城管、法制城管、科技城管”为主题，大力推进依法行政责任制试点工作，积极探索城市管理的长效机制，取得了可喜成绩，实现了新的跨越。

（于连跃）

【城市管理】 市容管理。围绕城市管理工作中的重点、难点问题，以推动依法行政责任制工作为契机，集中开展以市容整治为重点的“三大战役”，经过几个月持续不断的努力，“三大战役”成功地实现了攻坚克难的预期目标，一些长期占道的马路市场被取缔，甘露寺一带、文理学院周边、烟厂三区、皂果路、三星路等地段的夜市得到有效整治，乱贴乱画乱涂的“牛皮癣”得到清除或覆盖，城区的市容状况得到改善。8月，成功卫冕全省城市卫生检查，实现了“八连冠”，确保了国家卫生城市的崇高荣誉。

占道管理。占道管理在做好开业庆典、商品促销、门店装修等占道活动的审批，严格控制活动地点和活动时间，规范经营占道行为的同时，突出抓了车辆占道的管理，清除过期的停车泊位400多个，施划经申请批准的汽车停车泊位120多个。在占道执法方面，坚持每天对违章停放的车辆进行抄牌送单，对汽车美容洗车、茶楼、酒店等严重侵占城区道路的行为进行专项整治。借鉴长沙等外地城市的模式，和法院联手，成立了非诉案件执行办公室，对到期不接受处罚的汽车占道行为通过法院强制执行。执法机制的创新，一方面改变了以往锁车的强硬做法，避免了执法矛盾，更重要的是强化了对汽车占道的执法手段，提高了管理权威。到12月底，主动缴纳罚款的车主就有3200多人，城区人行道上车辆乱行乱停的现象较以往有了很大改观。

户外广告管理。在户外广告收费政策不明朗、广告资源被切块的情况下，自加压力做了大量工作。编制城区户外广告设置规划。通过公开招标确定了设计单位，对市城区一江两岸四区的主次干道、楼顶广告和单立柱进行合理设置，使户外广告步入了以规划为龙头的规范管理。首次公开拍卖小街小巷户外广告的发布权。将整个江北城区小街小巷户外广告的发布权授权给4家中标的广告公司，统一经营、统一管理，促进和提高了户外广告设置的水平。集中整治违规户外广告。对常德大道、柳叶大道等城区主次干道未经批准或超过审批期限，有安全隐患的广告牌进行强拆，共拆除违规广告牌300多块、单立柱2座，有效防止了广告资源的流失。理顺监察和审批的关系。重新组建广告中队，建立起在分管局长的统一领导下，审批和处罚相对独立、相互配合、各司其职、各负其责的工作机制。广告中队积极配合广告科开展工作，使监察和审批得到有机结合。

环卫清扫。环卫作业体制得到了巩固和完善。以成本核算为基础的合同制管理得到全面实施。36个作业区域完成了新一轮竞标承包，机械化清扫、街道冲洒水、垃圾清运和中转站管理，均以合同的形式明确了责权利。环卫作业实施了精细化管理。将作业服务、渣土管理、监察执法等涉及环卫工作的各个方面，打捆到各所队，强化对作业实体的检查和考核，兑现奖惩。“满意环卫”创建活动进一步引向深入。通过认真办理市民投诉，聘请环卫义务监督员，实施政务公开等措施，强化服务意识，提高作业水平。规划环卫未来发展的方向。通过调研、考察，形成了澧水流域和沅水流域生活垃圾实行网络化填埋的思路，拟定了《常德市城乡生活垃圾处理一体化工作方案》，为未来的环卫工作指明了方向。环卫基础设施建设得到进一步加强。添置了洒水车和压缩式清运车，建设了中转站和公厕，完成了旱厕改造任务，桃树岗填埋场的全面建设得到加强，配套功能得到完善。

客运管理。2007年加大公共交通行业的管理力度，集中解决了公交车、出租车乱停乱靠、运行不准点，司乘人员拉客、甩客、拒载及服务态度差等问题，有效地遏制公交行业违规经营行为；进一步优化公交线路，协调线路矛盾，改善乘车环境，城区公共客运步入良性发展轨道。（于连跃）

【城管执法】依法拆违。面对规划执法暴力抗法案件越来越多，推进越来越难的严峻形势，认真剖析了造成城区出现大面积违法建筑的根本原因后，调整拆违思路，成功地运作了迄今为止规格最高、规模最大、影响最广的全市依法拆违大行动。城管部门在市直有关部门以及“四区”联合行动，规划执法的力度进一步加大。截止12月底，共立案查处城区违法建设案件1449宗，日常执法制止和强制拆除违法建筑面积达7.1万平方米，常德大道、柳叶大道、芙蓉广场、柳叶湖旅游度假区等规划严控区的违法建设行为得到了有效控制。特别是8月1日出台《常德市城市规划区内依法拆除违法建筑暂行办法》和《常德市规划区违法建设监督管理办法》以来，形成了城区拆违工作的强大攻势，重点查处了长家山社区郭某某、唐家溶四组11户等一大批影响较大的违法建设案，极大地震慑了当地和周边地域的违法建设之风，较好地遏制了城区违法建设势头。12月份，城区违法建设首次出现“零立案”。

环保绿化执法。自6月成立城管110特勤中队以来，加大了园林绿化环保的巡察力度，并保证了24小时受理市民群众的投诉举报。截至12月底，共受理损绿、毁绿案51宗，噪音和夜市扰民案630宗，均在第一时间及时进行了妥善处理，兑现了事事有结果，件件有回音的承诺。

渣土执法。对城区施工工地实施24小时的渣土全天候监控，建立和启动了建筑渣土消纳处理厂，对建筑垃圾进行集中处理；全面落实渣土运输的“公司化经营、密闭运输、净车上路”的政策；采取社会化运作模式，引进民间资金2000多万元，组建6家渣土专营公司，添置封闭式运输车辆180台，渣土管理步入了良性轨道。

打击非法营运。为坚决打击和取缔非法营运，采取长效管理和专项整治相结合的强硬手段，联合公安、工商、交通等相关部门集中开展了20多次专项行动，取缔多处“黑摩”成群的非法营运待租市场，查扣一批非法营运的“黑的”、“黑摩”，维护客运市场的正常秩序。（于连跃）

【基础设施建设】垃圾发电。积极引进中科集团中联环保公司投资2.18亿元的生活垃圾焚烧发电项目。目前投资方已完成项目立项、公司注册、环保评估、可研和初步设计等前期工作，德山檀树坪村6.666公顷山地已被确定为发电厂址，可望2008年初开始土建工作。

垃圾处理。加快桃树岗生活垃圾填埋场二期工程建设，完成了硬化场区道路、给水工程建设，种植了2.666公顷清污植物，进行了湿地污水改造，完成了重点路段绿化。已连续多年实现垃圾无害化处理率达到100%。6月初，全国人大环保委考察组进行调研，认为桃树岗垃圾处理填埋场是节能减排的典范，值得全国推广。

公厕改造。在2006年投资1120万，完成对76座置换企业移交社区和国有直管公房的公厕进行新建和改造的基础上，2007年又新建和改造了同类公厕30多座，至年底已全部进入竣工验收阶段。

数字城管。2006年引进城市管理数字化监控工程系统，2007年已完成监控中心建设，各种部件数据已基本录入，一旦资金到位，马上可以投入运行。（于连跃）

城市公用事业

【概况】2007年，市公用事业局坚持以“创新公用事业、优质服务市民”为宗旨，根据市委、市政府和市建设局工作部署，加大市政建设和公用事业管理力度，优化为民服务，促进行业管理，为城市功能完善、城市品位提升、人居环境优化、和谐常德创建发挥了积极作用。

市政项目建设。受上级安排承担的市政新建工程主要有丹阳路行道板和新二村排水改造工程；城市路灯照明监控系统工程；光荣路慢车道工程；樟桥路（延伸段）新建工程；龙港路、吉生路新建工程；丹阳路电力杆线入地工程；长庚路北段电力杆线入地工程；皂果路北段电力杆线入地工程、中区高山街四条道路电力杆线入地工程；桃林路、樟桥路、青山街电力杆线入地工程等10个项目。

丹阳路行道板改造工程中标130万元，年底全部完工并竣工验收；新二村排水改造工程中标价为92万元，改造排水管道1700多米，已全部完工；城市路灯照明监控系统工程投资300多万元，工程已全部完成；光荣路慢车道续建工程，投资130万元全线完工；樟桥路（延伸段）新建工程全长200米，投资381万，现已完成形象投资100万元；龙港路、吉生路新建工程计划投入1029万元,于2007年11月上旬开工；丹阳路电力电视杆线入地工程投资218万元全部完工；长庚路北段财政预审金额为155.5万元，全部完工并竣工验收；中区四条道路杆线入地工程财政预审金额为471.9万元，现已完工95%；桃林路、德山樟桥路、德山青山街电力杆线入地投入1068万元，全部竣工验收。

公用事业管理。市政三项设施维护共完成车行道维护12448平方米，人行道20382平方米，更换检查井座880块，雨水花板1071块，排水清淤8027立方米，确保了路平水通；城市桥梁顺利完成沅水一桥检测，完成沅水二桥交接，并对沅水二桥桥涵灯、桥柱灯等照明设施进行了维修，对城区每座桥梁上铁件油漆进行了重新粉刷，对每座桥梁上的伸缩缝也进行了清洗，确保了桥梁和航行船只的安全。

城市供水完成售水量4915.56万立方米，实现销售收入6520万元，出厂水水质综合合格率99.8%，利润亏损269万元，水费回收率99.17%，累计扩延管线19.8千米，新增客户13902户，用户总数达到93089户。

城市公交完成客运总量9400万人次，周转量88450万人公里，企业资产总额达到1.0058亿元，较上年增长41%，企业年产值达到1.1608亿元，较上年增长79%，实现利润19万元。营运线路经过合理优化后，线路达到36条，营运车辆585辆。在所有城市公交车上引进了IC卡智能收费系统，在19条线路278台公交车上陆续安装了中英文电脑自动报站系统，提升了公交窗口形象和城市品位。

城市路灯投资300多万元，建成路灯照明监控系统，对城区路灯实行全方位监控。路灯安装采用了钢芯架空绝缘铝芯线，在原来的钢芯线和绝缘线上合二为一，并且全部采用新型灯具，防护等级达到IP65。路灯维护共投入近700万元，维护路灯、亮化灯具10000多盏次，更换镇流器1600多台，各类灯泡灯管9000多只，维护线路16.5千米。主次干道月平均亮灯率达99%以上，居民小区和公共景点亮化率达97%以上。

城市雨水泵站开机排水达8171.8台时，排除渍水2455.4万立方米，截污泵站累计运行4515.1台时，输送污水达910.6万吨。日降雨量在110毫升以下，城市排水设施可以保证渍水当日排干，有力地保障了城区人民生产、生活的正常秩序。

城市燃气组织对市城区燃气企业和销售网点的安全生产例检9次，日常监管巡查65次，突击集中检查10次，立案查处1起，下达限期整改通知书8份，整改率达到100%，确保了市民的用气安全。

城市占道管理坚持文明执法，共完成占道行政审批92件，下达行政处罚决定书17件，及时处理群众对于施工占道、违规开挖城市道路的投诉9起，消除城市道路交通隐患10多处，保证了城市城市道路的畅通。

市混凝土管理部门加强了对城区3家混凝土企业的目标管理，有效抑制了行业无序竞争的不良趋势，商品砼用量达到38万方，重点工程项目使用率达93%，一般工程项目使用率达53%，创历史最高水平。

民心工程稳妥实施。按照市委市政府为民办实事的工作安排，市公用部门一如既往地坚持实施“民心工程”，切实解决市民反映强烈的热点、难点问题，完成了省八件实事、市十件实事的工作任务。

省八件实事之一城市污水处理正常开机342.6天,污水处理总量达到2634.6万吨，比2006年提高2%，污水处理率达到67%，出水水质经检测完全达标，顺利完成了2007年省为民办八件实事要求污水处理总量达2600万吨的指标。

严格监督城市污水处理。保障生产正常运行。局领导和污水中心主要负责人经常深入化验室、中控室及污水处理现场了解情况，并根据所掌握的化验数据及时对设备的运行进行调整，确保污水处理的数量与质量。加强协调，确保污水泵站顺利移交。根据市政府及相关主管部门要求，2007年9月6日，原由市排水处管理的柏园桥、柏子桥、粟家垱及夏家垱四个污水泵站划入污水中心管理，加大了污水处理量，污水处理水质进一步好转。积极革新，提高污水处理设施运行效率。污水中心集思广益，大胆实施技术革新，在曝气池里增设了四台推流设备，不仅污水处理的效果有所改善，处理能力得到提高，而且大幅度降低了该环节的电耗，真正实现了能效比的统一，预计年节约电费20多万元。

小街小巷综合整治共完成62项工程，其中道路排水22项，路灯40项，总投资837.9万元，已全部完工；社区改造工程共完成43项，其中道路排水23项，路灯20项，总投资370万元，已全部完工。（曹羲予）

城市环境卫生

【概况】 2007年，城市环境卫生管理坚持以科学发展观为指导，以创市民满意、宜居城市为目标，以改革求发展，以创新促管理，扎实工作，环卫管理迈入长效化、规范化的轨道。城区日清扫保洁面积735.2万平方米，日清运和处理生活垃圾554吨，无害化处理率达100%，顺利通过了国家卫生城市的复查暗访和省八件实事的检查验收。市环卫处被省建设厅授予全省建设系统思想政治工作先进单位，党委书记李德智同志被授予省建设系统思想政治工作先进个人。（滕　明）

【环卫管理】 按照精细管理，务求实效的要求，市环卫部门在细化环卫管理上下功夫。一是全面落实环卫作业服务的竞标承包和合同化管理。年初，市环卫处36个环卫清扫作业区域完成了新一轮竞标承包，机械化清扫、街道冲洒水、垃圾清运、垃圾中转站的管理，均在成本核算的基础上，落实了新一年度的经济责任合同；垃圾场填埋作业竞标承包工作也于6月份顺利完成，环卫作业服务合同化管理方式得以全面实施。二是全面落实网络化管理模式。按照“监察服务于生产，生产配合监察”的精神，从2月份开始环卫监察管理职责下移到各管理所监察中队，明确区域清扫保洁人员又是市容监察协管员和信息员，完善了以区域管理为基础，监察执法、作业服务、业主自律为一体的网络化管理模式，把清扫保洁、上门收运垃圾、公厕管理、果皮桶清掏清洗、建筑工地管理与渣土抛洒的控制、洒水降尘、门面装修的监督、乱倒乱扔垃圾行为的查处等工作责任落实到了区域管理单位，确保整个城区的环境卫生能得到有效控制。三是完善质量考核体系。按照“重心下移、条块结合”的工作思路，加强与办事处、社区的联系，进一步完善了双重管理机制，并强化了对区域作业实体的日常考核、定期考核、结算考核制度，明确作业质量标准和奖惩办法，做到奖有标准、罚有依据，确保城区环境卫生整洁优美。四是全面推行管理岗位绩效工资定期考核兑现机制。配合机关事业单位工资制度改革，制定了《市环卫处2007年目标管理岗位责任制考核工作方案》，对每个单位（科室）、每个岗位的工作任务、目标要求、扣分标准进行了细化，定期考核，并严格按考核结果兑现绩效工资，干部职工工作主动性明显增强，促进了工作效率的提高。五是深入开展“满意环卫”创建活动，落实社会服务承诺。以市民满意为出发点和落脚点，认真组织开展以“创市民满意环卫”为主题的优质服务活动，推行五项公开承诺，通过各种途径疏通与市民群众的信息反馈渠道，落实便民利民措施，强化服务意识，市民群众对环卫工作的满意率稳定在90%以上。六是积极推进环卫城乡一体化工作。以建设部《中国城乡环境卫生体系建设》文件精神为指导，市环卫处深入各区、县（市）镇进行了10个大项77个子项近三年的环卫基本情况的专项调研，完成了《常德市城乡生活垃圾治理网络工程实施方案》，已提交市政协进行论证；深入西湖、西洞庭管理区进行环卫调研，就合理解决两区的生活垃圾问题达成了初步协议；对郊区垃圾的收运，增设垃圾方桶120个，实行定点定时收运，收运范围包括武陵区五乡一镇、德山乡、柳叶湖、鼎城灌溪、白鹤山乡，基本实现了城郊环卫一体化。七是安全生产工作常抓不懈。进一步深化了安全生产专项整治，市环卫处每月组织一次安全生产联合检查，对安全隐患及时通报，及时整改；与市交警支队联手，对垃圾运输车辆组织了2次大的突击检查，对发现的问题，均及时进行整改。八是重点保障黄金周及重大活动期间卫生。在黄金周及各项创建活动期间，市环卫处协助社区及相关责任单位大力整治辖区环境卫生，成立应急队应对各类紧急情况，保证了城区的整洁、卫生。在2007年国家卫生城市复检中，环境卫生单项得分连续第八年获得全省第一的好成绩。　（滕　明）

【环卫设施】 随着城市进程的加快，广大市民对环境卫生的要求也日益提高，为了满足广大市民的需求，市环卫处加快了环卫设施的配套力度。一是加快垃圾中转站和公厕的建设。完成了德山纺机中转站及公厕的建设，灌溪、柳叶湖中转站及公厕的土建部分已完成，正在安装调试机械设备，不久将投入使用；旅游公厕建设的优惠政策得到进一步落实，18座旅游公厕的选址已基本确定，建设方案正在审批。二是加大了桃树岗垃圾填埋场的建设。投资100万元，硬化了垃圾填埋场场区道路，配套进行了绿化；投资18.7万元完成了场区给水工程；投资40万元进行湿地污水改造；投资20万元，改进渗滤液处理系统，提高了污水处理物化部分的工艺水平；投资5万元，完善化验室设施，使其检测功能进一步加强。三是加大了环卫基地建设。德山基地建设已完成综合楼主体部分；西所院落纳入旧城改造范围，改造方案正在申报之中；北所基地征地工作已基本完成；车管所基地已办完征地规划手续；三岔路所基地征地工作已委托拆迁事务所办理土地及农民补偿的相关事宜。四是加强了垃圾中转站、公厕和垃圾桶的维修与保养。对城区的166座公厕逐一调查、摸底并纳入长效管理，投资近30万元对垃圾中转站、公厕和垃圾桶进行了维修，确保环卫设施完好率在90%以上。五是垃圾焚烧发电项目已完成项目环评、选址等工作；在举行欧盟亚洲环境支持常德项目第二次国际研讨会期间，与德国法兰克福艾库乐森新能源投资有限公司就桃树岗生活垃圾卫生填埋场沼气回收利用发电项目签定了合作协议。六是建立建筑垃圾消纳处置场。为了克服建筑垃圾、渣土出现的乱倒乱卸、影响市容的现象，市环卫处一方面在城区投放20辆小型密闭渣土运输车，用于小街小巷和居民小区建筑垃圾、渣土的营运，同时在原东门建筑垃圾消纳处置场因饱和而封场的情况下，积极与金恒房产协商，借用其待建的紫菱花园空地，建立了新的临时建筑垃圾消纳处置场，及时为城区建筑垃圾找到了倾倒场地。　（滕　明）

【队伍建设】 市环卫处把培养“宁愿一人脏，换来万家洁”的行业精神作为教育主线，通过典型示范、培训交流等多种形式，加强干部职工的职业道德建设，同时狠抓了职工的学习提高，2007年确定为全处“培训年”，先后组织了领导干部作风建设培训、收费人员业务知识培训、执法人员法律法规培训、区域负责人业务管理培训、驾驶员安全知识培训；受湖南省建设厅的委托，由市环卫协会编撰的《湖南省城市环境卫生工作费用定额标准》正式出版发行，并于10月14日至19日在常德市举办了全省定额标准培训，两期培训人员达135人；在市委党校的支持下，开办了环卫专业函授本科班；与湖南大学联手把桃树岗生活垃圾填埋场作为教学实验基地，建立技术人员培训机制，先后与德国汉诺威大学、湖南大学、湖南文理学院的学生在基地调研，为解决垃圾处理技术难题提供了技术支撑。市环卫处把临聘人员的管理作为大事，规范了用工合同，办理养老保险，积极培养各级骨干和典型，专用车辆管理所机械化清扫班班长王玲被推荐为“常德市先进工作者”、三岔路所副所长邓亚兰当选为中共湖南省第九次代表大会代表、机关工作人员陈兰再次被推选为市政协第五届委员会委员。

（滕　明）

自来水供应

【概况】 2007 年，公司围绕“优服务，保安全，节消耗，增收入”的工作思路，逆势而上，克难求进，用苦干加实干的果敢和坚毅，圆满地完成了年初制定的工作目标。

经营目标全面完成。2007 年，公司努力克服还贷任务重、建设压力大和原辅材料上涨等实际困难，坚持从管理内控和成本挖潜入手，较好地完成了全年各项经济指标：完成售水量 4915 万立方米，同比 2006 年基本持平；实现销售收入 6520 万元，同比 2006 年上升 0.19%；全年在资金紧张的情况下，支付各类借款本息 2240 万元，为确保各类建设运营资金及时到位，公司争取了银行贷款 2000 万，通过千吨水工资含量包干和水厂成本目标管理，严格控制各项费用，较好地完成了利润控亏 270 万的目标。

生产经营运行平稳。2007 年，公司围绕“以水为本、安全生产”的目标，重投入、抓力度，确保了生产经营的平稳运行。更新改造投入大。公司先后投资 143 万元，完成了 40 个项目的设备更新改造；启动了水质监测大楼的建设；投资 150 万元，实施了全市范围的管网普查，这些硬设施的投入，极大的改善了生产运行的内外环境，为水质、水压的全面提升和全年安全生产的平稳运行奠定了基础。生产管理力度大。公司严格执行新的饮用水水质标准，对全市的管网水质进行了百点抽查，配合“综合治理、保障平安”主题安全月活动，成功实施了突发水源水质污染事故演习；合理调度机组，实施了新的调度方案，确保了供水高峰期和夜间点的合理压力；对两个水厂配置了远红外线监视系统和电子巡查系统，严格规范岗位履职和水厂安全管理。通过狠抓设施建设和措施改进，公司全年没有发生一起人为停机停水事故，供水压力综合合格率达 99%，水质综合合格率始终保持在 99.68%，确保了全市人民的正常供水。

服务礼仪大赛

主辅业发展稳中有进。主业基础设施发展迅速，2007 年公司在资金相当紧张的情况下，先后完成了崇德西路、乾明路、芙蓉路、东江工业园等 11 条市政管线建设，累计扩延管线 15.3 千米，改造、新增客户 13902 户，客户总量达 93089 户。拓宽管理视角，积极推进二次供水管理，撰写了专项请示并上报了《常德市城市二次供水管理办法》草案；完成了数字远传水表的成本核价工作，现已在金色小岛和柳荷鑫园等新区推行，经营管理呈现新的亮点。辅业市场能力持续增强，沃特公司获得了质量、环境、安全三大体系管理认证和压力管道施工资质，全年完成建安量 2500 万元，实施了管理层和作业层剥离改革，组建了专职施工的常德九禹劳务分包公司。盛益满通过了 2007 年度“QS”年审和“QS”A 级认证，实施了“清怡百”饮业公司的承包经营，全年产销量 27 万余桶，市场能力持续走强，增幅达 13%。物业公司积极介入公司东院及一水厂开发的前期准备，完成了东院国有资产的评估工作。管道维修中心全力落实 110 联动工作，全年接、处警 3298 次，抢维修 1618 起，及时率均达 100%，确保了供水管网运行畅通。

产销降差成效显著。2007 年，公司举全司之力狠抓产销降差工作，取得了阶段性的成果。截止年底，德山区产销差率已下降到 26.23%，同比工作启动时的 38.98% 降幅达 13.29%。一年来，公司按照《产销降差工作方案》与《德山区产销降差试点实施方案》的要求，从加强计量管理、规范公益用水、完善抄收管理和加大查黑堵漏等几大方面做了大量扎实有效的工作。制定《水表周检实施方案》，定期对水厂流量计进行比对校验；对小水表大流量、大水表小流量的现象进行了清理和整改；对德山纺机、洞药、恒安等用水大户更换了准确性更高的超声波水表；对基建用水、DN50以上水表实行了重点管理；对全市的公厕、消防、园林绿化等公益用水进行清理建档，专人抄收统计；改革抄收方式，推行全月抄表，特别是德山营业所为改善抄收质量，创新建立了每天集中抽查一名抄表员的制度，基本了杜绝了估抄、漏抄现象；以管网普查力促查黑堵漏工作，出台《暗漏漏量计算管理规定》，规范建立漏损台帐，全年共检出漏点105处，挽回水量损失733吨/小时，查处各种违章违规用水309起，挽回经济损失207万元。通过一年实践和摸索，基本实现了产销降差工作的既定目标，也为新一年度产降差工作奠定了良好的基础。

文明创建争先创优。公司以创建“市文明标兵单位”为龙头，狠抓党的基层组织建设和党风廉政建设，以中心组学习和“三会一课”制度为平台，贯彻中共十七大精神积极开展党的新时期理论教育，通过干部培训、治理商业贿赂和行风主题教育，进一步增强党员干部的党性观念和政策理论水平，党建工作鲜活有力；以开展向行业典范吕尚斌学习活动为契机，狠抓全员职业道德和爱岗敬业教育，掀起了立足本职、崇尚先进的赶学热潮，涌现了经营管理部、沅南水厂、管道维修中心等一批双文明先进集体和刘树辉、谢卫立、刘丕敏等一批先进个人；公司团委积极发挥党的助手作用，以青年文明号和青年志愿者活动为载体，策划推出了服务进社区“每月义务维修日活动”；公司工会在总结“省级模范职工之家”创建经验的基础上，创新活跃基层文化，成功举办“常水秋色”第二届职工运动会。在资金紧张的情况下，不断改善职工福利，人均调增工资100元，企业凝聚力不断增强。围绕中心工作，顺利通过了国家卫生城市复检；服务新农村建设，完成了新坡二组和白龙村给水工程，解决了当地居民长期饮用地下水的问题。由于各方面工作得力，自来水公司文明建设成果丰硕，顺利通过“省级模范职工之家”和“市文明标兵单位”的创建审查；被团省委授予“湖南省雷锋家乡学雷锋先进单位”称号；被武陵区评为“综合治理模范单位”。

（张进华）

【服务提质提速】2007年，面对服务工作的特殊压力，公司迎难而上，将“服务至上、满意客户”的工作目标贯穿全年，作为中心工作来抓，首次将供水服务工作，置身大众监督的风口浪尖，以硬作风改善软环境，以强措施提升新形象，是历年来工作力度最大，转变最快，成效最为明显的一年。一是抓得最紧。针对优化经济环境测评工作的失利，公司清醒而客观地审视企业服务现状，正视差距，于年初召开了为期八天的内部座谈，上下深层查摆各类问题，汇总123条意见，形成了指导全年的专项工作方案。在这一基础上，开展了大规模的三级走访，两次召开行风监督员座谈会，广泛征求社会和广大用户对公司的意见和建议，将其作为改进工作、推动工作的目标和动力，先后出台18项具体工作措施，系统改善了服务的软硬环境。与此同时，公司优化办坚持每月对优化服务工作进行考核、讲评，奖优罚劣，坚决把公司改进服务工作的意见和措施落实到各个部门和全体员工的工作和实践中，全年工作抓得紧。二是转变最快。公司对供水价费信息和取费依据进行网点公示，规范设置了五条禁令，实施了服务严管，涌现了“打不还手、骂不还口”誓不碰高压线的先进典型佘顺强；出台《文明服务行为规范》，组织了系统的礼仪培训，开展了“魅力常水、服务之星”礼仪大赛；应对急难热点问题，制定了《供水业务应急处理程序及办法》，实行特事特办。德山营业所高效服务进园区，为政府重点招商引资项目金天钛业开启“绿色通道”，受到了市优化办涉企优质服务典型事例栏目头条通报；围绕服务提速，公司自加压力，重新修订了《供水服务承诺》，简化办事程序，将业务受理、110接处警和施工抢维修时限大幅度压缩，并将新标准两次在《常德日报》上进行宣传，接受大众监督；提倡换位思考，将便民利民作为工作的重头，启用了工行网上银行代收代缴系统，增设了中心地段收费网点，严格兑现“德山供水项目审批不过河”承诺，坚决不给用户添麻烦；配合政府“百件实事网上办”活动，在政府和公司网站上发布了供水服务信息，开办水质月报栏目，将水质状况每月网上公布，让市民用水放心。一年来，公司从服务观念、制度建设、流程管理、受理时效和施工质量上，狠下功夫，使公司对外服务和整体形象得到快速好转。三是效果最好。2007年，公司出重拳、使硬劲，以实际行动践行满意供水，企业服务品质不断提升，公司连续七年获得“消费者信得过单位”，被市政府授予“市长热线网络受理先进单位”；在全市优化经济发展环境测评活动中成功的打了翻身仗，获得排名第八的好成绩，圆满实现了年初预定上升十个名次的目标。（张进华）

风景园林绿化管理

【概况】2007年，市园林局以邓小平理论和“三个代表”重要思想为指导，深入贯彻科学发展观，按照年初全市园林绿化工作会议上确定的创建国家生态园林城市的目标要求，加快公共绿化建设、实行养管改革、规范行政执法，推进“四区”协调发展，全市园林绿化工作取得了显著成绩。市城区新增绿化面积76万平方米，新增公共绿地面积44万平方米，城市建成区绿地率达到35%，绿化覆盖率39.63%。人均公共绿地面积9.18平方米。全市新创建省级园林式单位20家、小区7家，市级园林式单位29家、小区3家。

园林绿化。绿化精品亮点工程不断增加，建成了穿紫河风光带建设桥段、农机研究所段、柏园桥段绿地，滨湖公园东大门至南大门段、福利院二期、岩潭路至六中段绿化带、常张高速公路连接段等一大批精品亮点绿化工程。园博园景点建设取得良好景观效果。在第五届中国厦门国际园林花卉博览会上，代表常德市参展景点——沅澧家韵得到了国内外园林专家及广大游客的一致好评。新农村建设试点村的配套绿化建设取得成绩，完成了东江乡白龙村、张公庙兔子口村、灌溪镇政府、石门村敬老院等多处新农村建设试点村的配套绿化建设，对改善农村环境起了很好的示范作用。社会绿化投入加大，居住区环境改善。全年社会单位投入大，见效快，新增绿地面积20多万平方米，社会投入绿化建设资金3300万元。积极搞好园林科研成果的推广。开展乡土植物引种驯化及水生植物选育等多项科研工作，并在绿化工程中积极推广应用上述科研成果，如推广应用的黄花槐、花桃、海棠等改善了城市绿化效果、丰富了园林景观。

绿化养管。为提高全市园林绿化养护管理水平，实现“四区”同步发展的目标，进一步理顺管理体制，组建了江南和德山公共绿化管理机构，重新划定了养管范围，实行了分片网格化的管理。加强对有独立院落的单位附属绿地和居住区绿地的管理，把管理的触角伸向市区每一个角落。继续实行“明确管护标准、强化考核监督、严格奖惩挂钩”绿地养管工作承包责任制，促进全市园林绿化精细化管理水平不断提高。推进管理模式改革，打破单一的园林绿化管理模式，积极探索市场经济条件下园林绿化建设发展的新路子。积极推动绿地“认管认养”工作。

园艺花化。在确保全年鲜花不断的基础上，重点抓好“五一”、“国庆”、“春节”和“党代会”等重大节日以及重大活动期间的环境营造工作，创作出了“回家”、“星月同辉”、“农家乐”、“盘龙”、“荷塘月色”等一批创意新颖、主题鲜明、文化内涵丰富又富有时代气息的街头造景。全年摆花近400万盆，既使城市市容得到美化，又让广大市民的精神生活得以丰富。

绿化执法。实行分段网格化的管理，强化责任，延伸触角，坚持一日一巡，加强对公共绿地的维护巡查力度；并加强对单位院落、住宅小区等其他社会绿化的管理巡查力度，坚持一周一巡，严肃处理损绿毁绿事件。依法建立和完善管理制度，建立起“变更绿化、砍伐（移植）树木审批制度”、“绿化方案审批和竣工验收制度”、“绿化赔偿费和补偿费收缴制度”等绿化执法管理制度并以市政府、市规委会、市建设局、市政务中心等单位规范性文件的形式予以公布。规范了执法行为，严格按程序办，按法定职责权限办，做到既积极履责，又不乱作为。2007年，办理临时占绿、变绿审批案件150件，绿化方案审批件就达82件，纠正和查处绿化违法行为55起。（高 杨）

【金秋菊展】 2007年10月28日~11月28日在屈原公园举办了2007′常德金秋菊展。这次菊展由市政府主办，市园林局、市文化局具体承办。本次菊展活动有各区县市政府，管委会以及各市直、社会单位共136家单位参展。整个菊展用花30多万盆，菊花品种100余种。展出了“二龙戏珠”“龙凤呈祥”“美丽的孔雀”等36个大型菊花景点以及菊花盆景、塔菊、大立菊、悬崖菊等艺菊作品，为庆贺中共十七大的胜利召

穿紫河风光带　　陈旭昶 摄

开，营造了和谐繁荣喜庆的社会氛围，也展示常德市的园艺和花卉栽培水平。整个菊展期间，入园参观的游客达 50 多万人。（高　杨）

房地产业

全省房地产与住房保障工作座谈会在常德市召开

【概况】 常德市房地产管理局，下辖德山分局、房地产执法监察大队、市房地产产权管理处、市房地产经营公司、中房集团常德公司、市房地产开发公司、市经济适用住房开发中心、市迅华城建开发有限公司、市白蚁防治所等 9 个正科级事业单位。局机关共设 8 个职能科室，分别是办公室、人事教育科（监察室与其合署办公）、法制科、房政房改管理科、工程技术科（加挂市房屋安全鉴定办公室牌子）、开发管理科（加挂市城市房屋拆迁管理办公室牌子）、物业管理科、住房保障科（对外称市住房保障体系建设管理办公室），局机关全额拨款事业编制为 29 名。根据产业发展需要和广大市民的日常生活需求，还成立了房管 110 中心（加挂市房屋安全管理所）、房地产业协会、住宅与房地产研究会、物业管理协会、住宅专项维修资金归集管理中心、廉租住房管理服务中心，目前全系统共有在编干部职工 572 人。

2007 年为房地产业的制度建设年。在常德市委市政府的领导下，常德市房管局通过强化制度建设、强化班子理论素养、强化廉洁自律、强化团结协作，提高了领导班子的号召力、公信力和执行力；通过完善机构制度、强化学习培训、加强文化建设等方式，提高了队伍的向心力、凝聚力和战斗力。2007 年以系统学习《中华人民共和国物权法》为重点，不断加大行业调研力度；以创新工作思路为抓手，不断强化行业监管职能；以制度建设为主线，不断推进各项工作再上新台阶，圆满完成了市委市政府下达的各项工作任务。2007 年，常德市房管局被湖南省建设厅和湖南省人事厅评为“全省建设系统先进单位”，被国家建设部和国家人事部评为四年一度的“全国建设系统先进单位”；被常德市文明办评为“市直文明单位”；常德市白蚁防治所获得 2007 年度“全国白蚁行业科技创新先进单位”荣誉称号。

（房管局办公室）

【房地产市场】 房地产开发投资持续增长，多主体投资、多元化竞争格局逐步形成。2007 年常德市房地产开发投资总额为 39.85 亿元，常德市市城区房地产投资由 2001 年的 3.02 亿元增长到 2007 年的 23.15 亿元，增长了 7 倍多；房地产交易税费收入从 2001 年的 882.78 万元增长到 2007 年的 6625.40 万元，增长了 7 倍多。常德市房地产开发企业从 2001 年的 67 家发展到 2007 年的 190 家，其中常德市市城区 125 家，常德市二级资质企业 10 家（常德市市城区 8 家），从业人员从 873 人增加到 5767 人。市场投资主体由国家单一投资发展成为国营、民营、合资等多主体投资，以中房集团常德公司和金钻置业为代表的一些品牌企业分别领跑着常德市房地产开发国营和民营企业，常德市房地产开发规模化发展和多元化竞争格局已逐渐形成。

房地产市场产销两旺。2007 年常德市新开工面积 196.93 万平方米，竣工面积 217.19 万平方米，销售面积 202.78 万平方米，销售金额 36.09 亿元。其中，常德市市城区新开工面积 81.97 万平方米，竣工面积 88.04 万平方米，销售面积 104.93 万平方米，销售金额 20.9 亿元。常德市市城区房屋产权发证面积为 411.598 万平方米。房地产行业对地方经济发展起到了重要的推动作用，2007 年常德市地方税收收入 25.7 亿元，其中房地产业地方税收收入达到 4.51 亿元，所占份额超过 17%，同比增收 1.44 亿元，对全市增收贡献率达 30.9%。

着力于房地产市场整顿规范。2007 年由常德市工商局、常德物价局、常德发改委、常德市房管局等职能部门组成的联合检查组对 65 起投诉案件进行了认真调查核实，对 45 家企业下达了限期责令整改通知，对违法违规情节严重的南华房地产开发有限公司等 3 家企业下达了《行政处罚决议书》，并在媒体上给予了曝光。

（房管局办公室）

【住房保障建设管理】 住保工作彰显常德特色。一是保障规模不断扩大。2007 年，常德市房管局坚持“建管并重、以管促建”的原则，市城区投入廉租住房建设资金 4247 万元，修建了城东、德山、城西三个廉租住房居住点 508 套、2.775 万平方米；2007 年常德市新建经济适用住房 2.4 万平方米、

276套，超额完成2007年省“八事办”下达给常德市新建廉租住房2万平方米、500套和新建经济适用住房2万平方米的工作任务。二是管理机制日渐完善。在日常管理工作中，常德市房管局大胆创新管理模式，在廉租住房居住点创造性的实施了“1+2”综合管理（综合管理服务中心+居住点协管会、居住点物业公司）和“1+3”综合服务体系（综合管理服务中心+居住点爱心超市、卫生医疗服务站、阅览培训中心），以及与之配套的“一卡两证”（爱心卡和廉租住房保障证、信用等级证）管理服务模式。此外，还成立了廉租住房管理服务中心，负责廉租住房的后期综合管理。三是“温暖常德”活动氛围逐渐形成。成立“温暖常德”活动工作组，先后组织了“常德市房产系统温暖常德活动”、“常德市城建系统温暖常德活动”等多次大型公益性活动，在常德市市城区设置爱心募捐点13处，慈善募捐钱物折合人民币150多万元，组织义工500多人次，陆续组织对廉租住户及300多户低收入家庭进行了入户慰问，长期结对帮扶特困家庭20余户。

廉租住户搬新家

（办公室）

【国有直管公房管理】截至2007年底，常德市国有直管公房存量房共有546栋，4506户，建筑面积21.12万平方米，其中住宅17.72万平方米，非住宅3.40万平方米。

2007年1月，常德市人民政府出台了《常德市国有直管公房管理暂行办法》。市房地产经营公司全面开展了国有直管公房住宅租赁换约工作，明确租赁双方责权利关系，截至2007年底共换约3050户，全年实现公房租金收入567万元；积极开展公房解危工作，对光明巷、张家湾等4栋危房分别采取拆除重建、维修加固等措施实施解危；积极配合廉租房建设工作，对城东毛家巷和德山张家湾两处公房实施拆迁，保障了2007年度廉租房建设的顺利完成。

（房管局办公室）

【产权产籍管理】2007年来，按照常德市委市政府创建“市民满意房产办证窗口”的工作要求，常德市房管局积极开展“市民满意创建”活动，通过邀请科室负责人及相关领域权威人士讲课的方式对职工进行办公软件操作培训、房地产产权产籍培训、服务礼仪规范培训等，着力提升了窗口工作人员的操作技能和服务质量，服务质量明显高于往年，市民满意度大幅提升。

为了进一步优化窗口服务，常德市房管局组织市房产办证服务大厅深入开展“市民满意创建”及“三创”活动（即创“巾帼文明示范岗”、“共产党员示范岗”、“全国青年文明号”），在全省房产办证窗口率先实行以“平行收件”为主要内容的服务模式，窗口服务质量不断提高，市民满意度大幅提升。常德市政务中心房地产窗口以优质的服务被评为省级“巾帼文明岗”和2007年度市直“红旗窗口”，全年共受理大宗业务60多家，6800多件，开通“绿色通道”服务50余次，上门服务40余次，受到了客户的高度评价。截至2007年12月底，常德市产权发证面积为411.598万平方米，存量房交易金额为2.75亿元，交易面积为31.50万平方米，商品房交易金额为9.48亿元，交易面积为87.20万平方米；抵押金额为17.44亿元，抵押登记面积为90.01万平方米；按揭金额为7.95亿元，按揭登记面积64.79万平方米；登记费收费为385.09万元，交易手续费929.49万元，契税收费5310.82万元。（房管局办公室）

【旧城改造】2007年，常德市旧城办工作人员深入拆迁工作现场第一线，主动为旧城改造拆迁工作服务，将旧城改造范围内拆迁项目分片负责，责任到人，每位同志对责任区的拆迁工作实施指导监督，深入到片区拆迁事务所现场办公，积极宣传旧城改造拆迁政策及旧城改造的重大意义，及时发现协调化解拆迁工作中的各类矛盾，据统计,在工作一线协调解决各类矛盾纠纷70件（次）,有效保证了旧城改造房屋拆迁工作的正常进行。2007年旧城改造区域内完成拆迁量54787平方米，508户。（房管局办公室）

【物业管理】物业管理长足发展。截止到2007年底，常德市物业管理企业达到146家，管理项目353个，覆盖面积达1141.4万平方米，登记在册的物管人员有5000人。其中，常德市市城区物业管理企业90家，物业管理项目295个，实施物业管理面积936.6万平方米，住宅实施物业管理面积841.4万平方米，占市城区住宅总建筑面积的62%。

物业管理

2007年，常德市房管局对常德市市城区24个新建小区的共用部位、共用设施设备进行了查验，较好的维护了广大业主利益；组织开展了市城区物业管理小区规范整顿检查，共检查了106家物管企业，责令13个查验不合格的小区限期整改到位，对不符合条件的8家企业将予以注销资格。(房管局办公室)

【德山房管分局成立】按照常德市委“服务德山工业园区建设、服务德山城市新区建设”的工作思路和优化经济环境“办证不过河”的工作要求，4月25日成立了常德市房管局德山管理服务中心。7月28日，经常德市编办同意，组建了常德市房管局德山分局。截止到12月底，该局共办理房产登记528件，登记面积39.17万平方米，协征契税44.27万元，房产行政许可项目5件，房产中介服务311件，深受群众好评；第一个德山工业地产项目——“中小企业创业园”，前期运作情况良好。(房管局办公室)

德山分局成立

【房管110中心成立】为了更好的履行政府住房公共安全职能，向市民提供全天候、全方位的物业应急服务，经常德市政府分管副市长批准，2007年5月组建了“常德市房管110中心”(加挂常德市房屋安全管理所，两块牌子一套人马)。截至12月底，该中心共受理投诉215起，提供咨询服务511次，提供应急维修和求助155次。(房管局办公室)

房管110中心成立

【住宅专项维修资金归集管理中心成立】为了更好的履行政府住宅物业专项维修资金归集管理职能，突破物业管理瓶颈，2007年常德市房管局党组经过认真研究，从局系统抽调5人，组建了常德市住宅专项维修资金归集管理中心，目前该中心为落实建设部和财政部联合发布的《住宅专项维修资金管理办法》，结合本市情况，认真调研，正在着手起草《常德市住宅专项维修资金归集管理办法》。(房管局办公室)

【老旧小区试点改造】本着“因地制宜、突出重点、先易后难、以人为本”的原则，以迅华公司为依托，成立了常德市老旧小区改造领导小组办公室，对江北19个老旧小区制定了整体改造方案和资金预算，投入资金240多万元，完成了常德市市本级第一个老旧小区（新二村）的改造试点工作，社会反响较好，为老旧小区实施社会化的物业管理奠定了基础。(房管局办公室)

【湘西北首届住宅产业博览会】11月10日至12日，常德市房管局为主承办了由湖南省建设厅、常德市人民政府、张家界市人民政府、湘西自治州人民政府联合主办的“湘西北首届住宅产业博览会”，该住博会以加强湘西北区域间经济合作为主题，以三地间城市建设展示会、住房保障与区域合作高峰论坛会和“温暖常德，情动湘西北”大型晚会为主要内容，邀请省人大常委会副主任庞道沐，省政府党组成员、经济顾问陈德铨以及国内众多知名专家学者出席，取得了圆满成功。展会期间共有8万人次观展，71家企业参展，销售商品房171套，销售面积17822.24平方米，总交易额4263.9万元，收取契税81.3万元，为常德的战略定位和加强湘西北区域间经济合作奠定了基础。(房管局办公室)

【信访维稳】强化信访维稳责任，确保行业和谐发展。常德市房管局成立了以关建锋局长任组长的局信访维稳工作领导小组，充实工作力量，以受理群众来信来访为切入点，规范信访维稳工作程序，提出了“落实每一件信访事件，力争让每一位上访人满意”的工作目标。2007年共处理信访件132件，满意率为100%。对2000年常德市市城区旧城改造以来近1.5万拆迁户中少数几个常访户，常德市房管局党组高度重视，采取局党组成员包案包户包稳定的工作措施，联合公安、工商、信访等职能部门耐心细致地做上访人的思想工作，有效地控制了上访趋势。(房管局办公室)

墙体材料改革

【概况】2007年全市新型墙体材料生产企业发展到115家，其中规模以上企业达50家；新墙材年生产能力提高到20亿块标砖；新墙材的应用率达63.2%，其中市城市规划区应用率达95%；全市实心粘土砖生产企业下降到210多家，实心粘土砖年产量下降到18亿块标砖。共征收墙改专项基金726万元，同比增长26.5%。获得2007年国家墙体屋面及道路广场砖产品质量工作先进单位，2007年湖南省墙体材料革新工作一等奖，并在全省评先

总结会议上作为省墙改工作先进单位作了典型发言。（江济帆）

【行政执法】为严格执行《湖南省新型墙体材料推广应用条例》，2007年市墙改办加大了对违法使用实心粘土砖的行政处罚力度。年初确定了墙改执法检查出巡制度，坚持每周二、四为执法日，设立了“禁实”举报电话，成立了专门的墙改行政执法大队对常德市城市规划区内违法使用实心粘土砖情况进行了定期或不定期的执法检查，对典型案例实行新闻媒体曝光，取得了一定成效。全年共整改违法使用实心粘土砖工地56个，下达整改意见书56份，曝光典型案例7起，下达行政处罚决定书12份，罚没入库金额6万多元，巩固了两年来的“禁实”成果。基本消除了实心粘土砖在市城区的生存空间。（江济帆）

【墙改宣传】10月1日在市中心步行街举办了一场以“《湖南省新型墙体材料推广应用条例》颁布实施一周年、《常德市人民政府关于限时禁止使用实心粘土砖通告》颁布实施二周年”为主题的大型文艺汇演。市委、市人大、市政府、市政协四大班子主要领导以及市政府办、市人大财经委、市经委领导到场观看，其中市墙改办参与编排的地方曲目常德丝弦《墙材革新好前途》获得领导和观众的一致好评。同时市墙改办还组织科辉、金城等二十多家新墙材企业搭建了墙改“宣传一条街”，展出墙改政策宣传牌18门，气球16个，拱门4座，《常德日报》、《常德晚报》、常德电视台进行了报道。这次活动进一步扩大了《条例》和《通告》的影响，宣传了常德市墙材革新工作成效，提高了社会各界对墙材革新工作的认知度和支持度。（江济帆）

【县城禁实】2007年止，已有澧县、临澧、汉寿、石门、津市5个县（市）颁布了“禁实”政府通告（其中不含由市级通告涵盖了的鼎城区武陵镇），有1个县正在会签，仅一个未颁布通告的县在2007年的实际工作中已经完成了县城区“禁实”的目标。（江济帆）

【行业管理】2007年市墙改办根据国家、省有关规定，对符合国家产业政策，产品质量、生产规模、环保验收达标的30家新墙材企业发放了《新型墙体材料定点生产企业》证书，并在《常德日报》上予以公布。同时要求全市各区、县（市）和有关建筑、房产、设计单位采用新墙材时必须要求墙材企业提供有效期内的《定点企业》证书，对未经产品认定或未经年审的新墙材企业，其产品不得进入本市建筑工程，不得享受有关减免税优惠及专项基金返退政策。这项举措对规范全市新墙材的生产和应用，保证全市建筑市场使用合格墙材起到了积极作用。（江济帆）

城建投资

【概况】2007年，市城建投资公司为常德市城市基础设施建设融资3亿元，保证了市城建项目的建设，为常德市的城区扩容提质提供了有力的资金保障。与此同时，公司作为廉租房建设的融资业主，2007年争取到位廉租房贷款资金3000万元，支持完成廉租房建设550多套，共40000多平方米。常德市的廉租房建设模式称为“常德模式”，已通过中央电视台、人民日报社等各大媒体向全国推广。

公司拓展思路，积极探索，多渠道为常德市的城市建设融资，发行城市债券面向资本市场开辟的新的融资渠道。

公司在市政重点建设项目方面取得大的突破。2007年，市政府明确公司担任市重点建设项目——白马湖、乌龙港环境治理和行政文化中心基础设施项目的投融资主体，正式启动该项目。

为适应市场竞争，公司大力发展自身经营，2007年新开发了天健学府公寓房产项目，开发面积2万平方米，实现销售收入上千万。

市国资委授权给城建投资公司经营的几宗国有资产以及自己购置形成的新的资产，产生了预期效益，确保了国有资产的保值增值。被市国资委评为“2007年度目标管理先进单位”。（孙　兢）

规划建筑设计

【概况】2007年，常德市规划建筑设计院全体员工在党支部，院务会一班人的正确领导下，以科学发展观构建社会主义和谐社会重要思想为指导，配合市委、市政府的各项中心工作，牢固树立以经济建设为中心的思想，团结奋战，拼搏进取，圆满完成了各项生产任务指标。

继2006年市政公用行业乙级资质转正后，2007年2月该院建筑行业甲级资质又顺利通过公示并转正，二个资质的转正为该院的发展奠定了坚实的基础。

经过全院同志的努力，2007年度共完成大小建筑设计项目110余项，建筑面积70万平方米，总投资5.6亿元；市政项目38项，投资12亿元；完成总体规划627公顷，修建性详细规划26.13公顷，完成道路测量16公里；完成监理新开工建筑工程项目20项，建筑面积27.65万平方米，新开工市政项目10项，投资0.79亿元。全年共完成设计费收入614.93万元，监理费收入150.8万元，共计765.73万元，较2006年增长6.4%。

2007年有3人参加注册建筑师考试，8人参加注册结构师考试，5人参加注册设备师考试，2人参加注册规划师考试。

为博爱社会，周济贫困，2007年又向西藏隆子县、湘西古丈、三峡库区捐款6000元，向城市贫困人员捐助4000元，向新农村贫困地区建设捐款5000元，还为古丈会展中心免费提供测量及市政规划设计。（吴赛利）

工业

【700多万元重奖工业企业】 市推进新型工业化领导小组对2007年全市工业企业技术改造（扩建）、技术创新、创名品名牌、做大做强及首次进入规模企业行业等工作进行了考评。经市工业奖励评审委员会审核，市委、市政府同意，市委办公室和市政府办公室于3月30日正式发出了《关于2006年全市工业企业发展奖励评审结果的通报》，对上百家企业及有关人员按政策兑现712.16万元的奖励，其中包括一次性奖给常纺机等17家企业领导班子成员的技术改造（扩建）奖、一次性奖给常纺机、信诚液压等企业负责人和相关技术人员的技术创新奖、一次性奖给桃源古洞春茶业有限责任公司等6家企业领导班子成员的创名品名牌奖、一次性奖给金鹏等7家企业法人代表的工业企业做大做强奖、一次性奖给69家企业法人代表首次进入规模企业行业奖。（田功文）

【首届“双十佳”评选】 2007年，是常德市全力推进新型工业化的重要一年，工交企业发挥了主力军的作用，取得了显著成绩，根据《中共常德市委市人民政府关于加速推进新型工业化的若干意见》中的要求，经市推进新型工业化领导小组办公室组织评选，湖南中烟工业公司常德卷烟厂、常德烟草机械有限责任公司、湖南恒安纸业有限公司、常德金鹏凹版印刷有限公司、湖南云锦集团有限公司、湖南石门特种水泥有限公司、湖南省桃源杰新纺织印染有限公司、湖南天鹰建设有限公司、湖南特力液压有限公司、安乡金大地化工有限公司获得了十佳优秀企业的称号，罗祖亮、常旭、李开喜、肖汉族、刘凡荣、刘湘松、蔡大云、张家跃、汪国平、程度文获得了十佳优秀企业家的荣誉。（田功文）

【6家企业荣登湖南百强】 2007年12月，湖南省企业管理协会、湖南省企业家协会严格按照国际通行惯例，认真审核排出2006年度湖南企业100强，常德市6家企业榜上有名。

湖南省企业100强排序指标包括：营业收入（或销售收入）、净利润、资产总额、所有者权益、少数股东权益、纳税总额、研究开发经费和从业人数。但企业100强最终入围指标是以2006年的营业收入（或销售收入）依次确定的。常德市企业联合会、企业家协会按照百强排序要求申报了一批企业，最终大唐石门发电责任有限公司、常德金鹏凹版印刷有限公司、湖南金健米业股份有限公司、湖南汽车车桥厂、湖南恒安纸业有限公司、常德纺织机械有限公司等6家企业入围省100强企业。百强企业排序中，常德卷烟厂因与长沙卷烟厂强强联合，组成湖南中烟工业公司，已

常德市（深圳）招商会

不单独纳入常德市排序榜。 （田功文）

【市规模企业净增100户】2007年1至10月，常德市规模工业企业户数达到634户，比2006年净增100户，是常德市历史上净增规模企业户数最多的一年，比2002年净增362户，5年内规模工业企业户数接近翻番。

2007年以来，随着常德市工业强市战略的强力推进，工业经济发展步入了氛围最浓、力度最大、环境最好的时期，针对常德企业规模小、规模企业少的现状，市委市政府出台了专门的优惠政策和奖励办法。按照《市本级工业奖励办法》第八条“对首次进入规模企业统计口径的企业，一次性奖励法人代表2万元”的规定，年初对通过检验的2006年所有新入规模企业共兑现了100多万元奖金。同时，市政府多次组织企业家到发达地区学习先进经验，感受当地大办工业的热烈气氛，还多次举办中小企业培训班，学习企业管理、文化建设等方面的先进理念，帮助企业家开阔思路、增宽视野。不少民营企业家改变了原有的“小富即安”、“小打小闹”的观念，积极主动配合相关部门，规范申报入规材料，顺利进入规模企业行列。

2007年全市加大园区建设力度，工业园区“洼地”效应凸显。各工业园区因地制宜，突出重点，优化配置各类生产要素和资源，以优惠的经济政策和良好的基础设施吸引了众多企业入园。各区县（市）新入规模企业主要分布在工业园区，武陵、鼎城园区几乎接纳了该区所有新增规模企业，1至10月，10个工业园区净增规模企业68户，其中武陵、鼎城、安乡、澧县、石门、津市6个工业园区已完成全年规模工业企业净增户数考核指标。全市园区规模工业企业户数达到236家，园区集中度达37.2%，累计完成产值140.9亿元，产值增长高于全市水平12.3个百分点，桃源、鼎城、澧县、津市、武陵5个工业园区的产值增幅超过50%。

1至10月，全市9个区县（市）中有8个已完成了全年规模工业企业净增户数考核指标，鼎城净增14户，桃源净增13户，安乡、临澧净增11户，武陵、津市净增10户，澧县净增9户，石门净增8户。据统计，新入规企业正成为全市工业发展的一支生力军，1至10月完成产值19亿元，预计全年可新增产值24亿元。42家新增企业产值超过1000万元，其中超过5000万元的有5家，桃源创元热轧板厂完成产值4.2亿元，澧县乾能炉料、天源纺织、加州水产分别完成产值9094万元、7431万元、6502万元，津市宏力纺织完成产值8186万元。 （田功文）

电 业

【概况】2007年，常德电业局完成售电量66.58亿千瓦时，居全省第3位，同比增长25.76%；实现销售收入31.24亿元，同比增加7.6亿元，增幅30%，创历史新高；年度累计线损率7.22%，比省公司指标低0.18个百分点，少损电量1292万千瓦时;电费回收与上缴率达到100%;全年完成多经总收入6.05亿元，实现工业增加值1.19亿元，利润2160万元。截至2007年12月底，全局未发生任何生产人身伤亡、重特大电网、重特大设备、火灾和交通事故，年内实现了3个百日安全周期。2007年，常德电业局全面贯彻落实中共十七大精神，企业党建和精神文明建设成效明显，多次接受湖南省以及中央文明办的调研检查，受到高度评价。在全市范围先后策划了“青春光明行”、“户户通电回访”等18个专题宣传，开展了领导干部集体“体验客户、友情沟通”的真情走访活动以及“构建和谐常电”为主题的青年志愿服务系列活动等。常德电业局获得“湖南省厂务公开民主管理先进单位”，500千伏岗市变电站获湖南省“十佳学习型班组”，此外还获得了省公司系统安全生产、营销服务、效能监察等一系列先进荣誉称号。 （杨先勃）

【电网建设及电网规模】2007年，常德主电网累计完成投资2.95亿元。新增改造35千伏、110千伏线路6条，共36.7公里，变电站14座，变电容量18.61万千伏安，其中在鼎城蔡家岗新建110千伏高桥变电站；新增220千伏变电容量12万千伏安。完成了常德电网“十一五”发展规划的滚动修编，并通过省电力公司审查。农村电网改造完成投资2亿元，基本达到省公司对常德电业局要求的未改村组户100%进行改造的目标，建成2乡36个新农村电气化乡村。截至2007年底，常德电网有500千伏变电站1座，主变6台，容量429.7万千伏安；220千伏变电站7座，主变10台，容量126万千伏安；220千伏用户变电站1座，主变12台，容量98.736万千伏安；110千伏变电站40座，主变63台；容量170.3万千伏安；35千伏变电站54座，主变90台，容量35.36万千伏安。拥有35千伏及以上输电线路181条，2993公里，其中220千伏线路22条，924.85公里；110千伏线路61条，1020.3公里；35千伏线路98条，1048公里。 （杨先勃）

【供电营销】2007年，常德电业局接管了鼎城枉水供电营业区、石门壶瓶山小电网和汉寿洋淘湖农场，积极配合完成了创元铝业二期扩容工程，增供电量9亿千瓦时。全面开展“和谐电力，服务社会”为主题的优质服务年活动，履行八项承诺，提升了供电服务质量。圆满完成了“两会三节”、高考、中央领导考察等重要活动的保电任务，得到了市委、市政府的高度赞扬。认真开展农电“阳光服务年”活动，95%以上的农村供电营业窗口达到规范化服务标准，没有发生农电服务事故，澧县、桃源电力局在全省县局同业对标中，优质服务排名第一和第三。澧县、津市、鼎城、桃源电力局及西湖电力公司在行风建设测评中均进入地方前三名。 （杨先勃）

卷 烟

【概况】2007年是湖南烟草工业合

并重组后的第一年，也是常德卷烟厂实现转型调整的开局之年，更是常德卷烟厂争创一流生产型企业的起步之年。2007年11月21日，湖南中烟工业公司，改制为湖南中烟工业有限责任公司，建立董事会机构，成为全国烟草行业首批公司制改造的四家省级试点公司之一。2007年，常德卷烟厂完成卷烟生产总量101.95万箱，其中"芙蓉王"系列42.79万箱，出口卷烟生产达61450件；节约挖潜2495万元。

湖南省委副书记梅克保（右）视察常德卷烟厂

2007年，该厂在湖南中烟工业有限责任公司的正确领导下，立足生产型企业定位，积极转变思想观念、加快适应转变调整，确定了"国内一流、国际先进"的奋斗目标，紧紧围绕生产组织、质量保障、成本控制、安全维稳、队伍建设五大任务开展工作，全面提升管理水平，全面构建企业新的核心竞争力，积极推进"和谐常烟"建设。组织完成了企业组织机构调整和部门工作标准的重新设置，将22个职能部门调整为19个，发布标准35个，还有15个标准文件在各部门会签，50多个标准正在制定之中。全年顺利开展专卖自查工作，完成同级审计整改和清产核资工作，安全工作全面实现"六无"目标，各项目标管理和预算管理的指标均较好的控制在计划目标之内，进一步规范了企业内部管理。2007年，该厂多元产业"瘦身"工作进展顺利，先后实施了芙蓉大酒店改制、有为公司股权置换、芙蓉王青旅和金泉印务的清算注销、物业公司部分股权内部转让以及芙蓉保洁的股权退出等工作。（办公室）

【持续开展QC攻关】自2006年11月湖南中烟工业公司与所属常德卷烟厂、长沙卷烟厂合并后，常德卷烟厂全厂上下牢牢锁住生产型企业的定位，树立"现代化大生产"观念，不断强化"以生产为中心，以质量为核心"的意识，一切工作以服务生产为目标、以保障质量为根本，有力地推动了自身发展。为确保芙蓉王卷烟市场供应，芙蓉王生产线员工克服产能瓶颈，实行"四班三运转"，车间员工加班人均达46天，为做大芙蓉王品牌做出了不懈努力，同时，也推动了该厂由订单式组织货源向订单式组织生产的有效延伸。在积极组织生产保证市场需求的同时，继续坚持"质量源于细节，标准源于市场"的质量观，该厂通过持续开展QC攻关活动，推行质量分析月度例会和质量月活动，不断巩固全厂员工质量意识，使该厂的产品内外质量水准不因生产任务的紧张而有丝毫的下降，成品市场抽检合格率均为100%，产品市场投诉率也维持在一个较低的水平上，2007年，该厂的产品市场质量投诉次数在产量增长近50%的同时，同比去年减少18次，同比下降率为36%，全年质量事故投诉率为0。（办公室）

【节能降耗成效显著】2007年，该厂在维护和提升产品质量的同时，进一步优化和降低了烟叶、卷烟纸和咀棒三项主要生产成本指标，通过主要指标的优化，从而带动了其他成本指标的整体趋降。成本控制水平不断提高，品牌创效能力不断增强。2007年，该厂卷烟单位生产成本为3059.95元，同比上升了162.42元，在剔除芙蓉王结构提升的影响后，同比下降了179元，下降幅度为6.2%。企业万元产值综合能耗为10.92千克标煤/万元，同比下降了22.96%。（办公室）

【"芙蓉王"跃升为全国高档烟销量第一品牌】2007年6月"芙蓉王"以排名第43位、172.1亿元的品牌价值，被评为中国500最具价值品牌的50强；10月，"芙蓉王"入选"中国消费者喜爱商标百强"，排名第八位；12月，享有"中国品牌奥斯卡"之称的"世界品牌实验室2007年（第四届）中国品牌年度大奖评选"结果在香港揭晓，"芙蓉王"作为烟草行业唯一荣膺"中国品牌年度大奖"的品牌，全面跃升为全国高档烟销量第一品牌。2007年1~6月，该厂在延安卷烟厂完成"芙蓉（黄后）"25000箱的许可加工生产，回购23100箱。同时，组织完成出口卷烟61450件的生产任务（约占湖南省卷烟出口总量的51.15%）。（办公室）

【技改、扩建进展顺利】2007年该厂的重点工程主要包括芙蓉王卷烟生产线技改工程与石板滩烟叶仓库群扩建工程及配套设施建设等。该厂2006年1月正式启动"芙蓉王"卷烟生产线技术改造工程项目。技改项目新征土地11亩、新建61120平方

“芙蓉王”卷烟生产线技改工程正在建设中

米“芙蓉王”卷烟联合工房、新建一条6000kg/h“芙蓉王”卷烟生产线、建设4000平方米动力中心并改造全厂动力设备、调整完善老厂区整体布局、改造老厂区室外工程六项建设内容，项目总投资7.18亿元。2007年7月，“芙蓉王”技改工程项目土建主体工程开工，12月，制丝工房和卷接包工房完成封顶，其他土建部分施工齐头并进，整个工程主体建设有序推进。预计，项目在2008年8月底项目投入试运行生产，2009年底完成项目整体竣工验收。2007年，该厂石板滩烟叶仓库群扩建工程大二期工程17栋仓库建设主体工程已经基本完成。大三期工程已经顺利启动，预计将于2009年下半年投入使用，届时石板滩烟叶仓库群将形成300万担烟叶仓储能力，成为行业规模最大的烟叶仓库群。物流中心项目，预计在2008年春节前可以完成1#~7#楼的主体工程建设，2008年3月之后逐步交付使用。这将为进一步巩固常德卷烟厂作为芙蓉王唯一原产地地位，推进芙蓉王品牌的持续健康发展，打造和亮化常德市城市名片奠定更加坚实的基础。（办公室）

烟草机械

【概况】2007年，常德烟草机械有限责任公司（简称：常德烟机公司）紧紧围绕“贯彻‘三个一流’、打造企业品牌”的年度工作方针，经过全体员工的共同努力，圆满完成了年度各项经济责任指标，全年实现工业总产值9.39亿元，同比增长17%；销售收入7.34亿元，同比增长21%；利润1.5亿元，同比增长11%；完成产品产量246台/套，出库销售109台/套。一年来，公司先后荣获了“全国五一劳动奖状”、“全国机械行业文明单位”、常德市“十佳优秀企业”、“消费者信得过单位”、“环境保护先进企业”等荣誉称号，并顺利完成了创建国家一级安全质量标准化工作。（郑秋瑾）

【参加巴黎烟草博览会】11月下旬，在中烟机械集团公司的带领下，常德烟机公司远赴巴黎参加了四年一届的国际烟草博览会。这是该公司继2005年在马来西亚带机参展后，第二次带设备参加国际大型烟草博览会。在本次展会上，常德烟机公司向全球烟草市场展示了企业主导产品，传达了服务信息，并向世界展示了自身技术实力和制造水平。光临该公司展位的有46个国家85家烟草相关企业（含卷烟企业、代理商、烟机制造企业、材料和技术提供商等等），其中包括公司原有的客户（欧洲烟草公司土耳其卷烟厂）以及PM、BAT、TJI、ITC等国际知名烟草公司。这次展会的访客中，中东地区的客商较为集中，同时也不乏来自南美地区的咨询。常德烟机公司在本次展会上以实物的形式参展，成为此次国际展会的一大亮点，颇受众多烟草企业的关注。与此同时，参加此次国际烟草博览会使常德烟机公司得以与世界先进烟机制造企业同台竞争，向国际化营销目标又迈进了一大步。（郑秋瑾）

【新产品亮相生活用纸年会】5月13~14日常德烟机公司自主研发的新产品TH11型手帕纸包装机组在山东青岛第十四届生活用纸国际科技展览暨2007年生活用纸年会上亮相。常德烟机公司的展台面积在参展商中是最大的，其展示的TH11型手帕纸折叠包装机组不仅在去年的基础上进行了更多改进，产品品质进一步提升，而且还联合天津某公司的中包机做到了真正意义上的全自动手帕纸生产线，吸引了各家参展商及参观者的眼球，很好地展示了常德烟机品牌的形象，让人们看到了生活用纸国产设备的希望所在，增强了生活用纸厂商对国产设备的信心。（郑秋瑾）

【创建国家一级安全质量标准化工作】4月19日，中国机械工业安全卫生协会组成专家组对常德烟机公司创建国家一级安全质量标准化工作进行了复评总结。专家组一致认为常德烟机公司安全质量标准化创建工作达到国家一级标准，并对创建工作给出了958.18分的复评总结高分。至此，经过7个月不懈努力，该公司安全管理工作迈上了一个新的台阶。参加此次复评总结的还有中国烟草机械集团有限责任公司、湖南省安监局、常德市安监局的领导及有关专家。（郑秋瑾）

【员工获“烟草机械技术能手”荣誉称号】6月22日，在国家烟草专卖局举行的“第二届烟草机械工业技术能手”评选中，常德烟机公司员工符国强、朱云飞、何敏被评为“第二届烟草机械工业技术能手”。中烟机械集团公司为朱云飞、何敏颁发烟草机械技术能手荣誉证书，符国强作为全国烟草技术能手候选人参与第八届全国烟草技术能手评选，被授予“第八届全国烟草技术能手”荣誉称号，由国

家局颁发奖章和证书。（郑秋瑾）

【参加湖南省机械工业“过千亿”颁奖文艺晚会】 12月28日，常德烟机公司作为湖南省机械工业企业之一，应邀参加在湖南大剧院举行的“湖南省机械工业‘过千亿’颁奖文艺晚会”，其自编自导自演的音乐剧《快乐广播站》荣获一等奖。（2007年1至11月，湖南省机械工业规模以上企业产值、销售收入双双突破千亿元大关，成为全省38个工业行业中第一个过千亿元的行业。）（郑秋瑾）

纺织机械

【E2291A系列双针床经编机被认定为2006年度湖南省新产品】 2007年1月，经有关专家评审，常德纺织机械有限公司E2291A系列型经编机被湖南省经济委员会认定为2006年度湖南省新产品。这是该机型继2003年被评为湖南省优秀技术创新项目和2006年8月通过省级科技成果鉴定之后，获得的又一项新成果。

E2291A系列经编机是常德纺机自主创新自行研制的新型短绒编织设备。经专家认定，该机设计先进，制造精良，具有较高的科技含量，为国内独创，达到同类产品国际先进水平。该机配备有电子控制恒温油循环系统、纱线张力过大自停装置和伺服控制电子送经装置，采用触摸屏控制操作，具有较高的机电一体化水平；经过计算机优化的成圈运动曲线，并通过改进连杆机构，提高了机器速度和使用寿命，改善了成圈编织质量；机身结构、经轴架、针床经过优化，减少了机器震动，提高了运动稳定性；可供选择的两种卷取装置，既增大了卷取直径，又均匀了卷布张力。该机是目前国内外织造立绒、丝绒、平绒等织物的先进设备，其织物绒毛丰满、柔和、毛绒纱牢固结实，可广泛用于服装面料、鞋业用料、汽车坐垫、沙发布、席梦思、棉毯、墙布、窗帘、毛绒玩具等饰物，发展应用空间十分广阔。

E2291A系列型经编机自2002年问世以来，每年均有新机型推向市场，其优良的性价比和周到的服务受到了国内外市场的广泛欢迎，曾出口到欧亚发达国家。（陈庆山）

【常德纺机荣获“中国经编事业杰出贡献奖”】 5月27日，在成都召开的2007年全国经编技术交流会上，常德纺织机械有限公司荣获由中国针织工业协会、中国纺织工程学会针织专业委员会颁发的“中国经编事业杰出贡献奖”。

常德纺机是中国最早从事经编机械研发制造的企业之一，从20世纪70年代初期开始生产Z303型经编机初级机型产品以来，公司以振兴民族经编事业为己任，瞄准国际先进水平，积极寻求与经编机世界王牌企业合作，通过学习、引进、消化、吸收当今世界最先进的经编机械产品的设计理念、工艺技术和生产方式，企业于20世纪90年代中后期成功地实现了KS型经编机的完全国产化。运用这个成功经验，公司从国情出发，坚持自主科技创新，结合市场，逐年研发出一大批适合中国特点的中高档型高速经编机、提花经编机、双针床经编机、毛巾经编机、网类经编机等5大类系列产品，并顺利推向市场，彻底改变了以往国内经编企业所需装备完全依赖进口的历史。

经过30多年对经编机械领域的不懈探索和追求，常德纺机已发展为中国最大、水平最高的经编机研发制造基地，并成为全球经编机企业三强之一，现有自行研制的各类中高档型经编机品种已达40余种，产品品质均达到国际先进水平，国内市场占有率超过50%，并批量出口到欧、亚十几个国家。据统计，常德纺机已累计生产销售各类经编机近8000台，为国内经编织造企业提供了质优价廉的新型经编机械装备和周到持续的技术服务，对推动中国经编事业的发展作出了积极贡献。（陈庆山）

纺机总装车间　　陈旭昶　摄

【新型经编机总装车间顺利投产】 5月，一座建筑面积11232平方米的新型钢混结构的经编机总装车间在常德纺织机械有限公司拔地而起。

走进这座气势非凡的新型厂房，映入眼底的是长128米、宽72米、高14米的宽敞明亮的装配生产场地，其房顶为轻钢结构，地面为混凝土金刚砂耐磨构筑，厂房内安装有舒适性中央空调，与装配场地融为一体的车间办公室更是一派现代化企业的办公景象，新颖适宜的生产工作环境令人耳目一新。

新型经编机总装车间是常德纺机为适应国家产业政策和市场需求，为提高国产经编设备技术水平、促进针织装备技术升级、增强国际竞争实力，于2006年4月立项，斥资2986万元新建的。经过一年的建设，于2007年5月上旬竣工投产。经技术专家分析，新总装车间具备当今纺机行业一流标准，为目前国内最大针织设备现代化装配厂房，整个生产场地配置有完备的工艺流程，可同时一次性装配120

台KS型经编机，比原装配车间增加能效一倍以上。在设备技术升级上，还可使国产经编机幅宽提高到210英寸、转速达2500转列/分，同时还将进一步提升电子装置技术，达到国际同类产品最新先进水平。

据总装车间负责人介绍，从5月13日搬迁以来，在优良的生产环境中，员工们迅速投入到当期生产。为确保产品质量，员工们奉行“细节决定成败”的理念，严格按装配标准精心装配，并全面实施工作场地零件不落地、现场质量问题倒逼及时解决等办法，全车间呈现出一种奋发向上的新风气、新面貌。到6月11日，新车间如期顺利完成了第一批经编机装配出产计划。

(陈庆山)

【QC小组活动荣获表彰】7月10日、16日，在全国纺织行业质量管理小组代表大会和湖南省第二十八次质量管理小组代表大会上，常德纺织机械有限公司QC小组活动受到嘉奖表彰。

公司被评为2007年全国纺织行业质量管理活动优秀企业和湖南省质量管理小组活动优秀企业；公司副总经理周孝文和公司总工程师办公室副主任吴桂玉分别被评为2007年全国纺织行业质量管理小组活动卓越领导者和优秀推进者；公司铸造车间技术员刘志权被评为湖南省优秀质量管理小组长；公司数控机床修理QC小组、齿轮车间QC小组、铸造技质QC小组、电镀车间发黑QC小组被评为全国纺织行业优秀质量管理小组和湖南省优秀质量管理小组，其中，电镀车间发黑QC小组还荣获2007年全国纺织行业质量管理小组活动十大优秀成果奖；公司小件车间磨工班被评为2007年全国纺织行业质量信得过班组。

常德纺机十分重视全面质量管理工作，长期坚持倡导、推进开展群众性QC小组活动。为加强QC小组活动管理，公司制订了《QC小组活动管理办法》和《QC小组活动评审和奖励办法》，并每年组织QC成果发布会。据统计，公司累计有注册的QC小组126个，历年来，有多个QC小组荣获过省、市和中国纺机集团优秀QC小组称号。近两年，公司有26个QC小组相继在生产技术创新攻关活动中取得显著成果，共获得经济效益190多万元。

获得表彰的四个QC小组均是常德纺机推进质量管理小组活动取得优良成绩的突出代表，其中，数控机床修理QC小组通过攻关，有效地解决了数控冲床设备故障和模具损坏问题，保证了机床加工精度和产品加工质量，节约了机床维修费用18.8万元、减少了工模具损耗2.4万元。齿轮车间QC小组注重解决生产现场难点问题，降低了关键零件的废品率，使六头蜗杆的合格率稳定提高到98%以上，获得直接经济效益6.7万元。铸造技质QC小组围绕铸造质量问题开展活动，加强球墨铸铁件在铸造过程的质量控制，在球墨铸铁件的强度技术攻关和经编机主关零件偏心盘铸造的质量攻关中获得较好效果，通过提高合格率，每年节省费用11.8万元。电镀车间发黑QC小组通过加强攻关，成功地解决了摇架零件发黑质量问题，有效地改善了生产工作环境和降低了生产成本，获得了年节省费用38.5万元的好效果。(陈庆山)

【常旭荣获广州军区“国防之星”称号】7月18日，在广州军区国防动员委员会表彰大会上，常德纺织机械有限公司董事长、党委书记常旭同志荣获广州军区第三届“国防之星”称号，受到大会通报表彰。

常旭同志自担任常德纺机负责人以来，坚持认真学习邓小平理论，自觉践行“三个代表”重要思想和科学发展观，模范贯彻执行党的路线、方针和政策，在带领常德纺机实现经济快速发展的同时，他本着对党的事业和对国家建设高度负责的态度，树立起牢固的国防观念，正确处理经济建设和国防建设的关系，对加强国防建设怀着强烈的责任感，始终不逾地坚持党管武装的制度，认真履行国防义务和领导职责，积极支持企业开展民兵预备役活动，为加强新时期国防动员体制和国防动员建设，推动现代化国防建设，维护国家统一，实现全面建设小康社会做出了积极贡献。

(陈庆山)

【常德纺机入选2006年度湖南省百强企业】继入围2005年度湖南省百强企业之后，常德纺织机械有限公司于2007年7月31日再度成为湖南省领军企业，光荣入选为2006年度湖南省百强企业。在入围企业排序中，常德纺机也有了新的进步，从上年度的第100名上升到了第96名。

湖南省百强企业排序是由湖南省工业经济联合会、湖南省企业管理协会、湖南省企业家协会主办，报经省政府有关部门审核批准的。排序严格按照国际通行方式，对销售收入、净利润、资产总额、所有者权益、少数股东权益、纳税总额、研究开发经费和从业人数等指标进行综合评审，最终以年度销售收入为主而确定。所有入选百强企业均为推进湖南经济发展的支柱性企业，在经济总量和经济质量上具有很强的综合经济实力。

(陈庆山)

【常德纺机参加常德市职工技能大赛取得优良成绩】10月20日~22日，由常德市人民政府组织主办的常德市2007年职业技能大赛分别在常德市职业技术学院和华南光电仪器厂胜利落幕，常德纺机代表队在大赛中取得优良成绩，受到大赛嘉奖表彰。

在本次大赛中，公司参赛8名选手个个精神抖擞、沉着应战，继9月下旬全部顺利通过预赛后，又在决赛中脱颖而出、展现风采，经过三天比赛激烈争夺，公司7名选手荣登光荣榜：

小件车间陈勇军获车工第一名、奖金3000元、常德市技术能手称号；

设备车间李冬明获钳工第一名、奖金3000元、常德市技术能手称号；

工具车间白立国获车工第二名、奖金2000元、常德市职业技能大赛竞赛标兵称号；

工具车间胡建军获钳工第三名、奖金2000元、常德市职业技能大赛竞赛标兵称号；

齿轮车间朱跃武获数控车工第三名、奖金2000元、常德市职业技能大赛竞赛标兵称号；

小件车间钟意清获数控车工第五名、奖金1000元、常德市职业技能大赛竞赛标兵称号；

工具车间唐天明获钳工第六名、奖金1000元、常德市职业技能大赛竞赛标兵称号。

公司荣获常德市2007年职业技能大赛优秀组织奖。（陈庆山）

【常德纺机荣获“全国机械行业文明单位”光荣称号】11月30日，全国机械行业文明单位表彰大会在浙江宁波举行，常德纺机被中国机械工业联合会授予“全国机械行业文明单位”光荣称号。

“全国机械行业文明单位”是由中国机械行业联合会在全国机械制造企业中以“企业文明”建设为主题的评选活动，每三年评选一次，活动旨在总结机械行业文明建设和企业文化建设经验，大力表彰先进,推动机械行业文明单位建设再上新台阶。

常德纺机领导班子始终把企业的物质文明，精神文明，政治文明作为事关企业兴衰的大事,要事来抓。近几年来，随着企业的不断发展，企业的文明建设成效显著：公司先后获得“全国纺织和谐企业建设先进单位”；中国恒天集团“先进企业”；中国纺机集团“优秀企业”等等光荣称号，这一系列荣誉的取得，是公司贯彻科学发展观，坚持企业文明建设的丰硕成果。（陈庆山）

【常德纺机通过国家“纺织专项”项目验收】12月8日，中国恒天集团公司受国家发改委委托在浙江海宁召开了由常德纺织机械有限公司承担的国家“纺织行业加快结构调整转变增长方式专项资金项目——新型高速特里科经编机”项目验收会。来自国家发改委、中国纺织机械器材工业协会和湖南省纺织行业管理办公室、江南大学的技术官员、专家教授参加了项目验收。

验收组听取了常德纺机项目完成情况的汇报，详细了解了项目的实施、资金使用、经济及社会效益、项目取得的成果等情况，并对经编机生产现场和用户使用情况进行了考察。经过质询、答疑、讨论，专家们形成了验收结论：

常德纺机承担的“新型高速特里科经编机”项目完成了可行性研究报告和实施方案提出的要求，研制开发了中动程特里科经编机，并实现批量生产；研制开发了短动程特里科经编机，并实现小批量生产。优化了特里科经编机编花凸轮运动曲线；攻克了曲轴设计制造及宽幅、高密加工等关键技术；开发了具有电子送经、电子牵拉、电子卷取等装置的新型高速特里科经编机；完善了经编机械基础研究实验室及电气试验室；新建了恒温装配车间。实现了中动程特里科经编机专业化生产，提高了经编机的技术水平和后续研发能力。KS2B中动程特里科经编机通过了湖南省科技厅组织的科技成果鉴定。项目资金使用合理，专项资金做到了专款专用。

验收组认为，常德纺机完成了项目实施方案规定的实施内容，达到项目的预期目标，一致通过了项目验收。同时，验收专家希望常德纺机更加紧密围绕高档经编机的高速、高密、宽幅等核心技术的发展方向，继续开发创新，进一步加快产业化进程，实现替代进口。（陈庆山）

【KS2B型经编机通过省级科技成果鉴定】12月8日，常德纺织机械有限公司KS2B型经编机在浙江海宁经编工业园顺利通过湖南省科技成果鉴定。鉴定会由湖南省科技厅组织并主持。来自中国纺织机械器材工业协会、东华大学、江南大学等国内知名机构的10多位专家、教授，参加了本次鉴定。鉴定委员会听取了常德纺机项目完成情况报告，审阅了鉴定文件资料，考察了生产现场运行情况，经过充分讨论，一致同意通过省级科技成果鉴定。

鉴定意见认为：KS2B型经编机是在KS2、KS2A型经编机基础上经过吸收消化、自主开发的第三代新型中动程特里科高速经编机。具有速度高（门幅130英寸的机器可达2200转/分）、运行平稳、成圈合理、制造优良、操作维护方便、应用范围广的特点，是适用于织造平素织物、弹力织物和绒类织物坯布的新型经编设备。

该机技术创新成果主要体现于优化成圈机件运动曲线、优化连杆运动机构、优化针床材质、突破超细长零部件制造难点、改善运动机件平衡特性、开发应用电子技术等六个方面，整体技术达到国际先进水平。经国家纺织机械质量监督检验中心检验，符合Q/JW5007—2005《KS系列型经编机》标准规定的要求。

KS2B型经编机自2004年成功开发以来，先后推出幅宽为130英寸、170英寸、180英寸、190英寸、218英寸等多种机型，在填补国内空白的基础上，受到了市场的广泛欢迎，具有与进口设备竞争的优势。（陈庆山）

制盐工业

【概况】2007年，湘澧盐矿以市场为导向，以效益为中心，认真筹划，科学决策，充分发挥产能规模，消化了煤炭价格上涨、化工盐价下跌等增支减利因素，盐产品产量首次迈过70万吨、芒硝6万吨大关，利润总额突破1000万元，企业两个文明建设取得了丰硕的成果。

主要生产经营指标完成情况良好。全年生产精制盐70.9万吨，芒硝6.05万吨，销售各类盐72.2万吨，销售芒硝6.05万吨，产品产销量以年增10万吨的速度连续三年刷新历史记录，实现工业总产值2.98亿元，同比增长30.7%，实现销售收入2.7亿元，同比增长 17.28%，实现利税总额 3822 万元，同比增长 11.4%。

企业管理水平进一步提高。坚持以效益为中心，以成本控制和财务监控为重点，加大了企业内部管理力度，创新经济责任制承包考核方式，实行生产系统总承包，强化全局观念和整体效益，成本费用得到有效控制。全年按同口径比较节约煤炭 3 万吨。加强了材料费用控制，全年节约设备材料费用达 600 多万元。加强了生产办公现场整顿，企业面貌焕然一新。安全工作保持良好态势，杜绝了各种重大人身、设备安全事故。此外，企业质量、计量、设备等其他各项基础管理工作均得到不同程度的巩固和提高。

技改与企业发展项目进展顺利。围绕"十一五"期内建成 100 万吨现代制盐企业的总目标，持续实施技术创新，全力抓好热电炉机工程建设，严格按照工程项目管理程序和要求，认真开展各项工作，目前锅炉安装已近尾声，汽轮发电机组安装及输煤系统、蒸汽、给水管道等公用系统正抓紧进行。此外，按节能减排要求，配套安装静电除尘装置。为抓好高品质盐的生产开发，完成了卤水净化工程扫尾与调试运行。抓好了芒硝仓库扩容改造竣工和河边盐仓库兴建，采用自动化堆码装卸设备，有效降低了车间物流成本，提高了劳动生产率。完成了矿山末端变电站迁移和输卤过河、过堰管道复线铺设，解除了矿山输卤对产能发挥的制约。积极探索企业新项目发展思路和主攻方向，进行了硫酸钾、离子膜烧碱、PVC 等项目的前期考察调研。

企业改革改制稳步推进。按照集团公司整体部署，结合该矿实际，制定了建立现代企业制度改革总体方案，经职代会审议通过并上报集团公司和省国企改革办同意，积极争取改革优惠政策，完成了矿山资源矿价款减免 75%和采矿权证办理，奠定了持续发展的资源基础。进一步分离企业办社会职能。投资 270 万元将居民区生活用水彻底移交当地供水公司，一方面解决了企业不具备供水主体资格，承受巨大社会责任风险问题。另一方面减轻了企业负担，改善了职工生活用水质量。进一步完善了人才招聘、职工培训、薪酬考核、激励约束等机制，增强了企业活力。

职工收入大幅增加，生活条件明显改善。根据国家有关政策，结合企业效益，合理拉大生产一线与机关部室、生产骨干与一般员工的档距，提高了一线职工津补贴，全年在岗职工人均收入较上年增加 3300 多元。为活跃职工业余文化生活，增添了生活区休闲文体设施，为职工群众营造了一个安全、舒适的生活环境。

精神文明建设迈上了新台阶。该矿紧扣企业生产经营与改革发展中心，认真贯彻落实科学发展观和党的十七大精神，以人为本，创新党建工作，积极开展"四好"领导班子创建活动，大力进行企业文化建设，开展了以"构建和谐企业，经营幸福家园"为主题的"和谐企业"、"和谐班组"、"和谐家庭"创建活动，构建了良好的企业氛围。加强了形势任务教育，进一步转变职工观念。广泛开展健康向上，鼓舞士气的文体活动，努力培育团队精神，凝聚了企业人心，为全年各项目标任务的圆满完成提供了强力保证。先后获得轻工盐业集团总公司双文明建设先进单位、2007 年度安全生产目标管理先进单位、常德市十佳优秀企业等荣誉称号。　（张　虹）

【卤水净化工程竣工投入运行】 2007 年 4 月 10 日，湘澧盐矿投资 800 万元的卤水净化工程竣工投入运行。该工程采用两碱法的成熟工艺，经检测，各项技术指标符合国家标准，为企业高品质盐和液体盐的生产开发创造了条件，进一步拓展了市场销售渠道。该工艺产品在满足化工企业生产需要的同时，减少了精制盐所需的热能消耗，达到了节能减排的要求。　（张　虹）

【锅炉烟气在线监控系统项目通过验收】 4 月 16 日，湘澧盐矿锅炉烟气在线监控系统项目通过了湖南省环保局、省财政厅、常德市环保局和津市市环保局等部门的环保验收。项目的建成投产，为该矿锅炉运行管理和污染物的排放提供了重要的技术控制参数，使该矿的环保管理工作步入了信息化管理的轨道。　（张　虹）

【省政协副主席阳宝华一行到常德调研】 9 月 7 日，省政协副主席阳宝华一行在省轻工盐业集团董事长李绍云等陪同下到湘澧盐矿进行盐业资源保护与利用专题调研。调研组一行实地查看了解了矿山资源开发利用与保护状况，参观了制盐生产工艺过程、自动化包装储运和炉机改造基建现场并听取了该矿矿长郭志宏就企业生产经营情况、盐资源的开发利用与保护工作的做法和成效及建议的汇报。阳宝华副主席充分肯定了该矿盐资源的保护与利用工作。同时，对盐资源的保护与利用工作提出了要求。　（张　虹）

【采用新技术延长卤井使用年限】 10 月 25 日，湘澧盐矿试验井 A127 井进行开孔，该井施工中第一次使用了陀螺测斜仪测量技术测量老井的井身筒参数，通过钻水平井与已报废井 A103 连通，开采和回收矿柱。据估算，连通成功后，每小时卤水产量可达 40 立方米，从而实现充分利用矿产资源的目的，对延长矿山卤水使用时间，提高采矿回收率具有极其重要的意义。　（张　虹）

【水改工程顺利完工】 为进一步分离企业办社会职能，盐矿投资 270 万元，将生活用水供给职能移交津市市自来水公司。该工程于 2007 年 9 月 3 日正式启动，于 12 月 28 日全面完成该工程，彻底改善了职工家属生活用水质量。　（张　虹）

【河边仓库扩容工程竣工】 湘澧盐矿河边仓库扩容工程于 12 月 28 日竣工。该项目总建筑面积达 3000 平方米，厂房采用轻钢结构，仓库内安装溜盐槽与皮带输送机，该项目的实施将使该矿仓储能力适应产能规模，为实现自动化堆码装卸及自动化上船奠定良好的基础。（张　虹）

金健米业

【概况】2007年是公司全面推进管理创新和经营创效，全面调整优化结构、强化内部管理、提升发展后劲、夯实发展基础的一年，全体金健人发挥聪明才智，发扬拼搏奉献精神，团结奋进，迎难而上，闯过了一个又一个难关，各项工作均取得了比较满意的成效，企业经营状况明显好转，产品销量全面增长，经济效益全面提升。公司全年完成主营业务收入10.2亿元，同比增长23%，实现净利润1250万元，同比增长61%。销售主品牌大米53755吨，同比增长8%；销售面条24541吨，同比增长22%；销售米粉79.4万件，同比增长57%；销售包装油15100吨，同比增长16%；销售大输液8210万瓶，同比增长31.4%；销售房产（含认购）6.5万平方米，同比增长34.8%；销售种子990吨，同比下降42.6%；销售牛奶5580吨，同比下降22.5%。“金健”大米、面条双双以行业总分第一的成绩荣获“中国名牌产品”，“金健”药品商标荣获“湖南省著名商标”，金恒房产公司荣获“湖南省房地产业诚实守信企业”称号。

改革经营管理模式。公司出台了《经营管理创新纲要》，在管理构架、营销模式、用人机制、薪酬体系、考核体系等十多个方面进行了大胆创新改革，改革力度之大在金健历史上也是少有的，涉及到企业发展大局和每个员工的切身利益。但改革的推进稳定有序，得到了公司上下的一致认同，实践证明改革决策是正确的，符合企业实际。通过调整企业管理架构，对下属单位全部实行法人化管理并实施不同的经营考核评价方式，强化了经营责任，激发了经营创效活力。

省人大常委会副主任庞道沐考察金键米业

经营创效取得显著成绩。公司首先从产业结构、产品结构的调整人手，有力实施了拓、调、控、舍的产业政策，突出中高档大米、面条、药品、种子、房产的发展，对于经营亏损的企业采取控亏减亏措施，对千方百计仍然扭亏无望的企业或产品实施撤并或关停，鼓励各个产业扬长避短全力以赴挖掘效益潜力。公司强化了对各单位经营过程的调控，建立了《管理标准框架文件》，在成本、费用、产销量上实施明确的指标控制，逐步强化了以有效核算、有效经营为导向的基础管理工作，对经营行为实施了事前、事中、事后的监督审计，堵洞防漏，全年完成内部审计项目和审计调查81个，直接挽回经济损失118万元。各单位努力拓展市场，产销量稳步提升，经营效益明显改观，七大产品经营单位全部实现了盈利，米粉产业和罗沙公司也完成了控亏目标，特别是药业和房地产去年分别盈利1389万元、1200万元，为公司效益增长做出了贡献。全年公司销售收入首次突破10亿元大关，企业经营状况和效益水平是近几年来最好的一年。

调整优化产品结构。公司着眼于品牌经营，逐步走出粮油食品粗加工、低档加工的路子。一方面努力提升大米、面条、油脂、牛奶的中高档产品产销量，提高毛利率，增加效益。同时加强新品开发，提升产品竞争力。技术中心加强了产品的应用性开发，承接了国家和省“十一五”重点项目“稻米深加工的应用研究”课题，重点进行米乳饮料、大米蛋白、大米淀粉的开发，完善生产工艺，加快产业化步伐。各经营单位积极推进产品升级换代，整合和开发了粮油食品产品线，完成了大米、面条产品尤其是泰国香米、保健营养挂面、棉花种子、非PVC软袋的开发，大大提高了金健产品的市场竞争力和盈利能力。

优势产业重点项目难中求进。药业公司克服了产能不足、产品供不应求、项目资金短缺的矛盾，加班加点保市场、保客户，千方百计筹资金、抢进度推进三期工程建设，三期工程在年底前顺利竣工，通过了GMP现场认证并进入试产阶段。药业软塑输液产能达到1.8亿瓶，成为中南地区单厂生产规模最大的企业。面制品公司完成了面粉厂搬迁和新建，金健临澧食品基地规划成形，投资1850万元建成

“金健”牌大米

日处理小麦400吨的面粉厂，面条新车间已经完成建设规划。种业公司通过引进棉花新品实现了经营突破。房地产抓住机遇，开拓局面，金色晓岛的开发富有成效，盈利大幅增长。优势产业的发展带动了其他产业的发展，中高档大米和小包装油的产销量得到提升，并启动了泰国大米的经营；乳业启动了长效奶生产；4家承包单位经营态势基本稳定。

销售市场得到有效拓展。公司实施集合性品牌营销，将米、面、油、奶、粉集中到总部营销中心统一销售，集中资源拓展市场，扩大销量，效果较好。以前主业产品的销售主要依靠经销商和大卖场，2007年逐步从单一渠道向四个渠道扩散，提升产品销量。第一个渠道是原来的主渠道——经销商和大卖场，2007年又新开发拉萨、呼和浩特等新市场76个。第二个渠道是通过集合品牌营销来掌控终端的直销模式。在长沙、常德、株洲等地的集合品牌营销社区店运行状况良好。第三个渠道是通过渠道下沉建立起来的分销体系。第四个渠道是大客户、重点客户渠道，为高档粮油低成本营销做了新的探索。药品销售今年一直是供不应求，市场除本省占绝对优势外，省外招投标工作也捷报频传，在贵州省、海南省、北京等15个省市均不同程度中标。

十项重点工作取得重要进展。十项重点工作均是关系公司经营发展大局的大事、要事、难事，通过各责任单位、责任人的攻坚克难，成效显著。资金问题上千方百计调度运作，确保了正常还续贷工作，保住了资金链安全，特别在粮油收购资金上争取农发行近2个亿的信贷支持。历史遗留问题得到进一步解决，历史包袱越来越少，盘活了双狮粮机土地、金海大酒店资产、面粉厂土地、原德山建行大院等资产，对外投资的罗沙公司、北方公司、嘉业达公司的股权问题得到妥善处理，乳业公司第八牧场的资产纠纷得到圆满解决。争取项目政策资金富有成效，全年争取政策性项目资金1360万元。紫菱花园盘活的准备工作取得重要进展。品牌创建工作取得圆满成功，组织实施了大米中国名牌的复评和面条中国名牌的申报，“金健”牌大米和挂面双双以同类产品全国总分第一的成绩荣获“中国名牌产品”。（胡顺勇）

消失的旧街巷

堤　街

堤街位于大西门至落路口之间。在这段长约2里的沅江堤上，人们倚堤而居，建起了两排相对的木板房，木房矮，脚却很长，都是吊脚楼式。堤上住房大多开有店铺、南杂百货、糕点小吃、剃头铺子、修理店子，往来人甚多。这堤街直连到城区麻阳街，一派热闹、繁盛景象。

堤街因船运码头而生。堤街的居民也大多是和撑船拉纤者来自同一个地方——麻阳县。常德人喊“麻阳佬”。

以后，随着公路运输的日益发达，水运慢慢走了下坡路。加上因防讯所需，政府有计划地组织堤街居民搬迁至北站等地。堤街，从此淡出了人们的视野，只成为人们话余的谈资和头脑中永恒的画面。

THE FIRST PEOPLE'S HOSPITAL OF CHANGDE CITY

常德市第一人民医院

●湖南最早的西医医院 ●湖南最早成功实施肝脏移植、心脏移植的市州医院●湖南综合实力最强的市州医院之一

省人大常委会副主任肖雅瑜（右二）、省卫生厅厅长张健（右一）在副市长万成贞（左一）、院长魏尚典（左二）陪同下视察市一医院。

团结务实的领导班子。左起：总会计师刘靖祥、副院长陈能志、潘道波、邓利民、院长魏尚典、党委书记屈晶华、副院长向绪林、钟发平、纪委书记刘艳。

市委书记武吉海和省卫生厅党组书记肖策群为市一医院成为中南大学研究生培养基地揭牌

常德市第一人民医院创建于1898年，是一所集医疗、科研、教学、预防、保健、康复等功能为一体的大型综合性三级甲等医院。现为中南大学湘雅医学院广德临床学院，中南大学临床医学研究生培养基地，徐州医学院麻醉学硕士研究生培养基地。

医院历史悠久，文化底蕴深厚。1905年，医院在全国首次报告血吸虫病，此后又在全国最先报告血吸虫病流行和治疗情况，1941年底，该院医务人员在日军空投物和患者血液中检出鼠疫杆菌，并对外报告，成为日军在华实施细菌战的铁证。110年来，一代代一医人的不懈努力，奠定了医院发展的坚实基础，创造出医学领域的辉煌成就，在湘西北一直享有盛誉。

医院规模较大，医疗设备先进。医院占地面积7.3万平方米，建筑面积13.3万平方米，开放床位近1100张。拥有建筑面积3.45万平方米的现代化门急诊医技综合大楼及设备设施齐全的内、外科等4栋住院大楼。拥有德国产1.5T核磁共振、16排高速螺旋CT、西门子直接数字成像平片X线装置（DR）、富士医学影像处理系统（CR）、GE心血管造影系统、西门子数字化胃肠X线装置、菲利浦四维彩超、全自动生化分析仪、X（光子）刀、德国产第七代爱丽丝准分子激光治疗仪、20人高压氧舱、电子腹腔镜等各种内窥镜、血液透析机、人工肝机、骨密度仪、重症监护系统等现代化医疗设备600多台件，设备总值达2亿余元。

医院设置齐全，专科特色明显。市"120"急救中心落户医院，全院共设有33个临床科室，10个医技科室。生殖医学中心已顺利通过国家卫生部的评审，消化内科、心血管内科、神经内科、神经外科、心胸外科、肝胆外科、泌尿外科、骨科等重点科室疾病诊治及介入治疗、危急重症救治、微创外科、等离子体双极气化电切等高难度手术及诊疗技术达到了省内先进水平。

医院人才济济，医学成果突出。现有职工1300人，拥有一支由240名副高级以上专家，5名博士，56名硕士组成的专家团队。院长魏尚典是从临床一线成长起来的著名普腹外科专家，曾主持多项获省市科技成果奖的医学项目，在省内外具有广泛影响。近年来，医院成功开展了心脏移植、肝脏移植、冠脉搭桥、活体亲属供肾移植等高难度手术，有百多项临床科研课题获省市科技成果奖和科技进步奖。每年在国内核心杂志上发表论文160余篇。医院先后获得"全国卫生系统先进集体""全国百姓放心示范医院""全国厂务公开先进单位""全国模范职工之家""省双文明建设模范单位""省文明医院""省园林式单位""全省优秀实习基地""省消费者信得过单位"等荣誉称号。

门诊大厅一景

新生儿病房

2006年10月院长魏尚典、大内科主任黄怡、神经外科主任贾若飞与美国马里兰大学创伤急救网院急救中心主任合影

门急诊医技大楼

常德市地方税務局

"爱岗敬业、忠诚奉献"先进事迹报告

送税收政策上门

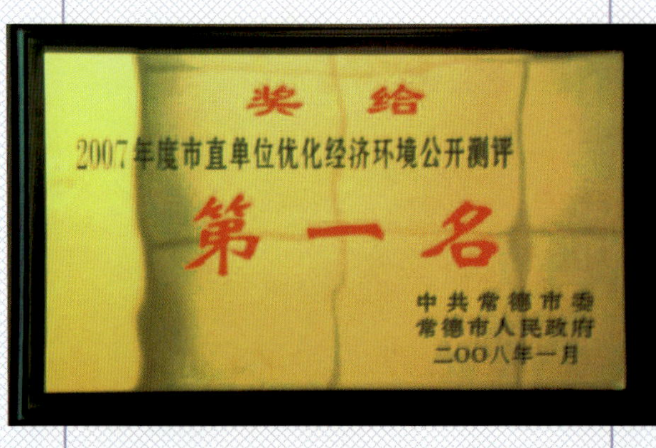

文明创建行风建设硕果累累

常德市地税系统和谐之歌迎春文艺晚会

地税系统公开选拔科员考试

常德市国家税务局

CHANGDESHIGUOJIASHUIWUJU

市局局长傅淼河在“税收宣传新闻发布会”上接受湖南卫视采访

市局举行首例税务行政处罚听证会议

丰富多彩的税收宣传月活动深受市民欢迎

国税宣传“三走进”—人大看国税执法座谈会现场

市局开展缅怀革命先烈、重温入党誓词活动

市局干部开展登山活动

国税系统干部轮训班开展文体活动

税收促进发展　发展改善民生

常德市国税稽查局

CHANGDESHIGUOSHUIJICHAJU

团结向上的局领导班子

稽查人员下户检查

税法宣传咨询台

“七一”重温入党誓词活动

专项检查专题汇报会湘西北片会

税法宣传进校园

依法诚信纳税光荣 偷逃骗税违法

鼎城区国家税务局

DINGCHENGQUGUOJIASHUIWUJU

和谐奋进的鼎城区局党组

省局陈素娥副局长、财务处王黎处长深入鼎城区局调研

鼎城区局举办“迎国庆登山”比赛活动

鼎城区局女同志“三·八”开展活动

老年节前夕，鼎城区局组织离退休老干“常德一日游”活动

依法诚信纳税　共建小康社会

汉寿县国家税务局

HANSHOUXIANGUOJIASHUIWUJU

汉寿县国税局、检察院预防职务犯罪联席会

汉寿县国税局冬衣暖人心活动

绿色环保社区宣传窗

义务献血

聚财为国 执法为民

武陵区局局长涂强

团结、务实、进取的武陵区局领导班子。从左到右依次为：杨四华、周建井、涂强、程为民、刘文新

武陵区国家税务局

WULINGQUGUOJIASHUIWUJU

党员们用实际行动关爱孤残儿童

依法治税 服务民生

德山国家税务局

DESHANGUOJIASHUIWUJU

区局班子成员

区局领导慰问社区贫困户

在德山开发区举办的首届男子篮球赛中，德山区局夺得第一名

省文明委视察区局文明创建工作，给予高度评价

为国聚财　改善民生

桃源县国家税务局

TAOYUANXIANGUOJIASHUIWUJU

县局干部参加2007年反恐演习

税收宣传月文艺汇演

税收宣传月活动启动仪式

税收宣传月“百、千、万”承诺签名接力活动

发票是保护消费者权益的重要凭证

常德市国家税务局局长傅淼河来临澧检查工作

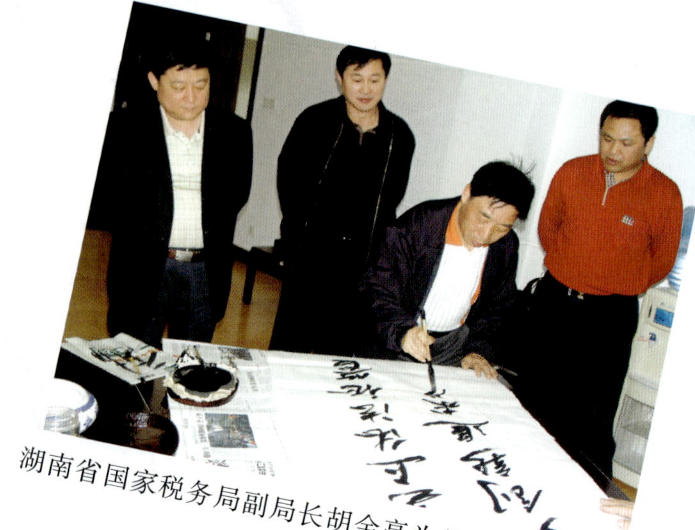

湖南省国家税务局副局长胡金亮为临澧县国税局题词

临澧县国家税务局

LINLIXIANGUOJIASHUIWUJU

B10

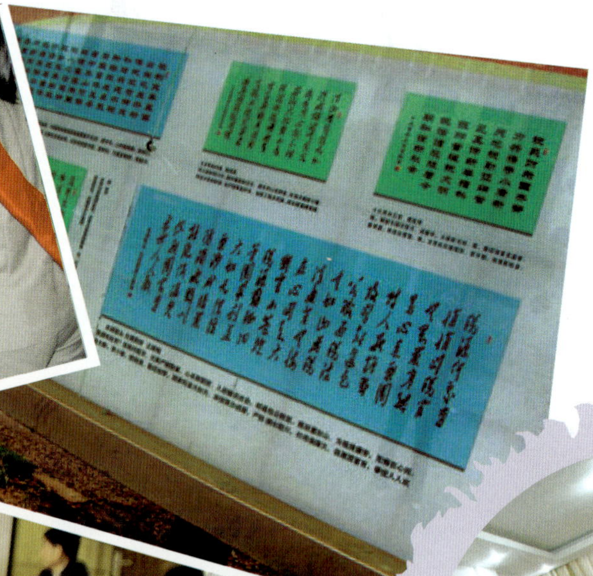

临澧县国税系统"慈善一日捐"活动捐款

¥10300元

办税服务厅组织干部业务学习

依法诚信纳税 共享祖国繁荣

安乡县国家税务局

ANXIANGXIANGUOJIASHUIWUJU

安乡县局党组成员研究工作

县局科室负责人在答复纳税人提出的问题

局长鄢宇为获奖女选手颁奖

依法纳税是每个公民应尽的义务

津市市国家税务局

JINSHISHIGUOJIASHUIWUJU

局党组书记、局长匡雄

为了迎接2008年北京奥运会，传承奥运精神，该局于5月12日组织了“津市国税人迎奥运，挑战自我，自行车常德之旅”活动。在匡局长的带领下，19名干部组成了自行车队。车队早晨6点半从局大门口出发，终点为常德市局办公楼，全程95公里，历时7个小时40分钟。在挑战自我的同时，很好地宣传了奥运精神

津市市市委副书记、市长尹正锡（右三）考察该局办税服务厅

依法诚信纳税是最好的信用证明

石门县国家税务局

SHIMENXIANGUOJIASHUIWUJU

湖南省国家税务局巡视组到石门视察

税管员下户调查

依法诚信纳税 促进和谐社会建设

澧县国家税务局

LIXIANGUOJIASHUIWUJU

程安亭局长一行与澧县局干部亲切合影

和谐 税 征纳

规范税收执法 保护纳税人的合法权益

常德市工商局

ChangDeShiGongShangJu

常德市工商局党组书记、局长胡祖国

常德市工商局共辖8个区县（市）工商局、4个分局、88个基层工商所，共有2400多名干部职工。近年来，在省工商局党组和市委、市政府的正确领导下，该局坚持“以人为本、尊重民意、关注民生、构建和谐”的执政理念，为推进常德经济社会又好又快发展作出了一定贡献。一是加强依法行政，提高执法水平。二是加强市场执法监管，切实维护市场秩序。积极探索产品质量和食品安全监管的新模式，扎实推进产品质量和食品安全工作，全力构建安全的食品消费环境。该局的食品安全工作得到了总局、省局的充分肯定，2006、2007年被市政府评为全市食品安全工作红旗单位。三是服务地方经济发展，提升工商部门良好形象。四是加强工商文化建设，营造浓厚的文化氛围。市局机关成立了登山、健美操、朗诵、篮球、羽毛球、乒乓球等兴趣小组，通过一系列文体活动的开展，积极构建工商文化，全市系统各单位和干部职工的大局意识、凝聚力和集体荣誉感进一步增强，干部队伍形象有了较大提升。五是加强信息化建设。实行了电脑收费、网上注册、网上年检和网上立案、备案等。通过近几年的努力，该局的各项工作取得了长足的发展，工商形象有了大幅度提升，2007年全市优化经济发展环境测评，该局在市直执法责任制试点单位考评中排名第二，全市工商行政管理工作步入了良性发展轨道。

开展食品安全检查

开展农资打假，保护春耕生产

打击传销，维护市场经营秩序

团结、奋进、务实、高效的局党组一班人

精诚团结，步调一致

汉寿县工商局

汉寿县工商局党组书记、局长 孙超云

汉寿县工商行政管理局于1979年2月成立，位于汉寿县龙阳镇南岳路，紧邻省道1851线，属省以下垂直管理行政执法单位。局机关内设13个职能股（室）、3个直属分局、一个事业单位，挂靠两个社团组织，下设9个基层工商所和1个专业工商所。现有在职干部、职工155人，主管全县800家企业、6500户个体工商户及25个专业、综合市场的工商行政执法及市场监督管理工作，管辖区域遍布全县30个乡、镇、区，幅员2034平方公里。负责全县70多万人口的消费者权益保护工作，指导汉寿县个体私营经济协会，汉寿县消费者委员会工作。

汉寿县工商行政管理局紧紧围绕改革、发展和稳定的大局，以“三个代表”重要思想和科学发展观为指导，以整顿和规范市场经济秩序为职责，以内强素质，外树形象为目标，坚持做好“监管与发展、监管与服务、监管与维权、监管与执法”四个统一，切实履行职责，抓好队伍建设，努力打造“学习型、服务型、作为型、法制型、廉洁型”工商，为汉寿经济发展保驾护航。

汉寿县工商行政管理局具有一支“勤政高效、廉洁务实”的行政执法队伍，“12315”申诉举报中心，乡村消费者投诉网络遍布城乡，随时受理消费者投诉；宽敞明亮，已实行“一审一核、一站式收费”制的注册登记大厅全方位地为前来办事的各界人士提供最优质的服务。

汉寿县工商局党组成员局长孙超云（左四）、副局长梁伏生（左三）、副局长彭名迪（左五）、副局长王明星（左二）、副局长曾庆久（左六）、纪检组长开慧（左一）

国家工商总局局长周伯华（中）在市委书记武吉海（右）等省市领导的陪同下到汉寿县太子庙工商所考察

以人为本
尊重民意
关注民生
构建和谐

局干部职工在常德市工商系统第一届“红盾”杯运动会上荣获“拔河”比赛第一名

食品安全检测培训

市政府、市局领导考察汉寿县食品安全情况

汉寿县工商局职业道德教育会场

石门县工商局

SHIMENXIANGONGSHANGJU

党组书记、局长侯红华

石门县工商行政管理局位于石门县城中心九澧路，现有在职干部职工195人，离退休人员64人，有中共党员138名。局机关内设9个股（室），3个分局，下设10个基层工商所，挂靠有石门县个体劳动者私营企业协会和石门县消费者委员会两个社会团体。管辖19个乡镇（区）、农林场，承担着844家企业、9710户个体工商户、4个专业综合市场的市场监管和行政执法工作，肩负着全县70万人口的食品安全和消费维权工作。

石门县工商局党组一班人在常德市工商局和石门县委县政府的领导下，带领全局干部职工，以十七大精神为指引，深入贯彻落实科学发展观，按照监管与发展、服务、维权、执法“四个统一”的要求，坚持依法行政、执法为民、锐意进取、开拓创新，为石门县经济社会发展作出了积极的贡献。2007年，被常德市委宣传部授予全市“双文明单位”，荣获全市工商系统“目标管理先进单位”、“执法考评先进单位”和“产品质量和食品安全专项整治工作先进单位”；被县委县政府授予“全县目标管理先进单位”、“优化经济环境先进单位”、“依法行政先进单位”和“信访工作先进单位”。

节日市场巡查

大力培育发展经纪人

飒　爽　英　姿

组队参加“红盾杯”运动会

超市食品安全检查

参加植树劳动

常德市审计局

市审计局办公大楼

省审计厅唐会忠厅长视察常德审计工作

局长吴让晓在全市审计工作会上作报告

1	2
3	
4	5
6	7

1、到点村慰问

2、局长吴让晓视察信息化建设工程

3、大桥施工现场查勘

4、常德市内部审计协会理事长会议

5、审计机关干部到点村参与新农村建设

6、粮补资金审计农户走访

7、市审计局到点村宣讲十七大精神

常德市规划局

CHANGDESHIGUIHUAJU

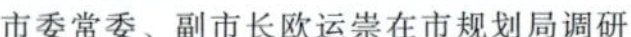

市委常委、副市长欧运崇在市规划局调研

市领导视察市规划模型

柳叶湖文化园方案一（效果图）

江南外滩公园透视二（效果图）

常德市城市空间发展战略规划
远景及发展时序图
2006年现状
2008－2025
2026－2050
2051－2075
中国城市规划设计研究院 常德市规划局 2007.6
常德市市域城镇体系规划
城镇职能结构规划图 (1999-2020)
中国城市规划设计研究院
常德市人民政府 2002.7 图号 6
常德市德山经济开发区规划研究
用地规划图
中国城市规划设计研究院 常德市规划局 2006年5月
白马湖区域环境综合治理工程鸟瞰图
常德市城市总体规划局部调整(2006－2020)
用地调整规划图
中国城市规划设计研究院 常德市人民政府 2007年3月

益丰大药房 YIFENG SUPER DRUGSTORE

全国连锁药店30强

董事长：高毅

益丰大药房是一家全国大型平价药品超市连锁企业。旗下拥有80多家大中型连锁门店，分布于湖南、湖北、上海、江苏四省市，2007年经营规模 6.05亿元 。 经营品种 15000余种，总资产2.5亿元，就业人员2800人，2006 年全国医药零售企业排名前30强。

2001年6月，湖南益丰大药房连锁有限公司成立，在中南五省首开“开架自选，平价销售”的药品超市经营模式之先河， 积极推崇 “ 自我保健、自我药疗”的非处方药经营理念，带动湖南及全国医药零售业的发展。并相继在湖南常德、长沙、益阳、 张家界、 岳阳、 株洲、湘潭、邵阳、吉首和湖北荆州、荆门等地区开设了连锁店。

2004年10月投资设立上海益丰大药房有限公司，率先在上海中心城区人民路成功开设了震撼业界的2000 平米大型平价药品超市，并相继在上海黄浦区 、卢湾区 、虹口区 、闸北区 、普陀区、杨浦区、长宁区开设了连锁店。

2006年5月投资设立江苏益丰大药房有限公司，在南京医院密集的中心城区汉中路开设了2000 平米大型旗舰店，再次改写南京药品平价历史，并迅速在南京白下区、秦淮区、鼓楼区、建邺区、下关区、玄武区及泰州市开设了连锁店。

七年来，益丰大药房高举 “ 平价、专业” 大旗，以“ 为人类健康提供超值的商品和服务 ” 为己任，秉承“诚信、敬业、团结、创新”的企业精神，得到了广大老百姓的认可，多次被省、市授予“消费者信得过单位”、群众放心药店、爱心药店、质量服务双满意单位等荣誉称号。

益丰大药房在2007年初制定的五年发展规划：“巩固中南华东，拓展全国市场”，计划在公司成立十周年之际（2011年），在全国设立10个省级公司，开设连锁店1000家，实现年经营规模30亿元，昂首跨入全国药品零售前10强。

◎益丰首家门店（常德滨湖店）

常德旗舰店（下南门店）

◎长沙旗舰店（朝阳店）

⊙ 益丰总部办公大楼

巩固中南华东
拓展全国市场

超／越／平／价　引／领／专／业

⊙ 南京旗舰店（汉中路店）

⊙ 湖北旗舰店（荆门店）

常德市公共交通总公司

公司领导集体研究工作，中为总经理兼党委副书记刘凡荣，右三为党委书记兼副总经理吴青林，左一为副总经理兼总会计师刘丽琴，左二为副总经理高志平，左三为副总经理刘玉林，右二为副总经理胡安平，右一为工会主席林红。

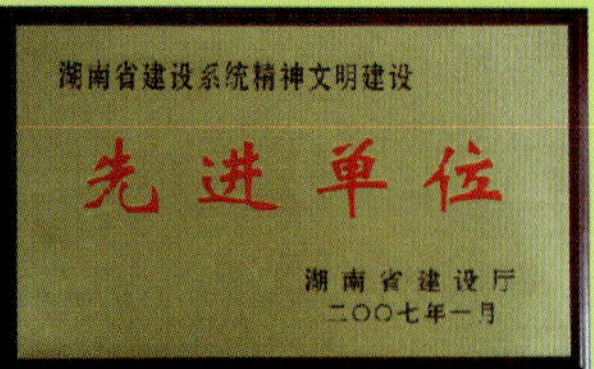

冬季大雪天气，公司党委组织党员干部在城区主要站台清扫积雪，为乘客安全上下车提供了方便。

为进一步改善市民乘车环境，近年来，公司加快了公交车更新步伐，空调车占有比率达80%，位居全省第一位。图为正在行驶的1路公交车。

公司广大干部职工积极为汶川同胞捐款献爱心。

近年来，公交的发展得到了市委、市政府等各级领导的支持，图为2007年9月16日，市委副书记、代市长卿渐伟等市级领导参加常德市首届"中国城市公共交通周·无车日"活动启动仪式。

农业农村工作

【概况】2007年，全市上下按照市委、市政府的总体部署，大力推进以现代农业为重点的新农村建设，农业全面丰收，农民收入持续较快增长，新农村建设继续全省领先，农业农村工作获得全省一等奖。圆满承办了“湖南省第四届农民运动会”。战胜了“三水”并发高洪，水利建设连续三年夺得全省“芙蓉杯”。农村改水和“确保耕地不抛荒”全省第一。动防工作评为全省红旗单位。

农民收入实现持续性增长。2007年，全市农民人均纯收入达到3939元，比上年增加390元，增长11%，在常德农业发展史上首次实现连续四年每年增收300元以上，高于全省平均水平。农民收入中工资性、转移性收入比重不断上升，经营性收入比重逐步下降，持续增收机制正在形成。农民人均工资性收入的比重提高到32%，成为农民增收的突出亮点。

新农村建设实现历史性跨越。2007年，全市共投入建设资金9.8亿元，新农村建设无论规模、速度、质量和受益面都实现了历史性跨越，鼎城灌溪、安乡丰裕、桃源马鬃岭等十大示范片建设受到中央、省委领导的充分肯定和省内外的高度关注。全市编制村庄整建规划765个。新建通村水泥路2361公里，37%的行政村通上水泥路。完成了2300多处改水工程，新解决23万多农村人口安全饮水问题。新建沼气池2万多口。建成了124户宜居示范住宅。新建或改建乡镇敬老院24所、乡镇卫生院29座、村级“五保之家”30个、村级卫生室200个，农村合作医疗覆盖率达到80.7%。

综合生产能力整体性提高。2007年，全市复耕抛荒耕地0.08万公顷，改造中低产田0.667万公顷，粮食播面达59.67万公顷、总产355万吨，粮食综合生产能力达到历史最好水平。全市累计投入水利建设资金4.5亿元，加固堤防43公里，疏通渠道5000多公里，整治病险水库117座，旱涝保收面积达到33.33万公顷。推广各类农机具8000台套，全市农机总动力达到358万千瓦，机耕机收机插面积达到53.33万公顷。市县乡村四级防控体系进一步完善，所有行政村都明确了村级协防员，猪蓝耳病、禽流感等重大动物疫病防疫密度达到100%。

农业产业化迈出实质性步伐。2007年，全市新增规模龙头企业40家，总数达到241家，农产品加工总产值突破135亿元，同比增长30%。成功开展了国家级龙头企业“常德行”活动，邀请30多家国家级龙头企业来常考察投资，签约项目22个、金额13.7亿元。引导和支持企业创牌保牌，新增农产品品牌87个，总数达到385个。2007中国（长沙）第二届国际食品博览会和第九届湖南（国际）农博会常德市农产品获金奖17个，居全省前列。新增农民专业合作组织40家，总数达到538家，会员17万户，带动农户30多万户。

农村改革实现阶段性突破。2007年，全市乡镇机构、县乡财政体制和农村义务教育改革稳步推进，水管体制改革实现局部突破，土地二轮延包后续完善工作和林权改革开始启动，农业农村发展更具活力。全市乡镇班子成员由2444人减少到2060人，精简了15.7%。“乡财县管乡用”财政管理体制改革进一步深化，武陵区、石门县、澧县开展了确保乡村低限运转试点工作。建立和完善了农村义务教育经费保障机制，65%以上的农村税费改革转移支付资金用于义务教育，免除了51.3万农村中小学生的杂费。市委、市政府出台了《关于控制和化解乡村债务的意见》，消赤减债工作列入各级党委政府的重要议事日程。（朱益祥）

【新农村建设】2007年，全市上下按照市委市政府“发展优势产业，促进农民增收；建设宜居农村，扩大公共服务；加强基层基础工作，提供组织保障”的总体部署，上下协同，务实推进，新农村建设取得明显成效。

办点示范。全市启动了十大示范

片、200个示范村、364个乡镇示范点的建设，市委常委对十大示范片实行了包片负责，市五大家领导都明确了点村。示范片已扩展到18个乡镇、64村，分别比去年增加了6个乡镇、31个村。

农村改水。年初计划新解决20万农村人口的饮水安全问题，实际完成了2300多处改水工程，新解决了23.1万人的安全饮水问题。十大安全改水示范片涉及10个乡镇、61个村，惠及83374人，新解决了7.9万人的饮水安全问题，供水入户率达到90%以上。

村庄规划。基本完成县域村庄布局规划编制任务，计划完成村庄整建规划808个，实际完成765个（43个村已并村）。

农村道路。年初计划新建通乡水泥路70公里，实际完成104公里；计划新建通村水泥路1550公里，实际完成2391公里，均超额完成任务，已通水泥路的行政村达到2418个。十大农村公路管养示范片有通村公路196公里、通组公路496公里，涉及17个乡镇、64个自然村。

沼气能源。年初计划新建户用沼气池2万口，实际完成20489口。大型沼气池已建成投入使用的4个（桃源2个、武陵1个、安乡1个），在建的13个。户用草料沼气池已建成2100个。

宜居住宅。年初计划完成100户宜居住宅，实际完成124户。

社会事业。全年新建或改建乡镇卫生院29座和村级卫生室200个；农村合作医疗覆盖率达到80.7%，参合人数366万人，发放农村医保资金1.2亿元，惠及19万农民。免除了51万农村义务教育阶段学生学杂费。新建和改建乡镇敬老院24所，新建村级“五保之家”30个，发放农村低保金1848万元。新建乡镇文化站20个，农民书屋80个。

基层基础。武陵区、石门县、澧县三个试点区县将村级低限运转经费全额纳入财政预算，基本确保了村级组织正常运转。市里培训乡镇主要负责人1000多人次，县里培训村主干8000多人次，乡村基层组织带领群众建设新农村的战斗力普遍增强。市县投资1000多万元，帮助25个乡镇改善了办公条件。新建或改造村部394个。消赤减债工作涌现出许多典型，石门县有39个乡镇、239个村实现债务结零。（朱益祥）

种植业

【概况】2007年，在惠农政策效应持续放大、农业工作力度进一步增强、农产品价格整体走高、农业灾害相对较少等有利因素的共同作用下，全市种植业保持了又好又快的发展势头。预计全年种植业总产值132亿元（现行价），增11亿元，增长7.4%，种植业农民人平增收237元，种植业增加值占农民人均纯收入增加部分的60%以上。

水稻：全市播面51.71万公顷，增0.5万公顷；单产420公斤，增8公斤；总产325.6万吨，增9万吨。其中：早稻17.81万公顷，增0.25万公顷，单产5340公斤，增45公斤，总产95.1万吨，增2.1万吨；中稻14.17万公顷，减0.127万公顷，单产7245公斤，增106.5公斤，总产102.7万吨，增0.7万吨；晚稻19.74万公顷，增0.37万公顷，单产6465公斤，增216公斤，总产127.7万吨，增6.7万吨。

旱杂粮：全市玉米、豆类、薯类等旱杂粮播种8.11万公顷，增0.11万

社会主义新农村面貌

公顷；单产 3625.5 公斤（马铃薯、红薯按 1:5 的比例折合成原粮），减 87 公斤；总产 29.4 万吨，减 0.3 万吨。

棉花：全市种植 9.42 万公顷，增 0.758 万公顷；单产皮棉 1515 公斤，减 9 公斤；总产 14.3 万吨，增 1.2 万吨。

油菜：全市春收 21.41 万公顷，减 1.08 万公顷；单产 1789.5 公斤，增 63 公斤；总产 38.3 万吨，减 0.49 万吨。

柑橘：全市种植 8.88 万公顷，增 1.50 万公顷；单产 12135 公斤，增 2528 公斤；总产 107.8 万吨，增 36.9 万吨。

苎麻：全市种植 1.622 万公顷，减 0.578 万公顷；单产 3083 公斤，增 157.5 公斤；总产 5 万吨，减 1.4 万吨。

茶叶：全市种植 1.28 万公顷，增 0.08 万公顷；产量 1.36 万吨，减 0.14 万吨。其中名优茶 2195.5 吨，增 445.5 吨。

其他作物：甘蔗 0.34 万公顷，产量 15.92 万吨；烟草 0.33 万公顷，产量 7060 吨；西甜瓜 0.92 万公顷，产量 24.2 万吨；蚕桑 0.09 万公顷，产量 1004 吨；时鲜水果 0.994 万公顷，花卉 0.31 万公顷。（熊 飞）

农业高效产业

【产业建设取得新突破】 粮食生产。认真落实粮食直补、水稻良种补贴等惠农政策。扎实开展“确保耕地不抛荒”工作，坚决杜绝耕地抛荒。全市 0.08 万公顷抛荒耕地全部种上了水稻等农作物，粮食播面达到 59.697 万公顷，增 0.48 万公顷。开展水稻优质高产竞赛，优质稻达到 30.67 万公顷，增长 12%。大力推广轻简保优高产栽培技术及机械化操作技术，创建优质高产示范样板，粮食生产水平进一步提高。全市粮食总产达到 354.94 万吨，增 9.28 万吨。“确保耕地不抛荒”及粮食生产工作被省农业厅评为全省第一名，鼎城区被评为全国粮食生产先进县标兵。

丘岗作物开发。加大柑橘开发力度，筛选引进了“大丰 2 号”等 3 个柑橘新品种，推广普及柑橘“改密植为稀植”等“五改”节本增效技术；创办 50 个标准化生产示范点，改造低产园 0.33 万公顷；推进柑橘无病毒苗木良繁体系建设，国家农业部湖南省石门县优质特早熟蜜橘无病毒种苗繁育基地正式投入生产，年出苗能力达到 10 万株。加大茶叶开发力度，优化区域布局，茶叶生产进一步向桃源、石门优势产区集中；建立茶叶生产示范点 12 个，改造低产园 0.233 万公顷；大力发展无性系良种茶园，新扩无性系良种茶园 626.67 公顷；加快生态茶园建设，推广频振灯 385 盏，新认证有机茶基地 2 个，新认证有机茶园面积 133.33 公顷，茶叶市场竞争力进一步提升。

棉花生产。全面棉花收获 9.4 万多公顷，创历史最高水平。普及优质抗虫杂交棉新品种，抗虫杂交棉推广突破 0.667 万公顷，占全市植棉面积的 97.2%。针对杂交棉的特点，重点推广了早施、多施花铃肥防早衰技术和棉花水浮育苗技术。棉花水浮育苗技术的推广在全市喜获成功，该技术省工、省种、省成本，棉苗素质好，发育稳健，棉花生产后期产量高，是继营养钵育苗后的又一次棉花育苗技术革命。同时，在棉花优势区域基地县建立杂交棉品种展示区，确保品种的安全性。

秋冬季农业。全市落实秋冬种面积 41.02 万公顷，秋冬种作物覆盖率近 90%，其中油菜 26.67 万公顷，增加 3.862 万公顷，高出历史最高水平 1.8 万公顷；绿肥 6.05 万公顷，增加 2.52 万公顷。突出抓好秋冬季农业办点示范，全市建立高产高效示范点 34 个，示范面积达 0.54 万公顷，其中万亩示范片 3 个。（熊 飞）

【农产品质量安全管理取得新进展】 按照“标准化创品牌、市场准入促管理、体系建设强基础”的思路，全市农业部门认真贯彻《农产品质量安全法》，狠抓农产品质量安全专项整治，农产品质量安全管理取得长足进展。大力推行标准化生产，组织制（修）订地方规范 28 个，新建了桃源、石门茶叶、汉寿水稻、澧县葡萄、鼎城雷竹笋等 9 个无公害农产品生产示范基地。开展蔬菜例行监测和蔬菜、水果农残检测，实行农残监测周报制，超额完成省厅蔬菜例行监测样本任务，农残超标率低于省厅农残控制标准。会同市蔬菜办制订《常德市蔬菜市场准入制度》，将全市 12 个农产品批发市场纳入质量安全监测范围，开展“三品”标识专项检查，对甘露寺蔬菜批发市场和水果大市场开展经常性检测。加强农业环境保护与建设，从源头上保障农产品质量安全。处理农业环境污染事故 16 起，理赔损失 79.66

万元。加强已认定无公害农产品产地跟踪监督管理，对全市29.5万公顷无公害产地进行了复查换证。积极筹备国家循环农业建设试点工作，全面启动农业污染源普查。继续推进乡村清洁工程建设，全市乡村清洁工程示范村增加到23个。市农业局被评为全业农产品质量安全认证与管理工作先进单位。（熊 飞）

【农业科教服务迈出新步伐】以提升农业科技含量为核心，以培育新型农民为重点，以提高重大生物灾害应急能力为保障，积极转变农业经济发展方式。大力实施超级稻“种三产四”丰产工程，全市推广超级稻6.67多万公顷，单产达到8310公斤，高出全市水稻单产水平近三成。在桃源县马鬃岭镇竹湾村开展“科教兴村”示范，示范村农民人平收入达到4900元，人平增收900元。广泛深入开展“送科技”下乡活动，全年送科技下乡78次，举办培训班450场次，培训农民12万人次，建农民科技书屋25间，赠送农资近200万元。大力实施“阳光工程”，全年完成培训任务2.41万人，是全省任务完成最多的市（州）。“阳光工程”培训质量进一步提高，转移就业率达到96%，高出上年2.5个百分点。加强耕地质量建设，推广土肥新技术，扩大冬绿肥生产。冬绿肥10年来首次突破百万亩，达到7万公顷。完成测土配方施肥36.67万公顷，为农民节本增效2.75亿元。加强农作物有害生物监测预报，科学指导农作物病虫草鼠防治1亿亩次以上，共计挽回损失15.2亿元，病虫危害损失率下降到3.7%，确保了病虫大发生年无大灾。实施植保施药器械更新换代示范带动工程，推广山东“卫士”牌手动喷雾器6000台，补贴金额达18万元。加强产地、调运和市场检疫。继续开展柑橘大实蝇控防，在桃源架桥建立柑橘大实蝇综合控防示范点，夺得了每亩2350公斤的高产。市植保植检站被评为全省植保工作先进单位。

（熊 飞）

【农业执法跨上新台阶】全市各级农业部门依法执法、创新执法、严格执法，进一步整顿规范了农资市场经营秩序，切实维护了农民合法权益。认真贯彻市政府2号文件精神，牵头开展了由工商、质监、畜牧等7部门组成的农业投入品联合执法大检查，取得了广泛而良好的社会反响，初步建立起了农业投入品监管的长效机制，有效整顿规范了农业投入品市场秩序。组织开展种子、肥料、农产品质量安全、农资市场等五大专项整治行动，重点查处了甲胺磷等五种高毒有机磷农药。全市市场检查覆盖率达到100%，共查处农资案件203起，没收违法所得及依法罚款102.65万元，协调处理农资纠纷64起，为农民挽回损失248.37万元。引进、筛选和储备主导作物新品种，完成油菜、棉花及中晚稻新品种展示及生产试验99个。坚持农作物主导品种公告制度，分时段发布主导品种46个，促进了良种普及。在全省率先开展了棉花田间纯度调查，对在全市经营的46个棉种集中种植和展示，邀请企业和专家予以现场鉴定，极大提高了棉种企业的质量意识，深受种子经营户和农民好评。加强产地、调运和市场检疫，按规程对全市0.078万公顷种子、苗木生产基地进行了产地检疫检验，抽查各类农作物种子、苗木629批次，防止了有害检疫对象入侵。开展执法人员培训，端正执法理念，提高执法队伍素质，全市无一起农业行政复议或诉讼案件。在优化经济发展环境和行风测评中，名列行政执法与涉企收费（税）类单位第四名。（熊 飞）

养殖业

【概况】2007年，全市养殖业系统认真贯彻落实中央1号文件精神，扎实推进社会主义新农村建设，养殖业经济稳步发展。生产总量进一步增加。出栏生猪595.2万头，增长4%；出栏牛16.01万头，增长3.09%；出栏羊269.04万只，增长1.4%；出笼家禽1.28亿羽，增长4.06%；水产品产量36.96万吨，增长6.85%；实现养殖业产值169.51亿元（现行价），增长17.83%。养殖业结构进一步优化。生猪、家禽、水产、草食牲畜以及饲料五大主导产业的优势更加明显。科技水平进一步提高，动物防疫员、水产养殖工职业技能鉴定逐步开展，牛羊冷配、网箱养鱼等先进技术得到广泛应用。农民收入进一步增加。生猪、禽、蛋产品等价格全面上涨，农民养殖收入明显增加。国家政策扶持力度进一步加大，全市年内争取生猪生产、动物防疫、农业血防、草食牲畜等养殖业建设资金8000多万元，为历史之最。（廖志成）

【多项政策扶持生猪生产】为确保生猪产业稳定发展和社会经济的稳定，国家出台多项政策大力扶持生猪生产。一是实施能繁母猪补贴政策。全市23.76万头能繁母猪按每头50元进行直补，共计补贴资金1188万元。二是积极开展母猪保险工作。所有能繁母猪均按每头1000元投保，保费由中央财政与养殖户按比例分担，降低了饲养风险。三是扶持生猪标准化规模养殖场（小区）。全市73个生猪规模场获得中央支持，争取资金1590万元。四是对生猪调出大县实施奖励，常德市桃源、澧县、石门、鼎城四个（区）县共获得国家奖励资金2000万元。

（廖志成）

【动物防疫工作被评为全省先进】2007年，常德市按照省委、省政府关于农业和农村工作“四个确保”的要求，完善了乡村动物防疫体系，强化防控责任，强化各种防控措施，加大了重大动物疫病防控力度，取得了良好成效，在省政府组织的“四个确保”考核验收中，常德市动物防疫工作被评为全省先进。（廖志成）

【农业部渔业科技入户汉寿县示范工程启动】2007年4月22日，农业部

渔业科技入户汉寿县示范工程正式启动，该工程在罐头嘴、洲口镇等10个乡镇的600个珍珠养殖大户开展。为确保此次活动取得实效，汉寿县成立了由7名专家组成的专家组，选派30名专业技术骨干为技术指导员，主要围绕纯正三角帆蚌，就稚蚌繁殖、幼蚌培育、扎珠蚌养殖、蚌病防治、扎蚌手术规程、鱼蚌混养、蚌鱼鸭（猪）综合养殖等方面开展技术培训服务，以促进该县珍珠生产能力和市场竞争力的不断提高。　（廖志成）

林　业

【概况】全市现有林业用地82万公顷，有林地71.6万公顷，活立木蓄积量2158万立方米，立竹1.34亿株，森林覆盖率44.57%。建有自然保护区4个（国家级2个、省级2个）、自然保护小区19个，总面积16.63万公顷，占国土面积的9.2%；建有森林公园11个（国家级5个、省级3个、市级3个）。现有国有林场16个。

2007年，全市调运林木种子400公斤，完成林木育苗453.33公顷，占计划任务166.67公顷的272%，其中良种使用率达到85%；生产合格苗木5439万株，进行种苗余缺调剂37万株，造林优质壮苗率达到99.8%。完成重点工程人工造林0.917万公顷，占计划任务的100%。其中：退耕还林工程完成荒山造林0.4万公顷,林业血防工程完成造林0.27万公顷。营造速生丰产林1.333万公顷，实施中幼林抚育2万公顷、抚育间伐0.48万公顷。完成油茶低产改造0.187万公顷，楠竹低产改造0.35万公顷，新造楠竹0.047万公顷，扩种花卉苗木133.33万公顷。347万人次采取各种形式履行植树义务，完成义务植树950万株，建立义务植树基地12个、面积0.073万公顷，全民义务植树尽责率达到94%。完成乡村公路绿化158公里，建立庭院绿化和以林业为主的庭院经济示范户100户。

2007年，全市采伐林木23.28万立方米、楠竹291万根，占限额计划的52%。审核长期征用林地39宗、审批临时占用林地246宗，涉及林地面积161.33公顷，征缴植被恢复费501.66万元。开展木竹经营加工市场清理整顿，注销木竹经营加工许可证198个，全市现有木竹经营单位1009家，加工单位493家。取缔野生动植物经营不合格经营单位7家，新增经营单位3家，全市现有野生动植物经营单位62家。进行常规和专项虫情调查11次，发布预报10期，病虫测报准确率81.6%；实施种苗产地检疫0.098万公顷，检疫率100%；开展林产品调运检疫，检疫木材16.2万立方米、楠竹240万根、花卉苗木28.8万株、干鲜水果7万吨、木本药材11吨，调运检疫率98%，准确率100%。林业有害生物发生面积1.53万公顷，发生率2.3%，其中成灾面积3.64公顷，成灾率0.05‰；实施防治面积1.32万公顷，防治率86%，其中无公害防治面积1.05万公顷，无公害防治率79.6%。发生森林火警55起、火灾14起，过火森林面积225.2公顷、受害面积107公顷。开展治理公路水上“三乱”明察暗访22次，检查里程5720公里，没有发现林业公路水上“三乱”违法行为。查处涉林违法犯罪案件3434起，其中，林业行政案件3354起，林业刑事案件80起。

2007年，全市生产木材31万立方米，竹材920万根，松香2吨，森林食品1450吨，茶油5700吨，人造板17.6万立方米，锯材2.5万立方米，木竹地板16万平方米，木竹藤家具及制品13万件，实现林业产值28.7亿元。

2007年，全市推广生根粉2100克，引进栽植桤木、桉树9.9万株。建立林业科技示范户15个，培训科技示范户120人次，辐射培训林农450人次。累计获得退耕还林、生态公益林保护、林业血防等国家和省投资1.46亿元，征收育林基金等林业规费2400万元。市林木种苗繁育中心建成并投入使用。到2007年底，全市林业用地82公顷，有林地71.6万公顷，活立木蓄积量2158万立方米，森林覆盖率44.57%。与2006年底相比，有林地面积增加1.13万公顷，活立木蓄积量增加74万立方米，森林覆盖率提高0.77百分点。　（洪学智）

山路田林一体化

【武警森林部队驻勤常德】2007年,国家森林防火指挥部、国家林业局和武警森林总部，根据北方冬季森林防火休整期，正是南方森林防火紧要期的实际，首次实施“北兵南用”战略，调用黑龙江、内蒙古等北方武警森林部队支援湖南、江西等省森林防火工作。1月25日，武警森林黑龙江省总队大兴安岭支队72名官兵奉命抵达常德，驻勤市委党校，开展支援常德及周边市州森林防火工作。在常执勤期间，全体官兵边熟悉情况，边开展森林防火宣传，边进行针对性训练，并参与了鼎城区和宁乡县两起森林火灾的扑救。4月8日，驻常官兵圆满完成执勤任务，启程返回黑龙江。（洪学智）

【林业血防工程抑螺防病林建设】 2007年，国家开始实施林业血防工程。该工程包括抑螺防病林、退耕还林、长江防护林和湿地保护4个子项目。其中，抑螺防病林中央一次性投资150元/亩，全市规划到2015年，营造抑螺防病林80万亩。2007年，国家下达给常德市抑螺防病林建设任务4.1万亩，在澧县、汉寿、安乡、津市、鼎城5个区县（市）实施。10月下旬，湖南省林业勘查设计院专家组对全市当年新造林进行检查验收，合格面积0.25万公顷，感染性钉螺密度0.026只/0.11平方米，活螺密度比造林前下降了42.82%。（洪学智）

【石门县获“全国营造林综合核查优秀县”称号】 2007年5月，石门县代表常德市接受了国家林业局委托中南林业调查规划设计院进行的人工造林、更新实绩核查。检查组共抽查了东山峰、壶瓶山、磨市、新铺4个乡镇1.16万亩的2006年长防林造林和封山育林、历年退耕还林工程坡耕地造林和2003年退耕还林工程荒山造林。其中，作业设计率、建档率、检查验收率达到100%，面积核实率、合格率、按设计施工率、抚育率、管护率等其它检查指标全部在90%以上。石门县因各项检查指标成绩优异，被评为全国营造林综合核查优秀县。（洪学智）

【苏家堆等4个村被评为“全国绿色小康村”】 2007年9月11日，中央宣传部、中央文明办、全国绿化委员会、国家林业局对从2006年开展的“创绿色家园，建富裕新村”活动中涌现出来的先进典型进行表彰，全市有桃源县枫树维吾尔族回族乡苏家堆村、澧县张公庙新年村、临澧县官亭乡天星村、石门县子良坪乡谭村村4个村被评为全国绿色小康村。同时，石门县秀坪园艺场六分场的武电波、桃源县漆河镇铁佛寺村的姚中奎等27个农户被评为全国绿色小康户。（洪学智）

【6家企业被认定为湖南省林产工业龙头企业】 2007年11月27日，湖南省林业厅向社会公布了湖南省林产工业龙头企业名单，常德市有6家林产工业企业位列其中，分别为澧县振胜人造板有限责任公司、湖南国珍木业有限公司、桃源县桃花源跃宇竹业有限责任公司、湖南泰格新元木业有限公司、常德市鼎城东方恒康竹业有限公司、汉寿县洞庭木业有限责任公司。（洪学智）

【全市现代林业建设研讨活动】 2007年10月至12月，市林学会、市林业局联合在全市范围内开展了现代林业建设研讨活动，共收集论文52篇，其中37篇被《常德林业科技》收录编辑为论文专辑。12月18日，全市现代林业建设专题研讨会在市林业局新落成的办公楼大会议室召开，省林业厅巡视员黄旭国、市政府副市长徐万发、市政协副主席彭明建等领导出席座谈议，部分区县（市）政府领导，林业劳模，各区县（市）林业局代表，西湖和西洞庭管理区、德山开发区、涔澹农场林业科负责人，国有林场场长、木材检查站长、重点林区乡镇林业站长，市直林业单位负责人，市林业局机关离退休人员和全体干部职工，共220余人参加了研讨会。（洪学智）

【建立重点生态公益林数据库】 2007年4月下旬至5月底，全市19名森林资源管理专业技术人员在2001年、2004年、2007年三次森林分类经营区划界定的基础上，通过近40天的努力，建立起全市重点生态公益林数据库。目前，石门县、桃源县、安乡县、鼎城区、临澧县、澧县、汉寿县、津市市、壶瓶山自然保护区、国有常德林场和河洑林场等11个单位共有国家重点生态公益林30.637万公顷，省级重点生态公益林3.59万公顷，其中，27.2万公顷国家重点生态公益林和1.64万公顷省级重点生态公益林纳入补偿范围，年获国家和省补偿资金2163.15万元。（洪学智）

【森林覆盖率提高0.77个百分点】 据全市森林资源计算机数据更新统计，到2007年底，全市林业用地82万公顷，有林地71.6万公顷，活立木蓄积量2158万立方米，森林覆盖率44.57%。与2006年底相比，有林地面积增加1.13万公顷，活立木蓄积量增加74万立方米，森林覆盖率提高0.77个百分点。（洪学智）

【市林木种苗繁育中心建成投入使用】 2007年9月，市林业局机关整体搬迁进入市林木种苗繁育中心办公。市林木种苗繁育中心于2004年3月经市发改委批准，同年11月动工建设，规划建设面积11050平方米，总投资1500万元，资金来源自筹。截至目前，主体工程、室内装饰全面完成，室外形象工程完成95%。（洪学智）

水　利

【概况】 2007年，在市委、市政府的正确领导下，在上级业务主管部门的大力支持下，常德市水利局坚持未雨绸缪，科学决策，取得了防汛抗灾的全面胜利，被省政府评为“全省防汛抗灾先进集体”；抢抓机遇，扎实工作，全年共争取国家水利投资3.7亿元，占全省的26%；科学规划，持续大干，再次夺取了全省水利建设“芙蓉杯”，实现水利建设“三连冠”；求真务实，严格责任，狠抓了山洪地质灾害防御各项工作，赢得了全国山洪灾害监测预警及防御工作经验交流会在我市隆重召开；以人为本，稳步推进，解决了全市24万人的饮水安全问题，获得了全省第一名的好成绩；统筹兼顾，严格督导，率先完成了水管体制改革两费测算和定性定编工作；开拓进取，诚信经营，实现了全市水利经济跨越式发展。　（王敦雷）

【抗御沅澧淞滋三水同发洪水取得胜利】2007年伊始，市水利局狠抓了查险处险、预案修订、物资储备、队伍组建、防汛值班等各项备汛工作，确保了工作不留遗漏。7月21日以来，由于长江上游、沅澧水流域普降大到暴雨，局部地区特大暴雨，导致常德市沅水、澧水、松滋水三水同发，全线超警戒水位。在汛情紧张时刻，省委副书记梅克保连夜赶往常德市指挥防汛抗灾；武吉海书记、卿渐伟市长和其他市领导多次会商汛情，并深入防汛抗灾最前线，日夜巡查，指挥督导；市领导刘本之、徐万发坐镇指挥，全面调度；各包县市级领导和包库包垸部门负责人按照防汛预案要求赶赴责任区，协助指挥防汛抗灾；所有水利工程按预案统一调度，市防指各战斗编组高效运转，市直各单位紧密配合，各级各部门迅速行动，共出动各级干部1.5万人，上防汛劳力49.7万人，投劳工日100万个，在澧水、沅水1121公里一线大堤在警戒水位以上运行均超过30小时的情况下，全市实现了“不溃一垸，不垮一库，不死一人”的既定目标，被省政府评为“全省防汛抗灾先进集体”。　（王敦雷）

【水利建设“芙蓉杯”三连冠】市水利局紧紧围绕“六个四”的水利建设目标，合理规划，落实措施，再次夺取了全省水利建设“芙蓉杯”，实现“三连冠”。全市共投入资金4.5亿元，完成破大堤工程9处，培修一线大堤42.5公里，治理病险水库117座，完成了西官垸分洪闸建设，启动了西官、澧南、围堤湖三个蓄洪垸堤防加固工程项目，启动了河洑闸转建、叶子口至熊家湾2.6公里砼防洪墙新建、善卷垸大堤培修等城防建设项目，完成了黄石、青山、澧阳平原灌区节水改造工程，新建维修排灌机埠989处1704台21.9万千瓦，整修渠道5192公里，全市有6个区县（市）挤入了全国小农水项目建设县笼子。由于持续大干水利，2007年汛期常德市仅发生11处险情，只有上世纪90年代同级洪水险情的十分之一。　（王敦雷）

【全国山洪灾害经验交流会在常德市召开】山洪地质灾害防御按照“最大限度减少人员伤亡，坚决杜绝群死群伤”的要求，狠抓责任落实、专项督导、预警试点等工作，赢得了全国山洪灾害经验交流会在常德市召开。全市69个山洪地质灾害易发乡镇，明确35个乡镇198个村为防御重点，逐一落实了市、县、乡、村、组五级包保责任人，并于6月11日在石门县召开现场会，组织现场演练，进一步明确相关责任，落实预防措施；成立专门督查组，对13个乡镇33个村山洪地质灾害防御工作和7个乡镇10座水库的防守及预案落实工作进行重点督查，发出督查专报；配合国家防办完成了石门县山洪灾害防御预警系统建设试点工作，并通过专家验收，11月5日至8日，全国山洪灾害监测预警及防御工作经验交流会在常德市隆重召开，中央9个部委、14个省市防办负责人参加了会议，国家防总秘书长、水利部副部长鄂竟平亲自与会并作重要讲话。　（王敦雷）

【饮水安全建设全省第一名】紧紧围绕省“8件实事”、市“10件实事”饮水安全目标，共投入资金8000万元，其中争取国家和省级投资2833万元，解决了24万人的饮水安全问题，超过省“8件实事”10.5万人,市“10件实事”4万人，比过去七年的总和（2000—2006年共解决17万人）还多7万人，获得了全省饮水安全建设第一名的好成绩。《经济日报》10月7日头版头条刊发了《湖南常德扎实推进农村饮水安全工程建设》的稿件，《湖南日报》10月8日头版头条刊发了《常德市农村人口安全饮水工程初见成效》的稿件，在社会上引起了强烈反响。经多方努力，编制完成了《全市县级农村饮水安全“十一五”实施规划》，争取澧县列入了全国100个农村饮水安全试点县。　（王敦雷）

【水利管理工作步入良性轨道】按照管理工作法制化、规范化、标准化要求，进一步强化涉水事务的执法力度，办理行政许可事项21件，处理信访事件2起，调处了五保山水库水事纠纷，敦促常张高速公路管理处限期拆除阻水鱼塘，督促业主完善了市城区13处高层建筑基础开挖项目的防洪补救措施；进一步强化河道采砂管理力度，出台了《关于加强河道采砂管理的通告》，起草了《常德市河道采砂管理办法》，联合市海事、国土、航道、公安等部门，开展了2个月的河道采砂整治专项行动，使河道采砂秩序明显好转；进一步加大了水资源保护力度，起草了《常德市饮水水源地保护办法》，可有效遏制投肥养鱼、珍珠养殖对农村饮用水源的污染；按照“谁设障，谁扫障”的原则，对全市一线大堤全面清障，完成主洪道清障7.2万亩，设计并埋设了1980以来常德市所溃堤垸《溃口警示牌》，率先完成了全市省管河道及市管河道洲滩利用登记发证工作。　（王敦雷）

【水管体制改革及两费测算和定性定编工作】为了落实湘政办发（2004）8号文件精神，市水利局进一步加大了督促指导的力度，多次奔赴安乡、澧县、石门、桃源等地进行重点检查督促，先后召开3次水利（水务）局长座谈会，将水管体制改革与区县（市）水利建设奖励“四挂钩”，及时完成了两费测算和定性定编工作。目前，各区县（市）都已按要求制定并上报了大中型水管单位分类定性、人员定编及改革实施方案。据统计，全市共有基层管理人员 8414 人，经测算应定编 5744 人，需分流 2670 人。经努力，全市共争取国家转移支付资金 1.02 亿元，占全省的 40%，为全市水管体制改革顺利完成提供了资金保障。（王敦雷）

【水利经济跨越式发展】市水利局依托丰富的水土资源优势，积极适应市场经济要求，加快了水利经济产业化步伐，2007 年全市完成水利经济总收入 11.8 亿元，实现利税 1.02 亿元，分别超上年 5%以上，特别是局属企业取得了较好社会效益和经济效益。华纬、兴禹两家公司全年共承接项目 81 个，签订合同金额 3.83 亿元，完成产值 1.9 亿元，兴禹公司还取得了建安企业房屋建筑工程施工总承包资质，并成功打入了柬埔寨建设市场；设计院全年共签订合同 68 个，合同金额达 750 万元；德江监理公司全年共承接监理项目 50 个，实现财务收入 367 万元，并顺利获得了水利部监理行业甲级资质；检测站经过努力，终于获得了省厅颁发的水利工程质量检测单位资格认定证书。（王敦雷）

气　象

【概况】2007 年，全市气象部门干部职工总数为 201 人，其中在职 130 人（含提前退休 8 人），离退休人员 71 人。在职职工中，副研级专业技术人员 7 人，中级专业技术人员 37 人；大学本科学历 30 人，大专学历 35 人。

2007 年常德市气象局综合目标管理总分在全省气象部门排名第一，被湖南省气象局授予 2007 年度“目标管理达标单位”称号。《常德市气象业务技术体制改革多轨道业务与功能体系实施方案》被省局评为一等奖，业务体改轨道展示获得全省第一名，全省预报竞赛获得第二名，个人获得全能与单项奖三次。常德市气象台获得湖南省气象局“2007 年度重大气象服务先进集体”称号，常德市气象台副台长胡振菊获得湖南省气象局“2007 年度重大气象服务先进个人”称号和湖南省气象局预报比武单项“实时天气预报”二等奖。常德市气象台预报员田泽芸获得湖南省气象局预报比武单项“理论知识、业务规范与 MICAPS V2.0 操作”三等奖和“个人全能”三等奖。桃源县气象局获得该县农口系统“目标管理先进单位”称号。市局精神文明建设连续 8 年保持了省级“文明单位”称号。全年在湖南气象发表论文多篇。其中，郭蓉芳等同志的《基于 T213 数值预报产品的大雾客观预报系统研究》和《常德市气候变化分析》、胡振菊的《新一代多普勒雷达在山丘人工增雨作业中的应用》和《湘西北 5.23 强对流过程分析》、余高杰等同志的《常德市雷暴的时空分布及成因分析》等论文均获好评。

（魏桃林）

【业务质量】全市测报工作，工作总基分 (12~10 月)自动站为 70941.2 /0.0，无错情；人工站为 33882.8/0.1，错情率 0.00‰。有 5 人通过 250 班无错验收。传输质量达到 98%以上。

农业气象工作，全年工作总基分为 6574.4，无错情。有 1 人通过 250 班无错验收。气象信息网络系统维护率、气象数据情报传输保障率等均在 96%以上。大气成份观测数据资料传输及时率及闪电定位仪资料传输每小时及时监控，无一遗漏。

2007 年雷达运行正常，累计运行时间 5168 小时，未发生雷达停机故障，雷达状态信息到报率 99.07%，可用性为 99.07%，系统可靠性为 90.51%，拼图上传 100%。

据统计，至 2007 年 10 月底城市预报 24 小时晴雨 TS 为 82.7F、小雨 TS 为 47.8F、最高气温≤2℃预报准确率 63.6F、最低气温≤2℃的预报准确率 74.7F，24 小时暴雨预报质量早间为 56.3F、下午为 58.3F；雷达短时预报质量为 85.6F；短期气候趋势预测质量（2006.12-2007.10）气温 98.4F、降水量 69.0F,气温预测准确率≥65%和降水预测准确率≥60%的总项数为 18 项。（魏桃林）

【气象服务】常德市气象局坚持“以人为本，无微不至，无所不在”的服务理念，千方百计地做好气象服务工作，取得了较好地经济效益和社会效益，多次得到市委、市政府的表扬和肯定。

市气象台始终坚持把决策气象服务放在首位，对每次暴雨、雷暴等强对流和其它灾害性天气过程，均提前做出了准确预报与服务。全年上报重大气象服务总结材料 13 份，发布地质灾害预警 11 次。先后圆满完成了 2007 年常德市人大政协“两会”、春节、常德元宵大型焰火晚会、清明节、“五·一黄金周”、高考、“第七届中国柑橘节”、“十一黄金周”天气等重大节会期间的天气专题预报服务任务。加强了气象灾情收集、评估。

6 月 18 日石门县遭受大暴雨袭击，市气象台和石门县局对石门这场突如其来的大暴雨提前一周作了准确预报。当天，湖南省政府副秘书长戴军勇打电话给省气象局局长祝燕德，对石门县 6 月 18 日遭受大暴雨袭击气象部门预报准确及时，有效地避免了灾情损失和人员伤亡，确保了人民群众生命财产安全表示感谢。

7 月 21 日至 26 日，受高空低槽和中低层切变线影响，沅水流域和澧水流域上游出现了一段雨水相对集中时段，五强溪开闸泄洪沅水流域水位陡涨，全面告急，几十万劳力投入抗洪，省委副书记梅克保亲自来常德指挥抗洪。在这段强降水过程发生前和发生中，常德市气象台共发布了 4 期“常德气象信息”，手机短信每天两次发布强降水天气信息，联合市国土局发布了 7 次地质灾害预警信息，电话服务 300 余次以上。25 日 21 时市气象台收到省气象局“关于紧急启动湖南省重大气象灾害预警Ⅲ级应急预案的决定”后，按照Ⅲ级应急预案要求同时启动常德市应急预案。在这次预报服务过程准确及时预报，为领导防洪抗洪决策提供了可靠的依据，收到了较好的社会和经济效益。

2007年第9号台风“圣帕”登陆后对常德市产生了一定的不利影响。8月21日上午9时市气象台经过会商后制作了第三期气象专题汇报，同时在专题材料中对9号台风的影响提出了建议和防御对策。上午10时左右市气象台将服务材料传真至市委、市政府及市防指，同时通过Notes向各县局进行了气象服务，对台风影响的重点地区进行了电话服务（桃源）。同时，市气象台预报员根据雷达回波的演变情况进行了短时临近预警服务及雷达联防服务。在“圣帕”台风影响常德市期间，向各县气象局和相关单位电话服务200余次，同时为鼎城区气象局进行人工增雨作业提供作业条件数十次。当降水回波移到益阳境内时及时向益阳市气象台文强台长进行了详细通报和预警服务。8月7日起常德气温持续走高，局部最高气温将达到39℃，创入夏新高。常德市气象台发布高温橙色天气预警，提醒市民做好防暑降温准备。（魏桃林）

【应急预警】常德市局紧急启动重大气象灾害预警Ⅲ级应急预案。7月24日8时至25日8时，常德市澧水流域和沅水上游出现了中到大雨局部暴雨的天气过程，澧水流域最大降雨点为慈利笼子头站，日降雨量达126.4毫米，常德市范围的最大降雨点为石门皂市站，日降雨量达100.4毫米。石门于25日12时出现59.05米的洪峰，超过警戒水位。沅澧两水将在26日全面进入警戒水位。

鉴于防汛形势严峻，常德市气象局根据湖南省气象局的要求已于7月25日晚上20时正式启动湖南省重大气象灾害预警Ⅲ级应急预案。并及时向各区县气象局发出了通知，要求密切注视天气变化，严密监视周边及长江中上游的水情、雨情，加强气象灾害监测、预警，并按照《湖南省重大气象灾害预警应急预案》要求，加强同当地党委、政府、防汛指挥部和有关部门的密切联系，主动开展决策气象服务，切实做好山洪灾害防御和水库保安及沅水、澧水防御大洪水的气象预报服务工作。全市气象部门领导和业务技术骨干全部到岗到位，进入紧急工作状态，各司其职，确保了防汛工作万无一失。（魏桃林）

【人工影响天气】7月20日，常德市气象局举办了火箭人工增雨作业培训，来自石门、澧县、临澧、桃源、汉寿、安乡、鼎城区（县）气象局16名人影技术人员参加了培训。市人工影响天气办公室有关专家讲解了省、市、县三级人影作业指挥系统的操作理论、操作规范和操作方法。该系统可对潜势预报、雷达资料、卫星云图、人影产品资料进行查询，并能有效地为人影作业提供效果评估。通过培训和考试，进一步提高了人影技术人员的实际操作能力，为全市下一步组织人工降雨打下了坚实的基础。

全市6~9月雨量为497毫米，与历年同期比较偏少1~2成，而且降雨分布不均，有的山区偏少3~4成。6月下旬开始出现晴热高温天气，使受旱面积不断扩大，有些地方出现了人畜饮水困难。又加上前期水库，塘坝蓄水偏少、水位低，形势十分严峻，严重影响了人民群众的生产生活和社会大局的稳定。为缓解旱情，市人工影响天气办抓住有利作业时机，进行人工增雨作业，向天公借得喜雨，缓解了全市大部分地区的旱情，用最少的投入获得了巨大的经济效益和社会效益。

全市现有火箭炮9门，高炮12门。共开展人影增雨抗旱历时43天,共动用“三七”高炮3门，增雨火箭8架，发射“三七”增雨弹69发、火箭增雨弹27发,共作业11次。炮点平均累积降雨量70毫米。

5月24日上午9时至10时，黄石灌区实施人工增雨作业，两次共向库区和灌区发射了4枚BR-1A型增雨火箭弹。此次人工增雨，黄石灌区各乡镇普降大雨，至24日下午3时止，灌区平均降雨35毫米，灌区旱情得到了全面的缓解。

7月10日，县人影办准确捕捉作业时机，组织火箭作业点连续两次成功实施了增雨作业。发射BL—1火箭弹7枚，桃源县政府副县长虞文炎、县农办副主任彭达友亲临深水港作业点指挥指导作业，并要求县人影办：“抓住时机、注意安全，连续作战，为桃源减除旱情做出贡献。”这次作业影响区普降喜雨。

8月11日~8月21日鼎城区在跃进水库、长岭岗等炮点进行人工影响天气作业，共发射增雨炮弹69发，作业3次。影响区内平均累计降水量30.0毫米，增加降雨量达34.7万吨，受益面积190平方千米，产生直接和间接经济效益达25万元。（魏桃林）

农村经营管理

【概况】2007年，市农村经营管理局以服务社会主义新农村建设为中心，按照市委、市政府的总体部署，全面落实党在农村的各项政策，立足经管工作职能，着重抓好农村土地承包管理、农民负担监督管理、农村集体资产和财务管理、农民专业合作组织指导等工作，开拓创新，务实奋进，圆满完成了全年工作任务，取得了显著成效，被省经管局、省减负办分别授予“全省农村经营管理工作先进单位”、“全省农民负担监督管理工作先进单位”称号，减轻农民负担工作作为省委、省政府对市州农村工作“四个确保”的考核内容之一，年终考核被评为一类。

农村土地承包管理工作得到全面推进。一是稳步推进农村土地二轮延包后续完善工作。2007年，根据常德市实际情况，市经管局对如何解决农村土地承包管理中存在的突出问题进行了重点研究，认真开展了农村土地二轮延包后续完善准备工作。在试点和充分调研的基础上，市长办公会议、市委常委会议先后听取汇报，决定在全市全面开展农村土地二轮延包后续完善工作，市委办、市政府办出台了

《关于认真做好农村土地二轮延包后续完善工作的通知》（常发〔2007〕50号)。12月20日，市政府召开专门会议全面部署了以换发、核发、补发全国统一的《农村土地承包经营权证》为主要内容的二轮延包后续完善工作。二是认真开展了农村土地突出问题的专项治理。国家和省里有关部门关于开展农村土地突出问题专项治理的文件下发后，市政府及时传达了文件精神，组织了专题研究，进行了专项部署。结合常德市实际，市经管局确定把农村土地二轮延包后续完善、维护农民土地承包权益作为农村土地突出问题专项治理的重点，并开展了一系列督导检查活动，对各地在农村土地突出问题专项治理中发现的问题提出了明确的整改要求。通过专项治理活动，使农民的土地承包权益得到切实落实和维护，土地纠纷调处能力得到切实提高，土地承包规范管理得到了切实加强。三是妥善调处了农村土地承包纠纷。各地认真贯彻落实国家有关政策规定，结合实际，采取协商调解、行政仲裁、司法裁定等一些行之有效的措施，把纠纷和矛盾化解在基层，解决在当地。石门县农村土地承包经营权纠纷仲裁试点工作经验在全省专项治理工作座谈会上进行了推介。全市各级共接处土地承包纠纷或信访4861起，对比上年下降了6%。

农民负担监管工作力度进一步加大。2007年，全市上下认真分析农民负担监管的新形势,围绕贯彻落实一系列农民负担监督管理法律、法规和政策，采取有力措施，加大工作力度，农民负担监管工作取得了明显成效。据统计，全市农民直接经济负担（加上水费）由上年的15518万元减少到10771.93万元，人均由上年的36.70元减少到25.49元，亩均由上年的25.33元减少到17.58元，总额减少4746.07万元，减幅为30.58%，人均减少11.21元，亩均减少7.75元。全年未发生涉及农民负担的恶性案件、严重群体性事件及造成重大影响的其他案（事）件。

农民专业合作组织得到稳步发展。2007年，全市通过着力培育新型农民，积极引导他们参与农产品的加工与销售，有效地实现了小农户与大市场的对接，农民专业合作组织正呈良好的发展态势。全年新增农民专业合作组织54家，其中农民专业合作社44家。截止年底，全市已有各类农民专业合作组织538家，其中合作社99家，拥有社（会）员15.44万户，其中合作社社员2.7万户，带动农户35.5万户，占农户总数的27.8%。7月1日以来，全市共有44家农民专业合作社依法办理了登记注册手续，取得了农民专业合作社法人执照，占已成立农民专业合作社的44.4%。在市、县经管部门的努力争取下，全市有12个农民专业合作组织获得国家和省级资金项目支持，其中国家级项目2个，省级项目10个，争取财政无偿投入资金73万元。

农村集体资产和财务管理工作水平不断提高。2007年，各地以制度建设为重点，促进了村集体经济组织财务管理的规范化。鼎城区蒿子港镇太岳村的《财务管理制度》被农业部编辑的《农村集体财务管理规范化示范村制度汇编》录用。截止年底，全市已有145个乡镇实行了“村账乡代管”，涉及到2763个村，分别占到全市乡镇数的69%、村级的66.6%。按照农业部和省里的统一部署和要求，全市对31个财务管理混乱村进行了清理整顿，共查出违纪金额265.8万元，查处违法违纪人员29人。结合社会主义新农村建设，各地普遍开展了常规审计、专项审计、重点审计、任期审计和离任审计等多种审计活动。据统计，全市共审计单位2977个，审计总金额达76869万元，审计出违规金额387.36万元，处分62人，应退赔的73.57万元已全部退赔到位。各地农村普遍推行以财务公开为重点的民主管理制度，取得一定成效。2007年，全市完成了村级债权债务到村、到组、到户台账的建设，进一步澄清了家底。建立健全了考核评估机制。市委、市政府出台了《关于控制和化解乡村债务的意见》，建立了相应的工作机制。市财政还拿出专项资金作为控制和化解乡村债务的专项奖励资金。通过各级的严格控制，村级债务呈下降趋势，2007年全市村级债务总额下降了3722万元。（陈　明）

【出台《关于控制和化解乡村债务的意见》】2007年8月1日，中共常德市委、常德市人民政府出台了《关于控制和化解乡村债务的意见》（常发〔2007〕8号)，明确要求要核实乡村债务数额，坚决制止新增债务，积极稳妥化解债务。文件还就加大财政支持力度、加强组织领导、改革考核体系、查处违纪违规行为等方面提出了具体措施。该文件被农业部《农村经营管理》（2007年第10期）原文刊发，并被农业部农村经济体制与经营管理司《农村经营管理情况》（2007年8月24日，第17期）原文刊发，并加了编者按。（陈　明）

【全市农村土地二轮延包后续完善工作全面启动】2007年12月21日召开的全市农村土地二轮延包后续完善工作会议标志着全市农村土地二轮延包后续完善工作在历经二年多的前期准备后正式启动。

市里为全面展开农村土地二轮延包后续完善工作做了认真的准备工作，市委市政府上半年在澧县大堰垱镇开展了农村土地二轮延包后续完善工作试点。在试点中，澧县县委县政府精心组织，采取一个县直部门包一个村、一个村由一名副科级以上干部带领一个工作组驻村帮助工作的方法，全县抽调20多个县直部门的干部组成工作队与镇村干部一道深入村组农户，宣传政策、调查研究、协调处理具体问题，经过2个多月时间，全面完成了试点工作任务，摸索出了一套有效处理和解决农村土地突出问题的办法。试点期间，市委书记武吉海、市政府副市长徐万发到点上进行了视察和指导，市委副秘书长、市农村办主任贺丽君亲自到点上做动员报告，市经管局局长张业湘多次到点上督导、指导试点工作。

按照市委、市政府的安排，全市农村土地二轮延包后续完善工作的基本目标是：农民土地承包权益得到切实落实和维护，农村土地承包合同签订率、农村土地承包经营权证到户率2008年4月底达到95%以上，年底达到100%；移民的土地安置问题得到妥善解决；农村土地承包管理得到规范和加强；土地承包纠纷得到妥善处理。市委、市政府要求，要广泛宣传发动，统一对做好农村土地二轮延包后续完善工作重要性和紧迫性的认识。要把干部和群众组织起来，切实抓好人员培训，要依法依规，稳妥推进，要扎扎实实做到“五到户”（承包面积、承包地位置、承包合同、承包经营权证、基本农田标注到户）、“四相符”（承包面积、承包合同、承包经营权证、承包经营权证登记簿相符），把农村土地承包的基础工作做扎实、做到位。要严格把握政策，积极稳妥地推进农村土地二轮延包后续完善工作。要切实加强领导，确保农村土地二轮延包后续完善工作落到实处。

（陈　明）

【农民负担监管】2007年，全市农民负担监督管理工作呈现四个“超历史”。

领导重视程度超历史。市、区县（市）两级都建立了党政一把手亲自抓、负总责的减负领导负责制，明确市、区县（市）、乡镇党政一把手是减负工作的第一责任人。市委书记武吉海在全市经济工作会和全市农村工作会上就加强全市的农民负担监管工作做了专项强调，并先后5次就农民负担问题做出批示。市长卿渐伟在全市贯彻落实“四个确保”调度会上也就农民负担问题做了专题强调，要求全市各级各部门一定要严格按要求及时足额落实党的各项惠农政策，确保农民的生产积极性得到有效调动，农民负担的监督管理得到加强。除市委书记、市长亲自过问、亲自抓外，市委、市政府分管领导更是具体抓、抓得紧。市委常委、市纪委书记刘剑英7月19日主持召开全市涉农负担案例通报电视电话会，会上通报一名在职县处级领导干部涉负违纪违规行为的典型案例。市政府分管农业的副市长徐万发更是逢会必讲农民负担问题，每个月带领市减负办的同志进村入户搞调研，掌握一手资料，并先后10多次就农民负担的具体问题做出批示和指示。

部门配合力度超历史。市里每次大型的减负活动，市直单位都予以积极响应和有力配合。在日常工作中，有关部门根据各自的职责和任务，狠抓了减负工作，做到了即有分又有合，真正形成了减负的合力。在涉农收费部门中，市里2007年明确教育、国土和公安为重管部门，市教育、国土、公安等3个重管部门变压力为动力，工作积极、主动。3个重管部门都建立了由局主要领导为第一责任人、分管领导具体负责的工作责任制，明确了具体的承办科室，积极参加市负担监管领导小组召开的每季度一次的重管部门调度会，主动汇报情况，主动查处问题，专项治理取得了明显成效。

市本级直接查处涉负违纪违规问题的案件超历史。全年由市负担监管办直接调查、处理的涉负信访案和问题达16件，其中国家信访局交办查处的2件，省减负办交办查处的9件，市级领导交办查处的5件。在查处涉负案中，市经管局坚持“以查处个案促进面上工作”的指导思想，对每一件都采取暗访方式，不向下打招呼，不要下面陪同，通过暗访掌握一手资料，然后向相关区县或市直单位发出交办函或限期整改通知书，真正做到了有案必查，有查必果。

农民得到的实惠超历史。全市通过落实党的各项减负惠农政策，农民得到的实惠超过了以往任何一年。据统计，全市通过严格落实水费降标的政策，可减轻农民的水费负担4352.06万元；通过严格落实一事一议筹资筹劳的政策，可减轻负担393.97万元；通过严格落实取消农村小学初中代收费和服务性收费及落实“两免一补”的政策，可减轻农民子女的就学负担17049万元；通过严格落实农民建房办证、二代身份证办证等涉农收费政策，可减轻农民涉农收费负担近200万元；通过打击哄抬农资价格、制售假劣农资坑农害农行为，可减轻农民不合理开支负担510万元；通过严格落实增加粮农补贴标准的政策，全市农民得到的补贴比上年增加10574万元。以上合计为33079.03万元，全市农民人均得到的实惠比上年增加78.39元。

（陈　明）

【獭兔养殖闹火湘鄂边】2007年8月17日，经工商部门登记注册，常德市绿然獭兔专业合作社成立，注册资金100万元，发展社员578名，全市各区县（市）甚至湖北省松滋市、公安县等地均有农民入社。合作社成立后，为每个社员建立了单独账户，獭兔买、卖、技术都由合作社负责，社员仅负责饲养，还明确了利润分配制度，成立了监事会。针对獭兔养殖面临的突出难题，合作社组织技术人员逐一攻关。为减少中间环节，合作社实行统一收购，定点屠宰，并做到笼具、饲料、兔药、疫苗统一供应。合作社研发出了獭兔饲料的标准化生产和统一供应问题，獭兔成活率得到提高。合作社还购置了技术服务车，组建专业技术服务队上门指导。为拉长产业链条，合作社一面派员跑市场，使獭兔皮由以往15元/张提高到40元/张，一面筹备建设兔肉冷冻厂和兔肉加工厂，现已研发兔肉深加工产品7个。目前，合作社共有存栏种兔4万只，达到年出栏商品兔120万只的生产规模，年可提供冷鲜兔肉、冷冻兔肉180万公斤，提供獭兔生、熟皮120万张，产值近亿元。2007年12月5日《湖南日报》报道了常德养殖獭兔的消息。

（陈　明）

农业机械化

【概况】2007年，常德市农机化局面临购机补贴任务重和农机监理部分职能移交等诸多压力和困难，仍取得了全市农机化工作的全面进步。常德市农机化局被评为全省农机化工作先进单位，汉寿县农机化局被评为全省县级农机化工作先进单位。2007年常德市农业机械化主要呈现如下特点：

农机整体实力增强。至2007年底，全市农机总动力已达358万千瓦，较上年增加24万千瓦。在总量持续增长的同时，装备结构进一步优化，拖拉机及农用运输车发展到4.8万台，水稻、油菜联合收割机发展到4360台。此外，运输机械、耕整机械、排灌机械、植保机械等均有较快增长。农业机械的快速发展，带来了农机作业水平的迅猛提升，机耕531千公顷，机收254千公顷，机插已全面启动，2007年达7千公顷。

农机投入快速增长。2007年补贴资金由去年的520万元迅速增加到1540万元，推广各类新机具8000台套以上，其中推广插秧机51台，仅桃源、汉寿两县就分别推广了15台、17台，全市插秧机总量达85台。享受购机补贴农民逾8000户，拉动投入8000多万元。项目资金的注入，给全市农机化发展提供了强大动力。

社会服务功能凸显。2007年全市签订农机作业承包合同2100份，农机作业面积300万亩，发展农机大户1950户，参加省内省外跨区作业的联合收割机2100台，跨区机收面积180万亩；全市调用农用水泵、柴油机、电动机3500台排渍抗旱，调用拖拉机及农用运输车800台，运输沙卵9000方，抢修水损农机具1万台件，销售供应农机配件15万多套，充分发挥了农机抗灾救灾的作用；全市9所农机化学校均通过了省农机局的资质审验，获得了农业部的合格证，培训各类技术人才14185人，其中阳光工程培训6000多人。

安全生产形势平稳。全年考核合格新驾驶员1600人，增驾600人，年审换证2000余人，办理新车上户2500台，年检合格机动车辆17000余台。全市共发生农机事故45起，死亡7人，伤51人，直接经济损失2.22万元。农机事故四项指数均控制在省定范围。

社会地位逐步提升。通过加大对全市农机化的宣传力度，做到了报纸上有文章，广播上有声音、电视上有影像。近年来，最有影响力的是市人民政府副市长徐万发同志在《常德日报》上发表的《深入贯彻执行<农业机械化促进法>，推动我市农业机械化事业健康发展》署名文章和《常德日报》上大篇幅刊发的《在希望的田野上》、《为了大地的丰收》等文对全市农业机械化推进历程作了全面综合报道。常德市农机化局网站的建成运行，成为本市农机系统的网络宣传平台，扩大了农机的知名度、提高了农机的地位，意义重大，影响深远。（胡金花）

【购机补贴政策惠及农民】2007年常德市共争取中央、省部、市三级购机补贴资金1540万元，全市全年共推广农机化新机具8000多台套，其中全喂入收割机1000多台。特别是全市还推广了新技术含量高的半喂入收割机25台，插秧机51台，烘干机3台，油菜收割机12台，油菜免耕直播机3台。享受购机补贴农民逾8000户，拉动投入8000多万元。（胡金花）

【全面构建农机化管理网络】常德市农机化局通过研究新办法，采取新措施，全面构建农机化管理网络，做到了减少一般事故，抑制重大事故，杜绝特大事故。

制度管理。制度的落实是安全生产工作的保证，通过健全各项制度，加大管理力度，建立起“三道防线三项制度”。紧紧筑牢农机安全生产的三道防线：认真贯彻《拖拉机驾驶培训管理办法》，提高培训质量，严把考试发证关，筑牢农机安全生产第一道防线；进一步规范牌证核发和安全技术检验工作，切实做到“两不准、一严禁”，即不符合标准要求的车辆不准办证上牌，不按规范检验合格的车辆不准办证上牌，严禁违规异地发牌发证，筑牢农机安全生产第二道防线；强化安全生产监督检查，及时纠正违章，消除安全隐患，筑牢农机安全生产第三道防线。严格落实三项制度：一是包保责任制。采取“点、线、面”相结合的方式，即机关领导和骨干包片、包区域、包乡镇，农机监理员和安全员包车辆、包驾驶员、包路段，谁包保的区域、谁负责的驾驶员和车辆就由谁负责到底，层层签订责任状，逐级分解安全责任，并建立起明细台帐、综合台帐和电子台帐。二是责任倒查追究制。对出现的农机安全责任事故，按照“四不放过”的原则，严格实行责任倒查追究制，决不迁就手软。三是一票否决制。按照上级部门划定的事故死亡控制指标，分解到各区县市，对突破指标的单位，年终评比时实行一票否决。

路面监控。针对农村拖拉机、农用车非法载人载客现象严重的实际情况，在进行调研、试点之后，形成了动静相结合的安全监管模式。一是加强对乡村道路定点检查的强度和流动检查的密度，特别是在逢场赶集、红白喜事、群众聚会、厂矿上下班、学生上放学等场所进行严密监控，对农用车非法载人载客现象，进行严肃查处、重拳打击；二是在进行道路流动监控巡查基础上，在全市范围内的农村道路上，每2公里左右设立一个农机道路交通安全监控点，向社会公布举报电话，并重奖举报者。目前全市共建农机道路交通安全监控点661个，部分区县还将农机道路交通安全监控点的建立扩展到国省道。通过动静监管相结合，确保了安全事故隐患及时得到查处和纠正。

宣传教育。隐患险于明火，防患胜于救灾，责任重于泰山，安全宣传教育需要常抓不懈。积极参与市安委组织的“安全生产月”、“宣传一条街”活动，全市全年共计制作宣传盾牌165块、悬挂横幅700余幅、各种宣传标语7500余条、散发各种资料22900余册。今年石门、津市还组织电影队到乡村放映《溅血的车轮》100余场次。通过参与“行风热线”栏目，直接和农机手对话，扩大影响；还通过发动学校开展“小手牵大手”活动，从娃娃抓安全生产、宣传教育。

专项整治。对黑车非驾、报废续驾、超载超速行驶、酒后驾驶、农用车拖拉机违法载人和人货混装行为进行专项治理，是农机部门每年常抓不懈的一项重要工作。根椐不同季节的特点，针对容易出现的问题，如春运高峰、高温天气农民出行困难，容易引发农用车、拖拉机大肆非法载人载客现象，秋收季节运输繁忙，容易引发超载、人货混装等现象，及时下发文件调整工作重点，布置专项整治行动。2007年10月与安监、交警等部门一起开展了为期1个月的农用车摩托车交通违法专项整治行动，声势之大，效果之强，历年罕见，共查处无牌农用车1062辆，报废农用车179辆，非法载人320起。（胡金花）

【农机科研又发新枝】2007年市农机研究所精心研制出的水、旱田多用步耕机获得国家专利，SGTN-160V2型旋耕起垄机已通过省级鉴定，烟叶编制机、铺膜机、育苗剪叶机正在研制之中。临澧县安福拖拉机有限公司2007年在安福—12Y前驱动铰接牵引式拖拉机基础上研制出一种前后驱动的小型拖拉机安福—124Y拖拉机，主要由发动机、底盘及电器三部分组成。主要特点：小巧灵活、爬坡性能好。用户反映好，是一种比较理想的适用山区及丘陵地区使用的运输机械。该产品2007年已顺利通过省级鉴定。（胡金花）

【农机大户徐金秋获“神内基金农技推广奖（农户）”】澧县农机局精心扶持的农机示范大户徐金全2007年购置了插秧机1台、远程担架式喷雾机2台，签订机插秧作业面积20公顷和农作物病虫害防治80公顷，创收4万余元，通过申报成为常德市获得由中华农业科教基金会创办的“神内基金农机推广奖（农户）”的第一人，得到了总额为3万元的神内基金奖励，通过他的影响，带动了周边一大批农民购机致富。（胡金花）

【农机监理部分职能移交】经过几年的酝酿和反复征求意见，2007年农机监理部分职能移交和人员移交终于提上了议事日程。农机监理部分职能移交是把农用车、农机道路安全事故处理等职能移交给交警部门。根据湘政办发〔2007〕29号和湘府阅〔2007〕88号精神，以依法移交、人随事走、分级负责、实事求是、平稳推进为原则，经过自愿报名、资格审查、身体检查、政治审核、考试合格等程序移交部分监理人员。全市符合移交条件的农机监理人员189名，其中市局5名。（胡金花）

移民开发

【概况】2007年，全市移民、扶贫工作在市委、市政府的正确领导下，坚持以科学发展观为指导，各方面都取得了较好成绩，呈现出库区和贫困地区社会大局基本稳定，经济社会持续、协调、健康发展的良好局面。

围绕重点，皂市移民工作取得了新进展。一是移民搬迁安置效果好。截至2007年底，整个皂市水库已累计完成移民投资12.6亿元，搬迁7个乡镇74个村3.75万多移民，完成了93%的移民任务，这些移民主要安置在石门（16490人）、澧县（7420人）、临澧（8960人）、鼎城（4230人）等区县。从12月份市移民局移民安置抽查情况来看,耕园地调整到位率为95%，个人补偿资金到位率为94%，宅基地到位率为99%，水、电、路等基础设施建设到位率为98%，移民对“八包”措施的满意率为99%，基本实现了“平安移民、平稳移民、有序安置、合理安置”的目标。二是专业项目建设进度快。库区集镇迁建工程已完成投资5200多万元，维新集镇新址基础设施建设工程基本完成，集镇公共设施建设、站办所和居民搬迁建房正在进行;磨市集镇复建竖向工程已完成，学校、医院建设和居民搬迁正在进行;阳泉集镇复建工程施工完毕。库区公路复建完成投资近9700万元，60公里路基工程已基本拉通57公里，占计划任务的95%，16座桥梁中有2座基本完工，其余14座正按计划抓紧施工，2008年5月底库区公路将全面竣工。雄黄矿水厂和库周交通道路复建工程将于2008年初完工。三是投资概算调整进展顺利。针对皂市水库政策性补偿偏低，移民反响较大的现实情况，在市委、市政府的高度重视下，市、县两级多次向国家发改委、水利部、省政府汇报，2007年9月，省政府常务会议专题研究了皂市水库移民投资概算调整工作，11月上旬，省移民局在长沙组织召开了初步审查会，随后设计单位拿出了调概报告,初步确定增加投资15.3亿元。12月上旬，水利部水规总院在长沙召开了皂市水库移民补偿投资概算调整报告审查会，基本通过了调概报告内容。

紧扣热点，移民后扶工作实现了新突破。一是人口核定登记完成较好。常德市大中型水库移民后期扶持工作涉及47座大中型水库，遍及全市所有的区县（市）和管理区，共有大中型水库移民人数19.4651万，省局核定的享受后期扶持政策的人数为19.2486万。为了将核定的移民人口落实到每个移民，在人口核定工作中严格按照国务院国发〔2006〕17号文件和省移民局湘移发〔2007〕2号文件中的“九登”规定，坚持“一把尺子量到底”，决不允许自定标准、乱开口子，严把村级初审、乡级复审、县级复核、市级抽查审核“四关”，基本做到了不错、不漏、不重复。二是扶持方式确定比较合理。在扶持方式确定上，各区县（市）严格遵循“政府引导、尊重民意，分类指导、区别对待，严格程序、规范操作，构建和谐、确保稳定”的原则，先由各县（区、市）政府明文明确定指导性意见，再由乡、村两级组织召开3个会议（即移民或移民户主会议、原住村民或村民代表会议、同等比例的移民和原住村民的会议），在引导移民和原住村民达成一致意见的基础上确定扶持方式，最后按程序进行报批备案。全市涉及大中型水库农村移民后期扶持工作的2623个村中，采取全部直补到人扶持方式的有1396个村，占53%，全部实施项目扶持方式的99个村，占4%；实施二者结合扶持方式的1128个村，占43%。三是后扶资金发放平稳。在发放后扶资金过程中，按照省局的工作要求，进一步明确移民资金管理纪律，全市直补到人的移民后扶资金均通过乡镇财税管理信息网络“金财网”，以银行“一卡通”形式直接发放到移民手中，并要求各地不得搭车抵扣其他收费，确保了直补到人资金不挤、不挪、不留。到2007年底，全市纳入扶持的绝大部分移民都已领到了2006年和2007年前两个季度的后期扶持资金。

关注民生，扶贫开发工作获得了新成果。各地广泛动员社会力量参与扶贫帮困，着力增加群众收入，开展扎实有效的工作，一年来各级共投入各类扶贫资金1920万元，脱贫贫困人口7221人。一是贫困地区基础设施条件有所改善。全市贫困村共新修、整修、硬化公路200公里，其中新修公路137.8公里；新修沟渠9400米，整修沟渠15200米，整修堰塘37口，新增灌溉面积518公顷；新建、整修各类水利工程170处；共建沼气池862个，其中，石门县建沼气池400口，西湖区新建沼气池300个；新建卫生院6所，80%的贫困村建起了卫生室，其中临澧县新建卫生院两所。二是贫困地区农民收入水平明显提高。各地党委、政府带领贫困地区农民利用资源优势，依托龙头企业，大力调整产业结构，推广新技术，新品种，努力拓展增收渠道，安乡县、西湖区等地引导“洞庭水殖”和“金健米业”两家上市公司，建立各类养殖基地0.2万多公顷，形成了企业与农户双赢的良性格局。石门县依托“九峰产业”、“双佳牧业”在贫困乡村发展牲猪5000多头，羊6000多只，鸡1万羽，农民人均增收100元以上。三是农村弱势群体救助体系不断完善。针对部分贫困人口生活没有保障的问题，各地积极出台一系列措施进行扶助。石门县出台了《农村特困户救助办法》，对非五保特困户实施救助；桃源县、西湖管理区实施了“爱心屋”工程，对无房户进行扶助，全年全市贫困地区共新建爱心屋305栋；临澧县设立了农村贫困生助学金，对特困学生进行救助。到2007年底，全市年人均纯收入低于683元以下的6.98万绝对贫困人口已全部实行低保，补助标准由每人每月15元提高到了30元。四是“智力扶贫”效果明显。全市各级共举办农村实用技术培训273场次，培训贫困农民4837人次，印发技术资料1万余册，转移培训贫困地区劳动力926人，培训就业率达到90%以上，就业人员月工资达到1000元以上。（钱正龙）

【皂市水库顺利实现下闸蓄水】10月25日，皂市水利枢纽大坝导流底孔闸门缓缓关闭，皂市水利枢纽下闸蓄水成功。这也预示着澧水地区的洪水问题可望得到有效解决。

皂市水利枢纽工程是澧水流域防洪骨干工程，是国务院批准的长江近期防洪建设重点工程，兼顾发电、旅游等综合效益的骨干防洪工程。水库总库容14.39亿立方米，正常蓄水位140米，防洪高水位143.5米。电站装机12万千瓦，年均发电量3.33亿千瓦时。总投资32.5亿元。

澧水流域位于湘西北、鄂西南地区，属洞庭湖水系。洞庭湖水系湘、资、沅、澧四水素有“湘水平、资水清、沅水大、澧水猛”之称。澧水的两大支流和上游干流均处于长江流域最大的暴雨中心，干支流洪水汇集迅速，峰高势猛，致使澧水流域洪涝灾害频繁、严重。1998年洪水，澧水流域直接经济损失达32.7亿元。造成这一地区洪灾损失的主要原因是上游无控制性工程，下游尾闾地区的防洪标准偏低（仅4~7年一遇），因此提高该地区的防洪标准显得十分迫切和必要。在《澧水流域规划报告》中已确定近期建设江垭、皂市和宜冲桥三座防洪水库，总防洪库容为17.7亿立方米，再结合澧水下游的河道治理，使澧水流域防洪标准提高到20~50年一遇。如果皂市水利枢纽工程与已建成和发挥防洪作用的江垭水库实行联合调度，能有效减轻澧水流域的洪涝灾害损失。（钱正龙）

【大中型水库移民后期扶持工作顺利通过省政府验收】2006年5月，国务院下发了国发〔2006〕17号文件，在全国范围内开展对大中型水库农村移民的后期扶持工作。常德市共有大中型水库47座，涉及移民19万多人。根据全省的统一部署，常德市的大中型水库移民后期扶持工作于2006年10月正式启动，各级移民干部克服移民涉及时间跨度长、影响群体大、矛盾隐患多等困难，辛勤工作，取得了显著成绩。7月25日至8月4日，由湖南省移民局吕祚亚副局长带队的省政府移民后期扶持工作验收组一行8人，对全市大中型水库移民后期扶持工作进行了验收。省政府检查验收组采取“听、看、查、访”等方法，抽查了常德市桃源、临澧、澧县、鼎城四个县区5个乡镇8个村163户791人。在检查情况通气会上，省政府检查组对常德市的后期扶持工作给予了充分肯定，他们认为，常德市在大中型水库移民后期扶持工作中政策宣传到位，人口核定登记基本准确，工作程序比较规范，资金发放到位，库区社会大局稳定，省政府检查组对常德市的后期扶持工作表示满意。（钱正龙）

农民素质教育

【概况】2007年，全市农民教育培训工作围绕“理顺机构职能、整合教育资源、实施技术培训、服务农村经济”的指导思想，紧扣新农村建设这个主题，大力开展实用技术、农村劳动力转移培训力度，努力拓展学历教育渠道，使全市农民教育培训有新的起色，服务常德农村经济取得了一定成效。

大力开展现代农业技术培训。农教办系统全年累积培训农民近6.4万人次，其中：武陵1000人次、鼎城3000人次、安乡8000人次、汉寿12000人次、澧县11000人次、临澧5000人次、桃源6000人次、石门10000人次、津市6000人次、西洞庭1000人次。培训内容涉及种植、养殖、加工、营销管理、法律等方面，发放自行编写的《建设新农村知识读本》等实用技术资料近10万余份。市本级聘请专家讲师团开展示范性农民实用技术培训，在西洞庭、澧县张公庙乡、鼎城区石板滩村、临澧县柏枝乡等10个乡镇，举办了涉及柑橘无公害栽培、棉花高产栽培、双孢蘑菇种植、秋延蔬菜栽培等内容的10期示范性农民实用技术培训，培训共计1200多人，免费发放资料5000余份，深受农民好评与拥护。

继续开展“阳光工程”培训。2007年包括市本级共有9个单位承担了“阳光工程”3500人的培训任务，其中市本级300人、武陵300人，鼎城400人、安乡600人、汉寿500人、澧县400人、临澧400人、津市400人、西洞庭200人。其严格按照“阳光工程”培训的要求，开设了酒店管理、服装制作、机械加工、机电维修、电器制作、电工操作等技术培训班，所培训的农村劳动力有3200人都转移到第二、三产业工作，占到培训人数的90%以上的。

努力开拓学历教育培训。配合新农村建设继续扩大招生渠道，重点培训回乡初、高中毕业生和村组骨干，各区县（市）注册中专生857名，其中：市本级中专200多人、武陵93人、鼎城103人、澧县255人、临澧58人、桃源中专100人、石门中专48人。实施“一村一名大学生”工程，共组织村组骨干和乡镇站所技术员200多人报名，上线人数在120多名。2007年，各区县（市）中专毕业667人，大专毕业143人。

“农民教育在线”网站。常德市农民教育办于04年创建的全国首家“农民教育在线”网站，于2006年12月完成了改版工作。新版网站共分28个大栏目，135个子栏目，建立了完善的信息添加、审核、考核制度，在分工明确的基础上，做到了日日更新、周周更新。年入库信息2万余条，共收录声像课件八大类共计265张光碟，编辑文字培训讲义共计512讲、近230万字，网站日访问量突破2000人次，2007年，在全国6000多家涉农网站中排名第168位，其内容涵盖了新农村建设、农民培训、学历教育、职业教育、农劳转移、实用技术等多个方面，名副其实的成为了农民的好帮手。

（周　琪）

农村合作经济

【概况】 2007年，全市供销社系统以“建设新网络，服务新农村”为主题，大力实施“四千工程”，规范发展农产品流通主体，着力构建新农村现代流通服务网络，积极探索为农服务措施，为搞活农产品流通，促进社会主义新农村建设作出了重要贡献。

农产品流通主体蓬勃发展。2007年，全市各类流通协会已发展到319家，带动农户65万户，年营销总额57.6亿元；年经营规模在200万元以上的农产品加工流通企业已发展到411家（其中上亿元的有7家），年营销总额62.1亿元；年经营规模在500万元以上的农产品交易批发市场121个，年交易额45亿元；年销售收入在20万元以上的农产品流通大户已发展到1352人，年销售额达30.5亿元。

“新网工程”建设扎实推进。2007年，全市日用消费品经营、农业生产资料供应、烟花爆竹配送三大连锁配送经营网络基本形成，经营业绩良好。“新合作”日用品连锁网络建设有了新的突破。2007年，全市新发展“新合作”加盟网点212个，比上年增加71%，全市“新合作”日用消费品连锁经营网络终端发展到510个，实现商品销售总额达7亿元，常德新合作石门成霞配送中心完成配送额8000多万元。汉寿、澧县、桃源配送中心组建工作正抓紧进行。农资连锁经营网络初步形成。2007年，常德市、澧县、石门和西洞庭分别成立了“湘农”分公司，全市发展“湘农”农资连锁经营网络终端378家，实现配送经营额达3.68亿元。烟花爆竹配送额已突破亿元大关。2007年，以新合作红升烟花爆竹公司为龙头，全市“新合作”烟花爆竹连锁经营分公司已发展到8家，拥有12家加盟厂、1个配送车队，辐射1100多家零售点，完成烟花爆竹连锁经营额达1.2亿元。

为农服务有了新举措。争取政策资金扶持。市供销社主动向全国总社和省供销社汇报，积极争取2007年新农村现代流通服务网络建设资金。2007年，市县两级供销社通过省供销社向省财政争取项目扶持资金31万元。加强农业项目开发。石门县供销社依托当地高山蔬菜、柑橘等特色产业，大力培育农产品标准化示范基地。2007年，石门县蔬菜协会、秀坪园艺场和双佳禽业合作社，分别被全国总社评为柑橘标准化示范基地、高山蔬菜标准化示范基地、养殖标准化示范基地。开展信息技术服务。临澧县供销社通过举办《中华人民共和国农民专业合作社法》培训班，宣传普及农民专业合作社知识。澧县农资协会针对该县九垸乡1200亩棉苗枯萎的问题，组织技术人员上门查找原因，指导农民科学用药，将农民的损失降到了最小程度。

（王少红）

【市农产品流通协会当选为中国农产品流通经纪人协会理事单位】 2007年11月30日，常德市农产品流通协会当选为中国农产品流通经纪人协会理事单位，湖南省仅5家单位当选。中国农产品流通经纪人协会是由中华全国供销合作总社牵头成立，经民政部注册登记，由中国境内从事农产品流通经纪业务的个人、企业、农民专业合作社、社团组织，以及与此业务相关的科研院所、教育培训机构和专家、学者等联合组成的全国性、非营利的社会团体。

常德市农产品流通协会自成立以来，充分发挥行业协会的职能作用，不断完善内部组织结构，加强会员规范管理，积极开展服务活动，规范了农产品流通秩序，促进了农产品顺畅流通。协会已发展成为全市农产品流通骨干力量。2007 年 12 月底止，该协会会员已发展到 195 个，其中省级龙头企业 11 家，市级龙头企业 16 家，会员年营销额达 52 亿元，拥有农产品品牌 57 个。协会自成立以来，协会会员引进新技术、新品种 116 项（个），开展技术培训 7.4 万人次，带动农户 38.3 万户，促进农民增收 3.9 亿元。（王少红）

【省人大常委会副主任庞道沐视察“大叶茶”苗圃基地】 2007 年 8 月 27 日，省人大常委会副主任庞道沐率省农办、省财政厅、省发改委、省供销社、省林业厅等部门负责人，视察了桃源县供销社“大叶茶”苗圃基地。市人大常委会副主任高勇陪同视察。

“大叶茶”是桃源县特有的茶叶品种，2005 年获得国家地理标志产品保护。“大叶茶”经济效益比普通茶高出 50%。2007 年，市政府确定未来 5~8 年内，全市“大叶茶”种植面积由 0.103 万公顷发展到 0.667 万公顷。为了促进“大叶茶”发展，桃源县供销社依托县茶叶协会，与腾琼茶业公司和古洞春茶业公司两大龙头企业联合合作，采取“龙头企业+协会+基地+农户”的模式，投资 160 万元，在茶庵铺镇和太平铺乡新建“大叶茶”种苗繁育基地 407 亩，可满足发展 0.133 万公顷茶园的茶苗需求。

庞道沐副主任听取桃源县供销社发展“大叶茶”的情况汇报后，对县供销社积极发展“大叶茶”种苗基地，促进新农村建设所做的工作给予了高度评价。他在视察苗圃基地时，反复叮嘱随同考察的省供销社、省茶业协会和省茶叶公司负责人，要从资金、技术、市场营销等方面，支持桃源县供销社发展“大叶茶”。同时，他要求茶业企业加大名品推广，加快品牌推介，逐步把“大叶茶”推向全国、走向世界。（王少红）

【博览会上签订亿元合同】 2007 年 10 月 25 日至 28 日、12 月 14 日至 16 日，常德市农产品流通协会组团分别参加了 2007 年第二届中国（长沙）国际食品博览会、2007 年中国（长沙）国际食用菌产业博览会。

协会共组织了 38 个企业会员参会，筛选了 120 多种商品参展。在两次博览会上，协会会员共签订销售合同 1.28 亿元，其中精为天米业公司一家企业的合同交易额就达 2800 多万元，临澧县傅大姐风味食品公司共签订销售合同三份，合同总额 1003 万元。协会参展企业鼎城区富民桥菜业公司的“富民桥”牌系列榨菜和临澧县香味源食品厂生产的“道水”牌菌油王荣获食品博览会金奖，桃源县漆河兴隆大米厂的“钱缘”牌大米荣获菌博会金奖。常德市农产品流通协会分别被食博会组委会授予优秀组织奖，被菌博会组委会授予组织金奖。

中共中央委员、全国供销合作总社党组书记、理事会副主任王君，省人民政府省长周强，省人大常委会副主任庞道沐，省人民政府副秘书长戴军勇，省供销社主任陈德礼，市人大常委会副主任石成林，市政府副市长徐万发等领导分别亲临协会展厅视察，并给予了高度评价。中央电视台、湖南卫视、长沙市电视台等新闻媒体进行了专题宣传报道。（王少红）

农业产业化

【概况】 近年来，全市上下以发展农产品加工为切入点，以培育农产品加工规模企业、打造十大标志性企业为着力点，大力培育主导产业，加速推进农业产业化经营，取得了较好成效。2007 年全市农产品加工企业达到 4430 家，实现销售收入 135 亿元，同比增长 17.5%，完成增加值 39.3 亿元，同比增长 17%。

产业基地有新扩张。全市粮棉油、乳品、蔬菜、柑橘、杨树、楠竹、烤烟等主导产业已形成初具规模的产业板块。2007 年，以桃源、鼎城、澧县、汉寿等商品粮基地县为主的粮食产业增加 0.47 万公顷，总面积达到 59.67 万公顷左右；以澧县、安乡、鼎城、汉寿、临澧等棉花主产区为主的棉花产业增加 1.07 万公顷，总面积达 9.6 万公顷左右；以安乡、鼎城、汉寿等滨湖地区为主的珍珠产业增加 333.33 公顷，总面积达 2.13 万公顷；以汉寿、澧县、安乡等低洼地带和沟港渠堤为主的杨树产业增加 0.32 万公顷，总面积达 11.33 万公顷；以武陵区和各县城郊及石门高寒山区为主的优质蔬菜产业增加 0.2 万公顷，总面积 8.67 万公顷；以石门、桃源等山丘区为主的柑橘产业增加 0.6 万公顷，总面积 7.33 万公顷；以桃源、鼎城、汉寿为主的楠竹产业增加 0.07 万公顷，总面积 5.07 万公顷；以桃源大叶茶、石门有机茶为主的茶叶产业增加 0.13 万公顷，达到 1.4 万公顷。随着产业基地的扩张，全市涌现出一批“一村一品”专业村和专业乡镇，带动农户近百万户，培育出了一批“万元田土”、“万元水面”。

龙头企业有新增加。2007 年全市新增农产品加工企业 120 家，达到 4430 家；新增规模以上农产品加工企业 40 家，达 241 家；新增享受省级龙头企业待遇农产品加工企业 13 家，达 28 家；新增市级龙头企业 38 家，达 116 家。全市农产品加工产值（不含烟厂）达到 135 亿元，加工转化率 45%。全市十大标志性企业今年实现产值 42 亿元，实现税收 1.5 亿元。以金健米业、广积米业、湘鲁万福为龙头的粮食加工企业，年加工量达到 100 多万吨，年加工产值 40 多亿元；以广源麻业、杰新纺织、云锦纺织为龙头的棉麻加工企业，年生产能力达到 45 万锭，加工产值 20 亿元；以明月油脂、盈成油脂为龙头的油料加工企业，加工产值10亿元；以泰格林纸、国珍木业为龙头的杨木加工企业，年加工产值4亿元；以金果果蔬、汇美食品为龙头的柑橘加工企业，年加工柑橘20多万吨，加工产值8亿元；以荣祺集团、来得富公司为龙头的蔬菜加工企业，年加工转化蔬菜30多万吨，加工产值8亿元；以华泰肉类、惠生食品、童胖子酱板鸭为龙头的肉类加工企业，年加工牲猪40万头，家禽1000多万羽，加工产值5亿元。

创牌认证有新成效。目前全市无公害农产品认定面积达到58.87万公顷，绿色食品基地13.33多万公顷，有机食品基地0.13万公顷。全市农产品品牌达到298个，其中中国名牌1个，湖南省名牌18个，中国驰名商标1个，湖南省著名商标23个，国家原产地保护产品1个。绿色食品88个，有机食品认证66个，获国家和省级金奖70多个，在2007中国（长沙）国际第二届国际食品博览会上，常德市有9个产品荣获金奖，占展会获金奖总数的七分之一。

休闲农业有新亮点。近年来，全市以发展"农家乐"和休闲观光农业示范园为着力点，大力发展休闲农业。目前，全市三星级以上休闲农庄34家，转移劳动力近万人。2007年已向省里申报五星级休闲农庄5家。安乡县土生源避暑农庄投入资金300万元，征用土地6.67公顷，新建鱼池3.33公顷、植物观光园1.33公顷、避暑凉棚7000平方米、餐饮保健房30多间，是一个集垂钓、休闲、植物观光、餐饮于一体的休闲农庄。

项目引进有新突破。2007年8月份，由市委、市政府组织了国家级龙头企业"常德行"活动，邀请了47家知名度高的龙头企业来常德市考察，并成功签约项目23个，投资总额达21.6亿元。10月份，由市人大、市政府牵头组织、市乡镇企业局承办，组织全市109家食品加工企业参加了2007中国（长沙）国际食品博览会，展会期间常德市有19个项目现场签约，投资总额达5.23亿元。（邹劲松）

农业科学研究

【概况】2007年，常德市农业科学研究所及合资公司湖南金健种业有限责任公司、科技成果推广企业常德市优农植保有限公司共同完成国家、省、市下达的科研课题25个，获常德市科技进步一等奖1项，三等奖1项，选育的2个优质杂交水稻新品种通过了省级品种审定委员会审定，1项研究成果通过市级验收。申报国家油菜现代产业技术体系综合试验站获得成功。承担的1项国家农业科技成果转化资金项目通过结题验收；1项国家农业科技成果转化资金项目正式启动；1项国家高新科技产业专项课题完成了工程验收；1项国家农业部农业综合开发专项课题顺利完成了年度计划任务，承担的省十一五重点科技攻关计划项目超额完成了目标任务。自主选育的水稻新品种参加全国、本省及其它各省市区试、预试或生产试验共80余项次。承担的全省油菜区域试验项目被评为省先进单位。共繁殖、生产、推广优质水稻、油菜、棉花良种20余个近万亩，生产种子200多万公斤，在全国推广种植13.33万公顷以上。在省内外推广高效、低毒农药200多个品种，计1600余吨。全所科研人员共发表专业论文9篇。（杨　宏）

新农村科技园　　盛忠泉　摄

【油菜科研被定为国家综合试验站】申报国家油菜现代产业技术体系综合试验站获得成功，被确定为全国23个（湖南省2个）综合试验站之一，定名为湖南常德试验站。2007~2008年度获30万元的基本研发费和仪器设备购置费补助额度。主要职责是针对湖南北部洞庭湖区油菜种植区开展油棉套做轻简化高效高产栽培技术试验、示范和推广，该区域油菜产业技术需求，生产状况和市场信息等调查，接受上级六个研究室分配的新品种、新技术试验示范任务，提供本生态区油菜生产全程技术咨询服务。（杨　宏）

【金优540的选育与应用获一等奖】由常德市农业科学研究所与湖南金健种业有限责任公司共同主持完成的"优质高产杂交水稻新品种金优540的选育与应用"成果，获常德市2007年度科技进步一等奖。金优540是采用籼粳杂交改造的方法育成的一个优质、高产、抗倒、适应性广的三系杂交籼稻新组合，其品质达到国标二级，平均亩产550公斤，最高达650公斤。该品种以较高的技术含量和广阔的市场前景，被列入国家2004年农业科技成果转化资金项目，已在湖南、广西、广东韶关等地推广种植11.13万余公顷，创经济效益2.3亿元以上，极大的促进了种子产业和优质米产业的发展。（杨　宏）

【油桃科研获三等奖】常德市农业科学研究所主持完成的"油桃新品种引进筛选与推广"成果，2007年5月通过市科技局主持组织的验收，专家们一致认为：该项研究选题准确，适合当前市场需要，特别是对丘岗山地开发具有重要意义，其技术路线合理，试验资料详实，数据可靠，具有一定的创新性、先进性和实用价值，该项研究达到了国内同类研究先进水平，填补了湖南省油桃大面积栽培与推广应用的空白。获常德市2007年度科技进步三等奖。该项目自2000年以来，在全省及湖北等地推广应用0.2万公顷以上，已取得明显的社会、经济、生态效益，净增效益累计达1.5亿元左右。（杨 宏）

【九优8号通过审定】2007年，优质高产杂交水稻新品种九优8号通过湖南省农作物品种审定委员会审定。该项目由湖南金健种业有限责任公司和常德市农业科学研究所共同完成。该品种丰产性好，米质优良，中抗白叶枯病；高肥条件下剑叶较宽大，易造成倒伏；凡适宜威优46、汕优46等迟熟组合种植的区域均可种植。（杨 宏）

【健优8号通过审定】2007年，优质高产杂交水稻新品种健优8号通过湖南省农作物品种审定委员会审定。该项目由湖南金健种业有限责任公司和常德市农业科学研究所共同完成。该品种丰产性好，米质优良，主要指标达部颁一等食用籼稻标准，耐寒抗逆性较强，适宜机械化收割，抗病性较强；抽穗期遇低温有少量卡颈；凡适宜威优46、汕优46等迟熟组合种植的区域均可种植。（杨 宏）

棉花科学研究

【概况】湖南省棉花科学研究所，作为“国家杂交棉新品种技术研究推广中心”及“国家棉花改良中心常德分中心”的技术依托单位，是湖南省唯一的一家棉花专业研究所，先后审定了洞庭1号、岱红岱、湘彩棉2号、湘棉不育系1号、湘杂棉1-13号等系列品种，其中湘杂棉2号、8号、11号为国家审定，“湘杂棉2号”2001-2002年被农业部列为全国推广品种，是全国推广面积较大的杂交棉品种之一，至2003年省内外累计推广湘杂棉200万公顷，新增产值45亿元以上，其辐射网络遍及湖南、湖北、江西、浙江、河南、安徽等长江中下游流域棉区，湘杂棉8号2006年被列为长江流域棉花区试对照品种。建所30年来，共取得国内先进水平以上成果60余项，其中48项53次获得国家或省、部级奖励，2项获国家发明专利。全所固定资产总额达3000万元。拥有生产能力为0.5吨/小时的全自动棉种精加工生产线一条，全自动棉种包装机械2台。科研、开发、办公用房共14000平方米，高标准的棉花育种基地7.5公顷。图书馆藏书5000册，资料500份，期刊1000本；建成了内部局域网，联通国际互联网。实验室配有60台套各类仪器设备，价值1000万元。（李建彬）

【湘杂棉11号】湘杂棉11号由湖南省棉花科学研究所、中国农科院生物技术研究所和北京中农种业联合选育。2006年8月28日通过国家审定，审定编号：国审棉2006016该转基因抗虫杂交棉组合是具有国家自主知识产权的BT+CPTI双价转基因抗虫杂交棉新品种。品种选育人为周世象、李建彬、朱春生、周德桂、王洪、吴佶膛等。

湘杂棉11号抗虫性好，产量高，品质优，符合国家长江流域棉区优质棉标准。湘杂棉11号在2年长江流域区试和1年生产试验都表现出丰产性好，早熟性好，高抗棉铃虫、红铃虫，耐枯、黄萎病，纤维品质优良，可纺60支棉纱等特性。适宜在长江流域棉区推广，减少打药次数，能够减少农民的生产成本和劳动力成本。

湘杂棉11号高抗棉铃虫和红铃虫，产量高，在减少棉田农药防治70%条件下，可使棉农增收3250元/公顷~3750元/公顷。年推广种植10万公顷湘杂棉11号，可增加社会效益3.45亿元，种子产业化收入可达7500万元，纯利润可达1500万元，新增税金100万元。该项目的市场开发权已转让北京中农种业。湘杂棉11号的品质优良，可纺60支以上的棉纱，能减少棉纺工业的生产成本。湘杂棉11号抗虫性好，可显著减少农药的使用量，减少对环境的污染，大大改善农业生态环境，促进人类生活生态化。

湘杂棉11号2007年9月份通过大北农奖励的初评，2007年11月份获得“第五届大北农科技奖励之科技促进奖”。（李建彬）

【湘杂棉3号】湘杂棉3号由湖南省棉花科学研究所选育，2002年通过湖南省审定。审定编号为国审棉2006016；成果登记号为943Y20050402。在2007年10月荣获由湖南省科技厅颁发的“湖南省科技进步二等奖”。该成果由周世象、杨翠国、毛爱莲、李建彬、赵瑞元、涂昌玉、周德桂、龚辉、朱春生、程泽新、王朝晖、江天程等同志完成。（李建彬）

【湘杂棉12号】1996年在湖南省科技厅、省农业厅和常德市科技局的大力支持下，作为“抗虫杂交棉新品种选育”正式立为湖南省“九五”攻关重点项目，选育抗虫杂交棉新组合课题开始启动，2000年加入国家“863”攻关计划，选育抗虫杂交棉新组合的各项指标为：抗棉花主要害虫1~2种（棉铃虫、红铃虫），减少农药使用量60%以上，产量达到常规杂交棉推广品种的95%以上，并兼抗耐棉花枯、黄萎病。纤维品质：绒长29毫米~31毫米，比强度22CN/tex，马克隆值4.7以下，各项指标按照国家攻关标准，适宜长江流域优质棉产业带发展要求。建立亲本繁育的技术体系和高产制种技术体系。建立以“科研（品种选育）+企业（以公司运作）+农户（生产和种植）”为模式的产业化模式。

转基因抗虫杂交棉湘杂棉12号由于抗虫性好、产量高、品质和抗病性好，植棉经济效益大幅度提高，特别是与其配套的优质高产栽培技术的同步推广普及，使湘杂棉12号大面积推广种植获得了极大的成功。湘杂棉12号是一个高产、优质、广适、抗病虫、高效低耗的环保型棉花种子产业，在同样的管理条件下，比目前同类型品种每亩多收皮棉20公斤以上，皮棉按每公斤10元计算，每亩增加产值200元；湘杂棉12号种子形成产业化后，推广能力提高了数十倍。每年种子产业化收入可达3000万元以上，科研单位可获利100万元。湘杂棉12号在生产上推广应用，以“宽行稀植”为核心内容的适合杂交棉特点的综合配套技术的推广，改变了传统的棉花栽培模式，大幅度增加了棉花产量，提高了棉花品质，有效地增加了棉农收入，同时推广湘杂棉12号配套栽培技术，开展棉田间套作，提高复种指数，促进了相关地区农业产业结构的调整，提高了棉田综合经济效益，激发了广大棉农的植棉积极性，对繁荣农村经济，保持农村社会稳定发挥了重要作用，每年推广种植6.67万公顷，可增加社会效益2亿元以上。

湘杂棉12号是一个抗虫棉品种，可减少对棉铃虫红铃虫等害虫的防治次数和农药用工投入。因此，推广种植湘杂棉12号，减轻了环境污染，维护了生态平衡，提高了湘杂棉12号棉种的市场竞争能力，是一项环保型农业。对于保持我国棉花生产持续稳步发展，维护生态平衡，增强我国棉花产业在国际市场的竞争力也具有不可估量的作用。

适宜种植地区：长江中下游流域棉区。审定时间及编号：2007年2月13日审定，编号：湘审棉2007007。

（李建彬）

【湘杂棉13号】课题组自20世纪90年代开始对高支纱新品种进行了系统的基础研究和应用开发。先后选育的湘杂棉4号、湘杂棉5号、湘杂棉13号(2002、2004、2007年分别通过了湖南省农作物品种审定委员会审定)等品种与组合，2.5%跨长31毫米以上，比强35cN/tex以上，麦克隆值3.8–4.5之间，产量水平达到当地大面积推广水平，能纺50支纱~60支纱的棉纱，经湖南纤检局检测，优等品相当于国际先进水平，一等品接近国际一般水平。

湘杂棉13号是利用棉花种间杂交后代具有超亲优势的理论为基础，以高品质抗病性较好的EK07和抗虫性较好的KZ29为父本。它具有以下特点：(1)高品质特性：绒长32毫米~33毫米，比强度34CN/tex–36CN/tex，麦克隆值4.5–4.6，纺纱均匀性指数155–165，完全能纺50支纱~60支纱。(2)多抗性：抗枯萎病，耐黄萎病；抗棉铃虫兼抗斜纹夜蛾，具有多抗特性。(3)高产性：在2005~2006年全省区试中8个点有7点次增产，比对照增产9.5%，达到极显著水平，在9个示范点中均表现了较高的产量水准。

率先制定高支纱新品种（新组合）的种棉生产、规范化种植的技术体系，并初步形成质量控制体系。建立建设高支纱的生产基地和进行质量控制，实现统一制种，集中管理，品牌经营，并制定严格的种棉生产质量管理体系，维护新品种的信誉和经济效益。建立以“科研（品种选育）+企业（以公司运作）+农户（生产和种植）”为模式的合作方式。产生经济效益：建立高品质杂交棉种子制种生产基地333.33公顷，并每年制种333.33公顷，生产F1种子60万公斤，推广种植6.67~10万公顷，新增社会效益2.5~3亿元，种子产业化收入0.5~0.6亿元，纯利润1000万元，上交国家利税200万元左右。

适宜种植地区：长江中下游流域棉区。审定时间及编号：2007年2月13日审定，编号：湘审棉2007008。

（李建彬）

【湘杂棉5号】1996年配制杂交组合208个，从中筛选出了一个大铃、高衣分、高衣指，集高产、优质、抗病、适应性强于一体的新组合Z-96×湘优98，编号为湘Z2087。母本Z-96是1993年由荆51253×中12杂交后代经回交、定向选育的具有丰产、优质、高抗病性、高配合力的材料。父本湘优98是本所从湘170×PD-100杂交后代中，定向系统选育而成的优质变异株。1997–1998年进行组合比较试验，1999–2000年参加省区试预备试验，2001–2003年参加湖南省棉花品种区域试验与生产试验，同时进行小面积多点示范种植。

该组合株型呈塔型，株高110~130厘米，果枝节间长短属中间类型，与主茎夹角成75°—85°，株型舒展，茎秆挺立，抗倒伏，第一果枝节位着生较高，烂铃轻；叶色较淡，叶片中等大小，向阳性强；铃呈卵圆型，铃壳薄，结铃性强，结铃集中且分布均匀，中批花单铃籽棉重6.8g，平均单铃籽棉重5.78g，子指11.72g，衣指9.23g，吐絮肥畅，易采摘，皮棉乳白有丝光。衣分高，中批花小样衣分43.31%，生育期125天左右，早熟性好，霜前花率80%以上；出苗好，苗壮，前期发育搭架快，长势旺而稳健，耐肥水，抗逆性强，不早衰；高抗枯萎病，病指为3.8，耐黄萎病，病指为11.6。

该项目利用杂种优势表现理论,采用聚合杂交、修饰回交、回交等育种方法选育出了高支纱新品种湘杂棉5号，其产量性状与湘杂棉8号相当，且皮棉可纺60支精梳纱，突破了优质与高产呈负相关的障碍，并由此建立与完善了高支纱棉新品种的选育技术体系。截至2007年，在长江流域主产棉区累计推广了13.33万公顷左右，新增皮棉2万吨，棉农增收3.2亿元，形成了高支纱棉生产链。同时，对高支纱棉高效配套生产技术进行了集成组合优化，获得了播期为4月20日、密度为每公顷2.4万株、纯N为每公顷330公斤的最佳栽培模式。

该项目成果登记号为943Y20040253，并于2008年1月27日荣获由常德市科技局颁发的“常德市科技进步二等奖”。该成果由张志刚、李景龙、贺云新、梅正鼎、肖立一等人完成。

（李建彬）

国内贸易

【概况】社会消费品零售总额大幅增涨。2007年，全市实现社会消费品零售总额279亿元，同比增长18.4%，较上年提高3.4个百分点。总额与增幅全省排位第3。其中：批发65.7亿元，增长16.2%；零售171.6亿元，增长18.7%；住宿餐饮35.51亿元，增长20.4%。

“万村千乡市场工程”稳步推进。全市新建和改造标准化农家店697家，累计达到了1375家，覆盖了全市新农村示范点和95%的乡镇、25.4%的行政村。商务部门还加强了与通讯、邮政部门的合作，扩大了农家店业务范围，实现了一网多用。安乡恒生商贸有限公司投资4000万元，建立了现代化配送中心，使该公司配送给农家店的商品比率多达60%以上。

商品市场建设步伐加快。世界零售第一强沃尔玛、台湾大润发和苏宁电器等著名商贸连锁企业相继落户常德，有效提升了常德商业水平。市城区天成爱心、澧县丰彩、安乡恒生、汉寿金湾超市相继扩大了连锁经营；投资7000多万元的汉寿县五里桥农产品大市场、投资近亿元的澧县财富广场等一批区域化龙头市场先后竣工开业，本地商业连锁企业也加快了扩张和品牌打造的步伐。津市、澧县积极工作，先后进入了国家“东桑西移”基地县行列，两县新增桑园面积达1万多亩，新增鲜蚕收购站两个，为实现贸工农一体化，做大做强桑蚕产业，奠定了良好的基础。

苏宁电器和台湾大润发落户常德

市场监管。加强了市场监测。全市选定了36家企业为监测点，建立了生活必需品市场、重要生产资料市场、重点流通企业、县级农村市场、应急商品等五大监测、报送系统。对市场的运行情况进行监测分析，给政府和社会公民及时提供有价值的商务信息。加强了特定行业管理。加强了酒类、典当、拍卖、成品油、二手车交易、报废汽车回收拆解等特定行业的监管。深入开展“放心酒工程示范店”活动，对17家拍卖企业进行了检查，对468家加油站进行了年检。在去年四季度柴油供应紧张时，及时启动了应急预案，平稳地度过了“油荒”。加强整规工作。建立健全食品安全五项管理制度，对各大超市、农贸市场开展了4次大规模的产品质量和食品安全专项整治行动。由整规办牵头，组织药监局、知识产权局、工商局、质监局等单位开展了一系列专项整治行动，进一步整顿和规范了市场经济秩序。

商贸促进活动成效明显。2007年，组织举办了“常德餐饮业名店、名师、名菜和服务明星评选活动”、常

德餐饮发展论坛、湘西北汽车博览会、美容美发博览会等一系列商贸活动，取得了良好的效果，为促进行业发展，扩大内需，拉动消费发挥了积极作用。

（戴振超）

附：常德市首届 “名店、名师、名菜、服务明星” 名单

名店（排名不分先后）

常德华天大酒店 常德国际大酒店
常德共和酒店
常德八百里金龙玉凤酒楼
澧县星香源国际大酒店
柳叶大酒店 壹德壹小吃店
德鸿餐厅 龙弟餐饮有限公司
富天和中餐厅 广源餐饮娱乐城
阳光楼酒店 东永海鲜酒楼
汉寿春华轩酒店 澧县桃花滩宾馆
津市刘聋子粉馆 津市锦绣兰苑
安乡晶鑫大酒店 安乡新阳光大酒店
安乡雨花天大酒店 桃源万家福满楼
石门宏启美食城
临澧伍大姐休闲农庄（农家乐）
柳叶湖大排档（农家乐）
美伦舫渔家乐（农家乐）
桃源人家（农家乐）

名师（排名不分先后）

张晚清 星香源国际大酒店
曾德勇 八百里金龙玉凤酒楼
刘春辉 澧县桃花滩宾馆
施光桂 安乡新阳光大酒店
龙田球 安乡晶鑫大酒店
邹永国 东永海鲜酒楼
梅国运 德鸿餐厅
刘东南 德鸿餐厅
王宏飞 玉龙景大酒店
李承前 阳光楼酒店
潘　勇 常德共和酒店
夏海燕 津市锦绣兰苑
张邵华 富天和中餐厅
施达文 汉寿春华轩酒店
段秀刚 紫东大酒店
裴世军 广源餐饮娱乐城
刘焕军 常德华天大酒店
童方来 柳叶大酒店
黄国军 柳叶大酒店
孙　焱 凯悦大酒店
张　军 龙弟餐饮有限公司
杨亚辉 园园土鸡店
彭信玉 津市刘聋子粉馆
鲁礼艳 壹德壹小吃店
于秀山 津市紫云阁酒店

名菜：

菜名	作者	单位
潇湘武陵龟	童方来	柳叶大酒店
洞庭柳叶水鱼	童方来	柳叶大酒店
御制牛尾	黄国军	柳叶大酒店
秘制狗肉	刘焕军	常德华天大酒店
洞庭水鱼裙边	李启武	常德国际大酒店
秘制回头鱼	孙　焱	凯悦大酒店
砂锅回鱼肚	段秀刚	紫东大酒店
阿婆桔香鹅皇	潘　勇	常德共和酒店
姜辣猪手	潘　勇	常德共和酒店
竹香牛排	张晚清	澧县星香源国际大酒店
鳜鱼炖鱼腐	曾德勇	常德八百里金龙玉凤酒楼
脆皮乳鸽松	刘春辉	澧县桃花滩宾馆
一品水鱼	施光桂	安乡新阳光大酒店
古法黄山龟	龙田球	安乡晶鑫大酒店
蒜香牛蛙	贺家武	石门庆丰楼大酒店
红煨牛水爪	邹永国	东永海鲜酒楼
德鸿谷香鸭	梅国运	德鸿餐厅
德鸿牛三珍	刘东南	德鸿餐厅
石锅豆腐	成　军	美伦舫渔家乐
农家口味鱼	余乐军	临澧伍大姐休闲农庄
巴掌牛肉钵子	向　峰	桃源万家福满楼
松鼠鱼	王宏飞	玉龙景大酒店
鸡汁花溪榨笋	李承前	阳光楼酒店
柳叶湖石锅鱼	曾庆海	柳叶湖大排档
沙滩烤肉排	夏海燕	津市锦绣兰苑
农家炒腊肉	陈玉双	桃花源桃源人家
外婆坛子肉	张邵华	富天和中餐厅
朗州砂锅水鱼裙边	张邵华	富天和中餐厅
黄焖芦鳝	施达文	汉寿春华轩酒店
干煎桂鱼王	裴世军	广源餐饮娱乐城
五谷杂粮熏谷鸭	张　军	龙弟餐饮有限公司
园园土鸡	杨亚辉	园园土鸡店
巴掌牛肉	高　毅	津市刘聋子粉馆
尤鱼杂烩	马　超	安乡雨花天大酒店
祖庵水鱼	于秀山	津市紫云阁酒店
高山羊肉	杨　龙	石门宏启美食城
牛肉炖粉（名小吃）	彭信玉	津市刘聋子粉馆
伏油盐菜包（名点）	鲁礼艳	壹德壹小吃店
牛排炖粉（名小吃）	张春宁	壹德壹小吃店
红烧牛肉粉（名小吃）	张春宁	壹德壹小吃

"三明一星" 颁奖仪式

常德餐饮服务明星（排名不分先后）：

邹玲霞 常德华天大酒店
李明松 常德华天大酒店
章　艳 常德华天大酒店
王　静 芷园宾馆
周兴霞 常德华天大酒店
唐冰洁 常德国际大酒店
罗　芳 桃林酒店
许　凤 常德共和酒店
刘　芬 芷园宾馆
吴　鹏 新天地大酒店
严钦梅 德华宾馆
张　琴 常德共和酒店

毛 丽 常德国际大酒店
严 恋 常德共和酒店
吴水荣 德华宾馆
曾林英 安乡新阳光大酒店
伍小兰 柳叶大酒店
张玲玲 阳光楼酒店
翦素梅 桃源万家福满楼
聂龙梅 汉寿春华轩酒店
黄 明 柳叶大酒店
魏小花 富天和中餐厅
梁 霞 广源餐饮娱乐城
张国芳 汉寿春华轩酒店
彭 英 安乡深柳宾馆
陈香平 德鸿餐厅
向白艺 德鸿餐厅
彭媛媛 星香源国际大酒店
张金浓 龙弟餐饮有限公司
文 蓉 安乡晶鑫大酒店

对外贸易

【概况】 2007年，全市完成进出口总额1.87亿美元，同比增长26.5%，居全省7位。其中实现出口1.04亿元，同比增长1.9%，进口8281万美元，同比增长81.7%，呈现出了较好的发展势头。总的来说就是“四个增加，一个突破”。一是经营主体增加。2007年全市新增外贸经营企业25家，全市获外贸经营权的内资企业已达135家，72家企业开展了外贸业务，18家企业实现了对外贸易零突破，其中：泰格新元、逐鹿苎麻、国珍木业等15家企业实现了出口零的突破。二是重点企业增加。2007年，全市出口上百万美元的重点企业净增2家，达到22家，杰新纺织、达门船舶、金龙电机、鸿鹰祥生物、金湘猪鬃等5家出口企业年出口均超过500万美元。杰新纺织集团出口额达2488万美元，创下该司出口历史新高；伟明湘旺克服退税政策调整等方面影响，出口大幅增加，跻入全市出口前十位。三是外贸市场增加。2007年，全市新开辟了苏丹、马达加斯加等一批非洲出口市场，全年出口市场达到70个。香港、美国、日本、澳大利亚、泰国成为常德市出口五大市场，出口额均超过500万美元。全市进口市场增加3个，达到26个。澳大利亚、加拿大、印尼成为前三大市场，东盟、欧盟两大集中市场进口3262万美元，接近进口总额的四成。四是外贸商品品种增加。2007年全市出口基本产品达164种，比上年增加27种，纺织制品、机电产品、高新技术产品年出口均超过2000万美元；农产品出口在猪鬃、辣椒干、柑桔等大幅增长的带动下态势良好，全年出口2329万美元，增长23.7%。全市主要进口基本商品达179种，其中：纸浆进口3078万美元，增长16.3%，占同期进口额的37.2%；氧化铝进口2712万美元，填补上年空白；机电产品进口1750万美元，同比增长71.6%，三大产品共进口占据了总进口额的90%强。五是“走出去”战略实现了零的突破。2007年，在进行大量前期调查的基础上，动员一批有经济实力，发展前景好的企业“借船出海”、走出国门、参与国际竞争。2007年，“金龙玉凤”有限公司与英国餐饮企业合作，投资54万共英镑在伦敦创办餐饮连锁店，金健米业在印尼开办分设机构，标志着常德市“走出去”战略实现了零的突破。此外，与省环球公司、机械出口公司、华隆公司等企业合作，丰富了对外劳务工作种类，劳务输出工种扩大到缝纫工、护士、厨师等10多个工种，对外劳务1718人。鼎城区、桃源县建立了缝纫工劳务输出培训基地，临澧成立了全国第一家县级劳务输出培训基地。桃源县继续稳居全省出口十强县。桃源县、津市市、德山开发区、武陵区获全市自营出口工作先进单位。（戴振超）

粮食购销

【种粮农民利益得到保护】 2007年，全市粮食播种面积49.4万公顷（早稻16.8万公顷、中稻13.3万公顷、晚稻19.3万公顷），总产量30.5亿公斤（早稻9亿公斤、中稻9亿公斤、晚稻12.5亿公斤）。截至12月底，全市收购粮食5.15亿公斤（早稻2.9亿公斤、中晚稻2.25亿公斤，国有粮食企业1.65亿公斤、其他主体3.5亿公斤）。各地国有粮食购销企业积极入市收购，同时采取受托代购、引进外省、市粮商在本市设点收购等措施，活跃市场，稳定粮价，有效保护了种粮农民的利益。全市早稻收购均价152元/百公斤，中晚稻164元/百公斤，优质稻190元/百公斤。早中晚稻收购价格均超过国家公布的最低收购价。截至12月底，全市实现粮食销售6.9亿公斤（销往省外0.95亿公斤），购销总量12.05亿公斤。（刘晋文）

【地方储备粮体系建设】 2007年，各级党委、政府都把建立和完善地方粮食储备提上了重要议事日程，政府召开专题常务会议研究落实粮食储备问题。截止到2007年底，全市建立市、县储备粮2200万公斤（市本级1500万公斤、县级700万公斤）。争取省级动态储备5200万公斤、省级固定储备4000万公斤。按照《国家粮食应急预案》要求，市、县制定了区域内粮食应急预案，建立和完善了粮食应急预警系统，切实加强了社会粮食流通统计工作，全方位搜集粮食信息，并建立定期报送制度，及时为各级政府搞好决策服务。（刘晋文）

【妥善解决粮食财务挂账问题】 2005年，省政府核复全市粮食财务挂账总额为22.62亿元（政策性挂账14.08亿元、经营性挂账8.54亿元），成为影响常德市粮食经济发展和国有粮食企业改革的主要障碍。市委市政府对此高度重视，2006年以来多次召集相关部门专题研究中央、省、市的相关政策，认真清理各地粮食财务亏损情况，形成专题报告上报省政府。2007年7月，省政府最终核准常德市粮食财务挂账总额为23.08亿元，其中，政策性挂账21.02亿元，经营性挂账2.06亿元。（刘晋文）

【粮政管理】 在当地党委政府和相

关部门的大力支持下，全市各级粮食行政管理部门的机构、人员、编制和粮食行政执法、社会粮食统计专项经费等基础性工作进一步得到落实。市局粮油检测中心被国家粮食局审定为国家区域性粮油食品质量监测中心。全市8家粮油检测化验室共争取专项资金40多万元，基本配齐了检化验设备，7家通过了省质量技术监督部门的复核评审。早晚稻收购期间，市局组织市县粮食行政执法人员开展了两次规模较大的联合执法行动，共检查粮食经营企业（户）450多家，纠正违法行为150余起，下达责令整改通知书105份。2007年10月上旬以来，按照省里统一部署，市局对全市8个区县（市）、19个储备粮承储企业开展了粮食质量专项整治行动。通过这些活动的开展，依法治粮观念得到进一步增强，外地企业跨区收购不在当地备案、收购粮食不办证（照）和统计台帐不完善等问题得到较好整改。（刘晋文）

【企业改革】 截至2007年底，全市276家国有粮食企业，有187家通过拍卖转让、破产、兼并和收购重组等方式基本退出国有序列。现有89家国有粮食企业，分别采取国有独资、国有控股、民营控股等形式，完成了股份制改造。全市国有粮食企业应置换身份的14723名职工全部完成身份置换。一大批企业通过体制和机制的转换，焕发出新的生机和活力，员工积极性普遍提高，企业经营状况明显改善。2007年1月至11月，全市国有粮食购销企业累计实现利润达530万元，超额完成省局下达的全年目标任务。（刘晋文）

【招商引资】 截至11月底，全市粮食系统共引进工业项目16个，总投资64796万元，到位资金16229万元。市直广积米业与深圳盛世中融投资发展公司、精实资本（香港）有限公司、深圳兴嘉科技有限公司以技术、土地联营方式，在德山开发区建设一个电磁陶瓷新材料研发生产一体化的基地，项目总投资达2.38亿元，2007年已到位资金400万元。（刘晋文）

【粮食产业化经营】 全市现有粮油加工企业381家（国有及国有控股企业14家、民营及其他367家）；年加工能力338万吨（大米300万吨、油脂15万吨、面制品5万吨、饲料10万吨、其他食品8万吨）。年加工能力10万吨以上企业3家，年销售收入过亿元企业6家，年盈利1000万元以上企业4家。国家级产业化龙头企业1家，省级产业化龙头企业14家，市级产业化龙头企业11家；4家省级以上产业化龙头企业纳入国家重点支持范畴。国家名牌产品1个，省级名牌9个，国家级放心粮油产品35个。通过积极引导，全市有20家企业分别与金健米业、广积米业成功实现品牌合作。品牌整合后，两家企业2007年销售总额达到了5.6亿元，同比增长40%。一大批如湘鲁万福、精为天、盈成油脂等民营粮食企业，依靠较为先进的技术、完善的营销网络和灵活的经营机制，快速发展壮大，成为常德市粮食产业化经营新的亮点。（刘晋文）

市场服务中心

【概况】 2007年常德市市场服务中心在市委、市政府的正确领导下，在市商务局的大力支持下，始终以“三个代表”重要思想和中共十六届六中、七中全会精神为指导，认真落实科学发展观，紧跟市场求发展，积极探索市场经济规律，坚持走可持续发展之路，锐意进取，团结务实，迎难而上，较好地完成了年度目标任务。截止10月底，共完成物业租赁收入248.8万余元。

根据国办发〔2007〕35号文件和市委、市政府关于市直事业单位改革等有关精神，事业单位必须实行全员聘用制。市场服务中心制定了新一轮的《常德市市场服务中心全员竞争上岗工作方案》、《常德市市场服务中心全员竞争上岗实施细则》和《龙港巷市场服务站全员竞争上岗方案》。

物业租赁收入是保证市场服务中心工作运转的必要条件。为合理确定各市场年物业租赁目标任务，年初，市场科、财务科深入各市场对所属门面、摊位进行现场核查后提供依据，由新班子客观公正地核定年租赁收入目标任务。为完成收入指标，市中心采取了落实责任、分解任务和对门面实行拍租经营的方法，保证物业租赁收入的完成。龙港巷农贸市场拆除重建后，基础设施得到较大提升，经营、购物环境明显改善。为防止经营户因“哄抢”有利位置而引起纠纷，同时，增加物业收入，对该市场实行了拍租经营。北站鸡鸭市场拍租收入在原来年收入9万元的基础上翻了一番。

常德市场服务中心所属资产均属市工商局移交的市场，基础设施破旧，经营、购物环境差。2007年，市场服务中心积极争取政府支持，通过市商务局等部门多方协调，取得了市政府对茉莉村农贸市场和红旗路农贸市场升级改造的资金支持。至年底，茉莉村农贸市场升级改造图纸设计的审定和投资评审工作已完成。并与供水供电等部门进行了水电增容协调，得到职能部门对市场改造的大力支持。红旗路农贸市场虽因产权主体问题没有动工，但相关图纸设计等前期工作已基本落实。

2007年，在资金非常紧张的情况下，对相关市场的基础设施进行了必要的维修改造。洞北市场的地下供水钢管严重破损，导致每月数千吨自来水流失，市场服务站无力支付。经办公室多次现场查看报批后，投入万余元，彻底改造整个市场的供水管网，减少了月均数千元的亏损。洞北市场办公室因顶部脱落，墙面开裂，影响办公。2007年上半年，为该市场改造了二间办公室，改善了市场的办公环境。北站鸡鸭批发市场因车流量大，导致市场内地面大面积坑洼不平，严重影响经营者、购物者的正常通行。市场服务中心对该市场的地面和下水道进行了多次修整，改善了市场的经营、购物环境。（伍宣铭）

中国人民银行常德市中心支行

【概况】2007年，中国人民银行常德市中心支行（以下简称人行常德中支）全面贯彻落实科学发展观，认真把握国家宏观调控意图，因地制宜传导货币政策，积极推进金融改革和发展，努力提高金融服务水平，切实维护区域经济金融稳定，支持和促进了地方经济持续稳定健康发展。银行业金融机构年末存款余额509亿元，比年初增加44亿元，增长9.5%；贷款余额316亿元（含核销贷款80604万元），比年初增加43亿元，同比多增加18亿元，增长15.6%，增速同比提高5.7个百分点；实现保费收入19.3亿元，同比增长18.7%；证券交易额790亿元，同比增加669亿元，增长5.5倍。中支获得17项省级以上集体荣誉，15项工作在分行辖内或全省介绍经验，参加各级竞赛获得8个集体奖项。中支年度工作在上级行28项专业考核中有23项进入先进,业务工作考评名列全省第一,圆满实现了连续三年跨入武汉分行、长沙中支先进中支行列的目标。（杨 华）

【改进支农再贷款管理方式】人行常德中支取消了再贷款周转限额，全部采用期限指标管理。截至12月底，全市累计发放再贷款6.8亿元，金融机构累计发放农业贷款25亿元，有力地支持了社会主义新农村建设。国家审计署驻湘办事处对常德市执行再贷款政策给予好评。（杨 华）

【生源地助学贷款全面启动】人行常德中支认真总结推广安乡县试点的成功经验，在全市启动了生源地助学贷款。全年全市发放生源地助学贷款257.4万元，其中发放由地方政府贴息的助学贷款187万元，支持468名贫困学子圆了求学梦。同时，继续引导商业银行向高校贫困学生发放国家助学贷款539万元，高校贷款到期偿还率连续四年达100%。（杨 华）

【兑付央行专项票据资金】人行常德中支加强对农村信用社改革工作的领导和指导，为确保央行票据兑付工作顺利进行，人行常德市中支加大了对农村信用社监测、考核和审查力度，实行票据发行按季考核监测和联社负责人定期汇报制度，并对个别联社股本金不稳定、影响资本充足率下降问题进行预警提示，责令整改。临澧、石门、鼎城、津市、澧县5家农村信用联社成功兑付央行专项票据资金55113万元。（杨 华）

【组织编写《常德市信贷产品指引》】为积极响应人民银行总行提出的“信贷政策产品化，信贷产品标准化”要求，广泛宣传推介信贷产品，鼓励

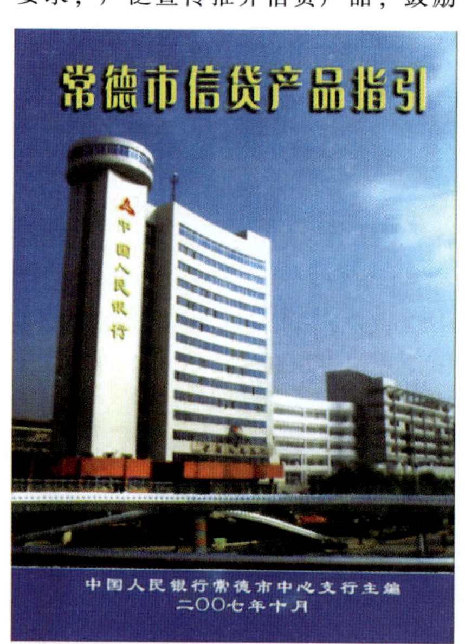

信贷产品指引

信贷产品创新，促进信贷服务质量提高，人行常德中支积极作为，组织金融机构编写了《常德市信贷产品指引》一书。各金融单位抽调了一批既有深厚理论知识又有丰富实践工作经验的同志，组成了专门的编辑委员会。经过3个多月的精心编排和撰写，11月该书印刷出版。《常德市信贷产品指引》既收录了信贷领域经久不衰的传统产品，又采撷了具有时代特色的新产品，并分别从贷款对象、条件、用途、期限、额度等方面进行介绍，是

一份详实的信贷服务“菜单”，方便社会公众选择适合自己的信贷产品。人行长沙中支缪曼聪行长亲自为该书作序，市人民政府市长卿渐伟和副市长李爱国为该书题词。（杨　华）

【破获1.67亿元洗钱案件】人行常德中支通过反洗钱监测发现线索，破获重大涉嫌虚开增值税发票偷逃税款和涉嫌洗钱案件，涉案金额1.67亿元，向公安机关移送后立案，已逮捕主要犯罪嫌疑人4人，冻结账户7个，冻结资金670多万元，引起长沙中支和总行高度重视，本案是湖南省第一起由人民银行自主监测调查、提供线索破获的涉嫌洗钱案，被总行确定为“天网行动”和“雷霆行动”第二批督办案件。（杨　华）

【建立反假货币工作站】人行常德中支扎实有效开展反假货币工作，做好农村和城市社区反假货币“两个网络”建设，建立农村反假货币工作站2688个、乡镇反假货币工作站78个、市城区反假货币工作站3个。同时，大力开展反假知识培训，举办培训班57个，培训人员2517人次。组织金融机构一线人员3200多人进行反假货币上岗资格证考试。2007年共收缴假人民币12815张，金额87.69万元，假美元303张3.03万美元，假国库券1张，协助公安机关破获假币案件4起，制假贩假犯罪活动得到有效遏制。（杨　华）

【推广使用征信产品】人行常德中支广泛推广使用征信产品，提请市社会信用体系建设领导小组印发《关于广泛推广使用信用产品的通知》，引起市直单位高度重视，市文化局、地震局、第四人民医院等单位要求员工自觉查询个人信用报告，12家投标建筑企业主动到人民银行查询信用报告。督促4家欠薪企业兑付拖欠民工工资14.67万元。率先在市州实现公积金中心与个人征信系统联网查询，成为继长沙市之后全省第2个将个人征信系统向住房公积金管理中心开放查询的市州，公积金中心累计查询个人信用报告1516笔，拒绝发放不良记录客户贷款19笔，金额255万元。积极引进外部评级机构对辖内8家贷款企业进行了信用评级，填补了常德市外部评级机构对贷款企业进行信用评级的空白。（杨　华）

【金融服务方式推陈出新】人行常德中支顺利完成了人民币结算账户管理、支票影像交换、联网核查居民身份信息等七大业务系统和定期借记、农民工银行卡特色服务的推广运行和改版升级工作。顺利完成《中央银行会计核算登记簿》整合试点工作。主动支持、积极配合财政国库体制改革，推动630家预算单位成功实行集中支付改革试点；汉寿、津市支库办理财政直接支付业务进展顺利；财库行支出联网经验在全省推介；指导、支持地税系统成功接入国库信息处理系统；在全省率先与财税关行签订《常德市国库资金风险联防工作责任书》，建立了国库资金风险防范整体联动机制，国库常德市中心支库再次获得总行四年一度的先进集体。推广远程核销管理方式，授权桃源、临澧、津市支行办理出口收汇核销业务，帮助3家企业实施境外投资，实现了本土企业“走出去”零的突破。率先完成金融统计历史数据整理和《金融统计年鉴》编辑工作，中小企业信息更新和采集工作名列全省第一。尝试在“中国常德”政府门户网办理贷款卡业务，提高了贷款卡办理效率。临街金融服务窗口已成为常德市公众瞩目的便民服务平台，得到了社会各界的普遍认可。（杨　华）

银行业监督管理

【概况】2007年，常德银监分局认真贯彻党的十七大精神，深入落实科学发展观，全面履行监管职能，努力解决常德银行业运行中的突出矛盾和重大问题，全力推进常德银行业的改革发展和稳定，着力加强监管能力建设，促进了全市银行业继续呈现良好发展态势。12月末，全市银行业机构各项存款余额达509.27亿元，比年初增加44.04亿元；全年累计发放贷款180亿元，同比多放30.61亿元，年末贷款余额308.3亿元，比年初增加34.63亿元，增幅为12.65%；实现整体盈利27066万元，同比增盈8668万元；防案控案成效显著，实现“零”发案目标。分局先后被授予湖南银监局先进单位、湖南银监局财务预算管理工作先进单位、湖南银监局固定资产管理系统应用先进单位、常德市文明标兵单位、市直目标管理先进单位等10项荣誉称号，信息单项考核获湖南银监局二等奖，有1人被评为银监会系统纪检监察先进个人，有10多人次在省局及以上的竞赛比武中获奖或取得好名次。（廖道远）

【深入推进银行业改革】一是引导农发行大力拓展商业性贷款业务,信贷业务由传统的粮棉油收购延伸到农、林、牧、副、渔及农村基础设施建设和农业综合开发等领域，调整市场定位成效显著。二是引导国有商业银行推进扁平化管理和业务流程再造，督促农业银行顺利完成股改前期准备工作。三是引导农村信用社完成县一级法人组建，不断完善法人治理结构，开展央行票据兑付工作，9家联社中有5家联社已成功兑付央行票据5.51亿元。四是引导邮政储蓄改革迈出实质性步伐，以小额存单质押贷款为起点，积极探索和发展资产业务，有53家网点成功发放小额存单质押贷款4683万元。（廖道远）

【全力履行银行业监管职能】严格市场准入。依法合规办理机构管理行政许可事项95项、高管人员任职资格管理行政许可事项76项。认真开展现场检查。开展了10项现场检查，共派出59个检查组，投入2396人次，检查机构411个，被检查金额232亿元；

查出违规机构408个，违规金额17.5亿元，提出整改意见535条，罚没款34万元，督促处理银行业机构违规人员45人，对742个网点进行了安全达标评估工作。积极发挥非现场监管效能。建立了政邮机构监管双边会谈机制和重点联系行（局）制度，开展了对农村信用社开展风险评级工作，建立被监管机构文件制度备案制度，及时监测不良贷款“双降”、资本充足率、备付率、资金运用、经营效益、贷款迁徙、支付缺口、风险敞口等情况，对于监测中发现的问题和风险进行预警预报和风险提示10多次。

（廖道远）

【纵深推进两项治理】分局出台《关于进一步加强案件专项治理工作的意见》，健全了案防责任机制、教育机制、监督机制、检查机制和问责机制等5个机制，推行领导对员工的“家访制”和与员工家属签订承诺书，加强对员工8小时以内的管理和8小时以外的行为监督。共督促辖内银行业机构完善内控制度22项，组织业务检查审计176次，发现违规操作1066人次，发出整改通知书168份，制定整改措施1159条，处理违规人员186人，罚款6.5万元。同时，建立了反商业贿赂报告制度、排查制度，开展全员宣传教育和警示教育85次，排查和整改问题36个。

（廖道远）

【加强改进银行业服务】积极搭建政银企良性互动平台。建立了金融工作联席会议制度、政银企恳谈会制度、银企合作融资洽谈会制度，为支持和谐良性互动发展搭建平台。分局积极协助常德市政府成功举办第三届银企合作融资洽谈会，达成融资合作项目350个，金额82亿元，其中合同项目181个，金额32亿元，授信项目98个，金额30亿元，意向项目71个，金额20亿元。还对常德市第二届银企洽谈会和湖南省2006年非公有制经济暨中小企业银企洽谈会签约项目履约情况进行了清理和督导。促成常德经济金融工作汇报会在长召开，赢得了省级各家银行业机构对常德的认识和看法不断好转，对常德经济发展的支持力度不断加大。督促改善银行金融服务。分局出台了《关于进一步改善银行临柜服务的意见》，督促辖内银行业机构有效缓解了“排长队”问题。开展了ATM机案件的专项整治。积极加强与公安部门沟通，全年成功破获3起ATM机案件，抓捕4名犯罪嫌疑人，有效地维护了存款人的合法权益。组织全市银行业机构通过电视台、报纸等媒体，利用营业场所开展为期1个月的安全使用银行卡宣传活动，增强城乡居民使用银行卡的安全意识和常识。

（廖道远）

热心服务

【贯彻国家宏观调控政策】通过召开监管工作例会，约见高管负责人谈话，采取风险提示，提出监管建议、窗口指导等方式，引导银行业机构严格执行国家宏观调控政策。一是严格控制“两高一剩”企业贷款。积极构建“绿色信贷”准入机制。对能耗、污染不达标的企业实施信贷退出。年末，主要银行“两高一剩”行业贷款余额比年初减少0.9亿元。二是严格防范银行资金违规流入股市。组织开展了银行资金流入股市的专项检查，及时召开了全辖市级银行业机构负责人会议，要求采取自清自查、强化风险教育、严格贷款管控、加强检查监督、明确责任追究等五项措施，有效防范银行业资金违规流入股市。

（廖道远）

【规范中间业务】一是规范代理基金销售业务。针对主要银行代理基金业务热销潜藏储蓄存款分流、居民投资冲动、正常秩序受扰、代理方式变味等问题，分局约见主要银行高管负责人谈话，督促采取增加基金代销点、注重向客户进行基金投资风险提示、制定存款支付应急处置预案等措施规范代理基金业务防范风险。二是规范代理保险业务。分局牵头和市保险协会组织召开了银行保险工作联席会议，督促银行业机构和保险业机构规范保险代理业务和财务收支核算，及时制止有关部门对代理保险业务不正当竞争的行为。

（廖道远）

中国农业发展银行常德市分行

【概况】2007年，在省分行党委的正确领导下，在省分行机关各处室的具体指导下，市农发行全面贯彻落实科学发展观，按照打造现代银行理念，坚持政策立行、发展强行、科技兴行、和谐办行，各项工作取得了可喜成绩。

2007年末，全行贷款余额88.02亿元，帐面比年初净增5.19亿元，剔除核销呆帐贷款5.37亿元，实际净增10.56亿元。累计投放各类贷款31.33亿元，同比多投放12.25亿元，是业务发展力度最大的一年。

2007年，为充分发挥政策性银行职能，确保国家粮食安全，市农发行一方面认真执行增储轮换政策，确保粮油增储、轮换任务按期完成；另一方面大力支持涉粮、涉棉企业入市收购，确保农民增产增收。全年累计发放粮棉储备、收购贷款13.1亿元，同比增长3.4亿元，使国家支农惠农政策落到实处。

2007年，在寻求业务发展新的增长点的过程中，按照发展“大农业”的理念，充分利用常德市农副产品资源丰富的地方资源优势，以产业化龙头企业为重点支持对象，支持农产品精深加工，提高产品附加值。全年向70家产业化龙头企业、深加工企业累计投放各类贷款15.3亿元，分别比上年增加21家、5.95亿元。其中：投放中长期技术改造贷款3.5亿元，促进企业扩规提质，企业多创利税近亿元。在市农发行支持的这些企业中，市级以上龙头企业占全市龙头企业总数的71%，不仅有粮棉加工、纺织印染企业，而且有果、蔬、生猪、水禽深加工企业；不仅有国家级大型龙头企业，而且有地方特色的食品加工企业。

2007年，市农发行按照打造现代银行理念，打破过去贷款投放过于集中于粮棉油产业格局，撒开信贷资金“大网”，全方位的涉足新农村建设各个领域。不仅成功地开办了农村基础设施建设贷款、农村物流体系建设贷款、农业小企业贷款、商业性储备贷款等业务，投放贷款达2.9亿元。而且不断充实金融产品、完善服务功能、提高竞争和可持续发展能力。在各项存款月均增长44%、代理保险收入翻番的同时，成功地开办了银行承兑汇票业务5900万元、贴现业务722万元以及牡丹金山卡和POS消费终端的推广与应用等业务。特别是开辟了农发行全国二级分行代理国际结算业务的先河，通过总行国际业务部为企业开出国际信用证116.6万欧元；开办了全国农发行系统首笔借款保函业务，涉及金额2300万元。

为充分调动干部职工“参政议政”积极性、不断提高上级行决策的执行力，规范了管理制度出台程序，对重大制度、决策和员工关注的热点、难点及焦点问题，一律按照先发征求意见稿，让全行职工充分讨论修改、再试行，修订后、才正式实行的程序，实行科学民主决策。特别是全市年初行长工作报告、年初发展规划、年末考核挂钩办法等，一律在全市职工代表大会上讨论、修订、通过后实行，让员工享有充分的参与权、知情权和监管权。充分调动了员工工作热情，提高了执行力。

加强信贷管理，不断提高风险防范能力。2007年，市农发行按照“择优扶持”的原则，不断完善信贷准入和退出机制。对高耗能、高污染、成长性差的企业严把准入关。全年市分行对接项目203笔，涉及金额40亿元；经前台调查、后台审查贷款160笔；最终审批154笔，金额20.81亿元。同时对信贷风险凸现的两家棉纺企业及5家老棉花企业实施了信贷退出，并采取强有力的措施追回了尾欠贷款4929万元。在探索贷款风险防范措施上，市农发行严格坚持信贷企业年报审计制度。对贷款企业会计报表的合规性、真实性进行审查，把其作为真实评定企业信用等级、预防信贷风险的基础性工作，坚持由会计事务所独立审核企业报表，杜绝了企业报表弄虚作假的现象，使全市96家企业信用等级评估准确率提高，其中76家信用等级较高的企业获得了农发行的综合授信，授信额度达24.84亿元。严格坚持房地产抵押、机械设备抵押评估制度，压缩了抵押物的虚值，提高了抵押担保贷款的抗风险能力。严格坚持对本行所有合同签定的法律事项审查制度，全年风险管理部门与聘请的法律顾问共审查信贷业务合同88份、非信贷业务经济合同41份，提出了审查修改意见421条，确保了经济合同的合法合规性，防范了潜在的法律文书漏洞风险。

加强内控管理，提高治行理政能力。2007年，市农发行以创建“四好”班子为契机，切实加强班子作风建设和组织建设。落实中心组学习制度，坚持对领导干部进行理想信念和政治纪律教育。引导领导干部过好“五关”。狠抓党风廉政建设和安全保卫工作。从宣传教育着手，坚持“廉政教育日”和“安全保卫教育日”制度。层层签订党风廉政建设和安全保卫责任状。2007年，市农发行2名干部因涉嫌经济问题被检察机关立案，为此，市农发行根据《中共中央纪委关于严格禁止利用职务上的便利谋取不正当利益若干规定》精神，及时完善了《银企廉政协议书》，制订了更加详细、更加严格的违规处理办法。为进一步落实内控制度，还加大了对领导班子成员任期经济责任审计，以及信贷、财务合规性的审计力度。

2007年，市农发行按照“一心一意办银行，聚精会神谋发展”的要求，通过优化资产结构，增收节支，促进了经营效益的大增长。全年实现利润8064万元，超省分行利润计划3223万元，人均创利31.5万元。同口径比较，比上年增创利润1850万元。

2007年，市农发行将不良贷款“双降”作为工作的重中之重，采取行之有效的措施，促进全行信贷资产结构不断优化。全年共压缩不良贷款107405万元（未考虑新五级分类的影响，下同），其中：财务挂帐剥离53541万元、呆账核销53559万元、现金清收305万元。不良贷款率由年初的27.4%，下降为13.6%，下降13.8个百分点，创历史之最。后两项净下降的53864万元不良贷款，每年可为市农发行减少系统内利息支出近1700万元。

扩大负债业务，作“低成本”文章。积极组织存款，改善负债结构。通过加强财政存款监督管理、加强信贷企业帐户管理以及销货款回笼归行管理、严格执行风险保证金和准备金制度、吸收同业存款等方式，全行各项存款旬均余额达51997万元，比上年增加16235万元。科学调度资金，减少无效资金占用。全年资金使用效率提高到102%，比上年提高2.4个百分点。年节约系统内利息支出近千万元。（万　可）

中国工商银行股份有限公司常德分行

【概况】 2007年末，中国工商银行股份有限公司常德分行共有服务机构39个，从业人员1091人，存款余额达99亿元，贷款余额52亿元，实现贷款利息收入32825万元，实现中间业务收入7261万元，经营效益显著提升，实现减值前利润15153万元，人均创利10.62万元，全行实现安全运行。

抓住业务发展主线，大力推进经营转型。大个金业务。抓住储蓄存款源头。在“开门红”期间，工商行采取特别奖励措施，开展专项劳动竞赛，调动全行一切可以调动的积极因素，促进储蓄存款的快速增长。狠抓代理产品营销。通过加大对基金、保险和本外币理财产品的营销力度，进一步优化收入结构，增强了可持续发展能力,基金、保险两项共实现代理收入4107万元,占全行中间业务收入的56.6%；全年销售基金较上年增加11.7亿元，处于同业领先地位；拓展个人信贷业务市场。市行成立了个人贷款营销中心，加大了对个人贷款营销的指导、管理和考核，市场拓展的力度更大了，业务发展的速度更快了，全年个人贷款累计发放5亿元，同比增加2.1亿元；提高客户经理队伍素质。先后选派人员参加了消费信贷、客户经理业务实战等培训班，挑选了5名客户经理参加总行AFP的课程培训，2名客户经理参加了总行CFP的课程培训。10月份有110人通过了总行个人信贷业务（初级）岗位资格考试，11月份有143人参加总行的个人信贷业务(中级）岗位资格考试，个人客户经理队伍素质不断提高。

结算与现金管理。2007年全行新增结算帐户1780户，结算客户总额达8300多户，对公结算账户存量和新增占比均居同业第一。新增现金管理协议客户39户，完成省分行年度任务的205%。企业年金业务拓展有了新的突破，取得了常德烟草公司企业年金的账户管理人和基金托管人资格；与津市嘉诚汽车部件有限责任公司和常德市先玉网具有限责任公司两个企业签署了企业年金全面合作协议。

电子银行和信用卡业务。通过“百团大战”、“夏季攻势”、“携手工行，共创财富”演讲等营销活动推介电子产品；注重对优质客户的二次营销，挖掘综合贡献度。加大宣传力度。常年在常德电视台图文频道24小时不间断滚动播放电子银行宣传广告，在市区主要街道设置电子银行大型平面广告，在常德政府网站投放电子银行网络宣传广告等，着重对“金融@家”“工行财e通”和“95588”等工行电子银行品牌进行宣传，扩大品牌影响力。在大力拓展信用卡市场的过程中，扩容做大规模。把理财金账户客户、房贷户、消费信贷户、存款大户、基金大户、炒股大户等客户群体纳入了信用卡发卡对象；提质防范风险。市场营销的主攻对象瞄准优先发卡群体，揽住高端客户群。主要向县（市）机关、团体等重点单位，高等院校及交通、能源、财政、税务、烟草、医院等重点行业，党政机关中公务员和专业人员，大中型企业高管人员大力营销中油国际卡、公务员卡、金山卡等各类信用卡。

中间业务。人民币结算业务收入806万元，同比增加155万元，增幅达24%；银行卡实现收入551万元，同比增加217万元，增幅达65%；电子银行收入438万元，同比增加285万元，增幅186%；营销灵通卡14.4万张的同时，营销“工行信使”17859户，提高了产品附加值，成为中间业务收入增长的新亮点。收入结构进一步优化。信贷衍生业务实现信贷中间业务收入1506万元，占比达21%；突出大个金业务，替代品18.4亿元，是2006年的3倍，实现个金中间业务收入4443万元,占比达62%。严格按照中间业务收费标准，强化收费管理。要求不得擅自减免各类中间业务收费或降低收费标准，确保中间业务收入及时、准确地按规定科目入账，防止“跑冒滴漏”现象发生。

坚持营销管理并重，加大信贷进退力度。拓展优质信贷市场。突出优质基础设施项目。先后对常德市非税收入管理局城市基础设施项目贷款1亿元，湖南华电石门发电有限公司、大唐石门发电有限责任公司、湖南兆恒水电有限公司等重点企业共发放贷款5.5亿元；突出优质存量贷款客户。对上市公司三金制药常德公司、湖南海利常德公司等增加贷款3000万元，对常德市第一人民医院、自来水公司、湘澧盐矿、湖南汽车车桥厂等大型企业新增贷款近9000万元，对澧县丰彩、雪龙食品、先玉网具等优质民营企业新增贷款3300万元；突出优质住房开发项目。对湖南金钻置业“水榭花城.北城”、“水榭花城.西城”、常德创宇房地产公司“怡景福园”、常德房地产公司“水岸春天”、常德金城房产“金城·2008”等精品楼盘发放住房开发贷款2.54亿元。同时通过提供积极的理财服务，将他行优质客户常德美景房地产公司、常德市广德房地产公司的精品楼盘项目“东方美景二期”、“广德花园一、二期”项目挖转到工商行，发放住房开发贷款8250万元。

防控存量贷款裂变。严格考核与管理制度。对资产质量控制指标以及不良资产压降任务完成情况实行“双重考核”，市分行按季分解下达进度目标及年度任务，与绩效挂钩实行考核，实行“分级监督、集中监控、明确职责、强化协作、定期考核、严格责任”的工作制度，并规范相关信贷风险管理制度；严把新增贷款准入关。正确掌握贷款投向和投量，将贷款主要投向AA级以上优质客户、基础设施项目、非生产流通流域的优秀客户、资质等级高且信誉状况佳的房地产客户。严控存量贷款向下迁徙。对未改制或改制不彻底，经营较差的国有企业加快退出步伐,加大对潜在风险贷款的退出力度，压缩“两高企业”贷款，对重点关注贷款、关注三级贷款实行一户一策，及时化解风险；严守信贷作业风险源头。注重信贷现场检查，强化贷款大户监测分析机制，强化贷款使用管理，强化贷款作业监督，强化押品评估管理。

清收处置不良贷款。突出压降重点。明确了11户重点关注贷款客户作为清收转化对象，逐户制订清收转化措施，采取“科学分类、细化目标、

先易后难、力求实效”的工作思路，市分行、支行联合办公、形成合力。调高压缩目标。3月末，结合自身实际，在省行下达的全年清收处置任务1200万元的基础上将清收任务调增为7000万元，年末实际压缩9320万元；强化组织推动。每月召开压降工作分析调度会，动态掌握情况，动态分析原因，动态强化措施，动态加以推动。明确清收责任。从市分行到支行每个压降项目都明确第一责任人和清收工作小组，市分行还逐一与各相关行签订《清收处置工作责任状》。严格考核兑现。市分行拿出专项费用对压降有功的单位和个人实行奖励。在压降工作中借助政府、人民银行、银监局以及经济主管部门打造诚信信用环境的力量，积极争取他们的理解和支持，同时主动向上级行汇报，争取支持，促进借款人提高还款意愿。

稳步推行两项改革。稳妥实施扁平化管理改革。扁平化改革涉及到每个人的切身利益，在实施的过程中要考虑周全、逐步实施。市分行提前近一年时间进行前期准备，先后派人到扁平化管理改革做得较好的兄弟行和同业学习，借鉴他们好的做法，确定了设架构、造流程、定人员、分任务、建机制、抓考核的整体工作思路，坚持本行实际与他行经验相结合、现实问题与长远考虑相结合、流程再造与角色转换相结合、突出差异与讲求和谐相结合、机构撤分和网点整合相结合、一步到位与管理跟进相结合。在扁平化管理改革前，到各支行进行了深入调研，了解支行班子成员的真实思想动态，通过面对面地沟通，打消了思想顾虑，为扁平化管理改革的平稳实施奠定了基础。扁平化改革后，又迅速抓好后续管理跟进工作，没有因为扁平化管理改革而影响业务的发展。

稳步推行人力资源提升项目。通过项目的实施，在全行初步建立了以岗位价值为核心，以员工岗位胜任能力和绩效考评为依据，以劳动力市场价格为参照的差异化工资体系；基本实现了按需设岗、以岗定薪、按绩取酬、人岗匹配的市场化人力资源管理体制。在项目实施的过程中，一方面广泛征求全行员工的意见和建议，不断完善项目实施方案，另一方面开展深入细致的思想政治工作，营造和谐向上的良好氛围，没有因为项目的实施而影响工作开展。

坚持业绩考核标准，不断完善激励机制。依据综合绩效，加强对管理层面的考核。把大个金业务、结算与现金管理业务、利息收入、中间业务收入、资产质量和内控案防共六个方面22个子项的任务目标与支行进行挂钩，加强对支行管理人员的考核。9月份，城区网点实行扁平化改革后，及时对年初制订的支行绩效考核办法及相关专项业务考核细则办法进行了适度调整。同时，把业务指标完成情况作为衡量管理人员工作能力的一项重要内容，作为今后继续聘用的重要依据。

依据产品计价，加强对全员营销的考核。对员工营销产品，主要以网点为单位实行产品计价考核兑现，根据支行网点员工业务量或网点计价项目实际完成结果，按季考核，按季兑现，次年清算找补。凡网点完成单项考核任务的，按计价项目和计价标准予以兑现。凡网点未完成单项分解任务的，根据网点完成任务的比例折算递减兑现，若下一季度网点完成任务，待完成后再补发。计价考核兑现到网点的绩效费用全额兑现到相关营销人员或团队成员，产品计价考核充分体现了多劳多得的公平原则，极大地调动了员工营销的积极性。

严格依法合规经营，切实防控内外风险。强化内控管理。以风险控制为主线，认真抓好全行的内部控制、常规审计、合规管理与操作风险管理。全年完成市分行审计项目7个，配合上级行审计项目16个，审计发现各类问题210个，发出内审取证书190份，整改意见书75份，提出控制风险建议156条。以排查隐患为重点，持续开展“扫雷”工程活动，全年共定“雷区”22个，排除“雷区”21个。同时，按照上级行要求完善了反洗钱工作机制，强化了反洗钱工作措施，全行已向总行数据中心上报大额交易数据9870笔，可疑交易数据4500笔。

抓好案件防范。认真贯彻“安全就是效益”的指导思想，积极落实“谁主管、谁负责”的原则，以防范案件为重点，狠抓物防、技防、人防建设，真正作到一把手亲自抓，主管领导具体抓，其他行领导配合抓的局面。通过签订《责任状》建立了安全承包立体网络，做到一级负责一级，一级考核一级。通过开展安全教育、开展防火防暑演练、开展安全检查以及与保安公司进行经验交流等形式，扎实案件防范基础工作。全年先后将3名犯罪嫌疑人移交给公安机关。

网点布局。2007年，全行以扁平化改革为契机，进一步优化了机构布局。共撤并低效网点7个，完成省分行计划任务的114%，对3个营业网点进行了迁址更名，将13个分理处升格为二级支行，在汉寿县恢复了营业机构，在澧县支行组建澧水片现金中心。

阵地建设。加强物理网点阵地建设。加快个人理财中心建设步伐，按照“功能分区、客户分层、服务分类”的总体要求，对3个理财中心实行了升级改造。加强ATM交易平台阵地建设。规范和加强ATM管理，提高运作效率，8月成立了ATM管理中心，对城区ATM进行统一管理。建立ATM业务工作报告制度，完善ATM和自助设备的相关管理及考核办法，加大ATM投放、运行监控、维护等工作力度，促进了业务量的稳步提升，全行ATM累计业务量达到480万笔，收付量达20亿元。 （工行办公室）

中国农业银行常德市分行

【概况】2007年，中国农业银行常德市分行以股份制改革统领全局，坚持股改工作、业务发展、内控管理统筹兼顾，坚持科学发展观，加快经营结构调整步伐，股改工作有序推进，各项业务快速发展，内控案防基础进一步夯实。到年末，全行各项存款余额109.42亿元,比年初净增11.7亿元，在本市金融同业中继续保持余额份额与净增份额双第一。全年实现中间业务收入5508万元，完成省分行计划任务109.3%，比上年增加1823万元，增幅达50%，实现了历史性突破。不良贷款实现“双降”，不良贷款占比比年初下降2.24个百分点，不良贷款余额净下降25093万元。全年实现经营利润4701万元，完成省分行计划任务135.8%，同比增盈2236万元。实现了全年“零案件”和内控综合评价上等级二大目标。（朱良军）

【股份制改革】2007年三月份股份制改革启动之后，全行上下思想高度统一，严格按照上级行的统一部署，各行、各部门密切配合，全行员工发扬“挑灯夜战，夜以继日”的精神，克服了时间紧、任务重的困难，及时完成了各项股改准备工作。市农行股改工作得到了市委、市政府的重视，专题召开了市长办公会，发文至各相关部门，要求其全力支持农行股改，并把农行股改工作纳入到相关部门的考核，为市农行股改工作的顺利推进奠定基础。市农行法律尽职调查和外审工作所有材料上报及时，数据准确，受到省分行通报表彰。抓好了不良资产确权、客户估值、自有固定资产确权以及闲置固定资产和不良资产处置工作，股改准备工作取得了初步的成效。（朱良军）

【存贷款及中间业务】近年来，证券市场持续升温，加上同业竞争加剧，对市农行的资金组织工作造成了极大困难。为扭转这一局面，市农行采取有力措施，抓好存款工作。一是实施“一把手工程”，把资金组织工作纳入行长经营责任目标，实行“四个挂钩”，即：存款目标任务完成情况与各级行领导班子年度绩效考核挂钩，与领导班子成员收入挂钩，与领导班子成员奖励挂钩，领导班子成员分片包点单位的存款业务发展情况与其年度考核挂钩。二是全行狠抓一季度“伴你成长金钥匙春天行动”和“三争一创”综合营销竞赛活动。把第三方存管业务作为抓客户、从源头抓存款的一个重要手段，全年完成第三方存管业务开户18000户，完成了省分行下达的目标任务。三是狠抓网点形象改造和功能转型。全行共拿出3500万元资金对35个网点进行了装修改造，其中有7个网点升格为二级支行。通过装修改造，着力建设一批精品网点，努力实现“客户分层、功能分区、业务分流”的服务模式，为客户营造一个良好的服务环境。

2007年是常德市政府确定的园区建设年，市农行充分把握机会，根据本地经济发展特点，实行“一行一策”，增加信贷投放，2007年在股改工作牵扯大部精力的情况下，全行累发贷款13.7亿元，累计签发银行承兑汇票7.35亿元，同比增加1.5亿元。剔除贷款转入抵债科目和核销等因素影响，实际全年净增贷款3000万元。积极参加全市第三届银企洽谈会，共签约项目67个，签约金额14.34亿元。当年对新准入客户13户发放贷款1.78亿元。省市县三级行联动，成功营销了石门海螺水泥2亿元项目贷款。

市农行积极转变业务增长方式，把银行卡、基金代理、保险代理等中间业务作为创收的重要途径。年末全行银行卡总量达98.2万张，比年初净增15.3万张，其中贷记卡新增5215张，名列全省前列。银行卡消费102.4亿元，同比增加10.3亿元，新增网银客户3935户，完成省分行任务162.7%。金穗支付通新投放1000台，贷记卡不良透支率控制在0.4%以内。银行卡收入实现2785万元，占省分行任务的103%。网银客户总量是上年同期的3.5倍。2007年全行保险代理额达32017万元，占省分行下达年度计划240%，实现手续费收入达790万元，占省分行年度计划176%，比去年同期增加295万元，增长60%，实现历史性突破，在全省系统内和本市同业中都继续保持领先地位。全年代销基金70721万元，完成基金交易量106267万元，实现基金销售收入1048万元。基金交易量、基金代销额、基金销售收入三项指标均居全省首位，份额占全省农行系统的五分之一。（朱良军）

【风险防控机制】对全行会计主管和支行业务部经理全部实行委派制，加大会计人员轮岗力度，强化责任管理，逐级签订责任状。加大检查监管力度，组建“查库飞行队”和“会计突击检查队”。全行先后多次组织对现金、重要空白凭证、帐务核对等开展“地毯式”排查活动。充分利用风险预警管理平台，提高风险管理前瞻性。

开展专项治理，强化案防管理。层层签订了党风廉政建设、案件防范

火爆的股市　热销的基金

查处责任书和案防包点责任书。对全行所有金库网点进行了一次检查，严格执行“两钥一密三分离”管库制度。解决了10个营业网点的电视监控和30个营业网点的防尾随互动联锁门问题。落实人员排查和岗位轮换制度，2007年，全行共交流支行行级干部7人，岗位轮换361人，排查人数1410人，均占应交流、轮换与排查对象的100%。（朱良军）

中国银行股份有限公司常德分行

【概况】2007年，中国银行常德分行坚持以科学发展观为指导，按照上级行的总体部署和要求，围绕“发展、改革、合规、和谐”四大主题，继续转变增长方式，切实注重精细经营，加快推进改革创新，全面强化风险管理，大力构建和谐氛围，实现了又好又快发展。经营效益：本外币经营利润实现6269万元，较去年同期增长2774万元，增幅为79%；帐面净利润实现2605万元，较去年同期增长1689万元，增幅为184%。授信业务：本外币各项贷款余额为214112万元，较年初增加39179万元，增幅为22.4%。其中人民币各项贷款余额为213170万元，比年初净增38424万元。全年累计投放208456万元，累计收回169277万元，净投放39179万元。负债业务：截至12月末，常德分行本外币各项存款余额为404215万元，除人民币储蓄存款较年初净增7932万元外，其余存款的年末体现均为负增长。资产质量：继续保持低不良额和低不良率水平。不良贷款余额为2174万元，较年初增加198万元；不良率由年初的1.13%降至1.02%。中间业务：全年实现中间业务收入2922.63万元，较上年增长1877.01万元，增幅达179.51%，完成省行调整计划的152.45%。

中国银行股份有限公司常德分行

公司成功营销了天利置业、泰格林纸、经编产业园等大客户，到帐资本金和注册资金达2亿多元，新营销成功的授信项目有市邮政局、金家园置业、中房“康桥蓝湾”、第一人民医院等优质项目，贷款日平新增31432万元，新增投放位居全省前列；代销基金完成7.8亿元，同比增加7.1亿元，任务完成计划比居全省第一名，实现代理手续费1009万元，同比增加982万元，成为市行公司业务条线中间业务创收的重要来源；实现对公保险代理收入69万元，手续费收入15万元，全省排名第三；发展了桃源师范及附属小学、市交警支队、水电八局等非税代收单位，使中行市级非税银行代收市场份额居全市同业首位；成功争揽了市交通规费征稽处省级非税代收业务，配合省非税局、省交通征稽处开展刷卡缴纳交通规费活动，为交通规费用户发放各类银行卡8000多张，资金归集量突破1.3亿元，居全省地市行首位；新增网银客户36家，完成省行下达任务的240%，网银汇划交易量达到45.67亿元，比上年增加26.25亿元，完成省行计划的130%；全辖移动、电力、电信三项资金共归集116654万元，利润221.82万元，资金归集量及省行分润总额位列全省第一。

个人金融业务。个金业务条线个贷余额达到74030万元，全年累计投放3.6亿元，净增1.85亿元，个贷同业市场新增份额仅次于建行，列居第二，个贷不良率仅为0.3%，质量之好为全省之最；信用卡新增4917张，完成省行任务的122%；实现信用卡中间业务收入207万元，银行卡综合指标全省排位第三；个金中间业务收入580万元，绝对额排全省第三；一季度个金业务“开门红”竞赛综合成绩全省排名第一；筹建理财中心，强化中高端客户的营销维护，VIP客户群显著增长；出台机制争揽三方存管客户，稳定了托管市场；全年对私存款增速跑赢了大市，个贷规模和投放位居全省前列；银行卡、保险、结算、理财产品收益排位靠前。

国际结算。国结业务条线完成贸易结算量7409万美元，同比增加2539万美元，增幅53%，较全市增幅高出35个百分点；恒安纸业、杰新纺织两大贸易结算重点客户在贸易量同比下降4.5%的情况下，在市行贸易结算量不降反增，全年达3042万美元，同比增加1392万美元，结算量上升了84%；全年累计发放贸易融资28272万元，实现贸易融资利息收入166万元，通过贸易融资直接带来中间业务收入140万元；国际结算业务系统营销从零起步，建立了基本框架，9个支行成功揽入国结业务，实现手续费收入31.7万元，支行揽收的品种涵盖保函、保理、国际国内信用证、资信证明、资本金结汇等，国际结算全年新增客户30户；资金业务在市行一直发展较慢，2007年也取得了较大突破，抓住华油集团外资并购的契机，为其办理了2.1亿港币的远期结售汇业务，仅此一笔业务实现各类收入200多万元；下半年先后续做11笔共计12900万元的人民币结构性理财产品，实现中间业务收入11万元；全辖票据贴现交易量62822万元，完成省行年度计划任务，全省排第四位，同业市场稳居第一位。（杨　震）

中国建设银行股份有限公司常德市分行

【概况】2007年末，全辖共有网点30个（其中城区网点16个，县

(市)网点 14 个),共有在岗员工 501 人,其中中长期合同工 405 人,短期合同工 26 人,劳务用工 70 人。

存款业务　年末全口径存款时点余额 726573 万元,比年初增加 62816 万元;全口径存款日均余额 697730 万元,比年初增加 43649 万元。其中:企业存款时点余额 252379 万元,比年初增长 27021 万元,日均余额 219079 万元;个人存款时点余额 474085 万元,比年初增加 36513 万元,日均余额 476903 万元,比年初增加 49947 万元。

信贷业务　年末各项贷款余额为 367555 万元,比年初增加 59004 万元。全年累计营销各类贷款 205429 万元(不含委托贷款),其中公司房信类 155020 万元,个人类 50409 万元。公司房信类贷款余额为 304100 万元,比年初增加 27036 万元。个人类贷款余额为 63455 万元,比年初增加 31168 万元。

资产质量　按五级分类口径,不良资产总额为 4410 万元,不良资产率为 0.6%。其中不良贷款额为 4224 万元,比年初减少 229 万元,不良率为 1.15%,当年下降 0.29 个百分点。非信贷不良资产额为 186.4 万元,当年下降 1534 万元,不良率为 0.05%,比年初下降 0.42%。按"一逾两呆"口径,不良贷款为 2067 万元,比年初减少 519 万元,不良率为 0.56%,当年下降 0.28 个百分点。

中间业务　全年实现中间业务毛收入 5022 万元,净收入 4760 万元,净收入比上年多 1904 万元。其中实现结算业务收入 451 万元,银行卡收入 1316 万元,审价咨询业务收入 1672 万元,担保收入 107 万元,保险代理收入 271 万元,代理证券业务收入 943 万元。

财务效益　全年实现考核利润 16189 万元,实现账面利润 15868 万元。贷款利息收入 23604 万元,存款利息支出 9933 万元,全部贷款利息实收率为 98.5%。贷款收益率为 6.8%。(刘关东)

【网点升格】经常德银监分局批准,从 4 月份起,中国建设银行股份有限公司常德洞庭大道分理处、中国建设银行股份有限公司常德德山分理处、中国建设银行股份有限公司常德人民东路分理处、中国建设银行股份有限公司常德人民西路分理处、中国建设银行股份有限公司常德金丹路分理处分别更名为中国建设银行股份有限公司常德洞庭大道支行、中国建设银行股份有限公司常德德山支行、中国建设银行股份有限公司常德人民东路支行、中国建设银行股份有限公司常德人民西路支行、中国建设银行股份有限公司常德金丹路支行。

(刘关东)

【政银合作座谈会】10 月 10 日下午,建设银行湖南省分行和常德市人民政府在芷园宾馆隆重召开政银合作座谈会。会议达成了进一步加强合作的共识。常德市委副书记、代市长卿渐伟、市政协主席刘春林,市委常委、副市长陈文浩、市委常委、副市长宋冬春、市人大常委会副主任张启祥以及 10 个政府部门负责人出席了会议。省建行出席会议的有龚蜀雄行长、陈二尧副行长及 15 个部门的主要负责人。会上,常德市政府有关部门负责人向建行推介了部分重点建设项目,省建行有关部门负责人介绍了建行产品和业务。(刘关东)

【网点迁址】中国建设银行股份有限公司常德青年中路储蓄所从怡景嘉苑迁址到青年北路武陵区农机局门面,迁址前面积 96 平方米,迁址后面积 280 平方米,投入资金 56 万元。中国建设银行股份有限公司常德人民西路支行就近东迁约 500 米到玫瑰苑,搬前面积 160 平方米,搬后面积 460 平方米,投入资金 92 万元。中国建设银行股份有限公司常德滨湖路储蓄所扩大门面,扩前面积 106 平方米,扩后面积 212 平方米,投入资金 42 万元。

(刘关东)

【创建工作】被中国建设银行工会授予"模范职工之家"称号,被湖南省工会授予"模范职工之家"称号,被湖南省爱国卫生运动委员会授予"省级文明卫生单位"称号,被建设银行湖南省分行工会授予"模范职工之家"称号,被常德市总工会授予"工会工作目标管理红旗单位"称号(光荣册),被常德市委、市政府授予"文明单位"称号。(刘关东)

中国人民财产保险有限公司常德分公司

【概况】2007 年,中国人保财险常德市分公司作为国有骨干保险上市公司,会同其他保险主体,对常德市承担了促进经济发展和保障经济稳定运行的责任,对社会承担了促进平安和谐和提高全社会保障水平的责任,对行业承担了引领发展和稳定市场的责任,对客户承担了满足保险需求和提供优质服务的责任。

2007 年,公司在市委、市政府的直接领导下,在市分公司新任领导班子的带领下,对内改革创新、加快发展、强化管控,对外保障经济、服务社会、促进和谐,在寻求自身发展的同时,也为当地经济发展、社会稳定做出了积极贡献。

2007 年,常德人保财险系统抓住全市经济快速发展的有利时机,业务规模在以往的基础上实现了新的突破,保费收入达到了 2.06 亿元,同比增长 30.73%;全年承担各类风险金额高达 1046 亿元。风险承保能力不断增强,市场营销功能不断提升,始终保持了常德非寿险市场的主导地位。农业保险在当地政府的组织推动和试点县(区、农场)支公司的积极努力下,实现保费收入 3500 万元(含能繁母猪保费)。与此同时,公司在全省系统整体排名由过去的第 9 位一跃为全省的第 3 位,首次与常德 GDP 在全省的位次相匹配、实现了与当地经济的同步发展。

服务和保障经济建设的能力明显增强，保险保障作用得到充分发挥。快速支付赔款，实现零投诉。一方面做到依法合规经营，既主导保险市场又主动维护好保险市场秩序，全年来未接到一起客户投诉。另一方面快速支付赔款，公开服务承诺，提升服务水平。全年公司95518服务专线共受理业务电话272280个，处理各类责任范围内的保险事故21822件，支付赔款1.4亿元。及时处理了如冰雪灾害、“5·23”暴雨和“5·23”火灾等大案，特别是快速、准确地处理了交强险事故和一些重大恶性的保险责任交通事故。同时向地方交纳税金近千万元。发挥了保险保障的独特作用，社会效益良好，受到了广大客户的一致好评。

全力拓展保险领域，服务和谐常德建设。全年立足于社会安全管理，参与了和谐常德建设。大力推广了机动车第三者责任强制保险和承运人责任险、煤炭等高危行业的责任险；积极开展了火灾公众责任险等。为全市重特大事故的预防提供了全方位、多层次的保险保障。加强了与医保中心的合作，有效开办了医保人员补充保险和大病补充医疗保险，同时加大了农村合作医疗保险代办力度。充分利用公司的人才和技术优势，大力推进产品创新，开发适合全市特点的区域性产品，全面提高了公司的市场竞争力，提高了服务经济和社会发展的能力。

大力培育保险市场，加大“三农保险”力度，服务常德市工业化建设和社会主义新农村建设。在服务工业化建设方面，重点加强了城市经济、中小企业，以及德山开发区工业园和各区县工业园企业的合作，为进驻常德的特大型企业提供了全方位的保险保障。积极推广了重点工程保险、建筑工程保险、机器设备损坏保险、货物运输保险、产品质量保险等保险产品，为推进常德市工业化进程，充分发挥了保障经济“助推器”的作用。

在服务“三农”方面，加大了乡镇企业财产保险、农民家庭财产保险、摩托车、农用车保险、农民工意外伤害保险、学生幼儿意外伤害保险、育龄妇女计生手术保险等公共保险产品的推广力度；依托政府支持，试点开展了农房保险和“失地农民”的保险保障工作；依托金融部门开展了外出打工人员综合保险，扩大农村种养殖业保险，为农村、农业、农民生产生活保驾护航。积极探索和推广“政府扶持、商业运作”的农业保险新模式，不断提高了服务新农村建设的能力和水平。同时，积极贯彻落实国务院和财政部“关于开展能繁母猪保险”的通知精神，充分利用人保财险公司在资金、技术、网络、人才和经验等多方面的优势，为保障全市生产生活，为农民增产增收、闯荡市场，为政府排忧解难发挥了人保财险的主渠道作用。全年在汉寿县和西湖农场成功试办了“三农”保险项目，共承保水稻、棉花保险3.47万多公顷，为广大农民增产增收提供了坚强保证。为跟进“三农”保险服务，公司先后投入500多万元，在全市主要乡镇成立了27家保险营销服务部和城区3家直属营销服务部，新增400多名保险营销员，为当地解决了人员就业难的问题。

与此同时，公司加强自身诚信建设和队伍建设，增强可持续发展后劲，树立起了良好的行业形象。有效解决了“投保容易理赔难”等群众反映强烈的问题，加强了理赔售后服务工作，增强了全员的服务意识，提升了公司整体服务水平。（张祖平　沈海宏）

中国人民人寿保险股份有限公司常德分公司

【概况】2007年，中国人寿保险股份有限公司紧紧围绕“统筹城乡，协调发展；调整结构，有效发展；整合资源，和谐发展；主动作为，科学发展”的总体工作方针，全面把握省公司提出的“五个坚持不动摇”的经营思路，戮力同心，创新模式，理性经营，圆满并提前完成了全年各项工作指标，促进了公司各项工作的全面发展。

2007年，常德分公司实现总保费64733万元，完成省公司年计划110.27%，同比增长12.76%；寿险首年标准保费35259万元，完成省公司年计划134.03%；首年期缴新单保费10828万元，完成省公司年计划108.58%，同比增长19.44%，其中十年期保费7093万元，完成省公司年计划的121.96%，同比增长22.55%；短险保费3755万元，完成省公司年计划的105.28%，同比增长18.98%；短期险综合赔付率44.2%，同比下降6.5个百分点；全市销售队伍规模为3663人(其中个险3351人，团险137人，中价175人)。公司年度各项预算指标执行较好，效益空间较大，全市系统可用费用保证了业务和管理的正常运转，部分经营单位还略有节余。

2007年，中国人寿在常德的社会地位、市场品牌以及民众口碑的全面打造过程，就是一个执行社会、执行政府、执行客户的政令和职责的满意过程。这主要体现在三个“不变”：一是为政府排忧解难的决心不变，不断提高社会地位。常德分公司始终维护当地市委、市政府的政治威信，一切会议按时参加，一切活动按时参与，一切要求坚决执行。2007年全市人寿系统在招聘业务员时优先解决1000余下岗工人再就业，安置转业军人和接纳大学生16人，缴纳各种税款310万元。公司被常德市委、市政府评为年度目标管理先进单位。二是为社会捐助奉献的爱心不变，不断打造社会品牌。全市系统积极参与各种捐献活动。全年参与各种社会活动近3000人次，捐献衣物5000余件，无偿献血35850毫升，支援资金30多万元。三是为客户服务回报的真心不变，不断创建社会品牌。全市系统为建设社会主义新农村，服务“三农”，为120多万农民提供了相关的医疗和意外保险；全年满期给付和各类赔款达18632万元，及时有效地支援了常德的社会建设；

以银邮渠道为依托，为2万多多客户投资理财趸交资金2亿元，有力地促进了常德的经济发展；全年开展答谢活动158次，真情回报客户12354人，有利地搭建了常德的客户桥梁。

（唐波清）

中国太平洋财产保险股份有限公司常德中心支公司

【概况】 2007年，中国太平洋财产保险股份有限公司常德中心支公司坚持以盈利为中心，强化内部管控；坚持稳健经营，规范经营；坚持抓规模争效益、抓团队促营销、抓服务上台阶。全年累计实收保费3220万元，赔款支出1642万元。上缴税款180余万元，连续两年蝉联常德市重合同守信用单位。

建立长效机制，激发展业热情。根据市场变化适时调整费用政策和责任制考核方案，使业务人员有业务增长的空间、团队负责人有推动业务发展和管理团队的动力。正确引导员工，处处关爱员工。注意员工教育，创造和谐环境，搭建交流平台，听取意见建议。力所能及的帮助员工解决工作中遇到的困难，竭尽全力的帮助员工策划业务拓展。尽力解决员工的后顾之忧，通过清理，给合同制员工和年保费15万以上的客户经理完善了医疗保险和大病补充保险，对年保费30万以上的员工购买了养老保险、失业保险、生育保险等五种保险。增强了员工的归属感，以公司为家的风气基本形成。组织劳动竞赛，推动业务发展。组织实施了一季度开门红、上半年、下半年劳动竞赛和意外险业务竞赛。调动全司员工的展业激情。坚持有效增员，扩充营销队伍。2007年新增了业务五部、业务六部、业务七部,三个部门新增保费收入387万，占全公司新增保费的57%。实施费用倾斜，支持业务发展。在控制非经营性支出的同时，加大业务费用投入，支持了车险业务、意外险业务的发展。积极应对招标，拓展参与机会。组织全公司力量，积极参与各类业务招投标工作，年初成功实施了建工意外险的投标，继而又取得了学平险、承运人责任险的市场准入资格，特别是取得了石门电厂、城区的士车统保和全市火灾责任险的主承保人资格。突出意外保险，加长短腿业务。意外险原本是公司的短腿业务，2007年公司把意外险业务作为重点工作来抓，计划分解到部门，落实到险种，积极新增能做意外险的业务人员，为意外险业务的全面开展打下了坚实的基础。目前公司除常规的团意险、个意险、短期交通意外险外，还新增了借款人意外险、境外人意险、航意险。做细车险业务,力争经营盈利。车险业务得到快速发展，完成车险保费1638万，创历史最高水平。

2007年，公司增强风险意识，防范经营风险，下力气抓内部监控，向管理要效益。加强承保管理，合理规避业务风险。加强市场调研、尽力贴近市场。通过查标验标，切实掌握保险标的的风险现状，加强风险评估，从源头控制风险。加强分保管理，规避经营风险。在充分分析风险的基础上，合理申请分保，在分出和自留上做文章，促进业务健康发展。加强单证管理。针对单证管理出现的一些问题，督促制定措施，加强了单证的领用管理，严格管控单证的录入、核销，使单证管理达到了分公司的指标要求。强化理赔管理，努力提高服务水平。2007年公司遇到了两次火灾和圣帕台风，特别是“7·15”火灾和“12·5”火灾，由于加强了现场查勘和各方面协调，比较好地掌握了理赔主动权，妥善处理了这两次重大意外事故。规范理赔服务，杜绝虚假赔案。客户部加强了医疗核审和案件责任的审理，对重大赔案重点审查，最大限度的杜绝了虚假赔案。加强资料管理，提高结案速度，全年完成了87.5%的综合结案率。强化案件分析，提升服务水平。通过经常的业务学习、每天晨会的讲评、典型案例的分析、理赔整体水平得到了提升。严抓应收保费、确保收入同步。严格应收保费清收制度，提高收现保费质量，利用周会、晨会进行应收保费通报，督促全员清收。强化费用管理，确保利润实现。

2007年公司团队建设发展迅速，常德市场布点基本实现。业务三部升格为县支公司，业务一部、业务二部也新增了部分业务人员，全司业务人员从32人增加到60多人，保费收入由600多万元增加到1000多万元，实现了跨越式发展。公司将团队建设作为战略任务来抓，为长远发展提供有力保障。以“专业、敬业、忠诚”的标准规范员工，通过对员工形象、礼仪的培训，培养企业文化。在全司范围开展展业能手、优秀客户经理的评选，树立模范带头作用。挖掘引进人才，增强团队实力。加强业务培训，提升展业技能。利用每天的晨会、各类培训会议实施管理制度和业务培训，做到上级公司的文件、规章制度、政策及时传达、及时学习，为提高全司管理水平、员工展业技能提供了有力的保证。

公司大力宏扬太保品牌，努力将太保品牌深入人心，扩大在常德市场的品牌效应。利用消费者信得过企业评选、“3·15”服务质量月活动、春节等法定节假日、学生保险承保、重大保险项目投标、湘西北汽车展销、太保集团上市等重大活动，宣传太保品牌，逐步得到了社会各界的认同，树立了良好的公众形象。（蒋　辉）

中国太平洋人寿保险股份有限公司常德中心支公司

【概况】 2007年，常德中心支公司按照省公司制定的“始终坚持科学发展观，始终坚持以效益为中心，积极倡导以客户为导向的服务理念，建立互信文化，积极推行专业化经营，集约化管理，透明化运作，规范化发展的经营模式，谋求公司又好又快发展”的经营思想，始终坚定不移地坚持“三点”发展战略，即抓住基本点，基本点是队伍，促进公司全面协调发展；培植增长点，增长点是人才，促进公司持续稳健发展；消除内耗点，内耗点是思想，促进公司健康快速发展。扎扎实实的打好队伍、管理、客户三大基础，通过全司上下团结拼搏，再次取得令人鼓舞的好成绩，不仅实现了常德太保人5年来冲击业务规模1.2亿元的梦想，在市场主体剧增的情况下，市场份额增加到8.2%，实现保费收入1.24亿元，同比增长30%。同时，公司加强内控管理建设，完成了P10、P07系统管理项目和财务、人力资源、核保核赔系统的集中管理创新，各项经营管理迈向新的台阶。

2007年，全司劳动合同签定率达88.3%，社会保险办理率达81%，公司用最直接、最实际的行动提高了员工的各项待遇，完善了员工应该享受的福利，使得员工的归属感和凝聚力不断增强。

2002至2007的5年，常德太保人先后被总公司、省公司评为年度先进集体、保费规模贡献奖、渠道业务创新奖等集体荣誉称号。涌现出一批蓝鲸奖、太平洋终身会员、十大满意服务者、十大诚信使者等先进个人，

（潘　锋）

中国平安财产保险股份有限公司常德中心支公司

【概况】2007年，中国平安财产保险常德中心支公司（以下简称常德中支）在总公司聪明经营、跨越新高的精神指引下和全体员工同心协力，实行大团队作战，并围绕渠道建立业务平台扩展了业务空间，稳定了基本客户群体，全面实现了年度经营目标。全年实现签单保费2451万元，保费达成率108%，同比增长40%，保费应收率控制在5.7%以内。

扎实推进机构建设，二元化发展成效显著。常德中支按省公司二元发展战略要求，将四级机构建设作为重点工作来抓，明确一名同志专门负责发展，使机构建设取得实质性进展，汉寿和安乡分别于三月、五月开业，且安乡的发展势头良好，成立不到一年就完成保费184万元，至此常德中支的服务网点已遍及除临澧外的区、县、市。剔除澧县公司，四个营销服务部共完成新增保费500万元。

重点客户精耕细作，渠道业务全面发展。常德中支经过几年的发展拥有了一批忠实的重点客户群体，发展和维护这批重点客户群体是公司重中之重的工作，建立了重点客户维护小组，加强对重点客户信息的收集、分析和利用，全力推进重点客户回访工作，从细节入手，积极、主动、及时与他们沟通联系，同时，诚心竭力为他们提供优质的服务。这些措施的贯彻落实，公司重点客户单位保费得到稳步增长。年初，公司认真分析10多个重点渠道，作为发展重点，分别成立了各渠道项目组，明确专人负责跟踪，全年新渠道业务和原渠道挖潜两项新增保费近200万元。

夯实基础管理，提升客服水平。加强经理值班制度，增加公司的整体工作效益。客户服务部赔案处理及时，在核赔方面，灵活掌握政策，松紧适度，既有效保证了公司经营利润，又维护了客户利益，为保费规模的增长打下了良好的基础。同时建立了一支有一定技能、高责任心的两核队伍，部门员工的服务意识以及工作责任心都得到较大的提高，客户服务中心的服务质量以及整体形象较上年有较大改观。根据总、分公司的要求，对5000元以下的小额案件处理速度严格控制在7天以内；为挤干理赔中的水份，设立复勘岗并建成了一个远程视频定损中心，有力地促进了业务的发展并创建了让人称赞的文明窗口。

加强费用预算管理。按月对预算执行情况进行分析，查找预算超支原因，控制各项费用支出。一是严格按照总公司分险种、分渠道、分客户的预算编制原则编制预算，全年营业费用率指标降低到15.5%以下。二是严格有效控制风险，限量发放单证，进一步加大未回销单证的管理力度。三是加强资产管理工作，配合分公司对所有IT资产和固定资产清理核实归档。同时积极支持四级机构加强租赁费用控制，及时结算其包干费用，对大额展业费用开支实行费用申报制度，取得了较好效果。

（刘文安）

中国平安人寿保险股份有限公司常德中心支公司

【概况】中国平安人寿保险股份有限公司常德中心支公司2007年共实现新单保费收入5755万元，2007年保费续期收入8256万元，总保费收入14011.06万元，死伤给付235.42万元，满期给付907.31万元，年金给付503.08万元，退保金1203.7万元，赔款支出277.83万元，至12月底有营销代理人692人，其中持证率100%。实现了业务规模和团队人力的稳步增长。

建立时效追踪考核体系，通过受益客户回访制度、理赔绿色通道等加快时效；续收、理赔、给付等服务项目收支电子化，采用银行转帐，确保客户资金安全；举行一年一度大型客户服务节回馈客户，广大客户亲身体验平安亲切、便捷的服务；积极、主动、及时地做好信访件处理，维护客户正当权益，提升客户满意度。

全系统首推尊重文化，营造团结、协作、积极、进取的企业文化和氛围；推行制度建设，整体逐步养成遵从制度、讲求执行的团队风格。设计人性的可随身携带、强大的E化资源开发“金领保险行销系统”，深受市场好评，连续5年被评为“常德市消费者信得过单位”。

（王　勇）

天安保险股份有限公司常德中心支公司

【概况】2007年，天安保险股份有限公司常德中心支公司本着“以更及时、更全面、更专业、更道德的服务，建设中国保险第一品牌”的经营理念，团结一致，优质服务，稳健经营赢得了社会广大客户的好评，全年保费收入实现1269万元，完成省公司下达年度计划任务的110.3%，相比上年增长23%。

公司3月份完成了新职场的搬迁工作，并在新职场开设了“职工之家”活动室，改善了办公环境。公司在2007年先后开展了一系列的品牌宣传活动，以“3·15消费者权益日”为契机，组织了上街宣传活动，向全市人民展现了天安文化，同时，通过赞助参与由常德市公共客运管理处、常德市出租汽车行业协会、常德电视台、常德广播电台牵头组织的“天安之星，春天使者”年度评选活动，得到了常德市广大媒体和市民的高度评价，极大地提升了天安保险的知名度和美誉度。

公司以诚信经营为根本，荣获“2006~2007年度消费者信得过单位”称号。在规范经营方面，喜获2007年度车船税代收代缴工作三等奖。公司经营业务快速增长，石门、桃源、澧县三家营销服务部相继开业，取得了良好的经营成果。（朱永洁）

泰康人寿保险股份有限公司常德中心支公司

【概况】2007年,泰康人寿保险股份有限公司常德中心支公司（以下简称泰康人寿常德中支）实现保费收入20119万元,同比增长100%，全年共上交各类税金342万元,共给付各类赔款和生存金104.15万元,为常德市经济发展和社会稳定做出了一定的贡献。各项经济指标均完成或超额完成省公司预定目标，中支公司营销、银保、续期系列业绩名列全省第一，被总公司授予“2007年全国优秀中心支公司”称号。在狠抓业绩平台促发展的同时，泰康人寿常德中支不忘加强内控管理，提高服务意识，连续两年被常德市消费者协会评为“消费者信得过单位”。

营销工作基础进一步夯实:建立了制式化培训操作体系，率先在农村开设县域营销服务部，独创活动追踪方式推动业绩平台的发展，注重转型与发展并重，加强基础管理，以抓业绩平台为重点，突出培训，强化增员，稳扎稳打，健康发展，管理一步一个脚印，成绩一步一个台阶。极大地加强了员工对公司的信心，业绩保持了连续四年正增长态势。

续期管理体系进一步完善，基础管理逐步走向专业与规范，各项指标跃居全省前列。督导职能更加明确，方式有所创新，从单纯追踪计划，进而追踪指标；续期培训理念与要求更加清晰,收费服务管理模式不断创新，对提升续收服务品质和改善在职单收费管理状况起到积极作用。

银行保险业务价值进一步提升，郊县建设初步成型，初步形成了7大郊县加一个本部的格局；渠道建设成效显著，在稳固农行第一主渠道的基础上，扩大工行渠道份额，开拓建行，成功重启邮政渠道；对外勤队伍严格执行基本法考核，精简优化员工队伍，员工绩效得到了很好的提高，业务量居全省榜首。

内部管理工作进一步加强。通过一系列的措施，向管理要效益，通过管理促发展，管理的专业化、集约化、规范化水平进一步提升。客户服务不断创新，全年受理各类赔案261件，结案259件，结案率99.2%，平均时效3.8天，10日结案率95%。

2007年公司各项指标完成良好。机构运营逐渐成熟，干部队伍日益成熟稳定，员工队伍不断壮大成长；经营管理日臻规范完善，业务发展稳健增长。在泰康人寿常德中支公司发展历程中，具有非同寻常的里程碑意义。

（胡清纯）

财政·税务·国有资产监管

财　政

【概况】2007年，全市财政部门坚持以科学发展观为统揽，紧紧围绕市四届人大五次会议确定的财税工作任务，强化责任、克难奋进，落实措施、增收节支，实现了预算收支执行良好、财政运行总体平稳的目标。

进一步夯实了财源基础。积极支持工业发展。按照“工业强市”的总体要求，全市投入工业发展资金2.35亿元，投入园区建设资金5.56亿元，支持了新型工业化，有效培育了财源税源。市本级在投入3亿元园区建设资金的同时，建立起了规模达8770万元的工业发展引导资金，安排财源建设扶持资金1200万元，落实招商引资经费891万元，突出支持了一批骨干企业和优势产业的发展壮大,兑现了相关优惠政策，大力支持了招商引资工作。积极支持新农村建设。市县财政投入新农村建设资金达1.7亿多元，其中市本级安排新农村建设专项资金8350万元，重点支持通村公路建设、农村饮水安全工程、村庄规划编制和环境整治、示范村建设、农业产业化、沼气池建设等，全市还筹措水利建设资金1.23亿元、筹措农业综合开发资金6629万元、筹措生猪生产资金3891万元、筹措大宗农作物保险试点资金280万元，改善了农村经济发展条件。积极支持城市扩容提质。通过积极争取上级支持、向金融部门贷款等方式，共融通到位资金9.21亿元，支持城市道路基础设施建设等重大城建项目，进一步优化了发展环境。

强化收入征管。在烟厂体制调整、纸厂关停，影响相关收入正常增长的不利因素下，积极开展全市宏观税负和行业税负分析，认真解剖收入结构，做到了既从总体上把握税收增长潜力，又从重点上把握收入项目；积极支持税务部门推行电子报税和税控机收税，积极推进房地产税收一体化征管和企业基础信息共享平台建设，强化科技促收；积极推进契税直征改革，市本级入库契税7000万元，比上年翻了一番。积极完善非税收入征管网络系统，市本级对建设项目实行了规划、建设、房产、财政四家联网，对各种收费进行打捆征收；市城区取消旧城改造优惠政策，对建设项目收费、房地产项目容积率等进行了清理，启动小车吉祥号公开竞拍，加大城市无形资产经营探索的力度，促进了非税收入的合理增长。

进一步改善民生福祉。认真落实省政府“八件实事”和市政府“十件实事”，调整支出结构，着力支持各项社会事业发展，有效增进民生福祉。从社会保障方面来看，全市社会保障支出达21.78亿元，比上年增长30.35%。在上级财政补助支持下，市县财政积极配套，落实了多项劳动保障政策，提高了城镇低保补助标准，启动了农村低保，改扩建乡镇敬老院24所、村级五保之家30所。从农村义务教育来看，全市共投入2.31亿元，实施以免除学杂费、提高公用经费保障水平等为主要内容的农村义务教育经费保障机制改革，受益学生达126.86万人次，累计为农民减负1.37

省财政厅厅长李友志到常德调研

亿元。从计划生育来看，全市安排资金 1369 万元，对农村部分计划生育家庭和部分独生子女死亡伤残家庭实行了奖励扶助，初步建立起了计划生育利益导向机制；全市调整预算追加计生经费，积极支持计划生育事业提升水平。从医疗卫生来看，农村新型合作医疗由四个县（市）覆盖到除武陵区外的所有县（市区），参保农民达 366 万人；市县财政安排资金 654 万元，支持改造乡镇卫生院和中心卫生院 26 所，建成城市社区卫生服务中心 12 个、城市社区卫生服务站 25 个，改善了城乡就医条件；同时，从 10 月 1 日起启动了城镇居民医疗保险试点。从环保事业来看，全市财政共投入资金 4500 多万元，其中市本级安排专项资金 900 万元，重点支持 71 家造纸企业关停治污，大力度地推进了节能减排工作。从乡（镇）村基层组织设施建设来看，市本级安排专项资金 991 万元，支持 25 个乡镇机关、597 个村级活动场所进行改造，改善了农村基层组织办公生活条件。

市领导慰问财政干部

进一步深化财政改革。国库集中支付改革。市直集中支付单位扩大到 201 家，进一步健全国库集中支付网络，扩大直接支付面，并加强支付监管，提高了财政资金使用效率；各县（市区）国库集中支付改革扩面工作稳步推进，其中澧县、石门集中支付覆盖面已达 90%以上。农村综合改革。在巩固农村义务教育体制、县乡财政体制改革成果的基础上，拉开了新一轮乡镇机构改革和乡村区划调整，同步启动减轻湖区农民负担改革、基层水利管理体制改革和国有农（林）场改革，加快了农村综合改革向纵深推进。实施规范津补贴改革。筹措资金 2.31 亿元，实施规范市直单位公务员津补贴改革，同时对市直大中小学教师、非参管全额事业单位人员以及部分特殊群体进行了财政补助，提高了财政供养人员保障水平。县（市区）也按照三年到位的要求，逐步规范津补贴发放。支农资金整合改革试点。结合新农村建设，开展了“支农资金管理年”活动，突出指导津市、澧县开展支农资金整合试点，整合各类资金近亿元，有效支持了优势产业发展。

进一步规范财政管理。完善制度，修订资金分配、管理办法，制定了新农村建设资金管理办法，为加强财政监督提供了制度保障。在资金管理上，加强对财政资金使用情况的跟踪问效，对退耕还林、教育费附加等重点支出开展绩效评价，并将评价的结果作为预算安排的依据；对市本级预算安排的 500 万元以上的专项资金和市本级四家担保公司开展了专项检查，堵塞了管理漏洞。在投资评审上，全市共审核财政投资工程预、决算项目 681 个，审减资金 6.54 亿元；市本级将财政投资项目全部纳入了投资评审范围，共审核工程预、决算项目 285 个，审减资金 5.39 亿元。在资产管理上，市本级全面清理行政事业单位国有资产，建立信息化管理台账，草拟了办公设施配置标准，为加强单位资产管理打下了基础。在单位财务管理上，加强了财会人员的继续教育培训和考核管理，开展了《财务管理二十条》检查，提高了单位财务管理水平。在债务管理上，市本级启动了新一轮融资平台建设，探索了债务管理的新途径，为加快城市建设步伐奠定了良好基础。（彭志宏）

【2007 年财政预算执行情况】 2007 年全市完成一般预算收入 380626 万元，比上年增长 25.25%。其中：税收收入 244352 万元，增长 22.67%；非税收入 136274 万元，增长 30.17%。

全市完成上划中央“两税”95209 万元，增长 12.76%，完成上划所得税 55422 万元，增长 16.44%。全市财政总收入共完成 531257 万元，增长 21.87%。

全市一般预算支出主要项目完成情况是：农林水事务 97244 万元，增长 57.78%；科学技术 4621 万元，增长 40.97%；教育 178119 万元，增长 38.14%；公共安全 53847 万元,增长 34.65%；社会保障和就业 204169 万元，增长 37.86%；医疗卫生 48532 万元，增长 43.12%。

2007 年，市本级完成一般预算收入 172777 万元，增长 28.11%。其中：税收收入 128719 万元，增长 21.41%；非税收入 44058 万元，增长 52.75%。

2007 年市本级完成上划中央“两税”32827 万元，增长 3.15%，完成上划所得税 33467 万元，增长 7.49%。市级财政总收入共完成 239071 万元，增长 20.85%。

市本级 2007 年一般预算支出主要项目完成情况是：农林水事务 12481 万元，增长 46.3%；科学技术 1734 万元，增长 34.73%；教育 31670 万元，增长 37.65%；公共安全 18101 万元,增长 37.47%；社会保障和就业 58930 万元，增长 42.86%；医疗卫生 4314 万元，增长 44.18%。（彭志宏）

【市财政局喜获湖南省2006届文明标兵单位光荣称号】 在中共湖南省委、湖南省政府表彰的 2006 届文明城市、文明城镇、文明行业、文明单位、文明标兵单位中，市财政局榜上有名，被授予 2006 届文明标兵单位光荣称号。近年来，市财政局积极响应省委、省政府开展精神文明创建活动的号召，以“树财政新风，创一流服务，建一流机关”为目标，以“以人为本，重在建设，内强素质，外树形象”为原则，深入持久地开展文明创建活动，大力加强思想道德和文化建设，着力提高干部职工政治素质和业务素质，在圆满完成各项财政工作任务的同时，较好地推动了机关文明建设协调发展。

（彭志宏）

【市“弘正杯”会计知识大赛】8月15日晚，市“弘正杯”会计知识大赛在市电视台演播大厅成功举行。为宣传新会计准则，普及会计知识，扩大会计工作的社会影响，同时为了搞好第三届全国会计知识大赛常德赛区的选拔工作，市财政局成立了竞赛领导小组，向社会各界广泛宣传发动，激发了社会各界参加的热情。在本届大赛中，区县（市）和市直共组成了17个代表队参赛，经过激烈角逐，市财政国库集中支付局荣获团体第一名；石门县代表队、市财经学校代表队荣获团体第二名；住房公积金代表队、鼎城区代表队、恒宇文化代表队荣获团体第三名。

（彭志宏）

非税收入征收管理

【概况】2007年，常德市各级非税收入管理部门认真落实科学发展观，以“加强非税收入管理，增强政府调控能力”为宗旨，紧紧围绕全市财税工作会议确定的非税管理工作目标，开拓创新、锐意进取，严征细管、克难攻坚。以票据管理为龙头，以征收管理为核心，以网络系统为平台，以收入稽查为手段，进一步深化非税征管体制改革，全方位提升非税收入管理水平，各项工作取得长足进步。全市非税收入完成15.87亿，较去年增长12%，增收1.7亿元。其中：市非税局全年直接征收非税收入9291.9万元。全面超额完成了非税收入年度任务，增加了财政收入，增强了政府调控能力，为常德市地方经济建设又好又快的发展作出了贡献。2007年常德市非税局被省财政厅、省非税局评为“全省非税收入管理先进单位”。津市、汉寿、武陵被评为“全省非税收入管理先进县（市区）”。

票据管理。2007年，全市推行了财政票据精细化管理，使常德市的票据管理工作迈上一个新台阶。一是整章建制，积极发动，全面推进。为适应新形势下票据管理要求，按照既定的工作目标，出台下发了《关于加强财政票据精细化管理的通知》。市本级和各县（市区）又结合本地区实际，分别出台了《财政票据精细化管理实施细则》。从购领、核销、年检、保管等方面制定了规范化操作流程，从制度层面上保证了票据精细化管理的工作顺利进行。6月在桃源县召开全市财政票据精细化管理工作现场会，市县两级分别组织执收单位票据专管员精细化管理业务培训，全面启动票据精细化管理。二是从严把关，检查考核，初显成效。票据管理严把“五关”，即把好发证关、发放关、核销管理关、年检年审关和保管、销毁关。从“五关”上规范了票据管理各个环节的操作程序。此外，通过市考核县和市直用票单位，县考核乡和县直用票单位的票据管理考核体系，加大了检查考核力度、全市各地票据管理水平普遍得到提升，票据精细化管理已初显成效。得到省非税局的高度评价，将票据精细化管理纳入2008年度全省非税管理工作要点在全省推广实施。

非税征管。按照《湖南省非税收入管理条例》的规定，全市均严格采用“单位开票、银行代收，财政统管、政府统筹”的非税收入管理模式，严格规范非税收入征管。2007年进入非税征管系统的执收单位（点）已达172家，电子开票使用率和网络覆盖率居全省前列，通过网络系统对收费项目、标准、范围的控制，从技术层面上有效地遏制了自设项目、超标、超范围的“乱收费”现象。也从源头上防止非税收入征收的腐败行为，从操作层面上制止了随意减免、少收和收人情费的现象，遵循了“依法征收、应收尽收”的原则。全市各级非税收入管理部门在普通征收方式的基础上，积极探索新思路，采取银行批量扣缴、打捆统收、竞拍收缴、票据督收、稽查促收等方式，进一步加大征管力度，提高了工作效率，也规范了执收行为。

收入稽查。2007年，市县两级共重点稽查517家单位，共查处违纪金额7300万元，督促缴库3700万元，收缴罚没收入41万元。主要针对非税收入管理的薄弱环节、盲点、死角进行稽查，在稽查中始终贯彻“稽查+调研”的工作思路。对稽查中发现的问题，及时责令单位将违纪资金追缴入库和限期整改，把如何加强管理，杜绝问题的再次发生作为研究课题展开调研。市、县两级稽查人员全年共对20多个课题进行了调研，形成了许多有价值的调研报告，就如何解决非税收入管理中的难点、死角为政府和领导提供了很好参考，在中央、省、市相关的财经刊物上发表10多篇有份量的调研文章。

网络建设。按照“金财工程”的统一部署，大力推进非税征管网络建设，以信息化手段提高非税收入征管效率。实现“网络征收、网络控收”是非税网络建设的工作目标。2007年全市加大对非税网络的投入，不断创新新思路、实施新举措，使常德市非税网络建设始终处于全省一流水平。一是开发启用新版系统。为配合政府收支分类改革，解决旧系统票据核销和对帐难的问题，市本级于8月20日启用了开发近1年的新版网络系统，解决了存在的问题，提高了工作效率；澧县自主研发了罚没物资管理系统，开创了全省罚没物资管理的先河，提升了非税收入收缴管理效率和水平。二是推广教育收费信息化。学校实施电子信息化收费是规范教育收费的有效手段，也是提高教育收费工作效率的唯一途径。在市直和武陵区教育成功实施电子信息化收费的基础上，2007年推广到了鼎城、石门、桃源等地，取消了学校收取现金，由相关银行批量扣缴、社会反响很好，规范了学校，方便了广大学生和家长，收费更加透明。三是优化配置、整合资源。横向上，将非税征管网和国库集中支付网、农税网三网合一，资源共享；纵向上，分批拉通市县非税网络专线，实现市县联网、整合资源，提高网络设备的利用率，为今后实施刷卡收费提供了线路的保障。（蒋向明）

【新版非税征管系统投入运行】 2007年8月20日，市本级启用了新版的非税收入征收管理系统。市直172家非税收入执收单位（网点）运用新版系统开票收费。新版系统由市非税收入征收管理局、长沙远见数码科技有限公司、湖南佳成软件有限公司联合开发，历时10个月。功能包括财政基础信息管理、票据管理、资金核算、单位执收、银行代收、中小学校信息化收费、基本建设项目统一收费等。各执收单位（网点）操作人员普遍反应新版系统设计科学、操作简便。解决了旧版不能进行往来资金核算、票据自动核销率低、统收项目资金分解难、执收单位与财政国库对帐难等问题，完全适应财政部2007年政府收支分类改革要求。其中中小学校信息化收费、基本建设项目统一收费子系统属常德独有的特色软件，对规范中小学校收费行为，提高建设项目收费的工作效率和透明度起到极大的推动作用。（朱文伟）

【以精细化引领全省财政票据管理】 2007年，市非税局大力推进财政票据精细化管理，成效显著，此项工作在全省处于领先水平。随着常德市非税收入征收管理体制不断完善与巩固，市非税局为切实达到“以票控收”的目标，制定了常德市财政票据管理规范化、精细化的制度。着重做好一提高、二到位、三准确、五统一，即：提高思想认识；票据管理制度到位，网络监管到位；计划准确，台帐准确，报表准确；统一领购资料，统一票据帐本，统一缴销程序，统一年检要求，统一销毁清册。并按“统一凭证，按类管理，分次限量，核旧领新，票款同行”的要求实行票据精细化管理，规定了票据精细化管理实施细则，2007年全市非税部门共发放财政票据552万余份，其中电脑票据230万余分，手工票据322万余份。所有票据管理规范精细，受到省非税局的高度好评，将票据精细化管理列入2008年全省非税工作重点，全面推广常德模式。（曾宁军）

【开展涉企非税收入统收调研】 为落实《常德市优化经济发展环境规范涉企行政执法检查与收费七项制度》（常办〔2007〕13号）文件精神，切实规范涉企收费行为，减轻企业负担，根据市政府统一部署，拟对市本级规模工业企业（年销售收入500万元以上）应缴非税收入实行统一征收。为切实做好这项工作，联合市经委、市优化办等部门，对市本级规模工业企业及相关执收部门发放了调查摸底表，进行走访座谈，并对调查所了解的情况进行分析与研究。按年销售收入500万元（含500万元）以上的口径进行统计，市本级规模工业企业共有61家（部省属企业7家），其中石门县境内1家，澧县境内2家，其余58家企业均坐落在市江北城区和德山开发区。拟订了《常德市市本级规模工业企业非税收入统收实施办法》（讨论稿）。初步建立“企业申报，合理定费，非税统征，自主缴纳，财政结算，分头划拨”的统收模式。（吴　健）

财政国库集中支付

【概况】 2007年，市财政国库集中支付局认真贯彻落实全市经济和财政工作会议精神，内抓管理，外树形象，全面深化国库集中支付改革，确保资金安全，强化支出监管，方便单位用款，提高工作效率，顺利完成各项工作任务。

突出和谐主题，全力推动构建和谐机关建设。2007年市财政国库集中支付局构建“学习型、服务型、创新型、效率型、节约型”五位一体和谐机关活动精彩纷呈。内容丰富，活跃了气氛，凝住了人心。全年开展了“全员学习月”、文明优质服务竞赛、每月读一本好书、“八荣八耻”、“学习与创新”等演讲比赛，举行了学习十七大精神心得交流、廉政文化进机关、帮困助学、慰问特困党员和福利院孤寡老人、财政改革调研征文以及羽毛球赛等一系列丰富多彩的活动，增强了单位凝聚力，提升了干部职工队伍的综合素质和机关文明形象。创学强素质，勤思好学求上进的传统进一步弘扬。干部队伍的学历和职称水平得到大幅度提升，本科学历人员由2002年的15人增加到37人，中级职称人员由11人增加到33人，高级会计师和注册会计师2人；在省部级刊物发表理论文章11篇。保先争优意识进一步增强，全市会计知识竞赛获第1名，全面通过了上级对市财政国库集中支付局省、市文明单位、省文明窗口单位、全国巾帼文明岗的复查验收，维护了荣誉。

创新监管手段，着力深化国库集中支付改革。全年完成集中支付和集中核算资金总流量50.36亿元，日均流量2006.5万元。其中：集中支付资金23.71亿元（财政直接支付16.92亿元，占集中支付总额的71.36%；财政授权支付6.79亿元，占集中支付总额的28.64%。直接支付比重较去年提高7.2%）；特设专户资金17.36亿元；集中核算资金9.29亿元。

严格执行财经纪律，努力实现了“五个确保”：确保财政直接支付及时拨付、清算和资金的安全运行；确保纳入集中支付和集中核算单位政府采购面、基建维修项目纳入财政投资评审面达100%；确保缴入支付局的非税收入转入财政专户面达100%；确保纳入单位财政资金专款专用；确保了集中核算单位当年收支平衡，防范财政和单位预算透支风险。全年规范和节约支出1.56亿元，其中：拒报不合理开支300.6万元，退回不规范开支

334.7万元；督促7000余万元资金纳入政府采购，节约财政资金约630万元；监督198个新的基本建设和维修项目纳入财政投资评审，审减投资额7300万元。严格执行市政府统一津补贴发放规定，杜绝了变相发放，加强了对招待费、会议费和学习考察费的监督管理。

深化支付改革，国库集中支付制度日臻完善。一是勇于创新，开拓进取，形成了常德特色的国库集中支付管理模式。二是积极探索授权支付“网上审核”管理模式，利用先进的集中支付网络技术平台，对财政授权支付实行网上审核，网上审核通过率由年初的30%提高到55%。三是加强了台账管理和财务收支信息的开发利用。四是强化了内部业务稽核，提高了集中支付和集中核算工作质量。

(谢双梅)

【全面推行“网上审核”】 根据财政部关于国库集中支付改革要“运用科学的方法，实施财政支出管理”的要求，按照市政府领导“既要强化财政支出管理，又要提高工作效率，方便单位用款”的指示，市财政国库集中支付局在对过去实行的预算单位票据全部送审的基础上不断总结、创新摸索出的一种行之有效的支出监督模式——财政授权支付业务“网上审核”。集中支付网上审核的模式，在全省乃至全国均属首创。

为提高工作效率，方便单位用款，从2007年元月份开始，市财政国库集中支付局利用先进的集中支付网络技术平台，对财政授权支付业务实行网上审核，其核心内容是：单位办理授权支付业务时，符合部门预算相关规定的，只需在网上申报，市支付局在网上审核通过后就可以支付。网上审核实施后，单位提高了预算编制与执行水平，也不必再频繁往来于财政局、支付局、银行，既方便了预算单位用款，又加强了财政监管，财政部门能及时通过网络掌握单位支出信息。通过深入集中支付单位，开展专题调研，拟定了妥善解决的办法：一是制定《财政授权支付实施细则》，并组织培训；二是对挪项情况进行重新界定；三是简化内部审核权限，开展上门（下单位）服务，对重点支出实施了延伸审核。经过努力，到年底，网上审核通过率由实施初期不到30%提高至55%。

(谢双梅)

住房公积金管理

【概况】 市住房公积金管理中心于2001年8月成立，2006年8月由具有行政职能的副处级事业单位升格为市人民政府直属正处级事业单位。中心由市人民政府授权统一归集、管理、运作全市行政区域内各级行政机关、企事业单位及中央、省驻常单位和个人缴存的住房公积金。中心现有在编干部91人，内设8个科室，下设9个区县（市）管理部。从2004年起连续四年被省建设厅、财政厅评为全省住房公积金管理工作先进单位，被省人事厅、省编办评为全省优秀事业单位法人。

归集难点有突破。在规范调整缴存比例,减少1.5亿元归集基数的情况下,2007年全市归集额度和归集人数仍呈现稳步增长趋势。归集金额达5.98亿元，比上年增长4.6%；缴存人数达19.53万人,新增缴存单位223家，新增12906人,覆盖面为91.6%,比上年提高了9个百分点。其中市本级归集住房公积金2.58亿元，新增缴存人数1606人。

委贷发放创佳绩。2007年全市共发放个人住房公积金贷款4.94亿元，比上年增长28.9%，共发放4775户，其中市本级完成2.37亿元，为年计划的132%；住房公积金委托贷款占全市个人住房贷款比例为65.9%，和上年相比，公积金委托贷款占全市个人住房贷款的比例上升了13.72%；实现增值收益2603万元，占年计划的115%,比上年增加了50.4%。

支取秩序在好转。2007年全市提取额为3.51亿元，占缴存额的59%。市本级全年提取额为2.02亿元，占缴存额的78%，其中3788人次购建房提取11602万元，加快了全市的居民住房建设；1521人次购房还贷提取2003万元，减轻了购房者的经济压力；1238人离退休提取2052万元，有效增强了退休人员的生活保障；调出及其它原因提取4500万元。有效遏制了利用假合同、假发票套取住房公积金的不良行为，与市房管局召开了联席会议，双方就共享购房信息，建立旧房维修鉴定机制，联手约束违纪违规房产开发公司等方面达成了一致协议。对有重大疾病、子女就学确有困难急需用钱的缴存户，经调查核实，领导审批，予以酌情办理提取。市本级因特困户就学、就医等特殊原因提取公积金近600万元，解决了他们的燃眉之急。

不断加大内审力度。2007年经市政府批准，在“机构三定”方案中单设了监察室（加挂稽核科牌子），专司资金管理和运作的事前、事中、事后监督之职。特别是下半年，不断加大稽核内审力度，建立了稽核内审领导小组，稽核质量得到提升，稽核效果得到显现。11月监察室对武陵管理部进行了一次全面的内审，及时发现并纠正了财务管理中存在的一些不规范问题，为防范和化解风险探索了新的路子。

逐步完善内控机制。完善了涵盖住房公积金收贷业务全流程和内部管理全方位的管理制度，建立健全了一系列安全制度及相应具体业务操作规定。武陵管理部全面清理了贷款抵押，重点清查了他项权证的印鉴和经办员的签字，提高了规避风险的能力；委贷科将全市老拖欠户进行了分类清理，采取不同的措施催收，效果明显。充分发挥了住房公积金管委会的决策作用，真正做到了在住房公积金管委会的监督指导下开展工作。全年个人住房公积金贷款回收本息14225万元，回收率为99.84%,贷款逾期率剔除老贷款后为0.05%，低于全省住房公积金业务管理考核标准0.25个百分点。

全面升级业务系统。2007年5月成功实现了个人征信系统与全国联网，通过了省人民银行个人征信处和省监管办的考核、验收。年底完成了贷款、支取业务窗口监控系统的建设，保障了公共财产安全。完成了新业务软件系统的规划及预算编制，并将所需资金列入了2008年部门预算。（办公室）

农业综合开发

【概况】 2007年，常德市农业综合开发工作紧紧围绕新农村建设，实行土地综合治理与扶持农业产业化基地建设紧密结合，坚持集中连片规模开发的科学理念，进一步加大开发资金整合力度。进一步建立健全各项管理制度，加大资金监管力度，确保资金运行安全。狠抓农业产业化建设，大力扶持农业龙头企业和品牌农业。做好粮食稳定增长、农民持续增收两篇文章，为提高农业综合生产能力、增加农民收入、推进新农村建设、构建和谐常德作出了新的贡献。全年，全市共争取中央、省级财政资金6221万元，还争取土地治理项目核减资金2169万元、产业化项目核呆资金514万元。2007年，常德市连续四年被评为全省农业综合开发工作先进单位，全省农业综合开发宣传调研、资金决算编报工作先进单位，市农发办被团省委授予湖南省第六届“雷锋家乡学雷锋”先进集体的光荣称号。2007年，市农发办还被评为市直目标管理先进单位、创造学习型城市工作先进集体、市级文明单位、全市双联工作先进单位、全市农村基层组织建设点村工作先进后盾单位、市财政局系统先进集体。

2007年度全市农业综合开发遵循“两个着力”、“两个提高”的指导思想，以粮食主产区为重点，按照集中连片、规模开发的要求，实施山、水、田、林、路综合治理的措施。在各级开发办及有关部门的共同努力下，2007年全面完成了上年结转的投资和建设任务，完成了本年度计划99.2%的投资和建设任务。通过综合治理，项目区新增和改善灌溉面积0.41万公顷，新增和改善除涝面积0.26万公顷，新增节水灌溉面积0.22万公顷，新增农田林网防护面积0.09万公顷，增加机耕面积0.36万公顷，新增农机总动力100千瓦，扩大良种种植面积0.29万公顷；增加优质粮食种植面积0.135万公顷，增加优势农产品种植面积0.04万公顷；全市项目区通过土地治理比立项前年新增粮食生产能力343.2万公斤，新增棉花生产能力82.67万公斤，新增油料生产能力56.6万公斤，新增糖料生产能力220万公斤，项目区农民新增纯收入总额1269.52万元。2007年，全市6个产业化经营项目（鼎城富民桥蔬菜加工扩建项目、武陵区跃进米业粮油加工扩建项目、安乡来得富榨菜加工项目、石门九峰养殖场母猪繁育扩建项目、汉寿紫阳麻业苎麻基地建设项目、贺家山湘农棉业优质棉花基地建设项目），加工转化农产品能力达2900万公斤。年新增总产值9626.94万元，新增利税1052.32万元，带动农户11542户，农民新增加纯收入总额4902.24万元，年新增就业人数228人，其中增加农民就业222人。

全市项目区通过一年的开发，土地治理项目区基本实现田成方、林成网、渠相通、路相连的现代农业示范区。与立项前相比，全市新增改善除涝面积3.89万亩、新增和改善灌溉面积6.16万亩，水的利用率得到了大幅度提高，年节约水量达1179.41万立方米，大大节约了水资源。同时项目区的农田灌排亩均费用由65元下降到现在的20多元，生产成本大大降低。广大农民充分认识到了项目区的防渗渠道及设施配套工程建设带来的灌溉时间短、农业生产成本下降、劳动强度减轻和粮棉油糖稳产保收高效等诸多好处，农业综合开发的热情进一步高涨。

通过农业综合开发的综合措施，如渠道的硬化、草皮的移植、防护林的建设、机耕道的修建，有效地控制了水土流失，提高了项目区农田生态系统的稳定性和抗逆性，为项目区抗御自然灾害、维持生态平衡，发挥了显著作用。通过农业措施，消除了土壤障碍因素，改善土壤水、肥、气、热状况，提高物质能量转化率，为高产稳产创造了良好的土壤条件，使之形成良好的田间环境系统。

（彭世清　姚　瑛）

【农业综合开发项目、资金检查验收】 为了顺利通过国家对常德市2004~2006年农业综合开发项目的竣工验收，常德市对资金进行了大密度、高强度的监管。组织专门力量从3月下旬至4月上旬对各项目区县、项目单位的资金到位、管理、使用情况及会计基础工作进行了拉网式检查，并在4月中旬专门召开专题工作会议对检查情况进行了通报，对存在的问题要求在5月上旬整改到位。对整改不到位的，扣减投资规模。5月~6月市农业开发办结合年度项目验收对各地存在问题的整改情况进行了一个月的全面督查。从督查的情况看，各地存在的问题基本整改到位。市审计局于6~8月对常德市2004~2006年度项目资金进行了全面审计，并对部分工程投资通过中介机构进行了造价审计。从审计的结果看，常德市农业综合开发项目资金管理到位。同时，市办对各项目区县也进行了内部审计，并多次对各地资金管理情况进行督查。坚决落实省办下发的县级报账制，做到了专人、专账、专户管理，保证了资金专款专用。5月22日~6月10日，省农发办验收组对常德市安乡县、津市市、武陵区2006年度农业综合开发项目进行了直接验收，同时受省农业综合开发办公室委托，常德市农业综合开发办公室6月13日~6月26日对鼎城区、汉寿县、澧县、临澧县、桃源县、石门县、西洞庭管理区的农业综合开发项目也进行了竣工验收。省农业综合开发办对常德市2006年度农业综合开发工作给予了高度评价，认为常德市农业综合开发项目建设通过当地各级党委、政府的重视支持以及项目区广大干部和群众的辛勤劳动，圆满地完成了上级批复的开发任务和投资计划。农业综合开发的指导思想明确、项目区选择合理，充分体现了集中连片、规模开发、综合治理的要求，突出了投资重点，体现了产业优势，规划设计比较合现，建设标准较高，项目整合初见成效，工程质量普遍过硬，工程管护措施得力，开发效益明显，市县配套资金和群众自筹资金落实、有偿资金管理严格、回收力度大、财务基础工作扎实，开发机构健全、人员配备合理，干部素质较高，宣传调研工作得力，内务管理工作规范，工作氛围良好。全市农业综合开发工作仍位居全省一流水平。

（姚　瑛）

【农业综合开发项目、资金管理机制创新】2007年，常德市继续坚持项目区立项竞争制、扩初设计标准化审核制、县级财政配套预算制、专项资金县级报帐制、专项资金公示制、对项目县年度目标管理考核制等新机制，进一步规范招投标制、工程监理制，常德市“打造精品工程，建设高标准农田”的经验在全国、全省推广。2007年督促各区县严格按照招投标管理的实施细则，狠抓工程招投标管理。认真制定招投标方案，严格履行招投标程序。招投标方案拟定后，分别向市农发办和县招投标监督机构报批。在正式招标时，邀请相关部门和单位负责人现场监督。通过实行规范的工程招投标，使一批有资质、有经验的优秀施工队伍加入到农发项目工程上来，确保了项目工程的建设质量，全市工程造价降低了4~5个百分点。2007年不断创新完善监理机制，会同德江监理公司一块联合下发了监理工作实施办法及监理人员考评办法。充分赋予监理人员工程质量签证、工程数量与设计变更认证权利，加强了监理责任。现场监理人员与建设单位管理人员吃住在工地、监管在现场，想办法、拿措施、抓质量、促进度。通过现场监理人员与建设单位的密切配合，及时发现实际进度、投资与计划的偏差，并及时解决发现的问题，实施有效的监理控制，确保了项目工程的建设进度与质量。全市经过多年的实践，初步探索出了一条适合当地实际的由农业综合开发部门、专业监理公司、项目区乡镇干部和群众代表共同参与监督的“四位一体”的农业综合开发项目工程监理机制，此做法被国办、省办推广。（姚　瑛）

【产业化经营项目管理】建立农业综合开发产业化经营项目库。项目库共收集了全市76个市级及市级以上龙头企业，做到了选项立项坚持从项目库中挑选，不进项目库的决不申报立项；出台项目管理暂行办法。市农发办在广泛听取各方面意见和建议的基础上，出台了《常德市农业产业化经营项目管理暂行办法》和《常德市农业综合开发部门项目管理暂行办法》，对项目的选项、申报、建设和资金使用与管理、项目竣工验收等都作出一系列的规定；调整产业化项目验收方法。对2006年产业化经营项目竣工验收，市农发办单独进行验收，其分数纳入年度目标管理考核中；加大项目实施培训、督促力度。项目实施前进行培训，组织有关区县农发办分管主任、财务股长、企业法人代表进行项目管理培训。项目实施中，分别下到各项目县召开项目建设协调会，加大项目实施督促力度，确保了项目顺利实施。（姚　瑛）

国有资产监督管理

【概况】2007年市国资委围绕“抓监管、强服务、促发展”的工作思路和国有资产保值增值的工作目标，扎实工作，努力创新，逐步理顺了职能，积极探索履行出资人职责，圆满完成了各项工作任务。2007年市国资委在优化经济环境69家测评单位中单项名列第八名，“双联”、点村建设、机关干部下基层宣讲中共十七大精神、计划生育、综合治理等工作被评为先进单位。（王国军　杨　宇）

【清产核资】2007年按照市政府主要领导批示，曹佳中副市长牵头并主持召开了全市市属经营性国有资产清产核资工作会议，安排部署市属经营性国有资产清产核资工作。共清理71家单位和企业，其中：履行出资人职责的单位33家；暂未履行出资人职责的企业10家；自收自支事业单位21家；国有参股企业7家。国有及国有控股企业（含自收自支事业单位）经营性资产总量68.1亿元（含待核销资产），其中净资产22.7亿元。经中介机构鉴证或审核认定的资产损失额为1.96亿元，市国资委初步核定的资产损失额1.37亿元。另，7家参股单位国有股0.9亿元，国有股应享有权利0.2亿元。（王国军　杨　宇）

【国有资产监管】2007年市国资委在城建投、经建投、欣运集团等10多家监管单位开展了涉及薪酬改革、内部审计、完善法人治理结构、经济责任指标考核、国有产权代表述职述廉、企业效能监察、效绩评价等7个项目的办点示范工作，通过这些举措规范了企业的管理，调动了干部职工的积极性，为建立健全常德市国有资产管理体制积累了经验。

2007年市国资委严把资产评估关，认真审核评估方法及程序，全年共有7个评估项目，评估资产价值11946万元，评估增值499万元。在国有产权界定上，先后完成了碧云置业有限公司、迅华城建公司、天健置业等企业的国有产权界定工作。为了加强资产损失核销管理，出台了《常德市属企业资产损失核销管理暂行规定》，并对广福桥煤矿和赤峰煤矿合计1579万元资产损失按程序进行了核销。在产权登记工作上，组织实施全市企业国有资产产权登记工作，实现了产权登记信息化、标准化，建立了产权登记档案。积极联系市工商局召开专题会议，对国有企业注册登记进行统一规定，并形成会议纪要，进一步规范了监管企业出资人变更登记工作。

2007年市国资委严格按照企业国有产权转让有关规定进行产权转让和资产处置，先后成功转让了常德铁水盐关联运港49%的国有股权和羊耳山煤矿亘山井部分资产。牵头组织了桃花源旅行社和市欣运集团安乡汽车南站的资产公开拍卖工作，两宗资产拍卖底价和评估值分别为16万元和280万元，成交价分别为19.2万元和865万元，资产增值率为20%、209%。通过资产处置的市场化运作，实现了资产效益的最大化。2007年共鉴证签订了4宗产权转让合同，产权转让总价款1637.4万元，已收回产权转让款1584.36万元。全年共接收20多家改制结零企业剩余资产及债权3507.88万元。接收原市内贸、工交移交19家改制企业产权处置尾款1700.88万元，全年共收回产权转让尾款2653.54万元。

2007年市国资委共接待群众来信来访60多人次，书面回复10次，官司诉讼5起，阻止流失资金近亿元，挽回经济损失350万元。

（王国军　杨　宇）

【国有资产运营】2007年新组建成立了中达国有资产经营管理公司，搭建了国资委——国有资产经营平台——国有企业的三层管理架构，理顺了监管与经营的关系。根据市政府融资平台建设方案，明确了两名副主任帮助市城建投资公司、市经济建设投资公司拟定融资平台建设方案，通过反复多次的调研和商讨，拟定了融资平台建设方案报市政府审批。2007年市城市建设投资公司新融资到位资金3亿元，实现收入900万元，利润总额50万元。公司作为廉租房建设的融资业主，2007年争取到位廉租房贷款资金3000万元，有效地缓解了廉租房建设工程款的支付和建设进度，全年完成廉租房建设550多套，共40000多平方米。常德市的廉租房建设模式称为“常德模式”，已通过中央电视台、人民日报社等各大媒体向全国推广；市经济建设投资公司完成穿紫河治理项目融资7800万元，穿紫河两岸广告招商与旅游开发进展顺利，水面养殖租赁收入13万元。此外公司还积极开展授权资产经营，处置资产收入649万元；市中达国有资产经营公司清收产权处置尾款600万元。

（王国军　杨　宇）

【招商引资】2007年是国资委作为引进战略投资者责任单位第一年，市国资委成立专门工作班子，明确以一把手为首的3名委领导负责此项工作。由国资委牵头联系，促成市党政主要领导多次拜访中国通用技术集团、中国材料集团、国家开发投资公司、中国建材集团、中国农业发展集团、中粮集团等大型中央企业，并成功地组织中材集团、中建材集团、中粮集团、冀东水泥、中国通用技术集团等企业来常德市考察。目前，中材集团已经落户桃源县，9月28日在常德市注册成立了常德中材牛力水泥有限公司，投资额为3亿元，项目已正式启动，注入资金2200万元。中建材集团先后6次进行互访，拟规划在常德市投资建设两条5000t/d干法水泥生产线及低温余热发电项目，计划总投资11亿元。先期开工建设鼎城区一条5000t/d干法水泥生产线及低温余热发电项目，计划总投资5.5亿元，12月25日中建材集团下属子公司南方水泥湖南分公司与鼎城区政府签订了水泥项目合作框架协议。并对常德市石膏等非金属矿的开采加工项目也正在进行前期考察。在与省属企业对接方面，成功促成了中联重科收购湖南车桥厂，目前审计评估工作已经结束，近期准备签约，中联重科计划投资5亿元，扩大车桥厂的生产能力。

（王国军　杨　宇）

国　税

【概况】2007年，全市共组织入库各项收入247545万元，其中卷烟厂税收20797万元（增值税7533万元，消费税2516万元，企业所得税10748万元），车购税12507万元，海关代征9644万元。剔除卷烟厂税收、车购税和海关代征税收，累计入库国税收入204597万元，完成省局下达任务的91.46%，与上年同期比较，增收20344万元，增长11.04%。其中，入库增值税152411万元，增收12224万元，增长8.72%；入库消费税2131万元，增收268万元，增长14.39%；入库企业所得税22860万元，同比减收741万元，下降3.35%；入库涉外企业所得税16022万元，增收6026万元，增长60.28%；入库利息所得税11173万元，增收1085万元，增长10.76%。2007年，市国税局主要从三个层面着手，打造全市系统文明创建三项工程，即在市局机关抓“示范工程”，在县（市、区）局抓“特色工程”，在税务分局、税务所基层一线抓“精品工程”，全面推进创建工作。年初，安乡县局、石门县局、武陵区局、汉寿县局4个单位被省文明委评为“省级文明单位”，临澧县局被市文明委评为“市级文明标兵单位”。至2007年底全市系统10个县（市、区）局均被评为市级以上文明单位，其中9个跨入省级文明单位行列。汉寿县局办税服务厅、桃花源税务分局被评为2006年度省级“青年文明号”，德山区局办税服务厅被评为湖南省“文明窗口单位”。澧县局办税服务厅被省依法治省领导小组授予“依法办事示范窗口单位”称号。在全省系统“百优十杰”的评比中，常德市系统有9人被评为“百优”岗位能手。

（李志武）

【建立健全互动协作长效机制】一是进一步规范互动职责与流程。除德山、安乡不要求分设外，其他县、市（区）局都按要求将综合业务科分设为税政法规科和征收管理科。出台《常德市局关于建立税收分析、纳税评估、税源监控、税务检查互动协作长效机制实施办法》，进一步明确市、县两级各相关部门在互动协作长效机制中的工作职责、工作标准，规范了操作流程。坚持实行互动工作例会制度、通报制度、反馈制度、考核制度和督导制度，促进了互动协作工作的落实。二是深入开展税收分析。出台《税收分析信息发布工作制度》，抓好分析信息的反馈与处理，及时发布、传递各类税负预警信息。认真开展行业税负分析，对税负偏低行业提出整改建议。三是全面拓展纳税评估。将三大系统运用贯穿互动协作工作，即从综合征管软件中调取数据资料确定异常信息，异常信息以工作指令的形式在税管员平台进行发布，并在税管员平台中完成纳税评估，完成成果由评估人员及时录入税收综合管理系统。同时，细化评估指标，分行业、分税种完善拓展评税模板，重点加强对零申报户、负申报户、低税负户、长亏不倒户的纳税评估。全市共对8395户纳税人实施纳税评估，其中评估有问题5350户，补充申报税款13051万元，通过评估移送稽查128户。（李志武）

【精细管理各税种】增值税方面，严格审批认定废旧物资企业、福利企业、资源综合利用企业，加强对使用"四小票"企业的监控，对2005年起总局下发的44份稽核比对异常的海关完税凭证核查情况进行全面复查；严把一般纳税人年审关，全市确认年审合格户1827户，取消一般纳税人资格83户，合格率95.65%；坚持企业自审、专管员初审、区县局复审和市局汇审的四级审核制度，做好税收资料调查工作。所得税方面，加强所得税户籍管理，对税源管理情况开展"回头看"，进一步摸清全市所得税税负偏低、未作税种登记、亏损企业、零申报企业、房地产企业的底子和征管进展状况；加强企业所得税核定征收管理，2007年对823户企业实行核定征收，核定征收面达52%；认真组织落实所得税汇算清缴，顺利完成了2006年度的汇算清缴工作；规范涉外企业减免税及税前扣除备案管理工作，从加强关联交易申报管理入手，积极开展联合税务审计，加大反避税工作的力度；加强利息所得税管理，严格《免税证明单》的领用程序和开具要求。车购税管理方面，认真做好新版车购税征收软件运行工作，与公安车辆管理部门、交通农机管理部门建立了工作信息交换通道，定期对已缴纳车辆购置税的车辆信息与已办理登记注册车辆进行交换并比对。全年全市车购税共入库12507万元，较上年同期增加3358万元，突破了亿元大关，同比增长36.7%。（李志武）

【信息化建设】一是做好综合征管软件运行管理。按照"分级负责，层层监控"的原则，加强数据的审核与监控，运管水平和数据质量得到不断提高。二是金税工程继续保持高质量运行。增值税一般纳税人档案信息采集率和增值税专用发票存根联采集率均达到100%，抵扣联重号率、金税工程增值税征管信息系统报表差错率均为零，继续保持全省领先水平。三是继续抓好"四小票"数据管理工作。"四小票"比对相符率位居全省前列。四是稳步推广应用税控收款机。市、县两级均成立领导机构，制定了推广方案，组织业务培训，并广泛开展宣传动员。全市共有4262户纳税人推广使用税控收款机4395台，占全年推广计划的109.8%，领购发票5959卷（100份/卷），取得了阶段性的成果。五是抓好税管员平台应用工作。全市税收管理员产生工作任务数35950个，完成工作任务35699个,工作任务完成率99%。（李志武）

【执法监督】一是严格执法过错责任追究。规范税收执法管理信息系统运行管理，将人工考核与计算机考核紧密结合，严格执法过错责任追究。全市共计进行税收执法过错责任追究188人次，其中经济追究141人次，经济追究金额1.647万元，批评教育8人次，书面检查3人次，通报批评37人次。二是建立严密的税收执法质量考核评议体系。确立了按月自评、按季抽查、定期通报、不定期回访、年度总体评议的考核模式。建立了工作底稿制度和分析评议制度。将考核内容重新进行了全面清理，按业务主管部门的不同对考核内容进行分块，改善了与征管质量重复考核、多头考核的局面，减轻了基层工作负担和压力。三是出台《常德市国家税务局重大案件审理实施办法》，进一步规范案件审理。根据纳税人的申请，积极组织税务听证。全市今年未发生1起复议诉讼案件。在2007年度民主评议市直机关作风暨优化经济环境工作测评会议上市国税局总分排名第二，被市优化办评为"优化经济环境工作先进单位"，至此，市国税局已连续四年被授予该荣誉称号。

【宣传落实税收政策】加强税前扣除、减免税的审批管理，全市共为120户企业办理了2006年度减免税审批，减免税额5525.25万元。强化出口退税管理，对全市55户进出口企业办理了361笔退税业务，合计审批退（免）税1.06亿元，确保了退税进度和退税安全。认真开展税收宣传月活动，与市地税局联合开展了第16个全国税收宣传月活动，成立联合税收宣传领导小组和相应机构，重点推出了2007年税收宣传优秀项目——召开税收新闻发布会暨开展"优化税收环境，推动常德新型工业化发展"系列税收宣传活动。在《中国税务报》、《常德日报》、常德电视台新闻频道等多家媒体宣传税法及国税工作。组织参加湖南省首届税收短信大赛和第二届税法动漫大赛活动，组织全市干部发送原创税收宣传短信2000多条，向省局报送了11篇税法动漫作品，并有3篇作品分获二等奖和优秀奖。组织参加省局"纳税服务"征文，共有8篇征文分获一、二、三等奖和优秀奖。组织参加"税收在我身边"有奖征文活动，共上报征文200篇。（李志武）

【整顿和规范税收秩序】精心组织了对房地产业、建筑安装业等8大行业的税收专项检查，共查结纳税人265

户，查补入库税款、罚款、滞纳金1729万元。大力查处大要案件，加强对大要案查处的组织领导，实施挂牌督办、案情汇报督查、查前准备三项制度，加强查办大要案件的考核、奖励，实行税警联合、司法支持、内部协调配合等多方联动，先后查办了22起有影响的重大涉税案件，其中常德卷烟厂查补近亿元。除烟厂外，全市还查补100万元以上的案件12起，查补收入2630万元，得到上级领导的充分肯定。针对社会加油站税负偏低现象，在全市范围内部署开展社会加油站的专项整治活动。（李志武）

【切实为纳税人减负】一是优化业务流程。选择武陵区局、临澧县局试点，整合前、后台业务，建立“统一受理、转告相关、内部运作、限时办结”的服务机制。出台了《常德市国税局办税服务流程》和《常德市国税局办税服务指南》，就办税服务厅窗口职责、服务项目与时限、服务项目后台操作业务流程（包括税务行政许可、一般纳税人资格认定、延期申报管理、减免税审批等17种）予以明确和规范。二是简并办税手续。建立税源信息库，完善“一户式”管理，对纳税人的资料实行“一次采集、多方多次使用”，纳税人办理涉税事务时，尽量通过“一户式”档案资料进行核查，不要求纳税人重复报送资料。简化所得税审批程序，提高办税效率。简化出口退税的审核程序，在严格审核的基础上，将以前企业先预申报再正式申报的程序改为直接正式申报。对涉外企业进行网上联合年检，并和其它部门集中办公，避免纳税人繁琐无效的劳动。三是充实服务内容。开展重大投资项目绿色通道服务，对市本级“十一五”期间拟建和在建的16家重大工业项目做到急事急办、特事特办。针对城乡纳税服务水平不均衡的问题，在津市市局试点，设立农村集镇纳税事宜代办点，代办事项包括发票代开、代征税款、代办停歇业手续等，受到纳税人的好评。四是密切征纳关系。开展走访“百企”和“千户”问卷调查活动，采取发函的形式，就个体征管、税务稽查、政策落实等14个方面问题，听取广大纳税人的意见、建议，根据反馈情况有针对性地整改。搭建税收政策执行情况反馈平台，搜集纳税人反映税收政策执行状况的第一手资料，认真做好宣传解释工作，并逐级向上反映。开展“我为纳税人办实事”活动，要求各基层单位选择5家有代表性的非公有制企业作为联系点，真心实意为纳税人排忧解难，受到纳税人的普遍好评。“市国税局热心为常德环通公司排忧解难”被评为全市10起涉企优质服务典型事例之一。（李志武）

【首例税务行政处罚听证会议】2007年10月26日，应某公司的税务行政处罚听证申请，常德市国税局在八百里大酒店十五楼会议室召开了近年来首例税务行政处罚听证会。本次听证采取了公开听证的形式，由该局指定的政策法规部门人员担任听证会主持人，部分业务科室的负责人担任听证员，当事人共委托了3名代理人参与听证会。听证会在主持人的主持下，案件的调查人员与当事人的委托代理人就事实的真实性、证据的充分性、法律依据适用的准确性进行了充分、激烈的质证和辩论。省局法规处、省局稽查局、市局机关、市局稽查局和各县（市、区）有关单位的国税干部参与了旁听。参与旁听的人员反响强烈，就双方的辩论纷纷发表见解，他们一致认为：此次听证对税收执法人员今后如何规范税收执法行为、如何规避执法风险起到了深刻的警示和教育作用。（李志武）

地　税

【概况】2007年，全市地税工作迈出了新步伐，地税事业实现了新发展，突出表现在组织收入再创新高，突破25亿元大关；优化环境再夺桂冠，行风测评连续两年在全市蝉联第一；文明创建再结硕果，市局机关喜获全国税务系统文明单位殊荣。全市地税在市委、市政府、省局党组的正确领导和社会各界的大力支持下，创新成果显著，队伍素质提高，社会形象优良，为地方经济发展和社会进步做出了积极贡献。

全市共组织入库各项收入257907万元，占年计划的109.4%，同比增收45956万元，增长21.7%。全市所有征收单位、征收级次全部完成任务，收入总量再次创下历史新高。收入质量提高。全市严格执行“依法征税，应收尽收，坚决不收过头税，坚决防止和制止越权减免税”的组织收入原则，收入质量真实可信。征收力度加大。不断加大税源监控力度，对烟草、房地产开发等重点税源大户实行严密管理，确保了应收尽收。市、县两级稽查局实施检查137户，查补税款、滞纳金、罚款4699万元，有力地打击了偷逃税行为，堵塞了税收流失漏洞。

依法治税，夯实征管基础。制定《税收管理员、征收员工作规范》、《税源分类管理办法》等18项征管制度，出台了《地税精细征管操作实务》，对征管流程进行全面梳理、整合、优化。加强税政管理。出台了“先税后证、信息共享”的房地产税收一体化管理办法，不断建立健全部门协税护税网络。全市房地产业税收入库4.51亿元，同比增收1.44亿元，增长47%。大力宣传和落实了车船税新政策，建立了部门协税机制，全年入库1388万元，占年计划的101.7%，同比增收556万元，增长66.8%。全面加强土地增值税预征和清算，全年入库1741万元，占年计划的151.7%，同比增收951万元。狠抓了个人所得税自行纳税申报工作。全市共有3403人进行了个税自行纳税申报，补缴税款719万元，成为除省会长沙以外申报人数最多的地级市。市局还出台了个人所得税申报后续管理办法，就14起个税案件在新闻媒体集中曝光，在社会各界引起强烈反响。规范税收执法。全市深入开展“五五”普法，组织案件审理情况交流会，对全市出台规范性文件进行了严格把关。去年市、县两级税务审理委员会共对30起重大案件进行了审理结案，严把了执法质量关。整治税收秩序。对石化、银行、房地产3大行业开展专项检查，查补入库税款1272万元，对291位高收入个人开展专项检查，查补入库税款1031万元。全市查办50万元以上大要案件15起。

优化税收环境，加强税收宣传。精心办好地税网站，全年访问量突破100万人次。和国税联合开展了“优化税收环境，推动常德新型工业化发展”系列税收宣传活动。落实优惠政策。全市为194家企业报批减免税收5654万元。为下岗职工办证1539户，免收工本费3.8万元，为3280户下岗职工再就业的个体工商户减免地方各税1093万元，为34户安置下岗职工的企业减免地方各税951万元。强化税收服务。在对内严格要求、严格管理、严格监督的基础上，对外大力推行优质服务。市局编印了纳税服务手册，建立了纳税服务质量综合考评体系。全市积极发挥12366纳税服务热线作用，全年受理各类电话6559个，解决各类涉税问题2062件。

科技兴税，开发“网上报税系统”。独立开发了具有完全自主知识产权的网上报税系统在全省推广使用。创新开发工作软件。全市开发了“税收执法责任制、行政管理责任制”管理软件、纳税评估软件、固定资产网络管理软件、网上互动学习软件，不断提升了税收工作的科技含量。加强网络安全管理。高质量建设了网络备份线路，确保了各类数据处理、信息软件的安全快捷运行。

内部管理，经费管理更加严格。全市严格执行经费预算管理制度，省局经费“两三三”原则得到较好贯彻。市局对经费来源和执行情况进行了全面督导监察，对账户设置、印鉴保管、财务制度落实情况开展不定期督导。财产管理更加高效。制定了《政府采购管理实施办法及操作规程》、《房屋、建筑物维修管理办法》，建立政府采购信息平台和采购人员库。组织全系统开展了清产核资工作，所有固定资产全部实行电子网络化控管。政府采购、公开拍卖、车辆管理等制度得到严格推行。审计监督更加有力。严格开展了基建、离任、财务审计。全年开展各类审计24项，审计总金额2.18亿元，提出整改建议22条，有力促进了内部规范管理。机关管理更加规范。各单位不断修订和完善了机关管理制度，干部职工工作和生活条件不断改善，后勤保障有力，机关秩序井然，广大干群心情舒畅，精神面貌好。市局机关、汉寿、临澧等6个单位档案室达到省特级。

队伍建设，加强班子建设和机关建设。对各区县局领导班子和43名领导成员进行了全面考察，客观地掌握了各单位领导班子和领导干部政治业务素质和履职情况。全系统大力加强廉政宣传教育，深入开展廉政文化进机关活动。深入开展征纳面对面述廉测评活动，全市318名税收管理员向1131名纳税人代表公开述职述廉。连续两年全市执法执纪部门没有收到一起对地税干部违纪的投诉、举报；连续两年全市行风测评全市地税获得满堂红。特别是2007年不仅市局再次蝉联第一，各区县局除一个单位第二外，其余全部排名第一，全市地税工作得到了各级党政、社会各界和广大纳税人的一致好评。　　（孙冰冰　彭　浩）

【武陵区办税服务厅荣获全国三八红旗集体】 常德市武陵区地方税务局办税服务厅，总人数15人，其中女性人数13人，主任为易琳同志。

常德市武陵区地方税务局办税服务厅的税干平均年龄只有29岁，她们担负着武陵城区560多家区级企事业单位和8000多个体工商户的税收征收任务。成立9年来，她们用真诚和勤劳累计征收税款6亿余元，每年平均增幅25%以上。在工作中，始终以“满足纳税人需求”作为工作的根本出发点和归宿，全心全意地为纳税人提供了优质的纳税服务，赢得了社会各界的赞誉。1999年常德市青年工作委员会授予“市级青年文明号”，2001年湖南省青年工作委员会授予“省级青年文明号”，2002年常德市直机关工委授予“巾帼文明示范岗”，常德市总工会授予“芙蓉标兵岗”，2003年湖南省妇联、省国税局、省地税局联合授予“巾帼文明示范岗”，2007年被全国妇联授予“国家巾帼文明岗”等荣誉。在工作中，她们强化“有效执行”，创建“五化”服务措施。在工作中，以“有效执行”为核心，提出了“五化”服务措施，即：服务理念统一化、服务行为规范化、服务质量标准化、服务承诺公开化、服务环境人性化。不断创新推出“三卡”服务，不断完善服务体系。在要求纳税人诚信纳税的同时，大厅还创新推出“三卡”服务，即：预约卡、监督卡和评议卡，要求工作人员首先做到诚信服务、预约服务、实行承诺负责制，做到有求必应、有难必解，真心实意为纳税人服务，为纳税人排忧解难。通过“三卡”服务，大厅的工作程序更加细化，工作环节更加清晰，工作效率更加提高，对纳税人服务的态度也更加热情、细致，得到了纳税人的一致好评。同时，大厅工作人员充分发挥女性优势，打造人性化服务品牌。为人妻、为人母、为人女，谁家都有唱不完的锅、碗、瓢、盆交响曲，但她们始终以工作第一、服务第一、纳税人第一，全身心地投入到自己心爱的服务工作，用优质的服务、诚恳的态度来打动纳税人的心。她们凭借女性特有的细心和敏锐的观察力，让纳税人在“和风细雨”中享受应有的权利、履行应尽的义务，使税收工作顺利开展。此外，她们还真诚回报社会，积极参与奉献活动。为回报社会，积极开展了多种形式的社会奉献活动，如：宣传税收政策和再就业优惠政策、解答涉税问题、贫困助学、帮教活动，向见义勇士、受灾地区、希望工程小学捐款等活动。

（徐玲英　杨立波）

环境保护

【概况】2007年，常德市环保工作以贯彻落实科学发展观为契机，围绕国务院和省政府关于加强环保工作的精神，以崭新的精神面貌创造性开展工作，以前所未有的力度狠抓污染减排，扎实推进生态市创建工作，促进了环境质量的进一步好转和生态环境的改善。

造纸行业污染整治。常德市造纸行业COD排放量占全市COD排放总量的60%以上，是常德市水污染主要行业。2006年10月，常德市按省政府整治洞庭湖区造纸企业的统一部署，出台了常德市造纸企业污染整治实施方案，一年来，市政府牵头，环保、公安、工商、电力等部门联手，先后集中督导和检查3次，开展了2次声势空前的集中关停"零点行动"，采取断水、断电、吊销执照等强制性手段，先后对69家造纸企业予以关停。以关停促治理取得实效，津市雪丽纸厂等一批制浆造纸企业多方筹资上了碱回收污染治理工程，被批准恢复试生产，29家再生纸企业通过整改，通过了市环保局的审批。通过对全市造纸行业的重新洗牌，初步实现造纸业的"浴火重生"，在COD排放量大幅削减的同时，造纸产能实际增加26%，取得了经济与环境的"双赢"。

生态市建设。围绕市政府在《关于加强生态市建设的意见》确定的四大工作重点，2007年启动了生态市建设工作。成立机构。成立了常德市生态市建设领导小组，代市长卿渐伟担任组长，包括22个部门的主要负责人为小组成员。完成规划。2006年10月市人大常委会第36次会议审议通过了《常德市生态市建设规划》，按照审议意见，市环保局会同编制单位，对规划文本作了四个方面的修改、补充和完善，主要调整了生态功能分区、充实了生态工业园建设内容和调整部分重点建设项目。明确标准。市政府颁发了《常德市生态市建设2007年行动安排及考核办法》，生态市领导小组颁发了《关于深入开展创建环境优美乡镇和生态村活动的通知》，明确了工作任务、标准和考核办法。展开年度工作。石门、桃源完成生态县规划编制，并通过了省环保局专家组织的评审和县人大常委会的审议，其余5个县（市）已完成调研和规划文本。

治污减排。限期治理抓减排。通过市政府下达了2005~2007年限期治理项目共27个，大部分按进度要求完成治理工作。专项计划促减排。常德市纳入省政府2005~2007年环保三年行动计划的项目有5项，常纺机电镀废水治理、湘澧盐矿废水治理、市医疗垃圾集中处理中心等3个项目2005年底即告完成，桃源杰新纺织印染锅炉烟尘治理、湖南雄黄矿矿山环境治理也已按期完成，完成情况在全省名列前茅。清洁生产推减排。在石门合磷化开展了清洁生产试点，在造纸行业推行清洁生产审核，2008年将全面开展此项工作。通过以上举措和造纸业专项整治，2007年共削减COD4.55万吨，$SO_2$1.93万吨，超额完成削减任务，到2007年全市仅有德山开发区COD和SO_2超过可用总量。

严格环境准入。按照"四个不批"即不符合国家产业政策的不批、选址不合环保要求的不批、对敏感点产生重大不利影响的不批、群众反映强烈的不批的原则，截止11月初，市本级共审批项目120个，项目环评率达100%，验收项目65个，"三同时"执行率达100%。通过审批，否决选址不当项目3个，常德垃圾发电厂等项目已另行选址；否决2个严重污染项目；暂缓审批项目2个。尝试开展建设项目"区域限批"措施，临澧县因该县伟临纸制品公司擅停污水处理设施，被市环保局暂停审批所有造纸企业建设项目和试生产项目。

继续开展环保专项行动。从2003年开始，连续第5年开展"整治违法排污企业保障群众健康"环保专项行动，先后立案查处违法排污企业194家，对65家群众反映强烈的环境问题进行挂牌督办，较好地解决了"十八小"和"新五小"污染反弹问题，同时通过挂牌督办使一批"老大难"环境问题得到解决，如地处居民区的澧县协力纺织厂污染、津市嘉成汽车部件制造公司噪声

扰民等问题，都通过专项行动予以解决，临澧杰新纺织印染废水问题经过3年连续督办最终也得到解决。（燕 孙）

【环保世纪行活动】 2007年6月1日，全国人大常委会环资委调研室巡视员、中华环保世纪行执委会主任何嘉平率人民日报、新华社、中央电视台等中央媒体组成的记者团来到常德市，就节能减排和环保世纪行二项工作进行调研。记者团先后来到常德市常规地表水坡头监测断面、常德纸业、常德卷烟厂、穿紫河、柳叶湖等地采访环保综合治理情况。在听取市委常委、副市长欧运祟，市人大常委会副主任张启祥关于节能减排工作及组织开展环保世纪行活动的情况后，何嘉平指出，常德市的节能减排措施得力，成效显著，在整治环洞庭湖流域污染企业和城市水系方面也有自己成功的经验；常德环保世纪行组委会组织开展“十大环保卫士”评选等活动，创造性地开展工作，并形成机制，值得其他地方学习和借鉴。

（燕 孙）

【环保区域限批】 为巩固造纸企业整治成果，严厉打击违法排污企业，2007年8月，市环保局决定，对临澧伟临纸制品公司等企业擅自停运污水处理设施偷排事件予以重罚，对临澧县域内所有造纸企业建设项目暂停审批，并暂停新批准试生产。

临澧县是常德市小再生纸厂相对集中的县，在环洞庭湖造纸企业污染整治行动中，临澧伟临纸制品公司等企业不遵守环境保护法律法规，在试生产期间，擅自停运污水处理设施，废水未经处理直接排放，造成了十分恶劣的影响。市环保局对临澧伟临纸制品公司予以重罚，同时还依据相关法律、法规，对整治行动不力的临澧县首次启动环保区域限批，以督促该区域内造纸企业切实做好污染整治工作，严厉打击擅自停运污水处理设施、直排偷排的违法行为。（燕 孙）

【造纸行业污染整治】 根据湖南省《洞庭湖区造纸企业污染整治实施方案》和《常德市造纸企业污染整治实施方案》要求，2007年，常德市按时关停全市71家造纸企业，并结合资源状况，重新制定了造纸行业发展规划，支持津市雪丽纸业、常德纸业、西洞庭纸业和安乡仙桃纸业4家制浆企业优先发展，其他制浆造纸企业转产再生纸，全市再生纸企业控制在30家，其余因选址敏感或受规模、技术等条件限制的再生纸厂彻底退出市场。经过整治整合，全市造纸产能较前增加了12万吨，排污总量较前减少了50%以上，实现了增产减污的治理目标。整治后的常德市水环境质量明显改善，沅、澧二水常德段出水段面有机物污染负荷比2006年下降65%。（燕 孙）

【十大环保卫士】 经过一年的评选，2007年6月5日，以“绿色的关怀、平凡的感动”为主题的常德市首届“十大环保卫士”评选结果揭晓，湖南湘澧盐矿工程师郭三元等10人被评为常德市首届十大环保卫士，石门县环境保护局局长赵忠德等9人获得提名奖。

（燕 孙）

质量技术监督

【质量兴市】 常德市在临澧、桃源、津市、汉寿、武陵等县市（区）先后开展质量兴县（市）工作后，2007年又有石门县、澧县启动了质量兴县工作；全市备案企业产品标准140项，新发放产品标准实施证书547份，年审实施证书1056份，审查认可食品标签673个；先后有湖南常德金健米业有限公司等15家企业的15项产品获得了采标认可证书，6项产品获得了采标标志备案。140家企业通过了ISO9000质量管理体系和ISO14000环境管理体系认证。全年受理上报了32项产品的生产许可证申请材料，其中已有28项产品通过了省局和国家局组织的验收。为湖南佳达电线电缆有限公司等17家企业申办了计量检测保证能力确认、取得了定量包装商品生产企业计量保证能力合格证书、开展了计量论证和扩项论证。6月14日在邵阳召开的全省工业产品生产许可证后续监管经验交流会上，常德市作了关于“强化工业产品生产许可证后续监管，确保企业产品质量安全”的经验介绍。常德市恒安纸业被推荐为全国质量振兴先进集体，桃源县局局长郭荣被评为全国质量振兴先进个人。

2007年，市质监局、桃源县质监局、石门县质监局、市特检所被省质监局评为全省质监系统先进集体；桃源县局局长郭荣被评为全国质监系统先进个人；鼎城区质监局局长李一平被评为全省质监系统“优秀县局局长”；临澧县质监局局长周轶被评为全省质监系统“十佳公务员”；市质监局局长谈法明、市质检所工程师杨军被省质监局评为全省质监系统“先进工作者”；市质监局稽查队队长陈家海被省质监局推荐为全省“十佳青年卫士”。（范 荣）

【名牌创建】 年初，对照《中国名牌产品“十一五”重点产品培育目录》和《2007年省名牌产品评价目录》进行了广泛的调查摸底，选择了一批市场前景较好，技术含量较高，具有一定知名度的优势产品编制了创牌规划。在5月10日的2007年11次市委常委会上，市质监局向市委常委会议作了“关于培育、争创名品、名牌工作情况”的专题汇报，建议市政府成立了常德市名牌产品审定委会员，起草了常德名牌产品管理办法，启动了市级名牌产品评价工作，为挖掘常德市产品潜在优势，培育更多的湖南名牌和中国名牌奠定了较好的基础。2007年新创中国名牌1个、创湖南名牌13个，新评常德名牌19个，常德市中国名牌产品上升到4个、有效湖南名牌产品达到了50个。2007年，加大了对免检产品的培育力度，临澧新厦建材股份有限公司通过免检复评，另有湖南常德水表制造有限公司等三家企业顺利通过评审，使常德市免检企业数上升到8家。（范 荣）

【标准化工作】 大力推行农业标准化。为了进一步搞好常德市农业标准化工作，按照“公司+基地+标准化”的模式，选择了39个具有一定规模，在当地产业建设中起示范带动作用的项目作为第六批国家级农业标准化示范区项目推荐上报。4月24日，市质监局在澧县召开了农业标准化工作现场经验交流会，参观了澧县葡萄绿色食品基地，一分局、临澧县局介绍了各自的经验和做法，各区县（市）局就农业标准化工作进行了广泛交流。积极推行服务标准化试点。为了使政府政务服务窗口单位服务规范化、程序化，市质监局把市政府政务服务中心作为服务标准化的试点单位，与市政务中心一起制定了“常德市人民政府政务服务中心——服务规范标准”，该标准的发布实施，在全省政务中心经验交流会上得到了原副省长、现省纪委书记许云昭和省内其他市州领导的高度评价，拟将其上升为地方标准在全省推广实施。（范　荣）

【产品质量和食品安全专项整治】 2007年8月以来，按照国务院和省政府的部署，常德市扎实开展了产品质量和食品安全专项整治行动，全面完成了规定的3个100%的目标任务，确保了全市12个100%量化目标和8个非量化目标任务的出色完成。突出对生产加工食品质量安全的专项整治。全市食品生产企业698家100%取得QS证（获证数名列全省前茅）；小作坊577家100%签订质量安全承诺书。在全省率先推行“监管公示牌”制度，明确企业第一责任和监管人员的监管责任，将监管责任真正落实到人、到企业、到区域。聘请乡镇(街道）分管负责人或有关专干担任食品质量安全协管员，并建立电子档案，实行动态监管，大大提高了监管效能。市长卿渐伟就生产领域的食品安全监管工作在2007年9月全省质量工作会议上做了典型发言。加强对12类涉及人身健康和安全的产品质量安全整治。开展了12类生产加工企业的质量状况普查，按照“一企一档”要求逐一建立质量档案，建档率达100%。按照国务院《关于加强食品等产品质量安全监督管理的特别规定》要求，加大了行政处罚工作力度，查处质量违法案件50起，查获假冒伪劣产品货值89万元，查处无生产许可证企业5家。召开全省专项整治工作现场会。10月30日，省政府在常德召开了全省产品质量和食品安全专项整治工作现场会。省产品质量和食品安全领导小组副组长、省政府副省长刘力伟、省质监局局长刘爱才、省产品质量和食品安全领导小组成员单位负责人，各市州分管专项整治工作的副市长等与会代表通过明查暗访的形式，对常德市专项整治工作进行了全面检查并给予了高度评价。（范　荣）

【“三个安全”】 食品质量安全。严格按照国家质检总局第79号令的要求，对全市654家获证企业实施巡查回访，对达不到要求的企业下达责令整改通知书500多份，现场、立案查处354起；对583家企业进行了年审，完成率为100%；确定了武陵区的豆制品、米粉，桃源的大米，石门的茶叶为常德市存在食品质量安全隐患的重点区域和重点产品，在专项整治中又把乳制品、饮料、熟食（酱板鸭）、豆制品、茶叶、桶装饮用水、湿米粉、中秋月饼、酒类产品、油性食品等高风险食品作为整治的重点，通过开展专项整治取得了阶段性成果。特种设备安全。对16家驻常电梯日常维保单位的电梯日常维护保养、召修服务质量和17家相关电梯使用单位的安全管理情况进行了一次全面监督检查，现场下达《特种设备安全监察指令书》6份。对全市230个重点特种设备使用单位、3973台各类特种设备进行了安全检查，发现严重事故隐患161处，现场下达《特种设备安全监察通知书》和《特种设备安全监察指令》82份。现场消除重大事故隐患52处，处理严重违法违规单位、个人案件197起。特别是安乡县黄山头国家森林公园地轨缆车的拆除，彻底消除了重大安全隐患。检查了5个重点工程工地17台起重机械，及时查封了自制自装的“土起重机械”4台。对全市46家气瓶充装单位进行了年度监督检查，对30家存在问题的充装单位责令限期整改。2007年累计完成安装监检特种设备547台、压力管道32项，安装监检率100%。全年举办各类特种设备操作人员培训班15期，培训考核操作人员1147人，特种设备作业人员持证上岗率达100%。对监狱内担任锅炉司炉操作的18名作业人员进行了培训考核，消除了安全隐患的死角死面。烟花爆竹、危化品质量安全。彻底摸清了常德市生产企业底数，并逐一建立了台帐；督促企业搞好内部管理，严格按国家标准组织生产，认真落实出厂检验。争取省质监局政策、资金支持，成立了常德烟花爆竹产品质量监督检验中心。2007年春节前，在全市开展了烟花爆竹质量大检查，对邦正、卓越、卓玉三家在市区销售烟花爆竹企业进行了重点检查，对涉及检验不合格的生产企业责令整改，并封存了1126件（箱）检测不合格产品。市质监局被市政府评为“禁改限”先进单位。（范　荣）

【推行行政执法责任制】 为规范行政执法行为，提高行政效能，促进依法行政，根据市纪委、市监察局、市法制办的要求，市质监局扎实开展了推行行政执法责任制试点工作。此次试点工作以强化行政执法责任制为核心，以规范执法行为、严格责任追究为重点，通过行政执法责任制的实施和行政效能监察，建立权责一致，目标明确，行为规范，监督有力，奖惩分明的行政执法机制，努力塑造一支公正严明、廉洁高效的质监行政执法队伍，促进常德市质监事业健康、稳定发展。从2006年12月开始，经过充分准备后，2007年元月26日召开听证会，通过了试点方案和工作步骤，3月17日召开动员大会，全面启动了试点工作。通过界定执法职责（界定执法职能、清理执法依据、分解执法职权、确定执法责任、制定岗位职责），完善五类制度（行政执法程序制度、行政执法监督检查制度、行政效能监察制度、行政执法公开制度、检测检验管理制度），建立三个体系（绩效评估体系、工作协调与执法监督体系、过错责任追究体系），试点工作取得预期效果，得到了市纪委主要领导和市优化办的充分肯定。（范　荣）

【领导班子和领导干部综合考评试点】 根据中组部《关于开展体现科学发展观要求的党政工作部门领导班子和领导干部综合考核评价试点工作的通知》要求和省委组织部、省局以及市委组织部的安排，市质监局一方面积极配合省质监局做好了对市局领导班子及成员考核评价试点工作；同时在临澧县质监局和澧县质监局开展了体现科学发展观要求的党政工作部门领导班子和领导干部综合考核评价试点工作。整个工作历时3个月，由于各级领导高度重视，考核组精心组织，周密部署，圆满完成了试点工作任务，取得了预期效果，得到了省质监局和市委组织部的一致好评。临澧县质监局还作为试点工作先进单位被省质监局向省委组织部推荐。（范　荣）

烟草专卖

【概况】 2007年全市烟草系统共有在职职工669人，离退休人员270人，短期合同工230人。公司注册资本2950万元，资产总值8.3亿元。全市有持证卷烟入网零售户24976户，其中城网6916户、农网18060户。

2007年完成卷烟销售22.5万箱，卷烟销售总量在全省排第2位，比上年21.31万箱增加1.19万箱，增幅为5.62%，完成省局计划21.13万箱的106.52%。实现销售收入24.41亿元（不含增值税），与上年同期21.4亿元相比增加3亿元，增幅为14.03%。单箱销售均价10395元，比2006年同期的9738元增加657元，增幅6.75%。卷烟销售毛利率为22.47%，比上年20.53%上升了1.94个百分点。在烟叶生产经营上，全年完成烟叶收购量6万担，上中等烟比例81.04%，“两烟”生产经营实现了大幅度的跨越。全年实现利润总额3.54亿元，比上年同期2.44亿元增加1.1亿元，增幅45.17%。在专卖市场管理上，市局（公司）确立了打私打假查回流烟与地方职能部门联合执法、专卖稽查人员依法行政、对零售户实行诚信等级管理的思路，并相应地制订了一系列工作和管理制度，全市共查处涉烟案件196起，查获各类卷烟1990件，其中假冒卷烟1611件，查获制假烟叶、烟丝23.1吨。移送公安机关涉嫌犯罪案件11起，判刑6人、劳教3人，有效的震慑了违法犯罪行为，净化了市场。（杨　俊）

烟草公司办公楼

食品药品监督管理

【概况】 2007年，全市药监工作者以保障人民群众用药安全有效为根本目标，认真践行科学监管理念，切实强化药品市场监管，各项工作齐头并进，先后被评为全市优化经济发展环境、市直目标管理、行政执法、廉政文化进机关、创学习型机关、计划生育综合治理、园林绿化等先进单位。（彭述涛）

【药品安全监管】 对洞庭药业、金健药业等5家高风险企业派出驻厂监督员，聘请质管部长和制剂室主任作为非高风险企业和医院制剂室质量控制联络员；对5家生产注射剂的企业近140个品规，逐一核查其原批准工艺、处方与标准操作规程、批生产记录的一致性；督导医用氧厂、中药饮片厂进行GMP改造，配合省食品药品监管局组织对6个企业33个品规批准文号的核查工作；加强对特殊药品进、销、存情况的在线监控，对两家具有麻醉药品、一类精神药品批发企业资格的企业按季进行检查；完成特药邮寄审批77次911个品种，上报不良事件监测报表2471份。（彭述涛）

【药品市场监管】 全市共验收医疗机构规范化药房1352家，均已全部合格；跟踪检查药品批发企业19家、零售企业383家，覆盖率达47.7%；对常德电视台发布的“蛾贞胶丸”、“海麟舒肝胶囊”、“脑心安胶囊”等36起违法药品广告，发函提请市工商局查处并报市纠风办、市医药整治办备案；加强农村药品“两网”建设，监督网与供应网覆盖面均达100%；加大涉药、涉械人员教育培训力度，市县受训人员达3000余人。（彭述涛）

【医疗器械监管】 对8家批发企业进行许可事项变更现场检查，对康利来公司两个三类器械产品注册进行质量体系考核；大力推动上市产品质量跟踪卡制度、不良事件报告制度的建立和健全，积极开展对医疗器械经营企业从业人员的职业技能和法规培训，培训人员达287人；加强医疗器械不良事件监测，共上报不良事件报表332份。全年检查涉药涉械单位6100家，检查覆盖率100%。重点加大了挂靠经营、骨科植入器械、个体诊所等重点环节、重点品种、重点区域的监管与打击力度，查处药品医疗器械货值100余万元，移送

司法机关追究刑事责任2人，责令整改4355家次，全市药品评价抽验合格率达97.4%。（彭述涛）

【推进行政执法责任制】一是制定行政执法责任制、岗位目标责任制、办事公开制、首问责任制、限时办结制、《行政执法责任制试点工作目标考核评估标准》等各项规章制度。二是除实行重大行政处罚公开听证制度外，邀请市纪委行政效能监察室负责人及新闻媒体记者，就是否许可申办澧县百欣大药房、桃源县三叉港吉泰堂大药房、益丰大药房下南门店举行公开听证。湖南日报社、常德日报社、常德电视台等多家媒体代表均进场旁听并进行了正面报道；三是对行政执法案件实行立案前、处罚决定前及结案审查三级审核制。四是继续开展对行政许可法制监督。共受理、办结行政许可591件，先后分5期向社会进行了公示。五是认真宣传贯彻落实《国务院关于加强食品等产品安全监督管理的特别规定》，对行政相对人和各县市区局二层以上骨干进行系统培训。（彭述涛）

【国务院药品整治组到常德督导】国务院产品质量和食品安全领导小组办公室药品整治组由国家食品药品监管局副局长张敬礼带队一行4人，在省食品药品监管局局长张光荣、副局长李赤群的陪同下，于10月16日至17日对常德市药品市场秩序整治工作进行全面督导检查。

国务院药品整治组听取了由常德市委常委、常务副市长陈文浩主持的汇报会，深入湖南金健药业有限责任公司等企业，对高风险品种是否派有驻厂监督员、重点岗位人员是否具备相关资质、企业药检设施是否满足检测需要以及企业营销模式是否科学合理等情况进行详细询问了解，并深入车间实地检查了解药品生产工艺贯彻执行、药品质量保障把关情况。（彭述涛）

【全国医疗器械质量监督抽验工作会在常德举行】3月29日至3月31日，全国医疗器械质量监督抽验工作会议在常德举行，来自全国31个省市的150余名医疗器械监管、抽验人员参加大会，国家食品药品监管局市场监督司副巡视员卜长生到会并讲话，省食品药品监管局党组副书记、副局长李建飞，常德市委常委、副市长宋冬春出席会议并致欢迎词。

会议对2006年医疗器械监督抽验工作进行了总结，对2007年监督抽验工作进行了部署，在延续跟踪医用内窥镜、强脉冲光治疗仪、高频手术设备、银合金粉、医用透明质酸钠基础上，2007年新增麻醉机、一次性使用输血器和骨接合植入物等3个品种为监督抽验重点。会议组织与会代表集中学习了医疗器械质量监督抽验管理规定、8个抽验产品的相关资料及抽验程序等内容。（彭述涛）

国土资源管理

【概况】2007年，常德市国土资源管理工作在市委、市政府及省厅的正确领导下，以“三个代表”重要思想和科学发展观为指针，以服务地方经济发展为中心，严格落实“切实保护耕地，十分珍惜和合理利用土地”的基本国策，不断深化土地使用制度改革，努力整顿和规范矿产资源开发利用秩序，着力加强国土资源市场建设和监管，管理水平不断提高。沅、澧两片工作差距明显缩小；通过调整规划、争取计划、强化服务等行之有效的措施，全面保障了基础设施项目、招商引资工业项目用地；土地开发整理投入达1.82亿，且项目质量好；土地储备融资顺利，以土地储备为平台的市场化运作为城市发展和园区建设提供了有效的资金保障；矿产资源开发利用秩序整顿规范工作和以土地执法百日行动为主的六大专项行动，为全面规范国土资源市场奠定了坚实基础。（胡建忠）

【服务地方经济建设】为地方经济发展提供有效资源保障，全年共报批建设用地506.98公顷。征拆工作克难奋进,市本级征地306.75公顷，拆迁房屋21.3万平方米,确保了工业项目、城市建设项目的顺利实施，并为常德电厂、体育生态休闲园、泰格林纸等重大项目提供了建设用地前期服务。完成了全市基础测绘规划编制工作，完成测绘服务项目392个，实现产值350万元，到账收入291万元。

积极支持社会主义新农村建设。把新农村示范点规划修编放在此轮修编的首要位置，配合建设部门对示范点村搞好村庄建设规划选址和用地指标控制。土地开发整理项目向示范点村倾斜，全年通过土地开发整理、地灾防治共争取并投放资金1.94亿元，有力地支持了新农村建设。

积极推进国土资源市场建设。收回闲置土地4宗4.699公顷，督促开发建设8宗。土地储备逐年做大做强，市本级年内新储备土地14宗110.47公顷，现库存土地313.33公顷，通过银行贷款和个人融资，增加储备资金1.3亿元。对2000年基准地价进行了更新。市本级共组织土地招拍挂23期，成交37宗，成交面积42.13公顷，实际成交金额4.8752亿元，高出底价1.83亿元。市本级土地收益5.61亿，入财政金库1亿。共组织新设探矿权、采矿权招拍挂4期，成交6宗，成交金额1240万元，高出底价1168万元。完成“三房”土地登记发证9207户，办理土地转让2156宗，土地面积18.23公顷，办理土地抵押登记代理670宗，抵押面积20.3公顷，抵押金额5.91亿元。全市出让土地成交总价款首次突破10亿元，达到11.83亿元，2007年常德市土地市场建设和监管发生了质的飞跃。（胡建忠）

【完善依法行政体系】加强国土资源法制建设。坚持依法行政,进一步完善了行政执法责任制，开展了国土资源行政执法质量考核工作。应对行政复议、行政诉讼共3件，维持和胜诉率均100%。

加强国土资源执法监察。全市国土资源系统坚持走预防为主、预防和查处相结合的执法监察工作新思路，建立起预防预警机制，全面实行动态巡查。全年共查处国土资源违法案件162件，结案 130 件，查处率达到 100% 以上，结案率达到 80.3%。

加强行政审批改革。实施窗口“一门受理”管理，所有国土资源行政审批项目一律到国土资源窗口申请受理。规范窗口办文、集体会审、政务公开等多项工作措施。创新服务模式，集体会审、行政效能监察和服务回访制度化，受到广大服务对象的一致好评。（胡建忠）

【落实国土资源保护制度】耕地保护工作成效显著。2007 年，全市共投入资金 1.82 亿元，实施的各级土地开发整理项目 74 个，项目总规模面积 12.5 万亩，新增耕地面积 0.15 万公顷。项目布局和规模从零散小块向集中成片转变，开发整理向产业化方向发展，部、厅领导对常德市耕地保护和土地开发整理工作给予了高度评价。

土地利用总体规划修编前期工作进展顺利。市、县两级国土资源部门成立了规划修编领导小组。市本级已落实修编工作经费 216 万元。修编前期工作率先通过省厅验收，目前已经进入规划大纲编制阶段。

整顿和规范矿产资源秩序工作全面完成。各部门积极配合，协同作战，对全市 500 多家矿山企业组织了全面清查；发动了超深越界等四项专项整治活动，常德市整规工作得到了省厅的高度肯定。

矿政管理工作做到发展创新。全面规范了采矿权登记程序，完善了矿业权市场准入机制，市场配置矿权 6 宗。征收矿产资源补偿费 537 万元，比上年增长 10.1%。加强了地勘行政管理，争取省投资地勘项目 3 个，投入资金 470 万元。

地质灾害防治工作主动扎实。积极主动地开展地环监测和地灾防治工作，编制了地灾防治方案和应急预案，年内共成功预报了 5 起地质灾害，避免直接经济损失 50 多万元。全年没有发生地质灾害伤亡事故。开展了“农村地质灾害防治知识培训行动”，极大地提高了广大群众的防灾避灾意识。启动矿山地质环境治理项目 5 个、地质灾害治理项目 1 个，争取国家投资达 1200 万元；争取省级补助资金项目多个。（胡建忠）

【强化行政能力建设】继续推进省以下国土资源管理体制改革。土地开发整理中心、征地拆迁事物处机构顺利升格为副处级单位，选拔任用了一批年富力强的工作骨干。为县局增设了总工程师、总经济师专业技术领导职位，并及时选配了干部。在临澧县开展了组建了国土资源中心所的改革试点工作，将原有的 18 个乡镇国土所整合为 7 个国土资源中心所，在全省率先迈出了基层一线管理体制改革的实质性步伐。

切实强化领导班子和干部队伍建设。按照“集体领导、民主集中、个别酝酿、会议决定”的原则，进一步落实了重大问题集体研究的工作要求；调整充实了市、县两级领导班子。领导班子整体战斗力显著增强，支持地方党委政府实现了经济社会发展构建和谐社会的有机结合。在队伍建设方面，突出抓了思想政治教育。建设用地审批、矿业权发证、土地资产处置、土地使用权和采矿权招拍挂底价，确定等重大事项全部纳入集体会审范畴，合理规范了工作程序，提高了整个部门的管理水平。积极稳妥地推进了干部轮岗交流、竞争上岗与民主选拔任用干部的工作。在干部双向交流方面进行了有益的尝试和大胆的探索，拓宽了干部培养任用的渠道和空间，实现了市、县两级队伍和班子建设的一体化。（胡建忠）

【基层业务工作成效显著】信访工作认真扎实。市本级 2007 年接待来访 109 批次，来信 87 件，信访工作坚持“事要办好、人要回去”的原则，所有信访事项都在要求限期内予以回复和处理，无越级访和非正常访。

综合统计工作规范有序。建成了建设用地预审、新设探矿权、采矿权预审和农用地转用等三部电子台帐，各类综合统计数据准确、上报及时。

财务管理日趋规范。严格征管政策，各项费、税、金及时足额征缴到位。2007 年，市本级土地收益入库 1 亿元，协助征收相关税费 2700 万元。重点加强了对土地开发整理项目的资金管理，实行预决算制度，并严格审计资金使用情况，确保了土地开发整理工作规范进行。财务管理工作为机关正常运行和事业发展提供了强有力的经费保障。

第二次土地调查工作全面启动。其调查成果将为优化土地利益结构，支持地方协调发展提供科学决策的依据。

调研工作成果丰硕。2007 年，形成调研文章 35 篇。系统做到了每周向省厅、部上报政务信息 30 条以上，及时反映了常德市国土资源工作动态和成效，扩大了部门影响。

宣传工作有声有色。2007 年“6·25 情系热土”大型文艺晚会主题突出，组织严密，水平专业，以多种表演形式宣传土地新政和全市系统先进典型，得到了省厅、市里五大家领导和社会各界的广泛开展好评。2007 年与《常德日报》社联合编发了宣传国土资源政策、反映国土资源工作的专版 4 期，刊发各类文章 100 余篇，提升了国土资源工作的影响力。（胡建忠）

审计监督

【概况】2007 年，全市审计机关以邓小平理论、“三个代表”重要思想和科学发展观为指导，认真贯彻市委经济工作会议精神和各级审计工作会议精神，积极开拓，努力创新，不断强化自身建设，切实履行监督职能，各项工作取得了明显成效。共完成审计和审计调查单位（项目）773 个，查出违规金额 66373 万元，管理不规范金额 65986 万元，处理收缴财政 1690 万元。同时督促归还原渠道资金 5701 万元，责令调账处理 12110 万元；提出审计建议被各级党委、政府采纳 785 条，督促被审计单位制定整改措施 217 项，建立健全规章制度 114 个；向纪检监察机关、司法机关及有关部门移送案件线索 16 件。（姜　帆）

【财政审计】2007 年，共完成审计与审计调查单位（项目）97 个，查出违规金额 7147 万元，管理不规范金额 26978 万元。市本级预算审计着重关注了财政支出绩效和管理问题，并对城市建设的效益情况进行了调查，审计不仅查处了违规改变资金用途、不按规定征缴预算收入、超预算列支等违纪违规问题，而且针对常德市城市建设中存在的问题，首次提出了“强化经营城市理念，进一步挖掘财源潜力”的建议。（姜 帆）

【专项资金审计】2007 年，全市完成了农业综合开发资金、教育两免一补资金、城镇居民五项社会保障资金、廉租房建设资金以及农村社会养老保险基金、新农村建设资金等专项资金的审计或调查。审计涉及专项资金 70372 万元，查出违规金额 3702 万元，管理不规范金额 3451 万元。审计后督促归还原资金渠道 889 万元，提出审计建议督促政府及有关部门出台管理制度 23 条。通过对市本级和 9 个区、县（市）及西洞庭、西湖管理区 2006 年度城镇职工基本养老保险、基本医疗保险、失业保险、工伤保险和生育保险等五项社保基金的征缴、管理、使用情况的审计，向市政府提交了专题报告，为政府领导全面掌握五项社保基金的运行情况提供了依据。（姜 帆）

【行政事业审计】2007 年，全市共审计单位 405 个，其中:行政单位 247 个,事业单位 145 个,社会团体 13 个，查出违规金额 37815 万元。查处的行政事业单位“四乱”金额 4432 万元，超计划超标准支出 9731 万元。（姜 帆）

【固定资产投资审计】2007 年，全市共审计投资项目 74 个，审计项目投资总额 48018 万元，查出违规金额 9127 万元，核减工程款 12454 万元，挽回经济损失 585 万元。全市以规范投资行为、提高建设资金使用效益为目标，重点加强了投资审计规范建设和投资项目竣工决算的审计力度。市审计局与市房产局、市发改委联合制定并下发了《常德市房地产市场专项整治工作方案》，开展了对房地产市场的专项整治。（姜 帆）

【外资运用审计】2007 年，共完成审计与审计调查单位（项目）8 个，审计项目概算投资总额 3240 万元，其中外资 1961 万元，查出违规金额 155 万元，管理不规范金额 239 万元，出具审计报告 5 篇。（姜 帆）

【经济责任审计】2007 年，全市共对 299 个单位 308 名领导干部的经济责任进行审计，查出违规金额 13203 万元，管理不规范金额 21513 万元。移送纪检监察和司法机关处理 4 人，2 人受到撤职、降级处分。（姜 帆）

【内部审计】2007 年，全市内部审计机构共开展审计项目 5952 个，查出损失浪费金额 4102 万元，促进增收节支 13700 万元，发现大案要案线索 14 件，处理 25 人，向司法机关移送案件 11 件，处理 3 人，提出审计建议、意见被采纳 1425 条。（姜 帆）

工商行政管理

【概况】2007 年，常德市工商局在省市委、市政府和省工商局的领导下，紧紧围绕市委、市政府和省局的工作重心，始终坚持“以人为本、尊重民意、关注民生、构建和谐”的治局理念，突出工作重点，力求工作实效，着力解决队伍思想作风建设中存在的问题，大力推进依法行政，强化市场监管，狠抓基层基础建设，立足工商职能，服务地方经济发展，使全市系统的各项工作都取得了新的进展。（张业武）

【队伍作风建设】常德市工商局辖 12 个区县（市）工商局、分局，88 个工商所，全市系统共有干部职工 2467 名。干部队伍作风建设是工商行政管理事业的根基工程。2007 年 7 月，常德市工商局党组审时度势，作出了开展加强队伍作风建设，服务地方经济发展教育活动的决策，制定了教育活动工作方案，开展了为期半年的干部队伍作风教育整顿活动。

为抓好领导班子作风建设，市局先后出台了《关于改进党组工作作风加强自身建设的若干规定》和《加强领导班子思想作风建设的意见》；同时，通过开展谈心活动、抓好中心组学习、健全和坚持民主生活会议制度，增强了领导班子的向心力和战斗力。

为抓好干部队伍作风建设，常德市工商局从小事抓起，从干部职工的日常行为规范抓起，出台了《四项纪律规定》和《四项纪律督查制度》，重点解决干部职工按时上下班、上班着装、中午禁酒、执法车辆停放及依法行政的问题。为了使出台的《四项纪律规定》落到实处。7 月，市局组织两个督导组对全市系统各基层局、所执行《四项纪律规定》情况进行了督导检查，有力地推动了四项纪律规定的落实。

开展教育培训、提升队伍素质是常德市工商局加强干部队伍作风建设的又一重要举措。2007 年 7 月份以来，该局在全市系统开展了“一月学一法”活动，坚持全市系统干部职工每月学习一部法律，形成了“全员学法，常年学法”的良好风气。为使每个执法人员在 3 年时间内比较熟练地掌握现行的工商行政管理法律、法规，市局建立了全员培训考试制度，并在常德工商办公网上建立了《工商题库》，搭建了培训考试信息平台，实行在线考试。对所长满三年享受副科级待遇的，实行任职前闭卷考试，考试不及格的不予任职；对提拔进班子的同志转正时进行考试，不及格不予转正；新招公务员考试合格后方能转正。自 2007 年 7 月份来，该局系统干部职工先后学习了《中华人民共和国产品质量法》、《中华人民共和国消费者权益保护法》、《中华人民共和国商标法》、《中华人民共和国广告法》、《中华人民共和国反不正当竞争法》、《中华人民共和国公司法》，全市系统 1500 多名 50 岁以下的干部职工在网上进行了考试。（张业武）

【依法行政】一是完善制度，建立健全依法行政的长效机制。2007 年 6

月，市局在石门县工商局召开了全市工商系统依法行政工作暨经验交流会议，下发了《关于进一步规范行政处罚案件强制执行行为的规定（试行）》、《关于进一步规范行政强制措施的规定》、《关于进一步明确办案纪律的通知》等制度，为依法行政提供了制度保障。全市工商系统依法行政工作会议前，市局受理复议 85 起，会议之后的半年时间，市局受理复议 31 起，受理复议的数量大大减少。2007 年，全市一般程序的行政处罚案件的核审率达到 100%，全市共受理复议 116 起，受理总数比 2006 年同期减少 37 起。二是巩固和完善了以“四方定费、电脑管理、缴费上门”为主要内容的“阳光收费”工作机制，有效地消除了人情费、好处费和以物抵费的弊端。三是加强法制机构对案件的审核与监督。针对执法质量考评暴露出来的问题，结合实际，开展机关业务科室、各区县（市）局、分局工作点评活动，坚持“不追究、不批评、不指责”的原则，通过点评活动引起干部反思，清理执法中的问题，引起大家对规范执法行为的重视，做到严谨、依法办案；加强对市局业务科室执法工作的考核，分解执法考评责任，规定考评办法，明确考评等次的确认标准，并将考评结果作为机关业务科室年底评先评优的主要依据；加大法制机构案件核审把关的力度；加大对各县级局执法质量的检查督导力度，组织检查组深入到各基层单位，深入办案对象，重点检查督导行政许可和行政处罚行为。（张业武）

【市场监管】深入开展保护注册商标专用权行动。以侵犯药品、食品商标及侵犯驰名商标、著名商标、知名商标专用权为重点，积极开展专项整治，查处商标侵权违法行为。全市共办理商标案件 191 件，其中一般违法案件 27 件，侵权假冒案件 164 件。深入开展“打虚假、树诚信”广告专项整治。重点查处医疗、药品、保健食品等人民群众十分关注的虚假违法广告。2007 年，共办理广告案件 216 件，其中虚假广告案件 78 件，违法经营广告案件 138 件。严厉打击商业欺诈、非法传销和变相传销行为。自 2007 年 4 月份以来，市工商局加大了打击传销的力度，全年仅市局就投入 20 多万元资金，开展了打击传销专项整治工作，出动执法人员 4500 人次，出动执法车辆 1200 台次，印发宣传单 20 万张，悬挂宣传横幅 1200 条，张贴公告 1.5 万份，设立社区宣传橱窗 72 个，在各媒体曝光传销典型案例 160 多次，建立“无传销社区”试点社区 2 个，在电视、报纸、流动宣传车、公益广告、社区试点等宣传上就投入资金 10 多万元。在市打击传销工作联席会议办公室的指导下，各区、县（市）均成立了打击传销联席会议办公室，建立了打击传销联席会议制度。2007 年，全市工商部门共捣毁传销窝点 180 个，驱散遣返传销人员近 1.5 万人次。其中解救受害被骗群众 2000 多人，移送公安部门处理 110 多人，捣毁窝点后给相关社区居委会送达加强出租屋管理的《督办通知》15 份，有效地遏制了传销活动在常德市的蔓延，打击传销工作取得了一定的成效；深入开展治理商业贿赂工作。一年来，围绕人民群众反映强烈的热点、重点、难点问题，市工商局开展了对医药购销市场、夏季冷饮市场等领域的执法检查。立案查处了湖南新阳光医药有限公司、长沙新世纪计算机系统集成有限公司、常德广德房地产开发有限公司、长沙康远实业有限公司等商业贿赂案件。认真开展“黑网吧”专项整治行动。为加强网吧管理，市局严格落实国家的政策，禁止新办网吧营业执照，确保学校周边 200 米以内无网吧。针对“黑网吧”有所抬头，并且由城区向城郊、向农村转移的势头，7 月份以后，在全市开展了一次打击取缔“黑网吧”专项整治行动，并以市政府督查室市长热线办的名义印发了《整治城区“黑网吧”专项行动工作方案》，要求各区县市遵照执行。此次行动共检查网吧 200 多户，取缔 20 多户，并对市电信分公司违规为网吧接入信号给予处罚 8 万元。为建立长效机制，市局还与市电信分公司联合下发了《关于加强网吧网络信号接入管理的通知》。加大学校周边环境整治力度。6 月份以来，市局开展了取缔城区学校及周边无证无照经营饮食摊点（店）的专项行动，与 7 所城区学校负责人和有关管理部门进行了联系和沟通，加强对学校及周边冷饮、副食摊点（店）违法违章行为的查处。对 24 家学校周边无照经营等饮食摊点（店）进行取缔，对城区学校及周边的 80 家饮食摊点（店）下发《违法（违章）行为限期改正通知书》和《催办营业执照及相关行政审批手续通知书》。开展清理整治无证无照经营行动。在市政府的组织领导下，市局于 2007 年 12 月 21 日召开了全市清理整治无证无照经营工作会议上，以市政府文件形式出台了《全市清理整治无证无照经营工作实施方案》和《关于在全市开展清理整治无证无照经营工作的通告》，并按照宣传发动，集中行动，整章建制三个阶段开展集中整治行动。（张业武）

【服务经济发展】立足登记职能，重点支持发展涉农企业，扶持一批农民专业合作组织，推动农业向产业化道路发展。已培育出湖南双佳牧业等一批涉农龙头企业和农民专业合作组织；积极实施农产品品牌战略。加强对有地方特色的名优农产品申请认定驰名商标、著名商标和地理商标的指导、推荐和认定工作。以石门柑橘、澧县张公庙葡萄、澧县双龙西瓜、武陵及汉寿蔬菜和鼎城牲猪为样板，抓好典型示范，不断壮大农产品知名品牌队伍；认真开展涉农合同帮扶。2007 年，市局通过多方推动，齐抓共管扶持订单农业，在鼎城区牛鼻滩、中河口等镇推行了榨菜订单种植，在黑山嘴、黄珠洲等镇推广鲜鱼订单养殖。通过签定订单合同，建立稳定的产销关系，达到了企业和农户双赢的目的；积极培育发展农村经纪人。实行两手抓：一手抓发展。2007 年来，全市工商系统举办农村经纪人培训班 6 期，培育发展农村经纪执业人员 81 名。8 月，由市局牵头，成立了常德市经纪人协会。一手抓规范。通过举办培训班等形式对农村经纪人进行业务知识和法律法规培训，不断提高农村经纪人队伍素质。同时，加强行业自律，查处经纪欺诈行为，不断规范经纪行为。

为使企业更加全面地了解有关工商行政管理法律、法规及工商部门办事的程序和要求。市局出台了《常德市工商行政管理局关于进一步推进政务公开工作的意见》，开展了联系服务企业的活动，利用各种形式向企业讲解有关登记注册、年检验照等方面的程序和要求。同时，有针对性地对不同类别的企业作出具体指导，指导企业加强行业自律，自觉规范经营行为，维护自身合法权益。

在加强业务指导的同时，常德市工商局在商标申报注册的指导上更是竭尽全力，6月，市局在经费十分紧张的情况下，挤出近3万元资金，免费为近100家企业举办了培育和争创商标品牌培训班，引导企业积极实施商标品牌战略。为指导和帮助企业培育商标品牌，制定了《常德市知名商标认定和保护办法》、《常德市创中国驰名商标湖南省著名商标及农产品商标发展和培育三年规划》，全力支持企业争创中国驰名商标和湖南省著名商标，至2007年底，全市有中国驰名商标3件，湖南省著名商标38件，2007年市局共推荐申报了23件省著名商标，成功申报注册了“石门银峰”地理标志商标。为帮助津市中意糖果有限公司“中意”牌糖果申报中国驰名商标，市局组成专门班子，远赴山东、浙江等地，协助该公司全面完成了申报材料的收集、整理、审查等各项准备工作，通过努力，最终将津市中意糖果有限公司“中意”商标，纳入到省工商局申报中国驰名商标的规划中，并上报国家工商总局。

为促进常德经济发展，常德市工商局出台了《常德市优化经济发展环境规范涉企行政执法与收费七项制度实施细则》、《常德市工商行政管理局服务承诺制度》、《常德市工商行政管理局关于加强行政指导、实行首查免罚的规定》等制度。同时，坚持警示在先、教育为主的原则，对那些情节轻微，危害不大的违法违规行为先向当事人发出《行政建议书》，告知当事人违法行为的性质，违反的法规及改正的途径和期限，以及拒不改正应承担的法律责任，实行首查免罚。2007年，全市工商系统共办结首查免罚案件96起；为规范协会工作，市工商局会同市消委、市个私协下发了《关于进一步规范个体劳动者私营企业协会会费、消费者委员会会费收支工作的通知》，要求消委、个私协发展会员必须坚持“入会自愿、退会自由”的原则，全面规范消委、个私协会会费的收取和使用；出台了常德市工商行政管理局《优化经济发展环境服务地方经济发展的八条举措》和《七项承诺》，建立了常德市工商行政管理局《机关副科长以上干部联系企业制度》，将服务企业的责任分解到市局各科室和责任人，并通过媒体向社会公布；为促进企业做强做大，依法为企业办理动产抵押登记，充分运用工商职能为企业提供融资帮助，2007年，全市工商系统共办理企业动产抵押登记128件，抵押物价值达7.675亿元，帮助企业通过抵押贷款3.158亿元。 （张业武）

【优化经济发展环境】2007年，市工商局进一步加大了优化经济发展环境工作力度，召开全市系统优化经济发展环境会议，出台《常德市优化经济发展环境规范涉企行政执法与收费七项制度实施细则》、《常德市工商行政管理局限时办结制度》、《常德市工商行政管理局服务承诺制度》，规范日常监督检查行为和检查频率，提高办事效能和服务水平。严格实行优化经济发展环境责任追究制度，从市局到各区县（市）工商局、分局及基层工商所的每位干部，都层层签订责任状，明确任务。严格考核，对优化经济发展环境工作实行“一票否决”，出现问题，依照有关规定严肃追究相关单位和个人的责任。在全市优化经济发展环境考评中，市工商局在全市行政执法责任制考评中排名第二，受到了市委、市政府的奖励和表彰。各区、县（市）局、分局在当地优化经济发展环境测评中，名次较2006年有了较大的进步，特别是西湖分局，一年两次测评都名列第一，桃源县局、武陵分局取得了第二名的好成绩，安乡县局、西洞庭分局也取得了第三名的好成绩，汉寿县局、桃源县局在当地的优化经济环境测评中也取得了较好的成绩。 （张业武）

【食品安全】市局将食品安全特别是农村食品安全工作作为各项工作的重中之重。加强农村消费维权站点建设。2007年，在市政府的大力支持下，市局组织召开全市农村食品安全工作会议。并以市政府办名义印发了《农村食品安全和消费维权组织网络建设工作方案》，明确了在乡村建立食品安全消费维权“一组一站”模式，即市、县、乡（镇）成立农村食品安全和消费维权工作领导小组，行政村（社区）设立了食品安全和消费维权联络站，农村食品安全和消费维权站点建设迅速铺开。至2007年底，全市共建立农村食品安全和消费维权投诉站点2481个，共收到各类消费者投诉56389件。认真宣传贯彻《国务院关于加强食品等产品安全监督管理的特别规定》（以下简称《特别规定》）。国务院《特别规定》颁布后，全市工商系统共翻印《特别规定》5万份、制作宣传画1000份、食品安全法律法规小册子5000份发放到工商干部和食品经营主手中。采取开展现场咨询、开辟《特别规定》宣传专栏、市民热线等多种形式，在报纸、广播、电视、政府网等媒体上广泛宣传《特别规定》，全方位营造良好的舆论氛围。县城以县局为单位，农村以工商所或乡镇（街道）为单位，集中组织市场业主及经营户、超市负责人、小食杂店、小摊点等食品经营业主学习《特别规定》。创新食品检测方式。与市蔬菜检测中心合作，对市城区超市、农贸市场的非蔬菜类食品实施每周一检。配合市蔬菜检测中心，对各大农贸市场检测出的问题蔬菜及时销毁，不让一两问题蔬菜流入市场。加强食品市场整顿。为保证节日市场食品安全，按省局要求，开展了“农村食品市场整顿月”工作。从9月10日开始，进行了“两节”食品安全整治行动，对城区超市、城乡结合部的月饼销售点进行了检查。同时加强了全市城区超市及各集贸市场的整治和食品检测力度，全年，共查获假冒伪劣食品4580公斤，价值21.25万元。出动执法人员5200人次，检查经营户18600户，检查各类批发市场、集贸市场126次，取缔和规范食品无照经营1023户。捣毁制假售假窝点29个，查处制售、假冒伪劣（商品）食品案件396起，罚没金额374.13万元。下大力完成“三个100%”和“一个彻底解决”目标。通过实行“金字塔”式层级管理，落实“三级坐阵督办”制度，严格执行“三级追究责任”制度，从11月20日起，全市工商系统机关停止办公，基层停止收费，全力以赴抓整治。市局机关共往各区、县（市）派出12个对口督办工作组和2个督查暗访组，深入基层，督促落实工作。通过全系统广大干部职工的共同努力，连续奋战十天，如期完成了“县城以上城市的市场、超市100%建立进货索证索票制度，乡镇、街道、社区食杂店100%建立食品进货台账制度，县城以上市场、猪肉及制品100%来自定点屠宰场”和“彻底解决乡镇政府所在地及县城以上城市小食杂店、小摊点无照经营的问题”的“三个100%和一个彻底解决”的工作任务。在专项整治工作中，涌现出了汉寿县工商局、石门县工商局、鼎城区工商局、安乡县工商局、西湖分局5家先进单位，全市流通环节食品安全专项整治工作得到了国家总局、省局和市政府督导检查组的充分肯定，2007年，在全省流通环节产品质量和食品安全专项整治工作考核中，市工商局获得第一名。（张业武）

【红盾护农】以整治农药、种子、化肥和农业机械为重点，切实加强农资市场管理，严厉打击销售假劣农资违法行为。同时，通过全面推行农村消费维权“一组一站“模式和农业生产资料先行赔偿制度，全力维护农民的合法权益。全年全市工商系统共受理农村消费投诉615起,落实农民农资投诉先行赔付481起，为农民补种价值近10万元，赔付现金64.5万元，为农民挽回经济损失近1000万元。查处损农坑农案件341起，端掉制假农资窝点3个，查获假劣种子7100公斤，不合格肥料73吨，不合格农机具93件。（张业武）

盐务管理

【概况】2007年，常德盐业分公司、常德市盐务管理局在市委、市政府的关怀支持下，在集团公司的正确领导下，紧紧围绕又好又快发展这条主线，克服物价上涨，榨菜种植大幅度减产带来的各种困难，坚持以营销工作为中心，市场管理为重心，精细管理为核心，不断提高执行力，提升管理水平，各项工作平稳开展，经济效益稳步提升，实现了公司“十一五”发展的良好开局。

利税上缴再上新台阶。全年购进各类盐4.55万吨，其中省产计内盐购进百分之百完成任务。

受地方产业调整影响，销售总量略有下降，但仍维持在历史较高水平。全年销售各类盐4.55万吨，基本完成年计划销售指标。各类盐中除非碘精制盐销售大幅下降外，其余盐种年销量均成上涨趋势。其中小包盐销售25185吨，比上年同期增销10.4%；工业盐销售4692吨，比上年同期增销31.5%。多品种盐提前完成了年销售任务。

财务状况良好，实现销售总收入9083万元，上缴利税总额突破1800万元，职工收益平均增幅达8%以上。

网络建设进一步完善。着重搞好“两网”建设，构筑通畅的物流配送体系。按照“十六字方针”对网点实行动态管理，对配送网点存在的不对称、不均衡出现少量的“盲点”问题进行了调整和修补，对某些不作为和“乱作为”的经营点进行了清理和整顿，提高了网络的功能与客户对食盐专营的信任和依赖。对全区的配送线路进行了重新梳理，认真调整物流配送布局，整合配送资源，制定出合理的配送线路，尽量减少迂回运输，时刻注重物流的科学性、合理性、及时性，切实提高配送服务水平和质量，真正做到高效、便捷、节省。全年在物流配送过程中克服了调运困难，库存偏低，运力紧张等压力，保证了全市各类盐的供应。

市场管理平稳有序。2007年，常德市盐务管理局盐政工作取得突破性进展，全年工作重点放在查稽和办结大案要案的问题上，达到了办案一起造福四方的效果。其中最为突出的是翟戈、廖再均一案的判决，打破了常德市多年来涉盐案件无实判决零的突破，彰显了法律的公正和盐政工作的到位，很好地维护了湘西北食盐市场秩序和食盐专营政策的落实。全年共办理涉盐案件158起，捣毁地下加工窝点7个，收缴各类私假盐195吨，假冒小包盐袋10万标套，加工器械12台，判刑2人。

全年狠抓市场管理，市场平稳有序。一是巩固和完善市场协查员、协管员制度。二是加强和完善盐政信息举报网络建设。三是重点整治了城乡集贸市场、交通运输沿线、与临省接壤地区以及城乡结合部、农副产品加工、集散地和其它食盐市场不规范、波动较大的地区；特别在是2~4月份加工用盐高峰期，市盐务局根据省局关于湖区春季蔬菜腌制用盐供应预案的要求和安排，开展了全面的跟踪调查和整治。在10月份还开展了“全员盐政”的市场稽查大行动，干部职工走入市场，宣查结合，取得成效。四是深入开展形式多样的盐政宣传，社会效益显著。同时进一步强化盐政内部管理。一是进一步巩固和强化了“三位一体、群防群治”的立体化盐政管理理念，促进了盐政、访销和配送工作的有机结合，市场掌控能力得到提高。二是不断充实盐政执法队伍，改善执法条件。三是加强了与其他行政执法部门的联合执法，地方政府支持力度加大，执法环境逐步改善。通过这些措施和努力，有效维护了食盐专营，确保了碘盐供应和食盐安全。（王振东）

海 关

【概况】2007年，常德海关以“小关争强”的科学治关理念为指导，深入贯彻海关16字工作方针和队伍建设12字要求，以准军事化纪律部队建设为重点，以综合治税为轴心，突出抓了领导班子建设、队伍建设、内部管理、服务地方经济和和业务建设，以扎实的工作进一步推进和谐海关建设，较好地完成了全年工作任务。全年共计办理进出口报关1209票，监管货运量16.1万吨，进出口货值1.15亿美元。其中进口514票，13.4万吨，7774万美元，出口695票，2.7万吨，3767万美元。税款入库1.34亿元，办理加工贸易备案合同24个，备案金额1783万美元，减免税货值2520万美元，免两税5702万元人民币。主要业务指标与去年同期相比，报关单数增长34%，货运量增长120%，进出口总值增长88%，入库税款增长200%，减免两税增长1260%，备案合同个数增长50%，备案金额减少9%。（刘晓初）

【建立督审长效内控机制】 作为长沙海关督审长效内控机制试点单位之一，制订了建立督审长效内控机制工作方案，明确了指导思想、工作思路、工作目标和方法步骤。在试点过程中突出了四个方面的特点：一是突出了风险管理理念和手段的运用。对执法活动和管理活动进行全面深入的风险分析，确定业务执法和内部管理的风险要素点42个，结合行政执法责任制和廉政建设责任制的要求，制定风险考核评估指标，依托风险管理平台，收集、分析业务执法和管理数据，形成对执法风险、管理风险的评估结果和预警信息。二是突出全方位的监控范围。对海关执法活动和管理活动（包括决策、过程和结果）的35项指标实施全面的监控，重点突出对税收征管、税收减免、货物监管、加工贸易、稽查、缉私办案、财务管理、政府采购、工程建设及维修、车辆管理和公务接待等方面的控制和监督。三是突出规范化的监控程序。通过“两查一监控”即岗位自查、各科室复查和内控办监控的方式，每月形成一期监控简报，并在全关大会上进行通报，防止出现执法风险和管理风险向队伍廉政风险转移。四是突出建立预警纠偏制度。对通过监控发现的执法风险和行政后勤管理风险进行预警，形成发现问题——纠正差错——完善提高的良性循环，先后共对监控发现的5个方面问题及时纠正改进，逐步建立自我发现、自我纠正、自我完善、自我提高的机制，从源头上有效防范和化解海关执法和廉政两大风险。（刘晓初）

【服务地方经济】 一是搞好服务。认真落实《长沙海关落实总署支持中部崛起总体意见的具体措施》，由关领导带队到主要进出口企业进行调研，在广泛征求意见的基础上，紧密联系实际出台了《常德海关支持湘西北地区经济发展措施》，受到了广大进出口企业的欢迎。在服务地方经济的过程中，始终坚持“六不”、“三清”的办事原则，即政策不在海关截流、时间不在海关浪费、办理业务不在海关受冷遇、该办的事不拖、能办的事不等、难办的事不推；讲解政策一口清、发放资料一手清、对符合登记条件的审批一次清，塑造了政府满意、企业满意、群众满意的海关形象。二是加强联系。加强了向地方党政主要领导的联系和汇报，常德市委武吉海书记、市政府卿渐伟市长、市委常委刘明秘书长、李爱国副市长、沈习森秘书长先后到常德海关检查指导工作，并充分肯定了常德海关服务地方外向型经济发展取得的成绩。加强了与商务、检验检疫、国税、外汇管理、国库等部门的联系，进一步明确了联系配合机制，共同营造和谐的大通关环境。三是改进行风。进一步完善规范了关务、警务公开的内容、流程，改进关务、警务公开的形式，通过电话、邮件、实地调研等多种形式送政策上门。积极参加常德人民广播电台《行风热线》节目，关长带领业务科室负责人做客直播室，“面对面”交流，解答进出口企业咨询。主动接受市行风办组织的行风测评，取得了在所有48家被测评单位中排名第五位的好成绩。先后召开企业座谈会2次，聘请了14名党风廉政建设特约监督员，并与14家主要进出口企业签订了“关企行风建设双向承诺书”。被评为全国海关关务、警务公开工作十个示范点之一。（刘晓初）

【业务基础建设】 狠抓业务基础建设，各项主要业务指标大幅上升，在长沙海关组织的2007年度基层建设达标考核中被评为先进单位。一是积极推行行政执法责任制。制定了《常德海关建立健全行政执法责任制工作方案》，完成了本关执法领域的确定、执法依据的梳理、执法职权的分解、岗位责任的明确等工作，共完成了20个执法领域、139个执法环节的模表的填制工作。二是进一步加强综合治税。对综合治税工作提出要“加强领导、加强责任、加强规范、加强质量、加强协调，确保税收工作的量质并举”的明确要求，并多次召开专题会议研究部署，制定了《常德海关税收征管质量考核实施细则》，将税收质量考核6个单项共计24个子指标进行逐项细化，将责任分解到科室、落实到岗位、落实到个人。大力推广“属地申报，口岸验放”新型通关模式，全年以“属地申报、口岸验放”通关模式受理报关单货运量5.4万吨，占同期进出口货运量的36.6%；缴纳税款1640.87万元人民币，占同期税款总数18.32%。三是加强查验监管、稽查的针对性。通过调整人力资源，让缉私民警参与查验、稽查，有效缓解查验监管力量不足的矛盾，并针对商品敏感性和进出口报关行为能否掌控来确定风险级别，加强重点查验。全年进出口综合查验率为3.1%，查获率为30%，查验的有效性大幅提高。充分发挥稽查的后续管理作用，稽查企业3家，移交违规线索1起，稽查补税14.45万元，全年实现加工贸易内销补税73万元。四是统计工作得到进一步加强。加强了对统计基础数据质量进行审核管理，确保贸易统计和业务统计报表报送准确及时，进一步加强了统计分析和预警监测工作。全年共计完成统计分析文章10篇，其中被海关总署《海关要情》采用1篇，被《海关统计资讯网》采用2篇，被省委办公厅《每日要情》、《湖南信息》采用1篇；报送风险分析报告8篇，其中被海关总署采用1篇，被长沙海关采用3篇；采编风险工作快讯3篇、风险动态1篇，其中被海关总署采用1篇。

积极开展统计咨询工作，全年共为7家企业提供了进出口有关数据。继续发挥了统计工作在长沙关区内领先的水平，实现连续五年在长沙关区统计工作考核评比中排名第一。（刘晓初）

海关缉私

【概况】2007年，常德海关缉私分局按照突出办案中心、推进关警深度融合、加强队伍建设、强化警务保障的工作思路务实进取，圆满完成了各项工作任务。

全年共受理、核查案件线索5条；行政立案1起；办结行政案件2起，案值3000万元，罚没入库93万多元；入库“4.04”锰铁走私案扣押走私物拍卖款143万元；办理协查案件11起。

开展了以“内强素质”为主题的岗位练兵活动。全年自行组织业务学习讨论达7次以上；有3人4次参加了海关总署、海关总署缉私局举办的业务培训；有3名民警分别参加了长沙海关缉私局组织的缉毒、旅检业务培训；有4名民警参加了长沙海关缉私局组织的岗位练兵业务培训班和考试考核，总体成绩在长沙海关缉私局各单位中名列第一；有2名民警参加海关统计岗位业务知识考试并取得优秀成绩；有3名民警撰写文学和理论研讨文章5篇，被有关载体刊用4篇次，有2篇文章分获长沙海关学会征文二、三等奖。

坚持严格公正文明执法。在2007年常德市优化经济环境公开测评中与常德海关一起取得总排名第五、中央和省驻常单位第一的成绩；获得“长沙海关基层建设年度达标先进单位”称号。刘萍（女）被海关总署缉私局追记一等功，杨志刚被海关总署缉私局记二等功并获得湖南省直机关优秀共产党员、长沙海关优秀共产党员和湖南省青年岗位能手等荣誉称号。（周则灵）

出入境检验检疫

【概况】2007年共完成出入境商品检验检疫4891批，货值1.75亿美元，同比批次增长7%、货值增长11.5%。其中，出境商品4576批、货值1.2亿美元，同比批次增长6%、货值增长11%；入境商品315批、货值5055万美元，同比批次增长22%、货值增长5%。检验检疫的主要出口商品包括：基地蔬菜及什锦蔬菜罐头、柑橘水果罐头、鲜柑橘、木门及框架门槛、辣椒干、盐渍藠头、冻牛肉、卷烟、服装、印染棉（麻）布、矿产品、机电产品、普通包装、危险品包装。主要进口商品包括：造船材料、木浆、铝箔、成套设备、黄麻、电子产品。全年共检测出各类有害生物1种；检出不合格货物2批次，货值7万多美元。为恒安公司的进口木浆和常德卷烟厂进口设备对外成功索赔3单，索赔金额17万美元。出具各类证书5506份，其中：检验检疫证书1069份，换证凭单2389份，出境通关单969份，入境通关单248份，各种产地签证书473份，货值1376万美元，包装单412份。

2007年，突出抓出口农副产品基地备案、检验检疫、产品质量和食品安全专项整治、推行电子监管等重点工作，坚持将提高执法把关、服务成效作为检验检疫工作的落脚点，在促进、服务地方经济又好又快发展上取得了新的成效。（刘象文）

【出口柑橘基地备案数量稳步增长】柑橘是常德地区出口的大宗农产品，06年出口供货1万多吨。2007年，为进一步促进常德柑橘进入俄罗斯等国外市场，促进新农村建设，在湖南检验检疫局植检处、认证监管处的指导、支持帮助下，及早谋划推进出口柑橘基地、加工厂备案注册工作，柑橘备案基地达18个，果园面积0.27万多公顷，发展到汉寿、石门、慈利3个县；基地备案数较去年增加了11个，这也使柑橘出口有了合法的“身份证”、“通行证”。到11月底，共检验和出口供货鲜柑橘3万多吨，出口量比去年增长了2倍，主要输往加拿大、俄罗斯、越南等国。通过加大对出口柑橘基地监管力度，严格把握果园备案、加工包装厂注册登记、病虫害防治、农残监控关，出口柑橘没有发生任何质量安全事故。11月14日，国家质检总局组织的秘鲁专家对常德辖区内出口柑橘基地和出口柑橘加工厂进行了实地考察，对常德柑橘出口工作交口称赞。（刘象文）

【产品质量和食品安全专项整治】全国质量工作会议召开后，根据产品质量和食品安全专项整治领导小组的统一部署和要求，市检验检疫局成立了专项整治小组，主要领导亲自抓，分管领导具体抓，层层抓落实，完成了3个100%的清理整治目标。

进一步强化出口食品原料基地备案管理。加大出口农产品备案管理力度，在出口食品企业中大力推行“公司+基地+标准化”生产管理模式。严禁出口食品生产企业使用非备案基地的原料,对已经备案的基地实行动态管理。2007年9月，湖南检验检疫局食检处、常德检验检疫局与津市市政府签定了出口藠头基地建设合作备忘录，把省内7个藠头加工厂的基地落实到了乡、镇、村组，既避免了藠头收购打乱仗，有效保护藠农利益，又保证了藠头加工企业原料安全。7家企业已签定藠头种植面积400多公顷。柑橘出口基地、水产品出口基地、猪、牛、羊出口基地备案工作成效显著，并得到了100%清查，确保了出口产品质量和食品安全。

认真做好出口食品检验检疫标志加施工作。从2007年9月1日开始，辖区内所有出口食品运输包装除了必须注明生产企业名称、卫生注册登记号、产品品名、生产批号和生产日期外，按照国家质检总局的要求，100%加施了质检总局统一印制的激光防伪检验检疫标志，确保产品顺利出口通关。

加强进口产品检验检疫监管工作。重点对进口肉类、水果、废纸等进口产品进行检验检疫监管和清查，先后两次严格检查了常德地区的3家超市、3家进口冷冻肉类存放库和1家进口废纸企

业，确保对非法进口肉类、水果、废物100%退货或销毁，确保了进口商品质量和安全。（刘象文）

酒类管理

【概况】 2007年，全市酒管系统以科学发展观为指导，认真贯彻落实《湖南省酒类管理条例》和商务部《酒类流通管理办法》，克服各种困难，积极探索，把“振兴酒业经济，整顿酒类秩序，繁荣酒类市场”作为酒管系统的工作主线，全面履行酒管法律法规职能，稳步推进酒管工作的改革创新，为促进全市酒业工作科学发展奠定了坚实的基础。

酒类管理法律法规宣传。为认真宣传和贯彻《湖南省酒类管理条例》和商务部《酒类流通管理办法》，常德市酒管办开展各种形式的宣传活动。印发宣传资料，走街串巷，到企业、到农村、到经营户面对面耐心宣传政策法规；通过报刊、电视等媒体宣传，全年在常德日报投稿4篇，开展的各种活动请新闻单位参加报道，宣传酒管法律法规；编辑《常德酒管》，系统刊登酒管法规，报道酒管动态，推介重点企业和名优产品，内容全面，每期都寄送到市领导和酒类经营商、生产单位。

落实二项制度。酒管工作的重点是市场准入制度和酒类商品溯源制度，为落实这二项制度，全市酒管系统主要开展以下几项工作：一是开展业务培训，提高酒类从业人员素质。2007年共举办四期培训班，全市215家酒类生产企业和批发企业及大型终端的法人代表、业务主管、营销骨干等432人参加了培训，并取得了湖南省酒管办颁发的酒类从业人员上岗资格证书。二是严把批发证办理审核关。按“条例”和“办法”的有关规定，对酒类经销商的相关证照、注册资金、酒类流通随附单等严格审核，资料齐全有效的给予受理，不合条件的及时下发通知，严格办证程序，由经销企业在政务中心酒管办窗口申请，经窗口受理后，再进行审查、现场踏勘、审批发证，全年办理批发证34个。三是继续加大酒类流通备案登记力度。全年全市共办理备案登记1200家，其中：市城区办理48家。对酒批发企业建立了详细的经营资料及商品品牌资料档案。四是加强溯源制度建设和日常监管。在推行溯源制度上，采取抓二头的做法，抓住批发商和消费终端二个关键环节进行督导和稽查。2007年所有生产企业、经销单位均已全面实行溯源制度，部分经销商建立了台帐，基本实现了自出厂到销售终端的全程溯源。同时，对无证经营、溯源制度执行不力的行为进行了纠正和严肃查处。各区、县（市）都已推行了酒类流通溯源制。

市场稽查。全年共稽查700多人次，查处酒类经销单位459家，查处违规案件700余起，其中：无证经营339起、无酒类流通随附单321起、制售假冒伪劣酒类99起，假酒案值33.1万元。立案161件，结案124件，罚款26.1万元。全年共端掉和打击了四个制假窝点，刑事拘留1人，四个制假窝点共收缴假酒6096瓶，假商标5904枚，瓶标4944枚，内盒12麻袋，外箱445个，瓶盖2大箱以及制假工具及设备2套。（辜业银）

【常德市名优特新酒类产品新闻发布会】 为进一步提高酒业地位，扩大酒业影响，市酒管办通过调查研究，澄清底子，制定方案，精心组织，筹备召开了由市经委、商务局、工商局、市酒管办主办，市酒业协会承办的《常德市名优特新酒类产品新闻发布会》，集中推介了常德市酒类生产骨干企业生产的地方名优特新酒类产品。在新闻发布会上，市委、市人大、市政府、市政协领导充分肯定了酒业在常德市经济发展中的地位，并对常德市酒业振兴给予了高度评价和厚望。市内各大媒体和网站汇集了30名记者参加了会议并进行了专题报道。为在全市范围内形成“关注酒业、支持酒业、振兴酒业”的良好氛围，促进地方酒业的发展，在舆论上打下了坚实的基础。（辜业银）

【全国酒类流通管理工作会议在常德召开】 2007年11月2日至4日，全国酒类流通管理工作会议在常德共和大酒店召开，国家商务部有关领导、酒类权威专家、各省、市、自治区、新疆建设兵团、计划单列市酒类管理部门负责人共200人参加了会议。常德市委副书记、市长卿渐伟致欢迎词，湖南省商务厅副厅长易昌伦致词祝贺，国家商务部市场运行司王兆鹰司长作大会报告。首先从法制建设、酒类流通管理、机构队伍、执法力度、宣传舆论等五个方面对全国酒类管理工作进行了认真总结和充分肯定；其次着重就今后全国酒类管理工作提出五个方面要求：第一要继续贯彻《酒类流通管理办法》，第二要严格依法开展酒类管理，第三要加快提升酒类管理的法律层次，第四要扎实推进酒类流通“四化”（监管法制化、流通现代化、管理信息化、消费科学化）建设，第五要加强酒类行业管理能力建设。在这次会上，有湖南、湖北、河北、四川、唐山等省市进行了酒管工作经验交流。会议期间，与会代表兵分三路对常德市重庆湖南国人啤酒公司、常德市繁荣实业公司和家润多超市进行了实地考察参观。会议代表对常德市酒类管理工作和酒业经济发展给予了充分赞扬。省市新闻媒体，包括湖南卫视、湖南经视、湖南日报、三湘都市报、潇湘晨报、食品杂志、常德电视台、常德日报、常德晚报、华夏酒报等进行了跟踪报道。（辜业银）

【地方名酒被市委、市政府指定为接待用酒】 2007年12月，经市委、市政府领导同意，市委接待处向市直单位、各区、县（市）接待部门、各指定接待宾馆下发了《关于规范接待用酒的通知》，要求在接待工作中，尽可能用本地酒接待，并指定重庆湖南国人啤酒公司的“啤酒系列”、湖南武陵酒业公司的“武陵酒”、湖南德山酒业公司的“御品德山”、常德八百里酒业公司的“八百里商务酒”和澧县神洲庄园酒业公司的“葡萄酒”列为常德市公务接待指定用酒。（辜业银）

科技·防震减灾·知识产权

科　技

【概况】2007年，常德市科技工作以贯彻落实国家、省市科技大会和中共十七大精神为着力点，以建设创新型常德为主线，以加速推进新型工业化和加强企业技术创新能力建设为目标，按照年初科技工作会议确定的“抓研发出成果、抓企业创新出品牌、抓成果转化出效益”的思路，务实进取，扎实工作，科技工作又上新的台阶，为常德市的经济建设和社会发展做出了新的贡献。

2007年6月4日，省科技厅王柯敏厅长到常德考察科技工作

全面深入贯彻落实科技大会精神。全国、全省科技大会召开后，市科技局及时向市委政府领导汇报相关工作，得到极大重视，成立了以市长为组长的科教工作领导小组,大幅加大了科技投入，以市政府文件形式印发了《常德科技十一五发展规划》，年初出台《中共常德市委常德市人民政府贯彻落实<中共湖南省委湖南省人民政府关于增强自主创新能力建设创新型湖南的决定>的实施意见》等一系列政策性文件。积极与相关部门配合形成了抓科技工作的合力。制定出台《关于加速推进新型工业化的若干意见》等多项有关科技工作和技术创新的优惠政策。对企业加大技改投入、企业创新、创名牌名品、上规模企业、上亿元企业等予以重奖。同时，与市财政部门积极衔接，2007年市级技术研究与开发项目经费增至创纪录的1200万元，比上年增加37%，区县（市）技术研究与开发项目经费总额达到1453万元，比上年增长62.7%。加强对全国全省科技大会情况进行检查落实。根据省委、省政府对市州贯彻全国全省科技大会精神进行督查的要求，市科技局积极开展自清自查，与市委督查室、市政府督查室组成联合督查组，先后三次对全市贯彻落实国家和省、市科技大会精神情况进行了督导检查，并分别以市委和市政府督查室的名义下发了督查通报。根据督查的情况，市政府分管科技工作的副市长带领科技部门负责人对行动较慢、措施不力的单位进行了重点督查，对存在的问题责令整改。着力解决督查中发现的科技资金投入、科技人才引进、科技支柱产业培育、壮大以及企业技术创新方面的问题。确保全国和省、市科技大会精神在常德市得到深入贯彻。

大力开展企业技术创新，积极推动新型工业化进程。一是开展调查研究指导创新。为了较为全面地了解到企业技术创新现状，2007年9月以来，市科技局在分管市长的带领下先后对市直以及沅水、澧水片20多家企业进行了调研。还组织力量，采取发调查表、随机抽样、重点调研等方式对全市2006年度535家规模以上的工业企业的产学研结合状况进行了一次全面深入的调查，共发放调查表468份，从企业基本情况、进行产学研结合的动力因素、开展产学研结合项目希望得到的支持、已开展产学研结合项目的资金来源、项目发起者以及项目的合作形式六个方面入手，深入调查。通过全面调查走访，市科技局分析找准了全市创新意识不强，创新投入不够等企业技术创新的制约瓶颈并根据原因分析研究对策，通过政策、项目、座谈等多种方式引导企业技术创新。二是出台政策推动创新。市科技局经广泛调查研究，起草了市政府《关于推进企业技术创新的意见（征求意见稿）》，并邀请了市直有关单位企业就文件相关内容进行座谈，其中不仅确立了企业技术创新的总体目标及重点，还对增加财政投入、强化企业在技术创新中的主体地位、推进产学研结合、壮大人才队伍、提供服务平台等方面进行了细化，制定了一些对于企业技术创新的扶持政策和奖励政策，现正按有关程序报请市政府签发。三是营造声势引领创新。市科技局组织召开了规格较高的全市企业技术创新经验交流会，交流创新经验，拓展创新思路，传达贯彻中共十七大精神。市委书记、市长作了重要讲话，市科技局还邀请十七大党代表、省科技厅王柯敏厅长到会，结合科技界实际，对党的十七大提出的建设创新型国家战略进行了宣讲和解析。常德纺织机械有限公司、常德市烟草机械有限公司等12家企业负责人先后发言，介绍了各自技术创新经验。各区县（市）区县（市）长、分管科技工作副区县（市）长、科技局长、市直有关单位负责人、规模以上工业企业技术负责人以及全市科研院所负责人共计260余人参加了会议。四是主动作为自主创新。2007年，市级1200万科技三项经费中，用于企业技术创新的占70%以上。在政府的引导下，企业积极发挥创新主体的作用，企业全年用于研究开发的资金达1.12亿元。投入引导比接近1:10。2007年全市有11家科技型企业成功通过省级高新技术企业评审，到年底，全市经认定的高新技术企业数达到55家。2007年，高新技术产品总产值达126亿元，实现高新技术产品增加值36.43亿元，实现销售收入114亿元，实现利税14.6亿元（其中利润总额10.23亿元），出口收入10059万美元，比上年同期分别增长30.7%、31.4%、29.8%、28.3%、22.3%和27.5%。通过实施以上措施，常德市企业技术创新能力得到明显提升并得到实惠。

围绕产业发展重点,组织实施各类科技项目。为加强2007年度科技项目管理，市科技局起草了《常德市研究与开发经费项目立项操作规程》，从而明确了2007年度常德市技术研究与开发资金的性质、立项原则、项目类型、支持范围及重点，规定了项目立项程序和管理制度。突出了要与国民经济和社会发展计划、科技发展规划相一致，同时要求项目投资效益好，有较高附加值，市场竞争力强，经济效益或社会效益显著，覆盖面广，辐射力强，能跨行业、跨地区应用，能形成较大的规模经济效益。经过网上申报、现场考察、专家评审、企业答辩等一系列严格的筛选程序，经市政府批准，市科技局从收到的263项各类科技项目中共确定64个具有自主知识产权、符合国家产业发展政策、技术含量高、产品市场前景广阔、经济和社会效益好的项目为2007年度市级科技计划项目，其中重大专项19项，一般项目45项，安排资金1200万元。既突出了新型工业化和新农村建设两大重点，又体现了统筹兼顾、和谐发展的要求。其中，常德纺织机械有限公司承担的KS3B-180高速经编机产业化开发项目、湖南中泰特种装备有限责任公司承担的高强高模聚乙烯纤维及无纬布产业化开发研究项目、洞庭水殖股份公司承担的淡水珍珠深加工及综合利用技术研究项目等19个重大专项获得554万元经费支持，占全部经费总额的55.4%。同时市科技局还争取到上级资金支持近2000余万元，2008年项目可新增销售收入20亿元。通过这些项目的实施，全市高新技术产业的发展速度正在加快，呈现出优势聚集、稳步发展的良好态势，在先进制造、新材料和生物医药三大重点领域，初步形成了一定的高新技术产业自主发展能力和高新技术创新能力。一大批高新技术产品走向了市场，一批新的支柱产业正在形成，高新技术产业为全市经济增长做出了积极的贡献。

以推广农业新技术、新成果为重点，积极推进新农村建设。一是积极推广农业适用新技术。在全市重点推广了水稻直播轻简高产栽培技术。为使该技术更加规范和可操作，市科技局还制定了《湖南省早稻翻耕直播栽培技术规程》的地方标准。由于市科技局在推广中使用了许多的新技术，除节约生产成本和劳动力外，还将原来的直播减产提为现在的直播增产。近两年，全市共在39.6万公顷水稻种植上推广应用了该技术，增加粮食13725万公斤，农民增收1.97亿元，节省用工经费5.49亿元。二是大力实施“农业产业化科技创新行动”，以“双百工程”、“96318工程”等为载体，继续重点建设了一批优质种苗基地。如石门特早熟柑橘基地、汉寿和桃源的优质稻基地，金健米业优质米基地、金健种业杂交稻制种基地、洞庭水殖淡水养殖基地、优质珍珠繁养基地等。此外，无公害蔬菜基地、名优水果基地、优质花卉基地、特种水产养殖基地也形成了较大规模，还有青蒿、葡萄、红提、芦荟、仙人掌、朝鲜蓟等名优特新品种也开始渐成气候。三是开展农村科技示范户与青年星火带头人的培训。全年已开展四期农业实用技术培训，直接受训农民1000多人次，其中包括300名农村星火带头人和农村青年，完成了珍珠高产养殖技术及疫病防治技术培训、柑橘病虫害防治技术培训、新型养殖技术培训、青年星火科技带头人实用技术培训等四大培训任务。积极在石门县开展农业科技特派员试点工作，市县两级共派出科技特派员40名，为农户和企业提供多层次、全方位的科技服务，在科技兴农、医疗卫生、农民增收、良种推广、项目开发、市场营销、建立经济利益共同体等方面做了大量的工作，下派的20名农业科技特派员都结合本地主导产业、特色产业确定了自己的项目，全年共申报项目25个，内容涉及农业生产的各个方面，计划总投资2950万元，已列入扶持项目的10个，争取上级各类资金550万元。全年共完成投资890万元，实现年利润325万元。其中有15名特派员从事柑橘、蔬菜、养殖等主导产业，实行产前、产中、产后一条龙服务。通过项目带动加快了农业结构调整步伐，增加了农民收入，促进了经济发展。2007年共举办各类培训班271次，培训农民14066人次，印发技术资料121748份，安置劳动力1380人。全年共建立示范基地12个，示范户350个，推广新技术28项，引进新品种17个，引进新设备12台（套）。

创新能力不断增强，科技成果转化效益明显。2007年，全市共申请专利300件，授权206件，比上年同期分别增长2%和18%。共鉴定、验收、评审科技成果32项，比上年增加23.1%，进行省级科技成果登记22项，比上年增加15.78%，处于国内领先水平以上的成果12项，比上年增加9.09%，有70%以上的项目转化为生产力。这些项目转化后，将带来巨大的经济效益和社会效益。常德力元新材料有限责任公司完成的“PVD工艺生产动力型泡沫镍”项目，其核心技术就是在真空环境下，通过磁场作用力使金属离子溅射到基材上，因此磁场布置要求很高，常德力元新材料有限责任公司攻克了“溅射偏离”这一技术难点，自行设计开发、全部采用国产设备，形成了年产200万㎡高强度超强结合力型泡沫镍，产品远销欧美市场。金健种业公司的“优质高产杂交稻新品种组合金优117、金优540中试与技术集成”项目，利用新引进亲本组配新的杂交稻组合,对亲本目标性状的改良,筛选出符合湖南省生产条件的高产、优质、多抗杂交新组合；创建一套高产高质的制繁技术体系,达到选育出新的不育系、保持系和恢复系,组配出高产、优质、多抗杂交稻新品种5个以上，新组合年推广面积达到26.67万公顷以上，形成10来个适于全国各个籼稻生产区域种植的专有品种和4000吨杂交稻生产能力，每年可盈利2500万元。

大力开展科技宣传普及工作，营造了良好的科技创新氛围。2007年市科技局围绕营造全社会创新氛围，大力组织开展科技宣传培训，取得了显著成效。一方面，市科技局以“科技活动周”为主要载体，开展了送科技下乡、市直处级以上领导干部科普知识讲座、科普进社区活动、青少年科普活动、防震减灾、知识产权知识讲座、职工职业技能大赛等科普活动。展出了与公民息息相关的知识展牌380多块，共设咨询台10多台，咨询人数达3000多人次，为农民送去1000套农业实用技术手册、科技法律法规书籍和几千册科普书籍。通过开展省市科技示范户、先进农村科普示范基地、先进农村专业技术协会评选表彰和全国科普示范县创建达标活动，全面推动了常德市“十、百、千”科普示范工程的开展。一年来共培植发展农村科普示范基地19个，使全市科普示范基地发展到546个，总面积达0.87万公顷。全市广大农民通过科普示范基地的示范、辐射和推广，掌握了先进实用技术，受益群众已达800多万人，科技真正成为农民增收、农业增效的支撑。石门县、临澧县创建全国科普示范县通过验收命名，澧县被评为科技进步先进县，常德市的全国科普示范县达到3个，在全省位于前列。另一方面，市科技局继续与广播电视部门、常德日报、科技新报等媒体合作，开辟科技宣传专栏，突出全国、省、市科技大会精神的深入宣传学习，突出科技政策、法律的宣传，突出重大科技活动、建设创新型常德成效、企业创新成果以及科技创新人才的宣传，取得了很好的效果。市科技局与常德日报社合作，安排了一个科技宣传项目，在报纸显要位置，开辟科技专刊，目前已刊发12期。常德电视台、常德日报社各派出一名记者专门联系科技部门，除专刊专栏内容外，确保科技工作动态及时上电视、见报。为形成宣传声势，市科技局配合重大科技活动，组织战役性的宣传报道活动。科技活动周期间，市科技局精心策划，采取科技宣传市县联动，在全市范围内，把这项工作的轰轰烈烈，化为媒体上的有声有色。通过宣传报道，营造尊重科学、尊重知识、尊重人才的良好氛围，形成促进科技事业发展的良好环境。（童胜春）

【第七届科技活动周】 常德市第七届科技活动周以“加速新型工业化进程，携手建设创新型常德”为主题，共

科技活动周启动仪式

有六大主体活动。一是科技活动启动仪式及送科技下乡；二是举办市直处级以上领导干部科普知识讲座；三是科普进社区活动；四是青少年科普活动；五是防震减灾和知识产权知识讲座；六是常德市职工技能大赛。

启动仪式于5月22日在津市市保河堤镇举行。常德市政府副市长徐超文、常德市政府副秘书长马麦秋、常德市科技局局长胡作武、市委宣传部副部长李湘震、湖南文理学院副院长李达轩、姚春梅及市教育局、市计生委，市科协、市知识产权局、市地震局、市农业局、市畜牧局、市农科所、市卫生局、市广电局、日报社、市一人民医院、市一中医院、常德市职业技术学院附属一医院等单位的有关领导和专家出席了启动仪式。（童胜春）

【澧县进入国家科技富民强县专项行动计划试点】经国家科技部批准，澧县被正式列为2007年科技富民强县专项行动计划试点县，全省只有湘潭、澧县等7县市列入，常德市仅有澧县。

企业技术创新经验交流会

2005年开始实施的国家科技富民强县专项行动计划，旨在贯彻中央关于社会主义新农村建设精神，发挥科技在县（市）域经济和社会发展中的引领作用，提高区域科技创新和服务能力。该项目由国家每年拿出2亿元，在全国选择100个县市进行试点，2007年，湖南省科技厅在专家评审的基础上共推荐9个县（市）至国家科技部、财政部，经两部联合论证评审湖南省只有7个县（市）入围。

澧县2007年获得通过的项目是“新型三倍体鱼推广应用”，该项目由澧县人民政府和湖南师范大学生命科学学院合作开发，以拥有400公顷水面的湖南宋鲁湖特种水生物科技有限公司为基地，采用“公司+基地+农户”的生产模式和产供销一体化的新型三倍体鱼产业链。通过三年努力，推广三倍体鱼及其它鱼种混养面积0.6万公顷，单养面积0.067万公顷。项目实施后，澧县每年可增加优质鲜鱼产量1500万公斤，创产值1.5亿元。（童胜春）

【企业技术创新经验交流会】11月16日，常德市企业技术创新经验交流会在市国际大酒店隆重召开。各区县（市）县长、分管科技工作副区县（市）长、各区县（市）科技局长、市直有关单位负责人、规模以上工业企业技术负责人以及全市科研院所负责人共计260余人参加了会议。会上，常德纺织机械有限公司、常德市烟草机械有限公司等12家企业负责人交流了企业创新经验，徐超文副市长作报告，省科技厅王柯敏厅长、市委书记武吉海、市长卿渐伟分别作了重要讲话。

会议要求要充分认识企业技术创新的重要性和紧迫性，“创新则兴，不创新则亡”；要确立企业技术创新的思路、战略、目标。要围绕创造品牌、效益、后劲抓技术创新；要切实为企业技术创新提供体系保证、投入保证、人才保证和环境保证。（童胜春）

防震减灾

【概况】在市委、市政府的正确领导下，在省地震局的精心指导和大力支持下，2007年常德市防震减灾工作以“三个代表”重要思想和科学发展观为指导，坚持以人为本，坚持依靠科技，依靠法制，依靠全社会力量，认真贯彻落实国办发〔2006〕54号文件精神和全市防震减灾暨农村民居防震保安工作会议精神，加速地震监测预报、地震灾害预防和应急救援工作体系建设，突出地震应急准备和完善地震灾害管理机制，不断提高城乡综合抗震防灾能力，为建设工业强市、文化名城、和谐常德作出了新的贡献，圆满地完成了全年工作任务。在全国市州防震减灾工作评比中，又一次荣获“全国市（州）防震减灾工作综合评比优秀奖”，同时获“防震减灾社会动员单项奖”，临澧县地震局荣获“全国县级防震减灾工作先进单位”。（曾 志）

【震害防御】坚持城镇建设抗震设防管理。为不断提高城镇建设抗震防灾能力，市县各级地震部门坚持做好建设工程抗震设防监管，依法对城镇新建、扩建、改建建设工程，实行抗震设防要求确认审批制度，2007年，全市共审批建设工程抗震设防要求200项，（其中市局53项、鼎城10项、汉寿28项、桃源53项、石门15项、临澧14项、澧县13项、津市2项、安乡12项）。监管希豪时代广场、金城领域、沅江三桥等9项重大工程作了专门地震安全性评价，为桃源锦秀佳园、碧水馨城、鼎城紫薇佳园、安乡金安小区等大面积居民住宅区做了地震动参数复核，按其确定的抗震设防要求进行抗震设防。开展城市建筑抗震性能普查。市地震局集中时间，集中力量对常德城区房屋建筑抗震性能开展了抽样调查，了解各类房屋建筑的建设年代、面积、抗震设计和施工情况，对其抗震能力进行了评估，基本弄清楚了城区建筑抗震防灾能力情况，向市政府呈报了《市城区房屋建筑抗震性能普查报告》，分析了存在的问题，并提出了在城市建设和改造中提高抗震防灾能力的措施建议。着力推进农村民居抗震设防示范工程。根据市政府的统一部署，按照选点示范、逐步推开的原则，结合新农村建设，各地选择2个以上村镇，开展了农村民居抗震设防示范村建设，临澧县在全县范围内已全面实施农村民居地震安全工程。市政府成立了“常德市农村民居地震安全工程建设协调工作领导小组”（常政办函〔2007〕43号），桃源、汉寿、安乡、临澧等地按照要求建立了专门班子，明确了部门职责，制定了示范工作方案和激励政策措施。建设部门为农村民居提供了抗震设计图

2007 年 3 月 28 日在临澧县召开全市防震减灾暨农村民居防震保安工作会议

集，地震部门加强了技术服务和指导、监管。汉寿县在试点乡镇建立了相应工作机构，临澧县政府在全县范围内开展了两次督查。示范区内新建农居基本按照抗震设防要求进行设计和建设，示范工作取得了较好的效果，临澧县新建住房抗震设防率达到了 73%。临澧、桃源、汉寿示范村接受了省地震局、市人大和市政府领导的检查。（曾 志）

【监测预报】坚持地震前兆监测工作。继续加强了地震监测工作管理和指导，进一步强化了责任，及时完成了仪器设备的校核年检，确保了前兆监测仪器设备的正常运转，为监视震情提供了连续、稳定、可靠的地震监测资料。在全省资料质量评比中，安乡地下水动态观测又一次获全省第一名，市地震局跨断层观测资料获第一名，津市测震和水位观测资料获优秀奖，石门金属摆资料成绩优秀。优化地震宏观观测网点。按照《中国地震局群测群防工作大纲》要求，进一步优化、完善了地震宏观观测网点，按照“三有三员”要求，全市城乡建立了 30 个稳定的地震宏观观测骨干点（其中市局 1 个，鼎城 4 个、汉寿 4 个、桃源 4 个、石门 3 个、临澧 4 个、澧县 4 个、津市 4 个、安乡 2 个）。各观测点明确了工作职责，建立健全了工作制度。各地对观测员开展了技术培训、工作指导和督促检查，落实了岗位津贴。完善震情监测工作制度。根据重点监视防御区的震情实际，结合市政府地震应急预案和省地震局对各测项的工作要求，制定了《常德市地震局地震监测工作制度》，对地震前兆资料的汇集整理和分析报告，地震宏观异常现象处理、分析和报告，地震活动资料的整理与报告，日常地震分析会商，震情值班，地震事件的处置以及责任等作了严格的程序性规定。安乡、石门、津市建立了严格的工作责任制，把工作绩效与考核奖惩挂钩，进一步调动了监测人员的积极性。地震预测预警。一是及时处置地震事件和宏观异常。5 月 21 日、22 日，汉寿县毛家滩乡连续发生 2.0 级左右地震，村民震感明显，接到报告后，立即与市内地震监测台站和省局监测中心进行了核实和分析，直接向震区群众通报了震情，安定民心。汉寿县地震局赴现场开展了调查，进一步做好稳定工作。5 月 16 日，鼎城区周家店丁家垱四组一村民渔场发生火球并伴冒烟的奇特现象，市地震局立即与鼎城区地震局组成调查组，对现场地质环境进行了考察和分析，排除了地震前兆异常，向村民进行了宣传解释。此外，对澧县城关一居民楼地面发热、市水表厂附近震动等现象都及时进行了调查分析和处理，维护了生产生活秩序。二是组织开展了地震分析预报专业培训。5 月 16 日至 17 日，市地震局组织区县（市）地震局地震分析预报技术人员，开展了地震趋势分析、前兆资料处理、分析软件的应用等地震分析预报的专业培训，有力提升了全市地震科技工作人员的整体分析预报能力。三是坚持地震观测资料的分析处理和震情监视、趋势分析会商制度。对各项前兆监测资料及时进行了分析处理，按时向国家和省地震部门报送了资料，常年坚持了震情值班制度、地震趋势月会商制度，召开了年中和年度地震趋势会商会议，按要求向省地震局提交了年度地震趋势研究报告，向市、县政府提供了地震趋势预测意见。《常德市 2007 年度地震趋势研究报告》获省质量评比第二名。（曾 志）

【应急救援】为有效应对可能发生的地震灾害，尽量减轻震灾损失，市地震局 2007 年着重抓了地震应急体系建设。一是建立了地震应急管理机构。在市政府、市编办的高度重视和大力支持下，市地震局增设了应急管理科，并增编 2 人，主管地震应急工作。二是根据国家修订的地震应急预案和《常德市突发公共事件总体应急预案》，修订印发了《常德市地震应急预案》和《常德市地震局地震应急预案》。多数区县（市）已经按照统一要求修订、发布了地方地震应急预案和部门预案。三是建立了市地震应急和指挥平台（中心）。建设完成了市地震信息节点，建立了市地震应急指挥室、多媒体技术分析系统、基础数据库，配备了地震现场工作设备设施（摄影、摄像、卫星定位、基本图件、应急包等），健全了市、县、乡（镇）应急组织指挥体系。四是组建了市地震灾害紧急救援队伍。以市消防支队为依托和主力军，常德军分区、市卫生局、市地震局共同参与组建成一支 235 人的市地震灾害紧急救援队伍，并制定了《常德市地震灾害紧急救援队组建方案》。五是规划设置了地震应急避难场所。以市滨湖公园、临江（屈原）公园、诗墙公园、穿紫河风光带和火车站广场等场地，规划设置了约140万平方米的集中避难场所，各出入口均设置了指示牌。临澧县在城关镇建立了两处避难场所，在各乡镇中小学划定了应急避难区。六是制定了《常德城区地震应急紧急避险方案》。常德市防震减灾委员会印发了《常德市城区地震应急紧急避险方案》（常震委办发〔2007〕3号），对地震应急疏散的原则、方法、场所的设置、应急避难保障、启用与管理等重要事项作了明确规定。七是开展了应急避险演练。按照先学校后社会的原则，在学校组织了不同形式的演练。市地震局组织常师附小开展了应急疏散演习，汉寿县在科普示范学校组织了地震应急演练，临澧县地震局、教育局、共同组织在全县中小学开展地震应急避险演练，桃源县地震局组织教仁中学开展了地震应急避险和救助示范，县城区各中小学进行了观摩。（曾　志）

【行政执法】提请市人大开展防震减灾执法督查。2007年初，市地震局提请市人大、市政府在全市范围内开展贯彻实施《中华人民共和国防震减灾法》等法律法规情况的督查，得到了市人大的大力支持，列入了市人大执法监督年度计划。3月，市地震局拟定了《贯彻实施〈防震减灾法〉情况督查方案》报市人大，4月，市人大副主任文承保组织教科文卫委、市科技局、市地震局负责人到各区县（市）开展了贯彻实施防震减灾法律法规的督查，对防震减灾工作机构、队伍建设、地震监测预报、地震灾害预防、地震应急救援等方面的工作进行了调研。27日，市地震局受市政府委托，向市四届人大常委会第四十二次会议报告了全市贯彻实施《中华人民共和国防震减灾法》的情况，经审议，提出要进一步加强法律法规学习宣传、尽快普及防震减灾常识，加大防震减灾经费投入、尽快改善监测预报条件，加速专业人才培训引进、尽快提高监测预报水平，加快抗震设防步伐、尽快落实防震减灾措施的审议意见。全市各级根据审议意见，抓紧进行了整改。8月28日，市政府向市四届人大常委会第四十五次会议报告了整改情况。通过市人大的督查，切实解决了全市防震减灾工作中存在的机制、专业人才、经费及震灾预防管理工作中的重大问题，进一步促进了防震减灾工作又好又快的发展。建立了行政执法长效机制。成立了以局长为组长、副局长、震害防御科负责人为成员的行政执法工作领导小组，建立了由副局长、震防科、监测科、应急科执法人员组成的行政执法队伍，制定了《市地震局行政执法制度》。坚持了行政执法制度。为提高城市建设抗灾防灾能力，市地震局以建设工程抗震设防管理为重点，采取文书督办，电话催办，现场检查等方式，督促工程建设业主及时办理抗震设防要求确认审批，坚持每周二为建设工程抗震设防专项执法检查日。鼎城、安乡、津市、汉寿等地采取人大督查、政府协调、部门联动、地震部门参与综和验收等多种形式的执法检查，有力地促进了工程建设抗震防灾工作。（曾　志）

【科普宣传】开展形式多样的宣传教育活动。各地利用光碟、讲座、辅导课、板报、橱窗、课外活动小组等，开展了2次以上形式多样、内容丰富的防震减灾科普宣传教育活动。举办应急宣传月活动。在各级政府的统一领导和组织下，各地在4月15日至5月15日，广泛开展了地震应急避险和自救互救知识的宣传。市地震局、澧县、石门、鼎城、汉寿、安乡等县地震局在步行街、休闲广场设立咨询台、悬挂横幅标语、播放影像、参与应急宣传文艺演出、展出展板等，共散发《破坏性地震应急条例》、《公众应急手册》、《地震应急手册》、《地震科普知识宣传手册》、《家庭一分钟应急演练计划》、地震知识小扇子等15000余份，接受咨询3000余人次。结合科技活动周开展防震减灾宣传。市县地震部门主动利用“科技活动周”的机会，深入社区和农村广泛开展了防震减灾科普宣传。在津市市保河堤镇的全市科技活动周启动仪式上，市地震局和津市市地震局准备的各种宣传手册3000多份被“抢”一空，很受广大农民欢迎，前来咨询人员络绎不绝。鼎城、临澧地震局在活动中开展了为期3天的巡回宣传，发送资料11000多份，播放影碟10多场次，接受咨询1000多人次。利用大众传媒开展宣传。各级各地在《地方地震工作》、《湖南防震减灾工作简讯》、市人大《教科文通讯》、《常德日报》、《常德电视台》、《常德防震减灾网》等媒体发表地震科普、工作动态、专业论文、通讯报道等50余篇。4月24日，《常德日报》整版宣传介绍了常德市防震减灾工作情况、科普知识，市人大副主任文承保发表了《认真落实防震减灾法，提高抵御地震灾害能力》的署名文章。5月10日，常德电视台播放了介绍常德市防震减灾工作情况的《沅澧采风》专题片，时量达10分钟。桃源县地震局上电视、上报达14次，鼎城地震局在科技信息港开设了地震专栏，宣传地震知识、法律法规、抗震设防、工作动态，安乡县地震局在《安乡新型农民报》常年开办农村民居抗震设防专版，向农民普及农居防震保安知识，汉寿县地震局在农居工程试点村农家书屋摆放地震科普读物和影碟的作法受到了省局领导的表扬。（曾　志）

知识产权

【概况】2007年,常德市知识产权局紧紧围绕市委、市政府中心工作和全市经济建设的大局，以“2007知识产权文化年”为主题，把握工作重点，克难求进，开拓创新，全面推进知识产权各项工作，圆满完成了全年的工作任务。2007年5月，常德市被批准为国家知识产权试点城市，新增1个省级试点县，1个省级示范创建县，4家企业纳入全省知识产权培育工程，知识产权试点工作居全省领先地位。专利申请量达到410件，PCT专利申请1件，开展了10次大规模的执法行动，公开审理了两起专利纠纷案件，举办了6期知识产权培训班。全市企事业单位知识产权创造、管理、保护和运用能力得到极大提升，全社会知识产权文化氛围空前浓厚，知识产权事业实现了新的跨越式发展。2007年，常德市知识产权局被评为“湖南省政务信息先进单位”。（曾　峰）

【常德市成为国家知识产权试点工作城市】2007年常德市知识产权试点工作从城市、区县、企业着手全面展开。在市委市政府的高度重视和全力支持下，成立了以分管副市长任组长的申报工作领导小组，全局上下全力以赴搞好国家知识产权试点城市申报工作。2007年5月，常德市顺利通过考核，成为国家知识产权试点城市。

2007年市知识产权局领导多次深入津市、汉寿、桃源、石门等县（市）指导知识产权试点及示范创建工作。以试点县为切入点，会同市编制办、人事局和市直工委出台相关政策，敦促各区县（市）成立知识产权局，力争早日达到市政府提出的“四有”目标。至2007年底，除武陵区外，全市8个区县（市）均已建立了比较完善的管理机构，石门、安乡两县挂牌成立了知识产权局。试点县均已通过验收合格，各项试点工作取得显著成效。2007年12月，津市顺利通过了省、市局的考察，成为湖南省第四批知识产权试点县，石门通过了省、市局的验收，成为湖南省第二批知识产权示范创建县。全市现有4个省级知识产权试点县，1个省级示范创建县，知识产权试点工作全省领先。

全省知识产权优势企业培育工程启动后，市知识产权局对全市重点企业作了一次调研，摸清了企业的知识产权现状。针对企业对知识产权重视不够、缺乏核心竞争力的情况，多次上门宣讲知识产权发展形势和有关政策，两次组织企业知识产权管理人员赴长沙培训。根据试点条件，市局派出专人指导重点企业建立和完善知识产权工作管理制度。中泰装备一跃成为首批知识产权优势企业，金健米业、常德纺机、洞庭水殖成为首批知识产权试点企业，占全省试点企业的1/4。

通过城市、区县、企业三个层面展开试点工作，常德市知识产权工作迈上了新的发展轨道。全市上下创新意识明显加强，知识产权管理机构和工作机制逐步健全，企业知识产权制度日趋完善，一批拥有自主知识产权的企业迅速崛起，常德市经济竞争力明显增强。（曾　峰）

【知识产权激励机制】2007年，市本级和县级财政共安排近百万元用于专利申请资助、知识产权转化和奖励。在市局的带动下，各区县政府加大了对知识产权的政策性投入，石门县就一次性发放奖金20.2万元。

2006年市政府出台了《常德市专利申请资助资金管理办法》，为更好地落实这一政策，市知识产权局制定了详细的实施细则。从服务发明人的角度出发，简化申领程序，一年来共资助专利313项，发放资助金19.02万元。为进一步鼓励自主创新，2007年，市知识产权局出台了《常德市专利奖励暂行办法》。为鼓励青少年开展发明创造，在全市中小学组织筛选一批发明参加第六届“宋庆龄少年儿童发明奖”活动。（曾　峰）

【知识产权文化宣传】围绕2007年“知识产权文化年”，开展了一系列生动活泼的宣传活动。4月26日，市知识产权局与版权、工商、文化、公安等部门联合，在鼎城区体育馆举行了声势浩大的盗版碟集中销毁行动，共销毁10万多张盗版碟；在市城区中心地段，通过搭设拱门、悬挂彩球、设咨询台、张贴宣传标语、发放宣传资料等方式，向广大市民宣传知识产权法律法规。携手科技局举办“科技、知识产权下乡”活动，在津市保河堤镇、桃源县城关镇开展知识产权法律法规宣传，发放宣传资料，将知识产权宣传到基层。各区、县（市）还不断创新宣传手段，临澧县抓住农民发明家沈克泉这一典型，在中央七台做了专题节目，湖南卫视、湖北卫视、常德电视台、《人民日报》、《长江日报》、《湖南日报》、《常德日报》等多家媒体进行了宣传报道，石门县出动宣传车8台次、印发“知识产权内部期刊”3期1800余份。（曾　峰）

【知识产权行政执法】从4月初开始，市知识产权局进行了为期两个月的知识产权行政执法专项行动，查处了一批涉嫌假冒、冒充专利行为人。行动期间，全市共出动执法人员100余人次，查处各类不规范专利标识以及涉嫌冒充专利商品25件，查处了一批冒充专利案。其中重点对2007年5月21日中央二套生活栏目曝光的脑心安药品和心舒胶囊在常德市的销售情况进行了调查，查处宣称“国际专利”的脑心安产品及杜撰专利号的心舒胶囊产品的冒充专利行为。

为配合2007年执法证换证工作，市知识产权局人员积极参加市法制办5月组织的行政执法培训，通过对《中华人民共和国行政诉讼法》、《中华人民共和国行政复议法》等法律法规的学习，全局人员的法律知识得到进一步拓展。局领导每月定期组织执法人员召开交流会议，开展案件质量评议及执法案卷评查，督导行动计划落实。（曾　峰）

【知识产权实施转化】热忱为发明人服务，积极促进专利转化实施。市知识产权局以发明人领取资助金为契机，指导他们填写专利信息发布书，合力搭建网络专利信息平台，免费为全市专利权人发布专利信息，为他们寻找购买或合作开发伙伴。已成功为“节水冲水马桶”“电气火灾防护器”、“王饺儿食品”、“智力翻板玩具”等多项专利找到了“婆家”。11月份，推选了22项有代表性的专利技术参加首届中国专利技术展示交易周湖南省专利展示交易活动，向外推介了常德本土专利。（曾　峰）

教育

【概述】2007年，是常德市教育发展史上具有重要意义的一年。市委、市政府从全市社会经济发展的全局出发，作出了推进教育优先发展、建设教育强市的决定。在这一战略的推动下，全市以促进教育均衡、保障教育公平、满足群众需求为目标。以科学发展观为指导，以改革创新为动力，掀起了新一轮教育优先发展的热潮，各类教育协调发展，各项工作稳步推进，教育事业呈现出新的局面。

教育战略地位不断提高，建设教育强市在全省率先启动。2007年，市委、市政府几次召开常委会和常务会，专题研究贯彻落实湖南省第九次党代会精神，全面启动建设教育强市工作，2007年6月6日，出台《关于建设教育强市的决定》（常发〔2007〕6号）。同时，召开各区县（市）委书记、区县（市）长和市直各单位主要负责人参加的全市建设教育强市动员大会，对建设教育强市的工作进行了全面动员和部署。明确到2012年初步建成教育强市，2015年全面实现教育强市目标。要求基本形成现代国民教育体系和终身教育体系，基本实现教育现代化，使全市综合实力保持全省领先水平。11月16日，市委副书记、市建设教育强市领导小组副组长曹儒国主持召开市建设教育强市领导小组第一次会议。会议听取了市教育局局长黎建平关于建设教育强市的有关情况汇报、市教育局副局长庹朝君关于全市建设教育强市规划及相关文件起草的说明，对建设教育强市相关工作进行了认真研究。卿渐伟市长在对本次会议的批示中指出：建设教育强市是市委、市政府的重大决策，必须坚决贯彻落实，下一段应进一步明确责任，加大力度，积极推动以确保教育事业又好又快发展，各部门要通力合作，积极支持，财政部门要加大教育投入，特别是要确保城乡义务教育的所需经费。9月，在省委、省政府召开的全省建设教育强省工作会上，市委书记武吉海作为全省唯一的市州代表在会上进行了经验介绍；《湖南教育》以《教育强市的期盼》为题，对常德推进教育强市建设进行了专访报道。

教育强市动员大会

农村义务教育保障实行新机制。为农村义务教育阶段学生免除杂费是2007年市政府确定的十件实事之一。按照国家和省里的统一部署，从2007年春季开始，常德市全面实施了农村义务教育经费投入保障机制。除武陵区和德山开发区以外，农村义务教育阶段学生均免除了杂费，并为贫困学生免除了课本费，为贫困寄宿生补助了生活费。全市免除杂费的学生达48.2万名，免除金额5700万元；共为13.2万名贫困生免除了课本费，免除课本费770万元；对1.89万名寄宿生补助了生活费，共计补贴240万元。常德市的新机制保障工作得到了国家督导团的高度评价，被国务院纠风办点名在全国农村义务教育经费保障机制改革工作会议上作典型发言。

区县（市）教育工作“两项督导评估考核”。根据常德市教育工作“两项督导评估考核”领导小组的部署和安排，2007年3月26日至31日、4月28日至30日，市“两项督导评估考核”组分别由市人大、市政府分管领导带队，对武陵、鼎城、汉寿、津市、安乡、澧县、石门等七个区县（市）和西湖、西洞庭管理区、德山开发区2006年度政府教育工作和县级党政主要领导干部教育实绩进行了督导评估考核（临澧和桃源因接受省里和国家的“两基”督导检查，未再单独组织评估考核）。5月15日，市“两项督导评估考核”领导小组召开专门会议听取了评估考核组对各区县（市）的评估考核情况汇报，审定了各区县（市）评估考核等次，并对下阶段工作提出了具体要求。武陵、临澧、澧县、石门、西洞庭、桃源、津市、鼎城8个单位政府教育工作和党政主要领导干部教育实绩被认定为优秀等次，安乡、汉寿、西湖管理区等3个单位被认定为良好等次，德山开发区被认定为合格等次。5月16日，市“两项督导评估考核”领导小组和市政府教育督导室正式对区县（市）下发评估考核意见和重点问题的整改通知。6月11日，市委办、市政府办专门下发了《关于2006年度全市教育工作“两项督导评估考核”结果的通报》。6月21日，《常德日报》刊登了本次督导评估考核结果的公告。

5月17日至30日，省政府教育评估考核组对常德市津市市、汉寿县、鼎城区、武陵区4个单位进行了县级教育工作“两项督导评估考核”。武陵、津市被评为优秀等次，鼎城、汉寿被评为合格等次。被评为优秀等次的单位各获得30万元奖励，所在单位党政主要领导各获得5000元奖励。

教育事业健康协调发展，2007年，常德市各类教育在协调发展上取得新的进展。国家实施“两免一补”政策后，学生因家庭经济困难辍学的问题基本得到解决，义务教育的普及程度进一步提高；与此同时，初中入学高峰平稳过度，小学入学人数剧减，中小学布局调整和寄宿制学校建设力度加大，为提高义务教育质量提供了有利条件。学前教育发展和管理引起重视，区县（市）政府公办示范幼儿园和乡镇中心幼儿园创建工作开始启动，各地对民办幼儿园的管理和指导有所加强。中等职业教育发展形式喜人，在初中毕业生比上年减少1万多人的情况下，中职招生人数比上年增加5010人，普职招生比为53.5：46.5。

教育改革稳步推进。启动实施市城区初中教育一体化。2007年9月29日，常德市教育局在芷园宾馆召开市城区初中教育工作会议。会议旨在统一认识，实现城区初中教育管理一体化。会议要求增强教育质量意识，把提升教育教学质量作为立校兴校的第一要务，真正把初中教育工作的重点由改善办学条件转向加强教学管理，由办学规模扩展转向教育质量提升。会议强调，市区两级教育行政部门都应当是立足于办好每一所学校，加大薄弱学校的改造力度，促进区域之间、学校之间的均衡发展和整体水平提高。要强化城区初中教育的示范意识，使城区初中教育的综合实力和整体水平保持在全市领先位置，继续发挥辐射和示范作用，继续引领全市基础教育事业快速发展。会议决定，切实把发展城区初中教育摆在重要位置，加大经费投入、考核评价和统筹协调工作力度。

市区两级教育行政部门把建设的重点放在薄弱学校上，加大学校经费投入力度，在继续抓好信息化建设的同时，进一步加强学校图书、仪器、文化体育设施和生活服务设施等方面的配套，力争通过3年左右的时间，基本消灭薄弱学校，使城区所有初中达到市级示范学校标准，并有一批学校建设成为市级名优学校和特色学校，实现城区初中教育均衡而有特色的发展。

市教育局决定2007~2008年，实施市直中小学教育教学工作考核评价机制。考核内容包括教育教学思想、教育教学管理、教育教学保障和教育教学质量。考核主要采取教学视导、专项督查、年度考核、社会测评四种形式，考评结果直接纳入当年学校年度目标管理考核内容，综合考评结果排名后三位的、出现重大安全责任事故的、师德师风差造成重大社会影响的，取消当年学校年度目标管理考核评先资格。市教育局下发了《初中学校教育教学工作考核评价方案（草案）》和《初中学校教育教学工作考核评分细则》。

市教育局、武陵区教育局和德山开发区宣教局履行各自的管理责任，整合管理力量，加大统筹协调力度，形成齐抓共管局面。一是开展好联合督查。由市教育局会同武陵区教育局、德山开发区宣教局，组建一个有专兼职督导、教研员、骨干教师参加的城区初中教育教学工作督查组，原则上每学期组织一次督查活动，下发督查情况通报，组织督查情况讲评。二是组织好专题调研。市教育局基教科、人事科、计财科、体卫艺科、教科所、督导室、纪检监察室等科室根据各自职能要求，经常下学校检查指导，切实负起管理和指导责任。三是建立起联席会议制度。市区两级教育行政部门定期交流有关情况，研究解决工作中存在的困难和问题，统一步调，协调行动。

全面启动实施普通高中课程改革。2007年3月15日，市教育局在凯悦酒店召开全市普通高中课程改革动员大会。此次大会拉开了常德市普通高中课程改革的序幕。7月9日至8月4日，市教育局在芷兰实验学校举办了普通高中课程改革学科培训班，全市共14个学科2445名起始年级教师分9期17个班参加了培训。

根据教育部的有关文件精神和省教育厅的总体要求，常德市教育局确定的普通高中课程改革工作的目标是：按照《基础教育课程改革纲要（试行）》的要求，把普通高中课程改革作为深化常德市基础教育课程改革、全面推进素质教育的核心内容和重要载体，立足常德实际，创造性地实施《普通高中课程方案（实验）》和各学科《课程标准

（实验）》，围绕促进学生的全面发展，探索实施素质教育的新途径，努力提高普通高中教育质量，构建具有常德特色、充满活力的普通高中新课程体系。以此为突破口，确保常德高中教育的整体水平处于全省前列，并成为建设教育强市的重要标志。

从常德实际出发，市教育局把全市普通高中新课程实验工作的主要任务确定为六项：一是提高课程实验水平，探索学校实施新课程的有效方式和途径，提高普通高中教育质量。二是建立国家、地方和学校三级课程管理制度，提高国家课程的执行能力以及地方课程和校本课程的建设管理能力，形成开发和共享课程资源的机制。三是开展教育教学改革，促进教师教学方式和学生学习方式的转变，建立与高中课程方案相适应的教学管理制度。四是建立以校为本的教师培训和教学研究制度，形成与新课程实施相适应的教师专业发展机制，全面提高普通高中教师队伍的整体素质。五是建立与新课程相适应的综合评价体系，充分发挥评价与考试制度改革对于普通高中课程改革的引导和促进作用。六是促进普通高中教育的内涵发展，优化教育资源的配置，提高全市普通高中教育质量和办学水平。

加大考试评价和招生考试制度改革力度。市教育局决定，以初中毕业考试成绩等级评价为突破口，加大初中毕业考试成绩评价制度和普通高中招生制度改革力度，并下发了《关于印发<2007年常德市初中毕业考试评价与普通高中招生制度改革实施方案>的通知》（常教发〔2007〕4号）。

2007年，市教育局对初中毕业学业考试评价进行了比较大的改革：第一，在考试形式上，政治、历史、地理、生物实行开卷考试，目的不是削弱这几科的教学，降低学习的标准，而是要促进教师教和学生学的方式的转变，扭转死记硬背的状况；第二，在评价方式上，由毕业考试、综合素质评价和学业考查三部分组成，除语、数、外可以过渡性的用分数形式呈现外，其余学科全部以A、B、C、D的等级形式呈现，目的是要减缓唯分数的过度竞争；第三，在招生办法上，改变以考试分数作为高中招生，特别是一中招生唯一录取依据的做法。

市教育局对普通高中学校办学水平的评价进行了三项改革。第一，在高考升学的体制没有大的改变的情况下，仍然把高考的升学率，特别是选拔性更强的二本升学率作为评价普通高中办学水平的重要指标。第二，把增值因素作为评价的一个重要依据，就是“看起点、比进步”，把学生在原有基础上的提高作为重要标准，衡量学生的进步，以此衡量办学的水平。第三，引入社会评价，请社会各界、家长和学生代表对学校的师德建设、管理水平、校风教风学风、服务意识进行民主测评，进一步完善普通高中办学行为不良记录档案制度和教学质量评价监测制度，形成对普通高中办学水平的综合评价，全面推进素质教育。（朱华林）

基础教育

【概况】2007年，常德市共有普通小学920所，比2006年减少131所；比最高峰的1989年减少了3171所，只占1989年的22.5%；另外，保留教学点200个，比2006年减少了30个。现有小学在校生296323人，比2006年减少11571人，与小学在校生最多的1997年相比，减少了51%，但校均规模由2006年的293人增加到2007年322人。现有教学班7618个，平均班额38.89人，比2006年增加了0.89人。

小学阶段普及程度较上年有所提高。小学适龄儿童入学率进一步提高。2007年，全市小学适龄儿童入学率为99.76%，比上年增加0.29个百分点；小学生年辍学率为0，因部分市外学生转入就学，年末人数较年初注册数增长0.8%。毕业生升学率为100%。

全市小学校舍总面积为229.2万平方米，生均校舍面积达到7.73平方米，超过国家规定标准。全市小学拥有计算机12244台，每百名学生拥有4.13台。小学共有图书650.9万册，平均每生21.9册。

全市小学教职工总量继续减少，专任教师学历合格率保持较高水平，专科化比例进一步扩大。2007年，全市共有小学教职工20182人，比上年减少601人，其中专任教师19400人，比上年减少514人。小学专任教师学历合格率为99.51%，与上年基本持平。小学专任教师具有大专以上学历的比例由2006年的66.78%提高到2007年的71.2%，增加4.42个百分点。从专任教师结构分析，一是短缺学科专任教师有所减少，外语教师比上年增加6.8%，信息技术课专任教师比上年增加5.4%；二是专任教师技术职称整体有所提高，小学高级以上职称比例达到72.28%，比上年提高7.02个百分点；三是专任教师年龄老化程度进一步加大，2006年40岁以下的小学专任教师占总数36%，而2007年只有34%，减少2个百分点，而45岁以上的教师2007年占到41.64%，比2006年高1.94个百分点。

2007年，常德市共有独立普通初中和九年一贯制学校253所，比上年增加1所。招生63895人，比上年增加251人；毕业70359人，比上年减少12580人，在校学生194510人，比上年减少8609人，与高峰点2002年相比减少109107人。校均规模768.8人。普通初中现有教学班3456个，比上年减少129个，平均班额56.28人。

全市有普通高中60所，其中完全中学31所，高级中学29所。校均规模达到1934人。初中三年保留率越来越高，普及成果进一步巩固；高中阶段教育升学比率进一步提高。2007年，初中适龄人口入学率为99.98%。比上年增加0.98个百分点，初中生辍学率为1.17%。初中毕业生升普高的比例达53.5%.普通高中招生38469人，比上年减少2630人；高中毕业36724人，比上年增加2838人；普通高中在校学生116064人，比上年减少4877人。

2007年，普通中学占地面积达到1268.74万平方米，比上年增加9.36万平方米，建筑面积达到382.01万平方米，比上年净增8.31万平方米；运动场达标准学校由上年的242所增加到250所，增加了8所；建立校园网的学校由上年的136增加到152所，增加16所；学校拥有计算机21118台，比上年增加1438台，每百名学生拥有计算机6.8台；学校共有藏书670.74万册，平均每生21.6册。

专任教师队伍略有扩大，高中增加，初中减少，专任教师整体学历合格率进一步提高，初中专任教师本科化程度愈来愈高，但少数学科学历率仍偏低；专任教师中、高级职称比例增大；高中师生比过高，远远超过规定的比例，而初中师生比低于高中。

全市共有普通中学教职工25746人，比上年减少212人，其中专任教师22111人，比上年减少108人。初中专任教师15358人，比上年减少222人，高中专任教师6753人，比上年增加114人。初中专任教师学历合格率由上年的96.77%提高到2007年的99.11%，增加2.34个百分点。具有本科以上学历的比例达到60%，比上年高6.04个百分点，高中专任教师具有本科以上学历者达到91.54%，比上年高2.57个百分点。专任教师具有中、高级职称的比例明显增大，2007年，全市初中、高中专任教师具有中、高级以上职称者占总数的59.79%，其中专任教师具有中级职称的占总数的55.11%，比上年增加1.71个百分点，具有高级职称的占总数的5%，增加0.54个百分点；高中专任教师具有中级职称的占总数的38.56%，比上年减少0.24个百分点，具有高级职称的占总数的20.34%，比上年增加1.99个百分点。（黄　锐　李高松）

【示范性幼儿园验收】 11月26日至11月30日，市教育局组织了市级示范性幼儿园评估验收，对全市14所幼儿园进行了评估验收。评估组通过听取园长汇报、召开教师座谈会、走访调查幼儿和家长、抽看教师保教活动、查阅档案资料、实地查看等方式，全面检查评估了幼儿园的办园条件、保教队伍、园务管理、保教质量，并下发评估意见。

（黄　锐　李高松）

【帮困助学】 9月6日，在芷园宾馆举行了全市捐资助学大会，现场为家庭经济困难的中学生、大学新生代表发放助学金。市委书记武吉海、市委副书记曹儒国、副市长张元英出席了发放仪式。秋季开学前，市中小学救助受援捐赠中心在常德晚报上公告了5种助学形式：一是设立“普通中小学助学金”。由市政府拨付助学专款和企事业单位、公民个人捐赠助学金130万元。主要面向市城区资助义务教育阶段所有家庭经济困难的学生，按书杂费全免标准资助。二是设立“中等职业学校国家助学金”。由中央和地方财政共同出资设立，主要资助市直中等职业院校在籍在校的一、二年级农村户籍和县镇非农户口的学生以及城市家庭经济困难学生。三是设立“吴碧霞助学奖学金”。由歌唱家吴碧霞女士2005年举办的“帮困助学专场音乐会”募集资金。主要面向市城区资助普通高中阶段家庭经济困难、有艺术爱好的学生200名，按每人每学年1000元标准资助。四是设立“贵联集团（香港）助学金”。由贵联集团（香港）捐赠助学金50万元（连续五年，共捐资250万元）。主要面向市城区资助2007年高考正式录取的家庭经济特别困难的大学新生80名（其中石门县20名），按每人2500元标准给予一次性资助；面向市城区资助普通高中阶段家庭经济特别困难学300名，按每人每学年1000元标准资助。五是设立“中德地产助学金”。由湖南中德房地产开发有限公司捐赠助学金35万元（连续十年，共捐资200万元）。主要面向市城区资助2007年高考正式录取的家庭经济特别困难的大学新生70名（其中汉寿县20名、湖南文理学院10名），按每人5000元标准给予资助（其中第一学年资助2500元，第二学年资助1500元，第三学年资助1000元）。2007年市本级收到助学捐款共154万元，市财政拨款150万元，合计304万元，共资助家庭经济困难的学生3049人，其中，大学生181名，高中生550名，初中生1325名，小学生668名，特殊学生325名，资助总金额为252.63万元，城区贫困学生基本上做到应助尽助。

（黄　锐　李高松）

【青少年科技创新硕果累累】 1月，市科协、市教育局联合举办了2007年常德市青少年科技创新大赛，共评选出一等奖16项、二等奖22项、三等奖29项；优秀科技实践活动一等奖1项、二等奖2项、三等奖1项；优秀少儿科幻绘画作品一等奖15幅、二等奖30幅、三等奖50幅。在第28届湖南省青少年科技创新大赛上，常德市选送的作品共荣获一等奖6项、二等奖13项、三等奖18项，优秀组织奖3个，优秀科技教师1名。全市6所学校参加了第22届全国青少年科技创新大赛，其中澧县一中宋萍同学的《一种基于视觉暂留效应的随振显示装置》（辅导老师周爱华、王喜云）、德山莲池中学瞿郁雯同学的《触摸可调节式水阀》（辅导老师吴昌云、杨丽惠）获竞赛类银奖，市五中马嘉豪同学的《海洋医生》（辅导老师甘霖）、芷兰实验学校朱妍同学的《风动力专线》（辅导老师李惠兵）、汉寿县罐头嘴中学彭玲同学的《沙漠之家》（辅导老师董成霞）获科幻画二等奖，常师附小商标研究小组的《小商标、大世界》（辅导老师谢爱友、盛平、肖子义）获优秀科技实践活动三等奖，芷兰实验学校获优秀组织奖。

（黄　锐　李高松）

职业教育与成人教育

【概况】 2007年常德市中等职业教育规模继续扩大，特别是民办教育发展更快。2007年，全市有中职学校77所，大专学校附设中专部3个，在校学生达到88196人，比上年增加10929人，增长14.14%。其中民办学校44所，比上年增加1所，在校学生达到41013人，比上年增加7217人，增长21.35%；招生33442人（含市外招生、往届毕业生招生）。

全市中职学校校舍建筑面积104.997万平方米，另外民办职中租用校舍11.25万平方米；拥有计算机19195台，平均每百名学生拥有21.76台；学校藏书177.89万册，生均20.17册。

中职中青年教师比例较大，但学历合格率较低，且双师型教师较少。2007年，全市中职学校有教职工4680人，其中专任教师3086人，比上年增加208人，专任教师中文化基础课教师1224人，占39.66%，专业课、实习指导课教师1848人，占59.88，但双师型教师只有445人，仅占专业实习指导课教师的24.08%。专任教师中本科以上学历者占总数的71.35%，学历合格率偏低。导致这种情况的主要原因，是民办学校，教师待遇偏低，招聘合格教师难度较大。（朱华林）

全市职业教育工作会议

【职业教育与成人教育协会成立】 8月3日下午，在凯悦宾馆四楼会议室召开了常德市职业教育与成人教育协会成立大会。协会是由湖南同德职业学院、常德财经学校、常德市职业中专学校等18所职业院校发起，在市教育局领导指导下，经市民间组织管理局审查登记并成立的机构。协会首届理事单位72个，原市委副书记、市政府巡视员洪明祥任会长，市教育局副局长李旺国任常务副会长，常德职业技术学院杨文明等6人任副会长，市教育局职成科科长颜洪波任首届秘书长。协会的成立，标志着“政府总揽，部门配合，协会参与，校企联动，共同发展”的职业教育发展体制初步形成。（颜洪波　张道义）

【职业教育“十一五”发展蓝图】 8月，市政府在调查研究的基础上，协调有关部门制定了职业教育“十一五”发展规划，并以常政发〔2007〕7号文件印发。规划突出职业教育基础能力建设这个中心，确定了到“十一五”期末，基本建成以国家紧俏技能人才培养专业为基础的学历教育与技能培训骨干职业教育体系；重点规划了中央财政、省财政和市财政支持的职业教育基础能力重点建设项目院校。市政府还专题研究常德职业技术学院、常德工业学校、常德财经学校、常德市职业中专4所院校“十一五”发展规划，并下发了市人民政府专题会议纪要。各区县（市）也重点规划了市示范中等职业学校和示范性县级职教中心、示范性乡镇农校建设项目学校的建设。（颜洪波　张道义）

【职业教育基础能力建设】 常德职业技术学院成功申报了护理专业的国家级专业实训基地建设项目，获得中央财政150万元的支持；护理专业负责人朱佩瑶和机电一体化专业负责人张森森入选省级专业带头人；机械制图课程入围省级精品课程项目，同时学院还培训了41名骨干教师。湖南同德职业学院顺利通过教育部高职学院办学水平评估；新校区建设完成投资2100多万元。湖南涉外经济学院清水湖校区注重专业资源的建设，机械设计与工艺、电子工程、休闲体育管理与服务和旅游管理与服务专业建设迈上新台阶。

“十一五”全省中职教育重点建设项目计划八大类1320个项目，2007年已立项395个，其中省部和行业办职业院校立项167个，州市职业院校立项228个，常德立项32个，占州市职业院校立项总数的14%，排名第一。其中，省示范性中职学校计划50所，2007年立项17所，占计划数34%，其中常德市立项3所，占全省该项目立项数17.6%。省级项目立项总数、项目经费总额和省级示范中职学校、省级精品专业、省级精品课程项目数均列全省第一。省财政将给予连续三年总额不少于1500万元的项目经费支持。中央财政支持的县级职教中心建设的项目2个，即桃源县职业中专学校和常德旅游学校，落实资金600万元。（颜洪波　张道义）

【专业设置与专业结构调整】 常德市教育局印发了《关于职业院校专业设置审核备案的通知》（常教通〔2007〕5号）及《关于印发《常德市中等职业学校15个专业开设基本条件》的通知》（常教通〔2007〕49号），制定了2007年常德市中等职业学校专业审核评估方案，实行分校分专业审核评定。5月8日至12日，组织专家组对31所学校申报的50个专业进行了专业审核评估，评估结果为：同意开办的专业36个，同意试办的专业4个，同意限期建设的10个，并在常德日报上公布。

2007年全市面向第二产业的新设专业达到6个，招生人数达到6974人，其中模具设计与制造专业2333人、数控技术应用705人；面向第三产业招生26147人，其中电子电器应用与维修1564人、会计1586人、计算机及应用8195人，就业指向不明的专业招生数较2006年明显下降。

（颜洪波　张道义）

【职业技能大赛和职业能力社会化考试】 10月17至22日，常德市委组织部、市劳动和社会保障局、总工会、教育局、科技局联合组织了常德市第一届职业技能竞赛决赛，全市有14个中职学校49名学生、6位教师参加了数控车工、普通车工、钳工3个项目的决赛，18名中职学校学生获奖，其中常德市技工学校舒军、常德职业技术学院曹勇、黄勇等3名同学分别取得了普通车工、数控车工、钳工第一名的好成绩。常德职业技术学院、湖南同德职业学院、常德市技工学校等8所职业院校获得团体优胜奖。实施了职业能力社会化考试工作，2007年上半年，全市有3373名学生报名，3373人参考，通过率69%，其中获工程师证书的358人，占11%。下半年有8585人报名。

（颜洪波　张道义）

高等教育

【湖南文理学院】 2007年，学校校区面积103.8公顷亩，校舍建筑面积47.3万平方米，馆藏图书120万册，电子图书15万种，教学仪器设备总值8338万元，固定资产近8亿元。学校现有全日制在校学生14900余人，生源来自全国28个省（市、自治区）。学校2007年还有澳大利亚、荷兰、日本等国的多名留学生来校攻读学位或研修汉语语言文化。学校现有教职工1378人，651名专任教师中有教授82人、副教授286人，硕士、博士460人。有全国优秀教师和全国优秀教育工作者10人，享受政府特殊津贴专家11人，曾宪梓优秀教师奖获得者12人，湖南省优秀中青年专家1人，湖南省121人才工程人选2人，湖南省普通高校青年骨干教师及培养对象41人，湖南省优秀教师、湖南省优秀教育工作者、湖南省教育系统劳动模范共16人。学校现设25个系、部、院，36个本科专业，学科专业涵盖文、理、工、农、史、法、经、管、教九大门类。学校是全国大学英语教学改革试点高校、国家Linux技术培训与推广中心、国家大学生文化素质教育基地、湖南省文明标兵单位。

学校党委中心组以“学习宣传贯彻党的十七大精神”等为专题，全年先后进行了3次集中学习，组织了4场辅导报告。在全省党委中心组学习优秀成果评选中，学校荣获二等奖1项，三等奖2项。各基层党组织定期召开了党员生活会和中层班子民主生活会，上党课近100余场次，落实了“三会一课”制度，及时完成了党总支换届选举工作。全年共发展新党员626人，为605名预备党员办理了转正手续，培训入党积极分子2584人。出台了《关于进一步加强干部工作作风建设的暂行规定》，组织全校党员干部进行了一次全面自查自纠。印发了《领导班子成员党风廉政建设职责》等重要文件，结合业务实际，加强了招生、收费、基建招标等重要领域的监督与管理。有针对性地开展了党风廉政教育，组织处级干部观看了《天职》等警示教育片，建立了干部任前谈话制度，对个别党员干部进行了诫勉谈话，严厉查处了违纪违规案件。生命科学系党总支被评为全省“先进基层党组织”。

推进质量工程，提高了整体教学质量。制定了学校质量工程的指导意见和实施方案，启动了一批校级质量工程项目，特色专业点建设对象立项2个、教学团队建设对象立项6个、精品课程建设对象立项5门、双语教学示范课程建设对象立项3门、大学生研究性学习和创新性实验项目立项26项。文艺学系列课程教学团队被列为湖南省07年国家级教学团队七个推荐对象之一。汉语言文学、地理科学两个专业顺利通过国家一类特色专业点评审。桃源文昌中学、常德纺织机械有限公司2个实习基地被评为湖南省优秀实习基地。院级教改课题立项83项，5个教改项目获省教育厅立项资助。英语专业顺利通过教育部专业评估，并获专家良好等级评价。成功申报了动画、食品工程两个本科专业，5个专业顺利通过省教育厅新建专业和学士学位授予权评估。

2007年，学校学生参加各类比赛取得良好成绩，在国家级、省级数学建模竞赛、电子设计竞赛、英语演讲比赛等重大赛事中共获奖9项。在湖南省大学生计算机水平考试中，总成绩全省排名第一。05级本科生在全国大学生英语四级考试中一次性合格率达39.8%，位居全省同类院校前列。

瞄准社会需求，突出学科建设的龙头作用，出台了《“十一五”学科建设发展规划》、《学科建设范围》、《学科建设评估方案（试行）》、《学术创新团队建设管理办法》、《重点学科建设与管理条例》等系列文件，规范了学科建设工作，加强了学科建设的宏观指导与管理。以4个省级重点建设学科为重点，全面带动7个校级重点建设学科协调发展，得到了省重点建设学科实地检查评估专家组的一致肯定。全年科研进帐经费首次突破200万元。其中，杨万柱教授主持的“日本侵华细菌战史研究”获国家级社科基金立项，姚春梅教授主持的“量子操作的远程输运研究”、阳喜元教授主持的“含表面高熔点金属预熔和熔化现象的模拟研究”、曾伯平教授主持“黄鳝体内新棘衣棘头虫种群建立机制及生理生态学研究”、杨品红教授主持的“洞庭青鲫种质分子标记及遗传分类评价”、李峰教授主持的“B淋巴细胞中NAP1相互作用蛋白的分离和鉴定”、罗佑新教授主持的“基于超混沌理论与控制的计算运动学新理论与新方法”、卢基林教授主持的“水解性金属核酸酶的合成及其切割DNA基理研究”7个项目获省级自然科学基金立项。获省科技厅计划项目3项。获多项横向项目资助，有3个项目获常德市文化名城点题研究项目60万经费资助。湖南省城市文化研究基地被确定为省级社会科学研究基地。承办了隋炀帝国际学术研讨会、全国高校大学语文骨干教师高级研修班，承办了湖南省2007“发展现代农业，推进新型工业化”科技论坛活动；参与了常德市科技活动周系列活动，参与了地方社会主义新农村建设，首期派选7名农业科技特派员进驻石门等县，取得较好成绩，学校因此获得了“湖南省农业科技特派员试点工作先进单位”的光荣称号。

推进依法治校，注重用法律手段解决发展中的问题，规范学校经济活动。严格执行财务收支“两条线”，实行招生阳光工程，对重大问题和涉及广大教职员工切身利益的事项，都通过各种渠道公示公开。召开了一届五次、六次教职工代表大会，审议通过了置换闲置土地等事关学校建设发展的重大事项，征集办理教代会提案152件，办理满意率达96%以上。召开了民主党派负责人座谈会，广泛听取了他们对学校建设和发展的意见与建议。积极采取措施缓解物价上涨对伙食价格的影响，多次召开学生伙食恳谈会，稳定学生思想情绪，后勤膳食部门严把进货渠道关，不断提高服务水平，维护了学生的切身利益。学生第五食堂顺利通过省教育厅验收，被评为标准化学生食堂，学生新公寓区通过省教育厅评估，被评为标准化学生公寓。严格控制基建工程项目，根据需要、按照预定计划完成了芙蓉学院学生公寓的建设改造和老图书馆改办公楼工程。加强了安全稳定工作，制定了《突发事件应急处理预案》，建立了应急预警机制，做好了节假日和特殊敏感时期的值班工作。学校被评为“湖南省维稳工作先进单位”、“常德市内保工作先进单位”。

2007年，学校新评教授14人，副教授25人，高级实验师2人，35人通过其他系列副高以上职称评审，56人通过了各系列专业技术中、初职务评审和认定，引进紧缺专业硕士研究生10人。董明辉同志被评为全国优秀教师，吴晓同志被评为省级优秀教师；侯立兵、杨立军、王南兰、刘春晖4位同志被确定为省级青年骨干教师培养对象。在121人才工程选拔与推荐中，有1人通过了第一层次评审，3人通过了第三层次评审。有80多名教师在职攻读硕博士学位，有8名教师到国内重点院校做访问学者。全年共聘请外专外教13人次，学校被湖南省外国专家局评为“湖南省引智工作先进单位”。组织开展了校级“教学名师”评选活动，魏饴、杨斌文、刘赤符三名教师获得了学院首届“教学名师奖”。组织了“十佳模范教职工”和“十佳文明示范家庭”评选活动。开展了师德师风建设专题调研活动，评选出一等奖1个，二等奖3个。组织了“学习十七大精神，建设教育强市”知识竞赛，评选出一等奖2个，二等奖6个。参加省教育工会组织的师德建设演讲竞赛，获三等奖1项。

坚持提高学生综合素质，促使学生全面成才。在对用人单位和毕业生调查研究的基础上，历时一年多，形成了建校以来质量最高、有一定自身特色的本科人才培养方案；以核心价值观教育为重点，加强了学生的思想政治教育，开展了大学生先进事迹报告会15场次，组织了“学习十七大精神，争做新一代”为主题的学习活动，提升了学生的精神风貌；通过系列专题讲座，培养学生的诚信意识，学生国家助学贷款按期还贷率连续4年达到了100%，学校被省教育厅评为“助学贷款先进单位”；开辟入学“绿色通道”，全年共评选出国家奖学金获得者28名、国家励志奖学金获得者415名、国家助学金获得者3022名、湖南省优秀特困生奖学金获得者12名、“刘志宇·苏提”奖学金10名，累计发放各类奖、助学金435万元、贫困生一次性补助30多万元，支付勤工助学报酬20余万元，为贫困生减免住宿费近20万元，办理助学贷款365.8万元。积极争取社会支持，有40名学生分别获得香港慈辉基金会、中德地产公司的资助。

开展丰富多彩的文化活动，社团活动成绩卓著。举办了第三届师范技能竞赛、第三届创业计划竞赛等，聘请专家为学生积极开展科研创新进行全方位指导和精神上的鼓励，引导学生进行素质拓展，完善自身知识结构。全年批准学生科研立项121项，并对其中37项给予了经费支持，9个重点项目共资助经费2万多元。开展了白马湖水景广场文化活动和庆国庆、迎新生游园晚会等9大系列活动，其中白马湖广场文化活动被评为全省高校校园文化建设优秀成果一等奖、全国高校校园文化建设优秀成果三等奖；学生社团电子协会被评为“湖南省十佳大学生社团”，英语俱乐部等3个社团被评为“湖南省优秀大学生社团”，物电系团总支被评为“湖南省五四红旗团总支”，学校再一次被评为“湖南省‘三下乡’社会实践先进单位”。

学校在做好招生宣传的基础上，2007年面向全国招收二本生3107人，比上年增加了585人，新招收专科生127人。围绕学生全面成才扎实推进就业工作，加强了毕业生就业指导与推荐，举办了2场大型毕业生供需见面会，130余场中小型招聘会。截至2007年底，毕业生就业率达到95%，有243人考取研究生，41人考上公务员或被选拔到基层锻炼，7名应届毕业生到西部支援地方建设。

学校全年出版院报26期，播出日常新闻35期，在湖南经视、湖南教育台、常德电视台等校外电视媒体播出了新闻15条，在《中国教育报》、《湖南日报》、《常德日报》等市级以上报刊媒体发表稿件18篇，展现了学校的良好形象。先后与英国、韩国等多所学校签订了友好合作意向书，接待了日、韩、美、英等国多所大学的来访。有7名教师赴印尼、泰国从事对外汉语教学。参加常德市庆祝中共十七大“和谐之声”歌咏晚会比赛，总分排名第一，荣获特等奖。出色完成了湖南省第四届农民运动会开幕式文艺晚会的演出，学校被授予“湖南省第四届农民运动会承办工作先进单位”。

成教学院完成整体搬迁工作，扩大了招生规模，增加了继续教育项目，招生总数达到5000人以上，完成了整体搬迁工作，并获得了“湖南省中小学教师继续教育资源工作先进单位”、“自考全日制助学学位教材供应工作优秀奖”两个荣誉称号；芙蓉学院办学规模进一步扩大，办学条件得到改善，教学质量稳步提高；后勤集团为教学科研和师生生活提供了较好的服务；艺术附中成功改制，组建为艺术职院，各项工作有序开展。学校还依法开展了目标管理单位责任人经济责任审计、财务收支审计和债权债务审计。学校被省教育厅评为“信访与案件查处先进单位”，被常德市评为“内审工作先进单位”。

（高春贵）

【湖南同德职业学院】湖南同德职业学院是经湖南省人民政府批准、国家教育部备案的一所全日制普通高等职业院校。2007年全院教职工总人数412人，其中任课教师201人，实训指导教师44人，行管人员83人，后勤人员62人。学院教师首次进入常德市教育局、人事局教师职称评定范围，31名教师获得初级职称；32名获得高校教师资格证书；有40名教师通过进修获得本科学历。学院已形成了一支结构合理、较为稳定的师资队伍。

2007年全院青年教师中硕士研究生15人。有26个省市、15个民族的在校大中专学生8100余人，121个教学班。共产党员275人。办学14年，共培养大中专毕业生18000余人，毕业生就业率达94%以上。2007年顺利通过国家教育部人才培养工作水平评估。学院设有计算机系、经济与社会系、技术与工程系、外国语系、继续教育部和三办（院办公室、党委办、招生办）、四处（学生处、教务处、培训处、就业处）、四科（后勤科、保卫科、基建科、行政科），为教育教学指导、保障、服务。共设30多个专业，建有电子、电工、机电、模具、电脑组装、多媒体、语音室、财务等48个实训室，校外实训基地47个，配套电脑3100余台，校园电视台、闭路电视及宽带网络覆盖全校。纸质图书和电子书籍共35万多册。校园环境清新幽静，田径场，篮、排、足球场，公寓楼、食堂、浴室、商店、学术报告厅、教学楼、大会堂教学生活设施齐备，校园文化生活及学生社团协会活动精彩纷呈。

11月24日至27日，以南京工业职业技术学院院长、教授姚寿广为组长，永州职业技术学院原党委书记、教授刘平娥为副组长的教育部人才培养工作水平评估专家组一行8人，对学院进行了为期4天的评估。通过听汇报、考察办学设施、查看材料、个别访谈、听课、专业技能测试、专业剖析、学生专题研讨会、考察校外实训基地等规定程序，专家们一致认为同德学院办学软、硬件条件良好，顺利获得通过。这是全省较早通过评估的民办职业高校，也是湘西北唯一一所顺利通过评估的民办职业高校。

学院党委、院委十分注重教育教学，在深化教学改革上取得了丰硕的成果。实行学分制。根据专业性质和任务要求，按学科笔试、实践技能和获证情况等计算学生学分。鼓励学生达标，提前毕业，缩短学生在校学习时间。推行多证书制度。为了落实劳动和社会保障部、教育部、人事部关于《职业院校实施职业资格证书制度的通知》精神，提高学生实践能力、就业适应能力，拓宽就业渠道，学院印发了《推行多证书的决定》，规定学生在校学习期间考取两项以上相关职业资格证或水平等级证方可按时毕业。仅2007年获证人数达3877人次，大大超过上级规定的比例。“订单式”培养。学校与深圳智邦企业管理顾问有限公司签订了“订单式”培养合同，对机电专业的学生进行“SMT”新技术培训。针对职业教育特点，本着“理论学通、注重实践”的原则对教材进行“增、删、改”，并将增、改等情况写在“教学任务”书中，经教学系审查后方可实施。积极实施“任务驱动式”、“案例式”、“讨论式”等教学方法。狠抓主干课程的教学改革。特别对“就业指导课”、“数控技术”的教学进行系统改革。通过模拟招聘大赛、实地参观、现场操作等零距离接触，收到了立竿见影的效果，所培养的人才成了招聘单位的“抢手货”。

学院学生在学好文化知识和本专业技能的基础上，利用业余时间，积极参加培训处组织的各类等级资格证书的培训和考试。参加办公软件中、高级，普通话，装饰美工等26项资格等级证书的培训人数达4450人次，参考人数有5879人次。人数达1000人以上的有办公软件高级、普通话和英语三级等三项，获证人数有3877人次，合格率为65.95%。其中，合格率超过90%的有办公软件中级、局域网高级、Photoshop中级、普通话、拍卖与典当、钳工、车工、数控、装饰美工、驾驶等10项；合格率超过80%的有办公软件高级、CAD中级、Photoshop高级、国际贸易业务员、电工等5项。2007年度教师科研（含教学研究）立项及论文、公开发表文章取得丰硕成果，全院共申报科研课题11个，其中省级以上6个，潘能钧老师的“中小学教师继续教育实施的研究与实践”获省一等奖，编辑出版论文集或教材22部，8篇论文获省二等以上奖励。

学院向100多个有关学校和单位发放学院招生简介，寄发录取通知书3869份。通过各种努力，春季招新生317人，秋季招新生2758人，实际入学人数2274人。2007年学院共有毕业生2171人，其中大专毕业生661人，中专毕业生1510人，共有2081名学生找到了工作，其中由学校安置的就业人数1280人。学生自找工作的801人，就业率为95.85%。就业单位有上海广达电脑集团、深圳联想电脑公司、深圳固特电子公司、深圳大碇电脑公司、上海佳杏软件公司、株州豪顿国际集团、常德创元铝业公司、常德三升电子公司、常德日报社等30多家企事业单位，学生就业的去向主要在长江三角洲和珠江三角洲地区，本地就业的学生占30%。

（王富松　彭梅舫）

【常德广播电视大学】常德广播电视大学座落在常德市芙蓉路北段，环境优雅，交通便利。学校成立于1979年5月，前身是常德地区电大工作站，1983年10月31日改称分校，1988年常德实行地改市后，改称湖南电大常德分校，2002年又更名为常德广播电视大学。学校下辖武陵区、鼎城区、桃源、临澧、澧县、汉寿、石门、安乡等8个电大工作站。2007年，学校在市委市政府和上级主管部门的正确领导下，认真贯彻落实党的十七大精神，坚持正确的办学方向，切实加强学校治理，努力改善办学条件，学校各项工作稳步推进。

2007年，校本部全年招生926人(其中业余班招生664人、中职招生200人、大专脱产班招生62人)，比2006年有较大幅度的增长。在抓好招生的同时，学校重视学生的推荐就业工作，多次派人到江浙、广东一带为学生联系工作单位，2007年，推荐2005级中职学生到东莞、中山等大中型工厂实习，实现了100%的就业率。

学校在2007年度，全省电大系统多媒体课件大赛中获唯一组织奖，杨朝娟在省电大举办的多媒体课件大赛中获三等奖并获常德市优秀教师称号，陈艳莉、严瑞芳获优胜奖。学校教务科获全省电大优秀教务管理集体称号。胡智龙被评为全省电大优秀教务工作者，符建华被评为全省电大优秀考务工作者和优秀学籍工作者，刘立峰被评为全省电大优秀教务信息管理员。在常德市教科所举办的“说课”竞赛活动中，唐莉婷老师获三等奖。2007年，学校教师有6篇论文在全国、省市统一刊物上公开发表。

2007年以校门迁移到芙蓉北路为契机，学校大力压缩非教学支出，多方筹措资金加强基础设施建设，成为电大自成立以来投资规模最大、学校面貌变化最显著的一年。2007年学校投资392万元新建了一栋建筑面积达4407平方米的科教楼；投资105万元修建了260米长的钢化玻璃透视围墙、新校门及校园文化广场，新建一条70米长的高标准文化长廊；投资28万元，新增绿化面积4000平方米；投资33万元，新添了一批学生用桌椅既教学设施设备。学校的教学设施基本满足了教学需要，实现了环境优美、条件舒适。

高度重视非学历教育、积极拓宽办学渠道，全年组织保险代理人考试8次，有2418人参加；暑假，组织英特尔未来师资教育培训，共培训中小学教师635人次；举办人民银行培训项目，124人参加；举办车船税代收代缴业务培训班，143人参加。还与华中科技大学、华中师范大学联合开办硕士研究生班。在“2007年英特尔未来教育项目应用成果展示活动”中，学校获湖南省唯一“地市级优秀组织管理奖”。

（张洪波）

【常德职业技术学院】职业技术学院占地面积86.67公顷，校舍建筑面积28.3万平方米，建有高标准现代化的教学大楼、实验大楼、风雨操场、图书馆、学生食堂及学生公寓。学院拥有教学、科研、实训仪器设备6833万元，建有269个校内实验实训基地，175个校外实训基地。图书馆藏书58.3万册。学院设有8个行政处室、7个教学系（部）、两所附属医院、一所教育学院及一家具有独立法人资格的后勤服务公司。

2007年有全日制在籍学生12000人，专任教师554人，其中具有正高职称教师23人，副高以上职称教师182人，“双师型”教师136人，国家技能考评员33人。专业基础雄厚，特色突出。开设有28个专科专业，有护理、园林技术、医学美容技术等3个省级教学改革试点专业，1门省级精品课程，1名省级名师，3名省级专业带头人，1名省级青年骨干教师培养对象。护理技能实训基地为中央财政支持的实习实训基地建设项目。

学院秉承“育人为本、崇实重用”的办学理念和“砺志、笃学、厚德、创新”的校训，以培养地方经济建设和行业需要的高等技术应用型人才为己任，积极开展职业培训和应用技术的研发和推广。建有国家职业技能鉴定所，是国家护理技能型紧缺人才培养基地、常德市高技能人才培训基地、国家秘书资格证和人力资源管理资格证定点培训单位。2006年学院接受教育部高职高专院校人才培养工作水平评估获优秀等级，2007年获湖南省文明高校称号。

3月17日由常德市教育局、常德市卫生局主办，学院承办的“2007年常德市医卫类毕业生供需见面会暨常德职业技术学院2007届毕业生双选会”，在学院体育馆举行。武汉大学医学院、长江大学、湖北荆门医学院、湖南师大医学院、南华大学、湖北中医学院、长沙医学院、湘南医专、怀化医专、永州职院、岳阳职院、湖南财专、湖南文理学院等20多所省内外高校的2000多名毕业生参加见面会，前来招聘毕业生的用人单位达到174家，用人单位共提供2000多个就业岗位，达成临床医学、高级护理、放射、检验、影像、药剂、口腔、外科、内科、妇产科、儿科、麻醉等专业就业意向1200多人。为了争取到最优秀的医卫类毕业生，省人民医院、省儿童医院、市第一人民医院等大的用人单位均提前来学院挑选毕业生。

为了培养百万有志青年更好地为农业服务，带动国内农业水平的提高，2007年中国农民大学创业班于在全国多所大学联合创班，学院开办了湖南省第一个创业班。4月8日，常德职业学院“大学生创业班”正式授牌。

为适应常德卷烟厂发展需要，为卷烟厂培养具有良好职业道德和敬业精神的高素质技术人才。下半年，学院与湖南中烟工业公司常德卷烟厂联合举办的常德职业技术学院芙蓉班在学院开班。此次参加培训的学员共50人，全部为常德卷烟厂30岁以下具有大专以上学历的多种经营企业在职职工。

为满足常协市劳动和社会保障局的要求，2007年，学院以“培训一人、脱贫一户”为培训宗旨，开办了面向城乡特困家庭的职业技能援助班——数控车工班，共招收学员48名。

8月16日，学生管理信息系统正式投入使用。该系统的使用，为学院学生信息快速查询、信息有效共享提供了平台，这标志学院院信息化管理工作又迈上了新的台阶。

10月19日，常德职业技术学院第五届田径运动会闭幕式在风雨操场举行。此次运动会设有17个比赛项目，产生了金牌33枚，共有8项9人次打破记录。

10月20日，2007年常德市首届职业技能大赛在学院隆重举行。来自全市各相关单位的150名选手（学生组52人，职工组98人）在常德职业技术学院机电实训中心展开了角逐。学院获得了常德市职业技能竞赛组织奖。同时，学院的五位竞赛选手都获得了骄人的成绩，黄勇、孙军、文会佳等同学包揽钳工学生组第一、二、三名；曹勇、张开亮等同学包揽数控车工学生组第一、二名。

11月10日，由湖南省教育科学研究院主办的全省第七届“大成杯”高等学校多媒体教育软件大赛现场决赛暨颁奖大会在学院一号学术报告厅隆重举行。学院共有8件作品获奖，其中一等奖1名，二等奖3名，三等奖4名。生物工程系梁继华、乔乃妮等的园林植物获一等奖。

2007年初，学院制定了年度岗位目标管理考核暂行办法，成立了由党委书记任组长的目标管理责任制考核领导小组，下设由院长任办公室主任的考核办公室，学院各二级单位均成立了考核领导小组，由单位主要负责人牵头并明确了一名兼职考核员。坚持平时考核与年终考核相结合的原则，形成了学院考核与处（室）、系（院）内部考核相结合的二级考核体系和“日管理、月通报、期结帐、年总评”的考核运行机制。各处（室）初步建立起了报批（审批）事项的工作程序，提高了管理水平和管理透明度，逐步建立起责权明确、运转灵活、监督到位、注重效率的学院管理运行机制。

11月，学院通过选拔，选派39名学生参加2007湖南省“护理之星”就业力挑战赛。经过多轮比赛，在省教育电视台进行的“护理之星”就业力挑战赛总决赛中，肖蕾和刘莎同学分别获得了冠军和季军。

2007年，全院教职工共公开发表学术论文319篇，获湖南省科技进步奖1项、常德市科技进步奖2项；组织科研项目申报11次，获省各部门科研项目9项，市科研项目立项7项；组织参加市第四届社科类科技成果评奖，获优秀奖4项，学院被评为优秀组织单位奖；组织参加湖南省职教论文奖，10篇论文全部获奖，其中一篇获一等奖。

为体现职业教育特色，学院健全了职业技能鉴定所机构和人员，完善了各项规章制度。2007年学院被省劳动厅和市劳动局评为优秀职业技能鉴定所。全年共完成技术鉴定3128人，合格率达85%以上。

采取“请进来，送出去”的方式，加强对外合作交流。全年聘请院外名家名师举办学术讲座6次。参加了五省边区校际协作会一届三次会议，先后组团赴邢台职院、天津职大、深圳职院参观考察，分别与邢台职业技术学院、天津职业大学签署合作交流协议，分两批选派骨干教师赴邢台进行为期2~3个月的交流培训。

2007年学院对中专和大专学生实行分层次管理。建立大专生自主学习机制，除必修课及集体活动外要求学生统一管理、统一上课或参加外，其它学习时间学生自行安排学习。中专生继续实行封闭式管理。通过分层次管理，调动了不同层次学生的学习的积极性，学生自主学习、自我管理能力得到加强，逐步探索学生劳动实践周制度，大专一、二年级、五年制高职三、四年级每学年每班安排一周时间，用于进行劳动实践，并纳入教学计划，考核计入成绩。拓宽了学生教育渠道，提高了学生的综合素质。

学院注重师资队伍的建设，按照引进与培养并重的方针，采取有效激励机制，鼓励引导教师攻硕读博，提高学历和职称层次。全年通过正高职称16人次，副高职称19人，硕士、博士突破了100人。推荐了18位同志为常德市十百千人才工程一、二、三层次人选。加大人才引进力度，先后到外省、市，通过现场及网上招聘，多渠道高起点引进人才，全年共引进硕士以上研究生和副高以上职称人员共14人，优秀本科毕业生5人，优化了教师队伍结构，提高了师资水平。《常德职院报》2007年正式创刊并发行4期。

学院围绕课程改革和专业建设，确定了医卫类、制造类两大类重点建设专业大类；护理、临床医学、药学、建筑工程技术、园林技术、机电一体化、模具设计与制造、电算会计八个重点建设专业。1门课程入围省职业教育“十一五”省级精品课程；护理专业被列为中央财政支持的职业教育实训基地建设项目；3名教师被确定为省级专业带头人入围对象；2名教师受聘为省职业院校教育教学评估与咨询专家；1名教师获省普通高校“教学名师奖”；1名教师被确定为省青年骨干教师培养对象；2名教师被确定为省中青年骨干教师国内访问学者。组织了2007年院级重点建设项目的遴选，完成了4个精品专业、6个精品课程、15个专业带头人的院级立项。以市场为导向，结合学院实际，全面修订了30个专业的人才培养方案。

（陈　刚）

民办教育

【概况】2007年，常德市有各类民办教育机构705所，在校学生172513人，占全市在校学生总数的20.51%，比2006年增加了13952人，增长了近8.8个百分点；专职教职工9179人，校园总面积526.73公顷，民办教育办学资产累计已达14.3133亿元，比2006年增长了近2.5亿元。

全市民办教育形成了门类齐全、层次完整、形式多样的办学格局。学前教育已基本实行民办，中等职业教育在校学生民办占48.85%，普通高中阶段教育在校学生民办占22.77%。

（罗先明　许美全）

【湖南同德职业学院接受教育部评估】11月24日至27日，以南京工业职业技术学院院长、教授姚寿广为组长，永州职业技术学院原党委书记、教授刘平娥为副组长的教育部人才培养工作水平评估专家组及其成员刘黎、倪筱琴、黄旭、文振华、姚新民教授和陈拥贤同志一行8人，对湖南同德职业学院进行了为期4天的人才培养工作水平评估，经过听汇报、考察办学设施、查看材料、个别访谈、听课、专业技能测试、专业剖析、学生专题研讨会、考察校外实训基地等规定程序，专家们一致认为同德学院办学软、硬件条件良好，顺利通过评估，为合格等级。2008年1月14日，湖南省教育厅发出湘教通〔2008〕7号文《关于湖南网络工程职业学院等8所学校人才培养工作水平评估的通报》，公布湖南同德职业学院人才培养工作水平为合格等级。

（罗先明　许美全）

【淮阳中学，钦时中、黎建平等获殊荣】2007年，在湖南省人事厅和湖南省教育厅组织的“评选表彰湖南省民办教育先进单位、杰出贡献者和先进个人”活动中，常德市民办教育协会会长钦时中被评为湖南省民办教育杰出贡献者，常德淮阳中学被评为湖南省民办教育先进单位，常德市教育局局长（局党委书记）黎建平、常德工艺美术学校校长余绍德、常德中山外语电脑专修学院院长左平、常德女子外语职业学校校长王俊、常德剑桥外语培训学校校长高方华、常德鸿升实验学校校长汤陆明、常德计算机专修学院举办者何秉霖、常德诗淇双语学校举办者周本成、汉寿生源学校校长何圣元、石门瑜远中学举办者吴文瑜10位同志被评为湖南省民办教育先进个人。同时，获得湖南省民办教育杰出贡献者称号获奖金1万元人民币，获得湖南省民办教育先进单位称号获奖金12万元人民币，获得湖南省民办教育先进个人称号获奖金3千元人民币。

（罗先明　许美全）

【湖南芷兰教育融资担保公司】2007年，芷兰教育担保公司坚持以支持教育的发展为中心，以实现社会效益为主，不以赢利为目的；夯实制度化建设和企业文化建设两个基础，不断将公司推向规范化管理和健康发展的轨道。截至2007年11月末，累计办理担保业务66笔5506万元；其中：教育类47笔2790万元，占51%；在保业务19笔、1145万元；实现收入234万元，实现利税45万余元，净资产收益率5‰，资产负债率为1.5%,资产保值增值率为1.01,不良资产比率为0。

2007年度办理担保业务8户11笔，金额615万元，其中教育类5户8笔，占73%；金额285万元，占46%。

解除担保责任额度为945万元，涉及10户13笔，其中教育类430万元，占46%；7户10笔，占77%。

在保业务12户19笔，金额1145万元，其中教育类8户15笔，占79%；金额765万元，占67%。

累计收取担保费82万元，涉及11户共17笔，其中教育类61万元，占74%；共6户12笔，占71%。

（罗先明　许美全）

体育卫生艺术与国防教育

【概况】2007年，常德市学校体育、卫生、艺术、国防教育与综合治理工作以素质教育为中心，把学校安全稳定工作放在首位，以增强学生体质，确保学生身心健康成长，促进学生全面发展为目标，积极开展文体活动，丰富学生校园文体生活，加大卫生、交通、安全创建的力度，加强学校及周边综合治理，各项工作取得了可喜成绩。一是学校体育工作通过开展各类体育赛事，参加全省各类大型比赛取得了比较好的成绩，有力地推动了学校体育活动的开展。以体育升学考试改革为杠杆，全面推行过程管理评价与目标效果评价相结合的考试办法，加快了学校体育改革力度。以《学校体育工作条例》贯彻实施为契机，不断加大学校体育工作常规管理的力度。二是学校卫生工作通过开展学生体质健康调研，有针对性开展了常见病、传染病和突发性疾病的防治工作和各类健康教育活动，不断加大学校卫生工作的督查和目标管理考核，确保了学校食品卫生安全和学校卫生条件的改善。三是学校艺术与国防教育通过举办各类音乐、美术比赛、艺术展演和参加全省音乐、美术比赛和展演活动，有力地推动了学校艺术教育发展，极大地丰富了校园文化生活。四是学校及周边治安综合治理工作通过开展反邪教警示教育、禁毒教育、师生法制教育和平安学校创建、学校及周边环境的集中整治等活动，师生的安全意识、法制意识明显增强，自我保护能力明显提高，校园及周边环境明显改善，学校及周边治安综合治理工作跨入全省先进行列。全年各级各类学校没有发生一起食物中毒事故，没有发生一起重大安全责任事故，为教育健康发展和教育大局的稳定作出了较大贡献。常德市学校卫生和健康教育工作在全省城市卫生检查中荣获满分，名列全省第一名；学校及周边环境群众满意度在公众测评中列全省第二名；城市创建工作、食品卫生安全工作、扫黄打非工作、人防教育工作、禁毒教育工作、安全生产工作被评为市级先进单位。

（刘小平）

【参加全省中学生田径运动会】4月26日~29日，湖南省教育厅在长沙市望城县第一中学举办了全省中学生田径运动会。常德市通过精心挑选，从各区县（市）选出男女共25名运动员参加了此次比赛。代表队在临澧县一中进行了为期2周的训练后参加比赛，获得了全省团体总分第六名。

（刘小平）

【中小学生乒乓球赛】8月12日~15日，在吉立乒乓球俱乐部举办了全市中小学生乒乓球比赛，9个区县（市）和市直、西洞庭的130名中小学生参加了比赛，其中市一中获得市直高中男子团体第一名，芷兰中学获得市直初中男子团体第一名，区县（市）高中男子、女子团体第一名为桃源、津市代表队，区县（市）初中男子、女子团体第一名为石门、桃源代表队。

（刘小平）

【中学生篮球技能比赛】根据湘学体协秘函〔2007〕8号文件精神，市教育局于9月18日在常德市七中举行了全市中学生“中粮可口可乐杯篮球技能比赛。”本次比赛共有9个区县（市）和市直单位的175名中学生参加，通过一天的比赛，共选出扣篮、三分远投、罚篮、趣味投篮、菱形运球等5个项目的前6名，其中每个项目的前2名代表常德市参加了全省的决赛。

9月28日~29日，省学生体协在长沙市岳麓山国际实验学校举行了全省首届中学生篮球技能比赛。常德市通过初选，从各区县（市）代表队中精选出10名中学生运动员参加了比赛。其中汉寿一中、临澧一中、常德市七中等学校5名运动员进入全省前六名，一名学生参加了全省南、北明星对抗赛获得胜利。（刘小平）

【市直学校田径运动会】 11月2日~4日，在常德市六中举行了市直中学生田径运动会。此次运动会共有初中、高中、中专、民办学校四个组别的17支代表队伍、240名运动员参加。通过三天的比赛，共有47人次打破常德市市直中学生田径运动会记录，有72人达到国家二级运动员标准。其中高中、初中、中专、民办学校四个组别的第一名分别被常德市一中、常德市十三中、常德师范、英才中学获得。

（刘小平）

【全市省级示范性普通高中男子篮球赛】 11月13日~17日，在常德市一中举行了全市省级示范性普通高中男子篮球比赛，本次比赛共有12支代表队144名运动员参加，通过4天紧张激烈的角逐，前三名分别被常德市六中、常德市一中、临澧县一中获得。

（刘小平）

【“三独”比赛】 7月13日，在常德市七中举行了全市中学生“三独”比赛。本次比赛有9个县（市）和市直单位218名中学生参加，根据专家评审，共评出独奏、独唱、独舞比赛一等奖73个，二等奖73个，三等奖72个。

10月17日~21日，常德市组队参加了在湘潭市二中举行的全省“三独”比赛，全市12名选手参加此次比赛，共获得独奏、独唱、独舞一等奖3个，二等奖6个，三等奖3个。市教育局获优秀组织奖。（刘小平）

现代教育技术

【农村中小学现代远程教育】 2007年在原有50所农村中小学现代远程教育模式Ⅲ示范学校基础上，全市再次创建了50所模式Ⅱ农村中小学现代远程教育示范学校，初步完成了全市100所农村中小学现代远程教育示范校的创建工作。桃源、津市和安乡三所特教学校远教设备配建全面完成。全市2000多个农村中小学远程教育站点的卫星接收设备的转星调试工作按时到位。

农村中小学现代远程教育管理机制不断完善。市县两级进一步完善了《远教设备管理》、《计算机（多媒体）教室管理》、《光盘播放教室管理》、《卫星资源接收管理》、《教育资源使用登记》等制度。初步建立了农村中小学现代远程教育示范校管理档案，落实了远教工作考核制度，修订完善了区县市仪器电教和远程教育工作的年度考核细则，构建了仪器电教和远程教育工作考核评估体系，形成了学校管理有序、教师运用规范、考核监督到位、使用效果显著的远教工作管理应用体系。

开展了农村中小学现代远程教育模式Ⅲ示范校示范课的摄录工作。全市50所已挂牌示范校推出了60堂农村中小学现代远程教育示范课。市远教办筛选摄制了56堂，13堂参加全省“三优联评”。其中，石门一中马勇执教的《世界的人种》等11堂课获得综合一等奖。安乡周雪梅执教的《空城计》等2堂课获综合二等奖。鼎城熊振彬制作的《两栖动物的生殖与发育》等8个课件、临澧郝诗年执教的《乡愁》等10堂课例、武陵区姚峻撰写的《变阻器》等8篇论文分别获得课件、课例和论文单项一等奖，其他选送作品均获得二等奖。

组织了各种远教应用活动。一是开展了远教应用“开放日”活动。各示范学校纷纷向周边单位展示了管理、应用等方面的经验，共同探讨农村中小学现代远程教育管理应用模式，促进了本地区远教应用工作。二是组织了各种模式的赛课活动。2007年5月，市教育局在武陵区育英小学成功地组织了“开天杯”城镇小学网络环境下教学比武活动。全市10多堂优质远教课分别展示了自己的应用理念、应用方法，有力地促进了全市农村中小学教师教学能力的提高。（陈华军）

【教育技术装备】 深入宣传了“一个规范两个标准”，全市围绕“一个规范两个标准”组织各级各类培训活动十多场次，参训人数达2000多人，“一个规范两个标准”在全市上下得到了较好的宣传。同时，市仪器站还根据“一个规范两个标准”、“两个目录”和建设教育强市的总体要求，制定了本地区中小学教育装备规划。

加大了教育技术装备的投入。全市中小学实验室的升级改造工作全面启动。市本级投资600多万元完成了市二中、市四中、市六中、常师附小和市十三中的常规装备任务，五所学校的理科实验室整体得到升级改造，新建了3个高标准的科学探究实验室、2个数字实验室，改变了市直学校教育技术装备滞后的状况。武陵区投入资金900多万元对全区中小学校现代教育技术装备和常规装备进行了补充、完善和更新。澧县投入400多万元进行了多媒体、电脑教室的建设和实验室的升级改造。汉寿县投入160多万元新建了7间高标准的整体实验室，改造实验室10间，新补充了一部分教学仪器。2007年，全市中小学教育技术装备总投入6000多万元，其中，现代教育技术装备投入2800多万元，常规仪器装备投入3200多万元。

（陈华军）

【实验教学、电化教学活动】 电教实验论文和农村中小学现代远程教育论文评选活动共征收电教、实验教学研究论文308篇，评选出市级一等奖68篇，二等奖164篇，三等奖156篇；其中送省参评278篇，118篇荣获省级一等奖，100篇荣获省级二等奖，60篇荣获省级三等奖。全市学生电脑作品、多媒体软件比赛共征集作品239件，共评选出市一等奖45件，二等奖108件，三等奖86件；送省参评45件，其中1件荣获省一等奖，7件荣获省二等奖，37 件荣获省三等奖。全市初中生物实验操作考核活动优秀率达到了 74.2%，合格率达到了 90.7%，部分学校的优秀率达到了 85%，合格率达到了 100%。全市中学生物实验创新大赛中 18 名教师参加了角逐，桃源七中冯敏执教的《呼吸时二氧化碳体积分数的变化》、安乡三岔河中学李惠执教的《探究蚯蚓的生活环境》荣获特等奖，津市一中沈林执教的《测定种子的呼吸速率》等 8 堂课荣获一等奖，澧县城关中学王先美执教的《“发酵现象”的演示实验》等 8 堂课荣获二等奖，其中桃源冯敏执教的《呼吸时二氧化碳体积分数的变化》、安乡李惠执教的《探究蚯蚓的生活环境》代表常德市赴省参赛均获省一等奖。

（陈华军）

教育行政

【优秀教师评选表彰】 2007 年，向上推荐评选表彰全国教育系统先进集体 2 个，全国模范教师 2 名，全国优秀教师和优秀教育工作者 6 名，湖南省优秀教师和优秀教育工作者 20 名，评选常德市优秀教师和优秀教育工作者 120 名。推荐澧县中武乡小学教师李建珍获长沙运达喜来登教师奖，获奖金 5 万元。教师节期间，市委、市政府召开了隆重的表彰大会，表彰优秀教师的先进事迹，并在《常德日报》、《常德晚报》、常德电视台集中宣传报道了一批优秀教师的先进事迹。

（辛晓明）

表 10　　附：2007 年受国家、省表彰的先进集体和个人名单

类别	姓名	单位	姓名	单位
全国教育体系先进集体	常德市第一中学		澧县职业中专学校	
全国模范教师	赵夏泉	石门县第一中学	吴启珍	桃源县漳江镇渔父小学
全国优秀教师	杜登高	临澧县第一中学	杨梅芳	武陵区北正街小学
	廖冬云	鼎城区第一中学	刘建春	汉寿县月明潭中心学校
	谭启荣	津市市第一中学		
全国优秀教育工作者	卢次之	澧县职业中专学校		
湖南省优秀教师	樊永红	武陵区育英小学	孙孝林	鼎城区镇德桥镇中学
	严玉兰	鼎城区景新中学	吴立新	安乡县第一中学
	何永超	安乡县陈家咀镇中学	郑学劲	澧县如东乡中学
	马秀苇	澧县城关中学	谌志惠	津市市第二中学
	简　干	临澧县第四中学	刘达荣	汉寿县罐头嘴中心学校
	龙韦宏	桃源县漳江小学	谢归晔	桃源县第九中学
	张家明	石门县第二中学	王中辉	石门县第一中学
	王兰华	西湖管理区第一中学	尹建初	西洞庭管理区第一中学
	杨春桃	常德师范学校	羿云新	芷兰实验学校
湖南省优秀教育工作者	陈云喜	汉寿县聂家桥中心学校		
	周　俊	常德市第九中学		

【勤工俭学】 2007 年常德市勤工俭学完成总产值 3.4 亿多元，获纯利 7220 多万元，与上年基本持平。勤工俭学收入为改善办学条件、稳定教师队伍、救助家庭贫困学生、提高学生素质、繁荣地方经济作出了积极贡献。常德市教育局坚持勤工俭学“育人”与“创收”并重的发展方向，大力推进劳动实践场所建设，按教学大纲的要求，组织中小学生参加劳动实践活动面达 90%以上。通过这些实践活动，有效地提高了学生的实践创新能力，培养了对劳动人民的情感。2007 年，加大了传统项目“种、养、加”的开发利用工作，由于大力推进养猪、种菜项目，使全市 80%以上的农村学校达到了猪肉、蔬菜自给的工作目标。2007 年，校办工业的体制改制工作进展顺利，通过改制的校办企业已步入正常发展轨道。已经停办的校办企业工人得到妥善安置。

（王道根）

【全面推行学校责任保险】 国家教育部、省人大常委会在 2005 年先后颁发了中小学生人身伤害事故预防和处理的法规文件，对中小学校引进风险机制、推行学校责任保险都作出了明确的规定。2007 年全市中小学生参加学校责任保险人数达 67.1 万人，占全市注册中小学生总数的 93.3%，中小学校参保率居全省前列；截止 2007 年 12 月底止，

附：勤工俭学基本数据统计比较分析

表 11　2007 年校办产业基本情况与 2006 年对比分析表

年度＼年	开展勤工俭学学校数（所）	勤工俭学基地数（个）	勤工俭学基地面积（亩）	校办产业从业教职工数（人）
2007 年	1267	2493	10875	5365
2006 年	1365	2678	11420	5610
增减数	-98	-185	-545	-245
增减比例%	-7.1	-6.9	-4.7	-4.3

表 12　2007 年勤工俭学补助教育经费情况与 2006 年对比分析

年度＼年	勤工俭学纯收入（万元）	补充教育经费数	占纯收入%	补充经费的使用情况			
				改善办学条件		政策补贴福利	
				数额	%	数额	%
2007年	7020	6737	95.8	2097	29.8	3608	51.3
2006 年	8710	8185	93.7	2101	24.2	5185	59.5

表 13　　2007 年勤工俭学总产值、营业额及收益与 2006 年对比分析

年度 \ 年	勤工俭学总产值及工业营业额					勤工俭学总收益				
	合 计	农 业	工 业	三产业	其 他	合 计	农 业	工 业	三产业	其 他
2007年	34083	4249	1903	25956	1973	7107	1139	250	5318	399
2006 年	42404	5602	2451	32260	2090	8793	1334	296	6761	421
增减数	-8321	-1353	-548	-6304	-117	-1686	-195	-46	-1443	-22
增减比例 (%)	-19.6	-24	-22	-19	-5	-19	-14	-15	-21	-5

全市中小学校共发生学校责任安全事故 132 起（其中：学生伤害事故 128 起，学校死亡事故 4 起），共结案 72 起，兑现保险理赔款 62.57 万元，对及时救助学生、减轻学校和学生监护人安全损失、维护学校的正常教学秩序起到了很好的作用。（万献庭）

【招生考试】2007 年，全市共组织普通高校招生统一考试、成人高校招生统一考试、高等教育自学考试、全日制自学考试、硕士研究生入学考试、公共英语等级考试 6 大类共 9 场大型考试；同时受省教育考试院委托,协助组织了 2 次全国计算机等级考试，2 次大学英语等级考试，1 次普通高校招生美术专业联考；配合广州空军招飞中心完成了空军招飞工作。全市高考、成考、自考、社会考试基本实现了“四考统筹”。全市 23 个国考考点全部配备了电子监控系统和无线电屏蔽系统。国考组考基本实现了“四杜绝”。

2007 年，招生考试工作按照省教育考试院的统一部署，全市各类招生考试工作均实行了网上报名、网上采集考生信息和网上考务信息管理。常德市招考办被湖南省教育考试院评为全省 2007 年度市州教育考试工作先进单位。

2007 年常德市共有 44571 人报名参加全国普通高校招生统一考试，其中文科类 19065 人，理科类 21670 人，对口招生 3836 人。报名人数比上年增加 3544 人，增幅 8.64%，是恢复高考以来常德市高考规模最大的一年。全市共设立 10 个考区，共 23 个考点，其中新增考点 1 个。2007 年，各级各类普通高校共录取常德市高考考生 27244 人，其中：本科 12358 人，专科 14886 人，录取率达 60.88%，比全省平均录取率高出 5.98 个百分点。高考组考首次全面使用无线屏蔽系统。

2007 年成人高考,全市共有 12509 人报名，其中专升本 1994 人，高升本 348 人，高升专 10167 人，比上年增加 150 人，增幅 1.2%。通过统一考试，共录取各类新生 8365 人，其中：专升本 1590 人，高升本 215 人，高职专科 6560 人。成考组考首次使用无线屏蔽系统。

2007 年硕士研究生招生考试，全市共有 1600 多人在网上报名；到现场办理确认手续，经高校资格审查后，允许参考的共 1363 人。研考组考继续启用无线屏弊系统。

2007 年共组织了四次高等教育自学考试，其中面向社会开考共 4597 人次报考、10059 科次。共有 360 多人获得本、专科毕业证。全日制自学考试，共 5724 人次报考、20211 科次。自学考试开始使用无线屏蔽系统。

2007 年组织了两次全国英语等级考试，共 20300 人报考。通过统考，全市笔试合格 61 人，口试合格 15939 人。共有 373 人取得合格证。公共英语等级考试继续实行分区县组考。

2007 年，常德市应届高中毕业男生中空军招飞的适龄考生报名率为 99.97%，推荐到市初检 1107 人，合格 222 人，合格率为 20.05%。通过省中心站全面体检和心品检测，双项合格 49 人。通过高考，共录取飞行学员 19 人。常德市空军招飞工作被广空招飞中心和省教育考试院评为湖南招飞工作一等奖。（黄伟力）

【毕业生就业】2007 年，常德市大中专毕业生就业办公室以“就业优先”战略为指导，以就业信息平台和就业市场建设为重点，以促进毕业生充分就业为目的，以就业工作督查为手段，以教育人才交流中心建设为补充，努力做好大中专毕业生就业工作和教育人才交流工作，为全市大中专毕业生高质量就业和民办学校教师队伍规范管理服务。2007 年办理毕业生派遣手续 229 名，其中研究生 14 名，本科生 108 名，专科生 101 名，中专生 6 名；接收毕业生档案 2750 份，转递毕业生档案 8017 份。截止到 2007 年 12 月 31 日，常德市教育人才交流中心已接受 242 人的人事代理申请，为 75 名教师进入机关事业单位养老保险资格进行了审批。

（李雅苹）

【教师资格认定与教师录用调配】2007 年 4 月和 10 月分别组织了两次教师资格认定工作。成立了由各学科专家组成的文、理、英语、艺术类等学科组，对报名对象进行面试和试讲。全市共认定各类教师资格人员 3239 人，其中市本级认定 2083 名具备高中（中专）教师资格对象。

2007 年，根据市直学校编制情况，制订了城区学校进人计划，在面试基础

上，进行了文化理论、专业知识考试和体检、试讲，为市直教育系统选调录用教师 114 名。（辛晓明）

【教师培训】2007 年，全年共培训市级骨干教师培训对象 480 人，其中初中教师 224 人，小学教师 256 人。同时对 2006 年参加培训的 268 名初中教师和 265 名小学教师进行了返校论文答辩。选送了 18 名英语教师赴美国加州州立大学富乐敦分校进行为期两个月的培训。全年共培训市级骨干班主任 200 名，其中中学 100 名、小学 100 名，选送了 44 名班主任参加省级骨干班主任培训。

2007 年，市级举办了 26 个中小教师继续教育脱产研修班，共培训 2571 人。组织中小学教师信息技术培训考试 5919 人。开展了英特尔未来教育师资培训，共培训 600 人。进行了新教师入门培训，培训新进人员 98 人。

2007 年，共选送 31 名校长参加国家和省级培训，其中国家级培训 2 人，省级培训 29 人。举办市级校长培训班 3 期，共培训校长 210 人。举办幼儿园园长培训班一期，培训 50 人。

2007 年，津市市和石门县完成了中小学教师非学历远程培训试点。澧县教师进修学校被确定为全国万名班主任远程培训试点县，培训中小学班主任 100 人，并被评为全国先进单位。桃源县和石门县被确定为教育部“校园安全”远程培训项目县，培训校长 100 人。

2007 年，省教育厅下达给常德师范学校的农村小学教师定向培养计划 325 名，面向常德、益阳、张家界和娄底招生，其中常德市完成了 165 名农村小学教师定向培养招生计划。

【教师专业技术职务评审】2007 年初，根据全市教育工作的实际和上级有关要求，对中小学教师专业技术职务评审相关政策进行了适当调整。在 2007 年的职称工作中，对农村教师评审给予倾斜，并对参评中学一级、小学高级的在农村工作 20 年以上的教师实行单独评审，单独表决。全市共评定中学高级教师 478 人，中学一级教师 841 人，小学高级教师 2001 人，中专讲师 67 人。市直评审认定初级教师职务 120 人。（辛晓明）

【教育收费专项治理】2007 年，继续加强了以下 5 个方面的治理和规范。（一）抓经费落实。把监督落实农村义务教育经费保障机制改革作为教育收费治理的治本之举。（二）抓行为规范。主要把服务费的收取列为重点规范对象，在寄宿费方面，明确每生每期 80 元的基础上，确定两人一铺的，每人之缴纳 56 元；在伙食方面，对实行包餐制的学校实行了上限控制，早餐不超过 2 元，中晚餐每餐不超过 3 元；并明确伙食费只准按月收取，不准按期预收。并针对农村学校寄宿、搭餐中存在的一些不规范情况，制定下发了《关于进一步规范农村中小学生寄宿和食堂管理工作的意见》，再次强调了学生寄宿、就餐必须坚持学生、家长自愿的原则，学校为学生提供餐宿必须坚持安全第一的原则，学生伙食必须坚持保本不盈利的原则，鼓励学校实行学生购票（卡）就餐制度；学生食堂使用专用帐册管理，单独核算等五条规定，对违反上述规定任何一条者，按教育乱收费严肃处理，并追究校长的责任。对其他服务性收费如饮水费、保险费等与学校收费脱钩，由学生自主选择。据统计，全市农村义务教育阶段学校通过取消代收费、服务形式收费共减轻学生家庭经济负担达 3313.2 万元。（三）抓管理到位。一是落实制度管理。在实施教育收费公示制度的同时，健全教育收费治理的管理目标和三级责任网络，市教育局与县教育局、县教育局长与校长、校长与教师层层签订规范收费责任状，明确各级责任人，与校长的考核任用、教师的评优评职挂钩。二是落实收费管理。要求全市各级各类学校收费，使用财政部门提供的专用发票，纳入财政专户管理。学校的经费预算，要经教工代表会审议，使用情况要向教代会报告。在教育系统内实施年度审计、校长离任审计、专项经费审计等制度。三是加强教辅资料的管理。对义务教育阶段的教辅资料（即基础训练和寒暑假作业），由教育主管部门确定书目，新华书店连同课本一道发行。从教育收费检查和接受的群众投诉情况看，没有发现违反发行教辅资料和使用盗版教辅资料的情况。（四）抓监督管理。2007 年，全市共组织检查组 137 个，检查高中阶段学校 78 所次，义务教育阶段学校 1053 所次；组织市一级检查和明察暗访 4 次，组成检查组 12 个，共检查高中学校 32 所，义务教育阶段学校 92 所。对检查中发现的问题进行了专题督办，下发了检查情况通报，对群众举报的突出问题进行了专项督查。全年市教育局针对乱收费问题赴学校专题督查 8 次，对严重违规的 5 名责任人给予了纪律处分。2007 年共查处违规收费案件 19 件，清退收费 86.75 万元。（五）抓规范教育收费示范县的创建，印发了相关文件，进行了不定期的检查和指导。继上年武陵区成为全省创建规范监狱收费示范县活动的先进单位后，2007 年安乡县又成为全省创建规范教育示范县活动的先进单位。全市的教育纠风工作被评为全省先进。（雷建国）

【查办案件】2007 年，市教育局监察室共接受处理群众投诉举报 168 件，对每一件投诉都给予了认真核实，其中向省教育厅回复的 17 起，向市长热线、市纠风办等单位回复的 116 起。对署名投诉的，都及时将核实和整改的情况向投诉人反馈，努力做到让群众满意。2007 年全市教育系统共立案查处违纪违规案件 43 起，处分责任人 45 人，其中给予党纪处分 5 人，政纪处分 38 人，党纪政纪双重处分的 2 人。由市教育局直接查办的市直学校教师违纪案件 3 件，处理责任人 3 人。对 3 起案件，分别下达了案件查处情况通报，要求各学校组织教师进行了认真讨论，要从这些身边的案件中吸取教训，防止再度出现类似事件，力求达到查办一案，教育一片的目的。（雷建国）

【教育信息化】2007 年，全市教育信息化以基础条件和资源建设为重点，坚持政府主导，强化管理，均衡发展，信息化工作取得了明显成效。尤其是市城区的教育信息化，实现了新的跨越，基础条件和管理应用水平均在全省领先，并进入全国先进行列。5月，常德市教育信息化工作作为湖南省市州唯一代表在教育部教育信息化论坛大会上作经验发言，经验材料在教育部的《教育信息化》杂志上登载。

市直九年义务教育学校全部实现“班班通”，建立了电子备课室，配备了电子备课平台，实现了校园网络视频直播，每个教学班配备了电脑和60英寸以上数字背投。市直高（完）中学校校园网升级改造全面完成，建立了电子备课室、电子阅览室、网站、监控系统、广播系统、采编系统等，绝大部分教学班实现了“班班通”，配备了电脑和背投（或投影仪）。全市已建校园网（含教育局机关局域网）近60个，电脑教室550间、电脑28000台，多媒体教室1000余间，各类教育网站80余个。

2007年6月，市教育城域网建成投入运行。城域网由核心层、汇集层和接入层组成，采用光纤连接，骨干1000兆，各单位投入100兆，出口上互联网带宽300兆。除桃源师范暂未接入外，其余市直教育单位全部接入教育城域网，实现了市直学校的互联互通，并通过城域网统一出口上互联网。

由于城域网建设的需要，教育局按照国家有关计算机网络机房的建设标准，投入50余万元对原机房进行了装修改造，装备了机房气体灭火系统、防雷系统、防盗系统、大型UPS电源系统，安装了新风机、除湿机、来电自启空调等，对原有电源电线进行了改造，实现了机房用电与办公大楼分离，配备了配电柜，对不同机柜中的设备分组供电，确保用电安全。机房建设标准达到全省教育系统一流水平。

【资源建设成效显著】为了避免重复投入和重复建设，做到花较少的钱，建设好资源供学校共享使用，在资源建设模式上进行了积极的探索，在原有基础上有新的突破。一是集中统一建设。在市教育城域网平台上建立了一个大型的、可交互的资源库平台（常德教育资源中心）供学校共享使用，学校不再花钱单独对外购买资源。二是采取了合作、购买及鼓励教师提供资源等方式丰富平台资源。三是建立了更加科学合理的资源交易体系。2007年，常德教育资源网、常德市中小学电子期刊阅览室，城域网电子图书馆、视频服务系统已经建成并投入使用。

2007年，更换了常德教育信息网网站平台，对网站栏目进行了调整，所有页面进行了改造。现在常德教育信息网栏目设置更合理，页面更美观、规范。（刘新春）

【教育科研机构升格与教研员队伍建设】2007年8月，常德市教科所被常德市编委批准更名为常德市教育科学研究院，并升格为副处级事业单位。

2007年，市教科所教研员通过认真学习努力提高思想素质和业务水平，全所教研员共主持或参与大型学术活动（或讲座、培训）92场次，历史教研员陈延军受人民教育出版社和国家课程教材研究所聘请先后到广西、北京等8个省市作新课程改革专题讲座32场，听讲者近4000人；全所教研员指导青年教师参加国家、省级教学大赛达20多人次，其中物理教研员傅广生指导澧县九澧实验中学的一堂课获国家一等奖；全所教研员主持或参与编著各类书籍共51本，约400万字，在各级专业报刊上共发表教研文章53篇，其中语文教研员梁开喜同志发表了14篇。（傅广生）

【高考、中考研究】2007年1月、3月，常德市分别组织了高三调研考试和高三毕业考试；上半年，高考相关学科自行举办或组织参加外地举办的高考研讨会；市教科所印发了3期高三工作简报，每期十版，内容包括2006年高考试卷分析、2007年高考大纲解读及高考信息和形势预测、两次全市高三考试情况通报、各学校的高考复习经验交流、上届成功学子的学习应考经验介绍；上半年，市教科所在常德晚报教育周刊上发表了各高考学科的专题指导文章。下半年，在常德晚报的教育周刊上开辟了专栏，一期一个学科，专题针对高考和中考进行复习指导，深受广大教师、学生、家长甚至市民的欢迎；在全市范围内加大了高三教学视导的力度。

继续推进初中毕业学业考试改革，2007年的初中毕业会考试卷，根据课改精神，全面考查了三维目标，完善了试卷结构，调整了试卷的形式和内容，全市九学科的中考试题均被省教育厅中考试题评价组评定为优秀，自湖南省实施中考试题评价以来，常德市教科所是全省唯一获此殊荣的单位。市教科所教研员傅广生、梁开喜同志再度被省教育厅聘为《2008年湖南省初中毕业学业考试标准》研制专家组成员，参与了2008年物理、语文两个学科考试标准的修订工作。下半年，依据省颁2008年考试标准对各科《初中学业考试指导丛书》再次作了修订。（傅广生）

文 化

【概况】2007年，全市文化工作认真贯彻中共十七大精神，坚持科学发展观，一手抓繁荣，一手抓发展，各项工作取得新进展。

文化名城创建。文化名城建设项目已启动两批。第一批11个项目进展情况顺利，9个工程项目有8个开工，四眼井、葵花井已经竣工，抗战战壕清理、地堡清理等项目基本完成。武陵区、鼎城区、德山开发区、柳叶湖度假区300多个社区的文体设施安装完毕。临江公园改屈原公园项目完成了屈原牌坊、屈原塑像和屈原诗词路径的修建。包括新建市群众艺术馆、人民文化影视城、古城墙修缮等在内的第二批项目的设计方案基本确定。

文艺精品生产。围绕唱响主旋律，狠抓文艺精品生产。召开了戏剧、歌曲等门类创作笔会，创作了《江河吟》、《雨荷》、《管乐更管哀》等一批优秀作品。组织常德高腔《嘻爹嘻事》（汉寿）、湘北大鼓《乡女征婚》（临澧）、常德丝弦《俏姨妈相亲》（武陵）等3个节目代表湖南省参加中国第八届艺术节角逐“群星奖”（全省共6个节目）获2个表演奖和1个创作奖。同年，《俏姨妈相亲》获省老年文艺调演金奖。与北京三花文化传媒有限公司联合拍摄故事片《女儿船》,以常德桃花源、夷望溪为外景,常德丝弦音乐贯穿始终。省四届农运会开幕式大型文艺表演《魅力桃花源》创作投排了《心中的桃花源》等13个节目，备受好评。该晚会被誉为常德二十年一遇的文化盛宴。

公共服务体系建设。基层文化设施建设。重点推进乡镇文化站建设工程、农村电影放映工程和文化信息资源共享工程三大建设工程。启动示范乡镇文化站扶持工程，“十一五”期间每年用100万元进行以奖代投。确定了首批20个扶持站点，并对其建设进行指导和督查，各站点建设及运行情况良好；推进农村电影放映“2131工程”，全国农村数字化电影放映和农村中小学爱国主义教育影片放映已在全市铺开，2007年共放映农村公益电影73480场，观众达2204万人，其中放映数字电影65009场；加强文化信息资源共享工程建设，充分利用远程教育工程资源，在此基础上整合优化，现建成县级分中心5个，乡镇村（社区）基层服务网点584个，服务数字资源建设量大大提升。

公共文化设施管理。一年来，市县博物馆（纪念馆）举办各类展览32个，接待观众达16万人次，其中免费接待中小学生10万人次。12月1日，市博物馆创新推出免费对全体市民开放，比全国推出“博物馆、纪念馆免费开放”早两个月，受到省文化厅、省文物局高度评价。市县图书馆共接待读者50多万人次，市图书馆通过建立网上信息平台、免费开通读者热线、发展分馆、为分馆和流通点送书报等一系列新的服务方式，拓展了图书馆的服务功能，通过组织开展“世界读书日”、“图书馆服务宣传周”、“树立荣辱观”服刑人员读书征文、“我心中的社会主义新农村”少儿读书征文等活动扩大了社会影响。全市群艺馆（文化馆）迎评促建，办馆设施、队伍建设、公共服务又上新台阶。市群艺馆加强艺术辅导和培训，培养了一大批老中青文艺活动带头人。

群众文化活动。组织元旦、春节、国庆、十七大等重大节庆和纪念日系列文化活动，其中市城区元宵焰火晚会参与群众近20万，“和谐之声”群众歌咏晚会有18个方阵3000多人参加演出20多个节目。武陵区的龙狮拜年、鼎城的春节联欢晚会、临澧的“五·四”青年歌手大赛、桃源在国庆期间举办的“民间艺术节”、石门大型花展暨国庆文化周等各区县节庆文化活动都为常德增添了喜庆祥和的节日氛围；市直组织广场音乐会等18场“武陵欢歌”广场文化活动，每场都吸引了数千市民前往观看，澧县的“激情广场”、津市的“欢乐津城”、汉寿的“激情龙阳”等都极大地丰富了市民的文化生活；组织全市中小学生艺术大赛，历时7个多月，参与节目有638个，美术摄影作品有1000多件；组织声势浩大的送文化活动，市县专业艺术团体进社区、进乡镇、进学校、进企业演出2132场，观众逾200多万人，其中情系三农“政府买单、送戏下乡”就有286场；市县联动开展“国产新片进农村”活动，将500多场免费电影到送到农民群众中。

文化遗产保护。文物保护。以全国第二个“文化遗产日”和“5·18国际博物馆日”为契机，组织了系列宣传活动。公布了全市第三批市级文物保护单位名单（共计39处）。安乡汤家岗有重大考古发现。非物质文化遗产保护方面，在资源普查、名录体系、传承人保护等方面都有新进展。常德花鼓和孟姜女的传说两个项目被列入第二批国家级保护名录，市级首批10项非物质文化遗产代表作向社会公布。《常德汉剧音乐研究》、《荆河戏音乐研究》、《常德地方戏论集》、《常德汉剧脸谱》等一批地方特色文化丛书出版，《常德文物荟萃》、《历史名人与常德》等一批城市文化系列丛书陆续出版。

文化市场管理。全年，市城区稽查立案和受理群众举报立案118起，出动检查人员3740人次，出动车辆2159车次，出动法规宣传人员842人次，制作宣传盾牌115块，对23家接纳未成人的网吧给予了停业整顿的行政处罚，对32家不履行实名登记制的网吧下达警告通知书，收缴非法音像制品180000多张(盘)。举办的“戒除青少年网瘾”专题报告会，有网吧业主、学生家长代表和学生代表800多人参加，社会反响很好。

文化体制改革。积极推进文化体制改革。成立了市文化体制改革工作领导小组，确定石门县为试点县，市汉剧院为试点单位。石门县文化体制改革方案已经石门县委、县政府同意，正在实施。市汉剧院的改革方案基本确定。

（罗淮蓉　刘义华）

【元宵大型文艺焰火晚会】3月4日晚，由市委、市政府主办，市委宣传部、市文化局、浏阳金生花炮集团承办的2007年元宵焰火晚会在诗墙公园举行。焰火晚会分为“春满人间”、“礼花接福”、“万紫千红”、“五谷丰登”、“幸福吉祥”等5个篇章，时长60分钟，共有110多个品种的烟花绽放。当晚，市歌舞团、市汉剧团、市丝弦艺术团、临澧县艺术团等专业团体同时在诗墙公园春申阁、排云阁、武陵阁等处上演精彩的文艺节目。部分市领导与20多万市民观看了文艺焰火晚会。（刘义华）

【市图书馆免费开通读者热线】4月23日是“世界读书日”，常德市图书馆自该日起免费开通全年读者热线0736-7202887，为市民免费提供咨询、借书预约等服务，并在市城区廉租房为贫困居民开办图书分馆，免费送书。年初，该馆还建立了冷暖空调阅览室。对60岁以上的老年读者和残障人员实行免证阅读。2007年9月，该馆又开通延时阅读服务，每晚17:30~21:00，报刊阅览部照常开放。（刘义华）

【黄士元作品研讨会】5月23日，常德市纪念《在延安文艺座谈会上的讲话》发表65周年主体活动之一的“黄士元作品研讨会”在市文化局举行。来自北京、长沙的专家及市内戏剧、曲艺、文艺评论界的人士共30多人参加座谈。64岁的著名农民剧作家黄士元从14岁开始发表作品，服务农村、服务农民是他50年创作不变的旋律。他的戏剧作品如《嘻队长》等深受广大农民群众欢迎，并多次晋京演出。他先后出版专著5部，10多次获全国全省金奖，从一个农民的儿子成长为国家一级编剧，并享受国务院特殊津贴。（刘义华）

【首批市级非物质文化遗产名录】全国第二个文化遗产日（6月9日），全市公布了第一批市级非物质文化遗产名录。临澧宋玉的传说、石门桩巴龙的传说、汉寿杨幺的民间故事（民间文学类）；安乡蚌舞、桃源虾灯舞（民间舞蹈类）；澧州皮影戏（民间戏曲类）、澧州大鼓（民间曲艺类）；临澧民间纸扎（民间手工技艺类）、桃花源擂茶（消费习俗类）、鼎城龙灯（传统体育与竞技类）等10项（涵盖七大类）非物质文化遗产入围。至此，常德市有国家级（4项）、省级（9项）、市级非物质文化遗产项目共23项。（刘义华）

【“马季与桃花源”纪念馆】3月28日，“马季与桃花源”纪念馆在桃源县正式开馆，这是中国的第一个马季纪念馆。该馆选址在桃花源桃花山景区秦人宅，是马季先生曾经居住并进行过创作的地方。纪念馆分为四部分：“马季与桃花源”纪念馆展厅、他曾创作《五官争功》的房间、他曾经会客的地方以及排练相声节目的场所。展厅内分《创作基地》、《武陵情结》、《哀思永存》三个篇章，立体展示了先生在常德以及桃源县的创作、生活等经历。展厅展出了不少有关先生的珍贵照片、演出服装及创作手稿等。马季先生是杰出的相声表演艺术家，曾获得首届金唱片奖，被授予曲艺界最高成就奖——牡丹奖。他多次来常德市创作采风及义务演出，并出任常德丝弦艺术团名誉团长。（刘义华）

【李长春调研常德市农村公共文化服务体系建设】5月12日，中共中央政治局常委李长春一行在湖南省委书记、省人大常委会主任张春贤，省委副书记、省长周强的陪同下到常德市武陵区、鼎城区、汉寿等地考察农村公共文化服务体系建设工作。李长春同志每到一处，都和当地农民群众亲切交谈，详细了解村级图书室、文化活动室以及全国文化信息资源共享工程基层服务站点建设等农村公共文化服务场所建设情况。在汉寿县聂家桥乡武峰村考察时，李长春同志到村部礼堂观看数字电影的放映效果，他强调：农村电影放映一定要改革，政府应该负责公益的放映，公益放映之外，应该还有自主的、市场化的放映经营。同时，李长春同志认真叮嘱随行同志，建设公共服务体系是关系民生的一件大事，要把它作为一件大事来抓，要切实加强公共文化服务体系建设，实现好、维护好、发展好人民群众的基本文化权益。（刘义华）

【示范乡镇文化站建设正式启动】6月29日，全市召开重点扶持建设示范乡镇文化站工作会议。武陵区东江乡文化站、鼎城区灌溪镇文化站等20个乡镇文化站被列为2007年重点扶持示范点。市委、市政府决定在从2007年起，按以奖代投的原则，年均投入100万元，每年重点扶持20个示范乡镇文化站建设。示范乡镇文化站的建设标准为：300平米以上的宣传文化站、500人以上的影剧院、80平米以上的图书阅览室、信息资源共享和远程教育室、专门的文体活动场所、固定的户外宣传窗、较完善的广播电视网络以及2支以上的文化演出队伍。2007年底，第一批全市示范乡镇已基本验收合格，运行良好。

（刘义华）

【欢乐腰鼓得全国金奖】 10月6日，“鼓舞东方 激情上海”第二届全国鼓艺大赛落幕。武陵区滨湖社区“夕阳红”腰鼓队选送的欢乐腰鼓获金奖和最佳组织奖，津市军鼓乐团获银奖和最佳组织奖。滨湖社区“夕阳红”腰鼓队成立于1995年，去上海参赛的33名队员平均年龄58岁。（刘义华）

【蒲公英艺术比赛】 10月中旬，由市文化局主办，市群艺馆承办，中国电信常德分公司协办的2007年常德市“中国电信‘我的e家’杯”蒲公英音乐舞蹈、书法美术摄影比赛圆满落幕。此次大赛自3月启动，历时7个多月。9个区县（市）经初赛筛选，共选送优秀节目638个，美术、书法、摄影作品1000多件参加决赛。经专家评审、网站投票及大众热线投票，杨立新独唱《天路》等70个表演类节目被评为金奖，彭俊华等51名选手获书法、美术、摄影作品组金奖。（刘义华）

【市博物馆向市民免费开放】 为贯彻中共十七大精神，让人民共享文化发展成果，市博物馆从12月1日起在全省率先免费向市民开放。市民们可在开放后的博物馆参观到“常德历史文物展览”、“常德民俗馆展览”、“中华根展览”、“中日常德会战展览”、“日军常德细菌战展览”等多个主题展览。从2004年5月1日开始，市博物馆就对未成年人集体、现役军人、老年人、残疾人实行了免票参观。市博物馆是国家级重点博物馆、全国文物系统一级风险单位，也是国家等级旅游AA级景点，湖南省爱国主义教育基地，同时是国家文物局选定的全国5个博物馆馆藏文物保存环境标准化建设单位。（刘义华）

【大型文艺表演《魅力桃花源》】 9月19日晚，筹划、排练了近半年的湖南省第四届农运会开幕式文艺表演《魅力桃花源》正式上演。演出分为“花世界”、“水精灵”、“火凤凰”、“金土地”四个乐章。共有歌舞《桃花绽放》，群舞《荷花争妍》、《刘海砍樵》、《洞庭情韵》、《澧水船夫号子》，戏曲歌舞《薪火相传》等13个节目。此台演出耗资280万元，采用400平米的电子视屏，邀请到国内著名歌唱演员、演艺明星韩红、吴碧霞、瞿颖、汪涵等前来助阵。参加演出人员达1800多人，现场观众逾2万人。既具浓郁的地方特色，又充分凸显“魅力新常德、人文新农运、和谐新农村”的办会主题，被誉为常德二十年一遇的文化盛宴。（刘义华）

【数字化电影放映工作】 全国农村数字电影放映和农村中小学爱国主义教育影片放映试点自2006年12月在常德市正式启动以来，进展顺利。国家、省、市、县配套经费基本到位。已配备农村数字电影放映设备110套，流动放映车辆1台。2007年，数字电影放映在全市铺开，一年来，共放映数字电影65009场，吸引观众近2000万人次。

（刘义华）

新闻出版

【概况】 2007年，常德市新闻出版局、版权局在市委市政府的领导下，按照省新闻出版局、版权局和省“扫黄”办的统一部署，切实履行职责，狠抓市场监管，服务中心工作，突出工作重点，“扫黄打非”工作取得突破性进展，反盗维权有声有色极富成效，市场监管机制完善监控有力，圆满完成部门班子考评试点。常德市新闻出版局被评为全国新闻出版系统“四五”普法先进集体，万常明局长被评为全国“扫黄打非”先进个人，常德市新闻出版局、版权局被评为全省新闻出版、版权工作先进集体，常德市“扫黄打非”工作小组办公室被评为全省“扫黄打非”工作先进集体，常德市版权局被评为全省“扫黄打非”办案有功集体。（刘 毅）

【全面推开“扫黄打非”“三进”试点】 将“三进”（进农村、进社区、

湖南省新闻出版局副局长朱三平在市、县新闻出版局领导的陪同下视察汉寿农家书屋

进学校）工作纳入全年“扫黄打非”行动方案，部署9个区县（市）全面展开“三进”试点，每个区县（市）选择一个乡镇、一个社区、一所学校进行“扫黄打非”工作试点，在农村建立乡镇、村组、农户、义务监督员四级监管体系，在社区建立街道、小区、楼栋三级监管体系，在学校建立校、年级、班三级监管体系，明确各级“扫黄打非”监督员及其岗位职责，制订了详细的工作制度，做到“扫黄打非”网络、宣传、制度、奖惩、培训、举报、查处进农村、进社区、进学校，对农村、社区、学校出版物市场实施有效监控。市“扫黄”办按照《常德市2007年“扫黄打非”工作要点》和《常德市“扫黄打非”进农村、进社区、进学校工作方案》的要求，多次组织人员下乡镇、下社区、下学校进行督促检查，确保“三进”工作稳步推进，取得实效，为下一步全面推开积累经验。7月，承办了全省“农家书屋”建设暨“扫黄打非”工作会议、全省新闻出版局长座谈会。

（刘　毅）

【“农家书屋”工程建设】制订了《常德市“农家书屋”工程实施方案》，明确了“农家书屋”建设的指导思想是以热爱农村文化公益事业、家境较为殷实的农民为对象，采取政府扶持、农民自主投入方式，将公益事业与市场机制相结合；根本目的是要通过“农家书屋”的建设，切实解决农民“看书难、买书难、借书难”等问题，丰富农民业余生活，提高农民文化素质；“农家书屋”建设规模为占地20平方米以上，藏书1000册以上，另配一定数量的报刊和音像制品。组织力量对全市31家示范“农家书屋”进行了实地勘验考察，将审定结果上报省新闻出版局，对选定的“农家书屋”经营人员进行了初步培训。积极借助各方面力量援建“农家书屋”工程，将“农家书屋”工程纳入全市社会主义新农村建设200个点村的总体规划，纳入了农村创学习型村镇的范围，纳入了对乡镇班子的考核内容，实行责任包保，每个县级领导包一个“农家书屋”，县直机关对口支援一个“农家书屋”。6月，全市创学习型村镇工作会议暨万册图书赠农村活动仪式举行，9个区县（市）获赠图书1万余册。

（刘　毅）

全省“农家书屋”建设暨“扫黄打非”工作会议在汉寿县召开

【“扫黄打非”专项治理】保持对政治性非法出版物的高压打击态势。重点检查了书店、车站、码头、商业街，对出版物市场进行了多次“拉网式”检查。春节期间安排专人值班、巡查，24小时电话值班，做到有举报立即行动，并制定了春季战役行动方案。多次向相关成员单位传达精神，明确任务，并电话交办各区县（市）“扫黄”办。10月，市委常委、宣传部长覃清香和副市长张元英率武陵、鼎城两区及新闻出版、工商、公安、教育、文化、城管等部门对市城区出版物市场进行了联合检查。按照要求，相关职能部门加大工作力度，启动责任包保制度，市县联动，对出版物市场进行了多次检查，确保了全市没有政治性非法出版物出现。查禁色情贺卡。严格按照“属地管理”和“谁主管谁负责”的原则，将查禁工作任务落实到相关部门和单位，在全市范围内开展了查禁色情贺卡的专项行动，在全市各校园周边、居民小区周边和字画摊点进行了拉网式清查，共收缴非法出版的挂历年画30余册，色情贺卡60余张，及时遏制了色情贺卡泛滥的势头。封堵《死亡笔记》等恐怖类印刷品。对市城区育英小学、高山街小学、北正街小学、湖南文理学院等校园周边书报刊零售点及城区内部分印刷企业进行了为期一月的全面检查，收缴了其他涉嫌恐怖类印刷品200余册，及时控制了《死亡笔记》等违禁出版物在常德市的出现。整治邮政报刊亭。对市城区报刊亭进行全面摸底清查，规范经营业主的经营行为，对有违规行为的经营业主，下发了警告通知书，责令其整改到位，实行首次免罚。对整改不力或整改不到位的邮政报刊亭实行行政处罚，收缴非法报刊、盗版出版物等非法出版物477本（张）。经过整顿，市城区60多家邮政报刊亭全部做到了持证经营，规范有序。坚决打击游商地摊。根据游商地摊下午5点至晚上10点在社区、车站码头、繁华街区、公园，过街天桥、小商品批发市场等地进行活动的规律，调整作息时间，制定节假日值班制度，对重点时段、重点部位进行高密度巡查，发现一起坚决处罚一起，取缔了游商地摊15家，收缴非法出版物4000余本，对2名销售盗版图书的游商进行了行政处罚。严查非法出版和“四假”行为。对市城区的大型宾馆、酒楼、商场和娱乐场所存放的非法报刊进行了全面检查和收缴，并责令相关报刊主办单位立即停办，对《石门晚报》的再次出版给予严重警告，责令其立即停办。对省级以上报刊社在常德市设立记者站和《常德日报》在各区县（市）设立记者站的情况进行了全面清理，并将清理情况反馈给省局。组织力量查缴非法报刊1200多本(册)。严查盗版教材教辅读物。秋季入学之际，对市城区普通中学、民办学校、大中专院校等各类学校使用教材教辅的情况进行了检查，检查普通中学7所，民办学校5所，大中专院校2所，对以上14所学校使用的教材教辅进行了认真细致的检查，严防盗版教材教辅读物流入学生书包。检查中，对不具备出版物发行资格的2名教材教辅供应商进行了警告处罚。 (刘　毅)

【反盗维权】全面启动企业软件正版化工作。召开全市推进企业使用正版软件工作会议，下发了《常德市推进企业使用正版软件工作实施方案》，对全市企业使用正版软件工作进行了全面部署和安排。市版权局、市信息化办、市商务局、市财政局、市经委、市国资委、市工商联、市银监局、市金融证券办、市保险协会建立健全工作责任制，在政府的统一指导协调下，各司其职，密切配合，积极有序地开展工作，在确保11月底之前全面完成省里确定的8家企业软件正版化工作的同时，有选择、有步骤地扩大试点范围，为2009年全面完成企业软件正版化工作打下了良好基础。部分区县成立了班子，制订了方案，确定换装企业。积极查处著作权人举报侵权案件。继续加大对版权侵权案件的打击力度，尤其是著作权人举报案件。如著作权人北京仁爱教育研究所举报桥南书市鑫鑫书屋侵权案，查获《教材讲解》、《同步练习英语》、《英汉互动讲解》等出版物1137册，当事人因涉嫌犯罪被移送司法机关；赛贝斯软件(中国)有限公司举报酒店软件侵权案，查获了共和、鹏程等多家酒店非法复制使用SYBASE、LINUX、WIN2000SER等软件的违法事实。开展了打击网络侵权盗版专项行动。在报刊、电视、网站上等媒体上宣传有关法律法规，公布举报电话，提高社会公众的版权意识，发动群众积极举报，让侵权盗版无处可藏，让“三无”网站无处容身。相继查办了省版权局交办的“9YMP3”音乐网站未经著作〕权人许可通过互联网向公众传播他人享有著作权的音乐作品案、常德丽声影院网站未经著作权人许可通过信息网络传播其作品案、开心网吧未经著作人许可通过信息网络传播影视作品案等重点案件。开展打击非法预装计算机软件专项行动。召开市城区德高电脑城、常亿电脑城、滨湖电脑城153名经营业主大会，宣传《中华人民共和国著作权法》及相关法律法规，下发《严禁在销售电脑时预装盗版软件的通知》，与经营业主签订责任状，查处了科星电脑、科星科技、新浪潮等公司销售电脑时预装盗版软件、使用盗版软件案件，对经营业主给予了警告和相应处罚。

(刘　毅)

常德日报社

【概况】2007年，常德日报社最重要的一项工作就是实行媒体分体经营改革。这是报社继事业单位人事、分配制度改革以来，对经营体制进行的又一次重大改革。也是报社为了适应文化体制改革、发展文化产业的一项重要战略举措和大胆尝试。2007年，常德日报社所属五个媒体《常德日报》、《常德晚报》、《常德日报新农村》、《尚一网》、《美文时代》认真贯彻执行“常德日报社媒体分体经营实施方案”，层层分解指标，落实责任，强化措施，各项工作取得了新的业绩和重大突破。

唱响主旋律，打好主动仗，为全市三个文明建设营造良好的舆论氛围。2007年，报社系列媒体各展特色，形成合力，在新闻报道上充分发挥了主流媒体的引导作用。一是贯穿一条主线。2007年，宣传的主线就是中共十七大。2007年8月，《常德日报》在一版率先推出“喜迎十七大，再创新辉煌”专栏，奏响了十七大宣传序曲。十七大会议开始后，除了按“规定动作”，几大媒体每天及时、突出地安排新华社播发的重要新闻外，《常德日报》还在头版特辟”贯彻十七大开启新征程”专栏，重点对全市各界认真学习领会十七大会议精神的情况进行动态报道。大会开幕次日，《常德日报》精心策划十七大特刊，全彩32个版，集中展示了全市自十六大以来各地、各部门在工业化、城市化、农业产业化等方面所取得的辉煌成就，向十七大献礼。《常德晚报》从民生的角度关注十七大、宣传十七大、解读十七大，除了推出一系列有关十七大的动态报道外，重点围绕十七大”科学发展观”、“构建和谐社会”论述，策划了“节能减排”和“感恩的心”两组系列报道。受到社会各界广泛好评。二是把握主旋律，正确引导社会舆论。主要体现三个方面：第一，紧紧与党中央声音保持一致，围绕十七大和邓小平理论、“三个代表”重要思想及科学发展观开展宣传，没有出现政治上的偏差；第二，紧扣市委市政府中心工作和重大部署开展报道，重点开展了社会主义新农村建设、和谐社会建设、“三产业”发展、加速推进新型工业化、招商引资等战役性宣传，为各项中心工作的顺利推进和完成，提供了强有力的舆论支持；第三，及时反映广大人民群众的呼声，反映社情民意，适当开展舆论监督，充分发挥媒体监督作用，协助政府化解热点、难点问题。如《常德日报》推出的“德山收费站排长龙”、“常张高速公路河洑入口处有条吃人的路”、“非法传销为何屡打不绝”，《常德晚报》推出的“5000元台湾汇款不翼而飞”、“质监稽查员大闹收费站”、“卡折在手，钱被转走”、“20多个垃圾箱无人清理”、“混凝土一砸就碎，损失由谁来赔”等一系列监督报道，及时促成了这些问题的解决，也为报社树立了威信。三是突出重点报道。2007年，从国家讲，有建军80周年，嫦娥奔月，党的十七大召开等一系列重大事件。从省里讲，先后有“富民强省农村篇”、“科学发展，共建和谐”、省农运会等系列报道和大型活动。从市里讲，年初年尾的两会、全市工业工作会、全市招商引资会、全市新农村建设现场会等数十个大型会议，以及鞭炮禁改限、公共交通周及无车日、市城区拆违等一系列大型战役性报道。报社相关媒体都及早布置，严抓落实，报道完成得有声有色。如“富民强省农村篇”、“科学发展，共建和谐”的报道，涌现出了“山村里的婚礼”、“春暖富贵坪”、“缚住苍龙”等一些好稿子，受到肯定。

采编对接市场，进一步提升媒体影响力。2007年报社几大媒体进一步贴近实际、贴近生活、贴近群众，实行采编与市场对接，着力提升媒体质量和影响力，无论形式还是内容，都出现了新的变化。《常德日报》2007年正式启用由中国书协名誉主席沈鹏题写的新报头。版式上突出“疏朗、清爽、大气”的大报风范，报道上体现政治意识强、策划意识强、社会责任感强的党报特点，先后推出了“德商文化大讨论”、“高考30年30人”、“222级台阶”等一系列贴近性非常强的新闻报道，受到社会各界广泛好评。“德商文化现象大讨论”，不仅首次提出了“德商”这一概念，还从历史文化的角度挖掘出了德商的历史文化渊源，提炼出了“德行天下，和成商道”的德商精神。市委常委吴友云专门组织工商联召开研讨会，常德工商联、常德总商会还作出决定，今后，常德在全国各地所建的会馆就叫“德商会馆”。省新闻出版局报刊审读员在《报刊审读与管理》刊物中以头条肯定这次讨论“是一次十分有益的地域文化大讨论”。《常德晚报》围绕“民生、本土、权威、精致”的办报准则，2007年，推出了“我要捐献眼角膜”、“爱心接力情动武陵”、“寻找当年救命恩人”、“交叉捐肾救亲人”等一系列感人至深、吸引读者的报道，在社会上引起了强烈反响。其中，“交叉捐肾救亲人”系列报道，是《常德晚报》把两个素不相识的苦命人、尿毒症患者何一文、何志刚以及他们的家庭紧紧地连到了一起，并使得交叉配型和最后手术得以成功。在患者治疗过程中，因属于非亲缘之间的活体器官移植，在目前法律上存在空白，手术曾一度被紧急叫停。这一事件引起了包括《人民日报》、新华社、中央电视台、《广州日报》、《羊城晚报》、《南方周末》、《南方都市报》在内的全国数十家媒体的高度关注和跟踪采访，国内众多专家、学者参与到其中讨论，极有可能引发卫生部对新颁布的《人体器官移植条例》作出司法解释。《常德晚报》作为始发媒体，很好地掌握了报道的话语权，赢得了同行的尊敬。《常德日报新农村》根据“推介县乡工作经验、传播实用科技信息、挖掘地方民间文化、服务基层群众”的报道定位，从版面到栏目，突出社会主义新农村特色，在全市社会主义新农村建设中发挥越来越重要的作用。2007年3月，省新闻出版局副局长侯建一行专程来常德日报社，就党报如何创办新农村版，为社会主义新农村建设服务进行调研。侯建副局长对常德日报社新农村的创办工作给予了很高的评价。他说，“党报创办新农村版，为新农村建设服务，第一，符合中央的宣传政策和宣传任务，有合理的现实需求；第二，常德日报新农村免费赠送给基层群众，没有增加农民负担；第三，县域发展本身需要这样的信息平台；第四，新农村版支持了党报做大做强，进一步扩大了党报的影响；第五，创办新农村版，促进了报业的整体发展，扩大了报社的发展空间。”前不久，在国家新闻出版总署召开的“中国报业服务社会主义新农村建设研讨会”上，常德日报新农村版作为典型在研讨会上发了言，总署有关领导评价是：“常德日报免费办新农村版，走在全国前列，开了个好头。”尚一网依托日、晚报强势媒体，实行网报互动，影响力不断扩大，逐步发展成为湘西北乃至湖南省的知名网站。2007年，尚一网相继开设汽车频道、建材装饰频道、教育频道、购物网、星彩网等10多个频道和专网，并成功开通《常德日报》、《常德晚报》数字版。2007年上半年，省新闻办主任孔和平来常调研，专门考察了尚一网，并表示积极支持尚一网申报国家“互联网新闻信息发布一类资质”，目前，省政府新闻办已把尚一网作为湖南省唯一申报的地市网站上报给国家新闻办。美文时代定位进一步贴近市场，读者认同度得到一定提升。

活动经营媒体，做大做强报社主要产业。2007年，报社各个媒体进一步强化“采编对接市场，活动经营媒体”理念，实行采编、经营、管理整体联动，媒体的经营规模有效扩大，经营水平得到大幅度提升。6月9日，常德晚报实施“纪念恢复高考30年”活动策划，创纪录的一天推出了52个版，使当天的报纸成为了许多家庭名副其实的珍藏版，并实现广告收入26万元。11月16日，《常德日报》策划十七大特刊，全彩32个版，不仅集中展示了常德市自十六大以来各地、各部门在工业、农业等方面所取得的辉煌成就，且一举为报社创收近80万元。还有《常德日报》策划的“常德私营企业100强”暨“影响常德·十大魅力德商”评选活动、常德“十五”教育大盘点活动，晚报策划的购物节活动、《中医药特刊》、《八一特刊》、《细菌战特刊》、《婚庆特刊》、《房交会特刊》、《车博会特刊》等系列特刊，尚一网组织的“国学智慧与将帅之道”高峰论坛等，同样是“活动经营媒体”的成功范例,直接创收均在10万元以上。2007年，报社的经营取得了前所未有的好成绩：发行方面，《常德日报》除邮发外，通过大派送活动和敲门订报，首次自行组织发行1500份。常德晚报，发行费率降低，发行数量稳定，发行质量提升。各媒体广告，截至12月31日，进帐总额2100万元，增长幅度接近50%。

加强报人作风建设，为媒体分体经营改革提供强有力的思想和组织保证。2007年，根据省市委宣传部的统一部署，结合学习宣传党的十七大会议精神，常德日报社在全社范围内开展了“加强报人作风建设、深化三项学习教育、治理五大新闻公害”专项活动。8月20日，报社召开全体报人大会进行了宣传发动。9月、11月，分别邀请市委党史办调研员魏胜权、市委讲师团副主任刘桂平专题宣讲了党的创新理论和党的十七大精神实质。10月15日，十七大开幕当日，组织全体报人集体收看《胡锦涛总书记在中国共产党第十七次全国代表大会上的报告》。11月中旬，第四季度的中心组学习期间，结合学习贯彻中共十七大会议精神，报社还集中组织中心组成员认真学习了中国南丁格尔奖获得者黎秀芳的优秀事迹，并要求人人谈学习体会。开展这些活动主要目的，就是要通过学习十七大精神，贯彻落实市委和市委宣传部的工作部署，紧密结合报社工作实际，认真查摆当前报人队伍作风中存在的突出问题，在全社树立“一切以大局为重，一切以发展为先”的正确观念，动员组织全体报人进一步转变作风，提升水平，改进工作，在全社形成奋发向上、和谐发展的浓厚氛围。

大批报人获得各种奖励与表彰。2007年，在省以上各类好新闻评选中，共有94件作品获得奖励。其中，全省市州报好新闻一等奖14件，省报纸系统好新闻一等奖2件，中国地市报好新闻一等奖4件，全国晚报好新闻一等奖1件，无论获奖数量还是获奖质量，继续稳居全省市州报前2位，仅次于长沙晚报。黄修林、关健、周瑜三位同志被评为全市优秀新闻工作者。史丹同志被评为全市档案工作三等功个人。汪肯堂同志获正高专业技术职称任职资格，罗琳同志获副高专业技术职称任职资格，另有6名同志获中级专业技术职称任职资格。

（刘群伟）

广播电视

【概况】2007年，市广播电视局在市委、市政府和市委宣传部的领导下，以创新年为主题，在体制创新、机制创新、经营创新、内容创新、技术创新、服务创新几个方面取得突破。

2007年，市广播电视宣传保证了市委、市政府中心工作的新闻宣传和重点报道。突出了全国“两会”精神的宣传，防汛抗旱宣传，中国人民解放军建军80周年宣传，农运会宣传，迎接中共十七大宣传；外宣上稿任务超额完成。2007年市广播电视局在中央电视台上稿6条，湖南省级电视媒体上稿86条，在2007年4月揭晓的2006年度全省广播电视奖评选中，取得了超历史的好成绩，全市一共有26件作品获奖。市局获得了7个一等奖、1个特别奖、1个制作奖（相当于9个一等奖），3个二等奖，3个三等奖。后来，又在报纸类、信息类作品评选中获得了2个一等奖。区县（市）局获得了3个二等奖，8个三等奖。媒体活动形成亮点。配合常德军分区和市委宣传部成功组织了“八一”晚会——“军徽耀沅澧”；成功举办了湘西北第四届汽车博览会和湘西北住宅产业博览会。其中，由市政府举办，市广电局和商务局承办的湘西北第四届汽车博览会暨首届汽车文化艺术节，三天成交额超过7千万元。

全市20户以上自然村“村村通”工程全面通过检查验收，10户以上通电自然村“村村通”工程全面启动并稳步推进。全年各级财政投资200多万元，筹集社会资金2300多万元，完成了669个20户以上的自然村通广播电视，超过年度计划143个。加强了乡镇广播电视站的管理，加强了台站无线频率的管理，建立技术维护报表上报制度，完成了全市无线发射台（站）的普查工作，并报省局备案，加强了卫星地面接收设施管理，狠抓技术保障，做到定期维护和随机维修相结合，实现了全年节目的安全播出和发射传输。

共完成了4.9万多个用户的有线电视整体平移工作，德山及武陵区的乡镇已经全部完成。平移中的技术问题全部解决，后续服务水平逐步提高，用户反映较好。网络公司通过整章建制规范管理，建立了考评领导小组和数字电视平移指挥部等7个专项工作小组，加强了对用户特别是市几大家领导使用数字电视的回访工作，确保每个用户一份《用户手册》。作为省八件实事之一的村村通工程也进展顺利。2007，市县乡三级补贴资金260万元，完成全年任务（680个）的118%。

通过完善体制、规范管理、开拓市场、创新经营等措施继续实现了经营收入的稳步增长，同比增幅超过10%。其中媒体活动经营、品牌形象广告经营、产业多元化经营、网络经营快速成长是经营增长的主要突破口。（周　庆）

【转星调整工作成绩突出】至2007年9月6日，全市完成了179087个（其中分散农户175329个）地卫设施的转星调整工作，占摸底统计数的116%，完成时间进度居全省前列。常德市关于“分级培训转星队伍”、“转一销一”、“分片包干督查”等经验，得到省局的肯定和推广。（周　庆）

【安全播出工作实现零事故】“十一”国庆和中共十七大召开期间，市广电局制定了广播电视安全播出应急预案，成立了应急指挥部。专门召开了区县（市）局长会、局直单位负责人会，对全市安全播出工作作出了全面部署。在新闻宣传上重申三审制、重播重审制，停止负面报道，各频道影视剧的播出审批一律上收到局总编室把关，各部门紧密配合，各单位分工合作确保了“十一”国庆和十七大召开期间安全播出的零事故。（周　庆）

调频转播

【概况】常德电视调频转播台（原名六九零六台）是湖南省广播电视局设置在湘西北地区的大型骨干转播台，该台人员编制情况是：现有50个编，在职职工50人。1972年建台，建台34年来，该台事业取得了飞速发展。现发射（转播）中央一套电视（米波10KW）和湖南卫视（米波10KW），播出5026小时，中央七套电视（米波10KW），播出2372小时，常德电视台（米波10KW）等四套电视播出5786小时，中央人民广播电台一套广播（94.7MHZ 10KW）和湖南人民广播电台新闻台广播（93.7 MHZ 10KW），播出7877小时，中央人民广播电台二套广播（102.9 MHZ 10KW）和常德人民广播电台商务频道（105.6 MHZ 10KW），于2005年12月开播。常德人民广播电台交通台（97.1 MHZ 10KW）等调频广播，播出7152小时。此外还担负着湘北广播电视数字微波和常德广播电视微波的传输任务。该台发射的广播电视节目可直接覆盖常德市及周边的岳阳、益阳、怀化、张家界、湖北的荆沙

等地区共约21个县（市），覆盖人口达千多万。（黄远民）

电影发行和放映

【概况】2006年常德市被中宣部、国家广电总局和国家文化部确定为全国农村电影数字化放映和中小学爱国主义教育电影放映试点地区，常德市的电影迎来了新的发展机遇。为了抓住这难得的发展机遇，2007年在市文化局和上级领导部门的领导、重视与支持下，根据年初明确的工作思路，认真开展各项工作。截止到年底，全市所有县（区）市电影公司都加入了数字电影院线，农村电影数字化放映技术的推广工作全线铺开，为常德市实现农村电影放映“2131”工程目标打下了坚实的基础（马伟宏）

【专项公益电影放映活动】为配合常德市建设社会主义新农村的工作，根据省、市有关文件精神在全市范围内开展“国产新片进农村”公益放映活动，市公司承担了武陵区、西湖、西洞庭管理区的的放映任务。为了确实落实放映任务，业务部门组织了《无公害蔬菜》、《棉花棉铃虫的防治》、《鸡病的防治》等科教片和多部优秀国产新片搭配放映，使广大农民朋友在得到娱乐的同时又掌握了科普知识，受到了广大农民朋友的欢迎和一致好评。为建设文化名城，构建和谐常德，市公司还承担了每周一场露天公益电影放映任务，全年为城区市民放映公益电影63场，观影的市民近15000余人，丰富了城市广场文化的内容，深受广大市民的喜爱。正月十五的焰火晚会，市公司还承担了广场电影的放映任务，放映队为此做了精心的准备，认真的检修了设备，出色、圆满地完成了放映任务。（马伟宏）

【开展“影企联姻”，创造两个效益】业务部门通过省电影公司与北大方正取得联系，在暑期开展了以“Intel科技进万家”为主题的公益放映活动，在市内多个社区放映公益电影十余场，取得了较好的经济效益和良好的社会效益。（马伟宏）

【农村电影普及放映工作步入正轨】自常德市被中宣部、国家文化部、国家广电总局确定为全国农村电影数字化放映工作试点地区后，常德市政府以此为契机，加大农村电影数字化放映工作力度，组建了常德数字电影院线有限公司，负责全市农村电影数字化放映技术的推广工作。在各级党委、政府的重视及关心下，全市所有县（区）市电影公司都今年都加入了数字电影院线，使全市农村电影普及放映工作取得了进一步发展。全年共放映农村公益电影50050场次,观众2356万人次，购买数字电影节目141部，其中：故事片95部，科教片46部；订购数字电影节目65924场，其中：长片25087场，短片40837场。完成年计划场次105.3%。

（马伟宏）

【城区中小学爱国主义教育电影放映活动】在教育部门的支持下，市公司积极与市教育局取得联系，具体落实市城区中小学爱国主义教育电影放映活动事宜并制定整个活动的实施方案。全年为市城区15所中小学校放映爱国主义教育影片6部，43场（次），观映学生达14万余人次。为加强未成年人思想道德教育，弘扬爱国主义精神发挥了积极的作用。（马伟宏）

新华书店

【概况】2007年全市有营业网点28处，其中县以上的中心门市9处，集镇农村网点14处，校园书店5处。全市资产总额1.02亿元，其中固定资产原值6148万元，净值3717万元。市店资产总额5401万元，其中固定资产原值2670万元，净值1702万元。2007年全市完成销售码洋16066.95万元，实现利润376万元，费用总额比上年减少112.64万元，全年收回货款13828.65万元，VIP卡共销售118.77万元。（杨　斌）

【以“千百万”工程为主体，健全农村发行网络体系】面对农村读者买书难和农村图书市场相对疲软的状况，湖南新华书店集团启动以构建优质渠道为目的的“百千万”工程，即打造100个规范连锁门店和100个优质农村网点，建立1000个“小布克”便利书店，发展10000个重点客户。2007年，常德市新华书店进一步加快优质农村网点的建设步伐，优质农村网点按照连锁经营的要求进行了统一规范，鲜明醒目的新华书店“e”字标识在农村集镇越来越响亮，通过巩固一批基本网点、延伸一批乡村网点、新增一批流动网点，以县市中心门市为基础，并向广大乡、镇、村全面辐射的图书发行网络体系。到2007年底，常德市新华书店拥有集镇门市28个、联营或代销点11个，优质农村网点建成9个，“小布克”便利书店15个，重点客户1000多人。

常德市新华书店在全面提升营销基础设施的同时，开展形式多样、丰富多彩的营销活动，丰富农村读者的文化氛围。积极贯彻落实国家新闻出版总署关于建设“农家书屋”的有关要求，帮助“农家书屋”建立借阅、服务体系，加大向农村“输血”力度。开展“百万图书赠农村”活动，捐助30家“农村书屋”，让农民群众不出村就能读到所需要的图书，使“农家书屋”成为广大农民学科学、用科学、闯市场、快致富的“加油站”。开展“送书下乡”活动，全市连锁门店组织员工分赴各乡镇或集市流动售书和摆摊设点，把实用性、指导性较强、价位适中的图书音像制品送到农民群众手中。通过改造美化门市环境、丰富经营品种、延长营业时间、与城区门市进行连锁经营等办法，发展农村文化小超市，依靠规模和特色扩大农村市场份额；以集镇门店及网上书店为阵地组建农村读者俱乐部，不断延伸服务，拓展服务领域。（杨　斌）

【以“汽车书店”为保障，提高农村发行速度】2007年9月，书店集团在省委宣传部、省新闻出版局和湖南出版投资控股集团的支持下，创新农村图书发行模式，通过深入调查研究，在全国开创性使用造型新颖、经济实用的“汽车书店”提高在农村市场的发行速度。常德市新华书店精心挑选政治读物、农业科技、文化教育、卫生保健、社科法律等价廉质优、实用性强、适合农村读者的图书音像制品作为“汽车书店”的常备品种。

2007年，首批“汽车书店”投入使用，出动“汽车书店”下乡售书近100次，在党的十七大文件征订发行中，通过“汽车书店”的快捷服务，及时满足了一大批农村干部群众的学习需求。“汽车书店”已迅速成为宣传党的政策的有力载体，人民群众充实文化知识、学习科学技术的加油站，被广大农村读者誉为“文化快车”。（杨　斌）

文物·考古

【概况】2007年，全市文博系统抓住“建设文化名城”的有利契机，围绕省、市下达的全年岗位目标管理责任书中的相关任务，团结一心，开拓进取，全市的文博工作取得了新的进展。年终被省文物局评为目标管理先进单位。

文物执法程序进一步规范。年内组织了全市文博单位执法人员行政执法培训班，聘请省文物局法规处和市政府法制办的领导和专家授课。全市统一了执法文书，规范了古建筑维修申报、文物调查、勘探和抢救性发掘的申报程序。建立了文物保护信息员队伍，聘请了10余名文物爱好者为信息员，及时通报全市涉及文物的工程情况。严厉打击盗墓犯罪活动，破获了在临澧县进行盗墓的跨省犯罪团伙。

文物的宣传工作有了新的突破。启动了常德市境内第三次全国文物普查工作，全市20多名业务骨干参加了省里举办的第三次全国文物普查动员大会。组织20多家新闻媒体在安乡县展开了“发现之旅”系列报道。5·18国际博物馆日，围绕“博物馆与共同的遗产”这一主题，全市文博单位开展了丰富多彩的宣传活动，所有博物馆免费向社会开放。6月9日，是我国第二个文化遗产日，市文物处在《常德日报》开辟了文物专栏，公布了常德市第三批市级文物保护单位39处，并在市城区步行街举行了一系列宣传活动。

文物保护有新进展。在常德市城区发现了明清时期常德古城墙及北门遗址，引起了市委、市政府和广大市民的高度关注，对省级文物保护单位明荣定王墓进行了防渗漏处理。全年对近20万平方米的基建工地进行了文物调查、勘探。发现距今1.4万年的新石器时代陶片和一批新的古人类洞穴遗址。文物保护的经费较往年有较大增长，全年投入文物维修和展览经费100余万元。

考古工作者查看出土文物

文物展示与利用上了新的台阶。全市所有馆藏文物进行了信息采集工作，所有文物的文字、图片资料均输入电脑，并与省文物局中心数据库房联网。全年举办各类展览32个，接待国内外观众16万人次，其中临澧县博物馆举办的《林伯渠生平业绩陈列》参观人数达2万多，先后接待中央、省市领导1500余人次，受到上级领导和社会各界的一致好评。文物研究取得新成果。编撰出版了《常德文物荟萃》一书，完成了《中国博物馆志》、《博物馆年鉴》、《博物馆概揽》相关内容的编撰工作。《常德楚墓》的整理工作进展顺利，修复器物2000余件，绘制图纸1000余份，撰写文稿近100万字。在各类专业刊物上发表文章10余篇。（王永彪）

【考古新发现】2007年4月至10月，配合德山生活湾置业公司开发建设，市

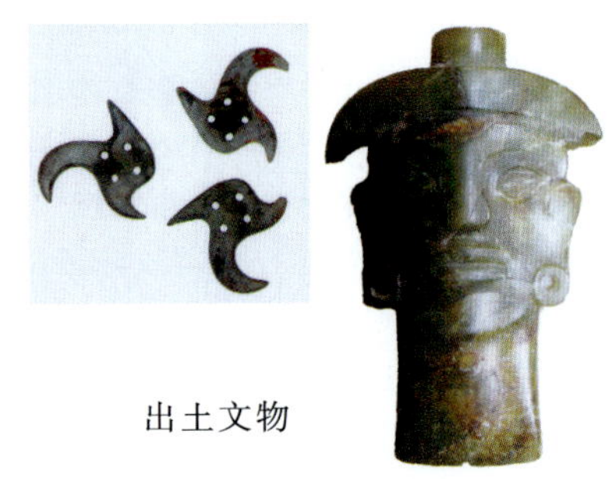

出土文物

文物处与鼎城文管所对该工程基建范围内进行考古勘探与发掘，清理战国墓1座、汉墓5座、明清砖室墓2座、清代土坑墓4座。出土铜器、铁器、滑石器、陶器共33件（套）。可辩器形的有铜镜、滑石壁、滑石博山炉、滑石猪、陶灶、陶罐、陶鼎、陶盒、陶钫壶、青铜蚁鼻钱、青铜五铢钱、泥质五铢钱等。

2007年7月，配合津市嘉山工业园建设，市文物处与津市文物管理所联合对工程动土范围内的六朝古墓群进行抢救性发掘，清理六朝时期砖室墓4座，其中2座为夫妻合葬墓，出土了瓷器、花纹砖等文物。

2007年7月至12月，在市城区“水榭花城”西城基建工地，常德博物馆清理出明清时期常德古城墙及北门遗址，城墙只留有条石砌成的基础，北门遗址

残存高度约1.5米，形制完整，对研究常德古城的演变和地方历史文化具有重要价值。

2007年10月至11月，配合市城区泓鑫花园建设，在育才路南侧清理明清时期古墓葬12座，发现东汉至三国时期的居住遗址800平方米，出土有板瓦、筒瓦、莲瓣纹瓦当、几何纹砖，还有少量战国陶豆和宋代硬陶碗残件。

2007年10月，配合德山恒安纸业污水厂工程建设，清理战国时期古墓葬8座，清代古墓葬5座，战国墓出土铜器、陶器共35件（套），可辩器形的有陶鼎、陶敦、陶壶、陶豆、陶勺；铜器有铜镜、铜镖形器等。（王永彪）

【文物执法】通过培训考核，2007年全市共有28人取得了国家文物局颁发的中华人民共和国文物行政执法证。

打击盗墓犯罪活动有重大突破。在临澧县破获一起有组织的盗墓团伙，2007年10月，临澧县博物馆执法人员在当地公安部门的配合下，对省级文物保护单位九里楚墓群进行日夜看守，现场抓获盗墓分子2名，缴获车辆、发电机、潜水泵等作案工具，追捕盗墓分子4人，经审讯，这批盗墓分子来自河南、安徽、江苏等省。该案件的破获，对全市范围内的盗墓活动起到了震慑作用，受到省文物局的高度赞扬和表彰。（王永彪）

【第三批市级文物保护单位】为了进一步加强常德市文物保护工作，常德市人民政府发文（〔2007〕8号）公布了常德市第三批市级文物保护单位共计39处，内容包括古遗址、古建筑、近现代纪念建筑及重要遗迹、其他项文物，同时公布了这批文物保护单位的保护范围及建设控制地带，这批市保单位是从全市范围内近两千处文物点中，根据其历史、艺术、科学价值评定的。目前全市市级文物保护单位达到了78处。

（王永彪）

【文博图书出版】市文物处编撰、湖南师范大学出版社出版《常德文物荟萃》，该书是常德市“建设文化名城系列丛书”之一，采用图文并茂的形式对常德市境内的地面文物和馆藏珍贵文物进行全面介绍。

石门县博物馆编撰、湖南人民出版社出版《神奇石门·文博卷》，该书对石门境内的文物资源进行了全面介绍。

安乡县文管所编撰、湖南地图出版社出版《安乡县文物分布图》，该图对安乡县境内所有文物点进行了科学准确地标注，为文物宣传和依法保护提供了依据。（王永彪）

【省文物部门在常德的考古发掘】2007年7月至9月，湖南省文物考古研究所对常德火电厂基建工地进行了文物调查、勘探与发掘工作，发掘清理东周时期古遗址1500平方米，发现有房屋、灰坑等遗迹，出土有陶器、石器等近百件遗物。

2007年9月至10月，湖南省文物考古研究所对澧县鸡叫城遗址进行科学发掘，作为“中国文明探源工程”科研项目的一个子课题，该次发掘主要是弄清鸡叫城的范围、壕沟、聚落变迁及其与自然环境的关系，通过近200平方米的发掘，发现了自然堆积和文化层之间的对应关系，对洞庭湖平原史前文化与自然环境的关系研究提供了新线索。

2007年10月至2007年12月，湖南省考古研究所对常德市安乡县汤家岗遗址进行第三次科学发掘，本次发掘确定了遗址四周存在环绕聚落的壕沟，发现祭祀遗迹和人头骨，出土精美刻划纹白陶和大量其他器物，确定了遗址的分布范围。为汤家岗遗址申报全国重点文物保护单位奠定了基础。

2007年11月至12月，湖南省文物考古研究所与美国哈佛大学联合组成考古队，对澧阳平原山前地带的洞穴遗址进行多学科考察。考查发现洞穴遗址9余处，旷野遗址3处，新石器时代遗址16处，周代遗址3处。并在临澧县青山水电站附近的洞穴中发现旧石器时代古人类遗留的石器工具。（王永彪）

【三峡考古】常德博物馆为配合三峡工程中文物抢救性发掘工作，年内两次组队参与重庆三峡库区文物抢救性发掘，对5500平方米范围内的古遗址、古墓葬进行了科学发掘，受到国家与重庆市相关单位的高度赞扬。

2007年6月，常德博物馆配合三峡工程文物抢救性发掘工作，在重庆市忠县乌扬镇进行发掘。发掘面积3000平方米，发掘清理12座两汉时期墓葬，共出土各类随葬器物168件（套），随葬品中以陶器为主，铜器和铁器及其它质地的随葬品出土甚少，修复陶器或其它完整器共104件（套）。其器形铜器类有鍪、带钩、泡钉、扣、盏、勺、钫、钱币（五铢钱、大泉五十）等；铁器类有权、钉、剑、斧、刀等；陶器（含釉陶）类有罐、钵、甑、摇钱树座、器座、碟、盆、唾壶、碗、盏、博山炉、俑、屋、水塘、井等；琉璃器有鼻塞；石器类出一印章式石镇纸、另出一件石器一面篆刻有两个“司”字。所出器物中陶器（含釉陶）为随葬品的主要构成，分陶俑、模型明器和生活用具三大类：陶俑以人物俑为主，模型明器出土数量不多，生活用具以形制多样的各类罐、钵等为主构成的实用器。此次发掘出土的器物多系乌杨汉墓群曾经出土过的器类及组合。

2007年12月，常德博物馆在重庆市巴南区发掘面积2500平方米，发现汉至明代墓葬5座，其中汉代土坑墓葬1座；六朝时期的砖室墓葬1座；明代砖室墓2座、石室墓1座。出土汉至明代的各类文物90余件（套），铜钱为五铢及减轮五铢；铁器可见剑、削刀及其他饰件（锈蚀严重）；青瓷器可见罐、盘口壶等器型；陶器可见鼎、壶、盒、钟、甑、釜、罐、盆、盘、钵、勺、灯、井、碗、仓、碟、器盖以及大量的人物俑；另有12粒彩色小卵石随井罐出土。出土器物多为峡江地区同时期比较典型的器类及组合。（王永彪）

卫 生

【概况】2007年全市共有卫生事业机构个数358个（不含个体诊所和村卫

生室)，其中医院53个（含县级综合医院13个，中医院10个，肿瘤、结核、康复等专科医院5个，其他医院25个)；采供血机构1个；妇幼保健院10个；疾病预防控制机构13个；卫生监督所9个；血吸虫病、职业病、结核病、皮肤病等专科疾病预防机构21个；乡镇卫生院232个村级卫生医疗点3395个，村级卫生组织覆盖率达82%，城乡卫生服务网络基本健全。

全市共有卫生技术人员15597人（执业医师4637人、执业助理医师2173人，注册护士4128人、药剂1523人、核验748人)，其它技术人员1450人，管理人员1235人，后勤人员1178人。全市千人拥有卫生技术人员数达2.58人。

全市共有万元以上设备5808台，其中县级以上医院拥有万元以上设备4791台，中心血站28台，妇幼保健院132台，疾控机构80台，乡镇卫生院594台（其中50万元以上的有10台)，血吸虫、职业病、结核、皮肤病等专科疾病防治机构111台。

全市编制床位12821张，实有床位数12214张，标准床位6434张，实际开放总床日数410万次，病床工作日212天/张/年，病床使用率58.06%。全市千人拥有病床数达2.13张。

近几年全市传染病总发病率始终控制在140/10万以内，孕产妇住院分娩率达92.98%，孕产妇死亡率控制在33.4/10万以内，婴幼儿死亡率控制在11.14‰以内。儿童计划免疫“四苗”合格率达90.14%，乙肝疫苗接种合格率达94.05%。全市连续17年无白喉、脊髓灰质炎病例发生，市城区连续7年未发生霍乱、流行性出血热病例，乙脑、钩体病等自然病源性疾病和肝炎、伤寒、痢疾等肠道传染病逐年下降，基本消灭了碘缺乏病和疟疾，全市人均期望寿命提高到72岁。

血吸虫病尚有汉寿县、安乡县、澧县、鼎城区、津市市、桃源县、临澧县、贺家山农场等地的59个乡镇、700个村、110.5万人口受血吸虫病严重威胁，现有钉螺面积4.93万公顷，其中垸内0.27万公顷，垸外4.66万公顷，易感地带573.7公里1.19万公顷，全市现有晚期血吸虫病人1245人，推算尚有血吸虫病人73190人。（张中华）

【农村卫生】一是狠抓了乡镇卫生院项目建设。2007年全市共启动乡镇卫生院建设项目26个，其中省投项目9个、市以奖代投项目17个，所有项目3月底已全部开工，10月底竣工并投入使用。二是配备乡镇卫生院设备。2007年争取省专项资金1445万元，为乡镇卫生院装备设备729台件，所有设备均在万元以上，X光机、B超、心电监护仪等一批现代设备进入农村，乡镇卫生院服务能力明显增强。三是狠抓了村卫生室建设。2007年市委、市政府新农村示范片的65个村卫生室建设全部达标；全市1401个血吸虫病疫区村卫生室全部按照“十个一”的要求进行了建设改造，全市村级卫生服务网点覆盖率达82%。四是加强农村卫技人员培训。2007年各方筹集资金150万元，免费培训农村卫技人员4126人，其中到县以上医疗机构免费3-6个月临床进修841人。同时组织城市医师支农141人，脱产到农村免费服务6个月，开展技术传帮带，农村医务人员技术水平逐步提高。五是狠抓农村改厕工作，2007年共争取中央补助资金1900万元，改造农村卫生厕所6.37万座，农村环境逐步改善。（张中华）

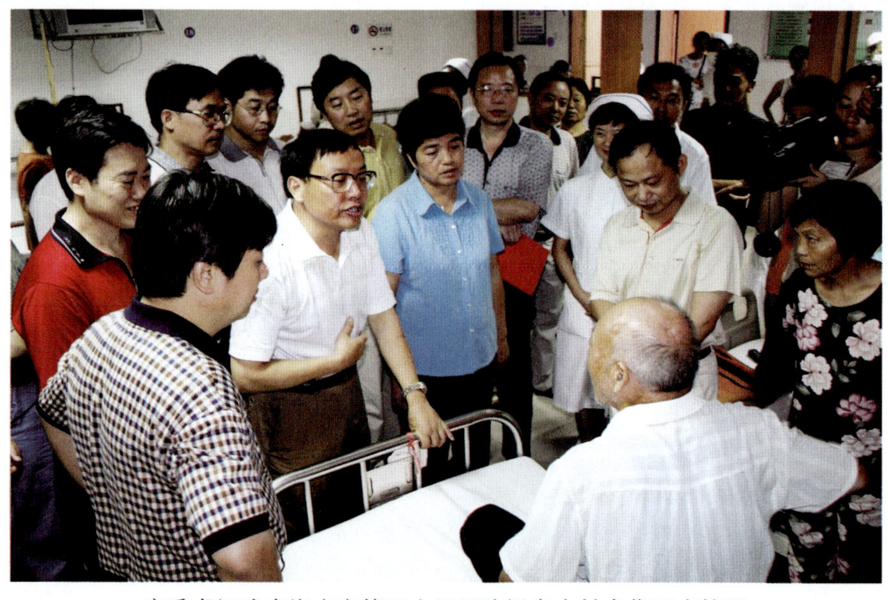

市委书记武吉海在市第四人民医院视察农村合作医疗情况

【新型农村合作医疗】2007年常德市新型农村合作医疗推广到8个区县(市)，参合农业人口365万人，参合率达80.7%，平均参合率较上年提高7个百分点。2007年全市共有24.3万参合农民得到补偿，其中住院补偿18.8万人次，支付住院补偿金1.44亿元，人均补偿766元，平均补偿率33.94%。针对各区县市补偿标准不一、不方便群众就医的问题，2007年8月23日，市政府常务会议专题研究新型农村合作医疗工作，出台了《关于加强新型农村合作医疗管理意见》，对全市补偿标准实行按医院级别补偿，打破区域封锁，解决了群众公平选择医疗资源的问题。（张中华）

【社区卫生】一是完善社区卫生服务体系。按照社区卫生机构设置标准，市城区规划设置12个社区卫生服务中心、38个服务站，2007年已完成8个社区卫生服务中心、26个服务站建设。8个中心全部由政府举办，业务用房均在1000平米以上，并按照标准完成了业务用房维修改造、人员配备和设备配套。26个社区卫生服务站经评估验收合格后已全部挂牌，并做到统一标识标牌、统一各项制度、统一服装、统一基本文书，政府主导、服务功能齐全的社区卫生服务框架初步形成。二是规范社区卫生机构管理。为了规范社区医疗机构服务行为，市卫生局对社区卫生基本医疗服务、公共卫生服务、基本用药目录等出台了一系列管理制度，并建立了严格的社区卫生工作考核办法，实行社区卫生机构工作任务与社区卫生经费拨付挂钩，严格奖惩兑现，促进了社区卫生机构“六位一体”服务功能的落实。三是积极开展社区卫生人员培训。根据社区卫生的基本要求，2007年市卫生局共组织全科医师、护理人员培训380人，聘请省、市专家授课，并对参学人员进行了严格考试，具备全科医生培训合格证书方可到社区医疗机构上岗，保证了社区卫生队伍的素质要求。　　（张中华）

【疾病控制】2007年来，市卫生局始终把疾控预防控制制作为卫生工作的重中之重来抓，进一步完善和开放了肠道门诊，严格落实了24小时疫情值班制度和零报告制度，科学开展人禽流感、霍乱、鼠疫等重特大传染病的预警与监测，2007年全市共报告传染病12577例，发病率为220/10万，死亡39例，全市没有发生传染病暴发流行。霍乱防治2007年共登记腹泻病人9535例，检索9349例，检索率达98.05%；完成外环境监测3560份，均未检出霍乱弧菌。结核病防治2007年共接诊初诊病人14532例，其中新发现涂阳结核病人2145例，全面完成省卫生厅下达涂阳病例发现任务，病人发现率比上年提高6.7%，所有病人全部实行归口治疗，有效控制了结核病在常德市蔓延。血吸虫病防治2007年完成查螺面积2.43万公顷、完成灭螺0.5万公顷，分别占全年计划142%和100%；全市没有出现新发急性血吸虫病人；免费救治巨脾晚期血吸虫病人36例。职业病防治2007年共监测职业卫生单位66家，完成职业健康体检5510人，共诊断职业病155例，收治职业病人130例。从2007年9月份全市计划免疫交叉检查结果来看，全市“五苗”全程接种率达95%，建卡建证率均在93%以上，达到了年初免疫规划工作各项指标。　　（张中华）

【卫生监督执法】2007年，市卫生局把实施卫生行政执法责任制与加强卫生监督执法结合起来，整合市、区两级卫生监督力量，建立“四区”联动执法机制，以市带县，整体推进，集中开展食品卫生、公共场所卫生监督，严厉打击非法行医，卫生监督工作取得明显成效。一是加强食品卫生监督。2007年市卫生局一手抓日常监管，一手抓集中整治，对学校、宾馆、酒店、“五小餐饮”等进行了多次专项整治，出动卫生监督人员300多人次、监督检查食品餐饮经营企业5000多家，提出监督整改意见2000多条，全市没有出现食物中毒等突发事件。对群众反映强烈的柳叶湖、沅江餐饮船问题，市卫生局按照市委市政府的统一部署，认真履行职责，对柳叶湖4条、沅江8条餐饮船进行了彻底取缔，对柳叶湖46家农家乐餐饮店进行了集中整治，有效保护了沅水、柳叶湖水质环境。特别是对农运行、房交会等重大活动、重大节假日期间的食品安全保障工作，高度重视，对每一次重大活动食宿接待点都派驻专职卫生监督员，实行24小时卫生监督服务，明确分工、责任到人，确保了一系列重大活动的顺利实施。同时，市卫生局大力推进食品安全信用体系建设，继续在餐饮业、学校食堂、包装饮用水等行业实施食品卫生监督量化分级管理制度，2007年全市共有142家单位通过食品安全信用等级评定，食品卫生安全长效机制逐步形成。二是加强医疗卫生监督。2007年市卫生局依照《医疗广告管理办法》、《医疗机构管理条例》等法律法规的规定，重点对医疗广告、非营利性医疗机构出租外包科室、无证行医、坐堂行医、超范围行医和使用非卫技人员等行为进行了监督，共监督检查医疗机构240家，下发卫生监督整改意见书65份，对东方女子医院非法医疗广告进行彻底取缔，对市肿瘤医院等10家医疗机构给予当场行政处罚，对石门县中医院等16家医疗机构进行了立案查处，进一步净化了医疗市场。三是“两非”整治成效突出。2007年市卫生局主动与计生部门衔接，共同商讨打击“两非”工作办法，协调行动，共同出击，重点对汉寿红十字会医疗门诊部、桃源理公港镇中心卫生院、鼎城草坪卫生院等典型“两非”案件进行了严肃查处，非法鉴定胎儿性别、非法终止妊娠行为得到明显遏制。　　（张中华）

【医院管理】2007年是全国实施医院管理年活动的第三年，市卫生局根据省里统一要求，广泛宣传发动，层层落实措施，整个活动做到有工作班子、有活动推动，全市上下形成了浓厚的抓管理、促质量的氛围。一是严格控制医疗费用。2007年市卫生局对所有县以上医疗机构用药全部实行网上集中招标采购，并严格按照招标价格实行顺价销售；对所有医疗检查检验收费，一律按新的收费标准执行，一般降价幅度都在30%~50%左右。同时市卫生局还取消了医疗机构经济考核指标，严禁科室收入与医务人员收入挂钩，并于2007年6月对各医疗机构合理用药、合理检查、合理诊疗、合理收费的情况进行了专项督导检查。各级医院加大院务公开力度，对各种检查、手术、药品收费等项目，实行明码标价、公示上牌，对每月用量排名前5位的药品实行了统计评比和公示淘汰制度，严格控制贵重药品和新特药品的使用，有效降低了病人看病就医费用。2007年市一人民医院业务量增加了20%，业务收入下降了2000万元。二是狠抓医疗质量。2007年市卫生局成立了全市医疗质量控制专家委员会，下设13个质量控制专家小组，制订了严格的医院质量控制标准，并对各区县市人民医院、中医院、市直医疗机构进行了2次专项督导检查，当面公布考评结果，现场剖析存在的缺陷和问题。各医院结合自身存在的问题，严格内部管理，加强“三基”训练，规范医护操作流程，市一人民医院、市一中医院、石门县、澧县、安乡等人民医院还对各科室的医疗行为，实行一周一检查、一月一评比，基本做到了诊断治疗正确、收费项目清楚、清单发放及时，各项指标基本符合医院管理年活动的要求。三是狠抓卫生行风建设。2007年来，市卫生局把行风建设、廉政建设、反商业贿赂与全市卫生工作一同部署、一同调度，严格落实省卫生厅“十项规定”，制定下发市卫生系统“十项严禁”，改善服务态度，简化服务流程，并在全市卫生系统深入开展了“廉洁文化进医院”、争创“医德医风示范医院”，广泛宣传了治理商业贿赂政策，深刻剖析正反两方面典型，引导医务人员主动与商业贿赂划清界限，主动抵制“红包”、“回扣”。市一人民医院、市一中医院、市妇幼保健院结合本单位实际，实行了医院向社会、科室向医院、个人向科室三级承诺签名活动。市四人民医院、澧县、安乡人民医院还与药品经销企业签订了廉洁保证书，大力创建“无红包医院”，主动抵制商业贿赂，全市卫生行风建设进一步向纵深推进。（张中华）

疾病预防控制

【传染病预防和控制】全年共完成腹泻病人登记9972例,检索9816例，检索率达98.43%，占全年任务的148.73%；完成自然水体、外埠水产品等外环境监测3682份，占全年任务的103.72%，均未检出霍乱弧菌。布放鼠笼2000笼次，捕捉老鼠102只，捕鼠率5.10%；采集正常人群血清200人份，采用鼠疫微量间接血凝试验检测鼠疫F1抗体，结果均为阴性。全年无甲类传染病发生，亦未出现乙类传染病暴发疫情。全面启动了乡镇卫生院传染病和死亡病例网络直报工作，死因直报工作继续保持全省第一，传染病疫情直报位居全省前列。全年共接诊结核病可疑症状者18538人，发现涂阳肺结核病人2961例，其中新涂阳肺结核病人2662例，全面完成全年新涂阳病例治管任务。对全市9个区县市81个乡（镇）、324个村（居委会）、2592户居民盐样监测结果显示：全市居民户碘盐覆盖率为97.57%,碘盐合格率为89.76%，合格碘盐食用率为87.58%,非碘盐率为2.43%。全市动物咬伤门诊共接诊动物咬伤者15538人，均已按《狂犬病暴露后处置工作规范》要求进行了伤口处理和免疫接种，报告人间狂犬病21例，死亡21例，与上年同期比较下降19.23%。（辜宏胜）

【免疫规划】全市共报告AFP病例19例，报告发病率1.9/10万，各项监测指标均达到了WHO消灭脊灰标准，确保维持了无脊灰状态。报告疑似麻疹病例236例，报告发病率4.03/10万，个案调查率100%,采集标本180份，实验室检测率76.27%,超过省CDC下达的麻疹散发疫情50%的采样要求。报告乙脑病例7例，采集血清标本13份，第一份血清采样率为100%。全年无流脑病例报告。全市免疫规划工作交叉检查及“五苗”接种率的调查结果显示：各地建卡、建证率均在98%以上，“五苗”接种率在97%以上，“五苗”全程接种率达95.6%。各项业务工作在省疾控中心组织的年度工作目标管理考核中名列前茅。（辜宏胜）

【性病、艾滋病防制】2007年普遍开展了对党政干部、青少年学生和普通群众的艾滋病防治知识宣传，艾滋病防治知识和政策宣讲纳入了市县两级党校学员的必修课程。全年共完成市公安局强制戒毒所在押吸毒人员监测410人，检出HIV感染者2人，感染率为0.49%。完成澧县澧阳镇娱乐场所特殊人群综合监测360人，发现初筛阳性1例，后经确认为阴性。完成武陵区性病门诊就诊者监测231人，发现梅毒2例，未检出HIV感染者。全市共监测公安司法羁押场所新进在押人员2432人，初筛发现并确认感染者7例。全市10家VCT门诊累计求询人数为3990人，检测3346人，发现感染者12人。自2006年9月建成并开放美沙酮维持治疗门诊以来，累计服药人数达239人，退出20人，2007年新增服药203人。未检出HIV/AIDS感染者和结核病人。先后派出504人次深入场所，发放安全套8770只，发放宣传资料31648份，发放宣传画200张；对男性接触人群（MSM）艾滋病防治工作给予了悉心指导和技术支持。全市共开展免费抗病毒治疗35人，中药治疗53人。由于关爱治疗工作的大力开展，全市艾滋病感染者的病死率有下降态势，多数感染者经治疗后免疫功能得以重建，生活质量明显改善，传播危险有效降低，回归社会的信心大大增强。（辜宏胜）

【市疾控中心艾滋病确证实验室通过卫生部验收】7月20日，由湖南省疾病预防控制中心陈曦教授、卫生部血液学专家季阳教授、国家CDC姚均博士等一行组成的卫生部专家组从实验室软硬件建设、生物安全、实验室原始记录和

2007年8月，市疾控中心建成艾滋病确证实验室

考核样品的检测结果等方面对市疾控中心的艾滋病实验室进行了现场审评。现代化的检测设备以及检验人员严谨的工作态度、务实的工作作风得到了专家们的高度认可，一致认为该中心HIV确证实验室已达到国家标准，顺利晋升为湖南省湘西北第一家艾滋病确证实验室。（辜宏胜）

血吸虫病防治

【概况】 2007年，全市共投入查螺总工日3.57万个，完成垸内外查螺36.9万亩次，占年任务的143.5%；投入灭螺总工日6.73万个，处理钉螺面积0.6万公顷次，其中药物灭螺0.56万公顷次，占年任务的110.9%,灭净垸内钉螺0.06万公顷；完成易感地带灭蚴0.15万公顷次，占年任务的104.7%；结合病人数推算开展查病工作，完成人群查病23.8万人次，占年任务的119.3%；完成人群化疗12.8万人次，占年任务的108.9%；完成家畜化疗4.9万头次，占年任务的102.6%。全市新发急性病例为零，控制急性血吸虫病取得了历史最好成绩。（刘长建）

【疫情控制达标】 按照省委、省政府制定的今年全省达到血吸虫病疫情控制标准的目标，常德市广大血防工作人员开展了艰苦卓绝的工作，并顺利通过了国务院血防办疫情控制达标预评估小组的考核验收。全市143个一、二类疫区村全部达到国家疫情控制标准，81个三类疫区村和53个四类疫区村也全部达标。（刘长建）

【救治晚期血吸虫病人】 通过血防人员的宣传动员和各级血防专科医院精心治疗，全市全年共收治内科晚期血吸虫病人874例，巨脾型晚期血吸虫病人56例。对这批被救治的晚血患者，国家给予了414.6万元的补贴，市政府另外补贴了11.2万元。（刘长建）

【血吸虫病联防联控】 常德市有安乡县、澧县参与了五省联防联控，石门县参与了常德市与张家界的市级联防联控。由于澧阳平原的钉螺情况较复杂，难以控制，2007年市政府牵头建立了澧县、临澧、石门三县血吸虫病联防联控机制。2007年，省、市、县三级联防联控工作开展情况良好。（刘长建）

【部门血防工作】 市爱卫办把改厕工作优先安排在血吸虫病重疫区实施，完成改厕57848座。农业畜牧部门积极参与湖洲禁牧和螺情普查活动，全面落实家畜查病化疗措施，完成家畜化疗49458头次。林业部门在疫区完成0.27万公顷抑螺防病林造林面积。水利部门重点计划并实施涔水水利血防工程。（刘长建）

医 疗

【常德市第一人民医院】 2007年医院占地面积7.3万平方米，建筑面积13.3万平方米，编制病床700张，开放病床844张，有职工1263人，其中专业技术人员1101人，正高职称48人，副高职称203人，博士5人，硕士50人。

2007年该院按照医院管理年的要求，严格依法执业，加强质量控制，加强教学管理，在省、市医院管理年活动、百姓放心示范医院动态管理和中南大学临床教学等项检查中均获好评。全年完成门急诊总诊疗784630人次，出院病人32522人次，完成手术19419台次，分别比上年增长10.6%、12%和13%，病床使用率达到112%。

省内一流的门急诊医技大楼全面投入使用，彻底改善了门急诊条件，医疗功能更加完善，患者就诊更加便捷、舒适。1.5T核磁共振与16排螺旋CT等大型设备的添置进一步满足了临床医疗和急诊急救的需要。神经内科首次开展大脑中动脉血管狭窄支架植入术，填补常德市空白，实现了新的突破；湖南省医学会骨科专业委员会与常德市第一人民医院联合开展的“骨关节脊柱疾病诊疗活动月”活动，10多位省内一流骨科专家到该院门诊、手术，让广大骨病患者在家门口就享受到高水平服务；泌尿外科24小时成功完成10台肾移植手术，创单日移植纪录，充分显示了医院整体医疗实力与管理协调水平；“传承百年文化，再创一医辉煌”主题教育活动更加深入，该院以好医生黄绍华先进事迹为题材的常德丝弦《仁爱之花》代表常德参加湖南省卫生系统文艺汇演荣获二等奖，名列地市级前茅；110年院庆筹备的各项工作正抓紧落实，一医人行为规范重新修订公布实施，医院文化建设正推动医院向着平安医院、和谐医院迈进。（涂华堂）

【一医院急诊医技大楼全面投入使用】 历时3年前期准备，用3年时间建成的常德市第一人民医院门急诊医技大楼，5月上旬全面投入使用。5月12日举行隆重落成庆典。

常德市第一人民医院门急诊医技大楼是市重点建设工程，总建筑面积34500平方米。大楼地下1层，为停车场；地上16层：一至七层为急诊科及门诊各专科诊室、门诊化验室、药房，八至十六层为医技科室、中心实验室、远程会诊中心、体检中心和教研室。一至七、十二层均设有挂号、收费窗口，能完成挂号、划价、收费一体化操作，每个诊区都设有分诊台及候诊区。二层成人输液区安装了坐卧两用真皮椅，可同时容纳50人输液。小儿输液区根据儿童心理，喷绘了活泼有趣的卡通图画，订制了儿童专用床单。一至四层共安装了6部手扶电梯，7部垂直电梯均可从一层直达十六层。大楼安装了感应大门、气动物流传输系统、LED自动叫号系统、中央空调、电子监控系统、新风系统、中心吸引、中心吸氧、等离子液晶电视。二层与内科住院大楼、外科住院大楼通过连廊连接，方便门诊患者住院和住院患者到门诊大楼检查治疗。整栋大楼功能完善，标识清楚易懂，患者就诊便捷，环境温馨、宽敞、洁净、美观、舒适。门诊人流合理，就诊秩序井然。

5月28日，来自深圳、浙江、内蒙、新疆、河南等地参加全国第二届医院管理创新论坛的55名代表到常德市第一人民医院考察，参观全面投入使用的

门急诊医技大楼后，不约而同发出感叹："大楼宽敞舒适，功能齐全，布局合理，在全国地市级医院中绝对一流！" （涂华堂）

【常德市首例大脑中动脉狭窄支架植入术】 12月8日，市第一人民医院神经内科副主任、主任医师徐平与副主任医师文俊，在第三军医大学附属新桥医院神经科教授带领下，成功为一患者实施了大脑中动脉狭窄支架植入术。

患者女性，52岁，家住桃源县盘塘乡。因头晕于11月27日入住该院神经内科，经颅多普勒检查发现其大脑中动脉中度到重度狭窄，12月3日行脑血管造影，确诊右侧大脑中动脉70%狭窄。术后患者头晕症状完全缓解。

头颈部血管狭窄性疾病易导致中风，并引发脑梗死，造成很高的死亡率。采用微创血管内支架成形术治疗脑动脉血管狭窄，就是在患者股动脉处作一小口，用一根很细的导管通过小口进入血管，并在血管内上升到动脉狭窄的近端，再把支架通过导管送到动脉狭窄处将血管撑开，使血流通畅、狭窄消失，从而根本上改善脑部血流供应，达到预防中风、脑梗死的目的。该手术要求掌握相当高的技术精度，具备相应硬件支持，还须充分进行术前评估。此例手术成功，使常德市第一人民医院神经内科在闭塞性脑血管病的治疗上达到省内先进水平。 （涂华堂）

【常德市第一中医院顺利晋升三级甲等中医院】 2007年7月16日下午，原省中医管理局局长、三甲医院评审专家组组长袁长津在常德市第一中医院会议厅主席台上庄重宣布，常德市第一中医院以908.8分的总分通过三级甲等中医院的评审验收。

此次评审，由湖南省卫生厅副厅长黄顺玲领队，省中医医院评审委员会专家组一行17人，于7月15日至16日按照国家三甲评审标准，对常德市第一中医院进行了认真严格的全面评审。评审中专家们给予了客观、肯定的评价：医院规模、基础设施、医疗设备上了新的台阶；基本条件明显改善，院容院貌焕然一新；各项制度日臻完善，人员结构渐趋合理，专业技术水平取得了较大进步，综合服务能力、社会公信度明显提升，达到三级甲等中医医院标准。

开展创建三级甲等中医院活动，是医院党委认真分析当前医疗市场形势和医院目前发展状况基础上，做出的加速医院发展，实现医院"十一·五"战略目标的重大决策。"三甲"创建活动的开展，对市一中医院发展至关重要，医院牢牢抓住发展机遇。通过创建活动，有力促进了医院医疗技术水平、管理水平、服务水平等各方面的更大提升，使医院尽快做精、做大、做强。医院2002年整体迁址后，院容院貌、基本条件大为改观，医院狠抓业务发展，投资设备4000多万元，引进知名专家、业务拔尖人才16人，培养人才30余人，增设、强化科室10个，开展新业务项目100余项，年业务收入增长翻三番。 （颜 平）

【中医骨伤科成为国家重点学科】 常德市第一中医院是常德地区唯一一所三级甲等中医医院，医院设备精良，配备有菲利浦大C臂、美国GE核磁共振、螺旋CT、进口彩超等大型高端辅助诊断系统；人才结构合理，医院有中高级医疗技术人员180名，其中主任医师、教授20名，副主任医师38名；专科特色突出，中医骨伤科有着50多年的历史，是常德市的中医骨伤重点学科，继承名老中医传统，发挥中医优势，中医骨伤科不断壮大，现开放床位86张，年收入超过2千万，2007年度，医院申报国家中医药管理局"十一五"重点专科，经过国家和湖南省中医药管理局的审核，中医骨伤科顺利成为国家中医管理局"十一五"重点专科。 （欧广才）

【"治伤散巴布剂"获得市科技进步一等奖】 "治伤散"系常德市第一中医院名老中医祖传外用秘方，在第一中医院临床应用治疗软组织损伤病人近40万人次其疗效确切。但剂型落后、浪费原材料，易致过敏、不利携带。课题组在邵先舫院长、刘志军副院长的主持下，经过多年的潜心研究，终于研制出"治伤散巴布剂"。治伤散巴布剂水溶性基质与水溶性、脂溶性药物相溶性好,基质载药量大；含有超过50%的水分，能够很快使皮肤角质层细胞水化膨胀，有利于药物的透皮吸收；透气性、对皮肤黏着性、保湿性均明显优于传统的橡胶膏剂，具有使用舒适，对皮肤刺激性小，具有更少的副作用，可反复揭扯和敷贴，不污染衣物，无残留，使用后揭扯无痛感等优点，对传统中医药的使用是一项重大改进，获得2007年度度常德市科技进步奖一等奖的殊荣。 （欧广才）

妇幼保健

【概况】 2007年度，全市妇女、儿童保健工作坚持以"一法两纲"为指针，以实施"降消"项目为龙头，以突出保健为特色，以坚持加强高危孕产妇监护、提高住院分娩质量、努力降低孕产妇及婴幼儿死亡率为重点，全面落实各项技术和管理措施，为努力提高全市妇女儿童健康水平和出生人口素质方面做了大量工作。为把全市孕产妇死亡率控制在35/10万以内，年初，召开全市妇幼卫生工作会议，会上，卫生局局长郑家火、分管局长陈仕平分别在会上就如何加强妇幼保健工作，控制孕产妇死亡做了重点强调，严格控制孕产妇死亡，并与各区县市卫生局及市直医疗卫生单位的主要负责人签定了责任状。同时，各区县市卫生局也先后相应的采取了"一票否决"、下发孕产妇死亡责任与责任追究等不同形式的相关文件和措施，严格控制孕产妇死亡。同时，在全市范围内继续开展创建乡镇卫生院"产科建设合格县"达标活动，各地按照《湖南省乡（镇）卫生院产科指导标准的通知》和《湖南省创建乡镇卫生院产科建设合格县市区评估验收办法》的要求，从房屋设施、基本设备、产科质量管理、人员配备等各个环节进行了充实和完善。2007年8-9月，抽调市级产科专家4人，先后分别2次在石门、津市、澧县、安乡、武陵区卫生院进行了现场指导及理论和实际操作培训。通过这一创建活动，加强了乡镇卫生院的产科建设，产科基础设施得到了较大改善，服务能力得到了进一步提高。2007年，全市认真实施“项目”工作，建立和完善孕产妇急救“绿色通道”。全市5个“降消”项目县，2个“卫九”项目县均按照项目工作要求，积极争取政府重视，落实了配套资金，开展了贫困孕产妇医疗救助、人员培训、专家蹲点等工作。通过实施贫困孕产妇救助，有效提高了住院分娩率和降低孕产妇死亡率。2007年，全市妇幼保健工作在健全网络，优化队伍，夯实妇幼卫生基础上做了大量工作。一直将妇幼保健三级网络和妇幼卫生队伍建设作为基础工作来抓。县级妇幼保健院在坚持以保健为中心，保健与临床相结合的前提下，确保有6~10人从事妇幼保健管理和群体保健服务工作，并严把准入关，要求从事妇幼保健管理人员必须具备业务和管理双重能力；责任和服务双重意识；沟通和传播双重技巧。乡、镇妇幼专干的配备，按照2万人口以内的乡镇配1名专干，2万人口以上的乡镇配2名专干。特别是安乡县采取岗位准入、考核、述职演讲择优聘用确定专干。不给妇幼专干定经济任务，确保专干全心全力从事妇幼卫生工作。2006年10月~2007年9月31日全市出生活产44163人，住院分娩43842人，住院分娩率为99.27%，孕产妇死亡14人，死亡率为31.7/10万。7岁以下保健管理253340人，保健管理率为84.82%；3岁以下儿童系统管理120134人,系统管理率为84.75%。婴儿死亡288人，婴儿死亡率为6.52‰；5岁以下儿童死亡416人，死亡率为9.42‰；全市筛选高危孕妇5943人，高危随访监护5938人，高危管理率为99.92%；高危孕妇住院分娩5941人，高危孕妇住院分娩率为99.97%。

2007年，市妇幼保健院全年业务收入2562.64万元，较2006年增长310.6万元,增长率为14%;全院门诊72113人次,较2006年增长29.7%。住院4758人次，较2006年增长29.8%。为有效控制出生人口缺陷,提高出生人口素质,在全市各级医疗保健机构积极开展新生儿疾病筛查和产前筛查及诊断工作,共筛查新生儿24340人,较上年度增长69%,查出先天性甲状腺功能低下症6例;产前筛查4488人次,产前诊断42人次,诊断21-三体综合征、嵌合体和平衡易位携带者各1例；进行胎儿系统超声诊断6774人次，发现阳性病历312人次，按要求均实行了追踪管理。2007年，市妇幼保健院经省级专家现场评估“AIH项目”、“产前诊断技术项目”分别于9月、10月顺利通过了省卫生厅专家组的验收评审。成为常德市唯一的产前诊断中心；“AIH项目”也获试运行执业许可。（王 文）

【市妇幼儿保中心荣获全国巾帼文明岗称号】全国妇女“巾帼建功”活动领导小组为表彰市妇幼儿保中心在争先创优活动中的积极表现，以及在提高妇女综合素质、帮助妇女创业就业、促进妇女岗位建功成才等方面所做出的突出贡献，特授予市妇幼儿保中心全国巾帼文明岗荣誉称号。（王 文）

中心血站

【无偿献血工作创历史最好水平】2007年，在市委、市政府的正确领导下和社会各界的大力支持下，常德市无偿献血事业取得了跨越式大发展。全年无偿献血总量和无偿献血人数均创造历史最好水平，无偿献血总量达9.814吨，无偿献血人数首次突破3万大关，达31403人，医疗临床用血100%来自自愿无偿献血，保持了全省领先水平。在全省14个市州中，无偿献血比例与岳阳、郴州等地并列排名第一，无偿献血人数排名第二，无偿献血总量排名第三，无偿献血事业进入了前所未有的快速发展时期。（刘歆华）

【组建湘西北首家县级采血点】为切实解决市民特别是县市区人民献血难的问题，有计划地实施无偿献血由城市向农村的转移，在市政府的大力支持下，经多方策划和筹备，2007年5月28日，在无偿献血开展最早、群众基础较好的澧县县城中心设立了湘西北首家县级采血点。据统计，采血点设立以来，每月主动前来献血者超过了150人，极大地方便了澧县及周边地区群众参与无偿献血。（刘歆华）

2007年5月28日，在澧县县城中心第三人民医院设立了湘西北首家县级采血点

【组建首支Rh阴性稀有血型固定自愿献血者队伍】为切实加强全市Rh阴性稀有血型献血者之间的联系，确保广大Rh阴性稀有血型人群的身体健康和生命安全，及时保证临床医疗稀有血型的供应，市献血办于2007年12月23日召开首届Rh阴性稀有血型献血者联谊大会，100多名稀有血型献血者参与组建了全市首支固定的Rh阴性稀有血型自愿献血者队伍。（刘歆华）

百余名稀有血型献血者聚集一堂，开展联谊和恳谈

体 育

【概况】2007年是体育新周期的第一年，常德市体育事业继续保持良好

发展势头。全民健身蓬勃开展，训练竞赛稳步推进，竞技成绩又创亮点，健身设施日益丰富，体育产业再创新高，各项工作保持了全省领先位置，获得2007年度全省体育事业突出贡献奖，被评为常德市2007年度目标管理先进单位。群众体育创造了新亮点。组织大型群体赛事活动37次，展示了新水平，承办省内外重大比赛6次，机关、社区、协会、企业开展体育活动掀起了新热潮，地方群体活动呈现了新特色。石门县荣获全国“全民健身与奥运同行”活动先进单位。安乡县举全县之力创建“乒乓球之乡”，汉寿夺得全国传统龙舟比赛第一名。全年组织培训了110名社会体育指导员，组队参加湖南省首届“公仆杯”领导干部乒乓球比赛、第三届全省领导干部登山比赛取得了较好成绩。竞技体育取得了新成绩。制定出台了《常德市参加省以上重大比赛奖励暂行办法》。临澧一中、市一中、桃源一中、芷兰实验中学、桃源文昌中学确定为全市田径项目训练基地，汉寿西竺山中学、津市二中为市体育运动学校举重项目训练点，市体育局、市教育局联合组织开展了对全市省级传统体育项目学校的检查评估，全市恢复和举办了10个传统重点项目的青少年常年赛，向省专业队输送正式运动员7人，试训、集训运动员41人，在省注册运动员486人，在训体育苗子1156人；争创省后备人才基地1个。市体育运动学校升格为副处级事业单位。获得世界冠军1个，全省冠军34个。石门籍运动员李丽滢在举重世界杯比赛中获得女子63公斤总成绩第一名，省体育局向市委、市政府发来了贺电。组队参加全省13个项目的青少年常年赛，取得参赛项目金牌第四名，汉寿、澧县完成了竞赛任务。承办了全国女子自由式摔跤锦标赛暨2008年北京奥运会选拔赛和全省青少年儿童体操、蹦床、排球、乒乓球比赛，获得优秀赛区称号。体育基础设施建设全面推进。深入实施了体育健身设施进社区工程和农民体育健身工程，制订完善了市城区社区体育健身设施建设的总体规划和实施计划，完成了25个社区健身器材的采购安装工作，向省里申报了74个新农村示范点农民体育健身工程建设指标，石门县投入375万元新建了综合体育馆、网球场。安乡县新建了乒乓球馆，汉寿县新建了省级青少年校外活动中心，津市新体育中心正式动工建设。柳叶湖体育生态公园完成申报立项工作。全市兴建全民健身路径108条。体育产业实现了新跨越。全市共销售电脑体育彩票1.3亿元，比上年增长62%，销售总量列全省第二，综合考核排名第一，创历史新高。石门县总销量达到了4800万元。体育行政执法有了新进展。开展了专题调研活动，组织了学习培训和执法人员换发证工作，对体育经营活动项目和场所进行了调查摸底和清理。（杨　生）

农运会上常德代表队方阵入场

【承办和组队参加湖南省第四届农民运动会】9月17日至23日，由常德市人民政府承办的湖南省第四届农民运动会在我市举行，本届省农运会组赛规模大——比赛项目多达10大项69小项，各市州参赛人数多达1400多人，均超历届农运会；竞赛水平高——不少比赛项目成绩打破历届最好记录，或创造了新的成绩。常德市体育局作为市政府承办本届农运会的主要责任单位，精心组团参加比赛，取得了本届运动会金牌（23枚）第一名，团体总分（797分）第一名的好成绩，并获得了体育道德风尚奖和优秀组织奖，为常德市人民争得了荣誉，赢得了运动会组委会领导和各市州代表团及全市人民群众的好评，常德市体育局系统有2人记二等功，7人记三等

常德代表团运动健儿紧张备战

功，24人获得政府嘉奖。（杨 生）

【“迎奥五环潇湘行”常德站系列活动】 10月16日，由常德市人民政府主办，中共常德市委宣传部、石门县人民政府、常德市体育局共同承办的“迎奥五环潇湘行·走进橘乡石门”活动在石门县举行，整个活动分“五金”迎奥（金橘迎奥、金狮迎奥、金龙迎奥、金鼓迎奥、金号迎奥）、颂橘、赛橘、唱橘四大部分，活动主题鲜明，内容丰富，特色突出，影响广泛，湖南经视全程录播。省市领导庞道沐、游碧竹、熊倪、张万秋、邹学校、周用金、卿渐伟、刘春林、刘本之、陈文浩、刘明、覃清香、张元英，奥运冠军熊倪、杨霞和各方群众近万人参加了活动，是2007年全省“迎奥五环潇湘行活动”的重要一站。常德市获全省“迎奥五环潇湘行”活动优秀组织奖。（杨 生）

【“全民健身与奥运同行”启动仪式及市城区万人健步行】 3月27日，常德市“全民健身与奥运同行”主题活动启动仪式暨市城区万人健步行和长跑活动在市体育运动中心成功举行。来自市直、中央、省属单位和武陵区等80多个单位11000余人参加了此次活动，拉开了常德市全民健身月序幕。（杨 生）

【全国女子摔跤锦标赛暨2008年北京奥运会选拔赛】 4月16日~19日，2007年全国女子自由式摔跤锦标赛暨2008年北京奥运会选拔赛在常德市体育馆举行。来自全国25个省市（自治区）的44支代表队、288名运动员进行女子自由式摔跤7个级别的角逐。市委常委、宣传部长覃清香主持大赛开幕式，副市长张元英致欢迎词，国家体育总局举重摔跤柔道管理中心副主任沈志刚致开幕词，国家体育总局举重摔跤柔道管理中心副主任周进强宣布开幕。湖南省体育局常务副局长陈正湘、市人大常委会副主任文承保、市政协副主席李金诚出席开幕式。（杨 生）

【石门籍运动员李丽滢夺取女子举重世界杯冠军】 11月30日~12月2日，举重世界杯比赛在太平洋岛国萨摩亚举行，这是2008年奥运会前最后一场世界举重大赛，也是各国奥运会资格大赛。石门籍运动员李丽滢在12月1日进行的女子63公斤级比赛中表现得相当强势，夺得总成绩第一名，夺冠成绩是抓举114公斤、挺举128公斤、总成绩242公斤。（杨 生）

【《常德市参加省以上重大体育比赛奖励暂行办法》出台】 为进一步贯彻落实《湖南省体育后备人才培养条例》，加快常德的体育后备人才培养工作，9月30日，常德市人民政府办公室印发了《常德市参加省以上重大体育比赛奖励暂行办法》（常政办函〔2007〕94号），暂行办法自发布之日起施行，该办法的制定出台，为常德积极发展竞技体育创造了有利条件。（杨 生）

消失的旧街巷

大兴街

大兴街南起上南门码头，北至和平西街，长约1华里，宽为7~10米，纵穿常德正街（即今人民中路），为通往上南门码头必经之道。旧时，因街道商业繁荣，生活兴隆、豪宅密集，故取名“大兴”。据有关史料记载，大兴街又名“忠岳街”、“上南门”；“文革”时期一度更名为“新胜街”。又据《常德府志》记：“上十字街，曰‘上南门’，临江旧有城门，号‘神鼎门’”。“神鼎门”应是常德珍贵文物，可惜在抗日战争中被战火摧毁。“神鼎门”遗址在今湘航常德客运站码头岸边，距下南门码头250米。

社会·生活

人民生活

【城镇居民收入】2007年，常德城市社会经济发展再创佳绩，经济发展继续运行于二位数的快速区位。社会经济的健康快速发展极大地支撑了城市居民收入的稳步增长。据国家统计局常德调查队调查，2007年常德城市居民人均可支配收入为12453.1元，比上年增加1758元，同比增长16.44%。推动人均可支配收入增速创下新高的因素：一是工薪收入增长14.75%。2007年，随着全市经济的持续快速发展，公务员工资改革等一系列政策措施的落实，工业企业和第三产业的较快发展，工薪收入的增速由上年的6.97%上升到14.75%，提高了7.78个百分点，城市居民人均从工薪中得到的收入（包括个人所得税、个人社会保险和住房公积金等）达到8508.85元，比上年增加1093.66元。其中，工资及补贴收入为8212.72元，增加1102.62元，增长15.5%。二是经营净收入增长15.07%。2007年，城市居民从事生产经营活动所获得的净收入人均为1064.79元，比上年增加139.43元，增长15.07%，占可支配收入的比重与上年持平。三是转移性收入增长21.73%。2007年，随着社会保障制度逐步完善，离退休人员的养老金标准的提高及国家对低收入城镇居民的转移支付力度加大，明显增加了居民收入。城市居民人均转移性收入为3319.15元，比上年增加592.57元，增长21.73%，其中，人均离退休养老金为2723.01元，比上年增加683.89元，增长33.54%。另外居民家庭得到的人均赡养收入为175.12元，增加90.39元，增长106.68%。（杨建新）

丰富多彩的群众文化生活　陈旭昶　摄

【城镇居民消费】2007年城市居民收入的快速增长，有力地带动了城市居民消费升级，城镇居民生活水平继续得到改善。人均消费支出达到8970.5元，同比增长16.61%。主要表现在：

食品消费向营养快捷发展。2007年，城镇居民人均食品消费达到3207.24元，比上年同期增长19.5%，恩格尔系数为35.8%，多数城镇居民食品消费已由副食型向营养型转变，城镇居民家庭不仅讲究吃饱，更讲究营养和快捷方便。

衣着消费更趋新潮时尚。2007年，城镇居民衣着消费水平进一步提高，衣着日渐更新，追求特色服装、新潮时尚式样的消费浪潮一浪高过一浪，城镇居民衣着变化一年一个式样，2007年，人均衣着消费达到820.87元，比去年提高3.19%。

医疗保健消费大幅看涨。2007年，城镇居民医疗保健消费人均达到815.85元，比上年同期增长44.88%。人均医疗费用和药品费用增长尤为迅猛，2007年人均医疗费用和药品费用分别达到了235.74元和428.87元，与2006年相比分别增长了28.7%和26.7%。城镇居民医疗保健意识也进一步增强，除了正常的医疗之外，城镇居民为了身体健康，部分家庭添置了按摩器、健身器。一些中高收入家庭还适时购买一些保健药品，使医疗保健消费水平不断上升。

教育文化娱乐消费水平不断提高。城镇居民家庭教育文化娱乐消费发生四个新变化；一是购买家用电脑的家庭日渐增多；二是对子女教育的选择明显升级；三是为提高自身素质的文化教育消费支出不断增加；四是追求高尚娱乐活动的家庭人口不断增多。2007年，城镇居民文化教育娱乐消费人均达到1093.04元，比上年增长26.78%。

居住条件明显改善。城镇居民居

住条件改善，有四个显著的特点，一是居住面积不断增加；二是居住环境不断得到改善；三是拥有自有住房的家庭不断增多；四是住房设施得到不断的更新和改造。2007年，常德城镇居民居住消费人均达到1172.03元，增幅为15.24%，居住消费水平比过去有了明显提高。

个人消费水平升级。城镇居民家庭的个人消费水平逐年得到提高，消费质量明显升级，推动其它商品和服务增长40.61%，主要表现在：一是购置中、高档个人饰品、美容品的人数日趋增多；二是出省出国旅游的家庭人口增多；三是接受为个人服务的家庭人口日渐增多。（杨建新）

农村老年人活动中心

农村宜居住宅

【农村居民收入】 2007年，农村居民收入总的趋势是：劳务经济持续增长，务工层次有所提高，农民收入较快增长，增收形势总体看好。全年农民人均总收入达5810元，比上年增加663元，增长12.86%。其中，起主导作用的工资性收入和家庭经营收入为1327元和3986元，分别比上年增长9.52%和13.15%；家庭经营一产业收入3201元，增长12.48%；二产业收入224元，增长12.41%；三产业收入560元，增长17.51%。全年农民人均纯收入达3966元，比上年增加418元，增长11.78%；增长额创近十年历史新高。人均可支配收入为3740元，比上年增加376元，增幅达11.18%。（曹　军）

【农村居民生活】 2007年，随着农村经济的不断改善和新农村建设的不断推进，对农村居民生活方式产生了积极影响，生活水平和生活质量进一步提高。全年农村居民人均生活消费支出达3789元，比上年增长10.22%；恩格尔系数为46.9，比上年上升了1.4个百分点，食品类价格较大幅度上涨是导致恩格尔系数上升的主要因素。2007年，农民人均居住面积为44.78平方米，比上年增长1.22平方米，住房价格为9542元，比上年增长472元。全年农村固定资产投资为56.71亿元，比上年增长12.36%，其中农户固定资产投资为36.5亿元，比上年增长19.9%。随着新农村建设投入的加大，农村固定资产投资继续增加，农村交通通讯、医疗卫生、饮水等基础设施和生活条件不断得到改善。农村生产生活环境的改善继续对农村居民家庭消费取向产生较大影响，农民家庭主要耐用消费品继续增加。（曹　军）

表14　　每百户主要耐用消费品拥有量

产品名称	计　量	2003年	2004年	2005年	2006年	2007年
电视机	台	112	11	109.86	115.27	116.66
电冰箱	台	10	10.36	16.3	21.9	24.05
洗衣机	台	20	24.17	26.05	33.27	37.35
摩托车	辆	16	20.74	29.81	33.82	37.64
电话机	部	59	65.61	72.21	74.62	76.53
移动电话	部	20	31.08	51.62	65.69	73.07
空调机	台	1.26	3.3	3.07	5.36	8.58

社会劳动保险

【概况】 2007年，常德市企业职工基本养老保险工作，在市委、市政府的正确领导下，以科学发展观为指导，求真务实，争先创优，全面推进，取得了可喜成绩。全年全市参保企业1424户，参保职工28万人，增加2.16万人，增长率为8.32%；离退休人数15.5万人，同比增加9310人，增长率为6.38%。全年全市累计实征基金8.36亿元，同比增加2.2亿元，增长率为40%。截至12月底，全市累计发放养老金12.06亿元，增长39%，按时足额社会化发放率100%。（刘子军）

【扩面续保】 坚持外延扩面参保和内涵扩面续保并举，把扩面续保作为为民办实事的民心工程和增强基金支撑能力的支柱来抓。适时启动开展了农林“小三场”职工参保工作。全市实际完成扩面3.4万人，完成目标任务的108%，全市续保职工8.18万人，续保金额2.7亿元，占全年基金征缴收入的33%。其中市本级续保人数3.18万人，续保金额10666万元，占本级全年基金征缴收入的35.7%。（刘子军）

【基金征缴】征收养老保险费8.36亿元，完成目标任务的150%，同比增长40%。其中市本级征收3.21亿元，完成目标任务的的135%，同比增长22%。（刘子军）

【劳保基金征收】全年全市共征收建安劳保基金4850万元，同比增长67%，完成目标任务的135%，其中市本级达到2538万元，同比增长110%；全市建安劳保基金清欠共完成1299万元，超过历年清欠的总和。（刘子军）

【养老金调整】全市15.5万名企业退休人员调整了基本养老金，人均月均养老金水平达到722元，比上年增加85元，增长率达12%。全年全市发放养老金达12.06亿元，增长39%，发放规模超历史。（刘子军）

【社保处服务窗口荣获“全省巾帼文明岗”称号】2007年度，市社保处大力加强行风建设，全面推行优质服务,对参保续保职工及离退休人员在窗口实行“民航式”人性化服务和“银行式”一站式服务,得到了各级领导和社会各界群众的一致好评。12月3日，市社保处服务窗口荣获省巾帼建功领导小组授予的“全省巾帼文明岗”匾牌。（刘子军）

医疗保险

【概况】截至2007年12月底，全市参加基本医疗保险的单位5762家，参保职工436421人。2007年应征收基本医疗保险费29514万元，实际征收28796万元，征缴率97.6%；应征收大病互助费3526万元，实际征收3485万元，征缴率98.8%。参保患者出院46304人次，人均住院13.6天。出院人员共发生住院医疗费24050万元，平均每人次5194元。全市参保患者平均自负比例为29.3%。市本级参保患者平均自负比例为27.8%。（黄　科）

【城镇居民医保试点】2007年，根据国务院安排，常德市被列为全国城镇居民基本医疗保险首批试点城市之一。9月30日，市政府印发《常德市城镇居民基本医疗保险暂行办法》，10月1日，试点工作正式启动。截止2007年12月底，常德市城镇居民基本医疗保险参保人员达到35万人。常德市城镇居民基本医疗保险采取市级统筹、区县经办的模式。全市统筹安排，统一政策、统一流程、统一调剂。在管理上，常德市大胆探索，开全国之先河,实施了市场化首诊制度，受到上级部门密切关注。12月，城镇居民医保中南片会在常举行。（黄　科）

【改革特殊病种管理办法】5月1日，市医保处对特殊病种管理办法实施了改革，从原来的购药垫付制度改为零售配送制度。持证人员购药不需垫付费用，只需支付自付部分费用，其余部分由定点药店与经办机构直接结算。这一改革，确保了药品安全，控制了药品价格，实行了健康管理，简化了结算程序，方便了参保群众。（黄　科）

【定点医疗机构管理】一是严格协议管理。市医保处与行政主管部门联合对市本级定点医疗机构、定点零售药店执行医疗服务协议情况进行了严格考核。对协议中的年人均住院费用、人均床日费、个人负担率等各项指标进行了全面考评。二是狠抓医疗审核。重点排查降低入院标准、分解住院、挂床住院等违规行为、抗生素的不合理使用、分解检查、重复检查等不合理检查行为。三是规范后台报帐。对异地医疗、特殊病种等必须后台报帐项目，制定严格的报帐程序，坚持窗口人员初审、审核负责人复查、分管领导终审三级把关制度。四是加强住院跟踪。全年共审查病历8784份，查房10500人次，排除入院指征不明和分解住院病375人次，减少不合理支出450万元，扣除违规费用15万元，核定超支费用270万元。（黄　科）

【医疗统筹基金】一是建立举报机制。制定出台了《基本医疗保险基金财务管理制度》，并配套建立了经费管理、会计档案管理、现金管理、票据管理、对帐等一系列财务管理制度，公布了举报电话，制定了奖励举报制度。二是加强内部审计。每月从基本医疗、大病互助、生育保险、离休人员等业务中随机抽取10笔业务进行审计，确保日常业务运作规范有序。三是加大查处力度。采取现场检查和社会监督的方法，打击各类违规行为，维护基金安全。全年共查处定点医疗机构违规行为8起，挽回基金损失38000多元，查处骗取基金案件3起，拒付基金16000多元。（黄　科）

优抚双拥

【概况】2007年是中国人民解放军建军80周年，也是全国矛盾纠纷排查化解年。为切实解决优抚对象和部分军队退役人员实际困难，维护军队和社会大局稳定，中央和省里出台了一系列政策，做了多项重要部署，引起了各级党委政府和各级民政部门的高度重视。各级优抚安置部门的领导和同志们紧紧围绕为改革发展稳定大局服务、为国防和军队建设服务、为广大优抚对象服务的主题，准确把握并积极适应当前形势，严格执行和落实政策，投入大量人力、物力、财力，做了大量艰苦细致和卓有成效的工作，较好地完成了全年优抚安置工作任务。

强化双拥工作组织领导。一是建立双拥领导机构。近年来，常德市双拥工作一直由分管副市长协调开展，民政局优抚安置科负责具体日常工作。为进一步强化组织领导、加强部门协调配合，促进政府行为与社会行为、以情双拥与依法双拥、行政调节与市场调节的有机结合，经连续几年向市委、市政府请示，得到了领导高度重视和大力支持。2006年12月，市委办、市政府办联合下发常办通字〔2006〕52号文件，成立“常德市拥军优属拥政爱民工作领导小组”。2007年4月，市编制部门批准成立“常德市双拥工作领导小组办公室”，为市民政局管理的具有行政职能的正科级事业单位，机构编制两名。二是完善双拥制度。6月下旬，双拥办工作人员全部到位后，即着手双拥工作制度的健全，修订了党组议军会制度、双拥工作例会制度、信息通报制度、走访联系制度、总结表彰制度等工作制度7个；结合全省“两个一万、三个一千”活动规划和常德市“爱心献功臣”活动实际，新制定“扶优奔康”等以关爱优抚对象为主题的活动方案三个，初步形成了适应当前形势的可操作性强的工作制度体系。三是逐层落实双拥职责。在市双拥领导小组统一部署下，各级党委政府将双拥工作列入干部考核内容，进一步完善制度，拟订军民共建方案，落实双拥工作职责。各级领导带头，各单位参与，在政治待遇、经济待遇、医疗保障、困难救助等方面明确各单位的责任，落实双拥措施。全市共成立双拥领导小组1200余个，遍及各机关、企事业单位和各乡镇，形成了较为完整的双拥工作网络，确保了双拥职责的层层落实。

隆重开展庆祝建军80周年纪念活动。为弘扬我党我军光荣传统，大力营造热烈浓厚的建军80周年纪念活动氛围，经市政府市长办公会议研究决定，从7月初至8月上旬，在市委、市政府、常德军分区统一领导下，由市双拥领导小组协调指挥，市委宣传部、市民政局、常德军分区政治部共同负责，团市委、文化局、人事局、财政局、广电局等部门参与，在全市开展了五个方面主体活动：一是开展新闻宣传。市直和部分区县新闻单位在建军节期间发表纪念文章、社论评论，播放有关电视专题片，大力宣传人民军队在党的领导下走过的光辉历程、建立的丰功伟绩。二是推介双拥典型。常德日报社开辟“军旅岁月”专栏，集中宣传了常德市20名自力更生、艰苦创业的现役、退伍军人典型；桃源县在县电视台开辟“我曾是军人”专栏，宣传一批自立自强的先进退伍军人；鼎城区等区县在当地电视台共宣传报道32名有代表性的先进人物事迹，树立了一批不等不靠、自强不息的军人形象。三是开展军民联谊活动。7月31日晚，市委宣传部牵头，在常德电视台举办了“庆祝中国人民解放军建军80周年军民联欢晚会”，热情讴歌了当代退伍军人在建设和谐社会、和谐家园中所起到的重要作用。津市、桃源等地通过开展各种军民联谊文体活动，进一步密切了军政军民关系。四是组织开展传唱《双拥歌》活动。7月上旬开始，在各机关、团体、企事业单位和各驻常部队组织学习、传唱《双拥歌》活动，使拥军优属、拥政爱民思想深入人心。五是全市联动深入走访慰问。建军节前夕，市“五大家”主要领导看望驻常部队官兵并赠送慰问品，各机关、团体、企事业单位、学校和中央、省在常单位组织慰问驻常部队，各区县（市）也通过领导走访、开座谈会、为特困优抚对象建房解困等形式表达党和政府对现役和退伍军人的关怀。全市“八一”期间共走访慰问优抚对象20590人，发放慰问金和慰问品折币共计285.16万元。其中桃源县政府统一组织走访慰问6300人，各基层组织和单位慰问近万人，投入资金93万元。此外，澧县、鼎城、桃源、津市等部分区县通过发慰问信、设置宣传车和宣传标语、举办图片展等方式，宣传军民“同呼吸、共命运、心连心”的鱼水关系，引起了良好的社会反响。

广泛开展“扶优奔康”活动。根据省民政厅安排和全省“两个一万、三个一千”活动要求，结合常德市近年“爱心献功臣”活动实际，在全市广泛宣传、发动和部署“扶优奔康”活动，取得了初步成效。一是发挥政府主导作用。各级政府均建立了优抚对象临时救助专项资金，用于解决优抚对象特殊困难，帮助他们发展生产。全市全年共为5000余名重点优抚对象解决生产、生活、医疗、住房困难；为全市医疗困难的优抚对象设立优抚门诊并实行医疗费减免；对在城镇的655名下岗残疾军人，全部推荐到公益性岗位再就业，由政府负担其养老保险、医疗保险，有效保障了他们的基本生活。二是调动各驻地部队积极性。组织各驻地部队积极开展“科技兴农”活动，举办科技培训班35期，为地方培养科技能人和致富带头人3000余人。三是动员社会各界参与。通过全市各级各单位双拥机构宣传发动，各单位干部职工与优抚对象结成帮扶对子，为特困优抚对象排忧解难。全市共建立帮扶组织361个，帮扶7329人，捐赠资金145万元，建立“扶优奔康”项目7个。

及时发放重点优抚对象抚恤补助经费。2007年，国家再次大幅度提高了优抚对象抚恤补助标准，各区县（市）优抚部门在人手少、事情多的情况下，特别是下半年落实部分军队退役人员有关政策占用了大部分精力的情况下，把优抚经费发放作为工作重心，周密测算调标补发金额，积极协调财政部门垫付资金，严谨审核发放程序，确保了中央优抚专项经费和地方配套经费及时发放到优抚对象手中。在资金发放上，进一步畅通渠道，全面实行优抚经费银行打卡发放，确保抚恤补助资金及时兑现。

全面落实城乡现役义务兵家属优待。一是及时兑现家属优待金。常德市从2005年开始，按照农村义务兵家属优待金1200元/年、城镇义务兵家属优待略高于农村的标准，对全市家属优待政策进行了整顿和规范，实现了优待金由民政部门直接发放。2007年，全市共保障城乡现役义务兵家属优待金约685万元，年底前基本兑现到位。二是给予军功奖励。部分区县（市）按照在服役期间立三等功奖励350元、优秀士兵奖励250元的标准，对服役期间立功受奖的给予军功奖励，经费由当地财政负担。三是开展“挂好一块牌、送好一份报、贴好一张画、写好一封信”活动。要求各基层民政部门为每名现役军人家庭挂好一块光荣军属牌，每一名战士的立功喜报都由乡镇民政办送到家里，“春节”给每个现役军人家庭送上一幅年画，“八一”给每个现役军人写一封信。全市“八一”期间共发慰问信2万封，送年画3万幅。

基本落实重点优抚对象医疗待遇。常德市1~6级残疾军人已全部纳入特殊医疗保障，实行医疗费实报实销。对在乡老复员军人医疗问题，采取定点治疗、定额包干的办法解决，并给予每人每年200元补助医疗费。桃源等县将在乡重点优抚对象全部纳入农村新型合作医疗，其个人应缴部分费用由民政部门补贴，其他区县也正在积极推行此项政策。（彭先友　郭　欣）

【抓好部分军队退役人员有关政策落实】 建军节前夕，中央和省里连续出台了9个关于部分军队退役人员的政策性文件，着力解决困难。7月23日，全市部署落实部分军队退役人员有关政策工作会议召开后，各区县（市）和市直有关部门按照市委、市政府安排部署，迅速传达动员，明确领导机构和工作责任，研究制定落实方案，精心组织部署落实。根据市委、市政府明确的“把握政策、落实政策、严守政策、用足政策”的工作目标和要求，主要制定了摸底方案、登记方案、宣传方案、督查方案等四项工作方案，明确摸底登记工作对象、方法和宣传工作要求。至8月初，全市9个区县（市）都召开了大会，对乡镇、街道办事处民政专干进行了培训，制定了具体落实方案，迅速铺开工作。

对政策涉及的参战退役人员、涉核人员、企业老兵等三类人员，按照“不漏一项、不漏一人”的原则，深入摸底，严谨审核。对所有登记人员，要求按照一人一档的标准建立个人档案。各级民政部门按照中央、省、市的要求，集中工作力量，落实工作责任，抽调工作人员，安排工作经费，协调有关部门，采取在农村的以个人申报、查阅档案和入户调查相结合，在城镇的以原单位调查、社区了解和查阅档案相结合的方式逐人逐项清理，全面摸底核查，至9月下旬，顺利完成了摸底登记工作任务。摸底登记结果上报市里后，市里组成了一个五人审查小组，连续一个多月加班加点，对全市上报的16000多份档案逐一审查，对有疑问的反复推敲，对资料不齐全的退回补充，针对审核上报中反馈出的不足，专门下发文件，进一步统一全市人员登记、档案资料建立、资格审核认定等方面尺度，并对重点地区和重点人员情况进行了督导落实，按照发现一个问题解决一个问题的办法，推动政策落实工作深入开展。12月上旬，副市长徐超文带队，集中两周时间，对政策落实情况再次进行了督导检查，对档案资料不健全的个别县进行了重点整顿。（彭先友　郭　欣）

【多策并举，顺利完成城镇退役士兵安置】 做好退役士兵安置工作，保障退役士兵合法权益，是支持国防和军队现代化建设的重要举措，是巩固国防、稳定军心、促进社会和谐发展强有力的保证。全市各级党委、政府对贯彻国务院和省政府安置工作文件精神高度重视，层层组织传达学习，吃透精神，把握实质，统一思想，形成共识，对照文件精神，科学制定落实方案措施，精心组织贯彻实施。市委、市政府五次召开专题会议，研究落实退役士兵安置，9、10月份连续下发三个文件明确工作要求，统一思想认识。各职能部门密切配合，齐抓共管，做了大量具体工作，确保了市委市政府工作部署的贯彻落实。

为切实落实退役士兵安置，市委、市政府和各区县（市）高度重视，采取坚决措施，从严肃纪律着手，明确进度，强化责任，拓宽渠道，深化改革，狠抓落实，有效保障了退役士兵权益。一是强化工作责任。明确由各级人民政府负总责，各单位一把手负全责，各单位分管领导负专责，各有关职能部门各负其责，确保落实。二是拓宽安置渠道。为缓解安置对象多与安置渠道窄的矛盾，按照国防义务均衡负担的原则，向民营企业安置派遣退役士兵49人，其中市直向民营企业安置退役士兵18人，占安置总量的9%。武陵、桃源、临澧等区县大力挖掘民营企业安置潜力，有效缓解了政府安置压力。三是保障退役士兵权益。市直对所有安置到事业单位的退役士兵均安排编制，其编制单列，动态管理；对服役满10年以上的转业士官，在安置时给予优先和照顾，均安置到相对较好的单位。四是严肃安置纪律。对拒收、变相拒收和接收后未及时安排退役士兵上岗的单位，实行约法三章，制定了对单位及单位领导的责任追究制度，对单位的人事、编制、经费制约制度以及其他制约措施。针对部分安置未及时到位的情况，有关职能部门按照市委、市政府制定的工作纪律，严格履行职责，执纪到位，保证了退役士兵及时上岗。五是加强督导落实。市直和桃源县、临澧县、鼎城区两办督察室组成联合督导组，对本级安置落实情况按照督查一个问题解决一个问题的原则，对发现的问题现场交办，紧抓不放，一抓到底，有力促进了安置政策的落实。

2007年，全市共接收退役士兵2826人，其中符合安置条件需给予政策性安置的948人。享受政策性安置的退役士兵中，安排工作单位的到当年底安置上岗率94.58%。2005年，常德市曾对历年安置未接收、接收后未安排上岗的安置遗留问题进行了全面清理和集中落实，基本解决了近15年来安置历史遗留问题。2007年的安置遗留问题，主要是上年度安置未落实的人员。有关区县按照“原接收单位存在的由原接收单位落实、原接收单位不存在的给予重新安置或纳入自谋职业范围”的原则，结合当年安置工作全部消化落实.为提高退役士兵自谋职业积极性，市直和临澧、桃源、石门、澧县、鼎城等大部分区县（市）均提高了自谋职业一次性经济补助标准，提标后补助基数达到或部分达到了义务兵和复员士官2万元、转业士官4万元，并对超期服役年限给予补偿。同时利用自谋职业补助提标的契机，积极扩大宣传教育，主动协调落实自谋职业优惠政策，及时兑现补助经费，促进了自谋职业的进一步深化。2007年退役士兵全市自谋职业率53%，比2006年提高2个百分点。（彭先友　郭　欣）

武 陵 区

区委书记	王孝山
区委副书记	罗少挟　杨作成
区委常委	杨学亮　邓纯彪　吴卫民　廖忠义　蒋颖群　徐术福　熊岳辉　黄治军　袁世平　姜胜国
区人大常委会主任	郑之松
区人大常委会副主任	鲁光学　罗明顺　冉伍英　吴新华　曾勤建
区人民政府区长	罗少挟
区人民政府副区长	徐术福　姜胜国　王　路　李有富　杨泽民　吴志红　陈卫平　李宗翰　丁天德
区政协席	陈杏元
区政协副主席	曾荣华　李日春　铁明东　彭次君　林庆国
区武装部政委	张世湘
区武装部部长	熊岳辉

【概况】2007年，全区辖6乡1镇5个街道办事处，土地总面积269.5平方公里，耕地面积6370公顷。年末总人口42.1万人，其中非农业人口32万人。人口出生率9.3‰，自然增长率3.8‰。全区经济社会发展继续呈现增长速度加快、运行质量提高、产业结构优化、发展活力增强、人民生活改善、社会事业进步的良好态势。

主要经济指标持续增长。实现区内生产总值36.9亿元，增长14%。实现地方财政一般预算收入2.97亿元,增长29.7%，财政收入占生产总值的比重由上年度的7.48%提高到8%；完成固定资产投资19.17亿元，增长30.8%；完成社会消费品零售总额18.7亿元，增长23%；引进内外资金19.3亿元,增长38%。

工业发展势头强劲。净增规模企业10家，总数达到59家；工业总产值完成30亿元，增长26.8%。其中规模以上工业实现产值13.81亿元，增长44.3%，增加值增长29.7%，高出生产总值增幅15.8个百分点。在市委、市政府的大力支持下，市区两级统一了工业园区建设关于土地出让金、非税收入减免和入园项目报建报批等政策。全年投入3000多万元用于工业园核心区基础设施建设，核心区年内新上工业项目11个，总投资2.2亿元，入园企业达到29家。湖南嘉利包装和湖南宏力德成纺织签约落户，全区实现了投资过亿元工业项目零的突破。食品加工、塑料制品、机械电子、新型建材和化纤纺织五个支柱产业企业户数达到39家，完成产值10.1亿元，分别占规模企业总数的66.1%和规模企业产值的73%。全年完成技术改造投资4.42亿元，增长116.1%，其中规模企业完成技改投资1.98亿元,增长94.6%。

新农村建设成效明显。累计投入4150万元用于新农村建设。农村安全饮水解决9528人。硬化通村公路17.46公里，通组公路45.5公里，全区通村公路硬化率达100%，通组公路硬化率达70%。硬化和整修沟渠87.9公里，绿化亮化村级主干道16.8公里。新建和改造村部8个。新建垃圾围162座，沼气池203座，38个村实行了垃圾集中收集和处理。在东江乡新农村建设示范片建成了2800多米的示范走廊。新增蔬菜基地100公顷，20公顷以上连片蔬菜基地达35个。新增畜禽养殖大户20个。新增市级龙头企业7家，农产品加工规模企业3家，全区农产品加工企业达到105家，其中年产值过亿元的企业1家，过千万元9家。沿207国道、河伏森林公园和省道1801线的休闲农家达到70家。全区先后组建腰鼓队、鼓乐队、龙狮队等团体20多个，篮球队、排球队等体育队伍30多支。

三产业持续健康发展。通过规范引导、拓展空间、提升品质，促进了全区三产业持续稳定增长，三产业增加值连续四年保持14%左右的增长速度。按照分工明确、相互衔接、错位竞争、特色鲜明的发展思路，加大环火车站大市场商贸圈、环钢材大市场物流配送圈、环步行街休闲购物圈和环兴隆装饰城建材交易圈“四大商圈”的建设力度，板块架构初具雏形，规模特色逐渐显现，业态层次悄然演进，人气财气升温转旺。积极引导协会发展，新组建了钢材营销、名特水果苗木等8个协会组织，促进了服务业整体水平的提高和行业自律。积极培育和发展房产业，区属房产企业已达40家，新开发面积101.8万平方米，年销售收入7.45亿元，年创税收6000多万元。建安企业建安量突破10亿元，上缴区级税收3000多万元。

人民群众实惠增加。全面完成或超额完成了省八件实事和市十件实事，有效解决了一批群众最关心、最直接、最现实的利益问题。全区城镇居民年人均可支配收入达到12453元，增长16.4%；农民年人均纯收入达到5913元，增长11.3%。新扩养老保险5995人，供养比例进一步优化，养老金按时足额发放率达100%。城市低保补差标准月人均提标20元，农村低保面不断扩大，城乡低保实现了“应保尽保”。高度关注弱势群体，积极实施大病医疗救助，及时足额发放了物价补贴。全面启动了新型农村合作医疗和城镇居民医疗保险。加大就业和再就业工作力度，实现城镇就业与再就业9713人，其中下岗失业人员再就业7933人，城镇登记失业率控制在4%以内，基本上实现了无“零就业”家庭。统一规范了津补贴政策，财政供养人员经济待遇大幅提高。

社会管理有序有效。通过建立科学有效的平安创建机制、维稳工作机制、利益协调机制、诉求表达机制、矛盾调处机制和权益保障机制，妥善化解和处理了一批重大涉稳矛盾，有力维护了常德城区社会大局稳定。严格落实安全生产责任制，全年未发生一起重特大安全生产事故。推进教育强区建设，全面落实教育投入的各项政策保障机制，在年内省政府组织的教育两项督导评估考核中获得好评。群众体育活动蓬勃开展，文化精品和特色节目不断涌现，在省第四届农运会上，武陵区被评为先进区县。大力开展市容市貌专项整治行动，连续五年荣获全市“城管创建红旗单位”称号。大力开展“以举手之劳，解他人之难”为主题的社区志愿者服务活动，获得了全国社区志愿服务活动示范区称号。积极响应市委、市政府号召，拆除违法建筑的攻坚战取得阶段性成果。加强食品安全监管，连续五年未发生一起群体性食物中毒事件。计划生育稳中有进，荣获全省计划生育优质服务先进区县、全国先进基层计划生育协会等荣誉称号。

存在的问题：经济总量不够大，龙头企业不多，缺乏高科技、高附加值的重大项目；制约经济发展的土地、资源、资金等因素还十分突出；社会保障能力不够强，公共服务质量还有待进一步提高，部分乡镇、街道运转比较困难；人民生产生活水平仍然偏低，弱势群体的救助有待进一步加强。（陈　维）

【“四大商圈”建设步伐加快】 为了加快提升三产业发展品质，2007年，武陵区全面启动了“四大商圈”建设，即按照分工明确、相互衔接、错位竞争、特色鲜明的发展格局，建设和打造“环火车站大市场商贸圈”、“环钢材大市场物流配送圈”、“环步行街休闲购物圈”、“环兴隆装饰城建材交易圈”。为切实抓好“四大商圈”建设，武陵区成立了“四大商圈”建设领导小组，由区级领导挂帅，10多家区直部门为成员，在2007年进行了两次大规模理论研讨，制定了“四大商圈”发展规划，并按照规划进行招商引进和产业引导，实现了“四大商圈”的快速健康发展，2007年“四大商圈”年销售额增幅都达到25%以上。（陈　维）

【获“全国社区志愿服务活动示范区”光荣称号】 2006年12月，武陵区成立了社区志愿者总会，在全区5个街道办事处成立了社区志愿者协会，并在每个社区成立了志愿者分会，登记社区志愿者12000名。武陵区社区志愿者总会积极组织开展各类社区志愿者服务活动，引导广大社区志愿者服务社会发展，服务人民群众需求，服务自我价值体现，涌现了一批社区志愿者典型，树立了一批特色鲜明的社区志愿服务品牌。2007年12月5日，在北京召开的2007年国际志愿者日“红围巾”主题活动暨《志愿者之歌》发布仪式上，武陵区被授予“全国社区志愿服务活动示范城区”光荣称号，成为全省首个获此殊荣的区县。（陈　维）

武陵区党员志愿者活动启动仪式

【计生协会被评为全国先进基层单位】 武陵区计划生育协会充分发挥协会组织作用，组织和引导全区157个基层计生协会组织、1630个协会小组和43402名协会会员积极开展“生育关怀”、“唱会歌、爱计协、作贡献”、“和育龄妇女说说悄悄话”、“婚育新风进校园”、“生殖健康村村行”、等多种类型活动，有力促进了全区计生工作的开展，业务工作连续多年被评为全市先进，为全省协会会长暨推进“生育关怀”现场会提供了多个现场，并于2007年被评为“全国先进基层计划生育协会”。（陈　维）

【教育工作被评为全省“两项督导”评估优秀单位】武陵区坚持教育优先发展，积极扩大教育投入，努力改善办学条件，不断提升教学质量，全区基础教育实现快速健康发展。2007年5月，武陵区作为常德市唯一的一类地区接受了省“两项督导评估考核”，考核结果定为优秀，区人民政府被中共湖南省委组织部、湖南省教育厅、湖南省人民政府教育督导室授予“教育工作优秀单位”称号，区委书记王孝山，区长罗少挟被授予“教育工作优秀个人”称号。（陈　维）

【中共中央政治局常委李长春视察武陵区新农村建设】2007年5月12日，中共中央政治局常委李长春在省委书记张春贤，省长周强，市委书记武吉海，市长卿渐伟，区委书记王孝山，区长罗少挟等领导陪同下，视察了武陵区新农村建设情况，对武陵区新农村建设工作给予了高度肯定，并深入武陵区芦荻山乡芦山村，与当地群众进行了亲切对话。（陈　维）

鼎　城　区

区委书记　王昌义
区委副书记　李秋葆　李育智
区委常委　向美华　杨　君　李世霞　詹一兵　韩才渊　田大春　候令龙　胡　文　邵明富
区人大常委会主任　向　阳
区人大常委会副主任　马本慧　潘端明　皇浦泽华　刘友善　丁福华
区人民政府区长　李秋葆
区人民政府副区长　向美华　杨　君　王建华　李传荣　蔡仁国　吴耀光　唐少华
区政协主席　许中诚
区政协副主席　周国栋　彭久媛　钟泽英　杨　元　过　乔
区武装部政委　肖银峰
区武装部部长　候令龙

【概况】2007年,鼎城区辖33个乡镇和4个农林场，土地总面积2451平方公里。耕地面积6.97万公顷，其中水田6.45万公顷，旱地0.52万公顷。年末总人口86.25万人，其中农业人口74.59万元，人口出生率6.44‰，自然增长率2.14‰。

经济总量快速增长。全区实现地区生产总值88.02亿元，增长12.5%；完成地方一般预算收入1.95亿元，增长25%；完成全社会固定资产投资16.1亿元，增长34.9%；完成社会消费品零售总额45.6亿元，增长17.3%；城镇居民人均可支配收入达到10908元，农民人均纯收入达到4029元，分别增加1692元和418元。

工业发展势头强劲。全年完成工业总产值70.5亿元，同比增长24.6%。进入统计口径的规模工业企业净增14家达到79家，实现产值33.2亿元，完成工业增加值9.2亿元，同比分别增长39.2%和33.3%。机电、建材、轻纺、食品四大支柱产业销售收入均有大幅增长，年产值过亿元的企业达到6家，完成工业产值近20.24亿元，占全区工业总产值61%；制定了机械产业集群发展五年规划，出台了鼓励和支持机械产业集群发展办法。鼎城经济开发区新增项目用地73.33多公顷，完成基础设施投入3100万元，完成了灌溪工业园岗中路、兴工路和邓家坪三条道路的配套建设和电力电信杆线转移，启动了自来水厂建设，完成了桥南园区孔家溶路和石板滩烟叶仓库的配套建设，全年实现园区工业总产值30.4亿元，同比增长52.9%。

新农村建设稳步推进。全年区财政配套共投入2204万元用于新农村建设：完成通村公路建设349.9公里；解决农村2.7万人的安全饮水问题；新建沼气池3500口。区财政拨付资金250万元，用于临岗新农村示范片6个村的基础设施建设，临岗新农村示范片建设居于全市领先水平。新农村建设的不断推进，有效促进了农村经济发展，全年实现农业生产总值52.5亿元，同比增长7%；全年转移农村劳动力18.6万人（次），创收8.7亿元，增长8.2%，农民人均增收1100元。

商贸流通日趋活跃。投资1.5亿元的金麟市场升级改造工程已经启动；投资1.5亿元桥南汽车总站暨财富广场已部分投入使用。此外，湘西北水产市场及轻纺城市场升级改造项目正在洽谈之中。桥南市场全年商品交易额达20亿元，基本恢复到灾前实际水平。成功举办了第二届桥南商品交易会，交易额达到3亿元，桥南市场群作为湘西北商贸流通中心的地位正在逐步确立，发展前景广阔。“万村千乡”市场工程全面推进，为110个村近20万人提升生活质量、缩小城乡差别创造了条件。

城市建设明显提速。江南城区基础设施建设共落实投资计划1.16亿元，完成了鼎城东路改造、孔家溶路二期、江南外滩公园一期、鼎城西路延伸段、隆阳中路硬化和9条小街小巷改造等工程；总投资3000万元的永安石昏机埠改造进展较快；总投资5000万元的阳明南路新建工程已全面启动。基础设施的不断完善，提升了江南城区的品位，拉动了江南城区房地产市场和服务业的繁荣。目前，江南城区在建上规模的房产项目9个，房产开发面积42万平方米，竣工面积15万平方米。

开放型经济迅速发展。把“开放兴区”作为区域经济发展的重大战略，认真落实区级领导联系重点项目制度，成功举办“白鹭节”、“鼎洽会”，积极参组团参加“中博会”、“深洽会”等各类招商活动，先后接待香港、浙江、福建等地数十个商务团到鼎城区考察投资。全年共签约引进各类投资项目148个，总投资41.55亿元，其中到位内资24.1亿元、外资1816万美元，同比分别增长40%、12%、和20%，新引进投资过2000万元的项目11个，过亿元的4个。实现外贸进出口总额650万美元，同比增长20%。

社会事业全面进步。全区新增城

镇就业5098人，完成城镇零就业家庭就业援助205户，企业养老保险新增参保人数3159人，征缴各类社会保险费1.51亿元，支付社保费1.65亿元，足额按时支付率100%。新型农村合作医疗参合率达到82.07%，同比提高6个百分点，实现了农村五保户在乡镇定点医院住院就医不花钱；全部免除了农村义务教育阶段学生学杂费，免收了课本费，促进了义务教育均衡发展；切实加强维稳工作，确保了社会大局和谐稳定。（李　晖）

【中联重科灌溪工业园】2007年6月6日，中联重科灌溪工业园武陵结构一厂、二厂技扩改工程举行奠基仪式。

卿渐伟、詹纯新等为中联重科常德灌溪工业园技改扩建工程奠基

该工程总投资3.5亿元，占地24.67公顷，项目投产后年产值可达40亿元，他的奠基使中联重科常德灌溪工业园向"十一五"末销售达50亿元的目标迈出了实质性的一步，必将有力地促进中联重科的进一步做大做强和鼎城工业经济的再次腾飞。目前，中联重科灌溪工业园共有结构一厂、结构二厂、特力液压、建筑起重机分公司四个项目在鼎城注册，年入库税收5000万元。（李　晖）

桥南市场　　陈旭昶　摄

【湖南常德桥南商品交易会】2007年10月18日至11月18日，第二届湖南常德桥南商品交易会成功举办。桥交会期间，开展了十大专业商品优惠展销活动，百对厂商洽谈联谊活动，千个品牌感恩大酬宾活动，万家下游经销商大回访活动，并在东大门二楼多功能厅开展了床上用品品牌展销活动，吸引了50多家床上用品厂商参加。为期一个月的桥交会，商品成交额超过3亿元，进一步扩大了桥南的影响，提升了桥南的知名度，获得较好的经济效益和社会效益。（李　晖）

【桥南汽车总站建成营运】2007年12月22日，鼎城区常南汽车总站总体工程顺利通过省市专家组验收并正式投入营运。常南汽车总站按国家一级客运站规模建设，占地面积60亩，建筑面积8713平方米，设计24条车道，总投资4200万元，年输送能力达500万人。常南汽车总站投入使用后，不仅有效缓解城区的客运交通压力，建立和完善江南城区商业仓储，物流配送体系，还可极大提升江南城区的城市品位，成为鼎城对外展示形象的一大窗口。（李　晖）

【集中拆除城区违法建筑】2007年12月5日，全区集中拆除违法建筑动员大会在天利宾馆召开，此次会议标志着武陵镇城区正式走向规范化管理的轨道。截止12月31日，全区共拆除违法建筑物3837.2平方米,在此带动下，群众自行拆除1100多平方米，城区违法建设行为得到有效控制。（李　晖）

【第十五届人民代表大会】2007年11月16日–18日，鼎城区十五届人民代表大会第一次会议在天利宾馆隆重召开，会议选举产生了新一届区政府领导班子，李秋葆同志当选为新一届政府区长，向美华、杨君、王建华、李传荣、蔡仁国、唐少华当选为新一届政府副区长。（李　晖）

汉　寿　县

县委书记　刘定青

县委副书记　宋云文　张克武

县委常委　曾　勇　刘兴华　李学文

桥南汽车站　　陈旭昶　摄

塞斯勇 刘毅翔 蒋晓勇
邱晓彦 王启武 解以刚
县人大常委会主任 杨开政
县人大常委会副主任 李应常 王立芬 周政怀
龚玉德 彭天喜
县人民政府县长 宋云文
县人民政府副县长 李学文 解以刚 马志列
杨超坤 袁佑清 吕 平
余习琼 周功表
县政协主席 谢贵爱
县政协副主席 王金成 刘志宏 崔建民
黄启顺 刘 杰
县武装部政委 洪 军
县武装部部长 杨建安

【概况】 2007年，汉寿县辖14个乡，15个镇，1个经济开发区。土地总面积2034平方公里，其中耕地面积53千公顷。年末总人口79.24万人，其中城镇人口13.83万人。人口出生率9.42‰，自然增长率4.22‰。年内气温最高38.2℃，最低-1.1℃；年降水量1182.7毫米。

地区生产总值66.41亿元，比上年增长8.8%。三次产业构成比为34.5:27.5:38.0。财政总收入26136万元，增长22.8%。其中一般预算收入19771万元，增长25.1%。财政总支出86546万元，增长44.8%。

农业的传统优势进一步增强。农林牧渔业总产值35.01亿元，增长6%。主要农产品产量:粮食57.03万吨、油料2.95万吨、麻类1.42万吨、瓜果6.86万吨、水产品6.47万吨；出栏肉猪50.9万头、肉牛0.54万头、肉羊2.88万头，肉类总产量4.59万吨，家禽出笼719.57万羽，禽蛋产量2.04万吨。杨树、珍珠、苎麻、蔬菜、花卉苗木、牛羊养殖六大农业特色产业有新的发展，全县杨树面积4万公顷，珍珠0.8万公顷，苎麻1万公顷，优质蔬菜、花卉苗木和牛羊养殖的规模均有一定的扩张。龙头企业和农村经济大户的队伍越来越大，拥有省级龙头企业4家，市级龙头企业14家，达市定标准的种养大户1963户，新增229户，年产值过百万元的218户，农业产业化水平进一步提高。

工业的主导地位进一步显现。工业产值43.37亿元，增加值12.44亿元，增长4.7%。67家规模工业企业完成产值22.25亿元，增加值5.46亿元，增长3.6%；完成销售产值21.62亿元，增长1.76%，产销率97.1%；实现利税6906万元，增长33.2%；利润5856万元。规模以下工业企业及个体工业完成产值21.12亿元，实现增加值6.98亿元，增长6.0%。建筑业保持了强劲发展势头。实现建筑业增加值5.81亿元，增长11.5%；完成建安产值8.8亿元，增长21.6%。

固定资产投资强劲。固定资产投资16.5亿元，增长34.6%。其中，城镇以上投资11.22亿元，增长36.3%，非农户投资1.8亿元，增长77.5%，农村居民投资3.46亿元，增长15.3%。在城镇以上固定资产投资中，城镇投资9.54亿元，增长39.6%，其中更新改造投资2.6亿元，增长3.7%。房地产开发企业13个，房地产投资1.68亿元，增长20.3%，施工面积43.21万平方米，增长102%，商品房销售面积6.06万平方米，增长60.3%。按行业分：第一产业投资1.01亿元，增长12倍；第二产业投资3.33亿元，下降29.3%；第三产业投资6.88亿元，下降14.2%。

社会消费品零售总额21.1亿元，增长17.6%；实现批发零售贸易增加值4.27亿元，增长9.6%。交通、运输、邮电、通信业实现增加值4.84亿元，增长8%。邮电业务总量1.77亿元，增长14.6%。拥有固定电话用户125286户，小灵通用户19721户，宽带用户13564户，移动用户127281户，联通用户44600户。居民消费价格指数为105.9%，服务项目价格指数101.4%,工业品出厂价格指数106.06%。商品零售价格总指数为105.6%，其中食品类价格指数113.4%。

共申报实施国家、省、市科技计划项目39项，其中国家级1项；申请专利33项，其中发明专利10项；民营科技企业发展到83家，“双高”企业9家。“桥梁检测作业车”被国家科技部确定为重点新产品计划；“生物柴油工程技术开发”被确定为省“十一五”重点攻关计划项目；“白刚玉精细微粉”得到国家科技部中小型创新基金支持。年末有学校195所，在校学生98763人，有教职工6766人；高考本二以上上线人数达875人，高考工作全市排名第二。认真组织了“情系三农”送文化下乡活动，常德高腔《嘻爹嘻事》摘得中国第八届艺术节最高奖“群英奖”，摄影作品《龙行天下》获第22届全国摄影艺术展优秀作品奖。新发展有线电视用户3000多户，无线数字用户20000户,农村有线、无线数字电视入村覆盖率90%。体育在省市常规赛中夺得86枚金牌，持续领跑全市，在第三届全国龙舟大赛中，夺得三枚龙舟金牌中的两枚。年末企业养老参保人数为12489人，发放养老金8509万元；年末机关事业单位养老参保人数为13006人，发放养老金6675万元；失业保险参保人数23521人，支付失业保险金15.8万元；医疗保险参保人数30243人，支付金额2252万元；城镇居民医疗保险正全面启动，新型农村合作医疗参合人数为484813人。节能减排成效明显，关停了3家不达标的小型纸厂，苎麻脱胶企业治污取得一定进展，万元规模工业增加值能耗下降5.1%。

存在的问题：一是工业经济总量偏小，发展缓慢，大的项目不多，后续投入不足，招商引资、加快发展的压力较大；二是农业基础设施较为薄弱、农村自我发展能力不强，农民增收的空间不大；三是财政刚性支出增加、收支矛盾比较突出；四是社会保障面临的问题，维护稳定的压力较大。

（何英福 唐宏志）

【县公安局刑警大队获全国公安优秀基层单位称号】 2007年5月，国家公安部授予汉寿县公安局刑警大队“2005~2006年度全国公安优秀基层单位”荣誉称号。汉寿县公安局刑警大队充分发挥打击犯罪的尖兵作用，以“命案必破”、“要案必破”为目标，以“打黑除恶”贯穿刑侦工作，两年来，破获刑事案件238起，捣毁犯罪团伙18个，抓获犯罪嫌疑人156名，其中破获了2005年“9·15”杀人沉尸案、2006年“12·8”龙阳镇建设西路杀人案等命案16起，实现了命案连续6年无积案。破获了全县盗窃农电设施系列案等大要案件，赢得了各级的好评，该队还先后获得了“青少年维权岗”、“全市严打整治先进单位”、“全省公安系统优秀基层单位”等称号。

（史有军）

【易建桦被国家农业部授予全国渔政工作先进个人称号】易建桦在任汉寿县畜牧水产局局长的8年期间，结合汉寿特点，把渔政工作作为“树形象、创品牌、升位置”的着力点。通过强化责任，完善管理，严格执法，汉寿县渔业资源得到了有效保护，狂捕滥捞等破坏渔业资源的现象逐年减少，渔业污染案件的发生率以每年30%的速度递减；渔政管理功能逐渐增强，建成了功能齐全、设施完备的的集渔政管理、渔货交易、渔船停泊等功能为一体的现代内陆渔港，让汉寿的渔政工作步入了规范化管理轨道；渔业资源明显增值，通过实施春季禁渔，渔业资源得到有效恢复，正常捕捞产量年增长幅度达20%以上，全县渔业产值年增幅也达到了7%以上。汉寿县渔政工作也得到了上级部门的肯定和表彰，连续5次被评为省先进、3次部先进，2006、2007年还分别被国家农牧渔业部授予全国渔业文明执法窗口和全国渔政管理工作先进单位。

（陈香初）

【西洞庭湖国家城市湿地公园揭幕】2007年5月6日，一座气势雄伟的“西洞庭湖国家城市湿地公园”标志物正式揭幕，它标志着汉寿县的旅游业迈上一个新的台阶。西洞庭湖国家城市湿地公园2005年经国家建设部批准成立，其核心区在汉寿县境内的目平湖，总面积4000多平方公里。由沅水、澧水汇聚而成，有水浸皆湖、水落为洲的沼泽地貌特征，境内河汊纵横、洲岛密布，广阔的湖面上星罗棋布地散布着140个人迹罕至的湖洲和湖岛。这里土地肥沃、气候温暖湿润、四季分明、物产丰富，生长着湿地植物865种、鸟类207种、鱼类114种，其中国家一级保护动物有中华鲟、白鹤、白头鹤、中华秋沙鸭等10多种。湖洲芦苇面积达5.4万公顷，湖洲上野生的“洞庭四珍”绿色食品倍受人们珍爱。西洞庭湖旅游被列入了全市3条精品旅游线路之一，建设目标定位为国家5A级景区。

汉寿湿地公园

（唐宏志）

【《嘻爹嘻事》获全国群星奖】由杨任重编剧、石柏林导演、曾纪昭作曲、汉寿县文化馆、汉剧团演出的常德高腔小戏《嘻爹嘻事》常德高腔荣获全国社会文化类政府最高奖“群星奖”。填补了汉寿县此类全国大奖的空白。该剧讲述湘北某农村初夏深夜，人称乡土歌星的嘻爹不愿被老伴强留在家打牌，偷偷溜出家门，前往村文化活动室排戏，路遇儿媳乡文化站长翠云。随后，老伴追踪而至，三人之间对农村文化活动的不同态度展开了风趣、幽默、诙谐的戏剧情节，构成了一幅清新的乡村情趣画面。从而侧面地反映了以和谐文化构建和谐家庭、建设社会主义新农村的主题。该剧创作演出后，先后获全国第十四届“群星奖”表演奖、“三湘群星奖”银奖。

（危　安）

【周显发获全国档案系统先进工作者称号】2007年12月，汉寿县档案局局长周显发同志被国家人事部、国家档案局授予“全国档案系统先进工作者”荣誉称号，这是县局自1995年被授予“全国档案工作先进集体”称号之后所获得的又一殊荣。周显发同志在全国档案界首创“大档案”理念，开创了我国档案学理论研究新领域，被国家档案局称为档案理念里程碑式革命，学术成果获湖南省档案学术优秀成果一等奖。十多篇论文先后在“湖南省档案信息资源开发利用与目标管理研讨会”、“中南五省档案局长会”“全国档案工作服务机制创新研究会”上交流，收入《全国档案工作服务机制创新文集》、《全国新理论优秀学术成果选粹》，并获“全国新理论创新优秀学术成果”一等奖和湖南省优秀学术论文评选一等奖。任局长期间，将县馆建成为全省第一家特级国家综合档案馆、市县爱国主义教育基地、党员教育基地、廉政教育基地、青少年教育基地、妇女教育基地。

（陈　敏）

【城市工作获全市先进】2007年，汉寿县荣获全市城市工作先进单位称号，这是近十年来汉寿县城镇工作所获得的一个重要荣誉。近年来，县委、县政府以创建省级文明卫生县城为目标，以改善城镇为手段，共计投入城镇建设资金近6亿元，开工或建成了汉南路、芙蓉路等一批城市扩容工程，县城向南拓展的骨架基本形成；兴建了新兴路商业步行街、体育休闲广场，改造了出城口和一批小街小巷，完善了一批城镇配套设施，县城品味进一步提升。加强了城市综合执法，规范了规划、建设、交通等行为，城市人居环境和秩序得到明显改善。

（唐宏志）

桃　源　县

县委书记　郑弟祥

县委副书记	龚德汉	唐汇诰	
县委常委	刘祖欣	崔严文	袁万明
	胡文波	易文斌	陈佳林
	李雨初	童 婧	虞文炎
	李卫民	唐直秋	
县人大常委会主任	魏岳林		
县人大常委会副主任	杨连范	林行军	李岸初
	周福初	吴丽兰	
县人民政府县长	龚德汉		
县人民政府副县长	胡文波	易文斌	郑兴进
	黄贵生	杨 岳	丁进跃
	张志红	杨 凡	
县政协主席	董莉莉		
县政协副主席	胡见可	余晓斌	张丽芬
	王先柏	杜文军	
县武装部政委	杨文武		
县武装部部长	袁万明		

2007 年 7 月 5 日,湖南省委书记张春贤视察桃源大叶茶

【概况】桃源县辖 18 个镇、22 个乡（其中少数民族乡 2 个）。土地总面积 44.58 万公顷，耕地面积 9.26 万公顷（水田 5.7 万公顷）。人口 97.45 万人，其中非农业人口 14.7 万人，少数民族人口 2.3 万人。人口出生率 9.3‰，自然增长率 4.5‰。年内气温最高 38.0℃，最低-1.4℃。年降水量 1135.8 毫米。

2007 年，实现地区生产总值 93.59 亿元，同比增长 11.1%，增幅创近十年之最，经济总量继续保持全市第一。三次产业结构比为 41.1:29.5:29.4。实现财政总收入 4.22 亿元，增长 32.2%，其中一般预算收入 2.63 亿元，增长 26.2%。完成全社会固定资产投资 34.9 亿元，增长 53.6%。社会消费品零售总额达到 43.71 亿元，增长 14.7%。县内金融机构年末存款余额 56.31 亿元，增长 16.6%。

完成规模工业总产值 60 亿元，比上年增长 58%；实现规模工业增加值 16.1 亿元，增长 28.1%；规模工业入库税金 2.64 亿元，同比增长 57%。新增规模工业企业 14 家，达到 57 家，创元铝业、杰新纺织、胜利化工等 9 家企业进入了全市工业百强。开工建设投资千万元以上的工业项目 25 个，其中亿元以上项目 5 个。

完成农业总产值 60.51 亿元，比上年增长 4.9%。生产粮食 71.12 万吨、棉花 1.1 万吨、油料 9.21 万吨、苎麻 1.45 万吨、甘蔗 2.58 万吨、茶叶 4282 吨、水果 15.47 万吨，出栏生猪 171.22 万头、羊 151.14 万只，出笼家禽 3972.71 万羽，生产禽蛋 71247 吨、水产品 4.28 万吨，为中南五省最大的蛋鸡养殖基地县、全国生猪调出大县、中国优质果品基地重点县。新增规模农产品加工企业 5 家，年产值过千万元的龙头企业达到 24 家，省市级龙头企业总数位居全市第一。新发展农民专业合作组织 13 家，达到 99 家，带动农户 13.26 万户，县农机作业协会陬市分会被农业部确定为“全国 100 个农机化服务组织联系点”。

科技科普工作成效显著，列入和实施市级以上各类科技计划项目 13 项，引进推广新技术、新成果 30 项，新发展技贸机构 5 家，被评为全国农村实用技术培训工作先进单位。全县共有各类学校 232 所，在校学生 94963 人，教职员工 7779 人，全年为大中专院校输送新生 3666 人，获各类学科竞赛国家级奖励 196 人次，省级奖励 120 人次，市级奖励 948 人次。人口与计划生育工作连续 7 年进入“省优”行列，计划生育率 97.3%。

存在的主要问题：经济结构有待进一步调整，二产业特别是工业比重亟待提高；发展环境有待优化，阻碍发展的因素仍然存在；民生有待改善，扩大社会保障、解决劳动就业的矛盾比较突出，部分低收入群众的生活还比较困难，扶贫帮困的任务还比较艰巨；困扰经济社会发展的突出矛盾有待深入解决，乡村债务与加快经济发展的矛盾等。（周 杰）

【创元工业园开发建设成效显著】近年来，桃源县按照“发展特色化定位、土地集约化使用、产业链条化延伸、企业集群化组合”的要求，全面加快创元工业园开发建设，取得了显著成效。到 2007 年末，已累计完成投入 60 亿元，开发面积达到 2500 亩，全年实现工业销售收入 42 亿元、税收 2.24 亿元。已有创元铝业、创元火电、创元新材料、晟通科技、改性沥青等 5 家企业入驻，其中总投资规模 80 亿元的创元铝业是国家环保审查达标和鼓励做大做强的铝材生产企业之一；投资 5500 万元的改性沥青是湖南省唯一生产改性乳化沥青和沥青混凝土的高新技术企业。目前，正在抓紧建设的重点项目有投资 28.75 亿元的创元火电、投资 2 亿元的 8 万吨创元阳极生产线。预计到 2008 年末，创元工业园将达到 80 亿元产能、4 亿元税收的规模，到 2010 年有望建成中南地区最大的铝材基地。（周 杰）

创元工业园

【招商引资】包括续建扩改项目共引进县外非政策性项目43个，新审批落户外资企业1家，其中投资亿元以上的项目5个、投资千万元以上项目20个，到位县外境内资金25亿元、境外资金1888万美元、出口创汇2700万美元，三项指标继续位居全市第一。

（周　杰）

【城镇建设】全年完成城建投入3.8亿元，较上年增长27%。城镇化水平达到34.5%，比上年提高1.5个百分点。完成了“四园一区”（创元工业园、漳江工业园、陬市工业园、热市工业园和县城中区）控制性详规的编制，完成了陬市、茶庵铺、盘塘等一批重点建制镇的总规修编。县城实施了渔父南路和建设东路硬化、外环路改造、漳江大道综合改造、桃花大道下水道建设等29项市政工程，加快推进了自来水新线建设，城市综合配套功能进一步增强。集中开展了“卫生年”活动，新增省市级卫生村、文明单位、园林式单位29个，获得了省级“灭蟑先进县”称号，被省建设厅、省爱卫办列为2007、2008两年国家卫生县城、省级园林县城重点创建对象。

（周　杰）

临澧县

县委书记　黄清宇

县委副书记　谭本仲　董　岚

县委常委　杨天生　杨华侨　徐学英　刘开新　曾　莉　朱泽欣　李宏秋　朱金平　刘爱军　刘家健　林宜泉

县人大常委会主任　黎卫平

县人大常委会副主任　雷立敬　祁春初　张建新　蒋宗海　邵柏枝

县人民政府县长　谭本仲

县人民政府副县长　杨华侨　朱泽欣　陈　华　毕金生　郭祖福　黄旭峰　陶明方

县政协主席　涂绪德

县政协副主席　乔光泉　刘茂梅　徐德菊　陈明勇　杨　莉

县武装部政委　张承猛

县武装部长　刘家建

【概况】2007年，全县辖9个乡、8个镇、1个经济开发区。土地总面积1203.65平方公里，耕地36.5千公顷。年末总人口442445人，其中非农业人口83164人。人口出生率9.1‰，自然增长率2.2‰。年内气温最高37.2℃，最低-1.8℃，年降雨量1098.9mm。

实现国内生产总值50.3亿元，比上年增长8.2%。三次产业结构比为34:32:34。全年完成财政总收入2.31亿元，增长1.5%；地方财政一般预算收入1.69亿元，减3.5%。城镇居民人均可支配收入10495元，比上年增长1775元；农民人均纯收入4080元，比上年增加408元。

农业总产值2.76亿元，比上年增长7.0%。传统产业保持稳定，牲畜、家禽、水产等传统产业产量稳中有增。新型产业初具雏形。种植烟叶5600亩。新扩柑橘2.43万亩，总面积达到16万亩，其中杂柑5万亩。农产品加工企业年产值过500万元的16家，过1000万元的14家，过亿元的2家。市级产业化龙头企业达到9家。各类农民专业合作组织52家。新增绿色食品认证3个，绿色食品总数达到14个。“道水”牌野生菌油王、“戴胡子”酱板鸭和“绿斋”牌红薯粉丝获国家和省级农产品博览会金奖。清水鸭养殖项目被确定为全国农业标准化生产示范项目。新农村建设示范效应凸显，新安综合示范片、官亭道路管护示范片、九里丘岗山地开发示范片、太平宜居小区示范片、农村社区示范片建设，以及其它示范村、示范小区建设均取得了较好成绩，发挥了“抓好一片，带动一方”的示范效应。主要产品产量：粮食29.4万吨；棉花8349吨，油料4.2万吨，其中油菜籽4.1万吨；水果5.7万吨；生猪出栏61.2万头，存栏31.97万头；家禽出笼1950万羽，存笼600万羽；水产品产量1.82万吨，其中鲜鱼1.66万吨。水利建设完成土石方150万立方米。

工业总产值42.5亿元，比上年增长21.4%；实现规模工业增加值5.7亿元，工业增加值对经济增长的贡献率达17.1%；工业企业入库税金8266万元，增长29.2%；税收过100万元的企业有23家，税收过1000万的企业有2家，中泰特种装备公司实现税收1249万元，成为全县首个纳税过千万元的企业；规模以上工业企业达到67家。水泥、石膏、烟花、陶瓷产业支撑作用进一步增强，行业增速均保持在25%以上，高新化纤、机械、制药等产业发展加快。工业园区累计投入近5000万元，完成了10.68平方公里总体规划和控制性详规，启动了湘福大道、葛藤路、中泰路、电厂路、园区下水道等8个重点基础设施项目，园区形象进一步提升。主要产品产量：发电量14345万千瓦时，水泥145.8万吨，化学纤维9354吨，气门及气门座1269万件，碳铵实物量8.1万吨，烟花鞭炮280万箱，石膏63.94万吨，棉布产量11013万米。

全年共完成城建投资2.34亿元。金帝国际大酒店、楚天豪园、天鹅湖酒店、安福车站等一批重点城建项目顺利启动或竣工，特别是投资3500万元的安福车站顺利完工，投资3000万元的滨河路三期接近尾声，成为县城建设的两大亮点。此外，新安、合口、余市、官亭等小城镇建设步伐加快，面貌改观较大。

社会消费品零售总额17.5万元，批发零售贸易业14.5亿元，住宿及餐饮业2.2亿元。三产业增加值17.3亿元。批发零售、住宿餐饮、交通运输等服务业发展加快，中介咨询、教育培训、土地交易等服务业比重提升，城镇市场日渐繁荣。

引进县外国内资金19.4亿元，境外资金1840万美元。完成农村公路建设341公里，新增93个村通水泥路，通水泥路村达到293个，5个乡镇实现村村通水泥路，农村公路管理模式、养护机制受到省市高度肯定；集中整治堤防险工险段11处，病险水库22座，硬化渠道97.7公里；实施安全饮水工程480处，新增22个村17685人饮用洁净自来水；新建农村沼气池1021口。

社会事业基础明显夯实。申报和实施市级以上各类科技计划项目10项，其中省级项目5项，市级项目5项，申请专利15件，实施专利技术（成果）68件。教育工作突出改善基础条件，狠抓素质教育，高中阶段升学率达92.5%，高考本科上线率达43.29%，高考上线率为全省平均水平的2.3倍，并代表湖南迎接了国家“两基”达标检查验收，受到检查组高度肯定，获得省政府嘉奖。文化工作以文明创建活动为重点，狠抓文化综合示范站建设，深入开展各类群众性文化活动，群众精神文化生活不断丰富，湘北大鼓《乡女征婚》获全国群众文化“群星奖”，《九里渔鼓》被列入省非物质文化遗产保护名录。卫生工作突出新型农村合作医疗、农村大病医疗救助、乡村卫生设施改造等重点，群众医疗卫生条件进一步改善，新型农村合作医疗整体参合率由上年78%提高到83%。人口与计划生育工作突出优质服务，继续排位全省农村县前列，继续保持“全国计划生育优质服务先进县”称号。劳动保障工作以社会保障扩面和基金征缴为重点，启动了城镇居民基本医疗保险试点工作。民政低保累计保障90000人次，发放保障金810万元，五保供养1984人，农村社区建设稳步推进，被国家民政部确定为全国农村社区建设实验县。

存在的主要问题和困难：经济总量仍然不大；工业发展速度仍然不快；农业产业化水平有待提高；三产业发展有待加强，旅游业没有实质性进展；财政包袱仍然较重；社会保障承受能力有限；维稳保安压力较大等。

（杨香平）

【连续五年获得全国人口和计划生育优质服务先进县称号】2007年，临澧县继续巩固稳定低生育水平，进一步加强流动人口管理，夯实计划生育基础工作，大力落实计划生育奖励扶助资金，人口计生工作取得了新的进展，被评为全国人口和计划生育优质服务先进县。这是该县自2003年被国家人口计生委评为全国首批计划生育优质服务先进县以来连续五年获此殊荣。（杨香平）

【全国科普示范县】临澧县自2005年被确定为第三批全国科普示范县创建单位以来，始终坚持把科普工作作为促进经济社会又好又快发展的一项基础工程来抓，不断加大工作力度，创新工作方法，狠抓工作落实，比较圆满地完成了创建工作任务，取得了科普网络日益健全、科普阵地有效巩固、科普环境显著优化、全民素质明显提升的良好效果，全县建立了31个科普图书室、83个职工科普活动室、18个农民培训教育中心、10个农村科普教育培训基地，所有乡镇（区）和70%的县直单位建立了科普宣传栏，安福镇朝阳社区、安福路社区、县经济开发区建立了3处科普画廊，315个行政村按照“一站、一栏、一员”的要求建立了科普惠农信息站、信息栏，配备了信息员。同时,还举办了“科普校园行”、“科普远教行”和《科学素质纲要》知识竞答等活动，有力地促进了经济社会持续、快速、健康发展。2007年10月顺利通过了国家验收组验收，12月正式命名为“全国科普示范县”。（杨香平）

【教育“两基”工作代表湖南省顺利通过国检】临澧县被省人民政府确定为教育“两基”工作迎国检代表单位以来，县委县政府高度重视，先后投入资金200多万元，维修校舍20000多平方米，粉刷墙面25000多平方米，添置图书、仪器10000多件（套），核查义务教育阶段学生个人信息资料近40000人次，印刷各类迎检资料1000多本（套），推出了新安、柏枝、杨板、合口、官亭、四新岗等6个一流的迎检窗口。2007年4月21日~23日，国家教育督导团听取了常德市和临澧县“两基”工作情况汇报，实地查看了相关资料，考察了新安、柏枝等乡镇部分中小学校，充分肯定了临澧县教育“两基”工作取得的成绩,高度评价临澧教育“是全省乃至全国公平、均衡、健康、持续发展的典范”。临澧县教育“两基”工作代表湖南省顺利通过国检验收，并荣获省人民政府授予的“‘两基’迎国检工作特殊贡献奖”。（杨香平）

【职业中专被评为全省首批省级示范性中等职业学校】临澧县职业中专现有在校学生1002人，开设服装制造与营销、机电设备安装与维修、电子电器应用与维修、会计（会计电算化）、计算机及应用等专业，还与县电力局联合开办了农村电工培训基地，以合作的形式办起了职业中专驾校。学校多年来致力于发展职业教育，培训本土人才，在强化培训成效、创新办学模式的同时，十分注重基础设施建设配套，夯实学校发展的硬件基础，办学经验和成绩在全省处于领先地位。2007年9月，县职业中专顺利通过省专家组评估,成为全省首批省级示范性中等职业学校。

（杨香平）

石 门 县

县委书记 熊大顺
县委副书记 杨琦明　胡世满
县委常委 高德知　詹腊珍　杨　俊　陈本富　王忠银　陈云谋

	覃志云	李金生	胡元琴
	戴德泉	刘恒泽	
县人大常委会主任	王振华		
县人大常委会副主任	张前云	谭庆淼	唐植勇
	申玉生	刘双红	
县人民政府县长	杨琦明		
县人民政府副县长	高德知	覃志云	孙云辉
	伍林支	李世权	万义元
	汪军华	沈英琼	王　超
	蓝小明		
县政协主席	田玉华		
县政协副主席	王承欣	覃业凤	詹　敏
	李　芳	覃慧敏	
县武装部政委	杨光辉		
县武装部部长	戴德泉		

【概况】 2007年，石门县辖11个镇，8个乡，1个管理区。国土面积3973平方公里，耕地面积44.0千公顷。年末总人口68.68万人，其中少数民族38.9万人，城镇人口10.25万人。人口出生率7.92‰，自然增长率2.38‰。年内气温最高37.4℃，最低零下2℃；年降水量1147.5毫米。

总体实力继续提升。完成地区生产总值为69.33亿元，比上年增长7.5%。其中一产业增加值22.16亿元，增长6.7%；二产业增加值22.45亿元，增长1.5%；三产业增加值24.71亿元，增长14.0%。三次产业结构比为：32.0：32.4：35.6。实现地方财政一般预算收入2.7亿元，增长20%。

农村经济稳定增长。全县农林牧渔总产值34.8亿元，增长5.3%。主要农业产品产量稳步增长。粮食33.26万吨；油料作物4.99万吨；棉花0.33万吨；烤烟0.37万吨；蔬菜17.63万吨；水果23.04万吨，其中柑橘21.13万吨；茶叶0.49万吨；肉猪出栏82.57万头；牛出栏3.71万头；羊出栏96.45万头；家禽出笼2055.4万羽。农业经济组织带动明显，市级以上龙头企业达到了6家，农民专业合作组织达到66家，带动农户3万多户。“三品”食品认证总数达到了42个，位居全市第一。中国柑橘节、茶文化活动影响不断扩大，促进了农业产业发展。

工业经济稳步推进。全年完成工业总产值44.05亿元，增长7.8%。骨干企业进一步壮大，规模以上工业企业增加至57家，净增规模工业企业8家，其中规模以上工业完成总产值28.88亿元，增长8.0%，规模以上工业企业经济效益指数198.3%。主要工业产品总量上升。其中原煤产量82.14万吨；石膏产量90.08万吨；矽砂产量81.00万吨；发电量520600万千瓦时；硫酸5.50万吨；化肥47.29万吨；水泥116.4万吨；炸药1.63万吨；服装576.40万件；连杆61.4万支；混配合饲料9.86万吨。

第三产业快速发展。旅游品牌初步叫响。全年共接待国内游客12.23人次，旅游收入0.49亿元。消费市场繁荣兴旺。全年完成批发零售餐饮业增加值5.53亿元，增长9.8%。交通通信快速增长。实现增加值8.17亿元，邮电业务总量1.77亿元，增长24.5%，拥有固定电话用户14.03万户，增长3.9%；移动电话用户9.21万户，增长22.8%。贷款数量大幅上涨。年末居民储蓄存款余额45.24亿元，增长12.4%；金融贷款余额36.54亿元，增长42.%，其增速为历年之最；金融机构实现了整体盈利，盈利额达到了8465万元。

招商引资来势强劲。完成固定资产投资20.14亿元，其中城镇以上投资15.27亿元。招商引资成效明显。全年利用外资签订合同项目3个；外商直接投资实际到位资金1752万美元，增长23.9%。引进内资254670万元，增长64.4%。重大项目进展顺利。海螺水泥、金家沟电站、中军渡电站、海螺水泥余热发电等一批投资过亿元以上项目进展顺利。其中皂市水库累计投资30.70亿元，本年投资5.92亿元，已搬迁移民12373户，37118人；海螺水泥生产线累计投资4.50亿元，本年投资3.79亿元。岳天煤矸石电厂、漆家河电站、渡水电站等一批投资千万元以上项目正在进行前期项目准备工作。

社会事业全面进步。为民办实事进展顺利，35项考核指标全面完成。教育事业全面发展。全县发放“两免一补”资金2500万元，实施农村寄宿制学校建设项目27个，改造中小学危房25所。社会保障体系不断健全。新增城镇就业5186人，城镇登记失业率4.1%以下。新增社会保险参保3.17万人，0.9万名城镇居民和1.1万名农村贫困人口享受了低保。新建了3所养老院。新型农村合作医疗参合率达到了84.2%。新建经济适用房0.54万平方米。农村条件持续改善。完成农村硬化村道718公里；新建供水设施370处，解决了2.97万人安全饮水问题；新建沼气池3000口；完成最后103个村的电网改造任务；实现了乡乡通互联网。

存在的主要问题和困难：经济总量不大，发展速度不快；三次产业结构不优，节能减排形势严峻；道路基础设施严重滞后；部分群众生活比较困难，改善民生任务较重，社会保障水平不高；维护安全稳定压力较大；服务水平有待进一步提高，经济发展环境有待进一步优化等。（易小平）

【首次跨入全省“经济十强县”】 2007年12月21日，在中共湖南省委经济工作会议上，石门被授予“2006年度经济十强县市”称号，在全省122个县（市、区）中脱颖而出。从2005年度的全省经济实力综合排名23位，“窜红”至2006年度的第10名。2006年度，石门县完成国内生产总值63.6亿元，其中工业总产值41.9亿元，实现财政总收入6.29亿元，城镇居民人均可支配收入9455元，农民人均纯收入3108元，居民储蓄存款余额31.9亿元，全年共引进县外国内资金15.9亿元、国（境）外资金1414万美元，完成固定资产投资24.1亿元，实现社会消费品零售总额24亿元。在科学发展观的理念指引下，石门经济正在实现跨越性飞跃。

（易小平）

【海螺日产5000吨熟料水泥项目主体工程开工】 2007年6月19日，石门海螺水泥有限公司日产5000吨熟料水泥生产线主体工程在石门县新关镇正式开工。项目投资方安徽海螺集团公司是全国120家大型试点企业集团之一，集团拥有70多家子公司，涉及水泥、塑料型材、国际贸易、塑料包装等行业，

石门海螺水泥有限公司开工奠基仪式

年销售收入突破300亿元，名列中国企业500强第116位，制造业第51位。海螺集团公司是目前亚洲最大的水泥、熟料供应商，水泥产销量名列世界前十强。该项目总投资12亿元，计划建设两条日产5000吨新型干法水泥熟料生产线，水泥粉磨系统320万吨，配建1.8万千瓦低温余热发电系统及10万吨石膏中转站。该项目是湖南省2007年重点建设项目，并列入全省推进新型工业化“双百”工程项目。此次首条日产5000吨熟料水泥生产线将于2008年5月建成投产，1.8万千瓦低温余热发电系统2007年11月开工，2008年9月并网发电。该项目的建成投产，对进一步做大做强石门水泥产业，优化石门乃至常德的建材行业结构，将起到积极的推动作用。（易小平）

【五环奥运潇湘行走进橘乡石门】 2007年10月16日，“迎奥运五环潇湘行走进橘乡石门”暨“第七届中国柑橘节”在湖南省常德市石门县体育中心开幕。各方来客在浓浓喜庆中感受着橘乡石门魅力，品尝甜蜜柑橘。本次柑橘节由大型史诗歌舞（橘颂）、采橘比赛、采橘舞、夫妻运橘比赛、吃橘比赛、托橘比赛、千人抛橘比赛、“石门橘子红了--金秋采橘游”等几大主题活动为石门柑橘节穿上节日的盛装。本次活动反映了富裕起来的新农民，用地方民俗活动等多种形式迎接奥运五环旗，参与全民健身活动。新华社、中新社、人民日报、经济日报、农民日报、湖南卫视、湖南经视、湖南日报等多家国内媒体，以及美联社、法新社等境外媒体也对“五环奥运潇湘行走进橘乡石门”这一活动进行了报道。（易小平）

澧 县

县委书记 燕中炎
县委副书记 彭孟雄 陈昌玉
县委常委 唐汇诰 曾祥文 颜学锦 张晓莲 肖志杰 严文波 丁大勋 谭登平 冯文元 徐 芪
县人大常委会主任 刘锡达
县人大常委会副主任 谭登新 赵克松 黄道华 金忠军 周乃泉
县人民政府县长 彭孟雄
县人民政府副县长 颜学锦 严文波 杨成英 傅临南 陆伟强 童成振 胡彬彬
县政协主席 贺家斌
县政协副主席 贺湘平 徐连君 戴作则 孙运岩 邓连琼
县武装部政委 王少贤
县武装部部长 肖志杰

【概况】 2007年，澧县辖15个镇、17个乡、10个农林渔场（站）。土地总面积2075平方公里，耕地面积6.62万公顷。年末总人口90.96万人，其中非农业人口160299人。人口城镇化率17.6%，人口出生率9.10‰，自然增长率4.6‰。年内气温最高38.3℃，最低-1.4℃，年降水量1186.2毫米。

实现地方生产总值87.02亿元，比上年增长12.9%，是近十年来最高水平，三次产业结构比为36.5∶31.5∶32。财政一般预算收入2.86亿元，增长25.0%。财政总收入10.6亿元。

实现农业总产值49.92亿元，实现农林牧渔业增加值31.8亿元，比上年增长7.7%。农作物总播种面积219万亩，增加5.6万亩，主要产品产量：粮食44.75万吨，棉花3.84万吨，油料8.52万吨（其中油菜籽8.39万吨），水果7.33万吨（其中葡萄7035吨），蔬菜22.59万吨。全年造林面积4.7万亩，成林抚育4.3万亩，零星植树230.5万株。畜牧业生产平稳，主要产品产量：生猪出栏97.91万头、存栏45.27万头，家禽出笼1973.8万羽、存笼768.8万羽，禽蛋产量72418吨，肉类总产量98123吨。淡水养殖面积21.3万亩，增长0.4%，水产品产量53815吨，增长8.5%。加速推进新农村建设，农业全面丰产丰收，基础建设步伐加快，硬化通村公路300公里，4条通乡公路全部完成，新建沼气池5018个，解决了4.6万人的饮水困难。

实现工业总产值73.22亿元。实现增加值19.29亿元，增长15.5%。规模工业企业共完成工业总产值43.23亿元；实现利润总额1亿元，增长29%。主要产品产量：原煤25.61万吨，水泥93.7万吨，啤酒117563千升，食用植物油21140吨，大米50989吨，纱15989吨，发电量12500万千瓦时。全年新上工业项目109个，续建工业项目88个，完成投资6亿元，增长23.7%；引进内资14.5亿元，增长34.7%；引进外资1634万美元，增长13.3%。

实现社会消费品零售总额300410万元，增长18.4%。其中县城163947万元，增长18.1%；县以下136263万元，增长18.6%。分行业看，批发业112454万元，增长17.6%；零售业154107万元，增长18.0%；住宿餐饮业25799万元，增长25.9%；其他行业8050万元，增长17.1%。

完成固定资产投资31.03亿元，增长56.4%,其中城镇以上项目完成投资21.68亿元,增长87.5%；农村投资9.35亿元，增长12.8%。在总投资额中，第二产业投资10.60亿元，占总投资的34.2%；工业更新改造投资6.07亿元,增长157.3%。全年施工项目（不含私人）138个，本年投产项目115个。

完成交通运输邮电业增加值37869万元，增长8.3%。邮政业务总收入3515.2万元，增长64.8%。邮政储蓄年末余额达116247万元，全年余额净增19402万元，完成代理保险2518万元。县电信分公司全年实现通信业务收入6800万元，发展电话用户4600户、宽带上网4400户、小灵通4600户、电话包年用户4.5万户。邮政局实现业务收入1868.06万元，邮政储蓄年末余额达7亿元。

各项社会事业协调发展。全年共组织申报各级各类科技计划项目41项，其中有5个项目被纳入国家和省科技发展计划。专利申请22件。顺利通过全国科技进步工作考核，被国家科技部正式认定为“全国科技进步县”。群众文化和专业文化齐头并进。共组织举办各种大型群众文化活动38次，全县作者在国家、省、市报刊杂志发表展出作品651件。成功举办全国葡萄学术研讨会暨湖南省·澧县第二届葡萄节活动。放映电影7020场，观众达20万人次；图书馆藏书达10.4万册，接待读者3万人次。非物质文化遗产保护工作成绩显著，分别有国家级、省级、市级保护项目2个、1个、2个。广播电视工作成绩明显。《澧县新闻》共发稿1800条，中央台上稿5条，省级媒体上稿50条；电台发稿3000条，市台上稿260条。电广公司新入网用户3085户。电视人口覆盖率达90%。教育事业全面发展。全县有各类学校205所，教职工7103人，在校学生98947名。农村义务教育阶段学生杂费免除率达100%。教育科研成果累累，承担完成四项省级教研课题，其中三项分获省级一、二、三等奖；教师比武获国家级一等奖1个，省级一等奖4个、二等奖1个，市级一等奖6个；学生学科竞赛成绩突出，获国家级一、二、三等奖33个、省级65个。启动教育强县建设，狠抓教育教学质量。全县6603名学生参加高考，本科上线2194人，其中一、二本上线1500人，创历史新高，录取率66.75%，各项指标均居全市前列。卫生事业发展迅速。全县拥有各类卫生机构44所，卫生事业从业人数2689人，其中卫生技术人员1947人。各类病床2283张，比上年增加740张。计划免疫工作得到落实，共接种“五苗”150880人次，全程接种率达98%以上。母婴保健工作加强，孕妇住院分娩率为99%，新法接生率为100%。全年54.6万农民参加新型农村合作医疗，参合率达72%。改扩建乡镇卫生院5所，农村医疗条件明显改善。药物灭螺1.2万平方米；完成查螺面积8.7万平方米；普查病人38455人次；治疗病人29104人。共组织开展7次以“全民健身与奥运同行”为主题的全民健身系列活动。向上输送体育人才27名，其中向省专业队输送2名、市体校16名。在省常年赛中，共夺取金牌4.33枚、银牌2.66枚、铜牌5枚。

城乡居民收入不断增长，生活水平不断提高。全年城镇在岗职工平均工资15859元，增长23.6%。城镇居民人均可支配收入近1.1万元，增长15.4%；农村居民人均纯收入4014.8元，年增长12.6%。城镇居民人均消费性支出7354.9元，增长9.9%；农民人均生活消费支出4581.7元，增长14.3%。民生得到有效改善。省八件和市县十件实事全面完成和超额完成。就业和社会保障工作进一步加强，各种社会保险覆盖面继续扩大，新增各类社会保险参保3万多人次。全县新增城镇就业人员5676人，城镇零就业家庭就业援助178户，就业困难对象再就业555人。全年共征缴社会保险费20328万元，扩面31612人。养老金按时足额发放率100%。城镇低保实际保障人数达到15070人，年发放城镇低保金1577万元；农村低保人数增加到10900人，年发放农村低保金390万元。全县五保供养对象达到4500人，一乡一所敬老院，集中供养1200人，集中供给金额达216万元。

存在的主要问题和困难：经济发展速度不快，经济机构不优；工业缺少重大项目支撑，提速增效和后劲建设压力较大；县乡财政运转比较困难，乡村债务包袱仍然较重；社会保障水平还不高，就业再就业矛盾突出，部分低收入群众的生活还比较困难；维护社会稳定和安全的应急机制脆弱。 （何玉芳）

【破解征地拆迁难题，推进项目建设】土地是发展的载体，也是项目建设的难题。2007年，澧县坚持依法征地、和谐拆迁的理念，积极探索被征地集体组织和农民利益保障新机制，通过大量调查研究，在全市率先出台县城规划区征地房屋拆迁公寓式集中安置、失地农民养老保险和就业安置等办法，有效地化解了征地拆迁矛盾。全县全年仅开发区和澧阳新区就完成征地645亩，拆迁212户，建设安置房3万平方米。全年征用的土地、动用的拆迁量是近些年最多的，但征拆的进度是最快的，效果是最好的，保障了工业发展、城市建设等重点项目的顺利进行，促进了节约集约用地。 （何玉芳）

【新农村建设成效明显】2007年，澧县认真贯彻落实中央一号文件精神，下大力、举大措扎实推进新农村建设，取得明显成效。农业增产增收。粮、棉、油等传统农业丰产丰收，优质葡萄、双孢蘑菇等高效产业发展力度进一步加大，新扩葡萄200公顷，亩平收入达到1.2万元。加大丘岗开发力度，新开发面积1633.33公顷。加快发展生猪、獭兔养殖和龙虾、叉尾等高效水产养殖，水产品起水总量5.3万吨。加快农村基础设施建设。硬化通村公路300公里，建成4条通乡公路，新建5018个沼气池，培修10公里大堤、整修1100口堰塘，完成100公里渠道清淤，解决了4.6万人的饮水安全，农村面貌特别是张公庙示范片、24个市级示范村和25个县级示范村变化较大。农民生活进一步改善。全面落实各项支农惠农政策，发放惠农补贴1.2亿多元，比上年增加4000多万元。农村低保月人均补助水平由20元提高到30元。改扩建乡镇敬老院10所，实现了“一乡一院”，集中供养五保老人1200多人。农民人均收入达到4015元，增加437元，是改革开放以来增加最多的一年。 （唐从国）

【全国葡萄学术研讨会暨湖南（澧县）第二届葡萄节】8月12~14日，第十三届全国葡萄学术研讨会暨湖南省第二届葡萄节在澧县隆重举办。湖南省政府原副省长杨汇泉，省政协原副主席陈彰嘉，省政府副秘书长戴军勇，常德市领导武吉海、卿渐伟、刘明、徐万发，中国农学会葡萄分会会长修德仁及来自全国各地的300多名葡萄专家和学者分别就葡萄栽培技术、葡萄产品的市场流通等问题进行了研讨。中国农大罗国光教授、湖南农大石雪晖教授等6位专家做了精彩的学术报告；澧县人民政府副县长严文波就该县实施标准化生产、打造优质葡萄品牌作了经验介绍。中国农学会葡萄分会常务副会长晁无疾对澧县的葡萄作了高度评价：“澧县葡萄质量高，发展速度快，在全国来说是相当不错的。澧县重视产品的流通和产品的宣传工作，值得全国各地学习。”

（洪新华）

葡萄避雨栽培

丰收的喜悦

【“春暖2007——希望工程全面升级全面启动”公益活动】5月20日，由中国青少年发展基金会、中央电视台经济频道、共青团湖南省委等单位联合举办的“春暖2007——希望工程全面升级全面启动”公益活动在澧县宝洁希望小学隆重举行。团中央书记处书记尔肯江·吐拉洪，省委常委、副省长徐宪平，市委副书记、代市长卿渐伟等领导出席了启动仪式。据悉，澧南镇宝洁希望小学由希望工程和宝洁公司在1998年澧南遭受特大洪水袭击后共同捐助修建。此次全面升级活动中，教师培训、图书室、电脑教室、快乐体育园地、数字电影院线、校园歌曲、希望教师等希望工程系列公益服务产品，让村里的孩子们感受到了现代教育产品的魅力；同时，中国青少年发展基金会从2007年起将希望工程的“救助模式”拓展为“救助—发展模式”，即在动员社会力量，继续为家庭经济困难学生提供助学金、继续帮助乡村小学改造危旧校舍的同时，不仅“授人以鱼”，更要“授人以渔”，通过物质、精神多方面的持续扶持，帮助受助的学生和学校提高自我发展的能力。（何玉芳）

【农民王先荣当选中共十七大代表】5月28日，中国共产党湖南省代表大会以无记名投票选举产生湖南省出席中国共产党第十七次代表大会的代表，澧县农民党员王先荣光荣当选。据悉，全省仅有两名农民当选，王先荣是中华人民共和国成立以来澧县首位当选全国党代表的农民党员。王先荣同志生于1968年3月，系澧县农康园艺公司经理，第五、六届县政协委员、中共常德市第四届党代表，常德市优秀实用人才、劳动模范，湖南省“青年星火带头人标兵”、劳动模范，湖南农业大学葡萄科研基地负责人，中国果树专业委员会委员、中国葡萄学会理事，2006年获得湖南省首届袁隆平科技奖。

（何玉芳）

【全省首家葡萄主题庄园】澧县城头山（葡萄）庄园，是全省第一家以葡萄为主题的集优质葡萄（提子）生产、示范、生态和观光于一体的现代休闲农庄，由澧州果业有限责任公司建设，占地面积318亩，总投资924.3万元。该庄园系国家级农业综合开发科技示范园、2007′全国葡萄学术研讨会现场示范点、省市休闲农庄示范点、全县社会主义新农村示范点。葡萄庄园以206亩优质葡萄为依托，把葡萄园、有机果蔬苑当作主阵地，让农业担纲主角“唱大戏”。庄园巧妙地把城头山六千年的农耕文化与现代农业科技有机结合，按照国际葡萄主题公园模式，建有情侣葡萄苑、私家葡萄苑、水上葡萄苑、科普葡萄苑、有机果蔬苑、体验休闲苑、户外拓展苑、葡萄迷宫、小酒堡、水上餐厅，让不同的人群有不同的游乐层面，为人们增添了一个休闲新去处。（何玉芳）

【中英艾滋病防制项目落户澧县】8月1日，一项由英国政府提供资金支助的艾滋病防制项目在澧县正式启动，澧县为50个项目实施县之一。该项目总投入2000万英镑，实施周期约4年半。项目活动内容及目标包括政策开发、宣传教育、吸毒者干预、暗娼干预、自愿咨询检测、治疗与关怀等6个方面，要求凭借美沙西酮维持治疗、针具交换、妇女健康中心、自愿咨询检测和抗病毒治疗等5大干预平台为目标人群提供干预服务。项目受益者除艾滋病病毒感染者和病人以及艾滋病脆弱人群外，还有项目实施区域内疾控中心等技术支持机构和参与艾滋病防制的非政府组织。该项目的启动，对澧县乃至常德市的艾滋病防制工作都将起到非常积极的作用。（何玉芳）

安 乡 县

县 委 书 记 张开松

县 委 副 书 记 王先蒙 戴君耀

县委常委　陈彰波　汤祚国　黄兴茂
　　　　　廖可元　宋凡华　万　勇
　　　　　邓碧波　欧阳忆清　章绍君
　　　　　杨成先
县人大常委会主任　田　华
县人大常委会副主任　章海南　彭志宏　戴红兵
　　　　　田祖民　曹德春
县人民政府县长　王先蒙
县人民政府副县长　汤祚国　廖可元　魏邦发
　　　　　潘　勇　曾文波　陶关锋
　　　　　唐西英　陈支文
县政协主席　汤菊华
县政协副主席　华云泽　刘储仕　曹再全
　　　　　王红霞　何国荣　张廷见
县武装部政委　柳英平
县武装部部长　杨成先

【概况】2007年，安乡县辖12个乡、8个镇、2个农场，土地总面积1087平方公里，其中耕地面积51.33千公顷。年末总人口59.78万人，其中非农业人口15.20万人，年内出生4733人，人口出生率8.3‰，自然增长率4.8‰。年内气温最高37.4℃，最低-1.5℃，平均气温18.2℃，年降水量1093.6毫米。

全年实现生产总值62.60亿元、增长11.6%，一、二、三产业增加值分别达到23.46亿元、14.22亿元和24.91亿元，分别增长7.0%、15.5%和14.1%，三次产业比为37.5：22.7：39.8。实现县级一般预算收入1.48亿元、增长22.0%。农村居民人均纯收入达到3902元、增长13.6%，城镇居民人均可支配收入达到10242元、增长12.7%。

实现农林牧渔业总产值35.51亿元、增长7.0%，其中农业产值16.28亿元，增长10.0%，林业产值0.12亿元，增长2.9%，牧业产值9.26亿元，增长2.1%，渔业产值8.84亿元，增长4.9%，农业服务业产值1.02亿元，增长10.6%。主要产品产量：粮食31.1万吨，增长16.2%；棉花3.4万吨，增长12.5%；油料5.6万吨，增长10.6%；亚麻8000吨，增长3.9%；蔬菜14.3万吨，增长1.7%；生猪出栏38.1万头，增长1.0%，牛出栏5900头，增长3.4%，羊出栏5.1万只，增长-3.5%；家禽出笼762.8万羽，增长1.0%，禽蛋3.8万吨，增长2.6%；水产品7.7万吨，增长6.3%。按照建设生态渔村的理念，把“丰裕”示范片着力打造成人与自然和谐相处的“梦里水乡”。新增农产品加工企业42家，农民专业合作组织18家，建成通村公路345公里，新建沼气池2606口，改厕2.58万个，解决了2.68万人的安全饮水问题，完成了安尤芝子湖等13处大堤培修及其他垸内外水利工程，建成农家店110家。

实现全社会工业总产值36.70亿元、增长25.9%，其中规模工业总产值21.88亿元、增长36.5%；实现全社会工业增加值11.84亿元、增长16.8%，其中规模工业增加值5.69亿元、增长27.8%。规模工业主要产品产量：棉纱12601吨，增长6.6%；棉布693万米，增长-15.9%；机制纸18015吨，增长-65.8%；合成氨60655吨，增长33.6%；农用化肥折纯80388吨，增长30.5%；中成药1609吨，下降64.2%；缝纫机11653架，增长14.6%。全年新上投资1000万元以上的项目9个，特别是上马了计划投资30个亿的柏力科技园项目、计划投资3个亿的天洁纸业项目和计划投资2个亿的凯斯三区项目，实现了亿元工业项目的历史性突破。新增规模企业13家，净增11家，总数达到56家。新增园区项目用地518亩，其中河东片318亩。

完成全社会固定资产投资12.06亿元、增长22%。其中城镇以上投资6.66亿元、增长27.4%，农村完成投资5.39亿元、增长14.9%，其中农村集体投资1.92亿元、增长22.6%，农村个体投资3.48亿元、增长11.0%。强化工业园等重点区域的规划管理，建立了控制区现状的文字和影像档案。实施了北圆盘改造等一批提质工程，完成了和平路东段建设等一批道路硬化工程。启动了香格里拉等一批高档住宅小区建设，开发面积近30万平方米。沿河风光带综合整治取得明显成效。

实现社会消费品零售总额17.88亿元、增长16.9%。实现批发和零售业总额14.34亿元、增长16%，住宿和餐饮业总额3.13亿元、增长17.9%。年末金融机构各项存款余额26.12亿元、增长12.2%，其中居民储蓄存款余额23.07亿元、增长9.8%，年末各项贷款余额17.00亿元、增长-11.4%，全年累计发放贷款11.55亿元、增长30.1%，其中农村信用社7.53亿元、增长20.0%。加强了劳动力市场和乡镇劳动保障站建设，强化职业培训和就业援助，全年新增城镇就业4932人，转移劳动力就业7943人。全年新增各类参保3.2万人次，启动了城镇居民基本医疗保险。城乡低保月平均补差标准分别提高10元和15元，实施了“三无”对象低保救助。改造安全、安康2所乡镇敬老院，新建5所村级“五保之家”，五保老人集中供养增加300人。为565名水库移民落实了人平600元的扶助款。改革义务教育阶段经费保障机制，全面落实“两免一补”政策，大力开展扶贫助学，被评为“全省规范教育收费示范县”。顺利实施新型农村合作医疗，8.8万参合农民得到住院和门诊补助，受益面达23.4%；推进第二步殡葬改革，集镇码头火化率达100%，完成了西门口和深柳2个示范社区的建设。汤家岗遗址第三次深度发掘成果丰硕。“乒乓球之乡”创建工作有序开展。加强信访维稳，强化安全生产，严格治安防控，深入开展“禁毒”人民战争，全县社会大局保持和谐稳定，被评为全省20个平安县之一。

存在的主要困难和问题：经济总量不大，结构不优，新型工业化尚未取得根本性突破；农业基础设施落后，产业化水平较低，农民持续增收难度较大；税收支撑乏力，县乡财政运转艰难，乡村债务化解困难；就业社保的总体水平不高，部分低收入群众的生活比较困难，影响社会和谐稳定的不利因素仍然较多；政府及部门工作中还存在办事效率不高、服务质量不优的问题，公共管理和服务经济社会发展的能力有待提高。（卢光顺）

【全省规范教育收费示范县】2007，安乡县被评为“全省规范教育收费示范县”。近年来，该县县委、县

政府出台了《关于进一步优化教育发展环境的若干意见》等文件，明确了“检查准入”、“零收费”、“首查不罚”和“通报曝光”等保护性措施，进一步规范了职能部门对教育的收费行为。在教育行政主管部门设立了专门的信访办公室和行风监督热线，督促学校统一收费标准、统一收费公示、统一收费票据、统一收费程序，指导全县中小学校创建“规范教育收费示范学校”，取得显著成效。　（卢光顺）

【造纸企业整治】 安乡县造纸企业的发展始于1958年，到2006年底，共有造纸企业10家，年设计制浆能力13.3万吨，实际造纸产量接近9万吨，实现工业产值近2.5亿元，上缴税收近1800万元。根据省政府关于开展环洞庭湖区造纸企业污染整治工作部署，该县10家造纸企业于2006年12月31日和2007年3月31日分两批实施了停产整治。通过内引外联，该县于2007年引进浙江天洁集团整体租赁原仙桃纸业，实施年产9.5万吨浆纸改扩建及环境治理工程，该项目总投资5个亿，第一期投资2个亿，形成年产5万吨制浆造纸能力，配套建设相应的碱回收装置和污染治理设施，实现达标排放，2008年10月份可建成投产，3年内可形成15万吨造纸的生产能力。桂华公司、众鑫公司、恒鑫公司等3家企业全部通过上级环保部门的环评审批，顺利转产再生纸，实现达标排放。杜家纸厂、原生纸品回收加工厂、得盈公司等3家达不到生产规模和治理要求的企业已全部关停到位。造纸企业污染整治对该县环境质量的改善效果显著。据测算，整治后该县造纸行业COD年排放量较整治前削减了16000吨，淞滋河水体水质已由整治前的四类甚至五类水质迅速恢复到三类以内。　（卢光顺）

【柏力科技园】 常德柏力科技园是安乡县县委、县政府为落实“工业强县”发展战略，承接沿海产业转移，于2007年引进香港柏力集团投资建设的工业新区。科技园选址在该县经济开发区内，用地规模133.33公顷，计划投资总额20亿元。科技园规划分为生产区、仓储物流区、综合服务区等三大功能区，生产区的功能是集锂电池生产行业及衍生行业为一体。整个建设计划在2012年底前完成，首期建设的毅力能源项目已于2008年2月正式开工。　（卢光顺）

【汤家岗遗址】 汤家岗遗址位于安乡县安全乡刘家村，系长江中游新石器时代典型的原始文化遗址，距今约7000年的历史。该遗址于1977年被发现，总面积3万多平方米。1978年和1990年省博物馆和省考古研究所先后进行了两次发掘，清理了大量墓葬和建筑遗迹，出土器物数百件，其中白陶器是我国最早的模印精品。该遗址发掘后引起了考古界广泛探讨与研究，出土器物精品多次在海内外展出，1996年省人民政府将其公布为省级文物保护单位。2001年著名考古学家郭伟民先生发表了《洞庭湖区汤家岗文化与大溪文化的新认识》一文，肯定了汤家岗作为一种典型文化类型的独特地位。2007年10月，省考古研究所派专家对该遗址进行了第三次发掘，出土了环壕土围、彩绘白陶、祭祀人类头盖骨、碳化稻米等一批精品文物，进一步丰富了汤家岗文化的内涵。考古专家高度评价汤家岗遗址在学术界的地位，指出其文化充分反映了当时的物质文明和精神文明，标志着湖南人民、安乡人民当时所创造的文明不亚于同时代全国乃至到全世界任何一种原始文明，它的存在起到了一个文明标杆的作用，具有文化地标的意义。　（卢光顺）

【丰裕示范片】 丰裕示范片位于安乡西部，毗邻湖南省第三大淡水湖——珊珀湖，距县城15公里，省道S306线贯穿其中，属市级新农村建设示范片。示范片共包括安裕、安丰两个乡的3个行政村和2个渔场，即安裕乡的槐圃垸村、双剅口村、羌口村和赵家湖渔场、安丰乡的珊珀瑚渔场，共有43个村民小组，1369户，4742人，耕地面积650公顷，养殖水面8168亩。该示范片共修建水泥路8.7公里，进户路10条，新建和改建桥梁8座，疏洗、硬化沟渠8.8公里，解决了8500多人的安全饮水问题，改厕1100户，新建沼气池120套，全面完成清洁工程，新建垃圾中转站13个，垃圾棚33个，农业投入品包装物回收箱8个，污水处理池30个。人与自然和谐相处的生态渔村初步建成，展现了典型的水乡特色。　（卢光顺）

津　市　市

市　委　书　记　何英平
市委副书记　尹正锡　戴作凡　周代惠

安乡汤家岗遗址的一个发掘坑

市委常委	徐世明	赵克蓉	江志晖
	王兴钊	傅　勇	王新军
	杨亚雄	康少中	王育平
	徐兴庭		
市人大常委会主任	余永贵		
市人大常委会副主任	唐超虎	邹建龙	张元桂
	周向阳	邓惠荣	
市人民政府市长	尹正锡		
市人民政府副市长	杨亚雄	康少中	张伟莉
	祖　华	熊　斌	姜正才
	孔双龙		
市政协主席	贺修双		
市政协副主席	林铁钢	董新满	刘建平
	阿　毅	姚跃进	
市武装部政委	吴文广		
市武装部部长	王新军		

【概况】全市辖5镇2乡4个街道办事处1个经济开发区，土地总面积550.7平方公里，年末实有耕地面积1.622万公顷，其中水田1.44万公顷，旱地0.182万公顷。总人口26.43万人，其中非农业人口12.16万人。全年出生人口2005人，出生率7.52‰，人口自然增长率4.80‰。全年降水量1055毫米。

全年完成地区生产总值（GDP）356022万元，比上年增长12.0%，其中第一产业增加值95237万元，增长6.1%；第二产业增加值137267万元，增长15.2%；第三产业增加值123518万元，增长13.3%，三次产业经济总量之比为26.7：38.6：34.7。按常住人口数测算，人均GDP达到14207元，增长11.5%。全市财政总收入44247万元，增长33.7%。

工业经济快速增长。全年完成工业总产值401191万元，比上年增长28.3%，其中规模以上工业企业完成工业总产值289797万元，增长32.2%。全年完成工业增加值125333万元，比上年增长16.1%，规模以上工业企业完成增加值73588万元，增长23.9%。全市规模以上工业产品销售率达97.8%，全年生产氢氧化钠（烧碱）34889吨，原盐63.63万吨，机制纸43140吨，无水芒硝60332吨，汽车及底盘8946辆（套），轻型车前后桥16.32万套，糖果5547吨，纱19001吨，丝61吨，糖化酶16.38万标吨，完成发电量12022万千瓦时。企业技改和招商成果显著。雪丽造纸中段废水处理、湘澧盐矿“一机一炉”技术改造、娄星纺织、宏力纺织、天盛电化扩能等14个重点技改项目完成或进展顺利。招商引进项目30个，到位内资13.4亿元，引进外资1011万美元，飞洋纺织精梳紧密纺、友联纺织、天颐棉业、坝道水泥、望江楼旧城改造5个过5000万元的大项目，9个投资2000万元以上的项目成功引进。培育了中意糖果等2个省级著名商标和名牌产品。

农业生产稳步增长。2007年津市正式列入国家产粮大县奖励范围，农作物播种面积3.93万公顷，其中粮食作物播种面积1.882万公顷，经济作物播种面积2.05万公顷。全年完成农林牧渔业总产值151211万元，比上年增长6.4%。其中，农业总产值65337万元，比上年增长6.8%；林业总产值486万元，增长4.4%；牧业总产值60375万元，增长5.0%；渔业总产值20074万元，增长8.3%；农林牧渔服务业产值4939万元，增长8.4%。全年共出栏牲猪35.75万头，出栏羊6.08万只，出笼家禽403万羽，起水产品17523吨。年末农业机械总动力12.99万千瓦，比上年增长5.6%，大中型拖拉机311辆，增加20辆；耕整机及种植机械998台，增加54台；排灌动力机械7476台，增加464台；农产品加工机械2138台，增加149台。

固定资产投资稳步增加。全社会固定资产投资77323万元，比上年增长32.8%，其中城镇以上固定资产投资60574万元，增长34.1%；农村固定资产投资16803万元，增长28.8%。全年完成社会消费品零售总额166304万元，比上年增长17.1%。

社会事业全面发展。教育质量不断提高，全市共有中小学学校49所，其中初中学校11所、高中学校3所、小学33所、职高学校1所、特殊教育学校1所。各类在校学生24608人，其中中学生13601人，小学生10813人，特殊教育学生194人。普通中小学教职工总数2032人，其中专任教师1822人。学校校舍建筑面积24.92万平方米。免除义务教育阶段中小学生学杂费政策开始实施，上半年免除学杂费学生人数19846人，下半年免除学杂费学生人数18029人，免除率达100%。卫生事业进一步发展，医疗卫生条件不断改善。全市拥有卫生机构17个，其中医院3家，卫生院9所，专科防治站1个，卫生防疫站1个，卫生监督所1个。卫生人员844人，其中卫生技术人员732人，卫生机构实有床位554张，每千人拥有卫生技术人员3人，拥有床位2张。农合与城镇居民医保覆盖率不断加大，参加新型农村合作医疗人数107177人，参加城镇医保人数38134人。科技工作取得实效，全年申报科技发展计划项目21项，其中已列入国家科技部星火计划重点项目1项。全年共争取省、常德市科技项目资金57万元。全年已获专利权项目21项。科技成果推广取得新进展，全年推广科技项目17项，其中工业项目7项，农业项目8项，社会发展项目2项。文化事业日益繁荣。全市拥有专业艺术表演团体1个，演出场次43场，电影院1所，公共图书馆1家，总藏书量14.42万册，书刊文献外借3000册次。社会文化活动丰富多彩，努力打造广场文化品牌，“欢乐津城”享誉九澧，《嘉山孟姜女传说》“非遗”项目已向国家文化部申报。广播电视事业继续发展。全市拥有无线电视台1座，有线电视台1座，中短波发射转播台1座，全年播出《津市新闻》261期，《经济在线》54期，《映像津市》栏目54期。体育工作开创了新局面。全民健身计划取得实效。全市开展各类群众体育活动85场次，参加人数逾万人（次），业余训练和竞赛工作取得好成绩，全年在省地比赛中共获金牌14枚，其中省级金牌6枚。邮电通信业稳步发展，全年完成邮电业务总量12716万元，比上年增长20.9%。固定电话用户40064户，移动电话用户68957户，宽带网用户6586户。年末金融机构各项贷款余额133894万元，比年初增加17106万元；各项存款余额234959万元，增加17176万元。全市金融机构现金总收入993359万元，比上年增长

24.3%；现金总支出1029126万元，增长22.5%。

经济社会发展中存在的主要问题是：产业经济效益和规模有待进一步提高；农村和农业基础设施建设需进一步加强，农民持续增收的后劲不足；服务业发展相对滞后；物价上涨压力较大；交通、能源的瓶颈制约有所增加。
（郑宇辰）

【“百亿工程”启动实施】2007年，津市“工业立市”核心战略进一步深化，在津市市十四届政府五次全会上率先提出“发展产业集群，打造百亿工程”的目标，即通过五年（2007–2011年）的努力，汽配、盐化工、纺织、造纸、食品五大产业的总产值突破100亿元，税收达到4亿元。通过近几年的发展，五大产业已成为津市工业经济的支柱。2007年，五大产业完成总产值26.12亿元，占规模以上工业总产值的90.1%。其中，汽车配件产业完成工业产值12.48亿元，增长18.0%;盐化工产业完成产值4.32亿元,增长38.4%;食品产业完成产值3.67亿元，增长39.8%；纺织产业完成产值3.66亿元，增长105.0%；造纸产业完成产值2.0亿元，增长1.8%。“百亿工程”的实施，将加快推动津市工业经济健康发展，具有里程碑意义。（郑宇辰）

【湖南车桥与中联重科合作敲定】在省政府、省国资委、常德市政府的大力支持下，通过津市市委、政府、车桥厂与中联重科多次协商，湖桥与中联重科合作项目已经敲定，合作后湖桥将成为中联重科重型车桥生产基地，并将逐步发展为湖南最大的重型工程机械生产基地。此次合作将取得中联重科资金、技术、管理等多方面支持，企业机制不活、发展资金不足、抗风险能力不强、发展空间不大等瓶颈将被打破，对津市经济产生重大影响。双方合作后，还将推动全省汽车和工程机械板块做大做强。2007年湖南汽车车桥厂实现工业产值95387万元、税收2720.6万元、利润1317.4万元，合作项目建成后，可使湖桥产值利税实现翻番，“十一五”期内，产值可突破30亿元~40亿元。
（郑宇辰）

津市开发区雕塑

【经济开发区建设快速推进】2007年底，津市财政投入园区建设资金累计已达1.3亿元，其中2007年投入资金超过6000万元，区内基本实现了“六通一平”，整个园区道路“两纵三横”的大框架已经形成，完成了开发区文化广场、办公大楼建设,迁转了S205窑坡收费站、竹岭油库。园区形象大步提升，成为了常德各区县起步最晚、发展速度最快的园区之一。全年新入园企业9家，朝宏电机、友联纺织、首信化工、升华印务、娄星二期和三期扩改等新项目入园建设，园区规模企业发展到17户，区内完成工业年产值8.55亿元，占规模以上工业总产值的29.5%；实现税收1851万元，占规模以上工业税收的20.0%，园区经济对整个地方经济的拉动作用初步显现。（郑宇辰）

【新农村建设成效显著】2007年，津市以促进农民增收、改善农民生活条件为核心，以发展农村特色产业，加快农村基础设施建设为切入点，新农村建设成效显著。蚕桑、葛果、水产、畜产、林果五大特色产业进一步发展壮大。其中渡口蚕桑基地、保河堤中南黄鳝、李家铺双孢蘑菇形成独特品牌，农民收益得到提高。全年农业总产值达到13.4亿元，农民人均纯收入达到3709元。全年累计投入新农村建设资金近5千万元，硬化通村公路61公里，通村、通组、产业带路网基本形成。新开农村客运班线3条，解决了8325名农村人口的安全饮水问题，新建沼气池1500口，修建村部18个，小区整治1561户，新建高标准养老院5座，修整沟渠20.2公里，新挖堰塘73口，维修水库7座。全年确立了17个新农村建设示范点村，重点建设了保河堤镇中南村、渡口镇新湖村、新洲镇黄林堰村。灵泉、保河堤、渡口等小城镇建设成效明显，农村面貌焕然一新。（郑宇辰）

西洞庭管理区

党委书记、管委会主任	王昌元
党委副书记、管委会副主任	谭徽立
纪委书记	肖超固
管委会副主任	张平喜　熊大贵 周金明　李国良
政法委书记	宋仁恒
副调研员	丁仲阳　曾正飞

【概况】2007年，管理区辖1个镇、3个办事处，土地总面积120.54平方公里，年末总人口6.5万。人口自然增长率1.26‰，年内气温最高38.4℃，最低-2.2℃，年降水量1171.3

毫米。全年完成地区生产总值4.35亿元，较上年增长10.94%。实现社会消费品零售总额9521万元，增长16%。全社会固定资产投资9720万元，增长29.6%。本级实现财税总收入4300多万元，其中实现国地两税2508万元，国土出让收入和经营面积收费1800多万元。

突出基础建设与产业发展，新农村建设稳步推进。以全区6个村列为全市十大新农村建设示范片和农村饮水安全十大示范片为契机，通过系统规划、示范带动，实现了年初提出的“规划编制不折不扣，农业产业做大做强，基础设施逐步完善，居住环境健康舒适，乡风文明全面发展”工作目标。一是做大做强了主导产业。在甘蔗产业发展上，出台了每吨原料蔗补贴10元的扶持政策，全区甘蔗种植面积稳定在1.3万亩；在朝鲜蓟产业发展上出台了龙头企业和财政每吨各补贴50元的扶持措施，并在生产资料的组织上给予大力扶助，朝鲜蓟种植面积由133.33公顷扩展到666.67公顷。二是狠抓了基础建设。全年通过上级扶持、本级筹措、村民自筹等方式投入资金近2000万元。其中投资800多万元新建通村公路32公里，硬化示范片环形道路11.3公里。投入200多万元埋设主支水管3万多米，拉通了6个村的自来水，解决了2000多户5000多人的饮水安全。投入100多万元新建了6个村部。通过财政补贴引导的方式，对示范片居民区的旧房实行统一改造，穿衣戴帽200多户，调动群众投入800多万元按规划新建楼房70多栋。三是改善了生活环境。各村成立了“三清”工作理事会，活动开展得有声有色，中洲村、白芷湖村、民安村等建立健全了环境保洁员制度，其它村也在逐步规范。全区通过“三清”活动，处理垃圾2600吨，清路障378处，建垃圾围40个。柴垛乱堆，垃圾乱丢等不良卫生习惯得到了明显改观。

突出招商引资与扩规改造，工业经济发展来势看好。全年全区共有技改项目6个，总投资5500多万元。其中广益粮油扩改项目总投资1870万元，新建厂房1万多平方米，同时对榨花车间升级改造，新上了一台400吨打包机。方正彩印包装搬迁扩规项目总投资1200万元，新建了一栋3000平方米的厂房，同时新增一条数控自动化彩印生产线，年生产能力已提升3倍以上。大顺包装续建项目总投资1400多万元，2006年5月份动工建设，2007年5月正式投产，年生产能力已是原来的5倍左右。新湘糖业锅炉改造及企业穿衣戴帽工程总投资420万元，厂容厂貌得到了很大改善。军雄被服生产加工项目于2007年6月初破土动工，项目总投资近500万元，现已完成设备安装，建成投产后将是常德市规模最大的被服生产加工企业。针对造纸企业关停的现状，管理处领导把招商引资放在重中之重，先后与近30家公司老板进行洽谈，取得了较好的成效。全年共有签约项目4个。其中引进北京中冶集团整体收购原常德天宏资产，计划投资4个亿，扩建10万吨；引进厦门安妮纸业控股、日本江守株式会社参股在区“工业走廊”，新建一个年产4万吨的无炭热敏纸涂布厂，建成后年产值4个亿。

突出扩容提质与文明创建，城镇面貌有较大改观。全年城镇建设共投入资金1600多万元，延伸拓宽和新修街道9.2万平方米，改造和新修下水道7000多米。筹资30多万元聘请省规划设计院对全区城镇规划重新修编，规划城区面积由3.2平方公里扩大到6.5平方公里，为打造民主阳城垸的“一个园区，六个中心”奠定了基础。投入200多万元对祝丰东西路共6000米街道进行硬化摊铺。投入800多万元将迎丰路向北延伸2.68公里，完成了城镇街道与X042线的全线贯通。投入300万元将原迎丰路、祝丰路主街道的路灯全部更换为华灯，同时亮化了其它小街小巷。投资近120万元在三个主要交通道路口安装了红绿灯。按照统一规划，整体开发，限时开发的原则，公开拍卖3.87公顷土地的开发权。龙信公司计划投资7000多万元建设商品房9.8万平方米，其中综合市场1.5万平方米。

突出深化改革，进一步减轻了农民负担。根据《湖南省深化国有农场税费改革实施意见》，稳步实施了全区的农垦税费改革，清退了2006年度按责任田30元/亩标准收取的农工养老保险单位统筹费，从2007年免除责任田每亩30元标准缴纳的养老保险统筹费，免除每亩收取的30元水费。全区共向农户清退资金755万元。

突出和谐发展与综合治理，各项事业全面发展。全年全区直接或间接投入社会事业建设资金1500多万元。其中投入教育基本建设资金200多万元，通过以地生财调动一中投入150多万元，新修了2000平方米办公楼，并从2007年起两年内每年补贴100万元用于支持一中修建综合教学楼。通过土地开发投入400多万元新建水利、城建综合大楼。投入600多万元修建4000平方米的劳动综合大楼即将投入使用。通过出台优惠政策，调动民间投入100多万元修建了殡仪馆，投入20多万元改造了灯光球场。严格按照义务教育经费保障机制改革的要求，安排各类教育支出，落实“两免一补”配套资金，义务教育得到了全面巩固和提高，中心幼儿园获市级示范幼儿园光荣称号。一中高考本科上线达498人，连续四年均在495人以上，录取率高于全省20个百分点。卫生工作体系比较健全，做到了无重大疫病暴发和流行。计划生育工作顺利升类，被评为省优和全市红旗单位。始终高度重视稳定工作，信访总量较上年下降51%，大规模集访为零。强化对安全生产的监督，及时督促整改安全隐患，以组建护卫队、巡逻队为载体，强化治安环境建设，开展了打黑除恶、禁毒整治工作，社会大局持续稳定。

尽管2007年全区经济社会发展有较好的来势，但存在的问题也不容忽视：一是农业因灾损失大。5月下旬和7月下旬，西洞庭管理区遭遇了10年一遇的特大暴雨，年底又遭遇了50年一遇的特大冰雪灾害，全区共有0.25万公顷面积受灾，其中0.13万多公顷需改种，给全区农业生产造成了重大损失。二是工业生产招工难。特别是棉纺、纸

业用工严重不足，制约了工业经济的发展。（刘汉祥）

【朝鲜蓟扩种】朝鲜蓟是2005年由汇美食品有限公司从西班牙引入西洞庭管理区的出口罐头生产原材料。2007年为做大朝鲜蓟产业，管理区专门成立了朝鲜蓟生产领导小组，并专门安排5万元工作经费。400元/亩的种子款，农户购种时付一半，另一半由汇美食品公司垫付，在来年交售的产品中扣回，特别困难户由财政垫付。针对育苗难的问题，成立了技术攻关小组，并由农经局、农技推广中心、汇美食品公司集中育苗93.33公顷，成苗率75%以上。农业技术人员下田间地头传授育苗技术，帮助农户进行培管，2007年全区共种植朝鲜蓟533.33公顷。（刘汉祥）

【汇美食品、广益粮油棉被评为省级龙头企业】2007年，根据《关于常德加州水产食品有限公司等6家企业享受省级农业产业化龙头企业待遇的批复》（湘农产〔2007〕16号）文件精神，常德市汇美食品有限公司和常德广益粮油棉有限公司享受省级农业产业化龙头企业待遇。（刘汉祥）

【造纸企业关停整改】根据省市造纸行业污染整治会议精神，从2006年12月1日开始，管理区组织环保、电力等6家相关部门对4家造纸企业开展了积极有效的整改行动，其中再生纸企业恒利纸厂于2006年12月31日停产；隆鑫纸业于2007年3月31日按时停产；5月投入230万元着手排污改造，12月与湖北商人任宏伟等3人签订转让协议，计划将原有年产能提升到1万吨；金穗纸厂于2007年3月31日被责令关闭；制浆造纸企业常德天宏纸业在区污染整治领导小组的认真布置和协助下，于2007年3月28日将芦苇全部生产完毕，在没有造成任何经济损失的情况下实现了提前停产。（刘汉祥）

【北京中冶美隆收购常德天宏纸业】2007年9月，北京中冶美隆公司以4000万元的价格收购常德天宏纸业公司全部资产，注册成立湖南中冶美隆纸业有限责任公司，计划用3年的时间投资4亿元将原有年产能5万吨扩大到10万吨，同时配套碱回收等废水处理设施，启动热电联产，2010年全部投产后年产值将达7个亿。12月中旬部分设备开始调试运行。（刘汉祥）

【汤喜得捐献眼角膜】2007年3月13日上午，家住常德市西洞庭管理区望洲办事处白芷湖村1组的汤喜得因晚期癌症离开人世，当日10时许，常德爱尔眼科医院医生从汤喜得身上成功取下眼角膜，并当即送往长沙爱尔眼科医院眼库。

早在汤喜得读初中的时候，就有了身后捐献眼角膜的想法。在上海治病期间，他曾托父母与上海眼库联系过，但得到的答复是只能在户籍所在地捐献，从上海回来后，他们联系上了常德爱尔眼科医院，这一心愿遂得以实现。2月27日，汤喜得在《自愿捐献角膜志愿书》上庄重地签下了自己的名字。3月14日，湖南宁乡的一名患者在长沙接受了穿透性眼角膜移植手术，汤的一只眼角膜被成功移植。另一只眼角膜也成功移植给了适合做眼角膜手术的患者。汤喜得所捐献的眼角膜使三人重见光明。他的事迹省市两级新闻媒体均进行了报道。（刘汉祥）

【西洞庭被省政府批准为革命老区】西洞庭管理区原为国营农场，位于古称“八百里洞庭”的洞庭湖以西，常德市鼎城区和汉寿县之间的民主阳城垸内。在新民主主义革命阶段，特别是第二次国内革命战争时期，西洞庭人民在党的领导下，为创建、巩固、保卫湘鄂西、湘鄂川黔革命根据地，进行了长期的、前赴后继的斗争；为红二、六军团北上抗日作出了重大贡献，付出了极大的牺牲。西洞庭是具有光荣革命传统的老区。为此多次向上级部门请示，2007年5月中旬，区政法委书记宋仁恒、区民政局局长龙贤岩、金凤办事处主任胡平为此事又特到省民政厅进行申请，经省老区办多方考查，2007年6月5日省民政厅根据国家民政部、财政部划定革命老根据地的标准和西洞庭管理区提供的有关史料，经研究审核，正式发文《关于认定西洞庭管理区为革命老根据地的批复》（湘民办发〔2007〕36号），正式认定西洞庭管理区为革命老区单位。（刘汉祥）

西湖管委会

党委书记、管委会主任　覃事共
党委副书记、管委会副主任　李德琦
纪委书记　曾德富
管委会副主任　张铁光　彭学云　彭春生
武装部长　刘助中
工会主任　孙功明
副调研员　邓建堂　邓群智　周一夫

【概况】2007年，管理区辖6个办事处、1个建制镇，土地总面积10.5万亩，耕地面积0.38万公顷，年末总人口4.87万人。年内全区共实现国内生产总值32850万元，同比增长13.8%，其中第一产业20200万元，增长12.5%；第二产业2350万元，减少39%；第三产业10300万元，增长21.8%。农民人均纯收入增加860元，其中生产性增收260元；镇区居民生活水平稳步提高，社会消费品零售总额达到9300万元。社会事业协调发展，社会大局保持稳定。

调整农业结构，促进农民增收。农民收入增长的原因，除了移民后期扶持政策得到全面落实以外，主要在于管理区始终把发展农村经济摆在了突出的位置。一是发展传统产业。粮食种植面积0.78万公顷，比上年略有减少；单产比上年增加40公斤，总产达到12400吨。棉花种植0.21万公顷，比上年增加0.04万公顷；单产112公斤，总产3528吨，比上年增加600吨。加上棉花涨价因素，农民种棉收入有较大幅度增加。棉花制种面积40公顷，生产棉花种子60吨，蔬菜制种面积53.33公顷，生产蔬菜种子12吨，均比上年有所增加。二是发展蔬菜生产加工。以营销大户为依托，引导农民发展辣椒、豆角、双孢菇等蔬菜生产，使全区蔬菜面积扩大到0.12万公顷，总产达到3.2万吨，产值4800万元。其中辣椒、豆角种植比上年增加53.33公顷，达到300公顷以上，按亩平3000元计算，收入达1350万元。西洲办事处幸福村和西洲村发展双孢菇种植6.67公顷，亩平产值3万元，利润达到2万元；东洲办事处旺禄村、鼎港办事处鼎兴村的辣椒生产已成为村里的主导产业，亩平收入在4000元以上。加工白辣椒、酸豆角140万公斤，创收336万元。三是发展家禽家畜及水产养殖。全区出栏生猪5.5万头、山羊2400只、肉牛800头，出笼家禽71万羽，出栏出笼数量略有下降，但饲养效益明显好于上年。养殖水面600公顷，其中网箱养殖总数达到了8000口；生产水产品2780吨，水产养殖收入2780万元。在网箱养殖中，名贵鱼养殖比例加大，其中叉尾鮰养殖网箱达1000余口，比上年增加600余口，总产增加600余吨，产值增加540万元。

加大建设力度，改善基本条件。一方面，加大了农村基础设施建设投入。2007年，管理区多方筹集资金，致力于基础设施建设，改善发展条件。据统计，用于基础设施建设的资金逾1000万元。投资760万元修通村级硬化公路38公里；投资43.4万元完成了7个村部的建设；投资20万元实现了广播村村通；投资97万元用于安全饮水改造，受益群众达2517人；投资200万元开发平整土地1200亩；投资250万元更新改造电排设施4处，硬化排灌渠道3000米，完成小农水建设50处；新建沼气池103口；投资10万元对26个村（场）进行了村庄规划。另一方面，启动了文明卫生城镇创建工作。10月底，区委、区管委做出了创建文明卫生城镇的决定。并于11月初召开动员大会，成立创建指挥部，迅速拉开了创建序幕。到2007年底止，已完成800多个雨棚、广告牌和违章建筑的拆除；完成1.5公里、19000平方米翻新路面的水稳层改造和镇区四条主要街道路沿石工程的施工；完成了水果市场、木材市场和五金修理、棉被加工等店面的整顿搬迁。镇区限炮工作进展顺利，得到了镇区广大群众的极力拥护和支持。与此同时，加快了旧城改造步伐，全年开发商品房近8000平方米。

落实各项政策，群众得到实惠。首先是落实了移民后扶政策。国务院17号文件下发后，管理区按照省市政府及移民部门的要求成立了领导机构和工作班子，并迅速启动了相关工作。10月初，全区完成了首个年度的后扶资金发放任务，共为扶持对象发放后扶资金2465万元。其次是落实了农村税费改革政策。为进一步减轻农民负担，管理区作出了免除全部水费的决定，并且还将2006年收取的每亩20元基本水费退还给农民群众，在全市率先实现了农民“零”负担。同时，还免除了农工养老保险部分统筹经费380万元。第三是落实了粮食补贴等惠农政策。全区落实粮食补贴面积2.667万亩，发放粮食“三补”资金121.72万元；发放农机补贴、油菜良种补贴、能繁母猪补贴资金37.22万元。这些政策的落实，为农村群众带来了直接的经济利益。

完善保障体系，促进社会和谐。一是强化了就业保障。全区城镇新增就业1045人，下岗失业人员再就业592人，“4050”人员再就业186人，零就业家庭援助就业15户；新增农村劳动力转移就业1062人。二是扩大了企业养老保险参保面。新增参保人数508人，使年末参保总人数达到1.13万人。三是失业保险、工伤保险和生育保险参加人数增长。失业保险参保达到1290人，工伤保险达到2238人，生育保险达到1944人，与2006年相比都有较大幅度的增长。四是新农村合作医疗工作卓有成效。全区参保人数达到3.09万人，全年收取农民参保经费30.9万元，享受补偿住院群众2346人，住院补偿金额98.1万元。五是城镇居民医疗保险全面启动。年内参保人数达到3344人，征缴基金30余万元。

发展社会事业，推动全面进步。计划生育工作取得明显成效。2007年全区共出生429人，人口出生率为9.71‰，计划生育率为96.7%，继续保持了低生育水平，实现了确保省优质服务先进单位的目标。教育卫生事业得到发展。义务教育成果得到巩固，教育观念逐步更新，教学质量稳步提高。投资200余万元修建了西湖小学综合楼、食堂和校内道路等，进一步改善了办学条件。2007年初中毕业会考合格率达100%，高考创历史新高，专科一次上线率达81%。医疗卫生体制改革进一步理顺。血吸虫病防治和卫生监督机构进一步健全，公共卫生体系不断完善。区医院在新班子的带领下，医疗条件得到改善，医疗水平有所提高，经济效益和医疗秩序有了好转。工会开展了重大疾病职工扶助和在职女职工“两癌”保险，共发放帮扶资金5万元。进一步深化了住房制度改革，住房产权登记发证工作全面启动。城镇低保及农村特困户、五保户救助等政策得到全面落实。全年共发放城镇低保保障金260余万元，农村特困救助资金18.3万元，五保供养资金19.2万元，解决了城乡困难群体的基本生活问题。

维护社会稳定，改善发展环境。一是在综合治理方面，以推进依法治区、创建平安西湖为主题，加大了打击治理力度和综合治理力度，社会治安秩序明显好转，人民群众的安全感明显增强。二是在信访维稳方面，落实了维稳责任制、完善了矛盾纠纷排查机制，化解了大量矛盾纠纷。全区年内没有发生大规模越级上访，没有发生重大涉稳矛盾纠纷，没有出现重大群体性闹事事件，没有发生重大的边邻纠纷。维护稳定工作得到了市委、市政府的充分肯定，被评为全市维护稳定工作先进单位。（王　彬）

【全面落实移民后期扶持政策】 2007年，管理区在上级党委政府和移民主管部门的正确领导下，立足西湖实际，坚持贯彻落实国发〔2006〕17号文件不走样，经过严格的人口登记、审核、公示通告、上报审批等程序，圆满完成了移民后期扶持政策兑现工作，全区审核落实移民扶持对象15916户41665人，安全发放后扶资金2465万元。（王 彬）

【启动文明卫生城镇创建工作】11月2日，管理区召开文明卫生城镇创建动员大会，拉开了创建"省级文明卫生城镇"和"省级重点城镇"的序幕。通过创建,将着重解决镇区"棚架乱搭乱建，车辆乱停乱靠，摊点乱设乱摆，垃圾乱扔乱倒，店厂乱开乱设，鞭炮乱燃乱放"的"六乱"问题，做到坐商归店，车辆归位，摊贩归点，划行规市，使镇区的环境卫生、交通秩序、市场经营秩序、户外广告设置等有一个较大改观；同时，还将改造新建一批城镇公共设施，进一步完善西湖镇的城镇功能，增强招商引资吸引力。创建工作总投资2100余万元。2007年底，已完成违章建筑拆除、翻新路面改造、市场整顿搬迁和镇区限炮工作，预计2008年6月底前完成总体创建任务。（王 彬）

【超计划完成通村公路建设任务】2007年，全区共建设完成通村公路32公里，完成"十一五"期间总建设任务的68%。区委、区管委明确专人分管，按每公里7.3万元的标准超要求配套自筹资金，且足额及时拨付到位。各办事处（镇）村民也积极支持修路，踊跃捐款，全区累计捐款10余万元。各办事处（镇）和职能部门工作积极，密切配合，争取计划、安排资金、监督质量，确保了建设工作顺利进行和工程质量达标。（王 彬）

德山经济开发区

工委书记 朱晓平
工委副书记、管委会主任 向绪彦
工委副书记、管委会副主任 张 帆
管委会副主任 蔡 玮 张勇德 陈达有 雷光承 廖嗣忠 杨文惠 邹吉茂 宋维忠
纪工委书记 李守海
工会主任 吴正清
调研员 杜修元 赵永鹏
副调研员 莫众茗

【概况】2007年，德山开发区紧紧围绕"园区建设年"这一主题，以项目推进为中心，加大招商力度，加强基础设施建设，创新开发方式，理顺体制机制，初步实现了"重大项目、产业集群、园区形象"上的突破，经济实力有了较大提升。全年完成地区生产总值20.5亿元，增长18.1%；完成规模工业产值48亿元、规模工业增加值12.1亿元，分别增长32.7%、21.9%；完成区级一般预算收入6003万元，增长60%;引进内资15.2亿元，增长203.4%；实际利用外资3028万美元，增长82.4%；出口创汇5151万美元，增长19.7%。

招商引资取得实效。德山开发区按照"抓大引外"的方针，积极创新招商方式，努力规范招商程序，着力引进重大项目和战略投资者，招商引资取得了实质性突破。全年接待客商280余人次，签约项目30个,其中亿元以上项目15个，合同投资总额124亿元。合同利用外资1.4亿美元。30个新引进项目中有泰格林纸、恒安三期、云锦纺织、三升光电、中小企业园等15个项目实现了当年签约，当年开工建设；有电子陶瓷、纳川纺织、博大晶深电子等10个项目于2008年上半年开工建设。特别是泰格林纸和恒安三期的落户，为常德林纸产业一体化打下了坚实基础；云锦工业园、经编产业园的开工建设，有效促进了常德纺织业的扩张和提升；三升光电、博大晶深电子、力元新材、金天钛业等项目的引进，使电子和新材料产业成为常德工业新的增长点。

项目推进进展顺利。全区新开工工业项目21个，总投资158亿元。当年完成投入13.7亿元，比上年增长145.2%。德山开发区始终把项目推进作为重中之重，实行了"一个项目，一名市、区领导挂帅，一个部门负责，一套班子专抓"的责任制，突出解决了项目落户中的三大瓶颈问题，加速了项目推进进度。一是完成了208公顷的土地申报，新征土地148.47公顷，较好地解决了项目用地难问题。二是坚持和谐拆迁与依法拆迁相结合，建立了拆迁安置责任制，并初步实行了拆迁安置的专业化，全年拆迁房屋410栋，拆除违章建筑近3万平方米，较好地解决了拆迁安置难问题。三是采取限时办结、上门服务、举办项目报建培训班和实行项目报建领办制等措施，较好地解决了项目审批难问题。

园区功能逐步完善。坚持以配套园区功能为主线，以园区道路建设为重点，加大了园区基础设施建设力度。2006年确定建设的六条道路有四条已全面竣工验收，新增城区道路4.1公里；投资1.3亿元的德山大道南延段和桃林东路，分别完成工程进度的50%和30%；投入1980万元，完成了北区道路绿化、路灯和人行道板改造；供电、供水部门投入4100万元，完成了17000多米供电杆线转移和2000多米的供水管网建设；投资4500万元的德山开发区政务服务中心2008年4月可投入使用。

体制机制有所突破。市直各单位支持开发、服务项目的措施更加有力，市国土、建设、规划、环保等部门对德山开发区的工作都明确了"一把手"负责并由市局副局长兼任分局局长的管理体制，其机构设置、职能授权、工作力量基本到位；市公安局、国税局、地税局、质量技术监督局、工商局等部门派驻德山分局的力量得到了有效加强。德山开发区实行了农村社会事务由镇街管理为主的体制，并组建了湖南常德市德源投资开发有限公司作为融资开发平台。市纪委（监察局）在德山开发区派驻了行政效能监察室，加大了以项目服务为主的行政效能监察力度，为项目推进发挥了重要作用。

企业发展后劲增强。德山开发区坚持一手抓项目引进、一手抓企业发展的方针，成立了经济发展局，建立了经济运行调度服务体系，出台了鼓励企业技术改造、依法纳税和创名牌、上规模等奖励政策，园区企业加大投入、加强管理、开拓市场、扩大规模，成效明显。金健药业、常纺机、云锦纺织等21家企业进行了技改，当年完成技改投入4.1亿元。金健米业的“金健牌挂面”荣获中国名牌产品称号，云锦纺织的“天锦”商标、金健药业的“金健”商标、七星泰塑业的“七星”商标被评为湖南省著名商标。金健米业销售收入首次突破10亿元大关，力元新材等13家企业年销售收入增长25%以上。新星塑印等15家企业进入了规模工业企业，园区规模工业企业总数达到51家。

社会大局和谐稳定。加强维稳和信访工作。全年无群死群伤等重大事故，无赴省进京集访，到市上访量下降12%。加强就业和社会保障。省八件和市十件实事全面完成，城乡居民最低生活保障全面落实，新增城镇就业人员2122人。加强干部队伍建设。在市委的高度重视下，调整充实了德山开发区领导班子；通过公开招聘，引进了一批专业人才；邀请有关专家学者到德山开发区讲课，认真开展了“树立开放开发意识、提高执行能力”的教育活动，更新了干部思想观念，提高了队伍素质，使德山开发区各级组织更加勤奋务实、充满活力。

（高业勇）

【金天钛业开工建设】12月30日上午，湖南湘投金天钛业科技有限公司高性能钛及钛合金项目开工典礼在德山开发区隆重举行。该项目由湖南金天钛业科技有限公司投资，主要生产10000吨/年钛及钛合金铸锭、7000吨/年钛加工材，用地46.67公顷，建设熔铸、锻造、板带、钛管、钛棒、钛盘条、残钛回收等生产线及相关生产配套的辅助工程等设施。项目分二期实施，其中一期10000吨/年钛及钛合金铸锭，3500吨/年钛加工材，投资总额为12亿元，占地26.67公顷。一期建成后，可实现年销售收入30亿元，利润总额3.9亿元。二期占地20公顷，拟实施3500吨/年钛加工材项目。湖南省委常委、副省长徐宪平，省发改委副主任黄河，省经委副主任卓群，省国资委主任莫德旺，武吉海、卿渐伟、曹儒国、莫道宏、刘本之、刘春林、陈文浩等市领导，湖南湘投控股集团董事长李静安、湘投控股总裁邓军民及省、市直各部门负责人等参加了开工典礼。（高业勇）

柳叶湖旅游度假区

党工委书记、管委会主任 陈本祥
党工委副书记 雷斌全
管委会副主任 雷斌全 袁劲松 张正喜 汪业华 王陵书
纪委书记 雷志新
工会主任 王陵书
副调研员 李朝纲 邹启元 刘存在

【概况】柳叶湖位于古城常德东北，是湖南省最大的山、水、城三位一体的生态型城市旅游休闲度假区，国家首批AAA级景区，是常德市委、市政府直接领导的省级旅游度假区。柳叶湖新修编的总体规划面积138.8平方公里，其中水域面积21.8平方公里，是目前全国最大的城市湖泊之一，被国际国内人士誉为“世界上最佳的天然水上运动场所之一”、“城市拥抱的水上天堂”。

2007年，在市委、市政府的正确领导下，柳叶湖赢得了发展史上前所未有的大环境、大机遇，取得了招商引资的大突破，实现了旅游产品开发的大跨越。

旅游开发快速发展。全年完成财政收入3600万元，同比增长25.6%，其中一般预算收入882万元，增长32%，基金收入2718万元，增长23.7%；实现旅游综合收入1.05亿元。全年签订项目合同9个，协议引资6.31亿元，在建项目8个，累计投入3.08亿元。

基础建设有力推进。完成了2.5公里景观路段路基，风景绿化建设正在紧张实施；完成了观景平台司马楼主体结构，道路基础工程、水电管网铺设、绿化填土造型都已过半，可望在2008年6月底竣工；兴建了司马巷道路及环湖排污管网；整治了两条小街小巷，维修便道800米，完成了戴家岗垃圾中转站的建设。

环境整治取得实效。历时7个月，投入资金1000多万元，对大湖养殖、经营摊点、农家餐馆、珍珠养殖、乱搭乱建等实施了综合整治，成功取缔了水上餐饮船4条、露天烧烤13家、珍珠30多万只，拆除违章建筑5058平方米，整治农家餐馆32家，配套污水管网2820米。

社会事业和谐发展。全面完成了省、市下达的实事任务，全年开发公益性岗位65个，完成新增城镇就业105人、城镇零就业家庭2户、再就业52人，保障全区225户低保对象的基本生活。计生、放心食品、综治维稳等工作取得显著成效，确保了社会大局平安和谐。

（田培金）

【水上一日游项目开锣】2007年，在集思广益、充分论证的基础上，启动了对比张家界、长沙等地有显著差异的特色旅游产品——水上一日游。整条线路选取“刘海砍樵”传说进行主题包装，综合开展“吃、喝、玩乐、游、购”等活动，完美整合柳叶湖的山水、岛屿、湿地等自然风光和农渔家风情、地方传统文化等人文资源，狐仙洞、渔樵村、狐仙岛是其中的3个核心景区。该项目由深圳旅游咨询公司策划、设计，由长沙景观建设公司建设，现已完成了渔樵村的围堤挖塘、场地平整、管线预埋、水电安装及主体工程建设，正在抢建码头，进行单体装修和园林绿化。公司运营、文化打造等方面的基础工作，也已经全方位展开。（田培金）

【海昌集团落户柳叶湖】7月12日，怀着共同打造柳叶湖的良好愿望，大连海昌集团董事长曲乃杰考察柳叶湖，实地踏看了老堤障、毛家垱、万金障湿地。9月，市政府领导在辽宁大连签订了关于建设柳叶湖旅游度假区旅游度假及景观住宅社区的投资合作协议。项目总投资45亿元。目前，已完成了项目法人招投标，进行了环境评估论证和可行性论证。申报省重点工程、争取土地指标得到了省政府及有关部门的大力支持，该项目的落户已是指日可待。

（田培金）

【万金障退田还湖获批】 在市委、市政府的强力保障下，在协调领导小组的正确领导下，经过一年多时间的艰苦努力，万金障退田还湖工程获得了省人民政府的正式批准，确保了工程顺利立项报批，取得了良好开局。该工程建设期为4年，总投资约1.3亿元人民币。主要工程为改造省道306线；修建1027米长的柳叶湖跨湖大桥；绕白鹤山集镇构筑630米长的防洪大堤；沿白鹤山山脚填长1680米、宽270米的环湖开发带；在新筑的2600米临水湖岸建20米宽的环湖公路。该工程建成后，可实现退田还湖面积3096亩，形成柳叶湖大湖景观。增加柳叶湖2000万立方米的调蓄量，新建的跨湖大桥将与湖光山色融为一体。目前，该工程已经完成可研报告和环境评估，审议通过了退田还湖的规划方案，澄清了还湖区域内土地性质和类别，测算评估了征地拆迁安置补偿费用，解决了武陵监狱改扩建土地的征收手续，现已进入招商融资、拆迁安置和项目设计评审阶段。 （田培金）

【柳叶湖入选“新潇湘八景”】 在历时三年的“百姓喜爱的湖南百景暨新潇湘八景”评选活动中，柳叶湖被评定为“百姓喜爱的湖南百景”，并与桃花源、常德诗墙一起组成的人文类景观——“桃源寻梦”获得“新潇湘八景”的美誉。 （田培金）

柳叶湖夜景 陈旭昶 摄

新当选的中央候补委员

【武吉海】在2007年10月召开的中国共产党第十七次代表大会上，中共湖南省常德市委书记武吉海当选为第十七届中央委员会候补委员。武吉海。1953年1月出生，苗族，吉首市人。1970年3月参加工作，1979年6月入党。在职研究生学历。吉首县太平公社夯古大队知青；吉首县工程公司木工队副队长；湖南师范学院中文系学生；共青团湘西自治州委干部，办公室主任；1984年2月任团州委副书记，1984年11月任书记；1985年6月任吉首市委副书记、代市长，1986年4月任副书记、市长，1989年12月任市委书记；1992年9月任湘西自治州州长助理，1993年1月任州委常委、副州长，1995年4月任副书记、副州长，1997年10月任副书记、代州长，1998年1月任副书记、州长；2003年3月任省农村工作领导小组办公室主任、党组书记；2006年3月任常德市委书记。

新当选、新任命的市、县（市）、区领导

【卿渐伟】1959年4月出生，汉族，湖南省沅江市人，大学文化。1976年10月至1977年11月，沅江县南大镇学校教师；1977年11月至1980年9月，沅江县食杂果品公司工作；1980年9月至1982年7月，省财会学校学生；1982年7月至1983年12月，省财会学校干部；1983年12月至1986年4月，省财政厅政治处、预算处干部；1986年4月至1995年4月，省财政厅预算处副科级、正科级干部，副处长；1995年4月至1998年7月，省财政厅预算处处长；1998年7月至2003年4月，省财政厅副厅长、党组成员；2003年4月至2007年4月，省地方税务局党组书记、局长；2007年4月，常德市委副书记、常德市人民政府党组书记；2007年5月，常德市人民政府代市长。2008年1月当选为市长。

【刘本之】1950年12月出生，汉族，湖南省桃源县人，大专文化。1971年12月至1977年8月，桃源县陬溪区团委副书记、书记，区委委员；1977年8月至1977年11月，桃源县架桥公社党委第一副书记、革委会副主任；1977年11月至1982年1月，桃源县马鬃岭公社革委会主任、党委书记（其中：1980年9月至1981年9月，省委党校中青班学习）；1982年1月至1985年8月，桃源县三阳区委副书记、区长（其中:1983年9月至1985年7月，常德师专脱产学习）；1985年8月至1987年4月，桃源县理公港区委书记；1987年4月至1987年12月，慈利县委常委、办公室主任；1987年12月至1992年8月，桃源县副县长，1989年3月，县委常委；1992年8月至1993年9月，常德市农业局党组书记，1993年2月，局长；1993年9月至1998年1月，汉寿县委书记；1998

年1月至1999年6月，常德市政府副市长、党组成员；1999年6月至1999年8月，常德市委常委、市政府副市长、党组成员；1999年8月至2002年10月，常德市委常委、市委秘书长，1999年12月，兼市直机关工委书记，2001年8月，兼任市委办主任；2002年10月至2006年9月，常德市委副书记；2006年9月，常德市委巡视员、市人大常委会党组副书记；2008年1月，当选为常德市人大常委会主任。

【张元英】1954年10月出生，汉族，湖南省临澧县人，大学文化。1972年3月至1972年10月，临澧县粮食局工作、共大写作班学员；1972年10月至1978年3月，临澧县委办干部；1978年3月至1982年1月，湘潭大学哲学系学生；1982年1月至1983年6月，湘潭大学党委办干部；1983年6月至1983年12月，临澧县委办干部；1983年12月至1985年1月，临澧县委常委、县委办主任；1985年1月至1988年11月，常德地区妇联副主任；1988年11月至1990年1月，常德市妇联副主任；1990年1月至1993年8月常德市妇联主任、党组书记；1993年8月至1997年11月，常德市计划工委书记，1994年12月兼计委副主任；1997年11月至1999年12月，常德市委常委、市总工会主席、党组书记；1999年12月，常德市政府副市长、党组成员、市总工会主席、党组书记，2001年8月，免市总工会党组书记，2003年4月，免市总工会主席。2008年1月当选为常德市人大常委会副主任。

【文承保】1955年6月出生，汉族，湖南省桃源县人，在职研究生。1976年7月至1977年12月，桃源县

三汉港公社党委副书记、革委会副主任；1977年12月至1980年3月，桃源县陬溪区团委书记；1980年3月至1981年12月，桃源县三汉港公社党委副书记；1981年12月至1984年3月，桃源县基隆公社党委副书记，1982年1月，党委书记；1984年3月至1985年9月，桃源县理公港区委书记；1985年9月至1987年7月，常德师专干部专修班学生；1987年7月至1987年10月，桃源县委办公室副主任；1987年10月至1989年12月，桃源县陬市镇党委书记，1989年12月至1995年4月，汉寿县委常委、组织部部长，1994年2月，县委副书记、组织部部长，1994年12月，汉寿县委副书记；1995年4月至1997年4月，常德市鼎城区委副书记、代区长，1995年4月，当选区长；1997年4月至2000年12月，常德市鼎城区委书记，其中：1996年9月至1998年7月在湖南大学MBA研究生班学习；2000年12月至2001年8月，常德市委副秘书长；2001年8月至2002年12月，常德市委统战部部长；2002年12月至2007年1月，常德市政协副主席、市委统战部部长，其中：2001年9月至2004年9月，湖南省委党校在职研究生，经济管理专业学习毕业；2007年1月，常德市人大常委会副主任、党组成员。

【杨先平】1954年2月出生，回族，湖南省澧县人，大专文化。1972年1月至1974年12月，澧县澧东乡办公室秘书、村民办教师；1974年12月至1980年1月，澧县县委驻车溪、中武公社工作队队员；1980年1月至1984年9月，澧县中武公社党委书记；1984年9月至1986年7月，吉首大学中文班学员；1986年7月至1986年11月，澧县洞市乡党委书记；1986年11月至1988年12月，澧县码头铺区委副书记、区长；1988年12月至1989年11月，澧县码头铺区区委书记；1989年11月至1992年8月，澧县梦溪区委书记；1992年8月至1995年9月，桃源县委常委、组织部部长；1995年9月至1998年3月，汉寿县委副书记；1998年3月至2000年9月，汉寿县委副书记、县长；2000年9月至2007年1月，汉寿县委书记；2007年1月，常德市人大常委会副主任、党组成员、汉寿县委书记，2007年4月免汉寿县委书记。

【石成林】1955年10月出生，汉族，湖南省津市市人，大学文化。1974年9月至1976年9月，澧县渡口新湖中学教书；1976年9月至1977年2月，澧县农产品公司工作；1977年2月至1981年12月，澧县李家铺公社办公室秘书，1980年12月，公社管委委员；1981年12月至1984年7月，澧县白衣区区委办秘书；1984年7月至1988年12月，常德地委农村部干部，1985年3月，综调科副科长，1987年5月，科长，其中：1984年11月至1986年12月，湖南师大汉语言文学专业大专自考学习毕业；1988年12月至1993年2月，常德市委政研室政研二科科长，1991年9月，副处级研究员；1993年2月至1996年4月，常德市委办副主任；1996年4月至1998年3月，常德市委政研室主任；1998年3月至1999年5月，常德市委副秘书长、市委政研室主任，其中：

1996年6月至1998年7月参加中国人民大学区域经济研究所区域经济专业研究生课程班学习；1999年5月至2001年8月，常德市委副秘书长、市委办主任、市委政研室主任（2000年9月免）；2001年8月至2007年1月，常德市委副秘书长、市农办主任、党组书记，其中：2003年3月至2005年7月，中国农业大学网络学院经济管理专业本科学习毕业；2007年1月，常德市人大常委会副主任、党组成员。

【肖燕芳】1958年12月出生，回族，湖南省桃江县人，大学文化。1976年8月至1978年2月，零陵地区宁远县保合公社知青点锻炼；1978年2月至1982年12月，湖南中医学院医疗系中医专业学习；1982年12月至2004年2月，常德市第一中医院医生，1994年8月，内科副主任，1996年4月内科主任，1996年11月，农工民主党市委副主委（兼），2003年1月，市人大常委会委员（兼），2003年4月，门诊部主任；2004年2月，常德市第一中医院副院长，市人大常委会委员（兼），2006年6月，农工民主党市委主委（兼）。2008年1月，当选为常德市人大常委会副主任。

【曹佳中】1964年11月出生，汉族，江苏无锡人，1983年8月参加工作，1985年5月加入中国共产党，研究生学历。1983年8月无锡市电子局职工大学任教；1987年8月无锡市郊区计经委任办公室副主任；1993年5月无锡市郊区人民政府办公室科长、副主任、主任；1997年11月无锡市郊区黄巷镇党委书记；2000年1月无锡市郊区人民政府区长助理，黄巷镇党委书记；2000年8月中共无锡市郊区区委副书记；2001年2月无锡市北塘区人民政府区长,2006年1月中共无锡市北塘区区委书记。2007年4月至今，常德市人民政府副市长。

【万成贞】1955年12月出生，汉族，湖南省澧县人，大专文化。1975年9月至1977年8月，常德师专学生；1977年9月至1978年3月，澧县余家台公社仁和大队工作队队员；1978年3月至1981年3月，澧县余家台清和学校、红湖区中学、永丰中学教师；1981年3月至1987年9月，出口洲中学、安乡县七中、安乡六中教师；1987年9月至1989年12月，安乡县官陵湖中学副校长、校长；1989年12月至1991年7月，安乡县教委副主任，1990年1月任县政协副主席（兼）；1991年7月至1994年3月，安乡县政府副县长；1994年3月至1995年9月，常德市技工学校副校长；1995年9月至1998年1月，常德市审计局副局长，1997年2月，民进常德市委主委（兼）；1998年1月至2001年8月，常德市政协副主席（兼），常德市审计局副局长，民进常德市委主委（兼）；2001年8月至2002年12月，常德市政协副主席（兼）、常德市教育局副局长，民进常德市委主委（兼）；2002年12月，常德市政协副主席（专职）、民进常德市委主委（兼）。2008年1月当选为副市长。

【朱晓平】1957年3月出生，汉族，常德市鼎城区人，大学文化。1978年4月至1980年2月，湖南省供销学校学生；1980年2月至1984年2月，原常德县棉麻土产公司棉检员、

县供销社办事员；1984年2月至1986年2月，原常德县政府财贸办公室秘书，其中：1984年9月至1986年7月，电大党政干部专修班学员；1986年2月至1989年4月，原常德县供销社主任、党委书记；1989年4月至1991年7月，常德市鼎城区财贸办公室党委书记、主任，其中：1990年9月至1993年6月，湖南师大政治专业函授本科毕业；1991年7月至1992年7月，常德肉联厂党委副书记；1992年7月至1995年9月，津市市委副书记；1995年9月至1997年10月，湘北工贸总公司党委书记，1996年4月，兼总经理；1997年10月至1998年3月，常德市财委主任、财工委副书记，兼湘北工贸总公司总经理、党委书记；1998年3月至1999年6月，常德市财委主任、财工委副书记，兼市商业行业办主任、党委书记；1999年6月至2001年12月，安乡县委副书记、县政府代县长，2000年1月，当选县长；2001年12月至2006年9月，石门县委书记；2006年9月，常德市政府副市长、党组成员、石门县委书记，2006年11月免石门县委书记，2006年12月兼德山开发区工委书记。

【彭明建】1951年9月出生，汉族，常德市鼎城区人，市政协副主席、党组成员，大学文化。1968年11月至1970年9月原常德县许家桥公社下放劳动；1970年10月至1971年原常德县丁家港公社粮站管理员；1971年8月至1974年8月原常德县斗姆湖区粮站管理员；1974年9

月至1982年3月原常德县广播局编播组组长、局党支部委员；1982年3月至1993年7月常德地（市）委组织部干部，1986年8月干训科副科长，1988年12月组织科副科长、办公室副主任、1989年6月组织科科长，1991年5月党员管理科科长，1993年3月组织指导科科长，其中：1983年9月至1986年2月湖南广播电视大学常德分校语文类干部专修科大专班学员（脱产）；1993年7月至1994年4月常德市委组织部副处级组织员兼组织指导科科长；1994年4月至2006年12月常德市委组织部副部长，1998年3月兼正处级组织员，其中：1997年8月至1999年12月中央党校函授学院政法专业本科学习毕业，1996年9月至1998年7月湖南大学MBA研究生课程班学习结业；2006年12月常德市政协党组成员，2007年1月当选市政协副主席。

【燕中炎】 1958年8月出生，汉族，湖南省沅陵县人，澧县县委书记，大学文化。1981年8月至1984年8月常德地区林业局技术员；1984年9月至1986年7月湖南省电大学员；1986年8月至1987年3月常德地区林业局干部；1987年4月至1994年12月常德市农经委干部，1988年11月生产科技科副科长，1992年4月科长；1994年12月至1995年9月常德市农村办副主任、工委委员；1995年9月至2000年10月澧县县委副书记，1997年6月兼澧县县委党校第一校长，其中：1996年8月至1998年12月中央党校函授本科政法专业学习；2000年10月至2001年3月澧县县委副书记、人民政府代县长；2001年7月澧县县委副书记、人民政府县长；2004年7月澧县县委书记。2007年12月当选为市政协副主席。

【杨新辉】 1962年7月出生,汉族,常德市武陵区人,民建市委主委（兼）、市发改委副主任，大专文化。1979年6月至1984年3月，原常德市建民织布厂财务科干部；1984年3月至1986年9月，原常德市审计局业务科干部；1986年9月至1988年6月，湖南省财经专科学校审计专业学生；1988年7月至1989年12月，武陵区审计局干部；1989年12月至1995年4月，武陵区审计局副局长，1995年1月局长；1995年4月至1997年5月，武陵区政协副主席，区计划物价局局长，1996年4月兼民建常德市委副主委；1997年5月至2007年9月，武陵区政府副区长，2006年6月民建常德市委主委（兼），其中：1996年9月至1998年7月参加北京大学硕士研究生课程班学习；2007年9月，民建常德市委主委（兼）、常德市发改委副主任。2007年12月当选为市政协副主席。

【陈伟俊】 1958年8月出生，汉族，湖南省岳阳县人，市工商联会长，大学文化。1978年4月至1980年7月，湖南化工学校无机化工专业学生，1980年8月至1986年2月，湖南氮肥厂工作；1986年2月至1986年6月，津市酶制剂厂技术干部；1986年7月至1990年3月，津市造漆厂副厂长，1989年3月厂长；1990年3月至1992年3月民建津市市委主委；1992年6月至2001年8月津市市政府市长助理，1992年11月副市长，其中：1999年8月至2001年12月中央党校函授学院法律专业本科班学习毕业；2001年8月至2007年4月，常德市交通局副局长；2007年4月，常德市工商联会长。2007年12月当选为市政协副主席。

【陈位明】 1965年4月出生，汉族，湖南省澧县人，民革常德市委主委（兼）、市审计局总会计师，大学文化。1982年9月至1984年7月，株洲财校企财专业学生；1984年7月至1998年4月，地区（市）财政局企业、商财科干部，1993年9月商财科副科长，1996年5月科长，其中：1986年10月至1988年12月湖南财经学院会计专业（自考）大专毕业，其中：1995年8月至1997年12月中央党校函授学院本科班政法专业学习毕业。1998年4月至2001年8月，常德市收费管理局副局长（正科）；2001年8月，常德市审计局总审计师，2003年6月总会计师，2001年8月，民革市委副主委（兼），2006年6月，民革市委主委（兼）。2007年12月当选为市政协副主席。

【傅绍平】 1962年1月出生，汉族，江西省清江县人，民盟常德市委主委（兼）、市司法局副局长，大学文化。1978年9月至1982年7月，湖南大学化工系学生；1982年7月至1986年8月，常德地区标准处干部；1986年8月至1991年8月，常德地区标准处产检所副所长；1991年8月至1995年9月，常德市标准（局）质监科副科长。1995年9月，常德市司法局副局长。1997年3月第三届民盟市委副主委

（兼），2001 年 7 月第四届民盟市委副主委（兼），2006 年 6 月，第五届民盟市委主委（兼）。2007 年 12 月当选为市政协副主席。

【朱传宏】1956 年 9 月出生，汉族，湖南省临澧县人，九三学社常德市委主委（兼）、湖南文理学院化学系副主任，高级实验师，大专文化。1976 年 9 月至 1978 年 8 月，原常德师专化学系学生；1978 年 8 月至 1979 年 4 月临澧县杉板中学教师；1979 年 4 月，原常德师专化学科教师，1997 年 9 月九三学社兼职副主委，2000 年 1 月常德师范学院电教中心主任，2003 年 1 月湖南文理学院化学系副主任，2006 年九三学社常德市委兼职主委。2007 年 12 月当选为市政协副主席

【李秋葆】1962 年 8 月出生，汉族，中共党员，大学本科学历湖南汉寿县人。历任汉寿县城关镇联校教师、汉寿县教委干部、汉寿县政府办秘书、汉寿县丰家铺乡党委书记、澧县县委常委，组织部长、鼎城区委副书记、2007 年 11 月当选为鼎城区人民政府区长。

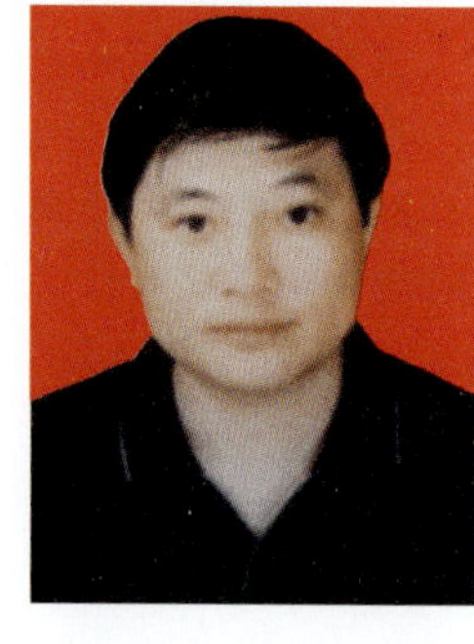

【刘定青】1964 年 09 月出生。汉族，湖南省澧县人。1982 年 07 月参加工作，1992 年 11 月加入中国共产党。1980 年 7 月至 1982 年 7 月在湖南省供销学校统计专业学习；历任常德市计委干部、秘书、常德市委办保卫科副科级干部、常德市委办副科级研究员、常德市委办正科级秘书、汉寿县人民政府县长助理、汉寿县委常委、宣传部部长、（1997 年 6 月于湖南师范大学汉语言文学专业本科自考毕业、2001 年 1 月获华中理工大学文学硕士学位）临澧县委副书记、汉寿县委委员、常委、副书记、县长；2007 年 4 月当选为汉寿县委书记。

【宋云文】1963 年 08 月出生。汉族，湖南省鼎城区人。1980 年 12 月参加工作，1986 年 12 月加入中国共产党。历任商业部常德粮食机械厂、常德七一机械厂工人、常德地区行署（常德市）政府办干部、秘书、主任科员、督查室主任（1987 年 7 月至 1990 年 7 月参加湖南教育学院函大专科中文专业学习毕业）、常德市政府办副处级督查员（1998 年 9 月至 2000 年 12 月中央党校函授学院经济管理本科毕业、1998 年 10 月至 2000 年 9 月中南工业大学文法学院研究生课程班毕业）、常德市人事局副局长、党组成员、汉寿县委副书记、纪委书记（2003 年 9 月至 2005 年 6 月西南科技大学网络学院法学专业本科学习毕业）、汉寿县委副书记、汉寿县委副书记、县政府代县长、2007 年 11 月当选为汉寿县委副书记、县政府县长。

【黄清宇】1969 年 1 月出生。男，汉族，湖南省汉寿县人，大学文化，1989 年 7 月参加工作，1993 年 2 月加入中国共产党。历任汉寿县军山铺中学语文教师、汉寿县三和乡党委秘书、汉寿县委组织部干部、汉寿县委办干部、汉寿县委组织部干部、副科级组织员、正科级组织员、常德市乡镇企业局办公室干部、副主任、主任（1997 年 8 月至 1999 年 1 月在中央党校函授学院经济管理本科毕业）中共石门县委常委、办公室主任、中共临澧县委副书记、中共临澧县委副书记，县人民政府县长、2006 年 12 月当选为临澧县委书记。

【谭本仲】1963 年 8 月出生，男，汉族，1979 年 11 月参加工作，1983 年 4 月加入中国共产党，湖南澧县人，大学文化。历任澧县码头铺镇政府干部、澧县县委组织部干部（1984 年 9 月至 1986 年 8 在湖南省广播电视大学党政干部专修科学习）、澧县县委组织部副科级组织员、常德市委组织部干部、研究室副科级研究员、研究室副主任、主任、组织指导科科长、临澧县委常委、县委办主任、临澧县委副书记、临澧县委副书记、临澧县人民政府副县长、代理县长、临澧县委副书记、临澧县人民政府县长。

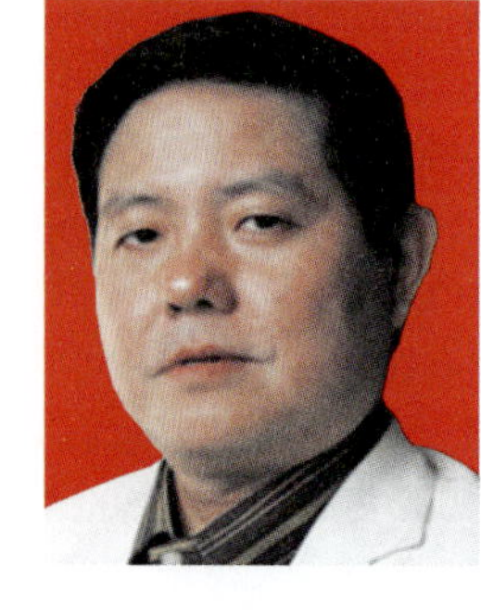

【郑弟祥】1959 年 2 月出生。男，汉族，湖南省鼎城区人。1978 年 12 月加入中国共产党，大学本科文化。1976 年 9 月参加工作，自 1979 年 11 月历任原常德县委办公室副主任、保密局局长，鼎城区

牛鼻滩办事处党委书记，鼎城区桥南市场管委会主任、工委书记、总公司总经理，鼎城区委常委、区委办公室主任，鼎城区委常委、区人民政府副区长，鼎城区委副书记、副区长，常德市委副秘书长、市委机关党委书记等职。2002年2月任桃源县委副书记，县人民政府党组书记、县政府副县长、代县长，2002年3月任桃源县人民政府县长。2007年4月任桃源县委书记。

【龚德汉】1964年9月出生男，汉族，湖南省澧县人。1987年1月加入中国共产党，大学本科文化。1987年7月参加工作，历任常德市政府财贸办副科级秘书、科长，常德市政府办主任科员，中共常德市委办公室主任科员，常德市农业综合开发办公室副主任，中共常德市委驻汉寿建整扶贫工作队队长等职。2001年8月任中共桃源县委副书记。2007年4月任桃源县人民政府代县长。2007年11月任桃源县人民政府县长。

【杨琦明】1964年6月出生，汉族，大学文化，1983年8月参加工作，1984年11月加入中国共产党，1983年8月至1984年11月，先后在津市市委办公室、共青团津市市委工作，1984年12月任共青团津市市委副书记，1985年4月至1985年10月任共青团常德地委办公室副主任，1985年10月任石门县罗坪乡党委副书记、乡长，1986年4月任共青团常德地委副书记，1989年1月任常德市武陵区政府办副主任、经研室主任，1989年12月任武陵区委宣传部部长，1990年6月任区委常委、区委宣传部部长，1992年9月任武陵区委常委、组织部长，1995年4月任汉寿县委副书记，1997年5月任共青团常德市委书记，党组书记，2001年1月任常德市纪委副书记，2006年11月任石门县委副书记、代县长，2007年3月当选为县长。

中共十七大代表

【武吉海】（见“人物”新当选的中央候补委员P346）

【王先荣】（见“人物”湖南十大新闻人物P353）

常德籍“两院”院士

【雷志栋】1938年生，湖南澧县人。1960年清华大学水利系水工建筑专业本科毕业，1965年水资源利用专业研究生毕业。毕业后在清华大学任教至今，先后担任水利系水资源工程教研组主任，水利水电工程系主任，中国水利学会第七届、第八届理事会理事等职，现在仍担任土木水利学院学术委员会主任。

雷志栋教授多年来在土壤水和农田灌溉方面进行了开创性的研究工作，对推动中国土壤水问题研究和农田水利学科发展做出了重要的贡献。他主编的《土壤水动力学》专著等在国内有较大的影响。他30年来长期与新疆叶尔羌、宁夏青铜峡和山东位山等特大型灌区保持密切的合作关系，进行灌区水资源配置与合理利用的咨询研究，1999年~2001年在叶尔羌、青铜峡灌区续建配套与节水改造规划中，作为技术咨询负责人发挥了重要的作用。根据干旱半干旱区灌区的特点，他提出的水资源平衡、盐分平衡等的分析思路和方法，在理论和应用方面均具有重要价值。20世纪80年代在华北地区，90年代以后在西北地区，对地下水资源科学评价与合理利用进行了较深入的研究，做出了一定的贡献。

【张尧学】1956年1月出生。湖南澧县人，1982年获西北电讯工程学院学士学位，1989年3月获日本东北大学博士学位。1990年回国在清华大学计算机系从事教学科研工作，1993年被聘为教授。1995年曾任MIT访问科学家，1998~1999年曾任日本会津大学访问教授，2001~2006年曾任中央广播电视大学校长。现任中国工程院院士，教育部高等教育司司长，同时兼任清华大学教授、博士生导师。现是解放军总装备部军用计算机及软件技术专业组专家，国家信息化专家咨询委员会、计算机学会普适计算专委会委员，《International Journal of Wireless and Mobile Computing》、《Journal of Autonomic and Trusted Computing》、《Chinese Journal of Electronics》、《计算机学报》等国内外学术期刊的编委。

研究领域包括计算机网络、操作系统和普适计算等。主持完成了多项国家级科研、国际合作及重大产业化项目。以第一完成人获国家技术发明二等奖1项、国家科技进步二等奖2项、省部级奖励5项；获2005年何梁何利基金科技进步奖。以第一发明人申请国家发明专利16项，已获授权13项，申请美国发明专利3项；获第九届中国专利优秀奖。在国内外期刊和学术会议上发表学术论文170余篇；出版专著和教材8部。2007年获IEEE

AINA 2007 国际会议最佳论文奖。

目前主要的研究方向是透明计算和主动服务。透明计算主要是研究如何解决用户通过网络上的同一终端平台使用不同操作系统和相关应用，以及在不同终端平台上使用同一操作系统和相关应用。主动服务是按照用户需求，通过计算机对现有服务进行演化，从而提供尽可能满足用户需求的网络服务的一种计算方法。

全国五一劳动奖章获得者

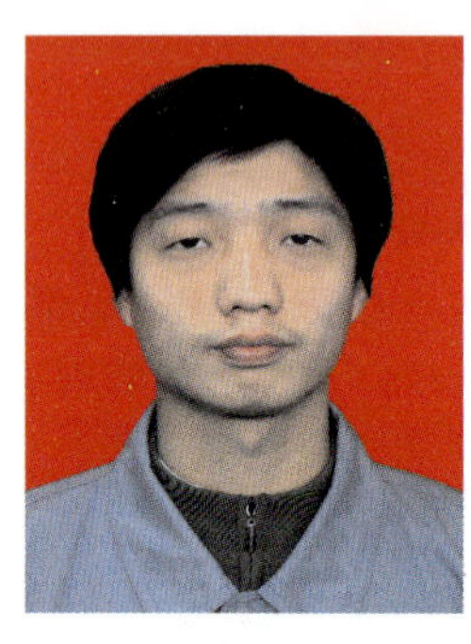

【程　秋】 1981 年 9 月出生，湖南津市人，汉族，大专文化，中共党员，现任湖南汽车车桥厂准备车间铣工班铣工。2002 年被厂团委评为“十佳青年”；2002~2005 年连续 4 年被工厂评为“优秀员工”；2005 年被工厂评为技术能手；2006 年 8 月参加常德市、湖南省第二届职工职业技能大赛，取得全市、全省普通铣工第一名，被评为常德市技术能手、湖南省技术能手；2006 年被评为工厂劳动模范。

程秋同志参加工作以来，就深深地爱上了铣工这门技术工种，参师学艺不到两年，便熟练地掌握了铣床的各项操作技能和零件的加工方法。在繁忙的工作之余，他抓紧业余时间给自己“充电”，先后参加了“高级工人培训班”、“计算机应用管理大专班”、长江大学机械工程专升本的学习，使自己的理论知识水平得到了更新，为追求更高的工作目标奠定了坚实的理论基础。

【张金华】 1963 年 2 月出生，湖南常德人，汉族，高中文化，现任湖

南金帛化纤有限公司加弹部纺丝班班长。1996 年、1997 年、1998 年、1999 年、2000 年、2001 年被湖南常德锦纶厂授予“先进工作者”称号；2002 年、2003 年、2004 年、2005 年、2006 年被湖南金帛化纤有限公司（常德锦纶厂改制）授予“先进工作者”称号。张金华同志认真工作，爱岗敬业，苦干实干。为解决生产问题经常加班加点，带病坚持工作。同班女工因事因病请假主动顶岗代班，5 年来加班加点、为人代班顶岗累计达 200 余天。多次辞谢担任管理工作的安排，坚持工作在生产一线。

【王　伟】 1975 年 4 月出生，湖南安乡人，汉族，中专文化，现任湖南凯斯机械股份有限公司花色车间主任。

2003 年度获凯斯公司行业外产品（烟机零件）项目奖；2003 年度获安乡县科技进步一等奖（机械加工数控自动化技术应用）；2004 年度获安乡县科技进步一等奖（842、845 双针缝机项目）；2005 年度获安乡县科技进步一等奖（430、1900 型电子套结机项目）；2006 年度参加“2006 年湖南省数控技能竞赛暨第二届全国数控技能大赛湖南选拔赛”获得加工中心操作工职工组第五名。

王伟同志中专毕业分配来公司后一直在生产一线工作，参与了与日本合作生产 KS 自动磨刀裁剪机（国家重点新产品）的开发。随着加工经验的不断积累，先后对 100 余项加工技术进行了改进创新，创造经济价值达 200 多万元，为凯斯公司连续多年产值、利润增长 30%以上，作出了较大贡献；相继开发、试制成功了铣床立铣头、汽车空调压缩机体、荷兰 AMCA Hydraulic Fluid Power Bv 公司阀体等 50 余种新产品，并形成批量生产能力，年创产值 3000 万。特别是改进了机箱、阀体螺纹底孔铣加工工艺的技术后，使该道工序的加工速度提高了近 10 倍，刀具使用寿命延长了近 4 倍，为企业每年节约消耗费用达 30 多万元。

全国“三八”红旗手

【胡长城】 1957 年 6 月出生，汉族，大专文化，中共党员，现任澧县妇联主席、党组书记。

1990 年被市政府授予全市“两学两比”女能手荣誉称号；1990 年被省“两学两比”协调小组评为全省“先进女能手”；1990 年被市妇联评为全市“三八”红旗手；1993 年被省综治委、省人事厅评为全省“综治先进个人”，并记三等功；1994 年被市政府评为“升级”；1998 年被市政府授予“二等功”；1999 年 12 月被省人事厅、省妇联评为省妇联系统先进个人，并记“二等功”；2004 年被市纪委评为全市廉政建设先进个人；2006 年被省人事厅、省妇联评为省妇联系统先进个人，并记“二等功”。

她凭着一股韧劲和拼劲，为澧县的妇女事业绘出了一道道美丽的彩虹。在她的带领下，县妇儿活动中心 2002 年被评为全国先进，创办的万亩欧美杨基地 2002 年被评为全国“三八”绿色优质工程，县妇联 2004 年被评为全国“三八”红旗集体，年年被评为全市妇女工作红旗单位。

【肖群英】 1952 年 8 月出生，回族，中专文化，现任常德市格莱水产食品有限公司董事长。

1996 年获鼎城区政府授予的“农家女状元”称号；2000 年被鼎城区政府评为农村妇女“双学双比”女状元；2001 年被鼎城区妇联评为“三八”红

旗手；2002 年 3 月被湖南省农业厅省妇联授予十大“女养殖状元”；2003 年在全国“巾帼科技致富工程”活动中，被评为“双学双比”先进女能手；2007 年被鼎城区政府妇联评为“十佳”创业女明星。

在从事养殖的十年间，她带动了大批农民走上致富路。在桥南商贸城办水产加工以后，厂内长年用工 200 多人，产业链还带动 200 多人就业，为社会做出贡献。

【向 实】1962 年 5 月出生，汉族，大学文化，中共党员，现任湖南省常德市鼎城区国家税务局局长。

1995 年，获湖南省国税系统“消费税业务竞赛”第一名；1996~1998 年，连续三年荣获湖南省国税系统税收会统技能评比第一名；1999~2002 年，连续四年被湖南省国家税务局嘉奖；2005 年，荣获湖南省国税系统“优秀国税局长”称号；2006 年，被湖南省国家税务局嘉奖。

历年来，她关心支持妇女儿童事业的发展，每年通过市区妇联向生活在贫困线以下的妇女儿童提供援助 3 万~5 万元，在单位设立“爱心助学”基金，每年捐资万余元，通过希望工程捐助给贫困儿童，在她的帮助下，鼎城区有 200 余名农村失学儿童重返校园。

名师·教授

【曹桂清】湖南桃源县人，1963 年 4 月出生，汉族，1983 年参加工作，1985 年参加中国共产党，大学文化，教授，湖南省省情资料中心特约研究员，湖南涉外经济学院客座教授，目前任中共常德市委党校纪检组长、机关党委书记。1983 年 7 月至 1991 年 7 月在桃源县中学任教并担任学校负责

人，1991 年 9 月至 1993 年 7 月在省委党校脱产学习，1993 年 8 月至 1995 年 8 月在桃源县茶庵铺区公所任办公室负责人，1995 年至今在常德市委党校工作。作为教授，在经济学特别是农村经济研究方面有一定成效，在国内较早提出了把第一产业和第三产业结合发展旅游观光农业的观点，把生态资源作为农业资源和旅游资源同步开发，以提高农民的综合收入，《大力发展旅游观光农业》论文发表后有一定的学术价值和现实指导价值。单独或合著了《犹太人的商道》等 3 部专著，有 30 多篇论文在国内刊物发表或获奖。

湖南十大新闻人物

【杨绍军】常德阳光孤儿院院长，25 年来，他将艰苦创业的绝大部分收入无偿的投进了慈善事业，个人独资兴办了规模宏大，条件一流的孤儿院——阳光孤儿院，被联合国授予“爱心工程奖励”。

【王先荣】1968 年 3 月出生。澧县农康园艺公司经理。第五、六届县政协委员、中共常德市委第四届党代表，常德市优秀实用人才、劳动模范，湖南省“青年星火带头人标兵”、湖南农业大学葡萄科研基地负责人，中国

果树专业委员会委员、中国葡萄学会理事。2006 年获得湖南省首届袁隆平科技奖。2007 年 5 月 28 日，在中国共产党湖南省代表大会上当选为中国共产党第十七次代表大会代表。

逝世人物

【侯希贵】1946 年 8 月出生。全国政协委员。湖南汉寿县人。1987 年，南下广东，先后担任深圳宝安布吉刑警大队副大队长、珠海市公安局拱北分局副局长。1991 年定居香港，任德辉国际（集团）有限公司等多家公司的董事长。他多次率领台湾同胞、港澳同胞、海外侨胞回家乡捐款，支援家乡经济建设。1991 年 11 月至 1992 年 4 月，先后为汉寿、常德、桃源、莜县等地捐款 561 万元，用于建立汉寿县一中等教育奖励基金会等，发展桃花源旅游事业，振兴家乡戏剧事业，并任省湘剧院名誉院长。还为湖南希望工程捐款 60 万元。1995 年 7 月，湖南遭受特大洪涝灾害，他一时筹集不到巨款，连忙变卖房产，捐献了 50 万元赈灾款。1996 年省八运会在常德市举行，又捐款 100 万元。1997 年，湖南省建立毛泽东文学院，他捐款 100 万元。1998 年 3 月当选为全国政协委员。

中共常德市委办公室　常德市人民政府办公室 关于加强农村基层党风廉政建设的实施意见

常办发〔2007〕6号

(2007年10月26日)

为贯彻落实《中共中央办公厅、国务院办公厅关于加强农村基层党风廉政建设的意见》(中办发〔2006〕32号)和《中共湖南省委办公厅、湖南省人民政府办公厅关于加强农村基层党风廉政建设的意见》(湘办发〔2007〕6号)精神,确保我市构建社会主义和谐社会和社会主义新农村建设健康发展,结合我市实际,现就加强我市农村基层党风廉政建设,提出如下实施意见。

一、农村基层党风廉政建设的工作目标和原则

(一)近五年的工作目标

到2012年,农村基层党组织的战斗力不断提高,党员、干部廉洁自律意识不断增强,农村基层各项制度逐步健全,对农村基层党员、干部的监督进一步强化,损害农民群众利益的突出问题得到有效解决,农村基层党员、干部的作风明显改进,与社会主义新农村建设相适应的农村基层党风廉政建设长效机制日趋完善。

(二)工作原则

加强农村基层党风廉政建设,区县(市)是关键,乡镇是基础。具体的工作原则是:

1.围绕中心、服务大局。紧紧围绕建设社会主义新农村这个主题,切实解决影响农村改革发展稳定的党风政风问题,进一步调动和保护农村基层党员干部的积极性,促进农村经济发展、社会和谐。

2.突出重点、注重实效。把落实党中央关于农村工作的各项方针政策和解决损害农民群众利益的突出问题作为农村基层党风廉政建设的重点,以实际成果取信于民。

3.依靠群众、发扬民主。坚持党的群众路线,大力推进农村民主政治建设,切实保障农民群众的知情权、参与权和监督权。

4.因地制宜、分类指导。坚持一切从实际出发,根据不同地区的发展水平和条件,针对农村基层党员、干部的不同层次和特点,提出相应的要求和措施。

二、扎实开展农村基层反腐倡廉教育

(三)针对农村实际,突出教育重点

组织农村基层党员、干部深入持久地开展理想信念和党的宗旨教育。把科学发展观、和谐社会理论、社会主义新农村建设和党的十七大精神作为当前和今后一个时期的重要学习内容。以乡镇、村(居)领导班子成员和基层站所负责人为重点,切实开展社会主义荣辱观教育、政策法规和党纪条规教育。把反腐倡廉教育纳入农村基层党员、干部培训计划并实行分级负责,根据乡镇、村(居)和不同层次领导干部的特点开展培训学习活动。市、区县(市)对乡镇主要领导干部和村支两委主要负责人的纪律和廉政教育培训,每年不少于一次。对其他乡镇干部、村干部和村级后备干部的培训,由乡镇党委和上级主管部门组织实施,每年培训一次。

(四) 创新教育方式，增强教育实效

深入挖掘廉洁奉公、勤政为民的优秀农村基层党员、干部的先进事迹，采用新闻媒体宣传、巡回报告和电视广播等形式，广泛开展示范教育。市、区县（市）分别每二年、一年，各表彰一批农村基层党员、干部典型。通过选择一些农村基层党员干部典型案例，深入开展警示教育。充分利用农村现代远程教育平台，开展反腐倡廉教育。积极推进廉政文化进机关、进站所、进村庄、进家庭活动，挖掘优秀的传统文化和健康的民俗文化资源，以村文化活动室、农村文化长廊、报刊亭等为载体，运用戏曲、影视、曲艺、书画等群众喜闻乐见的形式，营造崇廉尚廉的良好氛围。

三、进一步加强农村基层党风廉政制度建设

(五) 建立和完善对农村基层干部的监督制度

1.健全乡镇领导班子议事规则，落实重大事项集体决策制度。乡镇重大决策、重大建设项目、选人用人和大额资金的调度使用等重大事项，由乡镇党政班子成员集体讨论决定。健全乡镇领导干部任前廉政谈话、诫勉谈话、述职述廉等制度。

2.完善以村民会议、村民代表会议为主要形式的民主决策制度。进一步完善“一事一议”制度,关系到集体经济组织成员切身利益的事项，如农村集体土地的征收征用、农村集体土地承包经营权和农村集体建设用地使用权的流转、宅基地分配、集体企业改制、村干部报酬、大额资金的调度和使用、大额举债、“一事一议”筹资筹劳以及社会主义新农村建设资金的使用等重大事项，都必须经过村民会议或者村民代表会议讨论决定。逐步推行村干部勤廉双述、村民询问质询和民主评议制度。

3.坚持乡镇、村（居）民主评议制度。把工作作风、办事能力、工作业绩和廉洁自律作为重要依据，每年组织党员群众对农村基层党员、干部进行民主评议。

4.建立和完善农村基层干部任期经济责任审计制度。重点加大对农村征地补偿费和安置补助费用分配、村级财政转移支付资金、新农村建设资金到位及使用情况和财务公开中群众反映较为突出问题的审计力度，严肃责任追究。

(六) 建立健全农村集体资金管理制度

1.加强乡镇财务管理。强化预算管理，进一步创新“乡账县管乡用”财政管理方式，把财务收支的真实性作为农村财务审计的重点内容。完善乡镇财务审批制度，规范审批程序，严格审批权限，大额度支出必须由集体研究决定。

2.加强村级财务管理。建立和完善村级现金银行存款管理、债权债务管理、资产台账管理、票据管理等制度。建立和完善各项资金收付、固定资产内部控制和财产清查等制度。切实发挥民主理财小组作用，保障民主理财顺利实施。对由村（居）组织的新农村建设项目设专账，统一纳入村级财务账目监管。

3.进一步规范和推行村级财务委托代理服务制度。在全面推行“村账乡管”制度的基础上，进一步规范农村财务“现金流”管理，统一农村收入票据，加强对村级支出票据的审查审核。

(七) 强化农村集体资产资源的监督管理制度

1.制定完善农村集体资产承包、租赁、出让等管理制度。明确集体资产归属，科学评估确认资产价值，建立资产台账，完善集体资产监管办法，防止资产流失。实行公开竞价租赁，最高期限不得超过10年。对租赁收入必须建立专项预算，严格控制管理和使用。

2.建立工程建设项目招投标制度。乡（镇）、村（居）30万元以上工程项目必须进入区县（市）招投标中心进行公开招标竞价。其他项目按照公开、公平、公正的原则，由乡镇或村组织招投标。

(八) 深化改革，逐步消除滋生腐败的土壤和条件

1.完善农村基层干部选拔任用机制。积极推行村党组织“直推直选”办法，重点解决基层选举中宗族势力干扰等侵犯农民群众民主权利的问题。认真选配政治素质好、品德能力好、群众基础好的农村党支部班子带头人，对班子战斗力较弱的可采取选派第一书记的方法予以整顿，对班子严重失控的要改组。建立健全城乡一体党员动态管理机制，高度重视基层党员发展，优化基层党员结构，把发展党员的质量和数量作为基层组织考核的重要内容。改善基层组织活动条件，配置必要阵地和设备，重点完善“三会一课”制度，就其内容、时间、范围等做出具体明确的规定。

2.健全体现落实科学发展观的农村基层干部政绩考核评价机制和激励机制。把经济发展指标、民生指标、消赤减债等作为考核内容，对开拓创新、务实清廉、业绩突出的区县（市）、乡镇、村（居）三级领导班子和主要干部，要大张旗鼓地进行表彰和奖励。加大乡镇干部交流力度，确立“以基层业绩为优、以基层资历为先、以基层评价为重”的选人用人机制，采取积极措施鼓励年富力强的干部到乡镇任职。加大转移支付力度，确保乡村必需的人员经费和办公、维修、会议、交通等公用支出。完善村干部误工报酬保障制度。有条件的地方，可探索建立村干部养老保险制度、医疗保险制度以及离任村党（总）支部书记、村民委员会主任生活困难补助制度。

3.切实减轻基层经济负担。全面清理和核实乡村债务，剥离不良债务，制定切实可行的消赤减债计划，严格控制不得新增债务。对消赤减债成绩突出的乡镇、村（居）予以表彰和奖励。乡镇、村（居）集体经济收入除年初预算安排用于重大农村建设项目外，必须全额用于消赤减债。规范农村基层公务接待活动，党政机关工作人员到农村基层进行公务活动，不准用公款在经营性饭店用餐。逐步推进农村基层干部职务消费制度改革。各地推进社会主义新农村建设必须坚持从实际出发，因地制宜，量力而行。区县（市）、乡镇、村（居）要建立项目预审机制，对今后乡村开展农村公共基础设施建设项目实行上一级党委、政府联合审议审批制，凡超出乡村承受能力和当地农民收入水平、违背农民意愿的，

一律不得“上马”，不得让乡村负债搞建设，更不能搞集资摊派加重农民负担。

四、全面推进乡镇政务公开、村务公开和党务公开

（九）深入推进乡镇政务公开

抓紧编制乡镇政务公开目录，规范公开的内容、形式、程序和时间。重点公开上级有关农村政策情况；财政财务收支、财政转移支付资金和各类专项资金的使用情况；乡镇经济实体及其经营场所和设施的承包、租赁、拍卖和土地征用、筹资筹劳情况；人口和计划生育情况及农民群众普遍关心、涉及群众切身利益的其他事项。农村基层站所和学校、医院、供水、供电等公用事业单位的上级主管部门，要帮助并督促推行办事公开制度，将办事程序、办事纪律、办事依据、办事收费标准和办事时限，以及容易出现不公平、不公正的部位和环节，全部公开。要把办事公开纳入政风行风评议的范围，并将评议结果向其主管部门和上级纪检监察机关报告。

（十）深入推进村务公开

村务公开内容应包括：各级政府的支农惠农政策和到村到户的资金、社会各界支持新农村建设的项目和资金、宅基地指标分配、村集体经济收益使用、村干部报酬、征地补偿费和安置补助费用分配、计生和征兵工作情况、村集体债权债务、新型农村合作医疗、农村最低生活保障、救灾救济款物发放、农村土地流转、“一事一议”筹资筹劳、良种补贴和种粮直接补贴、退耕还林款物兑现，以及对村干部的民主评议、考核和审计结果等情况。一般的村务事项至少每季度公开一次，涉及农民利益的重大问题以及群众关心的事项要及时公开。所有收支明细账目必须及时逐项逐笔公布。集体财务往来较多的村，财务收支情况应每月公布一次。由目前的办事结果公开，逐步做到事前、事中、事后全过程公开。村（居）必须设立固定、方便、牢固、适用的村务公开栏。乡镇要把贯彻落实村务公开作为重点工作，切实加强指导和监督检查。

（十一）积极推行农村基层党务公开

明确和规范乡（镇）、村（居）党组织党务公开的内容。规范农村基层党务公开的形式和程序，认真总结好的做法和经验，积极稳妥地在全市推行。

五、加强监督检查，切实解决损害农民群众利益的突出问题

（十二）综合运用各种监督形式，实施重点监督

1.加强对乡镇班子和党政负责人的重点监督。认真落实基层领导班子民主生活会制度，区县（市）委常委要坚持参加基层党委、支部的民主生活会。全面落实党风廉政建设责任制、述职述廉、民主评议、谈话和诫勉、廉情报告等制度，强化对决策和人、财、事权的重点监督。严格执行基层主职离任审计制度和任职廉政审查制度，离职必审、先审后离和任职必审、先审后任，对执行程序不到位或审计审查结果严重不实的，严肃追究有关部门的责任。

2.加强对基层站所负责人的监督。基层站所应主动接受所在地方党委、政府在党风廉政建设方面的领导，自觉接受干部群众的监督。各有关部门要按照责任分工，发挥职能优势，对派出的基层站所，要认真抓好教育和监督工作；分管领导要切实落实“一岗双责”。加强对基层站所执收执罚情况的检查，强化“收支两条线”管理。开展“群众满意基层站所”评选活动，切实抓好行风建设。

3.加强对村民自治组织的监督。坚持党在农村工作的核心领导地位,理顺监督关系，推行村级民主监事会制度，整合其他村级民主监督机构职能，对村级事务实行经常性全方位监督。

4.建立“下管一级”巡查制度。由区县（市）纪委、组织部以及有关部门成立巡查组，有计划、有步骤地对乡镇和基层站所进行巡查，并将结果充分运用，与奖惩考核、提拔使用挂钩。

（十三）对涉及农村、农业和农民最关心、最现实、最直接的重点难点问题开展经常性监督检查

1.加强对农民负担以及支农惠农政策落实情况的监督检查。重点检查对农业和农民直接补贴政策、农村基础设施建设投入政策、农村社会事业支持政策等落实情况。建立涉农资金的分配和发放公示制度和备案备查制度，不定期组织人大代表、政协委员对其开展评议和检查。进一步规范涉农收费管理。不准审批新的面向农民的行政事业性收费和政府性基金项目。对已公布取消、免收和降低标准的涉农收费相关政策的落实加强监督检查。坚决制止在农民建房、道路修建、用电用水、计划生育和务工经商等方面存在的乱收费、乱罚款和各种摊派行为。严格执行乡镇、村级组织和农村中小学校公费订阅报刊费用“限额制”。对村集体经济困难的村，其党报党刊由上级免费赠阅，费用在党费中列支。

2.加强对新农村建设项目和各种专项资金使用的监督检查。加强对新农村建设的公共财政支持资金、项目发展资金使用的日常性监督检查，重点对农村道路、电网、通信、改水等基础设施和村庄规划及教育、卫生、文化等农村公共事业建设进行监督检查。认真解决在扶贫、救灾、救助、民宗、林业、农业综合开发等资金、物资管理和使用中损害农民群众利益的问题，防止截留、挪用、侵占、贪污支农资金行为的发生。

3.加强对农村土地政策落实情况的监督检查。重点监督检查对农村土地的征收征用程序、补偿标准规范情况和征地补偿费专户管理、专账核算、专项审计及公开制度落实情况。严格控制划拨用地和出让土地规模，对工业和经营性项目用地实行招标、拍卖或挂牌出让，加强耕地保护。稳定和完善土地承包关系，督促乡镇全面清理农村土地承包合同，妥善处理集体土地对外承包纠纷问题。

（十四）切实纠正损害群众利益的不正之风

扩大新型农村合作医疗的范围，加强对合作医疗资金的监管，坚决纠正农村医药购销和医疗服务中的不正之风。加

强对农资市场的监管。采取有效措施遏制农资市场价格过快上涨的势头。依法严厉打击制售伪劣农资和哄抬农资价格等坑农害农行为。

（十五）认真解决农民群众来信来访问题

进一步拓宽农村基层信访举报的渠道。推行党政机关领导干部接待群众来访和下访制度，主动了解和解决农民群众的合理诉求。认真办理农村群众信访举报事项，实行领导干部分片包案制，积极排查调处矛盾，把矛盾化解在基层，并努力化消极因素为积极因素。

（十六）严肃查处农村基层党员、干部违纪违法案件

严格实行办案责任制和有案不查责任追究制。对不抓办案、不支持办案或者瞒案不报、压案不查、查而不处甚至说情干扰办案的，要给予严肃的组织处理和纪律处分。

六、加强对农村基层党风廉政建设的组织领导

（十七）加强对农村基层党风廉政建设工作的领导

1.各级党委和政府要切实负起领导责任。要把农村基层党风廉政建设工作摆上重要议事日程，纳入社会主义新农村建设的总体规划，坚持条块结合、以块为主，因地制宜、分类指导。区县（市）党委和政府要从本地实际出发，明确工作任务，确定工作重点，采取有力措施，加强督促检查和具体指导。乡镇党委和政府要明确责任，着力抓好落实。区县（市）、乡镇党政主要领导要对农村基层党风廉政建设负总责。区县（市）、乡镇党委每年年底要向上级党委和纪委报告农村基层党风廉政建设工作情况。建立市农村基层党风廉政建设联席会议制度，市纪委、市委组织部、市委宣传部、市委政法委、市农业局、市民政局、市财政局、市审计局、市经管局为成员单位，市纪委负责牵头组织和召集会议。各区县（市）、乡镇也要相应建立联席会议制度。

2.纪检监察机关要加强组织协调。各级纪检监察机关要积极协助党委和政府研究制定农村基层党风廉政建设的总体部署和实施方案，发挥农村基层党风廉政建设联席会议制度的作用，加强与有关部门的联系和沟通，统一组织监督检查活动，协调解决工作中的矛盾和问题。区县（市）纪检监察机关要把农村基层党风廉政建设作为重要任务，加大工作力度。结合农村实际，将党风廉政建设责任制逐步延伸到行政村和基层站所，完善一级抓一级，层层抓落实的责任网络体系。

3.有关部门要认真履行职责。市直及中央、省在常的有关职能部门要根据《中央纪委关于贯彻落实〈关于加强农村基层党风廉政建设的意见〉的任务分工意见》（中纪发〔2006〕30号）的要求，坚持谁主管、谁负责的原则，按照任务分工，将农村基层党风廉政建设纳入本部门的整体工作，建立上下联动的工作机制。各级各有关部门要根据本实施意见，充分发挥职能作用，针对农民群众反映强烈的问题，结合实际制定贯彻落实的具体措施。

（十八）改革和完善农村基层纪检监察体制和工作机制

要选好配强乡镇纪委班子，乡镇纪委书记要用主要的精力抓纪检监察工作。乡镇纪委要加挂监察室牌子，切实履行纪检监察两项职能。村级党组织要配备纪检委员，村纪检委员兼任民主监事会召集人。要把农村基层党风廉政建设工作经费列入县级财政预算，并逐步加大投入。各区县（市）要积极探索改革和完善农村基层纪检监察体制和工作机制的有效办法，为加强农村基层党风廉政建设提供有力保障。

中共常德市委　常德市人民政府 贯彻落实《中共湖南省委湖南省人民政府关于增强自主创新能力建设创新型湖南的决定》的实施意见

常发〔2007〕2号

(2007年2月8日)

为贯彻落实全国、全省科技大会精神，推进创新型常德建设，根据《中共湖南省委湖南省人民政府关于增强自主创新能力建设创新型湖南的决定》(湘发〔2006〕8号)，结合常德实际，提出如下实施意见。

一、确立建设创新型常德的总体目标

(一) 着眼于建设创新型常德，十一五期间，全市重点推进技术创新引导、高新技术创业示范、科技成果转化、科技富民强县、引智引技和农村科技条件平台建设等六大工程，基本建成以企业为主体、政府引导、产学研结合、中介机构为纽带，适应市场经济体制和科技自身发展规律、具有常德特色的区域自主创新体系。

(二) 通过建设创新型常德，使企业自主创新能力显著增强，传统产业技术水平显著提高，高新技术产业发展有所突破，涌现一批具有创新精神和能力的创新型人才，形成一批拥有自主知识产权的名牌产品。到2010年，全社会科学研究与开发投入占GDP的比重达到1.6%，高新技术产品增加值占工业增加值比重达到30%以上，应用科技成果转化率超过85%，全市科技竞争力保持在全省前5位。

二、突出建设创新型常德的战略重点

(三) 改造提升现有优势产业和龙头企业。按照推进新型工业化的总体要求，以先进的信息技术改造提升传统产业，推动工业化朝着高效率、高附加值和可持续的方向发展。着力培育列入全省重点的6个产业集群，即烟草、铝冶炼及深加工、化学原料及中成药、粮油水产品、汽车零配件和纺织集群。重点改造提升10大传统优势产业，特别是机电、林纸、建材、盐化工、医药、电力、食品等优势产业中的规模以上龙头企业。积极开展企业技术创新示范，促成相关技术协同攻关，延长产业链条，开发出一批具有较强市场竞争力的名优品牌，真正形成“优势产业科技化、科技产业支柱化”的发展格局。

(四) 加快发展高新技术产业。重点加快我市具有优势的光机电一体化、新材料、新能源、生物医药等高新技术成果转化步伐，促进高新技术产业加速发展。力争到2010年，我市省级高新技术企业超过80家，其中年销售收入过亿元的高新技术企业超过20家，规模以上工业企业制造业信息化实现率达到100%。

(五) 提高农业科技创新与转化能力。把科技进步和创新作为推进社会主义新农村建设的一项根本措施，大力提高农业科技水平和农民掌握科技的本领，加大先进适用技术推广力度。加速推进农业产业化龙头企业发展，积极推广农产品深加工技术、优质高产高效农作物新品种培育技术、名特优水产集约化养殖与污染控制技术、动植物重大病虫害防治技术、节水农业技术、清洁能源生产技术、农业信息化技术、测土配方施肥技术、农业生物制剂与新型肥料、生态农业和高效设施农业技术等农业新技术、新品种，推动一批实用技术成果向农业转移和辐射。到2010年，全市农业科技成果转化率达70%左右，建成50个左右的农业科技成果转化基地和示范基地，力争3至4个区县(市)列入国家科技富民强县计划，农业科技在农民增收中的贡献率明显提高。

三、增加财政科技投入

(六) 建立财政性科技投入稳定增长机制。认真落实中央、省关于大幅度增加科技投入的有关规定，建立财政性科技投入稳定增长机制。财政部门要把科技投入作为预算保障的重点，使年初预算编制和预算执行中的超收分配体现法定增长的要求，确保地方财政对科技投入增长速度明显高于财政经常性收入增长速度。

(七) 实行科技创新激励政策。市本级企业研究出具有自主知识产权、科技含量高和适销对路的新产品并获得国家级技术创新项目、国家中小企业创新基金或国家级新产品称号的，一次性奖励企业负责人和相关技术人员10万元；对获得省级技术创新项目或省级新产品称号的，一次性奖励企业负责人和相关技术人员5万元；对获得市科技功臣称号的，一次性奖励10万元。对获得市本级科学技术进步一、二、三等奖的企业，分别一次性奖励企业相关技术负责人3万元、2万元、1万元；对新建国家级工程技术中心或国家级企业技术中心的企业，一次性奖励企业30万元。新建省级工程技术中心或省级企业技术中心的，一次性奖励10万元。

四、强化企业在自主创新中的主体地位

(八) 积极构建以企业为主体、市场为导向、产学研相结合的技术创新体系。通过产业导向、财税金融、政府采购、项目安排等方面的政策支持，激发企业技术创新的内生动力，使企业真正成为研究开发投入的主体、技术创新的主体、创新成果应用的主体。

(九) 引导企业加大技术创新投入。大中型工业企业每年提取的研究开发专项经费不能低于销售收入的3%，高新技术企业要达到5%以上。企业研究开发新产品、新技术、新工艺所发生的各项费用，按规定享受相关税收优惠政策。

(十) 鼓励企业创建研究开发机构。支持有条件的大中型企业独立或联合高校、科研机构创建企业技术中心或其他形式的研究开发机构。整合科技资源为企业技术创新服务，各类公共创新平台要向企业开放。鼓励优势企业走出去，与跨国公司合作开展技术创新。

(十一) 支持企业做好专利和标准化工作。加大对企业专利申请的扶持力度，重点对有发明专利、有出口能力和有出口商品目的地企业的专利申请进行资助，鼓励其实现技术交易。引导、扶持企业积极参与行业标准、国家标准和国际标准制定。

(十二) 扶持科技型企业发展。鼓励科技人员和留学回国人员在常创办科技型企业。对成长快、效益好的科技创业企业，优先推荐申报国家和省科技部门科技型中小企业创新基金。

五、推进产学研结合

(十三) 促进企业与高校、科研机构开展合作，建立以企业为主体、高校和科研机构参与的产学研联合体，形成优势互补、利益共享和风险共担的运行机制。对企业、行业协会和高校共同建设、培育并达到较高水平的产学研基地，给予财政资金支持和奖励。对企业、行业协会与高校、科研机构联合提出申请的市级以上科技计划项目，在同等条件下优先支持。由高校承担的市级以上科技计划项目，企业参与联合投入的，允许双方按出资比例，通过合同约定的方式共享创新成果所有权。

(十四) 组织推动高校、科研院所面向我市优势产业，开展关键和共性技术、应用基础研究和高新技术应用研究。支持高校、科研院所建立面向社会的研发、设计服务机构，开展技术转让、技术开发、产品设计、技术咨询等服务活动。鼓励高校、科研院所通过技术洽谈、专利和技术难题招标、人员培训等方式，为我市企业提供技术创新和科技产业化服务。

六、壮大科技人才队伍

(十五) 强化人才培养。建立和完善政府、企业、社会多元化人才培养和投入机制。加强中青年拔尖人才和行业技术、学科带头人的选拔和培养。积极依托大中型企业、博士后工作站以及各类创业中心、科技园区的培训资源，建立高层次企业经营管理人才、高级专业技术人才的培训和实践基地。鼓励企业与科研院所、高等院校合作培养研究型人才和复合型人才。定期开展对先进制造业、现代服务业等产业发展紧缺人才的培训。支持高水平的民办培训机构参与政府主导的人才培训。

(十六) 大力引进人才。凡引进到我市重点企业工作，且与用人单位签订3年以上正式合同的高层次专业技术人才，由同级人民政府一次性发放安家补助费。其中博士、正高职称每人5万元，副高职称每人3万元，硕士每人1万元。对引进的中国科学院院士、中国工程院院士给予每人每月5000元生活津贴、对博士和正高职称人才，给予每人每月500元生活津贴。对引进上述人才的单位或个人分别一次性奖励2万元和1万元。用人单位引进高级人才的住房货币补贴、安家费、科研启动经费等费用，可依法列入成本核算。

到2010年，全市引进和培养20至30名拔尖人才或有突出贡献的专家，在支柱产业各领域培养2至3名学科带头人、30名左右科技实业家和企业家队伍，培养500名左右具有中高级职称的农业技术人才。

七、构建科技创新服务平台

(十七) 充分发挥园区科技创新的技术功能。进一步加大德山开发区大学科技园、留学生科技园、现代农业科技园等园区的建设力度，使之成为我市技术创新基地、科技成果转化及扩散基地、创业孵化基地和高素质人才集聚基地。全市各工业园区要大力促进各类企业工程 (技术) 中心、研发机构、科技中介服务机构进园区创业，并根据自身实际，分别建成中小企业技术创新基地、产业化基地、高新技术特色产业基地。

(十八) 努力构筑科技工作平台。以市生产力促进中心为基础，设立市科技成果转化服务和中介机构，为高新技术成果转化项目认定、立项、工商登记注册、税务登记和优惠政策落实等提供“一站式”服务。定期举办多种形式的常德技术成果交易会，继续办好网上技术交易市场，组织发布企业技术需求信息和科研单位技术成果信息，加强科技创新的供求对接，畅通产学研信息渠道，促进科技成果转化。市、区县 (市) 两级政府要安排专门资金，设立常设技术市场，为科技项目、科技企业提供技术产权交易和股权融资等服务，提高技术转移和技术产业化的效率。加快制定鼓励科技中介组织发展的相关政策措施，支持社会力量创办科技中介服务机构。加强培训和交流，扩大技术经纪人队伍，进一步活跃技术市场。

八、提高全民科学文化素质

(十九) 实施全民科学素质行动计划。在全社会大力弘扬科学精神，宣传科学思想，推广科学方法，普及科学知识。加强农村科普工作，逐步建立提高农民技术和职业技能的培

训体系。实施全民学习计划，建设一批国家、省、市和社区科技教育实验区及示范区。

(二十) 推进教育创新。大力实施素质教育，鼓励青少年参加丰富多彩的科普活动和社会实践，培养创新意识、创新素质和动手能力 10 加强和完善职业技术教育，认真组织实施“技能型人才培养工程”、“成人继续教育与再就业培训”等工程，建立应用型专门人才培养基地和职业教育实习实训基地。充分发挥高等教育在建设创新型常德中的基础性和先导性作用，优化高等教育学科和专业结构，努力办好高等职业技术院校，提高办学层次和质量，加快培养创新型高级专门人才。

九、加大知识产权保护力度

(二十一) 提高全社会的知识产权意识，加强知识产权保护，把获取知识产权特别是发明专利作为科技项目立项、科技奖励评审以及重点实验室、工程 (技术) 研究中心、高新技术企业认定的重要条件，将专利统计指标纳入科技产出指标范畴和统计指标体系。鼓励企业、高校和科研机构在国内外申请专利。加快建设知识产权信息服务平台，发展知识产权服务机构，逐步建立支柱产业、重点行业和企业集团知识产权服务终端，做好科技人员流动中知识产权特别是技术秘密的保护和管理工作。严格执行有关科技创新和知识产权保护的法律法规，依法严厉查处打击侵犯知识产权的各种行为，保护创新者的合法权益不受侵犯。

十、加强对建设创新型常德工作的领导

(二十二) 各级党委和政府要把增强自主创新能力、建设创新型常德作为事关全局的大事抓紧抓实。党政主要负责同志要高度重视科技工作，提高驾驭现代科学技术工作的能力和水平。建立地方政府科技进步监测机制，把科技进步作为落实科学发展观和正确政绩观的重要内容，使“一把手抓第一生产力”制度化。进一步完善区县 (市) 党政领导科技进步目标责任制，把提高自主创新能力、建设创新型常德的主要任务列入干部任期考核目标，健全考核指标体系，加大考核力度，确保各项工作落到实处。各部门要切实履行职能，加强协调配合，制定相关支持自主创新工作的实施细则，合力构建有利于创新的高效行政服务体系。创造有利于人才成长的人文环境，大力倡导敢于冒险、勇于创新，宽容失败、追求成功，开放包容、崇尚竞争，富有激情、力戒浮躁的创新文化，使一切有利于社会进步的创造愿望得到尊重，创造活动得到鼓励，创造才能得到发挥，创造成果得到肯定。

中共常德市委　常德市人民政府关于大力培育发展产业集群的意见

常发〔2007〕4号

(2007年4月2日)

当前，产业集群化已成为世界产业发展的总体趋势。大力培育发展产业集群，有利于推动生产要素在产业、区域间的合理流动、重组和融合，有利于充分发挥集群效应，提升区域竞争力，促进经济增长方式的根本性转变。着力培育发展烟草、食品、铝材、机电、纺织、电力、林纸、建材、盐化工、医药等产业集群，对于加速推进新型工业化、建设工业强市具有重大的战略意义。

一、培育发展产业集群的指导思想

以科学发展观为指导，以实现又好又快发展为主题，以工业园区为载体，以壮大核、心企业并配套拓展延伸产业链为重点，遵循市场运作、规划指导、着眼长远、可持续发展的原则，坚持走新型工业化道路，突出核心企业、重点园区、重大项目、公共服务平台、知名产品品牌和区域品牌建设，提高产业集聚度和关联度，加快产业发展速度，不断提升产业核心竞争力和全市工业整体水平。

二、培育发展产业集群的目标

“十一五”期间，集中力量培育发展一批核心竞争力较强、规模较大、能参与国际国内产业分工、对区域集聚发展有较大支撑作用的具有比较优势的十大产业集群。具体目标是：到2010年，10个产业集群年主营业务收入达到900亿元以上 (全市规模以上工业企业年销售收入1000亿元以上)，占全市工业经济总量的比重达到90%以上，产业集聚度达到50%以上。优先发展主导产业，到2010年，烟草、食品产业年销售收入分别达到240亿元、90亿元；支持发展支柱产业，到2010年，机电产业年销售收入达到150亿元，纺织产业年销售收入达到100亿元，电力产业年销售收入达到50亿元，林纸产业年销售收入达到80亿元，建材产业年销售收入达到40亿元；鼓励发展新兴产业，到2010年，铝材产业年销售收入达到110亿元，盐化工和医药产业年销售收入分别达到20亿元。产业可持续发展能力进一步增强，单位GDP综合能耗比2005年下降20%以上。

三、培育发展产业集群的重点

1. 扶持壮大一批核心企业。实行动态管理，重点支持在产业集群中具有较强带动和辐射作用，且到2010年年主营业务收入过10亿元的核心企业发展，充分发挥其在产业集群建设中的龙头作用。培育一批能体现常德工业形象和水平的标志性企业，充分发挥其集聚带动效应，逐步衍生和吸引更多相关企业集聚。鼓励集群产业内企业以资产为纽带，以共赢为目标，采取参股、兼并、收购、重组等形式，实现提质扩规，形成大的企业集团。

2. 发展提升一批重点工业园区。按照布局集中、产业集聚、土地集约、生态环保的原则，整合、优化、提升现有工业园区。把德山开发区建成国家级开发区，各区县(市) 开发区建成省级开发区。做好10个工业园区发展规划与产业集群发展规划的衔接，培育工业园区品牌，合理确定工业园区主导产业，完善工业园区基础设施，突出建设产业发展公共服务平台，大力培育知名产品品牌和区域品牌，引导和培育专业工业园区，形成具有区域核心竞争力的产业发展高地。

各区县 (市) 产业集群布局如下：武陵区重点发展食品、新型建材、机电产业；鼎城区重点发展机电、食品、纺织、建材产业；汉寿县重点发展纺织、医药、机电产业；桃源县重点发展铝材、纺织、食品、电力产业；临澧县重点发展纺织、机电、建材产业；石门县重点发展电力、食品、建材产业；澧县重点发展食品、医药、纺织、盐化工产业；津市市重点发展机电、纺织、林纸、盐化工产业；安乡县重点发展机电、医药、林纸产业。

3. 开发建设一批重大项目和产业链项目。以提高产业关联度和加快自主创新为重点，突出结构优化调整，促进一批综合效益好、带动作用强的大型产业项目建设，引导集群产业链上下延伸，推动项目配套，拓展产业集聚发展空间。市推进新型工业化领导小组办公室与核心龙头企业每季度集中研究、挖掘、包装整理一次配套协作项目及“专精特新”项目，并由常德电视台和常德日报社免费播放、刊载，拓宽发布渠道，提高民众知晓率，吸引民间资本投入。鼓励产业集群核心企业把在外的配套业务转移到本市范围内拓展，以2006年为基期，对增加部分给予奖励。

4. 鼓励建设中小企业创业园。各区县 (市) 要采取“政府引导、市场运作、产业配套”的方式，确保在1—2年内建成1个以上的专业集群的中小企业创业园。创业园应修建好标准厂房，吸引中小企业入园，鼓励其围绕核心龙头企业开展配套协作和分工。对进入创业园的集群中小企业免收各种行政性规费，并实行税收优惠，即企业投产后3年内，入库税收的地方留成部分可由本级财政奖励给企业扩大再生产。

5. 鼓励民间资本创办产业集群配套协作企业。千方百计解决民间资本在兴办工业企业上不敢投、不会投、不愿投的问题，激励民间资本围绕产业集群配套协作项目。要大力推行手续代办、费用代缴。对民间资本投入集群产业领域新办配套协作企业的，各种报批手续一律由工业主管部门、园区管委会或相关部门全程代办，除社会保险费、排污费外，免收市及市以下行政性规费 (上缴省里的部分，由工业主管部门、园区管委会或相关部门代缴)；企业创办后，3年内免收所有市及市以下行政性规费。要认真落实奖励政策。对民间资本投入集群产业领域的，除按市委、市政府已出台的政策给予奖励外，对年入库税收首次达到50万元以上的，给予一定奖励。要积极帮助解决流动资金短缺困难。每年从工业发展专项资金中安排一定的资金，对民资新办配套企业的贷款融资给予一定程度的贴息。市委、市政府对为民间资本兴办企业解决资金需求作出突出贡献的担保机构给予一定奖励。要切实强化保护措施。对企业出现的非恶意违规行为，各相关职能部门要主动、及时地帮助纠正，但不能以罚代管，涉及行政事业单位收取的有偿服务费用取最低限额，涉及中介机构的有偿服务费用从低收取。

6. 加大对产业集群企业自主创新的投入。鼓励集群内企业不断进行科技创新。每年在工业发展专项资金中安排一定资金，用于扶持产业集群共性技术、关键性技术的研发等。对承担国家级研发项目的企业，给予相应的资金补助；对获得国家级标准制定资格的企业，一次性给予一定奖励。

四、强化对产业集群的全方位服务

1. 强化金融支持。市政府将金融机构对集群企业的贷款实际增长额作为奖励的重要条件。银企洽谈会优先为集群企业安排金融产品，提供资金支持和利息优惠。支持和鼓励商业银行对有效益、有还贷能力的集群内重点项目和重点企业所需的资金贷款优先安排、重点支持，及时提供多种金融服务。各区县 (市) 按照“政府引导、市场运作”的模式，尽快组建1家以上中小企业信用担保公司，帮助缓解中小企业融资难问题。市、区县 (市) 财政对本级担保公司给予一定比例的补助。

2. 强化项目协调。对固定资产投资超过5000万元的产业集群发展项目，经市政府批准后纳入市推进新型工业化领导小组“五个一”协调服务体系享受个性化服务。市、区县 (市) 职能部门应简化核准、备案和用地、环保、建设等环节的审批手续，真正实现项目审批提速。

3. 强化优质服务。 (1) 推动生产性服务业发展，为企业提供社会化、专业化和规范化服务。2008年前，建好中小企业服务中心和中小企业创业辅导、人才培训、管理咨询、信息咨询、投 (融) 资、技术支持、市场开拓等服务平台，并在各产业集群内建立健全好行业信息交流、传输和发布系统，为企业提供生产资料、产品咨询、人才引进、市场行情等信息咨询服务。鼓励围绕工业园区的配套服务创办和发展现代物流企业，并给予一定的奖励。 (2) 加强企业人才队伍建设。市委组织部、市经委、市国资委、市劳动和社会保障局、市人事局、市教育局、市企业联合会每年联合组织开展2~3期各种形式的企业家培训班或职业经理人培训班，确保每年培训120人以上，促进企业家整体素质的提升。建立和完善工业人才培训机制。采取政府补助，核心企业与大专院校开展委托培养合作、企业之间开展交流培训、核心企业为产业集群内其它中小企业培训专业技术人员等形式，每年为集群产业培训专业技术人员1000人次以上。 (3) 加强行业协会建设。由市推进新型工业化领导小组办公室牵头负责，在2007年内帮助组建好十大产业集群专业行业协会，指导和支持各行业协会充分发挥服务企业、沟通政府、行业自律的职能作用，拓展服务项目，提高服务实效。 (4) 健全和发展产业集群中介体系。进一步规范专门为产业集群提供评估、咨询、法律等服务的各种中介机构的服务行为。对支持产业集群发展作出突出贡献的中介机构，提供相应的政策优惠，鼓励其积极作为、健康发展。

五. 加强对产业集群培育发展工作的组织领导

在市推进新型工业化领导小组的统一领导下，建立由市推进新型工业化领导小组成员单位组成的全市产业集群培育发展工作联席会议，市推进新型工业化领导小组办公室负责联席会议日常工作。各区县 (市)，德山开发区和西湖、西洞庭管理区建立相应的联席会议制度和协调机制。全市各职能部门要不断强化责任意识和服务意识，并加强沟通和协作，共同解决培育发展产业集群中的困难和问题。各新闻媒体要开辟专栏，切实抓好对产业集群培育、发展的宣传，营造全市上下支持培育、发展产业集群的浓厚氛围。市财政每年为培育产业集群解决适当经费，并对为产业集群发展作出突出贡献的单位和个人予以奖励。由市推进新型工业化领导小组办公室会同有关部门制定本意见的实施细则。

建立十大产业集群联系责任制度。成立10个产业集群工作协调小组，每个小组对口联系1个产业集群，分别明确1名市级领导牵头，2~3名市级领导具体负责，同时明确重点责任单位负责具体抓落实。

本意见自发布之日起施行，由市推进新型工业化领导小组办公室负责解释和督促落实。

中共常德市委　常德市人民政府关于推进和谐常德建设的若干意见

常发〔2007〕3号
(2007年3月21日)

为贯彻落实《中共中央关于构建社会主义和谐社会若干重大问题的决定》，全面推进和谐常德建设，提出如下意见：

一、建设和谐常德的指导思想和目标任务

推进和谐常德建设，是全面贯彻落实中央重大战略部署、促进社会和谐发展的必然要求，是常德人民根本利益和共同愿望的集中体现。建设和谐常德必须以科学发展观为指导，坚持以人为本、统筹兼顾，按照“民主法治、公平正义、诚信友爱、充满活力、安定有序、人与自然和谐相处”的总要求，着力发展各项社会事业，着力完善社会管理和社会服务，着力解决人民群众最关心、最直接、最现实的利益问题，打造民本常德、平安常德、生态常德、文明常德、活力常德。

——社会就业比较充分，城乡居民收入水平逐步提高，人民群众的教育、医疗、卫生、住房需求基本得到满足，以社会保险、社会救助、社会福利、慈善事业为主体的社会保障体系基本建立。

——依法治市和社会管理水平不断提高，社会矛盾得到有效化解，治安案件和恶性刑事案件大幅度下降，社会秩序良好，安全生产形势明显好转，全市达到平安创建标准。

——产业结构逐步优化，资源利用效率明显提高，主要污染物排放得到有效控制，城市空气和城乡居民饮用水质量不断提升，森林覆盖率不断提高，小城镇和农村环境质量显著改善。到2020年，全面建成生态市。

——公民思想道德素质、科学文化素质明显提高，爱岗敬业、诚信友善等市民道德规范逐步建立，文明道德风尚逐步形成，“德行天下、和谐奋进”的常德精神得到广泛弘扬，建设学习型城市和全国文明城市。

——基层民主不断扩大，民主参与的形式和内容不断丰富，人民群众的基本权益和合理要求得到切实尊重和保障，社会组织健康有序发展，社会管理不断创新完善，人的积极性、主动性、创造性得到充分发挥，形成全体人民各尽其能、各得其所而又和谐相处的良好局面。

二、扩大社会就业，发展和谐的劳动关系

把扩大就业作为经济社会发展和调整经济结构的重要目标，实现经济发展与扩大就业良性互动。大力发展劳动密集型产业、服务业和非公有制经济，鼓励发展社区便民利民、助残扶老培幼、文体娱乐、医疗保健、商业家政等服务项目。继续抓好再就业援助工作，开展零就业家庭援助和企业集中援助活动。加大财政支持，进一步落实优惠政策，多渠道、多方式增加就业岗位。强化政府促进就业的公共服务职能，加强对城乡劳动力的统筹管理，加快建设城乡一体化的人才市场和劳动力市场，加强职业技能培训和劳务输出信息服务，发展有组织的劳务输出，支持各类培训机构和职业学校开展劳务输出。加强大中专毕业生和退役军人的就业指导和服务。统筹城乡就业，实施农村贫困户就业援助计划。完善劳动关系协调机制，全面实行劳动合同制度和集体协商制度，确保工资按时足额发放。加强劳动保护，健全劳动保障监察体制和劳动争议调处仲裁机制，维护劳动者特别是农民工的合法权益，建立和谐的劳动关系。

三、推进新农村建设，促进城乡协调发展

坚持工业反哺农业、城市支持农村，加大政府对农业和农村的投入力度，扩大公共财政覆盖农村的范围。把农村基础设施建设作为投入重点。加快水利工程建设，完善水利灌溉配套设施，解决农村饮水困难，全面实现安全饮水。加快通村公路建设，形成安全、畅通、便捷的农村交通运输网络。加快农村沼气建设。加快农业科技进步，推进现代农业建设，培育农民专业合作组织，发展农业产业化经营，提高农业综合生产能力，确保农民持续增收。加大扶贫力度，完善扶贫机制，改善贫困农民的生产生活条件。加快农村社会事业发展，财政新增教育、卫生、文化等事业经费和固定资产投资增量主要用于农村。实施农民培训计划，培育新型农民。全面推进乡镇机构、农村义务教育和县乡财政管理体制等农村综合改革。着力化解乡村债务。落实耕地保护制度，完善征地程序和补偿机制，解决好被征地农民的就业和社会保障。

四、健全社会保险体系，保障群众基本生活

逐步建立健全适用城镇所有劳动者、资金来源多渠道、保障方式多层次、社会统筹与个人账户相结合的社会保险体系。努力扩大社会养老保险人口覆盖面，将各类人员纳入保险范围。增强全民社保意识，强化社会保险基金征缴。完善以社区为重点的续保工作站制度。加快机关事业单位养老保

险制度改革，探索建立农村养老保险制度。完善城镇职工医疗保险，建立以大病统筹为主的城镇居民医疗保险，加快推进新型农村合作医疗。进一步完善失业、工伤、生育等保险制度。积极筹集社会保险资金，地方财政严格按照规定要求足额配套社保资金。增加社会保险投入，逐步做实个人账户。进一步完善和严格落实社保资金的管理制度，确保社保资金保值增值和运行安全。发挥商业保险在健全社会保险体系中的重要作用。

五、完善社会救助体系，关爱和扶助困难群众

加强对困难群众的救助，完善城市低保、农村五保供养、农村低保、灾民救助、城市生活无着的流浪乞讨人员救助、城乡困难群众临时生活救助等制度。建立社会救助资金增长机制，逐步按比例增加城市低保资金投入。随着经济发展和城市居民生活水平的相应提高，逐步提高最低生活保障标准。建立农村最低生活保障制度。落实城乡医疗救助预算资金，逐步提高救助标准，让城乡特困家庭大病医疗对象得到及时救助。完善落实优抚政策，加大对优抚对象的生活、住房、就医救助，加大对无劳动能力、无生活来源、无供养保障人员的救助。加强福利院建设。发展以扶老、助残、救孤、济困为重点的社会福利和慈善事业。完善住房保障体系，加快城镇廉租房建设，推进实施农村“爱心房”工程，认真解决中低收入和特困群众的住房困难。

六、推进教育均衡发展，促进教育公平

履行政府提供教育公共服务的职责，保证财政性教育经费增长幅度高于财政经常性收入增长幅度。普及和巩固九年义务教育，在农村并逐步在城市实行义务教育阶段学生杂费全免制度，落实对家庭经济困难学生免费提供课本和补助寄宿生生活费政策，保障农民工子女接受义务教育。健全教育资助制度和助学体系，帮助贫困学生完成学业。坚持教育优先发展战略，统筹城乡教育，优化各级各类教育结构，扩大和合理配置城镇教育资源，加强薄弱学校和农村寄宿制学校建设，推动教育均衡协调发展。加快发展职业教育和职业培训。支持和引导社会力量办学，整合职教资源，加强重点专业、重点学校建设。加强师资队伍特别是农村教师队伍建设。规范学校收费项目和标准，坚决制止教育乱收费。

七、加快医疗卫生事业发展，提高人民健康水平

坚持公共医疗卫生的公益性质，建立覆盖城乡居民的基本卫生保健制度，为群众提供安全、有效、方便、价廉的公共卫生和医疗服务。加强公共卫生体系建设。加强重大疾病、地方性疾病和职业病的预防与控制，加强血吸虫病、艾滋病、结核病的防治力度。大力推进计划免疫接种，发展妇幼卫生事业。健全农村卫生服务网络和以社区卫生服务为基础的新型城市卫生服务体系。突出抓好县级卫生机构、乡镇卫生院和村卫生室建设，形成以县级卫生机构为龙头、乡镇卫生院为中心、村卫生室为基础的三级卫生服务网络。全面改善农村医疗卫生设施条件，加强农村卫生技术人员培训，提高医疗卫生服务能力和水平。整合城乡医疗卫生资源，建立城乡医院对口支援、大医院和社区卫生机构双向转诊、高中级卫生人员定期到基层服务制度。加强公立医院监管，强化公立医院公共服务职能，抓好医德医风建设。整顿药品生产流通秩序，严格控制药品价格虚高，保证群众基本用药需求。加强食品、药品、餐饮卫生监管，保障人民群众健康安全。

八、加快发展文化事业和文化产业，满足群众文化需求

深化文化体制改革，推动文化事业和文化产业共同发展。加强公益性文化设施建设。重点抓好文化馆、图书馆、博物馆、公共体育场建设。优先安排关系群众切身利益的文化建设项目。突出抓好广播电视“户户通”工程、社区和乡镇综合文化站（室）建设工程、村级文化活动室建设工程，实施政府买单、群众看戏看报工程。建设大剧院、会展中心、文化广场等一批标志性文化设施。大力开展丰富多彩的基层文化活动。鼓励社会力量捐助和兴办公益性文化事业。加强文化遗产保护。大力推进城乡体育设施建设工程，广泛开展全民健身活动。积极引导旅游、休闲、娱乐、演艺、会展等文化产业发展，鼓励民间资本兴办文化产业。

九、加强环境保护，推进生态建设

优化产业结构，发展循环经济，推广清洁生产，节约能源资源，依法淘汰落后工艺技术和生产能力，从源头上控制环境污染。落实环保第一审批权，全面实施排污许可证制度和环境影响评价制度。凡达不到环保要求的项目，一律不准建设和投产。突出饮水安全，强化水质保护，关闭饮用水源保护区内的排污口。削减污染物排放总量，加强沅水、澧水和西洞庭湖污染控制和造纸、纺织等主要行业污染防治。推广管道燃气等清洁能源，防治大气污染。推进常德市城区大环境保护圈建设。实施以“清洁家园、清洁水源、清洁田园、清洁能源”为主要内容的农村小康环保行动计划。加强森林资源保护与城市生态园林建设，提高森林覆盖率与人均公共绿化水平。加强自然保护区的建设管理，有序推进矿山生态恢复。严格环境执法，加强环境监测。

十、加强社会治安综合治理，促进人民群众安居乐业

坚持打防结合、预防为主、专群结合、依靠群众的方针，健全社会治安综合治理机制。强化社会治安综合治理基层基础，完善组织体系，推进基层派出所、司法所和法庭建设，加强专业工作力量。广泛开展“平安常德”创建活动，把社会治安综合治理各项措施落实到基层。改进和完善治安管理工作，重点加强暂住人口、出租屋、公共娱乐场所、特种行业管理。建立健全社会治安防控体系，加强城区专业巡逻队伍建设，完善独立院落单位、居民住宅小区自防自守机制。抓好农村治安防范体系配套，建设村级警务室，努力形成群策群力、群防群治的良好工作格局。依法严厉打击严重刑事犯罪活动，扫除黄赌毒等社会丑恶现象。不断提高政法队伍的政治素质、业务素质和执法水平，坚持执法为民。

十一、积极化解社会矛盾，创造安全稳定的社会环境

建立科学有效的利益协调机制、诉求表达机制、矛盾调

处机制、权益保障机制，统筹兼顾各方面群众的利益与愿望，严格落实政策，及时解决合理诉求，从源头上预防和减少矛盾纠纷的发生。出台政策和作出重大决策时，要进行稳定风险评估，充分考虑群众的根本利益和社会承受能力。坚持依法行政，讲究工作方法，避免因违法行政或方法失当引发或激化矛盾。拓宽社情民意表达渠道，推行领导干部接待群众制度，完善党政领导干部和党代表、人大代表、政协委员联系群众制度。健全信访工作责任制，搭建多种形式的沟通平台，把群众表达利益诉求纳入制度化、规范化、法制化轨道。完善矛盾纠纷排查调处制度，建立人民调解、行政调解和司法调解整体联动的工作格局，采用调解的方法，把矛盾化解在基层，解决在萌芽状态。着力解决土地征收征用、城镇建设拆迁、环境保护、交通运管、涉法涉诉中群众反映强烈的问题。妥善处置群体性事件，维护群众利益和社会大局稳定。继续坚持维护稳定领导责任制、工作责任制和失误失职责任追究制。认真落实安全生产责任制，加大投入、严格管理、强化监督，坚决遏制重特大事故发生，确保人民群众生命财产安全。

十二、促进和维护司法公正，创造公平正义的法治环境

推进司法民主建设，增强司法透明度，强化司法人员的司法责任，健全公开审判、人民陪审员、人民监督员等制度，发挥律师、公证、和解、调解和仲裁在维护司法公正中的积极作用。严格规范诉讼、律师、仲裁收费，加强司法援助救助，实行贫困群众诉讼费减免制度。利用多种监督手段，加强对司法程序和裁决结果的监督，着力解决司法不公和司法腐败问题。加强对司法人员思想政治教育和廉政纪律教育，建设政治坚定、业务精通、作风优良、执法公正的司法队伍。维护司法廉洁，严厉追究徇私枉法、失职渎职等行为的法律责任。改善司法外部环境，保证司法机关依法独立行使职权，减少对司法办案的干预。深入开展法制宣传教育，形成全体公民自觉学法守法用法的氛围。

十三、发展基层民主，夯实社会政治基础

健全基层民主制度，丰富民主形式，依法实行民主选举、民主决策、民主管理和民主监督，保证人民群众依法直接行使民主权利。尊重群众的自治权，支持和保证村（居）民自治组织依法开展活动，实行自我管理、自我教育、自我服务。完善村（居）务公开、财务公开等办事公开制度，保障群众的知情权、表达权、参与权、监督权。强化城乡基层组织的社会整合功能，发挥其协调利益、化解矛盾的作用，对群众高度关心、与群众利益密切相关的事项，让群众广泛参与讨论，决定基层的公共事务和公益事业。

十四、培育发展社会组织，增强服务社会功能

完善培育扶持社会组织的政策措施，为社会组织的产生和发展创造宽松的外部环境，发挥各类社会组织提供服务、反映诉求、规范行为的作用。注重培育发展行业协会、农民合作组织等各类经济型社会组织。培育发展环境保护、志愿者服务、慈善基金会等公益型社会组织。发展律师、公证、会计、审计、资产评估等中介机构，规范中介组织行为。发挥计生协会、消费者协会、老龄协会、妇女儿童维权组织等社会团体的社会功能。鼓励和引导社会组织在教育、科技、文化、卫生、体育、社会福利等领域兴办民办非企业单位。加强和改进对各类社会组织的管理和监督，引导社会组织健全规章制度，完善治理机制，提升队伍素质，恪守公正诚信。加强社会组织党建工作，确保社会组织正确的发展方向。

十五、加强思想道德建设，倡导良好的社会风尚

坚持以社会主义核心价值体系主导社会意识，加强理想信念教育和形势政策教育，进一步形成共同的理想信念和道德规范。牢牢把握正确舆论导向，宣传主流思想，弘扬社会正气，引导社会舆论。实施公民道德建设工程，开展社会主义荣辱观教育，加强和改进青少年思想道德建设，在全社会形成知荣辱、讲正气、促和谐的风尚。以创建文明城市为龙头，广泛开展文明单位、文明行业、文明社区、文明家庭创建活动。加强农村精神文明建设，深入开展以“讲文明、讲科学、讲卫生，创文明村镇、创文明村组、创文明家庭，争当新型农民”为主要内容的“三讲三创一争”活动。深入推进学习型城市建设工作，广泛开展群众性创学活动。加强文化市场监督管理，倡导“文明办网、文明上网”。加强诚信建设，形成全社会诚实守信风尚。

十六、建设服务型政府，提高公共服务质量和水平

按照转变职能、权责一致、强化服务、改进管理、提高效能的要求，深化行政管理改革，强化社会管理和公共服务职能。优化公共资源配置，注重向农村、基层、落后地区和弱势群体倾斜。坚持依法行政，进一步减少和规范行政审批事项，简化办事程序，严格行政收费，规范行政行为，为群众和基层提供方便快捷优质服务。创新服务方式，提高行政效能，加强“政务中心”建设，完善“一站式服务”。推行政务公开，加快电子政务建设，及时发布公共信息，为群众生产生活创造便利条件。实行重大公共服务事项决策咨询和听证制度。加强公务员队伍教育、管理和监督，提高公务员队伍整体素质。

十七、深入开展党风廉政建设，密切党群干群关系

坚持党要管党、从严治党的原则，推进教育、制度、监督并重的惩治和预防腐败体系建设。以思想道德教育为基础，加强党章和法纪学习教育，加强党员干部党性锻炼和思想道德修养。以正确行使权力为重点，推进反腐倡廉制度建设，从源头上防治腐败。以保证廉洁从政为目标，加强对领导机关和领导干部的监督，把党内监督与各方面监督结合起来，形成监督合力；把干部选拔任用、财政资金运行、专项资金使用、国有资产管理、重大工程建设等工作领域列为监督的重点，提高监督实效。加大查办案件工作力度，严厉惩治腐败。严格要求领导干部廉洁自律、率先垂范，自觉做到为民、务实、清廉。认真执行党风廉政建设责任制。切实改进作风，深入群众、了解群众、关心群众，脚踏实地为群众

办实事，以优良的党风促政风带民风，营造和谐的党群干群关系。

十八、提高领导和谐社会建设的能力，为建设和谐常德提供坚强有力的组织保证

各级党政组织要把建设和谐常德摆在全局工作的突出位置。要树立改革的力度、发展的速度和社会可承受的程度相统一的理念，树立以人为本，全面、协调、可持续发展的理念，用和谐发展的理念指导决策、推动工作。坚持民主集中制，扩大党内民主，维护领导班子团结和谐，提高各级领导班子和领导干部统筹经济社会发展的能力，增强管理社会事务、协调利益关系、开展群众工作、处理人民内部矛盾、维护社会稳定的本领。加强对社会建设重大问题的调查研究，解决好影响社会发展、人民生活、大局稳定的突出问题。实施体现科学发展观要求的综合考核评价办法，把领导社会建设的绩效列为考核内容。进一步加强基层组织建设，选好配强基层领导班子，提高基层干部队伍素质，解决基层干部工作生活中的困难，加强对基层工作的帮助和支持，发挥基层组织凝聚人心、推动发展、促进和谐的作用。

中共常德市委　常德市人民政府
关于加快发展城市社区卫生服务的实施意见

常发〔2007〕5号
（2007年5月25日）

为加快发展我市城市社区卫生服务，建立与市场经济体制相适应的新型城市卫生服务体系，优化城市卫生服务结构，方便群众就医，切实缓解群众看病难、看病贵问题，根据《国务院关于发展城市社区卫生服务的指导意见》（国发〔2006〕10号）和《中共湖南省委、湖南省人民政府关于发展城市社区卫生服务的决定》（湘发〔2006〕11号）精神，结合我市实际，提出如下实施意见。

一、指导思想和工作目标

（一）指导思想。以邓小平理论和"三个代表"重要思想为指导，全面落实科学发展观，以实现人人享有初级卫生保健为目标，注重卫生服务的公平、效率和可及性，合理调整和配置城市卫生资源，促进优质资源进入社区，努力构建以社区卫生服务为基础、社区卫生服务机构与医院以及预防保健机构分工合理、协作密切的新型城市卫生服务体系，为居民提供安全、有效、便捷、经济的公共卫生和基本医疗服务，有效缓解群众看病难、看病贵问题。

（二）工作目标。2007年，市城区（含武陵区、鼎城区武陵镇、德山开发区、柳叶湖旅游度假区）和津市市城区社区卫生服务机构覆盖率达到70%以上，2008年达到100%，市城区力争2008年建成省级社区卫生服务示范区。到2010年，市城区和津市市城区建成机构设置合理、服务功能健全、人员素质较高、运行机制科学、监督管理规范的社区卫生服务体系。

二、加快社区卫生服务网络建设

（三）社区卫生服务是城市公共卫生和基本医疗服务的基础，其基本职能以公共卫生服务和健康管理为主，综合提供预防、保健、康复、健康教育、计划生育技术服务和一般常见病、多发病的基本医疗服务。社区卫生服务机构具有公益性质，不以营利为目的，不向医院模式发展。

（四）有计划、有步骤地建立健全以社区卫生服务中心和社区卫生服务站为主体，以诊所、医务所（室）等其他基层医疗机构为补充的社区卫生服务网络。原则上一个街道办事处或每3-10万居民辖区设一所社区卫生服务中心，超过10万居民的可增设一个中心；步行15分钟方能到达社区卫生服务中心的居民小区，可设立一所社区卫生服务站。社区卫生服务中心对社区卫生服务站（含其他社区卫生服务网点）实行业务管理和指导。市城区的社区卫生服务设置规划，由市政府颁布并组织实施；津市市城区社区卫生服务机构设置规划，由津市市政府颁布并组织实施。

（五）社区卫生服务机构设置要坚持政府主导，主要通过调整现有卫生资源形成网络体系，并促进优质卫生资源进入社区。符合机构设置规划的政府举办的一级医院和具备条件的街道卫生院可优先转型为社区卫生服务机构。没有基层医疗机构或基层医疗机构不具备转型改造条件的，指定就近的政府举办的二、三级医院举办社区卫生服务机构。现有卫生资源不足的，由政府补充、完善，也可按照公平、竞争、择优的原则，鼓励、引导社会力量参与社区卫生服务。

三、完善社区卫生服务功能

（六）强化社区卫生服务机构的公共卫生服务与健康管理职能。社区卫生服务机构要严格监测和及时报告疫情，普及全民健康教育，搞好居民健康普查，建立健康和计划生育技术服务档案，开展经常性的健康咨询和重点人群的健康管理，落实儿童免疫规划和妇女儿童系统保健。卫生行政部门要调整疾病预防控制、妇幼保健等机构的职能，将适宜社区开展的公共卫生服务交由社区卫生服务中心承担。

（七）实行社区卫生服务机构与大中型医院多种形式的联合与合作，建立分级医疗和双向转诊制度。结合实施城市居民医疗保障制度，探索建立转诊分流制度、社区卫生服务首诊制度，由社区卫生服务机构逐步承担二、三级医院的一般门诊、康复和护理服务。

（八）改进社区卫生服务模式。针对居民健康状况和卫生需求，以社区、家庭和居民为服务对象，以妇女、儿童、老年人、慢性病人、残疾人、贫困居民为服务重点，以主动服务、上门服务为主要方式，大力开展老年人、慢性病人等重点人群及个性化的健康教育、健康咨询与指导、妇女和儿童保健，做好社区巡诊、预约转诊、家庭病床及护理等服务。推行家庭契约式服务，逐步建立家庭保健医师制度。在参加医疗保险的人群中探索建立以社区卫生服务为基础的健康管理制度。

四、提高社区卫生服务水平

（九）组织社区卫生服务机构开展全员转型培训，掌握社区卫生服务基本知识和基本技能，适应社区卫生服务工作需要。充分利用现有医疗教育资源，积极为社区培训、培养全科医师和护士。建立社区卫生服务人员进修培训基地，有计划地组织社区卫生服务人员到医院和卫生保健机构进修学习。鼓励高等医学院校毕业生到社区卫生服务机构服务。加强岗位培训和规范化培训，提高在岗人员素质和专业技术能力。

(十) 组织预防保健机构、计划生育技术服务机构中的高、中级卫生技术人员定期到社区卫生服务机构开展技术指导和服务。按照区域管理原则，实行二、三级医院对口扶持社区卫生服务机构，通过下派技术人员、支持技术设备、提供人员进修和配合开展社区卫生服务等，促进社区卫生服务上水平。

(十一) 鼓励、吸引优秀人才进入社区。凡到社区卫生服务机构工作的医师和护师，单位聘任相应专业技术职务时，可适当放宽对外语和计算机考试成绩的考评，鼓励退休医护人员依照有关规定参与社区卫生服务。

五、创新社区卫生服务机构内部运行机制

(十二) 根据国家事业单位岗位设置管理及社区卫生服务机构岗位管理的有关规定，按照科学合理、精干效能的原则设置社区卫生服务机构工作岗位，并依据社会功能、职责任务和工作需要，明确岗位名称、工作任务、工作标准、职责范围和任职条件。

(十三) 政府举办的社区卫生服务机构的编制，按分级管理原则，由相应的编制部门核定，其人员实行公开招聘、择优聘用、合同管理。由街道卫生院转型的社区卫生服务机构，实行“老人老办法、新人新制度”。所聘用的各类人员要签订聘用合同，对有法定执业资格要求的岗位，受聘人员必须具备相应的执业资格。

(十四) 加强对受聘人员履行岗位职责情况的考核，提高服务水平和工作效率。抓好以专业水平、工作绩效和服务居民的满意度为主要内容的岗位考核，实行定性与定量考核相结合，聘期考核与定期考核相结合。考核结果作为续聘、解聘或者岗位调整的依据。

(十五) 实行以岗位工资和绩效工资为主的收入分配办法，使工作人员的收入与其岗位职责、工作业绩和实际贡献紧密结合起来。改进工资总额管理制度，对公益目标任务完成好、考核结果优异的社区卫生服务机构，适当增加绩效工资总额。

六、加强社区卫生服务监督管理

(十六) 卫生行政部门是社区卫生服务的行业管理部门，市卫生局负责市城区社区卫生服务机构的审批、业务指导及监督管理，同时负责德山开发区、柳叶湖旅游度假区的社区卫生服务机构的审批发证和日常监督管理。相关区（市）负责辖区内社区卫生服务机构的审批发证和日常监督管理。

(十七) 依法严格社区卫生服务机构、从业人员和技术服务项目的准入。开办社区卫生服务中心（站），必须符合设置规划，具备规定条件，依照国家有关法律、法规规定履行申报、审批、注册登记手续。对过去已办而又不符合要求的社区卫生服务机构、项目，要全部进行清理整顿。未经批准注册、擅自开办社区卫生服务机构的，要依法予以纠正。加强社区卫生服务执业监管，对不履行职能职责、社区居民不满意的，要督促整改；逾期未改正的，注销其社区卫生服务中心（站）资格。

(十八) 健全社区卫生服务技术操作规程和工作制度，完善社区卫生服务考核评价制度，推进社区卫生服务信息管理系统建设。加强社区卫生服务标准化建设，建立社会民主监督制度，将服务居民的满意度作为考核社区卫生服务机构和从业人员业绩的重要标准。发挥行业自律组织在提供服务、反映诉求、规范行为等方面的积极作用。严格财务管理，加强财政、审计监督。

(十九) 加强药品、医疗器械管理，确保医药安全。鼓励药品生产经营企业生产、供应质优价廉的社区卫生服务常用药品，开展统一配送、零差率销售药品和医药分开等试点。

七、落实社区卫生服务政策

(二十) 将社区卫生服务发展规划纳入当地经济社会发展总体规划和城市建设规划，统一组织实施。规划、建设部门要根据城市社区卫生服务机构设置规划，明确建设用地。城市市政建设和各类开发建设拆除社区卫生服务机构用房的，政府要督促建设单位按不少于原有面积，采取新建或购房置换等方式予以补偿。新建、改建居民小区，政府或建设单位要按照社区卫生服务机构的相关标准，将社区卫生服务用房纳入居民小区建设规划，与居民住宅同步规划、同步建设、同步投入使用，其费用列入开发建设成本，房屋产权依照相关法律、法规办理。未达到上述要求的，规划、建设部门不得为其办理规划许可证、施工许可证。

(二十一) 加大对社区卫生服务的投入。市、相关区（市）及德山开发区、柳叶湖旅游度假区财政要调整财政支出结构，建立稳定的社区卫生服务筹资和投入机制，研究制定社区公共卫生服务项目成本核算办法，并根据社区人口、社区卫生服务机构提供的公共卫生服务数量和质量以及相关成本，科学、规范、合理地核定并安排社区公共卫生服务补助经费。经财政、卫生部门考核完成社区公共卫生服务任务的，其补助经费按照辖区常住居民每人每年不低于4元的标准安排。武陵区、鼎城区武陵镇、德山开发区、柳叶湖旅游度假区的补助经费，由市财政与武陵区、鼎城区、德山开发区、柳叶湖旅游度假区分别按1：1的比例分担。津市市城区社区卫生服务的补助经费，由津市市财政承担。对社会力量举办的社区卫生服务机构提供的公共卫生服务，政府通过购买服务的方式给予相应补偿。政府举办的社区卫生服务机构的离退休人员费用，在事业单位养老保障制度改革前，由当地政府按照有关规定予以安排。市、相关区（市）及德山开发区、柳叶湖旅游度假区财政要安排一定经费，用于社区卫生服务机构的基础设施

建设、基本设备配置和人员培训。社区卫生服务机构建成并经考核验收合格后，市、相关区（市）及德山开发区、柳叶湖旅游度假区财政采取以奖代投的方式，一次性给予补助。要加强对社区卫生财政补助资金运行全过程的监督管理，切实提高财政补助资金的使用效益。

(二十二) 充分发挥社区卫生服务在城镇职工基本医疗保险中的作用，将符合条件的社区卫生服务机构纳入市、相关区 (市) 及德山开发区、柳叶湖旅游度假区城镇职工基本医疗和城镇居民医疗保险定点医疗机构范围，将符合规定的社区卫生服务项目纳入基本医疗保险支付范围。参保人员在社区卫生服务机构就医，其住院医疗费用享受同资质医疗机构费用8%的优惠。

(二十三) 社区卫生服务收费应严格执行《湖南省医疗服务价格管理办法》的有关规定。社区卫生服务机构实行非营利性医疗机构税费优惠政策，免征地方政府性基金。禁止向社区卫生服务机构征收国家规定之外的任何税费。

八、加强对社区卫生服务工作的组织领导

(二十四) 成立常德市城市社区卫生服务工作领导小组，由市政府分管副市长任组长，发展和改革、卫生、财政、劳动和社会保障、人口和计划生育、建设、规划、人事、教育、税务、民政、物价、食品药品监督等部门负责人为成员。领导小组下设办公室，办公地点设市卫生局内。各相关区（市)、德山开发区、柳叶湖旅游度假区也要成立相应的组织机构，切实加强对城市社区卫生服务工作的领导。

(二十五) 进一步明确部门职责。

——卫生部门负责制订社区卫生服务发展规划、准入标准和管理规范，确定社区公共卫生服务项目，加强行业监督管理。按照国家有关规定，组织开展社区卫生服务从业人员岗位培训和继续教育。

——机构编制部门牵头研究解决与社区卫生服务发展相关的机构人员编制问题，配合做好编制调剂工作。

——发展和改革部门负责将社区卫生服务发展纳入国民经济和社会发展规划，根据规划需要申报社区卫生服务机构基础设施建设投资。

——价格管理部门负责社区卫生服务收费标准和药品价格的管理监督。

——民政部门负责将社区卫生服务纳入社区建设规划，探索建立以社区卫生服务为基础的城市医疗救助制度，做好社区卫生服务的民主监督工作。

——财政部门负责落实社区卫生服务的财政补助政策，监督财务管理。

——人事部门负责完善全科医师、护士等卫生技术人员的任职资格制度。制订社区全科医师、护士等卫生技术人员的聘用办法和吸引优秀卫生人才进社区的有关政策。

——劳动和社会保障部门负责制订促进城镇职工基本医疗保险参保人员到社区卫生服务机构就诊的有关政策措施。

——建设和规划部门负责按照国家有关标准，将社区卫生服务设施纳入城市建设规划，并依法加强监督。

——人口和计划生育部门负责社区计划生育技术服务的指导和管理。

——食品药品监管部门负责社区卫生服务所用药品和医疗器械的质量监督管理。

中共常德市委　常德市人民政府
关于建设教育强市的决定

常发〔2007〕6号
（2007年6月6日）

为了进一步加快教育事业发展，建设教育强市，推动富裕文明和谐常德建设，根据省第九次党代会关于建设教育强省的精神和我市教育发展实际，作如下决定。

一、建设教育强市的基本原则

（一）坚持教育优先。建设教育强市，必须进一步落实教育优先发展战略，切实保证经济社会发展规划优先安排教育发展，财政资金优先保障教育投入，公共资源优先满足教育需求，确保教育事业健康快速发展。

（二）坚持科学发展。统筹城乡教育、区域教育和各级各类教育协调发展，统筹教育发展的规模、结构、质量和效益。全面实施素质教育，促进人的全面发展。满足群众需求，努力促进教育公平，构筑覆盖全社会、充满活力的国民教育体系。

（三）坚持整体推进。构建以政府为主导、学校为主体、社会广泛参与的教育发展格局，全面改善办学条件，全面提高教育质量，全面推进教育各项工作。实施“强校—强县—强市”推进战略，确保城乡所有学校达到规范化要求，教育强县覆盖面达100%。

二、建设教育强市的总体目标和任务指标

（四）总体目标。教育发展环境优良，全社会关心支持教育发展的局面基本形成；相互衔接、结构合理、均衡协调、机制灵活、与地方经济社会发展相适应的教育体系基本建立；教育保障能力显著提高；学校布局更加合理，办学条件大幅改善，教育公平得到有效促进；教育质量稳步提升，学生综合素质明显提高。到2015年，基本实现教育现代化，全市教育综合实力保持全省领先水平，基本建成教育强市。

（五）任务指标。到2010年，全市3–5岁幼儿毛入园率达75%以上，小学、初中适龄人口入学率分别达100%和99%以上，九年义务教育完成率达96%以上，残疾儿童少年入学率达90%左右，高中阶段毛入学率达88%左右，初中毕业生升高中阶段学校的比率达90%以上。中等职业教育和普通高中教育招生规模大体相当。本市高校在校生人数达4.5万人，全市高等教育毛入学率达30%。新增从业人员受教育年限达14年。

到2015年，基本普及学前三年教育，全市学前三年教育毛入园率达80%以上。高标准普及义务教育，义务教育完成率达98%以上。全面普及高中阶段教育，高中阶段毛入学率达90%以上，中等职业学校毕业生专业对口就业率达80%以上。稳步发展高等教育，全市高等教育毛入学率达40%以上。大幅提升市民受教育程度，初步建立多层次、多形式的继续教育网络，全市人均受教育年限超过全省平均水平，新增从业人员受教育年限达15年以上。

三、促进教育均衡协调发展

（六）实行义务教育均衡发展。按照义务教育公共资源均衡配置原则，重点加强农村教育基础设施建设，将农村学校建设纳入新农村建设范畴，加大对农村学校特别是偏远地区学校的政策支持力度，改善农村中小学办学条件，重点抓好道路、饮水、厕所、学生食堂和课桌椅改造。按照相对集中的原则，打破乡镇行政区划限制，抓好农村中小学寄宿制学校建设和学校布局调整。加快幼儿教育发展步伐，加大幼儿教育管理力度，建立和维护幼儿教育管理秩序。适应城镇化趋势，按照学校建设与城市建设同步的原则，扩大整合城镇教育资源。城镇新建小区规模在4000居民以上的必须配置小学，8000居民以上的必须配置初中，学校基建经费纳入开发计划，由规划、建设、教育部门负责落实。

（七）大力发展职业教育。根据我市经济发展和产业结构需求，整合职教资源，提升基础能力，强化特色专业建设，形成城乡职教网络，构建职业教育骨干体系。建立稳定的职业教育发展经费筹措机制，将城市教育费附加的30%以上用于发展职业教育；企业按国家规定足额提取职工培训经费；根据职业教育基础能力建设需要，按辖区年人均1元的标准设立职业教育专项资金。实施示范职业院校、县级职教中心和乡镇农校建设计划，市本级办好一所省级示范高等职业院校和三所省级示范中等职业学校，各区县（市）办好以示范性中等职业学校为基础的县级职教中心。实施重点专业建设计划，建设20个省级精品专业，15个市级专业实训基地。加强“双师”型教师队伍建设，在职业院校设立专业技能课教师特聘岗位，支持职业院校面向社

会聘请专业技能课教师。加强校企合作，职业技术学校要积极为市内企业定向培养、培训员工，各类企业应积极为职业技术学校学生见习、实习提供场所和条件，优先聘用本市职业技术学校毕业生。

（八）提升高等教育规模和质量。积极支持湖南文理学院做大做强；继续加强常德职业技术学院建设，完善配套设施，引进教育人才，加强重点学科、重点专业和实验室建设，提高办学水平；大力支持湖南同德职业学院进一步发展；积极创办常德高等师范学校。支持高校创建在全国有影响的专业，凝聚创新人才，积极参与我市经济社会发展重大项目和课题的开发研究，加快科技成果转化。

（九）加快教育信息化建设。制定和完善教育信息化发展规划，加强信息化基础设施建设。所有城区（含区县〈市〉城关镇）学校、乡镇中学、中心小学建立校园网，90%以上农村小学实现上网。提高教师、学生运用信息技术的能力，应用信息技术改革教育内容和方法，推进信息技术与学科教学的有机结合。加强教育信息资源开发和整合，形成完备的教育信息资源服务体系，教育信息化达到全国先进水平。

四、努力促进教育公平

（十）继续实施助学工程。完善政府主导、学校联动、社会参与的扶困助学机制，坚持开展“9·8助教日”活动，严格落实“两免一补”政策，并逐步扩大到城镇，确保义务教育阶段贫困学生应助尽助。做好贫困大学生助学工作，保证每个考上大学的学生不因贫失学。开展对中等职业学校贫困生的救助工作。鼓励和支持企事业单位、社会团体和个人建立非营利性助学基金或设立各种奖学金。

（十一）满足进城务工人员子女教育需求。把进城务工人员子女义务教育纳入经济社会发展规划，统筹安排，按照以公办学校为主、以流入地为主的原则，保障进城务工人员子女正常就读，享受城镇学生同等待遇。

（十二）认真抓好特殊教育。按照国家有关政策，制定全市特殊教育发展规划，进一步加大经费投入，搞好布局调整。采取特教学校教育与随班就读相结合的方式，最大限度吸纳残疾儿童入学，保证残疾儿童平等的受教育权利。充实特教师资队伍，提高办学水平。

五、扎实推进素质教育

（十三）加强和改进青少年思想道德教育。坚持育人为本、德育为先，实施“德育整体建设工程”，把社会主义核心价值体系融入国民教育全过程，加强学生爱国主义、集体主义和社会主义教育，引导学生树立正确的世界观、人生观、价值观和荣辱观。加强德育队伍建设，改进德育方式方法，把德育贯穿于教育教学的各个环节，着力培养学生良好的品德和行为。社会各方面要为素质教育创造良好的条件，形成学校、家庭、社会紧密配合，全员育人、全程育人、全方位育人的格局。

（十四）注重培养学生创新精神和实践能力。以促进学生全面发展为目标，优化课程结构，重视综合实践课程建设，加强教育教学研究，创新教育教学模式，提高课堂教学质量。加强学生用书管理，切实减轻学生过重的课业负担。实行课堂教育与社会实践活动有机结合，注重实践教育、体验教育、养成教育，围绕学习与动手、交流与合作、运动与健康、审美与表现等内容，开展形式多样的实践活动。大力开展校园文化活动，发展各具特色的校园文化社团，营造浓厚的校园文化氛围。充分挖掘社会教育资源，支持中小学生开展丰富多彩的校外教育活动。加强青少年校外活动场所建设，市、区县（市）建设规模适当、功能齐全的青少年宫，体育、文化、艺术、科技场馆在节假日、休息日为中小学生提供免费或优惠服务。尊重学生的个性与特长，鼓励创新，促进学生全面发展。

（十五）大力加强学校体育，增强学生体质。全面贯彻落实《中共中央国务院关于加强青少年体育增强青少年体质的意见》，进一步树立健康第一的指导思想，把增强学生体质作为学校教育的基本任务之一，健全学校体育工作机制，完善学校、社区、家庭相结合的体育工作网络，培养青少年良好的体育锻炼习惯和健康的生活方式。加强体育课程管理和基础设施建设，广泛开展疾病预防、科学营养、卫生安全、禁毒控烟教育和“阳光体育运动”，确保学生每天锻炼一小时，确保学生休息睡眠时间，降低青少年近视率。建立健全学生体质健康监测制度，定期监测并公告学生体质健康状况。加快体育考试评价制度改革，逐步加大体育成绩在学生综合素质评价和中考成绩中的分量，逐步在高中阶段学校毕业学业考试中增加体育科目。

（十六）推行科学的教育评价制度。以素质教育为导向，把教育实效作为评价教育质量的核心指标，建立全面、公正、权威的教育质量评估体系和监控机制。实行中小学教育教学质量年度报告制度，分层次对高中、初中、小学教学常态进行监测，对学生发展状况进行评估，定期向社会公布，引导社会和学校树立正确的教育观和质量观。探索升学考试成绩与综合素质评价相结合的办法，进一步完善公办小学和初中免试就近入学制度。逐步推广将公办优质高中招生指标分配到初中学校的做法，逐步取消普通高中择校费。

六、建设高素质教师队伍

（十七）提高教师职业道德水平。加强教师职业道德和行为规范教育，大力弘扬爱岗敬业、严谨笃学、厚德载物、诲人不倦的良好风尚，不断增强广大教师教书育人、无私奉献的责任感和使命感。严格执行教师职业行为准则，建立和完善教师职业道德评价、考核和奖惩机制。

（十八）提高师资队伍专业水平。建立适应各级各类教师专业发展需要的继续教育制度，促进教师转变教育观念，更新专业知识，增强教育教学能力。教师继续教育经费由财政按教师工资总额的1.5%安排。到“十一五”末，全市小学教师专科率达85%以上，初中教师本科率达80%以上，高中教师学历合格率达98%以上。实施人才强教、人才强校战略，完善全市名教师、名校长和学科带头人的培养、评选表彰和管理制度，增加名优校长、特级教师、学科带头人的津补贴。到2010年，全市培养国家级骨干教师50名、省级骨干教师500名、市级骨干教师2000名、县级骨干教师5000名，培养100名在全市乃至全省有影响的名优校长。制定吸引人才的优惠政策，凡来常从事教育工作的名优校长、特级教师、国家级优秀教师、国家级青年骨干教师和具有博士、硕士学位的研究生，不受学校编制、增人计划的限制。加强国际交流与合作，逐步扩大优秀教师赴境外短期培训的规模。

（十九）提高教师队伍管理水平。严格实行由县级以上教育部门归口管理教师的体制。教师资格认定、招聘录用、职务评聘、培养培训、调配交流、档案管理、考核奖罚均由教育部门负责。进一步深化人事制度改革，实行全员聘任制度，允许跨区域、跨校招聘，逐步实行教师交流制度，促进教师资源合理配置。建立完善教师队伍补充机制，不断优化教师队伍结构。采取优惠政策，鼓励初、高中毕业生报考师范院校，妥善解决教师年龄断层和学科结构不合理的问题。实行城镇教师支援农村学校制度，鼓励城镇教师和优秀大学毕业生到农村学校任教，评先、评优、晋升教师职务向农村一线教师倾斜，到偏远贫困地区任教的教师，由财政给予适当津贴补助。

七、加大教育事业投入

（二十）全面落实政府对教育的投入责任。按照财政性教育经费增长幅度明显高于财政性收入增长幅度的原则，今后5年，财政预算内教育经费支出占财政支出的比例每年提高1个百分点，逐年提高财政性教育经费支出占地区生产总值的比例。建立和完善义务教育经费保障机制，按规定落实市、区县（市）应分担的各项资金，并及时拨付到位。确保“两免一补”资金落实，将贫困寄宿生补助经费纳入财政预算。确保工资制度改革后教师工资及时足额打卡发放，政策性津补贴纳入财政预算。确保农村税费改革转移支付资金的65%用于教育基础设施建设、改善办学条件和补充公用经费。确保地方新增一般性转移支付资金的25%用于教育。确保按“三税”总额的3%足额征收城市教育费附加，按规定从城市建设配套费中提取教育设施配套费，全部用于学校建设。学校“两基”达标和建设形成的债务剥离给各级政府，并变更债务主体，确保学校正常运转。

（二十一）积极拓展教育筹资渠道。认真落实国家对从事教育服务的免税政策和鼓励社会对教育事业捐赠的政策，动员和鼓励社会团体、企事业单位和公民个人捐资助学、出资办学。利用金融信贷、教育服务、科技开发等渠道筹措教育经费。城镇公办学校易地建设新校区，其老校区土地依法进入土地市场挂牌上市，所得收益全部返还用于新校区建设。

八、继续推进教育改革

（二十二）完善教育管理体制。基础教育实行以区县（市）为主的管理体制。义务教育经费分级负担，管理以区县（市）为主。职业教育实行“分级负责、以县为主、政府统筹、社会参与”的管理体制。中等职业教育由市级统筹，区县（市）承担发展的具体责任；高等职业院校和成人高校由省、市共建共管，以市为主。进一步理顺乡镇中心学校的管理体制，试行打破乡镇行政区划、对教育划片管理的体制。加强教育行政管理干部队伍建设，选拔有教育工作经历、有较强教育管理工作能力的优秀干部担任教育行政部门主要负责人。

（二十三）积极发展民办教育。进一步落实促进民办教育发展的各种政策，构建多元化办学格局。以发展非义务教育和扩大优质教育资源为重点，积极发展民办学前教育和高中阶段教育，重点发展中等职业教育，全市非义务教育民办学校在校学生人数占非义务教育阶段在校学生总数的50%左右。增加民办教育专项资金基数，加大对民办教育的扶持力度，鼓励民办学校自建校园校舍，改善办学条件。加强民办学校教师队伍建设，促进公办、民办学校教师融通，鼓励示范公办学校在教师交流、学校管理、教学科研上对口支援民办学校发展。在民办学校中推行品牌战略，鼓励和帮助民办学校找准特色定位，形成一校一品。重点扶持民办职业教育，特别是在特色专业建设资金投入上给予大力支持。

（二十四）深化学校内部管理改革。将管理重心放到学校，明确和落实各级各类学校的法律地位，完善学校法人制度，规范和落实学校办学自主权。建立健全学校内部管理制度，端正办学方向，规范办学行为。深化分配制度改革，形成重能力、重实绩、重贡献的激励机制，使分配向关键岗位和优秀教师倾斜。

九、优化教育发展环境

（二十五）大力推进依法治教。落实教育法律法规，加强教育法制队伍建设，加大教育执法力度，坚决查处各种涉及教育的违法事件。全面实行教育政务、校务公开，推进教育决策科学化、民主化和规范化。加强教育督导工作，健全教育督导体系，坚持督政为主、督学为本，逐步建立对教育实施状况的监控体系，努力形成政府依法行政、社会依法参与、学校依法办学、学生依法受教的良好局面。

（二十六）优化教育社会环境。进一步规范部门行政行为，除法律、法规有明确规定的以外，任何单位和个人不准擅自对学校进行检查、收费、罚款。处罚学校违规的罚没收入，由财政全额拨付给教育捐赠中心，全额用于资助贫困学生。对有令不行、有禁不止、向学校搞“三乱”的单位和个人，依照优化经济环境的有关规定，从重处理。公安、工商、教育、卫生、文化、环保等部门要密切配合，加强对校园周边环境的综合治理，维护正常的教育教学秩序。

（二十七）营造教育强市的浓厚氛围。全市各级各部门要依据工作职能，积极研究和制定支持建设教育强市的具体措施。国土资源部门要按规定及时办理中小学校新建、扩建校舍和生产劳动实践基地所需土地的划拨手续。规划部门要在城镇规划编制和建设项目选址定点时，按照“先学校用地、后开发用地”的原则，对规划确定的学校建设用地予以控制和预留，保证学校用地不受挤占。编制、人事部门要按照总额控制、动态管理的办法，加强对教师队伍的宏观调控，促进教师队伍结构不断优化。宣传部门要正确把握舆论导向，坚持正面宣传、正面引导，努力营造有利于教育发展的舆论环境。建立部门履行教育职责考核制度，纳入全市年度目标管理量化考核范畴。

十、加强对建设教育强市工作的组织领导

（二十八）加强对建设教育强市工作的领导。全市各级党委、政府要从落实科学发展观、构建社会主义和谐社会的高度，充分认识建设教育强市的重要性和紧迫性，切实加强对建设教育强市工作的组织领导。市里成立常德市建设教育强市工作领导小组，区县（市）也要成立相应的组织机构。要建立健全建设教育强市的目标责任制度和责任追究制度，坚持党政一把手负总责，分管领导负专责，各部门承担相应的具体责任。继续完善党委、政府定期研究教育工作、党政领导联系学校等制度，及时研究和解决建设教育强市工作中的重大问题。全市每年组织一次建设教育强市工作督查，将各级党委、政府以及相关部门主要领导重视教育、关心教育的情况，纳入领导干部年度考核内容，由市委组织部、市政府教育督导室、市教育局联合进行考评。

（二十九）开展教育强县（市、区）评估活动。各区县（市）要结合本地实际，积极制定建设教育强县（市、区）工作方案，将目标确定到年，有序推进。实行教育强县（市、区）申报、评估制度。经评估认定的教育强县（市、区），由市委、市政府给予奖励。凡在规定期限内未能实现教育强县（市、区）目标的，追究党政主要领导及相关责任人的责任。

（三十）充分发挥教育行政部门的主体作用。各级教育行政部门要认真履行职责，切实担负起综合协调责任，加强调查研究，加强政策指导，及时发现并妥善处理建设教育强市过程出现的新情况、新问题，为各级党委、政府当好参谋。要加强教育内部管理，把握正确办学方向，规范各种教育行为，切实解决好人民群众关心的热点难点问题，不断提高教育教学质量。继续加强教育行风建设，改进工作作风，提高工作效率，维护教育形象，不断提高人民群众对教育的满意程度。

中共常德市委　常德市人民政府
关于控制和化解乡村债务的意见

常发〔2007〕8号
(2007年8月1日)

根据《国务院办公厅关于坚决制止发生新的乡村债务有关问题的意见》（国办发〔2005〕39号）、《国务院办公厅关于做好清理化解乡村债务工作的意见》（国办发〔2006〕86号）和《湖南省人民政府关于认真做好农村综合改革工作的通知》（湘政发〔2006〕32号）等文件精神，为推进农村综合改革，巩固农村税费改革成果，防止农民负担反弹，促进社会主义新农村建设，现就控制和化解我市乡村债务提出如下意见。

一、核实债务数额

1.核实村级债务。各级人民政府要对去年村级债权债务清理情况进行全面检查、验收，特别是截至2005年12月31日的村级债权债务项目和数额，要逐村逐项审核，切实明确债权债务数额。

2.全面清理乡镇债务。各级人民政府要按照省里的统一部署，对2005年12月31日以前乡镇政府（含“七站八所”）的债权债务进行全面清理，并分级审核。

3.严密监测乡村债务。市、区县（市）、乡镇财政和农村经营管理部门要在全面清理的基础上，分别对乡镇债权债务和村级债权债务进行分类，逐项登记造册，建立债权债务台账和电子数据库，实行动态管理。通过建立乡村债权债务数据电子管理系统，设立债务警戒线，及时记录和反映乡村债务动态，对乡村债务及其风险进行监控和评估。

二、坚决制止新增债务

1.规范乡镇政府经济行为。不准以任何名义向金融机构申请贷款弥补收支缺口；不准为任何单位贷款提供担保或抵押；不准采取由施工企业垫支等手段上项目；不得举债兴建工程；不得滞留、挪用对村级组织的补助资金；不得举债发放干部职工工资、津贴、补贴及解决办公经费不足；不准铺张浪费或随意增加非经常性支出；不准直接或变相向村级组织转嫁负担。凡违反上述规定的，一经查实，按照“谁签字、谁负责”的原则，追究当事人的责任。

2.严格乡村财务管理。要精简人员，压缩开支。加快推进乡镇综合改革，切实精简机构和人员。严格控制村组干部人数，提倡村支两委交叉任职、村干部兼任片、组长。各地要以县为单位建立规范的村组干部误工补贴制度。要深化和完善“乡财县管乡用”的财政管理方式改革。按照“保工资、保重点”原则，严格乡镇支出程序，严格控制开支标准，规范支出范围。要加强村级财务管理和民主监督。推行“村账乡代管”制度，实行会计电算化，建立健全各项财务制度，重点抓好村级民主理财相关制度建设。要严格财务预决算管理，按照“以收定支、量入为出”原则，做好乡村财务预决算，强化乡村预算约束。要完善“一事一议”筹资筹劳制度，不准超出“一事一议”筹资筹劳上限控制标准向农民筹资筹劳，不得强行以资代劳。

3.确保乡村组织低限运转。市、区县（市）财政严禁截留挪用乡镇和村级的转移支付资金，确保及时足额落实和拨付到位。从今年起，进一步加大对乡村的转移支付力度，建立村级低限运转保障机制，保障乡镇低限运转所需的人员经费和办公、维修、会议、交通等公用支出，进一步完善乡镇控制开支的具体措施。具体标准是：小规模村3万元以上，中等规模村4万元以上，大规模村5万元以上。

4.切实减轻基层经济负担。各地推进社会主义新农村建设必须坚持从实际出发，因地制宜，量力而行。严格按照“谁办事，谁拿钱”的原则办事，不留资金缺口。对市、区县（市）人民政府及有关部门安排的涉及乡村基础设施建设和农业生产开发项目，必须足额安排资金，原则上不得要求乡镇政府和村级组织安排项目配套资金。区县（市）、乡镇要建立项目预审机制，凡超出乡村承受能力和当地农民收入水平、违背农民意愿的农村公共基础设施建设项目，一律不得“上马”；不得让乡村负债搞建设，更不能搞集资摊派加重农民负担；不得开展要求乡村和农民出钱出物的达标升级和检查评比验收活动；不得面向乡村举办以营利为目的的各种学习培训活动和部门庆典活动；不得对乡镇下达招商引资指标；不得向乡村摊派报刊、书籍征订任务，每个村500元报刊订阅费用采取由县财政统一付款的方式，禁止村级超标准订阅报刊、书籍。各级政府和有关部门开展计划生育、维稳、民兵训练、征兵、强制性动植物防疫等涉及基层的具体工作，要足额安排工作经费，不得把经济负担转嫁给村级组织，也不得额外增加村级组织的经济负担。

三、积极稳妥地化解债务

1.明确乡村债务处理原则。处理乡村债务要区别轻重缓急，采取有力措施，从农民群众和乡村干部最关心、利益关系最直接、矛盾最集中的涉农债务着手，优先化解农村义务教育、基础设施建设、公益事业发展、村干部工资等方面的债务，把确属因用于乡村公益事业而造成对农民个人、乡村干部、乡村工程业主等个人债务的化解工作放在突出位置。在具体问题处理中，对拖欠乡村干部的工资、补贴和奖金，个人垫付的办公、差旅、接待、租车等费用，一律只还本不付息；对自立项目、超标准为干部职工发放福利、补贴和奖金所欠的个人款项，应在清理核实后冲销，不列入债务范围。

2.积极化解乡村债务。各地要结合实际，制订化解乡村债务的工作规划，继续采取清收还债、核销减债、结转冲债、剥离消债、降息压债、筹资抵债、变现还债、节支化债等多种办法，多策并举，积极开展债务化解工作，确保化解乡村债务目标落到实处。

3.妥善处置乡村债权。要运用组织纪律和司法手段清收单位和个人对乡村的借款或占用的流动资金，严厉打击逃债行为。要稳妥清收历年农业税及其附加尾欠，对农户认可的农业税及其附加尾欠，经村民代表会议民主评议，该减免的要坚决减免，能豁免的应予豁免，应该清收的要按照省里的统一部署和安排组织清收。在中央关于处置乡统筹村提留尾欠新的政策出台前，要坚决执行国务院关于暂停清收乡统筹村提留尾欠的有关规定。

4.加大财政支持力度。从今年起，区县（市）政府要利用现有政策，整合现有资金，从新增财政收入中安排一定比例资金建立偿债基金，对乡村化解债务的重点项目按比例予以补助。市财政从今年起安排一定数额的资金作为控制和化解乡村债务工作专项奖励资金，奖励在控制和化解乡村债务工作中取得突出成效的单位和个人。各区县（市）也要设立相应的专项奖励资金。

四、切实加强对控制和化解乡村债务工作的领导

1.强化组织协调。市委、市政府成立控制和化解乡村债务工作领导小组，由市长任组长，市委分管领导、常务副市长和分管农业的副市长任副组长，市农村办、市财政局、市农村经营管理局、市委组织部、市纠风办、市审计局、市人事局、市发改委、市法制办为成员单位。领导小组下设办公室，由市农村办主要负责人兼任办公室主任，市财政局、市农村经营管理局主要负责人兼任办公室副主任，并从相关单位抽调精干力量组成日常工作班子，负责控制和化解乡村债务的日常综合协调、检查、督导和考核工作。各区县（市）也要组建相应的领导机构和工作班子，安排专项工作经费，确保此项工作的顺利开展。

2.加强部门配合。市、区县（市）控制和化解乡村债务工作领导小组成员单位要按照各自职责扎实做好这项工作。农村办、财政和农村经营管理部门要发挥综合协调、指导、督查作用，推动各项控制和化解乡村债务政策和措施的贯彻落实；纠风部门要严肃查处乡村违规举债行为；财政部门要足额安排和督促对乡村各项转移支付资金的及时拨付，保障控制和化解乡村债务工作的偿债基金、奖励资金、债务监测经费和日常工作经费，实施对乡镇财政收支的监督管理，落实控制和化解乡村债务专项基金；组织人事部门要建立和推动落实控债、化债综合考核机制，并负责将考核结果与县乡党委、政府及其领导干部的晋级、晋职、评岗、评优紧密挂钩；审计部门负责乡镇领导干部经济责任审计和对下拨到乡村的专项资金审计；经管部门负责村干部任期和离任经济责任审计、村级转移支付资金使用情况审计和村级建设项目跟踪审计；发展和改革部门要加强对基层基础设施建设和农业生产开发项目的审核；法制部门要负责控制和化解乡村债务规范性文件的审核，处理涉及控制和化解乡村债务问题的行政复议。

3.改革考核体系。要树立和落实科学发展观和正确政绩观，树立不借新债、减少旧债也是政绩的观念，把制止新债、化解旧债作为考核县乡干部任期目标和工作实绩的重要内容。要把控制和化解乡村债务工作纳入对各级党政组织和部门目标管理责任制考核内容。对出现新增债务的乡镇主要负责人，责令其在规定期限内化解，在乡村新债未化解前，乡镇主要负责人不得被提拔、重用，不得到异地任职；对在规定期限内不能化解新债的负责人，要予以免职或责令辞职。

4.严肃查处违纪违规行为。要建立健全控制和化解乡村债务责任追究制度和领导干部经济责任审计制度。对违反控制和化解乡村债务政策和纪律的单位和个人要依法追究其经济和行政责任。对以举债为名从中牟利或向乡村转嫁负担的单位和个人，要责令其将所得款项全部退回，并视情节轻重给予主要责任人相应的纪律处分；构成犯罪的，移送司法机关处理。各地乡村干部职工的借款、担保借款和占用的流动资金，必须在今年9月底前偿还，对没有正当理由未按时还清的、未按时追还到位或代为还清的，给予党纪政纪处分。

中共常德市委　常德市人民政府关于促进旅游产业发展的决定

常发〔2007〕9号
(2007年8月1日)

为充分发挥我市旅游资源和交通区位优势，做大做强旅游支柱产业，促进全市经济又好又快发展，根据《中共湖南省委、湖南省人民政府关于加快发展旅游产业的决定》（湘发〔2007〕13号），作如下决定。

一、把旅游业作为全市经济发展的支柱产业。旅游业被誉为“朝阳产业”，开放性强，关联度大。“十五”以来，我市旅游业保持了15%以上的年增长速度，旅游综合收入已接近全市GDP 5%的水平。面对长常张旅游一体化趋势加快等机遇，要把旅游业作为全市经济发展的支柱产业进行培育，掀起新一轮发展热潮。要全面落实科学发展观，坚持“政府主导、企业主体、市场运作”的原则，深化体制改革，科学规划布局，加大宣传促销力度，建设核心品牌，做大做强产业规模，确保全市旅游产业发展速度适当高于国民经济总体发展速度。要通过3至5年努力，把常德市建设成为国内外知名的旅游目的地，实现我市从旅游资源大市向旅游产业大市的跨越。

二、加强旅游精品建设。依托具有常德特色的自然风光、历史传承、民俗风情、宗教文化和城市文明等旅游资源，着力打造核心品牌，加强旅游精品建设。要以常德市城区为中心，致力打造“桃花源里的城市”这一核心品牌，突出桃花源、柳叶湖、热市温泉、清水湖和枫树回维民族风情园等周边景区建设，加快花岩溪、壶瓶山、夹山、皂市水库、黄山头、城头山、西洞庭湖湿地等配套旅游景区的规划和建设。要着力加强各景区参与性、娱乐性项目的开发，配套完善旅游功能，使之形成一日游和二日游的成熟旅游产品。用3年左右的时间把桃花源和柳叶湖创建为国家5A级景区。要深度开发常德—桃花源—花岩溪、常德—林伯渠故居—城头山—夹山—壶瓶山和常德—西洞庭湖三条旅游线路，形成“南北呼应、内部贯通”的旅游体系。要加快发展乡村旅游，把发展乡村旅游与推进社会主义新农村建设有机结合起来，积极发展各具特色的乡村旅游示范点。要立足文化名城建设，按照市场化运作原则，组织开发具有常德地方特色、吸引力大、参与性强的大型专题文艺节目，常年为游客演出，努力提升旅游精品的传播力和文化品位。

三、增强旅游产业配套能力。建立和完善立体化、全方位、开放式的旅游快速通道，强力推进市域旅游短途交通建设。“十一五”期间，建好桃花源—花岩溪、陬市—夹山、石门—壶瓶山三条旅游公路。进一步完善与旅游景区（点）配套的道路、码头、停车场、给排水、公厕、垃圾及污水处理、供电、通信、消防、安全防护等基础设施，在车站、码头、城区主街道、高速公路出入口及主要景区（点）设置规范的各类中英文对照标识牌。加快建设集旅游信息咨询、出行服务、质量投诉、产品展示交易等功能为一体的游客接待中心。加强常德旅游政府网站建设，发展旅游电子商务，提高旅游服务自动化及电子政务应用水平。

四、加大旅游招商引资力度。进一步解放思想，转变观念，以旅游招商促旅游开发，在旅游业招商引资的范围、领域和层次等方面寻求新的突破，吸引各地各类投资主体进入常德旅游业。积极引进省内外大旅行社、开发商、旅游饭店集团的资金、品牌、管理、技术和人才，大力引进战略投资者。积极探索景区景点所有权、经营权和管理权适度分离的办法，开发一批发展前景好的旅游项目。对新引进的固定资产投资额在1000万元以上的景区（点）开发建设项目，实行专项税费优惠政策和招商奖励政策。

五、打造商务旅游会展城市。充分发挥我市作为湘西北交通枢纽城市的区位优势，借助张家界、桃花源等著名景点，推进常德商务旅游会展业的发展。加快会展中心、大剧院、穿紫河风光带等重点工程建设进度。商务、贸促、旅游等部门要加强与全国性行业协会组织的联系，争取各种市场化运作的会展活动在常德举行。注重培训会展经济人才，造就一支专业化、职业化和本土化的会展活动管理和操作队伍。武陵区、鼎城区和德山开发区要积极整合城区休闲娱乐资源，努力打造国内外知名的城市接待服务和休闲品牌。

六、完善旅游商品产销网络。加强旅游商品开发，引导农产品加工业发展农产品旅游商品，引导工业企业研制旅游日用商品和工艺品等旅游商品。鼓励多种经济成分从事旅游商品开发、生产和销售，建立和完善重点旅游区游客集中购物场所,扶持引导组织市内重要商业中心发展旅游购物，展示常德名优特旅游商品。

七、推进旅游区域协作。进一步细化常张旅游一体化措施，实现旅游企业之间的实质性对接。扩大旅游经济一体化区域和领域，以常德为中心，重点加强与周边200多公里和2个多小时车程内著名景区景点的旅游战略合作。稳步推进旅游无边界发展模式，以常张旅游一体化为基本形式，加强与长株潭、大湘西、环洞庭湖、湘鄂边等地的旅游一体化协作，力争2年内把常德建成湘西北旅游圈中主要的游客集散中心。积极推进与国际友好城市的合作，拓展入境旅游。

八、加大旅游形象宣传力度。坚持“政府主导、市场运作、部门联动”模式，建立宣传部门牵头的城市形象宣传和旅游企业产品宣传相结合的机制，多渠道推进常德城市营销和旅游宣传。将旅游宣传纳入全市各有关部门对外交往和宣传计划，重大外宣、招商、对外友好及文化交流等活动要与旅游宣传有机结合，统筹安排。增加在中央和境外媒体的旅游宣传投入，常德日报、常德晚报、常德电视台、常德人民广播电台等媒体要开办公益性旅游节目或栏目，强化媒体推介作用。建立旅游宣传促销激励机制，积极引导、支持旅游企业开展宣传促销活动，强化面向公众的旅游宣传，在城市出入口、机场、车站、码头、城市主干道、宾馆等场所广泛设置常德旅游公益广告。积极邀请国内外知名旅行商、新闻记者和艺术家，到常德实地踩线、采风，高水平策划制作常德旅游形象宣传品。

九、落实旅游产业扶持政策。清理不合理收费，切实减轻旅游企业负担。合理制定现有旅游景区和景点门票收费价格。旅游饭店污水排放达到国家和地方标准，并已进入城市污水处理管网的，缴纳污水处理费后，免征排污费。旅游客运车辆在淡季和检修时，可按规定办理车辆报停手续，免征报停期间的汽车养路费和客运附加费。在继续执行常政办发〔2004〕34号文件的基础上，以更优惠的政策重点支持接待旅游团队的大型星级饭店的建设和经营，对星级饭店实行与一般工业企业同等的水、电、气价格，市直各部门对星级饭店有收费项目的一律取下限。支持发展旅游专业汽车公司，近三年内对我市专业旅游巴士和旅游汽车站给予同业最优惠政策。公安交警对旅游车辆轻微违章和一般交通事故的处理要从简从快，尽可能减少游客滞留时间。在遵守有关规定的前提下，允许国家机关、企事业单位和社会团体的公务活动，委托旅行社办理交通、住宿、餐饮、会务等业务。旅游企业安排下岗失业人员可享受相应优惠政策。继续推行以奖代投的激励政策，对于新引进的知名品牌国际旅行社设立分社，新创建的国家级等级景区、工农业旅游示范点、四星级以上饭店，荣获省级以上“十佳”“百强”荣誉称号的旅游企业，业绩突出的旅游商品企业，旅游市场开发取得突出成绩的旅游企业分别给予奖励。

十、加大政府主导力度。市里成立由市长任组长，分管副市长任副组长，市直有关部门主要负责人为成员的市旅游产业发展领导小组，加强对全市旅游产业的宏观调控和对部门的业务考核。建立健全旅游产业发展联席会议制度，定期研究解决旅游产业发展的重大问题。发展和改革部门要把旅游产业纳入国民经济和社会发展总体规划，并对旅游相关项目建设投资予以倾斜，加快形成旅游产业链。社会发展和第三产业发展资金要加大对旅游项目的支持。财政部门要安排旅游发展专项资金，并保持适度增长，加大对旅游产品建设引导力度。城建部门在城市建设中要突出旅游功能的完善。旅游部门要加强自身队伍建设，努力提高自身素质，充分发挥职能作用，搞好综合协调，创新工作方式，切实加强旅游市场的监管和旅游安全工作，维护旅游市场秩序，促进我市旅游产业又好又快发展。

中共常德市委 常德市人民政府关于加强新时期人口和计划生育工作统筹解决人口问题的决定

常发〔2007〕10号
(2007年9月19日)

为贯彻落实《中共中央国务院关于全面加强人口和计划生育工作统筹解决人口问题的决定》(中发〔2006〕22号,以下简称“中央《决定》”)和《中共湖南省委湖南省人民政府关于建立健全人口和计划生育长效工作机制统筹解决人口问题的决定》(湘发〔2007〕6号,以下简称“省委《决定》”),加快实现我市人口与经济社会协调发展步伐,现就加强新时期人口和计划生育工作,统筹解决人口问题作出如下决定。

一、充分认识加强新时期人口和计划生育工作的紧迫性和重要性

全市实行计划生育30多年来,共少生了250多万人,有力地促进了经济社会的协调发展和可持续发展。进入新的时期,我市人口发展正面临前所未有的复杂局面和低生育水平反弹的现实风险,将迎来总人口、劳动年龄人口和老年人口高峰。今后几年,受生育政策与全省并轨和人口增长惯性的影响,我市每年净增人口将由“十五”期间的年均1.8万人逐渐增加到“十一五”期末的2.4万人左右;群众的传统生育观念尚未根本转变,稳定低生育水平的任务非常艰巨;出生缺陷发生率呈现上升趋势;出生人口性别比偏高势头强劲,人口老龄化问题也日渐显现;流动人口管理服务缺乏有效手段;社会抚养费征收难到位;少数领导干部存在盲目乐观和麻痹松劲情绪;部分政治、经济、社会政策与计划生育基本国策兼容不够,对人口和计划生育工作造成新的挑战和冲击。

人口问题始终是制约我市全面协调可持续发展的重大问题,是影响经济社会发展的关键因素。人口数量既是衡量经济发展的总分母,又是估量社会问题的总乘数,出生人口素质是未来发展的总起点,人口结构关系社会结构的总平衡,人口决策是经济社会规划决策的总约束。实现全市经济社会又好又快发展,无不与人口数量、素质、结构、分布密切相关。做好人口和计划生育工作,既是落实科学发展观的重要举措,也是建设“工业强市、文化名城、和谐常德”的基础工程。

二、新时期全市人口和计划生育工作的指导思想和目标任务

指导思想:以邓小平理论和“三个代表”重要思想为指导,全面落实科学发展观,认真学习贯彻中央和省委《决定》精神,按照“夯实基层基础,创新工作特色”的总体要求,加快建立依法管理、村(居)民自治、优质服务、政策推动、综合治理的长效工作机制,在稳定低生育水平的基础上,统筹解决人口数量、素质、结构、分布问题,促进人口和计划生育事业持续稳步健康发展和人的全面发展,为全面建设小康社会、构建和谐常德创造良好的人口环境。

目标任务:到2010年,全市总人口控制在620万以内,符合政策生育率保持在95%以上;出生缺陷干预初见成效;出生人口性别比偏高势头得到有效控制;育龄群众普遍享有基本生殖保健服务。到2020年,全市总人口控制在640万以内,符合政策生育率稳步提高;出生人口素质明显提高;出生人口性别比控制在正常值范围;育龄群众享有全面的生殖保健服务;普遍开展避孕节育措施的“知情选择”;基本形成科学、文明、进步的社会主义新型生育文化。

三、严格依法管理人口和计划生育工作

严格规范生育行为。大力开展计划生育法律法规宣传教育,引导群众自觉遵守计划生育法律法规,依法生育。稳步实行生育政策与全省并轨。严格二孩生育审批,认真落实公示制、市级备案制和定期抽查制,严肃查处乱发、错批二孩生育证行为。

严肃处理违纪违法行为。坚决维护基本国策权威,凡违法生育(含违法收养)的,一律依法征收社会抚养费,并依纪依法进行查处。党员不符合法律法规和政策规定的再生育条件生育子女的,给予开除党籍处分;违法收养子女的,给予留党查看或开除党籍处分;非合法夫妻关系生育第一个子女的,给予党内严重警告处分,情节严重的,给予撤销党内职务直至开除党籍处分;涉嫌犯罪的,移送司法机关处理。

行政机关公务员违法生育的，给予降级或者撤职处分，情节严重的，给予开除处分；行政机关其他工作人员和事业单位工作人员违法生育的，参照处理。公民违法生育的，不得录用为公务员或事业单位工作人员。1990 年以来有违法生育行为的，在今年的人大、政协换届选举中，不得作为人大代表、政协委员的候选人；不得提名、推荐为各级机关和基层组织的干部。今后，党代表、人大代表、政协委员以及各级机关和基层组织的干部，出现违法生育的，依照法定程序予以罢免和撤换。违法生育且没有依法承担法律责任者，不能享受民政、教育等方面的奖励优惠政策。对群众举报违法生育的国家工作人员和社会知名人士，必要时应做亲子鉴定或生育现象鉴定。经鉴定举报属实的，鉴定费、差旅费由被鉴定者本人承担，经鉴定不属实的，鉴定费、差旅费由要求鉴定的单位承担。被举报人接人口计生行政部门的亲子鉴定或生育现象鉴定通知后，15 日内拒不参加鉴定的，视为违法生育。

切实提高执法水平。稳定计划生育执法机构，完善和落实行政执法责任制和过错追究制，依法规范执法人员行政行为，提高执法水平。加大法院强制执行力度，提高社会抚养费征收到位率。

四、着力夯实人口和计划生育工作基础

加强人口和计划生育宣传教育。广泛开展人口和计划生育宣传教育工作。报刊、广播、电视、互联网等媒体要制定规划，深入开展人口和计划生育宣传。各级党委学习中心组要把人口和计划生育理论、法律法规纳入学习内容，各级党校、中等以上学校要开设人口和计划生育课程或专题讲座。深入开展“婚育新风进万家”和“关爱女孩行动”等活动，在“5·29”协会活动日、“7·11”世界人口日、“10·28”男性健康日之际，利用城市社区、农村基层的各种文化场所和其它宣传载体，开展群众喜闻乐见的人口和计划生育宣传活动，更新群众生育观念，创建社会主义新型生育文化。

加强基层组织建设。建立健全“属地管理、单位负责、居民自治、社区服务”的城市人口和计划生育工作机制。把农村人口和计划生育工作纳入社会主义新农村建设的总体部署，建立健全“乡镇指导、依法管理、奖励扶助、村民自治”的农村人口和计划生育工作机制。在行政村（社区）撤并、村委会（社区居民委员会）换届时，应选配好计划生育专干。村级计划生育专干的工资要足额保证，总额达到村主任的 80%以上。连续 10 年或累计 15 年担任计生专干的，退休后应享受退休的村主任待遇。

全面推进计划生育村（居）民自治。把人口和计划生育工作纳入村（居）民自治的重要内容。村（居）委会依法制定人口和计划生育村（居）民自治章程，并与群众签订不同的管理合同，规范各自的职责、权利与义务。广泛发动群众，大力开展“两为两争”、“生育关怀”、“幸福工程”等活动，进一步发挥计划生育协会作用，努力构建“两委抓导向、协会唱主角、村（居）民搞自治、计生上水平”的计划生育村（居）民自治工作格局，实现群众计划生育自我教育、自我管理、自我服务、自我监督。力争 2010 年全市 80%的村（居）达到计划生育村（居）民自治合格村（居）标准。

五、全面开展人口和计划生育优质服务

改善服务条件。按照行政管理、技术服务、群众工作“三位一体”计划生育公共服务体系建设的要求，以及技术优良、服务优质、管理优秀、环境优美、群众满意的标准，加快县站改造升级、中心服务所扩面新建、一般服务所和村室巩固完善工作。2010 年内所有县站、50 个以上中心服务所和一般服务所达到国家标准。

拓宽服务领域。继续坚持避孕节育、优生优育和生殖保健基础知识免费培训教育制度，育龄妇女查环查孕查治常见妇科病制度，计划生育技术服务基本项目免费服务制度以及计划生育药具免费供应制度。实施“三大工程”，即：稳步推进避孕节育知情选择工程，指导群众选择以长效节育措施为主的安全、有效、适宜的避孕方法；全面启动出生缺陷干预工程，倡导科学婚检，建立社会宣传、婚前孕前教育和婚前孕前保健为主，孕期保健、新生儿疾病筛查与治疗为辅的出生缺陷干预体系；大力开展生殖道感染防治工程，以流动服务车为载体，组建优质服务小组，常年深入乡村开展“生殖健康村村行”服务活动。关注男性生殖健康，提高生殖健康水平。

提高服务水平。按照人口和计划生育工作“两个转变”的要求，拓展服务范围，提高服务质量。积极推进人口和计划生育工作信息化，建好“常德市人口和计划生育网页”，加强 WIS 信息系统建设与应用。广泛开展“创建优质服务先进县”活动，力争“十一五”期末，全市所有区县（市）和西湖、西洞庭管理区进入省优质服务先进单位行列，半数区县（市）跻身全国优质服务先进单位行列。

六、完善人口和计划生育利益导向机制

全面落实计划生育奖励救助政策。认真落实人口和计划生育法律法规规定的各项奖励救助政策。全面推行农村部分计划生育家庭奖励扶助制度和部分独生子女死亡伤残家庭扶助制度，确保每名对象足额享受扶助。依法落实独生子女保健费及其父母奖励制度。按照《常德市农村独生子女特困家庭救助办法》规定，每年安排专项资金，并通过向社会募捐设立救助基金，对计划生育特困家庭予以救助。积极探索建立长效节育措施奖励、节育手术保险等制度。

制定和落实计划生育优惠政策。各级各部门在制定惠民政策时，要对计划生育家庭特别是计划生育女孩家庭优先优惠。教育部门对独生子女和农村双女户家庭子女在报考本市范围内的省级示范性高中时，同等条件下优先录取，对品学兼优、家庭贫困的独生子女和农村双女户家庭子女优先提供奖励或救助，对就读高中、中等职业学校的特困独生子女和农村双女户家庭子女，可由学校免除学费；卫生部门对参加农村合作医疗的独生子女和农村双女户家庭子女报销医药费

时，在同等条件下提高5%的报销比例；民政部门对计划生育特困家庭实行重点救助，在同等条件下优先纳入城乡最低生活保障，城乡计生“三无”（无生活来源、无自理能力、无住房）家庭中的子女高中阶段就学，按每人每年1000元的标准进行资助。城区（武陵区、德山开发区、柳叶湖旅游度假区）的城镇计生低保家庭、城乡计生“三无”家庭的子女经过统招考取国家高等院校的按专科2000元、本科3000元的标准予以助学，其它区县（市）参照执行。农村计生“三无”家庭中的无房、危房户可申请“爱心房”救助。事业单位在面向社会公开招考工作人员时，给独生子女及农村双女户家庭子女在总分中加1分（百分制），并在同等条件下优先录用；国土资源部门对计划生育特困家庭建房时，减免5%的收费；房产部门在计生特困家庭购买经济适用房、求租廉租房时予以优先，并减免10%的规费；农村办、水利、爱卫等部门，在沼气建设、改水改厕等方面，优先计划生育家庭，并给予10-20%左右的优惠；扶贫、农业、科技等部门在扶贫救济、新技术推广、承担科技项目、科技示范户建设等方面，给予计划生育家庭优先；妇联、团委、工会在开展“春蕾计划”、“妇女培训和再就业”等活动时，优先安排计划生育家庭；劳动部门在技能培训、就业安排等方面优先安排计划生育对象，在非工种限制条件下，积极向用人单位推荐招（聘）用女性。

积极应对人口老龄化。目前全市60岁以上人口已经占到总人口的15.26%，提前进入了老龄化社会。要制定和落实老龄事业发展战略规划和政策，逐步建立覆盖城乡居民的社会保障制度。构建以家庭养老为基础、社区服务为依托、机构照料为补充的养老服务体系。有条件的地方，可建立政府、集体和社会共同参与的养老服务机构。对生活不能自理的农村计划生育家庭老年父母，优先提供养老保障服务；农村要探索建立多种形式的计划生育家庭养老保险制度；城市要进一步完善社会统筹与个人账户相结合的基本养老保险制度，构建多层次的城镇养老保障体系。

七、加强人口和计划生育综合治理

建立统筹解决人口问题的综合决策机制。在研究制定国民经济社会发展规划和新农村建设、和谐社会建设、区域开发、扶贫攻坚等方面的政策时，充分考虑人口因素，将人口和计划生育工作融入经济社会发展全局。各有关部门制定、调整可能影响人口和计划生育工作的政策措施前，要征求人口计生部门的意见，过去出台的规章和规范性文件，凡是有影响人口和计划生育工作条款的，要及时修改或废止。干部提拔调动、具有代表性的公职人员选举或推荐、综合性评先评优，应严格进行计划生育政策的审查。在婚姻登记、工商营业执照办理、新生儿上户、房屋出租、户口迁移、孕产妇接诊时，应严格进行计划生育方面的把关审查，并在规定的时间内向人口计生部门通报。

综合治理出生人口性别比偏高问题。全面贯彻落实省政府第194号令（2005年），建立B超检查和人工终止妊娠登记、孕情检测、孕产过程管理等制度。完善执业资质认证和B超使用准入制度。对终止妊娠药品和促排卵药品实行严格的处方管理。人口计生、卫生、公安、药监等部门要密切配合，严厉打击非医学需要的胎儿性别鉴定和选择性别人工终止妊娠行为，依法严惩溺、弃、残害女婴和拐卖、绑架妇女儿童的犯罪活动及歧视、虐待生育女婴的妇女等违法行为，保障妇女儿童合法权益。

加强流动人口计划生育管理和服务。各级人口计生部门可依托当地街道（社区）组建的流动人口和出租房屋管理服务中心（站），开展流动人口计划生育管理和服务工作。流入地按照“属地化管理、市民化服务”的原则，将流动人口计划生育管理和服务纳入经常性工作范围，提供与户籍人口同等的免费服务，流入人口计划生育情况纳入流入地目标管理内容，实行以流入地为主的目标管理双向考核。相关部门为流动人口办理经商、务工、购房、租房、社会保障等手续时，应与人口计生部门密切配合、互通信息。流出地要配合流入地，做好对外出人员的婚育知识宣传培训、免费办理婚育证明等工作。完善协议管理、协查通报、数据共享和信息公告等制度。在流动人口集中的社区、企业、集贸市场等成立计划生育协会，加强流动人口计划生育自我教育、自我管理、自我服务。充分利用流动人口信息交换平台、WIS信息系统和公安部门人口信息库，加强信息沟通和共享，提高流动人口管理和服务水平。

八、切实加强对新时期人口和计划生育工作的领导

强化领导决策调控。继续坚持党政一把手亲自抓，专职副书记为主抓，其他领导共同抓制度，把人口计生工作纳入各级党委、政府重大督查事项范围和领导干部政绩考核体系；坚持党委常委会和政府常务会专题研究，党政领导定期督导人口计生工作制度，积极研究新情况，解决新问题；坚持平时“黄牌警告”、年终严格兑现“一票否决”的责任追究制度。凡被“一票否决”的单位，取消当年综合性荣誉和评先评奖资格，其党政主要负责人、分管负责人及具体工作责任人一年内不得被授予个人荣誉称号、评先评奖、晋职晋级、提拔重用和调动；连续两年被“一票否决”的单位，其党政主要负责人、分管负责人及具体工作责任人予以免职，情况严重者给予党纪政纪处分。建立和完善有关部门人口和计划生育综合治理经常性协作配合制度、联席会议制度、垂直管理制度、年度考核和述职制度。凡出现影响大局的重大失误的，予以黄牌警告或“一票否决”，连续两年考核排名最后一位的，予以“一票否决”。下级部门出现问题，要追究上级部门责任。机关企事业单位主要负责人为本单位计划生育工作第一责任人，凡单位出现违法生育的，对单位实行“一票否决”，并追究主要负责人和分管负责人责任。各级党委、政府要将计划生育协会工作列入重要议事日程，列入人口和计划生育目标管理考核范筹，按照常办发〔2007〕1号文件规定，切实帮助解决其机构、人员、经费等方面的实际问题，充分发挥计划生育协会在统筹解决人口问题中的积极

作用。

建立稳定增长的投入保障机制。各级财政要逐年增加人口和计划生育经费投入，要按照湘人口发〔2007〕9号文件规定的要求，将各级计生事业费安排到位，确保工作正常运转。要重点保障乡镇（街道）计生事业费，征收的社会抚养费要全额返还乡镇（街道），上级财政一般转移支付中用于乡镇计划生育事业的经费要足额到位，市、区县（市）新增的计划生育事业费70%以上要用于支持基层乡镇计划生育事业和直接服务于计划生育对象。

加强人口和计划生育队伍建设。选拔德才兼备的优秀人才，充实、配强人口计生部门领导班子，班子成员中应配备医学、法律专业干部，加大对优秀计生干部的交流、提拔和重用力度。在农村综合改革中，计划生育机构和队伍要保持稳定，乡镇计生办、服务所的机构编制，严格按照常编办〔2002〕1号文件规定执行，计划生育行政管理、技术服务人员和群众工作人员的工资与社会保障待遇必须坚决按规定落实到位，乡镇在编计划生育工作人员工资纳入财政统发，区县（市）人口计生局局长、计生办主任和乡镇分管负责人的政治待遇，按相关文件规定积极解决。对多年从事人口和计划生育工作的优秀合同制工作人员，在其参加公务员公开考录时，可适当放宽报考条件，由人事、人口计生部门拿出方案，按相关程序报批。建立完善人口和计划生育职业资格证书制度和持证上岗制度。到2010年底前，所有计划生育行政人员必须取得政府法制部门颁发的执法证，所有计生技术服务员必须取得相应的执业资格，所有统计员必须取得相应的等级证书。

中共常德市委　常德市人民政府
关于加强村庄整治工作的意见

常发〔2007〕11号
（2007年11月19日）

为了切实抓好我市村庄整治工作，改善农民生产生活条件，改变农村村容村貌，根据建设部《关于村庄整治工作的指导意见》（建村〔2005〕174号）和市委、市政府《关于推进社会主义新农村建设的意见》（常发〔2006〕2号），提出如下意见。

一、村庄整治的指导思想、基本原则和目标任务

1.指导思想。村庄整治工作，要以党的十七大报告提出的“推动科学发展、促进社会和谐、为夺取全面建设小康社会新胜利而奋斗”为指导，以改善村庄人居环境质量为出发点，以村庄公共基础设施建设和环境卫生治理为重要内容，以推进卫生洁化、农宅美化、水源净化、道路硬化、村庄绿化为工作重点，以新农村建设市级示范片和市县两级示范村为主要对象实行滚动整治，扩大覆盖范围，逐步改变农村“脏、乱、差”的面貌，逐步改善农村的生产生活条件。

2.基本原则。村庄整治要坚持“保护生态、规划先行；因地制宜、分步实施；政府推动、群众主体”的原则。坚持保护生态、规划先行，就是要在保护生态环境的前提下，编制村庄布局规划和整建规划，严格按照规划有步骤、有重点地推进，未编制村庄整建规划的村，不纳入整治范围。村庄规划要始终坚持人与自然的和谐统一，贯穿生态理念，坚持以人为本，体现文化内涵，反映地域特色和乡村风貌。坚持因地制宜、分步实施，就是要充分考虑经济发展水平和地方特色，合理定位，引导农民适度向规划的居民点集中居住。确定整治重点，梯次推进整治，防止大拆大建。坚持政府推动、群众主体，就是要率先在群众积极性高的地方实施，政府帮扶、群众自筹、社会捐资推动，充分发挥群众的主力军作用。

3.目标任务。通过推进村庄整治，彻底改变农村“脏、乱、差”的面貌，把我市农村基本建成村容整洁、设施配套、生态良好、村风文明的新农村。从2008年起，对全市所有行政村逐年整治，每年整治4%~8%左右的行政村，用5年时间，完成20%以上行政村的村庄整治，并把其中400个以上的村建成示范村。

二、村庄整治的基本标准

1.环境洁化。村内垃圾集中堆放、定期清运，消灭露天粪坑，初步建立“户集、村收、乡（镇）填埋或处理”为主的垃圾处理模式。大力推广农村沼气和气化炉等清洁能源，宜建户沼气入户率达到80%以上，改水、改厨、改厕、改浴配套率在90%以上，屋内整洁卫生；村内无大牲畜在院外拴养和禽畜散养，农户禽畜集中圈养率达到90%以上。

2.农宅美化。引导独立农户和散居农户逐步向规划区集中建房，对村内民宅和其它建筑的外墙立面进行适当整修，90%的建筑外观整洁；危房拆除或整修率达100%，对长期未封顶的“半拉子”工程和废弃建筑进行全面整治，违章和废弃建筑得到拆除。积极引导农户建设宜居住宅，80%以上的新建住宅使用按要求设计的农村宜居住宅新户型。

3.水源净化。村庄整治与农村安全饮水工程建设同步推进，村内居民全部喝上安全饮用水，人均日生活供水量40升左右，水源供水保证率为90%以上；村内河塘、沟渠得到保护和整治，应有功能得到恢复，河塘水质达到四级以上，沟渠通畅率达到95%以上；村民集中居住区初步具备给排水设施，生产生活污水基本达标排放。

4.道路硬化。建有通村水泥路，路基宽度不小于4.5米、路面宽度不小于3.5米；村内路网布局合理，主干道基本硬化（水泥路或油路）；经济条件较好的村组，道路硬化到户，道路的排水、排污系统基本齐全，建立村内道路养护制度。

5.村庄绿化。山丘区村庄整建区绿化率达到40%以上，平湖区村庄整建区绿化率达到20%以上；通村公路、村内主干道、水塘和村民住宅周围有花草树木。

6.班子好。村党支部坚强有力，有一个威信较高的村党支部书记；村支两委团结合作，为民办事，群众满意放心；村务管理民主、规范，各项工作井然有序；村内两委三会活动正常、规范，组织能力明显增强，办公条件明显改善。

7.村风好。村民诚实守信，家庭和睦，邻里团结，尊老爱幼，男女平等；遵纪守法，社会稳定，社会风尚良好，计划生育政策落实；做到禁毒、禁赌、禁黄、禁家庭暴力；社区文化生活健康丰富；经常进行农民素质教育。

8.保障好。村内贫困学生接受九年制义务教育有保障；建有达标卫生室，农村新型合作医疗基本覆盖；基本养老保障制度比较健全，“五保户”得到适度集中供养；社会救助

体系完善，村内老弱病残能够得到及时救助。

各区县（市）可根据“五化三好”标准，因村制宜开展村庄整治。中心村、城郊村、干线村和经济条件较好的村先期达到“五化三好”标准。

三、村庄整治的保障措施

1.加强组织领导。全市村庄整治工作由市新农村建设领导小组总揽，市新农村建设办具体抓。市新农村建设办下设村庄整治组，负责全市村庄整治工作的组织协调、督促指导和考核验收。市里考核验收到村、表彰奖励到区县（市）。各区县（市）要高度重视，根据全市统一要求，制定“十一五”和到2020年的县域内总体村庄整治规划，制定切实可行的工作方案，细化年度实施计划，逐年逐片推进村庄整治。市级示范片建设由区县（市）委书记或区县（市）长负责。

2.整合部门力量。明确市、区县（市）有关部门参与村庄整治的职责：规划部门负责指导村庄整建规划的编制，国土部门负责落实村庄整治的建设用地审批及土地开发整理，建设部门负责村容村貌整治和农村住房设计图的无偿提供，交通部门负责乡村道路建设，水利部门负责农村水利与安全饮水，环保部门负责农村面源污染治理，农村能源办负责农村沼气建设，其他部门要在各自职能范围内加大对村庄整治工作的技术服务和项目实施的技术指导。各区县（市）要按照“渠道不变、用途不乱、捆绑使用、各记其账、各记其功、形成合力”的原则，组织各个部门齐心协力抓好村庄整治。对集中整治的区域要坚持以区县（市）为主，实行项目捆绑，加大项目整合力度。部门项目在整治村优先立项、优先建设、优先配套。

3.动员群众参与。充分尊重群众意愿，激发农民自主、自强、勤勉、互助、奉献精神，调动农民参与村庄整治的积极性。村庄整治的申报、规划、建设和资金落实方案要经过村民大会或村民代表大会讨论通过。本着自愿互利、注重实效、控制标准、严格规范的原则，在不加重农民负担的前提下，采取“一事一议”等办法，组织群众投资投劳。加强对农民群众的的教育和培训，引导他们充分发挥村庄整治的主体作用，努力形成人改变环境、环境改变人的良性循环，促进农民群众转变传统的思想观念和行为方式，增强卫生意识、生态意识和文明意识。

4.加大投入力度。积极筹措村庄整治资金，建立“政府主导、农民主体、社会参与”的多渠道筹资机制。从2008年起，市财政预算每年安排村庄整治专项资金，用于村庄整治“以奖代补”，各区县（市）按照1：1的比例配套。每年划拨土地出让金收益的5%用于村庄整治。市级示范村采取“一事一议”筹资开展村庄整治，实行市、区县（市）“筹一奖一”。市新农村建设办制定《村庄整治考核验收标准及办法》。经考核合格的整治村，村内公路、安全饮水、卫生设施等公共基础设施建设按相关标准实行“以奖代补”。

5.健全管理机制。坚持整治与管理同步，设施建设与机制建设同步，切实改变“重硬件、轻软件”的做法，努力增强农民自我管理、自我服务的能力。摸索和建立村内公路管理养护制度，积极探索建立“民办公助、市场运作、农民参与、政府监管”的农村饮水工程建管体制，探索和推广以“户集、村收、乡（镇）填埋或处理”为主要模式的农村卫生长效保洁机制，逐步完善和推广村民理事会制度，引入社区管理理念探索适合农村社区的管理方式。加强村庄整治的技术指导和人员培训工作，分期分批开展村庄建设基本技能培训，提高农民的参与能力。加强对村庄整治实施过程中资金与实物使用的监管，防止挪用、滥用。建立严格的督查机制，鼓励社会各界、新闻媒体和广大农民对村庄整治进行监督。

中共常德市委　常德市人民政府关于进一步优化经济发展环境促进我市经济又好又快发展的意见

常发〔2007〕12号

（2007年12月2日）

为深入学习贯彻党的十七大精神，推动全市经济又好又快发展，现就进一步优化经济发展环境提出如下意见。

一、不断完善行政审批制度

1.加快行政审批改革，减少审批事项。由市政府法制办牵头，市监察局、市政务服务中心参与，继续清理现有行政许可项目。国务院和省政府已经明确取消的行政许可项目一定要坚决取消，不得变相保留。要通过努力，逐步将行政许可项目减少到最低限额。对依法依规予以保留的行政许可项目，要明确标准、条件、时限和相应的责任，同时加强对非行政许可项目的清理和监管。进一步简化基本建设项目施工报建程序，坚决纠正职能交叉、重复审批行为。建筑方案初步设计审查由建设部门牵头，消防、气象等相关部门参与和配合，统一标准，在确定的时限和地点，实行并联审结。加强建设工程验收的综合协调力度，在建设单位组织验收时，由建设部门邀请规划、消防等相关部门统一监督。财政性投资为主的重大项目和重要公益性投资项目的立项，由发展和改革部门牵头，组织建设、交通、教育等相关部门进行。非国有投资建设项目（关系社会公共利益、公众安全的基础设施、公用事业建设项目除外），由业主自行决定是否实施招投标。

2.简化审批手续，提高审批时效。逐步实行单位行政许可办理相对集中制。审批环节和审批科室多的单位要加强内部职能整合，实行内设科室审批职能相对集中。行政许可项目除政府批准暂不进入政务服务中心的外，一律进入政务服务中心受理办结，严禁“明进暗不进”和“两头受理”行为。实行审批限时制，对在承诺时限内未办结的项目，实行超时默认制；在联合办理中，政府授权政务服务中心组织协调，实行缺席默认制。实行审批代理制，投资在1000万元以上的工业项目，开辟审批“绿色通道”，由政务服务中心提请政府一事一议，实行全程代理；投资在1000万以下的工业项目，由政务服务中心综合协调，实行全程监督。要进一步扩大德山开发区行政审批权限，凡在德山开发区设立分局或办事机构的市直单位，应充分授权到位，对德山开发区的所有工业项目的审批，原则上要在德山开发区内办结。

3.推行审批公开，强化有效监管。公开行政审批依据、审批程序、审批条件、审批时限等，实行“阳光审批”。落实一次性告知两次办结制度，即第一次要详尽告知所需材料和相关要求，第二次在提交材料齐备的情况下，按规定时限批办完毕。进一步整合政府公共网站资源，实现政府网站与部门网站的互联互通，信息共享，逐步实施“网上受理、网上审批、网上办结”。实行审批人员轮岗制度,负责审批事项的科室负责人任职时间满3年的应予轮岗，满5年的必须轮岗。建立健全行政许可目录管理、主体资格、绩效评价、投诉举报等相关配套制度，对行政许可的设定、实施和实施后的监管情况开展监督检查，及时纠正和严肃查处实施《行政许可法》中的违纪违法行为。

二、切实规范行政执法行为

4.坚持规范执法。严格落实行政执法责任制，继续完善行政执法的工作标准、规范、程序和相应的责任制度，寓执法于服务之中。严格执行“收支两条线”制度，任何单位不得下达罚没指标，杜绝执法创收现象发生。制定实施行政处罚自由裁量阶次制度，按轻微违法、轻度违法、一般违法、严重违法、特别严重违法行为5个阶次，严格界定不同阶次处罚标准，减少行政执法人员自由裁量权的随意性。积极推行综合执法制度，执法单位有多个内设机构和二级单位行使执法权的,要相对集中检查权和处罚权，实行由单位主要领导或明确一名主管领导签批,明确一个科室统一调度，检查情况及时向批准人报告,严禁内设机构和二级单位单独对同一企业实施重复检查或处罚。

5.坚持公正执法。加强对执法人员的教育与培训，促进文明公正执法，防止不作为和乱作为。加强部门协调与配合，打破各类市场壁垒，公平对待各类市场主体。法院要依法审理涉及企业和投资者的案件，加大对已生效判决案件的执行力度，确保司法公正。检察机关要为企业防范犯罪提供指导，依法查处侵犯企业和投资者合法权益的案件。公安部门要公正查处侵犯企业和投资者合法权益的案件。各有关部门要落实重大行政处罚公开听证制度，制定保护企业和投资者合法权益的实施细则，确保公正执法。

6.实行执法过错责任追究。建立经济发展环境问题投诉必查制度。凡企业和群众对经济发展环境问题的举报，必须认真调查，情况属实的，立案查处；情节严重的，追究直接责任人和单位领导的责任。因经济发展环境问题受到查处的单位，取消其当年目标管理考核和“一把手”的评先评优资格；单位领导受到查处的，当年不予提拔使用。对损害经济发展环境的工作人员，严格按照有关规定给予组织处理或纪律处分。因经济发展环境问题受到处理或处分的执法人员，一律调离原执法岗位，情节恶劣，造成重大影响的，一律清理出原工作单位。

三、着力减轻企业负担

7.规范涉企检查行为。开展行政执法检查，必须遵照法律法规的有关原则和程序，坚持为市场主体和投资者服务，创造良好的发展环境。依法控制和减少行政执法部门对企业生产经营行为的检查，落实工业园区企业行政执法检查备案制度、同城一家检查制度、行政执法检查预告制度，对同一企业，同一事项的一般性执法检查，一年内不超过两次。对企业生产经营行为的例行检查要提前通知企业，并严格控制参加检查的人数和次数，逐步实行行政执法机关联合检查。实施检查时必须出具单位的执法检查通知书，亮证检查。企业有权拒绝未经执法单位负责人签批的任何检查。在德山工业园区，每月1日至20日，一般不开展涉企生产经营行为行政执法检查（涉及环保、消防等公共安全和急特事件及国家法律法规特别要求的除外）；其它时间，可集中开展检查。

8.规范涉企收费行为。清理涉企收费项目，凡是法律、法规和规章没有规定企业应缴纳的行政事业性收费，一律不得收取。对依法依规收取的收费项目，有关部门应在有关媒体（包括政府及各职能部门的门户网站）上进行收费公示。物价部门要严格按有关规定核发收费许可证，收费单位未出示收费许可证和不按收费许可证所列项目和标准收费的，企业有权拒绝缴纳，并可向监察机关、收费部门的上级机关和物价部门举报。进一步完善基本建设“打捆收费”，凡符合涉及工业项目和公益事业建设项目政策优惠的收费事项，一律由政务服务中心窗口直接审核确认。切实加强对企业生产经营过程中收费行为的监管，减轻企业负担。除社保费、教育费附加、残疾人保障基金、防洪保安资金、工会经费、文化事业建设费外，严格控制委托收费。切实减少同一部门对同一企业同一项目的多次抽样检测收费。对供水、供电、供气等直接涉及群众利益的收费，实行严格论证、公开听证和社会评议制度。对企业需常年性缴纳的政府性基金、行政事业性收费，归口政务服务中心窗口征收。市本级在德山工业园区的规模工业企业中推行非税收入统收。

9.规范涉企评比、培训、考察等行为。依照法律法规规章和国务院、省政府的文件规定，严格控制举办涉企评比、培训活动。上级党委、政府和主管部门以及法律法规规定确需开展的评比、培训活动，须由承办单位提前向同级党委、政府办公室申报，经批准后方可进行。涉企评比不得收费，培训活动原则上不得收费，确有收费依据的，物价部门从严核准。严格控制组织各类市场主体参加学习、考察、学术研究、技术考核和学会、协会、研究会等活动，确需开展这些活动的，须由承办单位向本级政府法制机构申报，经批准后方可进行，一般不得向企业收取任何费用。严禁向企业强制搭车征订报刊杂志，除党委宣传部门规定的党报党刊外，一律不得强制企业和个体工商户征订报刊杂志。

10.规范中介机构和行业协会。各类行业协会吸收会员必须按照自愿的原则，不得强制或变相强制管理服务对象入会。切实规范与行政许可直接关联的检测、鉴定、评审等中介服务性收费行为，由政府实行限制性措施，对收费有幅度的，取低限；收费没有幅度和限额的，实行服务性成本收费，并明确服务质量和时限。坚决制止中介机构和行业协会代替政府部门收取各种行政事业费和政府部门代替中介机构和行业协会收取经营性服务费，禁止中介机构和行业协会收取经营性服务费与政府部门行政审批行为挂钩。明确中介机构和行业协会独立法人地位，对依托原主管部门开展业务的中介机构和行业协会坚决做到人员、经费、职能、名称和办公场所“五脱钩”。由市优化办牵头，市政务中心、市民政局、市委编委办、市物价局参加，对其进行清理整顿。

11.继续治理重点工程建设和企业周边环境。地方党委、政府要承担起重点工程和企业周边环境创建的第一责任，其所在地公安派出机构要切实履行职责，对强揽工程、强买强卖、阻工挠工、偷盗哄抢、敲诈勒索等事件，要快速出击、严肃惩处，相关部门要及时介入，积极配合。实行公安派出所对辖区企业周边环境联系与跟踪服务制度，公安派出所负责人和民警应主动上门到辖区企业、重点工程进行巡查走访，及时搞好服务，并明确相应的联系与跟踪服务内容及责任体系。

四、加强配套机制建设

12.建立健全高效协调的工作机制和年度考核制度。各级政府及其优化经济发展环境责任单位要根据各自职责履行好服务经济的职能，建立健全高效协调的工作机制，努力降低行政相对人与优化经济发展环境责任单位往来成本。建立优化经济发展环境联席会议制度，交流通报工作情况，研究制定工作部署。加强优化经济发展环境工作情况考核，制订相关考评办法，严格兑现奖惩。

13.建立投诉受理和案件查处快速反应机制。建立完善政务服务和经济环境监测网络，充分发挥优化经济环境“110”和“12342”行政效能投诉专线作用，全面实行市长、区县（市）长、局长信访接待日制度，进一步完善“12345”市长热线、行风热线，做到信息互享，工作互动，情况互通。对破坏经济发展环境的违纪违法行为，坚持有报必查、查必到人、违者必处，决不姑息。按照法律规定和行政分工，各应当受理投诉案件的单位，接到投诉后，应及时查办，不得推诿、拖延。各级纪检监察机关要加大对损害经济发展环境案件的查处力度，对重大典型案件，市优化办要直接查处和督办。实行投诉举报奖励制度，由政府建立举报奖励基金，对举报损害经济发展环境案件经查证属实的，视情况给予举报人一定金额的奖励。进一步健全重大典型案例通报制度。

14.实行优化经济环境民主评议机制。在行政机关中深入开展机关效能建设，着力推进行政执法责任制，切实加强对职能部门的行政效能监察，督促其规范程序，依法行政，提高效能。继续落实优化经济环境监督员、测评点、评委库、黄牌警告等制度。围绕优化经济发展环境，把行政审批、行政收费、办事效率和服务质量作为重点内容，组织开展民主评议活动，重点对执法机关和经济管理部门进行评议，同时将评议对象延伸到各部门窗口单位。

15.大力加强诚信建设。建立以道德为支撑，产权为基础，法律为保障的社会信用体制。坚持以政府诚信推动企业诚信和个人诚信体系建设，完善社会诚信体系。建立经营主体信用信息系统，及时公布经营主体的信誉情况，不断促进政府、企业、社会人群诚实守信。各级政府要研究建立加强信用信息征集和信用记录共享机制，建立完善信用档案和信用信息网站。建立守信行为奖励机制和失信行为惩戒机制，提高全社会的诚信度。广泛开展以优化经济发展环境为主题的宣传教育活动，努力营造"亲商、安商、重商、富商"的良好氛围。

16.建立健全优化经济发展环境法律服务制度。逐步完善法律服务市场，积极帮助企业设立法律顾问机构，支持、指导律师事务所为企业提供优质法律服务。在本市选定服务诚信、办事公正、社会信誉好的1–2家律师事务所为市优化经济发展环境法律服务中心，为企业和投资者提供一定的政策咨询和法律服务。

五、健立健全责任体系

17.加强组织领导。继续实行党委统一领导，党政齐抓共管，优化办组织协调，部门各负其责，企业和人民群众积极参与的优化经济发展环境领导格局和工作机制。各级党政一把手要对本地区、本单位优化经济发展环境工作负总责，并将其履行职责情况作为考核、任免、奖惩干部的重要内容。有关单位要根据本意见制订具体实施细则，强化工作责任。优化办要自觉履行组织协调、督促检查和推进专项整治等职责。新闻媒体要加强舆论引导，形成全社会重视、关心和支持优化经济发展环境的舆论氛围。

18.强化责任追究。优化经济发展环境工作纳入绩效考核内容，实行优化经济发展环境工作部门责任制、领导责任制、首长负责制和责任追究制。建立健全行政问责机制，严格落实《常德市行政过错责任追究暂行办法》（常政发〔2007〕3号）。严格追究对整治经济发展环境不力的单位和部门党政主要领导的责任。一年内发生两起以上（含两起）损害经济发展环境典型案件的单位和部门，对主要领导和分管领导予以免职、责令辞职或纪律处分；属垂直管理的单位，对单位主要领导和分管领导，建议其上级主管部门给予相应处理。

中国共产党常德市第五届委员会第五次全体会议关于《中共常德市委关于认真学习贯彻党的十七大精神，加快建设富裕文明和谐常德的意见》的决议

（2007年11月30日中国共产党常德市第五届委员会第五次全体会议通过）

中国共产党常德市第五届委员会第五次全体会议，批准《中共常德市委关于认真学习贯彻党的十七大精神，加快建设富裕文明和谐常德的意见》。《意见》对认真学习贯彻落实党的十七大精神进行了全面部署，对加快建设富裕文明和谐常德进行了科学谋划，是指导我市当前和今后一个时期经济社会发展的重要文件。

全会认为，党的十七大是在我国改革发展关键阶段召开的一次十分重要的大会。大会高举中国特色社会主义伟大旗帜，提出了一系列重大理论观点、重大战略思想和重大工作部署，为我们继续推动党和国家事业发展指明了前进方向。认真学习贯彻党的十七大精神，对于我们抓住和用好重要战略机遇期，坚持科学发展，推进改革开放，建设全面小康，具有十分重要的意义。

全会同意《意见》提出的各项任务和措施。全会一致认为，学习贯彻党的十七大精神，要深刻领会、准确把握大会的主题和精神实质，广泛开展学习宣传活动；要坚持理论联系实际，用党的十七大精神武装头脑，指导实践，推动工作；要把贯彻落实党的十七大精神与贯彻落实省委九届三次全会、市第五次党代会精神结合起来，进一步加快常德发展。

全会强调，认真学习贯彻党的十七大精神，要用十七大精神统一思想，进一步推动思想解放，强化进取意识、改革意识、机遇意识，摒弃小富即安的思想，树立居安思危的忧患意识，把主要精力集中到提升经济发展核心竞争力上；要以十七大精神为动力，认真贯彻落实科学发展观，进一步促进经济社会又好又快发展，着力推进新型工业化，推进社会主义新农村建设，推进城市扩容提质，推进以改善民生为重点的社会建设，推进社会主义民主政治建设，推进文化名城建设；要坚持团结鼓劲，振奋精神，进一步抓好工作落实，抓紧研究解决影响发展的关键问题，继续下大力优化经济发展环境，充分调动党员干部干事创业的积极性。

全会指出，贯彻落实党的十七大精神，建设富裕文明和谐常德，必须切实加强党的领导，加强和创新党的建设。要加强领导班子和干部队伍建设，推进党内民主建设，改进干部作风，加强反腐倡廉建设，加强基层基础工作，不断提升党的执政能力。

全会号召，全市各级党组织和广大党员干部，一定要紧密团结在以胡锦涛同志为总书记的党中央周围，高举中国特色社会主义伟大旗帜，坚持以邓小平理论和“三个代表”重要思想为指导，深入贯彻落实科学发展观，解放思想，与时俱进，求真务实，开拓进取，为建设富裕文明和谐常德而努力奋斗！

中共常德市委关于
认真学习贯彻党的十七大精神
加快建设富裕文明和谐常德的意见

（2007年11月30日中国共产党常德市第五届委员会第五次全体会议通过）

为深入学习贯彻党的十七大精神，用党的十七大精神统一思想，凝聚人心，指导实践，加快富裕文明和谐常德建设进程，提出如下意见。

一、认真学习领会党的十七大精神

党的十七大是在我国改革发展关键阶段召开的一次十分重要的大会。大会提出的一系列重大理论观点、重大战略思想、重大工作部署，是我们各项工作的行动指南。认真学习贯彻党的十七大精神，是当前和今后一个时期首要的政治任务。要坚持理论联系实际，坚持学以致用，用以促学，用党的十七大精神武装头脑，指导实践，推动工作。学习贯彻党的十七大精神，要深刻领会、准确把握中国特色社会主义理论体系。进一步坚定推进改革开放、走中国特色社会主义道路的理想信念。要深刻领会、准确把握科学发展观。科学发展观的第一要义是发展，核心是以人为本，基本要求是全面协调可持续，根本方法是统筹兼顾。坚持科学发展观，就是要进一步增强贯彻落实科学发展观的自觉性和坚定性，把科学发展观贯穿到富裕文明和谐常德建设全过程，落实到经济社会发展的各个方面。要深刻领会、准确把握社会主义和谐社会理念。按照民主法治、公平正义、诚信友爱、充满活力、安定有序、人与自然和谐相处的总要求和共同建设、共同享有的原则，着力解决全市人民最关心、最直接、最现实的利益问题，努力创造和谐常德新局面。要深刻领会、准确把握以人为本、民生为重的理念。坚持在经济不断发展的基础上，更加注重社会建设，更加关心人民生活，努力使全市人民学有所教、劳有所得、病有所医、老有所养、住有所居。要深刻领会、准确把握实现全面建设小康社会奋斗目标的新要求。加快推进全市经济建设、政治建设、文化建设、社会建设、生态建设。要深刻领会、准确把握全面推进党的建设的新要求。以改革创新精神全面推进党的建设新的伟大工程，把党的执政能力建设和先进性建设作为主线，坚持党要管党、从严治党的方针，贯彻为民、务实、清廉的要求，加强思想建设、组织建设、作风建设、制度建设和反腐倡廉建设，不断增强党的创造力、凝聚力和战斗力，努力把全市各级党组织建设成为坚强的领导核心。

二、进一步解放思想抓发展

解放思想是一个永恒的主题。要按照科学发展观的要求，结合常德工作实际和干部群众思想实际，着力转变不适应的思想观念。要强化进取意识。努力破除安于现状、小富即安的思想，居安思危，富而思进，始终保持强烈的事业心和责任感，保持赶强攀高的锐气，保持昂扬向上、奋发有为的进取精神。要强化改革意识。善于用改革的办法、创新的精神破解难题，推进工作，切实解决我市经济社会发展中的体制障碍、瓶颈制约等各种突出问题。要强化开放意识。十分注重掌握信息，把握动态，研究政策，拓宽发展视野，拓展发展空间，在新的起点上进一步扩大开放领域，优化开放结构，提高开放质量。要强化机遇意识。紧紧抓住国家实施中部崛起战略、建设社会主义新农村；我省实施3+5城市群发展战略；东南沿海产业转移等机遇，充分发挥好我市在农业、交通、生态资源、城市品牌等方面的相对优势，打造绿色食品基地、文化休闲胜地、现代物流中心、新型工业城市。

确保建设富裕文明和谐常德战略目标顺利实现，必须牢牢抓住发展这个第一要务，始终坚持用发展目标统一思想，用发展办法破解难题，用发展成就鼓舞士气，用发展实绩评价干部。要把主要精力倾注到发展上。各级领导干部要减少迎来送往和各种应酬，深入开展调查研究，发现和解决发展中的困难和问题。要切实履行职责，集中精力抓项目引进，抓农村发展，抓民生改善。要以平和的心态对待自己，自觉抵制和反对搞庸俗的人际关系；以进取的精神对待事业，做到在其位、谋其政、尽其责。切实改进会风与文风，精简会议和文件。严格控制各种形式主义的检查、评比和达标活动。要狠抓工作落实。善于把工作思路变为行动，增强工作的执行力和推动力，注重从技术层面和操作环节解决具体问题。加强督促检查，促进责任落实。对于决定了的事，要脚踏实地、一抓到底，办一件成一件。勇于创新、敢于负责，创造性地开展工作，不怕担风险、不怕担责任、不怕得罪人、不怕遭非议。多干打基础、利长远、惠民生的事，不搞花架子，把工作的着力点真正放到事关常德发展的大事上，放到事关群众生产生活的要事上。激励和保护实干型干部，鼓励和支持创造性工作。

三、加快推进新型工业化

坚定不移地实施工业强市战略，按照贯彻科学发展观的要求，大力推进新型工业化，大力发展民营经济和县域经济，加快转变经济发展方式，推动经济又好又快发展。我市突出的差距在工业。要埋头苦干 5–8 年，努力改变工业落后局面。“十一五”末，努力实现全市工业销售收入在 2006 年的基础上翻一番的目标。突出工业园区建设。加快规划修编，按照工业新城、城市新区定位，制定园区规模扩张、土地利用、产业发展、市政配套、要素聚集等具体规划，拓展园区发展空间，坚持节约、集约用地。加大建设投入，积极构建开发融资平台，加快基础设施和物流、商贸、金融、餐饮、休闲等生产生活服务业和服务设施建设。营造产业特色，推动区域性园区向产业性园区转变，形成特色板块，实现园区工业经济快速健康增长。抓好项目开发引进。围绕发挥资源优势、对接产业转移、扩张现有产业，开发一批重点项目。坚持用大项目支撑园区发展，积极引进战略投资者，力争在引进国内外大型企业上实现突破。认真研究和主动应对国家调控政策，探索解决好项目引进和建设过程中的土地、信贷和产业调控等突出问题，促进项目顺利落地和开工建设。着力培育产业集群。强化产业发展责任，认真落实领导和专门工作班子联系服务产业集群建设的制度，协调解决产业发展、项目建设、企业经营中的困难和问题。着力培育骨干龙头企业，围绕烟草、铝材、林纸、食品、机电、电力、纺织、建材、化工、制药等支柱产业引进培育重大项目，支持现有骨干企业技改扩张。促进产业配套发展，支持中小企业围绕龙头企业发展配套项目，延长产业链条。重点抓好“芙蓉王”技改、“中联重科”工程机构、创元铝业等三个新增销售收入过百亿的工程，新上泰格林纸粘胶溶解浆、湘投控股金属钛、力元新材动力电池等一批过 20 亿、30 元、50 亿的产业项目。支持华电集团推进常德电厂项目，为中广核做好常德项目前期工作创造。区县（市）突出抓一批工业销售收入过 3 亿、5 亿、10 亿的项目。积极转变发展方式。充分发挥企业科技创新主体作用，支持企业加强科研项目开发，鼓励企业争创名品名牌，提高企业核心竞争力。积极构建中小企业融资平台。坚持经济发展与节约资源、环境保护并重，加强生态文明建设。积极推进节能减排，大力发展循环经济，鼓励企业节约资源、降低能耗和保护环境。支持企业加快信息化建设，促进企业运用现代信息技术，改造提升生产经营和管理水平。

四、加快推进社会主义新农村建设

积极贯彻工业反哺农业、城市支持农村的方针，按照村民富、村庄美、村风好的目标，立足抓点带面、连片示范、滚动发展和农民增收，扎实推进社会主义新农村建设。大力发展现代农业。要在巩固传统产业的基础上，突出抓好优势农产品产业带建设，培育形成连线成片的高效产业带；加快发展现代养殖业，引导建设安全养殖小区，扩大丘岗地开发，拓宽农民增收渠道。积极推进农业产业化经营，加快培育规模龙头企业，促进农产品加工转化增值。加强农业标准化、质量安全和科技推广体系建设，发展无公害农产品、绿色食品和有机食品，提高农产品市场竞争力。积极培育各类农民专业合作组织，提高农民互助服务、自我发展的能力。加快农村基础设施建设。抓好区县（市）村庄布局规划和行政村村庄规划的编制，用规划引导基础设施和民居建设。加强农村社区建设。以村庄整治为抓手，进一步加大基础建设投入，改善农村生产生活条件，重点支持通村公路硬化、农村饮水安全和农村能源建设三大工程。积极开展“三清三改”，实行镇村同治，改善镇村卫生环境和村容村貌。“十一五”期间完成 1000 个左右行政村的村庄整治，解决农村 100 万以上人口安全饮水问题。加强农田水利基本建设，抓好病险水库、重点堤院除险加固，大中型泵站更新改造和大型灌区工程配套建设。以财政资金为引导，鼓励农民群众自愿投工投劳，鼓励社会资金投入新农村建设，大力表彰新农村建设功臣。积极培育新型农民。着眼于全面提高农民的思想道德素质和文化科技素质，整合资源，大力实施农民培训“阳光工程”和科技入户工程，多途径开展农民培训，促进农村劳动力转移就业。培育有文化、懂技术、会经营的新型农民，发挥农民建设新农村的主体作用。继续深化农村改革。大力推进农村综合改革，加快实现乡镇政府职能转变，形成精干高效的农村基层行政管理体制。积极探索化解乡村债务和控制新债的好方法，确保乡村组织正常运转。坚持农村基本经营制度，加强国土资源管理，严格保护耕地，加大土地整理力度，引导促进土地依法有序流转。建立健全农民权益保障机制，全面落实各项惠农政策。

五、加快推进城市化进程

坚持城市化与工业化协调发展的原则，顺应农村人口向城市转移的趋势，实施扩容提质，完善城市功能，进一步展开城市扩容提质布局，打造湘西北区域中心城市。统筹城乡协调发展。城市是工业发展的载体，也是农村劳动力转移的载体。坚持用城市化辐射和带动新农村建设，用城市化提升工业化水平。加快农村劳动力向二、三产业转移，向城市集中。统筹推进城区一江两岸、一城四区协调发展。适度超前发展城市公用事业。加强城镇教育、卫生、文化、体育等公益设施建设。提高资源在城镇的集中度，积极培育发展物流、金融、信息、社区服务等现代服务业，实现产业与城市的和谐共生。抓好城镇资源整合，实现城乡居民共享城镇资源。提升城市建设管理水平，拉开新一轮城市扩容提质骨架。抓紧启动新一轮城市总体规划修编，加快完成土地规模的修编报批。严格按照城市规划，立足较高起点，建设一批拉动效益较大的城市建设重大项目，适度扩大城市规模，完善配套基础设施，增强城市服务功能，提升城市品位。

近几年重点建设德山开发区、柳叶湖旅游度假区、沅水三桥和芙蓉文化中心（暂名）。坚持城市发展与旅游开发良性互动，大力发展旅游业。突出抓好柳叶湖的保护和开发建设，积极引进战略投资商，把柳叶湖建成常德靓丽的城市名片，形成我市旅游龙头产业，提升城市核心竞争力。

优化城市创建工作机制，巩固城市创建成果，以建设生态宜居城市为主要目标开展城市创建工作。坚持立足基层、重心下移原则，认真解决管理交叉和缺位问题。依法全面拆除违法建筑。进一步创新面向社区、面向基层的城市管理机制。

实施以市带县，推进中心城区与县城、小城镇协调发展。加快城市融资平台建设。充分整合现有优质城市资源，组建机制灵活、产权明晰、职能集中，集融资、建设、开发经营、偿债于一体的融资平台，实施企业化管理市场化运作，发挥盈利功能，剥离财政风险。确保市城区基础设施建设每年投入10亿元以上。

六、加快推进以改善民生为重点的社会建设

坚持在经济发展的基础上，加快社会建设，扩大公共服务，完善社会管理，着力改善和保障民生，努力使全体人民共享改革发展的成果。推进教育强市建设。继续实施教育优先发展战略。推进义务教育均衡发展，重点改善农村教育基础设施，实施城镇学校扩容改造工程，支持发展民办教育。优化教育结构，促进义务教育、职业教育、高等教育和学前教育、特殊教育协调发展，基本普及高中阶段教育，大力发展职业教育。全面实施素质教育，提高办学质量和水平。加大教育投入，确保教育经费稳步增长。建立中小学课桌椅公共财政保障机制。努力促进义务教育公平，认真落实农村义务教育“两名一补”政策，落实免除城镇义务教育阶段学生杂费的政策，继续开展帮困助学，保障经济困难家庭、进城务工人员子女平等接受义务教育。支持湖南文理学院、常德职业技术学院的发展。积极扩大劳动就业。坚持发展经济与促进就业并重，努力实现经济增长与扩大就业良性互动。支持自主创业、自谋职业，以创业带动就业，使更多劳动者成为创业者。统筹推进城乡就业，加快城乡统一的就业管理、覆盖城乡的公共就业服务、职业培训、劳动保障维权、社会保险五大体系建设。完善就业援助，重点帮助零就业家庭等困难就业群体实现就业。规范和协调劳动关系，完善和落实国家对农民工的政策，依法维护劳动者权益。建立健全社会保障体系。积极推进企业、机关、事业单位养老保险制度改革，探索建立农村养老保险制度。全面推进城镇职工基本医疗保险、城镇居民基本医疗保险、新型农村合作医疗制度建设。完善城乡居民最低生活保障制度，逐步提高保障标准，完善失业、工伤、生育保险制度。健全社会救助体系，抓好农村低保、“三无”对象救助和大病医疗救助工作。重点发展廉租住房和爱心房，用三年时间尽力解决城区最低收入家庭的住房困难。进一步完善医疗卫生制度。全面建设覆盖城乡居民的公共卫生服务体系、医疗服务体系、医疗保障体系和药品供应保障体系，为群众提供安全、有效、方便、价廉的医疗卫生服务。抓好乡镇卫生院项目建设和村级卫生室建设构建县乡两级、村镇一体、分工合理的农村卫生服务体系，建立村级卫生防疫人员劳动补贴制度。大力发展社区卫生，加强社区卫生服务中心和服务站建设，提高社区卫生服务水平。加强卫生监督体系建设，确保人民群众的医疗安全、食品安全、用血安全。完善公共卫生应急管理机制，增强突发性公共卫生事件的应急处置能力。坚持公共医疗卫生的公益性质，深化公立医院改革，合理配套医疗卫生资源，切实解决群众看病难、看病贵的问题。坚持计划生育基本国策，稳步实施生育政策并轨，稳定低生育水平，提高出生人口素质。努力维护安定和谐的社会局面。坚持把维护法律尊严和维护群众利益结合起来，从落实政策、解决问题、化解矛盾入手，加强和改进信访工作，引导群众依法理性表达个人诉求，最大限度地减少不和谐因素。强化安全生产管理和监督，有效遏制重特大安全事故。进一步加强社会治安综合治理，深入开展平安常德创建活动，依法防范和打击违法犯罪活动，保障人民生命财产安全。严格落实维护稳定工作责任制，确保社会大局稳定。

七、推进社会主义民主政治建设

坚持正确政治方向，以保证人民当家作主为根本，以调动人民积极性为目标，扩大社会主义民主。加强民主制度建设。坚持和完善人民代表大会制度，支持人民代表大会依法履行职能，保障人大代表依法行使职权。坚持和完善中国共产党领导的多党合作和政治协商制度，支持人民政协围绕团结和民主两大主题履行职能，推进政治协商、民主监督、参政议政制度建设。加强统一战线工作。完善民主决策制度，坚持用制度管权管事管人，增强决策透明度和公众参与度，使各项决策能够真正体现人民群众的根本利益。保障人民民主权利。要丰富民主形式，拓宽民主渠道，扩大公民有序政治参与，依法实行民主选举、民主决策、民主管理、民主监督，保障人民的知情权、参与权、表达权、监督权。切实加强公民意识教育，树立社会主义民主法治、自由平等、公平正义的理念。支持工会、共青团、妇联等人民团体依照法律和各自章程开展工作。大力发展基层民主。把发展基层民主作为发展社会主义民主政治的基础性工程重点推进，扩大基层群众自治范围，完善民主管理制度，健全基层党组织领导的充满活力的基层群众自治机制。积极推行厂务公开、政务公开、村务公开。充分发挥社团组织在扩大群众参与、反映群众诉求方面的积极作用，增强社会自治功能。

八、发展和繁荣文化事业

坚持社会主义先进文化的前进方向，以建设文化名城为目标，大力发展和繁荣文化事业，进一步增强我市文化软实力，提升社会文明程度。坚持核心价值体系。加强中国特色社会主义理论宣传普及工作，用中国特色社会主义共同理想凝聚力量，用以爱国主义为核心的民族精神和改革创新为核心的时代精神鼓舞斗志，用社会主义荣辱观引领风尚，不断巩固全市人民团结奋斗的共同思想基础。推进文化名城建设。充分挖掘我市悠久的历史文化底蕴和丰富的地方人文资

源，加强文化遗产的保护与开发，突出湖湘文化、善德文化和生态文化特色，并与旅游事业发展紧密结合起来，打造内涵丰富、个性鲜明的常德文化品牌。加强文化基础设施建设。抓紧引进建设常德国际文化影视中心、常德大剧院、人民文化影视城、会展中心、青少年妇女儿童中心、群众艺术馆等重点文化项目工程。开展文明创建活动。广泛开展“五下乡”、“文艺进社区”、“政府买单送戏下乡”、广场文化等群众性文化活动。深入推进创建学习型城市和全国文明城市工作，积极创建申报全国书法名城，继续办好中国常德诗人节。抓好未成年人思想道德建设。大力弘扬“德行天下、和谐奋进”的常德精神，努力形成健康向上、奋发有为、文明有序的城市风貌。以精神文明建设“五个一”工程奖为导向，积极组织文艺精品的创作和生产。深化文化体制改革。加快发展文化事业和文化产业，切实抓好文化事业单位改革和文化领域结构调整。大力发展公益性文化事业，构建覆盖城乡、结构合理、功能健全、实用高效的公共文化设施网络。重点抓好文化馆、图书馆、博物馆、公共体育场建设，充分发挥公共文化设施功能。继续推进广播电视自然村“村村通”工程、乡（镇）村（社区）文化工程建设。鼓励社会力量捐助和兴办公益性文化事业。积极引导旅游、休闲、娱乐、演艺、会展等文化产业发展，鼓励民间资本兴办文化产业。

九、不断优化经济发展环境

推进依法行政。增加行政活动透明度，推行政务公开，及时发布公共信息，实行重大公共服务事项决策咨询和听证制度。大力推进行政执法责任制，继续完善行政执法的工作标准、规范、程序和相应的责任制度。制定实施行政处罚自由裁量阶次制度，规范行政执法人员自由裁量权。积极推行综合执法制度。坚持公正执法，公平对待各类市场主体。加强执法队伍建设，做到严格、公正、文明执法。转变政府职能。按照建设服务型政府要求，深化行政管理体制改革，强化社会管理和公共服务职能。加快行政审批制度改革，进一步减少和规范审批事项，减少政府对微观经济活动的干预。减少和规范对企业的检查、收费、评比、培训、考察等行为。规范中介机构和行业协会行为。创新服务方式，提高行政效能，加强“政务中心”、电子政务建设。健全奖惩机制。把优化经济发展环境工作纳入绩效考核内容，实行优化经济发展环境领导责任制、部门责任制和责任追究制。维护民营企业的合法权益，建立经济发展环境问题投诉必查制度。凡企业、商户、群众对经济发展环境问题的举报，必须认真调查，情况属实的，立案查处；情节严重的，追究直接责任人和单位领导的责任。探索建立健全高效协调的工作机制和年度考核制度、投诉受理和案件查处的决速反馈机制、优化经济发展环境民主评议机制。

十、以改革创新精神加强党的建设

建设富裕文明和谐常德，必须依靠和加强党的领导，创新和改进党的建设。加强领导班子和干部队伍建设。坚持用党的最新理论成果武装头脑、教育干部，深入学习中国特色社会主义理论体系，贯彻落实科学发展观。按照政治坚定、求真务实、开拓创新、奋发有为、勤政廉政、团结协作的要求，把各级领导班子建设成为坚定贯彻党的路线方针政策、善于领导科学发展的坚强领导集体。坚持正确用人导向，按照德才兼备、注重实绩、群众公认的原则选拔干部，形成民主、公开、竞争、择优的干部选拔任用机制。注意从基层选拔优秀干部充实各级党政领导机关。加强干部培训，提高干部队伍素质。创新党管人才的体制机制，统筹抓好各类人才的培养和使用。积极推进党内民主建设。坚持以党内民主带动人民民主，以党内和谐促进社会和谐。切实尊重党员主体地位，保障党员民主权利，拓展和疏通党内信息渠道，创建党员公开表达意见的制度领域。严格实行民主集中制。遵循集体领导、民主集中、个别酝酿、会议决定的原则建立健全领导班子议事规则。建立集体领导下的个人分工负责制。发挥全委会对重大问题的决策作用。切实改进作风。大力倡导求真务实、扎实肯干的作风，大力倡导勤于思考、勇于创新的作风，大力倡导联系群众、亲民爱民的作风，大力倡导淡泊名利、艰苦奋斗的作风，营造风清气正的工作、生活和社会环境。扎实推进反腐倡廉建设。加强反腐倡廉教育，提高党员干部拒腐防变能力。以正确行使权力为重点，推进反腐倡廉制度建设，从源头上防治腐败。以保证廉洁从政为目标，加强对领导机关和领导干部的监督，把党内监督与各方面监督结合起来，形成监督合力，提高监督实效。认真执行党风廉政建设责任制。坚决纠正损害群众利益的不正之风，切实解决群众反映强烈的问题，坚决查处违法违纪案件。加强基层基础工作。要关心基层、服务基层、夯实基础。全面推进农村、企业、城市社区和机关、学校、新社会组织等的基层党组织建设，积极探索党组织发挥作用的新途径、新机制，充分发挥基层党组织推动发展、服务群众、凝聚人心、促进和谐的作用。建立基层党组织经费和活动场所保障机制。建立健全保持共产党员先进性长效机制，改进和创新党员教育管理办法。选好配强基层班子，提高基层干部队伍素质，加强对基层工作的帮助和支持，为基层干部开展工作、成长进步创造条件。

发展非公有制经济重在优化环境

武　吉　海

在发展非公有制经济的问题上，党中央提出了两个毫不动摇，即毫不动摇地巩固和发展非公有制经济，毫不动摇地鼓励、支持和引导非公有制经济的发展。

优化非公有制经济发展环境，要解决好领导高度重视的问题。改革开放以来，我们常德市的非公有制经济从无到有，从小到大，在市场取向改革中茁壮成长，又不断推进着经济市场化进程，发展潜力非常巨大，发展空间十分广阔。现在，我市已有个体工商户 81095 户，私营企业 6118 家，正在工业、农业、服务业和城建、文化、教育、医疗卫生等诸多领域创业发展。2006 年，全市非公有制经济实现增加值 360 亿元，占国内生产总值的 49%。非公有制工业产值已占全部工业产值的 50%，非公有制商业销售额已占全部商业销售额的 68%，非公有制经济税收已占工商各税的 40%，非公有制企业就业人数已占工商企业就业人数的 91%。常德人民的实践与创造证明，非公有制经济已经成为经济增长的主体、财源税收的主体、吸纳就业的主体。随着与国际市场的接轨，随着体制改革的深化，随着社会服务体系的健全，非公有制经济进入的领域将越来越宽，在地方经济中的比重将越来越大，创造的社会财富将越来越多。

优化非公有制经济发展环境，要解决好放手放胆支持问题。在我市国有企业产权制度改革中，有 95%的企业是由非公有制经济收购、控股的；在我市农业结构调整中，非公有制经济共投入资金 10 多亿元，开发速生杨树、高效水面、人工牧草和饲料粮面积 400 多万亩；在我市城市经营中，市城区建设累计利用民间资金 20 多亿元，建设了一批亮点工程，为我们成功创建国家卫生城市、国家园林城市、全国文明城市和中国优秀旅游城市发挥了积极作用。非公有制企业杰新纺织印染厂，在 2001 年出资收购了破产的大型国有企业桃源纺织印染厂，并投入 6600 万元进行技术改造。新组建的杰新纺织集团去年实现销售收入 5 亿元，出口创汇 2860 万美元。实践证明，人民群众之中蕴藏着巨大的生产力和创造力。非公有制经济业主是发展地方经济的重要资源，是建设中国特色社会主义的重要力量。从常德非公有制经济业主的组成情况看，一部分是白手起家、自主创业成长起来的，一部分是国有企业改制后转入非公有制经济行列的，一部分是通过招商引资引进的。他们中的绝大部分都在社会主义市场经济的熔炉中经受了锻炼，都在诚实劳动、艰苦创业中得到了提高，都为社会进步做出了积极的贡献。我们要充分相信人民群众，充分相信非公有制经济，放手让人民群众去创造，放胆让非公有制经济去发展，努力形成生产要素活力竞相迸发、社会财富源泉充分涌流的良好局面。

优化非公有制经济环境，要解决好提供信息服务的问题。从总体上看，非公有制经济还处于生长发育阶段。这几年，我市各级党政组织注重搞好产业引导，推动非公有制经济在纺织、造纸、乳品、建材、杨树加工、房产、教育等“热门”行业加速发展，民间投资已占到全社会固定资产投资的 51%；注重搞好科技引导，促进非公有制企业与大专院校、科研院所联姻，建立技术开发中心近百个，引进和开发科技项目 540 个；注重搞好市场引导，定期组织非公有制企业业主外出考察，帮助他们捕捉信息、开拓市场，产品输出额逐年增加。但在对非公有制企业管理上，也还有一些领导干部信息引导工作做得很不够，特别是缺乏专题研究，缺乏规范的信息发布。动真功发展非公有制经济，真就要真在服务上；下实劲支持非公有制经济，实就要实在引导上。地方党政组织要牢固树立“服务就是最好的管理，引导就是最强的支持”的理念，多设“路标”，多建“桥梁”，为非公有制经济发展提供周到的信息服务。要及时发布投资信息，把民间资金转化成产业资本；要帮助捕捉科技信息，把科技生产力转化成产业生产力；要经常提供市场信息，把市场潜力转化成产业实力。

优化非公有制经济发展环境，要解决好信用体系建设的问题。信用建设要从两个方面来抓：一方面，地方政府及其部门自身要讲信用，努力建设信用政府。要切实兑现各种承诺，减少对企业发展的掣肘，坚决维护企业的合法权益，把过高的交易成本降下来。近年来，我们常德市进一步深化审批、收费、财务制度改革，建立了市县政务服务中心和经济环境“110”，实行了“多家费、一家收、分头拔”，使非公有制企业的费用负担平均下降了30%以上。事实证明，政府有信用，企业就有效率；政府创造优良环境，企业就会创造更多财富。另一方面，要引导非公有制企业守信用，努力塑造一个良好的社会形象。各级党政组织要采取积极的态度和措施予以解决。要坚持边放开边管理、边发展边规范、边繁荣边理顺，既保驾护航，又引路领航。对非公有制经济业主，要引导他们依法经营、诚实创业，教育他们与时代同进步、与人民共荣辱，鼓励他们富而思源、回报社会。

（发表于《中华新闻报》2007年8月31日）

立足城乡平等 促进农村发展

武 吉 海

湖南省常德市把推进工业化、城镇化与解决“三农”问题紧密结合起来，着力推行产业互动促增长、城乡互动搞建设的新机制，有力地促进了农村经济发展。

湖南省常德市委、市政府认真落实科学发展观，注重城乡统筹，农村经济实现了加速发展，农民收入得到了明显提高，农村面貌发生了可喜变化。近三年来，全市农村固定资产投资年均增长40%，农业增加值年均增长9.1%，农民人均纯收入年均增长11.7%。主要做法有以下几个方面。

立足城乡一体化发展，推动规划向农村延伸。常德市着眼于推进农村城镇化，钭城市规划理念引入乡村建设，建立了科学合理的村镇规划管理体制。规划按照“县为主、乡镇协助、村为基础、规划部门指导”的运行机制，编制新农村建设总体规划、村庄布局规划和村庄整建规划。为了加快规划编制工作，市财政每年安排300万元专项经费，对按要求完成村庄规划的村，市县分别给予5000元的补助。到目前，292个村完成整建规划。

立足城乡产业互动发展，推动龙头企业向农村辐射。常德市紧紧围绕“生产为首、富民为本”这个核心，以工业化的理念谋划农业，促进工业反哺农业，城市带动农村。一方面围绕龙头企业建设特色基地。从2001年开始，大力实施以“五个百万亩工程”和“十大龙型产业”为重点的农业结构调整，到2005年底，全市杨树、优质果林、高效养殖水面、优质蔬菜、人工牧草和饲料粮面积均超过百万亩，这些产业基地不断向优势产区集中，逐步连点成线、连线成片，形成了具有地域特色的产业板块。另一方面壮大龙头企业带活农业经济，并发展协会组织搞活产业经营。近年来，市财政每年安排500多万元贷款贴息资金，用于扶持龙头企业进行技术改造和扩大再生产。到目前全市农民专业合作组织发展到498个，带动农户38万户，连接基地320万亩，年销售农产品120多万吨，占全市农产品商品量的30%左右。

立足改善农村生产生活条件，推动基础设施建设向农村倾斜。常德市委、市政府从群众要求最迫切的饮水安全和通村公路等基础设施建设着手，2006年明确了五年内“千村规划到位、万里村道硬化、十万沼气入户、百万人饮安全”的建设目标。去年以来，全市新建通村水泥路2600多公里；新建农村安全饮水工程500多处，可解决近30万农村人口的饮水安全问题；新建农村沼气池3万口，适宜户沼气入户率达到30%。

立足城乡平等共享发展成果，推动公共服务向农村覆盖。常德市全面推行农村义务教育经费保障机制改革。今年以来，在免除农村中小学生杂费和贫困学生免除课本费、为贫困寄宿生补助生活费等方面，共计落实资金6120万元。加强公共卫生体系建设，近年来，投入资金3000多万元，恢复和改造乡镇卫生院60所。加强农民养老保障体系建设，新建和改造农村敬老院137个，建设了一批村级“五保之家”。实施农村最低生活保障制度，农村社会救助和扶贫帮困力度进一步加大，全市已有4.2万名农村“五保”老人得到供养，7.1万农村人口领到低保救济金。

（发表于《经济日报》2007年11月13日）

坚持科学发展观 推进新型工业化

卿 渐 伟

胡锦涛总书记在党的十七大报告提出，要全面把握科学发展观的科学内涵和精神实质，把科学发展观贯彻落实到经济社会发展各个方面，促进国民经济又好又快发展，加快转变经济发展方式，推动产业结构优化升级，坚持走中国特色新型工业化道路。贯彻落实十七大报告精神，最核心、最紧迫的任务，就是要以十七大报告精神为指针，认真贯彻科学发展观，大力推进新型工业化。

一、推进新型工业化必须把握科学内涵，深化思想认识

十七大报告提出，科学发展观第一要义是发展，核心是以人为本，基本要求是全面协调可持续，根本方法是统筹兼顾。推进新型工业化，是贯彻落实科学发展观、转变经济发展方式的必然选择，是当前和今后经济工作的主旋律，我们必须深刻把握新型工业化的丰富内涵，加快推进新型工业化的战略步伐。

第一，新型工业化体现了发展这个第一要义。发展是第一要务，新型工业化是促进发展的第一推动力，是实现全面建设小康社会目标的必由之路。常德目前的发展形势比较好，群众的收入增长比较快，主要还是得益于推进新型工业化。2006年，全市工业增加值265.4亿元，占到GDP的36.7%；工业税收36.2亿元，占到税收总额的83%；工业企业解决就业30多万人。工业在发展中挑大梁、占大头，在解决就业问题、促进群众富裕方面发挥了重要作用。

第二，新型工业化体现了以人为本这个核心。新型工业化坚持以人为本的理念，注重改善民生、造福人民、追求人的全面发展，充分发挥人力资源优势，充分考虑扩大城乡就业、转移农村人口、增加城乡居民收入、改善人居环境、提高生活质量等各个方面，充分保障全体人民共享工业化的发展成果。

第三，新型工业化体现了全面协调可持续这个基本要求。新型工业化追求经济效益、生态效益、结构效益的有机统一，既重视量的积累，做大产量、产值规模，又追求质的提升，注重从抓企业到抓产业集群转变，注重科技进步和自主创新，在加快工业发展的同时更加注重生态环境保护、注重资源的可持续开发利用，实现速度和结构质量效益相统一、经济发展与人口资源环境相协调。

第四，新型工业化体现了统筹兼顾这个根本方法。新型工业化站在统筹发展的角度，注重发挥工业带动作用、促进全面发展，正确处理发展工业与发展其它产业的关系，充分发挥工业带动作用，用工业化带动农业产业化和城镇化，把工业发展与新农村建设、与城镇发展、与现代服务业发展、与基础设施建设紧密结合起来，逐步形成工业反哺农业、城市支持农村的机制。总之，推进新型工业化就是贯彻科学发展观，是我们当前和今后贯彻落实十七大精神最具体的行动、最重要的任务，必须毫不动摇地坚持，全力以赴地推进。

二、推进新型工业化必须立足本地实际，发挥自身优势

推进新型工业化，不是另起炉灶，也不是推倒重来，要紧密结合常德的实际，立足现有的基础，发挥自身的优势。要特别注重把握好五个方面：

一是要特别注重改造提升传统产业。传统产业市场有需求，群众有需要，特别是对就业的拉动作用很大，要通过改造提升，进一步促进提质升级。常德通过多年的发展，培育了烟草、机电、纺织、食品、建材、林纸等传统优势产业。今年前三季度，这几大产业的规模工业总产值占到了全部规模工业的75.8%。推进新型工业化，我们要立足这些传统产业，通过引进先进的技术、装备和工艺，高起点地进行嫁接改造，用较少的增量资金激活较大的存量资产，把产业做大做强。要紧紧抓住沿海发达地区产业转移的机遇，促进常德的传统产业升级换代，取长补短、互利互补、实现共赢。

二是要特别注重把工业化与新农村建设、农业产业化紧密结合起来。推进新型工业化是发展现代农业的重要推动力，发展现代农业是推进新型工业化的重要基础。常德的农业有基础、有位置，主要农产品产量一直位居全省前列，这是我们的优势和潜力。要围绕实现工业与农业互动，在推进新型工业化中，用工业武装农业、用工业提高农业，大力推进农业产业化，加快发展现代农业。要依托大宗农产品和特色农产品，发展精加工、深加工，特别是对柑桔、水产、肉类、粮食、珍珠、棉花、茶叶等农产品，有重点地扶持一批跨区域的加工龙头企业。要依靠工业发展，集中更多的财力，更有力地支持农村基础设施建设，促进农村面貌有明显改观。

三是要特别注重挖掘资源和区位潜力。常德是全国60个公路交通枢纽城市之一，已建、在建和即将建设的六条高速公路环绕常德，机场、水运、铁路运输能力正在逐步提高。交通枢纽地位的形成，有利于我们更好地沟通南北，连接东西，是加快常德发展的重大有利条件。常德还是鱼米之乡和非金属矿产之乡，粮棉油产量在全省全国都有位置，淡水珍珠产量占世界的1/3，雄黄储量世界第一，石膏、矽砂储量亚洲第一，磷矿储量全国第一，为我们推进新型工业化提供了资源基础。我们必须把这些优势资源开发好，把区位优势利用好，不断提升投资吸引力，促进工业发展。

四是要特别注重协调推进第三产业特别是旅游业的发展。常德2006年三产业的比重只有33.6%，发展三产业空间广阔、潜力很大，在推进新型工业化的同时，必须大力发展三产业特别是旅游业。常德是国家优秀旅游城市，发展旅游业有品牌、有资源，要集中精力开发柳叶湖旅游项目，推动桃花源、花岩溪联合发展，深化与张家界、长沙、湘西以及湖北宜昌、荆州等地的旅游区域合作，进一步拓展旅游市场、提升旅游人气。要提升城市商贸，拓展消费领域，搞活商贸流通。要突出发展生产性服务业，全面提升生产性服务业整体水平，实现与新型工业化的融合和互动发展。

三、推进新型工业化必须明确主攻方向，突出工作重点

抓住重点就抓住了工作的关键。推进新型工业化，要突出抓好四个方面的主攻重点：

一是突出园区发展。市委、市政府把今年确定为园区建设年，通过持续不断地抓投入、抓发展，园区的基础条件有了大的改观，发展的来势很好。要进一步加快园区基础建设，使园区基础设施与提高集约化水平相适应，与产业集群发展相协调，与入园落户项目相配套，今年德山开发区建设投入要达到3亿元，各区县（市）工业园区建设投入要达到3000万元以上。进一步理顺园区管理体制，对园区的派出机构要彻底下放权力，建立精干、高效和市场化的管理机制，最大限度地调动园区的积极性。进一步优化园区发展环境，落实园区封闭式管理制度，确保园区企业的正常生产经营，努力把园区建设成为效率高、服务好、环境优的一流发展平台。

二是加快项目引进。工业是经济工作的“牛鼻子”，项目是工业发展的“牛鼻子”。要按照“上争、外引、内聚”的思路，大上工业项目，特别是上大项目、好项目。“上争”，就是要积极向上争取国家项目。要重点加强与国家发改委、国资委的联系，力争在引进国有大型企业上实现突破，取得实质性进展。“外引”，就是要扩大招商引资。今年，常德招商的力度很大，活动组织很多，项目合同也签了不少，关键是要抓落实，真正把签约项目落地生根、开花结果。“内聚”，就是要充分启动内资。要制订完善鼓励本地民间资本投入工业项目的激励政策，引导更多的民间资本投向工业，培育发展一批民营工业项目。

三是培育产业集群。要优化产业布局。大力培育烟草、机电、铝材、纺织、食品、电力、建材、林纸等十大产业集群，力争到2010年十大产业集群销售收入达到1000亿元，年均增长30%。各区县（市）要结合本地资源优势和产业基础，建设各具特色和竞争优势的产业板块。要壮大核心企业。围绕十大支柱产业引进重大项目，支持现有骨干企业技改扩张，培育一批体现常德工业形象和水平的标志性企业。对纳入全省“双百”工程的常烟、创元等企业，要加大政策和资金支持。要促进配套延伸。鼓励现有骨干龙头企业在市内扩散配套件，发展关联企业；支持民营资本围绕优势产业和骨干企业的上下游产品配套发展中小企业，提高产业集聚度和关联度。

四是解决瓶颈制约。要着力解决制约工业发展的土地、资金、节能减排、人才等问题。在土地问题上，要以土地利用总体规划修编为契机，扩大建设用地，抓紧储备工业用地，依法清理闲置土地，盘活存量土地，保障工业项目特别是重大工业项目用地需求。在融资问题上，要积极推进企业上市工作，力争两年内有2家企业成功上市；积极支持金健米业、洞庭水殖等上市公司做大做强，扩大融资规模。加快担保体系建设，抓好市本级现有担保公司的整合，引导区县（市）组建中小企业担保公司。促进银行扩大信贷，争取更多信贷资金。在节能减排问题上，要切实落实各项节能减排措施，避免先污染后治理、边污染边治理，确保完成各项约束性指标。在人才问题上，目前我市企业的技工型人才比较缺乏，要进一步加强各类人才的培养、引进和使用，为推进新型工业化提供有力的人才支撑。

四、推进新型工业化必须强化工作责任，狠抓工作落实

推进新型工业化，必须强化领导责任，把责任落实到具体的工作中，落实到具体的操作环节中。

一是要优化经济环境。近几年，常德市委、市政府在推进新型工业化、加快园区发展和招商引资等方面，出台了一系列政策措施，对优化经济环境起到了十分重要的作用。要进一步抓好这些政策措施的兑现，确保取信于投资者，发挥政策的作用和威力。对涉及经济发展环境的执法检查、收费等各项制度，要认真规范执行，对违反制度的单位和个人，要严厉查处。要大力营造亲商、重商、安商、富商的良好氛围，加快推进社会信用体系建设，为推进新型工业化创造良好的人文社会环境。

二是要提高服务水平。要围绕服务企业、服务投资者、服务群众，想方设法创造条件，积极主动搞好服务。对职能部门要出台一些硬措施、硬规定，特别是要继续坚持企业和群众评议部门服务的有效做法，督促各部门把服务工业、服务企业当作应尽的责任，把投资者的事当作自己的事。要认真落实项目全程代理、并联审批制度，减少审批周转环节，提高服务时效，积极主动提供细致、周到、快捷的服务。

三是要健全体制机制。推进新型工业化，必须依靠制度的力量。常德围绕推进新型工业化，建立了强有力的领导机制，先后实施和推行了重大项目“四个一”的工作机制、园区工作定期调度的机制、市级领导联系产业集群的机制等，从实践来看，都是行之有效的，必须认真加以坚持。同时，要进一步在建立科学的考核机制、有效的激励机制等方面进行一些探索，通过科学的考核奖惩，把整个干部队伍和社会各个方面的注意力和精力，引导和集中到推进新型工业化上来。

四是要加大督查力度。今年来，我们通过强化督促检查，对推进新型工业化中的重点项目、重点工作紧盯不放，加强督促，搞好协调，促进了一批重大项目的引进落户和常德电厂、海螺水泥等重大项目的开工建设。今后，要用更大的力度抓督促检查，对推进新型工业化工作中引进新上项目、重点项目建设、政策执行落实以及节能降耗工作情况等，要定期进行检查，经常过问督促，确保各项工作抓到位、抓落脚。

依靠专业合作组织　加快养殖产业发展

曹　儒　国

最近，围绕如何做大做强养殖业等传统产业，我和市委政研室的同志一道，就桃源县依靠农民专业合作组织发展养殖业的情况，进行了个案分析与解剖。桃源县现有各级各类农民专业合作组织 103 个，其中从事养殖业的有 34 个，占到了 33%。在这 34 个从事养殖业的农民专业合作组织中，桃源县三江养殖合作社最具代表性。该合作社从成立之日起，就坚持合作制的发展方向，以带动全县及周边地区的蛋鸡养殖业发展为己任，在大力依托龙头企业加强对农民的组织引导、积极履行为合作社社员提供优质服务的职责、不断完善运行机制和规范内部管理等方面进行了一些有益的探索，对推进全市养殖业发展起到了很好的借鉴作用。

一、发展现状

桃源县三江养殖合作社坐落在桃源县陬市镇毛家桥村，由江春秋、陈其军、陈群武等 9 个养鸡大户发起，于 2001 年 1 月组建而成，是一家“民营、民管、民受益”的专业蛋鸡养殖合作社。该合作社经过近几年的发展，取得了较好的社会效益和经济效益。到 2006 年底止，入社社员达 320 多户，社员养鸡数量达 150 多万羽，占到桃源养鸡量的“半壁江山”。共带动全县及周边地区蛋鸡养殖专业户 600 多户，存笼量达 320 多万羽，每年可创产值 3 亿多元，户平获利近 10 万元，带动当地农民就业 2000 多人。该合作社通过做大蛋鸡产业，还带动了全县相关产业的发展。目前，全县已有 2 个蛋鸡包装厂、10 多个鸡蛋收购点、30 多台鸡粪外销专用车围绕三江养殖合作社的蛋鸡产业服务。桃源县作为湖南省最大的商品蛋生产基地，逐步形成了一个较为完整的蛋鸡生产链条，蛋鸡已成为该县五大农业支柱产业之一。该合作社 2005 年被评为“国家农业部农民专业合作组织示范项目单位”、2006 年被湖南省授予“十佳农民专业组织协会”。今年 7 月上旬，省委书记张春贤视察桃源县三江养殖合作社后，对该合作社的发展情况给予了充分肯定。

二、主要做法

这几年桃源县三江养殖合作社在做大蛋鸡产业上之所以得到长足发展，主要是因为他们紧密结合本地实际，坚持以龙头为牵引，以服务为宗旨，以管理为手段，探索出了一条依靠农民专业合作组织发展养殖业的比较成功的路子。他们突出抓了三手：

1. 依托龙头企业，加强组织引导。 2001 年 1 月，陈其军等 9 个蛋鸡养殖大户联合组建桃源县三江养殖合作社，依托龙头企业三尖龙牧公司在信息、技术与饲料加工、鸡苗孵化等方面的优势，统一为社员提供系列服务，对周边地区的农户产生了较好的辐射和带动作用。2002 年，全县加入三江养殖合作社的蛋鸡规模养殖户发展到 47 户，养殖规模发展到 18 万羽。三江养殖合作社的规模扩充后，三尖农牧公司的服务领域随之延伸到了产前、产中、产后等生产经营全过程，龙头公司的牵头组织作用日益明显，不仅使合作社的社员在产品销售与原材料购进方面形成了规模优势，而且还大大降低了中间费用，提高了社员的经济效益。实施当年，每件鸡蛋销售价格比分散销售平均提高 2 元，蛋品包装费用每件下降到了 0.4 元，其它销售费用每件降低了 0.3 元，每个养殖户因此增加经济收益 6179 元。

2. 履行合作职责，提供优质服务。 按照《中华人民共和国农民专业合作社法》的有关职责要求，桃源县三江养殖合作社尽力为社员提供优质服务。主要采取分户养殖、分类指导、集中销售的方式，在合作社内部实行了“五个统一”：一是统一技术培训指导。每年对所有社员都提供统一的技术培训，请国内知名养殖专家来社授课，上门为社员进行技术指导，大大提高了社员的养鸡技术。二是统一鸡苗育雏。鸡苗由社内孵化后统一育雏，40 天后按低于市场价格销售给社内养鸡户，有效提高了雏鸡成活率和养殖户的经济效益。三是统一饲料供应。该合作社根据各类养殖户蛋鸡生产发育的不同阶段制定了不同的饲料配方标准，对主要饲料资源进行批量采购，由饲料厂加工后优价销售给各养殖户。四是统一疫病防治。社内建立了检测实验室，配备了专用车辆和技术服务人员，为社员提供上门服务，随叫随到。五是统一产品销售。该合作社建立了自己的销售网络，不断收集整理国内外市场的最新信息，积极拓展产品销售渠道。2005 年 10 月，该合作社还向工商部门申报注册了“桃花源”牌商标，社员养鸡所生产的鲜蛋由合作社统一品牌、统一包装、统一价格后对外进行销售。

3. 完善运行机制，规范内部管理。 桃源县三江养殖合作社注重从运行机制和内部管理上狠下功夫。一方面，在建立健全运行机制上，重点建立了会员间的利益连接机制，通过利益机制把社员紧密联合起来，提升市场竞争的能力。如该合作社 2006 年通过产品购销获得了 200 万元的盈利，除 80 多万元用于扩大再生产外，其余 120 多万元全部返还给了社员。另一方面，在规范内部管理上，重点紧扣了两个环节。一是以“民办、民管”为原则，建立和完善组织机构。该合作社的最高权力机构为社员代表大会，社内的所有重大决策，特别是与社员利益密切相关的事项，必须经过社员大会表决通过。社员大会讨论决定的所有事项，由理事会负责组织所属的“三部一室”（技术服务部、购销服务部、财务部和办公室）进行实施。理事会工作执行情况，由监事会进行全面监督。监事会成员由社员代表组成，并严格禁止理事会成员进入监事会任职，从而保证了合作社各项运作的公平、公开和公正。二是以严格内部管理为原则，建立和完善各项规章制度。该合作社除了对内部章程进行及时修订完善外，还先后建立和完善了社员代表大会制度、民主议事制度、财务管理制度、二次返利制度等各项规章制度，确保合作社的一切重大活动和日常工作都做到有规可依，按章去办。

三、几点启示

桃源县三江养殖合作社在一定程度上代表了常德市农村合作经济的发展水平和方向，是全市依靠农民农业合作组织发展养殖业的众多先进典型中的一个佼佼者。从三江养殖合作社的一些做法和经验中，至少可以得到以下四个方面的启示：

1. 发展农民专业合作组织，有助于推进农业产业化进程。农民专业合作组织的建立与发展，实现了高度分散的同产业农民的聚集和联合，加快了农业产业化的进程。桃源县三江养殖合作社按照产业化的要求，在发展蛋鸡产业上，形成了一个聚集农民比较多、覆盖面比较宽、规模比较大的产供销、科工贸一体化的运作模式。该合作社通过发挥综合协调功能，推行“桃花源”牌鲜蛋的标准化生产，严格社内自律，调解内部纠纷，联合应对市场，实现了产业资源利用的最合理化和产业效益的最大化。

2. 发展农民专业合作组织，有助于提高农民市场化程序。在市场经济条件下，单家独户的农民处于弱势地位，根本无法与一些大工厂、大公司抗衡。农民加入农民专业合作组织后，就增加了农民进入市场的筹码，提高了抵御市场风险的能力。桃源县三江养殖合作社为应对激烈的市场竞争，把分散的同业农户组织起来，实行“五个统一”的经营策略，产业规模越做越大，品牌越打越响，销路越来越广，实力越来越强。该合作社养殖规模由2002年的18万羽、2003年的41万羽、2004年的113万羽，发展到了2006年的150多万羽，产品供不应求，这些都充分显示了合作经济组织在市场中的强大功能。

3. 发展农民专业合作组织，有助于拓宽农民增收渠道。农民专业合作组织把农民共同的致富愿望和经济利益联结在一起，通过产前、产中、产后的系列配套服务，大大增加了农民的商品生产量，并在市场销售中实现了利润的最大化，从而有效地增加了农民收入。据统计，凡是加入了合作社的社员年人平纯收入要比普通农民年人平纯收入高出近2000元。尝到甜头的农民由衷感慨：“跟着合作社走，销路不用愁；跟着合作社干，社员有钱赚”。

4. 发展农民专业合作组织，有助于加快新农村建设步伐。农民专业合作组织的建立与发展，把农民的注意力和精力都转移到了发展经济、增加收入上，打牌赌博、无事生非现象基本杜绝。同时还培养造就了一批新型农民，他们不但对农村的物质文明建设做出了贡献，而且也推动了农村精神文明、政治文明建设向前发展。特别是对农村的社会稳定、民风村风好转以及对密切党和政府与广大农民群众的关系，促进农村和谐社会建设等，都发挥了重要的影响和作用。

构建和谐社会必须着力化解群众利益矛盾

曹 儒 国

党的十六届六中全会《决定》明确指出，要“始终把最广大人民的根本利益作为党和国家一切工作的出发点和落脚点”。如何看待和化解社会转型时期的群众利益矛盾，促进利益和谐，已经成为当前迫切需要解决的第一位的基本问题。

一、过去没有的利益矛盾，现在衍生出新的矛盾。最为突出的是利益表达矛盾，它使得普通群众的利益得不到真正意义上的尊重与维护。一是制度垄断。政府政策法规的出台很大部分受以部门为代表的政治界、以私有业主为代表的工商界和以少数“精英”为代表的知识界等强势阶层的影响和主导，缺乏广泛的社会讨论和群众论证。目前，以专家教授座谈代替群众论证的“精英政策”和小团体利益色彩浓厚的“部门制度”已成为引发利益矛盾的政治风险源。二是权力垄断。占了人口很大比例的弱势群体在社会管理上缺少“镜头”、在公共事务上缺少“话筒”、在议政建言上缺少“版面”。以人大和政协代表的身份统计为例，近20年来党政干部基本持平，而工商业主的比例上涨了230%，普通工人农民的比例却下降了69%。这表明基础阶层的政治代表力正在削弱。三是信息垄断。阶层之间享有和能够表达的信息不对称。在信息享有方面，普通群众的信息诉求不被重视，政府方面提供的信息不充分，主要反映在公共政策、公共管理法规、公共财政资金等方面，普通群众不知情不知底。在利益表达方面，社会底层群众的话语权十分有限，没有为其代言的社会组织，缺乏利益保障诉求的渠道和利益受损申诉的通道。利益表达渠道的缺乏，往往使弱势群体成为利益最容易受到侵害的群体，如拖欠农民工工资、煤矿生产安全等，这些也是近年来群体性事件数量不断上升、规模不断扩大的主要原因。

二、过去不明显的利益矛盾，现在升级成更显性的矛盾。随着改革的不断深入，被固有体制和飞速发展掩盖着的利益分配矛盾急剧上升，逐步显性化、表面化、对抗化。一是对改革的代价分配不满。社会阶层之间享受的发展成果与承担的改革代价很不协调。如企业改制导致的工人下岗、征用土地导致的农民失地等，对生产资料的剥夺往往使弱势群体的生活处于悲凉境地，而其获得的补偿却微乎其微。同时在改革过程中，一些强势群体还时常将代价转嫁到他们身上。如一些地方在农村征地中的补偿标准偏低甚至拖欠挪用补偿费；在城市拆迁中滥用强制手段，补偿安置政策不落实；在企业重组改制和破产中贱卖国家资产，拖欠工人社会保障费和安置费，等等。二是对改革的成果分配不满。社会资源享有的社会成员差别、城乡差别、区域差别程度不同地在拉大，成为影响发展全局的重大问题。有关数据显示，东部城市仅占全国人口的8%，却享有39%的社会资源，而占全国人口24%的西部农村仅享有7%的社会资源。特别需要注意的是，在对教育、卫生、社会保障、安全生产、劳动保护等到增大重要的公共资源的享有上，也还存在很多户籍、就业、身份等人为差别和制度性壁垒。三是对改革的规则分配不公。在改革不成熟阶段，有很多规则存在漏洞，造成起点和机会的不公平。一种现象是“变现权力”。一些领导干部利用政治优势，在土地批租、工程承包、企业改制或物资采购中搞权钱交易，借产权置换、企业改制之机，自卖自买或暗箱操作侵吞国有资产，为家属子女经商从业包揽工程、介绍业务。再一种是“收买权力”。一些投机分子利用资本优势，在市场准入上闯“红灯”、在上交税费上捞优惠、在资源配置上占便宜。如群众反映强烈的“住房难”问题，很多就是由一些房地产商买通领导干部低价圈地、欺骗银行空手抵押圈钱、联手大炒楼市抬高房价圈利，用“资本垄断资源”损害群众利益造成的。

三、过去一直存在的利益矛盾，现在激化为更突出的矛盾。当前，公共行政方面的问题始终是群众利益矛盾的焦点和主线。在一个较长时期内，这一矛盾将趋于严峻。一是与群众关联最直接的公共政策问题。违反科学发展观，严重损害群众利益的问题在一些地方还比较突出。如以经营城市为名，不顾客观实际，大量征占农村土地，剥夺农民利益；私挖滥采，急功近利，浪费资源、污染环境，甚至损害人民群众的生命财产安全；盲目铺摊子、上项目，脱离实际，劳民伤财，不计经济成本换取政绩，等等。二是群众反映最强烈的公共管理问题。集中反映为“国家权力部门化、部门权力利益化”。如一些部门靠控制行政许可圈利，一面精简项目，一面设立隐性关卡；一些部门靠随意行政执法谋利，把法规制度当做橡皮图章，要圆就圆、要方就方；一些部门靠操纵公共财政逐利，赚钱的事情自己办，贴钱的事情让人民办。三是群众企盼最迫切的公共服务问题。公共服务领域特别是社会保障方面的投入严重不足，已经成为当前社会贫富差距扩大趋势难以得到制度性缓解的一个基础性重大因素。从1998年到2005年的7年间，我国财政收入始终保持着近

20%的超高水平增长，但同期在社会保障、教育、科学和医疗卫生等公共领域的支出比重却不升反降，缩水 4%。我国 80%以上的劳动者没有基本养老保险，85%以上的城乡居民没有制度性医疗保险。在陷入赤贫的群众中，1/3 是因病致贫。相对来说，农村的形势尤为严峻。预计到 2007 年，将有 3400 万农民无地可种，而农村低保基本没有覆盖且补贴标准偏低，户人均补贴标准仅为 43 元。

四、目前不严重的利益矛盾，今后将成为关键性矛盾。一是对生活的幸福感和满足感将成为群众利益追求的重要方面。调查表明，广大群众对腐败现象特别是司法腐败、对安全保障特别是食品药品安全、对社会环境特别是治安环境和生态环境等幸福指数的关注度在逐年上升，甚至对某些问题已经形成了一定的社会焦虑心态，如认同腐败、羡慕腐败等腐败文化。现在这些方面存在的一些问题，将随着今后的发展日趋凸显。二是政府转型过程中的“二次违规”行为将成为引发群众利益矛盾的重要问题。政府转型过程中的“二次违规”行为包括：一些部门为了躲避履行职责中可能出现的违法风险而不作为；一些从事公共服务或公益事业的行业，凭借国家特证政策和对公共资源的占有，牟取巨额垄断利润；一些中介组织、行业协会利用政府在某些领域的退位与相关部门携手取得部分行政权，成为实质上的“二政府”，等等。这些问题都将造成对群众利益的新的侵害，迫切需要我们高度关注。三是新型人口问题将成为影响群众利益的重要矛盾。首当其冲的是就业问题。目前我国城市登记失业率控制在 4.6%左右，基本在可以控制的水平。但在“十一五”期间，我国每年将增加大量就业人口，同时还存在着复员退伍军人、大中专毕业生、残疾人就业安置和农村富余劳动力转移困难等问题，这对如何保障群众劳动利益将是一个非常严峻的考验。其次是社会成员分化问题。劳资关系下形成的业主与员工对立，劳动条件、劳动保护差，拖欠、克扣工资，随意加班，侮辱工友等损害群众利益的问题可能更为紧张。再次就是社会贫困问题。对于社会贫困群体的救济性再分配、补偿性再分配、保险性再分配等机制亟待建立，在逐步建立和完善中可能会出现一些新的矛盾。

化解群众利益矛盾是一个长期而复杂的过程。在这一过程中，既要坚持平等对待各个阶层利益的公平性，又要把握适当倾斜于社会底层和弱势群众利益的效率性；既要重视物化经济利益，又要重视非特定性权利利益；既要保护人民群众的现实利益，又要给人民群众带来可以预期的长远利益。

第一，从民主法治角度引导群众利益。从某种意义上说，公平正义是群众利益第一位的需求，但民主法治是根本性需求。只有实现民主法治，维护群众利益才能取得全局性和长期性的效果。要建立健全党委领导、政府负责、社会协同、公众参与的社会管理格局。特别是要从制度上建立各个社会阶层的政治参与机制，充分保障弱势群体的民主权利，扩大底层群众代表的发言权和政治参与权。要充分听取群众的权利诉求、民主诉求、公正诉求以及政治诉求，将群众的意愿投射到各级公共权力机关的决策过程中，使党执政的合法性和能力得到社会普遍认可。要充分发挥城乡基层自治组织协调利益、化解矛盾、排忧解难的作用。要以完善制度为重点，以健全机制为主线，以发展基层民主为目标，推动村民自治组织制度的建设。要逐步建立与社会主义市场经济体制相适应的社区管理体制、运行机制和服务体系，合理配置和利用社区资源，加强社区自治组织制度的建设，不断提高城市基层社会自我管理的水平。要善于发挥社会团体、行业组织、中介机构以及工青妇等群众组织的作用，完善社会化服务网络，努力形成社会管理和社会服务的合力，形成社会保险、社会救助、社会福利和慈善事业相衔接的社会保障机制，满足人们日益增长的各种公益性需求。

第二，从公平正义上保障群众利益。可从三个方面来考虑：一是完善竞争规则，创造公平竞争的制度环境。当前，要通过公正、严密、合理的制度安排，逐步在建设工程、经营性土地使用权出让、产权交易、政策采购等领域形成公开、公平、有序的竞争秩序。要减少政府对垄断行业部门的管制和保护，取消市场准入的人为限制，鼓励民间个体和“第三部门”与公共部门展开竞争。同时要逐步完善信用规则，严肃查处商业贿赂，建立和公布行贿“黑名单”，取消其市场准入资格，遏制一些不法商人的非法致富行为。要督促有关部门做好与中介组织彻底脱钩的工作，使各类中价组织与其他市场主体平等参与市场竞争。要防止和限制领导干部及其家属参与不公平竞争，对领导干部及其家属从业经营、下海经商等要作出严格规定并划定禁区，对非法所得应予以没收。对一些权力部门如建设、国土、公安、司法等部门，也应限制其干部及其家属在本系统内或所辖范围内从事交易经营活动。二是强化政策监控，维护广大人民的合法权益。当前，特别要加强对企业改革、财政改革、医疗改革、教育改革和劳动保障改革政策的监控，确保弱势群体的利益不受侵害。三是加强监督检查，推动规则公平的真正落实。要通过严肃查处违规者，改变“谁遵守规则谁吃亏、谁不守规则谁获利”的不公正现象。以监督行政许可法的实施为重点，推进依法行政，坚决克服部门利益驱动、滥用职权、与民争利等现象。要加大对国家宏观调控政策落实情况的监督检查力度，坚决破除地方保护主义，维护公平的市场竞争。

第三，从安定有序角度协调群众利益。一是要构建各社会阶层的利益表达机制。要进一步加强信访举报工作，创新信访举报方式，畅通人民群众信访举报的渠道，及时负责地答复和处理好人民群众反映的实际问题。二是构建弱势群体利益维护机制。要注重从源头入手、从维权入手，建立维护弱势群体利益的长效机制。当前，针对城镇建设和企业改制中屡屡发生侵害弱势群体利益的问题，要进一步完善城镇化、工业化方面的政策，从根本上解决征地、拆迁、企业改制及环境保护中侵害群众利益的问题。同时要深化城保、推进镇保、完善农保，积极推动社会福利和社会保障覆盖全社会。三是构建社会矛盾调处机制。建立和完善矛盾排查机制、信息预警机制、应急处置机制和责任追究机制。加强对处置群体性事件的领导，最大限度地减少群体性事件对社会稳定的冲击。建立以利益调节为核心的社会整合机制，建立规范的对话和协商机制，把“最广大人民的根本利益”的要求具体化，引导各个利益群体以理性、合法的形式表达利益诉求，妥善处理各种社会利益关系，避免矛盾激化。

第四，从充满活力角度整合群众利益。一方面，要正确处理效率与公平的关系。首先，从政策和制度上激发全社会的创造活力。社会主义和谐社会应当是一个充满创造力的社会。要最广泛最充分地调动一切积极因素，必须全面贯彻尊重劳动、尊重知识、尊重人才、尊重创造的方针，也就是要形成与社会主义初级阶段经济制度相适应的思想观念和创业机制，营造鼓励人们干事业、支持人们干成事业的社会环境。要发挥各阶层、各地区、各行业人们的发展活力，放手让一切劳动、知识、技术、管理和资本的活力竞相迸发，让一切创造社会财富的源泉充分涌流，造福于人民。其次，要形成体现社会公平的相对均衡的利益分配格局。要加大政府调节再分配的力度，合理调整不同阶层的利益结构，调节好社会成员之间的分配差距，采取有效措施，提高农民的现金收入和城镇中低收入居民的收入，形成相对均衡的利益分配结构。再次，要统筹城乡发展、地区发展，在子女上学、生病就医、劳动力就业等群众关注的热点问题上一视同仁、统筹解决，努力遏制贫富差距、地区差距和城乡差距的扩大。另一方面，要从制度上保障竞争的条件和机会平等。逐步推行听证会、论证会、座谈会、公示征求意见等民主立法方式，禁止各种歧视性条款。逐步消除户籍、教育、就业、身份等方面的制度性障碍，促进农村剩余劳动力的转移，保护进城务工人员的合法权益。

（发表于《领导科学》2006年第24期）

关于农民是新农村建设主体的思考

刘 本 之

新农村建设中，怎样认识和看待农民的主体地位是一个重大课题。只有全面、辩证地认识农民的主体地位和作用，才能在新农村建设的实践中准确把握政府和农民的关系，才能明确界定各自的责任和任务，更好地调动两个方面的积极性，推动新农村建设健康发展。

一、农民是受益的主体

农民作为新农村建设的主体，首先表现为是受益的主体。这是有着历史与现实的深刻原因。

一是农民需要受益。几千年来，高度分散的中国农民一直处于弱势地位，是中国社会最大的弱势群体。新中国成立后，这种状况得到较大改观。但长期以来，我国实行对工业和城市重点倾斜的政策，通过工农产品剪刀差从农村抽掉大量资金，农民的生产生活条件长期落后于城市。有人戏言："中国的城市像欧洲，农村像非洲"。改变生存状况，已经成为农村发展中最为迫切的声音。

二是农民应当受益。农民也是公民，但并未得到平等的国民待遇。据有关资料，农民工的平均劳动时间比城市工人高40%以上；每万人拥有公路数，城市20公里，农村4公里；每万人拥有病床数，城市34张，而农村只有8张；今年一季度，城镇居民人均可支配收入为3935元，农民人均现金收入只有1260元；全国纳入最低生活保障的人数，城市达到应保人数的90%以上，而农村不到20%。让人口占多数的农民共享改革发展成果，也就成了新农村建设的必然。

三是农民必然受益。目前，我国经济进入了一个新的历史时期，已经具备以工促农、以城带乡的基本条件。为此，党和政府制定了工业反哺农业、城市支持农村的基本方针，提出了建设新农村的重大任务。国家财政通过减免补贴，让农民直接受益。我市本级财政新农村建设资金从开始的2000万元逐步增加到5000万元，明年可达到8000多万元。这势必让农民群众得到更多实惠。

二、农民是发展的主体

建设新农村最根本的是发展农村经济。农民作为发展的主体，主要表现为以下三个方面：

1. 自主生产。就是充分尊重农民意愿，使农民真正成为决定产业结构调整和发展模式的主体。在市场经济条件下发展农村经济，必须遵循市场经济规律，让农民自己决定生产和经营。各种规划怎么拿、各类建设怎么搞，最终由农民说了算。各级政府应转变工作方式，不搞瞎指挥和强迫命令。

2. 自由联合。就是尊重农民的组织创新，鼓励和培育适合农村经营的合作经济组织，提高农民进入市场的组织化程度。实践证明，建立合作经济组织，可以办各级政府统不了、经济技术部门包不了、农民单家独户办不了的事，放大农民的自我发展能力。要引导农民按照自愿互利的原则，兴办合作经济组织，实行民办、民管、民受益。

3. 自我服务。就是充分发挥农民群众的主观能动性，主动搞好村组内小型公共产品的生产、使用和管理，以及受益农户的集体行动和自助。政府对新农村建设投入的是水电路等大宗基础设施建设，而对房屋改造、清淤排障、村内道路整修等，政府不可能也没有能力完全承担，只能是农民投工投劳，搞好家园建设。

三、农民是监管的主体

新农村建设中有大量的建设项目，农民作为受益者，最具监管的意愿和责任。依靠农民搞好监督，才能真正达到建设项目保质、保量、保廉、保效的目的。

1. 政策公开。各级政府要将有关建设新农村的规划、项目、扶持政策等，向农民群众公开，让群众充分了解掌握各类政策，监督政策得到公平有效的落实，享受政策给予的实惠。

2. 项目公开。要通过政务公开、村务公开等形式，将新农村建设中项目计划、规模标准、建设周期等，逐项向群众公布；项目实施完成后，将项目实施情况向群众公布，接受社会和群众监督。

3. 财务公开。新农村建设项目实施前，要将资金安排，使用范围和涉及对象，补助奖励标准，兑现方式与时间等向群众公开；项目实施后，要对照项目计划、建设内容、支出情况、决策情况等逐项向群众公开，实行"阳光操作"。

我们要始终坚持突出农民的主体作用、主体意愿、主体利益，始终做到凡是群众急需的，都要大力支持；凡是群众自愿的，都要积极组织；凡是群众疑虑的，都要及时解答；凡是群众反对的，都要坚决制止，推动新农村建设持续快速健康发展。

（刊《湖南日报》2007年4月24日"理论纵横"）

论 协 调

刘 明

党的十六届六中全会作出的《中共中央关于构建社会主义和谐社会若干重大问题的决定》，是党中央从中国特色社会主义事业总体布局和全面建设小康社会全局出发提出的重大战略任务，体现了全党全国各族人民的共同愿望。学习好、宣传好、贯彻好党中央这一重大决定，是摆在广大领导干部面前的一项重要任务。

一、协调意义重大，它是统一思想、凝聚力量的有力武器，是化解矛盾、促进和谐的重要手段，是实施管理、推动工作的基本方法，其实质就是通过做人的工作，最大限度地加强思想沟通，理顺利益关系，凝聚各方力量，实现组织目标。

追求目标认同，承认价值差异。人的思想意识千差万别，人的奋斗取向各不相同。一个地方、一个单位如果没有一个共同的目标来指引方向、凝聚人心，必然是一盘散沙、一事无成。协调的过程，实质就是使组织内部的每一部分或每一成员的个别行动都服从集体目标，并为实现集体目标而努力奋斗的过程。我国古代著名军事家孙武云："上下同欲，士可为之死，为之生。"这是我们做协调工作所要追求的目标和效果。然而，人与人之间存在差异是一种不可否认的事实，对个别差异的承认和理解是做好协调工作的一个重要前提。我们做协调工作，就是要坚持求大同、存小异，满足多数人、尊重少数人的原则，尽力使每个成员都保持一个共同的组织目标，使全体成员采取一致行动完成组织赋予的使命和任务。

追求集中效果，注重民主过程。民主集中制是我们党的根本组织制度和领导制度，是民主基础上的集中和集中指导下的民主相结合的制度。协调的过程，实质就是贯彻和执行民主集中制的过程，通过民主的方式实现集中的效果。不能搞无规则的民主形不成集中效果；更不能强行集中，忽视民主过程。民主是集中的前提和基础，只有充分发扬民主，才能实现正确的和有权威的集中。我们做协调工作，就是要把民主和集中有机统一起来，让各个成员的意愿和主张充分表达，使各个方面的意志和智慧充分凝聚，发挥民主作用，形成集中效果。

追求统一意志，兼顾对立谈判。事业的成功是靠组织作战而不是靠各自为战，靠统一意志而不是靠个人奋斗。协调的过程，实质就是形成统一意志、推动组织作战的过程。在这当中，整合观念是先导，沟通思想是根本，统一意志和行动是归宿。同时我们也要看到，统一是从不统一开始的，协调是因为有不统一才需要的。在协调过程中，要允许争论，鼓励谈判，通过争论和谈判达到的统一才是最有生命力的统一。我们做协调工作，就是要通过各抒已见、畅所欲言，加强个体之间的交流和沟通，处理好上下级之间、平级之间、持不同意见的人之间的关系，把各级、各个人的意志和行为统一为集体的意志和行为。

追求利益公平，鼓励作出牺牲。各种社会矛盾归根结底都是利益冲突的矛盾，化解利益冲突归根结底就是实现利益关系的平衡。协调的过程，实质就是调节利益关系、推进利益平衡的过程，最大程度地实现利益公平化、合理化、共同化。在保证公平、合理、共同利益的前提下，鼓励和引导部门、个人自觉自愿作出牺牲，不同利益纷争而影响组织的集体利益和部门、个人之间的团结和谐。我们做协调工作，就是要注重利益公平，调节利益关系，用公平、合理的利益调节形成统一的利益共同体，用局部利益、部分利益的少量牺牲换来大局利益、整体利益的最大化，赢得部门与部门之间、人与人之间的团结一致、和谐相处。

二、在协调的过程中，必须善于把握重点，抓住关键。围绕实现总体目标进行协调。目标是一切管理活动的中心和方向。任何组织都因特定的目标而存在，组织内部的一切活动都应围绕目标的实现来进行。目标越明确，行动越有效。协调是为了更好地实现目标，必须围绕目标来开展。

围绕解决突出问题进行协调。矛盾和问题不断涌现，又不断解决，是事物发展的辩证规律。随着改革开放的深入，市场经济的发展，各种利益矛盾日益凸显，各种社会问题不断涌现，比如贫富差距过大的问题、就业不足的问题、经济社会发展相对失衡的问题、社会风气不健康的问题、体制机制不够健全的问题，等等。党的十六届三中全会全面分析我国经济社会发展中存在的突出问题并提出了"五个统筹"，五中全会进一步指出了影响我国经济社会发展的"十大问题"，六中全会又确定了建设社会主义和谐社会的"九大目标和任务"。这"五个统筹"、"十大问题"、"九大目标和任务"，就是我国经济社会发展当前所面临的主要矛盾和问题，也是我们进行协调应当把握的工作重点。

围绕提高运转效能进行协调。实践充分证明，一个地方、一个部门发展快不快、工作顺不顺、群众满意不满意，很大程度上在于这个地方、这个部门的干部作风正不正、机关效能高不高。而决定机关行政效能高低的一个很重要的因素，就是内部和谐不和谐、运转协调不协调。但客观地讲，一些党政部门和干部还或多或少地存在着人浮于事、缺乏诚信、为政不廉等问题。这些问题必须认真加以解决。

围绕增进人员团结进行协调。团结是克服困难、赢得胜利的强大力量，是凝聚人心、成就事业的重要保证。个人出成绩、工作出效率、单位出成就，原因千万条，团结最重要。但现在我们有少数人把团结看淡了、想偏了、做歪了。他们为了一己私利，是非面前不开口，躲着矛盾走，做息事宁人的“好好先生”；他们心中没有大目标，工作没有新思路，做一团和气的“昏昏先生”；他们为了小圈子，互相吹捧，互相表扬，做到处拉关系的“混混先生”。这些都是与构建和谐社会的要求背道而驰的。我们开展协调工作，就是要在协调中减少误解、增进理解，减少阻力、增进动力，把一切可以团结的力量团结起来，把一切积极因素调动起来，共同致力于事业发展。

三、协调常抓常新，必须讲求方法，注重技巧。把放眼长远和立足当前结合起来。眼光决定目标，目标决定信念。有战略眼光，才能高瞻远瞩，才能把工作做到前头。在协调的过程中，我们要放眼长远。要善于从政治上看问题，始终把握正确的政治方向，坚定正确的政治立场，善于运用马克思主义的立场、观点和方法观察问题，分析形势；要善于从大局上看问题，始终把本地的经济社会发展置于全党的工作大局中去思考、去谋划；要善于从源头上看问题，能够透过现象看本质，善于在“微风乍起”之时，发现事物的本质和发展趋向。同时，协调也是一个逐步积累的过程，不能好高骛远、眼高手低，必须立足当前、扎实推进。要对当前的现实情况包括我们的基础如何、我们的职责有哪些等，有一个清醒的认识，从而更好地把握大势，找准入口。要坚持从我做起，从现在做起，从每件小事做起，扎扎实实地走好每一步、干好每件事。要通过自己的努力，一步步把工作引向深入，把事业引向成功。

把满足多数人需求和考虑少数人意愿结合起来。在协调的过程中，由于协调对象了解的情况不一样，考虑问题的角度有差别，大家的意见不完全一致，甚至有时会出现对立和冲突。对待这些矛盾和问题，我们要有辩证的思维。大多数人的利益始终是我们制定政策、解决问题的最高准则。如果脱离了这条准则，就背离了为人民服务这一宗旨，就背离了“三个代表”重要思想的要求。但同时也要明确，考虑大多数人的利益，绝不意味着不考虑少数人的利益，为大多数人谋利益绝不意味着可以损害少数人的利益。只要他是人民群众中的一员，他的合理的、正当的利益就应当受到保障。要多深入基层开展调查研究，掌握第一手材料，知实情、说实话，从而减少协调工作中的盲目性和被动性。

把坚持原则性和讲究灵活性结合起来。原则性和灵活性是有从属关系的。一方面，原则性是灵活性的前提、基础和限度，体现着事物的本质和规律，没有原则性就没有灵活性。另一方面，灵活性是原则性的方法、手段和途径，是服从和服务于原则性的，是在原则性限度内的。坚持原则性和灵活性相统一，实质就是要把政策精神和实际情况相结合。既要创造性地实施政策，又要正确地把握政策的界限；既不能随心所欲、任意变通，又不能机械僵化、生搬硬套。在协调工作中，要坚持原则性和灵活性的有机统一，加强对上级的方针政策和指示精神、各项规章制度的学习理解，对要达到的战略目标、应有的基本立场、需要维护的根本利益有清醒的认识和准确的把握，同时要有应变的能力，根据事物的发展变化，适时调整战略战术，创造性地开展工作，从而更好地趋利避害，扩大工作成果。

把依靠组织权威和运用人格力量结合起来。从某种意义上说，协调是通过一定的影响力来实现的。这种影响力，既有外在的，比如规章制度、职责权力、组织权威，也有内在的，比如共同的价值观念、良好的精神氛围、领导者独特的人格魅力。在协调的过程中，要注意两者的有机结合。一方面，要善于借助组织的权威。每个社会成员都应该相信组织、依靠组织，自觉接受组织的管理，主动接受组织的监督，坚决服从组织的安排，圆满完成组织的任务。另一方面，要善于运用人格的力量。崇高的人格力量所产生的巨大影响力是任何其他外力无法替代的。因此，领导者要注重提高自己的人格魅力，提升自己的人格力量。

四、协调是一种复杂的领导艺术。在实际工作中，领导者除需要掌握基本的程序与方法外，还要注意以下几个问题。

端正心态。协调者自身处世心态要好。一要有公正的心态。在当前制度、机制还不十分健全的情况下，感情因素在协调中起着重要的作用。因此，协调时必须克制感情冲动，坚持在法律和政策的框架内开展协调工作。二要有积极的心态。积极的心态能把坏的事情变好，消极的心态可把好的事情变坏。协调中常常会碰到各种困难和问题，只有以积极主动的心态去应对，才能够克服困难、排除阻力、实现目标。三要有合作的心态。合作的心态就是要准确地理解他人，善于站在对方的位置和立场上思考问题，找到协调的结合点，增强协调的针对性。四要有坚持的心态。对于一些复杂问题的协调，必须坚持不懈、锲而不舍。

把握时机。在协调工作中把握好时机，重点是做到三条：一是坚持审时待机。在协调中要沉得住气，等到时机成熟后再行动。二是敢于当机立断。对事物的发展趋势保持一种深度的察觉和敏锐的判断，当条件成熟时，或者在等待过程中出现重要转机时，要下定决心，果断处置。三是学会创造时机。失败者错过机遇，进取者寻求机遇，成功者创造机遇。在协调工作中，要在掌握各方面情况的基础上，敢于开拓，勇于创新，努力创造打破僵局的条件，寻找化解难题的钥匙，促使事态朝着有利的方向转变。

运用智慧。提高协调能力，首先，眼光要长远。在协调中，要树立长远的眼光，能够从局部看到全局，从当前看到长远，善于从全局和长远的角度观察问题、分析问题、解决问题。其次，悟性要高。在协调面前，有悟性的人得心应手，没悟性的人无从入手。凡事多问个为什么，时间长了看问题的高度就会提升，就能透过现象把握事物的本质。再次，善于运用经验。协调工作是党政干部经常性的工作，没有一定的经验是难以胜任的。因此，在平常的学习和工作过程中，一定要做有心人，善于观察、善于总结、善于分析、善于积累。这样，协调起来才会得心应手。

承受误解。有的时候，协调是一种博弈，总是有人满意，有人不满意。作为协调者，必须听得进逆耳之言，容得了非难误解，忍得住委屈冤枉。一是要勇于担责。对于自己工作中的失误，要开诚布公地承认自己的错误，直截了当地向别人表示歉意。只有感动对方，在感情上拉近与对方的距离，赢得对方发自内心的尊敬，才能协调顺畅。二是要正视误解。人生在世，大凡想做点事、有点作为，总难免遇到这样那样的干扰，包括误解。面对协调对象的误解，协调者要有一种开阔的胸怀、博大的气度。应当相信，一切误解早晚会消除。三是要宽容过失。宽容大度是一种韬略，也是一种胸怀。在协调的过程中，要做到能容人时且容人，得饶人处且饶人。对于协调对象工作中的过失，只要不是原则性的，都应该从宽对待。这样才会赢得对方的认同，为顺利搞好协调工作创造条件。

（发表于《领导科学》2007年第5期）

论 坚 持

刘 明

胡锦涛同志在中央党校的重要讲话中强调："我们必须始终不渝地坚持以邓小平理论和'三个代表'重要思想为指导，深入贯彻落实科学发展观，毫不动摇地坚持和发展中国特色社会主义。"这里连用两个"坚持"，而且，在总书记的通篇讲话中，也多次用到"坚持"二字，足见"坚持"之重要。

坚持，按照词典的解释，就是坚定地保持，坚决进行下去的意思。我认为更为深入的理解，就是将一种状态、一种信念、一种精神坚定而不动摇地、坚决而不犹豫地、坚韧而不妥协地、坚毅而不屈服地进行到底。可以这样说，人类所有的竞技，几乎都是坚持的较量；人类所有的创造，几乎都是坚持的作用；人类所有的成功，几乎都是坚持的结果。

1. 坚持是心力的考验，也是实践的砥砺。坚持是一种强大有力的品格，是一种矢志不渝的信念。一个成功的人，无论是致力到获取财富，还是在某一领域成为顶尖高手，和那些没有成功的人比起来，最根本的差别就在于，成功的人永不放弃，永不言败，具有坚持到底的意志和心力。在不断进取的人生道路上，在改革开放和现代化建设的伟大实践中，我们需要这种坚持力和坚持的精神。人生因为坚持，才能更有意义；事业因为坚持，才能获得成功；平凡的工作因为坚持，才能显得伟大和光彩夺目。

2. 坚持有数量的积累，也有质量的提升。坚持是一个不断积累的过程，是一个从数量变化到质量变化的过程。我们要做好任何事情，都离不开坚持，离不开坚持的渐进和突破。我们只有多一些坚持，才能多一些积累，实现数量的增多，促进质量的提升。

3. 坚持反映个体的奋进，也反映群力的凝聚。人人希望成功，成功需要坚持。坚持能激发一个人的定力，更能凝聚一群人的意志。对个体来说，坚持是每个人获得成功的重要法宝；对群体来说，坚持是整个事业获得成功的先决条件。一个人能够坚持，不仅是一个人有毅力、有定力的表现，还能够凝聚一群人、一个团队的力量和意志。我们要想有所作为，必须团结和带动更多的人，脚踏实地干工作，义无返顾朝前奔。

4. 坚持标示工作的延续，也标示成果的扩大。事业是没有止境的。各项事业的推进和成功是一个没有终点的过程。要顺利推进这个过程，必须有一种勇往直前不停步、不达目的不罢休的精神。这种精神，就是坚持。一项工作的思路和措施定了，关键在于落实；思路和措施的落实，关键在于坚持；坚持下去，目的是保持工作连续性，巩固和扩大工作成果。特别是对一些已经被实践证明正确的工作思路和措施，一定要坚持，一定要有狠抓落实、一抓到底的恒心和定力。

坚持是一种高贵的品格，坚持是一种伟大的力量。坚持无时不有、无处不在，坚持无坚不摧、无所不能。信念要坚守、立场要坚定、意志要坚强……在前进的道路上，在历史的过程中，惟有坚持，才能领略成功的喜悦。

1. 在推进伟大事业中坚持奋斗。事业是血与汗的结晶。每一项事业的发展，都具有长期性、复杂性和艰巨性，如果不能始终保持坚韧的态度，矢志不渝地奋斗，是不可能取得成功的。当前，我国正处在加快推进现代化建设新的发展阶段。促进经济社会又好又快发展，全面建设小康社会，这是全国人民的共同追求，是现阶段我们所从事的最伟大的事业。推进这个伟大事业，需要我们共同努力，需要我们长期坚持。一是要坚持正确的政治方向。政治立场决定政治方向。只有政治上的清醒和坚定，才会有工作和行动中的识大体、顾大局、办大事。在推进社会主义现代化建设中坚持不懈奋斗，首先必须始终坚定对马克思主义的信仰，坚定对共产主义的信念，坚定对党的领导和信赖，坚定对建设中国特色社会主义的信心，自觉抵制各种错误思潮和腐朽思想的侵蚀。二是要坚决贯彻党的路线方针政策。在不同的历史时期，我们党着眼发展实践，坚持与时俱进，提出了一系列治国理念和执政方略。党的十六大以来，以胡锦涛同志为总书记的党中央提出了科学发展观、构建社会主义和谐社会等重大战略思想，这是引领我们进行社会主义现代化建设的重要指导思想和制胜法宝，我们一定要坚决贯彻落实。三是要把握发展主题。发展是第一要义。推进社会主义现代化建设，必须坚持发展，调动各个方面的积极性，充分激发全社会的创造活力，加快经济社会发展步伐。

2. 在从事平凡工作中坚持执着。推进事业发展的基础在于对事业的坚持，而这种坚持又源于日常生活中的点点滴滴。我们都是平常人，干的是平常的事情，但只要我们具有专心致志的注意力，心无旁骛，执着向前，我们就能成功。作为一名党员干部，我们如何在平凡工作中坚持不懈努力，在平凡中彰显非凡呢？一是要见微知著，坚持把小事做大。要树立"尽小者大"的思想，充分认识小事中蕴含的重大意义，严肃对待党和人民赋予我们的权力，严肃对待组织分配给我们的每一项具体工作，把小事做大。二是要严谨细致，坚持把小事做实。“千里之行，始于足下”。要以“夙夜在公、寝食不安”的公仆之心对待自己的职责，以“如履薄冰，如临深渊”的谨慎之心把握自己的言行，坚持从我做起，从现在做起，从点滴做起，不心浮气躁，不眼高手低，不好高骛远，不大而化之，以认真细致的态度，严谨务实的作风，真正把小事做实，做出实效。三是要尽善至美，坚持把小事做好。当我们面对一些平常工作的时候，要特别注意克服“小事无伤大雅、无碍大局”的观念，始终保持精益求精的作风，努力提升小事的质量效益，放大小事的价值。

3. 在演绎进取人生中坚持追求。人生在世，要有所追求。追求，能够焕发动力，促使人们付出心血，去奋斗、去拼搏，创造人生的价值。没有追求的人整日无所事事，浑浑噩噩，死气沉沉，都将泯灭灵魂，失去生活的意义。追求也是一个茧蛹化碟、凤凰涅槃的过程。追求中可能经历坎坷。然而“不经历风雨，怎能见彩虹。”作为一名党员干部，我们怎样演绎进取的人生呢？一是要有高度的责任感。高度的责任感是我们成就事业、成长进步的动力源。有了高度的责任感，即使在自己并非最喜欢和最理想的工作岗位上，也可以创造出非凡的业绩甚至奇迹来。二是要有奋发有为的精神风貌。奋发有为的精神风貌，它意味着自信与挑战，推动着改革与创新，代表着前进与超越。在今天这样一个大改革大发展的时代，我们要把事业推向前进，就必须始终保持永不言败的锐气和永不懈怠的斗志，敢于在风口浪尖应对挑战，勇于在荆棘坎坷中博弈险阻。三是要坚定必胜的信心。信心是一个人相信自己的愿望或预想一定能够实现的一种心理状态。它犹如混凝土中的钢筋，是人们立身行事的脊梁。我们要从心灵上确认自己，自己给自己鼓励。只要有心理准备，在困难面前，你就不会退缩；在挫折面前，你就不会沉沦。当然，自信有一个理性把握的问题，自信不够是自卑，但自信过了头，那就成了自满。因此，我们任何时候都要对自己有一个清醒的认识，既不盲目菲薄、自暴自弃，也不固步自封、刚愎自用。

4. 在提高实践能力中坚持磨练。事业的成败与否，最终是靠能力决定的。“不经一番寒彻骨，哪能得梅花扑鼻香？”任何能力的提高，都需要在实践中日积月累地坚持，长期不懈地磨砺。坐而论道，搞空对空，于能力无补。这正如没有火山造成的山体崩塌，就没有别样美丽的高山湖泊诞生；不经过悬崖断壁的跌落，就没有瀑布美景的出现；没有海底橄榄岩的断层拉伸，就没有马里亚纳海沟的深不可测。当前，形势发展很快，对我们的要求越来越高。作为一名党员干部，要更好地顺应时代要求，必须在提高实践能力上坚持磨练。一是要不断完善自己的知识结构。未来的文盲不是不识字的人，而是不会学习的人。我们要努力培养“人不学要落实”的紧迫感和危机感，发扬“只争朝夕”的精神，博学广览，丰富自己的知识，增强自己的本领。二是要精通业务技能。每一个岗位、每一份职业都有着特殊的要求，这就要求我们坚持从实际出发，本着精益求精的态度，积极探索，认真钻研，努力把相关业务知识学深学精，真正做到“干一行、爱一行、钻一行、专一行”。三是要努力提高抓落实的本领。执行力和落实力是一种重要的执政能力。做任何工作，重在坚持，贵在落实。我们一定要努力提高自己的落实能力，对于作出的决策，要定一条是一条，条条算数；对于布置的工作，要做一件成一件，件件落实；对于承诺的事情，要说一项算一项，项项兑现。

（发表于《湖南日报》2007年8月9日）

论 倡 廉

刘　明

倡廉反腐，倡廉为先。倡廉，对于建立一个清正廉明、和谐安定、富裕繁荣的社会，作用巨大。

1. 倡廉以制弊。廉洁是腐败的天敌，是时弊的克星。在人类历史的长河中，无数王朝帝国走向没落，无数次民众揭竿而起，一个重要原因就是腐败成势而廉不能倡。反观之，挽狂澜于既倒，扶大厦之将倾，往往需要廉洁元素的参与。汉光武中兴如此，西方工业革命后强力反对“政党分肥制”如此，新中国成立后的三大倡廉反腐运动更是证明了这一点。建国以来，我国经济社会经历了建设新民主主义社会、改革开放和建立社会主义市场经济体制三个转型时期。在向新民主主义社会过渡的第一次转型中，一些党政干部经不起“糖弹”的袭击，贪污受贿、挪用公款等腐败之风开始滋长蔓延，党中央适时做出了以“反贪污、反浪费、反官僚主义”为重点的反腐败决定，拉开了建国后第一场倡廉斗争的帷幕。在改革开放的第二次社会转型中，价格双轨制的实行和法制建设的滞后给一些利欲熏心的腐败分子提供了可乘之机，腐败之风日渐抬头，党中央及时做出了《关于打击经济领域中严重犯罪活动的决定》，开启了改革开放以来倡廉反腐的新进程。在建立社会主义市场经济体制的第三次社会转型中，体制上的空当方便了少数私欲膨胀的腐败分子，为打击政治上的贪赃枉法、经济上的以权谋私和生活上的奢侈腐化，党的第三代领导集体又一次吹响了倡廉反腐的号角。党的这三大倡廉之举，是对时势的深刻把握和正确应对，不仅使党经受了执政、改革开放和建设社会主义的考验，而且对我国现代化建设产生了巨大而深远的积极影响。

2. 倡廉以正心。腐败是利己主义支配下的谋私行为，腐败的萌生和发展是心智错失的外在表现，腐败者往往心灵肮脏、利令智昏。西方一位哲人说过，人是具有权利的动物，而利益是权利的核心。抵御利诱，反对腐败，必须倡导廉洁，整肃心智。倡廉是一种教化，是心灵的扶正。人性的善恶最终落实在后天的养成上。善花结出恶果，错在教化不力。倡廉直指人心，用正义照亮人的心灵；倡廉纯净世界，让正气弥散于宇宙天地。中国历来重视廉德教育，倡廉的相关言论和事故不绝于书，也培育了包拯、海瑞、于成龙等一批彪炳千秋的清官廉吏。我们党历来重视共产主义思想的教育，培养了成千上万的党的优秀儿女、人民的贴心公仆。他们的所言所行，在老百姓的心中树立起了高大形象。人们敬佩他们，向他们学习，从而带动了社会风气的净化。

3. 倡廉以致谐。腐败是侵蚀社会肌体的毒瘤。腐败盛行的地方，人民群众的合法权益得不到保障，化公为私和骄奢淫逸的歪风邪气得不到制止，司法公正、社会公正得不到张扬。腐败的危害，集中到一点，在于它从根本上摧毁一个社会的和谐之基。因此，构建和谐社会必须大力倡廉反腐。倡廉才能凝聚人心。在一些地方，人民群众心不宁、气不顺、意不愿，主要原因在于腐败问题极大地挫伤了人民群众的感情。只有高扬倡廉反腐的大旗，我们才能确立党和政府的威信，增强社会的凝聚力，才能提高国家的认同度和政权的动员力。苏东巨变的重要原因之一就是廉之不倡，那里的民众对社会的解体不仅无动于衷，反而推波助澜。倡廉才能促进公平。不公平是和谐的大敌。倡廉反腐才能保证权利公平、分配公平和规则公平，才能消除群众心理上的失衡和情绪上的对抗。作家张贤亮拆字谈“和谐”时说，“和”就是“人人有口饭吃”，“谐”就是“人人皆能说话”，前者是经济权益上的公平，后者是政治权益上的公平，实现这两个公平，显然需要以倡廉反腐为保证。倡廉才能保持活力。和谐社会是一个充满活力的社会。腐败使才不能尽其用，干不能有所得，廉不能有所值，扼杀了整个社会的蓬勃生机。才有所用，才者才会满怀激情；干有所得，干者才会锐意进取；廉有所值，人们才会艰苦奋斗。唯其如此，社会创造的源泉才能充分涌动。

4. 倡廉要讲方略，首要的是治源。治经济之源。生产力水平的低下和经济体制、制度的不完善是腐败的经济源头。治经济之源，要在发展生产力上做文章。只有坚持以改革统揽全局，把发展作为执政兴国的第一要务，才能通过发展解决好包括腐败在内的一切难题。古人讲：“仓廪实而知礼节，衣食足而知荣辱”。我们要大力发展社会生产力，不断满足人民群众日益增长的物质文化需要，从人类需求的基础层面消除腐败的基本动因。

治思想之源。封建特权思想和资产阶级腐朽思想是腐败的思想源头。过一种什么样的生活，从根本上讲，是由人的价值观所决定的。在现实生活中，先进思想和落后思想竞争性、对抗性地存在着。为落后思想所俘虏，人生的“电梯”就会急速下滑，在“失重”中失去自我；为先进思想所引导，人生的“电梯”就会快速上升，达到人生应有的高度。因此，倡廉反腐必须以树立马克思主义的世界观、人生观、价值观和正确的权力观、地位观、利益观为根本，以艰苦奋斗、廉洁奉公为主题，以更好地做到立党为公、执政为民为目标，坚定理想信念，筑牢倡廉的思想防线。

治文化之源。传统文化中的消极因素、中外文化碰撞中的变异现象以及市场经济中折射出的文化负面影响，是腐败的文化之源。治理腐败的文化之源，关键是倡导和建设“廉政文化”。要培养文化意识，充分认识到倡廉反腐既是一项政治斗争，又是一场文化斗争，从而确立起文化反腐的自觉意识，把廉政文化作为倡廉的旗帜和战斗号角。通过抓廉政文化建设，对腐朽文化始终保持警惕，慎独自律。要丰富文化内涵。摈弃空洞、浅薄的文化说教，展示廉政文化的时代特征。始终围绕历史和现实中极具生命力的鲜活元素来构建廉政文化，始终围绕时代大背景来设计廉政文化，始终围绕群众生产生活的实践来培育廉政文化，努力使廉政文化渗透和内化于人们的日常行为之中。要注重文化规范。要旗帜鲜明地倡廉反腐、不能含糊不清、模棱两可，尤其是对隐藏在人情往来、相互关照等传统礼义和社会民俗中的“亚腐败文化”要保持清醒的头脑和高度的警惕，防止在放松小节中让腐败文化坐大。要坚持求真务实、有机结合，化文化之虚为倡廉之实。

当然，惩治和预防是倡廉反腐工作中相互促进、相辅相成的两个方面。严肃惩治才能遏制腐败蔓延，并为预防腐败创造前提；有效预防才能从源头上不断铲除腐败滋生和蔓延的土壤，巩固好倡廉反腐的成果。建立惩治和预防相结合的倡廉反腐工作体系，必须坚持教育、监督和惩治并重。教育侧重于教化，是基础；监督侧重于制约，是关键；惩治侧重于打击，是保障。三者相互依存、相互配套、不可或缺。教育要取得实效，不仅取决于教育的内容和形式，还需要监督和惩治相配合；监督的实施，不仅取决于监督的权威性，还要靠教育以促进自律，靠惩治以警示和震慑；惩治要落到实处，不仅取决于惩治的力度，也有赖于教育的支持和监督的到位。只有把教育、监督、惩治统一于倡廉反腐的全过程，惩治和预防腐败才能取得明显效果。

（发表于《湖南日报》2007年3月1日）

加快融入　主动对接　积极作为

熊　大　顺

石门地处湖南西北部，境内群山叠翠，平岗交错，属典型的山区农业大县。石门县委、县政府跳出“山区县”束缚，确立新的发展定位，加快融入、主动对接、积极作为，呈现出更加广阔的发展前景。

——加快融入，提高经济外向度。一是融入大交通网。随着洛湛铁路2008年全线通车，枝柳、石长、洛湛三条铁路将交会于石门北站，以此为契机，我们争取石门火车北站扩能升级列入了国家铁道部建设规划，2008年可望开通客运。“十一五”期间，将筹资15亿元，加快完成主干道改造升级，形成东连常荆高速、南接常张高速、西通209国道，北达沪蓉高速的公路大通道。二是融入大湘西、大三峡旅游圈。加速我县旅游与张家界、桃花源、柳叶湖的融合，推进与湖北五峰、鹤峰、松滋旅游的沟通，积极参与长沙—常德—张家界旅游热线构建，开拓三峡—壶瓶山—张家界旅游通道，初步把石门建成以高端生态度假为主的省际旅游目的地和旅游名县。三是融入大常德经济带。积极参与区域发展联动，重点融入常德铁路经济带和澧水经济带，依托石门火车北站加快建设物流园，把石门建成辐射周边11个县市的物流中心。支持以石门一中、石门人民医院等为龙头的相关行业提质升级，尽快建成澧水流域的基础教育中心、医疗中心。

——主动对接，增强经济集约化。我们主动与全国（世界）500强企业沟通，目前已有安徽海螺、香港兆恒、重庆易普力、长沙远洋化工、湖北兴化化工、中国华电等10多家大型企业集团落户我县。一是努力促成优势资源与优良资本的对接，搞好资源性项目的深度开发。在引进投资3.6亿元的磷酸一铵项目后，又和湖北兴发集团达成了投资4亿元开发食品、医药级磷化工产品的意向。在签约投资1.2亿元白炭黑项目基础上，又与浙江巨石集团谈判开发破纤产品，以实现产品的升级和增值。二是积极引导投资者开发上下游产品，加长产业链条。石门威勒钨业公司在生产钨锭的基础上，投资1.5亿元开发生产磁控管组件，建成后将改变我国微波炉磁控管全部依赖进口的局面。世运针织等轻纺企业从过去生产单一的针织产品发展到生产衣、鞋、帽等系列产品，销售市场从香港扩大到了欧美。三是打造聚集平台。围绕外来落户项目设立了“一区四园”，落户园区的项目达40多个，年产值20亿元。已形成四大产业集群，即以海螺建材工业园为中心的水泥产业集群、以兆恒科技工业园为中心的科技型产业集群、以岳天电力化工工业园为中心的电力化工产业集群、以双佳农牧为中心的农产品加工产业集群，力争到2010年产值突破70亿元，年税金突破7亿元。

——积极作为，提升经济竞争力。为提升区域经济整体竞争力，我们强化了三条措施：一是发展高新技术产业。大力引进高新技术企业的同时，加快传统企业的高新技术改造，提高产业的技术附加值，让传统企业焕发新的活力。目前，我县高新技术企业已达7家，年产值3亿多元。二是壮大特色农业。按照“做活山地文章，发展绿色农业”的总体思路，大力推行农业产业的标准化和规模化生产，力争到2010年，全县柑橘年产量达到1000万担，茶叶年产量达到20万担，家禽年出笼5000万羽，高山蔬菜年产量达到10万吨，烤烟年产量达到10万担。三是优化经济环境。全面推行了“保安、保全、保姆”式服务，制定了“招商、安商、富商”的优惠政策，努力把石门打造成为集聚各种生产要素的投资兴业的“福地”。

（湖南省委《新湘评论》2007年第11期）

把握五个辩证关系又好又快建设石门

杨 琦 明

今年中央经济工作会议明确提出，国民经济要努力实现又好又快发展。从以前的突出快，以快促好，到现在的突出好，以好促快，这不仅仅是一个字的位置交换，而是我们党执政理念的一次重大转变和飞跃，充分体现了科学发展观的本质要求.如何理解又好又快发展的科学内涵，笔者认为，至少要把握以下辩证关系。

一是既要充分发掘利用资源，又要循环节约利用资源。土地、矿产等资源都是不可再生资源，用一点就少一点；森林、纯净的空气和水源都是稀缺资源，破坏以后就很难复原。要发展经济，不可避免地会消耗这些资源，但我们必须十分珍惜这些资源，尽最大努力循环节约利用，严禁对资源的低水平开发、粗放式经营，严禁乱占耕地、浪费土地，切实保护好森林植被、碧水蓝天，用最少的资源创造最大经济效益。

二是既要促进经济的健康发展，又要促进社会的文明进步。经济是基础，只有经济发展了，才有财力解决社会发展问题，但经济不是目的，经济发展的目的在于促进社会进步。过去很长一个时期，我们注重经济发展较多，而对社会事业发展有所忽视，人民群众在收入不断增加、物质生活得到改善的同时，明显感到精神文化生活的改善滞后于物质生活，形成了一定的反差，这反映出我们在发展中的一些缺失。今后，各级党委、政府要进一步转变职能，调整工作思路，在经济社会发展上要做到统筹兼顾，拿出更多的精力和财力解决好教育、文化、卫生、社会保障、社会救助等问题，丰富人民群众的精神文化生活，提高人民群众生活的幸福指数，让广大人民群众真正享受到和谐社会的温暖阳光。

三是既要大力发展工业，又要保护和改善环境。工业是县域经济的核心，必须加快发展壮大，同时我们也要注重环境的保护与改善，发展经济决不能以牺牲环境、牺牲人民的健康为代价。而发展与环境又是一对矛盾，如何解决这一对矛盾，这是摆在各级决策者面前的一个重要课题。目前，各级政府都提出了节能降耗、污染物减排的指标，而各地招商引资、兴办工业的热情很高、力度很大，发展工业不可避免的会增加能耗、带来污染。如何化解这一难题，关键在于调整优化产业结构，促进产业升级，大力兴办科技含量高、能耗低、污染少的工业项目，淘汰能耗高、污染大的落后生产力，确保多减少增，不断降低单位GDP的能耗水平，完成污染物减排的约束性指标，走上产业与环境和谐友好的可持续发展之路。

四是既要加快农业规模的扩张，又要加快农业质量的提升。石门县柑橘、茶叶、高山蔬菜等特色产业已具有一定的规模，但仍有一定的扩张空间；牲猪、草食牲畜、家禽等产业基础较好，也有很大的发展潜力，这些优势产业都应该继续做大做强。我们要求创新发展思路，转变增长方式，走以质量提升促进规模扩张的发展之路。要以培训农民带动农民素质的提升，以发展合作组织带动农村市场体系的提升，以推广农业机械带动农业装备水平的提升，以培育龙头企业带动经营水平的提升，以推广优质种苗带动品种的提升，以推行标准化生产带动品质的提升，以健全疫病防控体系带动农业健康发展水平的提升，以精深加工带动效益的提升，以争创有机、绿色食品带动品牌的提升，努力打造农业的核心竞争力。

五是既要争取基础设施适度超前建设，又要不超越群众的承受能力。农村是整个社会基础设施最薄弱的环节，改善基础设施条件是农民的最大期盼。中央顺意民意、关注民生，把加快改善农村基础设施条件作为新农村建设的重点，赢得了广大人民群众的衷心拥护。当前，农村基础设施建设力度不断加大，特别是通村水泥路建设，群众参与踊跃，形成高潮。对此我们要积极引导，大力支持，在争取上级投入的同时，采取多种途径筹措资金，要激发广大农民群众建设热情，促进农村基础设施建设的有序推进。同时要注意群众和乡村组织的经济承受能力，不能搞成摊派工程，不能形成新的负债。

(于中国新闻社湖南分社《每周新闻信息》2007年第11期)

力解就业难题　促进社会和谐

黄　清　宇

就业是民生之本、民富之源、和谐之基。在劳动力总体供大于求，就业矛盾普遍突出的大背景下，人口相对集中、劳动力特别是农村劳动力大量富余的传统农业县市，如何因地制宜解决好就业问题，实现比较充分的社会就业，始终是区域经济发展与和谐社会建设的重大战略和现实任务。结合实际工作的体会，我认为应走好四条路：

一、加快发展扩大就业。一方面，要着力加快发展速度。经济增长是拉动就业的火车头。传统农业县市人口多，就业压力大，要实现比较充分的社会就业，必须始终突出发展这个第一要务,着力提升地方经济增长速度，以经济的快速发展带动就业的稳步增长。要突出工业主导地位抓发展，加速推进工业化，以工业化引领、带动城镇化和农业产业化。工业经济增长速度要保持年均增长15%以上，力争达到20%。要坚持把招商引资作为兴工业、促发展的首位战略，进一步优化发展政策、改善投资环境、建好园区平台，打造投资“洼地”，特别要紧紧盯住世界和国内500强、国内行业50强，着力引进战略投资者，打造工业经济增长极。另一方面，要科学选择增长方式。坚持统筹兼顾，协调推进，在注重发展资本密集型产业的同时，积极发展劳动密集型产业，实现经济增长与扩大就业的良性互动。要大力发展第三产业。以产业结构调整为导向，在继续鼓励支持旅游、餐饮、商贸流通等创业成本低、劳动力相对密集的传统服务业发展的同时，积极拓展第三产业的新领域，重点支持社区服务、信息咨询、文化服务以及农业的产前、产中、产后服务等发展潜力大、就业带动能力强的行业发展。要加快发展制造业。在扩大招商兴工业的过程中，既要引进资本容量大的项目，也要充分利用劳动力成本方面的竞争优势，注重引进就业容量大的项目，加快发展以扩大就业为主的劳动密集型企业。要积极发展中小企业。努力为中小企业提供与国有企业和外资企业同等的政策待遇和市场环境，着力解决中小企业发展中的准入难、融资难、引智难、经营难等各种问题，引导中小企业向专、精、特、新方向发展，增强市场竞争力和就业吸纳力。

二、转移农民扩大就业。农村劳动力大量富余是传统农业地区解决就业的巨大压力。与此同时，较为丰富的劳动力资源、相对低廉的劳动成本，又是我们招商引资的最大比较优势之一，是加快发展的潜力所在。如何化不利为有利，变就业压力为发展竞争力？关键是要突破传统农业发展模式，在农业农村以外寻求出路，转移农民促就业，减少农民富农民。一是搞好劳务输出。按照“两头建基地，中间服务成体系”的思路，积极开拓以发达地区为主的劳动力市场，促进农村富余劳动力跨地区有序流动。建立完善县、乡、村三级联动的劳务输出信息中介、用工维权等服务体系，规范对劳务输出的管理和服务，提高劳务输出效率，保障劳动者合法权益。积极开展外派劳务工作，拓展国外劳务市场，拓宽劳务输出渠道。二是引导就近转移。把产业建设作为新农村建设的突出重点,因地制宜发展村镇集体企业,使农民成为离土不离乡的产业工人;选择人口和村镇企业比较集中的农村集镇，投入一定的小城镇建设引导资金，扶持兴建一批新的建制镇，构筑就近转移的大容量载体；建立城乡统筹协调的就业制度，将小城镇建设与乡镇企业发展结合起来，取消对农民工进城就业的限制,打破劳动力流动的城乡壁垒,通过广大农民进城聚居、进城就业，促进农村剩余劳动力转移。三是鼓励兴业创业。要认真研究出台相关政策，鼓励和支持有一定素质的农村劳动力和有资金实力的农村人口进入城镇投资置业、务工经商；鼓励和支持外出务工人员，或在外创业当老板，安置家乡劳动力，或返乡创业上项目，形成创业带动就业的乘数效应。

三、政策帮扶扩大就业。和谐社会是全体人民共同参与建设，共享发展成果的社会。帮助困难群体就业，既是维护平等劳动权利、促进社会和谐的重要保证，更是各级党委政府的重要职责。一要完善帮扶机制。坚持就业优先战略，把解决困难群众就业问题作为为民办实事的重要内容，全面落实新一轮就业再就业优惠政策，加大小额贷款担保、税费减免、社保补贴等就业再就业政策的实施力度，整合和规范政府用于就业的各种资金，建立和完善促进困难地区、困难行业、困难群体的就业援助机制。二要突出帮扶重点。在实施普惠型就业优惠政策的同时，结合不同地区、不同阶段的特点，确立重点帮扶对象。当前要重点解决好城镇零就业家庭、“4050”大龄失业人员、夫妻双下岗家庭、残疾人家庭的就业问题。随着经济发展，逐步将帮扶的重点转向高校毕业生和农村困难家庭。三要加大帮扶力度。坚持灵活就业与稳定就业相结合，在鼓励支持自谋职业的同时，区别不同对象，研究帮扶措施，加大帮扶力度。对“4050”大龄下岗人员，通过政府购买公益性岗位，实施托底安置；对零就业家庭实施定人帮扶，送岗上门，送人上岗，确保每户有1人稳定就业；对领取失业保险和城镇低保人员，实施失业保险、城镇低保与再就业联动机制，在发放失业保险金或城镇低保金的同时，再给予一定数额的就业资金扶持，帮助他们自谋职业、自主创业；对残疾人等特殊人员，采取送培训、送技能、送岗位，实施重点定向援助；对从事灵活就业的下岗失业人员，给予养老、医疗、失业三项社会保险补贴，理顺劳动关系，促进稳定就业。

四、提高技能扩大就业。一是大力发展职业教育。坚持改革创新，推进职业培训机构市场化、社会化改革，建立以就业为导向的职业教育培训机构考核指标体系，促进各类职业技术学校紧跟市场需求，优化课程设置，提高培训效果；坚持突出重点，集中力量办好职业技术学校，建立具有示范带头作用的高技能人才培训基地，大力培养专业型、技能型劳动者队伍；坚持统筹协和调，大力整合职业技术教育教学资源，针对技能劳动者成长特点，建立一批面向社会提供实际操作培训和技能鉴定服务的公共培训基地，促进技能劳动者队伍梯次发展。二是全面加强职业培训。在加强企业岗位培训的同时，认真落实下岗职工和失业人员再就业培训计划，并根据市场的需求和个人的优势，指导其选择合适的培训方向和就业方向；在改进就业服务体制的同时，鼓励民办就业服务机构的发展，支持各类就业服务机构平等竞争，调动社会力量为下岗职工和失业人员再就业服务；对未能升学的初高中毕业生等新生劳动力实行1—3年的就业前培训，使新生劳动力普遍参加劳动预备制培训，全面提高新增劳动力素质；针对农村劳动力不同特点和就业需求，开展引导性培训和职业技能培训，增强其专项技能和城市生存发展能力。三是积极培养专技人才。推进职业技能鉴定社会化管理进程，逐步推行职业资格证书制度和劳动者持证上岗制度。坚持定向培养与发现式培养相结合，挑选一批有一定发展潜力或具备一定技能的劳动者，实施重点培养，促使其尽快成为企业和社会所需要的高技能人才。

（湖南省《推进新型工业化与加强三个基础理论研讨会论文集》）

提高执行力　推进科学发展

谭　本　仲

俗话说："三分战略，七分执行。"推动一个地方经济社会又好又快发展，既要有科学正确的决策，更要有坚强有力的执行。就县、乡政府及其部门而言，其主要职能就是执行。当前和今后一个时期，必须把提高执行力作为加强干部队伍建设的关键举措来抓，以执行力的提高来推动工作落实，推进科学发展。

一、转变思想观念，端正执行动机

思想是行动的先导。提高执行力，首先必须牢固树立正确的执行理念，真正让执行成为自觉自发的行动。

1. 树立"夙兴夜寐、寝食难安"的为民理念。提高执行力，首先要弄清为谁执行的问题。立场摆不正，关系理不顺，执行过程中难免偏向脱轨、失职失误。领导干部要牢固树立民本意识，奉行"百姓至上"理念，把党的事业与人民的需求、对上级负责与对群众负责高度统一起来，在贯彻执行上级决策部署、推进工作落实过程中，时刻把"群众利益无小事"铭记在心，切实做到"权为民所用，情为民所系，利为民所谋"，真正解决好人民群众最关心、最直接、最现实的问题，让人民群众共享改革发展成果。

2. 树立"不讲借口、勇于担当"的责任理念。"领导就是责任。"责任心是领导干部的必具素质，其内核就是不讲借口，勇于担当。领导干部要强化责任理念，就是要讲服从不讲价钱，讲主观不讲客观，以坚定的决心去执行上级的决策部署；就是要敢抓敢管，大胆负责，积极履职，切实承担起干一翻事业、促一地发展、保一方平安的重任；就是要直面矛盾，克难奋进，永不言弃，始终保持一股奋勇当先的冲劲和不达目的誓不罢休的韧劲。

3. 树立"雷厉风行、快速高效"的效率理念。在信息时代，"效率就是生命"，"速度决定力度"。领导干部要推动一个地方又好又快地发展，必须强化效率意识，坚决克服办事推诿拖拉、消极怠工、阳奉阴违、敷衍塞责的官僚主义风气，大力倡行迅速反应、坐言起行、立说立行、限时办结的作风，从工作的每个环节每个细节做起，把执行力体现到运转速度快、办事效率高、行政成本低、社会效益好方面上来。

二、注重学习积累，锻造执行能力

执行力展现的过程，从某种意义上说，就是学习力释放的过程，没有学习力就没有执行力。提高执行力，必须加强学习积累，不断提高领导干部的决策力、理解力、协调力、创新力、应变力，增强执行的底气和勇气。

1. 坚持"上"与"下"相结合。政策是执行的目标和方向，理解和把握政策是执行的第一步。领导干部必须深入学习掌握党的路线、方针、政策，学习掌握上级的决策部署和指示精神，全面准确地把握上级精神，这是提高执行力的根本依据。同时要深入实际，深入群众，了解掌握本地本部门工作的自然资源、条件环境、优势所在、薄弱环节，真正把下面的情况摸清，做到心中有数。只有吃透"上情"，摸清"下情"，才能找准执行的结合点，增强执行的针对性和实效性。

2. 坚持专与博相结合。领导干部都有各自的分管工作和管理行业，需要掌握一定的专业知识。必须坚持经常学习、终身学习，丰富理论知识，掌握最新动态，学习鲜活经验，不断使自己成为分管工作的行家里手。同时，拓宽学习领域，广泛涉猎现代经济、科技、管理知识和历史、文化、法律等各个方面的知识，不断开阔新视野、提升新境界、增强新本领。

3. 坚持学与用相结合。知识不是能力，知识要转化为能力，必须通过实践这个中介。领导干部要大力发扬理论联系实际的学风，真正做好学用"结合"文章，既坚持以学促用，把学习的收获运用到联系工作实际、解决具体问题、促进目标落实上来，又坚持以用促学，在实践中不断发现问题，总结经验，吸取教训。通过反复地学习—实践—学习，不断提升自身的执行能力，促进各项事业的顺利开展。

三、掌控方法途径，提高执行效能

提高执行力，是一个复杂的系统工程，既需要世界观，也需要方法论；既需要务实的作风、过硬的举措，也需要理性的创造、科学的方法。提高执行力，必须把握正确的执行方法途径，提高执行的效率和质量。

1. 优化工作流程。简洁、高效、规范的工作流程是畅通执行力的渠道，既能提高效率，又能节约成本。领导干部要善于通过项目管理的方式，以岗位职责为基础，以工作目标为导向，以优化组合为手段，以执行高效为目标，着力优化工作流程。具体要做到"六个明确"：明确执行目标和任务，可度量、可考核、可检查；明确执行分工和责任，由谁或哪些人做、分别承担什么责任；明确执行指令和要求，简明、清晰、准确；明确执行进程和时间，有程序步骤、有确切时间；明确执行工具和资源，分别需要多少；明确执行重点和关键，分清轻重缓急，分类推进。

2. 善于创新创造。执行的过程，也是一个创新创造的过程，执行不是照搬照抄，必须因地制宜，学会创造性地开展工作。领导干部必须自觉树立起与经济社会发展相适应的全新理念和思维方式，找准上级决策精神和本地实际的突破口，把实施决策的原则性和解决问题的灵活性有机结合起来，不墨守成规，不因循守旧，着力从工作思路、方式、手段、机制方面创新，积极探索新做法，解决新问题，化解新矛盾，推动工作永续发展。

3. 加强沟通协调。执行目标，需要整合资源，凝聚合力，充分调动方方面面的积极性和主动性。沟通协调，就是讲大局、讲团结、讲配合。要维护大局，领导干部要自觉树立全县一盘棋的意识，理解和把握大局，服从和服务大局，不搞“上有政策、下有对策”的不执行，不搞“利益优先、有所选择”的半执行；要整合资源，善于挖掘、配置和利用各种资源和优势，凝集人心，形成合力，达到事半功倍的效果；要协调配合，主角要当仁不让，工作冲锋在前，配角要不推诿扯皮，主动配合，形成齐抓共管、整体联动的执行格局。

四、强化机制保障，规范执行行为

列宁说：“信任固然好，监控更重要。”在目标执行过程中，监督、检查、问责工作的重要性毋庸置疑。提高执行力，必须从实际出发，不断建立完善保障机制，充分发挥机制的激励约束作用，促进决策目标的全面执行。

1. 建立和完善动力机制。坚持以发展论英雄，旗帜鲜明地关心和支持敢抓敢管、干事创业的领导干部，用精神和物质等手段重奖有实招、出实绩的领导干部。特别是要建立科学的用人导向，把执行力的强弱作为提拔任用领导干部的重要依据，让想执行、能执行、会执行的领导干部有目标、有方向、有奔头，激发他们的执行热情，强化他们的执行动机，引导他们的执行行为，使其把个人潜能变成显能，变成现实的执行力。

2. 建立和完善反馈机制。海尔的管理精髓之一就是日事日清，日清日高。及时对执行结果进行反馈总结，是提高执行力的有效手段。要建立健全结构合理、配置科学、程序严密、制约有效的跟踪反馈机制，加强对领导干部执行情况的督促检查，及时了解哪个环节出现问题，哪个环节执行力不到位，认真加以改进，切实解决“寻找借口不执行”、“利益优先半执行”、“形式主义虚执行”、“自行其是乱执行”的行为，坚决维护决策的权威性和严肃性。

3. 建立和完善问责机制。没有问责就没有执行力。要建立健全行政问责制度，加大对执行力弱化、执行效率低下、执行过程异化等领导干部的查处力度，严格实行责任追究。同时，不断探索问责的新途径，把政府问责同人大、纪检监察、司法等问责形式有机结合起来，特别是同干部的任用和管理结合起来，实行能上庸下、能进庸出的用人机制，真正让不执行、不认真执行的领导干部“买单”，增强问责效果。

（《领导决策信息》2007年总第585期刊发）

破解三大难题　推进工业升级

燕　中　炎

加速推进新型工业化，是推动经济又好又快发展的第一动力。在新形势和新的宏观经济环境下，中部欠发达地区县市要推进工业升级、实现科学发展，必须着力破解基础建设投入、项目引进、征地拆迁三大带有共性的难题。

一、采取综合措施，着力破解投入难题

加大基础设施建设投入，既是为加速推进新型工业化创造环境，又能直接拉动经济增长。而欠发达地区大多财力有限，不少地方是“吃饭财政”，对基础设施建设普遍存在力不从心、投入不足的问题，以致于基础建设比较滞后。要解决这一难题，必须在加大本级财政投入力度的基础上，更多地借助市场的力量，采取多种途径，建设资金流洼地，抓好能源、交通、水利等基础设施建设。

一是招商引资，用别人的钱办自己的事。在城镇建设、交通建设和工业园区建设各领域全面招商引资，变“筑巢引凤”为“引凤筑巢”。对供水、公路等公共产品可采取 BOT 或 TOT 等模式，先引进开发商建设，经营若干年后产权交给政府。在工业园区可借鉴发达地区经验，采取房地产开发的形式，建设标准厂房，建立“孵化基地”，吸引投资者。

二是跑项争资，用“上面”的钱办“下面”的事。组织县直各部门积极研究政策，掌握信息，抢抓机遇，对上争项目、争资金。就澧县而言，重点是抓住享受西部大开发政策和国家实施新农村建设、中部崛起的战略机遇，争取国家和省市支持，力求有更多的项目资金落户澧县，为县域经济发展输血、增添活力。

三是激活民资，用社会的钱办大家的事。民间资本是一座沉睡多年的“金矿”。目前县级金融机构普遍存在存贷差巨大的现象，澧县近几年存贷差在 30 亿元以上，且逐渐呈扩大之势（存款余额增长，贷款余额下降），这里面固然有国家紧缩“银根”的因素，但更多地体现为民间创业活力不足。为此，我们要象对外招商引资一样，出台更多的优惠政策，做到“内资”“外资”同等对待，激发创业活力，发展民营企业，鼓励参资参股，使沉淀已久的社会资金源源不断地流向基础设施及其他各个投资领域。

四是以地生财，用看不见的钱办看得见的事。土地是县域经济发展不可再生的宝贵资源，我们既要保护好，又要利用好，使这一宝贵的资源体现出它应有的价值。首先，要坚持科学规划。根据城市定位，确定用地方向、功能分区和布局形式，由此展示各个区域的发展前景，造就不同地段的预期增值，吸引社会投资，换取建设资本。其次，要搞好土地储备。充分发挥好土地储备的调节作用，按照“基础先行、环境配套”的经营理念进行市场运作，把“毛地”变“净地”、“生地”变“熟地”、“闲地”变“俏地”、“无名地”变“知名地”，使土地储备有效增值。第三，要规范土地市场。严格执行城市规划，统筹控制土地一级市场，适度控制供地规模，对商业用地一律实行“招拍挂”，避免个别部门受利益驱动造成土地资源浪费。

五是借贷经营，用未来的钱办现在的事。政府要适应市场法则，主动退出市场，转为注入资本建立担保中心、投资公司等融资平台，进行资本营运，积极争取商业银行、投资机构贷款融资，适度举债投入基础建设。

二、坚持科学引进，着力破解项目难题

加速推进新型工业化，最终落脚在抓项目。在当前区域经济竞争激烈、招商变“抢商”的大环境下，欠发达地区引进工业项目特别是好项目非常困难，必须立足本地实际，发挥比较优势，才能在在激烈的竞争中把握机遇，抢占先机。

1. 要立足优势资源。在市场经济条件下，资源就是财富。资源既包括土地、矿产、人力、资金等经济资源，又包括文化、社会和政策资源，各地因自然禀赋、发展水平不同而不同。我们引进项目，促进发展，必须抓住优势、特色资源。从澧县实践来看，关键是要开发好四种资源。一是矿产资源。矿产资源具有不可再生性和稀缺性，谁掌握资源，谁就掌握了主动权，可谓“皇帝的女儿不愁嫁”。因此一定要坚持走可持续发展之路，注重保护资源、深度开发资源，切不可为眼前利益而盲目引进，搞短期行为。澧县是非金属矿产之乡，芒硝、陶土、石膏等储量在全国都占有重要比例。近几年，我们坚决关停了一些采卖原矿、粗放加工的小型企业，先后引进了新澧化工、骏鹰陶瓷等资源深加工项目。目前新澧化工在全国同行业中综合排名第四，产品出口加拿大等北美国家，骏鹰陶瓷投产后年产值可达 6 亿元。二是农副产品资源。发挥粮、棉、油、猪、鱼等物产丰富的优势，重点引进农产品加工龙头企业，实现工农良性互动。先后引进了华泰食品、盈成油脂、加州食品三家大型龙头企业。华泰食品年加工生猪 80 万头，相当于全县生猪年产量的 80%；盈成油脂年加工油菜和棉籽 20 万吨；加州食品年加工龙虾、回鱼、蔬菜等 1.8 万吨，产品全部出口美国、欧盟。三是企业家资源。在市场经济条件下，企业家是一种战略资源，是市场行为的主体，他们招商比政府招商更有吸引力。十届全国人大代表、全国劳模李开喜，通过企业改制和引进外地资本，把一个年产5000吨啤酒的作坊式企业，变成了有3家分厂、年产20万吨啤酒的大公司。四是劳动力资源。在沿海各地近些年爆发“民工荒”的同时，也凸显了我们中部内陆地区丰富的劳动力资源优势。我们一定要发挥好这一优势，进一步抓好农民教育培训，加快发展职业教育，提高劳动力素质，为引进劳动力密集型企业创造更好的条件。

2. 要立足现有基础。立足现有基础，就是要根据本地工业发展趋势，围绕特色产业，引进优势项目，积极促进产业集聚，形成规模经济和特色经济，同时增强投资吸引力。澧县的工业由80年代“村村点火、处处冒烟”发展到现在，在政府引导和市场规律的双重作用下，产业发展已经初具雏形。因此，我们根据本县的资源优势和产业发展趋势，在近两年改变过去全面开花、以零散项目招商为主的做法，重点围绕建材、食品、电子等优势产业开展招商活动，实现了由项目招商到产业招商的转变，提高了招商活动的针对性，促进了产业发展。一方面，致力于扩大产业规模。近几年，我们围绕建材、食品两大支柱产业，先后引进了盈成食品、福润食品、雪龙食品、骏鹰陶瓷等重大项目，投入资金8亿元以上，使产业规模实现了迅速扩张。2003年以来，我们还先后引进了嘉业达电子、晶源新材料、寰球电子等高新技术项目，嘉业达生产的片式滤波器核心技术被列入国家“863”计划，晶源新材料石墨提纯技术国内领先，寰球电子填补了我国手机摄像头生产的空白，目前又在新建手机整装和芯片封装生产线。另一方面，致力于延伸产业链条。主要是围绕骨干企业的上下游产品，有针对性地开展招商引资活动，重点引进和扶持产业链中的缺位环节。比如，我们围绕新澧化工这个骨干企业，引进嘉利塑业项目，为新澧化工产品生产外包装；去年引进万众建材、东建建材2个项目，以新澧化工产生的炉煤为原材料生产新型建材，不仅实现了企业之间的循环生产，而且提高了产业之间的关联度。

3. 要立足优化服务。实践证明，吸引投资者的不仅有硬环境，也有软环境。优化服务环境，吸引投资客商，一方面要优化经济环境，这已成为全国各地的共识，现在更多地要在体制机制上求突破，建立优质服务的长效机制。一是要进一步深化部门预算，同时加强经费保障，从根本上铲除各个行政执法单位搞利益趋动的根源；二是要大力推行政务公开，加强行政效能监察，努力提高行政效率；三是要着重理顺工业园区管理体制，在充分赋予其相应职能的同时，摒弃传统的行政管理模式，实行企业化管理，使之成为一个适应市场、适应项目的服务机构。另一方面，要大力发展生产性服务业。生产性服务业是加速推进新型工业化的重要支撑。从县级实际来讲，重点是发展金融、物流、商贸等行业，特别注重引进外地民资银行和投资公司、成立担保公司，丰富金融形态，为企业提供当前最为紧缺的金融服务。

三、创新工作方式，着力破解征地拆迁难题

土地是最基本的生产要素。加速推进新型工业化，必须解决好土地问题。当前主要面临着两个方面的问题。一是用地。随着国家宏观政策的调整，土地“闸门”关紧，从客观上给工业用地带来一定困难。二是拆迁安置。由于城镇户与农村户拆迁补偿政策的差别、土地补偿政策的前后调整、人民生活水平的提高使被拆迁户心理预期上升等各方面因素的影响，造成拆迁安置工作难度大、矛盾多、在一定程度上制约了工业发展甚至影响到社会稳定。对此，我们既要积极贯彻落实中央宏观调控政策，严格执行土地补偿和房屋拆迁补偿政策，又要坚持积极应对，善于用新方法化解新矛盾。

首先，要多管齐下，解决好用地问题。在保护好基本农田、坚持节约用地的前提下，可以采取三条途径，确保重大项目和工业用地。一是争取“批地”。在做好城市规划和土地利用规划的基础上，抓住国家对工业园区用地和优势产业用地的倾斜政策，争取更多的用地指标。同时，要严格控制用地规模，重点考虑项目的财税贡献率、就业贡献率以及对产业链延伸的贡献率。二是盘活“闲地”。充分利用好闲置的厂房、学校、机关院所，注重利用荒山荒地，盘活土地存量，使全县土地综合利用形成“一盘棋”。三是依法“收地”。对那些“圈而不动”、“开而不发”，想利用土地增值、赚取级差地租的，要严格按照法律法规，采取收回土地、收取闲置费或调减用地规模等措施，坚决予以制约，同时为工业项目建设腾出更大的发展空间。

其次，要创新方法，解决好拆迁安置问题。从各地成功经验和我们的实践来看，必须实行“和谐拆迁”，既保证工业园区基础建设和项目建设需要，又维护好群众的切身利益，确保被拆迁居民生活水平不降低、长远生计有保障。澧县在前期试点的基础上，今年出台了《失地农民基本生活保障办法》，目前执行效果较好，群众比较满意。主要措施：一是严格兑现补偿资金。按国家相关政策，确保征地补偿资金大部分补到农民个人。二是推行小区集中安置。按照“先建后拆、未拆先补、产权转换、差额找补”的原则，积极推行公寓式小区安置。三是健全社会保障体系。在法定劳动年龄段的失地农民（在校学生除外）一律参加社会养老保险，保险费由个人、村、县按比例分担，个人和村级部分在土地补偿费中各自列支。对生活贫困的拆迁户，转为城镇户口后纳入城镇低保。所有失地农民均按政策规定进入新型合作医疗或城镇灵活就业人员基本医疗保险。四是全面实施就业援助。把失地农民作为下岗职工同等对待，积极为他们提供各类职业技能培训、职业指导和就业服务，引导失地农民转移就业，没有就业的一律纳入城镇失业登记范围，自主创业的享受下岗职工再就业同等优惠政策。对建成后有稳定收入的项目，用地单位优先安排失地农民就业。

坚持“五个并重”　推进新型工业化

彭　孟　雄

党的十七大报告明确提出要坚持走中国特色新型工业化道路，这是我国全面建设小康社会，实现可持续发展，加快现代化进程的必然选择。但在推进新型工业化的进程中，有些地方存在着重外轻内、重大轻小、重新轻老、重量轻质等问题，影响和制约了工业经济健康快速协调发展。对这些问题，我们要引起高度重视，务必在以后的工作中坚持“五个并重”。

一是要坚持内外并重。就是要外引内联，既要引进外资大办工业，又要激活民资大办工业。现在，一些地方对外资高看一等、厚爱一层，为争取和利用外资，制定多项优惠政策、提供各种优质服务。但如果只知道千方百计、不遗余力地引进外资，对本地民间蕴藏的巨额资金熟视无睹，这就会使民间资金长期沉淀，甚至被别的地方引为外资，舍近求远而得不偿失。诚然，外资的注入对当地的经济发展具有巨大的拉动作用，但如果没有内资的参与，地方经济发展就会显得乏力。因此，我们既要注重引进外资，用别人的钱办自己的事；同时也要千方百计激活本地民间资金，用自己的钱办自己的事，从而为推进新型工业化注入强大的资金活力。

二是要坚持大小并重。就是既要培育大企业、大集团、大产业，又要积极发展与大企业相配套、相关联的中小企业。固然，大企业、大集团具有较强的竞争力、带动力和先进的生产力，其经济效益和社会效益显而易见，但大企业、大集团的发展离不开中小企业的协作配套，一个产业的发展离不开大中小企业和上下游产业链的协调发展。因此，在推进新型工业化进程中，我们应该做到抓大不放小，在充分重视大企业、大集团、大项目的同时，积极发展依托大企业、大集团的中小企业，做到大而强、小而精，形成一个完整的产业链和企业群，增强地方工业经济的整体合力和竞争力。

三是要坚持新老并重。就是既要注重新上项目、新办企业，又要加快传统产业、现有企业的技术改造步伐，推动企业的技术创新和产品创新。项目是工业的命脉，有无项目决定了工业有无成效，依靠大上项目、上大项目是推进新型工业化的必然选择和有效手段。但新上项目或新办企业的难度大，花费精力多，并且往往要用较长的时间才会收到成效，与之比较，通过对老企业进行技改创新，在很短的时间内就会收到立竿见影的效果。因此，我们必须做到“两手抓”，一手抓新上工业项目，通过抓项目增投入，抓项目建产业，不断增强工业发展的后劲；一手抓传统产业、现有企业的技术改造，大力提高企业自主创新能力，增强产业整体素质和企业竞争力，不断提高工业发展的整体水平。

四是要坚持资智并重。就是既要注重招商引资，扩大投入，又要注重招商引智，引进技术和人才。目前，一些地方在招商引资中只注重引进资金，只考虑增加投入，而忽视了对人才、技术的引进。从我们的实际来看，在发展经济的过程中，不仅缺资金，更缺人才和技术。因此，在招商引资过程中，要坚持多管齐下，既要注重引进资金，同时也要注重引进人才和技术，要建立健全人才和技术引进机制，为地方经济发展提供可靠的人才保障和技术支撑。

五是要坚持质量并重。就是既要注重经济总量的增长，又要注重经济运行质量的提高。在发展工业的过程中，一些地方片面追求数字的增长，过度注重经济利益，而忽视了资源的深度开发和综合利用，忽视了生态环境保护，出现了一批能源消耗大、资源利用率低、对生态环境破坏严重的企业，影响和制约了当地经济的可持续发展。因此，我们必须自觉贯彻“又好又快”的发展原则，大力促进经济发展方式由粗放型向集约型转变，由以量的扩张为主向质量并重转变。

扶持龙头企业　发展现代农业

何　英　平

农业龙头企业是发展现代农业的重要带动力量，近年来，津市把发展农业龙头企业作为加快新农村建设，促进农民增收的重要举措来抓，取得了明显成效。目前，全市农业龙头企业已发展到27家，其中常德市级农业龙头企业12家，省级农业龙头企业1家。2006年，实现产值4.5亿元，上缴税收2940万元，为农民直接创收1680万元，户均增收600元。我们的主要做法是：

一、选准项目，做精产品。结合实际，选准项目，突出特色，是农业龙头企业发展的前提。在项目选择上，我们坚持三个注重：一是注重选择具有独特资源优势和明显带动作用的项目。我们充分利用我市丰富水资源，在洞庭水殖的带动下，以环西湖水域为基地，建立了水产产业基地；重建渡口镇万亩蚕桑，扶持茧丝加工企业—万盛茧丝绸，建立蚕桑产业基地；以旺森养殖为龙头，建立了养殖产业基地；以我市“田家山”牌葛果为依托，建立了葛果产业基地。二是注重选择对广大消费者有明显吸引力并具有良好发展前景的项目。紧紧围绕本市特色农副产品加工企业，集中狠抓了风味食品开发，发掘祖传秘方，重点培育和扩大了“绿康”、“张老头”等品牌的市场知名度，使其规模和效益得到了进一步发展。三是注重选择具有一定科技含量的产品开发项目。大力推广鳜鱼、大口鲢、湘云鲫、樱桃谷鸭、长大杂母猪等优良品种；积极开发无公害、绿色食品，在白衣镇会云、钟灵村建千亩无公害葛果示范片，蒲山村绿色葛果生产示范点；新洲镇城内村发展了无公害蔬菜生产示范点。通过狠抓优质农产品的生产，为农业龙头企业的发展奠定了坚实的基础。

二、招商引资，做强龙头。近几年，我们将农业招商引资、项目推进作为产业化经营的重中之重，成立了专门的领导机构，突出行政推动，并以文件形式下达了农业招商引资的目标任务，明确了奖惩措施，切实加大了招商引资力度。通过加强领导、强化责任，全市上下参与农业招商引资的积极性空前高涨。各涉农部门、乡镇和办事处紧紧围绕本地的资源优势和区域特色，特别是围绕葛果、蚕桑、畜产品和水产品等主导产业，多渠道、多形式的引进“三资”，培育起新的龙头。2006年，农业招商共39个项目，引资额度达15165万元，已到位8390万元。引进培育了金达食品有限公司、金宏莱业有限公司、旺发养殖公司、振中三农会社、深圳南北特津市有限公司、娄星公司、湖南宏力纺织和光华兔业公司等多家有实力的企业。

三、联结农户，做实基地。积极引导鼓励农业龙头企业通过合同购销，提供技术、种子或资金等多种服务方式，与农户建立起利益共享、风险共担的利益联结机制，很好的实现了企业与农户的双赢利。2006年，张老头卤腊味食品有限责任公司等6家牛肉加工龙头与农户签订了2700头肉牛养殖销售合同；渡口镇茧站与蚕农签订了300吨蚕茧收购合同；旺森公司与周边农户签订了7万头良种猪代养代销合同。农民吃下了“定心丸”，增强了生产信心，提高了农户扩大生产规模的积极性，企业也因获得了充分的生产原料而实现了满负荷生产。同时，按照“民办、民管、民受益”和“入会（社）自愿、退会（社）自由”的原则，大力推进行业协会和农民专业合作经济组织的发展，积极引导种植大户、科技大户、营销大户和产业化龙头企业，组建实体性的各类专业协会组织，长期、稳固的将企业和农户联接到了一起，真正实现了企业赢利、基地扩张与农民增收的良好局面。

四、培育品牌，做大市场。我们围绕特色支柱产业，积极培育品牌，加大对名优良种的引进和对具有区域特色的传统品种的扶持，依靠精品名牌，树形象、抢时机、占市场。我们积极组织各龙头企业进行产品的Qs市场准入认证及有机食品、绿色食品、无公害食品的认证，同时，积极组织或参加各种农产品交易会，扩大产品知名度。在省农产品博览会中，我市农产品连续四年获参评产品金牌总数第一。在2006年第8届省农博会上，我市的“光华兔肉、湘赢葛头、彭老大腐乳”又荣获金奖。在完善境内农产品市场的同时，我们还积极引导农业龙头企业狠抓了外地市场的建立与开拓，在大、中城市设立窗口、兴办联销点。张老头牛肉干在长沙、株洲、湘潭等地设有专卖店；湘赢葛果现已出口香港、台湾、日本、韩国等地；中意糖果在北京、上海等地建立了相应的销售网络，2006年，还聘请著名影星孙俪为形象代言人，借助湖南卫视、浙江卫视等知名媒体进行广告宣传，进一步扩大了品牌影响力，企业当年就新增订单1200万元。

五、创造条件，做优环境。为了更好的扶持农业龙头企业的发展，市委、市政府牵头，组织相关部门成立了农业龙头企业建设领导小组，经常深入到农产品生产、流通、加工企业进行调查研究，为他们排忧解难、出谋划策。我们通过协调银行、企业的关系，对争创品牌和开发新项目的农业龙头企业给予重点支持，去年，我市给予龙头企业的贷款贴息达到了 38 万元。同时，市委、市政府还围绕加强农业产业化龙头企业建设制定了相关优惠政策。一是农业龙头企业征地按市场价 20%收费；二是对新发展达到农业产业化龙头企业标准的企业减免 1—2 年企业所得税；三是由财政每年拿出 30—40 万给予龙头企业贷款贴息；四是对农业龙头企业全部挂牌保护，实行零收费，零罚款。由于我们切实兑现了这些政策，真正做活了每一个企业，有力的促进了农业龙头企业的发展。

突出四个着力　提速开发区发展

尹　正　锡

县级经济开发区在起步较晚、项目引进竞争激烈、土地资金资源紧缺的情况下，要突出四个“着力”，提速园区发展。

着力整体规划。一是树立全局理念。将开发区作为一座新城来打造，将开发区建设纳入本地城市建设的整体规划，把政治、社会、商务包括政府机构纳入开发区建设。二是明确园区产业定位。结合本地发展基础，确定了汽配、盐化工、纺织、造纸、特色食品五大产业为开发区重点发展产业。三是高标准规划，分步分期开发。扩大规模整合资源，将原有老工业区、工业新区、盐化工业园统一划归开发区。总规划面积达到6.4平方公里，其中新区已实现用地开发近1000亩。强化省级开发区申报，完善园区“十一五”规划、基础设施可研、园区环评、土地利用调规等编制，力争开闸后首批进入省级“笼子”。

着力基础建设。一是创新机制突破资金“瓶颈”。引入市场运作，实行地方财政投入、信贷融资、开发商融资相结合的投入机制。按照“以时间换发展空间，做好未来收益文章”的原则，充分利用、整合、放大各类现有资源，加强城市投资公司向国家开发授信的争取力度。今年计划投入3000万元以上，完善基础配套。同时，采取“引凤筑巢”模式，引进投资商垫资建设，政府在城建规费返还、土地出让金返还、企业税收一定时期内分成等实行优惠。二是破解征地拆迁、移民安置难题。实行部门包保责任制，积极做好拆迁居民工作，制定合理补偿标准并及时兑现补偿金，安置点建设同步推进，实现了居民拆迁“零上访”。同时，积极扩大就业培训、向入园企业推荐劳动力，解决失地农民就业和辖区企业招工难题。三是建强配套设施。以增强园区承载力、打造园区新形象为目标，着力项目土地平整、主管网线铺设等基础建设配套。目前，新区一期用地已整理成型，水、电、通信等主管、网、线已铺设至新区，9月底前将完成工程总造价1100万元的3条区内干道硬化，年底前完成S205线拓宽融城，连同已经完成的龙岗大道，形成开发区二横三纵的道路框架。同时，积极建设二广高速津市段与园区的接线工程团湖大道，有效改善园区交通区位。

着力项目引进。一是围绕重点产业抓项目引进。围绕汽配、盐化工、纺织、造纸、特色食品五大优势项目，抓好产业链招商，做实产业集群。以引进中联重科促进湖南车桥改制重组为重点，壮大汽配产业集群，推动产业配套升级。培育盐化工产业集群，大力引进下游企业，实现由“初加工”到“深加工”的延伸。发展纺织产业集群，整合现有资源，实现由“单打独斗”到“全面开花”的提升。扶持食品产业集群，引导企业靠大联强，实现由“小而散”到“大而特”的转变。抓住国家宏观调控的契机，发展壮大造纸产业，力争三年之内达到20万吨规模，把雪丽造纸打造成常德纸业的龙头。二是集中精力抓项目引进。实行领导联产业、部门联企业工作机制，举全市之力抓招商。明确引进的项目，原则上向开发区集中。坚持定期研究开发区和招商工作，坚持政府主要领导拿出60%以上的精力，分管领导拿出70%以上的精力抓工业、抓招商。花本钱、花大力积极引进战略投资者。坚持定期调度招商引资工作，严格兑现招商引资目标责任考核。三是明确目标任务抓项目引进。每年新上（包括新引进和技术改造）固定资产投资额2000万元以上的工业项目5个以上，其中亿元以上的工业项目1个以上。今年已先后引进投资3000万元的朝宏电机、投资800万美元的金湘制刷、投资5000万元的友联纺织等项目4个，500亩工业房地产开发项目进入谈判阶段。

着力环境优化。一是强化优惠政策执行。抓好开发区土地、财税、规费、环境、人才、奖励，本级终极审批、金融扶持等优惠政策的落实。结合优化经济发展环境和行政许可、行政审批改革的深入推进，实施“首问负责制”、“限时办结制”、“全程代理制”，强化行政执行力，对有令不行、破坏投资环境和影响企业正常生产的部门和责任人严肃查处。二是完善行政管理职能。明确开发区管委会为政府派出机构，赋予管委会本级终极审批权，建立了全套封闭管理、手续代办、零收费、零罚款的运行机制。同时，完善部门和派出机构的工作考评制度，努力构建亲商、富商、安商的工作机构。三是搞好优质服务。为新区在建企业搞好项目建设服务，入区项目一般力争年内建成投产；为园区其它已投产项目提供信息服务，确保园区企业健康、快速发展和本地工业经济的增收增效。下半年，投资400万元集管委会办公、政务中心和辖区社区服务于一体的社区服务大楼将启动建设，明年可投入运行。

念好“九字经”建设新农村

郑 弟 祥

近年来，桃源县以发展主导产业为重点，以加强基础设施建设为突破口，以培育新型农民为目标，积极探索新农村建设的新路子，取得了阶段性成效。2007年7月5日至7月6日，省委书记张春贤在视察桃源县新农村建设时，对我县新农村建设给予了高度评价，并发表了重要的“桃源讲话”，明确提出要把“村民富、村庄美、村风好”这九个字作为我省新农村建设的阶段性标准。我们在深入学习、深刻认识、全面理解这一讲话精神的基础上，紧密结合桃源实际，进一步突出主攻重点，强化工作措施，从三个方面狠抓贯彻落实。

一、以发展现代农业为重点，把谋求“村民富”的工作抓落实。“村民富”是评价新农村的核心指标，也是建设新农村的首要任务。实现这一目标，最根本的途径、最主要的渠道，还是在于转变增长方式，发展现代农业。通过近几年的建设，我县农业产业已经具备了一定的基础，现在的关键是进一步做大做强、做优做精。一是扩张产业基地。大力推进茶叶、水果、楠竹、畜牧四大特色产业建设，确保年内新扩大叶茶1万亩、水果3万亩、楠竹2万亩，出栏生猪110万头、出笼家禽3000万羽、存笼蛋鸡500万羽，力争到2010年，四大产业的综合产值达到38亿元以上，在全县农业综合产值中的比重提高到70%以上，全县农民人均纯收入每年净增200元以上。二是壮大加工龙头。进一步加大农业产业化龙头企业的培育力度，力争到2010年，全县培育出1个国家级、5个省级、15个市级龙头企业，大宗农副产品加工转化率达到60%以上。当前，重点是要抓好湘鲁万福糖业、古洞春茶业、跃宇竹业、三尖农牧等龙头企业的技改扩改，力争通过几年的努力，使湘鲁万福年产值达到5亿元以上、金果果蔬达到2亿元以上、古洞春茶业达到1亿元以上。三是提升产品品质。按照“品种优良化、生产标准化、营销品牌化”的思路，大力发展绿色产品、优质产品和有机食品，切实提高农产品的科技附加值、消费放心度和市场竞争力。当前重点是深入推进种苗工程和品牌工程建设，力争到2010年，全县农作物良种化面积达到97%，畜禽良种率达到85%以上，通过国家无公害认证的农产品达到20个以上，获得获得省级名牌产品称号的农产品达到10个以上。四是培育专业组织。按照“民办、民管、民受益”的原则，引导、支持和协助各类专业合作组织抓好会员培训、规模扩张、内部管理和功能完善工作，力争通过3年左右的努力，全县有60%的农户纳入合作组织服务范畴。重点抓好茶、果、竹、猪、禽五个县级产业协会的做大做强，尽快形成“一大产业有一个高级合作社牵头、有一家骨干龙头企业带动、有一群农村经济大户领办、有一批规模产业基地支撑”的发展格局。

二、以加强基础建设为重点，把促进“村庄美”的工作抓落实。改善农民的居住条件和生活环境，既是广大群众的迫切愿望，也是城乡统筹的必然要求。我们将继续按照“设施改善环境、居住体现文明、生态提升形象、城乡一体推进”的思路，进一步抓好“便民美村”的各项工作。一是加强基础建设。采取财政预算拨、打捆项目投、群众自主筹、部门结对帮、厂村牵手建、发动社会捐等多种形式，大力推进农村交通、农田水利、饮水安全、电力能源、通信网络等基础设施建设，使农村面貌在短时期内有一个大的改观。今年要确保农村基础建设投入达到3.5亿元以上，完成好430公里通村公路硬化、28座堤垸水库除险、100公里渠道防渗、180个村电网改造，以及100个村的广电“村村通”工程、3.9万农村人口的饮水安全工程等建设任务。二是加强村庄建设。结合省市级卫生镇、卫生村创建活动，大力推进“三清五改”工作，集中解决好农村“脏乱差”的问题。重点抓好农业生产清洁工程和农村生活环境净化工程，年内完成3000口沼气池的建设和200个净化造气炉的推广，逐步实现农民“饮有干净水、便有卫生厕、用有沼气炉”的发展目标，切实改善农村人居环境。同时，按照“十有”、“五通”的标准，年内重点完成好5个示范乡镇和105个省市县乡四级示范村建设，突出抓好马鬃岭示范片宜居小区试点建设工作，在建设适度集中、村容整洁、居住舒适的农村宜居小区上探索经验。三是加强生态建设。以创建国家生态示范县为目标，继续实施退耕还林、生态公益林、长防林等生态建设工程，广泛开展绿色庭院、绿色社区、绿色村镇创建活动，力争三年内全县路港沟堤基本实现绿化，农户院落和村街绿化率达到35%以上，森林覆盖率达到58%以上。特别是要充分发挥丘岗山地的地理优势，按照“丘岗开发和庭园开发相结合，生态建设和产业建设相结合”的原则，着力抓好小康庭园、生态庭园的建设和提升，营造花果满山、果蔬满园、楼在林中、人在园中的生态美景。同时正确处理好发展与环保的关系，落实项目准入制度，严格环境污染监测，加强耕地质量建设，努力使农村水更清、山更绿、天更蓝。

三、以营造和谐氛围为重点，把实现“村风好”的工作抓落实。“村风好”既是建设新农村的重要目标，也是建设新农村的必要条件。实践证明，只有注重抓统筹、搞创建、促和谐，“村风好”才有物质基础，才有孕育载体，才有社会氛围。一是大力发展公益事业。按照统筹兼顾、协调发展的要求，积极推进农村社会事业发展，努力提高农村社会公共服务水平。教育方面，全面推进农村义务教育经费保障机制改革，认真落实“两免一补”政策，切实抓好中小学危房改造和寄宿制学校建设，不断改善农村的办学条件；加快发展职业教育、成人教育和民办教育，多形式、多途径的抓好农民素质教育，力争每年培训农民5万人次、新增劳务输出1万人以上。文化方面，加快实施广播电视“村村通”工程、县乡有线电视光缆联网工程，切实抓好图书室、阅报栏、农民夜校、文化活动室等文化设施建设，不断丰富农民群众的精神文化生活。卫生方面，大力推进新型农村合作医疗试点工作，重点抓好县人民医院扩建、26个乡镇卫生院国债项目和100个农村卫生室的建设，力争年内合作医疗覆盖率达到85%以上。社会保障方面，努力提高农村“五保户”的集中供养水平，年内完成4所乡镇敬老院的改扩建任务；逐步探索和完善农村低保制度和大病医疗救助制度，今年确保农村低保覆盖率达到2%以上。二是继续深化文明创建。坚持以小康文明村镇、“十星”文明户、“五好”家庭、“法制家长”等创建活动为载体，发动群众自我教育、自我激励、自我评价、自我提高，形成人人争先进、家家创文明的浓厚氛围，以此倡导爱国敬业、遵纪守法、勤劳致富、乡邻和睦、崇尚科学的新风尚。与此同时，进一步把改进干部作风活动引向深入，认真开展好“机关联基层、干部进农家”活动，组织千名干部进村入户，把富民政策、科技知识、市场信息送到广大群众家里，帮助他们增收致富、排忧解难，以好的党风带出好的民风、带出好的村风。三是着力强化综合治理。进一步建立健全矛盾预警、纠纷排查、社会调解、应急处置等社会维稳体系，努力把矛盾化解在初始，把问题解决在基层。特别是以群防群治、警民共建为手段，深入开展平安创建活动，严厉打击“两抢一盗”、吸毒贩毒、地下“六合彩”等违法犯罪行为，确保农村长治久安，群众安居乐业。

积极推进企业技改扩建 努力提升工业发展层次

龚 德 汉

近年来，桃源为进一步促进工业发展提速升级，坚持向外争资和对内挖潜两手抓，在大力开展招商引资的同时，积极推进现有企业技改扩建。截至目前，全县60%的骨干工业企业均已完成二期以上的技改或扩改建设，其中投资上亿元的项目1个、上千万元的项目12个，近三年每年技扩改投入均在2亿元以上。通过实施技扩改，全县规模工业增加值近年保持了25.8%的速度递增，走出了一条内生型增长、自主式发展的新路子。我们的主要做法是：

1. 创新政策，优化服务，全力支持企业技扩改。充分尊重企业经营自主权，把工作重点放在为技扩改提供政策支持和环境服务上。一是政策上重点倾斜。从2003年起，县委、县政府连续出台了三个有关工业发展的一号文件，明确规定对技改扩建项目与新上项目一视同仁，实行统一的土地优惠、规费减免和税收奖励政策。特别是为鼓励企业扩大再生产，单设了税收贡献奖，按企业新增税收额分段计奖，在每年经济工作会议上当场兑现。县里还设立了600万元的工业发展基金，重点支持企业开展技术改造和扩大再生产。二是融资上积极支持。在充分调动企业自我投入积极性的同时，积极主动与银信部门进行衔接，帮助企业解决融资困难。近三年为企业争取各项贷款8亿多元，其中为杰新纺织、德江棉纺、湘鲁万福技扩改建设争取农发行贴息贷款近3亿元。此外，还积极为企业争取国家技改专项投入，如在杰新纺治污改造中争取国家投入1000万元，完成了对脱硫和锅炉除尘设施的技术改造。三是用地上尽力保证。凡是企业进行技扩改，在政策范围内优先保证用地供应。为保证湘鲁万福糖厂三期扩改所需的135亩用地，我们先后5次到省市衔接和报批，18次召开到村到组协调会，减免县级规费近20万元。

2. 做大资源，创造条件，积极促成企业技扩改。桃源工业企业以农产品加工企业居多，因此，资源供给就成为企业扩建成败的关键所在。近年来，我们积极跟进企业扩建原料需求，采取技术扶持、订单生产等方式，相继建立了100万亩优质稻、80万亩优质油料、50万亩高产楠竹、30万亩优质水果、8万亩优质棉花等农产品生产基地，稳定和扩大了农副产品原料供应。在我们的支持和帮助下，跃宇竹业、明月油脂、湘北茶叶等一批农业龙头企业还建立了专供生产基地。如金果果蔬就建有3000亩茭果基地和1.8万亩桔园。由于原料供应充足，主要农产品加工企业纷纷开展扩建改造，全县先后建成省级龙头企业2家、市级龙头企业8家。

3. 加强引导，注重质效，努力推动企业技扩改。鼓励企业扩大再生产，并不是要企业盲目投入和低水平扩张。在推进过程中，我们按照“因企施策、节约成本、质效优先”的原则，引导企业因情制宜实施技扩改建设。一是引导企业做大优势产业，走扩规强能之路。对具有产业和产品优势的企业，我们主要以提产扩能为目标引导其实施扩改。金果果蔬是全市出口创汇大户，产品远销国外，近年该企业投资5000万元完成了三期扩改，新上了2条桔子罐头、1条易拉罐和1条果冻生产线，年加工果蔬能力由1.5万吨增加到3万吨，新增季节性就业岗位4000个。目前企业正在酝酿新一轮扩改，预计四年内年生产能力将达到6万吨。二是引导企业加强技术改造，走提质增效之路。对设备老化、市场竞争力较弱的企业，我们以技术改造为着力点，加大先进技术引进和科技自主创新力度。胜利化工厂先后投入3800万元对锅炉、压缩、合成氨、余热发电等系统实施了两期全方位的技术改造，产品由碳氨发展为合成氨、液氨和甲醇，综合产量超过20万吨，成为中南地区工业用氨的主要生产企业，年创利税近千万元，从亏损大户一举跃升为盈利大户；德江棉纺厂累计投入5000多万元进行技改，装备了世界一流的气流纺生产线，实现了全自动化控制，产能扩大近十倍，开发产品上百个，其中天然彩色纱居于国际领先水平，产品畅销省内外。三是引导企业延伸产业链条，走配套开发之路。对产品结构单一的企业，重点引导他们在开发配套产品、延伸产业链条上下功夫。杰新纺织2004年来投入7000万元进行技扩改，新建了1.5万平方米的现代化纺织厂房和卷染、后整两个车间，引进了清梳联合机、新型剑杆织机等高新设备，形成了集纺织、印染、制衣于一体的完整产业链，成为第一民营出口创汇大户；湘鲁万福糖厂目前正在投入上亿元实施第三期扩改，计划在扩大现有麦芽糖生产能力的同时，新上3万吨精蛋白、1万吨精米加工、1万吨油脂、4500吨活性炭、3000吨双歧因子生产线，建成后将成为我省粮食加工领域开发最深、产品最多的企业。四是引导企业易地搬迁扩改，走集约发展之路。从保护环境、节约土地、集群发展的要求出发，积极引导产业相关度较高的企业向核心企业和工业园区集中。新建机械厂为了突破城区发展空间限制，投资近千万元实施搬迁扩改，整体迁入漳江工业小区，企业发展获得了更大的平台。

通过大力推进企业技改扩建，我们至少收到了以下四个方面的明显效果：一是突破了招商瓶颈制约，工业投入得到有效扩大。与新上项目比，企业技扩改建设具有招商成本低、征用土地少、建成周期短、投资见效快的优势，在目前各地招商竞争激烈和用地供应趋紧的情况下，推进企业技改扩建不失为扩大工业投入的一条捷径。近些年来，正是由于我们全力以赴抓企业技扩改，全县工业投入保持了15%以上的递增速度，除新上的亿元大项目外，每年的工业投入有60%来自于技扩改。二是做大了现有企业规模，产业级次得到有效提升。技扩改投入的过程，既是企业积累资本的过程，更是产业发展壮大的过程。近年来通过技改扩建，全县建成了15家产值过千万、11家税收上百万的骨干企业。2005年全县实现工业增加值18亿元，完成工业税收1.2亿元，分别为2000年的3.5倍和4.1倍。特别是通过以工带农，全县农业产业化进程明显加快，大宗农产品加工转化率达到45%以上，粮棉果竹、畜茶油烟等农业主导产业得以迅速做大做强，2005年实现综合产值29亿元，农民人均因此增收120元。三是提升了产品科技含量，竞争实力得到有效增强。企业通过技改广泛应用新技术、新设备和新工艺，改造提升了一批传统名品，研制开发了一批科技新品，孕育培植了一批名牌精品，产品科技含量和市场竞争力不断提升。目前全县工业产品中，有国家级新产品34个、部优产品15个、省级新产品42个、省优产品50个。特别是具有独立知识产权的桃源大叶茶、金果桔、明月油、德飞纱、杰新布、万福糖、“王中王”汽车制动系列产品、特种橡胶输送带等产品畅销省内外，有的还远销国外，市场占有率不断提高。四是推动了企业协作配套，集群发展得到有效加快。技扩改的深入推进，使县域优势产业在原有基础上实现了新的调整布局，企业之间分工更加明确、协作更趋紧密，全县初步形成了农产品加工、纺织、建材、电力能源、铝材等五大产业集群。特别是以杰新纺织、德江棉纺、奇强纺织、丽源针织为龙头的轻纺业集群发展加快，形成了从轧花、纺织、印染、针织到制衣的完整产业链，拥有纺锭16万锭，占到全市总量的40%。

安乡县争取社会力量建设新农村的实践与启示

张　开　松

去年来，安乡县广泛发动社会力量，积极争取社会投资，加快推进社会主义新农村建设，取得了较好效果。去年安乡县争取到建设新农村的社会资金达2000多万元，今年上半年又到位2017万元，预计全年可达3397万元。这些资金主要用于通村公路建设，少部分用于学校、医院、敬老院等方面的建设。由于社会资金的支持，大大增强了安乡县通村公路建设的配套筹资能力。去年，安乡县修建通村公路220公里，超计划近100公里。今年上级给该县下达的计划只有124公里，但乡镇申报的计划有350公里，预计将修建300公里。

加强感情联络　让老乡老板甘心投资

老乡老板是各地最重要的人脉资源。他们大多少小离家，事业有成，有的虽已在外安家，但他们的根在家乡。他们或是领导干部，或是企业老板，或是学业有成的学者，还有的是普通的打工仔打工妹。虽然他们所处的地域不同，从事的职业有别，但都对家乡怀有深厚的感情，一直十分关心关注家乡的建设。通过新农村建设这一载体，安乡县加强了与老乡老板的联系，积极争取他们的信任和支持，帮助家乡新农村建设.

一是利用电话加强日常联系。为了便于联系在外的老乡老板，安乡县广泛动员，全面摸底，比较准确地掌握了他们的具体信息。平时经常用电话向老乡老板介绍家乡发展情况，保持密切联系，加强情感交流。在新农村建设启动之初，各个乡村都发放了《致老乡的一封信》，向在外老乡阐述新农村建设的意义、本地建设新农村的规划目标、存在的困难和问题，激发他们的爱乡之情。

二是利用贺卡寄托家乡祝福。每逢元旦、春节等传统节日，安乡县都寄发贺卡给在外的老乡老板，表达家乡人民对他们的祝福，让他们感到家乡人民没有忘记他们这些离乡游子，家乡人民时刻挂念他们，从而激发他们的思乡、思亲情怀。

三是利用清明祭祖回乡访亲的时机热情搞好服务。清明节期间，回乡祭祖扫墓的老乡老板比较多，乡村有关负责人全程陪同，认真接待，周到服务，让他们感受到家乡的热情和温暖。安障籍在外的戴和平先生是一位商界的成功人士，乐善好施，多年未回家乡。去年，戴先生想回他的安障老家沙湖口村看看。在回乡时，乡里安排了一个非常隆重的欢迎仪式，彩旗飘舞，洋鼓洋号，人山人海，父老乡亲还拉起了“向戴和平同志学习”的巨幅标语，令戴先生非常感动，倍感亲切。之后戴先生慷慨解囊，支援家乡建设。去年，他投资20万元硬化了2.9公里的白沙公路，投资33万元支援沙湖口村19组、20组的新村小区建设。今年又捐资25万元，硬化一条长1340米的路，建造一座长14米、宽6米的桥，还计划修一条路，进行村部、敬老院、卫生室的建设。这两年，戴和平先生个人捐资达120万元。

四是利用看望和慰问老乡老板亲属的契机加强联系。对老乡老板在家的亲属，乡村负责人经常主动上门看望慰问，尽力解决一些实际困难，消除老乡老板的后顾之忧，巩固他们与家乡的感情。安全乡丁家洲村的刘玉金外出多年，一直在长沙、岳阳等地办厂，多年未与村里联系。去年，其母（常住岳阳）回老家庆祝70大寿，该乡负责人知道情况后，与村支书一道前往祝贺，刘玉金很受感动。在实地考察家乡的新农村建设情况以后，刘老板当即表态，捐资兴建本村一条3公里的公路。

五是利用表彰和纪念活动维系情谊。对于热心家乡建设、做出较大贡献的在外老乡，安乡县都在适当的时机和场合对他们的善举进行表彰。县里每年在全县的经济工作会议上给予表彰，各个乡镇在乡镇党员大会或人代会议上对关心和支持家乡建设的老乡老板通报表彰。在捐赠项目完成后，立功德碑、修功德牌楼、赋予公路冠名权纪念捐赠者的功绩，让捐赠者感到自己的捐赠活动得到家乡人民的肯定和认可。

实实在在做事　让老乡老板放心投资

要让老乡老板放心投资，就必须管好钱、用好钱，把每一分钱都用在实处。

一是实实在在管好资金。为了管好资金，乡村两级都成立了由卸职村干部、老党员、人大代表、政协委员和群众代表组成的理事会。理事会在银行设立帐户，所有筹集的资金都由理事会管理，做到专款专用，并且还建立了严格的资金拔付制度，从提出计划到拔付资金，一般要经过乡村两级理事会5人以上的成员签字。安凝乡还雕刻了理事会的财务专章，不见专章不拔钱。黄山头镇由村理事会会长保管存折，乡里的负责人掌握密码，乡村互相监督、互相制约。三岔河镇召开镇人代会，将资金如何管理、使用在会上形成决议，政府每年都要向镇人大会通报资金的使用情况。

二是实实在在用好资金。今年以来，老乡老板投资安乡县新农村建设比去年更加踊跃，是什么原因让他们如此踊跃？用老乡们的话讲，是他们亲眼见证了我们的政府是为民办实事的政府，老乡老板捐赠的一分一文都用到了实处。去年，安凝乡争取通村公路建设资金 268 万元，硬化公路 25.8 公里；安丰乡争资 180 万元，硬化 24.8 公里；安裕乡争资 105 万元，硬化 10 公里。去年官垱镇兴隆村的一个老乡投资 200 多万元用于本村的新农村建设，考虑到镇里经济条件比较差，还额外给镇里 5 万元的资金，但官垱镇政府不仅没用这 5 万元，还另外倒贴了 7.8 万元给兴隆村用来弥补不足。去年安乡县 20 个乡镇共争取通村公路建设资金 1206 万元，硬化公路 220 公里。正是由于这些看得见、摸得着的实事，让老乡老板们放心投资、愿意投资。

三是实实在在督好质量。工程质量也是老乡老板最关注的。在通村公路的建设上，为了保证质量，理事会加强了日常的监管，各个村理事会都组建了义务监督队，对水泥钢筋的质量、混凝土的配比、路面的宽度厚度以及水泥、黄沙、砾石、熟料等用料情况进行全过程、全天侯的监督，一旦发现质量有问题、立即要求返工重修。

搭建活动平台　让老乡老板竞相投资

去年来，安乡县各个乡镇采取走出去、请回来的形式召开老乡联谊会，给老乡老板搭建一个交流沟通平台，争取他们对家乡的支持。

一是请回来，在县内召开老乡联谊会。去年以来，安乡县安裕乡、安丰乡、安昌乡和黄山头等乡镇，为了把在外的老乡老板请回来，分别在老乡老板比较集中的城市明确了一名联络人，负责联系和组织。安裕乡去年 9 月 10 日在乡大会堂成功举办了通村公路建设捐资动员大会及首次捐赠仪式，参加会议的在外老乡老板达 300 多人，捐资总额达 101 万元，其中在外老乡老板捐资 67.2 万元。去年底，该乡的安庆村和五阳村还以村为单位组织了本村在外人士的公开捐资动员大会，分别筹集资金 2 万元左右。安昌乡去年 11 月 30 日，由乡政府出面组织，在县城举办了一个安昌籍在外人士的酒会，到会的老乡老板 150 多人，现场捐资 60 万元。黄山头镇在长沙、常德、安乡和本镇设立了临时分会，每个分会设会长一名、副会长两名和秘书长一名，专门负责联系，把老乡老板请回来。经过四个临时分会的努力，今年 4 月 7 日，188 名黄山头籍在外的老乡从广州、长沙、湘潭、株洲、常德、安乡汇聚到黄山头镇，会上老乡们现场捐资 14.2 万元，会后捐资络绎不绝，截止今年 6 月底捐资总额达到 100 万元。

二是走出去，在县外召开老乡联谊会。去年安凝乡党委书记任中伟带领班子成员和村支部书记在上海、广州、长沙和常德分别举行了一次老乡联谊会，所到之处得到了老乡们的积极支持，4 场联谊会共募集资金近 150 万元。在乡政府的带动下，今年该乡的 15 个村的党支部书记都走出去，把本村在外的人士组织起来，到 6 月底全乡共筹集通村公路配套资金 209 万元。今年 4 月份，安昌乡党委书记周宏林带领村支书，在长沙召开了一次联系安昌籍老乡老板的联谊会，现场募集资金 10 多万元。

从安乡县争取社会力量投资建设新农村的实践，我们得出三点启示：

启示一：在新农村建设的实践中，必须把政府的主导作用发挥好。新农村建设，农民是主体，但也应充分发挥好政府的主导作用。主体是动力，主导是方向，二者相辅相成，缺一不可。从安乡县一年多的实践来看，发挥政府的主导作用主要是抓好宣传发动，把握舆论导向，动员社会力量广泛参与，使新农村建设成为全社会的共同行动。安乡县安凝乡去年筹资最多、最成功的一个重要原因，就是宣传发动到位，该乡去年 4 月 10 日召开了 1000 多人的群众大会，全乡 15 个村每个村都去了 60 名村民代表，之后，各个村又以组为单位召开了户主会，乡村两级动员后，又向在外的老乡老板发公开信，通过各种形式的宣传发动，切实提高了群众的认识，极大地调动了社会各界的积极性。

启示二：在新农村建设的实践中，必须把各方面的积极性保护好。建设社会主义新农村是全社会的事业，既需要动员各方面力量广泛参与，更需要保护好各方面的积极性。从安乡县的实践来看，保护好各方面的积极性，关键在于各级党委政府讲信守诺，求真务实。只有这样，新农村建设才能深入持久地推进。安凝乡向社会各界承诺，保证将募集的资金用在实处，并随时欢迎老乡老板查询监督。黄山头政府响亮地提出了打造务实政府、亲民政府和诚信政府的口号。三岔河政府则是把诚信第一、扎实做事作为政府工作的准则。官当镇党委政府保持“实在为先”的作风，倡导为人要实在、作风要实在。

启示三：在新农村建设实践中，必须把为老百姓办的实事办好。从这两年工作的实际来看，党委政府为群众办事，只有真正实事办好，好事办实，才能得到社会支持，实现群众满意。去年安乡县能争取到近 2000 万元的社会捐助，今年上半年又争取到 2000 多万元，而且来势越来越好，这与安乡县各级党委政府把为老百姓办实事放在首位是分不开的。

努力增强发展社会主义市场经济的能力

王 孝 山

党的十六届四中全会提出了加强党的执政能力建设的任务，要求各级党委和领导干部不断提高“驾驭社会主义市场经济的能力”。这充分说明，发展社会主义市场经济的能力是党执政能力的重要方面。但是，就目前我国县乡两级领导班子和领导干部的总体状况来看，发展经济的能力不容乐观。北京师范大学经济与资源管理研究所《2005中国市场经济发展报告》及相关资料显示，2005年底我国经济市场化程度已达到73.8%，但目前有66.9%的科级以上干部自认为不熟悉市场经济，驾驭市场经济的能力不强。为数不少的领导干部还在用市场经济的“新瓶”装计划经济的“老酒”，没有领悟到在不同的时代背景，不同的经济体制，不同的发展理念、发展空间和发展环境下，需要采取不同的经济发展手段和策略。

二十多年的改革开放，使我国的经济生活发生了深刻变化。

发展体制由计划调控转变为市场配置。改革开放前社会主义的基本特征是公有制、计划经济、按劳分配等，而现在具有中国特色的社会主义基本特征则是生产力、市场经济、对外开放、共同富裕等，经济发展的体制已由指令性计划变为市场配置资源。计划经济时期，生产主要按计划，原材料和能源的供应、交通运输及产品的销售、新上项目也按计划。由于计划统得过多，管得过死，大到钢铁，小到针线统统纳入计划，细到具体产品品种、规格、数量、用工指标等，所以就出现了“不找市场找市长”的现象，经济由“看得见”的手操控，一切按计划办事，缺乏活力，没有竞争。搞市场经济后，经济运行主要按经济规律办事，强调由市场配置资源，在市场的压力下去提高效率，也就出现了“不找市长找市场”的现象，经济显示出了强大的生机与活力，人的主观能动性在市场经济的浪潮中得到了充分展示。

发展主体由单一转变为多元。改革开放前，我们国家的经济成份比较单一，是纯而又纯的公有制，公有制又是以全民所有制为主。农民搞点副业，种点自留地，就是资本主义的尾巴，要割掉。现在基本形成了国有经济、集体经济、民营经济、外资经济、股份经济、经济混合体等多种所有制结构并存的格局。国家除一些事关国防安全和经济命脉的产业外，绝大部分的行业都已经放开，允许各种经济成份进入。随着所有制结构的变化，政府对经济的管理，也由以前的行政领导，大包大揽转变为利用经济手段进行调控和引导，由“婆婆”型管理转变为“保姆”式服务，作用的方式也由直接转为间接。

发展空间由分割封闭转变为统一开放。改革开放前及改革开放初期，生产和流通的布局以行政区划为基础，经济机构的设置以行政区划为依托，各地的市场是相互分割、相互封锁的，产业同构、重复投资、原材料大战、封堵外地产品在当地销售等现象较为普遍，都盲目追求自我服务、自我循环，“万事不求人”，搞“大而全”、“小而全”、自成体系。有些学者将当时这种封闭割据的经济称之为“诸侯经济”。随着市场经济的发育和完善，市场开放的程度越来越高，商品交换的空间越来越宽。全国性、全球性开放统一的市场初步形成。市场由分割封闭到统一开放，给各级领导干部提出了新的问题，这就是发展区域经济不能只考虑本地实际了，还要分析国际国内经济发展的态势，掌握国家产业政策的走向。因此，在发展经济时，一定要有大开放、大循环的概念，一定要有大市场、大竞争的观念。

发展理念由追求物质财富增加转变为科学发展。在过去的经济发展中，或多或少的存在着见物不见人，为发展而发展，为增长而增长的倾向。在满足人的需要和自由全面发展方面比较模糊。大寨的“先治坡后治窝”，大庆的“先生产后生活”，就是当时这种理念指导下的产物。随着“以人为本”的提出，人的需求处在了所有价值目标的第一位，成为一切发展的最终价值取向。这就给经济工作提出了新的课题，既要夯实发展的基础，又要满足发展的目的；既要保证有足够的投入用于扩大再生产，又要让全体人民分享到发展的成果，必须处理好发展经济与满足人民需求之间的关系。这就要求各级领导干部头脑要更复杂一些，兼顾的面要更宽一些，工作的能力要更强一些。另外，经济增长方式正发生转变，传统的高投入、高消耗、低产出的老路已经走到了尽头，由靠资金投入、资源消耗和环境透支的粗放型增长转到高效利用资源、减少环境污染、注重质量效益的集约型增长上来。这对各级领导干部发展社会主义市场经济能力提出了严峻考验，谁能适应这个转变，经济就能够顺势而上；否则，经济就要停滞倒退。

发展规则由单纯直接转变为复杂多样。在计划经济时代，一切都靠计划安排，游戏规则十分简单，只要经济发展速度上去了，就可以一俊遮百丑。而现在安全、疫病、道德伦理等非经济因素对经济的影响越来越大。一个大的安全生产事故，可以把一个地方的经济搞得一蹶不振，把领导搞得身败名裂；一个大的流行性疫病可以使一个地方的经济停滞不前甚至倒退；一个或几个群体性上访，也可以使一个地方或单位的领导疲于应付，直接影响抓经济的力量和精力；一个政治军事事件可以引起股市大起大落，如两伊战争、俄罗斯与乌克兰的天然气纠纷，都曾引起过股市的振荡；一个看来不起眼的人，一件看来不起眼的事，通过媒体炒作，可以引起法律法规的调整和修改，甚至可以催生一个重大政策的出台。这些情形都表明，经济工作已超出经济领域的范畴，它与政治、社会、法律、道德伦理有着千丝万缕的联系。

增强发展社会主义市场经济的能力涉及到客观条件和主观因素，从人的主观能方面应努力增强六种能力。

把握大局的能力。把握大局一要从政治社会中看经济。经济是基础，政治是经济的集中体现，是为经济服务的，二者相辅相存，互相依存。当今世界，政治对经济的影响十分明显，政治领域的变化直接影响到经济领域的变化。美国的“罗斯福新政”，是政治直接干预经济的典型，大陆与港、澳、台关系的改善，直接导致侨胞、同胞在沿海地区的大量投资。领导干部要学会把经济发展放在政治、社会发展的大背景下审视，始终保持政治上的敏锐，时刻懂得顺时应势，根据政治、社会的变化趋势，不断调整经济发展思路。二要从政策调整中看取向。国家政策，特别是国家的产业政策，是发展区域经济的依据和保障。凡是国家鼓励发展的产业，而又有基础的，就要不遗余力地扶持、发展；凡是国家限制或禁止发展的行业，即使有基础、有市场，也不能图一时之利而危害长远、贻害后人。三要从全国全球大局中看本地。随着市场的统一开放和经济全球化进程加快，现代经济已经是“牵一发而动全身”。国外经济上的某个细微变化都有可能波及区域经济发展。各级领导干部要自觉地把本地放到全国全球的经济大背景中去考虑，既要明白本地经济在全国全球大局中所处的发展状态，具备的发展优势和发展潜力，又要弄清全国全球经济的发展趋势，并从中探索发展路子，借鉴成功经验。

抢抓机遇的能力。机遇是发展的契机，是切入点。机遇的降临不是偶然的，它有一个孕育、形成和显现的过程。在这个过程中能够发现它，就会先人一拍，占据优势。发现机遇需要有敏锐的眼光，对事物发展趋势作出科学的分析和判断。如2004年起国家加大对经济实行宏观调控的力度，通过经济杠杆抑制房地产业和资源能源高消耗产业。一些商家从中看到机遇，纷纷发展节电型、节能型、节水型产品，发展循环经济和绿色环保产业，既符合国家宏观调控要求，又获得了国家政策支持，从而迅速做大做强。机遇一旦出现，就要敏捷地抓住，否则就会错失机遇，后悔莫及。对待机遇，还要由此及彼，举一反三，诱导机遇的连锁反应。

科学决策的能力。决策正确，成事之始；决策失误，败事之趋。没有科学的决策，就无所谓事业的成功。提高科学决策的能力，首先要对情况掌握得准。在作决策之前，必须通过各种渠道，掌握大量与决策有关的第一手材料，防止情况不明决心大，信息不准主意多。其次要对形势分析得透。在作决策时，要对决策涉及到的方方面面进行认真分析，对推行决策的办法措施仔细推敲，对决策实施后可能引起的反应予以充分估计，对决策可能引起的负面影响制定消除预案，尽最大可能保证决策的平稳实施。三是要对程序把握得好。该开听证会的要开听证会，该向专家咨询的要向专家咨询，该法律界人士把关的要请法律界人士把关，该集体决策的要集体决策。避免为图简便，赶时间而匆忙决策，防止外行决内行的策，个人决集体的策，糊涂人决明白人的策。四是要对认准的事坚持得住。有的决策可能要损害到一部分人、一些群体的既得利益；有的决策对长远、对大局有利，但对眼前、对局部有负面影响；还有的决策因为向上级汇报不够，可能引起上级领导的误解，这都有可能遭致非议，甚至上级的“干预”。在这种情况下，不能左右摇摆，犹疑不决，甚至打退堂鼓，要向不同意见者耐心地做好宣传解释、劝告引导工作，帮助他们释疑解惑；对合法利益受损者给予合理补偿，使他们不致因为利益受损而成为“顶门杠”；向上级汇报清楚决策的前因后果，争取得到上级领导的支持。

务实创新的能力。务实是成就大事、成就长远的基础。讲务实，就是要沉下心来做具体细微的工作。手头的事情很多，要有耐心一件一件地把头绪理清，一项一项地把办法想好，一个环节一个环节地把工作抓落实。尤其是做基层工作的，切忌好高骛远而不积跬步；切忌光有鸿鹄之志而无埋头苦干之心。要看得起具体，做得来小事，耐得住寂寞。从眼前做起，积小胜为大胜，积小事情为大事业。创新是时代精神的核心内容，是经济发展、社会进步的不竭动力。讲创新，首先要在思维创新和制度创新上下功夫，大到政府机构改革、事业单位改革，小到单位内部管理改革，都要用创新的思维思考问题，用创新的体制机制来保障创新的思维的实施。

突出重点的能力。重点是主攻方向，是诸多矛盾中的主要矛盾，是同一矛盾中的主要方面，具有提纲挈领、纲举目张的作用。任何时候，都必须突出重点，紧紧抓住重点不放。重点又不能太多，多了就无所谓重点，重点就变成了一般。抓重点还有个“度”的问题，有个分寸的把握问题。孔子说，过犹不及。百草都是药，百草又都有毒，就看你用多少。用少了，没有效；用多了，会出问题。因此，在突出重点的时候，要兼顾一般，让一般跟进重点，避免顾此失彼。如果只抓重点，不顾一般，一般性问题多了，就会积重难返，一般就会变成重点，淡化甚至淹没本来意义上的重点。

合作共赢的能力。当今世界，发展经济不可能封闭进行，自我循环，必须与外界打交道，借助外力。在与外界的交往中，要有合作意识，通过合作，实行优势互补，促进做大做强，获得更快更好的发展。要有平等意识，尊重他人，平等待人，态度真诚谦和。即使是占据了优势和主动，也不可盛气凌人，傲慢无礼。要有妥协意识，要认识到谈判的艺术就是体面妥协的艺术。谈判就意味着妥协，就意味着让步，就要有妥协的心理准备。当然，妥协退让是有原则、有底线的。只要是不突破底线的妥协，就是体面的妥协、成功的妥协。要有共赢意识。在经济合作中，如果只想自己得利，别人不得利，或者自己得大利，别人得小利，是合作不了的，即使合了，也是合而不作。因此，要力求互惠互利，共享共赢。增强发展社会市场经济能力的关键，在于学习积累，在于体会领悟，在于实践锤炼。

要乐于学习。在学习问题上，要力求“三个结合”：一是读有字的书与读无字的书相结合。书是前人实践经验的总结。要十分注意向书本学习，广闻博记，为能力的培育摄取营养。要注重读无字的书。在现实中有很多新鲜的东西还没有来得及经过总结上升为理论，而这些东西往往是我们在当前的实践中迫切需要的。同时，在当前发展经济的生动实践中，还有一些很管用的经验和做法一时难以上升为理论，需要我们直接感受和体会。二是学习与思考相结合。一个人光学习是不够的，学而不思，就象吃饭不消化，精华与糟粕穿肠而过，就不能有所收获。孔子说过：学而不思则罔。书本上也有一些谬误的东西，特别是在当前思想解放、言论出版自由、各种思潮泛起的年代，有可能被一些事物的表面现象所迷惑，看不到问题的实质，贻误解决问题的最佳时机。海尔公司有一句格言，看不出问题才是最大的问题。因此，只有将勤学和善思有机地结合起来，才能把所学的知识内化于心，悟出一些道理，获得真知灼见。三是学习与运用相结合。学习的目的是为了更好的服务于实践，只有把学到的知识运用到实践中去，知识才能转化为智慧和能力。把理论、知识运用于实践，要十分注意与本地本单位的实际相结合，不可照搬照套，否则会害人害己。

要勇于实践。理论学习和实践锻炼就好比车之两轮，鸟之两翼，缺一不可。列宁说：“实践高于认识，因为实践不仅有普遍性的优点，并且有直接的现实性的优点。”实践的过程，既是了解情况、发现问题、解决矛盾的过程，也是认识规律、掌握规律、运用规律的过程，是增长才干和本领的过程。在实践中增强能力，要有实践的激情，要有敢想敢试敢干的勇气。如果什么问题都等上级文件、等领导表态、等别人闯出路子，就只能在人家后面亦步亦趋，就会在经济社会发展的大潮中显得平庸无为。因此，各级领导干部都要积极投身到火热生动的改革建设实践中去，在实践中享受鼓帆弄潮的酣畅与痛快，在实践中品尝获得成功与真知的喜悦和满足，在实践中体验理论指导实践、实践丰富理论的理性与成熟。

要勤于总结。经常总结历史的经验教训，是我们党的优良传统，也是我们党不断提高战斗力与执政力的法宝之一。总结不是终结，而是分析一个阶段工作中成功的经验和失误的教训，做出有指导意义的结论；是对自己过去工作情况的再思考、再认识、再提高。从实践上升为理论，一个重要环节就是勤于总结。要认真总结成绩。总结自己的成绩可以看到成功在哪里，经验是哪些。可以由此及彼、举一反三，在今后工作中再运用，再升华。总结成绩还可以提神鼓劲，增强信心。要及时总结失误。工作中出现失误是难免的，关键的问题是要对失误的原因及时总结，避免同样失误出现两次。

要精于运作。工作不能只管原则，大而化之。决策了，不等于落实了。既要科学决策，又要精细运作。在推行某项工作的决策方案时，要考虑到运作细节。情况发生变化了怎么办？掌握的情况与实际有差别怎么办？使工作预案与具体操作相衔接，做到处变不惊、从容应对。在组织实施时要精心谋划、精细安排、精致操作。另外，对于所推行的工作，不能完成了就万事大吉。在一项工作终结后，还要回头看，查漏补缺，消除大轰大雷推行时留下的隐患。如土地二轮承包，当时在推行时确有一些农户没落实，如果不进行查漏补缺，就会纠纷不断，影响农村的稳定。

要善于团结。团结是我们各项事业的基础，团结出战斗力，出生产力。一个地方、一个单位发展快慢关键在于是否有一个团结的班子。班子不团结，同床异梦，不仅形不成共识，还要花很多的心思互相防备，就没有精力干工作。因此，各级领导干部要象爱护自己的眼睛一样爱护班子的团结。一要大度，在善待自己的同时宽待他人。在日常生活中有的干部不能容人之长、容人之功，顺耳的话翘起耳朵听，逆耳的话掩耳不闻，受不了委屈，吃不了小亏，成天为了一些小事斤斤计较，既伤害了同志感情，自己也过得很辛苦。二要尊重，就如孔子所说，己所不欲，勿施于人。要以十分健康的心态尊重他人的人格，尊重他人的工作，尊重他人的成果。在尊重别人中赢得别人对自己的尊重。三要信任，互相敞开心扉，互相包容，和谐共处。四要民主，“一把手”统揽不包揽，善断不武断，信任不放任，大度不失度。副职要做到到位不越位，服从不盲从，补台不拆台，从而保证思想同心、目标同向、行动同步、事业同干，形成干事创业的良好环境和氛围。

以完善管理和服务为取向构建和谐社区

罗　少　挟

社区是社会的空间单元，社区的和谐是整个社会和谐的基础。因此，胡锦涛总书记强调指出，“建设社会主义和谐社会，要加强城乡基层自治组织建设，从建设和谐社区入手，使社区在提高人民生活水平和质量上发挥服务作用,在密切党和政府同人民群众的关系上发挥桥梁作用，在维护社会稳定、为群众创造安居乐业的良好环境上发挥促进作用。”遵循胡总书记的要求，我们要以完善管理和服务为取向，大力构建和谐社区。

管理和服务是驱动和谐社区建设的两个轮子，缺一不可。社会是人与人之间关系的总和，在现代社会每个社会成员都是具有独立人格、意志和自主权利的人。只有承认和尊重这种独立性，才能调动和发挥最广大人民的积极性和创造性，形成构建和谐社会的合力。但是，如果众多社会成员都各行其事，互不协作，整个社会就会一盘散沙，陷入混乱。因此，任何社会的正常运转和和谐都离不开管理，这就如同一个乐队不能没有一个高明的指挥一样。构建社会主义和谐社区是一个复杂的系统工程，远比指挥一个乐队困难得多，需要协调千百万人的思想和行动，处理好方方面面的社会关系，有效整合各类资源，如果没有有效的管理，这一切都是不可能的。从这个意义上讲，管理是构建和谐社区的内在驱动力和“方向盘”。现代社会中的人都是相互交换其活动、相互依存的，这种相互交换其活动和相互依存的关系，实质上是一种相互服务的关系，人们之间的相互服务越充分、越完善，和谐社会所要求的民主法治、公平正义、诚信友爱、安定有序等就越能得到贯彻，创造出一个和谐的社会或社区，这个道理是不言而喻的。从这个意义上讲，充分而又完善的服务，是构建和谐社区的原动力和“润滑剂”。因此，管理和服务是驱动和谐社区建设的两个轮子，只有两轮齐驱，才能把和谐社区建设的各项任务落到实处。

完善管理和服务，是实现政府行政职能同社区自治功能互补的必然要求。随着改革开放和社会主义市场经济的发展，城乡经济生活、社会生活和人的思想观念发生了极为深刻的变化，政府办企业、企业办社会的做法逐步改变，政府和企事业单位在计划经济体制下赋予的部分社会职能逐步回归社会，人们由“单位人”逐步转变为“社会人”，人们的活动空间大为扩展，社会联系增多，流动性增强，以居住、社会交往为纽带的社区愈来愈成为人们社会活动的重要载体，成为党和政府各项工作的落脚点。这种变化迫切要求地方政府转变职能和管理方式，更多地注重宏观、公共事务的管理，让企业由靠政府转向靠市场，管理方式由直接的命令式行政管理为主转向间接的服务型管理为主，这就在客观上要求完善社区的管理和服务，实现政府行政职能与社区自治功能的互补。只有完善社区管理和服务，政府的行政职能和措施才能“润物细无声”，避免“肠梗阻”，保证畅通无阻地落实到社区基层，给人民群众带来实惠。只有完善社区管理和服务，才能调动社区居民参与自治的积极性，并为搞好社区自治创造良好的条件和环境，使社区自治功能不断增强，发挥出政府行政职能不可替代的作用，促进社区的和谐发展。

完善管理和服务，是实现政府行政职能同社区自治功能互补的必然要求。社区作为城市基层，所承担的政府职能具有双重性。如综合治理，既是政府的行政执法，又是居委会的自我防范；加强流动人口管理，既是保持社会稳定的需要，也是社区组成要素发展变化的需要。更有大量的行政职能，如民政优抚、文化娱乐、劳动就业等政策，需要社区自治组织来推动，才使工作落实更加到位、效率更高。按照《居组法》的规定，居委会是城市基层群众性自治组织。社区居民实现自治的过程，必须依法依规，有组织有条理，需要党委政府加强指导和服务、提供资金和组织支持。因此社区履行政府行政职能和加强自治，是互为补充的。社区要实行政府行政职能同社区自治功能的互补，需要提高管理和服务水平，才能充分发挥双重性，走上社区和谐发展的正确轨道。

完善管理和服务，是依靠群众、相信群众，凝聚群众力量，建设和谐社区的主要途径。人民群众的支持和参与，是构建和谐社区的力量之源。完善管理和服务，有利于加强居民之间、社区组织之间、居民与社区组织之间的联系，增进他们之间的相互认同、相互理解、相互依赖、互帮互助、互利互惠，把社区建设成为和谐温馨的家园。只有贯彻以人为本的科学发展观，完善管理和服务，把管理和服务结合起来，寓管理于服务，以服务助管理，才能体现依靠群众、相信群众，正确处理构建和谐社会过程中的各种矛盾，协调好各种利益关系，从而凝聚起广大群众的力量，形成构建和谐社会的强大合力。我们武陵区作为常德市的中心城区，近几年注重完善社区管理和服务，重点加强社区就业、民政优抚、社会保障等政策的落实，改善社区治安秩序、卫生环境，增强文化娱乐、医疗保健等综合服务功能，大大增强了居民对社区的认同感，融洽了社区内部关系，吸引广大居民积极参与到各种文明创建活动中来，加快了和谐社区建设的进程。

以完善管理和服务为取向构建和谐社区，要遵循科学发展观，从四个方面入手。

加强社区组织体系建设，理顺社区内部关系。要明确社区党政组织的基本职责、协助职责和服务职责。基本职责主要包括就业保障、社会稳定、民政优抚、计划生育、城管创建、社区党建等必须履行的职责，与此相适应，其工作经费、人员工资、办公设施应由公共财政参照地方标准和实际需要提供。协助职责主要包括政府职能部门、群团组织及其他需社区帮助开展的工作义务，为履行好此类职责，应按照“费随事转”的原则，满足其必要的工作经费和条件。要加强社区党政领导班子建设，选配得力的干部充实到社区工作第一线去。要发挥居委会的群众性自治组织作用，发动群众搞好自我管理、自我服务和社会综合治理等工作。要完善社区自治组织体系，健全社区党组织、社区居民代表大会、社区议事委员会和社区居民委员会，从而在社区内形成事事有人管、人人有作为的和谐局面。

以服务群众为主题，增强社区服务功能。一是要增强社会保障服务功能，特别是要抓好对下岗失业人员的就业保障、对生活困难家庭的最低生活保障，落实好医疗保障、社会养老保险、工伤保险、生育保险等政策，让社会困难群体获得最基本的社会保障。二是要增强公共安全服务功能，以社区安全稳定为目标，加强社区环境的综合治理，实行“警力下沉、方便群众、服务前移、管理严密、工作有效”的新型社区治安管理模式，着力构建长效的社区治安机制。三是要增强环境保洁服务功能，发动各居民小区和独立院落的单位搞好自我保洁，在社区统一安排下定期开展集中的环境保洁活动，保证小街小巷的整洁。四是要增强信息服务功能，逐步建立健全信息网络体系，为居民提供充分的政策信息、就业信息、经济信息、价格信息等。五是要增强其他有关服务功能，本着因地制宜的原则，从满足辖区居民需求出发，拓展服务项目，提高服务水平。

创造让广大居民参与的条件，逐步推进社区自治。要以居民大会或居民代表会议作为实现社区自治权利的重要形式，为广大居民参与社区决策提供必要的渠道。居民代表会议要逐步实现由居民公开选举的代表组成，社区内凡涉及居民利益的重大事情，都必须由居民代表会议讨论决定。要在社区内由社区单位领导、社区知名人士和社区党政组织负责人组成协商议事委员会，帮助社区协调内外关系，动员社会力量为社区解决重点、难点问题，提出社区发展的建议。要赋予居委会及下属的专门委员会必要的权力和责任，贯彻落实好居民代表会议的决议和协商议事委员会的建议，发动居民群众参与管理好社区日常事务。要在搞好法律政策允许的有偿服务的同时，引导群众开展相互之间的无偿服务活动，如组建志愿者服务队伍，弘扬“人人为我、我为人人”的高尚情操。

多方整合资源，形成构建和谐社区的合力。要整合组织资源，尤其是要加强党、团组织建设，充分发挥好社区党、团员的先锋模范作用。要整合人力资源，采取“公开招贤、定岗竞争、择优录用、依法选举”的办法，从社区干部及社会志愿者中从优选拔社区工作者，使社区干部队伍从年龄、学历、能力上得到优化。要整合财力资源，多方开辟社区建设的资金渠道，切实加大社区建设投入，夯实社区基础设施。要整合产业资源，大力发展个体私营经济，盘活社区资产，提高资源利用效率，大力开展招商引资，壮大经济来源。要整合文化教育资源，重视用科学的理论武装人，大力加强思想道德建设，提高社区干部思想政治素质和广大居民的道德水平，创建人文社区；开展多种形式的人民群众喜闻乐见的文化体育活动，用健康向上的文化陶冶人们的思想情操，为构建和谐社区创造良好的人文环境。

依托中联重科 做大园区产业

王 昌 义

鼎城经济开发区灌溪工业园位于常德市西北郊，规划面积200公顷，现有各类企业66家，资产总值20亿元，从业人员5300多人。其中，规模以上企业12家，年产值过亿元的4家。近年来，我们坚持走靠大靠强发展之路，依托中联重科，做大机械产业，使灌溪工业园成为我区工业经济的新亮点和重要增长极。两年来，园区共引进投资过千万元的项目14个，其中过5000万元的项目7个。2007年，灌溪工业园完成工业总产值24.5亿元，税收5100万元，同比分别增长31%、33%，分别占全区工业总产值的37.1%、工业税收的63.8%；中联重科的6家企业完成产值18.7亿元，税收4700万元，同比分别增长35%、38%，分别占全区工业总产值的28.3%、工业税收的58.8%。我们的主要做法是：

一、发挥优势，准确定位

思路决定出路。为科学定位园区发展，我们进行了认真谋划。

1. 明确产业定位。2005年底，国家发改委批准成立鼎城经济开发区后，在灌溪工业园的发展定位上，我们进行充分论证，最后形成了三点共识：一是灌溪工业园的机械制造业一直是我区主导产业，且初具规模，发展基础好；二是浦沅集团多年在灌溪发展，厂地关系密切，园区发展机械制造业有优势；三是机械制造业是朝阳产业，中联重科与浦沅集团强强联合后，产品供不应求，这为我们加快机械产业发展带来了千载难逢的机遇。大家一致认为，灌溪工业园的特色在机械制造业，优势在机械制造业，潜力在机械制造业，要建设工业鼎城，就必须依托中联重科，做大机械产业，打造好灌溪工业园这一重要增长极。

2. 科学规划布局。按照“通盘规划，突出特色，有序推进”的原则，我们确立了两个“五年计划”开发8平方公里，以灌溪工业园为依托，沿临岗公路一线向石板滩方向拓展的发展思路，并从产业基础、资源特色和区位条件出发，制定了灌溪工业园先期开发2000亩的总规和详规，对园区实行功能分区，引导和规范园区产业特色。去年，我们还提请区委、区政府出台了《鼎城区机械产业集群五年发展规划》，进一步明确了灌溪工业园重点产业、重点项目、重点企业的发展取向与布局。

3. 锁定发展目标。实施“百亿工程”，重点支持中联重科在“十一五”内完成对灌溪基地10亿元的技扩改投入计划，力争中联重科灌溪工业园2008年实现产值40亿元，2010年实现产值80亿元，2012年后达到100亿元产值规模。并通过3–5年的努力，把灌溪工业园建成全国最大的液压油缸、中小吨位汽车吊生产基地和全球最大的塔式起重机生产基地。

二、靠大靠强，做大产业

我们紧紧抓住中联重科高速发展的历史机遇，主动出击，靠大靠强，加快发展，实现了园区机械制造产业量的集聚与质的提升。

1. 狠抓引进，着力壮大龙头骨干企业。本着“建设重点项目，壮大龙头企业，强化产业支撑”的指导思想，我们狠抓了园区大项目建设，用大项目扩张大企业，用大企业引领大发展。近年来，中联重科产品供不应求，中联重科高层计划在张家港、长沙等地重新选址，进行大规模的生产扩张。2006年底，得知这一信息后，我们迅速向区委、区政府汇报，区委、区政府主要领导先后10余次赴长沙与中联重科进行协商，要求扩建项目放在灌溪工业园，并承诺提供优惠的政策。后来又多次接请市委、市政府主要领导出面做工作。精诚所至，金石为开。中联重科最终做出了在灌溪工业园投资扩建的决定，特力技改，结构一、二厂技扩改，中联塔机技扩改等一些科技含量高、建设规模大、产业牵动强的项目相继进入了开发区。目前，投入5000万元的特力液压技改项目已全面完工。占地63亩，投入1亿元的结构一厂已到位投入1000万元，预计2008年5月建成投产。占地380亩，投入3亿元的塔机项目现已完成了规划设计和土地平整，正进行打桩等基础工作，预计2008年6月建成投产，该项目建成投产后可年创产值40亿元以上，生产规模全球第一，科技含量全国第一。投资2.5亿元的结构二厂技改项目将于2008年上半年正式启动。这些大项目的实施，使园区机械制造业档次进一步提升，总量进一步扩张，产业核心竞争力大大增强。

2. 靠大靠强，大力培育配套加工企业。积极鼓励中小型企业参与大企业经营战略，围绕主导产业发展配套产业，实现龙头企业与配套企业的互利共赢、互动发展。一方面，我们通过激励创业、加强服务、重点扶持等措施，依托中联机械制造骨干企业，大力培育本地中小型机械配套加工企业。近两年，灌溪工业园新发展产值过100万元的中小型配套加工企业29家，总投资6300多万元，年创产值2.5亿元，上交税金180多万元。灌溪铁山个体老板铁美珍2003年创办了浦铁机械厂，投入500多万元，购置机床设备23套，为中联重科生产零配件，当年完成产值1120万元。经过3年的发展，原有的企业产能已不能满足形势发展的需要。为此，地方政府牵线搭桥帮助他融资2000万元，于2007年扩建了新厂，全面投产后，配套生产能力将增长2倍。另一方面，我们在园区规划土地300亩，先期用地230亩，建立了中联重科配套产业园。目前已引进5家投资过2000万元的配套企业。其中，长沙中钢公司计划投资8000万元，为中联重科进行钢材预处理、结构件加工等业务配套，已到位投入2000万元，预计2008年3月建成投产，年产值可达6亿元。此外，迪格物贸、浦铁机械、唐桥机械、多田野等配套项目也已陆续开工。

3. 上下延伸，努力拉长产业发展链条。坚持产业集群发展取向，由集中办企业向集中做产业转变，充分发挥中联重科大项目的带动作用，吸引机械制造业的上下源企业向龙头企业集聚，延伸产业链条，把优势产业充分做大做强。对园内企业，重点引导常德钢厂、窑顶橡胶厂、正隆气体公司等园区企业，生产机械制造业所需的原材料，加大和改进钢材、管件、橡胶、气体等产品的生产能力；引导冶炼厂、勃雅钢丸厂等企业利用机械制造业所产生的废钢、废铁和边角余料，新上轧钢、冶炼、钢丸制造等生产线。对园外项目，提请区委、区政府出台优惠政策，鼓励投资强度在100万元以上的机械制造业上下游企业入园兴业，以此拉长产业链条，推进产业集聚。2007年，灌溪工业园受机械制造业带动的上、下源企业已达17家，年创产值3.3亿元，上交税金220万元，一个以机械制造业为主导、相关产业分工协作的工业基地已初具雏形。

三、优质服务，促进发展

在园区发展实践中，我们深刻体会到，优质服务事关园区的兴衰成败。中联重科之所以选择灌溪，而不是营商成本低、产业集聚度高的长沙，最重要的原因就是我们服务很优质，发展有保障。

1. 夯实载体，完善基础建设。园区基础建设既是产业推进的重要载体，也是产业推进的重要内容。近年来，我们积极争取财政投入5700多万元，加强灌溪园区基础设施建设。其中投入2100多万元硬化道路2000多米，建成了“一纵三横”的主干道骨架，完成了相配套的绿化、亮化工程；投入2600多万元完成了园区改路、改电、绿化、亮化、排污等基础设施建设；投入900多万元，新建了日产水量3万吨的自来水厂。同时加强了其它方面基础建设。确保项目落户到哪里，基础设施就跟进到哪里，项目落户条件更加优越，进一步提升了园区的吸纳与承载能力。

2. 优化环境，落实安商措施。去年，我们积极争取区委、区政府的重视，不断优化了园区的发展环境。区委、区政府先后召开10多次常委会、区委办公会和现场调度会，专题研究开发区发展与建设问题，为园区企业发展出谋划策、排忧解难。协助区委、区政府制定了一系列鼓励投资的优惠政策，对入园企业除在地方税收、收费、土地等方面给予优惠外，还对投资过5000万元的项目实行“一事一议”，给予更多的支持。落实了区级领导联系重点产业、重点企业，重点项目制度，所有区委常委、政府副区长和人大、政协主职每人都联系了一个重点企业和投资过千万元的项目，对企业发展与项目建设情况实行一月一督导、一季一结账、一年一总评。去年上半年，在中联塔机、结构一厂扩建过程中，由于领导责任到位，整个征地拆迁任务比原计划提前70天完成。区委、区政府制定了涉企行政执法检查与收费七项制度，切实加强了对区直各职能部门执法行为的监督，区优化经济环境110和行政效能投诉中心明确专人24小时受理企业投诉，对扰乱经济发展环境的人和事进行严厉追责。去年6月，有位职能部门业务负责人违反规定到园区“联系”行政收费问题，对此，区委责成优化办进行了严肃查处，既追究当事人责任，又追究部门负责人责任，风气为之一正。

3. 强化服务，创新体制机制。在创新政策扶持机制上，我们争取区委、区政府和有关部门的支持，优化土地政策，加快土地流转，科学制定用地标准，确保中联重科技扩改项目及其配套项目用地不受制约；制定优惠政策，以浦沅技校为载体，加快工程机械技术人才培养，为中联重科的长远发展提供人才支撑，以人才的升级和聚集促进技术改造创新和管理水平提升。在创新投融资机制上，我们一方面争取技改政策扶持，加强银企沟通协调，帮助企业解决融资问题；另一方面争取区委、区政府支持，在行政审批、人员调配和财政收益等方面赋予园区更大的管理权，逐步提高园区在新增地方税收中的分成比例和城市建设配套费返还比例，让利于园区，不断增强滚动发展的能力。在创新园区管理机制上，我们严格内部管理，实行园区工作人员聘任制，激发工作活力，建设良好的政务环境。严格落实区委、区政府“一站式办公，一个窗口收费”的管理机制，简化办事手续，提高办事效率，对中联重科的所有建设项目和投资在5000万元以上的配套项目，一律实行手续全程代理制，代办费用实行并联审批、总额包干、限期办理。严格按照重点项目“一个项目，一个纪要，一名领导，一套班子”全程跟踪服务制，帮助企业解决发展中的各种难题，为企业营造了宽松的发展环境。

领导干部要着力培养世界眼光

李　秋　葆

中国的发展离不开世界，世界的发展需要中国的积极参与，这已成为不争的实事。随着我国正式加入 WTO 和经济全球化的趋势日益明显，领导干部只有着力培养世界眼光，才能把握时代发展的潮流和世界经济的走势，站在时代的前列，更好地忠实实践“三个代表”。

一是要着力培养创新的眼光。创新是成就事业的根，是一个民族的魂，是事业兴旺发达的不竭动力。江总书记在“七一”讲话中强调，贯彻“三个代表”要求，必须坚持党的解放思想、实事求是的思想路线，大力发扬求真务实、勇于创新的精神。因此，领导干部只有着力培养创新的眼光，不断解放思想才能与时俱进，开拓进取；才能找准研究新情况、解决新问题的金钥匙，获得新发现，创造新成就。

二是要着力培养超前的眼光。当今社会，科技发展日新月异，市场风云瞬息万变。随着国际互联网的广泛运用，市场信息量和信息流的传播速度大大加快，谁能超前获得信息，抢先作出应对，谁就能捷足先登、独占商机，牢牢掌握市场竞争的主动权。目前，民营企业兼并、收购、控股国有企业、子公司取代母公司已不再新鲜。其主要原因就在于，在新经济时代，并非大鱼吃掉小鱼，而是快吃掉慢的。俗话说：“狭路相逢勇者胜”，这“勇”自然也包含着超前意识和兵贵神速的内涵。现在，我国加入世贸组织已成事实。因此，我们必须把中国的发展、地方的发展都放在国际大环境中去研究、考察。面对众多的“狼”来了，面对“与狼共舞”的严峻形势，如果我们不以变应变，就有被“狼”吃掉的可能。只有立足当前、着眼长远，超前做出应对，加速改革开放的步伐，自觉遵守世界组织的游戏规则，才能牢牢把握工作的主动权，不断增强市场竞争能力。

三是要着力培养全局的眼光。唯物辩证法认为，世界上的万事万物都是互相联系、辩证统一、不可分割的有机整体。一个部分或要素的变动会引起系统整体和其它部分的相应变动发展。“城门失火、殃及鱼池”就十分形象地道出了不同事物之间也有着千丝万缕的联系。头痛医头、脚痛医脚决不能从根本上解决问题。因此，我们必须加强学习、开阔视野，以联系的、发展的、进取的、全局的眼光去看待事物，去思考问题，去谋划工作，学会登高望远，见微知著的过硬本领。一叶障目，只看树木不见森林的做法已与当今时代格格不入了。领导干部跳出了利己的个人主义圈子，狭隘的小团体主义圈子，着力培养全局的眼光，就能紧紧跟上时代发展的潮流，在复杂多变的国际形势中不迷失方向，永葆共产党员的先进性本色。

新农村建设要处理好四个关系

王　昌　元

胡锦涛同志在十七大报告中强调，推进社会主义新农村建设。新农村建设不仅是党和政府解决“三农”问题的新路线图，也是广大农村干部和农民担当“主角”的大舞台。作为直接面对农民、服务三农的基层政府，选准服务的切入点显得尤为重要。根据多年基层工作的经验，我认为推进新农村建设，政府服务应处理好四个关系，强化四个方面的服务。

要处理好标与本的关系，强化产业引导服务。俗话说：“授人以鱼不如授人以渔。”要更好地推进新农村建设，引导农民提升自我发展的能力，增强农民自身造血功能是长远之计。从我们西洞庭管理区的实际来看，要实施好造血工程，首先是因地制宜加强产业引导服务，通过做大做强产业把千家万户的小生产与千变万化的大市场有机联结起来；其次是壮大广益粮油、汇美食品、新湘糖业三大农产品加大龙头企业，使其建设成为年销售收入过亿元的龙型企业；再次是加强农业技术、就业培训、工农衔接三个服务。

处理好先与后的关系，强化建设规划服务。新农村建设工作面广量大，既要抓重点，更要抓热点。我们必须从全局出发，搞好整体规划，分步实施。一是要先点后面。针对目前新农村建设起步阶段财力、物力、精力有限的现实，应选择基础条件比较好、群众积极性高的村示范，不搞撒胡椒面；二是要先热点后难点。加强农村公路建设，改水改厕改橱，加强农业基础设施建设，先把这些与农民生活息息相关、农民最关心的问题解决好；三是要先规划后建设。根据我区地处湖区、土地平坦、村域面积小的特点，在充分尊重大多数群众意愿的前提下，坚持村庄建设统一规划、注意引导农户由分散向连片和集镇、小城镇发展。

处理好实与虚的关系，强化精神文明建设服务。当前在务工潮的影响下，农村人口普遍存在年龄老化、观念落后、生活单调的问题。“白天扛锄头，夜晚睡炕头，摸牌打麻将，喝酒猜拳头”这是农民朋友对农村生活的一句顺口溜。因此在加强道路、村庄等硬件建设的同时，还要做好培育农村新风尚这篇“虚”字文章。这里主要是突出抓好“四个一”：一要营造一个健康的文化氛围；二要完善一个管理机制；三要建强一个班子；四要巩固好一个保障。

处理好主与次的关系，强化融资服务。既要加强政府投入，更要引导农民自主投入。政府要从四个方面加以努力：一要充分调动广大群众的积极性。目前在人口仅6万的西洞庭，金融机构的存款就有4亿多元。政府要用活政策，引导他们自发按规划建房、修路，改善生活条件；二是要坚持“谁受益、谁投入”的原则，适当运用市场机制引导投入，在通讯、能源等方面，引导相关部门、企业和群众加大投入；三是要加大本级投入，强化对口扶持，集中力量抓好一批农村基础设施大项目；四是要积极枪抓机遇，吃透用活政策，争取更多的基础设施建设得到国家扶持。

（《湖南日报》2007年11月20日）

农业资源资本化　现代农业发展的核心

湖南洞庭水殖股份有限公司董事长　罗祖亮

党的十七大报告指出，解决好农业、农村和农民问题，事关全面建设小康社会大局，必须始终作为全党工作的重中之重，要加强农业基础地位，走中国特色农业现代化道路。中国特色的现代农业应该如何建设？我认为应该摆脱传统农业的路径依赖，借鉴并引入现代资本经营与聚集理论，通过对资本的筹划与管理活动，最大限度地实现资本增值目标，以资本效益最大化的追求推动农业产业化低成本扩张，带动农村市场和农村经济的繁荣，从而推进社会主义新农村建设。

一、农业资源资本化的必要性

在传统农业向现代农业转轨的过程中，资本经营主要有如下几种作用和功能：

一是资金筹集功能。通过资本市场直接融资，特别是股票市场融资，一般筹资额较大，成本较低，同时还可以通过增发和配股实现资金的待续筹集。

二是资源配置功能。基于资本逐利的本性和动机，通过规划导向，选择重点引导，促进自然资源的自由合理流动，同时通过兼并重组等资本经营手段，使资源走向集中和规模化，起到优化存量资产和资源配置之效。

三是结构调整功能。有别于产品经营的线性投入模式，资本经营通过对股权的购并重组，完成资产的交移与增值，从存量与增量两个方面入手，改善和调整不合理的产业结构，加速产业结构的升级，提高经济发展质量。

四是社会统筹功能。一方面，通过资本经营环节促使涉农企业履行信息披露义务，明晰企业产权关系，转换企业经营机制。另一方面，通过农业与资本市场的链接，促进政府与社会对“三农”问题的关注，有利于城乡统筹决策的形成与实施，促进城乡经济社会发展一体化新格局的形成。

在传统农业领域引入资本经营这一新的经济发展手段，是建设现代农业之必需，也是弱质农业产业加快发展之必然。改革开放以来，尽管农村由于土地政策效力的快速释放而在一定阶段获得迅速发展，但由于农业的长期“失血”和积累的不足，农村组织化程度低下，农民技术与资金匮乏，边缘化状态导致“三农”问题愈来愈突出。

农业资源的资本化，其必然性可从以下几个方面理解：

一是农业总体投入不足，需要创新融资手段。由于特定的历史原因，国家在发展城市和工业的过程中，长期从农业中提取“剪刀差”，城乡差距和工农差距愈来愈大。近些年来，“三农”问题虽然引起了各方重视，但农业和农村仍得不到应有的金融支持和政府财政支持。

二是农村资产资源利用率低，需要廓清产权关系。没有资产资源的资本化就制约了农村资本资源的作用空间，而没有资产资源产权归属的明晰，就没有资产资源的流动。降低了涉农企业系紧产业链条的积极性，从而降低了农业资产资源产权的收益，进而影响农业产业化水平的提高。

三是劳动力要素整体素质下降，需要盘活人力资源。随着近年大量农业劳动力向城镇的转移，农业从业劳动力素质下降明显，农业科技人才流失更为严重。科技队伍不稳定，特别是农村缺乏企业家和企业家群体。发展现代农业必须解决“人”这个最能动的要素问题，而这也只能通过培育和发展农业产业化龙头企业，以资本经营和优势品牌为纽带，实现人才的集聚与回归，逐步提升农民的整体素质。

二、农业资源资本化途径

资本经营要求企业经营理念从“实物”转向“价值”，将所有利用和支配的资产、资源等生产要素都当作经营资本，用最少的要素投入获得最大的利益。具体分析，农业资源的资本经营途径主要有以下几个方面：

（一）金融资本经营。一是支持上市融资。即为农业类企业创造条件，争取在股票市场直接融资，特别是一些科技类中小企业，应瞄准上市门槛相对较低的中小板市场和创业板市场。二是实施金融创新。如发行农业产业化项目中长期国家或地方债券，并由财政适当贴息；根据不同企业、不同产业和不同的效益方式，定向发行资产证券化产品；允许涉农企业拥有的土地使用权、水面养殖使用权、林权等实施担保融资等等。三是重构农村合作金融。加快农村信用社等农村金融组织建设，根据形势发展需要加快其产权制度改革，建立健全法人治理结构，使其成为农业产业化投融资的一个重要渠道。

（二）产权资本经营。产权资本经营目的是实现农村产业化的规模经济。农村产权资本有以水面、林地为主的资源型产权，有以农民基础设施和生产设备为主的资产型产权，还有现金型和权利型等产权形式。产权资本经营主要形式与措施主要包括三个方面：一是资本合作方式。龙头企业与农户及中介组织，通过投份合作等方式使各经营主体联系起来，使其变成具有现代产权制度特征的新型农业产业化经营组织，这种形式目前较为普通。二是产权纽带方式。将产权资本与农业要素对接，通过产权纽带缝合农业产业化链条，组成具有一定抗风险能力的产业化组织。三是整合分配方式。利用资本分配机制和分工协作机制，增强以工哺农和以工支农功能，实现农业产权资本的优化配置。

（三）智力资本经营。在农业产业化初级阶段起作用的主要是产权资本、金融资本和人力资本，在高级阶段起作用的则是智力资本和知识资本。智力资本作为一种无形资产，能以极低的投入成本换来巨额的产出和效益，典型的如一个著名品牌，就凝聚上亿乃至成百上千亿元的无形价值。实施智力资本经营，首先要重视人力资本对现代农业发展的决定性作用，特别是要重视企业家的“领头雁”作用，维护企业家的合法权益以增强企业家在农村或农业领域创业的积极性。其次，加强对农民和农业工人的继续教育与培训，重点是农业科技教育、市场经济理论教育和现代经济管理培训，同时要稳住农业科技推广队伍，开发农村科技资源和人力资源。再次，加强知识资本的保护管理和自主创新。对农业企业的商标与专利要及时申报和注册，取得知识产权，并利用法律武器打击侵权行为，农业企业要加大自主创新力度，扩大知识资本的存量与价值，最大限度地使用知识资产，充分展现知识资产的使用价值。

三、农业资本经营的支撑与带动

（一）加强要素市场建设。参与农业资本经营的要素主要是金融、土地与劳动力。要切实改变目前农村金融市场发育不全和落后局面，加快形成国家政策银行、商业银行和合作金融组织相互配套、竞争有序的农村金融体系。要明确农用土地产权关系，并允许土地经营权的合理流转，以支持农业规模经营。要加快改革限制农村劳动流动的现行户籍等制度，逐步实现就业市场化、保障社会化和流动自由化。要进一步优化要素市场秩序，通过立法逐步规范各类农产品市场开设、审批程序，树立市场法规的权威性，引导农村和农民市场意识的提高。要重塑投资主体行为，重构政府宏观投入机制，规范政府农业投入行为，在此基础上，拓宽农业融资渠道，加大资本市场的直接融资力度，建立向农业倾斜的信贷激励机制，同时要通过建立利益诱导、利益共享等机制，激发和激励农户的农业投入行为。

（二）加强政府宏观调控。政府在资本经营和农业产业化初始阶段扮演着十分重要的角色，应着力创造公平竞争环境，促进全国统一市场的形成。首先，各级政府要明确农业资本经营的方向。除加强基础设施建设和公共服务外，当前政府的投资和信贷资金，主要应当支持结构调整、主导产业和特色产品开发，尤其要重点支持农业科技创新，支持那些创新型农业龙头企业和合作经济组织。其次，要加强农业资本经营的引导和协调。在产业引导上，要立足本地资源优势，确立主导产业和主打产品，促进更高层次的品牌经营；在组织协调上，要摒弃条块分割的管理体制弊端，建立健全农业资本经营和农业产业化协调机制。再次，要抓好市场规范和服务工作。市场经济是法制经济，政府要建立和完善有关保护公平竞争、限制违约的法规和实施细则，完善资本市场治理的相关法律。由于各经济主体自身利益驱使，往往因一时一己利益的得失而影响经济联合体的建立，并造成不必要的矛盾，政府应为维护各经济主体的合法权益做好服务，兼顾龙头企业和农户的利益，促进农业一体化经营和农业产业化进程。

（三）加强龙头企业的辐射与带动。农业龙头企业通过实施资本经营、建设生产基地、提供科技服务、开拓销售市场、加强农民培训等途径，能够有铲地发挥辐射和带动作用，促进农业和产业结构的调整和现代农业的发展。要实施“强龙兴农”工程，按照“扶优、扶大、扶强”的原则，培育壮大一批起点高、规模大、带动能力强的农业龙头企业，支持有比较优势的企业以资本经营和优势品牌为纽带，整合资源要素，盘活存量资产，组建企业集团。要以农业龙头企业为主体，构建产学研相结合的科技创新体系，开发具有自主知识产权的新品种、新产品，以科技创新促资本经营和产业升级。

附　录

副处级以上领导干部在省级以上报刊发表的文章一览表

姓　名	文 章 标 题	报 刊 名 称	发 表 日 期
武吉海	发展非公有制经济重在优化环境	《中华新闻报》	2007 年 8 月 31 日
武吉海	发展民营经济重在优化环境	《工商大观》	2007 年第 4 期
卿渐伟	坚持科学发展观 推进新型工业化	《调查与研究》	2007 年第 22 期
卿渐伟	强化治污减排　促进科学发展	《湖南工作》	2007 年第 11 期
曹儒国	依靠专业合作组织，加快养殖产业发展 ——桃源县三江养殖合作社的调查	《湖南工作》	2007 年 12 月
刘本之	关于农民是新农村建设主体的思考	《湖南日报》	2007 年 4 月 24 日
刘春林	论发挥委员主体作用	《中国政协杂志》	2007 年第 4 期
刘春林	发挥政协优势，为构建和谐社会献智力	《华人论坛》	2007 年第 3 期
刘春林	发挥委员主体作用的思考	《湖南政协》	2007 年第 5 期
陈文浩	推进新型工业化必须增强三种能力	《决策天地》	2007 年第 5 期
陈文浩	工业园区助推新型工业化发展	《新闻信息》	2007 年第 24 期
刘　明	推进制度建设 促进科学管理	《秘书工作》	2007 年第 4 期
刘　明	围绕优质高效目标 做好党委办公室工作	《办公室业务》	2007 年第 11 期
刘　明	提神鼓劲 不断将优质服务竞赛活动推向深入	《当代秘书》	2007 年第 5 期
李　平	顺势应变、准确定位、勇于担责、科学履职	《中国人事报》	2007 年 12 月 24 日
李　平	对换届考察工作的思考	《领导科学》	2007 年第 2 期

续上表

姓　名	文章标题	报刊名称	发表日期
李　平	关于实施农村流动党员“智力回流”工程的调查报告	《湘组研究》	2007年增刊第4期
欧运祟	加快城市群建设　推进跨越式发展	《决策天地》	2007年第6期
刘剑英	《纪委全委会制度创新的探讨》	《研究参考》	2007年第5期
刘剑英	《纪委全委会制度创新的探讨》	《红旗文稿》	2007年第16期
刘剑英	《纪委全委会制度创新的探讨》	《中国党政干部论坛》	2007年第11期
张新民	关于协商式民主的原则与实践的思考	《人民政协报》	2007第1期
张新民	脚踏实地为民生	《湖南日报》	2007年6月12日
沈习森	抢抓产业转移机遇促工业化发展	《新闻信息》	2007年第1期
沈习森	“七个坚持”促县域经济发展	《决策天地》	2007年第2期
韦绍斌	在新农村建设中大显身手	《党　课》	2007年第7期
黄清宇	《突出五个重点　推进新农村建设》	《湖南工作》	2007年第21期
谭本仲	《提高执行力　推进科学发展》	《领导决策信息》	2007年10月
涂绪德	《贯彻中央<意见>精神　兴调研之风　务求真之实》	《主席参考》	2007年1月
朱金平	《换思路要慎重》	《党建研究》	2007年第1期
刘爱军	《发挥统战优势　服务和谐社会》	《湖南统一战线》	2007年第8期
熊大顺	《发挥旅游资源优势　建设旅游产业强县》	《城市经济论坛》	2007年6月
胡元琴	《也谈怎样当好副职》	《决策天地》	2007年8月
詹腊珍	《加强党员社会主义核心价值观教育》	《红网》	2007年8月4日
杨　俊	《改革乡镇纪检工作机制的几点做法》	《湖南纪检监察动态》	2007年9月
陈本富	《实施素质提升工程增强干部队伍活力》	《湘组研究》	2007年1月
杨琦明	《把握五个辩证关系建设又好又快石门》	《每周新闻信息》	2007年4月9日
高德知	《严把道畅工程四关建设群众满意工程》	《每周新闻信息》	2007年5月

注：入选文章目录以三篇为限

数字常德
（区县、市）

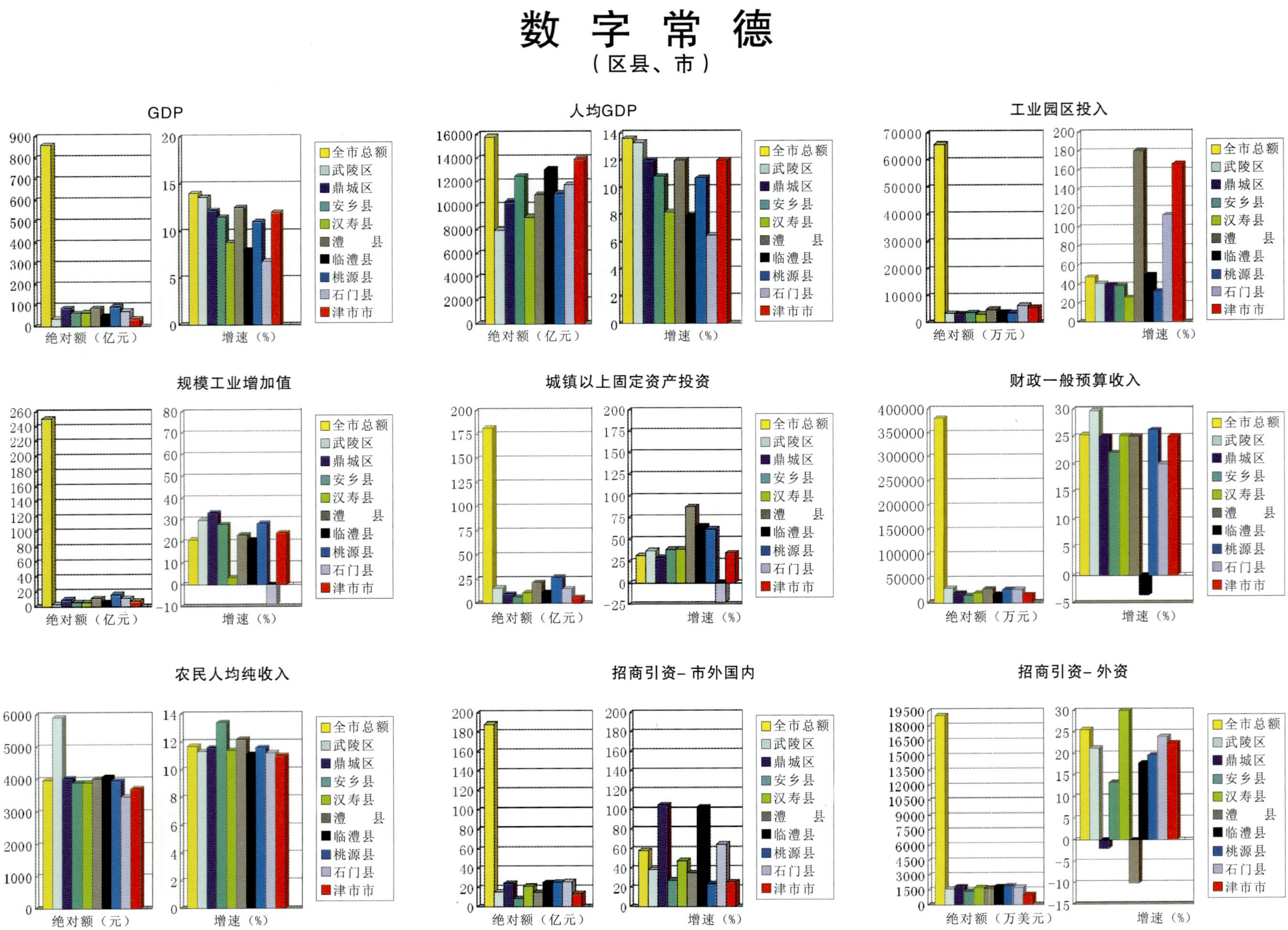

GDP
绝对额（亿元）
增速（%）
人均GDP
绝对额（亿元）
增速（%）
工业园区投入
绝对额（万元）
增速（%）
规模工业增加值
绝对额（亿元）
增速（%）
城镇以上固定资产投资
绝对额（亿元）
增速（%）
财政一般预算收入
绝对额（万元）
增速（%）
农民人均纯收入
绝对额（元）
增速（%）
招商引资－市外国内
绝对额（亿元）
增速（%）
招商引资－外资
绝对额（万美元）
增速（%）
全市总额
武陵区
鼎城区
安乡县
汉寿县
澧　县
临澧县
桃源县
石门县
津市市

数 字 常 德
（概 况）

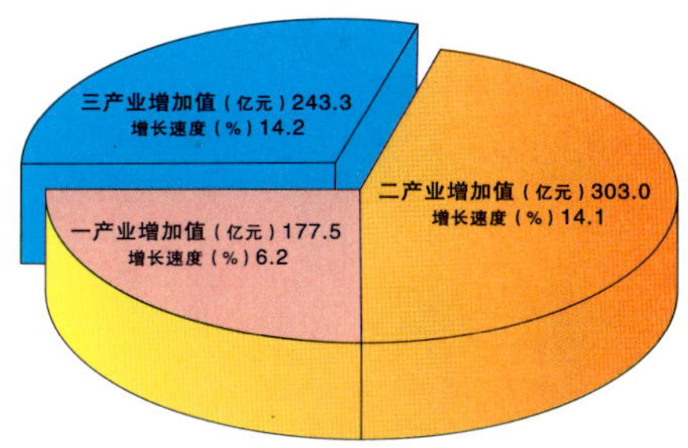

2007年地区生产总值（GDP）864.1亿元

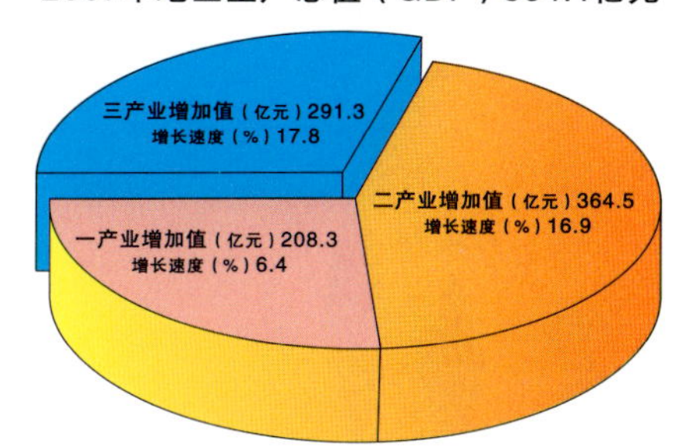

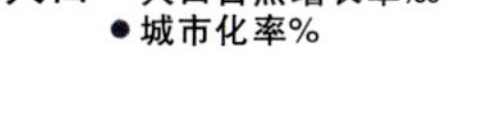

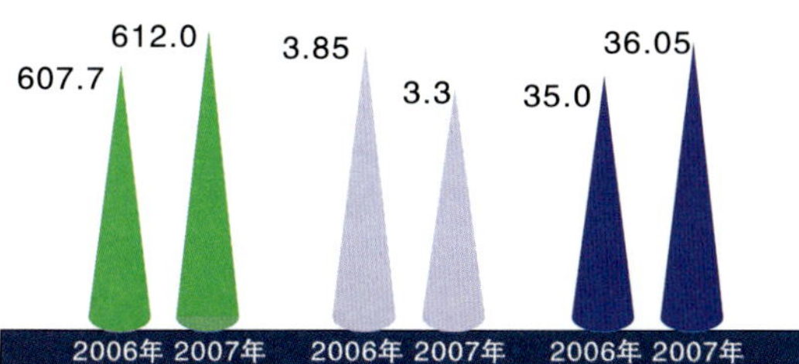

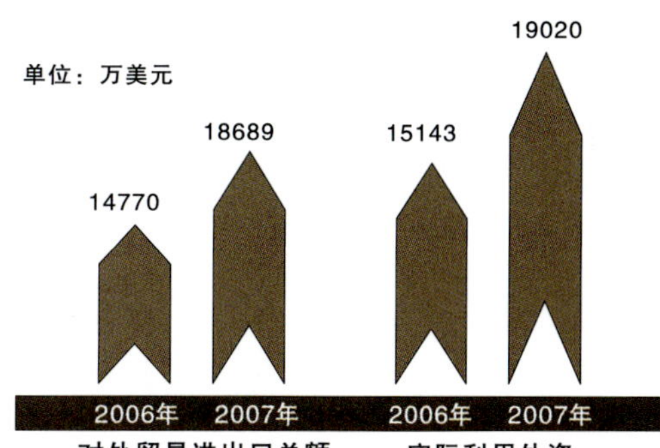

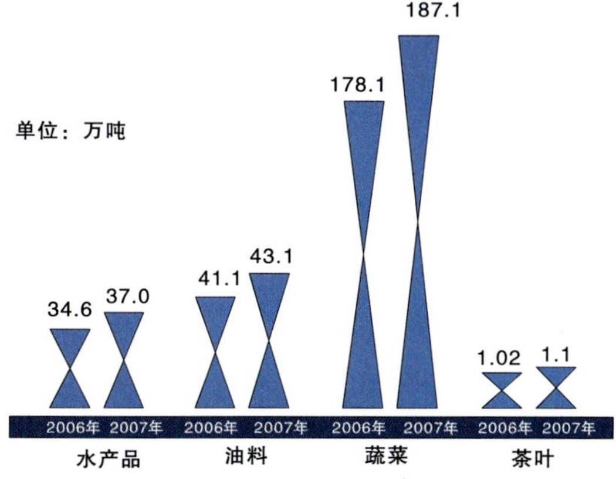

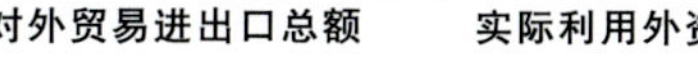

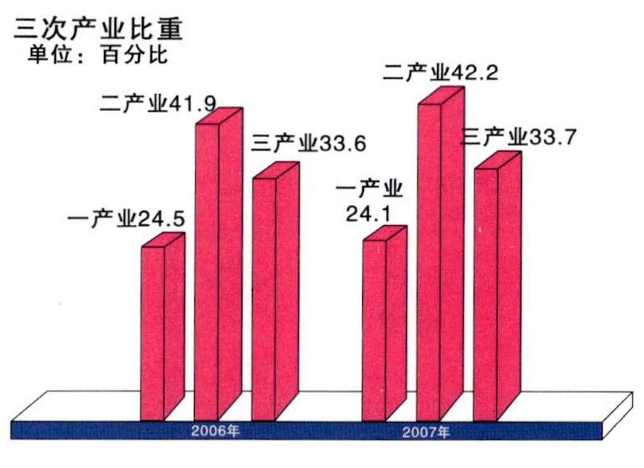

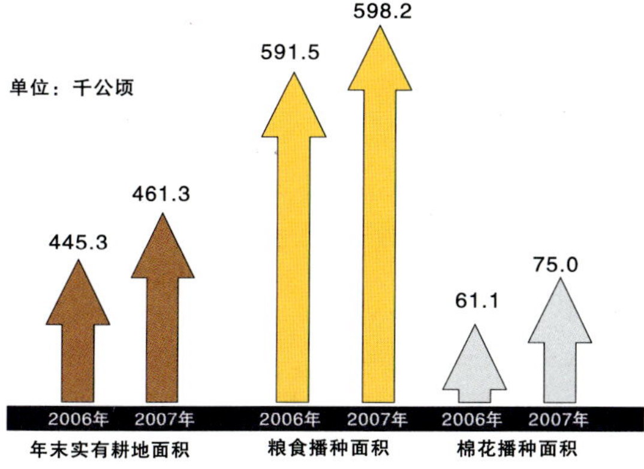

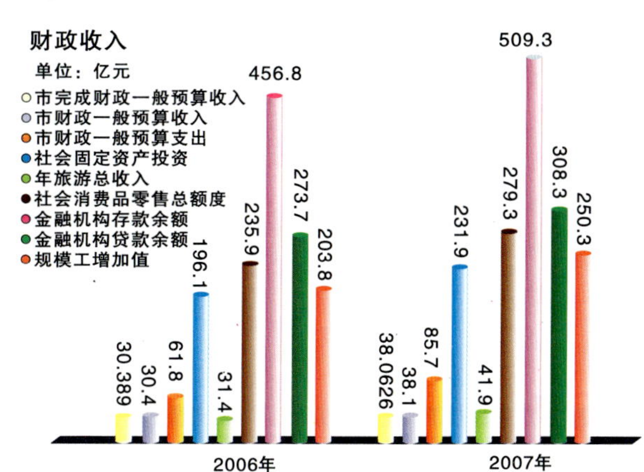

数字常德

（民 生）

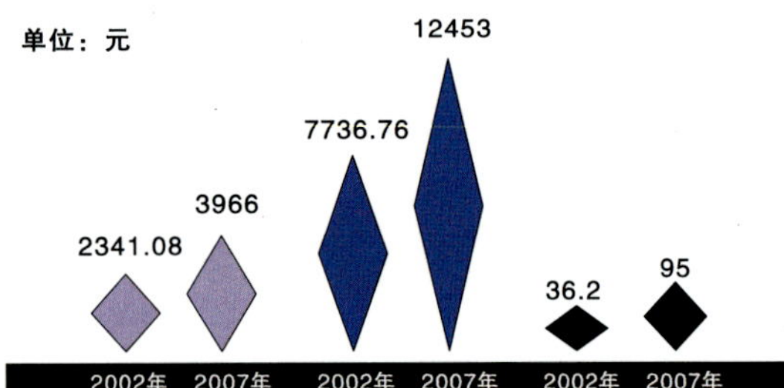

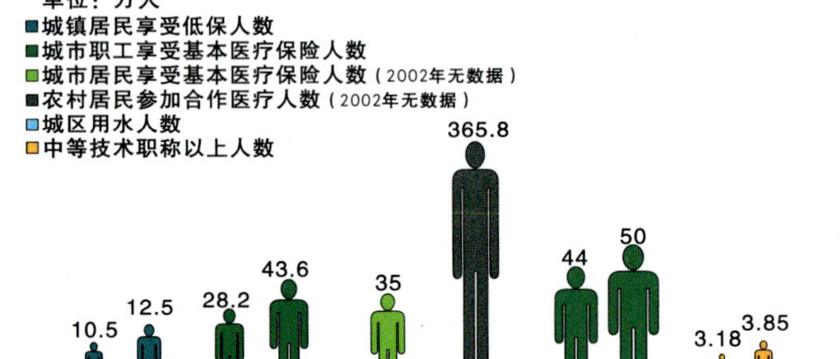

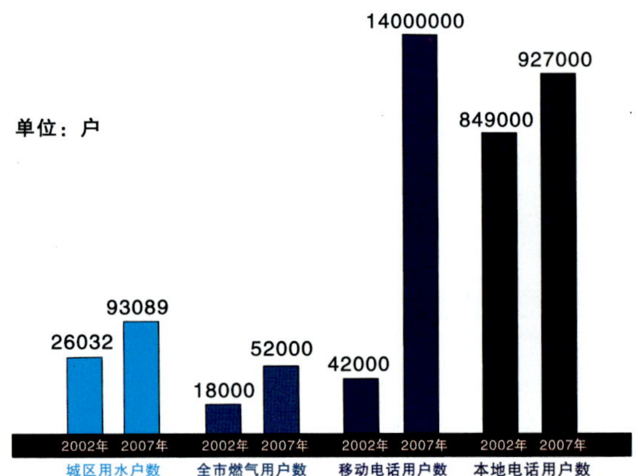

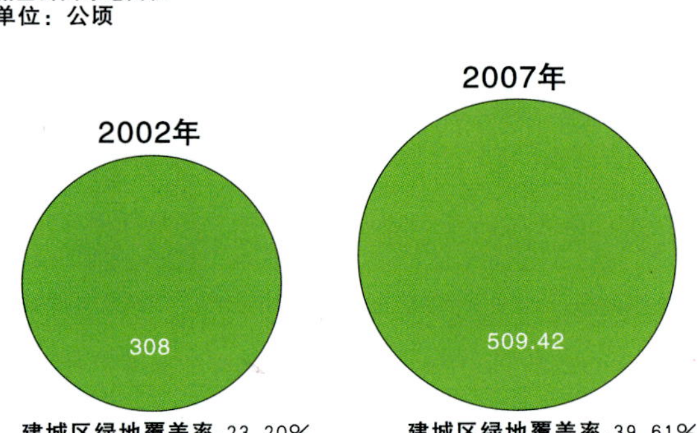

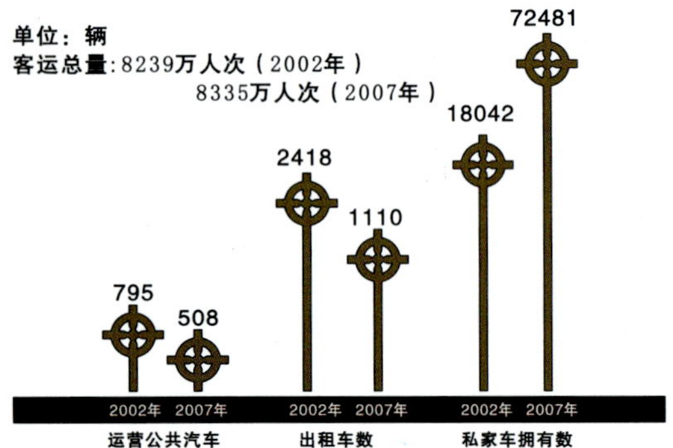

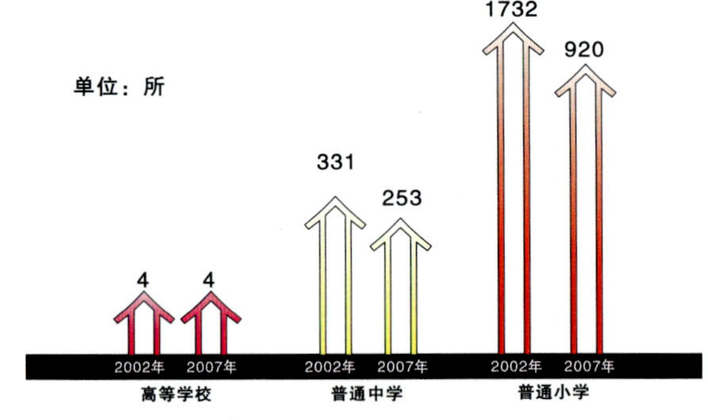

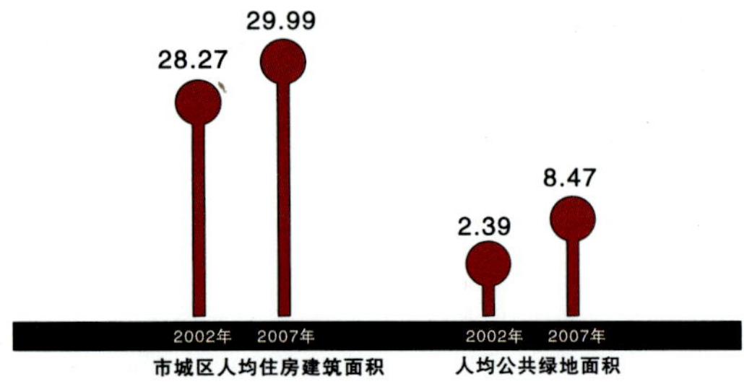

用水户数(户)
2002年：26032
2007年：93089

城区居民家庭用水量
（万立方米）
2002年：2943
2007年：2846

医院、卫生院病床数（张）
2002年：11306
2007年：12214

说明：

一、本索引把年鉴条目的内容用主题分析的方法，按汉语拼音字母顺序排列；第一字相同，按第二字音序排列，依次类推。

二、标引词后的阿拉伯数字表示内容所在页码。数字后的拉丁字母 a、b、c 分别表示从左至右第一、二、三栏。

三、本年鉴的“特载”、“专文”、“大事记”、“大事纪略”、“彩照插页”、“附录”均未作索引。

A

B

C

D

E

F

G

H

J

T

W

Z

数字 1–10

常德市公安局交警支队

精诚团结的领导班子

2007年4月24日是常德交警支队二十周年华诞。二十年风雨历程，见证二十年发展足迹。二十年里，常德交警肩负使命，攻坚克难，锐意进取，上下求索。

二十年里，队伍由弱到强，锻造了一支召之即来、来之能战、战之能胜的精锐之师。

二十年里，惨淡经营，淘汰了陈旧设施，添置了先进装备，硬件设施由落后走向先进，建立了市县两级智能交通系统，交通管理走向科技化。

二十年里，不断创新管理，多项工作在全国、全省推广，并被评为全国交通管理模范城市，成为全省唯一。近年来，首创了以“交通安全管理社会化、客运车辆管理户籍化、重点路段管理专业化、城市城镇交通管理科技化、交通安全信息查控网络化”为内容的“五化”事故防控新体系，事故预防由被动走向主动，工作受到各级领导充分好评。

汗水、鲜血擦亮了警徽，昨日成就了今天的辉煌。

二十年里，支队先后四次获取国家级荣誉称号，63次被省、市政府评为先进单位和双文明建设先进单位；5人被评为全国优秀人民警察等国家级荣誉；涌现了一大批先进典型；刘正利、彭永光、万海堂、易宗进、曾照文、琚克勤、藤辛权用生命书写了对交管事业的忠诚。

历经二十个春秋的桑田巨变，历经二十个轮回的岁月洗礼，常德交警将与时俱进，最大限度满足群众交通需要，最大限度优化交通环境，开启新征程，再创新的局面。

机动巡逻保畅通

国内一流水平的智能交通指挥中心

赞誉来自于爱民，全省“平安大使”沈国初护送市民过马路

桃源县第一中学

中心广场

行政办公大楼

燕立国校长

教学区

科技楼(含科技馆、图书馆、校史馆、实验室现代教育技术中心、校电视台)

运动场

通用技术实验室

计算机教室

化学实验室

桃一中新区地处环城路天子岗地段。校园占地面积400亩，建筑面积10.4万平方米，第一期工程投入1.3亿元。2003年11月18日奠基，2005年下期投入使用。

学校办公楼建筑面积4962平方米。楼内设有党委办、行政办、纪委办、工会办、校长办、会议室、档案室、接待室、校史存列室和各科室办公室及学校招待所。

教学区有三栋教学楼，成品字形排列，建筑面积2.7万平方米，有教室120间，可容纳5000～5500名学生。

综合楼由科技馆、图书馆、实验室、现代教育技术中心和钟楼五部分组成，建筑面积2.1万平方米。

男生宿舍区有三栋公寓房，建筑面积2万平方米。女生宿舍区有两栋公寓房，1.1万平方米。男女生公寓共有4000个床位，每间住房都配有卫生间、洗漱间和阳台，每栋公寓楼都安装了太阳能热水器，常年供应热水。

学生食堂分上下两层，总建筑面积8000平方米，整个食堂可容纳4000人同时就餐。

运动区由篮球场、田径场、体育看台、室内体育场组成。

湖南常德外事专修学院

书记、院长：夏吉祥

执著民办教育

追求事业完美

学院自1992年创办以来，受到各级政府的高度重视，赢得了社会各界人士的广泛好评，省市领导经常来院指导工作，《中国教育报》、《中国经济报》、《湖南民办教育》、《三湘民校风采录》、《常德日报》、常德电视台、常德经济广播电台等多家媒体都分别对学院办学成果给予了充分肯定和报道。2005年、2006年分别被中教院教育质量测评中心、中国社会调查所教育调查部授予“社会满意学校”、“湖南社会信赖学校”和“中国民办教育优秀品牌学校”光荣称号。

办学16年来，学院累计投资5000多万元，学院占地面积186亩，建筑面积达50000平方米。

学院特别重视毕业生的安置工作，在广东、上海、北京、武汉等地设立了毕业生安置就业办事处，已安置的毕业生中90%年工资都达到了两万元以上，大部分学生已成企事业单位的管理骨干。

学校荣誉

汽车维修实训室

语音室

欢送2007届毕业生前往上海就业

电子电工实训室

数控机床

驾驶员训练场

微机房

地址：常德市青年东路（207国道旁）电话：0736-7139738 传真：7777058

C3

推进无偿献血 构建和谐常德

2007年，在市委、市政府的正确领导和社会各界的大力支持下，常德市无偿献血事业取得了跨越式大发展。全年全市无偿献血总量、人数和参与面均创造了历史最好水平，无偿献血总量达9.814吨，献血人数达31403人，医疗临床用血100%来自自愿无偿献血，形成了“市、县、乡，机关、企事业，国有、民营”的多层次献血模式，实现了各地、各层次人群同步推进的态势，献血工作一举跨入了全省先进行列。

市中心血站站长、书记：屈贵顺

市卫生局副局长、市献血办主任符中智接受电台现场采访宣传无偿献血。

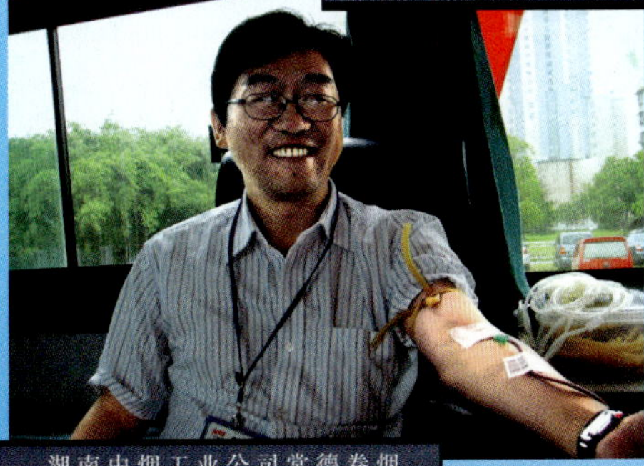

湖南中烟工业公司常德卷烟厂党委副书记曾兆亚带头献血。

5月28日，湘西北首家县级采血点在澧县县城中心设立。

12月23日，首届Rh阴性稀有血型献血者联谊会召开，市Rh阴性应急献血队伍正式组建。

市献血办和1068鼎广电台联合开展“热血平安夜，浓情圣诞节”大型献血活动，950余名市民献血表爱心。

SHAOYANG CHAMBER 邵陽商會

商会会长 | 刘代礼

邵阳，素有“商贸之城”、“百工之乡”的美誉。邵阳商人机敏聪慧、敢为人先、吃苦耐劳，有精明的商业头脑，被誉为“中国的犹太人”。

常德市邵阳商会创建于2004年，商会以“为经济工作服务、为会员服务、为社会公益事业出力”为宗旨，以“团结、合作、发展、共赢”为目的。经过几年努力，商会不断发展壮大。常德邵商1千多家，1万多人，以商会为轴心、为平台，各显其能。弘扬邵商精神，打造邵商品牌，辛勤耕耘，创造财富，每年向国家交纳税收2千多万，为发展经济，创建和谐社会作出了突出贡献。

商会主要领导班子成员

商会捐赠活动

商会所获荣誉

中国人寿保险股份有限公司常德分公司

团结务实的领导班子

标准化营业大厅

中国人寿保险股份有限公司成立于2003年6月30日，同年12月17日、18日分别在美国纽约和香港两地上市，其前身是创立于1949年10月的原中国人民保险公司，与共和国共风雨、同辉煌，迄今已走过半个世纪的光辉历程。

中国人寿保险股份有限公司常德分公司自1996年5月分设以来，紧紧围绕做大做强做优的现代化寿险企业的总体目标，坚持以科学发展观和“五个坚持不动摇”经营思想为指导，实现了公司全面建设和业务发展的突飞猛进。

中国人寿常德分公司办公大楼